Vieweg · Werner | Sachenrecht

Sachenrecht

Von

Dr. Klaus Vieweg

o. Professor an der Friedrich-Alexander-Universität Erlangen-Nürnberg

und

Dr. Almuth Werner

Rechtsanwältin in Leipzig und

Lehrbeauftragte an der Friedrich-Schiller-Universität Jena

7., neu bearbeitete Auflage

Verlag Franz Vahlen München 2015

Zitiervorschlag: *Vieweg/Werner* SachenR § Rn.

www.vahlen.de

ISBN 978 3 8006 4997 6

Wilhelmstraße 9, 80801 München
Druck: Druckhaus Nomos
In den Lissen 12, 76547 Sinzheim

Satz: R. John + W. John GbR, Köln
Umschlaggestaltung: Martina Busch Grafikdesign, Homburg Saar

Gedruckt auf säurefreiem, alterungsbeständigem Papier
(hergestellt aus chlorfrei gebleichtem Zellstoff)

Vorwort zur siebten Auflage

Erfreulicherweise ist die Resonanz auf unser Lehrbuch weiterhin so groß, dass wiederum nach kurzer Zeit eine Neuauflage erscheinen kann. Dies ist Anlass gewesen, einige redaktionelle Verbesserungen vorzunehmen und den Inhalt auf den aktuellen Stand zu bringen. Auch sind die Literaturnachweise in den Fußnoten nicht nur bei Neuauflagen, sondern umfassend überprüft und gegebenenfalls korrigiert worden.

Gemeinsam mit dem Casebook »Fälle zum Sachenrecht« (Vieweg/Röthel, 3. Auflage 2014) und dem »Examinatorium Sachenrecht« (Vieweg/Regenfus, 2. Auflage 2011) bildet das Lehrbuch die bewährte – sich ergänzende und in ihren Bezügen aufeinander abgestimmte – »Sachenrechtstrilogie«. Die durchweg positive Aufnahme durch Studierende und Lehrende hat uns bestärkt, die Konzeption der Kennzeichnung und Unterteilung des Stoffes in Grundlagen- (G), Vertiefungs- (V) oder Examenswissen (E) bzw. als Zusatzinhalt (Z) beizubehalten.

Dem Sachenrechtsteam des Instituts für Recht und Technik – *Mareike Bär*, *Sebastian Egger*, *Kirsten Helmecke, Dr. Sigrid Lorz* und *Dörte Mang* – danken wir herzlich für die tatkräftige Unterstützung.

Erlangen und Jena, im Juni 2015 *Klaus Vieweg, Almuth Werner*

Vorwort zur ersten Auflage

Das Lernen juristischer Inhalte ist eine persönliche Angelegenheit des Einzelnen, für das es kein allgemein gültiges Patentrezept gibt. So erschließt sich dem einen auch das »juristische Neuland« Sachenrecht am besten, wenn er an exemplarischen Fällen in die spezifischen Probleme und Interessen eingeführt wird und ergänzend vertiefte Lehrbuchinformationen erhält (induktive Methode). Der andere mag den klassischen Weg bevorzugen und zunächst ein abstrakt-theoretisches Verständnis des Sachenrechts und der Funktion seiner Regelungen und Prinzipien anstreben, um anschließend das Erlernte an Fällen praktisch zu erproben (deduktive Methode). Ein Dritter mag – je nach Schwierigkeit der Materie und Zeitbudget – einmal so und einmal so lernen wollen. Dabei ist für jeden, der Sachenrecht lernen und verstehen will, der Stoffumfang ein großes Problem. Wohl kaum jemand dürfte in der Lage sein, mit einmaligem Lernen auf Dauer alles Wesentliche zu behalten. Das Vergessen ist ein ständiger Begleiter, dem mit gestuft-selektiver Informationsaufnahme, mit aktiver Lernerfolgskontrolle (Fragen und Antworten) sowie mit regelmäßiger Wiederholung begegnet werden kann und muss.

Dieses Lehrbuch realisiert einen Teil eines Gesamtkonzepts, das jedem Lerntyp ein individuelles Lernen ermöglicht: das dogmatische Erarbeiten anhand eines Lehrbuchs, das Wiederholen anhand von Fragen und Antworten (Vieweg/Neumann/Regenfus, Examinatorium Sachenrecht) sowie den Umgang mit dem Stoff in der Fallbearbeitung, begleitet von einer kompakt-knappen Darstellung des Stoffes (Vieweg/Röthel, Casebook Sachenrecht).

Auch dieses Lehrbuch folgt einem gestuften Lernkonzept. Es gliedert das Spektrum der sachenrechtlichen Probleme nach Schwierigkeit und Relevanz in mit G, V, E und Z gekennzeichnete Grundlagen-, Vertiefungs-, Examens- und Zusatzinhalte und ermöglicht damit ein gestuft-selektives Lernen. Anfänger werden anhand von Grundfragen durch das Lehrbuch geleitet, ohne von der Stofffülle erdrückt zu werden. Beispielsfälle erleichtern das praktische Verständnis der Lerninhalte. Gleichzeitig finden Fortgeschrittene und Examenskandidaten Problemkreise dargestellt, die ihrem Kenntnisstand entsprechen. Zusatzinformationen gelten den grundsätzlich Interessierten sowie denjenigen, die Antworten auf spezielle Fragen suchen. Das Lehrbuch soll damit – ohne durch seinen Umfang zu ängstigen – ein umfassendes Lernmittel und Nachschlagewerk sein, das auch später im Beruf zur Hand genommen werden kann.

Mit Blick auf die Examensanforderungen bereitet das Lehrbuch die relevanten Meinungsstreitigkeiten für die Fallbearbeitung auf. Hierzu werden die Probleme identifiziert und systematisiert sowie die Argumente der verschiedenen Auffassungen einander gegenübergestellt. Die Tiefe der Darstellung dient dem Verständnis und der Durchdringung des Stoffes; sie ist jedoch keine Vorgabe für den Umfang einer Klausurlösung. Das Lehrbuch beschränkt sich – unter weitestgehendem Verzicht auf eigene Stellungnahmen – bewusst auf die Aufbereitung dessen, was Gegenstand der sachenrechtlichen Diskussion ist. Hierauf beruht die Auswahl der das Lehrbuch stützenden Literatur und Rechtsprechung. Von wenigen Monographien abgesehen, die die Aufarbeitung von Spezialproblemen erleichtern, wird auf die Kommentare und Lehrbücher zurückgegriffen, die einen hohen Verbreitungsgrad besitzen, auch weil sie in juristischen Bibliotheken leicht zugänglich sind. Rechtsprechung ist insoweit berücksichtigt, wie sie Eingang in die Kommentar- und Lehrbuchliteratur gefunden hat. Damit liegt im Ergebnis ein Kompendium der wesentlichen ausbildungsrelevanten sachenrechtlichen Inhalte vor.

Der Verlag hat sich aus Kostengründen entschieden, den Muster-Grundbuchauszug (Anlagenband zu BGBl. I 1995 Nr. 6) nicht abzudrucken und die Einsichtnahme auf seiner Homepage (http://studium.heymanns.com) zu ermöglichen.

An der Erarbeitung des Konzepts und dessen Realisierung haben im Laufe der Jahre eine Reihe von Mitarbeitern des Instituts für Recht und Technik aus allen Ausbildungsstufen tatkräftig mitgewirkt. Ihnen allen sei herzlich gedankt. Zusätzlich hat der Carl Heymanns Verlag dankenswerterweise mit Studenten in Bonn und Köln das Gesamtkonzept sowie Teile der drei Bände kritisch überprüft. Wir hoffen, dass es auf diese Weise gelungen ist, sowohl die Sichtweise der Lernenden und Lehrenden als auch den Anspruch der Wissenschaft einzubringen.

Erlangen, im Juli 2003 *Klaus Vieweg, Almuth Werner*

Inhaltsübersicht

Inhaltsverzeichnis

Grafiken und amtliche Muster

Abkürzungsverzeichnis

aA	anderer Ansicht
abl.	ablehnend
ABl.	Amtsblatt
ABl. EG	Amtsblatt der Europäischen Gemeinschaften
Abs.	Absatz
abw.	abweichend
AcP	Archiv für die civilistische Praxis
ADSp.	Allgemeine Deutsche Spediteurbedingungen
aE	am Ende
AEUV	Vertrag über die Arbeitsweise der Europäischen Union
aF	alte Fassung (eines neugefassten Gesetzes)
AG	Aktiengesellschaft/Amtsgericht
AGB	Allgemeine Geschäftsbedingungen
AGBG	Gesetz zur Regelung der Allgemeinen Geschäftsbedingungen (AGB-Gesetz)
AgrarR	Agrarrecht (Zeitschrift)
AK	Alternativkommentar
AktG	Aktiengesetz
allgM	allgemeine Meinung
Anh.	Anhang
Anm.	Anmerkung
ArchBürgR	Archiv für bürgerliches Recht
arg.	Argument
Art.	Artikel
AT	Allgemeiner Teil
AtG	Atomgesetz
Aufl.	Auflage
BAG	Bundesarbeitsgericht
BauGB	Baugesetzbuch
BauNVO	Verordnung über die bauliche Nutzung der Grundstücke
BauR	Baurecht (Zeitschrift)
BayAGBGB	Bayerisches Ausführungsgesetz zum Bürgerlichen Gesetzbuch
BayBO	Bayerische Bauordnung
BayObLG	Bayerisches Oberstes Landesgericht
BayObLGZ	Entscheidungen des Bayerischen Obersten Landesgerichts in Zivilsachen
BayRS	Bayerische Rechtssammlung
BB	Betriebs-Berater
BBergG	Bundesberggesetz
Bd.	Band
bearb.	bearbeitet
begr.	begründet
Bekl.	Beklagte/r
BFH	Bundesfinanzhof
BGB	Bürgerliches Gesetzbuch
BGBl.	Bundesgesetzblatt
BGH	Bundesgerichtshof
BGH LM	Das Nachschlagewerk des Bundesgerichtshofs in Zivilsachen, herausgegeben von Lindenmaier und Möhring
BGHZ	Entscheidungen des Bundesgerichtshofs in Zivilsachen
BImSchG	Gesetz zum Schutz vor schädlichen Umwelteinwirkungen durch Luftverunreinigungen, Geräusche, Erschütterungen und ähnliche Vorgänge (Bundes-Immissionsschutzgesetz)
BImSchV	Bundesimmissionsschutzverordnung

BJagdG .... Bundesjagdgesetz
BNatSchG ...... Gesetz über Naturschutz und Landschaftspflege (Bundesnaturschutzgesetz)
BNotO .... Bundesnotarordnung
BR-Drs. .... Bundesratsdrucksache
bspw. .... beispielsweise
BT .... Besonderer Teil
BT-Drs. .... Bundestagsdrucksache
BürgerlR .... Bürgerliches Recht
BVerfG .... Bundesverfassungsgericht
BVerfGE .... Entscheidungen des Bundesverfassungsgerichts
BWNotZ .... Mitteilungen aus der Praxis. Zeitschrift für das Notariat in Baden-Württemberg
bzgl. .... bezüglich
bzw. .... beziehungsweise

CR .... Computer und Recht (Zeitschrift)

DAR .... Deutsches Autorecht (Zeitschrift)
DB .... Der Betrieb (Zeitschrift)
DepotG .... Gesetz über die Verwahrung und Anschaffung von Wertpapieren
ders. .... derselbe
DGVZ .... Deutsche Gerichtsvollzieher-Zeitung
dh .... das heißt
diff. .... differenzierend
Dig. .... Digesten
DIN .... Deutsche Industrienorm
DJT .... Deutscher Juristentag
DJZ .... Deutsche Juristen-Zeitung
DNotZ .... Deutsche Notar-Zeitschrift
DStR .... Deutsches Steuerrecht
DüngMSaatG .... Gesetz zur Sicherung der Düngemittel- und Saatgutversorgung
DVBl. .... Deutsches Verwaltungsblatt
DZWir .... Deutsche Zeitschrift für Wirtschafts- und Insolvenzrecht

E .... Informationsniveau »Examen«
eA .... eine Ansicht
EBJS .... Ebenroth/Boujong/Joost/Strohn, Kommentar zum HGB
EBV .... Eigentümer-Besitzer-Verhältnis
EGBGB .... Einführungsgesetz zum Bürgerlichen Gesetzbuch
EGC .... Charta der Grundrechte der Europäischen Union
EGMR .... Europäischer Gerichtshof für Menschenrechte
EMRK .... Europäische Menschenrechtskonvention
Einf .... Einführung
eing. .... eingehend
Einl. .... Einleitung
ErbbauRG ...... Gesetz über das Erbbaurecht
ErbbauVO ...... Verordnung über das Erbbaurecht
ErbR .... Erbrecht
etc. .... et cetera
EuGH .... Gerichtshof der Europäischen Gemeinschaften
EUV .... Vertrag über die Europäische Union
EV .... Eigentumsvorbehalt
evtl. .... eventuell
EZB .... Europäische Zentralbank

f. .... folgende (Seite)/für
FamFG .... Familienverfahrensgesetz
FamR .... Familienrecht
FamRZ .... Ehe und Familie im privaten und öffentlichen Recht. Zeitschrift für das gesamte Familienrecht

ff. . . . . folgende (Seiten)
FG . . . . Festgabe
FGPrax . . . . Praxis der Freiwilligen Gerichtsbarkeit (Zeitschrift)
Fn. . . . . Fußnote
FS . . . . Festschrift
FuR . . . . Familie und Recht
FZV . . . . Fahrzeugzulassungsverordnung

G . . . . Informationsniveau »Grundlage«
G. . . . . Gesetz
GBl. . . . . Gesetzblatt
GBO . . . . Grundbuchordnung
GbR . . . . Gesellschaft des Bürgerlichen Rechts
GBV . . . . Verordnung zur Durchführung der Grundbuchordnung (Grundbuchverfügung)
gem. . . . . gemäß
GG . . . . Grundgesetz für die Bundesrepublik Deutschland
ggf. . . . . gegebenenfalls
ggü. . . . . gegenüber
GKG . . . . Gerichtskostengesetz
GmbH . . . . Gesellschaft mit beschränkter Haftung
GmbHG . . . . Gesetz betreffend die Gesellschaften mit beschränkter Haftung
GoA . . . . Geschäftsführung ohne Auftrag
GrdstVG . . . . Grundstücksverkehrsgesetz
Gruchot . . . . Gruchots Beiträge zur Erläuterung des Deutschen Rechts (Zeitschrift)
GRUR . . . . Gewerblicher Rechtsschutz und Urheberrecht (Zeitschrift)
GRUR-RR . . . . . Gewerblicher Rechtsschutz und Urheberrecht Rechtsprechungs-Report
GSZ . . . . Großer Senat in Zivilsachen

hL . . . . herrschende Lehre
hM . . . . herrschende Meinung
HessNatG . . . . . . Hessisches Naturschutzgesetz
HGB . . . . Handelsgesetzbuch
HRR . . . . Höchstrichterliche Rechtsprechung
Hrsg. . . . . Herausgeber
hrsg. . . . . herausgegeben
Hs. . . . . Halbsatz

idF . . . . in der Fassung
idR . . . . in der Regel
iE . . . . im Einzelnen
iErg . . . . im Ergebnis
iRd . . . . im Rahmen dessen
insbes. . . . . insbesondere
InsO . . . . Insolvenzordnung
iSd . . . . im Sinne der/des/dieser/dieses
iSe . . . . im Sinne einer/s
iSv . . . . im Sinne von
iVm . . . . in Verbindung mit

JA . . . . Juristische Arbeitsblätter
JherJb . . . . Jherings Jahrbücher der Dogmatik des bürgerlichen Rechts
JMBl.NW . . . . . . Justizministerialblatt für das Land Nordrhein-Westfalen
JR . . . . Juristische Rundschau
Jura . . . . Juristische Ausbildung
JuS . . . . Juristische Schulung
JW . . . . Juristische Wochenschrift
JZ . . . . Juristen-Zeitung

Kap. . . . . Kapitel

Kfz . . . . Kraftfahrzeug
KG . . . . Kommanditgesellschaft; Kammergericht
KGR . . . . Kammergericht-Report
Kl. . . . . Kläger/in
KO . . . . Konkursordnung
Komm. . . . . Kommentar
KRG . . . . Kontrollratsgesetz
KTS . . . . Zeitschrift für Konkurs-, Treuhands- und Schiedsgerichtswesen

LAI . . . . Länderausschuss für Immissionsschutz
lat. . . . . lateinisch
LG . . . . Landgericht
Lit. . . . . Literatur
LMK . . . . Kommentierte BGH-Rechtsprechung Lindenmaier-Möhring
LPartG . . . . Gesetz über die Eingetragene Lebenspartnerschaft
LS . . . . Leitsatz
LuftVG . . . . Luftverkehrsgesetz
LwVG . . . . Gesetz über das gerichtliche Verfahren in Landwirtschaftssachen

m. . . . . mit
mwN . . . . mit weiteren Nachweisen
MDR . . . . Monatsschrift für Deutsches Recht
MittBayNot . . . . . Mitteilungen des Bayerischen Notarvereins
MüKoBGB . . . . . . Münchener Kommentar zum Bürgerlichen Gesetzbuch

nF . . . . neue Fassung
NachbG . . . . Nachbarrechtsgesetz
Nieders. . . . . Niedersachen; niedersächsisch/e/es
NJOZ . . . . Neue juristische Online-Zeitschrift
NJW . . . . Neue Juristische Wochenschrift
NJW-RR . . . . NJW-Rechtsprechungsreport Zivilrecht
NK . . . . Nomos-Kommentar
NZA . . . . Neue Zeitschrift für Arbeitsrecht
NZA-RR . . . . NZA Rechtsprechungs-Report Arbeitsrecht
NStZ . . . . Neue Zeitschrift für Strafrecht
NW . . . . Nordrhein-Westfalen, nordrhein-westfälisch/e/es
NZI . . . . Neue Zeitschrift für das Recht der Insolvenz und Sanierung
NZM . . . . Neue Zeitschrift für Miet- und Wohnungsrecht
NZV . . . . Neue Zeitschrift für Verkehrsrecht

OGHBrZ . . . . Oberster Gerichtshof für die Britische Zone; auch: Amtliche Sammlung der Entscheidungen des Obersten Gerichtshofs für die Britische Zone in Zivilsachen
OHG . . . . offene Handelsgesellschaft
OLG . . . . Oberlandesgericht
OLGR . . . . OLG-Report
OLGRspr. . . . . . . Rechtsprechung der Oberlandesgerichte
OLGZ . . . . Entscheidungen der Oberlandesgerichte in Zivilsachen

P . . . . Problem
PartGG . . . . Gesetz über Partnerschaftsgesellschaften Angehöriger Freier Berufe
Pkw . . . . Personenkraftwagen

qm . . . . Quadratmeter

RGBl. . . . . Reichsgesetzblatt
RGRK . . . . Das Bürgerliche Gesetzbuch unter besonderer Berücksichtigung der Rechtsprechung des Reichsgerichts und des Bundesgerichtshofes, Kommentar
RGZ . . . . Entscheidungen des Reichsgerichts in Zivilsachen
RMBl. . . . . Reichsministerialblatt

Rn.	Randnummer(n)
Rpfleger	Der Deutsche Rechtspfleger (Zeitschrift)
RSiedlG	Reichssiedlungsgesetz
Rspr.	Rechtsprechung
S.	Satz/Seite(n)
SachenR	Sachenrecht
ScheckG	Scheckgesetz
SchlHA	Schleswig-Holsteinische Anzeigen
SchuldR	Schuldrecht
SchRG	Gesetz über Rechte an eingetragenen Schiffen und Schiffsbauwerken
SeuffBl.	Seufferts Blätter für Rechtsanwendung
sog.	sogenannt/e/er
StGB	Strafgesetzbuch
str.	streitig
StVO	Straßenverkehrsordnung
Teilbd.	Teilband
Überbl.	Überblick
UmweltHG	Umwelthaftungsgesetz
UmweltHR	Umwelthaftungsrecht
UrhG	Urhebergesetz
usw.	und so weiter
uU	unter Umständen
UWG	Gesetz gegen den unlauteren Wettbewerb
V	Informationsniveau »Vertiefung«
v.	vom/von
Var.	Variante
VDE	Verband Deutscher Elektrotechniker
VDI	Verein Deutscher Ingenieure
VerbrKrG	Verbraucherkreditgesetz
vgl.	vergleiche
VIZ	Zeitschrift für Vermögens- und Immobilienrecht
VK	Vorbehaltskäufer
VO	Verordnung
Vorb	Vorbemerkung
Vorbem	Vorbemerkung
vs.	versus
VVG	Gesetz über den Versicherungsvertrag (Versicherungsvertragsgesetz)
VVK	Vorbehaltsverkäufer
VwVfG	Verwaltungsverfahrensgesetz
WarnRspr.	Warneyer, Die Rechtsprechung des Reichsgerichts
WechselG	Wechselgesetz
WEG	Gesetz über das Wohnungseigentum und das Dauerwohnrecht (Wohnungseigentumsgesetz)
WG	Wohngemeinschaft
WHG	Wasserhaushaltsgesetz
WM	Zeitschrift für Wirtschafts- und Bankrecht, Wertpapiermitteilungen
wN	weitere Nachweise
WuM	Wohnungswirtschaft und Mietrecht (Zeitschrift)
Z	über das Examensniveau hinausgehende Zusatzinformationen
zB	zum Beispiel
ZeuP	Zeitschrift für Europäisches Privatrecht
ZEV	Zeitschrift für Erbrecht und Vermögensnachfolge
ZfBR	Zeitschrift für deutsches und internationales Bau- und Vergaberecht

ZfS . . . . Zeitschrift für Schadensrecht
ZGS . . . . Zeitschrift für das gesamte Schuldrecht/Zeitschrift für Vertragsgestaltung, Schuld- und Haftungsrecht
ZHR . . . . Zeitschrift für das gesamte Handels- und Wirtschaftsrecht
ZIP . . . . Zeitschrift für Wirtschaftsrecht und Insolvenzpraxis
zit. . . . . zitiert
ZJS . . . . Zeitschrift für das Juristische Studium
ZMR . . . . Zeitschrift für Miet- und Raumrecht
ZPO . . . . Zivilprozessordnung
zT . . . . zum Teil
ZUM-RD . . . . Zeitschrift für Urheber- und Medienrecht - Rechtsprechungsdienst
zust. . . . . zustimmend/er
ZVG . . . . Gesetz über die Zwangsversteigerung und die Zwangsverwaltung
ZZP . . . . Zeitschrift für Zivilprozess

Literaturverzeichnis

Lehrbücher und Monographien

Baur, F./Stürner, R., Sachenrecht, 18. Aufl. 2009 (zit.: *Baur/Stürner* SachenR)

Brehm, W./Berger, C., Sachenrecht, 3. Aufl. 2014 (zit.: *Brehm/Berger* SachenR)

Brox, H./Walker, W.-D. Zwangsvollstreckungsrecht, 10. Aufl. 2014 (zit.: *Brox/Walker* ZVR)

Bülow, P., Recht der Kreditsicherheiten, 8. Aufl. 2012 (zit.: *Bülow* Kreditsicherheiten)

Canaris, C.-W., Handelsrecht, 24. Aufl. 2006 (zit.: *Canaris* HandelsR)

Enneccerus, L./Nipperdey, H. C., Allgemeiner Teil des Bürgerlichen Rechts, 14. Aufl. 1952 (zit.: *Enneccerus/Nipperdey* BGB AT I)

Esser, J./Schmidt, E., Schuldrecht Bd. 1 Allgemeiner Teil, Teilbd. 2: Durchführungshindernisse und Vertragshaftung, Schadensausgleich und Mehrseitigkeit beim Schuldverhältnis, 8. Aufl. 2000 (zit.: *Esser/Schmidt* SchuldR AT II)

Esser, J./Weyers, H.-J., Schuldrecht Bd. 2 Besonderer Teil, Teilbd. 1: Verträge, 8. Aufl. 1998; Teilbd. 2: Gesetzliche Schuldverhältnisse, 8. Aufl. 2000 (zit.: *Esser/Weyers* SchuldR BT 1 bzw. 2)

Flume, W., Allgemeiner Teil des Bürgerlichen Rechts, Bd. 2: Das Rechtsgeschäft, 4. Aufl. 1992 (zit.: *Flume* BGB AT II)

Gaul, H./Schilken, E./Becker-Eberhard, E., Zwangsvollstreckungsrecht, 12. Aufl. 2010 (zit.: *Gaul/Schilken/Becker-Eberhard* ZVR)

Gernhuber, J./Coester-Waltjen, D., Lehrbuch des Familienrechts, 6. Aufl. 2010 (zit.: *Gernhuber/Coester-Waltjen* FamR)

Gottwald, P., BGB-Sachenrecht (Reihe: Prüfe dein Wissen Bd. 4, 16. Aufl. 2014 (zit.: *Gottwald* PdW SachenR)

Grunewald, B., Bürgerliches Recht, 9. Aufl. 2014 (zit.: *Grunewald* BürgerlR)

Grunewald, B., Gesellschaftsrecht, 9. Aufl. 2014 (zit.: *Grunewald* GesR)

Gursky, K.-H., 20 Probleme aus dem Sachenrecht ohne Eigentümer-Besitzer-Verhältnis, 8. Aufl. 2014 (zit.: *Gursky* 20 Probleme SachenR)

Gursky, K.-H., 20 Probleme aus dem Eigentümer-Besitzer-Verhältnis, 8. Aufl. 2009 (zit.: *Gursky* 20 Probleme EBV)

Gursky, K.-H., Klausurenkurs im Sachenrecht (Reihe: Fälle und Lösungen nach höchstrichterlichen Entscheidungen), 12. Aufl. 2008 (zit.: *Gurksy* Fälle und Lösungen SachenR)

Hager, J., Verkehrsschutz durch redlichen Erwerb, 1990

Habersack, M., Examens-Repetitorium Sachenrecht, 7. Aufl. 2012 (zit.: *Habersack* SachenR)

Heck, P., Grundriß des Sachenrechts, 1930 (zit.: *Heck* SachenR)

Holzer, J./Kramer, A., Grundbuchrecht, 2. Aufl. 2004 (zit.: *Holzer/Kramer* GrundbuchR)

Hübner, H., Allgemeiner Teil des Bürgerlichen Rechts, 2. Aufl. 1996 (zit.: *Hübner* BGB AT)

Jauernig, O./Berger, C., Zwangsvollstreckungs- und Insolvenzrecht, 23. Aufl. 2010 (zit.: *Jauernig/Berger* ZVR/InsR)

Jauernig, O./Hess, B., Zivilprozessrecht, 30. Aufl. 2011 (zit.: *Jauernig/Hess* ZivilProzR)

Lange, H./Schiemann, G.,	Fälle zum Sachenrecht, 6. Aufl. 2008 (zit.: *Lange/Schiemann* Fälle SachenR)
Larenz, K.,	Schuldrecht Allgemeiner Teil, 14. Aufl. 1987 (zit.: *Larenz* SchuldR I)
Larenz, K./Canaris, C.-W.,	Schuldrecht Besonderer Teil Bd. 2, Teilbd. 2, 13. Aufl. 1994 (zit.: *Larenz/Canaris* SchuldR II 2)
Lüke, W.,	Sachenrecht, 3. Aufl. 2014 (zit.: *Lüke* SachenR)
Martinek, M.,	Moderne Vertragstypen, Bd. 1: Leasing und Factoring, 1991 (zit.: *Martinek* ModVertragstypen I)
Medicus, D.,	Allgemeiner Teil des BGB, 10. Aufl. 2010 (zit.: *Medicus* BGB AT)
Medicus, D./Lorenz, S.,	Schuldrecht Besonderer Teil, 17. Aufl. 2014 (zit.: *Medicus/Lorenz* SchuldR II BT)
Medicus, D./Petersen, J.,	Bürgerliches Recht, 24. Aufl. 2013 (zit.: *Medicus/Petersen* BürgerlR)
Neuner, J.,	Sachenrecht, 4. Aufl. 2013 (zit.: *Neuner* SachenR)
Picker, E.,	Der negatorische Abwehranspruch, 1972
Pinger, W./Scharrelmann, U./ Thissen, M.,	20 Probleme aus dem BGB, das Eigentümer-Besitzer-Verhältnis, 4. Aufl. 1988 (zit.: *Pinger/Scharrelmann/Thissen* 20 Probleme EBV)
Prütting, H.,	Sachenrecht, 35. Aufl. 2014 (zit.: *Prütting* SachenR)
Reinicke, D./Tiedtke, K.,	Kreditsicherung, 5. Aufl. 2006 (zit.: *Reinicke/Tiedtke* Kreditsicherung)
Rimmelspacher, B.,	Kreditsicherungsrecht, 2. Aufl. 1987 (zit.: *Rimmelspacher* KreditsicherungsR)
Rosenberg, L./Schwab, K. H./ Gottwald, P.,	Zivilprozessrecht, 17. Aufl. 2010 (zit.: *Rosenberg/Schwab/Gottwald* ZivilProzR)
Schapp, J./Schur, W.,	Sachenrecht, 4. Aufl. 2010 (zit.: *Schapp/Schur* SachenR)
Schilken, E.,	Zivilprozessrecht, 7. Aufl. 2014 (zit.: *Schilken* ZivilProzR)
Schmidt, Karsten,	Gesellschaftsrecht, 4. Aufl. 2002 (zit.: *Schmidt* GesR)
Schöner, H./Stöber, K.,	Grundbuchrecht, 15. Aufl. 2012 (zit.: *Schöner/Stöber* GrundbuchR)
Schreiber, K.,	Sachenrecht, 5. Aufl. 2008 (zit.: *Schreiber* SachenR)
Schwab, D.,	Familienrecht, 22. Aufl. 2014 (zit.: *Schwab* FamR)
Serick, R.,	Eigentumsvorbehalt und Sicherungsübertragung, 2. Aufl. 1986 (zit.: *Serick* Eigentumsvorbehalt I, II bzw. IV)
Vieweg, K./Röthel, A.,	Fälle zum Sachenrecht – Ein Casebook, 3. Aufl. 2014 (zit.: *Vieweg/Röthel* Fälle SachenR)
Weber, H./Weber, J.-A.,	Kreditsicherungsrecht, 9. Aufl. 2012 (zit.: *Weber/Weber* KreditsicherungsR)
Weber, R.,	Sachenrecht I, Bewegliche Sachen, 3. Aufl. 2013 (zit.: *Weber* SachenR I)
Westermann, H.-P.,	BGB – Sachenrecht, 12. Aufl. 2012 (zit.: *Westermann* SachenR)
Westermann, H.-P./Gursky, K.-H./Eickmann, D.,	Sachenrecht, 8. Aufl. 2011 (zit.: *Westermann/Gursky/Eickmann* SachenR)
Westermann, H.-P.,	Sachenrecht, Bd. I, Grundlagen und Recht der beweglichen Sachen, 6. Aufl. 1990 (zit.: *Westermann* SachenR I, 6. Aufl. 1990); Bd. II, Immobiliarsachenrecht, 6. Aufl. 1988; (zit.: *Westermann* SachenR II, 6. Aufl. 1988)
Westermann, H.-P.,	Sachenrecht, 5. Aufl. 1973 (zit.: *Westermann* SachenR, 5. Aufl. 1973)
Wieling, H. J.,	Sachenrecht, Bd. I: Sachen, Besitz und Rechte an beweglichen Sachen, 2. Aufl. 2006 (zit.: *Wieling* SachenR I)

Wieling, H. J., Sachenrecht, 5. Aufl. 2007 (zit.: *Wieling* SachenR)

Wilhelm, J., Sachenrecht, 4. Aufl. 2010 (zit.: *Wilhelm* SachenR)

Wolf, E., Lehrbuch des Sachenrechts, 2. Aufl. 1979 (zit.: *Wolf* SachenR)

Wolf, M./Neuner, J., Allgemeiner Teil des Bürgerlichen Rechts, 10. Aufl. 2012 (zit.: *Wolf/Neuner* BGB AT)

Wolf, M./Wellenhofer, M., Sachenrecht, 29. Aufl. 2014 (zit.: *Wolf/Wellenhofer* SachenR)

Wolff, M./Raiser, L., Lehrbuch des Bürgerlichen Rechts, begründet von Enneccerus/Kipp/Wolff, Bd. 3, Sachenrecht, 10. Aufl. 1957 (zit.: *Wolff/Raiser* SachenR)

Kommentare

AK-BGB, Kommentar zum Bürgerlichen Gesetzbuch (Reihe: Alternativkommentare, Gesamthrsg.: *Wassermann, R.*), Bd. 4: Sachenrecht, 1983 (zit.: AK-BGB/*Bearbeiter*)

AK-ZPO, Kommentar zur Zivilprozessordnung (Reihe: Alternativkommentare, Gesamthrsg.: *Wassermann, R.*), 1987 (zit.: AK-ZPO/*Bearbeiter*)

Andres, D./Leithaus, R., Insolvenzordnung (InsO), 3. Aufl. 2014 (zit.: Andres/Leithaus/*Bearbeiter*)

Bamberger, H. G./Roth, H., Kommentar zum Bürgerlichen Gesetzbuch, Bd. 1, 3. Aufl. 2012, Bd. 2, 3. Aufl. 2012, Bd. 3, 3. Aufl. 2012 (zit.: Bamberger/Roth/*Bearbeiter*)

Bärmann, J., WEG, 12. Aufl. 2013 (zit.: Bärmann/*Bearbeiter*)

Baumbach, A./Hopt, K. J., Handelsgesetzbuch, 36. Aufl. 2014 (zit.: Baumbach/Hopt/*Bearbeiter*)

Baumbach, A./Lauterbach, W./Albers, J./Hartmann, P., Zivilprozessordnung, 73. Aufl. 2015 (zit.: BLAH/*Bearbeiter*)

Braun, E., Insolvenzordnung (InsO), 6. Aufl. 2014 (zit.: Braun/*Bearbeiter*)

Demharter, J., Kommentar zur Grundbuchordnung, 29. Aufl. 2014

Ebenroth, K./Boujong, C. T./Joost, D./Strohn, L., HGB Bd. 2: §§ 343–475h, 2. Aufl. 2009 (zit.: EBJS/*Bearbeiter*)

Erman, W., Bürgerliches Gesetzbuch, hrsg. von *H. P. Westermann*, 14. Aufl. 2014 (zit.: Erman/*Bearbeiter*)

Grabitz, E./Hilf, M./Nettesheim, M., Das Recht der Europäischen Union, Bd. 1, 54. Ergänzungslieferung September 2014 (zit.: Grabitz/Hilf/Nettesheim/*Bearbeiter*)

GK-HGB, Handelsgesetzbuch, Großkommentar, hrsg. von *Canaris, C.-W./Schilling, W./Ulmer, P.*, Bd. 4, 5. Aufl. 2012 (zit.: GK-HGB/*Bearbeiter*)

HK-BGB, Bürgerliches Gesetzbuch, Handkommentar, hrsg. von *Schulze, R./Dörner, H./Ebert, I./Hoeren, T./Kemper, R./Saenger, I./Schreiber, K./Schulte-Nölke, H./Staudinger, A.*, 8. Aufl. 2014 (zit.: Hk-BGB/*Bearbeiter*)

Jauernig, O., Bürgerliches Gesetzbuch, 15. Aufl. 2014 (Jauernig/*Bearbeiter*)

jurisPK-BGB, juris-Praxiskommentar, hrsg. von *Herberger, M./Martinek, M./Rüßmann, H./Weth, S.*; Bd. 1 Allgemeiner Teil, 6. Aufl. 2012; Bd. 3 Sachenrecht, 6. Aufl. 2013 (zit.: jurisPK-BGB/*Bearbeiter*)

Kuntze, J./Ertl, R./Herrmann, R./Eickmann, D., Grundbuchordnung, 6. Aufl. 2006 (zit.: Kuntze/Ertl/Herrmann/Eickmann/*Bearbeiter*)

Lemke, R., Immobilienrecht, 2. Aufl. 2013 (zit.: Lemke/*Bearbeiter*)

Maunz, T./Dürig, G., Grundgesetz, Stand: 73. Ergänzungslieferung Juli 2014 (zit.: Maunz/Dürig/*Bearbeiter*)

Meikel, G., GBO – Grundbuchordnung, 10. Aufl. 2009 (zit.: Meikel/*Bearbeiter*)

Meyer, J.,	Charta der Grundrechte der Europäischen Union, 4. Aufl. 2014 (zit.: Meyer/*Bearbeiter*)
Münchener Kommentar zum Bürgerlichen Gesetzbuch,	hrsg. von *Rebmann, K./Säcker, f. J./Rixecker, R.*, Bd. 1 Allgemeiner Teil, §§ 1–240, 6. Aufl. 2012; Bd. 2 Schuldrecht Allgemeiner Teil, §§ 241–432, 6. Aufl. 2012; Bd. 3 Schuldrecht Besonderer Teil I, §§ 433–610, 6. Aufl. 2012; Bd. 4 Schuldrecht Besonderer Teil II, §§ 611–704, 6. Aufl. 2012; Bd. 5 Schuldrecht Besonderer Teil III, §§ 705–853, 6. Aufl. 2013; Bd. 6 Sachenrecht, §§ 854–1296, 6. Aufl. 2013; Bd. 7 Familienrecht I, §§ 1297–1588, 6. Aufl. 2013; Bd. 9 Erbrecht, §§ 1922–2385, 6. Aufl. 2013 (zit.: MüKoBGB/*Bearbeiter*)
Münchener Kommentar zur Zivilprozessordnung,	hrsg. von *Rauscher, T./Wax, J./Wenzel, W.*, Bd. 1 §§ 1–510c, 4. Aufl. 2013; Bd. 2 §§ 511–945, 4. Aufl. 2012 (zit.: MüKoZPO/*Bearbeiter*)
Musielak, H. J./Voit, W.,	Kommentar zur Zivilprozessordnung, 12. Aufl. 2015 (zit.: Musielak/Voit/*Bearbeiter*)
NK-BGB, Nomos Kommentar zum BGB,	Bd. 3: Sachenrecht, 3. Aufl. 2013, hrsg. von *Ring, G./Grziwotz, H./Keukenschrijver, A.* (zit.: NK-BGB/*Bearbeiter*)
Palandt, O.,	Bürgerliches Gesetzbuch, 74. Aufl. 2014 (zit.: Palandt/*Bearbeiter*)
Planck, G.,	Planck's Kommentar zum Bürgerlichen Gesetzbuch, 5. Aufl. 1938 (zit.: Planck/*Bearbeiter*)
Prütting, H./Wegen, G./ Weinreich. G.,	BGB – Kommentar, 10. Aufl. 2015 (zit.: PWW/*Bearbeiter*)
Reichsgerichtsrätekommentar,	Das Bürgerliche Gesetzbuch mit besonderer Berücksichtigung der Rechtsprechung des Reichsgerichts und des Bundesgerichtshofs, hrsg. von den Mitgliedern des Bundesgerichtshofs, Bd. 3 Sachenrecht, 12. Aufl. 1979; Teilbd. 1 §§ 854–1011; Teilbd. 2 §§ 1012–1296 (zit.: RGRK/*Bearbeiter*)
Schuschke, W./Walker, W.-D.,	Vollstreckung und vorläufiger Rechtsschutz, 5. Aufl. 2011 (zit.: Schuschke/Walker/*Bearbeiter*)
Soergel, H.Th.,	Bürgerliches Gesetzbuch, hrsg. von *Siebert,* 13. Aufl.; Bd. 1 Allgemeiner Teil 1, §§ 1–103 (2000); Bd. 2 Allgemeiner Teil 2, §§ 104–240 (1999); Bd. 3/2 Schuldrecht 1/1, §§ 243–304 (2014); Bd. 14 Sachenrecht 1, §§ 854–984 (2002); Bd. 15 Sachenrecht 2, §§ 985–1017 (2007); Bd. 16 Sachenrecht 3, §§ 1018–1296 (2001); Bd. 21 Erbrecht 1, §§ 1922–2063 (2002); Bürgerliches Gesetzbuch, hrsg. von *Siebert,* 12. Aufl.; Bd. 4/1 Schuldrecht III/1, §§ 516–651 (1997); Bd. 6 Sachenrecht, §§ 854–1296 BGB, WEG, ErbbauVO, SchiffsG (1989) (zit.: Soergel/*Bearbeiter*)
Staudinger, J. v.,	Eckpfeiler des Zivilrechts, 2014 (zit.: Staudinger/*Bearbeiter* Eckpfeiler)
Staudinger, J. v.,	Staudingers Kommentar zum Bürgerlichen Gesetzbuch, 13. Bearbeitung; §§ 90–124; §§ 130–133 (2012); §§ 134–138; Anh zu § 138: ProstG (2011); §§ 139–163 (2010); §§ 164–240 (2014); §§ 244–248 (1997); §§ 255–304 (2014); §§ 311b, 311c (2012); §§ 328–345 (2009); §§ 362–396 (2011); §§ 433–487 (2014); §§ 491–512 (2012); §§ 562–580a; Anh zum Mietrecht: AGG (2014); §§ 581–606 (2013); §§ 631–651 (2013); §§ 657–704 (2006); §§ 765–778 (2013); §§ 812–822 (2007); §§ 823 E-I, 824, 825 (2009); §§ 826–829; ProdHaftG (2014); §§ 840–853 (2007); Einl zum Sachenrecht; §§ 854–882 (2012); §§ 883–902 (2013); §§ 903–904 (2002); §§ 905–924 (2009); UmweltHR (2010); §§ 925–984; Anh zu §§ 929 ff. (2011); §§ 985–1011 (2013); ErbbauRG; §§ 1018–1112 (2009); §§ 1113–1203 (2015); §§ 1204–1296; SchiffsRG (2009); §§ 1353-1362 (2012); §§ 1773–1895 (2014); §§ 1967–2063 (2010) (zit.: Staudinger/*Bearbeiter*)

Stein, F./Jonas, M., Kommentar zur Zivilprozessordnung, 22. Aufl.; Bd. 1 Einleitung §§ 1–40 (2003); Bd. 4 §§ 253–327 (2008); Bd. 7 §§ 704–827 (2002) (zit.: Stein/Jonas/*Bearbeiter*)

Thomas, H./Putzo, H., Zivilprozessordnung, 36. Aufl. 2015 (zit.: Thomas/Putzo/*Bearbeiter*)

Zöller, R., ZPO, 30. Aufl. 2014 (zit.: Zöller/*Bearbeiter*)

§ 1 Grundlagen

I. Regelungsgegenstand und -konzept, Funktionen des Sachenrechts

1. Regelungsgegenstand (G)

Das Sachenrecht befasst sich in erster Linie mit den Beziehungen von Personen (*Rechtssubjekten*, dh Trägern eigener Rechte und Pflichten) zu Sachen iSd § 90 BGB (*Rechtsobjekten*).[1] Geregelt wird daneben die Zuordnung von Sachen und Sachbestandteilen (zB Zubehör iSd § 97 BGB und wesentliche Bestandteile iSd §§ 93 f. BGB). *Tiere* unterfallen nicht mehr dem Sachbegriff. Sie bleiben aber weiterhin Rechtsobjekte und werden letztlich wie bewegliche Sachen behandelt (§ 90a BGB).[2] Das Sachenrecht enthält zudem gesetzliche Schuldverhältnisse, deren Regelung im Zusammenhang mit der Ausgestaltung der dinglichen Rechte erforderlich war (zB Eigentümer-Besitzer-Verhältnis, §§ 987 ff. BGB). Systemwidrig sind der Nießbrauch an Rechten (§§ 1068–1084 BGB) und das Pfandrecht an Rechten (§§ 1273–1296 BGB) im Dritten Buch erfasst. 1

2. Regelungskonzept (G)

Das Dritte Buch des BGB enthält die zentralen Regelungen des Sachenrechts.[3] Sie sind nicht abschließend: Wichtige Vorschriften finden sich – »vor die Klammer gezogen« – auch im Ersten Buch (§§ 90 ff. BGB). Andere Vorschriften sind nach dem Kriterium der Sachnähe im Vierten Buch (zB § 1362 BGB) und im Fünften Buch (zB § 1922 BGB) zu finden. Einige Bereiche sind spezialgesetzlich geregelt (WEG, ErbbauRG). Weiterhin ergeben sich Verzahnungen und Überschneidungen insbesondere mit öffentlich-rechtlichen Vorschriften (zB Baurecht, Immissionsschutzrecht). 2

Das Sachenrecht gibt durch die Definition dinglicher Rechte und die Formulierung von Prinzipien einen Rahmen vor, der privatautonom auszufüllen ist. Durch die Verwendung unbestimmter Rechtsbegriffe (zB »wesentlich« und »wirtschaftlich zumutbar« in § 906 II BGB) lässt der Gesetzgeber Raum für Wertungen.

Abgesichert wird die Beachtung der Sachenrechte durch ein System dinglicher Anspruchsgrundlagen (zB §§ 985, 1004, 861 BGB).[4]

---

1 Vgl. zum Sachbegriff iE → § 1 Rn. 12 f.

2 *Prütting* SachenR Rn. 6. Nach Staudinger/*Seiler* (2002) § 903 Rn. 31 ist die Norm ohne juristischen Gehalt.

3 Eine komprimierte Darstellung (»Sachenrecht kompakt«) findet sich bei *Vieweg/Regenfus* Examinatorium SachenR 1–129.

4 Zum Begriff und zur Rechtsnatur dinglicher Ansprüche, siehe *Habersack* SachenR Rn. 64 ff. Eine Auflistung dinglicher Ansprüche findet sich bei Staudinger/*Seiler* Eckpfeiler U Rn. 24.

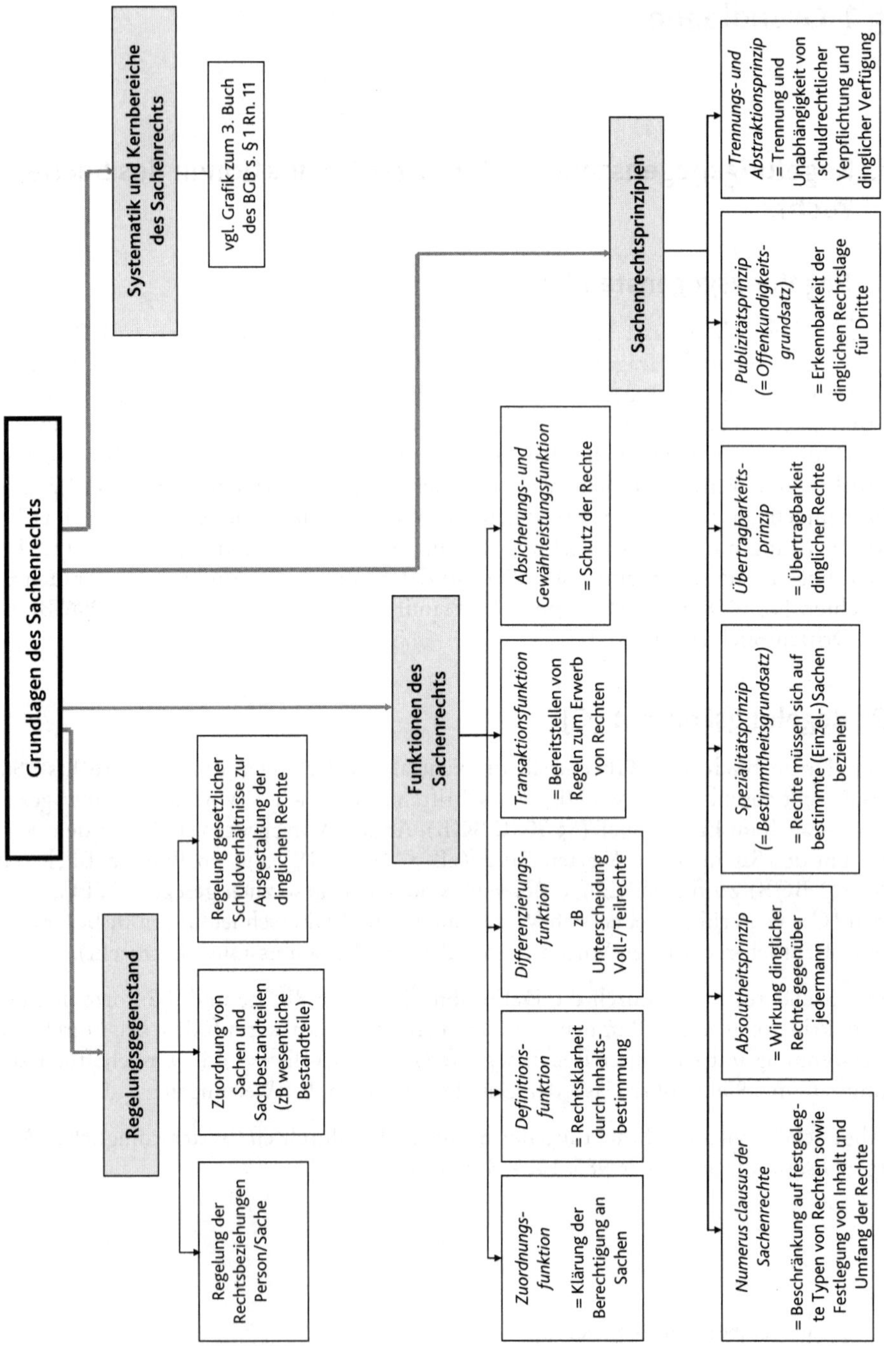
Grundlagen des Sachenrechts
Systematik und Kernbereiche des Sachenrechts
vgl. Grafik zum 3. Buch des BGB s. § 1 Rn. 11
Regelungsgegenstand
Regelung der Rechtsbeziehungen Person/Sache
Zuordnung von Sachen und Sachbestandteilen (zB wesentliche Bestandteile)
Regelung gesetzlicher Schuldverhältnisse zur Ausgestaltung der dinglichen Rechte
Funktionen des Sachenrechts
Zuordnungs-funktion = Klärung der Berechtigung an Sachen
Definitions-funktion = Rechtsklarheit durch Inhalts-bestimmung
Differenzierungs-funktion zB Unterscheidung Voll-/Teilrechte
Transaktionsfunktion = Bereitstellen von Regeln zum Erwerb von Rechten
Absicherungs- und Gewährleistungsfunktion = Schutz der Rechte
Sachenrechtsprinzipien
Numerus clausus der Sachenrechte = Beschränkung auf festgeleg-te Typen von Rechten sowie Festlegung von Inhalt und Umfang der Rechte
Absolutheitsprinzip = Wirkung dinglicher Rechte gegenüber jedermann
Spezialitätsprinzip (= Bestimmtheitsgrundsatz) = Rechte müssen sich auf bestimmte (Einzel-)Sachen beziehen
Übertragbarkeits-prinzip = Übertragbarkeit dinglicher Rechte
Publizitätsprinzip (= Offenkundigkeits-grundsatz) = Erkennbarkeit der dinglichen Rechtslage für Dritte
Trennungs- und Abstraktionsprinzip = Trennung und Unabhängigkeit von schuldrechtlicher Verpflichtung und dinglicher Verfügung

3. Funktionen (G)

Ungeachtet gewisser Funktionsüberschneidungen ist das Sachenrecht durch folgende Funktionen[5] gekennzeichnet: 3

- *Zuordnungsfunktion*: Klärung der Berechtigung – negativ formuliert: der Ausschließung (zB § 903 BGB);
- *Definitionsfunktion*: Schaffung von Rechtsklarheit und -sicherheit (zB §§ 854 I, 855, 1113 I BGB);
- *Differenzierungsfunktion*: Schaffung von Voll- und Teilrechten zur Nutzungs- und Vermarktungsoptimierung (zB §§ 1018 ff., 1204 ff. BGB);
- *Transaktionsfunktion*: Bereitstellung von Erwerbsregelungen, um die Umlauffähigkeit von Sachen zu ermöglichen (zB §§ 873 ff., 929 ff. BGB);
- *Absicherungs- und Gewährleistungsfunktion*: Ausgleich für Verletzung und Gefährdung zugewiesener Voll- und Teilrechte durch ein System von Ansprüchen des Berechtigten auf Herausgabe (zB § 985 BGB), Schadensersatz (zB § 989 BGB), Nutzungsersatz (zB §§ 987 I, 988 BGB), Wertersatz (zB § 987 II BGB) und Entschädigung (zB § 906 II 2 BGB) sowie Abwehr – Beseitigung und Unterlassung – von Störungen (zB § 1004 I BGB).

II. Prinzipien des Sachenrechts

1. Überblick (G)

Zum Regelungskonzept des Sachenrechts gehören folgende Prinzipien, die auch und gerade für das Verständnis der Detailregelungen und deren Auslegung unverzichtbar sind: 4

- Numerus clausus der Sachenrechte;
- Absolutheitsprinzip;
- Spezialitätsprinzip (= Bestimmtheitsgrundsatz);
- Übertragbarkeitsprinzip;
- Publizitätsprinzip (= Offenkundigkeitsgrundsatz);
- Trennungsprinzip;
- Abstraktionsprinzip.

Diese Prinzipien sind jedoch – ihrem Charakter entsprechend – innerhalb des Dritten Buchs nicht stets in voller Intensität umgesetzt;[6] umgekehrt kommen sie auch außerhalb des Sachenrechts zur Geltung.[7]

5 Vgl. *Wolf/Wellenhofer* SachenR § 1 Rn. 1 ff.

6 So ist das Publizitätsprinzip im Immobiliensachenrecht strenger umgesetzt als im Recht der beweglichen Sachen. § 929 S. 1 BGB trägt ihm dort in größerem Maß Rechnung als § 930 BGB.

7 So gilt das Abstraktionsprinzip auch für das Verhältnis von Forderungskauf und Abtretung; das Absolutheitsprinzip liegt auch den Immaterialgüterrechten zugrunde.

2. Prinzipien des Sachenrechts

a) Numerus clausus der Sachenrechte (G)

5 Die dinglichen Rechte sind aus Gründen der Rechtsklarheit im Gesetz abschließend festgelegt. Es besteht zum einen eine Beschränkung auf die gesetzlich normierten Typen (sog. *Typenzwang oder Typenbegrenzung*);[8] zum anderen sind Inhalt und Umfang der dinglichen Rechte durch das Gesetz zwingend vorgeschrieben (sog. *Typenfixierung*).[9] Demgemäß ist im Sachenrecht – verglichen mit dem Schuldrecht – die Privatautonomie deutlich beschränkt. Die Parteien können keine neuen dinglichen Rechte schaffen. Sie können die gesetzlich vorgesehenen Typen nur eingeschränkt abändern.[10]

Allerdings wurden im Wege der richterlichen Rechtsfortbildung zwei neue dingliche Rechtsinstitute entwickelt: das Treuhandeigentum mit dem Unterfall der Sicherungsübereignung[11] und das Anwartschaftsrecht[12] als gesicherte Vorstufe des Vollrechts. Da diese Rechtsinstitute nicht durch die Gestaltungsfreiheit der Vertragspartner, sondern durch richterliche Rechtsfortbildung[13] geschaffen wurden, ist das Prinzip des Numerus clausus der Sachenrechte hierbei nicht durchbrochen worden.

b) Absolutheitsprinzip (G)

6 Das Absolutheitsprinzip besagt, dass dingliche Rechte nicht nur relativ gegenüber einer bestimmten Person, sondern absolut gegenüber jedermann wirken.[14] Der Berechtigte besitzt eine absolute Herrschaftsmacht und kann bei Eingriffen Ansprüche (zB auf Herausgabe, Schadensersatz, Beseitigung, Unterlassung) geltend machen.[15] Diese Absolutheit bedeutet weiter, dass die durch Gesetz eingeräumte Rechtsstellung grundsätzlich personell unteilbar ist (Ausnahmen: relative Veräußerungsverbote, Vormerkung, treuhänderische Rechtsübertragung).[16]

Für das Eigentum als dingliches Vollrecht bedeutet das Absolutheitsprinzip zweierlei: zum einen, dass der Eigentümer jeden anderen von jeder Einwirkung ausschließen kann; zum anderen, dass er seine Eigentümerstellung grundsätzlich unteilbar hinsichtlich aller durch das Eigentum vermittelten Befugnisse im Verhältnis zu jedem anderen innehat. Wirtschaftlich ist folglich mit dem absoluten Recht eine vergleichsweise stärkere Position verbunden als mit dem relativen Recht.

8 Staudinger/*Seiler* (2012) Einl zum SachenR Rn. 38; *Prütting* SachenR Rn. 20.
9 *Baur/Stürner* SachenR § 1 Rn. 7.
10 *Wilhelm* SachenR Rn. 14 f.; *Wolf/Wellenhofer* SachenR § 2 Rn. 2 ff.; Staudinger/*Seiler* Eckpfeiler U Rn. 37 ff.
11 Vgl. iE → § 12 Rn. 4.
12 Vgl. iE → § 11 Rn. 35 ff.
13 Nach jahrzehntelanger praktischer Handhabung hat der Gesetzgeber in mehreren Vorschriften, bspw. in § 51 Nr. 1 InsO die Sicherungsübereignung anerkannt; vgl. *Baur/Stürner* SachenR § 56 Rn. 4.
14 Siehe nur MüKoBGB/*Gaier* Einl Sachenrecht Rn. 10; *Wieling* SachenR § 1 II 3b. Eine Aufstellung dinglicher Rechte innerhalb und außerhalb des BGB findet sich bei Staudinger/*Seiler* Eckpfeiler U Rn. 15 f.
15 Vgl. iE *Baur/Stürner* SachenR § 4 Rn. 4 ff.
16 *Baur/Stürner* SachenR § 4 Rn. 7 f. Vgl. dazu → § 4 Rn. 62, → § 14 Rn. 17 bzw. → § 3 Rn. 12.

Der umfassende Rechtsschutz durch dingliche Ansprüche wird durch Ansprüche aus gesetzlichen Schuldverhältnissen ergänzt, die bei der Verletzung eines dinglichen Rechts begründet werden (insbesondere § 812 I 1 Alt. 2 BGB – Eingriffskondiktion, § 823 I BGB, §§ 987 ff. BGB).

c) Spezialitätsprinzip (= Bestimmtheitsgrundsatz) (G)

Rechtsklarheit und die absolute Wirkung dinglicher Rechte erfordern, dass diese nur an bestimmten einzelnen Sachen bestehen und auch nur bezogen auf diese übertragen werden können.[17] Dingliche Rechtsgeschäfte müssen sich deshalb auf konkrete, bereits vorhandene oder zumindest bestimmbare Sachen beziehen. Es gibt daher weder an Teilen von Sachen noch an Sach- oder Rechtsgesamtheiten (zB Bibliothek, Unternehmen) dingliche Rechte.[18] Auch insoweit wird der Unterschied zum Schuldrecht deutlich, für das diese Beschränkung nicht gilt. 7

Ein Rechtsgeschäft über ein dingliches Recht muss inhaltlich so bestimmt sein, dass ein Dritter allein anhand des Inhalts der Vereinbarung ohne Zuhilfenahme anderer Anhaltspunkte erkennen kann, an welcher einzelnen Sache welches dingliche Recht besteht und welche Rechtsänderung vorgenommen wird.[19]

d) Übertragbarkeitsprinzip (G)

Im Unterschied zu höchstpersönlichen Rechten sind dingliche Rechte ebenso wie schuldrechtliche als Vermögensrechte in der Regel übertragbar. Das ist kein Spezifikum des Sachenrechts. Gem. § 137 BGB kann die Übertragbarkeit rechtsgeschäftlich auch nicht mit dinglicher Wirkung ausgeschlossen werden. Gesetzlich ausdrücklich geregelte Ausnahmen vom Übertragbarkeitsprinzip sind §§ 1059 S. 1 und 1092 I 1 BGB. Bei § 1018 BGB ergibt sich die Unübertragbarkeit aus dem Regelungszweck.[20] 8

e) Publizitätsprinzip (= Offenkundigkeitsgrundsatz) (G)

Wegen der absoluten Wirkung dinglicher Rechte muss aus Gründen der Rechtssicherheit die dingliche Rechtslage offenkundig, also für Dritte erkennbar sein.[21] Publizitätsmittel sind bei beweglichen Sachen der Besitz und bei unbeweglichen Sachen die Eintragung im Grundbuch.[22] Bei der Bestellung von Briefhypotheken oder -grundschulden wird dies durch die Erteilung eines Hypotheken- bzw. Grundschuldbriefs (§§ 1116, 1192 BGB) erweitert. Ergänzendes Publizitätsmittel ist der Erbschein (§§ 2366 f. BGB). Um vorrangigen praktischen Bedürfnissen Rechnung zu tragen, wird in einigen Sondersituationen auf die Publizität verzichtet (insbesondere §§ 930, 1922 BGB; vgl. auch § 857 BGB). 9

17 MüKoBGB/*Gaier* Einl Sachenrecht Rn. 21; *Prütting* SachenR Rn. 23 ff.
18 *Wieling* SachenR § 2 I 2c; Staudinger/*Seiler* Eckpfeiler U Rn. 59 ff.
19 BGHZ 21, 52 (56) = NJW 1956, 1315; *Wolf/Wellenhofer* SachenR § 3 Rn. 8 ff.
20 *Baur/Stürner* SachenR § 4 Rn. 20.
21 *Prütting* SachenR Rn. 38.
22 Staudinger/*Seiler* (2012) Einl zum SachenR Rn. 56; *Baur/Stürner* SachenR § 4 Rn. 10.

f) Trennungsprinzip und Abstraktionsprinzip (G)

10 Das schuldrechtliche Verpflichtungsgeschäft und das dingliche Erfüllungsgeschäft sind rechtlich strikt voneinander getrennt (*Trennungsprinzip*)[23] und in ihrer Wirksamkeit voneinander unabhängig (*Abstraktionsprinzip*).[24] Dem steht insbesondere nicht entgegen, dass beide Geschäfte unter Umständen zeitlich und örtlich zusammenfallen.

Aus dem Abstraktionsprinzip erklärt sich die Existenz der Leistungskondiktion (§ 812 I 1 Alt. 1 und S. 2 Alt. 1 BGB). Sie soll die Konsequenzen beseitigen, die sich daraus ergeben, dass der dingliche Vertrag grundsätzlich auch dann wirksam ist, wenn das zugrundeliegende schuldrechtliche Rechtsgeschäft von vornherein unwirksam war oder durch Anfechtung nichtig wurde.[25]

Folgende *Einschränkungen des Abstraktionsprinzips* sind zu beachten:[26]

- *Fehleridentität*: Die Fälle, die unter dem Begriff »Fehleridentität« behandelt werden, sind keine echte Durchbrechung des Abstraktionsprinzips. Sie bewirken nur eine faktische Einschränkung der Wirkungen des Abstraktionsprinzips in der Weise, dass sowohl schuldrechtliches als auch dingliches Rechtsgeschäft von einer gemeinsamen Fehlerquelle erfasst werden. Es ist daher jedes Rechtsgeschäft für sich angreifbar. Fehleridentität wird in den folgenden Fällen bejaht: § 104 BGB (Geschäftsunfähigkeit), § 119 BGB (wenn ausnahmsweise ein Anfechtungsgrund auch für das Erfüllungsgeschäft vorliegt), § 123 BGB (bei arglistiger Täuschung erfasst die Anfechtbarkeit auch das Verfügungsgeschäft), § 134 BGB (wenn das Verbotsgesetz auch das Erfüllungsgeschäft erfassen soll, um die Vermögensverschiebung zu verhindern), § 138 I BGB (wenn gerade auch die Erfüllung sittenwidrig ist), § 138 II BGB (Wucher).
- *Prüfungshinweis*: Der Fehler muss beim schuldrechtlichen und beim dinglichen Rechtsgeschäft jeweils separat geprüft werden!
- *Bedingungszusammenhang*: Hierunter versteht man die Vereinbarung der Vertragsparteien, dass die Wirksamkeit des schuldrechtlichen Grundgeschäfts Bedingung für die Wirksamkeit des Verfügungsgeschäfts sein soll. Dies wird – außer bei der bedingungsfeindlichen Auflassung (§ 925 II BGB) – als zulässig anerkannt, da auch dingliche Rechtsgeschäfte unter einer aufschiebenden oder auflösenden Bedingung geschlossen werden können (Beispiele: Warenautomat, Handgeschäfte des täglichen Lebens). Ein solcher Bedingungszusammenhang kann auch konkludent vereinbart werden; zur Wahrung des Abstraktionsprinzips ist dies jedoch nur beim Vorliegen konkreter Anhaltspunkte anzunehmen.[27]

---

23 Als *Durchbrechung des Trennungsprinzips* wird auch die sog. Gesamtbetrachtungslehre angeführt, der zufolge im Rahmen des § 181 BGB für die Beurteilung der Vorteilhaftigkeit eines Verpflichtungsgeschäfts eine Gesamtschau von Verpflichtungs- und Verfügungsgeschäft angezeigt sein soll; vgl. *Röthel/Krackhardt* Jura 2006, 161.

24 MüKoBGB/*Gaier* Einl Sachenrecht Rn. 15; *Jauernig* JuS 1994, 721; NK-BGB/*Meller-Hannich* § 929 Rn. 4; umfassend *W. Wiegand*, FG BGH I, 2000, 753 ff.; *J. Hager*, FG BGH I, 2000, 780 ff.; *Grigoleit* AcP 199 (1999), 379 (380 ff.); mit Blick auf europäische Nachbarrechtsordnungen *Wieling* ZeuP 2001, 301 ff.; *Wacke* ZeuP 2000, 254 ff.

25 *Wolf/Wellenhofer* SachenR § 6 Rn. 6; Staudinger/*Seiler* Eckpfeiler U Rn. 48 ff.

26 MüKoBGB/*Gaier* Einl Sachenrecht Rn. 17 ff.; Staudinger/*Seiler* Eckpfeiler U Rn. 53 ff.; *Prütting* SachenR Rn. 32 ff.; *Jauernig* JuS 1994, 721 (723 ff.); NK-BGB/*Meller-Hannich* § 929 Rn. 40 ff., 45; *W. Wiegand*, FG BGH I, 2000, 770 ff.; *Grigoleit* AcP 199 (1999), 379 (393 ff.).

27 Soergel/*Stadler*, Bd. 14, Einl Rn. 38; Staudinger/*W. Wiegand* (2011) § 929 Rn. 31; Palandt/*Ellenberger* Überbl v. § 104 Rn. 24.

MS

- *Geschäftseinheit (§ 139 BGB)*: Der BGH[28] bejaht die Möglichkeit einer Geschäftseinheit von Grund- und Erfüllungsgeschäft iSv § 139 BGB. Er begründet dies mit dem Vorrang des Parteiwillens. Jedoch genügt für diese Annahme nicht der praktisch stets vorliegende wirtschaftliche Zusammenhang; es müssen vielmehr besondere Umstände im konkreten Einzelfall vorliegen.[29] Die Literatur[30] lehnt dies überwiegend ab. Nur selten könne ein abweichender Parteiwille iSd § 139 Hs. 2 BGB festgestellt werden. Bei Bejahung der Geschäftseinheit würde die Unwirksamkeit des schuldrechtlichen Geschäfts regelmäßig die Unwirksamkeit des dinglichen Geschäfts herbeiführen und damit das Abstraktionsprinzip aushöhlen.

III. Systematik und Kernbereiche (G)

Das *Erste Buch* definiert in den §§ 90–103 BGB Grundbegriffe des Sachenrechts und regelt Wesen und Umfang der Sacheigenschaft. 11

Das *Dritte Buch* enthält die Kernmaterie. Es gliedert sich in neun Abschnitte:

- Der erste Abschnitt (§§ 854–872 BGB) regelt Fragen des Besitzes.[31]
- Im zweiten Abschnitt (§§ 873–902 BGB) folgen allgemeine Vorschriften über Rechte an Grundstücken.[32] Die Stellung verdeutlicht die historische Bedeutung des Immobiliarsachenrechts.
- Im dritten Abschnitt (§§ 903–1011 BGB) befinden sich ausführliche Regelungen zum Eigentum[33] als der umfassendsten dinglichen Berechtigung an einer Sache. Der erste Titel (§§ 903–924 BGB) behandelt den Inhalt des Eigentums, der zweite Titel (§§ 925–928 BGB) den Erwerb und Verlust des Eigentums an Grundstücken, der dritte Titel (§§ 929–984 BGB) den Erwerb und Verlust des Eigentums an beweglichen Sachen. Ergänzt werden die Regelungen im vierten Titel (§§ 985–1007 BGB) durch Schutzansprüche des Eigentümers und im fünften Titel (§§ 1008–1011 BGB) durch Aussagen zum Miteigentum.
- Der vierte Abschnitt über das Erbbaurecht[34] ist aufgehoben worden. Seit 1919 ist das Erbbaurecht in einem eigenen Gesetz (bis 23.11.2007 ErbbauVO, seitdem ErbbauRG) geregelt.
- Der fünfte Abschnitt (§§ 1018–1093 BGB) regelt Dienstbarkeiten[35] als eine Form beschränkt dinglicher Rechte am Belastungsgegenstand, die auf ein Dulden (Benutzung, Nutzungsziehung) oder Unterlassen (tatsächliche Handlung oder Rechtsausübung) am Belastungsgegenstand gerichtet sind.

---

28 BGH NJW 1967, 1130; NJW 1994, 2885; vgl. schon *Heck* SachenR § 30 Nr. 8.

29 Palandt/*Ellenberger* § 139 Rn. 8.

30 *Baur/Stürner* SachenR § 5 Rn. 56; *Medicus* BGB AT Rn. 241; *Prütting* SachenR Rn. 32; *Grigoleit* AcP 199 (1999), 379 (414 ff.).

31 Siehe iE § 2.

32 Siehe iE § 13.

33 Siehe iE § 3.

34 → § 16 Rn. 61 ff.

35 → § 16 Rn. 16 ff.

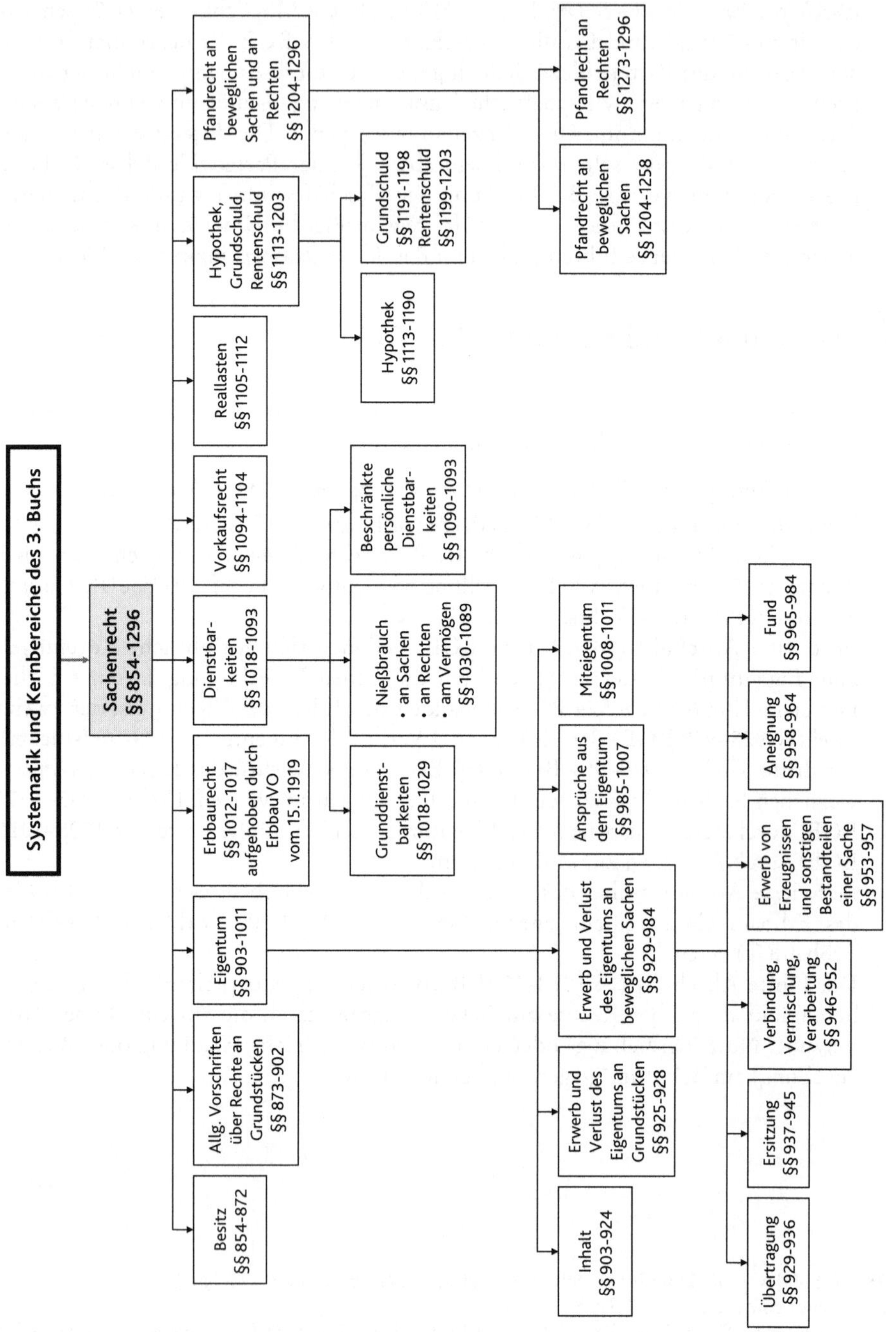
Systematik und Kernbereiche des 3. Buchs
Sachenrecht §§ 854-1296
Besitz §§ 854-872
Allg. Vorschriften über Rechte an Grundstücken §§ 873-902
Eigentum §§ 903-1011
Erbbaurecht §§ 1012-1017 aufgehoben durch ErbbauVO vom 15.1.1919
Dienstbar-keiten §§ 1018-1093
Vorkaufsrecht §§ 1094-1104
Reallasten §§ 1105-1112
Hypothek, Grundschuld, Rentenschuld §§ 1113-1203
Pfandrecht an beweglichen Sachen und an Rechten §§ 1204-1296
Grunddienst-barkeiten §§ 1018-1029
Nießbrauch • an Sachen • an Rechten • am Vermögen §§ 1030-1089
Beschränkte persönliche Dienstbar-keiten §§ 1090-1093
Hypothek §§ 1113-1190
Grundschuld §§ 1191-1198 Rentenschuld §§ 1199-1203
Pfandrecht an beweglichen Sachen §§ 1204-1258
Pfandrecht an Rechten §§ 1273-1296
Inhalt §§ 903-924
Erwerb und Verlust des Eigentums an Grundstücken §§ 925-928
Erwerb und Verlust des Eigentums an beweglichen Sachen §§ 929-984
Ansprüche aus dem Eigentum §§ 985-1007
Miteigentum §§ 1008-1011
Übertragung §§ 929-936
Ersitzung §§ 937-945
Verbindung, Vermischung, Verarbeitung §§ 946-952
Erwerb von Erzeugnissen und sonstigen Bestandteilen einer Sache §§ 953-957
Aneignung §§ 958-964
Fund §§ 965-984

- Unterschieden werden:
  - Grunddienstbarkeiten (§§ 1018–1029 BGB) mit der Belastung eines dienenden Grundstücks zum Vorteil eines herrschenden Grundstücks (zB Wegerecht);
  - Nießbrauch (§§ 1030–1089 BGB) mit dem Recht, umfassend Nutzungen an Sachen, aber auch an Rechten, zu ziehen;
  - beschränkte persönliche Dienstbarkeiten (§§ 1090–1093 BGB) als Belastung eines Grundstücks mit der Verpflichtung zur Duldung oder Unterlassung gewisser Handlungen zugunsten einer bestimmten Person (zB Wohnrecht).
- Der sechste Abschnitt (§§ 1094–1104 BGB) behandelt das dingliche Vorkaufsrecht.[36]
- Der siebte Abschnitt (§§ 1105–1112 BGB) behandelt die Reallast.[37] Diese ist ähnlich wie die beschränkte persönliche Dienstbarkeit ausgestaltet, hat jedoch die Belastung mit einer Verpflichtung zu einem aktiven Tun zum Gegenstand (zB Lieferung von Naturalien, Zahlung einer Geldrente).
- Der achte Abschnitt (§§ 1113–1203 BGB) leitet über zu den Sicherungs- und Verwertungsrechten. Diese beginnen mit Rechten an Grundstücken. Man unterscheidet zwischen Hypotheken[38] (§§ 1113–1190 BGB) mit einer Akzessorietät zwischen dinglichem Verwertungsrecht und gesicherter schuldrechtlicher Forderung einerseits sowie Grund-[39] und Rentenschulden (§§ 1191–1203 BGB), bei denen diese Akzessorietät nicht vorliegt, andererseits.
- Der neunte und letzte Abschnitt regelt Pfandrechte[40] an beweglichen Sachen (§§ 1204–1259 BGB) und an Rechten (§§ 1273–1296 BGB).

Als systemwidrige Einordnung in das Sachenrecht werden die Regelungen über den Nießbrauch und das Pfandrecht an Rechten angesehen, da sie im Gegensatz zur absoluten Wirkung der dinglichen Rechte lediglich relativen Charakter haben.

IV. Sachbegriff

1. Sache (§ 90 BGB) (G)

Sachen iSd § 90 BGB sind körperliche Gegenstände.[41] Gegenstand ist alles, was Objekt von Rechten sein kann.[42] Körperlich ist ein Gegenstand dann, wenn die Materie räumlich zutage tritt; auf den Aggregatzustand (fest, flüssig oder gasförmig) kommt es dabei nicht an.[43] Notwendig ist die räumliche Abgrenzbarkeit und Beherrschbarkeit des Gegenstands.[44] Allgemeingüter wie Luft oder fließendes Wasser sind daher nicht körperlich, solange sie sich nicht in einem Behältnis befinden. Auch rein geistigen Werken fehlt die Körperlichkeit. Umstritten ist sie bei Computerdaten und -programmen. Sachqualität entsteht jedenfalls mit der Verkörperung auf einem 12

KK

36 → § 16 Rn. 84 ff.
37 → § 16 Rn. 72 ff.
38 → § 15 Rn. 4 ff.
39 → § 15 Rn. 84 ff.
40 Siehe iE § 10.
41 Instruktiv zum Sachbegriff *Petersen* Jura 2007, 763 ff.
42 Palandt/*Ellenberger* Überbl v. § 90 Rn. 2.
43 Vgl. Erman/*Schmidt* Vor § 90 Rn. 3.
44 Staudinger/*Jickeli*/*Stieper* (2012) Vorbem zu §§ 90–103 Rn. 9.

Datenträger.[45] Der menschliche, lebende Körper ist keine Sache;[46] fest mit ihm verbundene künstliche Teile (zB Herzschrittmacher, Zahngold) sind ebenfalls Bestandteile des Körpers und keine Sachen.[47] Mit der endgültigen Trennung vom Körper (zB Haare) werden sie jedoch zur Sache, an der entsprechend § 953 BGB Eigentum erworben werden kann.[48] Dies gilt insbesondere für das Zahngold eingeäscherter Verstorbener.[49] Der menschliche Leichnam ist zwar eine Sache, doch kann verkehrsfähiges Eigentum an ihm jedenfalls so lange nicht begründet werden, wie er wegen des fortwirkenden Persönlichkeitsrechts noch der Totenehrung unterliegt, dies ist bei menschlichen Plastinaten nicht mehr der Fall.[50]

2. Differenzierungen (G)

13 § 90 BGB unterscheidet nicht zwischen *beweglichen* und *unbeweglichen Sachen*, dh zwischen Fahrnis/Mobilien und Liegenschaften/Immobilien.

Zu unterscheiden sind – anhand der Verkehrsanschauung[51] – *Einzelsachen* und Sachgesamtheiten. Zu den Einzelsachen gehören einfache und zusammengesetzte Sachen sowie Sacheinheiten. Bei den zusammengesetzten Sachen (zB Kfz) treten die Einzelsachen (zB Blinkerschalter) in den Hintergrund.[52] Bei einer Sacheinheit (zB Kohlenhaufen) haben die einzelnen Stücke für sich allein keinen relevanten wirtschaftlichen Wert. Der Begriff *Sachgesamtheit* (auch Sachinbegriff) dient der Erleichterung im Rechtsverkehr: Die nach dem Spezialitätsgrundsatz erforderliche Einigung über eine Rechtsänderung an der einzelnen Sache kann so unter einer Sammelbezeichnung für alle zur Sachgesamtheit gehörenden Sachen (zB Warenlager) erfolgen.[53]

Vertretbare Sachen iSd § 91 BGB sind bewegliche Sachen gleicher Art, die mangels Individualisierungsmerkmalen austauschbar[54] sind (zB Geldscheine[55], fabrikneue Serienanfertigungen).[56]

45 HM: BGHZ 102, 135 (139 ff.) = NJW 1988, 406 (408 ff.); BGH NJW 2007, 2394 (2394); *Baur/Stürner* SachenR § 3 Rn. 2 mwN; *Bydlinski* AcP 198 (1998), 287 (307); *Franke* MDR 1996, 236 (238); *König* NJW 1989, 2604 ff.; *Marly* BB 1991, 432 (434 ff.); Palandt/*Ellenberger* § 90 Rn. 2. Generell für Sachqualität: *König* NJW 1993, 3121 (3123 f.); generell gegen eine Behandlung als Sache dagegen *Junker* NJW 1993, 824 (830); *Müller-Hengstenberg* NJW 1994, 3128 ff.; *ders./Kirn* NJW 2007, 2370 (2372 f.); *Redeker* NJOZ 2008, 2917 (2919) mwN. Vgl. iE jurisPK-BGB/*Vieweg* § 90 Rn. 11.

46 Jauernig/*Mansel* Vor § 90 Rn. 9; grundlegend *R. Müller*, Die kommerzielle Nutzung menschlicher Körpersubstanzen, 1997.

47 jurisPK-BGB/*Vieweg* § 90 Rn. 15.

48 Palandt/*Ellenberger* § 90 Rn. 3.

49 OLG Hamburg NJW 2012, 1601; auch zur Frage der Aneignungsbefugnis gem. § 958 I BGB; bestätigt durch BAG NJW 2015, 429 (432).

50 Erman/*Schmidt* § 90 Rn. 6; MüKoBGB/*Stresemann* § 90 Rn. 29 ff.; Palandt/*Weidlich* § 1922 Rn. 37; Soergel/*Marly* § 90 Rn. 12; Staudinger/*Jickeli/Stieper* (2012) § 90 Rn. 39 ff.; *Prütting* SachenR Rn. 7.

51 Staudinger/*Jickeli/Stieper* (2012) § 90 Rn. 63.

52 *Wieling* SachenR § 2 I 2b; jurisPK-BGB/*Vieweg* § 90 Rn. 21.

53 Staudinger/*Jickeli/Stieper* (2012) § 90 Rn. 67; *Wieling* SachenR § 2 I 2c.

54 BGH NJW 1966, 2307 (2308); NJW 1971, 1793 (1794).

55 Zur öffentlich-rechtlichen Überlagerung des Privateigentums an gesetzlichen Zahlungsmitteln vgl. Staudinger/*K. Schmidt* (1997) Vorbem zu §§ 244 ff. Rn. A 24; B 2 ff.

56 Die Unterscheidung hat vor allem für die §§ 607, 651 S. 3, 700 BGB Bedeutung.

Verbrauchbar iSd § 92 I BGB sind bewegliche Sachen, wenn der Verbrauch ihrer objektiven Zweckbestimmung entspricht (Nahrungsmittel, Brennstoffe) oder der bestimmungsgemäße Gebrauch in ihrer Veräußerung besteht (Geldzeichen).[57]

Bestandteile sind die Teile einer Sache, die durch körperliche Verbindung miteinander ihre zunächst bestehende Selbstständigkeit verloren haben (zB Einlegeblätter einer Loseblattsammlung; Karosserie, Fahrgestell, Motor und Räder eines Kfz).[58]

Um *wesentliche Bestandteile* iSv § 93 BGB handelt es sich, wenn bei deren Abtrennung erhebliche Werteinbußen aufgrund der Zerstörung oder der Wesensveränderung des Bestandteils eintreten (zB Abkratzen einer Tapete von der Wand; Karosserie und »Rest-Kfz«).[59] Unabhängig davon, ob § 93 BGB eingreift, sind die mit einem Grundstück fest verbundenen Sachen sowie die Erzeugnisse, solange sie mit dem Boden zusammenhängen, gem. § 94 I 1 BGB wesentliche Bestandteile. Als Beispiel werden in § 94 I 1 BGB Gebäude genannt, die ebenfalls eine feste Grundstücksverbindung aufweisen müssen.[60] Die zur Herstellung eines Gebäudes eingefügten Sachen sind wesentliche Bestandteile eines Gebäudes iSd § 94 II BGB. Hierunter fallen alle Sachen, ohne die nach der Verkehrsauffassung das Gebäude als Bauwerk noch nicht fertiggestellt ist, wobei es auf Art, Zweck und Zuschnitt des jeweiligen Gebäudes ankommt (zB Heizung[61], Fenster, Türen[62]).[63] Wesentliche Bestandteile[64] sind nicht sonderrechtsfähig.[65] Die Eigentumsverhältnisse richten sich nach den §§ 946 ff. BGB.[66] Für das Eigentum an Erzeugnissen nach der Trennung vom Grundstück gelten die §§ 953 ff. BGB.[67]

57 Die praktische Bedeutung der Vorschrift ist gering. Sie beschränkt sich im Sachenrecht auf § 1067 BGB (→ § 16 Rn. 55).

58 Palandt/*Ellenberger* § 93 Rn. 2.

59 *Wieling* SachenR § 2 III 3b; *Petersen* Jura 2007, 763 (764).

60 Vgl. zu den erfassten Bauwerken Bamberger/Roth/*Fritzsche* § 94 Rn. 7. Eine feste Verbindung setzt nicht zwangsläufig ein Fundament voraus. Vielmehr genügt es, wenn das Eigengewicht einer Verankerung im Boden gleichkommt; zu bejahen für Fertiggaragen aus Beton: BFH NJW 1979, 392 und Transformatorenstationen mit einem Gewicht von 10 t: OLG Schleswig NJW-RR 2014, 333 (333 f.); abzulehnen für leicht auseinanderzunehmende Baracken sowie Fertighäuser vor Einbau der Leitungssysteme vgl. jurisPK-BGB/*Vieweg* § 94 Rn. 7 f. mwN.

61 Dies gilt nicht nur hinsichtlich der in das Gebäude eingefügten, sondern auch für außerhalb befindliche Aggregate der Heizungsanlage, BGH NJW-RR 1990, 158 (159) (Wärmetauscher); NJW-RR 2013, 652 (653) (Garten-Öltank).

62 Umstritten ist die Einordnung von Schlüsseln. Überzeugend erscheint es insoweit, das Schloss als wesentlichen Bestandteil der Tür und den Schlüssel wiederum als wesentlichen Bestandteil des Schlosses anzusehen. Zum Meinungsstand, *Schmid* MDR 2010, 1367 ff.

63 BGH NJW 1984, 2277 (2278); NJW-RR 1990, 586 f.; NJW 1992, 1162 (1163); RGZ 63, 416 (419); Bamberger/Roth/*Fritzsche* § 94 Rn. 16; *Reymann* DNotZ 2010, 84 ff. Eine Saunaanlage ist daher zB kein wesentlicher Bestandteil, OLG Koblenz JurBüro 2004, 506 (507); zur Rechtslage bei Saunen auch *Schmidt* JurBüro 2004, 267 f. mwN; offengelassen für Rauchmelder durch BGH NJW 2013, 3092 (3093 f.).

64 Im Umkehrschluss ist der Definition des § 93 BGB zu entnehmen, dass es auch nichtwesentliche Bestandteile gibt und dass diese sonderrechtsfähig sind, Staudinger/*Jickeli/Stieper* (2012) § 93 Rn. 38.

65 Demgegenüber konnte in der ehemaligen DDR selbstständiges Gebäudeeigentum begründet werden, das vom Grundstückseigentum unabhängig war. Um Friktionen mit den sachenrechtlichen Grundsätzen des BGB zu verringern, wurde das Sachenrechtsbereinigungsgesetz v. 21.9.1994, BGBl. I 2457, erlassen, das für diese Fälle dem Gebäudeeigentümer einen Anspruch auf Bestellung eines Erbbaurechts oder auf Abkauf des Grundstücks gewährt.

66 → § 6 Rn. 11 ff.

67 → § 6 Rn. 25 ff.

Durch das Merkmal der dauerhaften Verbindung werden die wesentlichen Bestandteile von den sonderrechtsfähigen *Scheinbestandteilen* iSd § 95 BGB abgegrenzt. Diese sind dadurch gekennzeichnet, dass sie nur zu einem vorübergehenden Zweck mit Grund und Boden verbunden sind (zB Baum in Baumschule). Entscheidend ist dabei, dass die spätere Trennung vom Einfügenden beabsichtigt ist.[68]

Zubehör iSd § 97 I 1 BGB sind bewegliche, nicht zu den Bestandteilen iSd §§ 93, 94 BGB zählende – rechtlich selbstständige – Sachen. Sie sind dem wirtschaftlichen Zweck der Hauptsache zu dienen bestimmt und stehen zu dieser in einer räumlichen Beziehung (zB Verbandskasten zum Kfz; vom Mieter erworbene und eingefügte Einbauküche in Mietwohnung[69]).[70] Trotz der rechtlichen Selbstständigkeit teilen die Zubehörstücke oft das Schicksal der Hauptsache.[71] § 98 BGB nennt Beispiele für Zubehörstücke aus dem gewerblichen und landwirtschaftlichen Bereich. Die Abgrenzung kann im Einzelfall Schwierigkeiten bereiten.[72]

68 Staudinger/*Jickeli/Stieper* (2012) § 95 Rn. 6. Häufige Fälle sind Einbauten durch den Mieter oder den Pächter für die Miet- oder Pachtzeit (zB Einfügen einer Einbauküche, Aufstellen einer Fertiggarage oder eines Wochenendhauses), vgl. Erman/*Schmidt* § 95 Rn. 3; KG KGR Berlin 2004, 539 f.; BGH NJW 2009, 1078; OLG Düsseldorf NZM 2009, 242. Zu Windkraftanlagen vgl. OLG Koblenz CR 2007, 107; OLG Schleswig WM 2005, 1909; *Reese/Hampel* RdE 2009, 170 (174 f.); *Peters* WM 2007, 2003 (2004 ff.); zum Wärmecontracting *Schweizer* WuM 2006, 415. Zur Umwandlung von wesentlichen Grundstücksbestandteilen in Scheinbestandteile vgl. BGHZ 165, 184 (187 ff.) = NJW 2006, 990 ff. (Versorgungsleitungen) sowie *Woitkewitsch* ZMR 2004, 649 ff. und *Wicke* DNotZ 2006, 252 ff.

69 BGH NJW 2009, 1078 (1079); ferner *Regenfus* LMK 2009, 278041. Vorrangig zu prüfen ist in diesem Zusammenhang jedoch, ob sonderrechtsfähige wesentliche Bestandteile iSd § 94 I, II BGB vorliegen.

70 Das Zubehör steht in einem Abhängigkeitsverhältnis zur Hauptsache und ist ihr untergeordnet, Staudinger/*Jickeli/Stieper* (2012) § 97 Rn. 14; *Petersen* Jura 2007, 763 (765).

71 So bei Verpflichtungsgeschäften (§ 311c BGB), bei Verfügungen über ein Grundstück (§ 926 BGB; → § 13 Rn. 37) und bei der hypothekarischen Haftung (§§ 1120, 1191 II, 1200 BGB, §§ 55, 90 ZVG; → § 6 Rn. 34, → § 15 Rn. 16 f.).

72 BGHZ 165, 261 (263 ff.) = NJW 2006, 993 (994) verlangt für die Zubehöreigenschaft eines gewerblich genutzten Grundstücks einen engen Bezugszusammenhang zwischen dem Inventar und dem Betriebsgrundstück und bejaht für das richterliche Ermessen, was im Einzelfall als Zubehör zu betrachten ist, einen weiten Spielraum.

§ 2 Besitz und Besitzschutz

I. Begriff, Funktionen, Arten des Besitzes

1. Begriff

a) Besitz iSd §§ 854 ff. BGB (G)

1 Besitz ist die von einem entsprechenden Willen getragene *tatsächliche* Herrschaft einer Person über eine Sache, sog. *Sachherrschaft*. Die unmittelbare Innehabung der Sache ist nicht zwingend erforderlich. Ausreichend ist, dass zwischen Person und Sache eine räumliche und auf gewisse Dauer angelegte feste Beziehung besteht, die die tatsächliche Einwirkung auf die Sache ermöglicht.[1] Keinen Besitz erwirbt daher der Spaziergänger, der sich auf die Parkbank setzt, oder der Gast, der im Restaurant das Besteck in die Hand nimmt.[2] Ob die Intensität der räumlichen Beziehung ausreicht, die tatsächliche Sachherrschaft zu begründen, beurteilt sich nach der Verkehrsanschauung unter zusammenfassender Würdigung aller Umstände.[3]

> **Beispiel »Besitz an der Parklücke«:** Besitz hat derjenige, der die Parklücke mit seinem Fahrzeug zuerst besetzt. Gem. § 12 V StVO hat zwar derjenige »Vorrang«, der die Parklücke zuerst erreicht. Dadurch allein wird jedoch noch kein Besitz begründet, selbst wenn er einen Fußgänger zum Freihalten vorschickt.[4]

KK

Fallbeispiel: »Abschleppen zulasten Dritter«[5]

Der »Besitz« iSd §§ 854 ff. BGB muss nicht dem in anderen gesetzlichen Regelungen verwendeten Begriff entsprechen. Der Inhalt jedes Besitzbegriffs ist vielmehr je nach Gesetz und Zusammenhang eigenständig zu ermitteln[6] (zB »Mehrheitsbesitz« iSd § 16 I AktG,[7] Erbschaftsbesitz iSd § 2018 BGB[8]). Die ZPO bedient sich zur Umschreibung tatsächlicher, unmittelbarer Sachherrschaft des Begriffs »Gewahrsam« (vgl. §§ 808, 809 ZPO).[9] Nur insoweit überschneiden sich die Begriffe »Gewahrsam« und »Besitz«.[10]

---

1 Staudinger/*Gutzeit* (2012) § 854 Rn. 7 ff.; MüKoBGB/*Joost* § 854 Rn. 3 ff.

2 Soergel/*Stadler* § 854 Rn. 8; Staudinger/*Gutzeit* (2012) § 854 Rn. 10; sog. Kurzbesitz erkennen an *Westermann/Gursky/Eickmann* SachenR § 8 Rn. 11; *E. Wolf* SachenR § 2 A II.

3 BGHZ 101, 186 (188); BGH WM 1970, 1518 (1519); Erman/*Lorenz* § 854 Rn. 2; *Westermann/Gursky/Eickmann* SachenR § 8 Rn. 2. Zur Kritik am Rekurs auf die Verkehrsanschauung, Staudinger/*Klinck* Eckpfeiler V Rn. 5 f.

4 OLG Hamm NJW 1970, 2074 (2074 f.); Staudinger/*Gutzeit* (2012) § 854 Rn. 46.

5 *Vieweg/Röthel* Fälle SachenR Fall 2.

6 MüKoBGB/*Joost* Vor § 854 Rn. 8.

7 Gemeint ist die rechtliche Stellung als Anteilseigner; vgl. MüKoBGB/*Joost* Vor § 854 Rn. 8.

8 → § 2 Rn. 47.

9 Zöller/*Stöber* § 808 Rn. 3: Der Gewahrsam des Schuldners ist ein formalisierter Zugriffstatbestand für die Zwangsvollstreckung in das Vermögen (körperliche Sachen) des Schuldners.

10 Zöller/*Stöber* § 808 Rn. 5.

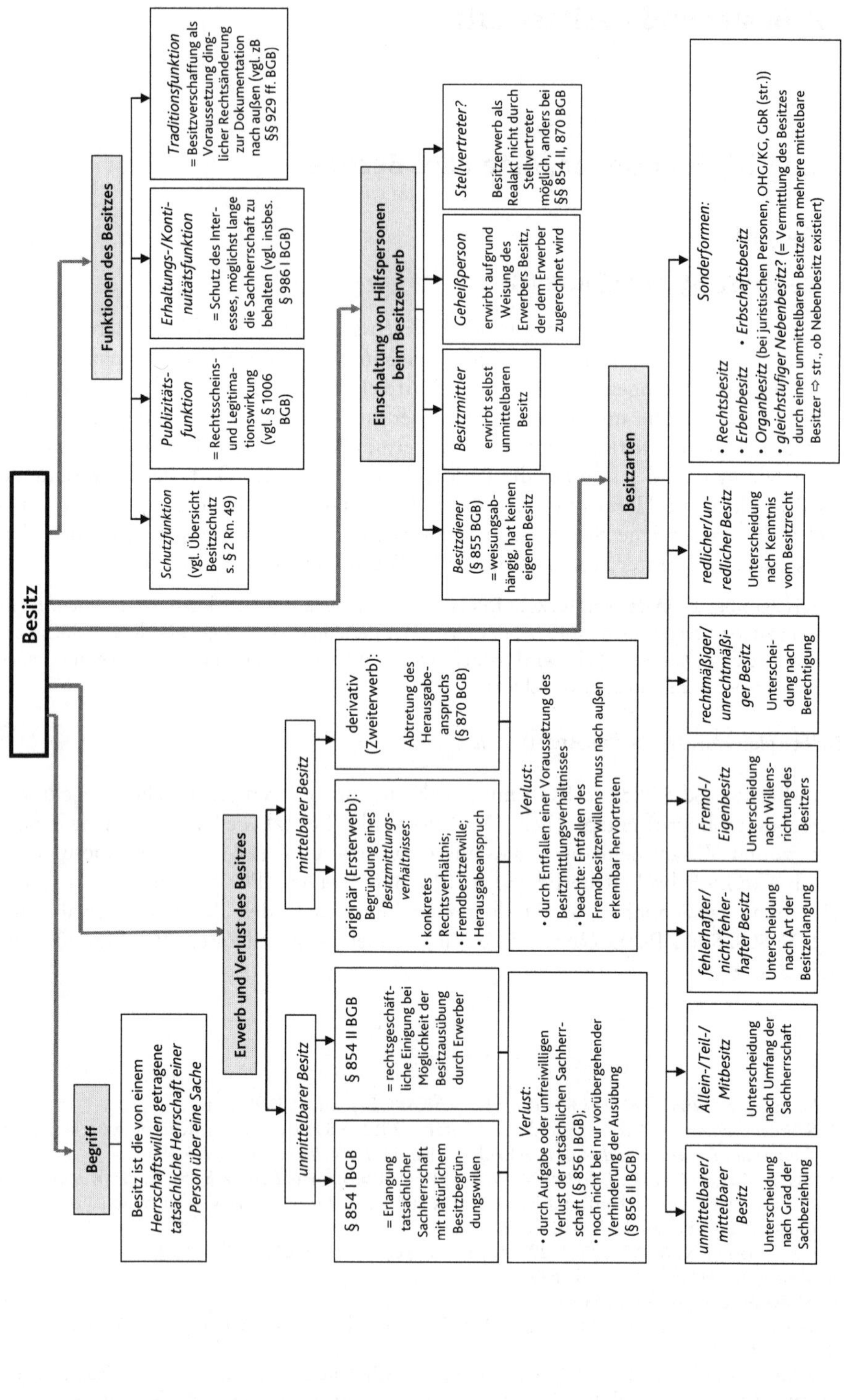
Besitz
Begriff
Besitz ist die von einem Herrschaftswillen getragene tatsächliche Herrschaft einer Person über eine Sache
Erwerb und Verlust des Besitzes
unmittelbarer Besitz
§ 854 I BGB
= Erlangung tatsächlicher Sachherrschaft mit natürlichem Besitzbegründungswillen
§ 854 II BGB
= rechtsgeschäftliche Einigung bei Möglichkeit der Besitzausübung durch Erwerber
Verlust:
• durch Aufgabe oder unfreiwilligen Verlust der tatsächlichen Sachherrschaft (§ 856 I BGB);
• noch nicht bei nur vorübergehender Verhinderung der Ausübung (§ 856 II BGB)
mittelbarer Besitz
originär (Ersterwerb): Begründung eines Besitzmittlungsverhältnisses:
• konkretes Rechtsverhältnis;
• Fremdbesitzerwille;
• Herausgabeanspruch
derivativ (Zweiterwerb): Abtretung des Herausgabeanspruchs (§ 870 BGB)
Verlust:
• durch Entfallen einer Voraussetzung des Besitzmittlungsverhältnisses
• beachte: Entfallen des Fremdbesitzerwillens muss nach außen erkennbar hervortreten
Funktionen des Besitzes
Schutzfunktion (vgl. Übersicht Besitzschutz s. § 2 Rn. 49)
Publizitätsfunktion = Rechtsscheins- und Legitimationswirkung (vgl. § 1006 BGB)
Erhaltungs-/Kontinuitätsfunktion = Schutz des Interesses, möglichst lange die Sachherrschaft zu behalten (vgl. insbes. § 986 I BGB)
Traditionsfunktion = Besitzverschaffung als Voraussetzung dinglicher Rechtsänderung zur Dokumentation nach außen (vgl. zB §§ 929 ff. BGB)
Einschaltung von Hilfspersonen beim Besitzerwerb
Besitzdiener (§ 855 BGB) = weisungsabhängig, hat keinen eigenen Besitz
Besitzmittler erwirbt selbst unmittelbaren Besitz
Geheißperson erwirbt aufgrund Weisung des Erwerbers Besitz, der dem Erwerber zugerechnet wird
Stellvertreter? Besitzerwerb als Realakt nicht durch Stellvertreter möglich, anders bei §§ 854 II, 870 BGB
Besitzarten
unmittelbarer/mittelbarer Besitz Unterscheidung nach Grad der Sachbeziehung
Allein-/Teil-/Mitbesitz Unterscheidung nach Umfang der Sachherrschaft
fehlerhafter/nicht fehlerhafter Besitz Unterscheidung nach Art der Besitzerlangung
Fremd-/Eigenbesitz Unterscheidung nach Willensrichtung des Besitzers
rechtmäßiger/unrechtmäßiger Besitz Unterscheidung nach Berechtigung
redlicher/unredlicher Besitz Unterscheidung nach Kenntnis vom Besitzrecht
Sonderformen:
• Rechtsbesitz
• Erbenbesitz • Erbschaftsbesitz
• Organbesitz (bei juristischen Personen, OHG/KG, GbR (str.))
• gleichstufiger Nebenbesitz? (= Vermittlung des Besitzes durch einen unmittelbaren Besitzer an mehrere mittelbare Besitzer ⇨ str., ob Nebenbesitz existiert)

b) Abgrenzung von Besitz und Eigentum (G)

Im Gegensatz zum alltäglichen Sprachgebrauch ist juristisch scharf zwischen Besitz und Eigentum zu unterscheiden. Der Besitz ist die *tatsächliche Innehabung* der Sache, während das Eigentum ein *Recht* an der Sache, dh die *rechtliche Beziehung* zwischen einer Person und einer Sache bezeichnet. Besitz kann also unabhängig von einem Recht an der Sache bestehen;[11] zB hat ein Dieb zwar Besitz, aber keinerlei Eigentumsrecht an der Sache. Allerdings können aus dem Besitz Rechte erwachsen, insbesondere die sog. possessorischen Ansprüche.[12] Das Eigentum wiederum besteht grundsätzlich unabhängig vom Besitz an der Sache. Aus ihm können jedoch auch Ansprüche erwachsen, die sich auf den Besitz beziehen, insbesondere Ansprüche auf Besitzverschaffung.[13] 2

2. Funktionen des Besitzes

a) Überblick

Der Besitz zeichnet sich durch die Funktionen Schutz, Publizität, Erhaltung (Kontinuität) sowie Tradition aus. 3

b) Schutzfunktion (G)

Fallbeispiel: »Der verlorene 500-EUR-Schein«[14]; »Abschleppen zulasten Dritter«[15]

Der Besitzschutz dient der Erhaltung des Status quo der konkreten tatsächlichen Besitzlage gegen Eingriffe Dritter. Der Schutzzweck besteht somit in der Wahrung und Sicherung des Rechtsfriedens.[16] Er wird durch Rechte und Ansprüche verschiedenster Art gewährleistet.[17] 4

c) Publizitätsfunktion (G)

Der Besitz – als äußerlich erkennbares Zeichen – soll auf das Bestehen von Rechten aufmerksam machen. Entsprechend stellt § 1006 I BGB zugunsten des – erkennbaren – unmittelbaren Eigenbesitzers[18] beweglicher Sachen die Vermutung auf, er sei auch deren Eigentümer (*Rechtsscheins- und Legitimationswirkung*).[19] An diese Rechtsscheins- und Legitimationswirkung des Besitzes knüpfen wiederum verschiedene Gutglaubensvorschriften an. So ermöglicht zB § 851 BGB die befreiende Leistung des Schadensersatzpflichtigen an den Besitzer. Auch der gutgläubige Eigentumserwerb gem. §§ 932 ff. BGB ist an die mit den verschiedenen Besitzarten verbundene Publizität geknüpft. 5

11 Palandt/*Bassenge* § 854 Rn. 3.
12 → § 2 Rn. 58 f.
13 → § 3 Rn. 6.
14 *Vieweg/Röthel* Fälle SachenR Fall 1.
15 *Vieweg/Röthel* Fälle SachenR Fall 2.
16 Soergel/*Stadler* Vor § 854 Rn. 2; MüKoBGB/*Joost* Vor § 854 Rn. 12; *Kollhosser* JuS 1992, 215; vgl. auch Staudinger/*Klinck* Eckpfeiler V Rn. 25 ff.
17 → § 2 Rn. 49.
18 Ganz hM: BGH LM Nr. 8 zu § 1006.
19 Näher Staudinger/*Gursky* (2013) § 1006 Rn. 6 ff.

Eine weitere wichtige, auf dem Besitz beruhende Vermutungswirkung erzeugt § 1362 BGB (Eigentumsvermutung zugunsten der Gläubiger eines Ehegatten). Seine Entsprechung für die Zwangsvollstreckung in das Vermögen eines Ehegatten findet § 1362 BGB in § 739 ZPO.[20]

d) Erhaltungs- oder Kontinuitätsfunktion (G)

6 Die Erhaltungs- oder Kontinuitätsfunktion umschreibt das Interesse des Besitzers, möglichst lange im Besitz der Sache zu bleiben. So ist der berechtigte Besitzer dem Eigentümer gegenüber nicht zur Herausgabe verpflichtet (§ 986 I BGB). Das Besitzrecht des Mieters kann gem. § 566 BGB[21] sogar dem neuen Eigentümer entgegengehalten werden. Dem § 566 BGB ähnliche Regelungen finden sich für die Zwangsversteigerung in §§ 57, 57a ZVG und für die Insolvenz des Vermieters in §§ 108 I 1, 111 InsO.

e) Übertragungs- oder Traditionsfunktion (G)

7 Sowohl die Eigentumsübertragung (§§ 929 ff. BGB)[22] als auch die Bestellung eines Pfandrechts an einer beweglichen Sache (§§ 1205 ff. BGB) ist mit einer Besitzänderung verbunden. Die Übertragung (*Tradition*) des Besitzes stellt bei diesen Rechtsänderungen neben dem stets erforderlichen Willensmoment den Vollzugsakt dar und dient der Dokumentation der Rechtsänderung nach außen (*Publizität*).[23]

Die besitzrechtlichen Vorschriften ermöglichen es, die Übergabe einer Sache iSd § 929 S. 1 BGB, dh die Übertragung von unmittelbarem oder mittelbarem Besitz unter Aufgabe jeglicher Besitzposition, durch eine andere Form der Besitzverschaffung zu ersetzen.[24] So gewährleistet zB die Vereinbarung eines Besitzkonstituts gem. § 930 BGB eine Eigentumsübertragung, die den Bedürfnissen des Wirtschaftsverkehrs entspricht.

3. Arten des Besitzes

a) Kriterien für die Unterscheidung der Besitzarten (G)

8 Die verschiedenen Arten des Besitzes können nach folgenden Kriterien unterschieden werden:

- dem Grad der Sachbeziehung,
- dem Umfang der Sachherrschaft,
- der Art der Besitzerlangung,
- der Willensrichtung des Besitzers,
- der Berechtigung des Besitzers,
- der Kenntnis vom Besitzrecht.

20 Dazu Thomas/Putzo/*Seiler* § 739 Rn. 3 ff.

21 Bis 31.8.2001: § 571 BGB.

22 Vgl. zur »Tradition« bei Erwerb und Verlust von Eigentum an beweglichen Sachen *Westermann/Gursky/Eickmann* SachenR § 36 Rn. 1.

23 *Westermann/Gursky/Eickmann* SachenR § 36 Rn. 1; Staudinger/*Seiler* Eckpfeiler U Rn. 62 ff.

24 → § 4 Rn. 37 ff., → § 4 Rn. 47.

b) Grad der Sachbeziehung: unmittelbarer und mittelbarer Besitz (G)

Nach dem Grad der Sachbeziehung kann zwischen unmittelbarem und mittelbarem Besitz, ggf. auch mehrstufigem mittelbarem Besitz, unterschieden werden. Von *unmittelbarem Besitz* spricht man, wenn eine Person – der unmittelbare Besitzer – die tatsächliche Sachherrschaft selbst oder durch Einschaltung eines Besitzdieners (§ 855 BGB)[25] ausübt. Um *mittelbaren Besitz* handelt es sich, wenn eine Person – der mittelbare Besitzer (zB Vermieter, Verleiher) – die tatsächliche Sachherrschaft nicht selbst, sondern durch einen Besitzmittler (zB Mieter, Entleiher) ausübt. Der Besitzmittler ist unmittelbarer Besitzer. Das zwischen dem unmittelbaren und dem mittelbaren Besitzer bestehende Rechtsverhältnis (sog. Besitzmittlungsverhältnis/Besitzkonstitut) ersetzt die für den Besitz erforderliche tatsächliche Einwirkungsmöglichkeit. 9

c) Umfang der Sachherrschaft: Allein- und Mitbesitz, Voll- und Teilbesitz (G)

Nach dem Umfang der Sachherrschaft unterscheidet man Allein- und Mitbesitz sowie Teil- und Vollbesitz.

aa) Alleinbesitz und Mitbesitz

Der wesentliche Unterschied zwischen Allein- und Mitbesitz liegt in der Möglichkeit, den Besitz allein oder nur zusammen mit anderen auszuüben. Während der *Alleinbesitzer* unter Ausschluss anderer die tatsächliche Herrschaft über eine Sache allein ausübt, ist der einzelne *Mitbesitzer* (zB mehrere Mieter derselben Räume) durch die Besitzerstellung der anderen Mitbesitzer in der Ausübung seiner Sachherrschaft beschränkt (§ 866 BGB). Die Mitbesitzer haben die tatsächliche Sachherrschaft nur zusammen in der Weise inne, dass jeder die ganze Sache besitzt. Der Mitbesitz ist somit kein Besitz nach ideellen Bruchteilen.[26] Mitbesitzer ist nicht, wer eine Sache lediglich mitbenutzt, dabei jedoch keinen eigenen Besitzwillen hat, sondern den Alleinbesitz des anderen anerkennt.[27] 10

Während bei *schlichtem Mitbesitz* jedem Mitbesitzer die Sache allein zugänglich ist, ist bei *qualifiziertem Mitbesitz* die Sache nur gemeinschaftlich zugänglich (zB Mitverschluss durch verschiedene Schlüssel).[28]

bb) Teilbesitz und Vollbesitz

Der sog. *Teilbesitz* (§ 865 BGB) ist eine Form des Alleinbesitzes. Anders als der *Vollbesitz* umfasst er nicht die ganze Sache, sondern beschränkt sich auf einen realen Teil von ihr (zB abgesonderter Wohnraum innerhalb einer WG). Die gesonderte räumliche Herrschaft über einen einzelnen Teil der Sache muss neben der Herrschaft einer anderen Person über einen anderen Teil der Sache (daher: kein Mitbesitz an der gan- 11

25 → § 2 Rn. 24.

26 Einen solchen gibt es nicht; siehe nur BGHZ 85, 263 (264 f.); ebenso bereits vor Inkrafttreten des BGB: RGZ 13, 172 (179).

27 RGZ 108, 122 (123); Palandt/*Bassenge* § 866 Rn. 1. Die Unterscheidung spielt vor allem beim Pfandrecht eine Rolle, weil hier die Übergabe nach § 1205 BGB durch einen qualifizierten Mitbesitz ersetzbar ist (vgl. § 1206 BGB).

28 MüKoBGB/*Joost* § 866 Rn. 9; → § 10 Rn. 19.

zen Sache) möglich und von der Verkehrsanschauung anerkannt sein.[29] Teilbesitz ist daher auch an solchen Teilen einer Sache möglich, die deren wesentliche Bestandteile sind und daher nicht Gegenstand selbstständiger dinglicher Rechte sein können.[30]

d) Art der Besitzerlangung: fehlerhafter und nicht-fehlerhafter Besitz (G)

12 Die Art der Besitzerlangung – ohne oder mit Willen des Vorbesitzers – führt zu *fehlerhaftem* (vgl. § 858 II 1 BGB) oder *nicht-fehlerhaftem Besitz*.[31]

e) Willensrichtung des Besitzers: Fremd- und Eigenbesitz (G)

13 Der Wille des Besitzenden entscheidet über *Fremd-* oder *Eigenbesitz* (§ 872 BGB). Maßgeblich ist der natürliche Wille, der sich in seiner jeweiligen Ausprägung nach außen manifestieren muss. Auch der Wechsel von Fremd- zu Eigenbesitz muss nach außen deutlich werden. Die Unterscheidung zwischen Eigen- und Fremdbesitz hat vor allem Bedeutung für die Annahme mittelbaren Besitzes, für den Eigentumserwerb nach §§ 900, 937 ff., 955, 958 BGB, für die Eigentumsvermutung nach § 1006 BGB sowie für den maßgeblichen Zeitpunkt bei der Feststellung des guten Glaubens im Rahmen des § 990 BGB.

f) Berechtigung des Besitzers: rechtmäßiger und unrechtmäßiger Besitz (G)

14 Die Berechtigung des Besitzers entscheidet über das Bestehen *rechtmäßigen* oder *unrechtmäßigen Besitzes*. Dem unrechtmäßigen Besitzer fehlt ein Recht zum Besitz.

g) Kenntnis vom Besitzrecht: redlicher und unredlicher Besitz (G)

15 Beim unrechtmäßigen Besitz ist zwischen *redlichem* und *unredlichem Besitz* zu unterscheiden. Hierfür ist die Kenntnis des Besitzers maßgeblich. Unredlich besitzt der unrechtmäßige Besitzer, der bei Besitzerwerb positiv wusste oder grob fahrlässig verkannte, kein Besitzrecht zu haben (§ 990 I 1 BGB), sowie derjenige Besitzer, der zwar gutgläubig Besitz erworben hat, später aber positive Kenntnis von der Nichtberechtigung erlangt (§ 990 I 2 BGB). Diese Unterscheidung hat vor allem Bedeutung beim sog. Eigentümer-Besitzer-Verhältnis.[32]

---

29 MüKoBGB/*Joost* § 865 Rn. 1 f.; Soergel/*Stadler* § 865 Rn. 1 f.; Staudinger/*Gutzeit* (2012) § 865 Rn. 2; Palandt/*Bassenge* § 865 Rn. 1.

30 Staudinger/*Herrmann* Eckpfeiler (2008), 1009 (1024).

31 → § 2 Rn. 51.

32 → § 8 Rn. 11 ff.

II. Erwerb und Verlust des Besitzes

Fallbeispiel: »Der verlorene 500-EUR-Schein«[33]

1. Originärer und derivativer Besitzerwerb (G)

Besitzerwerb kann – wie beim Fund oder bei der Wegnahme – »für sich« durch einseitigen Ergreifungsakt stattfinden (*originärer Besitzerwerb*). Er kann aber auch die Mitwirkung des bisherigen Besitzers erfordern. So ist es bei der »Übergabe« als Vollzugsakt im Rahmen dinglicher Rechtsgeschäfte (*derivativer Besitzerwerb*). 16

§ 854 I BGB, der den Erwerb unmittelbaren Besitzes regelt, gilt sowohl für den originären als auch für den derivativen Erwerb.[34] Begründung und Übertragung richten sich insofern nach denselben Voraussetzungen. Demgegenüber sind Begründung und Übertragung mittelbaren Besitzes unterschiedlich geregelt (§§ 868, 870 BGB).

2. Erwerb unmittelbaren Besitzes

a) Möglichkeiten des Erwerbs unmittelbaren Besitzes (Überblick) (G)

Unmittelbarer Besitz kann entweder direkt durch den Erwerber oder aber durch Einschaltung von Hilfspersonen erworben werden. Im Einzelnen bieten sich zum Erwerb unmittelbaren Besitzes folgende Möglichkeiten: 17

- die Erlangung der tatsächlichen Sachherrschaft (§ 854 I BGB) unmittelbar durch den Erwerber oder durch seinen Besitzdiener (§ 855 BGB);
- die bloße Einigung (§ 854 II BGB).

b) Voraussetzungen des Erwerbs nach § 854 I BGB (G)

Entstehung oder Erwerb unmittelbaren Besitzes gem. § 854 I BGB setzen voraus: 18

- die Erlangung der tatsächlichen Sachherrschaft des neuen Besitzers;[35]
- die Aufgabe der tatsächlichen Gewalt über die Sache seitens des Vorbesitzers;[36]
- den objektiv erkennbaren Besitzbegründungswillen des neuen Besitzers.[37]

---

33 *Vieweg/Röthel* Fälle SachenR Fall 1.

34 Soergel/*Stadler* § 854 Rn. 1 f.; Staudinger/*Gutzeit* (2012) § 854 Rn. 21; Erman/*Lorenz* § 854 Rn. 9. Die Bezeichnung »derivativer Erwerb« lehnen MüKoBGB/*Joost* § 854 Rn. 30; *Westermann/Gursky/Eickmann* SachenR § 12 Rn. 1 ab, weil der Besitz des Erwerbs nicht der Besitz des Vorbesitzers ist, sondern ein neuer, eigener sei.

35 → § 2 Rn. 1.

36 BGHZ 27, 360 (362); BGH WM 1964, 614; Soergel/*Stadler* § 854 Rn. 2; *Baur/Stürner* SachenR § 7 Rn. 17.

37 So die hM: RGZ 106, 135 (136); BGHZ 27, 360 (362); Soergel/*Stadler* § 854 Rn. 7; Staudinger/*Gutzeit* (2012) § 854 Rn. 14, 20; *Wolff/Raiser* SachenR § 10 II. Nach aA genügt das tatsächliche Sich-Einfügen in einen bestehenden Herrschaftsbereich, vgl. *Westermann/Gursky/Eickmann* SachenR § 12 Rn. 4, der zugleich feststellt, dass letztlich zumeist ähnliche Ergebnisse erzielt werden dürften.

c) Besitzbegründungswille (G)

19 Die Voraussetzung eines Willenselements wird in § 854 BGB zwar nicht erwähnt, ergibt sich aber einerseits aus dem Wortlaut des § 854 BGB (»Erlangung« anstatt »Erhalten«). Andererseits ist die Herrschaftsausübung überhaupt ohne einen solchen Willen nicht denkbar.[38] Deshalb verlangt die hM einen objektiv erkennbaren Besitzbegründungswillen. Maßgeblich ist ein natürlicher, kein rechtsgeschäftlicher Wille zur Begründung unmittelbarer Sachherrschaft. Demgemäß kommt es auf die Geschäftsfähigkeit nicht an,[39] wohl aber auf eine gewisse Einsichtsfähigkeit.[40]

Der Besitzwille kann, muss sich aber nicht auf einzelne Sachen beziehen; es genügt ein genereller Besitzwille, der sich zB auf alle Gegenstände erstreckt, die bestimmungsgemäß in einen räumlich abgegrenzten Machtbereich gelangen. Der Besitzerwerb vollzieht sich dann ohne Bewusstsein des Erwerbs.[41] Voraussetzung ist aber, dass der generelle Besitzwille nach außen deutlich wird (zB durch das Aufstellen eines Briefkastens oder einer Sammelbüchse oder die Einrichtung einer Fundsachenstelle im Kaufhaus).[42]

d) Voraussetzungen des Erwerbs nach § 854 II BGB (G)

20 § 854 II BGB erleichtert den derivativen Besitzerwerb: Anstelle der Verschaffung der tatsächlichen Sachherrschaft – der körperlichen Übergabe – genügt eine Einigung des Erwerbers mit dem bisherigen Besitzer. Voraussetzung dafür ist aber, dass der Erwerber die Möglichkeit hat, die Sache zu beherrschen. Wegen ihrer besonderen Bedeutung hat die Einigung nach überwiegender Meinung[43] rechtsgeschäftlichen Charakter. Es gelten die allgemeinen Regeln für Rechtsgeschäfte.

Die Voraussetzungen sind im Einzelnen:

- der Erwerber muss zur sofortigen Besitzausübung in der Lage sein;
- der Erwerber muss sich mit dem bisherigen Besitzer rechtsgeschäftlich einigen;
- der Vorbesitzer muss seine tatsächliche Sachherrschaft objektiv erkennbar vollständig aufgeben[44].

Beispiel »Holz im Wald«: Der Erwerber erlangt bereits durch die Einigung mit dem Veräußerer verbunden mit einer Abfuhrerlaubnis (Einverständnis mit der Ausübung der Gewalt gerade durch den Erwerber) gem. § 854 II BGB Besitz an einem im Wald gelagerten Holzstapel.

38 Soergel/*Stadler* § 854 Rn. 9; Staudinger/*Gutzeit* (2012) § 854 Rn. 15; zum Streit, ob ein Willenselement erforderlich ist, vgl. Bamberger/Roth/*Fritzsche* § 854 Rn. 24 ff.

39 Palandt/*Bassenge* § 854 Rn. 4; PWW/*Prütting* § 854 Rn. 10.

40 Bamberger/Roth/*Fritzsche* § 854 Rn. 27.

41 Palandt/*Bassenge* § 854 Rn. 4; Staudinger/*Klinck* Eckpfeiler V Rn. 9.

42 Soergel/*Stadler* § 854 Rn. 10; Staudinger/*Gutzeit* (2012) § 854 Rn. 18 mit weiteren Beispielen.

43 BGH DB 1962, 1638; Staudinger/*Gutzeit* (2012) § 854 Rn. 29; Palandt/*Bassenge* § 854 Rn. 6; *Baur/Stürner* SachenR § 7 Rn. 22; *Kollhosser* JuS 1992, 215 (217); *Haedicke* JuS 2001, 966 (967); *Petersen* Jura 2002, 160 (162); aA (Realakt) *Wieling* SachenR § 4 II 2b. Zur unterschiedlichen Deutung des über § 854 II BGB erworbenen Besitzes vgl. Staudinger/*Klinck* Eckpfeiler V Rn. 17.

44 Andernfalls entsteht Mitbesitz zwischen Veräußerer und Erwerber; vgl. MüKoBGB/*Joost* § 854 Rn. 35; *Westermann/Gursky/Eickmann* SachenR § 12 Rn. 9.

e) Besitzerwerb bei rechtsgeschäftlicher Stellvertretung iSd § 164 I BGB (G)

Besitzerwerb ist im Regelfall, dh beim Erwerb gem. § 854 I BGB, Realakt.[45] Deshalb scheidet Stellvertretung regelmäßig aus.[46] Auch eine analoge Anwendung der §§ 164 ff. BGB kommt nicht in Betracht: Während die Folgen des Vertreterhandelns den Vertretenen aufgrund dessen Willen treffen (Willensautonomie), werden die Folgen besitzändernder Handlungen allein durch die tatsächliche Sachherrschaft bestimmt.[47] 21

Besitzerwerb durch Stellvertreter ist allerdings dann möglich, wenn der Besitzerwerb rechtsgeschäftlichen Charakter hat (vgl. § 854 II BGB und § 870 BGB).[48]

f) Besitzerwerb und Besitz bei gesetzlicher Stellvertretung (V)

Gleiches wie für die gewillkürte Stellvertretung gilt auch für die gesetzliche: Nur bei rechtsgeschäftlichem Besitzerwerb ist Vertretung möglich.[49] 22

Die Besitzverhältnisse bei gesetzlicher Vertretung (Eltern, Vormund, Pfleger, Testamentsvollstrecker, Insolvenzverwalter) hängen davon ab, wer die tatsächliche Sachherrschaft ausübt. Befindet sich die Sache im Gewahrsam[50] des gesetzlichen Vertreters, so übt dieser als Fremdbesitzer die Sachherrschaft für den Vertretenen aus; der Vertretene ist insoweit mittelbarer Besitzer. Hat dagegen der Vertretene den Gewahrsam an der Sache, dann ist er in der Regel Eigenbesitzer. Der Vertretene kann auch für den gesetzlichen Vertreter besitzen.[51] Bedeutung erlangt die Frage unter anderem für die Berechtigung zur Selbsthilfe nach § 859 BGB.[52]

g) Einschaltung von Hilfspersonen – Bedürfnis und Zweck (G)

Das Handeln für einen anderen ist ein bekanntes und auch rechtlich anerkanntes Bedürfnis des Rechts- und Wirtschaftslebens. Da die Stellvertretung bei § 854 I BGB keine Anwendung findet, bedarf es eines Äquivalents, das diese Lücke füllen kann. Sonst wäre weder die Eigentumsübertragung nach dem im täglichen Leben wichtigsten Übergabetatbestand (§§ 929 S. 1, 854 I BGB) durch Einschaltung Dritter möglich (zB die Bitte an den Nachbarn, eine Zeitung, Brot, Eier oder Ähnliches »mitzubringen«), noch gäbe es eine Möglichkeit, das Handeln abhängig Erwerbstätiger dem Ge- 23

45 Soergel/*Stadler* § 854 Rn. 11; jurisPK-BGB/*Diep* § 854 Rn. 20.

46 So die hM: RGZ 137, 23 (26); BGHZ 8, 130 (132); 16, 259 (264); MüKoBGB/*Joost* § 854 Rn. 38; Staudinger/*Gutzeit* (2012) § 854 Rn. 52; Erman/*Lorenz* § 854 Rn. 17; jurisPK-BGB/*Diep* § 854 Rn. 25; auch die Anwendung von § 328 BGB ist ausgeschlossen, vgl. *Westermann/Gursky/Eickmann* SachenR § 12 Rn. 10. Die Frage der Stellvertretung ist früher sehr kontrovers diskutiert worden, vgl. dazu *Wolff/Raiser* SachenR § 13 und *Wieling* SachenR § 4 IV 2 (für die grundsätzliche Anwendbarkeit der §§ 164 ff. BGB).

47 *Westermann/Gursky/Eickmann* SachenR § 13 Rn. 2.

48 Soergel/*Stadler* § 854 Rn. 12; Staudinger/*Gutzeit* (2012) § 854 Rn. 52; Erman/*Lorenz* § 854 Rn. 15; vgl. zu § 854 II BGB → § 2 Rn. 20 sowie zum Erwerb mittelbaren Besitzes → § 2 Rn. 29.

49 Staudinger/*Gutzeit* (2012) § 854 Rn. 56; aA *Wieling* SachenR § 4 IV 2d: Kleine Kinder und Geisteskranke werden von ihrem gesetzlichen Vertreter »im Besitzwillen« vertreten, vergleichbar dem Organbesitz bei juristischen Personen.

50 → § 2 Rn. 1.

51 So die hM: Staudinger/*Gutzeit* (2012) § 854 Rn. 56; *Westermann/Gursky/Eickmann* SachenR § 19 Rn. 10 mwN auch zur Gegenansicht, die den Besitz des Vertreters verneint.

52 → § 2 Rn. 52 ff.

schäftsherrn zuzurechnen (der Fabrikant hätte keinen Besitz an gelieferten oder hergestellten Waren).[53]

Der Besitzerwerb kann über Hilfspersonen erfolgen, die den Erwerber bei dem rein tatsächlichen Vorgang der Erlangung tatsächlicher Sachherrschaft repräsentieren. Möglichkeiten, Dritte zum Besitzerwerb einzusetzen, sind die Einschaltung eines Besitzdieners (§ 855 BGB) oder eines Besitzmittlers, der dem Erwerber allerdings lediglich mittelbaren Besitz verschafft.[54] Neben diesen gesetzlich geregelten Fällen kann auch die Einschaltung einer sog. Geheißperson den Erwerb einer Besitzposition ermöglichen.[55]

h) Besitzerwerb bei Einschaltung eines Besitzdieners

Fallbeispiel: »Der verlorene 500-EUR-Schein«[56]

aa) Besitzdiener – Begriff und Bedeutung (G)

24 Besitzdiener ist, wer zu einem anderen – dem sog. Besitzherrn – in einem *sozialen Abhängigkeitsverhältnis*[57] steht und dessen *Weisungen unterworfen*[58] ist. Ob dieses Abhängigkeitsverhältnis auch ständig nach außen erkennbar sein muss, wird nicht einheitlich beantwortet.[59] Für die Erkennbarkeit als Voraussetzung der Besitzdienerschaft wird die Sicherheit des Rechtsverkehrs (Publizität) angeführt.[60] Die Gegenmeinung[61] weist darauf hin, Erkennbarkeit nach außen sei nur erforderlich, wenn es – wie im Rahmen von Verfügungsgeschäften – auf die Publizitätsfunktion des Besitzes ankomme.[62]

Die Rechtsfigur des Besitzdieners ermöglicht das Handeln für einen anderen, indem die durch soziale Beziehungen vermittelte Einwirkung auf Sachen der tatsächlichen Herrschaft über Sachen gleichgestellt wird. § 855 BGB ergänzt so § 854 BGB, nach dem es auf die tatsächliche Gewalt ankommt. Folge ist, dass Sachen auch innerhalb

53 *Westermann/Gursky/Eickmann* SachenR § 9 Rn. 1.

54 → § 2 Rn. 28.

55 → § 2 Rn. 27.

56 *Vieweg/Röthel* Fälle SachenR Fall 1.

57 Nicht ausreichend ist die bloße wirtschaftliche Abhängigkeit; vgl. Soergel/*Stadler* § 855 Rn. 3; PWW/*Prütting* § 855 Rn. 2; aA OLG Köln MDR 2006, 90 (90), das das Fehlen der sozialen Abhängigkeit als unschädlich ansieht (Kaufinteressent wird durch Überlassung eines Kfz zur Probefahrt zum Besitzdiener des Kfz-Händlers); ebenso OLG Stuttgart MDR 2009, 857, das auch innerhalb von Gefälligkeitsverhältnissen ohne soziale Abhängigkeit eine Besitzdienerschaft für möglich hält.

58 Hierfür sollen weder öffentlich-rechtliche noch privatrechtliche Rechtsverhältnisse erforderlich sein, sondern auch rein tatsächliche Verhältnisse ausreichen, vgl. OLG Stuttgart MDR 2009, 857.

59 Für (ständige) Erkennbarkeit RGZ 77, 201 (209); RG HRR 1933, 923; BGHZ 27, 360 (363); BGH DB 1956, 963; Soergel/*Stadler* § 855 Rn. 3; Jauernig/*Berger* § 855 Rn. 1; Palandt/*Bassenge* § 855 Rn. 2.

60 Auf dieses Argument stützt sich insbes. die Rspr.: RGZ 77, 201 (208); BGHZ 27, 360 (363); BGH DB 1956, 963.

61 Staudinger/*Gutzeit* (2012) § 855 Rn. 15; Erman/*Lorenz* § 855 Rn. 9; Soergel/*Stadler* § 855 Rn. 4; *Baur/Stürner* SachenR § 7 Rn. 67; *Schreiber* SachenR Rn. 78; *Westermann/Gursky/Eickmann* SachenR § 9 Rn. 7; *Wolff/Raiser* SachenR § 6 III 3.

62 So diff. Staudinger/*Gutzeit* (2012) § 855 Rn. 15; Erman/*Lorenz* § 855 Rn. 9; *Westermann/Gursky/Eickmann* SachenR § 9 Rn. 7.

einer Organisationsstruktur besessen werden können und dem Besitzdiener gegenüber dem Besitzherrn kein Besitzschutz zusteht.[63]

Bei gewillkürter Stellvertretung begründet der Erwerb tatsächlicher Sachherrschaft durch den Stellvertreter nur dann unmittelbaren Besitz beim Vertretenen, wenn der Vertreter zugleich dessen Besitzdiener ist.[64]

> **Beispiele:** Besitzdiener sind: Hauspersonal, Arbeitnehmer und Beamte[65] hinsichtlich der beruflich bzw. dienstlich überlassenen oder erlangten Sachen sowie bei den Eltern lebende minderjährige Kinder[66] bezüglich der Wohnung und des Hausrats.[67]

bb) Besitzdiener – besitzrechtliche Stellung (G)

Der Besitzdiener hat, obwohl er die tatsächliche Gewalt über die Sache ausübt, *keine besitzrechtliche Position* (§ 855 BGB aE). Tatsächliche Sachherrschaft und damit Besitz werden vielmehr dem Besitzherrn aufgrund seiner Weisungsbefugnis zugerechnet. Weil der Besitzdiener den Anordnungen des Besitzherrn Folge zu leisten hat, ist die »Herrschaft über den Besitzdiener die Herrschaft über die Sache«.[68] 25

cc) Besitzdiener – Zeitpunkt des Besitzerwerbs (G)

Bei Einschaltung eines Besitzdieners erwirbt der Besitzherr *unmittelbaren* Besitz, sobald der Besitzdiener die tatsächliche Gewalt über die Sache erlangt.[69] Dabei muss der Besitzdiener bei der Erlangung der tatsächlichen Sachherrschaft selbst nicht mitwirken. Ausreichend ist die Verbringung der Sache in seinen Machtbereich.[70] 26

i) Geheißperson (V)

Vom Besitzdiener zu unterscheiden ist die sog. Geheißperson. Dies ist ein Dritter, der weder Besitzmittler noch – mangels sozialer Abhängigkeit – Besitzdiener ist und den der Erwerber bei der Übereignung einer Sache anweist, die tatsächliche Sachherrschaft an seiner – des Erwerbers – Stelle zu übernehmen. Aufgrund der Befolgung dieser Weisung (Geheiß) wird der Besitz der Geheißperson dem Erwerber zugerechnet, dh über die Weisungsmacht wird eine besitzrechtliche Position des Erwerbers konstruiert.[71] 27

Besitzdiener und Geheißperson unterscheiden sich also darin, dass der Besitzdiener aufgrund des sozialen Abhängigkeitsverhältnisses generell weisungsabhängig ist, die Geheißperson dagegen nur für den Vorgang des Besitzerwerbs.

---

63 Erman/*Lorenz* § 855 Rn. 1; Staudinger/*Klinck* Eckpfeiler V Rn. 82 f.; → § 2 Rn. 52.

64 *Westermann/Gursky/Eickmann* SachenR § 13 Rn. 2.

65 Zur Geltung auch für Arbeitnehmer und Beamte in leitenden Positionen vgl. *Westermann/Gursky/Eickmann* SachenR § 9 Rn. 7; sowie BGH NJW 2015, 1678 = BeckRS 2015, 05467 – Geschäftsführer – mwN.

66 Dies gilt idR auch mit Erreichen der Volljährigkeit fort, es sei denn, eine Änderung der Besitzverhältnisse tritt eindeutig zutage, vgl. BGH NJW 2008, 1959 (1960).

67 Dazu und zu weiteren Beispielen *Westermann/Gursky/Eickmann* SachenR § 9 Rn. 7; Staudinger/*Gutzeit* (2012) § 855 Rn. 19 ff.; Bamberger/Roth/*Fritzsche* § 855 Rn. 14 ff.; MüKoBGB/*Joost* § 855 Rn. 14.

68 RGZ 71, 248 (251).

69 Staudinger/*Gutzeit* (2012) § 854 Rn. 54.

70 Soergel/*Mühl*, 12. Aufl. 1990, § 854 Rn. 10.

71 Näheres zur Problematik »Geheißerwerb« → § 4 Rn. 31 ff. und → § 5 Rn. 18.

Die Einschaltung einer Geheißperson spielt vor allem beim Eigentumserwerb im Rahmen eines sog. Streckengeschäfts nach § 929 S. 1 BGB eine Rolle.[72]

3. Erwerb mittelbaren Besitzes

Fallbeispiel: »Der verlorene 500-EUR-Schein«[73]

a) Begriff (§ 868 BGB) und Bedeutung (G)

28 Der Begriff des Besitzes, wie er den §§ 854 ff. BGB zugrunde liegt (unmittelbarer Besitz), erfährt durch § 868 BGB eine gleichwertige und praktisch äußerst relevante Erweiterung[74]: Besitzer ist nicht nur der Inhaber der tatsächlichen Sachherrschaft, sondern auch derjenige (zB der Vermieter), der es in der Hand hat, die tatsächliche Sachherrschaft durch Vermittlung eines anderen (zB des Mieters) auszuüben. Der andere – der sog. Besitzmittler – übt die tatsächliche Sachherrschaft im Interesse des mittelbaren Besitzers – des sog. Oberbesitzers – aus. Beim mittelbaren Besitz spricht man daher auch von sog. »vergeistigter Sachherrschaft«[75] des Oberbesitzers. Mittelbarer Besitz führt so zu einer »Aufteilung« des Besitzes an einer Sache zwischen mehreren Personen.[76]

Der mittelbare Besitzer wird trotz seiner nur mittelbaren Sachbeziehung geschützt, da das Gesetz sein Interesse, wie ein Besitzer behandelt zu werden, als schutzwürdig anerkennt (§ 868 Hs. 3 BGB).[77] Auch gilt für ihn die Eigentumsvermutung nach § 1006 III BGB, wenn sein mittelbarer Besitz nachgewiesen werden kann.[78]

b) Entstehung mittelbaren Besitzes (§ 868 BGB) (G)

29 Mittelbarer Besitz entsteht durch Vereinbarung eines Besitzmittlungsverhältnisses iSv § 868 BGB. Dafür ist erforderlich, dass zwischen dem mittelbaren Besitzer (*Oberbesitzer*) und dem Besitzmittler ein Verhältnis besteht bzw. begründet wird, aus dem sich ergibt, dass der Besitzmittler gegenüber dem Oberbesitzer nur auf Zeit zum Besitz berechtigt ist; es liegt insofern keine Stellvertretung vor, da bei § 868 BGB der Besitzmittler für sich selbst erwirbt.[79] Das Besitzmittlungsverhältnis muss nicht einem gesetzlich geregelten Vertragstyp entsprechen.[80] Neben den Legalbeispielen in § 868 BGB wie Nießbrauch, Verpfändung, Pacht, Miete und Verwahrung begründen auch der Besitz aufgrund eines Werkvertrags oder Speditionsvertrags oder die Einräumung von Generalvollmacht etc.[81] mittelbaren Besitz.

---

72 → § 4 Rn. 32.
73 *Vieweg/Röthel* Fälle SachenR Fall 1.
74 Soergel/*Stadler* § 868 Rn. 1.
75 Staudinger/*Gutzeit* (2012) § 868 Rn. 5; Erman/*Lorenz* § 868 Rn. 2; *Westermann/Gursky/Eickmann* SachenR § 16 Rn. 9; vgl. auch NK-BGB/*Hoeren* § 868 Rn. 5 ff., 7: »gelockerte Sachherrschaft«.
76 Soergel/*Stadler* § 868 Rn. 1.
77 Staudinger/*Gutzeit* (2012) § 868 Rn. 2 f.; *Baur/Stürner* SachenR § 7 Rn. 30; zur Rechtsstellung des mittelbaren Besitzers → § 2 Rn. 34.
78 Staudinger/*Gursky* (2013) § 1006 Rn. 22.
79 Soergel/*Stadler* § 854 Rn. 12.
80 *Westermann/Gursky/Eickmann* SachenR § 17 Rn. 3.
81 Vgl. zu weiteren Beispielen Soergel/*Stadler* § 868 Rn. 11 ff.; Staudinger/*Gutzeit* (2012) § 868 Rn. 27 ff.

Mit Anerkennung der Sicherungsübereignung[82] wird ein typisches Schuldverhältnis (auch formularmäßig vereinbart) als ausreichend erachtet.[83] Nach herrschender Ansicht begründet auch der Verkauf unter Eigentumsvorbehalt mittelbaren Besitz des Vorbehaltsverkäufers.[84] Bis zur Zahlung des Kaufpreises sei die Sache noch nicht endgültig aus dem Vermögen des Verkäufers ausgeschieden; der Käufer besitze insofern noch auf Zeit.[85]

Die wohl überwiegende Auffassung setzt ein *konkretes* Besitzmittlungsverhältnis voraus.[86] Konkret sei das Rechtsverhältnis, wenn es benannt werden könne (Verwahrung, Miete etc.) und nicht – bloß abstrakt – den Willen des Veräußerers manifestiere, künftig für den Erwerber besitzen zu wollen. Die Gegenauffassung[87] lässt jedoch auch eine derartige abstrakte Vereinbarung ausreichen. Das Erfordernis der »Konkretheit« habe lediglich formellen Charakter.[88] Im Übrigen stellen beide Auffassungen für das Besitzmittlungsverhältnis dieselben Mindestanforderungen.

Während früher eine verbreitete Auffassung[89] nur ein wirksames Rechtsverhältnis ausreichen ließ, ist heute ganz überwiegend[90] anerkannt, dass auch ein unwirksames Rechtsverhältnis ein Besitzkonstitut begründen kann. Wegen des tatsächlichen Aspekts des Besitzes genüge eine rechtlich beachtliche Beziehung tatsächlicher Art;[91] dafür spreche schon der Wortlaut des § 868 BGB. Deshalb kann auch ein *vermeintliches Rechtsverhältnis* ein Besitzmittlungsverhältnis begründen,[92] solange nur der Besitzmittler tatsächlich Fremdbesitzerwillen hat und ein Herausgabeanspruch besteht. Der unmittelbare Besitzer muss also die Verpflichtung zur Rückgabe der Sache anerkennen.[93]

Die Entstehung mittelbaren Besitzes setzt mithin nach überwiegender Auffassung voraus:

- ein *konkretes* – nicht notwendig rechtlich wirksames – *Rechtsverhältnis* iSv § 868 BGB (sog. Besitzmittlungsverhältnis), aus dem sich ergibt, dass Fremdbesitz auf Zeit besteht;[94]

82 Vgl. dazu § 12.

83 *Westermann/Gursky/Eickmann* SachenR § 17 Rn. 3; § 39 Rn. 7.

84 RGZ 64, 334 (337); 95, 105 (106 f.); BGHZ 10, 69; BGH JZ 1969, 433; MüKoBGB/*Joost* § 868 Rn. 59; Staudinger/*Gutzeit* (2012) § 868 Rn. 43; Erman/*Lorenz* § 868 Rn. 13; *Baur/Stürner* SachenR § 59 Rn. 26; *Westermann/Gursky/Eickmann* SachenR § 17 Rn. 3; *Flume* AcP 161 (1962), 385 (387); aA Soergel/*Mühl*, 12. Aufl. 1990, § 868 Rn. 16.

85 Staudinger/*Gutzeit* (2012) § 868 Rn. 43; aA Soergel/*Mühl*, 12. Aufl. 1990, § 868 Rn. 16 § 929 Rn. 62; *Raiser*, Dingliche Anwartschaften, 1961, 74; *Hoche* NJW 1962, 1145 mit der Begründung, der Vorbehaltskäufer besitze nicht auf Zeit, sondern endgültig. Zu den Einzelheiten → § 11 Rn. 41.

86 RGZ 49, 170 (173); 54, 396; 98, 131 (133); 132, 183 (186); BGH NJW 1953, 217 (218); Palandt/*Bassenge* § 868 Rn. 6; *Baur/Stürner* SachenR § 51 Rn. 22; *Westermann* SachenR Rn. 35; *Wolff/Raiser* SachenR § 67 I 1 (Fn. 4).

87 Staudinger/*W. Wiegand* (2011) § 930 Rn. 18 ff.; AK-BGB/*Reich* §§ 930, 931 Rn. 7; iE MüKoBGB/*Oechsler* § 930 Rn. 14 ff.; *Medicus/Petersen* BürgerlR Rn. 491; *Westermann/Gursky/Eickmann* SachenR 39 Rn. 8.

88 Staudinger/*W. Wiegand* (2011) § 930 Rn. 16; vgl. auch *Westermann/Gursky/Eickmann* SachenR § 39 Rn. 8: keine hohen Anforderungen an die Benennung.

89 Nachweise bei Staudinger/*Gutzeit* (2012) § 868 Rn. 16.

90 Staudinger/*Gutzeit* (2012) § 868 Rn. 16; Soergel/*Stadler* § 868 Rn. 7; jurisPK-BGB/*Diep* § 868 Rn. 7.

91 *Schönfeld* JZ 1959, 301 (302).

92 Soergel/*Stadler* § 868 Rn. 7.

93 Soergel/*Stadler* § 868 Rn. 7.

94 BGHZ 85, 263 (265); ähnlich zuvor BGHZ 10, 81 (87).

- *Fremdbesitzerwillen* des unmittelbaren Besitzers zugunsten des Oberbesitzers;[95]
- einen *wirksamen Herausgabeanspruch* (Anspruch auf Einräumung des unmittelbaren Besitzes) des Oberbesitzers,[96] zB aus §§ 546 I, 695, 812, 985 BGB. Dieser Anspruch muss nicht unmittelbar durchsetzbar oder konkret befristet sein; es genügt, wenn das Überlassungsverhältnis von seiner Anlage her nur auf einen vorübergehenden Zeitraum gerichtet ist.[97]

Gegebenenfalls können zusätzlich bestimmte Pflichten des Veräußerers in die Vereinbarung aufgenommen werden.[98]

c) Antizipiertes Besitzkonstitut (V)

30 Ein antizipiertes Besitzkonstitut ist die Vereinbarung über ein *zukünftiges* Besitzmittlungsverhältnis, das entstehen soll, sobald der Veräußerer den Besitz an der zu übereignenden Sache erhält. Ein Besitzmittlungsverhältnis (zB Miete, Leihe) kann also bereits vorweggenommen vereinbart werden, wenn noch keiner der Beteiligten im Besitz der Sache ist.[99] Der Hauptanwendungsfall des antizipierten Besitzkonstituts ist die Sicherungsübereignung von Warenlagern mit wechselndem Bestand[100] und noch herzustellenden Sachen.

Das Besitzmittlungsverhältnis entsteht in dieser Konstellation früher als der unmittelbare und der mittelbare Besitz.[101] Damit ist die Möglichkeit eröffnet, dass der Besitzmittler den Besitz an der Sache von einem Dritten erwirbt. Der spätere Oberbesitzer muss also nicht zunächst unmittelbarer Besitzer gewesen sein.[102] Mit Erwerb der Sache durch den Besitzmittler von dem Dritten entsteht aufgrund des bereits vereinbarten Besitzmittlungsverhältnisses mittelbarer Besitz.

Für die Einigung der Parteien sind in besonderem Maße die Anforderungen des sachenrechtlichen *Bestimmtheitsgrundsatzes*[103] zu beachten: Die Sache muss bei Vereinbarung des Besitzkonstituts so konkret bezeichnet sein, dass jeder außenstehende Dritte, der die Vereinbarung kennt, die Sache im Zeitpunkt der Erlangung unmittelbaren Besitzes des Besitzmittlers ohne Schwierigkeit von anderen Sachen unterscheiden kann.[104]

Der Wille zur Begründung des Besitzmittlungsverhältnisses muss im Zeitpunkt der Erlangung des unmittelbaren Besitzes fortbestehen.[105] Für das Fortbestehen spricht

95 BGHZ 161, 90 (112) = NJW 2005, 359 (364).

96 *Palandt/Bassenge* § 868 Rn. 6; Erman/*Lorenz* § 868 Rn. 10; MüKoBGB/*Joost* § 868 Rn. 15.

97 BGH NJW-RR 2004, 570 nach BGHZ 10, 81 (87).

98 Diejenigen, die ein konkretes Rechtsverhältnis verlangen, sehen die Festlegung von Rechten und Pflichten in der Vereinbarung dagegen oftmals als notwendige Voraussetzung für die Konkretheit an; *Baur/Stürner* SachenR § 51 Rn. 22; *Westermann/Gursky/Eickmann* SachenR § 39 Rn. 8; Staudinger/*W. Wiegand* (2011) § 930 Rn. 16.

99 Grundlegend zu dieser Konstruktion Palandt/*Bassenge* § 930 Rn. 10; *Wendt* AcP 87 (1987), 40 (44); *Kollhosser* JuS 1992, 219 (219 f.).

100 → § 4 Rn. 28 und → § 12 Rn. 8.

101 Staudinger/*Gutzeit* (2012) § 868 Rn. 21.

102 *Baur/Stürner* SachenR § 7 Rn. 38.

103 Vgl. zum Bestimmtheitsgrundsatz → § 1 Rn. 7.

104 Vgl. zum Anwendungsfall des Eigentumserwerbs Erman/*Bayer* § 930 Rn. 6 Anh. §§ 929–931 Rn. 9 ff.; Jauernig/*Berger* § 930 Rn. 16. Hier ist der Zeitpunkt des Eigentumserwerbs ausschlaggebend.

105 AllgM; siehe nur BGHZ 161, 90 (112) = NJW 2005, 359 (364).

eine Vermutung, die nur durch ein entgegenstehendes äußeres Verhalten widerlegbar ist,[106] etwa die erkennbare Absicht, nicht für den Erwerber, sondern für sich selbst besitzen zu wollen.[107]

d) Insichkonstitut und Abgrenzung zum antizipierten Besitzkonstitut (V)

Von einem »Insichkonstitut«[108] spricht man, wenn der Besitzmittler ein Besitzmitt- 31
lungsverhältnis als Vertreter des Oberbesitzers und zugleich mit sich selbst im eigenen Namen abschließt. Der Besitzmittler vereinbart das Besitzmittlungsverhältnis durch Selbstkontrahieren. Dieses wird vom Oberbesitzer gestattet (§ 181 BGB).[109] Ein Insichkonstitut wird typischerweise abgeschlossen, wenn es um eine Einkaufskommission oder generell die Beauftragung zum Einkauf auf fremde Rechnung geht.[110]

Im Gegensatz zum antizipierten Besitzkonstitut wird das Besitzmittlungsverhältnis durch Insichkonstitut erst *nach Erwerb der Sache* abgeschlossen. Weil der Abschluss des Insichkonstituts nach Erwerb der Sache stattfindet, muss der rechtsgeschäftliche Wille, mit sich in fremdem Namen zu kontrahieren, nach Besitzerwerb äußerlich in Erscheinung treten. Dafür genügt bereits die Erkennbarkeit für Personen, die mit den Verhältnissen vertraut sind. Grund der Sichtbarmachung nach außen ist beim Insichkonstitut das allgemeine Prinzip der Rechtsgeschäftslehre, nach dem der rechtsgeschäftliche Wille zu seiner Wirksamkeit der Entäußerung (Manifestation) bedarf.[111]

In der Regel wird man von einem antizipierten Besitzkonstitut aufgrund der damit verbundenen größeren Sicherheit für den Hintermann immer dann ausgehen können, wenn die zu erwerbende Sache schon hinreichend bestimmt ist (§§ 133, 157 BGB). Dagegen wird ein Insichkonstitut dann anzunehmen sein, wenn dem Besitzmittler beim Erwerb noch ein Spielraum offensteht. (= Sache nicht hinr. bestimmt ist)

e) Gesetzliches Besitzmittlungsverhältnis (G)

Fallbeispiel: »Die großzügigen Eltern«[112] 32

Das Besitzmittlungsverhältnis kann nicht nur durch Vertrag, sondern ebenso durch Gesetz begründet werden. Als gesetzliche Besitzmittlungsverhältnisse kommen beispielsweise in Betracht:[113] die eheliche Lebensgemeinschaft (§ 1353 BGB), die eingetragene Lebenspartnerschaft (§ 2 LPartG); hinsichtlich der Gegenstände, die nur einem Ehegatten gehören, aber im Mitbesitz beider Ehegatten stehen, ist der mitbe-

106 BGH WM 1965, 1248 (1249).

107 Palandt/*Bassenge* § 930 Rn. 11; vgl. auch BGHZ 161, 90 (113) = NJW 2005, 359 (364) mit dem Hinweis, dass lediglich Erkennbarkeit zu verlangen ist, nicht aber, dass die Aufgabe des Willens gerade dem angehenden bzw. bisherigen mittelbaren Besitzer gegenüber zum Ausdruck gebracht wird.

108 → § 4 Rn. 45.

109 *Baur/Stürner* SachenR § 7 Rn. 38.

110 MüKoBGB/*Joost* § 868 Rn. 12.

111 RGZ 99, 208 (210); 116, 198 (202); 139, 114 (117); BGH NJW 1964, 398; NJW 1989, 2542 (2543); Staudinger/*W. Wiegand* (2011) § 930 Rn. 34; *Westermann/Gursky/Eickmann* SachenR § 42 Rn. 7.

112 *Vieweg/Röthel* Fälle SachenR Fall 4.

113 Siehe insbes. die Übersicht bei Staudinger/*Gutzeit* (2012) § 868 Rn. 27 ff.

sitzende Ehegatte Besitzmittler des Eigentümer-Ehegatten;[114] weiterhin die elterliche Vermögenssorge (§ 1626 BGB)[115] und allgemein alle Amtsstellungen wie Insolvenzverwaltung (§ 148 InsO), Testamentsvollstreckung (§ 2205 BGB), Nachlassverwaltung (§ 1985 BGB) oder -pflege (§ 1960 BGB).[116] Auch durch die Pfändung einer beweglichen Sache durch den Gerichtsvollzieher entsteht ein Besitzmittlungsverhältnis.[117] Umstritten ist, ob auch die nichteheliche Lebensgemeinschaft ein entsprechendes Besitzmittlungsverhältnis darstellt. Teilweise wird dies abgelehnt, sofern keine gesonderte Vereinbarung zwischen den Partnern getroffen wurde.[118] Eine Gegenauffassung beruft sich hingegen auf die Rechtsprechung des BGH[119] zu unbenannten Zuwendungen bei der nichtehelichen Lebensgemeinschaft und leitet aus dieser das Bestehen einer Rechtsgemeinschaft ab, die die Grundlage eines Besitzmittlungsverhältnisses darstelle.[120]

f) Besitzmittlungswille des unmittelbaren Besitzers (G)

33 Der Besitzmittler muss den Oberbesitzer als mittelbaren Besitzer anerkennen und ihm den Besitz mitteln wollen, sog. Besitzmittlungswille. Die Anerkennung des mittelbaren Besitzers wird vermutet, solange ein entgegenstehender Wille des Besitzmittlers nicht objektiv erkennbar ist.[121] Nach überwiegender Auffassung in der Literatur gilt dies auch für die Besitzmittlung aufgrund eines gesetzlichen Besitzmittlungsverhältnisses.[122] Die Rechtsprechung[123] hält allerdings die Willensrichtung des unmittelbaren Besitzers bei gesetzlichen Besitzmittlungsverhältnissen für unbeachtlich. Nach der überwiegenden Ansicht widerspricht dies jedoch dem grundsätzlichen Abstellen auf die Willensrichtung des Besitzmittlers.[124]

114 BGHZ 75, 253 (257 f.); BGH NJW 1992, 1163; *Baur/Stürner* SachenR § 51 Rn. 25 f. – Vgl. auch BGHZ 159, 383 (385) = BGH NJW 2004, 3041 zum Mitbesitz an einer von nur einem Ehegatten gemieteten Wohnung: Eine Besitzdienerschaft würde der Stellung des jeweils anderen Ehegatten nicht entsprechen. Anders ist die besitzrechtliche Stellung von Kindern in Bezug auf Kinderzimmer und andere Räume im elterlichen Haushalt zu beurteilen. Auch nach Erreichen der Volljährigkeit sind sie idR lediglich Besitzdiener, es sei denn, eine Änderung der Besitzverhältnisse tritt eindeutig zutage, vgl. BGH NJW 2008, 1959 (1960). Zur besitzrechtlichen Stellung von Studenten mit Zweitwohnsitz, vgl. BVerfG NVwZ 2010, 1022 (1024).

115 BGH NJW 1989, 2542 (2544); jurisPK-BGB/*Diep* § 868 Rn. 12; *Wolff/Raiser* SachenR § 67 I 5.

116 Staudinger/*Gutzeit* (2012) § 868 Rn. 50; *Westermann/Gursky/Eickmann* SachenR § 17 Rn. 2.

117 → § 7 Rn. 39.

118 Soergel/*Henssler* § 930 Rn. 13; OLG München NJW 2013, 3525 (3526) mit der Begründung, es fehle insofern an der Anwendbarkeit des § 1353 I 2 BGB, aus dem die Mitbesitzberechtigung der Ehegatten abgeleitet werde.

119 Vgl. BGH NJW 2008, 3277 (3278): »Dagegen stellt eine Zuwendung unter Ehegatten, der die Vorstellung oder Erwartung zu Grunde liegt, dass die eheliche Lebensgemeinschaft Bestand haben werde, oder die sonst der Ehe willen oder als Beitrag zur Verwirklichung oder Ausgestaltung der ehelichen Lebensgemeinschaft erbracht wird […] keine Schenkung, sondern eine ehebedingte Zuwendung dar. […] Diese Differenzierung kann auf Zuwendungen zwischen den Partnern einer nichtehelichen Lebensgemeinschaft übertragen werden. […] [Die Zuwendungen] führen aber regelmäßig nicht zu einer den Empfänger einseitig begünstigenden und frei disponiblen Bereicherung, sondern sollen der Lebensgemeinschaft und damit auch dem Schenker selbst zugute kommen […]«.

120 MüKoBGB/*Oechsler* § 930 Rn. 21.

121 BGH LM Nr. 6 zu § 868 BGB; Staudinger/*Gutzeit* (2012) § 868 Rn. 25.

122 MüKoBGB/*Joost* § 868 Rn. 17; Soergel/*Stadler* § 868 Rn. 4; Staudinger/*Gutzeit* (2012) § 868 Rn. 24; *Westermann/Gursky/Eickmann* SachenR § 18 Rn. 2.

123 BGHZ 9, 73 (78); BGH MDR 1954, 95; BayObLGZ 1953, 273 (277).

124 So *Westermann/Gursky/Eickmann* SachenR § 17 Rn. 2.

g) Rechtsgrundlage des Herausgabeanspruchs des mittelbaren Besitzers (Oberbesitzers) (G)

Da der mittelbare Besitz unabhängig von der rechtlichen Wirksamkeit des Besitzmittlungsverhältnisses ist,[125] muss sich der Herausgabeanspruch nicht aus dem Besitzmittlungsverhältnis ergeben. Allgemein anerkannt ist, dass er sich auch aus anderen Rechtsverhältnissen wie Geschäftsführung ohne Auftrag (§§ 677 ff. BGB), ungerechtfertigter Bereicherung (§§ 812 ff. BGB) oder Vindikation (§ 985 BGB) ergeben kann.[126] 34

h) Voraussetzungen des Zweiterwerbs mittelbaren Besitzes (§ 870 BGB) (G)

Der Zweiterwerb[127] mittelbaren Besitzes gem. § 870 BGB hat nur eine einzige Voraussetzung: die wirksame Abtretung des Herausgabeanspruchs des mittelbaren Besitzers gegen den unmittelbaren Besitzer an den Erwerber (Parallele: § 931 BGB). Die Abtretung erfolgt nach den allgemeinen Vorschriften der §§ 398 ff. BGB; sie ist damit auch formfrei.[128] Wegen § 407 BGB (Leistung mit befreiender Wirkung an den bisherigen Gläubiger nach Abtretung) empfiehlt sich allerdings die Benachrichtigung des unmittelbaren Besitzers. Ist der Abtretende nicht mittelbarer Besitzer, kann dem Erwerber auch kein Besitz übertragen werden.[129] 35

Besteht ein wirksames Besitzmittlungsverhältnis, ist der sich aus diesem ergebende schuldrechtliche Herausgabeanspruch abzutreten (§§ 398 S. 1, 868 BGB). Bei einem unwirksamen Besitzmittlungsverhältnis ist auch die Abtretung gesetzlicher Ansprüche auf Besitzeinräumung wie diejenigen aus §§ 677 ff., 812, 823 BGB möglich.[130]

Der Herausgabeanspruch aus § 985 BGB ist hingegen nicht selbstständig abtretbar,[131] weil er untrennbar mit dem Eigentum verbunden ist.[132] Er ist »Hilfsmittel« für den Eigentümer ohne eigenständigen Wert.[133]

4. Beendigung des Besitzes

a) Verlust unmittelbaren Besitzes (§ 856 BGB) (G)

Der unmittelbare Besitz endet dann, wenn der Besitzer entweder die tatsächliche Gewalt über die Sache aufgibt oder auf andere Weise verliert (§ 856 I BGB). 36

125 *Baur/Stürner* SachenR § 7 Rn. 43 ff.

126 Erman/*Lorenz* § 868 Rn. 10.

127 Versteht man unter »Übertragung« auch den außervertraglichen Besitzwechsel, kommen als weitere Erwerbsformen auch die der Gesamtrechtsnachfolge, insbes. nach § 857 BGB in Betracht; vgl. Soergel/*Stadler* § 870 Rn. 1.

128 Erman/*Lorenz* § 870 Rn. 1.

129 Soergel/*Stadler* § 870 Rn. 2.

130 Staudinger/*W. Wiegand* (2011) § 931 Rn. 12; Palandt/*Bassenge* § 870 Rn. 2; *Westermann/Gursky/Eickmann* SachenR § 17 Rn. 7; *Schönefeld* JZ 1959, 302; → § 2 Rn. 29.

131 → § 4 Rn. 51.

132 So ausdrücklich auch für § 870 BGB Palandt/*Bassenge* § 870 Rn. 2.

133 Allgemein zu dinglichen Ansprüchen: BGHZ 60, 235 (240); zu § 985 BGB: BGHZ 111, 364 (369); aus der umfangreichen Literatur vgl. nur Soergel/*Stadler* § 985 Rn. 3; Staudinger/*Gursky* (2013) § 985 Rn. 3 mwN; Erman/*Ebbing* § 985 Rn. 9 mwN; *Westermann/Gursky/Eickmann* SachenR § 29 Rn. 5; aA RG JW 1932, 1206 sowie fast alle frühen Kommentierungen, daneben *Raape* JherJb 71, 1923, 97 (120); *Oertmann* AcP 113 (1905), 51; wN bei Staudinger/*Gursky* (2013) § 985 Rn. 3.

Die *»Aufgabe« der tatsächlichen Gewalt* setzt ein objektiv erkennbares *willentliches* Handeln oder Unterlassen voraus, dh der Verlust des Besitzes muss freiwillig erfolgen.[134] Das Unterlassen kann zB in dem mangelnden Bemühen bestehen, einen Gegenstand wiederzufinden und zu bergen.[135] Der erforderliche Wille ist wie der bei Besitzbegründung rein tatsächlicher, nicht rechtsgeschäftlicher Natur.[136] Eine besondere Frage ist die des Besitzverlusts bei Minderjährigen.[137]

Im Gegensatz dazu erfolgt der *Besitzverlust »auf andere Weise«* ohne den Willen des Besitzers, also *unfreiwillig*.[138] Der Besitz lässt sich also nicht durch bloßen Besitzwillen aufrechterhalten; entscheidend ist allein die objektive Sachlage.[139] Diese Art des Besitzverlusts entspricht dem »Abhandenkommen« iSd § 935 BGB.[140]

Der Besitzverlust ist von der nur *vorübergehenden Verhinderung der Ausübung der tatsächlichen Gewalt* zu unterscheiden (§ 856 II BGB). Eine (zB durch Krankheit oder Urlaub des Besitzers[141]) entstehende vorübergehende Verhinderung lässt den Besitz unberührt. Ob nur Verhinderung der Ausübung oder bereits Verlust der unmittelbaren Sachherrschaft besteht, beurteilt sich nach den Umständen und der Verkehrsanschauung, insbesondere danach, welchen Umfang die Beziehung zum Gegenstand haben muss, damit von einem »Beherrschen« gesprochen werden kann. Bei Grundstücken sind insgesamt geringere Anforderungen zu stellen als bei beweglichen Sachen.[142]

b) Verlust mittelbaren Besitzes (G)

37 Der mittelbare Besitz des Besitzherrn endet, wenn eine seiner Voraussetzungen nach § 868 BGB entfällt,[143] also entweder durch Verlust der tatsächlichen Gewalt des Besitzmittlers über die Sache oder durch Aufgabe des Besitzmittlungswillens. Für die Aufgabe des Besitzmittlungswillens genügt nicht der bloß innere Wille, den mittelbaren Besitzer nicht weiter als Oberbesitzer anzuerkennen und die Sache von nun an als Eigenbesitzer oder für einen anderen Oberbesitzer besitzen zu wollen. Hinzukommen muss vielmehr die Betätigung dieses Willens, dh dieser muss nach außen durch das Verhalten des Besitzmittlers erkennbar (zB durch Veräußerung der Sache oder Abreißen des Pfandsiegels[144]) hervortreten.[145] Dies ist auch dann gegeben, wenn der Besitzmittler ein neues Besitzmittlungsverhältnis eingeht, das mit dem bisherigen

134 BGHZ 67, 207 (209); BGH NJW 1979, 714 (715); Staudinger/*Gutzeit* (2012) § 856 Rn. 8; Erman/*Lorenz* § 856 Rn. 3.

135 RGZ 138, 118 (121); 143, 168 (169 f.); RG Gruchot 69, 373 (374) – Unterlassen, ein gesunkenes Schiff zu heben.

136 Staudinger/*Gutzeit* (2012) § 856 Rn. 11; *Baur/Stürner* SachenR § 7 Rn. 26; *Wolff/Raiser* SachenR § 15 I 1.

137 → § 5 Rn. 40.

138 Staudinger/*Gutzeit* (2012) § 856 Rn. 11; Erman/*Lorenz* § 856 Rn. 4.

139 Erman/*Lorenz* § 856 Rn. 5.

140 *Petersen* Jura 2002, 160 (160); zum »Abhandenkommen« → § 5 Rn. 36.

141 RGZ 51, 20 (23); *Petersen* Jura 2002, 160 (162 f.).

142 Vgl. Erman/*Lorenz* § 856 Rn. 5.

143 MüKoBGB/*Joost* § 868 Rn. 27 ff.; *Westermann/Gursky/Eickmann* SachenR § 18 Rn. 4; jurisPK-BGB/*Diep* § 868 Rn. 11.

144 RGZ 57, 323 (326).

145 MüKoBGB/*Joost* § 868 Rn. 17, 30; Palandt/*Bassenge* § 868 Rn. 17; Staudinger/*Gutzeit* (2012) § 868 Rn. 25, 86.

(andernfalls gleichst. Nebenbesitz)

unvereinbar ist.[146] Eine Erklärung gerade gegenüber dem bisherigen mittelbaren Besitzer ist nicht erforderlich; die Willensänderung muss lediglich objektiv erkennbar sein.[147] Lässt sich eine derart betätigte Willensänderung feststellen, dann endet der mittelbare Besitz unabhängig vom Bestehen des obligatorischen Herausgabeanspruchs.

III. Sonderformen des Besitzes

1. Sonderformen des Besitzes – Überblick (V)

Besondere Besitzformen sind der sog. gleichstufige Nebenbesitz, der gesetzlich aner- 38
kannte Rechtsbesitz (§§ 900 II, 1029, 1090 BGB), der Erbenbesitz (§ 857 BGB), der Erbschaftsbesitz (§ 2018 BGB) sowie der Organbesitz juristischer Personen.

2. »Gleichstufiger Nebenbesitz«

a) »Gleichstufiger Nebenbesitz« – Begriff und rechtliche Problematik (V)

Nebenbesitz ist die Vermittlung von Besitz durch einen unmittelbaren Besitzer an 39
mehrere mittelbare Besitzer, die untereinander in keiner Besitzbeziehung stehen, also weder gegenseitig Besitzmittler noch Mitbesitzer sind. *Gleichstufig* ist der Nebenbesitz, wenn der Besitzmittlungswille des Besitzmittlers für mehrere mittelbare Besitzer gleichermaßen besteht und damit deren besitzrechtliche Gleichstellung bewirkt.[148] Nebenbesitz entsteht also allein aufgrund des Willens des unmittelbaren Besitzers, zwei oder mehreren Oberbesitzern den Besitz zu vermitteln.

Die Rechtsfigur des gleichstufigen Nebenbesitzes wird nach wie vor höchst kontrovers beurteilt. Virulent wurde die Problematik in zwei reichsgerichtlichen Urteilen[149], denen vereinfacht folgender Fall gutgläubigen Eigentumserwerbs[150] zugrunde lag:

Nach einem Verkauf unter Eigentumsvorbehalt lagerte der Eigentümer und Vorbehaltsverkäufer (VVK) die Ware für sich unter Abschluss eines Besitzmittlungsverhältnisses iSd § 868 BGB bei einem Lagerhalter (L) ein. Der Vorbehaltskäufer (VK) der Ware gerierte sich vor seinem Eigentumserwerb einem Zweiterwerber (Z) gegenüber als Eigentümer und veräußerte die eingelagerte Ware unter Abtretung seines angeblichen Herausgabeanspruches gegen L. L schloss mit Z ein eigenständiges Besitzmittlungsverhältnis ab und kam Weisungen beider »Oberbesitzer« nach. L betrieb also ein »Doppelspiel«.

146 BGH NJW 1979, 2037 (2038); ZIP 1998, 1733 (1736); NJW-RR 1999, 1239. Zur früher vertretenen Gegenansicht vgl. *Gursky* JZ 2005, 285 (286).

147 MüKoBGB/*Joost* § 868 Rn. 17, 30; Staudinger/*Gutzeit* (2012) § 868 Rn. 86; Palandt/*Bassenge* § 868 Rn. 17; aA *J. Hager* WM 1980, 666 (671).

148 Staudinger/*Gutzeit* (2012) § 868 Rn. 9.

149 RGZ 135, 75 (79); 138, 265 (267).

150 Vor der vertieften Durcharbeitung dieses Komplexes wird zum besseren Verständnis die Lektüre von → § 5 Rn. 22 empfohlen.

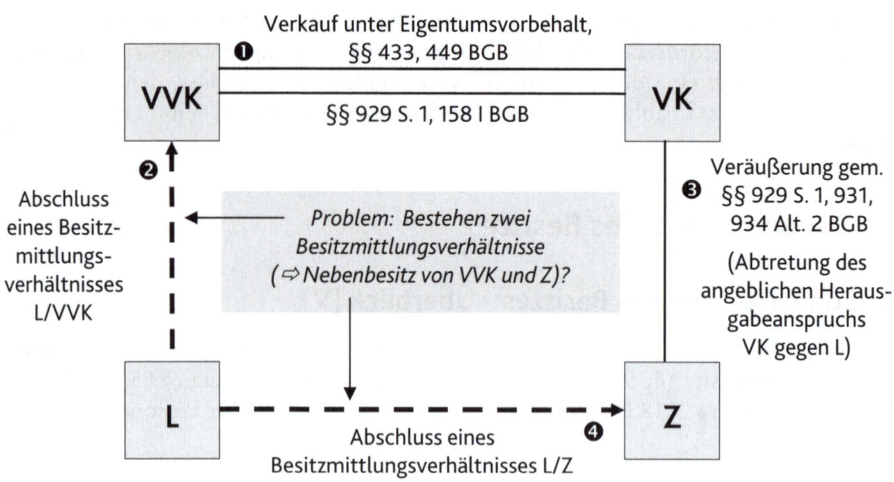

Der Wille des Besitzmittlers findet seinen Ausdruck regelmäßig im nach außen sichtbaren Verhalten. Hier liegt – neben systematischen Bedenken – ein Aufhänger für kontroverse Diskussionen zwischen Anhängern und Kritikern der Rechtsfigur »Nebenbesitz«: Während die Kritiker schon im Abschluss eines weiteren Besitzmittlungsverhältnisses den Willen des Besitzmittlers ausmachen, nicht mehr für den ersten Oberbesitzer besitzen zu wollen, sehen die Anhänger darin lediglich die Entstehung von Nebenbesitz. Nur eine deutliche Ablehnung durch das Verhalten des Besitzmittlers könne das eine oder das andere Besitzmittlungsverhältnis zu Fall bringen.[151] Damit geht es um die Fragen, wie das »doppeldeutige« Verhalten des Besitzmittlers rechtlich zu würdigen ist, und ob die durch Anerkennung von Nebenbesitz erfolgende Verdoppelung ein und derselben Besitzposition mit dem Gesetz zu vereinbaren ist.

b) »Gleichstufiger Nebenbesitz« – Meinungsstand in Literatur und Rechtsprechung (V)

40 Das Gesetz nennt den Nebenbesitz nicht, sondern spricht nur von »der Besitz« (§ 854 I BGB). Unter Berufung auf den offenen Gesetzeswortlaut und insbesondere aus rechtspolitischen Erwägungen erkennt eine Auffassung den Nebenbesitz an. An den Wortlaut und die Gesetzessystematik anknüpfend, hält eine andere Auffassung den Nebenbesitz unter anderem wegen des numerus clausus der gespaltenen Besitzrechte für unzulässig. Die zunächst theoretische Entscheidung für oder gegen den Nebenbesitz hat nicht unerhebliche praktische Auswirkungen.

aa) Den Nebenbesitz anerkennende Auffassung (Lehre vom Nebenbesitz)

Die Vertreter der Lehre vom Nebenbesitz[152] führen an, die gesetzlich aufgeführten Fälle besitzrechtlicher Beteiligung ließen sich als Beispielsfälle verstehen, denen nach

151 → § 2 Rn. 37.

152 AK-BGB/*Reich* § 934 Rn. 7; Staudinger/*Gutzeit* (2012) § 868 Rn. 9 f.; *Baur/Stürner* SachenR § 7 Rn. 58 f., § 52 Rn. 24; *Wolff/Raiser* SachenR § 8 II; *Medicus/Petersen* BürgerlR Rn. 558 ff.; *Lange/Schiemann* Fälle SachenR Fall 10; *Boehmer*, Grundlagen der Bürgerlichen Rechtsord-

allgemeinen Regeln weitere hinzugefügt werden könnten.[153] Damit fehle es zwar an einer positiven Regelung; der Nebenbesitz widerspreche aber nicht derart der Besitzstruktur, dass er abgelehnt werden müsste.[154]

Rechtspolitisch sei die Bejahung des Nebenbesitzes erforderlich, da der erste Oberbesitzer denselben Schutz wie der Erwerber verdiene und um eine Inkongruenz bezüglich der Erforderlichkeit der Erlangung unmittelbaren Besitzes zwischen dem Erwerb nach §§ 930, 933 BGB und §§ 931, 934 Alt. 1 BGB zu vermeiden.[155]

bb) Den Nebenbesitz ablehnende Auffassung

Die Rechtsprechung[156] und ein Teil der Literatur[157] halten sich an den Gesetzeswortlaut: Dieser spreche von »der Besitz«. Damit könne es auch nur *einen* Besitzer geben. Die wenigen Fälle, in denen eine Besitzaufspaltung an einer einheitlichen Sache stattfinde, seien ausdrücklich und abschließend als Ausnahmen aufgezählt (§§ 866, 868, 871 BGB – numerus clausus im Sachenrecht).[158] Eine Verdoppelung des Besitzes als tatsächlicher Sachherrschaft durch Schaffung mehrerer voneinander unabhängiger, nur durch die Person des Besitzmittlers verbundener Besitzmittlungsverhältnisse sei undenkbar.[159] Eine den Nebenbesitz zulassende Lücke im BGB fehle also. Da sich oft nicht ermitteln lasse, ob der unmittelbare Besitzer den Besitz nur dem neuen oder auch dem alten Gläubiger vermitteln wolle, verbiete auch die Rechtssicherheit die Anerkennung von Nebenbesitz.[160]

Auch gesetzesimmanente Gründe sprächen gegen den Nebenbesitz: In den §§ 937, 1006 III BGB (Ersitzung, Eigentumsvermutung) werde die Einheitlichkeit und Ausschließlichkeit des mittelbaren Besitzes vorausgesetzt. Könnte der Besitzmittler selbst die Rechtsfolgen aus den beiderseits nebeneinander bestehenden Besitzmittlungsverhältnissen bestimmen, würde er in die Ausschließlichkeit eingreifen und große Rechtsunsicherheit zB darüber hervorrufen, welchem der mittelbaren Besitzer die Eigentumsvermutung nach § 1006 III BGB zugute komme.[161] Der Besitzmittler könne nicht beiden Oberbesitzern gerecht werden, weil sich die Rechtsfolgen des mittelbaren Besitzes nicht auf zwei voneinander unabhängige – »entgegengesetzte« – Personen erstrecken könnten. In Anerkennung zB der Herausgabepflicht gegenüber dem

---

nung II 2, 1952, 41 f.; *Serick* Eigentumsvorbehalt I § 11 III 4; *Müller* AcP 137 (1933), 86 (88); *Westermann* NJW 1956, 1297 (1298); *Zunft* NJW 1957, 446; *ders.* JZ 1959, 279; *Lange* JuS 1969, 162 (164); *Berg* JR 1978, 242 (243).

153 *Müller* AcP 137 (1933), 86 (88); *Lange* JuS 1969, 162 (164).

154 *Westermann* SachenR, 5. Aufl. 1973, § 19 zitiert bei *Westermann/Gursky/Eickmann* SachenR § 18 Rn. 7; speziell zu § 871 BGB Staudinger/*Gutzeit* (2012) § 871 Rn. 1.

155 *Medicus*, FS Hübner, 1984, 611; *Serick* Eigentumsvorbehalt II 246; iE *Müller* AcP 137 (1933), 86 (89); *Lange* JuS 1969, 162 (165) – die andere Alternative wäre eine sinngemäße Auslegung bzw. teleologische Reduktion des § 934 BGB.

156 Schon RGZ 119, 153 (54); grundlegend: RGZ 135, 75 (79 f.); 138, 265 (267); BGHZ 28, 16 (27 f.); BGH NJW 1978, 696 (697); NJW 1979, 2037 (2038).

157 MüKoBGB/*Joost* § 868 Rn. 20; Palandt/*Bassenge* § 868 Rn. 2; PWW/*Prütting* § 868 Rn. 5; *Westermann/Gursky/Eickmann* SachenR § 18 Rn. 7; *Tiedtke* WM 1978, 446 (450 f.); *Picker* AcP 188 (1988), 511 (533 ff., 536); *Musielak* JuS 1992, 713 (720); *Kindl* AcP 201 (2001), 391 (405 ff.); iE *Müller-Erzbach* AcP 142 (1936), 5 (41 ff., 49).

158 RGZ 135, 75 (80 f.).

159 RGZ 135, 75 (80 f.); *Wilhelm* SachenR Rn. 508; *Picker* AcP 188 (1988), 511 (536).

160 *Tiedtke* WM 1978, 446 (451).

161 RGZ 135, 75 (81); MüKoBGB/*Joost* § 868 Rn. 20.

einen Oberbesitzer müsse zugleich die Verneinung gegenüber dem anderen liegen.[162] Damit werde auch die vom Gesetz vorgegebene »Interesseneinheit« von Besitzmittler und Oberbesitzer zerstört. Mit dem Abschluss eines weiteren Besitzmittlungsverhältnisses begründe der Besitzmittler das rechtlich geschützte Interesse eines Dritten, mit dem die Interessen des bisherigen Oberbesitzers nicht vereinbar seien.[163]

c) Praktische Unterschiede bei Anerkennung oder Ablehnung von Nebenbesitz (V)

41 Zu praktischen Unterschieden und damit zum Streit um den Nebenbesitz kommt es nur, wenn der *Besitzmittler die Besitzlage nicht aufdeckt*. Dies kann im Zusammenhang mit der Regelung in § 871 BGB, die ein »Besitzgebäude« aus mehreren Besitzmittlungsverhältnissen vorsieht, zu Problemen führen. Gem. § 871 BGB vermittelt der zweite Besitzer über ein Besitzmittlungsverhältnis dem ersten mittelbaren Besitzer, dem sog. *mittelbaren Eigenbesitzer*[164], den Besitz als *mittelbarer Fremdbesitzer*. Der zweite Oberbesitzer wird Fremdbesitzer 1. Grades; alle folgenden mittelbaren Fremdbesitzer vermitteln den Besitz der jeweils nächsthöheren »Sprosse« auf der »Besitzleiter« und bekommen den Besitz von der jeweils niedrigeren, näher am unmittelbaren Besitz liegenden Stufe gemittelt (2. Grad mittelt dem mittelbaren Besitzer 3. Grades, dieser dem mittelbaren Besitzer 4. Grades usw.).[165] Der Bestand dieses Besitzgebäudes setzt aber gerade voraus, dass der unmittelbare Besitzer die bestehenden Besitzverhältnisse offen legt.

Der Meinungsstreit um den Nebenbesitz kann in drei Fallgestaltungen relevant werden: beim gutgläubigen Erwerb gem. §§ 931, 934 Alt. 2 BGB, bei der Sicherungsübereignung und bei der Übertragung des Anwartschaftsrechts.

aa) Lehre vom Nebenbesitz

Das Doppelspiel des Besitzmittlers wird von den Vertretern der Lehre vom Nebenbesitz folgendermaßen beurteilt: Das alte Besitzmittlungsverhältnis ende nicht stets mit Abschluss eines neuen. Andernfalls würde das faktische Element des mittelbaren Besitzes vernachlässigt. Dieses liege in der tatsächlichen Einwirkungsmöglichkeit beider Oberbesitzer in Form von Weisungen an den unmittelbaren Besitzer und in dessen Bereitschaft, die Weisungen tatsächlich zu befolgen.[166] Solange keine Indizien vorlägen, die gegen die Besitzmittlung für den früheren Oberbesitzer sprächen, seien beide nebeneinander vereinbarten Besitzmittlungsverhältnisse wirksam.[167]

Die Anhänger der Figur vom gleichstufigen Nebenbesitz argumentieren zudem ergebnisorientiert: Bei annähernd gleich starker tatsächlicher Sachbeziehung erscheine es willkürlich, bloß einem der beiden Oberbesitzer den Besitz zuzusprechen.[168]

162 RGZ 135, 75 (81); Palandt/*Bassenge* § 868 Rn. 2; auch *Kindl* AcP 201 (2001), 391 (395 ff.).
163 *Müller-Erzbach* AcP 137 (1933), 5 (41 ff., 49).
164 Begriff nicht iSd § 872 BGB.
165 Staudinger/*Gutzeit* (2012) § 871 Rn. 2.
166 *Medicus*, FS Hübner, 1984, 611 (622).
167 *Lange/Schiemann* Fälle SachenR Fall 10.
168 *Wolff/Raiser* SachenR § 8 II (Fn. 27); *Lange* JuS 1969, 162 (164).

bb) Den Nebenbesitz ablehnende Auffassung

Nach dieser Auffassung soll der Besitzstand des früheren mittelbaren Besitzers »automatisch« beseitigt werden, sobald der unmittelbare Besitzer bei Abschluss eines weiteren Besitzmittlungsverhältnisses iSd § 868 BGB die Besitzlage nicht aufdecke. Das verlange die Eigenart des mittelbaren Besitzes als »vergeistigter Sachherrschaft«, die auf dem Willen des unmittelbaren Besitzers beruhe und nach der der Oberbesitzer in jeder Hinsicht vom Besitzmittlungswillen des unmittelbaren Besitzers abhängig sei.[169]

Die Bekundung des Besitzmittlungswillens zugunsten eines neuen Oberbesitzers bedürfe lediglich einer bestimmten, äußerlich erkennbaren Handlung oder Erklärung, die er dem neuen mittelbaren Besitzer gegenüber vornehme.[170] Das sei in der Regel die Eingehung des neuen Besitzmittlungsverhältnisses. Im selben Zeitpunkt fehlten dann jedoch positive Indizien für die Bereitschaft, für den alten Oberbesitzer weiterbesitzen zu wollen.[171] In diesem Zeitpunkt ende damit der mittelbare Besitz des ersten Oberbesitzers.

Innerhalb dieser Auffassung besteht aber darüber Uneinigkeit, wie ein späteres Verhalten des Besitzmittlers zu beurteilen ist, aus dem die Anerkennung des früheren Oberbesitzers spricht. Umstritten ist, ob ein solches zu einem erneuten Besitzwechsel führt[172] oder ob es – mangels erneuter Vereinbarung – bei der Besitzlage nach Abschluss des zweiten Besitzmittlungsverhältnisses bleibt.[173] Die mit Abschluss des zweiten Besitzmittlungsverhältnisses erfolgte Besitzänderung wird jedoch nicht in Frage gestellt.[174]

d) Anwendungsfall des »gleichstufigen Nebenbesitzes« – gutgläubiger Erwerb gem. §§ 931, 934 Alt. 2 BGB (E)

Beispielsfall: → § 2 Rn. 39 **42**

In dieser Fallgruppe übereignet ein Vorbehaltskäufer (VK) – der nicht mittelbarer Besitzer ist – die Vorbehaltsware, die sich in unmittelbarem Besitz des L befindet, nach §§ 931, 934 Alt. 2 BGB an einen gutgläubigen Zweiterwerber (Z). L betreibt dabei ein Doppelspiel, indem er sich auf den Abschluss eines neuen Besitzmittlungsverhältnisses mit Z einlässt, ohne das bisherige Besitzmittlungsverhältnis mit dem Vorbehaltsverkäufer (VVK) eindeutig zu beenden. Für den Eigentumserwerb nach §§ 929 S. 1, 931, 934 BGB muss der Erwerber besitzrechtlich näher an die Sache heranrücken als der bisherige Eigentümer.[175] Genau das ist aber bei der Anerkennung von Nebenbesitz problematisch.

169 MüKoBGB/*Joost* § 868 Rn. 20; *Tiedtke* WM 1978, 446 (450).

170 RGZ 135, 75 (79 f.); *Kindl* AcP 201 (2001), 391 (395). – Das Gesetz setzt nämlich keine Erklärung des Besitzmittlers über die Willensänderung gegenüber dem mittelbaren Besitzer voraus; ähnlich *Wilhelm* SachenR Rn. 511.

171 MüKoBGB/*Joost* § 868 Rn. 20; *Westermann/Gursky/Eickmann* SachenR § 18 Rn. 7.

172 MüKoBGB/*Joost* § 868 Rn. 20.

173 So die überwiegende Ansicht, vgl. nur *Westermann/Gursky/Eickmann* SachenR § 18 Rn. 7.

174 MüKoBGB/*Joost* § 868 Rn. 20; *Westermann/Gursky/Eickmann* SachenR § 18 Rn. 7.

175 *Medicus/Petersen* BürgerlR Rn. 558, 561.

aa) Lehre vom Nebenbesitz

Nach der Lehre vom Nebenbesitz kann es mangels völliger Besitzentäußerung des Eigentümers nicht zum Eigentumserwerb nach §§ 931, 934 Alt. 2 BGB kommen, wenn der unmittelbare Besitzer (L) auch weiter für den ersten Oberbesitzer (den Eigentümer/VVK) besitzt.[176] Denn das Doppelspiel des Besitzmittlers ziele gerade darauf ab, den mittelbaren Besitz des Eigentümers nicht eindeutig zu beenden. Damit rücke der Erwerber nicht näher an die Sache heran als der bisherige Eigentümer.[177] Die beiden Besitzer neutralisierten ihren Besitz gegenseitig.[178] Hätten – wie hier – beide hingegen gleichstufigen (mittelbaren) Besitz an der Sache, dann überwiege das Erwerbsinteresse des Erwerbers das Beharrungsinteresse des Eigentümers nicht, und ein gutgläubiger Erwerb finde nicht statt.[179]

Gerade auf dieses Ergebnis kommt es den Vertretern der Lehre vom Nebenbesitz im Rahmen des § 934 BGB an. Sie bezwecken damit eine Korrektur der im Verhältnis von §§ 931, 934 BGB zu §§ 930, 933 BGB ihrer Ansicht nach bestehenden Wertungswidersprüche. Während nach §§ 931, 934 Alt. 1 BGB der Nichtberechtigte Eigentum erwerben könne, sofern ihm ein Herausgabeanspruch abgetreten und er damit lediglich mittelbarer Besitzer werde, setzten §§ 930, 933 BGB den Erwerb unmittelbaren Besitzes voraus. Der Eigentumserwerb müsse daher scheitern, soweit der Erwerber keinen unmittelbaren Besitz erlange oder der unmittelbare Besitzer seine Besitzbeziehung zum ersten Oberbesitzer nicht abbreche.[180] Darüber hinaus wird auch für § 934 Alt. 2 BGB ein Wertungswiderspruch zu §§ 930, 933 BGB zu vermeiden versucht: Gegenüber § 933 BGB sei der zweite Fall des § 934 BGB deshalb schwer zu rechtfertigen, weil bei § 933 BGB die Sache tatsächlich von dem Veräußerer übergeben werden muss, während § 934 Alt. 2 BGB auch die Besitzeinräumung durch Dritte genügen lässt.[181]

bb) Den Nebenbesitz ablehnende Auffassung

Die den Nebenbesitz ablehnende Auffassung rechtfertigt die unterschiedlichen Anforderungen beider Erwerbstatbestände mit der gesetzlichen Gleichstellung unmittelbaren und mittelbaren Besitzes sowie der gesetzlichen Entscheidung, dass zur Eigentumsübertragung – entgegen der oben erwähnten Auffassung auch zur Übertragung nach §§ 930, 933 BGB[182] – die vollständige Besitz-Entledigung des Veräußerers genüge. Genau das werde aber mit Abschluss des zweiten Besitzmittlungsverhältnisses erreicht.[183] Der Nebenbesitz würde, weil er nicht zum vollwertigen mittelbaren Besitz[184] und damit zum Eigentumserwerb führen könne, zum Besitz »zweiten Ranges« abgestempelt,

176 *Wolff/Raiser* SachenR § 8 II; *Medicus/Petersen* BürgerlR Rn. 558.

177 *Medicus/Petersen* BürgerlR Rn. 558; *Gursky* Fälle und Lösungen SachenR Fall 8 Rn. 140; soweit darstellend auch *Kindl* AcP 201 (2001), 391 (399 f.), der diese Lehre aber auf S. 402 als nicht weitgehend genug beurteilt.

178 *Medicus*, FS Hübner, 1984, 611 (617).

179 *Baur/Stürner* SachenR § 52 Rn. 24; *Gursky* Fälle und Lösungen SachenR Fall 8 Rn. 140.

180 *Müller* AcP 137 (1933), 86 (89 f.): »Standortwechsel« der Sache erforderlich.

181 *Lange* JuS 1963, 165.

182 Erman/*Bayer* § 933 Rn. 2; *Westermann/Gursky/Eickmann* SachenR § 48 Rn. 9; *Baur/Stürner* SachenR § 52 Rn. 22; aA *Gursky* Fälle und Lösungen SachenR Fall 7 Rn. 115 ff.

183 BGHZ 50, 45 (52).

184 *Medicus*, FS Hübner, 1984, 611 (618); damit wird zugleich – entgegen dem allgemeinen Grundsatz der Gleichwertigkeit von Erwerbs- und Erhaltungsinteresse – das Erwerbsinteresse hinter das Erhaltungsinteresse gestellt.

der dem Besitz ersten Ranges an Kraft nachstünde und damit eine Unterscheidung bewirke, die dem Besitzrecht der §§ 854 ff. BGB völlig fremd sei.[185] Für die Eingrenzung des gutgläubigen Erwerbs sei die diffizile Prüfung, ob der unmittelbare Besitzer äußerlich erkennbar ein Doppelspiel betreibe oder nicht, kein Kriterium.[186]

e) Anwendungsfall des »gleichstufigen Nebenbesitzes« – Sicherungsübereignung (E)

Beispielsfall: Ein Warenhersteller (Vorbehaltsverkäufer/VVK) liefert an einen Händler (Vorbehaltskäufer/VK) Waren unter Eigentumsvorbehalt. Der Händler übereignet die Waren zur Sicherheit an eine Bank (Sicherungsnehmer/S). Die Bank wiederum veräußert die Waren weiter an den Dritten X.[187] 43

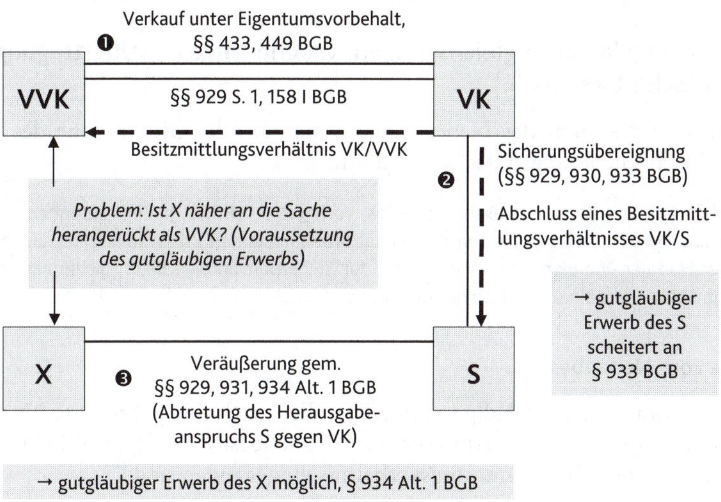

Auch in dieser Fallgruppe treibt der unmittelbare Besitzer (VK) ein Doppelspiel: einerseits mit dem Vorbehaltsverkäufer (VVK) und andererseits mit dem Sicherungsnehmer (S), der Bank. Dabei sind sowohl der Eigentumsvorbehalt als auch die Sicherungsübereignung hinreichend konkrete Besitzmittlungsverhältnisse.[188] Auch hier stellt sich die Frage, ob X von der Bank nach §§ 929 S. 1, 931, 934 Alt. 1 BGB erwerben kann. Im Vergleich zum vorherigen Anwendungsfall besteht die Besonderheit dieses Falles darin, dass ein etwaiger Nebenbesitz zunächst begründet wird (§§ 929 S. 1, 930, 933 BGB) und sich erst danach die Frage eines gutgläubigen Erwerbs gem. §§ 929 S. 1, 931, 934 Alt. 1 BGB stellt.

aa) Lehre vom Nebenbesitz

Nach dieser Auffassung wären zunächst VVK und S Nebenbesitzer, weil VK es unterlassen habe, das alte Besitzmittlungsverhältnis eindeutig zu beenden. Konsequenterweise könne S dem X lediglich seinen Nebenbesitz übertragen, der zum Eigentums-

185 RGZ 135, 75 (82).
186 *Wilhelm* SachenR Rn. 510.
187 BGHZ 50, 45.
188 → § 2 Rn. 29.

erwerb nach § 934 Alt. 1 BGB aber nicht genüge, weil X nicht näher an die Sache heranrücke als der Eigentümer selbst.[189]

bb) Den Nebenbesitz ablehnende Auffassung

Von der den Nebenbesitz ablehnenden Meinung wird dagegen angeführt, in der Sicherungsübereignung liege keine Begründung von Nebenbesitz, weil sich VK als Eigentümer geriere. Dieser erfülle vielmehr mit seinem Verhalten die Voraussetzungen von § 872 BGB (Eigenbesitz) und beende damit den mittelbaren Besitz des VVK.[190] S erhalte damit ungeteilten mittelbaren Besitz, den er auf X übertrage. X könne somit von S gem. §§ 929 S. 1, 931, 934 Alt. 1 BGB gutgläubig Eigentum erwerben.

f) Anwendungsfall des »gleichstufigen Nebenbesitzes« – Übertragung des Anwartschaftsrechts (E)

44 Zum Teil wird die Figur des Nebenbesitzes auch auf die Übertragung des Anwartschaftsrechts als Sicherungsmittel angewandt.[191]

Beispielsfall (Abwandlung des Beispielsfalles von § 2 → Rn. 43): Ein Warenhersteller (Vorbehaltsverkäufer/VVK) liefert an einen Händler (Vorbehaltskäufer/VK) Waren unter Eigentumsvorbehalt. Der Händler übereignet die Waren nicht zur Sicherheit an eine Bank (Sicherungsnehmer/S), sondern überträgt nur sein Anwartschaftsrecht auf S.

aa) Lehre vom Nebenbesitz

Wie in den vorangestellten Fallgestaltungen sollen nach der Lehre vom Nebenbesitz Vorbehaltsverkäufer und Sicherungsnehmer Nebenbesitzer sein, weil beide mit dem Vorbehaltskäufer ein Besitzmittlungsverhältnis eingegangen sind.[192]

Im Fall der Übertragung des Anwartschaftsrechts soll die Möglichkeit, für zwei Oberbesitzer zu besitzen und Nebenbesitz zu begründen, sich aber – anders als in den vorangegangenen Fallgestaltungen – bereits aus der bestehenden Besitzstellung des unmittelbaren Besitzers ableiten lassen: Dieser sei in seiner Person bereits Fremdbesitzer hinsichtlich des Eigentums und Eigenbesitzer bezüglich des Anwartschaftsrechts.[193] Eigen- wie Fremdbesitz bestünden damit auf gleicher Besitzstufe.

Dem Anwartschaftsberechtigten müsse schon wegen der Übertragbarkeit des Anwartschaftsrechts ein eigenes Besitzrecht zustehen (Parallele zu § 872 BGB). Der Nebenbesitz leite sich also aus einer bereits bestehenden Besitzspaltung in der Person

189 *Medicus/Petersen* BürgerlR Rn. 561; *Lange* JuS 1969, 162 (164) mwN; *Petersen* Jura 2002, 255 (257).

190 Palandt/*Bassenge* § 868 Rn. 4; *Westermann/Gursky/Eickmann* SachenR § 18 Rn. 7.

191 So ausdrücklich *Serick* Eigentumsvorbehalt I § 11 III 4; *Westermann* NJW 1956, 1297 (1298); *Paulus* JZ 1957, 41 (41 ff.); abl.: BGHZ 28, 16 (27); *Baur/Stürner* SachenR § 59 Rn. 35; *Medicus/Petersen* BürgerlR Rn. 562; *Zunft* NJW 1957, 445 (447).

192 *Serick* Eigentumsvorbehalt I § 11 III 4; *Westermann* NJW 1956, 1297 (1298).

193 Die Frage, ob am Anwartschaftsrecht überhaupt ein »Besitz« bestehen kann, wird hier aus Platzgründen nicht erörtert; → § 11 Rn. 68 f. zu der Parallele der Pfändung des Anwartschaftsrechts durch Pfändung des Besitzes.

des VK ab und müsse nicht wie in den anderen Fällen erst konstruiert werden. Schon das Anwartschaftsrecht, das sich außerhalb der gesetzlichen Vorschriften entwickelt habe, bewirke den Bruch mit dem gesetzlichen Besitzsystem.

Im Abschluss des zweiten Besitzmittlungsverhältnisses könne deshalb entgegen der ablehnenden Auffassung auch keine Negierung des ersten gesehen werden. Die beiden Oberbesitzer stünden auf verschiedenen »Besitzleitern« (Eigenbesitz und Fremdbesitz).[194] Wisse der Sicherungsnehmer nicht, ob er das Anwartschaftsrecht oder das Eigentum erwerbe, bleibe zwar unbestimmt, ob er als Eigen- oder Fremdbesitzer besitze. Diese Unbestimmtheit stehe aber auch sonst dem Besitzerwerb nicht entgegen und könne daher die Entstehung von Nebenbesitz nicht hindern.[195]

Die Lehre vom Nebenbesitz kommt mit der Bejahung der Entstehung von Nebenbesitz von VVK und X zum Ergebnis, dass beide auf gleicher Stufe mittelbaren Besitz an der Sache haben.

bb) Den Nebenbesitz ablehnende Auffassung

Die ablehnende Auffassung wendet auf diese Fallgruppe ihre Konstruktion eines »Besitzgebäudes«[196] mit mehrfach gestuftem mittelbarem Besitz an.[197] Diese Konstellation setzt allerdings voraus, dass der unmittelbare Besitzer die bestehenden Besitzverhältnisse offen legt.

Die den Nebenbesitz ablehnende Auffassung kommt damit zu dem Ergebnis, dass zwischen Sicherungsnehmer und Eigentümer gestufter mittelbarer Besitz besteht.

3. Rechtsbesitz (V)

Der Begriff »Rechtsbesitz« ist nicht legaldefiniert.[198] Obwohl unter »Besitz« die tatsächliche Herrschaft einer Person über eine Sache zu verstehen ist, hat das BGB in besonderen Fällen »der Sache nach«[199] einen sog. Rechtsbesitz anerkannt (vgl. §§ 900 II, 1029, 1090 BGB). 45

Rechtsbesitz ist der rechtlich anerkannte äußere Herrschaftstatbestand hinsichtlich eines Rechts. Er besteht unabhängig von der materiellen Rechtsträgerschaft[200] und wird zB anerkannt, wenn eine Dienstbarkeit eingetragen und mindestens einmal im Jahr zuvor ausgeübt wurde. Dann kann der Rechtsbesitzer Besitzschutz entsprechend §§ 858 ff., 861 ff. BGB geltend machen (§§ 1029, 1090 BGB).

194 *Serick* Eigentumsvorbehalt I § 11 III 4. Die Hierarchie Eigentümer – Anwartschaftsberechtigter wird hinsichtlich des Herausgabeanspruchs bei Zahlungsverzug beibehalten.

195 *Westermann* NJW 1956, 1297 (1298). Krit. zu dieser Konstellation aber *Medicus/Petersen* BürgerlR Rn. 562.

196 → § 2 Rn. 41.

197 BGHZ 28, 16 (27); *Baur/Stürner* SachenR § 59 Rn. 35; *Medicus/Petersen* BürgerlR Rn. 562; *Zunft* NJW 1957, 445 (447 f.).

198 Gegen die Verwendung des Begriffs MüKoBGB/*Joost* Vor § 854 Rn. 7; gegen ihn wiederum Staudinger/*Gutzeit* (2012) Vorbem zu §§ 854 ff. Rn. 48.

199 *Westermann/Gursky/Eickmann* SachenR § 26 Rn. 1.

200 *Westermann/Gursky/Eickmann* SachenR § 26 Rn. 1.

4. Erbenbesitz (§ 857 BGB) (V)

46 Der Erbenbesitz[201] ist in § 857 BGB geregelt, aber nicht legaldefiniert. Er fingiert die besitzrechtliche Stellung der wahren[202] Erben nach dem Tod des Erblassers und ist damit eine von der tatsächlichen Sachherrschaft unabhängige Besitzform. Voraussetzung für die Entstehung von Erbenbesitz ist neben dem Erbfall der Besitz des Erblassers.[203]

Der Besitz geht auf die Erben so über, wie er bei dem Erblasser bestanden hat. Das gilt für sämtliche Besitzformen: unmittelbaren und mittelbaren, Fremd- und Eigen-, Teil- und Mitbesitz.[204] Insofern stellt § 857 BGB eine Parallele zu § 1922 BGB dar.[205]

Nach dem Übergang des Besitzes kann sich dieser jedoch verändern: Fremdbesitz des Erblassers kann durch entsprechenden Besitzwillen des Erben zu Eigenbesitz werden.[206]

Der Erbe genießt – wie jeder andere Besitzer – Besitzschutz, insbesondere die Rechte aus §§ 861, 862 BGB. Das Eingreifen eines Nichterben in den Nachlass ist verbotene Eigenmacht.[207] Bei Wegnahme ist die Sache dem Erben iSv § 935 BGB abhanden gekommen.[208] Durch tatsächliche Besitzergreifung kann Erbenbesitz aber zum Besitz iSv § 854 BGB werden.[209]

5. Erbschaftsbesitz (§ 2018 BGB) (V)

47 Erbschaftsbesitzer ist nach der Legaldefinition des § 2018 BGB derjenige, der »aufgrund eines ihm in Wirklichkeit nicht zustehenden Erbrechts etwas aus der Erbschaft erlangt hat«. Die Position des Erbschaftsbesitzers ist insofern mit der eines unberechtigten Besitzers vergleichbar, als die §§ 2018 ff. BGB[210] eine den §§ 985 ff. BGB ähnelnde Regelung darstellen. Da aufgrund einer Erbschaft auch Forderungen erlangt sein können,[211] an denen keine Sachherrschaft ausgeübt werden kann, an denen aber Erbschaftsbesitz besteht, ist der Begriff des Erbschaftsbesitzers vom Begriff des (Sach-)Besitzers iSd §§ 854 ff. BGB zu unterscheiden.[212]

201 Zum Ganzen eing. *Ebenroth/Frank* JuS 1996, 794 ff.; vgl. auch *Petersen* Jura 2002, 255 (258) zur Möglichkeit der Heilung bei vormals bösgläubigem Besitz.
202 Staudinger/*Gutzeit* (2012) § 857 Rn. 11.
203 Erman/*Lorenz* § 857 Rn. 1.
204 Staudinger/*Gutzeit* (2012) § 857 Rn. 2, 13; Palandt/*Bassenge* § 857 Rn. 2.
205 Vgl. Staudinger/*Klinck* Eckpfeiler V Rn. 18.
206 Erman/*Lorenz* § 857 Rn. 4.
207 Besonderheiten gelten für den gutgläubigen Erbschaftsbesitzer iSd § 2018 BGB (→ § 2 Rn. 47). Dessen deliktische Haftung kommt nur unter den Voraussetzungen des § 2025 S. 2 BGB in Betracht.
208 Staudinger/*Gutzeit* (2012) § 857 Rn. 15; *Westermann/Gursky/Eickmann* SachenR § 15 Rn. 5; *Petersen* Jura 2002, 160 (163); vgl. zum gutgläubigen Erwerb mittels Erbscheins → § 5 Rn. 23.
209 Vgl. BGH NJW 1969, 1349 (obiter dictum); Palandt/*Bassenge* § 857 Rn. 3; Staudinger/*Gutzeit* (2012) § 857 Rn. 18, 21 ff.
210 Die praktische Bedeutung des Erbschaftsanspruchs besteht darin, dass er einen sich auf alle Gegenstände beziehenden Gesamtanspruch darstellt und gem. § 27 ZPO Grundlage für einen einheitlichen Gerichtsstand ist, ausführlich dazu *Richter* JuS 2008, 97 (98 ff.).
211 Palandt/*Weidlich* § 2018 Rn. 7.
212 → § 2 Rn. 1.

6. Besitz bei juristischen Personen, BGB-Gesellschaft und Personenhandelsgesellschaften (V)

Anerkannt ist, dass auch *juristische Personen* – eingetragener Verein (§§ 21 ff. BGB), selbstständige Stiftung (§§ 80 ff. BGB), AG (§ 1 AktG), GmbH (§ 13 GmbHG) – Besitz haben können.[213] Ihre Organe (natürliche Personen) üben die tatsächliche Gewalt für sie aus, sind selbst aber weder Besitzer noch Besitzdiener. Man spricht deshalb vom Organbesitz juristischer Personen.[214] **48**

Bei *Personenhandelsgesellschaften* – OHG (§§ 105 ff. HGB) und KG (§§ 161 ff. HGB) – nimmt die überwiegende Ansicht[215] ebenfalls Organbesitz der vertretungsberechtigten Gesellschafter für die Gesellschaft an. Dies rechtfertige sich aus der hinreichenden körperschaftlichen Struktur und der weitgehenden Annäherung an eine juristische Person (vgl. Rechtsgedanken der §§ 124 I, 161 II HGB). Teilweise[216] wird aber auch vertreten, die Gesellschafter seien Mitbesitzer, da es sich bei OHG und KG eben nicht um juristische Personen, sondern um Gesamthandsgemeinschaften handele. Einigkeit besteht dabei darüber, dass den Kommanditisten jede besitzrechtliche Stellung fehlt, da der Besitz als tatsächliche Sachherrschaft allein den geschäftsführungsbefugten Gesellschaftern zusteht.[217]

MS

Bei der *BGB-Gesellschaft* (§§ 704 ff. BGB – Gesamthandsgemeinschaft) ist die besitzrechtliche Lage eng mit der Frage nach der Rechtsfähigkeit verbunden. Nach inzwischen überwiegender Auffassung (Gruppentheorie)[218] liegt Besitz der Gesellschaft vor, der durch deren Gesellschafter als Organe ausgeübt wird.[219] Nachdem der BGH der selbstständig am Rechtsverkehr teilnehmenden Außen-GbR[220] Rechtsfähigkeit zugesprochen hat,[221] ist es konsequent, auch einen Besitz einer solchen Gesellschaft selbst, ausgeübt durch ihre Gesellschafter als Organe, anzunehmen.[222] Für die Innen-

213 BGHZ 57, 166 (167); BGH NJW 2004, 217 (219); Erman/*Lorenz* § 854 Rn. 5.

214 *Petersen* Jura 2002, 255 (256 f.); jurisPK-BGB/*Diep* § 854 Rn. 27; Staudinger/*Klinck* Eckpfeiler V Rn. 15.

215 BGH WM 1967, 938; OLG Brandenburg MDR 2007, 162 (162); Staudinger/*Gutzeit* (2012) § 866 Rn. 18; *K. Schmidt* GesR § 10 III 3a, 1; *Grunewald* GesR § 1 Rn. 42; *Westermann/Gursky/Eickmann* SachenR § 19 Rn. 7.

216 *Steindorff* JZ 1968, 70.

217 BGHZ 57, 166 (168); BGH JZ 1970, 105 (106).

218 MüKoBGB/*Schäfer* § 714 Rn. 14; *Baur/Stürner* SachenR § 7 Rn. 80; *K. Schmidt* GesR § 8 III; *Wilhelm* Anm. LM § 50 ZPO Nr. 52; *Ulmer* ZIP 2001, 585 (587) mwN.

219 Vgl. MüKoBGB/*Schäfer* § 718 Rn. 35 ff.; *K. Schmidt* GesR § 60 II 3; *Wilhelm* SachenR Rn. 210. Zur analogen Anwendung des § 31 BGB auf die GbR BGHZ 154, 88 (94) = BGH NJW 2003, 1445 (1446); *Altmeppen* NJW 2003, 1553 ff.

220 Zu den Voraussetzungen und Abgrenzungskriterien *Ulmer* ZIP 2001, 585 (592 ff.); anders das Verständnis von *Schemmann* DNotZ 2001, 244 (245). Ob eine – grundsätzlich zulässige (BGH NJW 1982, 170 [171]; *Wilhelm* Anm. LM § 50 ZPO Nr. 52 mwN) – BGBGesellschaft, deren ausschließlicher Zweck das Halten und Verwalten eines einzelnen Gegenstands ist, dabei als eine Außen-GbR anzusehen ist, wird überwiegend negativ beurteilt; vgl. Palandt/*Sprau* § 705 Rn. 20; *K. Schmidt* NJW 2001, 993 (1001 f.).

221 BGHZ 146, 341 (343 ff.); daran festhaltend BGH NJW 2002, 1207; abl. Jauernig/*Mansel* Vor § 21 Rn. 1, 4.

222 MüKoBGB/*Baldus* § 985 Rn. 20; Palandt/*Sprau* § 705 Rn. 24 f.; Palandt/*Bassenge* § 854 Rn. 10, 12; Bamberger/Roth/*Fritzsche* § 854 Rn. 53; *Derleder* BB 2001, 2485 (2491); *Wilhelm* Anm. LM § 50 ZPO Nr. 52; jurisPK-BGB/*Diep* § 854 Rn. 29; *Schultzky/Weissinger* JA 2001, 886 (892); ferner MüKoBGB/*Schäfer* § 718 Rn. 35 ff.; *K. Schmidt* GesR § 60 II 3.

gesellschaft bleibt es jedoch bei der klassischen individualistischen Konzeption.[223] Nach dieser liegt grundsätzlich gleichberechtigter Mitbesitz der Gesellschafter vor;[224] anderes könnte allenfalls gelten, wenn die Geschäftsführung in einem abgegrenzten Sonderbereich einem Gesellschafter übertragen wurde.[225]

IV. Besitzschutz

Fallbeispiele: »Der verlorene 500-EUR-Schein«[226], »Abschleppen zulasten Dritter«[227]

1. Grundlagen

a) Besitzschutzansprüche – Überblick (G)

49 Für den Besitzschutz kommen Rechte und Ansprüche unterschiedlicher Art in Betracht:

- Gewaltrechte, sog. Selbsthilfe gem. § 859 BGB (§ 860 BGB: Anwendung auf den Besitzdiener):
  - Besitzwehr (§ 859 I BGB),
  - Besitzkehr (§ 859 II BGB),
  - Entsetzung (§ 859 III BGB);
- aus dem Besitz abgeleitete possessorische Besitzschutzansprüche (§§ 861 ff. BGB):
  - Wiedereinräumungsanspruch (§ 861 I BGB),
  - Abwehranspruch (§ 862 I BGB),
  - Anspruch auf Verfolgung und Wegnahme (§ 867 S. 1 BGB),
  - Anspruch auf entschädigenden Ausgleich (§ 867 S. 2 BGB);
- petitorische Besitzschutzansprüche:
  - Herausgabeansprüche des früheren Besitzers (§ 1007 I und II BGB);
- sonstiger Besitzschutz nach allgemeinen Normen:
  - deliktische Besitzschutzansprüche (§ 823 I und II BGB),
  - bereicherungsrechtliche Ansprüche (§§ 812 ff. BGB),
  - Unterlassungsanspruch (§ 1004 I BGB analog – streitig);
- vollstreckungsrechtlicher Besitzschutz (§§ 766, 771 ZPO, §§ 49 ff. InsO):
  - Vollstreckungserinnerung (§ 766 ZPO),
  - Drittwiderspruchsklage (§ 771 ZPO),
  - Klage auf abgesonderte Befriedigung (§§ 49 ff. InsO).

223 Bamberger/Roth/*Fritsche* § 854 Rn. 53; *Westermann/Gursky/Eickmann* SachenR § 19 Rn. 8.
224 BGHZ 86, 300 (307) und 340 (344); *Westermann/Gursky/Eickmann* SachenR § 19 Rn. 8.
225 Es besteht dann schlichter unmittelbarer Besitz der »geschäftsführungsbefugten« Gesellschafter und qualifizierter mittelbarer Mitbesitz aller Gesellschafter. Vgl. Staudinger/*Gursky* (2013) § 985 Rn. 43; *Kollhosser* JuS 1992, 395.
226 *Vieweg/Röthel* Fälle SachenR Fall 1.
227 *Vieweg/Röthel* Fälle SachenR Fall 2.

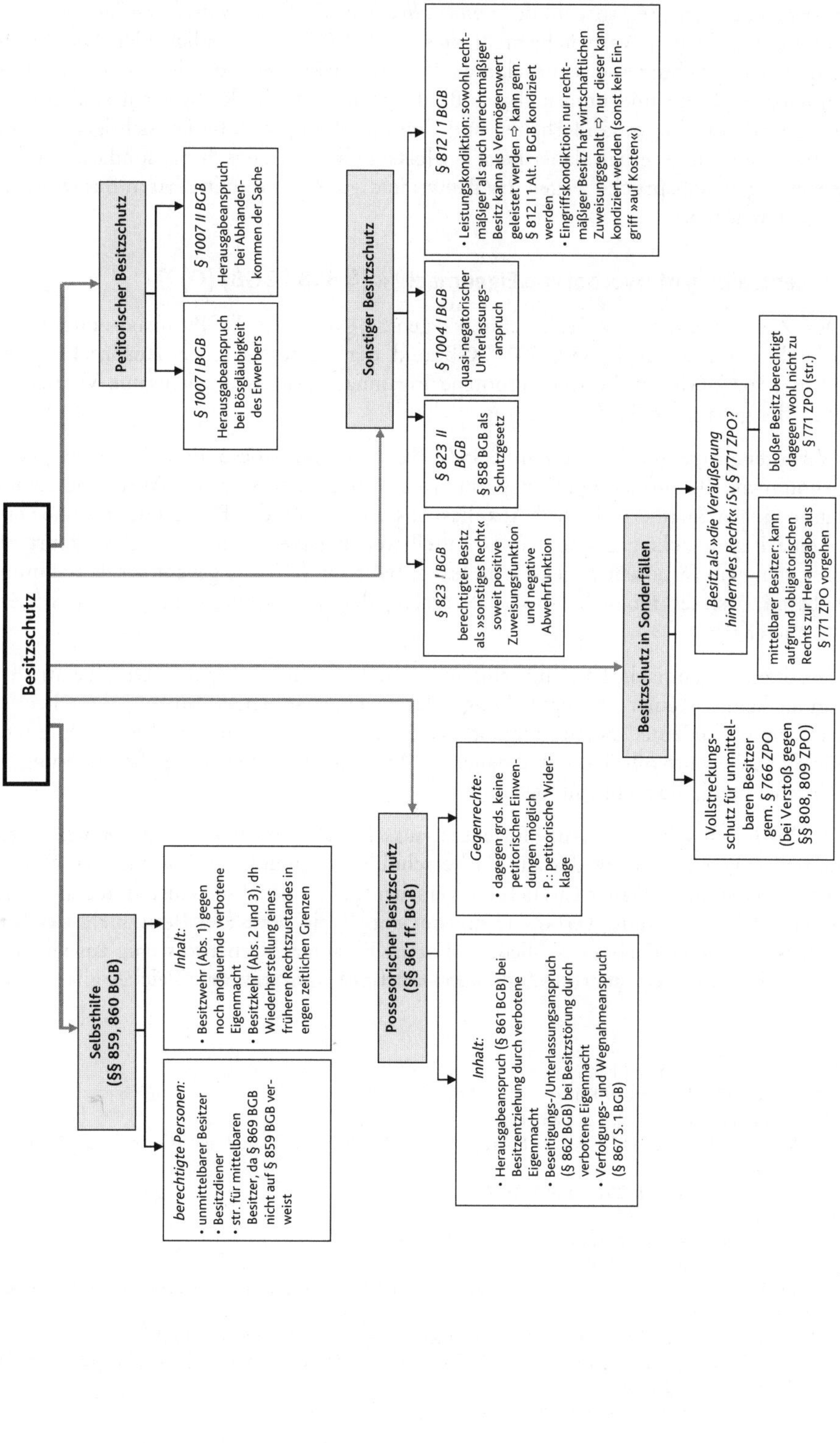
Besitzschutz
Petitorischer Besitzschutz
§ 1007 I BGB
Herausgabeanspruch bei Bösgläubigkeit des Erwerbers
§ 1007 II BGB
Herausgabeanspruch bei Abhanden-kommen der Sache
Sonstiger Besitzschutz
§ 823 I BGB
berechtigter Besitz als »sonstiges Recht« soweit positive Zuweisungsfunktion und negative Abwehrfunktion
§ 823 II BGB
§ 858 BGB als Schutzgesetz
§ 1004 I BGB
quasi-negatorischer Unterlassungs-anspruch
§ 812 I 1 BGB
• Leistungskondiktion: sowohl recht-mäßiger als auch unrechtmäßiger Besitz kann als Vermögenswert geleistet werden ⇨ kann gem. § 812 I 1 Alt. 1 BGB kondiziert werden
• Eingriffskondiktion: nur recht-mäßiger Besitz hat wirtschaftlichen Zuweisungsgehalt ⇨ nur dieser kann kondiziert werden (sonst kein Ein-griff »auf Kosten«)
Besitzschutz in Sonderfällen
Vollstreckungs-schutz für unmittel-baren Besitzer gem. § 766 ZPO (bei Verstoß gegen §§ 808, 809 ZPO)
Besitz als »die Veräußerung hinderndes Recht« iSv § 771 ZPO?
mittelbarer Besitzer: kann aufgrund obligatorischen Rechts zur Herausgabe aus § 771 ZPO vorgehen
bloßer Besitz berechtigt dagegen wohl nicht zu § 771 ZPO (str.)
Selbsthilfe (§§ 859, 860 BGB)
berechtigte Personen:
• unmittelbarer Besitzer
• Besitzdiener
• str. für mittelbaren Besitzer, da § 869 BGB nicht auf § 859 BGB ver-weist
Inhalt:
• Besitzwehr (Abs. 1) gegen noch andauernde verbotene Eigenmacht
• Besitzkehr (Abs. 2 und 3), dh Wiederherstellung eines früheren Rechtszustandes in engen zeitlichen Grenzen
Possesorischer Besitzschutz (§§ 861 ff. BGB)
Inhalt:
• Herausgabeanspruch (§ 861 BGB) bei Besitzentziehung durch verbotene Eigenmacht
• Beseitigungs-/Unterlassungsanspruch (§ 862 BGB) bei Besitzstörung durch verbotene Eigenmacht
• Verfolgungs- und Wegnahmeanspruch (§ 867 S. 1 BGB)
Gegenrechte:
• dagegen grds. keine petitorischen Einwen-dungen möglich
• P.: petitorische Wider-klage

Besitzschutz genießen sowohl der *unmittelbare* als auch der *mittelbare Besitzer*. Für die possessorischen Ansprüche stellt dies § 869 BGB ausdrücklich klar. Die Anerkennung des Schutzes des mittelbaren Besitzers hängt eng damit zusammen, dass mittelbarer Besitz und unmittelbarer Besitz grundsätzlich gleichgestellt sind. Allerdings sind einzelne Besonderheiten und Einschränkungen zu berücksichtigen.[228] Der mittelbare Besitzer erhält daher keinen selbstständigen Besitzschutz, sondern nur das Recht, eigene Ansprüche wegen der Beeinträchtigung des unmittelbaren Besitzes geltend zu machen.[229]

b) Zentralbegriff »verbotene Eigenmacht« (§ 858 I BGB) (G)

50 Der Zentralbegriff des Besitzschutzes gem. §§ 858–867 BGB, insbesondere der Selbsthilferechte aus §§ 859, 860 BGB und der possessorischen Ansprüche gem. §§ 861, 862 BGB, ist die sog. verbotene Eigenmacht. Sie ist gemeinsame Voraussetzung der genannten Rechte und Ansprüche.[230]

»Verbotene Eigenmacht« ist gem. § 858 I BGB jede ohne besondere Gestattung vorgenommene Beeinträchtigung des unmittelbaren Besitzers in der Ausübung seiner tatsächlichen Sachherrschaft.[231] Aus diesem Grund kann der Besitzmittler keine verbotene Eigenmacht gegenüber dem mittelbaren Besitzer verüben.[232] Umgekehrt ist hingegen eine verbotene Eigenmacht des mittelbaren Besitzers gegenüber dem unmittelbaren Besitzer möglich (str. bei Sperrung der Versorgungsleitungen durch den Vermieter)[233].

Verbotene Eigenmacht kann nur eine *menschliche Handlung* sein.[234] Die Beeinträchtigung kann in einer Sachentziehung oder in einer sonstigen Störung bestehen:[235] Entziehung bedeutet die Beendigung des Besitzes; sie nimmt dem Besitzer die tatsächliche Gewalt vollständig und dauernd.[236] Störung ist jede sonstige Behinderung in der Ausübung, die nicht Entzug ist.[237]

Das Vorliegen verbotener Eigenmacht ist ausschließlich nach *objektiven Kriterien* zu bestimmen; es kommt weder auf ein Verschulden noch auf die Kenntnis der Widerrechtlichkeit an.[238] Daher ist auch die versehentliche Mitnahme einer fremden Sache aufgrund Verwechslung verbotene Eigenmacht.[239] Ein fehlendes Besitzrecht des Besitzers – zB eines Diebes – schließt verbotene Eigenmacht ebenso wenig aus wie das Bestehen eines Anspruchs des Störenden auf Besitzeinräumung. Gleiches gilt für die

---

228 Soergel/*Stadler* § 869 Rn. 2, 4.
229 MüKoBGB/*Joost* § 869 Rn. 1.
230 Staudinger/*Gutzeit* (2012) § 858 Rn. 3.
231 MüKoBGB/*Joost* § 858 Rn. 2; Soergel/*Stadler* § 858 Rn. 2; Staudinger/*Gutzeit* (2012) § 858 Rn. 4.
232 Staudinger/*Gutzeit* (2012) § 861 Rn. 6.
233 Vgl. hierzu iE Fn. 290.
234 Staudinger/*Gutzeit* (2012) § 858 Rn. 5.
235 MüKoBGB/*Joost* § 858 Rn. 3.
236 RGZ 67, 387 (389); Staudinger/*Gutzeit* (2012) § 858 Rn. 12; *Westermann/Gursky/Eickmann* SachenR § 21 Rn. 1.
237 MüKoBGB/*Joost* § 858 Rn. 5; eing. Staudinger/*Gutzeit* (2012) § 858 Rn. 14 ff.
238 OGHBrZ MDR 1948, 472 (473); MüKoBGB/*Joost* § 858 Rn. 2; Staudinger/*Gutzeit* (2012) § 858 Rn. 9; *Prütting* SachenR Rn. 108.
239 RGZ 67, 387 (389); Staudinger/*Gutzeit* (2012) § 858 Rn. 9.

eigenmächtige Inbesitznahme einer Wohnung (»kalte Räumung«) durch den Vermieter.[240] Der Inhaber eines Anspruchs auf Einräumung von Besitz muss sich zur Durchsetzung seines Anspruchs vielmehr der gesetzlich vorgesehenen Mittel, insbesondere der gerichtlichen Rechtsdurchsetzung, bedienen.[241]

In einer Klausur ist das Vorliegen einer verbotenen Eigenmacht wie folgt zu prüfen:

- Entziehung oder Störung des unmittelbaren Besitzes;
- ohne den Willen des unmittelbaren Besitzers;
- ohne vertragliche oder gesetzliche Gestattung.

c) Fehlerhafter Besitz (G)

Als »fehlerhaft« bezeichnet das Gesetz den durch verbotene Eigenmacht erlangten Besitz (§ 858 II 1 BGB). Fehlerhafter Besitz ist wiederum Tatbestandsvoraussetzung anderer Normen (zB § 861 I BGB). Fehlerhaftigkeit bedeutet relative Rechtswidrigkeit gegenüber den Personen, denen der Besitz im Wege verbotener Eigenmacht entzogen wurde.[242] Erben und andere Gesamtrechtsnachfolger müssen die Fehlerhaftigkeit uneingeschränkt gegen sich gelten lassen (§ 858 II 2 BGB). Einzelrechtsnachfolger im Besitz müssen sich die Fehlerhaftigkeit nur bei positiver Kenntnis der Fehlerhaftigkeit des Besitzes ihres Vorgängers im Zeitpunkt ihres Besitzerwerbs entgegenhalten lassen.[243] 51

2. Selbsthilfe (§§ 859, 860 BGB)

a) Berechtigung zur Selbsthilfe (G)

aa) Selbsthilfe des unmittelbaren Besitzers und des Besitzdieners

Zur Selbsthilfe berechtigt sind bei verbotener Eigenmacht der unmittelbare Besitzer (§ 859 BGB) sowie der Besitzdiener (§ 860 BGB). Dabei hat der Besitzdiener jedoch nur eine Ausübungsbefugnis zugunsten des Besitzherrn.[244] Das Selbsthilferecht des unmittelbaren Besitzers besteht unabhängig von einem Recht zum Besitz. Selbst fehlerhafter Besitz – zB eines Diebes – lässt den Anspruch unberührt. Der *Fremdbesitzer* hat gegen den Eigenbesitzer dieselben Rechte wie gegenüber Dritten.[245] So darf zB der Eigentümer einer vermieteten Sache dem Mieter nach Beendigung des Mietverhältnisses die Sache nicht gewaltsam wegnehmen. 52

bb) Selbsthilfe des mittelbaren Besitzers

Streitig ist, ob auch der mittelbare Besitzer zur Selbsthilfe berechtigt ist, da § 869 S. 1 BGB lediglich auf §§ 861, 862 BGB, nicht dagegen auf § 859 BGB verweist. 53

---

240 Die kalte Räumung ist nicht nur als verbotene Eigenmacht einzuordnen, sondern zieht auch als unerlaubte Selbsthilfe die verschuldensunabhängige Haftung des Vermieters nach sich, vgl. BGH NJW 2010, 3434 (3434 f.).

241 RGZ 146, 182 (190); vgl. auch Palandt/*Bassenge* § 858 Rn. 5 f.; *Röthel/Sparmann* Jura 2005, 456 (456).

242 MüKoBGB/*Joost* § 858 Rn. 13.

243 Soergel/*Stadler* § 858 Rn. 18; Staudinger/*Gutzeit* (2012) § 858 Rn. 59 ff.

244 Erman/*Lorenz* § 860 Rn. 1.

245 Staudinger/*Gutzeit* (2012) § 872 Rn. 1.

Zum Teil[246] wird wegen der fehlenden Verweisung in § 869 S. 1 BGB auf § 859 BGB ein Selbsthilferecht des mittelbaren Besitzers verneint. Zudem sei der mittelbare Besitzer nicht an der tatsächlichen Besitzlage beteiligt, gegen die sich der Angriff richte. § 859 BGB sei aber allein auf die tatsächlichen Verhältnisse zugeschnitten; eine weiterreichende Übertragung auf eine vergeistigte Sachherrschaft könne die Kontinuitätsfunktion des § 859 BGB leicht verfehlen, weil der mittelbare Besitz für den Rechtsverkehr nicht tatsächlich erkennbar sei.[247] Der mittelbare Besitzer sei überdies durch die Rechte aus §§ 227, 229 BGB hinreichend geschützt.[248]

Die Gegenauffassung[249] sieht in der Verweisung des § 869 BGB die Gewährung umfassenden Besitzschutzes, weil der mittelbare Besitzer mit der Verteidigung des unmittelbaren Besitzes eine Voraussetzung seines eigenen Besitzrechts verteidige. Dies rechtfertige es, die Selbsthilfe und andere Gewaltrechte durch den mittelbaren Besitzer bei verbotener Eigenmacht gegen den unmittelbaren Besitzer zuzulassen.[250] Zu beachten bleibe dabei aber immer, dass es allein dem unmittelbaren Besitzer obliege, über Aufrechterhaltung oder Aufgabe des unmittelbaren Besitzes zu entscheiden. Der mittelbare Besitzer könne gegen Besitzbeeinträchtigungen daher dann nicht vorgehen, wenn jene mit Zustimmung des unmittelbaren Besitzers erfolgen.[251] Die Ausübung des Selbsthilferechts müsse zur Wiederherstellung des unmittelbaren Besitzes des Besitzmittlers führen.[252]

cc) Kein Nothilferecht Dritter

54 Dritten ist nach hM untersagt, aus eigener Initiative einen fremden Anspruch im Wege der Selbsthilfe als »Nothilfe« durchzusetzen.[253] Für gesetzliche Vertreter wird ausnahmsweise ein Nothilferecht bejaht, um einen wirksamen Besitzschutz für den Vertretenen sicherzustellen.[254]

---

246 RGZ 146, 182 (190); MüKoBGB/*Joost* § 869 Rn. 7; Soergel/*Stadler* § 869 Rn. 2; Erman/*Lorenz* § 869 Rn. 4; Bamberger/Roth/*Fritzsche* § 869 Rn. 8; NK-BGB/*Hoeren* § 869 Rn. 6 f.; *Prütting* SachenR Rn. 87; *Wieling* SachenR § 6 IV 1.

247 MüKoBGB/*Joost* § 869 Rn. 7.

248 OLG Freiburg JZ 1952, 334; MüKoBGB/*Joost* § 869 Rn. 8; Erman/*Lorenz* § 869 Rn. 4; Bamberger/Roth/*Fritzsche* § 869 Rn. 8.

249 Staudinger/*Gutzeit* (2012) § 869 Rn. 2; Palandt/*Bassenge* § 869 Rn. 2; *Baur/Stürner* SachenR § 9 Rn. 23; *Westermann/Gursky/Eickmann* SachenR § 25 Rn. 6; *Wolff/Raiser* SachenR § 20 I 2; *Lopau* JuS 1980, 501 (503); ähnlich *Kollhosser* JuS 1992, 570 (570 f.); teils auch *Petersen* Jura 2002, 160 (163): Befugnisse des § 859 BGB, soweit es um die Rückführung der Sache an den Besitzmittler geht.

250 *Baur/Stürner* SachenR § 9 Rn. 23; *Westermann/Gursky/Eickmann* SachenR § 25 Rn. 6.

251 Staudinger/*Gutzeit* (2012) § 869 Rn. 3: »Die Zustimmung des unmittelbaren Besitzers nimmt der Beeinträchtigung den Charakter der verbotenen Eigenmacht.«.

252 Staudinger/*Gutzeit* (2012) § 869 Rn. 4; aA Staudinger/*Klinck* Eckpfeiler V Rn. 41, wonach bzgl. der Selbsthilferechte als Ausprägung des Notwehrrechts Nothilfe möglich sein müsse.

253 Staudinger/*Gutzeit* (2012) § 859 Rn. 3, 18 mwN.

254 Bejahend für den gesetzlichen Vertreter minderjähriger Besitzer: Staudinger/*Gutzeit* (2012) § 859 Rn. 3; Erman/*Lorenz* § 859 Rn. 1; abl. Soergel/*Stadler* § 859 Rn. 2; diff. MüKoBGB/*Joost* § 859 Rn. 3: Nothilferecht sei nur dann zu bejahen, wenn der gesetzliche Vertreter unmittelbarer Besitzer sei, sonst genügten die Rechte aus §§ 227, 229 BGB. Er könne sich als Helfer des Vertretenen auf §§ 858, 859 BGB berufen. → § 2 Rn. 22.

b) Besitzwehr (§ 859 I BGB) (G)

Die sog. Besitzwehr dient der Verteidigung des bestehenden Besitzes gegen verbotene Eigenmacht (§ 859 I BGB).[255] Das Selbsthilferecht der Besitzwehr ist der Notwehr aus § 227 BGB ähnlich.[256] *Voraussetzungen* der Besitzwehr sind: 55

- Selbsthilfeberechtigung des Besitzers;
- Besitzbeeinträchtigung durch verbotene Eigenmacht iSd § 858 I BGB, die begonnen hat und noch andauert.[257] Diese »Gegenwärtigkeit« ergibt sich aus dem Gedanken der Notwehr (insbesondere Verhinderung des Besitzentzuges).[258]

Rechtsfolge ist, dass sich der Besitzer der Beeinträchtigung mit Anwendung von Gewalt erwehren darf. Dabei sind grundsätzlich alle Mittel erlaubt, die der Abwehr der Beeinträchtigung dienen.[259] Sie müssen jedoch zur Verteidigung des Besitzes nach objektiver Sachlage[260] *erforderlich* sein.[261] Eine Abwägung zwischen dem Wert des angegriffenen und des bei der Verteidigung verletzten Gutes ist *nicht* erforderlich.[262] Ebenso wie das Notwehrrecht ist auch § 859 I BGB nicht gegenüber obrigkeitlicher Hilfe subsidiär. Hierdurch unterscheidet es sich vom Selbsthilferecht gem. § 229 BGB.[263]

c) Besitzkehr bei beweglichen Sachen (§ 859 II BGB) (G)

Die sog. Besitzkehr ist die Wiederherstellung des durch verbotene Eigenmacht gestörten früheren Rechtszustandes[264] und Rechtsfriedens.[265] Sie geht damit über die Grenzen der Notwehr hinaus und ist ein Sonderfall des Selbsthilferechts gem. § 229 BGB.[266] Die zeitlichen Grenzen sind bei § 859 II BGB aber enger gesetzt.[267] Bei der Besitzkehr ist zwischen beweglichen Sachen und Grundstücken (§ 859 III BGB) zu unterscheiden. 56

Voraussetzungen der Besitzkehr beweglicher Sachen sind:

- Selbsthilfeberechtigung des Besitzers;
- Besitzbeeinträchtigung (Besitzentzug) durch verbotene Eigenmacht iSd § 858 I BGB.

Rechtsfolge ist der erlaubte Eingriff des früheren Besitzers in den fehlerhaften, aber ansonsten rechtlich geschützten Besitz des neuen Besitzers. Allerdings sind diesem

255 Erman/*Lorenz* § 859 Rn. 3.
256 Staudinger/*Gutzeit* (2012) § 859 Rn. 5 und *Baur/Stürner* SachenR § 9 Rn. 11 sehen mit der hM in der Besitzwehr einen »Sonderfall« des Notwehrrechts.
257 MüKoBGB/*Joost* § 859 Rn. 5.
258 Staudinger/*Gutzeit* (2012) § 859 Rn. 7; *Baur/Stürner* SachenR § 9 Rn. 11.
259 Vgl. BayObLG NJW 1965, 163; MüKoBGB/*Joost* § 859 Rn. 7, 8.
260 Soergel/*Stadler* § 859 Rn. 5.
261 MüKoBGB/*Joost* § 859 Rn. 9; Beispielsfälle aus der Rspr. bei Staudinger/*Gutzeit* (2012) § 859 Rn. 8.
262 Staudinger/*Gutzeit* (2012) § 859 Rn. 9; so auch Palandt/*Bassenge* § 859 Rn. 2: Die Höhe des drohenden Schadens sei ohne Bedeutung.
263 Erman/*Lorenz* § 859 Rn. 3.
264 Erman/*Lorenz* § 859 Rn. 4.
265 *Westermann/Gursky/Eickmann* SachenR § 20 Rn. 1; MüKoBGB/*Joost* § 859 Rn. 1 betont vorrangig die praktische Auswirkung auf die Bewusstseinsbildung.
266 Staudinger/*Gutzeit* (2012) § 859 Rn. 15 und *Baur/Stürner* SachenR § 9 Rn. 11.
267 Staudinger/*Gutzeit* (2012) § 859 Rn. 15.

Eingriff enge zeitliche Grenzen gesetzt: Die Besitzkehr muss im unmittelbaren Anschluss an die Entziehung des Besitzes erfolgen.[268] Danach wird dem Kontinuitätsinteresse des Täters gegenüber den Gewaltrechten der Vorzug eingeräumt.[269] Beim »Betreffen auf frischer Tat« (§ 859 II Alt. 1 BGB) muss die Besitzkehr unmittelbar bei oder alsbald nach der Tat erfolgen. Erforderlich ist ein enger zeitlicher Zusammenhang mit der Wegnahme.[270] Die »Verfolgung« (§ 859 II Alt. 2 BGB) – sog. Nacheile[271] – impliziert das Entdecken der Tat bei oder sofort nach ihrer Verübung; die Beobachtung des Störers ist nicht erforderlich. Die Verfolgung muss *unverzüglich* aufgenommen und darf erforderlichenfalls bis in die Wohnung des eigenmächtig Handelnden fortgesetzt werden.[272]

Die Mittel, die zur Besitzkehr eingesetzt werden, müssen adäquat, dh zur Wiedererlangung des Besitzes erforderlich, sein.[273]

d) Besitzkehr bei unbeweglichen Sachen – sog. Entsetzung (§ 859 III BGB) (G)

57 **Fallbeispiel:** »Abschleppen zulasten Dritter«[274]

Die sog. Entsetzung (§ 859 III BGB) ist die »Besitzkehr für Grundstücke«, in der Praxis meist für einen realen Grundstücksteil.[275] Voraussetzungen und Rechtsfolge entsprechen daher weitgehend denen der Besitzkehr beweglicher Sachen nach § 859 II BGB.

Im Unterschied zu § 859 II BGB muss die Wiedererlangung des Besitzes aber »sofort« nach Entziehung des Besitzes an dem Grundstück erfolgen (§ 859 III BGB). Dem Begriff liegt ein objektiver Maßstab zugrunde: Die Entsetzung muss so schnell wie nach Sachlage überhaupt möglich erfolgen.[276] Subjektive Faktoren, wie sie im Begriff »unverzüglich«, dh ohne schuldhaftes Zögern, enthalten sind, spielen hier keine Rolle.[277] Ausreichend ist, wenn unmittelbar nach Entziehung des Besitzes mit Vorbereitungshandlungen oder Verhandlungen mit dem Störer zur Wiedererlangung begonnen wird. Diese müssen ohne Unterbrechung in die eigentliche Entsetzung

268 Soergel/*Stadler* § 859 Rn. 7; Erman/*Lorenz* § 859 Rn. 4.

269 Staudinger/*Gutzeit* (2012) § 859 Rn. 16.

270 MüKoBGB/*Joost* § 859 Rn. 13.

271 Staudinger/*Gutzeit* (2012) § 859 Rn. 17.

272 Soergel/*Stadler* § 859 Rn. 7; Palandt/*Bassenge* § 859 Rn. 3: Zeitliche Grenze für die Verfolgung sind etwa 30 Minuten; *Westermann/Gursky/Eickmann* SachenR § 22 Rn. 7.

273 Soergel/*Stadler* § 859 Rn. 5 f.

274 *Vieweg/Röthel* Fälle SachenR Fall 2. Vgl. auch *Baldringer/Jordans* NZV 2005, 75 ff.; *Stöber* DAR 2006, 486 ff.; BGH NJW 2009, 2530.

275 *Baldringer/Jordans* NZV 2005, 75 mwN; zur im Einzelfall vielfach schwierigen Abgrenzung von Besitzentziehung und Besitzstörung vgl. BGH NJW 2008, 580 (581); Staudinger/*Klinck* Eckpfeiler V Rn. 45. Insbes. in den »Abschleppfällen« wird teilweise vorrangig auf eine Besitzstörung am Gesamtgrundstück abgestellt und daher eine Beachtung der zeitlichen Schranken des § 859 III BGB für entbehrlich erachtet, vgl. MüKoBGB/*Joost* § 859 Rn. 5 mwN; abweichend BGH NJW 1967, 46 (48).

276 Soergel/*Stadler* § 859 Rn. 8; Staudinger/*Gutzeit* (2012) § 859 Rn. 20; Palandt/*Bassenge* § 859 Rn. 4; *Westermann/Gursky/Eickmann* SachenR § 22 Rn. 7; LG Frankfurt a. M. NJW-RR 2003, 311.

277 BGH NJW 1967, 48; Staudinger/*Gutzeit* (2012) § 859 Rn. 20; *Westermann/Gursky/Eickmann* SachenR § 22 Rn. 7; *Baldringer/Jordans* NZV 2005, 75 (75 f.).

übergehen.[278] Die Rechtsprechung legt allerdings teilweise einen großzügigen Maßstab an. Auch zB das Abschleppen eines widerrechtlich geparkten Pkw erst nach einigen Stunden oder am folgenden Tag[279] und die gewaltsame Öffnung der vom Vermieter ausgeräumten und verschlossenen Wohnung am darauf folgenden Tag[280] sollen noch ausreichend sein.

3. Possessorischer Besitzschutz (§§ 861 ff. BGB)

a) Anspruch auf Wiedereinräumung des Besitzes (§ 861 I BGB) (G)

Fallbeispiel: »Der verlorene 500-EUR-Schein«[281] 58

Der Besitzer kann – wenn ihm der Besitz durch verbotene Eigenmacht entzogen wird – gem. § 861 I BGB Wiedereinräumung des Besitzes verlangen.[282] *Voraussetzungen* dieses Anspruchs sind:

- Entzug des unmittelbaren Besitzes[283] eines Grundstücks oder einer beweglichen Sache durch verbotene Eigenmacht;[284]
- Anspruchsberechtigter ist der bis zur Besitzentziehung unmittelbare oder mittelbare Besitzer (§ 869 BGB);[285]
- Anspruchsgegner ist der gegenwärtig fehlerhaft Besitzende[286] oder der derzeitige mittelbare Besitzer, wenn dieser die verbotene Eigenmacht begangen und den erlangten fehlerhaften Besitz zwecks Besitzmittlung auf einen anderen weiter übertragen hat;[287]
- kein Ausschluss (§ 861 II BGB) oder Erlöschen des Anspruchs (§ 864 I BGB: Jahresfrist).

Als *Rechtsfolge* gibt § 861 I BGB einen Herausgabeanspruch.[288] Der Störer muss aktiv an der Wiederbegründung der früheren Besitzlage mitwirken, zB weggenommene

278 MüKoBGB/*Joost* § 859 Rn. 14; *Westermann/Gursky/Eickmann* SachenR § 22 Rn. 7; *Wolff/Raiser* SachenR § 18 II.

279 LG Frankfurt a.M. NJW 1984, 183; AG Braunschweig NJW-RR 1986, 1414; LG Frankfurt a.M. NJW-RR 2003, 311; zust. *Koch* NJW 2014, 3696 (3698); aA AG Heidelberg NJW 1977, 1541 (1542): Abschleppen nach vielen Stunden sei nicht mehr »sofort«. Einen umfassenden Überblick über die Kasuistik bieten *Baldringer/Jordans* NZV 2005, 75 (76).

280 RG SeuffBl. 68, 145 (146) – Strafsache.

281 *Vieweg/Röthel* Fälle SachenR Fall 1.

282 Nach BGH NJW 2008, 580 (581) ist der Anspruch wegen Besitzentziehung gem. § 861 BGB – anders als etwa der Anspruch wegen Besitzstörung gem. § 862 BGB – selbstständig abtretbar; krit. dazu *Woitkewitsch* MDR 2005, 1023 (1024).

283 Zur unberechtigten Sperrung eines ebay-Kontos vgl. OLG Brandenburg MDR 2009, 526, das die §§ 858 ff. BGB zumindest dem Rechtsgedanken nach anwenden will.

284 Das gilt auch und besonders, wenn der mittelbare Besitzer den Anspruch aus § 861 BGB geltend macht; RGZ 68, 386 (389); 105, 413 (415); BGH WM 1977, 218 (220); MüKoBGB/*Joost* § 869 Rn. 2; Staudinger/*Gutzeit* (2012) § 861 Rn. 5; *Westermann/Gursky/Eickmann* SachenR § 25 Rn. 5.

285 → § 2 Rn. 52 f.

286 Staudinger/*Gutzeit* (2012) § 861 Rn. 8.

287 RGZ 69, 197 (198); OLG Düsseldorf BB 1991, 721; OLG Celle MDR 2008, 445; Soergel/*Stadler* § 861 Rn. 5; Staudinger/*Gutzeit* (2012) § 861 Rn. 9.

288 MüKoBGB/*Joost* § 861 Rn. 4; Staudinger/*Gutzeit* (2012) § 861 Rn. 3.

bewegliche Sachen dem Berechtigten übergeben und weggeschaffte Sachen auf eigene Kosten an ihren früheren Ort zurückschaffen.[289]

Gegen eine bevorstehende Besitzentziehung kann sich der Besitzer analog § 862 I 2 BGB mit der *vorbeugenden Unterlassungsklage* wehren.[290]

b) Anspruch auf Beseitigung oder Unterlassung von Besitzstörung (§ 862 I BGB) (G)

59 Der Besitzer kann, wenn er durch verbotene Eigenmacht im Besitz gestört wird, Beseitigung der Störung verlangen (§ 862 I 1 BGB) und zur Vorbeugung drohender Störungen einen Anspruch auf Unterlassung geltend machen (§ 862 I 2 BGB).[291] Der Beseitigungsanspruch ergänzt als schwächere Form den Wiedereinräumungsanspruch aus § 861 I BGB. Beide Ansprüche aus § 862 I BGB sind dem Beseitigungsanspruch aus § 1004 BGB nachgebildet und ergänzen diesen für den Besitz.[292]

Voraussetzungen des Beseitigungsanspruchs sind:

- Besitzstörung hinsichtlich eines Grundstücks oder einer beweglichen Sache durch verbotene Eigenmacht iSd § 858 BGB;[293]
- Anspruchsberechtigter ist der unmittelbare oder mittelbare Besitzer (§ 869 BGB);
- Anspruchsgegner ist der Störer, dh derjenige, dem die verbotene Eigenmacht zuzurechnen ist;[294] dabei kann – wie bei § 1004 BGB – zwischen Handlungs- und Zustandsstörer unterschieden werden;[295]
- kein Ausschluss (§ 862 II BGB) oder Erlöschen wegen Fristablaufs (§ 864 I BGB: Jahresfrist).

Die *Voraussetzungen des Unterlassungsanspruchs* entsprechen denen des Beseitigungsanspruchs mit der Besonderheit, dass anstelle der Besitzstörung die konkrete Gefahr einer zukünftigen Störung vorliegen muss. Nicht ausreichend ist dabei die bloße Möglichkeit weiterer Störungen.[296] Die Gefahr von Störungen wird heute

289 OLG Schleswig SchlHA 1975, 47 (49); MüKoBGB/*Joost* § 861 Rn. 4; Staudinger/*Gutzeit* (2012) § 861 Rn. 3; *Wieling* SachenR § 5 IV 1b.

290 MüKoBGB/*Joost* § 861 Rn. 17; Staudinger/*Gutzeit* (2012) § 861 Rn. 3 aE.

291 Erman/*Lorenz* § 862 Rn. 1.

292 Staudinger/*Gutzeit* (2012) § 862 Rn. 2: Der petitorische Anspruch aus § 1004 BGB stehe grundsätzlich nur dem Eigentümer zu, es sei denn man bejahe den quasi-negatorischen Abwehranspruch analog § 1004 BGB, der über § 823 II iVm § 858 BGB als Schutzgesetz auch den Besitz erfasst. Dazu iE → § 2 Rn. 71 f.

293 Zu Einzelfällen von Besitzstörungen vgl. Bamberger/Roth/*Fritzsche* § 858 Rn. 9 ff. Streitig ist, ob eine Besitzstörung auch darin liegen kann, dass der Vermieter dem Mieter die notwendige Versorgung mit Wasser, Gas, Heizenergie oder Strom absperrt; die bisher wohl überwiegende Auffassung bejahte dies, vgl. OLG Köln NJW-RR 2005, 99 (99); Staudinger/*Gutzeit* (2012) § 858 Rn. 53; instruktiver Überblick bei *Scheidacker* NZM 2005, 281 ff.; nach BGH NJW 2009, 1947 (1949 f.) liegt demgegenüber keine Besitzstörung vor, da die Versorgung nicht Bestandteil des Besitzes sei; so zuvor bereits KG NZM 2005, 65 (66 f.); *Herrlein* NZM 2006, 527 ff.; ebenso Staudinger/*Klinck* Eckpfeiler V Rn. 35; diff. MüKoBGB/*Joost* § 858 Rn. 6; *Scholz* NZM 2008, 387 (388). Anders beurteilte die hM bereits bisher die Sperrung durch den Versorgungsbetrieb bei Zahlungsverzug des Vermieters: LG Frankfurt/Oder NJW-RR 2002, 803 ff.; Staudinger/*Gutzeit* (2012) § 858 Rn. 53 mwN; Bamberger/Roth/*Fritzsche* § 858 Rn. 14; krit. dazu *Scholz* NZM 2008, 387 (388); siehe auch *Vieweg/Röthel* Fälle SachenR Fall 3.

294 Erman/*Lorenz* § 862 Rn. 4.

295 *Röthel/Sparmann* Jura 2005, 456 (459 f.); → § 9 Rn. 22 ff.

296 Erman/*Lorenz* § 862 Rn. 6.

überwiegend nicht mehr allein iSe Gefahr der Wiederholung bereits geschehener Störungen aufgefasst.[297] Sie kann vielmehr entgegen dem zu engen Gesetzeswortlaut auch eine hinreichend konkret bevorstehende Erstbeeinträchtigung sein, die sich aus anderen Umständen – zB den Vorbereitungen zu Bauarbeiten – ergibt.[298] An die Feststellung des Vorliegens einer Wiederholungsgefahr sind keine hohen Anforderungen zu stellen, weil die bereits verübte verbotene Eigenmacht Indizwirkung entfaltet.[299]

Als *Rechtsfolge* sieht § 862 I 1 BGB die Beseitigung des störenden Zustandes vor. Diese erfolgt entweder durch Unterlassen oder durch Vornahme der erforderlichen Handlungen.[300] Wenn es sich bei den Beeinträchtigungen um andauernde Störungen handelt, ist die Störungsquelle selbst zu beseitigen, zB durch Auswechslung schadhafter Ventile oder Rohrstücke, durch die Gas austreten kann.[301] Da der Beseitigungsanspruch des Besitzers nicht weiter reichen kann als der des Eigentümers, muss auch der Besitzer nachbarliche Einwirkungen, die der Eigentümer gem. § 906 BGB zu dulden hat, hinnehmen.[302] Wie dem Eigentümer steht dem Besitzer dann ein Ausgleichsanspruch zu.[303]

Der Beseitigungsanspruch kann in Einzelfällen zur Wiederherstellung des früheren Zustands führen; trotz dieses Umfangs darf er aber nicht mit einem Schadensersatzanspruch verwechselt werden.[304] Der Anspruch aus § 862 BGB ist selbst in den Wiederherstellungsfällen nie auf Geld gerichtet.[305] Die Ersetzung des Beseitigungsanspruchs durch Geldkompensation ist umstritten.[306]

c) Ausschluss possessorischer Ansprüche (insbesondere gem. §§ 861 II, 862 II BGB) (G)

Die inhaltsgleichen §§ 861 II und 862 II BGB bilden einen Ausschlussgrund für die Ansprüche auf Wiedereinräumung und Störungsbeseitigung in dem Fall, dass der entzogene Besitz seinerseits fehlerhaft war. Niemand soll sich auf fehlerhaften Besitz berufen können, der zeitnah zur jetzigen verbotenen Eigenmacht begründet worden ist (Jahresfrist gem. §§ 861 II, 862 II BGB). 60

Der Anspruchsausschluss *setzt* zweierlei *voraus*:

- der Anspruchsteller selbst muss dem Störer oder dessen Rechtsvorgänger gegenüber fehlerhaft besessen haben;

297 So aber noch RGZ 63, 374 (379); RG JW 1913, 543 Nr. 8; darauf beruft sich noch Soergel/*Stadler* § 862 Rn. 5.

298 RGZ 101, 135 (138); 151, 239 (246); BGHZ 2, 394 (395); MüKoBGB/*Joost* § 862 Rn. 3; Staudinger/*Gutzeit* (2012) § 862 Rn. 7; Staudinger/*Gursky* (2013) § 1004 Rn. 214.

299 MüKoBGB/*Joost* § 862 Rn. 3.

300 Staudinger/*Gutzeit* (2012) § 862 Rn. 4.

301 Erman/*Lorenz* § 862 Rn. 5; *Petersen* Jura 2002, 160 (164).

302 MüKoBGB/*Joost* § 862 Rn. 2; *Westermann/Gursky/Eickmann* SachenR § 23 Rn. 14. Auch § 14 BImSchG und die darauf verweisenden § 7 VI AtG und § 11 LuftVG beschränken den Anspruch des Besitzers aus § 862 BGB auf Durchführung von Schutzmaßnahmen, vgl. BGH NJW 1995, 132 (133); Palandt/*Bassenge* § 906 Rn. 32.

303 BGHZ 30, 273 (276) – für Grundstück.

304 BGH WM 1976, 1056 (1057); MüKoBGB/*Joost* § 862 Rn. 5; Erman/*Lorenz* § 862 Rn. 5.

305 MüKoBGB/*Joost* § 862 Rn. 5; Soergel/*Stadler* § 862 Rn. 4.

306 → § 9 Rn. 67.

- die verbotene Eigenmacht (Entziehung oder Störung), auf der der fehlerhafte Besitz beruht, darf nicht länger als ein Jahr vor der Besitzentziehung oder -störung verübt worden sein, auf die sich der Anspruch aus §§ 861 I, 862 I BGB bezieht; zwischen beiden Beeinträchtigungen darf nicht mehr als ein Jahr liegen; der anders zu verstehende Gesetzestext[307] ist ein Redaktionsversehen und iSd oben erwähnten Auslegung zu berichtigen.[308]

Der Anspruchsteller kann sich gegen die Berufung des Anspruchsgegners auf §§ 861 II, 862 II BGB wehren, indem er sich wiederum auf die Fehlerhaftigkeit dessen Besitzes ihm gegenüber beruft. Wurde zwischen beiden Parteien mehrmals wechselseitig verbotene Eigenmacht verübt, so sind die Ansprüche aus §§ 861 I, 862 I BGB nur dann ausgeschlossen, wenn die erste der innerhalb der Jahresfrist der §§ 861 II, 862 II BGB erfolgten Besitzentziehungen bzw. -störungen vom Anspruchsteller und nicht vom Anspruchsgegner vorgenommen wurde.[309]

In prozessualer Hinsicht stellt der Ausschluss keine Einrede im technischen Sinn[310], sondern eine *»rechtsverneinende Tatsache«*[311] dar. Der Ausschluss muss also nicht erst geltend gemacht werden, um Wirkung zu entfalten.[312] Ergeben sich die Tatsachen, die den Ausschlussgrund erfüllen, aus dem Klägervortrag, ist die Klage abzuweisen; dies ist wichtig im Versäumnisverfahren.

Ein *ungeschriebener Ausschluss* der possessorischen Besitzschutzansprüche wird ferner bei eigenmächtiger Inbesitznahme von Haushaltsgegenständen oder der Wohnung durch einen getrennt lebenden Ehepartner angenommen. Zur Begründung wird angeführt, die §§ 1361a, 1361b BGB iVm §§ 200 ff. FamFG (bis 31.8.2009 § 18a HausratsVO) seien insoweit lex specialis gegenüber § 861 BGB[313] und die verbotene Eigenmacht könne durch die Billigkeitsklausel des § 1361 I 2 BGB ausreichend Berücksichtigung finden.[314] Hiergegen wird eingewandt, dass zwischen §§ 1361a, 1361b und § 861 BGB Anspruchskonkurrenz bestehe, weil beide Normkomplexe unterschiedliche Regelungsinhalte (Schutz vor Faustrecht – Sicherstellung der Befriedigung der äußeren Bedürfnisse der Familie) hätten;[315] auch sei nicht einzusehen, warum gerade bei Streitigkeiten unter Ehegatten eine zunächst anzuordnende Zurückschaffung aufgrund possessorischer Ansprüche und anschließende

307 Der Gesetzestext orientiert sich daran, dass der Kläger selbst die erste verbotene Eigenmacht verübt hat, und lässt den Fristablauf mit Besitzerwerb des Klägers beginnen; vgl. *Westermann/Gursky/Eickmann* SachenR § 23 Rn. 4.

308 Erman/*Lorenz* § 861 Rn. 5; *Westermann/Gursky/Eickmann* SachenR § 23 Rn. 4; *Wolff/Raiser* SachenR § 19 III.

309 OLG Saarbrücken MDR 2007, 510 (510 f.); Soergel/*Stadler* § 861 Rn. 6; Palandt/*Bassenge* § 861 Rn. 9.

310 Erman/*Lorenz* § 861 Rn. 5; *Westermann/Gursky/Eickmann* SachenR § 23 Rn. 4.

311 Soergel/*Stadler* § 861 Rn. 8.

312 *Westermann/Gursky/Eickmann* SachenR § 23 Rn. 4.

313 Zur bis zum 31.8.2009 geltenden Rechtslage OLG Köln FamRZ 1997, 1276 (1276 f.); Palandt/*Brudermüller* § 1361b Rn. 18; *ders.* FuR 1996, 229 mwN; vgl. auch OLG Nürnberg NJW 2006, 149 (150); OLG Karlsruhe FamRZ 2007, 59 (59 f.).

314 OLG Oldenburg NJW-RR 1994, 581 (581 f.); LG Bochum FamRZ 1983, 166; hiergegen *Hambitzer* FamRZ 1989, 236 (237).

315 So mit ausführlicher Analyse AG Darmstadt FamRZ 1994, 109 (110); OLG Düsseldorf 1987, 484; OLG Koblenz NJW 2007, 2337 (2338); Staudinger/*Voppel* (2012) § 1361a Rn. 58; vgl. auch *Sosnitza*, Besitz und Besitzschutz, 2003, 170 ff.

Wiedereinräumung aufgrund familiengerichtlicher Zuweisung unökonomisch sein solle.[316] Allerdings bejaht auch diese Ansicht überwiegend die Zuständigkeit des Familiengerichts wegen dessen Sachnähe und des im Gesetz ausgedrückten Gedankens einer verfahrensmäßigen Konzentration aller sich aus der Trennung ergebenden Ansprüche.[317]

d) Erlöschen possessorischer Besitzschutzansprüche (§ 864 BGB) (G)

Der Zeitraum, während dessen possessorische Ansprüche geltend gemacht werden 61
können, ist begrenzt auf ein Jahr nach Verübung der verbotenen Eigenmacht (§ 864 I BGB – Ausschlussfrist[318]). Diese Dauer reicht aus, um dem Zweck der §§ 861, 862 BGB zu genügen, eine *provisorische Güterzuordnung* herzustellen.[319]

Auch die rechtskräftige Feststellung eines dem possessorischen Anspruch entgegenstehenden »Rechts an der Sache« führt zum Erlöschen der Ansprüche aus §§ 861, 862 BGB, soweit dieses Recht zur Herstellung einer endgültigen Güterzuordnung beiträgt. Entgegen dem Wortlaut des § 864 II BGB kommen neben dinglichen (§ 985 BGB) auch schuldrechtliche Ansprüche (§ 433 I BGB), nachbarrechtliche Duldungsansprüche nach Landesrecht oder Ansprüche aus § 1007 I oder II BGB in Betracht.[320]

Wird gegen die durch verbotene Eigenmacht entstandene Besitzzuordnung nicht vorgegangen, entsteht aus der vorläufigen Besitzlage mit Ablauf der Jahresfrist eine endgültige Besitzlage, die wiederum Kontinuitäts- und damit Besitzschutz genießt.[321]

e) Gegenrechte zu den Ansprüchen aus §§ 861, 862 BGB (G)

§ 863 BGB schneidet Einwendungen aus einem Recht zum Besitz im Rahmen der 62
possessorischen Besitzschutzansprüche ausdrücklich ab. Grund dieses Ausschlusses petitorischer Einwendungen ist der Sinn und Zweck des possessorischen Besitzschutzes, durch *vorläufige* Herstellung der ursprünglichen Besitzlage den Rechtsfrieden zu sichern und das staatliche Gewaltmonopol zu erhalten (»Schnellrechtsschutz«). Petitorische Ansprüche – wie § 1007 I und II BGB – regeln die Rechtslage hingegen *endgültig*.[322]

---

316 So unter Hinweis auf § 863 BGB Staudinger/*Voppel* (2012) § 1361a Rn. 56 f.; Staudinger/*Gutzeit* (2012) § 858 Rn. 35; MüKoBGB/*Weber-Monecke* § 1361a Rn. 16; *Hambitzer* FamRZ 1989, 236 (238); entgegen § 863 BGB aber – mit unterschiedlicher Begründung – *Brudermüller* FuR 1996, 229 (231); *Kobusch* FamRZ 1994, 935 (940 f.); OLG Oldenburg NJW-RR 1994, 581.

317 BGH FamRZ 1984, 1200; OLG Koblenz NJW 2007, 2337 (2337); Staudinger/*Voppel* (2012) § 1361a Rn. 59; Staudinger/*Gutzeit* (2012) § 861 Rn. 26; *Kobusch* FamRZ 1994, 935 (941 f.); abl. OLG Düsseldorf FamRZ 1983, 164 (164 ff.); *Hambitzer* FamRZ 1989, 236 (238).

318 Von Amts wegen zu beachten; vgl. Soergel/*Stadler* § 864 Rn. 1.

319 Staudinger/*Gutzeit* (2012) § 864 Rn. 1.

320 MüKoBGB/*Joost* § 864 Rn. 7; *Westermann/Gursky/Eickmann* SachenR § 23 Rn. 9. Zur Anwendbarkeit des § 864 II BGB auf Feststellungsurteile sowie auf vorläufig vollstreckbare und solche Urteile, welche der verbotenen Eigenmacht vorangehen, umfassend *Zeising* Jura 2010, 248 (249 ff.).

321 Staudinger/*Gutzeit* (2012) § 864 Rn. 1.

322 Staudinger/*Gursky* (2013) § 1007 Rn. 30; *Petersen* Jura 2002, 160 (160); → § 2 Rn. 67.

§ 863 BGB lässt nur possessorische Einwendungen aus dem Besitz als solchem zu. Der Anspruchsgegner kann vorbringen, er selbst oder der Anspruchsteller seien Besitzdiener, es liege keine verbotene Eigenmacht vor, die Wiedereinräumung des Besitzes sei unmöglich oder er habe den Besitz nach Eintritt der Rechtshängigkeit in anderer Weise als durch Veräußerung verloren.[323] Allgemeine Zurückbehaltungsrechte können nicht geltend gemacht werden, weil es sich dabei um petitorische Einwendungen handelt.[324] Auch über § 242 BGB können solche Einwendungen nicht eingebracht werden.[325]

f) Geltendmachung petitorischer Einwendungen im Wege der Widerklage? (E)

63 Gegen eine Klage kann der Beklagte mit der Widerklage reagieren (§ 33 ZPO).[326] Auch gegen die Klage aus possessorischen Ansprüchen könnte sich der Anspruchsgegner mit der Widerklage wehren und über diesen Weg die nach § 863 BGB ausgeschlossenen materiellen Gegenrechte erheben. Dann könnten jedoch im Ergebnis petitorische Ansprüche als Gegenrechte zu possessorischen Ansprüchen geltend gemacht werden. Zugleich wäre dem »schnellen Schutz«, den die §§ 861 ff. BGB gewähren, ein Ende bereitet. Aus diesen Gründen ist die Zulässigkeit der Widerklage gegen eine possessorische Klage streitig.

Die Rechtsprechung[327] bejaht die Zulässigkeit einer petitorischen Widerklage gegen possessorische Besitzklagen aus §§ 861, 862 BGB, da der »Schnellrechtsschutz« des Besitzschutzes wegen der Möglichkeit des Erlasses eines sog. Teilurteils (§ 301 ZPO) oder der Prozesstrennung nicht gefährdet werde.[328] Dem stimmt ein Teil des Schrifttums[329] mit der Begründung zu, schon aus Gründen der Prozessökonomie könne es dem Beklagten nicht versagt werden, eigene Rechte mittels einer petitorischen Klage geltend zu machen. In der Regel werde über die zuerst entscheidungsreife Besitzschutzklage durch Teilurteil gem. § 301 ZPO entschieden, da die Voraussetzungen der §§ 861, 862 BGB leichter geprüft werden könnten als die Voraussetzungen der Widerklage (zB aus § 985 BGB). Seien jedoch sowohl die Besitzschutzklage als auch die Widerklage entscheidungsreif, lägen also nach Ansicht des Gerichts auch die Vor-

323 Staudinger/*Gutzeit* (2012) § 861 Rn. 12.

324 MüKoBGB/*Joost* § 863 Rn. 5; anders aber bei Zurückbehaltungsrechten aus §§ 273 II, 1000 BGB, vgl. MüKoBGB/*Joost* § 863 Rn. 5; Staudinger/*Gutzeit* (2012) § 863 Rn. 7; Bamberger/Roth/*Fritzsche* § 863 Rn. 4, 5.

325 KG OLGZ 1968, 19 (23): Die speziellen Regelungen in §§ 861 ff. BGB würden sonst ausgehöhlt; ferner OLG Saarbrücken MDR 2007, 510 (511); zum Ganzen *Sosnitza*, Besitz und Besitzschutz, 2003, 155 ff. mwN. Nur in Ausnahmefällen könne das Schikaneverbot des § 226 BGB eingreifen.

326 Widerklage ist die Klage gegen die Klage, als echter Gegenangriff, nicht als ein bloßes Verteidigungsmittel; vgl. *Jauernig/Hess* ZivilProzR § 46 I; *Schilken* ZivilProzR Rn. 733.

327 BGHZ 53, 166 (169); 73, 355 (358); BGH NJW 1979, 1359. – Für den umgekehrten Fall (petitorische Herausgebeklage und possessorische Widerklage) nimmt BGH NJW 1999, 425 (427) ebenfalls an, dass wegen § 863 BGB und § 864 II BGB eine Verurteilung aufgrund von § 861 I BGB nicht in Betracht kommt, wenn zeitgleich eine Entscheidung über das Besitzrecht getroffen und rechtskräftig wird. Vgl. dazu *Gursky* JZ 2005, 285 (285 f.).

328 Zur Rechtslage im Verfahren des einstweiligen Rechtsschutzes vgl. *Lehmann-Richter* NJW 2003, 1717 (1717 f.); *ders.* NZM 2009, 177 (178).

329 MüKoBGB/*Joost* § 863 Rn. 9; Soergel/*Stadler* § 863 Rn. 4; Stein/Jonas/*Roth* § 33 Rn. 22 (Fn. 82); Erman/*Lorenz* § 863 Rn. 3; Palandt/*Bassenge* § 863 Rn. 3; *Baur/Stürner* SachenR § 9 Rn. 18; *Kollhosser* JuS 1992, 569.

aussetzungen des § 985 BGB vor, so werde die Besitzschutzklage analog § 864 II BGB abgewiesen, um widersprüchliche Entscheidungen zu vermeiden.[330] Der materielle Anspruch aus § 985 BGB setze sich dann im Ergebnis gegen die Ansprüche aus §§ 861, 862 BGB durch.[331]

Eine andere Ansicht[332] verneint die Zulässigkeit einer petitorischen Widerklage, da sie denjenigen zu illegaler Selbsthilfe animieren könne, der ein sofort beweisbares Recht auf Besitz habe.[333] Die Rechtsprechung betone zudem den Gesichtspunkt der Prozessökonomie zu stark. Die Sicherung des öffentlichen Friedens und die Sicherung des staatlichen Gewaltmonopols müsse Vorrang haben.[334]

g) Besitzschutz bei Mitbesitz (§ 866 BGB) (G)

Der Mitbesitzer hat grundsätzlich *Dritten gegenüber* die Besitzschutzansprüche des Alleinbesitzers. Bei Besitzentzug kann er jedoch nur Herausgabe an alle Mitbesitzer verlangen, nicht an sich alleine. § 869 S. 2 Hs. 2 BGB gilt analog: Danach kann bei Weigerung der anderen Mitbesitzer oder Unmöglichkeit der Einräumung des Mitbesitzes auch dem einzelnen Mitbesitzer Alleinbesitz eingeräumt werden.[335] 64

Auch *unter Mitbesitzern* findet Besitzschutz grundsätzlich statt. Eine Einschränkung enthält § 866 BGB, demzufolge Mitbesitzer für Streitigkeiten über die Grenzen des Besitzrechts (Gebrauchsrecht) keinen Besitzschutz erhalten. Grund dafür ist, dass ein Kampf unter Mitbesitzern wegen Besitzstörungen möglichst vermieden werden[336] und stattdessen auf das dem Mitbesitz zugrundeliegende Rechtsverhältnis zurückgegriffen werden soll.[337] Der Schutz vor Besitzentziehung wird hingegen nicht versagt.

h) Anspruch auf Verfolgung und Wegnahme (§ 867 S. 1 BGB) (G)

§ 867 S. 1 BGB erfasst die Fälle, in denen eine bewegliche Sache[338] aus dem Machtbereich eines Besitzers auf ein im Besitz eines anderen befindliches Grundstück gelangt ist, zB der auf das Nachbargrundstück gelangte Ball oder eine in fremden Räumen liegengelassene Sache. Für diese Fälle schließt § 867 S. 1 BGB eine Lücke im Besitzschutz: Die dinglichen Herausgabeansprüche (§§ 861, 985, 1007 I und II BGB) versagen nämlich, solange der Besitzer des Grundstücks noch keinen Besitz an der Sache erlangt hat. Würde der Besitzer, der die Sache verloren hat, ohne den Willen des 65

330 BGHZ 73, 355 (359); Soergel/*Stadler* § 863 Rn. 4.

331 Nach OLG Stuttgart NJW 2012, 625 kann auch ein lediglich in einem vorläufig vollstreckbaren Urteil festgestelltes petitorisches Gegenrecht der Besitzschutzklage entgegengehalten werden.

332 RGZ 23, 396 (398); Staudinger/*Gutzeit* (2012) § 863 Rn. 8; Jauernig/*Berger* §§ 860–864 Rn. 7; *Prütting* SachenR Rn. 124; *Westermann/Gursky/Eickmann* SachenR § 23 Rn. 7; *J. Hager* KTS 1989, 515 (521); iE *Wolff/Raiser* SachenR § 19 (Fn. 14), der die Widerklage aus prozessualen Gründen mangels zulässigen Verteidigungsmittels ablehnt; ausführlich *Sosnitza*, Besitz und Besitzschutz, 2003, 158 ff.

333 Staudinger/*Gutzeit* (2012) § 863 Rn. 8; *Westermann/Gursky/Eickmann* SachenR § 23 Rn. 7.

334 *Westermann/Gursky/Eickmann* SachenR § 23 Rn. 7; krit. zu BGH NJW 1979, 1359 (1360), der eindeutig der Prozessökonomie Vorrang einräumt, Staudinger/*Gutzeit* (2012) § 863 Rn. 8.

335 Soergel/*Stadler* § 866 Rn. 13; *Westermann/Gursky/Eickmann* SachenR § 24 Rn. 3.

336 *Baur/Stürner* SachenR § 7 Rn. 83.

337 BGHZ 29, 372 (377); Soergel/*Stadler* § 866 Rn. 15; *Baur/Stürner* SachenR § 7 Rn. 83.

338 MüKoBGB/*Joost* § 867 Rn. 2.

Grundstücksbesitzers die Sache vom Grundstück zurückholen, beginge er verbotene Eigenmacht.[339]

Der Anspruch ist auf Duldung des Aufsuchens und Wegschaffens der Sache gerichtet (*Abholungsrecht*). Ein Recht zum eigenmächtigen Betreten des Grundstücks gibt § 867 S. 1 BGB nicht.[340] Hierzu müssen die Voraussetzungen der §§ 227 ff., 904 BGB vorliegen.

Dem Anspruch steht nicht entgegen, dass der Besitzer den Vorgang verursacht oder gar verschuldet hat. Wohl aber entfällt der Anspruch bei willentlicher Besitzaufgabe an der Sache.[341]

Analog ist § 867 S. 1 BGB anzuwenden, wenn die bewegliche Sache in eine andere bewegliche Sache – Schiff, Fahrzeug usw. – gelangt ist.[342]

i) Anspruch auf entschädigenden Ausgleich (§ 867 S. 2 BGB) (G)

66 Der gesetzliche Ausgleichsanspruch gem. § 867 S. 2 BGB gewährt einen verschuldensunabhängigen Schadensersatzanspruch, wenn dem Grundstücksbesitzer durch die Ausübung des Abholungsrechts ein Schaden entsteht. Über den Wortlaut hinausgehend sind auch der Eigentümer des Grundstücks oder ein sonstiger Berechtigter anspruchsberechtigt, wenn sie anstelle des Besitzers geschädigt werden.[343]

4. Petitorischer Besitzschutz (§ 1007 I und II BGB)

67 **Fallbeispiel:** »Der verlorene 500-EUR-Schein«[344]

§ 1007 I und § 1007 II BGB sind *zwei selbstständige Anspruchsgrundlagen*, die nebeneinander geltend gemacht werden können.[345] Während Abs. 1 den bösgläubigen Besitzerwerb betrifft, regelt Abs. 2 den Besitzerwerb an abhanden gekommenen Sachen. Gemeinsamer Zweck der Vorschriften ist es, dem früheren Besitzer mit »besserem Recht« die Wiedererlangung des Besitzes vom gegenwärtig schlechter berechtigten Besitzer zu ermöglichen.[346] Das kann auch der Eigentümer sein.[347] § 1007 BGB findet nur auf bewegliche Sachen Anwendung.[348]

339 MüKoBGB/*Joost* § 867 Rn. 5; Soergel/*Stadler* § 867 Rn. 1; Staudinger/*Gutzeit* (2012) § 867 Rn. 1.

340 Staudinger/*Gutzeit* (2012) § 867 Rn. 7.

341 Staudinger/*Gutzeit* (2012) § 867 Rn. 3.

342 AllgM; vgl. Staudinger/*Gutzeit* (2012) § 867 Rn. 4.

343 MüKoBGB/*Joost* § 867 Rn. 9; Staudinger/*Gutzeit* (2012) § 867 Rn. 11.

344 *Vieweg/Röthel* Fälle SachenR Fall 1.

345 Palandt/*Bassenge* § 1007 Rn. 2; *Petersen* Jura 2002, 160 (164).

346 Palandt/*Bassenge* § 1007 Rn. 1; Soergel/*Münch* § 1007 Rn. 1. Umfassend zu Historie und Zweck des § 1007 BGB *Sosnitza*, Besitz und Besitzschutz, 2003, 175 ff.

347 Vgl. Bamberger/Roth/*Fritzsche* § 1007 Rn. 6; Staudinger/*Gursky* (2013) § 1007 Rn. 19; *Wolff/Raiser* SachenR § 23 II 2b.

348 *Baur/Stürner* SachenR § 9 Rn. 27. Zu einer analogen Anwendung des § 1007 BGB auf Immobilien (Mieträume) BGHZ 7, 208 (215 ff.).

a) Herausgabeanspruch aus § 1007 I BGB (G)

Die *Voraussetzungen* des Anspruchs aus § 1007 I BGB sind: 68

- Anspruchsberechtigter ist der frühere Besitzer aufgrund seines vermuteten[349] besseren Rechts zum Besitz; auf die Besitzart kommt es nicht an;[350]
- Anspruchsgegner ist der gegenwärtige Besitzer;
- bösgläubiger Besitzerwerb des Anspruchsgegners; bösgläubig ist der Besitzer dann, wenn er sich nicht auf ein Recht zum Besitz gegenüber dem Anspruchsberechtigten berufen kann und bei Besitzerwerb Kenntnis von seinem mangelnden Besitzrecht hatte bzw. das Fehlen grob fahrlässig nicht kannte;[351]
- kein Ausschluss des Anspruchs (§ 1007 III BGB):
  - § 1007 III 1 Alt. 1 BGB schließt den Anspruch aus, wenn der frühere Besitz des Anspruchstellers unrechtmäßig und dieser bei Besitzerwerb selbst bösgläubig bezüglich seines Besitzrechts war;[352]
  - § 1007 III 1 Alt. 2 BGB gibt dem Anspruchsgegner die Einwendung, der Anspruchsberechtigte habe den Besitz freiwillig aufgegeben;[353]
  - § 1007 III 2 BGB (iVm § 986 BGB) gibt dem Anspruchsgegner eine Einwendung[354], wenn dieser gegenwärtig ein Recht zum Besitz oder ein Zurückbehaltungsrecht gem. § 1000 BGB gegenüber dem Anspruchsberechtigten hat.

Rechtsfolge des § 1007 I BGB ist, dass der frühere rechtmäßige Besitzer bzw. der bei Besitzerwerb gutgläubige frühere unrechtmäßige Besitzer einen Anspruch auf Herausgabe der Sache gegen den bösgläubigen gegenwärtigen Besitzer hat.

b) Herausgabeanspruch aus § 1007 II BGB (G)

Die *Voraussetzungen* des Anspruchs aus § 1007 II BGB sind: 69

- Anspruchsteller ist der frühere Besitzer aufgrund seines vermuteten[355] besseren Rechts zum Besitz; auf die Besitzart kommt es nicht an;[356]
- Anspruchsgegner ist der gegenwärtige – auch gutgläubige – Besitzer;
- Abhandenkommen der Sache aus dem Machtbereich des Anspruchstellers (II); ausgenommen sind wie bei § 935 BGB Geld und Inhaberpapiere (§ 1007 II 2 BGB);
- kein Ausschluss des Anspruchs gem. § 1007 II 1 BGB aE: Der Anspruchsgegner darf nicht Eigentümer der Sache sein, ihm darf die Sache nicht vor der Besitzzeit des Anspruchstellers abhandengekommen sein.

349 Vermutet wird das bessere Recht deshalb, weil unter den Voraussetzungen, die § 1007 BGB für den Besitzerwerb des gegenwärtigen Besitzers aufstellt, die Rechtsvermutung des § 1006 BGB für den früheren Besitzer weiter wirkt, *Baur/Stürner* SachenR § 9 Rn. 27. § 1007 BGB hilft aber auch dem Fremdbesitzer.

350 MüKoBGB/*Baldus* § 1007 Rn. 27.

351 Soergel/*Münch* § 1007 Rn. 4; → § 8 Rn. 11 zu § 990 BGB.

352 MüKoBGB/*Baldus* § 1007 Rn. 27.

353 PWW/*Englert* § 1007 Rn. 1.

354 Soergel/*Münch* § 1007 Rn. 7; Staudinger/*Gursky* (2013) § 1007 Rn. 19; *Wolff/Raiser* SachenR § 23 II 1; → § 7 Rn. 14.

355 Siehe Fn. 346.

356 MüKoBGB/*Baldus* § 1007 Rn. 27.

Besitzschutz – Anspruchsberechtigung

	Selbsthilfe	Possessorischer Besitzschutz			Petitorischer Besitzschutz	
	§§ 859, 860 BGB	§ 861 BGB	§ 862 BGB	§ 867 S. 1 BGB	§ 1007 I BGB	§ 1007 II BGB
Unmittelbarer Besitzer (§ 854 BGB)	(+)	(+)	(+)	(+)	(+)	(+)
Mittelbarer Besitzer (§ 868 BGB)	Jedenfalls § 227 BGB; § 859 BGB str.: eA: (+) bei verbotener Eigenmacht ggü. dem unmittelbaren Besitzer Arg.: verteidigt auch seine eigene Besitzstellung aA: (–) Arg.: Umkehrschluss aus § 869 BGB	(+) § 869 BGB Verbotene Eigenmacht ggü. dem unmittelbaren Besitzer nötig Anspruchsziel: nur Wiedereinräumung des mittelbaren Besitzes (Ausnahme: Besitzmittler kann oder will unmittelbaren Besitz nicht übernehmen; § 869 S. 2 BGB)	(+) § 869 BGB Verbotene Eigenmacht ggü. dem unmittelbaren Besitzer nötig	(+) § 869 S. 3 BGB Abholungsanspruch nur unter den Voraussetzungen von § 869 S. 2 BGB	Besitzrecht iSd § 986 BGB darf nicht ggü. mittelbarem Besitzer bestehen Anspruchsziel: nur Wiedereinräumung des mittellosen Besitzes	Abhandenkommen iS v § 935 I 2 BGB: Sache muss unmittelbarem Besitzer abhanden gekommen sein Wie zu § 1007 I BGB
Besitzdiener (§ 855 BGB)	§§ 860, 859 BGB, § 227 BGB Ausübung der Gewaltrechte des Besitzherrn → Verbotene Eigenmacht ggü. Besitzherrn nötig Nicht gegen den Besitzherrn	(–)	(–)	(–)	(–) Kein (früherer) Besitzer; auch nicht ohne Weiteres ermächtigt, den Anspruch des Besitzherrn geltend zu machen	Wie zu § 1007 I BGB
Geheißperson	Geheißperson ist unmittelbarer Besitzer					

- kein Ausschluss des Anspruchs gem. § 1007 III BGB:
  - § 1007 III 1 Alt. 1 BGB schließt den Anspruch aus, wenn der frühere Besitz des Anspruchstellers unrechtmäßig und dieser bei Besitzerwerb selbst bösgläubig bezüglich seines Besitzrechts war;[357]
  - § 1007 III 1 Alt. 2 BGB schließt den Anspruch aus, wenn der Anspruchsteller als früherer Besitzer den Besitz aufgegeben hatte.
  - § 1007 III 2 BGB (iVm § 986 BGB) gibt dem Anspruchsgegner eine Einwendung[358], wenn dieser gegenwärtig ein Recht zum Besitz oder ein Zurückbehaltungsrecht gem. § 1000 BGB gegenüber dem Anspruchsberechtigten hat.

Rechtsfolge des § 1007 II BGB ist, dass der frühere Besitzer, dem die Sache abhanden gekommen ist, einen Anspruch auf Herausgabe der Sache gegen den gegenwärtigen Besitzer hat.

5. Sonstiger Besitzschutz

a) Besitz als »sonstiges Recht« iSd § 823 I BGB? (G)

Fallbeispiel: »Der einfallsreiche Vermieter«[359] 70

Der Besitz wird nicht als absolutes Recht in § 823 I BGB genannt. Deliktischen Schutz könnte der Besitz aber dennoch erhalten, wenn der Besitz ein unbenanntes »sonstiges Recht« iSd § 823 I BGB wäre. Als »sonstiges Recht« werden von § 823 I BGB Rechtspositionen erfasst, die den ausdrücklich genannten vergleichbar sind.[360] Unter den sog. »benannten« Rechten ist nur das Eigentum wirklich ein Recht[361] und gibt damit die Kriterien für die »sonstigen Rechte« vor:[362] Eigentum zeichnet sich einerseits durch positive Nutzungsmöglichkeiten, andererseits durch negative Abwehrbefugnisse aus (§ 903 BGB).

Ob der Besitz schlechthin, also selbst der unrechtmäßige Besitz, die erforderliche Vergleichbarkeit aufweist, ist insbesondere deshalb umstritten, weil Uneinigkeit darüber besteht, ob bereits allein die Abwehrbefugnisse die Vergleichbarkeit rechtfertigen oder ob beide Eigentumsbefugnisse erfüllt sein müssen.

Eine Auffassung[363] bejaht den Schutz auch des unrechtmäßigen Besitzes. Sie argumentiert, der unrechtmäßige Besitzer dürfe die Sache zwar nicht gebrauchen. Dafür habe er aber eine umfassende, absolut gegenüber jedermann wirkende Abwehrbefug-

357 MüKoBGB/*Baldus* § 1007 Rn. 27.

358 Soergel/*Münch* § 1007 Rn. 7; Staudinger/*Gursky* (2013) § 1007 Rn. 19, 40; *Wolff/Raiser* SachenR § 23 II 2b; → § 7 Rn. 14.

359 *Vieweg/Röthel* Fälle SachenR Fall 3.

360 Erman/*Schiemann* § 823 Rn. 35.

361 Alle anderen »Rechte« stellen Rechtsgüter dar. »Rechtsgüter« sind die vitalen Lebensinteressen des Menschen, die zwar gegenüber jedermann (und damit absolut) geschützt sind, aber im positiven Gesetz nicht als absolute Rechte ausgestaltet sind, weil sie von der Natur der Sache her dem jeweiligen Träger des Gutes zugewiesen und nicht übertragbar sind; vgl. *Deutsch/Ahrens*, Deliktsrecht, 6. Aufl. 2014, Rn. 231.

362 Palandt/*Sprau* § 823 Rn. 11; dafür spricht auch die Nennung »sonstige Rechte« im Anschluss an das Eigentum; *Medicus/Petersen* BürgerlR Rn. 607.

363 *Müller*, Schuldrecht, 1990, Rn. 2390; *Wieser* JuS 1970, 557.

nis (§§ 859 ff. BGB). Deshalb sei der bloße Besitz, also auch der unrechtmäßige, als dingliches Recht ausgestaltet und damit ein »sonstiges Recht« iSd § 823 I BGB.

Die überwiegende Gegenauffassung weist demgegenüber darauf hin, dass allein der allgemeine Schutz eines Rechtsguts für § 823 I BGB nicht genüge: Vielmehr müsse auch die positive Komponente – die Nutzungsbefugnis – erfüllt sein.[364] Ein rein tatsächliches Herrschaftsverhältnis wie der Besitz an sich berechtige jedoch gerade nicht zur Nutzung[365], noch nicht einmal zum Behalten (vgl. §§ 985, 1007 I und II BGB).[366] Erst durch die Verbindung mit einer Rechtsposition – wie einem obligatorischen Rechtsverhältnis – erlange der Besitzer positive, »eigentumsähnliche« Befugnisse. Dann erst werde der Besitz zum »Recht«, aufgrund dessen der Besitzer zum Behalten, Nutzen oder sonstigen Gebrauch berechtigt sei.[367] Nach dieser Auffassung ist nur der berechtigte Besitz ein sonstiges Recht iSd § 823 I BGB.

b) § 858 BGB als Schutzgesetz iSd § 823 II BGB? (V)

71 **Fallbeispiele:** »Abschleppen zulasten Dritter«[368], »Der einfallsreiche Vermieter«[369]

Einen deliktischen Anspruch aus § 823 II BGB gewähren nur Schutzgesetze, dh generell drittschützende Normen, die auch den Anspruchsteller und sein geltend gemachtes Recht erfassen (sog. sachlicher und persönlicher Schutzbereich).[370] Streitig ist, ob § 858 BGB einen persönlichen Schutzbereich hat und somit als Schutzgesetz iSd § 823 II BGB anzusehen ist.

Zum Teil wird der Schutzgesetzcharakter mit der Begründung verneint, § 858 BGB wolle mit dem grundsätzlichen Verbot, andere in ihrem Besitz zu stören oder sogar zu verdrängen, primär die gewaltsame Durchsetzung eines Rechts auf Besitzveränderung verhindern (Besitzschutz um seiner selbst willen).[371] Damit diene § 858 BGB dem Rechtsfrieden, einem Allgemeininteresse.

Die überwiegende Meinung[372] stellt hingegen darauf ab, dass ein Gesetz auch dann ein Schutzgesetz sei, wenn es den *Schutz Einzelner zumindest als Nebenzweck* verfolge. Der generelle Ausschluss eigenmächtigen Zugriffs wirke sich in jedem Einzelfall für den Besitzer positiv aus und bewirke damit als eine wichtige und durchaus

364 *Larenz/Canaris* SchuldR II 2 § 69 I 1c; *Medicus/Lorenz* SchuldR II BT Rn. 1205, 1302; ausführlich zur Diskussion *Sosnitza*, Besitz und Besitzschutz, 2003, 258.

365 Weitergehend erkennt *Medicus/Petersen* BürgerlR Rn. 607 positive Nutzungsrechte auch bei manchen unrechtmäßigen Besitzern an, so etwa beim entgeltlichen redlichen Besitzer vor Rechtshängigkeit, da dieser sogar im Verhältnis zum Eigentümer die Nutzungen behalten dürfe (§§ 987, 988, 990, 993 I BGB); ebenso *Röthel/Sparmann* Jura 2005, 456 (460 f.).

366 BGH WM 1987, 181 (182); *Fuchs*, Deliktsrecht, 3. Aufl. 2001, 30; *Larenz/Canaris* SchuldR II 2 § 69 I 2b.

367 So anerkannt von BGH NJW 1974, 1189; 1981, 750 (751); 1991, 2420 (2422); Erman/*Schiemann* § 823 Rn. 43; *Baur/Stürner* SachenR § 9 Rn. 31.

368 *Vieweg/Röthel* Fälle SachenR Fall 2.

369 *Vieweg/Röthel* Fälle SachenR Fall 3.

370 *Kupisch/Krüger*, Deliktsrecht, 1983, 65, 67.

371 Staudinger/*Gutzeit* (2012) § 858 Rn. 1.

372 Ausdrücklich: BGH NJW 1979, 1358 (1359); 1981, 865 (866); 1991, 2420 (2422); 2009, 2530 (2531); MüKoBGB/*Wagner* § 823 Rn. 346; Erman/*Lorenz* § 858 Rn. 2; Palandt/*Sprau* § 823 Rn. 65; *Honsell* JZ 1983, 531 (532 ff.); *Wieser* JuS 1970, 557 (559). Vgl. zu den Anforderungen an das Vorliegen eines Schutzgesetzes auch BGHZ 22, 293 (297); *Wieser* JuS 1970, 557 (560).

erwünschte Nebenfolge den Schutz des privaten Kontinuitätsinteresses.[373] Da das Eigenmachtverbot geeignet sei, den Einzelnen vor Schaden zu bewahren,[374] stelle § 858 BGB ein Schutzgesetz iSd § 823 II BGB dar.

Teilweise[375] wird § 858 BGB nur in den Fällen als Schutzgesetz angesehen, in denen der Besitz als sonstiges Recht iSd § 823 I BGB anerkannt ist. Andernfalls würde die dort vorgenommene Einschränkung unterlaufen, und § 823 II BGB erhielte generalklauselartigen Charakter.

c) Unterlassungsanspruch des Besitzers analog § 1004 I BGB (V)

Der Wortlaut des § 1004 BGB geht zwar von einer Beeinträchtigung des Eigentums 72
aus. Jedoch ist der Anwendungsbereich des § 1004 BGB über die Einbeziehung absoluter Rechte zT auch auf Rechtsgüter und rechtlich geschützte Interessen erweitert worden, sog. *quasi-negatorischer Anspruch* (§ 1004 I BGB analog).[376] Dieser erfasst jedenfalls alle deliktisch geschützten Rechte und Rechtsgüter. Da der *rechtmäßige* Besitz sowohl gem. § 823 I BGB als auch gem. § 823 II iVm § 858 BGB geschützt ist, hat der berechtigte Besitzer neben § 862 BGB einen Unterlassungsanspruch gegen den Besitzstörer analog § 1004 iVm § 823 I BGB oder analog § 1004 iVm §§ 823 II, 858 BGB, soweit man diese Ausweitung des quasi-negatorischen Anspruchs überhaupt anerkennt.

d) Besitz als Gegenstand einer Kondiktion (V)

Im Rahmen einer *Leistungskondiktion* gem. § 812 I 1 Alt. 1 BGB ist der Besitz un- 73
problematisch als solcher kondizierbar: Rechtmäßiger wie unrechtmäßiger Besitz stellen einen Vermögenswert dar, der als erlangtes »Etwas« geleistet werden kann.[377]

Für die *Eingriffskondiktion* (§ 812 I 1 Alt. 2 BGB) ist Voraussetzung, dass der Bereicherungsschuldner einen Vermögenswert in sonstiger Weise »auf Kosten« des Bereicherungsgläubigers erlangt hat. Dieses Merkmal verlangt, dass der Bereicherungsschuldner in den Zuweisungsgehalt eines Rechts des Bereicherungsgläubigers eingegriffen hat (Zuweisungstheorie).[378] Anknüpfungspunkt ist die inhaltliche Ausgestaltung der entzogenen Position. Eindeutige Zuweisungskriterien bietet das Deliktsrecht in § 823 I BGB: Deliktsrechtlich geschützte Güter werden in demselben Umfang auch bereicherungsrechtlich geschützt.[379] Der Besitz ist nach überwiegender

---

373 Staudinger/*Gutzeit* (2012) § 858 Rn. 1.

374 *Wieser* JuS 1970, 557 (559).

375 *Baur/Stürner* SachenR § 9 Rn. 36; ähnlich *Medicus/Petersen* BürgerlR Rn. 621.

376 Erman/*Ebbing* § 1004 Rn. 9 f.; Palandt/*Bassenge* § 1004 Rn. 4 mwN; dagegen Staudinger/*Gursky* (2013) § 1004 Rn. 16.

377 Staudinger/*Gutzeit* (2012) § 861 Rn. 29; *Baur/Stürner* SachenR § 9 Rn. 38; *Petersen* Jura 2002, 255 (259); *Kollhosser* JuS 1992, 572.

378 BGHZ 82, 299 (306); 107, 117 (120 f.); *Larenz/Canaris* SchuldR II 2 § 69 I 1b; anders die Rechtswidrigkeitstheorie, *Schulz* AcP 105 (1909), 1; *Jakobs*, FS Flume I, 1978, 64 (168 f.), die allerdings Bereicherungsvorgänge aufgrund rechtmäßigen Verhaltens – insbes. aufgrund von Naturvorgängen oder eigener Entreicherung – nicht zu erfassen vermag.

379 Staudinger/*Lorenz* (2007) § 812 Rn. 23; *Larenz/Canaris* SchuldR II 2 § 69 I 1c; *Medicus/Lorenz* SchuldR II BT Rn. 1205.

Auffassung dann kondizierbar, wenn der Anspruchsteller berechtigter Besitzer war. Denn allein das Recht zum Besitz erzeuge den erforderlichen Zuweisungsgehalt.[380]

Der rechtmäßige Besitz ist damit auch im Wege der Eingriffskondiktion kondizierbar, nicht hingegen der reine (unrechtmäßige) Besitz als solcher, bei dem es an einer Position mit Zuweisungsgehalt fehlt, in die eingegriffen werden könnte. Daher kommen für diesen nur die §§ 861, 1007 I und II BGB in Betracht.

Die Frage des Verhältnisses der Besitzschutzansprüche zu dem Anspruch aus § 812 I 1 Alt. 2 BGB stellt sich demnach nur beim rechtmäßigen Besitz: Während sich die Ansprüche aus §§ 861, 1007 I und II BGB jedoch auf den reinen Besitz als einer Tatsache ohne Gebrauchswert beziehen, dient die Eingriffskondiktion der Rückverschaffung von Vermögensvorteilen. Daher besteht auch zwischen den Besitzschutzansprüchen und der Eingriffskondiktion keine echte Anspruchskonkurrenz in Form von Sonderregelung und Ausnahme. Ob § 812 I 1 Alt. 2 BGB auf den Besitz – neben oder anstelle der §§ 861, 1007 BGB – anwendbar ist, lässt sich folglich allein danach beantworten, ob die Voraussetzung der Eingriffskondiktion – ein Eingriff in den Zuweisungsgehalt – vorliegt.

6. Besitzschutz in Sonderfällen

a) Vollstreckungsrechtlicher Schutz des unmittelbaren Besitzes (§§ 766, 771 ZPO) (E)

74 Die Zwangsvollstreckung erfolgt bei Geldforderungen in das bewegliche und das unbewegliche Vermögen des Schuldners. Die Zugehörigkeit zum Schuldnervermögen wird von den Vollstreckungsorganen nach der objektiven Sachlage (Gewahrsam, Grundbucheintragung) beurteilt.[381] Gegenstände des Schuldners befinden sich häufig im Gewahrsam Dritter. Das Vollstreckungsorgan hat den unmittelbaren Besitz eines Dritten zu beachten (§§ 808, 809 ZPO). Einen Verstoß gegen diesen Grundsatz kann der unmittelbare Besitzer mit der sog. Vollstreckungserinnerung rügen (§ 766 ZPO).

MS

Umstritten ist, ob dem unmittelbaren Besitzer neben der Vollstreckungserinnerung weitergehend auch die Erhebung einer Drittwiderspruchsklage nach § 771 ZPO möglich ist. Während eine Ansicht den Schutz des Besitzers durch § 766 ZPO als ausreichend erachtet,[382] sieht die Gegenansicht[383] diesen Schutz als unzureichend an, weil § 766 ZPO oftmals nicht eingreife (zB bei § 739 ZPO).[384] Innerhalb der die

380 BGH WM 1987, 181; Staudinger/*Lorenz* (2007) § 812 Rn. 23, 26; Palandt/*Bassenge* § 861 Rn. 2; *Reuter/Martinek*, Ungerechtfertigte Bereicherung, 1983, 245 ff.; *Baur/Stürner* SachenR § 9 Rn. 39; *v. Caemmerer*, FS Rabel, 1954, 349 Fn. 59 (353); *Medicus/Petersen* BürgerlR Rn. 607, 709 stellen wiederum auf die Nutzungsfunktion ab, die auch einem redlichen unrechtmäßigen Besitzer zugewiesen sein könne.

381 Zöller/*Herget* § 771 Rn. 3.

382 MüKoZPO/*K. Schmidt/Brinkmann* § 771 Rn. 38; Thomas/Putzo/*Seiler* § 771 Rn. 21; *Brox/Walker* ZVR Rn. 1420; *Jauernig* ZVR/InsR § 13 IV 1c; *Westermann/Gursky/Eickmann* SachenR § 7 Rn. 10; Zöller/*Herget* § 771 Rn. 14.

383 RGZ 105, 413 (414); 116, 363 (366) (obiter dictum); RG JW 1921, 1246 mAnm *Rosenberg*; LG Aachen VersR 1992, 252; Stein/Jonas/*Münzberg* § 771 Rn. 35; Schuschke/Walker/*Raebel* § 771 Rn. 29; AK-ZPO/*Schmidt-v. Rhein* § 771 Rn. 15; BLAH/*Hartmann* § 771 Rn. 15; *Canaris*, FS Flume I, 1978, 396.

384 Schuschke/Walker/*Raebel* § 771 Rn. 29.

Drittwiderspruchsklage nach § 771 ZPO befürwortenden Ansicht ist streitig, ob und wann der Besitz ein die Veräußerung hinderndes Recht ist. Ein ähnliches Meinungsbild besteht zur Frage, ob der Besitz ein Aussonderungsrecht iSd § 47 InsO gewährt.[385]

Die Drittwiderspruchsklage gibt dem Inhaber eines *die Veräußerung hindernden Rechts* an einem Gegenstand, der der Zwangsvollstreckung unterliegt, die Möglichkeit, die Zwangsvollstreckung im Klagewege für unzulässig zu erklären (§ 771 I ZPO).[386] Welche Rechte »veräußerungshindernd« sind, gibt § 771 ZPO nicht vor. Sie sind aus dem Normzweck abzuleiten: Der Gläubiger soll durch den tatsächlichen Zugriff auf Drittvermögen nicht mehr Rechte erwerben als dem Schuldner materiell zustehen. § 771 I ZPO schützt damit die Rechtspositionen, die auch bei Veräußerung durch den Schuldner einen widerrechtlichen Eingriff in eine fremde Vermögenssphäre darstellten.[387]

Eine Auffassung lehnt die Anwendung des § 771 ZPO ab, weil der Besitz als solcher kein »Recht« sei.[388] Ein Recht iSd § 771 ZPO könne nur aus einem dinglichen oder obligatorischen *Recht zum Besitz* hergeleitet werden.[389] Zudem sage der Besitz als solcher über die Zugehörigkeit einer Sache nichts aus; er könne damit auch kein die Veräußerung hinderndes Recht sein.[390]

Die Gegenauffassung[391] erkennt ebenfalls, dass Verfügungen des Schuldners den Besitz nicht beeinträchtigen (vgl. § 986 II BGB). Allerdings würden auch andere Rechte, die eine Veräußerung nicht unmöglich machen (zB Herausgabeansprüche), für die Klage aus § 771 ZPO anerkannt. Jedenfalls der rechtmäßige Besitz werde bei Verfügungen in seinem derzeitigen Bestand geschützt, ob durch Einwendungserhalt wie in § 986 II BGB oder weil der Besitzer von Verfügungen des Eigentümers unberührt bleibe. Damit sei das Recht zum Besitz teilweise verdinglicht und müsse auch vollstreckungsbeständig sein. Dafür spreche auch, dass der Vollstreckungsgläubiger keine größere Rechtsmacht habe als der Eigentümer der gepfändeten Sache.[392]

Nach einhelliger Auffassung ist der Besitz an *unbeweglichen Sachen* kein Recht iSd § 771 I ZPO, weil er für die dingliche Rechtslage überhaupt keine Bedeutung hat (vgl. § 891 BGB) und damit auch nicht die Veräußerung hindert.[393]

385 Vgl. Braun/*Bäuerle* § 47 Rn. 44 mwN; *Sosnitza*, Besitz und Besitzschutz, 2003, 352 ff. mwN.

386 *Baur/Stürner* SachenR § 9 Rn. 40.

387 BGHZ 55, 20 (26); Schuschke/Walker/*Raebel* § 771 Rn. 15; *Gaul/Schilken/Becker-Eberhard* ZVR § 41 IV Rn. 36 aE.

388 MüKoZPO/*K. Schmidt/Brinkmann* § 771 Rn. 38; Thomas/Putzo/*Seiler* § 771 Rn. 21; *Brox/Walker* ZVR Rn. 1420; *Gaul/Schilken/Becker-Eberhard* ZVR § 41 VI 6 Rn. 92; *Westermann/Gursky/Eickmann* SachenR § 7 Rn. 10 aE.

389 MüKoZPO/*K. Schmidt/Brinkmann* § 771 Rn. 38.

390 *Brox/Walker* ZVR Rn. 1420.

391 RGZ 116, 363 (366) (obiter dictum); Stein/Jonas/*Münzberg* § 771 Rn. 35; *Canaris*, FS Flume I, 1978, 371 (396 f.); vgl. auch *Sosnitza*, Besitz und Besitzschutz, 2003, 318.

392 *Canaris*, FS Flume I, 1978, 371 (396 f.).

393 RGZ 127, 8 (9 f.); Staudinger/*Gutzeit* (2012) Vorbem zu §§ 854 ff. Rn. 66; Stein/Jonas/*Münzberg* § 771 Rn. 34; Zöller/*Herget* § 771 Rn. 14; Thomas/Putzo/*Seiler* § 771 Rn. 21; *Brox/Walker* ZVR Rn. 1419; *Jauernig* ZVR/InsR § 13 IV 1c.

b) Vollstreckungsrechtlicher Schutz des mittelbaren Besitzes (§ 771 ZPO) (E)

75 Der mittelbare Besitzer kann seine Rechte nicht im Wege der Vollstreckungserinnerung (§ 766 ZPO) geltend machen. Allerdings gibt auch ein *obligatorisches Recht eines Dritten auf Herausgabe*[394] einer nicht zum Schuldnervermögen gehörenden Sache ein die »Veräußerung hinderndes Recht« iSd § 771 ZPO.[395] Unstreitig wird daher der *mittelbare Besitz* als ein die Veräußerung hinderndes Recht angesehen und die Drittwiderspruchsklage zugelassen: Die Frage, ob das obligatorische Recht zum Besitz unter § 771 ZPO fällt, ist somit bedeutungslos.[396] Bereits aufgrund des obligatorischen Herausgabeanspruchs iSd § 868 BGB kann der mittelbare Besitzer die Nichtzugehörigkeit einer Sache zum haftenden Schuldnervermögen geltend machen. Diese Nichtzugehörigkeit wird durch den Herausgabeanspruch impliziert.

394 Ansprüche auf *Verschaffung* des Eigentums oder Abtretung von Rechten an der gepfändeten Sache berechtigen nicht zur Geltendmachung der Drittwiderspruchsklage, denn bei diesen gehört die Sache noch zum Schuldnervermögen; *Brox/Walker* ZVR Rn. 1422.

395 *Brox/Walker* ZVR Rn. 1421; der Anspruch braucht noch nicht fällig zu sein: vgl. Stein/Jonas/*Münzberg* § 771 Rn. 36.

396 BGHZ 2, 164 (168); Staudinger/*Gutzeit* (2012) Vorbem zu §§ 854 ff. Rn. 66; Stein/Jonas/*Münzberg* § 771 Rn. 35 (Fn. 219); *Brox/Walker* ZVR Rn. 1420; *Jauernig* ZVR/InsR § 13 IV 1c; ebenso *Westermann/Gursky/Eickmann* SachenR § 7 Rn. 10 aE.

§ 3 Eigentum

I. Rechtliche Rahmenbedingungen

1. Eigentum im verfassungsrechtlichen Sinn (Art. 14 GG) (G)

Die verfassungsrechtliche Grundlage des Eigentums findet sich in Art. 14 GG, der in erster Linie das Verhältnis zwischen (Privat-)Eigentümer und Staat regelt. Art. 14 GG definiert den Begriff des Eigentums nicht ausdrücklich; er hat vielmehr die Bedeutung, dem Einzelnen eine gegenständliche Basis für die freie Entfaltung und eigenverantwortliche Lebensgestaltung im vermögensrechtlichen Bereich zu sichern. Der Bestand dieser Rechtsposition soll gegenüber Maßnahmen der öffentlichen Gewalt bewahrt werden (Eigentumsgarantie).[1] Art. 14 GG garantiert somit einen rechtsstaatlichen Vertrauens- und Bestandsschutz für vermögenswerte Güter.[2] 1

Der verfassungsrechtliche Eigentumsbegriff des Art. 14 I GG ist weiter als der privatrechtliche Eigentumsbegriff des § 903 BGB.[3] Er ist aus der Verfassung selbst zu bestimmen und umfasst jede konkrete vermögenswerte Rechtsposition des privaten Rechts.[4] Neben dem Sacheigentum iSd § 903 BGB werden auch alle anderen dinglichen Rechte sowie Aneignungsrechte und Forderungen erfasst.[5] Nicht geschützt sind das Vermögen an sich, bloße Erwerbschancen oder Verdienstmöglichkeiten.[6]

Der rechtliche Gehalt des Eigentums ist durch Privatnützigkeit und grundsätzliche Verfügungsbefugnis gekennzeichnet.[7] Der verfassungsrechtliche Schutz besteht aus einer Individual- und einer Institutsgarantie. Die Individualgarantie enthält in erster Linie ein subjektives Abwehrrecht gegen staatliche Eingriffe in das Eigentum. Die Institutsgarantie verpflichtet den Gesetzgeber, einen Kernbestand von Rechtsnormen zu erhalten, die die freiheitliche Betätigung im vermögensrechtlichen Bereich ermöglichen.[8]

2. Eigentum im europäischen Recht (V)

Das Eigentum wird auch auf europäischer Ebene als Grundrecht gewährleistet. Nach der Neukonzeption durch den Vertrag von Lissabon ergibt sich dies über Art. 6 I EUV aus Art. 17 EGC. Die EGC gilt nunmehr gleichrangig neben dem EUV und dem AEUV auf Primärrechtsebene.[9] Die Grundrechte verpflichten gem. Art. 53 I EGC neben den Organen der EU auch die Mitgliedstaaten bei der Durchführung von Unionsrecht. 2

1 BVerfGE 50, 290 (339); 68, 193 (222); BVerfG NJW 1992, 36 (37).
2 BVerfGE 64, 87 (104).
3 → § 3 Rn. 3.
4 Öffentlich-rechtliche Positionen sind nur soweit erfasst, wie sie ein »Äquivalent eigener Leistung« darstellen; zum Sozialversicherungsrecht vgl. BVerfGE 69, 272 (304); 76, 220 (235).
5 BVerfGE 45, 142 (179) – Forderungen; 81, 208 (219) – Schutzrecht des ausübenden Künstlers; 83, 201 (208 f.) – Vorkaufsrecht; 89, 1 (9 ff.) – Besitzrecht des Mieters.
6 BVerfGE 45, 272 (296); 78, 205 (211).
7 BVerfGE 79, 292 (303); 102, 1 (15); 104, 1 (8); *Prütting* SachenR Rn. 307.
8 BVerfGE 24, 367 (389); 42, 263 (294); 100, 226 (241); 102, 1 (15); 104, 1 (8).
9 Grabitz/Hilf/Nettesheim/*Schorkopf* EUV Art. 6 Rn. 9.

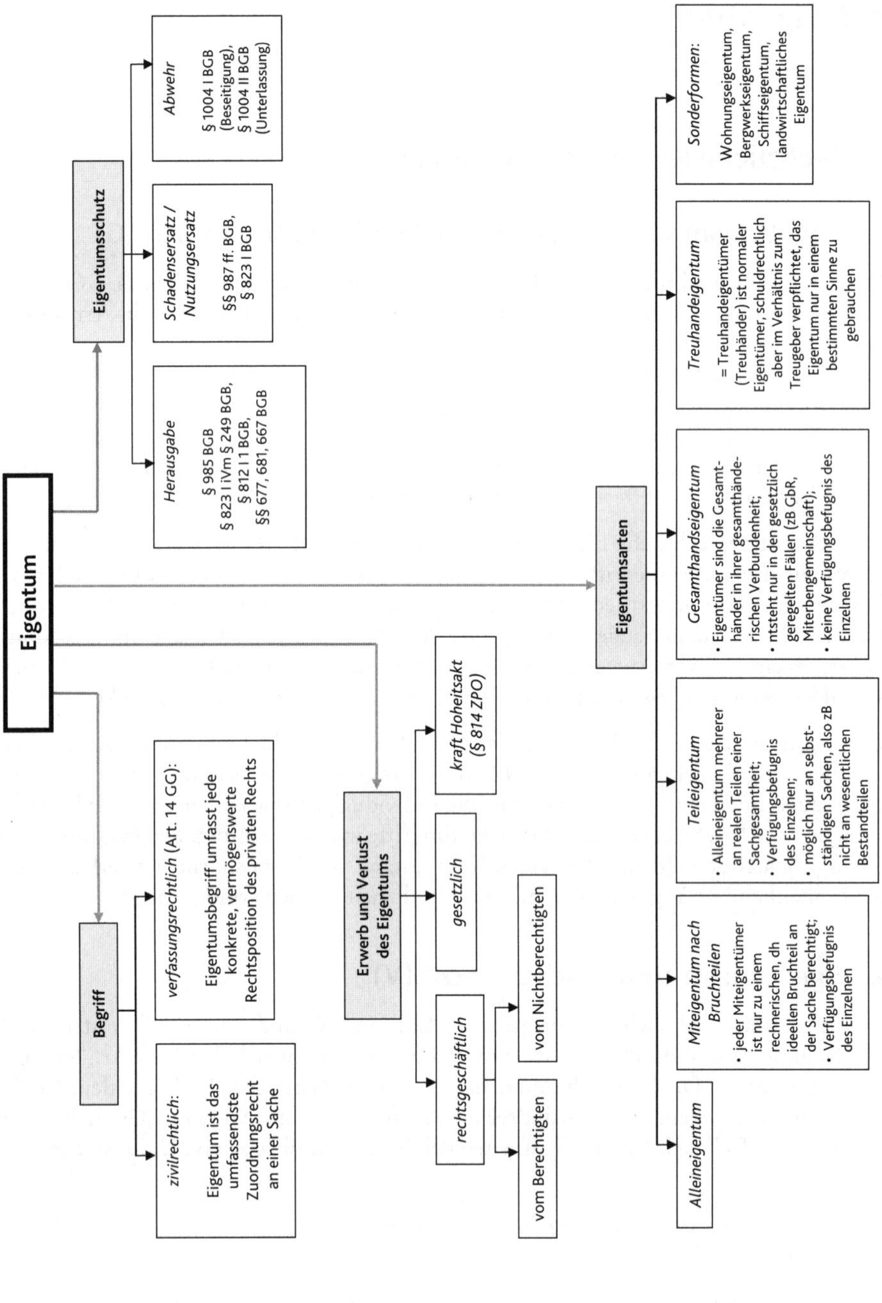
Eigentum
Eigentumsschutz
Herausgabe
§ 985 BGB
§ 823 I iVm § 249 BGB,
§ 812 I 1 BGB,
§§ 677, 681, 667 BGB
Schadensersatz / Nutzungsersatz
§§ 987 ff. BGB,
§ 823 I BGB
Abwehr
§ 1004 I BGB (Beseitigung),
§ 1004 II BGB (Unterlassung)
Begriff
zivilrechtlich:
Eigentum ist das umfassendste Zuordnungsrecht an einer Sache
verfassungsrechtlich (Art. 14 GG):
Eigentumsbegriff umfasst jede konkrete, vermögenswerte Rechtsposition des privaten Rechts
Erwerb und Verlust des Eigentums
rechtsgeschäftlich
vom Berechtigten
vom Nichtberechtigten
gesetzlich
kraft Hoheitsakt (§ 814 ZPO)
Eigentumsarten
Alleineigentum
Miteigentum nach Bruchteilen
• jeder Miteigentümer ist nur zu einem rechnerischen, dh ideellen Bruchteil an der Sache berechtigt;
• Verfügungsbefugnis des Einzelnen
Teileigentum
• Alleineigentum mehrerer an realen Teilen einer Sachgesamtheit;
• Verfügungsbefugnis des Einzelnen;
• möglich nur an selbstständigen Sachen, also zB nicht an wesentlichen Bestandteilen
Gesamthandseigentum
• Eigentümer sind die Gesamthänder in ihrer gesamthänderischen Verbundenheit;
• ntsteht nur in den gesetzlich geregelten Fällen (zB GbR, Miterbengemeinschaft);
• keine Verfügungsbefugnis des Einzelnen
Treuhandeigentum
= Treuhandeigentümer (Treuhänder) ist normaler Eigentümer, schuldrechtlich aber im Verhältnis zum Treugeber verpflichtet, das Eigentum nur in einem bestimmten Sinne zu gebrauchen
Sonderformen:
Wohnungseigentum, Bergwerkseigentum, Schiffseigentum, landwirtschaftliches Eigentum

Der Eigentumsbegriff des Art. 17 EGC ist dabei im völkerrechtlichen Sinne weit auszulegen. Er umfasst neben dem herkömmlichen Sacheigentum auch wohlerworbene vermögenswerte Rechte und öffentlich-rechtliche Ansprüche, die auf eigenen Leistungen beruhen, nicht jedoch bloße Erwerbschancen.[10] Über Art. 6 III EUV gelten daneben über den Verweis auf die EMRK und die Verfassungsüberlieferungen der Mitgliedstaaten die vom EuGH bisher entwickelten Grundsätze weiter.

Insgesamt gesehen wird daher das Eigentum ähnlich wie durch bundesdeutsches Verfassungsrecht geschützt.

Die einfachgesetzliche Handhabung des Eigentumsbegriffs erfolgt in den Mitgliedstaaten der Europäischen Union auf unterschiedliche Weise. So bestehen teils erhebliche Unterschiede im Hinblick auf den Regelungsgegenstand und die Regelungstiefe:[11] Den Kodifikationen, die Eigentumsdefinitionen enthalten,[12] stehen solche gegenüber, die – in Übereinstimmung mit dem deutschen BGB – lediglich die Eigentümerbefugnisse definieren.[13] Schließlich wird zT gänzlich von entsprechenden Definitionen abgesehen.[14]

Der von der Kommission veranlasste europäische Regelungsvorschlag bezüglich des Mobiliarsachenrechts [sog. Draft Common Frame of Reference – Outline Edition (DCFR)] wurde 2008 veröffentlicht. Dieser Entwurf sieht einen dem deutschen Recht stark angenäherten Eigentumsbegriff vor.[15]

II. Eigentum im privatrechtlichen Sinn

1. Begriff, Gegenstand und Funktion

a) Privatrechtlicher Eigentumsbegriff (§ 903 BGB) (G)

Das Eigentum im zivilrechtlichen Sinn ist das *umfassendste Herrschaftsrecht* der Person 3
über eine Sache, das die Rechtsordnung zulässt.[16] Im Unterschied zum Besitz beschränkt es sich nicht auf die tatsächliche Beziehung zu einer Sache. Im Gegensatz zu den beschränkt dinglichen Rechten umfasst es alle Teilbefugnisse zu tatsächlichen wie rechtlichen Herrschaftshandlungen, insbesondere sämtliche Nutzungs- und Verwendungsmöglichkeiten der Sache, allerdings unter dem Vorbehalt, dass weder Gesetz noch Rechte Dritter entgegenstehen. Das Eigentum im zivilrechtlichen Sinne ist in den §§ 903 ff. BGB detailliert geregelt. Es wirkt als absolutes Recht gegen jedermann.[17]

Für die zivilrechtliche Ausgestaltung des Eigentums sind insbesondere die räumlichen Grenzen der Eigentumsausübung (§ 905 BGB), das Nachbarrecht (§§ 906 ff. BGB), die

10 Meyer/*Bernsdorff* Art. 17 Rn. 15.

11 Nach *v. Bar*, FS E. Lorenz, 2014, 741 (750) gibt dieser Umstand und die Unverzichtbarkeit des Sachenrechts Eigentum Europa »Anlass zu versuchen, sich über Eigentum neu zu verständigen«.

12 ZB Art. 544 franz., belg., luxemb. CC und Art. 248 S. 1 span. CC.

13 Vgl. Art. 1000 griech. ZGB, Art. 832 ital. CC und Art. 1305 port. CC.

14 Dies gilt sowohl für die schwedische als auch die englische Kodifizierung, vgl. *v. Bar*, FS E. Lorenz, 2014, 741 (747 f.).

15 *Stadler* JZ 2010, 380 ff.

16 So ausdrücklich *Wolff/Raiser* SachenR § 51 II; ebenso *Baur/Stürner* SachenR § 24 Rn. 5; *Prütting* SachenR Rn. 306; *Wolf/Wellenhofer* SachenR § 1 Rn. 6.

17 MüKoBGB/*Säcker* § 903 Rn. 4; *Wolf/Wellenhofer* SachenR § 1 Rn. 4.

Duldungspflicht im Notstand (§ 904 BGB), das Schikaneverbot (§ 226 BGB) sowie der Grundsatz von Treu und Glauben (§ 242 BGB – Lehre vom nachbarschaftlichen Gemeinschaftsverhältnis[18]) zu berücksichtigen. Darüber hinaus werden die Grenzen des Eigentums auch durch öffentlich-rechtliche Vorschriften wie beispielsweise die des Bau- und Bauordnungsrechts, des Umweltschutzrechts sowie des Jagdrechts[19] konkretisiert.

Bei den die Ausübung des Eigentums einschränkenden Rechten Dritter sind vor allem die beschränkt dinglichen Rechte von Bedeutung: Erbbaurecht und Dienstbarkeiten beschränken den Eigentümer in der Nutzung seines Grundstücks. Grundpfandrechte und Pfandrechte beschränken ihn in der Verwertung seiner Sachen. Dingliche Vorkaufs- und Anwartschaftsrechte sichern Erwerbsrechte Dritter.

b) Gegenstand des Eigentumsrechts (G)

4 Eigentum besteht an *Sachen*. Sachen sind körperliche, im Raum abgrenzbare Gegenstände (§ 90 BGB).[20]

Forderungen und Rechte haben keine Sachqualität. Man spricht nicht von Eigentum, sondern von Inhaberschaft. Eine Übertragung erfolgt nicht durch Übereignung, sondern mittels Abtretung (§§ 398 ff. BGB).

c) Funktion des Eigentums (G)

5 Die Funktion des Eigentums als umfassendem Herrschaftsrecht liegt in der Schaffung klarer Rechtsverhältnisse und der Erhaltung wirtschaftlicher Einheiten durch eine ganzheitliche Zuordnung der Sache. Dazu knüpft das Eigentum als Vollrecht an die ganze Sache, einschließlich deren wesentlicher Bestandteile (§§ 93, 94 BGB) an.[21] Zubehör (Definition: § 97 BGB), Scheinbestandteile (§ 95 BGB) sowie nicht wesentliche Bestandteile können hingegen Gegenstand besonderer dinglicher Rechte sein.

2. Befugnisse und Ansprüche des Eigentümers (G)

6 Dem Eigentümer stehen im Rahmen der §§ 903 ff. BGB und unter dem Vorbehalt der Rechte Dritter grundsätzlich[22] alle an der Sache möglichen tatsächlichen (zB Benutzung, Verbrauch) und rechtlichen (zB Belastung, Veräußerung) Herrschaftsbefugnisse zu.

Das Eigentum gewährt zum einen die positive Befugnis, mit der Sache nach Belieben zu verfahren (*Nutzungsfunktion*). Zu dieser Nutzungsfunktion gehören zB Übereignung, Eigentumsaufgabe, Belastung, Benutzung, Veränderung, Gebrauch und Vernichtung. Zum andern räumt das Eigentum dem Eigentümer die negative Befugnis ein, Einwirkungen Dritter auf die Sache nach Belieben auszuschließen (*Aus-*

18 Staudinger/*Seiler* (2002) § 903 Rn. 15; Palandt/*Bassenge* § 903 Rn. 13. Zu den Einzelheiten des nachbarrechtlichen Gemeinschaftsverhältnisses → § 9 Rn. 65 f.

19 Zum Jagdduldungszwang und zu der gegen die EMRK verstoßende Zwangsmitgliedschaft von Grundstückseigentümern in kommunalen Jagdverbänden vgl. EGMR NJW 2012, 3629; *Maierhöfer* NVwZ 2012, 1521. Zur dadurch erforderlich gewordenen Neufassung des BJagdG vgl. den Gesetzesentwurf der Bundesregierung BT-Drs. 17/12046.

20 Zum Sachbegriff iE → § 1 Rn. 12 f.

21 *Wolf/Wellenhofer* SachenR § 1 Rn. 22.

22 Ausnahme: fehlende Verfügungsbefugnis.

schlussfunktion).[23] Praktisch relevant ist das sog. Hausrecht des Grundstückseigentümers.[24]

Dem Schutz des Eigentums dienen die Ansprüche des Eigentümers, insbesondere gem. §§ 823 I, 985, 987 ff. und § 1004 I BGB, sowie seine Rechte aus §§ 906–911 BGB, das Aussonderungsrecht bei Insolvenz eines Dritten (§ 47 InsO) und die Möglichkeit der Drittwiderspruchsklage (§ 771 ZPO).

3. Eigentumsarten

a) Eigentumsarten – Differenzierungskriterien und Überblick (G)

Die Eigentumsarten lassen sich nach folgenden Kriterien voneinander unterscheiden: 7
Anzahl der Berechtigten, Art der Berechtigung mehrerer, schuldrechtliche Bindungen und Art des Gegenstands, auf den sich das Eigentum bezieht.

Im Einzelnen sind voneinander zu unterscheiden: Alleineigentum, Miteigentum nach Bruchteilen, Teileigentum, Gesamthandseigentum, Treuhandeigentum, Wohnungseigentum, Bergwerkseigentum, Schiffseigentum und landwirtschaftliches Eigentum.

b) Alleineigentum (G)

Ist nur eine Person als Eigentümer an der Sache berechtigt, spricht man von Alleinei- 8
gentum. Bei der Berechtigung mehrerer ist zwischen Miteigentum nach Bruchteilen, Teileigentum und Gesamthandseigentum zu unterscheiden.

c) Miteigentum nach Bruchteilen (G)

Beim Miteigentum nach Bruchteilen ist jeder Eigentümer nur zu einem ideellen, rech- 9
nerischen Bruchteil an der Sache berechtigt.[25] Dieser Teil ist das Eigentum im Rechtssinne.[26] Das Bruchteilseigentum entsteht durch Rechtsgeschäft oder kraft Gesetzes (§§ 947 I, 948, 963, 984 BGB). Es erschöpft sich nicht in der sachenrechtlichen Beziehung, sondern hat auch eine Beteiligung an einer Miteigentümergemeinschaft zum Inhalt, die wechselseitige Rechte und Pflichten begründet.[27] Dieses Gemeinschaftsverhältnis wird durch die §§ 741 ff., 1008 ff. BGB geregelt. Der Miteigentümer kann nicht über die Sache insgesamt, wohl aber über seinen ideellen Anteil frei verfügen (§ 747 S. 1 BGB).

Fallbeispiel: »Die Miteigentümer«[28]

d) Teileigentum (G)

Unter Teileigentum versteht man das Alleineigentum mehrerer an realen Teilen einer 10
Sachgesamtheit. Da das BGB grundsätzlich davon ausgeht, dass das Eigentum an

23 Staudinger/*Seiler* (2002) § 903 Rn. 9 ff.; *Prütting* SachenR Rn. 307 f.

24 Das auf dem Grundstückseigentum und -besitz beruhende Hausrecht ermöglicht seinem Inhaber die freie Entscheidung, wem und zu welchen Zwecken er den Zutritt gestattet; so zB BGH NJW 2006, 1054 (1054) mAnm *Röthel* LMK 2006, 177478. Im Hausrecht haben die sog. Fernseh- und Hörfunkrechte der Sportveranstalter ihre rechtliche Grundlage; vgl. BGH NJW 2006, 377 (379).

25 Palandt/*Bassenge* § 1008 Rn. 1; Staudinger/*Seiler* (2002) Vorbem zu §§ 903 ff. Rn. 12.

26 BGHZ 36, 368; MüKoBGB/*K. Schmidt* § 1008 Rn. 1.

27 BGHZ 115, 1 (7 ff.); BGH NJW 2007, 2254 (2255 f.) zur umstr. Frage, ob ein Verzicht auf einen Miteigentumsanteil erklärt werden kann.

28 *Vieweg/Röthel* Fälle SachenR Fall 30.

ganze Sachen anknüpft,[29] kann Teileigentum nur an sonderrechtsfähigen realen Sachteilen entstehen (zB nicht wesentliche Bestandteile nach §§ 93, 94 BGB; Zubehör nach § 97 BGB). Ist dies nicht möglich, so entsteht Miteigentum an der gesamten Sache, jedoch kein Teileigentum.[30]

e) Gesamthandseigentum (G)

11 Gesamthandseigentum kann nur mittelbar durch Rechtsgeschäft begründet werden. Es entsteht an Sachen, die zum Vermögen einer Gesamthandsgemeinschaft gehören. Diese sind gesetzlich *abschließend* aufgezählt:[31]

- Gesellschaft des bürgerlichen Rechts (§§ 719 I, 718 BGB) mit Ausnahme der BGB-Innengesellschaft;
- Personenhandelsgesellschaften (OHG und KG – § 105 II bzw. § 161 II HGB iVm §§ 719 I, 718 BGB);
- eheliche Gütergemeinschaft und fortgesetzte eheliche Gütergemeinschaft (§§ 1419 I, 1416, 1485 BGB);
- Miterbengemeinschaft (§§ 2033 II, 2032 BGB).

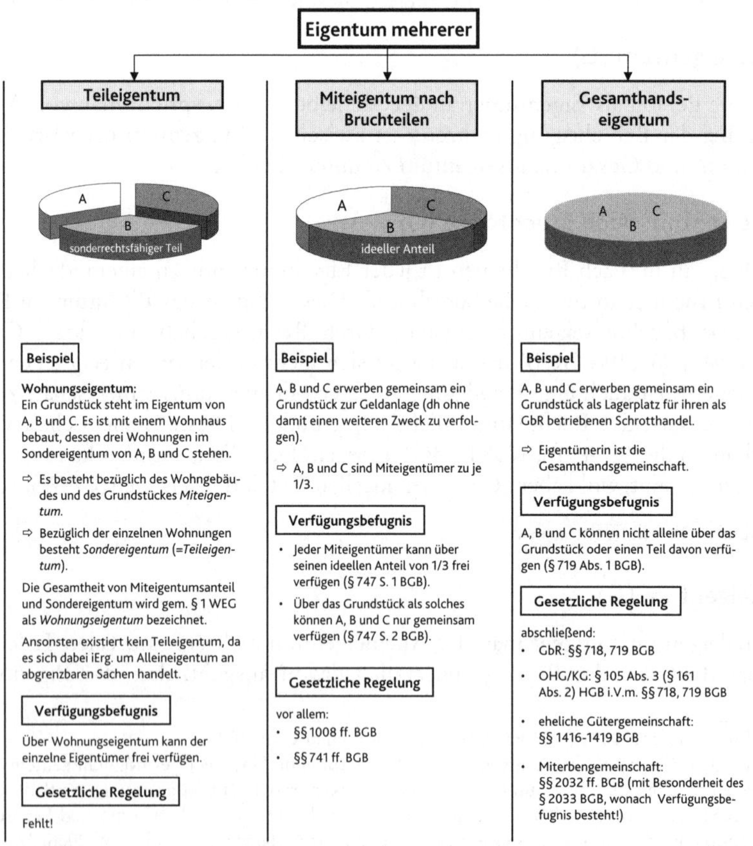

29 → § 3 Rn. 5.
30 BGH DB 1970, 584; MüKoBGB/*K. Schmidt* § 1008 Rn. 2.
31 Siehe nur *Westermann/Gursky/Eickmann* SachenR § 28 Rn. 2.

Der Zweck der Verbindung geht hier im Gegensatz zur Bruchteilsgemeinschaft über das bloße Haben und Halten einer Sache hinaus.

Eigentümer der Sache sind die einzelnen Mitglieder in ihrer gesamthänderischen Verbundenheit: Jedem Gesamthänder steht ein Anteil am gesamthänderisch gebundenen Vermögen insgesamt zu. Jedoch ist das Eigentum des Einzelnen durch das gleiche Recht der anderen Gesamthänder beschränkt. Der Einzelne kann daher mangels Verfügungsbefugnis nicht über die ganze Sache und auch nicht über einen Anteil an dieser verfügen (§§ 719 I, 1419 I, 1485 II, 2033 II BGB). Über die gesamte Sache können die Gesamthänder nur gemeinschaftlich verfügen.[32]

f) Treuhandeigentum (V)

Dem Treuhandeigentum – der Übertragung des Eigentums »zu treuen Händen« 12
(*fiduziarische Übereignung*) – liegt der Gedanke einer Aufspaltung zwischen rechtlichem und wirtschaftlichem Eigentum zugrunde.[33] Der Treuhänder wird juristisch Volleigentümer des Treuguts. Seine daraus folgende unbeschränkte Verfügungsmacht für das Außenverhältnis ist im Innenverhältnis zum Treugeber durch eine schuldrechtliche Treuhandvereinbarung beschränkt.[34] Zu unterscheiden sind eigennützige und uneigennützige Treuhand.

Bei der eigennützigen Treuhand (*Sicherungstreuhand*)[35] dient das Treugut primär den Interessen des Treuhänders. Er erlangt eine Sicherheit für offen stehende Forderungen. Die übereignete Sache, deren Volleigentümer er wird, soll der Treuhänder nach der Sicherungsabrede jedoch nur dann verwerten dürfen, wenn seine zu sichernde Forderung nicht getilgt wird (zB Sicherungsübereignung).

Bei der uneigennützigen Treuhand (*Verwaltungstreuhand*)[36] wird das Treuhandverhältnis ausschließlich im Interesse des Treugebers begründet. Der Treuhänder darf als juristischer Eigentümer das Treugut nur im Interesse des Treugebers als dem wirtschaftlichen Eigentümer nutzen (zB Inkassoabtretung, Investment-Fonds).

Eine gewisse dingliche Sonderstellung des Treuhandeigentums zeigt sich darin, dass die Gläubiger des Treuhänders nicht ohne Weiteres in das Treugut vollstrecken dürfen, obwohl der Treuhänder juristisch Eigentümer der Sache ist.[37] Dies wird ebenso in der Insolvenz des Treuhänders deutlich, in der ein Aussonderungs- bzw. Absonderungsrecht zugunsten des Treugebers zT gewohnheitsrechtlich anerkannt ist.[38]

Wegen der Aufspaltung in eine rechtliche und wirtschaftliche Eigentümerstellung ist problematisch, wer von beiden – der Treugeber oder der Treuhänder – Drittwiderspruchsklage gem. § 771 ZPO erheben kann. Entscheidend ist der Inhalt der Treu-

32 *Baur/Stürner* SachenR § 3 Rn. 27.

33 *Baur/Stürner* SachenR § 3 Rn. 34.

34 BGH NJW 1954, 190; Staudinger/*Seiler* (2002) Vorbem zu §§ 903 ff. Rn. 14; zur Anwendbarkeit von § 419 BGB vgl. BGH NJW 1993, 1851.

35 MüKoBGB/*Oechsler* Anh §§ 929–936 Rn. 40; Palandt/*Bassenge* § 903 Rn. 35; Beispiele: Sicherungsübereignung, -abtretung, -grundschuld.

36 Palandt/*Bassenge* § 903 Rn. 35.

37 *Brox/Walker* ZVR Rn. 1415 f.; *Wolf/Wellenhofer* SachenR § 2 Rn. 13, § 15 Rn. 39; zur Anwendbarkeit des § 771 ZPO vgl. Palandt/*Bassenge* § 903 Rn. 42.

38 Vgl. nur BGH NJW-RR 1993, 301 (301).

handabrede: So ist bei der uneigennützigen Treuhand der Treugeber widerspruchsberechtigt, da der Treuhänder das Recht nicht zu seinem Vorteil gebrauchen soll.[39] Dagegen wird bei der eigennützigen Treuhand überwiegend der Treuhänder als widerspruchsberechtigt angesehen. Hauptanwendungsfall ist die Zwangsvollstreckung in Sicherungsgut.[40]

g) Wohnungseigentum – Begriff und rechtliche Besonderheit (§§ 1 ff. WEG) (V)

13 Nach der gesetzlichen Definition des Wohnungseigentums[41] im WEG[42] ist Wohnungseigentum die Verbindung von Miteigentum an einem Grundstück und den gemeinschaftlichen Einrichtungen (§§ 1 II und V, 5 II WEG) mit dem Sonder(allein)eigentum an einer Wohnung auf dem Grundstück (§§ 1 II, 5 I WEG) als untrennbare Einheit.[43] Das Wohnungseigentum bildet eine wirtschaftlich sinnvolle und wohnungsmarktpolitisch erforderliche Ausnahme von dem Grundsatz, dass wesentliche Bestandteile nicht Gegenstand besonderer Rechte sein können (§§ 93, 94 BGB).[44]

SF ✓

Fallbeispiel: »Nachbars Gartenzwerge«[45]

h) Bergwerkseigentum (Z)

14 Bergwerkseigentum[46] ist das ausschließliche Recht, in einem bestimmten Feld die in der Bewilligung bezeichneten Bodenschätze aufzusuchen und zu gewinnen (§§ 9 I, 8 BBergG[47]). Es wird durch Verleihung begründet und steht rechtlich einem Grundstück gleich: Die Eintragung erfolgt auf einem gesonderten Blatt des Grundbuchs. Die Eigentumsübertragung erfordert Auflassung und Eintragung. Die dingliche Belastung setzt Einigung und Eintragung voraus. Das BBergG unterscheidet bergfreie (zB Kohle, Erdöl, Salz) und grundeigene (zB Kies, Sand, Quarz) Bodenschätze. Während bei bergfreien Bodenschätzen das Eigentum am Grundstück für deren Aufsuchen und Erwerb nicht von Bedeutung ist, stehen grundeigene Bodenschätze im Eigentum des Grundeigentümers (§ 3 II BBergG). Bergfrei, also dem Bergrecht unterstellt, sind praktisch alle wertvollen Bodenschätze (vgl. die Aufzählung in § 3 III BBergG). Das BBergG regelt unter anderem detailliert den Interessenausgleich zwischen Aufsuchendem und Grundeigentümer (§§ 39–41 BBergG).

39 BLAH/*Hartmann* § 771 Rn. 26; Zöller/*Herget* § 771 Rn. 14.

40 Eingehend: Zöller/*Herget* § 771 Rn. 14; differenzierend: *Brox/Walker* ZVR Rn. 1416 f.; siehe iE → § 12 Rn. 36–39.

41 Vgl. *Baur/Stürner* SachenR § 29 Rn. 5 ff.; *Prütting* SachenR Rn. 599 f.

42 Das WEG ist durch Gesetz v. 23.3.2007 erheblich novelliert worden. Vgl. zu den aktuellen Entwicklungen in der Rechtsprechung *Riecke/v. Rechenberg* MDR 2007, 128 ff.

43 Zur Rechtsnatur vgl. BGH 49, 250 (251 f.); ferner *Wilhelm* SachenR Rn. 2038 ff.; Bärmann/*Armbrüster* § 1 Rn. 13 ff. – Eine Art Vorläufer des Wohnungseigentums bildete das Stockwerkseigentum (vgl. Art. 182, 189 EGBGB).

44 Einen Überblick über die Probleme beim Wohnungseigentum liefert die Aufsatzreihe von *Armbrüster* JuS 2002, 141; ferner *Vieweg*, FS Ch. Link, 2003, 985 (993 ff.).

45 *Vieweg/Röthel* Fälle SachenR Fall 20.

46 Vgl. Staudinger/*Seiler* (2012) Einl zum SachenR Rn. 94; *Dapprich/Römermann*, Bundesberggesetz, 1983; *Schulte* NJW 1981, 88.

47 Bundesberggesetz v. 13.8.1980, BGBl. I 1310 mit späteren Änderungen.

i) Schiffseigentum (V)

Das Eigentum an einem im Schiffs- bzw. Seeschiffsregister eingetragenen Schiff wird rechtlich wie das Eigentum an einem Grundstück behandelt. Während die Übereignung eines im Schiffsregister eingetragenen Binnenschiffs Einigung und Eintragung (§ 3 I SchRG[48]) erfordert, bedarf die Übereignung eines in das Seeschiffsregister deklaratorisch eingetragenen Schiffs allerdings nur der Einigung (§ 2 I SchRG). Das Seeschiffsregister wird anschließend lediglich berichtigt. Die nicht eingetragenen Schiffe folgen den Regeln über bewegliche Sachen mit der Besonderheit, dass bei nicht eingetragenen Seeschiffen die Übertragung des Besitzes bei Einigung über den sofortigen Eigentumsübergang nicht erforderlich ist (vgl. § 929a und § 932a BGB). 15

j) Landwirtschaftliches Eigentum (Z)

Zur Sicherung der landwirtschaftlichen Produktionsgrundlagen (Verhinderung unwirtschaftlicher Verkleinerung oder Aufteilung landwirtschaftlicher Flächen) ist die Veräußerung und Verpachtung landwirtschaftlich genutzter Flächen gesetzlich beschränkt. Das Grundstücksverkehrsgesetz (GrdstVG)[49] bestimmt, dass die rechtsgeschäftliche Veräußerung eines land- oder forstwirtschaftlich genutzten Grundstücks sowie der entsprechende Verpflichtungsvertrag der Genehmigung der Landwirtschaftsbehörde bedarf. Dasselbe gilt unter anderem für die Veräußerung eines Miteigentumsanteils sowie eines Erbteils. 16

Nach §§ 13 ff. GrdstVG besteht für das zuständige Gericht (in der ersten Instanz das Amtsgericht als Landwirtschaftsgericht, vgl. §§ 1 f. LwVG[50]) die Möglichkeit, auf Antrag eines Miterben einen landwirtschaftlichen Betrieb, der einer durch gesetzliche Erbfolge entstandenen Erbengemeinschaft gehört, ungeteilt einem Miterben zuzuweisen, um den Hof in seiner Gesamtheit zu erhalten (Zuweisungsverfahren). Die übrigen Miterben haben anstelle ihres Erbanteils nur Anspruch auf Zahlung einer entsprechenden Abfindung in Geld. Der Gefahr der Zersplitterung gesunder landwirtschaftlicher Betriebe im Erbgang begegnet in einigen Bundesländern (Hamburg, Niedersachsen, Nordrhein-Westfalen und Schleswig-Holstein) das Anerbenrecht, geregelt in den Höfeordnungen[51].

48 Gesetz über Rechte an eingetragenen Schiffen und Schiffsbauwerken v. 15.11.1940, RGBl. I 1499 mit späteren Änderungen.

49 Grundstücksverkehrsgesetz v. 28.7.1961, BGBl. I 1091 mit späteren Änderungen.

50 Gesetz über das gerichtliche Verfahren in Landwirtschaftssachen v. 21.7.1953, BGBl. I 667 mit späteren Änderungen.

51 Nachweise bei Palandt/*Weidlich* EGBGB Art. 64 Rn. 2 f.

§ 4 Rechtsgeschäftlicher Erwerb beweglicher Sachen vom Berechtigten

I. Allgemeines

1. Arten und Systematik des Eigentumserwerbs an Sachen (G)

Eigentum an Sachen kann erworben werden 1

- durch Rechtsgeschäft:
  - bewegliche Sachen (§§ 929 ff. BGB);
  - unbewegliche Sachen (§§ 873, 925 BGB);
- kraft Gesetzes:
  - Verbindung, Vermischung, Verarbeitung (§§ 946 ff. BGB);
  - Trennung (§§ 953 ff. BGB);
  - Gesamtrechtsnachfolge (§§ 1485, 1922, 2139 BGB);
  - dingliche Surrogation (§§ 2019, 2111 BGB; vgl. zudem den mit Wirkung zum 1.9.2009 aufgehobenen § 1370 BGB[1]);
  - eheliche Gütergemeinschaft: mit Abschluss des Ehevertrags oder durch späteren Erwerb der Gegenstände (§ 1416 II BGB);
- durch Hoheitsakt kraft öffentlichen Rechts:
  - Ablieferung (vgl. §§ 815 I, 817 II ZPO) oder Zuschlag (§ 90 II ZVG) in der Zwangsvollstreckung;
  - Enteignung durch Verwaltungsakt.[2]

Während gesetzlicher und hoheitlicher Eigentumserwerb ohne Rücksicht auf den Willen des Eigentümers erfolgen, ist der Wille des Eigentümers beim rechtsgeschäftlichen Eigentumserwerb von zentraler Bedeutung.

Beim rechtsgeschäftlichen Eigentumserwerb ist nicht nur zwischen der Übereignung beweglicher und unbeweglicher Sachen zu unterscheiden (§§ 929 ff. BGB einerseits, §§ 873, 925 BGB andererseits). Eine weitere Differenzierung erfolgt nach der Verfügungsbefugnis des Veräußerers, dh der Berechtigung zur Übertragung des Eigentums. Danach entscheidet sich, ob ein Erwerb vom Berechtigten (§§ 929 ff., 873 ff. BGB) oder ein sog. Erwerb vom Nichtberechtigten[3] (§§ 932 ff., 892 ff. BGB) vorliegt. Mit dem Erwerb vom Nichtberechtigten ermöglicht das Gesetz – zum Schutz des Rechtsverkehrs – den Eigentumserwerb auch dann, wenn dem Veräußerer die Verfügungsbefugnis fehlt, der Erwerber aber an dessen Verfügungsbefugnis als Eigentümer geglaubt hat (Erwerb kraft guten Glaubens).

---

1 Zu den Motiven des Gesetzgebers vgl. BT-Drs. 16/10798, 19: »von Anfang an rechtspolitisch fragwürdig«.
2 Vgl. die Beispiele bei MüKoBGB/*Oechsler* § 929 Rn. 12 f.
3 Siehe § 5.

Rechtsgeschäftlicher Erwerb beweglicher Sachen vom Berechtigten – Voraussetzungen

Einigung

Rechtsnatur

dinglicher Vertrag ⇨ Vorschriften über Willenserklärungen anwendbar

Inhalt der Einigung

- »*Minimalkonsens*«;
- Bedingungen zulässig (zB bei Eigentumsvorbehalt, Kauf aus Warenautomaten, Selbstbedienungstanken etc; auch Bedingungszusammenhang Einigung/zugrunde liegendes Verpflichtungsgeschäft möglich);
- zu beachten ist Bestimmtheitsgrundsatz (va bei antizipierter Einigung ⇨ Bestimmtheit im Zeitpunkt der Vollendung des Rechtserwerbs)

Parteien

- *Stellvertretung* möglich ⇨ häufiges P: § 1357 I BGB;
- *dinglicher Vertrag zugunsten Dritter* zulässig? ⇨ nach wohl hM (–), da überflüssig, denn in Mitwirkung des Dritten bei Besitzverschaffung liegt zugleich konkludente Annahme

Wirksamkeitshindernisse

- *Übereignung an Minderjährigen*: nach hM ist dingliche Einigung lediglich rechtlich vorteilhaft (§ 107 BGB), da wegen fehlender Empfangszuständigkeit keine Erfüllungswirkung eintritt;
- *Sittenwidrigkeit* (§ 138 I BGB): eigentlich ist dingliche Einigung sittlich neutral, aber: soweit sittenwidriger Zweck (Erfüllung eines sittenwidrigen Kausalgeschäfts) verfolgt wird: sog. »Fehleridentität«

Übergabe § 929 S. 1 BGB *oder* Übergabesurrogat

Übergabe § 929 S. 1 BGB

dreistufige Prüfung:

1. Besitzverlust des Veräußerers

- Übertragung von unmittelbarem Besitz auf den Erwerber (§ 854 I BGB);
- Übertragung von unmittelbarem Besitz auf den Besitzdiener des Erwerbers (§ 855 BGB);
- Veranlassung des unmittelbaren Besitzers, dem Erwerber den Besitz zu vermitteln (§ 868 BGB);
- Anweisung an Geheißperson, die Sache zu übergeben

2. Besitzerwerb des Erwerbers

- Erlangung unmittelbaren Besitzes (§ 854 I BGB);
- Erlangung unmittelbaren Besitzes durch Besitzdiener (§ 855 BGB);
- Erlangung mittelbaren Besitzes (§ 868 BGB);
- Anweisung an Geheißperson, die Sache entgegenzunehmen

3. auf Veranlassung des Veräußerers

- Veräußerer muss Übergabe willentlich selbst vornehmen oder vornehmen lassen;
- Übergabewille muss sich auf Veräußerungsgeschäft beziehen

Übergabesurrogat

§ 929 S. 2 BGB

- sog. »brevi manu traditio«;
- bloße Einigung genügt, wenn der Erwerber schon im Besitz der Sache ist

oder

§ 930 BGB

- Übereignung durch Besitzkonstitut;
- insbes. bei Sicherungsübereignung, Eigentumsvorbehalt

oder

§ 931 BGB

- Übereignung durch Abtretung des Herausgabeanspruchs;
- greift, wenn Dritter im unmittelbaren Besitz der Sache ist und zur Herausgabe verpflichtet ist, oder wenn Sache besitzlos ist (dann nach hM Übereignung durch bloße Einigung)

Einigsein

- Einigung grundsätzlich bis zur Vollendung des Rechtserwerbs frei widerruflich;
- Voraussetzung des Widerrufs: nach hM muss Widerruf zugehen bzw. dem Vertragspartner erkennbar sein

Verfügungsberechtigung

Eigentümer ohne Verfügungsbeschränkung

(zB §§ 161, 1365, 1369 BGB, §§ 80, 81 InsO)

oder

Nichteigentümer mit Verfügungsermächtigung

- rechtsgeschäftlich (§ 185 BGB);
- gesetzlich (zB § 1242 BGB, § 80 I InsO)

2. Gesetzliche Regelung und praktische Bedeutung der §§ 929 ff. BGB (G)

2 Die rechtsgeschäftliche Eigentumsübertragung beweglicher Sachen durch den Berechtigten ist in den §§ 929 ff. BGB geregelt.[4] Diese Normen dienen dem Austausch von Waren und damit der Erfüllung von Verbindlichkeiten, die auf Eigentumsübertragung gerichtet sind (insbesondere aus §§ 433 I 1, 651 S. 1 BGB). Darüber hinaus ist die Übereignung nach §§ 929 ff. BGB die geläufigste Form der Neuzuordnung einer Sache zu einer anderen Vermögensmasse, wie zB bei der Eigentumsübertragung zur Kreditsicherung oder zu fiduziarischen Zwecken (Treuhandeigentum).[5]

3. Rechtsnatur der Übereignung (G)

3 Die Übereignung ist ein privatrechtliches Rechtsgeschäft, das zweierlei verlangt: eine rechtsgeschäftliche Einigung (sog. *dingliche Einigung*) und einen Realakt (*Übergabe*).[6]

Die Übereignung begründet keine Verpflichtungen oder Ansprüche der Parteien. Vielmehr führt sie unmittelbar zum Erwerb bzw. Verlust von Eigentum. Sie – genauer: die Erklärung dessen, der sein Recht überträgt[7] – ist damit eine Verfügung, der idR ein schuldrechtliches Verpflichtungsgeschäft zugrundeliegt. Dieses bildet die »causa« des Verfügungsgeschäfts, dh den Rechtsgrund dafür, die Sache behalten zu dürfen. Fehlt ein Rechtsgrund, ist die Verfügung nach Bereicherungsrecht rückabzuwickeln (§§ 812 ff. BGB).

4. Verpflichtungs- und Verfügungsgeschäft als Geschäftseinheit (§ 139 BGB)? (V)

4 Tragende Prinzipien des Sachenrechts sind das Trennungs- und das Abstraktionsprinzip, dh Verpflichtungs- und Verfügungsgeschäft sind strikt voneinander zu trennen und in ihrer Wirksamkeit unabhängig voneinander zu beurteilen.[8] Fraglich ist, ob diese Trennung aufgrund der Vertragsfreiheit kraft Parteivereinbarung aufgehoben werden kann, indem die Parteien beide Rechtsgeschäfte zu einer Geschäftseinheit iSv § 139 BGB erklären.

MS

Für die Beurteilung der Zulässigkeit einer Verbindung von Verpflichtungs- und Verfügungsgeschäft ist ausschlaggebend, welcher Rang dem Abstraktionsprinzip im Verhältnis zur Vertragsfreiheit eingeräumt wird:

Teilweise[9] wird dem Parteiwillen der Vorrang gegenüber dem Abstraktionsprinzip eingeräumt. Der Wille der Parteien könne beide Geschäfte wirksam zu einer Einheit iSd § 139 BGB verklammern.

4 Zu aktuellen Entwicklungen auf europäischer Ebene (insbes. dem »Common Frame of Reference«) vgl. *Baur/Stürner* SachenR § 64 Rn. 146.

5 Staudinger/W. *Wiegand* (2011) Vorbem zu §§ 929–931. Rn. 1, 2; → § 12 Rn. 6.

6 Staudinger/W. *Wiegand* (2011) § 929 Rn. 1.

7 *Medicus/Petersen* BürgerlR Rn. 25: »nicht der Erwerb«; *Haedicke* JuS 2001, 966 (967).

8 → § 1 Rn. 10.

9 StRspr.: BGHZ 31, 321 (323); BGH NJW 1952, 60; NJW 1967, 1128 (1130); BAG NJW 1967, 751; Palandt/*Ellenberger* § 139 Rn. 7; *Medicus* BGB AT Rn. 241; *Eisenhardt* JZ 1991, 271.

Die Gegenauffassung[10] betont hingegen das Abstraktionsprinzip als wesentliches Strukturmerkmal des deutschen Privatrechts. Die Zusammenfassung beider Geschäfte verstoße gegen das Abstraktionsprinzip und sei mit der deutschen Rechtsordnung nicht zu vereinbaren. Allerdings sollen auch nach dieser Auffassung – nicht zuletzt aus praktischen Erwägungen[11] – Bedingungen und Befristungen im Verhältnis beider Rechtsgeschäfte zulässig sein. Ein Bedürfnis nach einer »Verbindung« soll zB dann bestehen, wenn die Vertragsparteien Zweifel an der Wirksamkeit des Verpflichtungsgeschäfts haben.[12]

II. Voraussetzungen des rechtsgeschäftlichen Eigentumserwerbs gem. §§ 929 ff. BGB

1. Grundtatbestand (§ 929 S. 1 BGB) – Überblick über die Erwerbsvoraussetzungen und maßgeblicher Zeitpunkt für deren Vorliegen (G)

5 Der Grundtatbestand der Übereignung beweglicher Sachen (§ 929 S. 1 BGB) *setzt voraus*:

- rechtsgeschäftliche Einigung über den Übergang des Eigentums;
- Übergabe der Sache (Publizitäts- und Traditionsprinzip);
- Einigsein der Beteiligten über den Eigentumsübergang im Zeitpunkt der Übergabe (Bedeutung erlangt dieses Erfordernis bei sog. »gestreckten« Erwerbstatbeständen);
- Verfügungsbefugnis des Veräußerers.

Die tatbestandlichen Voraussetzungen müssen bei Vollendung des Rechtserwerbs vorliegen; das ist der Eintritt der letzten Erwerbsvoraussetzung. Die letzte Erwerbsvoraussetzung ist regelmäßig die Übergabe. Ein Erwerb vom Berechtigten entfällt deshalb vor allem dann, wenn die Verfügungsbefugnis zwischen Einigung und Übergabe wegfällt (keine analoge Anwendung des § 878 BGB).

2. Einigung (§ 929 S. 1 BGB)

a) Rechtsnatur der Einigung (G)

6 Das Gesetz spricht in § 929 S. 1 BGB von »einig sind«, fordert also für den Eigentumsübergang zwei sich inhaltlich entsprechende, aufeinander bezogene Willenserklärungen. Diese Einigung ist nach überwiegender Ansicht ein *dinglicher Vertrag*, nicht ein schuldrechtlicher Vertrag iSd § 311 BGB.[13] Die Einigungserklärungen werden in der Praxis zumeist nicht explizit, sondern lediglich konkludent bei Abschluss des Verpflichtungsgeschäfts miterklärt.

10 Staudinger/*Roth* (2010) § 139 Rn. 54; *Wolf/Neuner* BGB AT § 29 Rn. 76.
11 Vgl. *Larenz/Wolf* BGB AT, 9. Aufl. 2004, § 23 Rn. 81.
12 → § 4 Rn. 17.
13 Vgl. MüKoBGB/*Oechsler* § 929 Rn. 22; Soergel/*Henssler* § 929 Rn. 1; Staudinger/*W. Wiegand* (2011) § 929 Rn. 1, 8; Staudinger/*Seiler* Eckpfeiler U Rn. 25.

Für die Einigung gelten die *allgemeinen Regeln über Rechtsgeschäfte*,[14] insbesondere müssen die allgemeinen Wirksamkeitsanforderungen an Willenserklärungen beachtet werden, wie Angebot und Annahme (§§ 145 ff. BGB), Zugang (§§ 130 ff. BGB), Freiheit von Willensmängeln (§§ 116 ff. BGB) und ordnungsgemäße Stellvertretung (§§ 164 ff. BGB). Auch rechtshindernde Einwendungen sind zu berücksichtigen, zB mangelnde Geschäftsfähigkeit der Parteien (§§ 104 ff. BGB), Mängel der Form (§ 125 BGB), Verstöße gegen Verbotsgesetze (§ 134 BGB), die Sittenwidrigkeit der Einigung (§ 138 BGB) und die Anfechtung (§ 142 BGB). Vertragsbedingungen können in Allgemeinen Geschäftsbedingungen niedergelegt sein. Sie unterliegen dann der AGB-Kontrolle (§§ 305 ff. BGB).

b) Notwendiger Inhalt der Einigung (G)

Die Einigung ist auf die Übertragung des Eigentums gerichtet. Sie muss sich – aus 7
Gründen der Rechtssicherheit – auf eine konkrete Sache und einen bestimmten Erwerber beziehen.[15] Der Inhalt der Einigung ist durch Auslegung zu ermitteln (§§ 133, 157 BGB).[16] Er muss so bestimmt sein, dass ein mit den Vereinbarungen vertrauter Dritter allein anhand des Inhalts der Einigung im Zeitpunkt des Eigentumsübergangs[17] die zu übereignende Sache ohne Schwierigkeiten von anderen unterscheiden kann (Bestimmtheitsgrundsatz).[18] Die bloße Bestimmbarkeit von Sache und Erwerber genügt nicht.[19] Eine Ausnahme davon gilt nur beim »Geschäft für den, den es angeht«.[20]

Beispiel: In Selbstbedienungsläden liegt das Angebot zum Eigentumsübergang nicht schon im Auslegen der Ware (mangels Rechtsbindungswillens des Ladeninhabers lediglich invitatio ad offerendum), sondern erst in der Vorlage der Ware durch den Kaufwilligen an der Kasse (konkrete Sache und bestimmter Erwerber bzw. Erwerb für den, den es angeht). Mit Feststellung des Rechnungsbetrags durch den Kassierer wird das Angebot angenommen.[21]

Das Bestimmtheitserfordernis wird vor allem bedeutsam, wenn eine Übergabe von Hand zu Hand nicht stattfindet, zB bei der Übereignung von Warenlagern mit wechselndem Bestand.[22] Die Gesamtübertragung mehrerer Gegenstände macht konstruktiv deshalb Probleme, weil nach der Konzeption des BGB nur Rechte an einzelnen Sachen begründet und übertragen werden können.[23] Zu der Frage, ob die Bestimmtheitsanforderungen eingehalten worden sind, besteht eine umfangreiche Kasuistik. So genügt eine dingliche Einigung dann den Bestimmtheitsanforderungen, wenn sie sich auf alle Waren einer bestimmten Gattung bezieht, die sich zu einer festgelegten Zeit in einem genau bestimmten Raum befinden (sog. *Raumsicherungsklausel*).[24] Ebenso reicht die Individualisierung durch Markierung der zu übereig-

14 MüKoBGB/*Oechsler* § 929 Rn. 23, 33 ff.; Staudinger/*Seiler* Eckpfeiler U Rn. 25.
15 MüKoBGB/*Oechsler* § 929 Rn. 6.
16 MüKoBGB/*Oechsler* § 929 Rn. 27 f.
17 MüKoBGB/*Oechsler* § 929 Rn. 51.
18 BGH NJW 1992, 1161; NJW 1994, 133 mwN; MüKoBGB/*Oechsler* § 929 Rn. 6, 25; Anh §§ 929–936 Rn. 5 ff.
19 Soergel/*Henssler* § 929 Rn. 28.
20 → § 4 Rn. 9.
21 Jauernig/*Mansel* § 145 Rn. 3; aA Palandt/*Ellenberger* § 145 Rn. 8.
22 Staudinger/*W. Wiegand* (2011) § 929 Rn. 12.
23 Staudinger/*W. Wiegand* (2011) Anh zu §§ 929 ff. Rn. 95; → § 1 Rn. 7.
24 Seit RGZ 132, 183 stRspr.; BGH NJW 1992, 1161; *Wolf/Wellenhofer* SachenR § 7 Rn. 36.

nenden Sachen in verabredeter Weise aus (sog. *Markierungsvertrag*).[25] Nicht bestimmt genug ist hingegen die bloße anteils- oder wertmäßige Bezeichnung.[26]

c) Antizipierte Einigung (G)

8 Der zeitliche Ablauf des Übereignungsvorgangs ist gesetzlich nicht vorgegeben.[27] Im Normalfall ist von der Gleichzeitigkeit von Einigung und Übergabe auszugehen. Die Einigung kann aber auch vor der Übergabe der Sache erfolgen und zeitlich mit dem schuldrechtlichen Kausalgeschäft zusammenfallen.[28]

Die vorweggenommene, dh der Übergabe vorausgehende Einigung wird als »antizipierte Einigung« bezeichnet.[29] Sie kann sich auch auf Sachen beziehen, die der Veräußerer erst noch erwerben muss. Bei der »antizipierten Einigung« über noch zu erwerbende oder herzustellende Sachen reicht es aus, wenn die Sache erst bei der Übergabe konkretisiert wird.[30]

Die »antizipierte Einigung« hat Auswirkungen auf das weitere Erfordernis des »Einigseins«, demzufolge die Einigung bis zum Abschluss des Erwerbsvorgangs – der Übergabe – fortbestehen muss. Daneben wirft sie die Frage auf, ob die Parteien an die erklärte Einigung gebunden sind, bevor die Übergabe erfolgt.[31]

d) Stellvertretung und Übereignung an den, den es angeht (G)

9 Die dingliche Einigung kann durch rechtsgeschäftliche Stellvertreter erfolgen (§§ 164 ff. BGB); desgleichen gelten die Grundsätze der Anscheins- und Duldungsvollmacht.[32]

Auch die Grundsätze des »Geschäfts für den, den es angeht« sind bei dinglichen Rechtsgeschäften anwendbar.[33] Das »Geschäft für den, den es angeht« ist ein Fall der verdeckten Stellvertretung, dh eine *Ausnahme vom Offenkundigkeitsprinzip*. Es ermöglicht den unmittelbaren Rechtserwerb zwischen Veräußerer und abwesendem Erwerber durch Einschaltung eines Dritten (Stellvertreter), der die erforderlichen Willenserklärungen im eigenen Namen abgibt bzw. annimmt. Voraussetzung des »Geschäfts für den, den es angeht« ist das mangelnde Interesse des Veräußerers an der Person seines Vertragspartners. Ist ihm gleichgültig, wem er sein Eigentum überträgt, ist seine dingliche Einigungserklärung »ad incertam personam« gerichtet. Davon kann idR (Auslegung, §§ 133, 157 BGB) nur bei den *Bargeschäften des täglichen Lebens* ausgegangen werden.[34] Mit Übergabe der Sache[35] erwirbt der Erwerber unmittelbar Eigentum (Direkterwerb). Der Stellvertreter erwirbt dagegen zu keiner Zeit

25 BGH NJW 1991, 2144 (2146); NJW 1992, 1161 (1162); *Wolf/Wellenhofer* SachenR § 7 Rn. 36.
26 → § 12 Rn. 8.
27 Staudinger/*W. Wiegand* (2011) § 929 Rn. 72.
28 Vgl. MüKoBGB/*Oechsler* § 929 Rn. 27.
29 Staudinger/*W. Wiegand* (2011) § 929 Rn. 80.
30 → § 4 Rn. 44.
31 Vgl. zur Bindungswirkung der Einigung → § 4 Rn. 54 f.
32 MüKoBGB/*Quack*, 4. Aufl. 2004, § 929 Rn. 64.
33 *Baur/Stürner* SachenR § 51 Rn. 43; *Westermann/Gursky/Eickmann* SachenR § 42 Rn. 14.
34 MüKoBGB/*Oechsler* § 929 Rn. 70, 73 unter Verweis auf § 930 Rn. 31; *Hübner* BGB AT § 46 Rn. 1183.
35 → § 4 Rn. 21 ff.

Eigentum an der Sache (kein Durchgangserwerb).[36] Seine Gläubiger haben daher im Falle seiner Insolvenz keine Möglichkeit, auf die unter Umständen sogar noch in seinem Besitz befindliche Sache zuzugreifen. Anders ist die Situation beim antizipierten Besitzkonstitut bzw. Insichkonstitut.[37]

Einen Unterfall bildet die dingliche Einigung mittels Insichgeschäfts. In dieser Konstellation agiert der Handelnde zum einen als Stellvertreter des Veräußerers bzw. des Erwerbers und steht zum anderen selbst auf der Gegenseite des dinglichen Rechtsgeschäfts. Die Zulässigkeit richtet sich nach § 181 BGB. Praktische Bedeutung erlangt diese Rechtsfigur insbesondere bei Kommissionsgeschäften[38] und allgemein dann, wenn aufgrund einer Vereinbarung der Handelnde zunächst Eigentum erwerben und dieses anschließend weiterübertragen will (Durchgangserwerb). In dieser Fallgestaltung ist eine Abgrenzung zur antizipierten Einigung[39] vorzunehmen: Ergibt die Auslegung, dass es dem Handelnden freistehen soll, die Sache an seinen Vertragspartner zu veräußern, vollzieht sich die dingliche Einigung im Wege des Selbstkontrahierens.[40] Die Zulässigkeit folgt idR aus § 181 Hs. 2 BGB, da durch die Übereignung die Pflichten aus dem zugrunde liegenden Auftrag (§§ 662, 667 BGB) erfüllt werden. Häufig wird das Selbstkontrahieren auch ausdrücklich gestattet sein (§ 181 Hs. 1 BGB).[41] Demgegenüber ist eine antizipierte Einigung dann anzunehmen, wenn eine dahingehende Entscheidungsfreiheit des Handelnden nicht gewollt ist. Die Einigungserklärungen müssen für Dritte wahrnehmbar in Erscheinung treten, wobei jede Art der Manifestation genügt.[42]

Fallbeispiel: »Die zerstörten Fliesen«[43]

e) Gesetzliche Verfügungsermächtigung durch Schlüsselgewalt (§ 1357 I 2 BGB) (V)

Eheleute dürfen Geschäfte zur Deckung des Lebensbedarfs im eigenen Namen mit 10
Wirkung für und gegen den anderen besorgen (sog. Schlüsselgewalt, § 1357 I BGB).

Nach herrschender Ansicht[44] entfaltet § 1357 I 2 BGB nur schuldrechtliche, nicht aber dingliche Wirkung (»berechtigt und verpflichtet«). Die Ehegatten erwerben bei Rechtsgeschäften nach § 1357 I 2 BGB also nicht automatisch Miteigentum (§§ 1008 ff. BGB). Der fortwährende gemeinsame Eigentumserwerb würde dem Grundsatz der Vermögenstrennung (§§ 1363 ff., insbesondere § 1363 II 1 Hs. 2 BGB)

36 *Westermann/Gursky/Eickmann* SachenR § 42 Rn. 14; *Baur/Stürner* SachenR § 51 Rn. 43.

37 → § 4 Rn. 43.

38 → § 4 Rn. 43.

39 → § 4 Rn. 8.

40 Dies betrifft insbes. Fälle, in denen sich der Handelnde noch nicht im Klaren ist, ob er die zu erwerbende Sache selbst behalten, an seinen Vertragspartner oder an einen Dritten veräußern möchte.

41 MüKoBGB/*Schramm* Vor § 164 Rn. 23.

42 Staudinger/*Schilken* (2014) § 929 Rn. 65; Bamberger/Roth/*Fritzsche* § 181 Rn. 43; MüKoBGB/*Schramm* § 181 Rn. 62.

43 *Vieweg/Röthel* Fälle SachenR Fall 7.

44 BGHZ 114, 74 (75 ff.); Palandt/*Brudermüller* § 1357 Rn. 20; *Gernhuber/Coester-Waltjen* FamR § 19 IV 9 Rn. 56; *Schwab* FamR Rn. 186; aA – Miteigentum als Bruchteilseigentum zu gleichen Teilen – *Büdenbender* FamRZ 1976, 662 (667 f.); *Holzhauer* JZ 1977, 729 (731); *Lüke* AcP 178 (1978), 1 (20).

im gesetzlichen Güterstand der Zugewinngemeinschaft widersprechen.[45] Der Eigentumserwerb vollzieht sich vielmehr nach allgemeinen Grundsätzen, dh es kommt auf den jeweiligen Erwerbswillen der Eheleute an.[46] Häufig wird aber bei derartigen Geschäften – insbesondere beim Erwerb von Haushaltsgegenständen – davon auszugehen sein, dass die Eheleute den Willen zum Erwerb gemeinschaftlichen Eigentums haben (§§ 133, 157 BGB).[47] Es liegt dann häufig ein »Geschäft für den, den es angeht«[48] vor.[49] Diese Auslegung wird durch die Wertung des § 1568b II BGB gestützt.[50]

f) Erwerb von Miteigentum (G)

11 Erwerben mehrere das Eigentum von einer Einzelperson zu Miteigentum, so muss die dingliche Einigung mit allen Erwerbern vollzogen werden und die Übergabe an alle zu Mitbesitz erfolgen. In der Einigung wird die Höhe der Miteigentumsanteile geregelt. Im Zweifel erfolgt die Übereignung an alle zu gleichen Teilen (§§ 1008, 742 BGB).[51]

g) Dinglicher Vertrag zugunsten Dritter (§§ 328 ff. BGB analog)? (V)

12 Neben der Stellvertretung wäre die Begründung dinglicher Rechte zugunsten unbeteiligter Dritter auch im Wege des Vertrags zugunsten Dritter denkbar (§§ 328 ff. BGB analog). Dieser im allgemeinen Schuldrecht anerkannten Rechtsfigur käme im Sachenrecht besondere Bedeutung bei der Begründung von Sicherungseigentum zugunsten Dritter[52] und der Zuwendung von Nutzungsrechten (zB dingliches Wohnrecht) oder Verwertungsrechten (zB Hypothek) zu.[53] Auch sind Fallgestaltungen denkbar, in denen der Dritte (Erwerber) nicht greifbar ist (zB bei längerem Auslandsaufenthalt) und keinen Stellvertreter bestellt hat.[54] Allerdings ist streitig, ob die §§ 328 ff. BGB hierauf analog anwendbar sind.

aa) Ablehnung der analogen Anwendbarkeit der §§ 328 ff. BGB auf dingliche Verträge

Die Rechtsprechung[55] und ein Teil der Literatur[56] lehnen einen Vertrag zugunsten Dritter mit dinglicher Wirkung ab, und zwar teils schlechthin unter Berufung auf Wortlaut und systematische Stellung der §§ 328 ff. BGB, teils unter Hinweis auf die

45 *Giesen*, Familienrecht, 2. Aufl. 1997, Rn. 228; *Gernhuber/Coester-Waltjen* FamR § 19 IV 9 Rn. 56; *Käppler* AcP 179 (1979), 256 (268 ff.).

46 BGHZ 114, 74 (79 f.); Staudinger/*Voppel* (2012) § 1357 Rn. 92.

47 Vgl. nur BGHZ 114, 74 (80); aA MüKoBGB/*Roth* § 1357 Rn. 42 f.

48 → § 4 Rn. 9.

49 Vgl. BGHZ 114, 74 (80); OLG Koblenz FamRZ 2002, 1513 (1514); krit. Staudinger/*Voppel* (2012) § 1357 Rn. 91 f.

50 Hk-BGB/*Kemper* § 1357 Rn. 13.

51 Vgl. Bamberger/Roth/*Fritzsche* § 1008 Rn. 7.

52 MüKoBGB/*Quack*, 4. Aufl. 2004, § 929 Rn. 90.

53 Vgl. MüKoBGB/*Gottwald* § 328 Rn. 260 ff.; Jauernig/*Stadler* § 328 Rn. 6; *Baur/Stürner* SachenR § 5 Rn. 28; *Esser/Schmidt* SchuldR AT II § 36 IV 1.

54 Vgl. Fallbeispiel bei *Esser/Schmidt* SchuldR AT II § 36 IV.

55 RGZ 66, 97 (99 f.); bestätigend: RGZ 98, 279 (282 f.); BGHZ 41, 95 (96); BGH JZ 1965, 361; NJW 1993, 2617.

56 Soergel/*Hadding* § 328 Rn. 116 ff.; PWW/*Medicus/Stürner* § 328 Rn. 8 f.; iE Staudinger/*W. Wiegand* (2011) § 929 Rn. 44; Jauernig/*Berger* § 873 Rn. 12; *Wolff/Raiser* SachenR § 38 II 3 mit Ausnahmen bei Leistungen aus dem Grundstück oder bei Übereignung des Grundstücks § 66 I 1 (Fn. 4).

gekünstelte Konstruktion und das fehlende praktische Bedürfnis. Auf die dingliche Einigung seien die Vorschriften des Allgemeinen Teils anwendbar, nicht aber die Vorschriften des allgemeinen Schuldrechts über Verträge. Um diese anwenden zu können, bedürfe es eines ausdrücklichen Verweises, zumal § 328 BGB eine abschließende Ausnahme vom sog. Vertragsprinzip darstelle.[57] Mangels Regelungslücke verbiete sich daher eine Analogie zu § 328 BGB. Zudem bestehe kein Bedürfnis für eine analoge Anwendung, da sich andere Wege finden ließen, die angesprochenen Fallgruppen zu lösen; auch verhelfe allein die Einigung zugunsten eines Dritten diesem noch lange nicht zum Eigentumserwerb. Hinzukommen müsse stets die Besitzverschaffung, an der der Dritte wiederum mitzuwirken habe.[58]

bb) Bejahung der analogen Anwendbarkeit der §§ 328 ff. BGB auf dingliche Verträge

Die überwiegend in der schuldrechtlichen Literatur vertretene Gegenauffassung[59] schließt die analoge Anwendbarkeit der §§ 328 ff. BGB auf dingliche Verträge nicht aus. Beim Hinweis auf Wortlaut und Systematik handele es sich nur um formale Argumente.[60] Allein die systematische Stellung im Schuldrecht schließe die Anwendbarkeit der §§ 328 ff. BGB auf Verfügungen nicht aus:[61] Zwar bezögen sich die §§ 328 ff. BGB als Regelungen des Schuldrechts auf Forderungen. Daraus folge aber nicht zwingend ihr Verpflichtungscharakter. Die Zuordnungsfunktion des § 328 BGB passe vielmehr auf alle Willensäußerungen, unabhängig davon, ob sie auf Erwerb eines Leistungsanspruchs oder auf eine Verfügung gerichtet seien. Die für die Analogie notwendige Vergleichbarkeit der Regelungen liege damit vor. Auch müsse der Dritte vor einem solchen Vertrag nicht geschützt werden, da ihm das Zurückweisungsrecht analog § 333 BGB zustehe.[62] Soweit sich die Verfügungen über Rechte mit diesem Zurückweisungsrecht vertrügen, weil sie nicht bedingungsfeindlich seien, bestünden bei Wahrung der sachenrechtlichen Publizität keine Bedenken gegen die Anwendbarkeit.

Allerdings ist auch nach dieser Auffassung erforderlich, dass der Dritte die Publizitätserfordernisse erfüllt, dh im Falle der Übereignung beweglicher Sachen an der Besitzverschaffung mitwirkt.[63]

57 RGZ 66, 97 (99 f.); Soergel/*Hadding* § 328 Rn. 116 ff.

58 Staudinger/*W. Wiegand* (2011) § 929 Rn. 44; *ders.*, FG BGH I, 2000, 763 f.; vgl. auch Bamberger/Roth/*Kindl* § 929 Rn. 10.

59 MüKoBGB/*Oechsler* § 929 Rn. 40; Staudinger/*Jagmann* (2009) Vorbem zu §§ 328 ff. Rn. 51 ff.; Erman/*Bayer* § 929 Rn. 12; NK-BGB/*Meller-Hannich* § 929 Rn. 39; *Baur/Stürner* SachenR § 5 Rn. 28; *Esser/Schmidt* SchuldR AT II § 36 IV; *Larenz* SchuldR I § 17 IV; *Westermann* SachenR I, 6. Aufl. 1990, § 3 II 4; *Wolf/Wellenhofer* SachenR § 6 Rn. 17; *Kaduk*, FS Larenz, 1983, 304 ff.

60 MüKoBGB/*Quack*, 4. Aufl. 2004, § 929 Rn. 90.

61 *Esser/Schmidt* SchuldR AT II § 36 IV.

62 NK-BGB/*Meller-Hannich* § 929 Rn. 39. Nach *Westermann/Gursky/Eickmann* SachenR § 2 Rn. 14 widerspricht die mit § 333 BGB verbundene Rechtsunsicherheit beim Vertrag zugunsten Dritter nicht den Grundsätzen des Sachenrechts, da Verfügungsgeschäfte grundsätzlich bedingungsfreundlich sind. Daraus folge jedoch, dass § 328 BGB bei bedingungsfeindlichen Geschäften – etwa die Auflassung gem. § 925 II BGB – nicht angewendet werden könne.

63 *Baur/Stürner* SachenR § 5 Rn. 28; *Westermann/Gursky/Eickmann* SachenR § 2 Rn. 14.

MS

h) Übereignung an Minderjährige (§ 107 BGB) (G)

Fallbeispiel: »Die Grundstücksschenkung«[64]

13 Stellt man allein auf die dingliche Rechtslage ab, so ist die dingliche Einigung, die die Übereignung einer Sache an[65] einen Minderjährigen zum Gegenstand hat, ein für diesen »lediglich rechtlich vorteilhaftes« Rechtsgeschäft iSd § 107 BGB. Der Eigentumserwerb des Minderjährigen ist daher für sich gesehen zustimmungsfrei (§ 107 BGB aE). Allerdings ist zu bedenken, dass mit dem Eigentumserwerb des Minderjährigen dessen schuldrechtlicher Übereignungsanspruch gem. § 362 BGB erlischt, sofern die Übereignung Erfüllungswirkung entfaltet.[66] Sieht man Übereignung und mögliche Erfüllung also im Zusammenhang, müsste wegen der nachteiligen Wirkung des Erlöschens des Leistungsanspruchs der »lediglich rechtliche Vorteil« iSd § 107 BGB verneint werden. Die Zustimmungsbedürftigkeit der dinglichen Einigung hängt damit ganz entscheidend davon ab, ob man sie anhand einer Einzelbetrachtung oder einer Gesamtschau beurteilt. Praktische Bedeutung erlangt die Frage vor allem, wenn der Minderjährige die Sache ohne Willen seiner Eltern direkt in Gebrauch nimmt, sie verliert oder wenn die Sache zerstört oder ihm gestohlen wird. Ein Sonderproblem ist die Schenkung von Immobilien durch Eltern an ihre Kinder (dazu bb)).

aa) Meinungsstand zur Wirksamkeit der Erfüllung

(1) Bewertung des dinglichen Geschäfts als rechtlich nachteilig

Zum Teil[67] wird vertreten, im Rahmen von § 107 BGB sollten Kausalgeschäft und dingliches Rechtsgeschäft als Einheit behandelt werden. Das Abstraktionsprinzip könne nicht immer gleichförmig Wirkung entfalten, sondern werde in Einzelbereichen von den schuldrechtlichen Beziehungen dann überlagert, wenn es sich um einen einheitlichen Lebensvorgang handele. Ein solcher einheitlicher Lebensvorgang sei zB bei der Übereignung anzunehmen, die zur Erfüllung des obligatorischen Anspruchs führe. Über eine rechtliche Gesamtschau könnte bereits die Übereignung als rechtlich nachteilig beurteilt werden, weil mit ihr die Forderung erlösche oder sich andere für den Minderjährigen nachteilige Folgen ergäben.

(2) Bewertung von dinglichem Geschäft und Erfüllung als rechtlich vorteilhaft

Zum Teil[68] wird demgegenüber eine (be)wertende Zusammenschau im Rahmen von § 107 BGB vorgenommen: Das dingliche Rechtsgeschäft sei für den Minderjährigen trotz Verlusts seines Erfüllungsanspruchs lediglich rechtlich vorteilhaft und zustimmungsfrei, weil der Leistungsempfang als wertvoller einzustufen sei als der Anspruchsverlust. Selbst die Erfüllung des Anspruchs sei damit lediglich rechtlich vorteilhaft und demgemäß durch den Minderjährigen selbstständig durchführbar, unabhängig davon, welche Voraussetzungen im Einzelnen an die Erfüllung gestellt würden. Die Vertreter dieser Ansicht nehmen im Hinblick auf den Minderjährigen

64 *Vieweg/Röthel* Fälle SachenR Fall 27.

65 Die Übereignung von Sachen des Minderjährigen ist für diesen rechtlich nachteilig und daher zustimmungspflichtig (§ 107 BGB). Zur Übereignung von Sachen Dritter durch den Minderjährigen → § 5 Rn. 12.

66 Staudinger/*Olzen* (2011) § 362 Rn. 37 ff.

67 ZB *H. Westermann* JZ 1955, 244.

68 *Hadding*, Studienkommentar, 1975, § 107 Rn. 1b aE; *Harder* JuS 1977, 149 (151 f.) mit weiteren Argumenten; vgl. dazu auch *Wacke* JuS 1978, 79 (84); *van Venrooy* BB 1980, 1017 (1017 ff.).

eine Wertung nach § 242 BGB vor; sie sprechen sich insgesamt gegen eine Überdehnung des Minderjährigenschutzes aus.

(3) Trennung in rechtlich vorteilhaftes dingliches Geschäft und rechtlich nachteilige Erfüllung

Die überwiegende Ansicht[69] betrachtet den Eigentumserwerb und die Erfüllung des schuldrechtlichen Anspruchs – dem Trennungsprinzip entsprechend – strikt getrennt. Für die dingliche Einigung sei irrelevant, ob der Erfüllungsanspruch erlösche oder nicht; überdies sei die Erfüllung nur mittelbare Folge der Übereignung. Die dingliche Einigung sei stets lediglich rechtlich vorteilhaft und bedürfe daher keiner Zustimmung.

Wann und unter welchen Voraussetzungen die Leistung an den minderjährigen Gläubiger oder dessen Vertreter Erfüllungswirkung zeitigt, wird wegen des engen Zusammenhangs zwischen der Erfüllungswirkung und der Zustimmungsbedürftigkeit auch aus schuldrechtlicher Sicht diskutiert:[70] Nach überwiegender Meinung wird der Minderjährige dadurch geschützt, dass ohne Mitwirkung der gesetzlichen Vertreter keine Erfüllungswirkung eintreten kann. Selbst wenn der Minderjährige Gläubiger sei, fehle ihm wegen seiner beschränkten Geschäftsfähigkeit die Befugnis zur Annahme der Leistung, die sog. Empfangszuständigkeit.[71] Diese entspreche der Verfügungsmacht[72] gem. §§ 1812, 1813, 362 II iVm § 185 BGB.[73] Die Empfangszuständigkeit fehle daher demjenigen, dem die Verfügungsmacht entzogen sei, und dem Geschäftsunfähigen. Der beschränkt geschäftsfähige Minderjährige bedürfe zur Annahme der Leistung der Zustimmung seines gesetzlichen Vertreters.[74] Diese könne auch konkludent erfolgen oder gem. § 242 BGB (venire contra factum proprium) als gegeben anzusehen sein, zB bei einer Weiterveräußerung durch den gesetzlichen Vertreter. Erfüllung trete bei fehlender Einwilligung daher erst ein, wenn der Leistungsgegenstand an den gesetzlichen Vertreter gelangt sei[75] bzw. dieser in die Annahme eingewilligt habe.[76]

---

69 MüKoBGB/*Oechsler* § 929 Rn. 32; Staudinger/*Olzen* (2011) § 362 Rn. 38 f.; Erman/*Müller* § 107 Rn. 6 ff.; Jauernig/*Mansel* § 107 Rn. 2; Palandt/*Ellenberger* § 107 Rn. 2, 4; *Hübner* BGB AT Rn. 709; *Wolf/Neuner* BGB AT § 29 Rn. 76; *Wacke* JuS 1978, 79 (83).

70 Herrschend ist die sog. *Theorie der realen Leistungsbewirkung*. Danach tritt Erfüllung bereits mit dem tatsächlichen Bewirken der Leistung ein, ohne dass weitere Voraussetzungen – insbes. subjektive Merkmale – erfüllt sein müssen. Die Leistung muss allein auf eine bestimmte Forderung bezogen sein. Anders die *Vertragstheorie* (auf Aufhebung des Schuldverhältnisses gerichteter Vertrag), die *Zweckvereinbarungstheorie* (vertragliche Willenseinigung), die *Theorie der finalen Leistungsbewirkung* (Zweckbestimmung des Leistenden als geschäftsähnliche Handlung oder einseitiges Rechtsgeschäft) und der Grundsatz von Treu und Glauben, § 242 BGB (Einzelfallbetrachtung: ausreichende Einsichtsfähigkeit des Minderjährigen). Vgl. die Zusammenstellungen mwN bei Palandt/*Grüneberg* § 362 Rn. 1; *Schreiber* Jura 1993, 666 (666 f.).

71 Der Begriff der sog. Empfangszuständigkeit beruht auf *Larenz* SchuldR I § 18 I.

72 → § 4 Rn. 56.

73 MüKoBGB/*Fetzer* § 362 Rn. 8, 12; Staudinger/*Olzen* (2011) § 362 Rn. 37; Palandt/*Grüneberg* § 362 Rn. 4.

74 MüKoBGB/*Fetzer* § 362 Rn. 12.

75 *Medicus/Petersen* BürgerlR Rn. 171.

76 Erman/*Müller* § 107 Rn. 9. Kommt es nicht zur Erfüllung, hat der Schuldner gegen den Minderjährigen einen Anspruch aus Leistungskondiktion (§ 812 I 1 Alt. 1 BGB), den er dem Erfüllungsanspruch des Minderjährigen entgegenhalten kann (§§ 387 ff., 273 BGB). Allerdings kann sich der Minderjährige seinerseits ggf. auf Wegfall der Bereicherung (§ 818 III BGB) berufen. § 819 BGB findet bei der Leistungskondiktion auf den nicht vertretenen Minderjährigen – aus Gründen des Minderjährigenschutzes – keine Anwendung; vgl. Palandt/*Sprau* § 819 Rn. 4; *Hübner* BGB AT Rn. 710; *Medicus/Petersen* BürgerlR Rn. 171; *Harder* JuS 1977, 149.

bb) Schenkung von Immobilien durch Eltern an ihre minderjährigen Kinder

KK ✓

Zusätzliche rechtliche Fragen treten auf, wenn minderjährige Kinder etwas von ihren Eltern geschenkt und übereignet bekommen sollen (praktisch relevant: Immobilien), insbesondere, um so eine Erbfolge vorwegzunehmen oder Steuern zu sparen. Es ist dann zu prüfen, ob die Annahme des schuldrechtlichen Schenkungsvertrags und das dingliche Geschäft (idR die Auflassung) von den Minderjährigen selbst wirksam erklärt werden können, oder sie dazu von einem zu bestellenden Pfleger vertreten werden müssen (§§ 1629 II, 1795 II, 1909 BGB; bei Schenkungen durch andere Verwandte uU wegen § 1795 I Nr. 1 BGB) und/oder dieser dazu die vormundschaftsgerichtliche Genehmigung einholen muss (§§ 1909, 1915 I bzw. § 1643 I je iVm § 1821 I Nr. 1, 4 BGB).[77] Eine Ausnahme von den sich hieraus ergebenden Vertretungsverboten und Genehmigungserfordernissen wird aber im Wege der teleologischen Reduktion angenommen, wenn das Geschäft für den Minderjährigen rein rechtlich vorteilhaft iSv § 107 BGB ist.[78]

Der BGH[79] hat hier zunächst eine Gesamtbetrachtung befürwortet: Bei streng formaler Betrachtung sei der Schenkungsvertrag zwar stets rechtlich vorteilhaft. Dies würde an sich dazu führen, dass das dingliche Vollzugsgeschäft wegen § 181 letzter Hs. BGB ungeachtet möglicher rechtlicher Nachteile und Interessenkonflikte von den Eltern als Vertreter für den Minderjährigen vorgenommen werden dürfte. Da dieses Ergebnis nicht mit dem Minderjährigenschutz vereinbar sei, dürfe man beide Geschäfte nicht getrennt voneinander betrachten; vielmehr sei die Übereignung (Auflassung) als nicht lediglich rechtlich vorteilhaft anzusehen. Auf diese Weise würde auch für Schenkungen der Eltern und Dritter das gleiche Ergebnis erzielt. Gegen diese Gesamtbetrachtungslehre wurde seitens der Literatur eingewandt, dass sie das Trennungs- und Abstraktionsprinzip missachte und das Ergebnis besser mittels teleologischer Reduktion des § 181 letzter Hs. BGB erzielt werden könne.[80] Auch der BGH hat sich inzwischen von der Gesamtbetrachtung distanziert.[81]

Bereits zuvor hatte der BGH klargestellt, dass die Gesamtbetrachtungslehre nur dort Anwendung finde, wo nicht schon das schuldrechtliche Geschäft aus sich heraus rechtlich nachteilig sei.[82] Bringe bereits das schuldrechtliche Geschäft nicht nur Vorteile für den Minderjährigen, so könne das dingliche Geschäft – entsprechend dem Abstraktionsprinzip – durchaus isoliert betrachtet und als rein rechtlich vorteilhaft angesehen werden. Die Gesamtbetrachtung sei nicht erforderlich, weil

77 Nach *Wilhelm* NJW 2006, 2353 ff. sind Grundstücksgeschäfte generell aus dem Anwendungsbereich des § 107 BGB auszunehmen. Die Bestellung eines Ergänzungspflegers sei daher unentbehrlich.

78 Statt aller Staudinger/*Veit* (2014) § 1795 Rn. 14 f.; Palandt/*Götz* § 1795 Rn. 13; Erman/*Saar* § 1795 Rn. 9; *Everts* ZEV 2005, 69 (70); *Stürner* AcP 173 (1973), 402 (442 ff.); BayObLGZ 1979, 49 (52); 1998, 139 (143).

79 BGHZ 78, 28 (33 ff.); BayObLGZ 1979, 49 (52); anders zuvor BGHZ 15, 168 (169 f.).

80 *Jauernig* JuS 1982, 576 (577); *Feller* DNotZ 1989, 66 (73 ff.); *Martinek* JuS 1993, L 19 (20 f.); *Ultsch* Jura 1998, 524 (528); nun *S. Lorenz* LMK 2005, 25 (26); *Röthel/Krackhardt* Jura 2006, 161 (164); *Müßig* JZ 2006, 150 (152); dies gilt auch für die Erfüllung gesetzlicher Ansprüche (insbes. aus Vermächtnissen), vgl. *Jänicke/Braun* NJW 2013, 2474 ff.

81 Vgl. zu § 1795 BGB BGHZ 162, 137 (143) = NJW 2005, 1430 (1431).

82 BGHZ 161, 170 (173 ff.) = NJW 2005, 415 (416 f.); zust. *S. Lorenz* LMK 2005, 25 (26). Umstritten war, ob darin eine dauerhafte Abkehr des BGH von der Gesamtbetrachtungslehre zu erblicken ist; vgl. *Wojcik* DNotZ 2005, 655 ff.; *Röthel/Krackhardt* Jura 2006, 161 (163 f.) jeweils mwN.

keine wirksame Verpflichtung bestehe, die nach § 181 letzter Hs. BGB zu erfüllen wäre.[83] Dem Minderjährigen drohten aus der Wirksamkeit des dinglichen Geschäfts auch keine Nachteile, weil er, solange das Grundgeschäft mangels Genehmigung nicht wirksam sei, nur auf Herausgabe des Eigentums nach Bereicherungsrecht hafte und sich daher auf Entreicherung (§ 818 III BGB) berufen könne.[84]

Rechtlich nachteilig iSd Rechtsprechung ist ein Geschäft, wenn der Minderjährige nicht nur mit der erworbenen Sache, sondern mit seinem gesamten Vermögen haftet, er also aus seinem Vermögen etwas aufgeben oder neue Belastungen auf sich nehmen muss, damit der Vertrag zustande kommt.[85] Dies ist insbesondere der Fall bei

- dem Erwerb von Wohnungseigentum, und zwar stets und unabhängig von der konkreten Ausgestaltung der Gemeinschaftsordnung oder des Verwaltervertrages, weil der Minderjährige kraft Gesetzes Mitglied der Eigentümergemeinschaft wird, er damit den gesetzlichen Bestimmungen über die Verwaltung des Gebäudes unterworfen wird (§§ 10 ff., 20 ff. WEG) und insbesondere gem. §§ 16 II, 10 VIII 1 Hs. 1 WEG persönlich haftet.[86]
- dem Erwerb des Eigentums an einem Grundstück, das mit einer Reallast belastet ist, ohne dass § 1108 BGB abbedungen ist,[87]
- dem Erwerb des Eigentums an einem Grundstück mit einem vermieteten Gebäude, weil der Erwerber gem. § 566 BGB in den Mietvertrag eintritt;[88] dies gilt auch dann, wenn sich der Veräußerer zunächst den Nießbrauch an dem Grundstück vorbehält,[89]

Fallbeispiel: »Die Grundstücksschenkung«[90]

- dem Abschluss eines schuldrechtlichen Übergabevertrags, wenn sich der Übergebende ein Rücktrittsrecht oder ein Rückforderungsrecht für bestimmte Fälle (Veräußerung oder Belastung ohne Zustimmung des Veräußerers; Vorversterben

83 So bereits *Jauernig* JuS 1982, 576 (577); *Ultsch* Jura 1998, 524 (527).

84 BGHZ 161, 170 (175 f.) = NJW 2005, 415 (416 f.); zust. *Everts* ZEV 2005, 69 (70).

85 Zu dieser Grundregel BGHZ 161, 170 (175) = NJW 2005, 415 (417); BGHZ 78, 28 (31); 162, 137 (140) = NJW 2005, 1430 (1430 f.); BayObLGZ 1967, 245 (247); 1979, 49 (53); OLG Dresden MittBayNot 1996, 288 (289 f.); OLG Köln NJW-RR 1998, 363; Rpfleger 2003, 570 (572); instruktiv *Lipp* Jura 2015, 477 (483 ff.).

86 BGHZ 78, 28 (31 ff.); BGH NJW 2010, 3643 (3643 f.); einer familiengerichtlichen Genehmigung gem. § 1822 Nr. 10 BGB bedarf es hingegen nur im Fall des Erwerbs von Bruchteilen des Wohnungseigentums, vgl. KG NZM 2011, 78 (78 f.); OLG München ZEV 2013, 202 (203); dazu *Röhl* MittBayNot 2013, 189 (192 ff.).

87 → § 16 Rn. 80.

88 BGHZ 162, 137 (140 f.) = NJW 2005, 1430 (1431); OLG Oldenburg NJW-RR 1988, 839; BayObLG NJW 2003, 1129; *Feller* DNotZ 1989, 66 (72 f.); *Preuß* JuS 2006, 305 (308); aA *Jerschke* DNotZ 1982, 459 (469 ff.).

89 BGHZ 162, 137 (141) = NJW 2005, 1430 (1431), da der Erwerber zumindest bei Beendigung des Nießbrauchs in die Mietverträge eintritt; ebenso OLG Karlsruhe OLGR Karlsruhe 2000, 259 f.; ferner BayObLG NJW 2003, 1129; DNotZ 2003, 711 (712), das weitergehend annimmt, der Erwerber werde zudem bereits bei der Übertragung für eine juristische Sekunde Vermieter; einer familiengerichtlichen Genehmigung gem. § 1822 Nr. 5 BGB bedarf es nach OLG Hamm NJW-RR 2014, 1350 (1351) hingegen nicht, da keine Vereinbarung über den Eintritt in das Mietverhältnis getroffen werde, dieser erfolge vielmehr kraft Gesetzes. AA OLG Celle MDR 2001, 931 (932); *Jerschke* DNotZ 1982, 459 (473 f.).

90 *Vieweg/Röthel* Fälle SachenR Fall 27.

des Empfängers) vorbehält, weil der Minderjährige wegen § 346 II–IV BGB möglicherweise auch Wertersatz und Schadensersatz schuldet,[91]
- einer Vereinbarung, dass der Anspruch auf Auseinandersetzung der Miteigentümergemeinschaft auf Dauer ausgeschlossen sein soll (§§ 749 II, 1010 BGB).[92]

Unerheblich ist dagegen
- die Belastung des erworbenen Grundstücks mit einem Nießbrauch,[93] jedenfalls dann, wenn der Nießbraucher abweichend von §§ 1041 S. 2, 1047 BGB auch die Kosten außergewöhnlicher Maßnahmen zu tragen hat,[94]
- die Belastung des erworbenen Grundstücks mit einer Grundschuld, da sich wegen §§ 1192 I, 1147 BGB die Haftung auf das Grundstück beschränkt,[95]
- die Belastung des erworbenen Grundstücks mit einem dinglichen Vorkaufsrecht,[96]
- die Eintragung einer Auflassungsvormerkung für den Fall eines vorbehaltenen Rücktritts vom Grundgeschäft,[97]
- die Begründung der Pflicht zur Zahlung öffentlicher Abgaben, da diese betragsmäßig so gering sind, dass sie aus den laufenden Grundstückserträgen gedeckt werden können und ihnen typischerweise nur ein ganz unerhebliches Gefährdungspotential für das Vermögen des Minderjährigen zukommt,[98]
- der kraft Gesetzes bestehende Vorbehalt der Rückforderung wegen Verarmung des Schenkers, weil die Rückerstattungspflicht gem. §§ 528 II, 818 III BGB auf das noch Vorhandene begrenzt ist.[99]

i) Formbedürftigkeit (G)

14 Die dingliche Einigung im Rahmen der Übereignung beweglicher Sachen ist kraft Gesetzes nicht formbedürftig. Sie kann also auch konkludent erklärt werden. Ein Formzwang darf auch rechtsgeschäftlich nicht vereinbart werden, da eine solche Vereinbarung gegen den Typenzwang des Sachenrechts verstieße und eine gesetzlich verbotene vertragliche Verfügungsbeschränkung enthielte (vgl. § 137 S. 1 BGB).[100]

---

91 Vgl. BGHZ 161, 170 (173) = NJW 2005, 415 (416); BayObLG FGPrax 2004, 123 (123 f.); OLG Köln NJW-RR 1998, 363; Rpfleger 2003, 570 (572); OLG Dresden MittBayNot 1996, 288 (290 f.).

92 OLG Köln Rpfleger 2003, 570 (571).

93 RGZ 148, 321 (324); BayObLGZ 1979, 49 (54 ff.).

94 BGHZ 161, 170 (177) = NJW 2005, 415 (417); OLG Köln NJW-RR 1998, 363; OLG München NJW-RR 2012, 137 (138); OLG Celle NJOZ 2014, 1100; → § 16 Rn. 52.

95 BGHZ 161, 170 (176 f.) = NJW 2005, 415 (417), der nicht auf etwaige Titulierungskosten eingehen musste; hierzu *Preuß* JuS 2006, 305 (308); BayObLGZ 1967, 245 (247); 1979, 49 (53).

96 BayObLGZ 1998, 139 (145).

97 BGHZ 161, 170 (177) = NJW 2005, 415 (417); OLG Dresden MittBayNot 1996, 288 (291).

98 BGHZ 161, 170 (177 ff.) = NJW 2005, 415 (417 f.) in Anschluss an *Stürner* AcP 173 (1973), 402 (420 ff.); *Wolf/Neuner* BGB AT § 34 Rn. 31, der aber darauf hinweist, dass absehbare außerordentliche Grundstückslasten, etwa hohe Erschließungsbeiträge, nicht mehr als »unbedeutend« qualifiziert werden können; *Feller* DNotZ 1989, 66 (71). Die früher allgemein herangezogene Begründung, die Pflicht treffe den Eigentümer als solchen und resultiere nicht unmittelbar aus dem Erwerb (so etwa BayObLGZ 1967, 245 [246 f.]; Jauernig/*Mansel* § 107 Rn. 5; *Feller* DNotZ 1989, 66 [69 ff.] mwN), lehnt der BGH ebenda jedoch ausdrücklich ab. Krit. gegenüber dem typisierenden Ansatz des BGH: *Staudinger* Jura 2005, 547 (551 f.); *Röthel/Krackhardt* Jura 2006, 161 (164); *Lipp* Jura 2015, 477 (484 f.); vgl. auch *Müßig* JZ 2006, 150 (152); *Schmitt* NJW 2005, 1090 (1092 f.), der dem BGH iErg jedoch zustimmt.

99 Statt aller BayObLG FGPrax 2004, 123 (124); OLG Köln Rpfleger 2003, 570 (572); *Stürner* AcP 173 (1973), 402 (424).

100 MüKoBGB/*Oechsler* § 929 Rn. 23.

j) Sittenwidrigkeit der Einigung (§ 138 BGB) und sonstige Wirksamkeitshindernisse (G)

Als Rechtsgeschäfte unterliegen Verpflichtungs- wie Verfügungsgeschäfte den Vorschriften des Allgemeinen Teils. Grundsätzlich sind daher auch die Nichtigkeitsgründe der §§ 116–144 BGB, insbesondere des § 138 BGB, auf das dingliche Verfügungsgeschäft anwendbar.[101] 15

Problematisch ist die Anwendung des § 138 BGB jedoch, weil dingliche Geschäfte *grundsätzlich wertneutral* sind.[102] Die bloße Einigung über den Eigentumsübergang lässt sich kaum normativ bewerten. Auch hat die Sittenwidrigkeit des Kausalgeschäfts nicht ohne Weiteres die Sittenwidrigkeit des dinglichen Vollzugsgeschäfts zur Folge, da Verpflichtungs- und Verfügungsgeschäft in ihrer Wirksamkeit grundsätzlich voneinander unabhängig sind (Abstraktionsprinzip).

Allgemein anerkannt ist, dass *Wucher* (§ 138 II BGB) auch das dingliche Rechtsgeschäft des Bewucherten erfasst. Dies wird aus dem Wortlaut des Gesetzes (»versprechen oder gewähren lässt«) geschlossen.[103]

Bei den Sittenverstößen iSd § 138 I BGB ist zweifelhaft, ob die *Sittenwidrigkeit des Grundgeschäfts* auch auf das dingliche Rechtsgeschäft durchschlägt. Einerseits ist der Gedanke der inhaltlichen Abstraktion[104] zu beachten. Andererseits spricht das Gerechtigkeitsgefühl[105] zumeist für die Nichtigkeit auch des Verfügungsgeschäfts.[106] In den meisten Fällen ist daher mittlerweile anerkannt, dass sich der Makel der Sittenwidrigkeit trotz der grundsätzlichen Neutralität des Verfügungsgeschäfts auch aus dessen Zweck und Wirkungen ergeben kann. Insbesondere die Rechtsprechung[107] prüft das dingliche Geschäft auf dessen Wertgehalt hin (Lehre vom sog. *Doppelmangel* bzw. *Fehleridentität*).[108] Anerkannt ist, dass bei der Sicherungsübereignung der Umstand, der die Nichtigkeit des Verpflichtungsgeschäfts bewirkt hat (Schuldnerknebelung, Übersicherung, Verleitung zum Vertragsbruch), auch zur Nichtigkeit des dinglichen Verfügungsgeschäfts führt.[109] Einer Rückabwicklung nach Bereicherungsgrundsätzen bedarf es dann nicht mehr.

---

101 → § 4 Rn. 6.

102 Vgl. MüKoBGB/*Oechsler* § 929 Rn. 34 f.

103 RGZ 57, 95 (97); 109, 201 (202); BGH NJW 1982, 2767; Staudinger/*W. Wiegand* (2011) § 929 Rn. 23; *Baur/Stürner* SachenR § 5 Rn. 51; *Westermann/Gursky/Eickmann* SachenR § 3 Rn. 10; *Wolff/Raiser* SachenR § 38 (Fn. 11).

104 So *Jahr* AcP 168 (1968), 9 (14 ff.).

105 Beispielsweise stünde bei der Sicherungsübereignung der Sicherungsgeber – dessen Schutz § 138 I BGB dient – schlechter da als bei Wirksamkeit des Verpflichtungsgeschäfts. Der Sicherungsnehmer würde dann nämlich Eigentümer, ohne durch eine schuldrechtliche Abrede in seinen Befugnissen beschränkt zu sein.

106 Ähnlich Staudinger/*W. Wiegand* (2011) § 929 Rn. 22; *Westermann/Gursky/Eickmann* SachenR § 3 Rn. 10 – Die »Neutralität« schließe nicht aus, dass gerade die dingliche Verfestigung von schuldrechtlichen Ansprüchen Anstoß errege.

107 RGZ 109, 201 (202); 145, 152 (154); BGHZ 10, 228 (232); 26, 185 (190 ff.); BGH NJW 1991, 353 (354) mwN; NJW 1991, 2144 (2147); NJW-RR 2006, 888 (889).

108 → § 1 Rn. 10.

109 → § 12 Rn. 28.

Der überwiegende Teil der Literatur[110] folgt der Rechtsprechung und bejaht zumindest dann die Nichtigkeit der dinglichen Verfügung, wenn diese die Sittenwidrigkeit des Kausalgeschäfts verstärkt oder perpetuiert, weil der sittenwidrige Zweck gerade durch die Verfügung erreicht werden soll.[111]

Entsprechende Erwägungen wie zu § 138 I BGB gibt es zu § 134 BGB, den §§ 305a, 305c und 307 BGB[112] sowie zu den Vorschriften über Willensmängel (§§ 116 ff. BGB, vor allem §§ 123 und 119 BGB).[113] Im Falle einer Anfechtung nach § 123 BGB ist – wie bei den zu § 138 I BGB entwickelten Grundsätzen – grundsätzlich von Fehleridentität auszugehen, während im Fall des § 119 BGB immer genau zu prüfen ist, ob der konkrete Irrtum auch für das Verfügungsgeschäft kausal war.[114]

Beispielsfall: Musikliebhaber A verkauft und übereignet dem B alte Notenblätter für 5 EUR, ohne zu wissen, dass es sich um Originalaufzeichnungen von Schubert handelt. Bei Kenntnis hätte er sie für seine eigene Sammlung behalten. Hier ist der Irrtum (auch) für die dingliche Einigung kausal, eine Anfechtung des Verfügungsgeschäfts nach § 119 II BGB also möglich.

Fallbeispiel: »Ein Fehler mit vielen Folgen«[115]

3. Einigung bei bedingtem Erwerb

a) Zulässigkeit von Bedingungen und Befristungen (§§ 158–163 BGB) (G)

16 Im Gegensatz zur dinglichen Einigung über den Eigentumsübergang an Grundstücken (*Auflassung* – § 925 BGB) ist die dingliche Einigung zur Übertragung beweglicher Sachen grundsätzlich weder bedingungs- noch befristungsfeindlich.[116]

Hohe Praxisrelevanz kommt der bedingten Einigung bei der Übereignung unter *Eigentumsvorbehalt*, dh unter der aufschiebenden Bedingung der vollständigen Kaufpreiszahlung (§ 158 I BGB), zu.[117] Weiterer Anwendungsbereich ist die *Sicherungsübereignung* in der – allerdings selten anzutreffenden – Variante der Rückübereignung unter der auflösenden Bedingung der Forderungstilgung (§ 158 II BGB).[118]

---

110 Soergel/*Hefermehl* § 138 Rn. 12; Staudinger/*W. Wiegand* (2011) § 929 Rn. 24; Palandt/*Ellenberger* § 138 Rn. 11, 20; ähnlich *Baur/Stürner* SachenR § 5 Rn. 51; *Westermann/Gursky/Eickmann* SachenR § 3 Rn. 10; MüKoBGB/*Oechsler* § 929 Rn. 34 f.

111 Staudinger/*W. Wiegand* (2011) § 929 Rn. 24; *Westermann/Gursky/Eickmann* SachenR § 3 Rn. 10.

112 Bis 31.12.2001: §§ 2, 3 und 9 AGBG.

113 *Baur/Stürner* SachenR § 5 Rn. 51.

114 *Prütting* SachenR Rn. 36.

115 *Vieweg/Röthel* Fälle SachenR Fall 6.

116 Staudinger/*W. Wiegand* (2011) § 929 Rn. 31, 36.

117 → § 11 Rn. 3.

118 MüKoBGB/*Oechsler* § 929 Rn. 37; Anh §§ 929–936 Rn. 9; *Wolff/Raiser* SachenR § 66 I 3. Im Regelfall erfolgt die Sicherungsübereignung durch unbedingte Übereignung der Sache bei gleichzeitiger Vereinbarung eines schuldrechtlichen Rückübereignungsanspruchs. → § 12 Rn. 10.

b) Bedingungszusammenhang zwischen dinglicher Einigung und kausalem Rechtsgeschäft (V)

Die Übereignung kann über eine Bedingung auch von der Wirksamkeit des Kausalgeschäfts abhängig gemacht werden, sog. Bedingungszusammenhang. Das Abstraktionsprinzip steht dem nicht entgegen.[119] 17

Ohne Weiteres ist das Bestehen eines derartigen Bedingungszusammenhangs zwischen Grundgeschäft und Verfügung jedoch nicht anzunehmen. Wäre das Bestehen eines Bedingungszusammenhangs die Regel, würde das Abstraktionsprinzip unzulässig eingeschränkt.[120] Wurde eine Bedingung nicht ausdrücklich vereinbart, so ist sie nur dann als stillschweigend vereinbart anzunehmen, wenn sich die Parteien der Ungewissheit über die Gültigkeit des Kausalgeschäfts bewusst waren und erkennbar von einer wechselseitigen Bedingung ausgegangen sind.[121]

c) Dingliche Einigung beim Kauf aus Warenautomaten (V)

Mit der Aufstellung eines Warenautomaten bietet der Aufsteller sowohl den Abschluss eines Kaufvertrags als auch die Übereignung der Ware dadurch bedingt an, 18
dass erstens Ware vorrätig ist, zweitens der Automat funktioniert und dieser drittens vom Erwerber ordnungsgemäß[122] bedient wird (dh insbesondere Einwurf des dazu bestimmten Geldes, also keiner Falschmünzen, Fremdwährung oder ähnlichem). Das Angebot zur Übereignung steht zudem unter der aufschiebenden Bedingung der Annahme des Kaufangebots (*Realofferte*). Ein solcher Bedingungszusammenhang verletzt den Abstraktionsgrundsatz nicht. Das Angebot wird mit Einwurf der Münzen angenommen.[123]

KK ✓

d) Einigung bei Zusendung unbestellter Ware (G)

Die Zusendung unbestellter Waren stellt regelmäßig ein Angebot zum Abschluss ei- 19
nes Kaufvertrags sowie zur dinglichen Einigung dar, Letztere unter der Bedingung der Annahme des zeitgleich erfolgenden Kaufangebots (sog. *Realofferte*). Dabei erfolgt das Angebot des Versenders (Veräußerers) unter Verzicht auf den Zugang der Annahmeerklärung (§ 151 BGB) bzw. ist schon nach der Verkehrssitte der Zugang der Annahmeerklärung nicht zu erwarten.[124] Ein Vertrag kommt aber nur dann zustande, wenn sich der Eigentumserwerbswille des Empfängers objektiv nach außen manifestiert (Annahme). Dies stellt § 241a I BGB jetzt ausdrücklich klar.

KK ✓

Fraglich ist, wann von einer Annahme durch den Empfänger ausgegangen werden kann. Unzweifelhaft liegt die Annahme nicht schon in der Entgegennahme der Lieferung. Im Übrigen ist im Einzelfall durch Auslegung zu ermitteln, wie das Verhalten des Empfängers rechtlich zu beurteilen ist. Bis zur Schuldrechtsreform wurde eine konkludente Annahme immer dann angenommen, wenn der Empfänger die Ware in

119 MüKoBGB/*Oechsler* § 929 Rn. 38; *Baur/Stürner* SachenR § 5 Rn. 53.
120 Staudinger/*W. Wiegand* (2011) § 929 Rn. 31.
121 MüKoBGB/*Oechsler* § 929 Rn. 38; Staudinger/*W. Wiegand* (2011) § 929 Rn. 31; *Baur/Stürner* SachenR § 5 Rn. 53; *Westermann/Gursky/Eickmann* SachenR § 3 Rn. 12; teils weiter RGRK/*Pikart* § 929 Rn. 13.
122 Vgl. Staudinger/*W. Wiegand* (2011) § 929 Rn. 94.
123 Soergel/*Henssler* § 929 Rn. 18.
124 MüKoBGB/*Oechsler* § 929 Rn. 28; Palandt/*Ellenberger* § 151 Rn. 4.

Gebrauch nahm, bezahlte oder weiterveräußerte.[125] Die Rechtslage nach Einfügung des § 241a II BGB lässt einen solchen Schluss aber nicht mehr in jedem Fall zu: § 241a II BGB schließt nämlich für den Regelfall der absichtlichen Zusendung die Geltendmachung gesetzlicher Ansprüche auf Herausgabe, Schadensersatz, Nutzungsersatz und wohl auch Erlösherausgabe aus. Der Empfänger kann nunmehr die Ware nutzen oder veräußern, ohne dem Zusendenden dafür ersatzpflichtig zu werden. In der Regel stellt daher die bloße Ingebrauchnahme noch keine konkludente Annahme dar. Vielmehr muss gerade der Wille zum Vertragsschluss – wie bei einer ausdrücklichen Annahmeerklärung oder der Zahlung – deutlich werden.[126]

e) Einigung beim Selbstbedienungstanken (V)

20 Beim Tanken an Selbstbedienungstankstellen werden hinsichtlich der rechtlichen Konstruktion der Übertragung des Eigentums am Benzin auf den Kunden mehrere Ansätze diskutiert: Aufgrund der äußeren Umstände ist sowohl der Eigentumserwerb bereits an der Zapfsäule als auch – wie im Selbstbedienungsladen – erst an der Kasse denkbar.

Ein Teil der Literatur[127] sieht im Aufheben des Zapfhahns durch den Kunden dessen Kauf- und Eigentumserwerbsangebot, das mit Zulassung der Selbstbedienung schuldrechtlich und dinglich angenommen werde. Ein anderer Teil der Literatur[128] sowie ein Teil der Rechtsprechung[129] gehen davon aus, Kauf und Eigentumsübergang fänden erst an der Kasse statt. Einen vermittelnden Lösungsweg vertritt das OLG Hamm:[130] Der Kaufvertrag werde an der Zapfsäule geschlossen. Dort erfolge auch die dingliche Einigung. Die Übereignung stehe jedoch unter Eigentumsvorbehalt. Diese Lösung hat sich jedenfalls in der Praxis durchgesetzt. Inzwischen finden sich entsprechende ausdrückliche Hinweise auf den Eigentumsvorbehalt an den Zapfsäulen.[131]

Bei der Übertragung des Eigentums am eingefüllten Benzin geht es genau genommen um die Einräumung von Alleineigentum des Kunden, denn dieser hat regelmäßig einen Rest alten Benzins im Tank, das sich mit dem neuen vermischt. An der Tankfüllung haben Kunde und Tankstellenpächter daher zunächst Miteigentum nach Bruchteilen (§§ 948 I, 947 I BGB).[132]

125 Staudinger/*W. Wiegand* (2011) § 929 Rn. 114.

126 Vgl. Palandt/*Grüneberg* § 241a Rn. 6; *Riehm* Jura 2000, 511 (511 f.); *Schwarz* NJW 2001, 1449 (1451) mwN; anders *Casper* ZIP 2000, 1602 (1607), da die Annahmehandlung die Wirkungen des § 241a BGB beende. Zur dinglichen Rechtslage nach Zusendung → § 6 Rn. 35 sowie → § 7 Rn. 19.

127 *Herzberg* JA 1980, 385; *ders.* NJW 1984, 896; *Otto* JZ 1985, 21 (22); ähnlich *Schroeder* JuS 1984, 847.

128 *Borchert/Hellmann* NJW 1983, 2799; *Deutscher* JA 1983, 125 (128); *Ranft* JA 1984, 4 (4 f.); *Charalambakis* MDR 1985, 976 (976 f.); *Seelmann* JuS 1985, 199 (202).

129 OLG Düsseldorf NStZ 1982, 249.

130 OLG Hamm NStZ 1983, 266; zust. Bamberger/Roth/*Kindl* § 929 Rn. 19; vgl. zum Kaufvertragsschluss auch BGH NJW 2011, 2871.

131 → § 11 Rn. 2.

132 → § 4 Rn. 57; → § 3 Rn. 9; → § 6 Rn. 13 f.

4. Übergabe (§ 929 BGB)

a) Begriff und Bedeutung der Übergabe gem. § 929 S. 1 BGB (G)

Die Übergabe gem. § 929 S. 1 BGB ist nach dessen Wortlaut die Übertragung des unmittelbaren Besitzes vom Veräußerer auf den Erwerber (*Traditionsprinzip*).[133] Darüber hinaus ist jedoch anerkannt, dass auch die Verschaffung mittelbaren Besitzes als Übergabe gem. § 929 S. 1 BGB ausreichen kann.[134] 21

Die sichtbare Besitzübertragung dient in erster Linie der Bestätigung des Übereignungswillens im Verhältnis der Parteien untereinander, zugleich aber auch der Publizität der dinglichen Rechtsänderung für Dritte.[135] Diese Publizitätswirkung ist die Grundlage der Eigentumsvermutung des § 1006 BGB, die an den Besitz anknüpft. Das Traditionsprinzip wird durch die Zulassung der Übergabe kurzer Hand (brevi manu traditio, § 929 S. 2 BGB) sowie die Anerkennung von Besitzkonstitut (§ 930 BGB) und Zession des Herausgabeanspruchs (§ 931 BGB) stark eingeschränkt.

b) Voraussetzungen der Übergabe gem. § 929 S. 1 BGB

aa) Grundvoraussetzungen (G)

Für die Übergabe kommt es auf *vier Voraussetzungen* an. Nicht alle sind im Normalfall problematisch. Stets von Bedeutung und erwähnungsbedürftig sind nur die ersten beiden Punkte. Auf die weiteren ist in der Klausur nur dann einzugehen, wenn – nach der immer vorzunehmenden gedanklichen Prüfung – Zweifel bestehen, ob auch diese Voraussetzungen erfüllt sind. Im Einzelnen setzt die Übergabe voraus:[136] 22

- Besitzerwerb des Erwerbers oder seiner Mittelspersonen (Besitzdiener, Besitzmittler, Geheißperson);
- Aufgabe jeglicher Besitzposition des Veräußerers;
- Besitzwechsel auf Veranlassung,[137] dh mit Willen des Veräußerers (Ausschluss bei verbotener Eigenmacht[138] und Möglichkeit des Einsatzes von Hilfspersonen auch auf Veräußererseite)[139];
- Dauerhaftigkeit der Besitzaufgabe: Die Besitzübertragung zur nur vorübergehenden Benutzung ist keine Übergabe iSd § 929 S. 1 BGB; erforderlich ist vielmehr eine gewisse »Endgültigkeit«.[140]

bb) Innerer Bezug zwischen Einigung und Übergabe (G)

Eine Auffassung[141] verlangt zusätzlich zu den Grundvoraussetzungen ein Willensmoment in Gestalt eines inneren Bezugs zwischen Einigung und Übergabe. Gemeint ist damit, die Übergabe müsse durch die Veräußerung motiviert sein und sich damit 23

133 *Westermann/Gursky/Eickmann* SachenR § 36 Rn. 1.
134 → § 4 Rn. 26.
135 Staudinger/*W. Wiegand* (2011) Vorbem zu §§ 929 ff. Rn. 22.
136 Zum Ganzen RGZ 137, 23 (25); Palandt/*Bassenge* § 929 Rn. 11 ff.; NK-BGB/*Meller-Hannich* § 929 Rn. 50 ff.
137 *Baur/Stürner* SachenR § 51 Rn. 18.
138 RGZ 137, 23 (25).
139 BGH NJW 1959, 1536; *Westermann/Gursky/Eickmann* SachenR § 38 Rn. 5.
140 Staudinger/*W. Wiegand* (2011) § 929 Rn. 64; *Wolff/Raiser* SachenR § 5 III 1, § 10 II.
141 AK-BGB/*Reich* § 929 Rn. 7; *Wolff/Raiser* SachenR § 66 I 4 (Fn. 27); *Martinek* AcP 188 (1988), 573 (582 f.).

auf eine bestimmte dingliche Einigung beziehen. Praktisch relevant wird diese zusätzliche Voraussetzung beim sog. Geheißerwerb.[142]

Andere[143] lehnen hingegen das Erfordernis eines inneren Bezugs ab und beschränken das Willensmoment bei der Übergabe auf die rein besitzrechtliche Komponente, nämlich das Einverständnis des Veräußerers mit seinem Besitzverlust. Dieses erfasse gleichzeitig die Besitzbegründung des Erwerbers und schließe so eine verbotene Eigenmacht durch den Erwerber bei Besitzerlangung aus.

c) Erwerb unmittelbaren Besitzes (§ 854 BGB) (G)

24 In der Regel erfolgt die Übergabe durch Verschaffung des unmittelbaren Besitzes entsprechend den beiden Gestaltungen in § 854 BGB: entweder als Verschaffung der unmittelbaren Sachherrschaft iSd § 854 I BGB (Realakt) oder durch Einigung iSd § 854 II BGB (Rechtsgeschäft), wenn der Erwerber in der Lage ist, die tatsächliche Sachherrschaft auszuüben und zudem der bisherige Besitzer (der Übertragende) die tatsächliche Gewalt über die Sache unmittelbar aufgibt.[144]

d) Einschaltung von Hilfspersonen (G)

25 Die dingliche Einigung kann unter Einschaltung von Stellvertretern oder Boten erfolgen (§§ 929 S. 1, 164 ff. BGB). Bei der Übergabe iSd § 854 I BGB ist Stellvertretung hingegen ausgeschlossen, da die Verschaffung der tatsächlichen Sachherrschaft ein Realakt ist.[145] Anstelle rechtsgeschäftlicher Stellvertreter können jedoch andere sog. Mittelspersonen eingesetzt werden, die den Erwerber tatsächlich vertreten und mit dem Stellvertreter personengleich sein können. Mittelspersonen für den Besitzerwerb sind der Besitzdiener, der Besitzmittler und die sog. Geheißperson.[146] Auch aufseiten des Veräußerers können diese Hilfspersonen eingesetzt werden, um für ihn die Übergabe zu vollziehen. Der Veräußerer muss in diesen Fällen also nicht unmittelbarer Besitzer sein. Bei Einschaltung einer Geheißperson braucht er überhaupt keine Besitzposition innezuhaben. Für die Übertragung des unmittelbaren Besitzes iSd § 929 S. 1 BGB ist also nicht die Übergabe der Sache von Hand des Veräußerers zu Hand des Erwerbers erforderlich.[147]

Fallbeispiel: »Die zerstörten Fliesen«[148]

e) Erwerb mittelbaren Besitzes (§§ 854, 868 BGB) (G)

26 Auch der Erwerb des mittelbaren Besitzes ist für die Übergabe nach § 929 S. 1 BGB ausreichend. Dies ergibt sich aus der Zulassung von Besitzmittlern auf Erwerberseite.[149] Ein Eigentumserwerb durch Verschaffung des mittelbaren Besitzes liegt bei

142 → § 4 Rn. 31.
143 Staudinger/*W. Wiegand* (2011) § 929 Rn. 88; *ders.*, FG BGH I, 2000, 764 ff.; NK-BGB/*Meller-Hannich* § 929 Rn. 61; *Westermann/Gursky/Eickmann* SachenR § 38 Rn. 15.
144 → § 4 Rn. 22; → § 2 Rn. 20.
145 Anders aber bei der Übergabe nach § 854 II BGB; → § 2 Rn. 21.
146 Staudinger/*W. Wiegand* (2011) § 929 Rn. 48, 50; Erman/*Bayer* § 929 Rn. 17, 19, 22; *Baur/Stürner* SachenR § 51 Rn. 16; *Westermann/Gursky/Eickmann* SachenR § 38 Rn. 6 ff.
147 RGZ 137, 23 (25); Soergel/*Henssler* § 929 Rn. 49; *Wolff/Raiser* SachenR § 66 I 1a.
148 *Vieweg/Röthel* Fälle SachenR Fall 7.
149 → § 4 Rn. 21.

Aushändigung der Sache an einen Besitzmittler des Erwerbers, zB an dessen Vorbehaltskäufer, vor.[150] Mittelbarer Besitz des Erwerbers genügt nur dann nicht, wenn der Veräußerer selbst Besitzmittler des Erwerbers würde, damit also unmittelbarer Besitzer bliebe. In einem solchen Fall würde die Voraussetzung der Aufgabe jeglichen Besitzes aufseiten des Veräußerers fehlen. Dieses Merkmal dient der Abgrenzung der Übergabe nach § 929 S. 1 BGB einerseits zu der nach §§ 930, 868 BGB andererseits.[151]

Das Besitzmittlungsverhältnis, aufgrund dessen der Erwerber mittelbarer Besitzer wird, muss neu begründet werden. Die Abtretung eines Herausgabeanspruchs des Veräußerers gegen einen besitzenden Dritten an den Erwerber stellt ein Übergabesurrogat nach §§ 931, 870 BGB dar und führt daher nicht zum Eigentumserwerb nach § 929 S. 1 BGB.[152]

f) Wechsel in der Person des unmittelbaren Besitzers (sog. »Umwandlung der Besitzverhältnisse«) (V)

Normalerweise ist mit der Übergabe nach § 929 S. 1 BGB ein tatsächlicher Wechsel in **27**
der Person des Gewahrsamsinhabers verbunden. Dies dient der Publizität. Zugleich soll mit dieser Voraussetzung der Anwendungsbereich des § 929 S. 1 BGB zu dem der §§ 930, 931 BGB abgegrenzt werden: Der Eigentumswechsel gem. § 929 S. 1 BGB wird durch die Übergabe publik gemacht.

Mit dem Schlagwort »Umwandlung der Besitzverhältnisse« werden Fälle angesprochen, in denen ausnahmsweise der bisherige Inhaber der unmittelbaren Sachherrschaft (Gewahrsam) auch nach der Übereignung die Sachherrschaft ausübt, nunmehr jedoch mit anderer Willensrichtung. So ist etwa denkbar, dass der Veräußerer zum Besitzdiener des Erwerbers, der Besitzdiener des Veräußerers zum Besitzdiener des Erwerbers oder der Besitzmittler des Veräußerers zum Besitzmittler des Erwerbers wird. In allen diesen Fällen sind besondere Anforderungen an die Publizität zu stellen.

aa) Veräußerer als Besitzdiener des Erwerbers (V)

Die Übergabe kann dergestalt erfolgen, dass der Veräußerer fortan Besitzdiener des **28**
Erwerbers ist.[153] Ein Wechsel in der Person des unmittelbaren Besitzers findet statt, weil der Besitzdiener keine eigene Besitzposition innehat und der Erwerber somit unmittelbarer Besitzer wird.[154] Wegen des Publizitätserfordernisses sind an diese Form der Übergabe hohe Anforderungen zu stellen. Das gilt besonders für den Nach-

150 RGZ 137, 23 (25); BGH WM 1976, 153 (154); WM 1984, 1606 (1609); NJW 1985, 376 (378); MüKoBGB/*Oechsler* § 929 Rn. 56; *Wilhelm* SachenR Rn. 889; *Tiedtke* WM 1979, 1142 (1144); aA BGH WM 1979, 771 (773): Für § 929 BGB bedürfe es der Übertragung des unmittelbaren Besitzes auf den Erwerber. Zur Besitzmittlung bei Eigentumsvorbehalt → § 2 Rn. 29; → § 11 Rn. 42 f.

151 MüKoBGB/*Oechsler* § 929 Rn. 53, 56; Soergel/*Henssler* § 929 Rn. 55; Erman/*Bayer* § 929 Rn. 13.

152 *Wilhelm* SachenR Rn. 892.

153 Staudinger/*W. Wiegand* (2011) § 929 Rn. 49; *Wilhelm* SachenR Rn. 901 (dort der zweite Fall); aA MüKoBGB/*Oechsler* § 929 Rn. 74.

154 → § 2 Rn. 24 f.

weis der Übergabe im Prozess. Weder die bloße Kennzeichnung noch die symbolische Übergabe oder verbale Vereinbarung über die Besitzdienerschaft des Veräußerers vermag die Umwandlung der Besitzverhältnisse nach außen kenntlich zu machen.[155] Erforderlich ist vielmehr eine tatsächlich nach außen erkennbare Eingliederung in ein Herrschaftsverhältnis (zB Geschäftsinhaber veräußert Warenlager und behält es als Geschäftsführer der neuen Filiale des Erwerbers in der Hand).[156]

bb) Besitzdiener des Veräußerers als Besitzdiener des Erwerbers (V)

29 Veräußerer und Erwerber können sich auch desselben Besitzdieners bedienen.[157] Voraussetzung dafür ist die Anweisung des Veräußerers an den Besitzdiener, nun für den Erwerber die Herrschaft über die Sache auszuüben, und die tatsächliche Ausübung der Sachherrschaft des Besitzdieners für den Erwerber. Durch die Anweisung an den Besitzdiener gibt der Veräußerer seinen unmittelbaren Besitz auf; mit Ausübung der Sachherrschaft für den Erwerber erlangt dieser seinerseits den unmittelbaren Besitz an der Sache.[158] Die Aufhebung und Neubegründung des Abhängigkeitsverhältnisses stellt einen dem Publizitäts- und Traditionsprinzip genügenden Wechsel in der Person des unmittelbaren Besitzers dar.[159]

Der Nachweis der veränderten Besitzlage unterliegt hohen Anforderungen. So soll zB erforderlich sein, dass die »Organisationsvoraussetzungen« der Besitzdienerschaft neu vereinbart werden.[160]

cc) Besitzmittler des Veräußerers als Besitzmittler des Erwerbers (V)

30 Problematisch ist schließlich die Konstellation, in der sich beide Parteien ein und desselben Besitzmittlers bedienen: Der Veräußerer weist seinen Besitzmittler an, mit dem Erwerber ein Besitzmittlungsverhältnis abzuschließen, und der Besitzmittler leistet nach Abschluss des Besitzmittlungsverhältnisses den Weisungen des Erwerbers tatsächlich Folge. Die erforderliche Besitzaufgabe des Veräußerers liegt wiederum in der Anweisung des Besitzmittlers, ein neues Besitzmittlungsverhältnis abzuschließen.[161] Der Besitzerwerb vollzieht sich durch die Ausübung der tatsächlichen Sachherrschaft des Besitzmittlers für den Erwerber.[162] Allerdings kommt es hier – anders als in der vorausgegangenen Fallgruppe – nicht zu einem Wechsel in der Person des unmittelbaren Besitzers, sodass diese Form der Übereignung hinsichtlich der Besitzkonstellation deutliche Ähnlichkeiten mit den Übergabesurrogaten gem. §§ 930, 931 BGB aufweist.

155 RGZ 77, 201 – Kennzeichnung; Staudinger/*W. Wiegand* (2011) § 929 Rn. 49; Soergel/*Henssler* § 929 Rn. 59.

156 Soergel/*Mühl*, 12. Aufl. 1990, § 929 Rn. 13.

157 Jauernig/*Berger* § 929 Rn. 10; *Baur/Stürner* SachenR § 51 Rn. 14, 16; *Martinek* AcP 188 (1988), 573 (586); *Wilhelm* SachenR Rn. 901 (dort der letzte Fall); aA *Westermann/Gursky/Eickmann* SachenR § 38 Rn. 9 aE: ohne Begründung Übereignung nach §§ 929 S. 1, 931 BGB.

158 MüKoBGB/*Quack*, 4. Aufl. 2004, § 929 Rn. 130; *Baur/Stürner* SachenR § 51 Rn. 14, 16.

159 *Martinek* AcP 188 (1988), 573 (586).

160 MüKoBGB/*Quack*, 4. Aufl. 2004, § 929 Rn. 132.

161 MüKoBGB/*Oechsler* § 929 Rn. 66; *Baur/Stürner* SachenR § 51 Rn. 14.

162 *Baur/Stürner* SachenR § 51 Rn. 16.

Nach überwiegender Auffassung[163] soll dieser Fall dennoch die Voraussetzungen der Übergabe nach § 929 S. 1 BGB erfüllen: Im Unterschied zu § 930 BGB werde kein Besitzmittlungsverhältnis zwischen Veräußerer und Erwerber, sondern zwischen dem Erwerber und dem bisherigen Besitzmittler des Veräußerers begründet. Mit der Begründung eines vollständig neuen Besitzmittlungsverhältnisses scheide auch § 931 BGB aus, der die Abtretung eines bestehenden Herausgabeanspruchs des Veräußerers gegen seinen Besitzmittler voraussetze.[164] Vielmehr genüge allein die Verlautbarung eines neuen Besitzmittlungsverhältnisses den Publizitätsanforderungen des § 929 S. 1 BGB. Diese Auffassung verlangt hier also keinen Wechsel in der Person des unmittelbaren Besitzers als Voraussetzung der Übergabe nach § 929 S. 1 BGB.

Die Gegenauffassung[165] sieht in dieser Konstellation einen Anwendungsfall des § 931 BGB, weil § 929 S. 1 BGB mangels Veränderung der unmittelbaren Besitzlage nicht anwendbar sei. Aufgrund der Publizitätsfunktion der Übergabe müsse die Aufgabe des unmittelbaren Besitzes und seine Neubegründung von verschiedenen Personen vollzogen werden,[166] da ansonsten die Grenze zu den Übergabesurrogaten der §§ 930, 931 BGB verschwimme.[167] Allein § 931 BGB regele – unter Verzicht auf die Publizität – die Beibehaltung des unmittelbaren Besitzes eines Dritten und sei daher auf diese Fallkonstellation anwendbar.[168]

g) Geheißperson und Geheißerwerb (V)

Als Hilfsperson für die Übergabe kommt auch eine Person in Betracht, die weder Besitzdiener noch Besitzmittler des Veräußerers oder Erwerbers ist,[169] sondern allein auf deren Weisung handelt, die sog. Geheißperson. Die Geheißperson auf Veräußererseite ist der unmittelbare Besitzer der zu übereignenden Sache, die er auf Weisung des Veräußerers zu übergeben hat. Der Veräußerer selbst verfügt damit über keine Besitzposition an der Sache. Geheißperson des Erwerbers ist eine Person, auf die auf Weisung des Erwerbers der Besitz übertragen wird; da sie weder Besitzdiener noch Besitzmittler des Erwerbers ist, erlangt dieser durch die Übergabe ebenfalls keinen Besitz.[170] 31

Der Geheißerwerb ermöglicht die Übereignung einer Sache durch Einschaltung einer Mittelsperson, die lediglich nach Weisung (auf »Geheiß«) des Veräußerers und/oder des Erwerbers tätig wird (»doppelter Geheißerwerb« bei Einsatz auf beiden Seiten).[171] Die rein tatsächliche Besitzverschaffungsmacht des Veräußerers wird der Innehabung einer Besitzposition gleichgeachtet.[172] Die Übergabe durch eine Geheißperson wird

163 BGH NJW 1959, 1536 (1539); NJW 1971, 1608 (1609); NJW 1985, 376; MüKoBGB/*Oechsler* § 929 Rn. 66; Soergel/*Henssler* § 929 Rn. 55; Staudinger/*W. Wiegand* (2011) § 929 Rn. 49; Erman/*Bayer* § 929 Rn. 19; Palandt/*Bassenge* § 929 Rn. 16; *Baur/Stürner* SachenR § 51 Rn. 14, 16; *Westermann/Gursky/Eickmann* SachenR § 38 Rn. 4; *Tiedtke* WM 1978, 446; *ders.* WM 1979, 1144.

164 Staudinger/*W. Wiegand* (2011) § 929 Rn. 49; *Baur/Stürner* SachenR § 51 Rn. 14.

165 *Wieling* SachenR § 9 IV 2 (ohne Begründung); *Martinek* AcP 188 (1988), 573 (587); *J. Hager* WM 1980, 666.

166 *Martinek* AcP 188 (1988), 573 (587).

167 *J. Hager* WM 1980, 666.

168 *Martinek* AcP 188 (1988), 573 (587 f.).

169 *Westermann/Gursky/Eickmann* SachenR § 38 Rn. 5, 10 ff.

170 BGHZ 36, 56 (60); BGH NJW 1973, 141; 1999, 425; MüKoBGB/*Oechsler* § 929 Rn. 67 ff.; *Westermann/Gursky/Eickmann* SachenR § 38 Rn. 10.

171 BGHZ 36, 56 (60); BGH NJW 1973, 141 (141 f.); MüKoBGB/*Oechsler* § 929 Rn. 67; zum doppelten Geheißerwerb *Medicus/Petersen* BürgerlR Rn. 565 mwN zur Kritik.

172 MüKoBGB/*Oechsler* § 929 Rn. 68; *Westermann/Gursky/Eickmann* SachenR § 38 Rn. 5.

der Übergabe durch den Veräußerer gleichgestellt. Grund für diese Gleichstellung der Besitzverschaffung auf Geheiß des Veräußerers mit der Besitzverschaffung durch diesen selbst ist die Bereitschaft der Geheißperson, der Weisung des Veräußerers zu folgen. Diese »Befolgungsbereitschaft« der Geheißperson weist den Veräußerer selbst als »Herrn der Sache« aus (Rechtsschein des Besitzes).[173]

KK

h) Übergabe und Eigentumsübertragung bei einer Veräußerungskette (sog. Streckengeschäft) und bei der abgekürzten Lieferung (V)

32 Im heutigen Warenverkehr kommt es regelmäßig zu Veräußerungsketten (sog. Streckengeschäften): Der Hersteller liefert über verschiedene Zwischenhändler direkt an den Endabnehmer, insbesondere bei großen Warenmengen (Öl, Tabak, Getreide). Möglich ist auch die abgekürzte Lieferung unter Auslassung des Händlers direkt an den Kunden.[174]

Beispielsfall »Veräußerungskette (sog. Streckengeschäft)«: X ist Hersteller von Gartenmöbeln. Großhändler G bestellt bei X 500 Garnituren »Flora«. Händler H bestellt bei G vier Garnituren »Flora«. Käufer K kauft bei H eine Garnitur »Flora«. X beliefert K direkt zu Hause und stellt die Garnitur auf dessen Terrasse.

Fallbeispiel: »Die zerstörten Fliesen«[175]

Für die Eigentumsübertragung bieten sich folgende *drei Möglichkeiten*[176] an:

- Direkterwerb des Kunden vom Hersteller (nur in unproblematischen Fällen; der Hersteller kann idR nicht wissen, welche Gründe für die Weisung seines Geschäftspartners bestehen[177] oder ob zB ein Eigentumsvorbehalt vereinbart wurde);
- Übereignung vom Händler auf den Kunden unter Zustimmung des Herstellers (§ 185 I BGB);[178]
- Geheißerwerb, bei dem durch eine einzige Übergabe – vom Hersteller an den Endabnehmer – ein Eigentumserwerb jeweils zwischen allen Zwischenabnehmern untereinander vollzogen wird. Für den Geheißerwerb spricht das wirtschaftliche Interesse sowohl des Herstellers als auch des Händlers: Der Hersteller will einen mit dem Händler vereinbarten Eigentumsvorbehalt nicht durch eine Eigentumsübertragung auf Dritte verlieren; der Händler will seinerseits Eigentum erwerben, weil er uU einen Eigentumsvorbehalt mit dem Kunden vereinbart hat.[179] Der Eigentumserwerb zwischen den einzelnen Gliedern der Veräußerungskette wird hierbei erreicht durch eine meist konkludent mit dem Kaufvertrag geschlossene, antizipierte Einigung und die »Übergabe-Anweisung« an den unmittelbaren Besitzer als Übergabe.

173 Vgl. *Medicus/Petersen* BürgerlR Rn. 563 f. mwN.

174 In der Literatur wird regelmäßig nicht begrifflich zwischen Veräußerungskette bzw. Streckengeschäft einerseits und schlichter abgekürzter Lieferung andererseits unterschieden, vgl. Soergel/*Henssler* § 929 Rn. 63; *Westermann/Gursky/Eickmann* SachenR § 38 Rn. 10; *Baur/Stürner* SachenR § 51 Rn. 17; *J. Hager*, FG BGH I, 2000, 786 ff.

175 *Vieweg/Röthel* Fälle SachenR Fall 7.

176 Soergel/*Henssler* § 929 Rn. 63 f.; *Westermann/Gursky/Eickmann* SachenR § 38 Rn. 11.

177 Vgl. Soergel/*Henssler* § 929 Rn. 64.

178 *Wolff/Raiser* SachenR § 66 I 1a.

179 BGH NJW 1968, 1929 (1932); NJW 1982, 2371; NJW 1986, 166; Soergel/*Henssler* § 929 Rn. 64.

Im Einzelnen kann die Übergabe derart vollzogen werden, dass jeder einzelne Zwischenkäufer den unmittelbaren Besitzer und Erstverkäufer anweist, den Besitz auf den Letztkäufer zu übertragen (Weisung unmittelbar vom ersten oder letzten Zwischenerwerber an den Hersteller).[180] Alternativ kann die Übergabe in der Weise stattfinden, dass eine Kette von Auslieferungsanweisungen entsteht. Traditions- und Publizitätsprinzip werden bei dieser Fallgruppe stark eingeschränkt bzw. geopfert.[181]

So weist im Beispiel (Veräußerungskette, sog. Streckengeschäft) der erste Erwerber (G) den Veräußerer (X) an, an den Zweiterwerber (H) zu liefern; der Zweiterwerber weist den Veräußerer (X) an, an den Dritterwerber (K) zu liefern. Die endgültige Weisung wird so durch die Glieder der Kette vermittelt.[182] Der jeweilige Erwerber, der die Sache weiterveräußern will (G und H), muss von seinem Veräußerer zur Weiterveräußerung ermächtigt sein (Weiterleitungsbefugnis), sich selbst mit der Form der Besitzübertragung einverstanden erklären und den Letzterwerber zur Inbesitznahme anweisen bzw. anweisen lassen.[183]

Mit der Besitzverschaffung an den Letzterwerber oder dessen Geheißperson wird zugleich der vorübergehende Eigentumserwerb aller Beteiligten nacheinander in der Reihenfolge der Veräußerungskette bewirkt, dh das Eigentum geht von jedem Glied der Kette auf das nächste über (*Durchgangserwerb*).[184]

i) Scheingeheißperson (E)

Die Lockerungen der Übergabevoraussetzungen bis zur Anerkennung reiner Besitz- 33
verschaffungsmacht (Handlung auf Weisung) führen zu Fallgestaltungen, in denen zwar entweder tatsächlich eine Weisung vorliegt, der Angewiesene aber getäuscht worden ist und eigentlich selbst und unabhängig vom Anweisenden Eigentum übertragen will oder aber tatsächlich keine Weisung vorliegt und die Weisungsgebundenheit nur aus der Sicht des Letztempfängers vorzuliegen scheint. Man spricht dann von der sog. Scheingeheißperson bzw. dem Rechtsschein durch Geheißperson. In diesen Fällen könnte der Eigentumserwerb nach § 929 S. 1 BGB daran scheitern, dass die Besitzverschaffung nicht »auf Veranlassung des Veräußerers« erfolgt.[185] Die zu dieser Frage vertretenen Meinungen unterscheiden sich dadurch, dass teilweise auf die tatsächliche Besitzverschaffungsmacht, teilweise dagegen auf die Lage aus Sicht des Empfängers abgestellt wird.

Ein Teil der Literatur[186] stellt den besitzenden mit dem bloß anweisenden Veräußerer nur bei tatsächlich bestehender *Besitzverschaffungsmacht* gleich. Allein die wirkliche

180 So BGH NJW 1982, 2371 (2371 f.) – Mineralöl-Streckengeschäft; *Westermann/Gursky/Eickmann* SachenR § 38 Rn. 11 f.

181 MüKoBGB/*Oechsler* § 929 Rn. 72; Staudinger/*W. Wiegand* (2011) § 929 Rn. 59 f.; *Westermann/Gursky/Eickmann* SachenR § 38 Rn. 13.

182 MüKoBGB/*Oechsler* § 929 Rn. 72; *Martinek* AcP 188 (1988), 573 (619).

183 BGH NJW 1982, 2371; NJW 1986, 1166 (1167); *Martinek* AcP 188 (1988), 573 (619).

184 BGH NJW 1986, 1166 (1167); MüKoBGB/*Quack*, 4. Aufl. 2004, § 929 Rn. 146 f.; *Wilhelm* SachenR Rn. 894; *Westermann/Gursky/Eickmann* SachenR § 38 Rn. 12.

185 Auf die Frage der Besitzverschaffungsmacht beim Scheingeheißerwerb kommt es vor allem beim Erwerb vom Nichtberechtigten bei der Frage an, ob ein ausreichender Rechtsscheinstatbestand besteht; → § 5 Rn. 18.

186 Jauernig/*Berger* § 932 Rn. 13; Palandt/*Bassenge* § 932 Rn. 4; *Baur/Stürner* SachenR § 52 Rn. 13; *v. Caemmerer* JZ 1963, 586 (587 f.); *Martinek* AcP 188 (1988), 573 (629 f.).

Unterordnung erlaube die Gleichstellung des Anweisenden mit dem Besitzer.[187] Auch der für die Übergabe unentbehrliche innere Bezug zwischen Einigung und Übergabe[188] fordere das Tätigwerden der Geheißperson in tatsächlicher und bewusster Unterordnung unter den Willen des Veräußerers. Nur so liege eine einigungsmotivierte Übergabe vor und könne eine Besitzverschaffung auf »Veranlassung des Veräußerers« – wie für § 929 S. 1 BGB erforderlich – angenommen werden. Die bloße Möglichkeit, den Dispositionserfolg zu erreichen, könne nicht genügen. Der Eigentümer müsse dem Erwerber den Besitz im Bewusstsein verschaffen, den Eigentumserwerb eines anderen zu ermöglichen (Finalität).[189] Wolle der unmittelbare Besitzer die Sache mit der Übergabe selbst übereignen oder sonstige Zwecke verfolgen, scheide eine »Veranlassung« aus.

Für die Gegenauffassung[190] ist – wie bei Auslegung der Einigungserklärungen – der *Empfängerhorizont* ausschlaggebend. Gegen die objektive Betrachtungsweise spreche, dass der Erwerber nicht erkennen könne, ob sich die Geheißperson wirklich den Weisungen des Veräußerers unterwerfe. Folge die Geheißperson aus Sicht des Erwerbers offenbar den Weisungen des Veräußerers, sei dieser genauso als »Herr der Sache« ausgewiesen wie bei willentlicher Unterwerfung.[191] Der Besitzerwerb erfolge auch bei nur scheinbarer Unterwerfung »auf Veranlassung« iSd § 929 S. 1 BGB. Ein Eigentumserwerb könne deshalb mit Übergabe durch eine Scheingeheißperson vollzogen werden.

j) Übergabe durch »Wegnahmeermächtigung« (V)

34 Der Erwerber kann sich einseitig durch Besitzergreifung die tatsächliche Sachherrschaft verschaffen. Zwar erfüllt diese Form der Besitzerlangung an sich nicht die Voraussetzungen, die § 929 S. 1 BGB für die Übergabe aufstellt. Allerdings kann die einseitige Besitzergreifung der Übergabe gleichgestellt werden,[192] wenn zugleich die Voraussetzungen des § 929 S. 1 BGB erfüllt werden. Dafür ist erforderlich, dass im Zeitpunkt der Begründung tatsächlicher Gewalt über die Sache eine besitzrechtliche Wegnahmegenehmigung des Veräußerers vorliegt.

Nur wenn der Veräußerer auch im Zeitpunkt der Besitzergreifung[193] mit dieser einverstanden ist und der Erwerber aufgrund der Wegnahmegestattung handelt,[194] sind die Übergabevoraussetzungen des § 929 S. 1 BGB erfüllt: Der Besitzverlust aufseiten des Veräußerers und die Begründung tatsächlicher Gewalt durch den Erwerber beruhen auf dem Willen des Veräußerers und sind so auch von ihm veranlasst.[195]

Wann von einer wirksamen und dauerhaften Wegnahmegestattung auszugehen ist,[196] ist nur aufgrund einer individuellen Betrachtung aller Umstände, die auf das Bestehen

187 *Medicus/Petersen* BürgerlR Rn. 564.
188 → § 4 Rn. 23.
189 Vgl. MüKoBGB/*Quack*, 4. Aufl. 2004, § 929 Rn. 145; *Medicus/Petersen* BürgerlR Rn. 564.
190 Ohne weitere Begründung BGHZ 36, 56 (60 f.); BGH NJW 1974, 1132 (1134); JZ 1975, 27 (29); Staudinger/*W. Wiegand* (2011) § 932 Rn. 24; Soergel/*Henssler* § 932 Rn. 14; *Westermann/Gursky/Eickmann* SachenR § 47 Rn. 2 ff.; *Wieling* Jura 1980, 322 (326) (Übungsklausur).
191 BGH JZ 1975, 27 (29).
192 MüKoBGB/*Oechsler* § 929 Rn. 63; Soergel/*Henssler* § 929 Rn. 60; Staudinger/*W. Wiegand* (2011) § 929 Rn. 67 f.; *Westermann/Gursky/Eickmann* SachenR § 38 Rn. 7.
193 Staudinger/*W. Wiegand* (2011) § 929 Rn. 68 f.; NK-BGB/*Meller-Hannich* § 929 Rn. 55.
194 MüKoBGB/*Oechsler* § 929 Rn. 63; *Westermann/Gursky/Eickmann* SachenR § 38 Rn. 7.
195 *Westermann/Gursky/Eickmann* SachenR § 38 Rn. 7.
196 Dazu eing. *Damrau* JuS 1978, 519 (520 f.).

oder Nichtvorliegen des Einverständnisses des Veräußerers schließen lassen, zu ermitteln. Es muss der Wille des Veräußerers erkennbar sein, die Besitzbegründung gerade zum Zweck der Eigentumsübertragung zu erlauben (Motivation). In der Regel wird von der Wegnahmegestattung auszugehen sein, solange der Wille des Veräußerers darauf gerichtet ist, Eigentum zu übertragen, dh solange er auch an der dinglichen Einigung festhalten will,[197] diese also nicht widerrufen hat.

Allein die Gestattung der Besitzergreifung kann danach noch nicht als Übergabe gelten.[198] Ebenso wenig ist eine Wegnahmegestattung ausreichend, die nur Ausdruck des Willens ist, verbotene Eigenmacht auszuschließen.[199] Das gilt insbesondere für die vertraglich vereinbarte Wegnahmeberechtigung, die häufig in Sicherungsverträgen zu finden ist und idR nicht auf die Besitzlage abzielt. Die Klauseln in Sicherungsverträgen betreffen eine andere Ausgangslage, weil die Parteien hier bereits vom Eigentumserwerb des Sicherungsnehmers nach § 930 BGB ausgehen, sodass die einseitige Besitzergreifung durch den Sicherungsnehmer gar nicht zum Eigentumserwerb führen soll.[200]

k) Besitzaufgabe des Veräußerers (G)

Für eine Übergabe nach § 929 S. 1 BGB muss der Veräußerer jeden eigenen Besitz 35
aufgeben.[201] Die Einräumung von Mitbesitz des Erwerbers genügt daher nicht.[202]

Die Übertragung von Alleineigentum unter Beibehaltung von Mitbesitz des Veräußerers ist nur bei der Vereinbarung eines Übergabesurrogats nach § 930 BGB (Begründung eines Besitzmittlungsverhältnisses) möglich. Über § 929 S. 1 BGB kann der Veräußerer, der auch nach der Übereignung weiterhin Mitbesitz haben will, dem Erwerber nur Miteigentum übertragen. Die Übertragung von Alleineigentum kann so uU in eine Übertragung von Miteigentum umgedeutet werden, wenn ein entsprechender Wille der Parteien nachgewiesen werden kann (§§ 139, 140 BGB).[203]

l) Fehlen der Übergabe (G)

Wurde dem Erwerber kein Besitz an der Sache eingeräumt, so ist die Übereignung 36
grundsätzlich unwirksam. Ausnahmsweise hindert das Fehlen der Übergabe den Eigentumserwerb nicht, wenn diese entweder entbehrlich ist, weil sich die Sache bereits im Besitz des Erwerbers befindet (§ 929 S. 2 BGB) oder weil sie durch die gesetzlichen Übergabesurrogate ersetzt werden kann (§§ 930, 931 BGB).

---

197 Staudinger/*W. Wiegand* (2011) § 929 Rn. 69: Die Wegnahmegestattung ist praktisch schwer von der Einigung zu trennen.

198 RGZ 153, 257 (261); Erman/*Bayer* § 929 Rn. 20; *Damrau* JuS 1978, 519 (520 f.); *Deutsch* JZ 1978, 385 (386).

199 MüKoBGB/*Quack*, 4. Aufl. 2004, § 929 Rn. 139 f.; Staudinger/*W. Wiegand* (2011) § 929 Rn. 68.

200 Vgl. Staudinger/*W. Wiegand* (2011) § 929 Rn. 70. So hat BGHZ 67, 207 (209) = NJW 1977, 42 (43) die Besitzergreifung trotz Gestattung der Wegnahme als für einen Eigentumserwerb nicht ausreichend erachtet, weil der Eigentümer zum Zeitpunkt der Besitzergreifung keine Kenntnis von der »Inbesitznahme« hatte. Die Übergabe sei vielmehr als willensgetragenes Geben und Nehmen zu verstehen. In der abstrakten (formularvertraglichen) Wegnahmegestattung könne nur der Ausschluss verbotener Eigenmacht gesehen werden. Dazu *Deutsch* JZ 1978, 385 (385 f.).

201 MüKoBGB/*Oechsler* § 929 Rn. 53.

202 BGH NJW 1979, 714; Palandt/*Bassenge* § 929 Rn. 17, 11; *Wolf/Wellenhofer* SachenR § 7 Rn. 7.

203 BGH LM Nr. 19 zu § 932.

m) Entbehrlichkeit der Übergabe (§ 929 S. 2 BGB): brevi manu traditio (G)

37 Entspricht die Besitzlage schon der künftigen Eigentumszuordnung, wäre die Übergabe sinnlose Förmelei. Ist also der Erwerber zum Zeitpunkt der dinglichen Einigung bereits im Besitz der Sache, genügt für die Übereignung die bloße rechtsgeschäftliche Einigung[204] über den Eigentumsübergang, sog. brevi manu traditio oder Übergabe kurzer Hand. Es kommt nicht darauf an, ob der Veräußerer die bestehende Besitzlage selbst geschaffen hat.[205] Soweit der Veräußerer noch eine Besitzposition innehat (mittelbaren Besitz oder Mitbesitz), muss er diese aufgeben.[206]

Der Erwerber kann sich zum Eigentumserwerb auch eines Vertreters bedienen, der bereits unmittelbarer Besitzer ist.

Beispielsfälle:
a) A hat von B ein Motorrad zunächst geliehen, dann erwirbt er es zum Eigentum.
b) A hat von B ein Fahrrad geliehen, das dem C außerordentlich gefällt. C bittet A, das Fahrrad für ihn zu erwerben.

Für die Einigung gilt das zu § 929 S. 1 BGB Ausgeführte, weil es sich bei beiden Erwerbstatbeständen um dasselbe Rechtsgeschäft handelt; § 929 S. 2 BGB enthält nur eine Modifikation des Erwerbstatbestands des § 929 S. 1 BGB.[207]

aa) Möglichkeit antizipierter Einigung

Im Gegensatz zur Übereignung nach §§ 929 S. 1, 854 II BGB ist eine vorweggenommene Einigung bei der Übereignung nach § 929 S. 2 BGB zwar schwer vorstellbar, weil vorausgesetzt wird, dass die bestehende Besitzlage die Übergabe überflüssig macht.[208] Allerdings wird überwiegend angenommen, dass auch bei § 929 S. 2 BGB eine antizipierte Einigung zulässig ist, soweit sich die Parteien noch zur Zeit der Besitzerlangung über den Eigentumsübergang einig sind.[209]

bb) Mittelbarer Besitz des Erwerbers

Wie bei § 929 S. 1 BGB muss bei § 929 S. 2 BGB für die bestehende Besitzlage genügen, dass der Erwerber mittelbarer Besitzer ist, weil ihm der Dritte den Besitz tatsächlich vermittelt.[210] Der Besitzmittler darf nur nicht der Veräußerer sein und zudem nicht den Besitz zurückbehalten.[211]

Beispielsfall: A leiht sich von Eigentümer B ein Sachenrechtsbuch, das er an C für dessen Hausarbeit weiterverleiht. Später fragt B den A, ob dieser das Buch erwerben möchte. A nimmt das Angebot erfreut an. Er kann Eigentum an dem Buch über § 929 S. 2 BGB erwerben, da er bereits mittelbaren Besitz (wenn auch bisher nur als Fremdbesitz) innehat.

---

204 Vgl. zum Sonderfall der Übereignung eines Anwartschaftsrechts beim Eigentumsvorbehalt § 11 Rn. 49.
205 Staudinger/*W. Wiegand* (2011) § 929 Rn. 123.
206 MüKoBGB/*Oechsler* § 929 Rn. 53.
207 Staudinger/*W. Wiegand* (2011) § 929 Rn. 119 f.
208 Staudinger/*W. Wiegand* (2011) § 929 Rn. 120.
209 Staudinger/*W. Wiegand* (2011) § 929 Rn. 120; *Baur/Stürner* SachenR § 51 Rn. 20; *Westermann/Gursky/Eickmann* SachenR § 38 Rn. 17; aA *Wolff/Raiser* SachenR § 66 II; MüKoBGB/*Oechsler* § 929 Rn. 83, 86.
210 BGHZ 161, 90 (109) = BGH NJW 2005, 359 (363); MüKoBGB/*Oechsler* § 929 Rn. 83.
211 BGHZ 161, 90 (109) = BGH NJW 2005, 359 (363); jurisPK-BGB/*Beckmann* § 929 Rn. 57.

cc) Übereignung an Besitzdiener des Veräußerers

Die Übereignung an den Besitzdiener des Veräußerers kann nach überwiegender Ansicht[212] nicht durch bloße Einigung nach § 929 S. 2 BGB erfolgen, da der Besitzdiener keine besitzrechtliche Position innehabe. Erforderlich sei vielmehr eine Übereignung unter den Voraussetzungen des § 929 S. 1 BGB. Für die Übergabe genüge dann der Verzicht des Veräußerers auf die Weisungsbefugnis.[213]

5. Übergabesurrogat: Vereinbarung eines Besitzkonstituts (§ 930 BGB)

a) Bedeutung der Übereignung durch Besitzkonstitut (§§ 929 S. 1, 930 BGB) (G)

In zahlreichen Lebenssituationen sind Übereignungen unter Verschaffung unmittel- 38
barer Sachherrschaft des Erwerbers (§ 929 BGB) aus verschiedenen, vor allem praktischen Gründen schwer durchführbar.[214] § 930 BGB eröffnet die Möglichkeit, Eigentum an einer Sache unter Beibehaltung des unmittelbaren Besitzes des Veräußerers und Einräumung mittelbaren Besitzes des Erwerbers zu übertragen. Der Veräußerer kann die veräußerte Sache zur eigenen Nutzung oder Veränderung behalten. Hierin liegt eine wesentliche Erleichterung der Eigentumsübertragung gegenüber dem Grundtatbestand des § 929 S. 1 BGB.

Die Bedeutung des § 930 BGB liegt darin, dass die Beteiligten ihre Beziehungen in erheblichem Umfang frei gestalten können. Von dieser Norm ist daher auch die Entwicklung des Sicherungseigentums ausgegangen.[215] Bei der Sicherungsübereignung[216] verbleibt die Sache zwecks Nutzungsmöglichkeit beim Veräußerer, während das Eigentum auf den Erwerber übergeht. Sie ist also der umgekehrte Fall zum Eigentumsvorbehalt, bei dem die Sache dem Erwerber übergeben wird, das Eigentum zur Sicherheit aber beim Veräußerer verbleibt. § 930 BGB ermöglicht ferner den Eigentumserwerb unter Ehegatten[217] sowie die Übertragung erst künftig zu erwerbender Sachen durch Vereinbarung eines antizipierten Besitzkonstituts.

Der Eigentumsübergang ist für Dritte nicht erkennbar. Zugunsten leichterer Verfügbarkeit über das Eigentum verzichtet das Gesetz weitgehend auf Offenkundigkeit. Die Übereignung durch Besitzkonstitut ist daher eine gesetzlich zugelassene *Durchbrechung des Traditions- und Publizitätsprinzips*.[218]

---

212 Soergel/*Henssler* § 929 Rn. 75; Staudinger/*W. Wiegand* (2011) § 929 Rn. 125; aA MüKoBGB/*Quack*, 4. Aufl. 2004, § 929 Rn. 158, demzufolge der Besitzdiener wie ein unmittelbarer Besitzer zu behandeln sei. Eine gleichzeitige Einigung nach § 854 II BGB zu fordern, sei formalistisch.

213 Streitig ist, ob noch eine Einigung gem. § 854 II BGB erforderlich ist. *Baur/Stürner* SachenR § 51 Rn. 14; *Westermann/Gursky/Eickmann* SachenR § 38 Rn. 8; *Wolff/Raiser* SachenR § 11 III halten dies für überflüssige Förmelei, denn der Verzicht komme dieser Einigung nahe. Für eine zusätzliche Einigung nach §§ 929 I, 854 II BGB treten ein RGZ 137, 23 (25); RGRK/*Pikart* § 929 Rn. 61. Siehe zu § 986 II BGB analog → § 7 Rn. 25 f.

214 MüKoBGB/*Quack*, 4. Aufl. 2004, § 930 Rn. 1.

215 MüKoBGB/*Oechsler* § 930 Rn. 2.

216 → § 12 Rn. 1.

217 BGHZ 73, 253 (257).

218 MüKoBGB/*Oechsler* § 930 Rn. 3; *Westermann/Gursky/Eickmann* SachenR § 39 Rn. 1. → § 1 Rn. 8 f.

b) Voraussetzungen der Übereignung durch Besitzkonstitut (§§ 929 S. 1, 930 BGB) (G)

39 § 930 BGB enthält einen systematisch verselbstständigten Erwerbstatbestand. Er nimmt auf die Voraussetzungen des § 929 S. 1 BGB Bezug und ersetzt lediglich die Übergabe durch die Vereinbarung eines Besitzmittlungsverhältnisses.[219] Bis auf die Übergabe gelten damit die bereits zu § 929 S. 1 BGB genannten Voraussetzungen.

Vorbedingung der Anwendbarkeit des § 930 BGB ist der Besitz des Veräußerers an der zu übereignenden Sache, weil das Besitzmittlungsverhältnis anderenfalls nicht begründet werden könnte. Es soll aber genügen, dass der Veräußerer in dem Zeitpunkt Besitz erlangt, in dem das Eigentum auf den Erwerber übergeht.[220]

Die *Voraussetzungen* des Eigentumserwerbs nach §§ 929 S. 1, 930 BGB sind:

- (1) rechtsgeschäftliche Einigung über den Eigentumsübergang (§ 929 S. 1 BGB);
- (2) Vereinbarung eines Besitzmittlungsverhältnisses iSd § 868 BGB, aufgrund dessen der Veräußerer dem Erwerber den Besitz mittelt (§ 930 BGB);
- Einigsein im Zeitpunkt der Vereinbarung des Besitzmittlungsverhältnisses (letzte Erwerbsvoraussetzung) (§ 929 S. 1 BGB);
- (3) Verfügungsbefugnis des Veräußerers.

c) Inhalt des Besitzkonstituts (G)

40 Gegenstand der die Übergabe ersetzenden Vereinbarung (Besitzkonstitut[221]) muss nach überwiegender Meinung[222] ein *konkretes* Besitzmittlungsverhältnis sein. Nach der Gegenauffassung[223] genügt ein abstraktes Rechtsverhältnis, weil sich die Ernsthaftigkeit des Eigentumsübertragungswillens auch darin hinreichend manifestiere.

d) Besitz des Veräußerers (§§ 929 S. 1, 930 BGB) (V)

41 Für die Veräußerung unter Vereinbarung eines Besitzkonstituts ist unerheblich, ob der Veräußerer unmittelbarer oder mittelbarer Besitzer ist.[224] Maßgeblich ist allein, dass er den Erwerber nach der Vereinbarung des Besitzkonstituts als Oberbesitzer anerkennt und diesem den Besitz mittelt. Ist der Veräußerer nur mittelbarer Besitzer, wird der Erwerber mit der Übereignung mittelbarer Eigenbesitzer zweiten Grades, der Veräußerer mittelbarer Fremdbesitzer (ersten Grades) und der Dritte unmittelbarer Fremdbesitzer (vgl. § 871 BGB).[225]

---

219 MüKoBGB/*Oechsler* § 930 Rn. 1; PWW/*Prütting* § 930 Rn. 1.

220 Staudinger/*W. Wiegand* (2011) § 930 Rn. 8.

221 → § 2 Rn. 29.

222 RGZ 49, 170 (173); 54, 396; 98, 131 (133); 132, 183 (186); BGH NJW 1953, 217 (218); Palandt/*Bassenge* § 868 Rn. 6; MüKoBGB/*Oechsler* § 930 Rn. 16; *Baur/Stürner* SachenR § 51 Rn. 22; *Wolff/Raiser* SachenR § 67 I 1 (Fn. 4); *Petersen* Jura 2002, 160 (163); auch NK-BGB/*Meller-Hannich* § 930 Rn. 11, der keine nennenswerten Unterschiede zur Gegenauffassung erkennen mag.

223 MüKoBGB/*Oechsler* § 930 Rn. 14 ff.; Staudinger/*W. Wiegand* (2011) § 930 Rn. 18 ff., 25; AK-BGB/*Reich* §§ 930, 931 Rn. 7; Bamberger/Roth/*Kindl* § 930 Rn. 5; *Medicus/Petersen* BürgerlR Rn. 491; vgl. auch *Wilhelm* SachenR Rn. 905.

224 MüKoBGB/*Oechsler* § 930 Rn. 8; Staudinger/*W. Wiegand* (2011) § 930 Rn. 9; PWW/*Prütting* § 930 Rn. 3.

225 Soergel/*Henssler* § 930 Rn. 7; Soergel/*Stadler* § 871 Rn. 2; Palandt/*Bassenge* § 930 Rn. 7.

Beispielsfall: V hat seine Zeltausrüstung an B verliehen. E will diese erwerben und einigt sich mit V unter Abschluss eines Besitzmittlungsverhältnisses über den Eigentumsübergang. E wird mittelbarer Eigenbesitzer zweiten Grades; V wird vom mittelbaren Eigenbesitzer zum mittelbarer Fremdbesitzer ersten Grades. B bleibt unmittelbarer Fremdbesitzer.

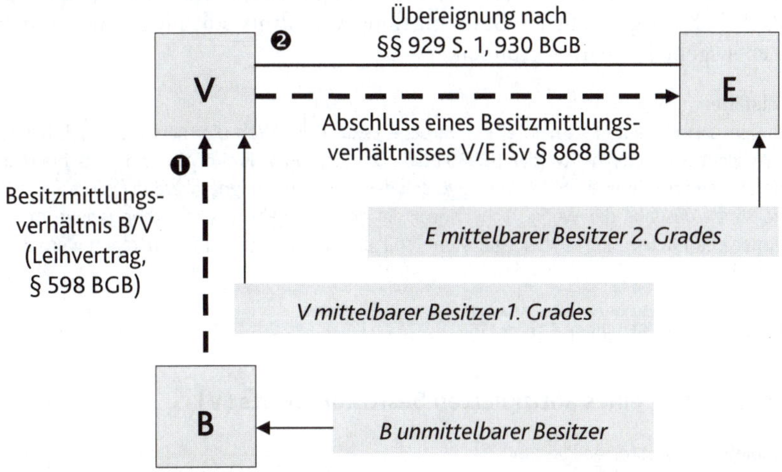

Beim mittelbaren Besitz des Veräußerers hat dieser die Wahl zwischen der Übereignung unter Vereinbarung eines Besitzkonstituts (§ 930 BGB) und der Übereignung unter Abtretung des Herausgabeanspruchs gegen den unmittelbaren Besitzer (§ 931 BGB)[226]. Demgemäß entsteht entweder zweifach gestufter Besitz, oder der Veräußerer scheidet aus der Besitzkette aus.[227]

e) Bestehen eines gesetzlichen Besitzmittlungsverhältnisses (V)

§ 930 BGB setzt seinem Wortlaut nach die »Vereinbarung« eines Besitzmittlungs- 42
verhältnisses voraus. Es sind aber Fallgestaltungen denkbar, bei denen zwischen den Beteiligten der Übereignung bereits ein – gesetzliches – Besitzmittlungsverhältnis besteht. Nach heute einhelliger Auffassung setzt § 930 BGB nicht den Abschluss eines Besitzmittlungsverhältnisses voraus, sondern lediglich das Bestehen einer Besitzlage, nach der der Veräußerer als Besitzmittler den Oberbesitz des Erwerbers künftig anerkennt. Besteht schon ein gesetzliches Besitzkonstitut, entspricht die Besitzlage bereits der angestrebten Neuzuordnung des Eigentums, soweit der zu erwerbende Gegenstand in das Besitzkonstitut aufgenommen werden soll.[228] Wird auf das bestehende Besitzmittlungsverhältnis bewusst Bezug genommen, ist für einen Erwerb nach §§ 929 S. 1, 930 BGB allein die dingliche Einigung erforderlich.[229]

226 → § 4 Rn. 47 ff.

227 Staudinger/*W. Wiegand* (2011) § 930 Rn. 9. → § 7 Rn. 25 f. zu § 986 II BGB analog.

228 Vgl. RGZ 108, 122 (123 f.); Staudinger/*W. Wiegand* (2011) § 930 Rn. 26; Erman/*Bayer* § 930 Rn. 5; Jauernig/*Berger* § 930 Rn. 14; NK-BGB/*Meller-Hannich* § 930 Rn. 20; *Baur/Stürner* SachenR § 51 Rn. 24; jurisPK-BGB/*Beckmann* § 930 Rn. 16.

229 BGH NJW 1989, 2542 (2543 f.); diff. MüKoBGB/*Oechsler* § 930 Rn. 20; Staudinger/*W. Wiegand* (2011) § 930 Rn. 26 ff.; *Westermann/Gursky/Eickmann* SachenR § 39 Rn. 9, die wie bei § 929 S. 2 BGB eine schlichte Einigung genügen lassen wollen.

Auf diese Weise können zB Eltern ihrem Kind Vermögensgegenstände, die sich im gemeinsamen Haushalt befinden, durch Insichgeschäft (§ 181 BGB) übereignen.[230] Eheleute können die im Miteigentum und Mitbesitz befindlichen Haushaltsgegenstände zu Alleineigentum übertragen. Die Übereignung von persönlichen Gegenständen, an denen Alleinbesitz besteht, erfolgt demgegenüber idR nach § 929 S. 1 oder S. 2 BGB.[231] Kein gesetzliches Besitzmittlungsverhältnis soll hingegen die nichteheliche Lebensgemeinschaft begründen.[232]

Beispielsfälle:

a) Das von den Eheleuten gemeinsam erworbene Lexikon im Wohnzimmerschrank soll der Frau zu Alleineigentum übereignet werden (§ 930 BGB). Das Lexikon bleibt im Wohnzimmerschrank stehen.
b) Eine CD, die im Schreibtisch der Frau liegt, soll dem Mann übereignet werden (§ 929 S. 1 BGB).
c) Eine Sonderausgabe der Werke Tschechows, die der Frau gehört, aber schon länger im Arbeitszimmer des Mannes im Bücherregal steht, soll diesem zu Eigentum übertragen werden (§ 929 S. 2 BGB).

Fallbeispiel: »Die großzügigen Eltern«[233]

f) Vereinbarung eines antizipierten Besitzkonstituts (V)

43 **Fallbeispiel:** »Die zerstörten Fliesen«[234]

Aus Gründen des vereinfachten Warenverkehrs besteht in der Wirtschaft häufig das Bedürfnis nach Übereignung noch nicht existenter, insbesondere noch zu produzierender oder vom Veräußerer noch zu erwerbender Sachen. In diesen Fällen kann die für die Übereignung erforderliche Übergabe nur durch Vereinbarung eines sog. antizipierten Besitzkonstituts[235] erfolgen.

In der Praxis wird die Vereinbarung eines antizipierten Besitzkonstituts häufig mit einer antizipierten Einigung[236] verbunden, um die Eigentumsübertragung insgesamt vorwegzunehmen.[237] Das Eigentum an der Sache geht auf den Erwerber in dem Augenblick über, in dem die Voraussetzungen der §§ 929 S. 1, 930 BGB vorliegen: Das ist der Fall, wenn der Veräußerer Besitz und Eigentum an der Sache von einem Dritten erworben hat. Konstruktiv findet für eine juristische Sekunde ein Durchgangserwerb des Veräußerers statt. Während dieses Moments kann das Eigentum in der Person des Veräußerers mit Rechten Dritter belastet werden, zB mit einem Vermieterpfandrecht.[238]

230 Staudinger/*W. Wiegand* (2011) § 930 Rn. 26 ff.
231 *Baur/Stürner* SachenR § 51 Rn. 25.
232 OLG München NJW 2013, 3525 (3526) mwN; aA MüKoBGB/*Oechsler* § 930 Rn. 21. IE → § 2 Rn. 32.
233 *Vieweg/Röthel* Fälle SachenR Fall 4.
234 *Vieweg/Röthel* Fälle SachenR Fall 7.
235 → § 2 Rn. 30.
236 → § 4 Rn. 8.
237 MüKoBGB/*Oechsler* § 930 Rn. 24; Staudinger/*W. Wiegand* (2011) § 930 Rn. 30.
238 Soergel/*Henssler* § 930 Rn. 16; Staudinger/*W. Wiegand* (2011) § 930 Rn. 33; *Westermann/Gursky/Eickmann* SachenR § 39 Rn. 13.

g) Ausführungshandlung beim antizipierten Besitzkonstitut? (V)

Bei der Übereignung aufgrund eines antizipierten Besitzkonstituts wird der Eigentumswechsel nach außen nicht deutlich. Aus Publizitätsgründen könnte daher im Zeitpunkt des Besitzerwerbs eine Ausführungshandlung des Veräußerers notwendig sein, die dessen Willen zum Ausdruck bringt, nicht für sich, sondern für den Erwerber besitzen zu wollen. Dieser Ansicht war noch das Reichsgericht, das die Erkennbarkeit des Eigentumswechsels forderte.[239] 44

Nach heute überwiegender Ansicht[240] ist ein Publizitätserfordernis jedoch mit Wesen und Zweck der Übergabesurrogate nicht vereinbar. Die §§ 930, 931 BGB seien unter bewusstem Verzicht auf die Offenkundigkeit in das Gesetz aufgenommen worden. Die Forderung nach Publizität würde zudem die Verlässlichkeit einer vorweggenommenen Besitzmittlungsvereinbarung in Frage stellen.[241]

Eine Ausführungshandlung kann bei der insgesamt vorweggenommenen Eigentumsübertragung jedoch aus ganz anderen Gründen notwendig werden: In Einzelfällen muss nämlich erkennbar gemacht werden, welche Sachen dem Erwerber gehören sollen. Die Ausführungshandlung dient dann der Herstellung der notwendigen sachenrechtlichen Bestimmtheit des dinglichen Verfügungsgeschäfts (*Bestimmtheitsgrundsatz*), insbesondere der Einigung. Ausführungshandlungen können sein: die Aufnahme in Register und Verzeichnisse oder die Verbringung der Sachen in bestimmte Räume.[242]

h) Vereinbarung eines Besitzkonstituts durch Insichkonstitut (V)

Ein Besitzmittlungsverhältnis kann auch durch Vereinbarung eines Insichkonstituts geschlossen werden.[243] 45

Das Insichkonstitut erlangt praktische Bedeutung vor allem in den Fällen der auf einen schnellen Eigentumsübergang auf den »Hintermann« abzielenden mittelbaren Stellvertretung (Geschäftsbesorgung für andere). Der Anwendungsbereich des Insichkonstituts liegt wie beim antizipierten Besitzkonstitut damit hauptsächlich im Eigentumserwerb künftig zu beschaffender Sachen. Praktisch wird es in Fällen eingesetzt, in denen ein antizipiertes Besitzkonstitut nicht in Betracht kommt, etwa beim Kommissionsgeschäft (§§ 383 ff. HGB).[244]

---

239 RGZ 73, 415 (418); 140, 223 (231).

240 BGHZ 73, 253 (257); MüKoBGB/*Oechsler* § 930 Rn. 25; Staudinger/*W. Wiegand* (2011) § 930 Rn. 32; jurisPK-BGB/*Beckmann* § 930 Rn. 20; *Baur/Stürner* SachenR § 51 Rn. 31; *Serick* Eigentumsvorbehalt II § 20 II 2; *Westermann/Gursky/Eickmann* SachenR § 39 Rn. 12.

241 *Westermann/Gursky/Eickmann* SachenR § 39 Rn. 12.

242 Soergel/*Henssler* § 930 Rn. 18; NK-BGB/*Meller-Hannich* § 930 Rn. 14 f.; *Westermann/Gursky/Eickmann* SachenR § 39 Rn. 12; *Baur/Stürner* SachenR § 51 Rn. 31.

243 → § 2 Rn. 31.

244 Staudinger/*W. Wiegand* (2011) § 930 Rn. 34; *Baur/Stürner* SachenR § 51 Rn. 30; *Westermann/Gursky/Eickmann* SachenR § 39 Rn. 14 mit der Begründung, der Kommissionär handele grundsätzlich im eigenen Namen. Damit sei davon auszugehen, dass er das Eigentum für sich erwerben wolle, seine dem Kommittenten gegenüber obliegende Verpflichtung zB zur Eigentumsübertragung (siehe § 384 II Hs. 2 HGB) erfülle er dann im Wege des Insichgeschäfts.

Zusätzlich muss der Übereignungswille äußerlich in Erscheinung treten. Es bedarf also – anders als beim antizipierten Besitzkonstitut – einer Ausführungshandlung.[245]

Wegen der Abhängigkeit des Abschlusses des Besitzmittlungsverhältnisses vom Willen des Veräußerers steht beim Insichkonstitut der Zeitpunkt einer möglichen Weiterveräußerung (soweit auch eine antizipierte Einigung abgeschlossen wurde) zu dessen Disposition. Beim antizipierten Besitzkonstitut hingegen geht das Eigentum automatisch mit Durchgangserwerb des Veräußerers auf den Erwerber über.

i) Dingliche Einigung und Besitzkonstitut als Geschäftseinheit iSv § 139 BGB? (V)

46 Dingliche Einigung und Vereinbarung des Besitzkonstituts bilden bei der Übereignung nach § 930 BGB einen einheitlichen Vorgang. Die Unwirksamkeit der dinglichen Einigung könnte daher auch die Vereinbarung des Besitzkonstituts erfassen, vorausgesetzt, beide Vereinbarungen wären als Geschäftseinheit iSv § 139 BGB anzusehen.[246] Gegen dessen Anwendbarkeit spricht jedoch die vorgesehene Rechtsfolge: Die »Nichtigkeit« ist für Realakte wie die Übergabe nicht passend.

Die Unanwendbarkeit des § 139 BGB hat zur Folge, dass die Vereinbarung des Besitzkonstituts bei Unwirksamkeit der Einigung nicht zum gewünschten Erfolg der Übereignung führt. Das Besitzkonstitut ist aber der Auslegung zugänglich und kann danach losgelöst von der dinglichen Einigung als wirksam angesehen werden. Dieses Ergebnis entspricht der Interessenlage. Im Hauptanwendungsfall dieser Konstellation – der Sicherungsübereignung – wollen die Beteiligten ein Höchstmaß an Sicherheit erreichen, sodass sich die dingliche Einigung oftmals in eine solche auf sicherungsweise Abtretung eines Anwartschaftsrechts analog § 930 BGB umdeuten lässt (§ 140 BGB). Diese setzt aber gerade die Wirksamkeit des Besitzkonstituts voraus.[247]

6. Übergabesurrogat: Abtretung des Herausgabeanspruchs (§ 931 BGB)

a) Praktische Bedeutung und Besitzlage bei der Übereignung durch Abtretung des Herausgabeanspruchs (§§ 929 S. 1, 931 BGB) (G)

47 **Fallbeispiel:** »Der Drehkran«[248]

§ 931 BGB dient dem praktischen Bedürfnis, Eigentum zB an eingelagerten Gegenständen (Warenbestand) übereignen zu können, ohne dass der Veräußerer die Waren zunächst im Lager abholen muss, um sie zu übergeben. Er kann stattdessen seinen Herausgabeanspruch (zB gegen den Verwahrer) an den Erwerber abtreten.

245 RGZ 139, 115 (117); NK-BGB/*Meller-Hannich* § 930 Rn. 18; *Baur/Stürner* SachenR § 51 Rn. 30.

246 *Wolff/Raiser* SachenR § 67 I 1; zur Kritik vgl. *Gursky* Fälle und Lösungen SachenR Fall 8 Rn. 129.

247 Vgl. zu Einzelheiten der »Geschäftseinheit« bei der Sicherungsübereignung *Westermann/Gursky/Eickmann* SachenR § 44 Rn. 16 f. mwN; → § 12 Rn. 17.

248 *Vieweg/Röthel* Fälle SachenR Fall 8.

Die Übereignung gem. §§ 929 S. 1, 931 BGB kann bei *folgenden Besitzkonstellationen* erfolgen:

- Der Veräußerer ist mittelbarer Besitzer und ein Dritter ist Eigen-, Fremd-, mittelbarer oder unmittelbarer Besitzer der Sache. Lediglich die Stellung als Besitzdiener ist nicht ausreichend. Entscheidend ist, dass der unmittelbare Besitzer irgendwann zur Herausgabe der Sache an den Eigentümer verpflichtet ist. An einem solchen Erwerb nach §§ 929 S. 1, 931 BGB sind – rechnet man noch den Erwerber hinzu – also drei Personen beteiligt.
- § 931 BGB erfasst nach überwiegender Meinung aber auch den Fall, dass der Veräußerer keinerlei besitzrechtliche Position innehat, unabhängig davon, ob ein Dritter im Besitz der Sache ist (zB der Dieb) oder überhaupt niemand.[249]

§ 931 BGB enthält somit zwei Tatbestände, die sich durch den Besitz des Veräußerers voneinander unterscheiden.[250]

Dass der Veräußerer nicht unmittelbarer Besitzer sein darf, ergibt sich nicht nur daraus, dass ansonsten nach dem Grundtatbestand des § 929 S. 1 BGB übereignet werden könnte und dass § 931 BGB wegen der Abtretung ein Dreipersonenverhältnis voraussetzt, sondern primär daraus, dass § 931 BGB die völlige Loslösung des Veräußerers von der Sache verlangt. Beim unmittelbaren Besitz des Veräußerers wäre das nicht möglich. Allein beim Übergabesurrogat nach § 930 BGB verbleibt dem Veräußerer eine besitzrechtliche Position.[251]

b) Voraussetzungen der Übereignung durch Abtretung des Herausgabeanspruchs – Grundtatbestand der §§ 929 S. 1, 931 BGB (G)

Der Eigentumserwerb gem. §§ 929 S. 1, 931 BGB setzt im Einzelnen voraus: 48

- rechtsgeschäftliche Einigung über den Eigentumsübergang (§ 929 S. 1 BGB);
- Abtretung (auch formlos) des Herausgabeanspruchs (§§ 870, 398, 931 BGB);
- Verlust jeglichen Besitzes an der Sache aufseiten des Veräußerers (§ 931 BGB);
- Einigsein im Zeitpunkt der Abtretung des Herausgabeanspruchs (§ 929 S. 1 BGB);
- Verfügungsbefugnis des Veräußerers.

c) Voraussetzungen und Konsequenzen der Abtretung (§§ 398 ff. BGB) (G)

Die Abtretung richtet sich gem. § 413 BGB entsprechend den allgemeinen Regeln der 49
§§ 398 ff. BGB.[252] Die Einigung über den Anspruchsübergang ist von der dinglichen Einigung über die Eigentumsübertragung zu unterschieden, fällt aber meist mit ihr zusammen.[253] Sie unterliegt damit keinem Formzwang und geschieht ohne jede Offenlegung (*Durchbrechung des sachenrechtlichen Publizitätsprinzips*). Den Parteien ist grundsätzlich freigestellt, Abtretungsverbote zu vereinbaren.[254] Solche Verein-

249 → § 4 Rn. 52.

250 Palandt/*Bassenge* § 931 Rn. 2; *Baur/Stürner* SachenR § 51 Rn. 35; der Sache nach: MüKoBGB/*Oechsler* § 931 Rn. 9; Soergel/*Henssler* § 931 Rn. 5; *Westermann/Gursky/Eickmann* SachenR § 40 Rn. 2 ff.; *Avenarius* JZ 1994, 511 (511 f.).

251 *Westermann/Gursky/Eickmann* SachenR § 40 Rn. 3.

252 Erman/*Bayer* § 931 Rn. 5; Staudinger/*W. Wiegand* (2011) § 931 Rn. 19; Palandt/*Bassenge* § 931 Rn. 4; Bamberger/Roth/*Kindl* § 931 Rn. 7; *Westermann/Gursky/Eickmann* SachenR § 40 Rn. 8.

253 Bamberger/Roth/*Kindl* § 929 Rn. 7.

254 MüKoBGB/*Oechsler* § 931 Rn. 20; Staudinger/*W. Wiegand* (2011) § 931 Rn. 23.

barungen verstoßen nicht gegen § 137 BGB; sie stellen vielmehr zulässige Inhaltsbestimmungen des Rechts dar,[255] soweit nicht die Verfügungsmacht über das Eigentum ganz ausgeschlossen wird. Das wäre nur dann der Fall, wenn die Veräußerung nach § 931 BGB die einzige Möglichkeit der Übereignung darstellen und die Vereinbarung gerade darauf abzielen würde, diese Möglichkeit abzuschneiden.[256]

Infolge der Abtretung des Herausgabeanspruchs gehen der mittelbare Besitz und das Eigentum auf den Erwerber über. Der Anspruch des Veräußerers aus § 985 BGB erlischt und lebt beim Erwerber wieder auf. Dingliche und schuldrechtliche Rechte des unmittelbaren Besitzers sowie alte Einwendungen bleiben erhalten (§§ 986 II, 936 III BGB).[257]

d) Inhalt des Herausgabeanspruchs (G)

50 Der abzutretende Herausgabeanspruch muss dem Erwerber das Recht auf Erlangung des unmittelbaren Besitzes und auf Verbringung der Sache in seine Verfügungsgewalt gewähren.[258] Der Besitz kann durch Übergabe der Sache, durch Abtretung entsprechender Ansprüche oder durch Duldung der Wegnahme der Sache erlangt werden.[259] Je nach Besitzlage und Situation bezieht sich der Herausgabeanspruch auf eine dieser Varianten. Der Herausgabeanspruch muss noch nicht fällig sein; auch die Abtretung künftiger Ansprüche genügt.[260] Mit Entstehung des Anspruchs geht das Eigentum über, wenn die Einigung so lange fortbesteht. Die für die Abtretung in Frage kommenden Ansprüche sind solche Ansprüche, die auch für die Übertragung des mittelbaren Besitzes gem. § 870 BGB in Betracht zu ziehen sind.[261]

e) Abtretung des Vindikationsanspruchs (§ 985 BGB) (V)

51 Auch der Vindikationsanspruch gem. § 985 BGB entspräche an sich den inhaltlichen Anforderungen des abtretbaren Anspruchs iSd § 931 BGB.[262] Anerkannt ist, dass der mittelbare Besitz dann auf dem Vindikationsanspruch beruht, wenn weder ein wirksames Besitzmittlungsverhältnis noch sonstige gesetzliche Herausgabeansprüche bestehen.[263] Erwägt der Eigentümer in einem solchen Fall – zB bei gestohlenen Sachen – die Übertragung des Eigentums, bleibt ihm nur die Möglichkeit der Übereignung nach §§ 929 S. 1, 931 BGB. Die bestehende Besitzlage entspricht der von § 931 BGB vorausgesetzten Situation des unmittelbaren Besitzes eines Dritten neben Veräußerer und Erwerber.

---

255 BGHZ 19, 355 (359); 40, 156 (160 f.); Staudinger/*Kohler* (2011) § 137 Rn. 17; Staudinger/*W. Wiegand* (2011) § 931 Rn. 23.

256 AK-BGB/*Reich* §§ 930, 931 Rn. 11; Staudinger/*W. Wiegand* (2011) § 931 Rn. 23; NK-BGB/*Meller-Hannich* § 931 Rn. 7a; Palandt/*Bassenge* § 931 Rn. 4.

257 → § 7 Rn. 24.

258 RGZ 69, 36 (43).

259 MüKoBGB/*Quack*, 4. Aufl. 2004, § 931 Rn. 7 f.

260 Palandt/*Bassenge* § 931 Rn. 3, 5; Bamberger/Roth/*Kindl* § 931 Rn. 3.

261 MüKoBGB/*Joost* § 870 Rn. 4; Staudinger/*W. Wiegand* (2011) § 931 Rn. 11. → § 2 Rn. 35.

262 Dies entspricht vor allem der Vorstellung des Gesetzgebers, wiedergegeben in RGZ 52, 385 (394). Allgemein zur Problematik auch *Neumayer*, FS H. Lange, 1992, 309 ff.; *Oertmann* AcP 113 (1905), 51; *Avenarius* JZ 1994, 511 (512).

263 → § 2 Rn. 34.

Ein Teil insbesondere der älteren Literatur[264] und die ältere Rechtsprechung[265] verlangen für den Eigentumserwerb gem. § 931 BGB stets die Abtretung eines Anspruchs. Dadurch, dass das Gesetz nicht auf den mittelbaren Besitz des Veräußerers abstelle, sondern auf den unmittelbaren Besitz eines Dritten, könne dies nur der Anspruch aus § 985 BGB sein.

Demgegenüber lehnt der Großteil der Literatur[266] die Abtretbarkeit des Anspruchs aus § 985 BGB ab und hält die Übereignung durch schlichte Einigung für den richtigen Weg. Der Vindikationsanspruch gehe ohnehin automatisch mit dem Eigentum auf den Erwerber über, sodass er weniger als Voraussetzung denn als Konsequenz der Eigentumsübertragung angesehen werden müsse (Bindung des Vindikationsanspruchs an das Stammrecht Eigentum).[267] Die Abtretung des Herausgabeanspruchs hätte also neben der Einigung über den Eigentumsübergang keinen selbstständigen Inhalt.[268]

Da dem mittelbaren Besitzer zumeist aber obligatorische – wenn auch nur bereicherungsrechtliche oder deliktische – Ansprüche gegen den unmittelbaren Besitzer zustehen werden, ist die praktische Bedeutung der Frage nach der Abtretbarkeit des Vindikationsanspruchs gering.[269]

f) Übereignung besitzloser Sachen §§ 929 S. 1, 931 BGB (V)

Auch Sachen, die niemand in Besitz hat (versunkenes Schiff, entlaufener Hund, ver- 52
schwundenes Kunstwerk, Fahrzeug auf dem Mond[270]), müssen von ihrem Eigentümer übereignet werden können. Insbesondere Versicherungen sind an der Übereignung verschwundener und bei ihnen versicherter Gegenstände interessiert, ehe sie die Versicherungssumme auszahlen.[271] Denn trotz der Besitzlosigkeit bleibt das Eigentum bestehen und muss damit auch übertragbar sein.[272] Allerdings hat der Veräußerer keine tatsächliche Verfügungsgewalt über die Sache. Er kann lediglich über seinen (künftigen) Herausgabeanspruch verfügen. Das Gesetz regelt diesen Fall nicht ausdrücklich.

Nach heute ganz hM ist Eigentumsübertragung durch *bloße Einigung* über den Eigentumsübergang möglich.[273] § 931 BGB sei der einzige Fall, in dem das Gesetz den

---

264 RGRK/*Johannsen*, 11. Aufl. 1964, § 931 Rn. 931, Anm. 10a; Palandt/*Degenhart*, 45. Aufl. 1986, § 931 Rn. 3; *Eichler*, Institutionen des Sachenrechts, 1957, Bd. II/1, S. 146; *Schmitz* JuS 1975, 572 (575); aber auch noch *Wilhelm* SachenR Rn. 914.

265 RGZ 52, 385 (394); RG JW 1932, 1206.

266 AK-BGB/*Reich* §§ 930, 931 Rn. 11; MüKoBGB/*Oechsler* § 931 Rn. 11; RGRK/*Pikart* § 931 Rn. 11; Soergel/*Henssler* § 931 Rn. 8; Staudinger/*W. Wiegand* (2011) § 931 Rn. 14; Jauernig/*Berger* § 931 Rn. 10; Palandt/*Bassenge* § 931 Rn. 3; *Baur/Stürner* SachenR § 51 Rn. 37; *Westermann/Gursky/Eickmann* SachenR § 40 Rn. 7; *Wolff/Raiser* SachenR § 67 II 2.

267 BGH NJW 1959, 1536 (1538); WM 1964, 426 (427); Soergel/*Henssler* § 931 Rn. 8; Staudinger/*W. Wiegand* (2011) § 931 Rn. 13; *Westermann/Gursky/Eickmann* SachenR § 40 Rn. 7; *Wolff/Raiser* SachenR § 67 II 1.

268 Jauernig/*Berger* § 931 Rn. 10.

269 Staudinger/*W. Wiegand* (2011) § 931 Rn. 15.

270 Dazu *Avenarius* JZ 1994, 511.

271 MüKoBGB/*Oechsler* § 931 Rn. 14.

272 *Westermann/Gursky/Eickmann* SachenR § 40 Rn. 4; *Wieling* SachenR § 9 IV 4.

273 AK-BGB/*Reich* §§ 930, 931 Rn. 11; MüKoBGB/*Oechsler* § 931 Rn. 14; Soergel/*Henssler* § 931 Rn. 7; Staudinger/*W. Wiegand* (2011) § 931 Rn. 14, 17, zusammenfassend Rn. 18; Erman/*Bayer* § 931 Rn. 4; Palandt/*Bassenge* § 931 Rn. 2; *Westermann/Gursky/Eickmann* SachenR § 40 Rn. 4; *Wieling* SachenR § 9 IV 4; *Wolff/Raiser* SachenR § 67 II 2; *Avenarius* JZ 1994, 511 (512); *Schmitz* JuS 1975, 572 (575).

Eigentumserwerb an beweglichen Sachen unabhängig vom Besitzerwerb zulasse und die Aufgabe des Traditionsprinzips erkennen lasse. § 931 BGB sei damit der passende Übertragungstatbestand.[274] Wie in der Fallgruppe des mittelbaren Besitzes ohne obligatorischen Herausgabeanspruch[275] müsse dagegen die selbstständige Abtretbarkeit des Vindikationsanspruchs verneint werden. Der von § 931 BGB mit der Abtretung des Anspruchs verfolgte Verlust jeglicher Besitzposition des Veräußerers sei bei Veräußerung besitzloser Sachen gegenstandslos. Das grundsätzliche Erfordernis der Publizität bestehe mangels besitzrechtlicher Beziehungen zur Sache also gerade nicht.[276]

Eine ältere Gegenauffassung[277] wendete § 931 BGB in der Weise an, dass der künftige Herausgabeanspruch gegen einen späteren Besitzer abgetreten werde. Teilweise[278] wurde insofern weitergehend eine genügende Individualisierung des künftigen Anspruchs bereits im Zeitpunkt der Übereignung gefordert. Nach dieser Auffassung konnte bei besitzlosen Sachen eine Eigentumsübertragung überhaupt nicht erfolgen.

7. Einigsein

a) Maßgeblicher Zeitpunkt des Einigseins (G)

53 Im Normalfall der Übereignung werden die Einigungserklärungen und die Übergabe in einem Akt vollzogen, so zB bei den Bargeschäften des täglichen Lebens.[279] Gerade im Geschäftsverkehr werden beide Übereignungskomponenten aber häufig auseinander fallen. Um rechtlich einen Gesamttatbestand bilden zu können, müssen beide Voraussetzungen *bei Vollendung des Rechtserwerbs* vorliegen. Die Beteiligten müssen sich daher bei der Übergabe noch dinglich einig sein (§ 929 S. 1 BGB). Das Einigsein ist damit die Fortschreibung des durch die Einigung geäußerten Übertragungs- und Erwerbswillens.

Auch müssen im Zeitpunkt der Übergabe die rechtsgeschäftlichen Voraussetzungen für eine wirksame Einigung noch vorliegen: Daher schadet es, wenn der Veräußerer die Geschäftsfähigkeit oder der Erwerber die beschränkte Geschäftsfähigkeit (§ 107 BGB, Eigentumserwerb als rechtlicher Vorteil) verliert. Umgekehrt besteht aber dadurch auch die Chance, dass beide Parteien ihre volle oder beschränkte Geschäftsfähigkeit bis zu diesem Zeitpunkt erlangen bzw. wiedergewinnen.[280] Ebenso muss auch die Verfügungsbefugnis im Zeitpunkt des Erwerbstatbestands vorliegen.

274 MüKoBGB/*Oechsler* § 931 Rn. 12, 14; Staudinger/*W. Wiegand* (2011) § 931 Rn. 17; *Wolff/Raiser* SachenR § 67 II 2.
275 → § 4 Rn. 51.
276 Soergel/*Henssler* § 931 Rn. 1; *Westermann/Gursky/Eickmann* SachenR § 40 Rn. 4; *Schmitz* JuS 1975, 572 (575).
277 RG Recht 1918 Nr. 1536; Staudinger/*Berg*, 11. Aufl. 1956, § 931 Rn. 2 aE; *Eichler*, Institutionen des Sachenrechts, Bd. II/1, S. 146 mwN.
278 Planck/*Brodmann* § 931 Anm. 3; *Oertmann* AcP 113 (1905), 51 (76 ff.); siehe iE → § 7 Rn. 24 zu § 986 II BGB.
279 Staudinger/*W. Wiegand* (2011) § 929 Rn. 79.
280 Soergel/*Henssler* § 929 Rn. 38; Staudinger/*W. Wiegand* (2011) § 929 Rn. 13, 81; *Wolff/Raiser* SachenR § 66 I 4a; aA Palandt/*Bassenge* § 929 Rn. 9, der einen Widerruf des gesetzlichen Vertreters für erforderlich hält.

b) Keine Bindungswirkung der Einigung (G)

Als vertraglicher Teil eines Verfügungsgeschäfts begründet die Einigung im Gegensatz zu schuldrechtlichen Verträgen weder Ansprüche noch Pflichten. Nach überwiegender Ansicht[281] entfaltet die dingliche Einigung – anders als schuldrechtliche Verträge – daher keine Bindungswirkung und kann demgemäß einseitig widerrufen werden.[282] Käme der Einigung eine Bindungswirkung zu, würde zugleich die gesetzliche Konzeption eines kombinierten Verfügungstatbestands (Rechtsgeschäft, Realakt) mit gleichwertigen Voraussetzungen aufgehoben. Der Einigungswille solle durch die Übergabe bestätigt werden und erst dadurch Wirksamkeit erlangen.[283] Die besondere Bedeutung der zweiten Übertragungsvoraussetzung bestätige vor allem der Erwerb vom Nichtberechtigten (§§ 929, 932 ff. BGB), bei dem für den guten Glauben des Erwerbers auf den Zeitpunkt der Übergabe abgestellt werde.[284] Mit dem Fehlen einer dem § 873 II BGB entsprechenden Formulierung spreche auch ein systematischer Grund gegen die Bindungswirkung der Einigung iSd § 929 S. 1 BGB.[285] 54

Die Gegenauffassung in der Literatur[286] hebt hingegen den vertraglichen Charakter der Einigung hervor. Daher sei schwer einzusehen, warum dieser Vertrag die Parteien anders als andere Verträge nicht binden solle.[287] Im Gegensatz zur überwiegenden Auffassung sei § 873 II BGB dahin zu verstehen, dass generell von der Bindungswirkung der dinglichen Einigung ausgegangen werde. Es solle lediglich die Widerrufbarkeit beim Eigentumserwerb an Grundstücken ab einem bestimmten Zeitpunkt ausgeschlossen sein und die zwangsweise Durchsetzung der Vereinbarung ermöglicht werden.[288] Auch wolle § 873 BGB allgemein den Erwerber eines Grundstücks vor Übereilung schützen. Beim Erwerb beweglicher Sachen bestehe dafür kein Bedürfnis; die Einigung müsse daher sofort bindend sein.[289]

Nach letztgenannter Ansicht hat das Merkmal des Einigseins keine praktische Bedeutung, da die Einigung wegen der Bindungswirkung nicht wieder beseitigt werden könne. Dagegen ist nach überwiegender Ansicht gesondert zu prüfen, ob nicht vor Abschluss des Erwerbstatbestands die Einigungserklärung wirksam widerrufen wurde.

---

281 BGHZ 7, 111 (115); 14, 114 (120); BGH NJW 1978, 696 (697); NJW 1979, 213 (214); MüKoBGB/*Oechsler* § 929 Rn. 41; Staudinger/*W. Wiegand* (2011) § 929 Rn. 83; Palandt/*Bassenge* § 929 Rn. 9; *Baur/Stürner* SachenR § 5 Rn. 36; *Medicus/Petersen* BürgerlR Rn. 34, 36; *Wolf/Wellenhofer* SachenR § 7 Rn. 18; *Prütting* SachenR Rn. 373; *Wilhelm* SachenR Rn. 873; *Schmitz* JuS 1975, 447 (449).

282 BGHZ 27, 360 (367); BGH NJW 1979, 214; *Wilhelm* SachenR Rn. 873 f.

283 Staudinger/*W. Wiegand* (2011) § 929 Rn. 84.

284 *Medicus/Petersen* BürgerlR Rn. 36.

285 Statt vieler *Wilhelm* SachenR Rn. 873.

286 *Westermann/Gursky/Eickmann* SachenR § 37 Rn. 11 f.; *Wieling* SachenR § 9 I 1 § 1 III 1b; *Otte* Jura 1993, 643 (645) – Bonifatiusfall; *Schödermeier/Woopen* JA 1985, 622 (623); Staudinger/*Klinck* Eckpfeiler W Rn. 11.

287 *Westermann/Gursky/Eickmann* SachenR § 37 Rn. 11; *Wieling* SachenR § 1 III 1b.

288 *Schödermeier/Woopen* JA 1985, 622 (625 f.); *Westermann/Gursky/Eickmann* SachenR § 37 Rn. 12 räumen aber ein, dass bei dieser Interpretation des § 873 II BGB die Vorschrift nicht viel Sinn mache.

289 *Wieling* SachenR § 1 III 1b.

c) Widerruf der Einigungserklärungen (V)

55 Zwar sind die Einigungserklärungen nach überwiegender Meinung nicht bindend,[290] doch darf auch nach dieser Meinung der jeweils andere Teil grundsätzlich vom Fortbestand der abgegebenen Erklärung ausgehen. Für das Fortbestehen des Übereignungswillens streite eine Vermutung. Diese werde erst durch einen Widerruf entkräftet, der der anderen Partei zugegangen sein müsse.[291] Mit dem Erfordernis des Widerrufs wird der praktische Unterschied zu der Meinung relativiert, die sich für eine Bindungswirkung der dinglichen Einigung ausspricht.[292]

KK

Unter Zugang wird die Erkennbarkeit der Widerrufserklärung verstanden. Diese ist nach den Umständen des Einzelfalls zu beurteilen.[293] Stirbt der Veräußerer nach Abgabe des Übereignungsangebots, so müssen seine Erben das Angebot vor der Übergabe wirksam widerrufen, wenn sie den Eigentumsübergang verhindern wollen (§ 130 II BGB).

8. Verfügungsbefugnis

a) Verfügungsbefugnis: Begriff und Bedeutung (G)

56 Die Verfügungsbefugnis ist *ungeschriebene Tatbestandsvoraussetzung* der §§ 929 ff. BGB.[294] Sie umschreibt die Berechtigung, über ein Recht zu verfügen, hier also über das Eigentum. Die Verfügungsbefugnis ist im Gegensatz zur Geschäftsfähigkeit keine Eigenschaft des Verfügenden, sondern eine Beziehung zu dem Recht, über das verfügt wird.[295] Die Verfügungsbefugnis ist aus Gründen der Sicherheit des Rechtsverkehrs[296] rechtsgeschäftlich weder abdingbar noch beschränkbar (§ 137 S. 1 BGB).

Fehlt dem Veräußerer die Verfügungsbefugnis, ist die Verfügung grundsätzlich unwirksam. Sie kann aber durch Genehmigung des Rechtsinhabers bzw. des Verfügungsberechtigten (§ 185 II 1 Fall 1 BGB) wirksam werden.[297] Ansonsten hilft über das fehlende Merkmal der Berechtigung der gute Glaube des Erwerbers iSd §§ 932 ff. BGB hinweg, wenn auch die sonstigen Voraussetzungen eines Gutglaubenserwerbs vorliegen.[298]

b) Verfügungsbefugnis des Rechtsinhabers (G)

57 Wer verfügungsbefugt ist, ergibt sich idR aus dem Inhalt des dinglichen Rechts. Im Normalfall ist der Eigentümer als Inhaber eines dinglichen Rechts verfügungsbefugt.[299] Steht das Eigentum mehreren zu, ist für die Verfügungsbefugnis maßgeblich,

290 → § 4 Rn. 54.
291 RGZ 135, 366 (367); BGH WM 1977, 218; Erman/*Bayer* § 929 Rn. 4; *Baur/Stürner* SachenR § 5 Rn. 37.
292 So ausdrücklich *Westermann/Gursky/Eickmann* SachenR § 37 Rn. 11.
293 BGH NJW 1978, 696 (697); 1979, 213 (214); Staudinger/*W. Wiegand* (2011) § 929 Rn. 84; Palandt/*Bassenge* § 929 Rn. 9; *Medicus/Petersen* BürgerlR Rn. 34.
294 *E. Wolf* SachenR § 5 A I.
295 *Hübner* BGB AT Rn. 393; *Haedicke* JuS 2001, 966 (969).
296 Palandt/*Ellenberger* § 137 Rn. 1; MüKoBGB/*Armbrüster* § 137 Rn. 4.
297 *Haedicke* JuS 2001, 966 (969 f.).
298 → § 5 Rn. 7 ff.
299 *Haedicke* JuS 2001, 966 (970).

ob die Eigentümer gesamthänderisch verbunden oder Miteigentümer sind.[300] Der einzelne Miteigentümer (§§ 1008–1011 BGB) kann zwar nicht über die Sache insgesamt, jedoch über seinen Anteil an der Sache frei verfügen (§ 747 S. 1 BGB).[301] Die Übertragung des Anteils erfolgt in den Formen der §§ 929 ff. BGB. An die Stelle der Verschaffung des Alleinbesitzes tritt die Verschaffung des Mitbesitzes (§ 866 BGB). Gesamthänder[302] können dagegen nur gemeinsam über die Sache verfügen.[303]

Auch der Eigentümer kann in seiner Verfügungsbefugnis beschränkt sein, sodass die §§ 932 ff. BGB Anwendung finden. Die Verfügungsbefugnis kann begrenzt werden durch Verfügungsverbote (= Veräußerungsverbote) oder durch gesetzliche oder behördliche Verfügungsbeschränkungen.[304]

c) Verfügungsbefugnis Dritter (G)

Dritten kann die Verfügungsmacht kraft Gesetzes oder rechtsgeschäftlicher Vereinbarung ausschließlich oder zusammen mit dem Eigentümer eingeräumt werden.[305] Kraft Gesetzes verfügungsbefugt sind unter partiellem oder vollständigem Ausschluss des Eigentümers: der Pfandgläubiger bei rechtmäßiger Pfandveräußerung (§ 1242 BGB), der Nachlaßverwalter (§ 1984 BGB, §§ 81, 82 InsO analog) oder an Stelle der Erben der Testamentsvollstrecker (§ 2205 iVm § 2211 BGB), unter Ehegatten mit Gütergemeinschaft der Verwalter des Gesamtguts (§ 1422 BGB) oder der Insolvenzverwalter an Stelle des Gemeinschuldners (§ 80 I InsO). 58

Mit der Verfügungsbefugnis des Rechtsinhabers konkurrieren kann auch die gewillkürte Verfügungsberechtigung eines Dritten, dh beide, der Eigentümer und der Dritte, sind verfügungsbefugt. Gewillkürte Verfügungsberechtigungen ergeben sich aufgrund Ermächtigung durch den Eigentümer oder durch sonstige gesetzlich Verfügungsberechtigte. Wichtigster Fall ist die Verfügungsermächtigung nach § 185 BGB. Der verfügungsbefugte Nichtrechtsinhaber steht im Hinblick auf Verfügungen dem Rechtsinhaber gleich. Der Erwerb vom verfügungsbefugten Nichtrechtsinhaber ist daher ein Erwerb vom Berechtigten, der sich nach den §§ 929 ff. BGB und nicht nach den §§ 932 ff. BGB richtet (auch keine Vertretung!).

d) Gewillkürte Verfügungsbefugnis durch Einwilligung oder Genehmigung (§ 185 I, II 1 Fall 1 BGB) (G)

Fallbeispiel: »Der günstige Videorekorder«[306]

Der Rechtsinhaber kann einem Dritten rechtsgeschäftlich die Rechtsmacht einräumen, im eigenen Namen über ein fremdes Recht zu verfügen.[307] Diese Verfügungsermächti- 59

300 → § 3 Rn. 9, → § 3 Rn. 11.

301 Neben den §§ 1008 ff. BGB gelten die Regeln der Bruchteilsgemeinschaft (§§ 741–758 BGB), soweit die §§ 1008 ff. BGB keine Sonderregeln enthalten, Erman/*Aderhold* § 1008 Rn. 1; *Baur/Stürner* SachenR § 3 Rn. 28.

302 Gesamthandsgemeinschaften sind: Personenhandelsgesellschaften (mit Ausnahme der stillen Gesellschaft und der BGB-Innengesellschaft), eheliche Gütergemeinschaft und fortgesetzte Gütergemeinschaft, Miterbengemeinschaft; näher *Westermann/Gursky/Eickmann* SachenR § 28 Rn. 2.

303 Dazu *Baur/Stürner* SachenR § 3 Rn. 27 f.

304 → § 4 Rn. 61 ff.

305 MüKoBGB/*Oechsler* § 929 Rn. 44 f.

306 *Vieweg/Röthel* Fälle SachenR Fall 16.

307 Staudinger/*Gursky* (2014) § 185 Rn. 24; vgl. auch *Petersen* Jura 2006, 752 ff.

gung kann der Rechtsinhaber im Voraus oder nach der Verfügung erteilen (Zustimmung zur Verfügung). Bei *vorweg* erteilter Zustimmung, der sog. *Einwilligung* gem. § 185 I BGB, ist die Verfügung des Verfügungsberechtigten von Anfang an wirksam. Die *nachträglich* erteilte Zustimmung, die sog. *Genehmigung* gem. § 185 II 1 Fall 1 BGB, bewirkt, dass die Verfügung rückwirkend wirksam wird (ex tunc, § 184 BGB). Vor Erteilung der Genehmigung ist die Verfügung schwebend unwirksam.

Die Verfügungsermächtigung kann wie die Vollmacht inhaltlich beliebig beschränkt werden, so zB auf bestimmte Zwecke.[308] Sie ist bis zum Vollzug der Übereignung frei widerruflich, § 183 S. 1 BGB.[309] Bei wirksamem Widerruf ist eine Eigentumsübertragung nach §§ 932 ff. BGB möglich.

e) Verfügungsbefugnis aufgrund nachträglichen Rechtserwerbs (§ 185 II 1 Fall 2 und 3 BGB) (V)

60 Ohne Genehmigung wird die Verfügung eines Nicht-Verfügungsbefugten, des sog. Nichtberechtigten, mit Wirkung für die Zukunft (ex nunc) wirksam,[310] wenn er die Sache nachträglich erwirbt (§ 185 II 1 Fall 2 BGB) oder der Berechtigte (Rechtsinhaber/Verfügungsbefugter) den Nichtberechtigten beerbt und für dessen Nachlassverbindlichkeiten unbeschränkt haftet (§ 185 II 1 Fall 3 BGB). Der Mangel der Verfügungsbefugnis wird geheilt, weil der Verfügende nachträglich zum Berechtigten geworden ist bzw. die dingliche Berechtigung mit der Verbindlichkeit durch die erbrechtliche Gesamtrechtsnachfolge in einer Person zusammen trifft.[311] Man spricht in diesen Fällen von Konvaleszenz.[312]

aa) § 185 II 1 Fall 2 BGB

Beim nachträglichen Rechtserwerb (§ 185 II 1 Fall 2 BGB) erhält der Verfügende das Recht und damit die Verfügungsbefugnis für eine logische Sekunde (zB Durchgangseigentum); beide Rechtspositionen gehen dann sofort auf den Erwerber über. Das Wirksamwerden der Verfügung setzt zwingend den Fortbestand der schuldrechtlichen Übertragungspflicht gegenüber dem Dritten voraus.[313] Die Heilung des Mangels und der automatische Rechtsübergang beruhen auf dem Gedanken, dass der Verfügende aus dem mangelnden Verfügungserfolg nicht auch noch Vorteil ziehen soll, indem er nun seinerseits nachträglich Rechtsinhaber geworden ist und bleiben darf. Zudem ist der Verfügende zumeist noch an das Verfügungsgeschäft gebunden (grundsätzlich bis zur Verweigerung der Genehmigung bzw. bis zum einverständlichen Lossagen von der Verfügung) oder zur Rechtsübertragung schuldrechtlich verpflichtet. § 185 II 1 Fall 2 BGB erspart dem Erwerber die klageweise Durchsetzung seines Erfüllungsanspruchs.[314]

308 BGH NJW 1989, 521 (522); MüKoBGB/*Oechsler* § 929 Rn. 45.
309 MüKoBGB/*Oechsler* § 929 Rn. 45.
310 MüKoBGB/*Bayreuther* § 185 Rn. 47.
311 Staudinger/*Gursky* (2014) § 185 Rn. 59 ff.
312 Jauernig/*Mansel* § 185 Rn. 8; Staudinger/*Gursky* (2014) § 185 Rn. 59, 77.
313 Soergel/*Leptien* § 185 Rn. 27; aA Erman/*Maier-Reimer* § 185 Rn. 25; Staudinger/*Gursky* (2014) § 185 Rn. 66 unter Berufung auf die Entstehungsgeschichte des § 185 BGB.
314 Vgl. Staudinger/*Gursky* (2014) § 185 Rn. 60.

bb) § 185 II 1 Fall 3 BGB

Das Wirksamwerden der Verfügung (Heilung) beruht im Fall des § 185 II 1 Fall 3 BGB auf dem Zusammentreffen von Recht und Pflicht in der Person des Erben (Heilung kraft Haftung, nicht kraft Erwerbs[315], rechtsgrundabhängig). § 185 II 1 Fall 3 BGB setzt daher zwingend voraus, dass der nichtberechtigt Verfügende den Verfügungserfolg (Eigentumsübertragung) noch schuldet (teleologische Reduktion).[316] Bei einem nichtigen Kausalgeschäft liegt diese Voraussetzung zB nicht vor.[317] Der Rechtsinhaber und Erbe ist zwar bereits mit Eintritt des Erbfalls zur Erfüllung der Verbindlichkeit, dh zur Erfüllung durch Rechtsübertragung oder -einräumung verpflichtet (§ 1967 BGB). Die Verfügung wird aber erst dann wirksam, wenn der Rechtsinhaber und Erbe endgültig[318] unbeschränkt für den Nachlass haftet.[319] Auch hier dient die Heilung der technischen Vereinfachung und Vermeidung von Rechtsstreitigkeiten.[320]

f) Verfügungsverbote und -beschränkungen (G)

Die Verfügungsberechtigten können Verfügungsverboten bzw. -beschränkungen unterliegen. 61

aa) Verfügungsverbote (G)

Verfügungsverbote (= Veräußerungsverbote[321]) untersagen einem Rechtssubjekt die Veräußerung einer Sache oder eines Rechts, weil die Rechtsfolge der Verfügung aus einem bestimmten Grunde missbilligt wird (der Verfügungsakt soll unterlassen werden). Verfügungsverbote enthalten so ein Verhaltensgebot.[322] Man unterscheidet absolute – gegen jedermann wirkende – und relative Verfügungsverbote, die nur gegenüber der vom Verbot geschützten Person wirken. Sog. *absolute Verfügungsverbote* bezwecken den Schutz der Allgemeinheit und bewirken demgemäß die Unwirksamkeit eines Rechtsgeschäfts gegenüber jedermann (sog. *absolute Unwirksamkeit*). Sie grenzen den Bereich des rechtlichen Dürfens in Bezug auf bestimmte Verfügungsgeschäfte ein, weil der Rechtserfolg der Verfügung missbilligt wird.[323] Absolute Verfügungsverbote sind idR Verbotsgesetze; als Rechtsfolge bestimmt § 134 BGB ihre absolute Unwirksamkeit.[324] Beispiele finden sich in § 3 BtMG, §§ 111b ff. StPO sowie in § 55 II 3 BNotO.[325] 62

315 *Flume* BGB AT II § 58 S. 916; *Medicus* BGB AT Rn. 1032.
316 BGH NJW 1994, 1470 (1471); Palandt/*Ellenberger* § 185 Rn. 11; aA Staudinger/*Gursky* (2014) § 185 Rn. 79 unter Berufung auf die Entstehungsgeschichte des § 185 BGB.
317 BGH NJW 1994, 1470 (1471).
318 Im Zeitpunkt des Erbfalls ist die Haftung zwar stets uneingeschränkt, kann aber beschränkt werden. Diese Möglichkeit muss für § 185 II 1 Fall 3 BGB ausgeschlossen sein; Staudinger/*Gursky* (2014) § 185 Rn. 81.
319 MüKoBGB/*Bayreuther* § 185 Rn. 56; Soergel/*Leptien* § 185 Rn. 30; Erman/*Maier-Reimer* § 185 Rn. 28.
320 Staudinger/*Gursky* (2014) § 185 Rn. 77.
321 Vgl. Wortlaut des § 135 I BGB.
322 Staudinger/*Kohler* (2011) § 135 Rn. 5; *Haedicke* JuS 2001, 966 (970).
323 Soergel/*Hefermehl* §§ 135, 136 Rn. 1; Staudinger/*Kohler* (2011) § 135 Rn. 5.
324 Zu den Rechtsfolgen Staudinger/*Kohler* (2011) § 135 Rn. 4; Soergel/*Hefermehl* §§ 135, 136 Rn. 2, 5.
325 Palandt/*Ellenberger* § 136 Rn. 2.

Sog. *relative Verfügungsverbote* bestehen im Interesse bestimmter Personen oder eines Personenkreises und bewirken, dass manche Rechtsgeschäfte ihnen gegenüber unwirksam sind (sog. *relative Unwirksamkeit*),[326] insbesondere weil ansonsten ein Anspruch vereitelt würde, der ihnen gegen den Verfügenden zusteht. Die Verfügungsbefugnis ist dem Rechtsinhaber also nicht schlechthin entzogen, sondern dahingehend beschränkt, dass er trotz einer Verfügung weiterhin die Rechtsmacht besitzt, den Anspruch der geschützten Person zu erfüllen.[327] Relative Verfügungsverbote enthalten die § 1124 II BGB, § 938 ZPO, §§ 20, 23 ZVG. §§ 135, 136 BGB bestimmen für ein solches Verbot die Rechtsfolge der relativen Unwirksamkeit.

bb) Verfügungsbeschränkungen (G)

63 Verfügungsbeschränkungen richten sich demgegenüber nicht gegen die Verfügung als solche, sondern grenzen den Bereich des rechtlichen Könnens einer Person ein, indem bestimmte Verfügungen von der Zustimmung der geschützten Person abhängig gemacht werden (Inhaltsbestimmung des Rechts).[328] Derart mindern oder schließen sie die Rechtsmacht des Rechtsinhabers aus.[329] So sind zum Beispiel Ehegatten, die in Zugewinngemeinschaft leben, in ihrer Verfügung über Haushaltsgegenstände oder das Vermögen im Ganzen (§§ 1365[330], 1369 BGB) von der Zustimmung ihres Ehepartners abhängig. Weitere Verfügungsbeschränkungen enthalten die §§ 161, 2113, 2129, 2211 BGB, §§ 80, 81 InsO.[331]

Verfügungsbeschränkungen entfalten stets absolute Wirkung, selbst wenn sie nur dem Schutz bestimmter Personen dienen.[332] Daher werden sie häufig auch den absoluten Verfügungsverboten zugerechnet.[333] Anders als bei den absoluten Verfügungsverboten ist aber bei den meisten Verfügungsbeschränkungen – wie bei den relativen Verfügungsverboten – ein gutgläubiger Erwerb möglich (Ausnahme §§ 1365, 1369 BGB). Insofern wird deren Wirkung »relativiert«.

9. Auswirkungen von § 105a BGB (G)

64 Mit der Einführung des § 105a BGB wollte der Gesetzgeber die Diskriminierung geschäftsunfähiger Erwachsener verringern.[334] Zu diesem Zweck ordnet die Bestim-

326 MüKoBGB/*Armbrüster* § 135 Rn. 6 f.; Soergel/*Hefermehl* §§ 135, 136 Rn. 1, 15; *Haedicke* JuS 2001, 966 (970). – Umstritten ist die Einordnung der §§ 1423 ff. BGB, die nach wohl hM (zB Palandt/*Brudermüller* § 1422 Rn. 5; MüKoBGB/*Kanzleiter* § 1422 Rn. 22) lediglich relative Verfügungsbeschränkungen enthalten, sodass über § 135 II BGB gutgläubiger Erwerb gem. §§ 932 ff. BGB möglich ist. Ein gutgläubiger Erwerb ist hingegen nach *Gernhuber/Coester-Waltjen* FamR § 38 VII 4 Rn. 71, die in den §§ 1423 ff. BGB absolute Verfügungsbeschränkungen sehen, ausgeschlossen.

327 Soergel/*Hefermehl* §§ 135, 136 Rn. 15.

328 Soergel/*Hefermehl* §§ 135, 136 Rn. 3; MüKoBGB/*Armbrüster* § 135 Rn. 5.

329 Staudinger/*Kohler* (2011) § 135 Rn. 5; *Haedicke* JuS 2001, 966 (970).

330 Da diese Norm den Schutz vor realen Vermögensabflüssen bezweckt, ist hier ein wirtschaftlicher Verfügungsbegriff zu Grunde zu legen, vgl. *Haedicke* JuS 2001, 966 (971).

331 Sie entsprechen den §§ 6, 7 KO der bis zum 31.12.1998 geltenden Gesetzeslage.

332 Soergel/*Hefermehl* §§ 135, 136 Rn. 3.

333 Palandt/*Ellenberger* § 136 Rn. 2a.

334 Vgl. BT-Drs. 14/9266, 42 f.; Bamberger/Roth/*Wendtland* § 105a Rn. 1; *Lipp* FamRZ 2003, 721 (724); *Franzen* JR 2004, 221 (221).

mung einen Kondiktionsausschluss an, wenn das Geschäft vollständig erfüllt ist;[335] anders als bei § 110 BGB kommt also ein wirksamer Vertrag nicht zustande.[336] Unklar ist, welche Folgen die Vorschrift für die dingliche Rechtslage nach sich zieht. Mit dem Normzweck unvereinbar wäre, jegliche Rechtswirkungen zu leugnen, weil dann eine Besserstellung gegenüber dem früheren Zustand nicht erreicht würde. Der geschäftsunfähige Erwerber wäre weiterhin dem Herausgabeanspruch aus § 985 BGB ausgesetzt.[337] Zum einen wird vertreten, § 105a BGB solle – ebenso wie den Kondiktionsanspruch – lediglich den Vindikationsanspruch ausschließen.[338] Zum anderen – überwiegend – wird aber aus der Wirkung als umfassende Fiktion geschlossen, dass § 105a BGB zur Wirksamkeit der Erfüllungsgeschäfte führt und so einen Eigentumserwerb der Beteiligten ermöglicht.[339] Ein Auseinanderfallen von Eigentum und Besitz werde damit vermieden.[340]

335 *Caspar* NJW 2002, 3425 (3426). Der Vertrag »gilt« als wirksam.

336 Ausführlich Bamberger/Roth/*Wendtland* § 105a Rn. 7; *Franzen* JR 2004, 221 (223); *Ulrici* Jura 2003, 520 (521); *Kohler* JZ 2004, 348 (349); auch BT-Drs. 14/9266, 43. AA Palandt/*Ellenberger* § 105a Rn. 6: wirksamer Vertrag ex nunc.

337 Vgl. *Caspar* NJW 2002, 3425 (3427).

338 MüKoBGB/*Schmitt* § 105a Rn. 18 f.; *Löhnig/Schärtl* AcP 204 (2004), 25 (42); wohl auch *Franzen* JR 2004, 221 (225).

339 *Caspar* NJW 2002, 3425 (3428); *Lipp* FamRZ 2003, 721 (726); *Ulrici* Jura 2003, 520 (522); abl. *Löhnig/Schärtl* AcP 204 (2004), 25 (37 ff.).

340 *Caspar* NJW 2002, 3425 (3428); *Lipp* FamRZ 2003, 721 (726); so auch *Löhnig/Schärtl* AcP 204 (2004), 25 (43 f.), die darin aber keine Nachteile sehen.

§ 5 Rechtsgeschäftlicher Erwerb beweglicher Sachen vom Nichtberechtigten

I. Allgemeines

1. Begriff und praktische Bedeutung (G)

Der Erwerb vom Nichtberechtigten bezeichnet die Möglichkeit, das Eigentum an beweglichen Sachen von einem nichtberechtigt verfügenden Besitzer gutgläubig und lastenfrei zu erwerben.[1] 1

Grundsätzlich kann zwar niemand mehr übertragen, als er selbst hat.[2] Er würde ansonsten die Rechtsposition eines anderen schwächen. In der Lebenswirklichkeit ist jedoch ein Auseinanderfallen von Eigentum und Besitz durchaus verbreitet.[3] Hieraus resultiert ein praktisches Problem: Eine Überprüfung der Eigentumsverhältnisse aus Anlass einer Eigentumsübertragung ist häufig nicht möglich und in der Regel dem Erwerber, der nur die Besitzlage kennt, nicht zumutbar. Mit der Möglichkeit des sog. Gutglaubenserwerbs in den §§ 932 ff. BGB trägt das BGB dieser Rechtswirklichkeit und den Erfordernissen des Wirtschaftslebens[4] Rechnung.

2. Regelungszweck (G)

Die Regelung der §§ 932 ff. BGB bezweckt einen Ausgleich zwischen dem *(Rechts-) Beharrungsinteresse* des Eigentümers[5] einerseits und dem individuellen *Erwerbsinteresse*[6] sowie dem *Verkehrsschutzinteresse* (Erleichterung der Güterzirkulation, Verhinderung einer Hemmung des Handels) andererseits. Dem Eigentümer ist daran gelegen, sein Eigentum nur dann zu verlieren, wenn er selbst darüber verfügt. Der Erwerber, der in der Regel ein Vermögensopfer erbringt, möchte hingegen einen unverhältnismäßigen und zeitraubenden Überprüfungsaufwand hinsichtlich der Eigentumsverhältnisse vermeiden. 2

Die gesetzliche Regelung löst diese Interessenkollision in der Weise, dass sie an den Besitz als objektiven Rechtsscheinsträger anknüpft (vgl. § 1006 BGB)[7] und die Rechtsinhaberschaft des Veräußerers vermutet. Die gesetzliche Regelung räumt dem Erwerbsinteresse damit Vorrang gegenüber dem (Rechts-)Beharrungsinteresse ein,

---

1 Staudinger/*W. Wiegand* (2011) Vorbem zu §§ 932–936 Rn. 1; vgl. zur zentralen Frage des Bestehens der sog. Verfügungsbefugnis → § 5 Rn. 3.

2 Dig. 50.17.54. zitiert bei *Baur/Stürner* SachenR § 52 Rn. 1.

3 Soergel/*Henssler* § 932 Rn. 2; Staudinger/*W. Wiegand* (2011) Vorbem zu §§ 932–936 Rn. 1; *Baur/Stürner* SachenR § 52 Rn. 1.

4 MüKoBGB/*Oechsler* § 932 Rn. 1; Staudinger/*W. Wiegand* (2011) Vorbem zu §§ 932–936 Rn. 2 ff.; *Baur/Stürner* SachenR § 52 Rn. 8 ff.

5 Vgl. zur Frage der Kollision des gutgläubigen Erwerbs mit Art. 14 GG *J. Hager*, Verkehrsschutz durch rechtlichen Erwerb, 1990, § 4.

6 *Westermann/Gursky/Eickmann* SachenR § 45 Rn. 1.

7 BGH NJW 1994, 939 (940); *Schmitz* JuS 1975, 717 (717).

soweit dies dem *Veranlassungsprinzip* entspricht. Nach dem Veranlassungsprinzip wird der Rechtsschein des Besitzes dem Eigentümer nur dann entgegengehalten, wenn dieser das Auseinanderfallen von Eigentum und Besitz veranlasst, also bewusst herbeigeführt hat.[8] Daher scheidet ein gutgläubiger Erwerb abhanden gekommener Sachen grundsätzlich aus (§ 935 I BGB).[9] Eine *Ausnahme* bilden – um die Umlauffähigkeit zu sichern und den Vertrauensschutz zu gewährleisten – Geld und Inhaberpapiere (§ 935 II BGB). Kurz gefasst wird das »reine Rechtsscheinsprinzip« durch das Veranlassungsprinzip korrigiert und durch § 935 BGB für abhanden gekommene Sachen durchbrochen.[10]

3. Fehlen der Verfügungsbefugnis und Prüfungsreihenfolge

a) Fehlen der Verfügungsbefugnis (G)

3 Der Eigentumserwerb nach §§ 929 ff. BGB setzt die Verfügungsbefugnis[11] des Veräußerers voraus. Im Normalfall ist der Inhaber eines dinglichen Rechts verfügungsbefugt. Aber auch er kann in seiner Verfügungsbefugnis durch Verfügungsverbote (= Veräußerungsverbote[12]) oder durch gesetzliche oder behördliche Verfügungsbeschränkungen[13] beschränkt sein.

Dies hat im Einzelnen folgende Konsequenzen: Auf Rechtsgeschäfte, die *relativen* Verfügungsverboten und Verfügungsbeschränkungen unterliegen, finden die Vorschriften über den gutgläubigen Erwerb kraft gesetzlicher Verweisung entsprechende Anwendung, vgl. §§ 135 II BGB (Verfügungsverbot), 161 III, 2113 II, 2129 II 1, 2211 II BGB, § 81 I 2 InsO[14] (Verfügungsbeschränkungen). Bei *absoluten* Verfügungsverboten und bei den Verfügungsbeschränkungen nach §§ 1365, 1369 BGB ist ein Gutglaubenserwerb – ebenso wie eine Heilung gem. § 185 II BGB – ihrem Schutzzweck entsprechend vollkommen ausgeschlossen.[15]

8 Staudinger/*W. Wiegand* (2011) Vorbem zu §§ 932–936 Rn. 22; Erman/*Bayer* Vor §§ 932–936 Rn. 1; *Westermann/Gursky/Eickmann* SachenR § 45 Rn. 3; Soergel/*Henssler* § 932 Rn. 1; *Schmitz* JuS 1975, 717 (718).

9 Erman/*Bayer* § 935 Rn. 1; vgl. insgesamt hierzu *Wolf/Wellenhofer* SachenR § 8 Rn. 30; *Prütting* SachenR Rn. 433. → § 5 Rn. 36 ff.

10 Soergel/*Henssler* § 932 Rn. 2; *Westermann/Gursky/Eickmann* SachenR § 45 Rn. 10 (spricht vom »Risikoprinzip« als Synonym für »Veranlassungsprinzip«); *Westermann* JuS 1963, 1 (7).

11 → § 4 Rn. 56 ff.

12 *Haedicke* JuS 2001, 966 (970).

13 *Verfügungsverbote* sind bloße Verhaltensgebote mit dem Inhalt, einen Verfügungsakt zu unterlassen (betreffen also das rechtliche »Dürfen«, nicht aber das »Können«). Eine *Verfügungsbeschränkung* mindert oder schließt dagegen die dem Inhaber zugewiesene Rechtsmacht aus, über ein an sich veräußerliches Recht zu verfügen; vgl. Staudinger/*Kohler* (2011) § 135 Rn. 5; *Fritsche* DZWir 2002, 1 (2 f.).

14 § 81 I 2 InsO beschränkt den Schutz auf den öffentlichen Glauben des Grundbuchs und des Schiffs- und Luftfahrzeugregisters. Ein gutgläubiger Erwerb nach §§ 932 ff. BGB ist daher nicht möglich, vgl. iE Braun/*Kroth* § 81 Rn. 8.

15 MüKoBGB/*Armbrüster* § 135 Rn. 8; Staudinger/*Kohler* (2011) § 135 Rn. 4; *Wolf/Wellenhofer* SachenR § 8 Rn. 22 f.; vgl. instruktiv zum Eigentumserwerb von Verheirateten: MüKoBGB/*Quack*, 4. Aufl. 2004, § 929 Rn. 104 ff. → § 4 Rn. 63.

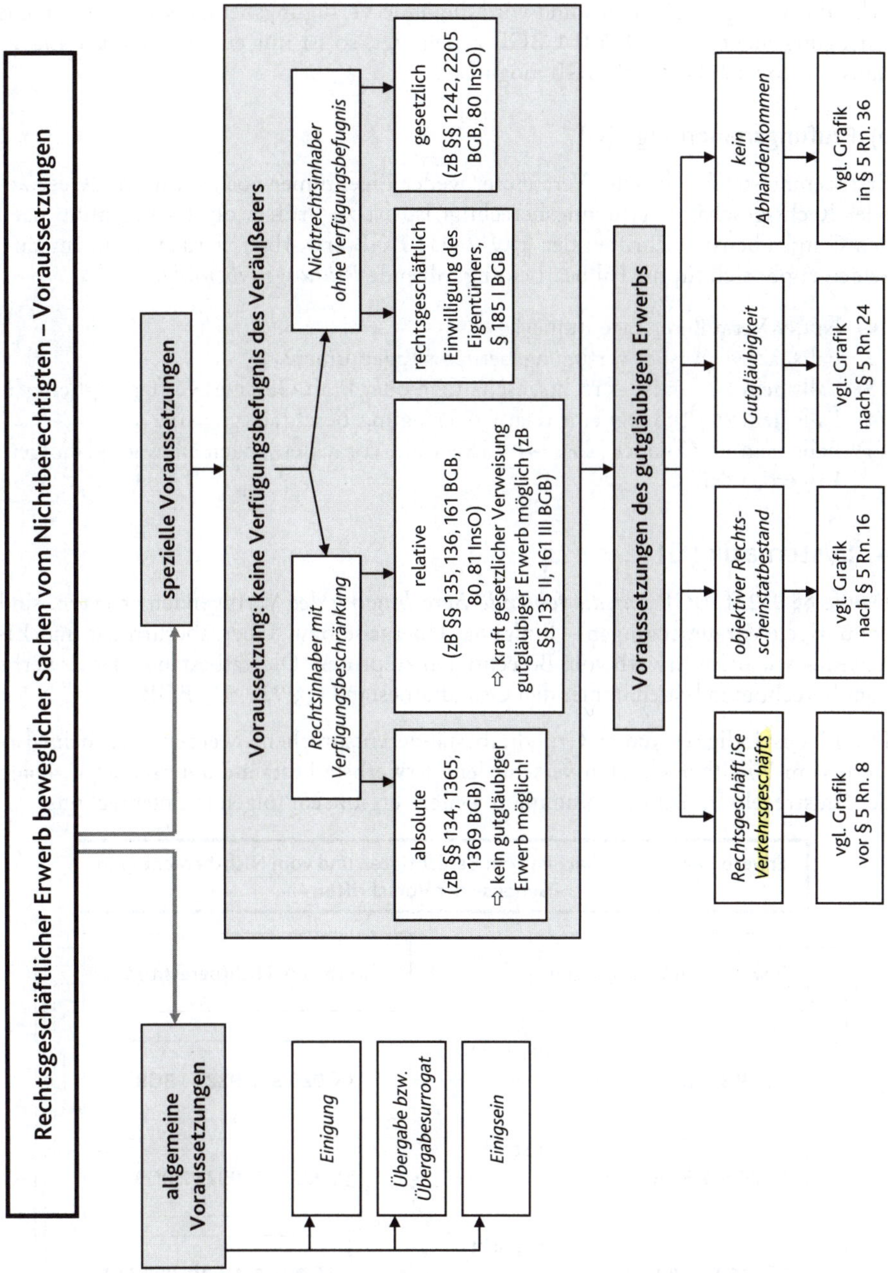

Tritt ein Dritter als Veräußerer auf, so kann sich seine Verfügungsbefugnis aus der Einwilligung des Eigentümers (§ 185 I BGB) oder kraft Gesetzes ergeben. Die für einen wirksamen Rechtserwerb erforderliche Rechtsinhaberschaft wird in diesem Fall durch die rechtsgeschäftlich oder kraft Gesetzes eingeräumte Verfügungsbefugnis ersetzt. Konsequenz ist, dass der Veräußerer als Berechtigter verfügt und damit die §§ 932 ff. BGB *keine* Anwendung finden.

Fehlt die Verfügungsbefugnis und wird die ohne Verfügungsbefugnis vorgenommene Verfügung nicht nach § 185 II 1 BGB genehmigt, so ist nur ein gutgläubiger Eigentumserwerb nach §§ 932 ff. BGB möglich.

b) Prüfungsreihenfolge (G)

4 Erst wenn feststeht, dass der Veräußerer weder Eigentümer noch sonst kraft Gesetzes oder Rechtsgeschäfts verfügungsberechtigt ist, ist zu prüfen, ob das Eigentum nach den Gutglaubensvorschriften der §§ 932–934 BGB erworben werden kann. Im Einzelnen ergibt sich für die Fallbearbeitung folgende *Prüfungsreihenfolge*:

(1) Ist der Veräußerer Eigentümer?
(2) Falls ja zu (1): Ist er verfügungsbefugter Eigentümer?
(3) Falls nein zu (1): Ist er rechtsgeschäftlich oder kraft Gesetzes verfügungsbefugt?
(4) Falls nein zu (2): Liegt eine relative Verfügungsbeschränkung vor?
(5) Falls nein zu (3) oder ja zu (4): Liegen die Voraussetzungen eines gutgläubigen Erwerbs vor?

4. Systematik (G)

5 Da die §§ 932 ff. BGB *nur die fehlende Berechtigung* des Verfügenden ersetzen, sind die übrigen Voraussetzungen – Einigung, Übergabe bzw. Übergabesurrogat und Einigsein – wie beim Erwerb vom Berechtigten zu prüfen. Die Tatbestände des Erwerbs vom Berechtigten bilden immer den Grundtatbestand (§§ 929–931 BGB).

Der Eigenständigkeit dieser Grundtatbestände entsprechend werden auch beim Erwerb vom Nichtberechtigten verschiedene Erwerbstatbestände unterschieden. Nach der Faustregel »Immer drei Nummern weiter« ergibt sich folgende Entsprechung:

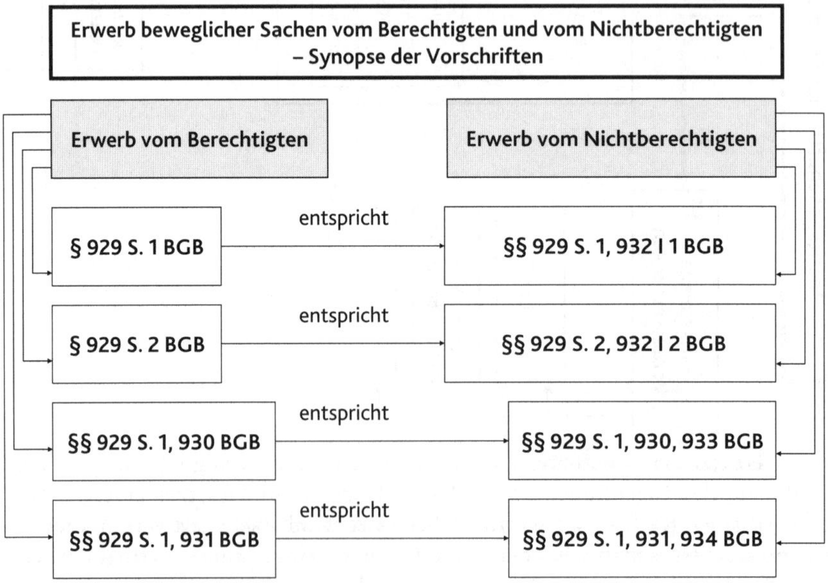

Einen Sonderfall bzw. eine »Miniatur« der §§ 932–935 BGB bildet § 936 BGB, der den lastenfreien Eigentumserwerb einer mit Rechten Dritter belasteten beweglichen Sache ermöglicht.[16]

5. Allgemeine Voraussetzungen (G)

Bei allen gesetzlichen Tatbeständen, die einen Rechtserwerb vom Nichtberechtigten 6 ermöglichen, finden sich objektive und subjektive Erwerbsvoraussetzungen. Diese variieren zwar nach Art des Geschäfts und des Gegenstands, stimmen aber in ihrer Grundstruktur überein.[17] Für den Eigentumserwerb sind dies einmal objektiv das Vorhandensein eines Rechtsscheinstatbestands und subjektiv die Redlichkeit, dh die Gutgläubigkeit (legaldefiniert in § 932 II BGB) des Erwerbers hinsichtlich der Eigentümerstellung des Veräußerers.[18] Objektive Rechtsscheinstatbestände für den Erwerb beweglicher[19] Sachen sind der Besitz und der Erbschein (§ 2366 BGB).[20]

II. Voraussetzungen der §§ 929, 932 ff. BGB im Einzelnen

1. Überblick: Voraussetzungen des gutgläubigen Erwerbs (G)

Neben den speziellen Voraussetzungen der einzelnen Erwerbstatbestände gem. 7 §§ 932–934 BGB sind folgende *allgemeine Voraussetzungen*[21] des gutgläubigen Erwerbs zu beachten:

- fehlende Berechtigung des Verfügenden;[22]
- Vorliegen eines Rechtsgeschäfts iSe Verkehrsgeschäfts;
- objektiver Rechtsscheinstatbestand des Besitzes bzw. der Besitzverschaffungsmacht oder des Erbscheins;[23]
- guter Glaube des Erwerbers (§ 932 II BGB);
- Ausschluss des Abhandenkommens der Sache (§ 935 BGB).

16 → § 5 Rn. 49.

17 Staudinger/*W. Wiegand* (2011) Vorbem zu §§ 932 ff. Rn. 7; *Musielak* JuS 1992, 713 ff.

18 *Medicus/Petersen* BürgerlR Rn. 535.

19 Objektive Rechtsscheinstatbestände für den Erwerb unbeweglicher Sachen sind die Eintragung im Grundbuch (§ 892 BGB) und der Erbschein (§ 2366 BGB).

20 Weitere Sonderfälle des Gutglaubensschutzes sind im Handelsrecht §§ 5, 15 I, III, 56, 75h, 91a HGB, im Wertpapierrecht § 796 BGB, Art. 16 II, 17 WechselG sowie die Vollmachtstatbestände und die negative Publizität von Vereins- oder Güterrechtsregistern (§§ 68, 70, 1412 BGB).

21 Der Erwerber muss zudem besitzrechtlich näher an die Sache heranrücken als der scheidende Eigentümer; vgl. zu dieser beim Nebenbesitz relevanten Problematik → § 2 Rn. 42.

22 → § 4 Rn. 56 ff.; → § 5 Rn. 3.

23 Dazu ausführlich *Medicus* Jura 2001, 294 (295); *Zeranski* JuS 2002, 340 (340 f.).

2. Rechtsgeschäft iSe Verkehrsgeschäfts

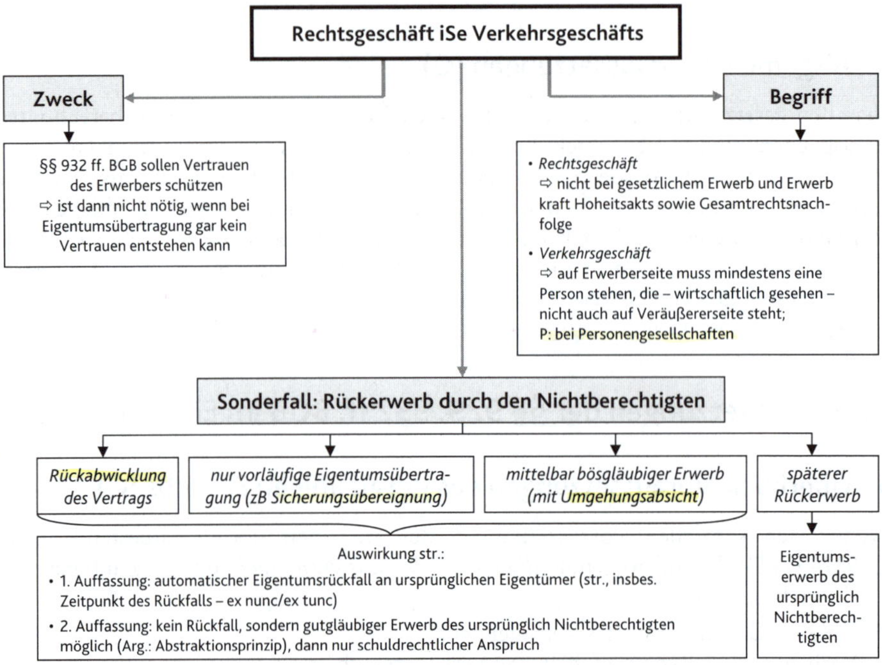

a) Vorliegen eines Rechtsgeschäfts iSe Verkehrsgeschäfts (G)

8 Im Hinblick auf den Zweck der §§ 932 ff. BGB, den Rechtsverkehr zu schützen, besteht Einigkeit darüber, dass ein Eigentumserwerb aufgrund guten Glaubens nicht möglich sein darf, wenn Veräußerer und Erwerber wirtschaftlich identisch sind.[24] In diesen Fällen gibt es kein schutzwürdiges Vertrauen des Erwerbers. Daher besteht weiterhin Einigkeit, dass – als ungeschriebene Voraussetzung – das der Veräußerung zugrundeliegende Rechtsgeschäft ein sog. Verkehrsgeschäft sein muss. Für den Charakter als »Rechtsgeschäft« ist nicht das Grund-, sondern das Verfügungsgeschäft entscheidend. So richtet sich zB auch die Übereignung aufgrund gesetzlicher Schadensersatzpflicht (§§ 823, 249 BGB) nach §§ 929, 932 BGB und stellt somit einen rechtsgeschäftlichen Erwerb dar.[25]

aa) Rechtsgeschäft (G)

9 Nur im Rechtsverkehr besteht ein Bedürfnis nach Vertrauensschutz.[26] Die Vorschriften über den gutgläubigen Erwerb sind daher beim gesetzlichen Eigentumserwerb

24 RGZ 127, 341 (346); Erman/*Artz* § 892 Rn. 18; Staudinger/*W. Wiegand* (2011) Vorbem zu §§ 932 ff. Rn. 42 ff.

25 *Westermann/Gursky/Eickmann* SachenR § 45 Rn. 7 aE.

26 *Westermann/Gursky/Eickmann* SachenR § 45 Rn. 7.

(zB §§ 1922, 937–984 BGB) und beim Erwerb in der Zwangsvollstreckung gem. §§ 817, 825 ZPO[27] (Erwerb kraft Hoheitsakts[28]) *nicht* anwendbar.[29]

bb) Verkehrsgeschäft (G)

Nach dem Sinn der §§ 932 ff. BGB, die Verkehrsfähigkeit von Mobilien zu sichern, 10
findet § 932 BGB nur Anwendung, wenn ein sog. Verkehrsgeschäft[30] vorliegt. Hiermit ist ein Rechtsgeschäft gemeint, bei dem auf Erwerberseite mindestens eine Person steht, die auch bei wirtschaftlicher Betrachtung nicht zugleich als Veräußerer angesehen werden kann.[31] Mit dem Erfordernis des Verkehrsgeschäfts wird erreicht, dass der Gutgläubige den Schutz des § 932 BGB als »Repräsentant der Allgemeinheit« genießt.[32] Repräsentant der Allgemeinheit kann aber nur sein, wer dem Verfügenden als »Dritter« gegenübertritt.[33] Auch der Rechtsschein der Rechtsmacht (hier der Eigentümerstellung) des Veräußerers kann denknotwendig nur bei Personenverschiedenheit auf Veräußerer- und Erwerberseite bestehen.[34]

Ein Verkehrsgeschäft ist stets auszuschließen, wenn auf Veräußererseite und Erwerberseite völlige persönliche oder wirtschaftliche Identität vorliegt.[35] Ein gutgläubiger Erwerb kann aber auch dann ausscheiden, wenn auf Veräußererseite weitere Personen neben dem Erwerber stehen, die selbst nicht zugleich Erwerber sind.[36]

> **Beispiele:** Wirtschaftliche Identität[37] und damit kein Verkehrsgeschäft liegt vor zB bei Veräußerung einer Sache durch eine OHG an einen Gesellschafter oder durch eine Erbengemeinschaft an einen Miterben (§§ 105 III HGB, 705 f. BGB; §§ 2032, 2040 I BGB).[38]

Umgekehrt liegt ein Verkehrsgeschäft vor, wenn auf Erwerberseite neben dem Veräußerer weitere Personen stehen (zB bei Auflassung eines Grundstücks von einem Gesellschafter an die OHG). Auch bei der Veräußerung durch einen von mehreren GmbH-Gesellschaftern an die GmbH ist nach hM ein Verkehrsgeschäft zu bejahen.[39] Dasselbe gilt für die Veräußerung eines Miteigentumsanteils unter Miteigentümern.[40] Für die Annahme eines Verkehrsgeschäfts ist die Erwerberseite deshalb entscheidend,

27 Palandt/*Bassenge* Einf v. § 929 Rn. 2; Bamberger/Roth/*Kindl* § 932 Rn. 3; beachte: keine Eigentumsübertragung kraft Hoheitsakts liegt vor, wenn eine gepfändete Sache gem. § 825 ZPO durch eine andere Person als den Gerichtsvollzieher versteigert wird; der Ersteigerer erwirbt dann rechtsgeschäftlich, dh gem. §§ 929 ff. BGB Eigentum; vgl. Zöller/*Stöber* § 825 Rn. 25.

28 StRspr. seit RGZ 156, 395; BGHZ 55, 20 (25); aA *Marotzke* NJW 1978, 133 (136): Rechtsmacht des Gerichtsvollziehers wird vom Gläubiger als Privatmann abgeleitet und rechtfertigt daher den Eigentumserwerb des Erstehers in der Zwangsversteigerung. → § 13 Rn. 41.

29 Ausnahme: gesetzliche Pfandrechte des Handelsrechts (§ 366 III HGB).

30 Staudinger/*W. Wiegand* (2011) § 932 Rn. 13; *Wilhelm* SachenR Rn. 924; *Zeranski* JuS 2002, 340 (341). Krit. dazu MüKoBGB/*Oechsler* § 932 Rn. 35 f.

31 *Prütting* SachenR Rn. 424; Palandt/*Bassenge* § 892 Rn. 5 ff.

32 Staudinger/*W. Wiegand* (2011) Vorbem zu §§ 932 ff. Rn. 43; krit. zum Schutzwürdigkeitsargument *Wilhelm* SachenR Rn. 714 f.

33 Staudinger/*Gursky* (2013) § 892 Rn. 98.

34 Staudinger/*Gursky* (2013) § 892 Rn. 97.

35 Palandt/*Bassenge* § 892 Rn. 6 f.

36 *Medicus/Petersen* BürgerlR Rn. 548.

37 Palandt/*Bassenge* § 892 Rn. 7.

38 RGZ 117, 257 (265 ff.); *Medicus/Petersen* BürgerlR Rn. 548.

39 BGH NJW-RR 2003, 170 (171); RG JW 1930, 3740; Bamberger/Roth/*Kindl* § 932 Rn. 3; Staudinger/*Gursky* (2013) § 892 Rn. 108 ff. mwN auch zur Gegenansicht.

40 Zu § 892 BGB vgl. BGH NJW 2007, 3204 (3205 ff.).

weil der erforderliche Rechtsschein nur von den Veräußerern erzeugt werden kann. Ein Verkehrsgeschäft liegt deshalb auch nicht in der Einigung über den Eigentumsübergang mit einem uneigennützigen[41] Treuhänder.[42]

cc) Kein gutgläubiger Erwerb aufgrund Erbrechts (G)

11 Ein gutgläubiger Erwerb im Wege der Universalsukzession nach § 1922 BGB ist ausgeschlossen, da bei der Erbfolge nur diejenigen Rechtspositionen des Erblassers auf den Erben übergehen, die auch tatsächlich in seiner Person bestanden. Auch wenn der Erblasser durch Verfügung von Todes wegen (zB Testament, § 1937 BGB) – also durch Rechtsgeschäft – den Erben bestimmt hat, liegt ein gesetzlicher Erwerb nach § 1922 BGB und kein Rechtsgeschäft iSe Verkehrsgeschäfts vor.[43]

Selbst die vorweggenommene, rechtsgeschäftliche Erbfolge ist im Ergebnis einem gesetzlichen Erwerb gleichzustellen, weil sie dem Erwerber keine bessere Rechtsposition verschaffen soll, als dem Erblasser zusteht und durch gesetzlichen Erwerb (Erbgang) erreicht werden könnte. Der Erwerber verdient hier insoweit keinen Schutz. Ein Verkehrsgeschäft ist daher zu verneinen.[44]

b) Gutgläubiger Erwerb vom nichtberechtigten Minderjährigen als »neutrales Rechtsgeschäft« (V)

12 Verfügt ein Minderjähriger[45] über eine fremde Sache, so stehen nach hM[46] die §§ 107 ff. BGB der Wirksamkeit der Übereignung nicht entgegen, dh seine Willenserklärung bedarf nicht der Zustimmung des gesetzlichen Vertreters. Zwar bringe die Verfügung dem Minderjährigen keinen rechtlichen Vorteil (§ 107 BGB). Sein Vermögen bleibe durch diese Rechtshandlung jedoch unverändert (neutrales Geschäft), sodass er nicht schutzbedürftig sei.[47] Diese Wertung ergebe sich aus § 165 BGB, demzufolge die beschränkte Geschäftsfähigkeit nicht die Unwirksamkeit des Vertretergeschäfts bewirke; dies müsse genauso gelten, wenn der Minderjährige über eine fremde, ihm nicht gehörende Sache verfüge. Damit kann nach hM ein Erwerber vom nichtberechtigten Minderjährigen gem. §§ 929, 932 BGB gutgläubig Eigentum erwerben.

Dieses Ergebnis wird in der Literatur zT[48] mit folgender Begründung kritisiert: Wäre der Minderjährige – den Vorstellungen des Erwerbers entsprechend – tatsächlich

41 Ein Verkehrsgeschäft ist dagegen zu bejahen bei der Einigung mit einem eigennützigen Treuhänder, zB bei der Sicherungsübereignung; vgl. MüKoBGB/*Quack*, 4. Aufl. 2004, § 932 Rn. 19.

42 Palandt/*Bassenge* § 892 Rn. 7. → § 3 Rn. 12.

43 Staudinger/*Gursky* (2013) § 892 Rn. 82.

44 RGZ 123, 53 (56); 136, 148 (150); BayObLG NJW-RR 1986, 882; *Medicus/Petersen* BürgerlR Rn. 549; gegen diese ganz hM *Wilhelm* SachenR Rn. 720 f. (historisch argumentierend und mit dem Hinweis, dass das gewünschte Ergebnis über § 816 I 2 BGB erzielt werde); ferner NK-BGB/*U. Krause* § 892 Rn. 40.

45 Zur Übereignung an einen Minderjährigen → § 4 Rn. 13.

46 MüKoBGB/*Schmitt* § 107 Rn. 34 mwN; Erman/*Müller* § 107 Rn. 10; Palandt/*Ellenberger* § 107 Rn. 7; Jauernig/*Mansel* § 107 Rn. 6; *Westermann/Gursky/Eickmann* SachenR § 47 Rn. 14; *v. Olshausen* AcP 189 (1989), 223 (231 ff.); *Bayreuther/Arnold* JuS 2003, 769 (770 f.).

47 MüKoBGB/*Schmitt* § 107 Rn. 34.

48 MüKoBGB/*Oechsler* § 932 Rn. 11; Staudinger/*W. Wiegand* (2011) § 932 Rn. 11; *Medicus/Petersen* BürgerlR Rn. 540, 542; *Weber* SachenR I § 9 Rn. 48; *Braun* Jura 1993, 459 (459 f.) mwN; *Zeranski* JuS 2002, 340 (343).

Eigentümer der Sache, so wäre die dingliche Einigung über den Eigentumsübergang gem. § 107 BGB mangels Zustimmung der gesetzlichen Vertreter schwebend unwirksam. Der gutgläubige Erwerber erhielte nach hM vom minderjährigen Nichtberechtigten also mehr, als er vom minderjährigen Berechtigten bekäme. Da Zweck der Gutglaubensvorschriften jedoch sei, den Erwerber so zu stellen, wie er stünde, wenn seine Vorstellung richtig wäre,[49] müsse ein gutgläubiger Erwerb ausgeschlossen sein. Deshalb sei eine teleologische Reduktion der Gutglaubensvorschriften dahingehend vorzunehmen, dass auch bei einem nichtberechtigt verfügenden Minderjährigen ein (gutgläubiger) Eigentumserwerb ausgeschlossen sei.[50]

c) Rückerwerb durch den Nichtberechtigten – Grundproblematik (V)

Fallbeispiel: »Viele Irrtümer um ein geerbtes Fahrrad«[51] 13

Der gutgläubige Eigentumserwerb führt zum Erwerb vollständigen und vollwertigen Eigentums. Daher verfügt der gutgläubige Erwerber als Berechtigter, wenn er seinerseits die Sache weiterveräußert.[52] Anerkannt ist daher im Grundsatz, dass der ursprünglich Nichtberechtigte vollwirksam Eigentum erwirbt, wenn der Erwerber später das Eigentum auf ihn rücküberträgt.[53]

Problematisch sind die Fälle, in denen das Eigentum bei der Weiterveräußerung des Erwerbers an den bösgläubigen Veräußerer zurückfallen würde,

- weil ihm aufgrund der Nichtigkeit oder Aufhebung des Kausalgeschäfts (zB wegen Rücktritts) gegen den Erwerber vertragliche bzw. bereicherungsrechtliche Rückübertragungsansprüche zustehen (Rückabwicklung des ursprünglichen Verfügungsgeschäfts – sog. Innenverkehrsgeschäft);
- weil die Eigentumsübertragung von vornherein nur vorläufig erfolgen sollte (zB Sicherungsübereignung);
- weil der Veräußerer das Eigentum von vornherein deswegen an den gutgläubigen Erwerber übertragen hat, um es später wirksam zurückzuerwerben (sog. mittelbar bösgläubiger Erwerb).[54]

In allen diesen Fällen würde der nichtberechtigte Veräußerer trotz seiner Bösgläubigkeit das Eigentum an der rückzuübertragenden Sache erwerben, falls sein Vertragspartner von ihm das Eigentum gutgläubig erworben hat.

In der Literatur ist streitig, ob dieser Eigentumserwerb anzuerkennen ist oder mit einem automatischen Eigentumsrückfall an den ursprünglichen Eigentümer verhindert werden soll. Einschlägige Rechtsprechung zu dieser Problematik gibt es

49 *Medicus/Petersen* BürgerlR Rn. 542; vgl. auch hierzu die Parallelproblematik des gutgläubigen Erwerbs von Haushaltsgegenständen Dritter, die ein Ehegatte entgegen § 1369 BGB veräußert; *Medicus/Petersen* BürgerlR Rn. 541. – Zur Gegen-Kritik etwa *Bayreuther/Arnold* JuS 2003, 769 (771) mwN.

50 So auch Staudinger/*W. Wiegand* (2011) § 932 Rn. 11.

51 *Vieweg/Röthel* Fälle SachenR Fall 12.

52 → § 13 Rn. 54.

53 Bamberger/Roth/*Kindl* § 932 Rn. 7. Die Entscheidung BGH NJW-RR 2003, 170 (171) geht auf die hM nicht ein, vgl. *Gurksy* JZ 2005, 285 (291).

54 Staudinger/*W. Wiegand* (2011) § 932 Rn. 120; *Westermann/Gursky/Eickmann* SachenR § 47 Rn. 16; *Baur/Stürner* SachenR § 52 Rn. 34.

nicht.[55] Praktische Bedeutung könnte der Streit insbesondere für den Vollstreckungszugriff der Gläubiger des verfügenden Nichtberechtigten erlangen.

d) Rückerwerb durch den Nichtberechtigten – automatischer Eigentumsrückfall als Lösungsansatz (E)

14 Eine verbreitete Ansicht[56] differenziert zwischen Innen- und Außenverkehrsgeschäften.[57] Sie will in den oben genannten Fallgruppen der Innenverkehrsgeschäfte bzw. des mittelbar bösgläubigen Erwerbs den Rückerwerb des Nichtberechtigten mit einem automatischen Eigentumsrückfall bzw. einem Wiederentstehen des Eigentums bei dem ursprünglichen Eigentümer verhindern. Hingegen soll es bei einem Außenverkehrsgeschäft, bei dem der Nichtberechtigte die Sache ohne Zusammenhang mit der früheren Veräußerung zurückerlangt, nicht zu einem automatischen Eigentumsrückfall kommen.

Begründet wird diese Ansicht übereinstimmend mit dem Rechtsgefühl und den »Erfordernissen der Vernunft«,[58] denen zufolge es unerträglich wäre, den Nichtberechtigten von seiner rechtswidrig herbeigeführten Verfügung profitieren zu lassen und den früheren Eigentümer der Gefahr eines Vollstreckungszugriffs der Gläubiger des Nichtberechtigten auszusetzen. Die Differenzierung nach Innen- und Außenverkehrsgeschäft rechtfertige sich daraus, dass bei einem Außenverkehrsgeschäft der Nichtberechtigte wirtschaftlich und interessenmäßig die Stellung eines beliebigen Dritterwerbers habe, der Eigentum von einem durch gutgläubigen Erwerb Berechtigten erlange. Das Erwerbsinteresse des gutgläubigen Erwerbers werde dann nicht aufgehoben.[59]

aa) Begründung: Automatischer Eigentumsrückfall aufgrund teleologischer Reduktion

Konstruiert werden könne der unmittelbare Rückfall an den Alteigentümer nach einer Ansicht[60] durch eine teleologische Reduktion der Gutglaubensvorschriften. Die Gutglaubensvorschriften, die einen schnellen und zuverlässigen Güterumsatz im Interesse der Allgemeinheit gewährleisten sollen, könnten keine Anwendung in Fällen finden, in denen gar kein Güterumsatz vorliege. So liege es in den Fällen des Innen-

55 BGH WM 1969, 659 (kein Eingehen auf die Problematik); zum Wertpapierrecht RGZ 67, 20 (22) (inkonsequent); BGH WM 1971, 376; WM 1975, 50; RGRK/*Pikart* § 932 Rn. 35 f. hält die für das Wertpapierrecht gebotene Regelung auf das Sachenrecht nicht für übertragbar; vgl. auch *Wilhelm* SachenR Rn. 1025.

56 *Baur/Stürner* SachenR § 52 Rn. 34; *Wilhelm* SachenR Rn. 1019 f.; *Nüssgens*, Der Rückerwerb des Nichtberechtigten, 1939, 125 ff.; *Prütting* SachenR Rn. 438; *Wolff/Raiser* SachenR § 69 IV; *v. Caemmerer*, FS Böhmer, 1954, 145 (159); *Kohler* JuS 1990, 530 (532).

57 *Eichler*, Institutionen des Sachenrechts, Bd. II/1, 1957, 178 f. ließ den automatischen Eigentumsrückfall bei jeder Rückübertragung (auch bei Außenverkehrsgeschäften) zu, da bei einer Differenzierung nach dem Zusammenhang mit dem Rechtsgeschäft zwischen dem Nichtberechtigten und dem gutgläubigen Erwerber sachfremde schuldrechtliche Erwägungen Berücksichtigung fänden, der Eigentumsrückfall sich aber allein aus sachenrechtlichen Erwägungen des gutgläubigen Erwerbs ergebe.

58 *Baur/Stürner* SachenR § 52 Rn. 34.

59 *Wilhelm* SachenR Rn. 1020.

60 Zum Ganzen *Nüssgens*, Der Rückerwerb des Nichtberechtigten, 1939, 129 ff.; ebenso: *Harms*, WuV Sachenrecht, 1974, Fall 35, S. 151, 153; *Wilhelm* SachenR Rn. 1019.

verkehrsgeschäfts bzw. der mittelbaren Stellvertretung. Die Sache werde – nach einem auf Güterumsatz gerichteten erfolglosen Versuch – nur wieder auf den Veräußerer zurückübertragen. Eine im Verkehrsinteresse schutzwürdige Vermögensverschiebung finde nicht statt. Bei einem Rückerwerb des Nichtberechtigten käme überdies der Gutglaubensschutz – zweckwidrig – nicht dem Rechtsverkehr, sondern ausschließlich dem Nichtberechtigten zugute. Es fehle daher bei diesen Innenverkehrsgeschäften schon an der ersten Voraussetzung des gutgläubigen Erwerbs, dem Verkehrsgeschäft.[61]

Zusammenfassend kommt diese Meinung zu dem Ergebnis, dass die Wirkung des § 932 BGB aufgehoben werde und der gutgläubige Erwerb mit dem damit verbundenen Eigentumsverlust des früheren Eigentümers ex tunc (str.)[62] entfalle.[63]

bb) Begründung: Automatischer Eigentumsrückfall aufgrund einer Parallele zum »Geschäft für den, den es angeht«

Eine andere Ansicht bejaht ebenfalls einen automatischen Eigentumsrückfall und begründet dies mit einer Parallele zu den Grundsätzen des »Geschäfts für den, den es angeht«.[64] Bei Rückgabe der Sache an den Nichtberechtigten erlange der frühere Eigentümer automatisch Eigentum, wie im umgekehrten Fall beim Eigentumserwerb nach dem »Geschäft für den, den es angeht«, nicht der Empfänger, sondern der Geschäftsherr Eigentum erwerbe.

e) Rückerwerb durch den Nichtberechtigten – schuldrechtlicher Anspruch auf Rückübertragung als Lösungsansatz (E)

Die Gegenauffassung in der Literatur[65] lehnt einen automatischen Eigentumsrückfall 15
an den ursprünglichen Eigentümer ab und erkennt den Eigentumserwerb des Nichtberechtigten an. Die Rechte des Alteigentümers sollen sich auf schuldrechtliche Ansprüche auf Rückübertragung des Eigentums (aus §§ 280 ff., 812 ff. BGB; § 823 iVm § 249 I BGB) beschränken.

Die Vertreter dieser Auffassung halten allein ihre Konstruktion für vereinbar mit dem Trennungs- und Abstraktionsprinzip. Auch gebiete die Interessenlage keine andere Behandlung, insbesondere keine Rechtsfortbildung contra legem: Der frühere Eigentümer habe mit der Überlassung der Sache an einen Dritten nicht nur den gutgläubigen Erwerb überhaupt ermöglicht,[66] sondern er habe auch angesichts der prinzipiellen Endgültigkeit des gutgläubigen Erwerbs nicht mit der Rückerlangung seines Eigen-

61 *Nüssgens*, Der Rückerwerb des Nichtberechtigten, 1939, 148.

62 *Nüssgens*, Der Rückerwerb des Nichtberechtigten, 1939, 148 f.; aA *Harms*, WuV Sachenrecht, 1974, Fall 35, S. 151, 153 (ex nunc).

63 *Wilhelm* SachenR Rn. 1019.

64 *Esser/Weyers* SchuldR BT 2 374.

65 MüKoBGB/*Oechsler* § 932 Rn. 24 f.; Palandt/*Bassenge* § 932 Rn. 17; Staudinger/*Gursky* (2013) § 892 Rn. 237; Staudinger/*W. Wiegand* (2011) § 932 Rn. 120 ff.; Erman/*Bayer* § 932 Rn. 26; Soergel/*Henssler* § 932 Rn. 40 f.; Bamberger/Roth/*Kindl* § 932 Rn. 7; *Lüke* SachenR Rn. 218; *Westermann/Gursky/Eickmann* SachenR § 47 Rn. 16; *Grunsky* JZ 1962, 207; *W. Wiegand* JuS 1971, 62 (62 ff.); *Musielak* JuS 2010, 377 (381).

66 Staudinger/*W. Wiegand* (2011) § 932 Rn. 120, 123.

tums rechnen dürfen.[67] Ein unmittelbarer Rückfall an den Eigentümer würde daher sein (Rechts-)Beharrungsinteresse zu hoch bewerten.

Die Erlangung schuldrechtlicher Rückübertragungsansprüche aus dem Rechtsverhältnis Nichtberechtigter – Alteigentümer bedeuteten schon einen »gnädigen Zufall«[68], wahrten dessen Interessen daher hinreichend und verhinderten, dass der Nichtberechtigte von seinem Verhalten profitiere.[69] Zudem ermögliche eine Abwicklung über schuldrechtliche Ansprüche eine einzelfallbezogene Behandlung, ob überhaupt und falls ja nach welchen Regeln eine Rückübereignung zu erfolgen habe.[70] Besonders bei der Veräußerung von Vorbehalts- oder Sicherungseigentum oder der Inzahlungnahme von Sachen sei völlig unklar, wie mit einem Schlag wieder alles »beim Alten« sein solle.[71] Im Liegenschaftsrecht liefe die »Umlenkung« auf den Alteigentümer auf einen Rechtserwerb ohne bzw. gegen das Grundbuch hinaus.[72] Um unbillige vollstreckungsrechtliche Ergebnisse zu vermeiden, müssten punktuelle Korrekturen vorgenommen werden, nicht aber eine pauschale Berichtigung in Form der Nichtbeachtung sachenrechtlicher Grundregeln.[73]

3. Objektiver Rechtsscheinstatbestand

a) Objektiver Rechtsscheinstatbestand der §§ 932 ff. BGB (G)

16 Ausgangspunkt für den vorrangigen Schutz des gutgläubigen Erwerbers ist die gesetzliche Vermutung, dass Eigentum und Besitz zusammenfallen (vgl. § 1006 BGB). Der Gesetzgeber hat aber nicht den Besitz allein als Rechtsscheinsposition angesehen. Vertrauensauslösender Tatbestand ist vielmehr die *Form der Besitzverschaffung*. Der Veräußerer muss in der Lage sein, dem Erwerber die Erlangung des Besitzes an der Sache zu ermöglichen.[74] Erst unter dieser Voraussetzung bestehen aus Sicht des Erwerbers die Rechtsmacht und die Verfügungsbefugnis des Nichtberechtigten.[75] Diese allgemeine Grundlage des Gutglaubenserwerbs bestätigt § 934 Alt. 2 BGB, der auf die Besitzverschaffungsmacht des Veräußerers abstellt.[76]

Neben dem Besitz – konkret der Besitzverschaffungsmacht – kommen als objektiver Rechtsscheinstatbestand bei beweglichen Sachen noch der Rechtsschein des Geheißes und der des Erbscheins in Betracht.[77]

67 Staudinger/*Gursky* (2013) § 892 Rn. 237; *Westermann/Gursky/Eickmann* SachenR § 47 Rn. 16.
68 Staudinger/*Gursky* (2013) § 892 Rn. 237.
69 *Westermann/Gursky/Eickmann* § 47 Rn. 16.
70 Staudinger/*Gursky* (2013) § 892 Rn. 237.
71 Staudinger/*W. Wiegand* (2011) § 932 Rn. 124.
72 Staudinger/*Gursky* (2013) § 892 Rn. 237.
73 Siehe auch MüKoBGB/*Oechsler* § 932 Rn. 24 f.
74 Staudinger/*W. Wiegand* (2011) Vorbem zu §§ 932 ff. Rn. 12; inhaltlich wohl ebenso *Zeranski* JuS 2002, 340 (342): Veräußerer muss sich den Rechtsscheinstatbestand zu eigen machen.
75 *Berg* JuS 1970, 12 (13).
76 *Westermann/Gursky/Eickmann* SachenR § 45 Rn. 6.
77 → § 5 Rn. 18, → § 5 Rn. 23.

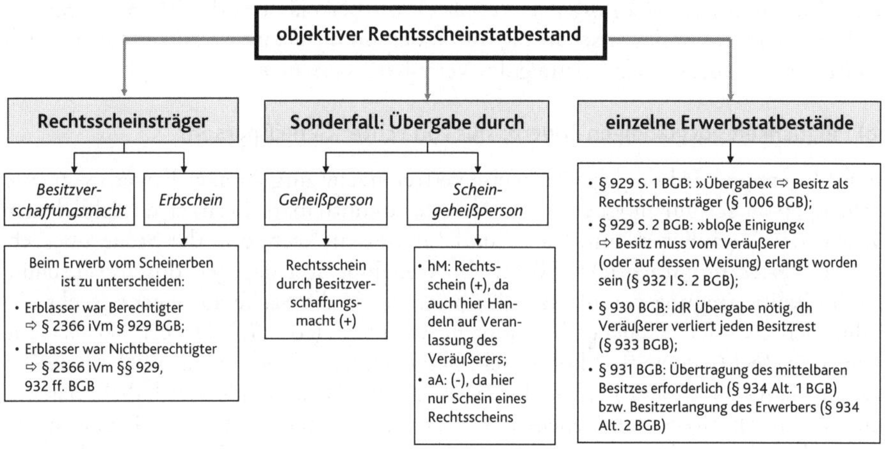

b) Rechtsscheinstatbestand im Grundfall: Übereignung nach §§ 929 S. 1, 932 I 1 BGB – Übergabe (G)

§ 932 I 1 BGB verweist auf § 929 S. 1 BGB, damit auf das Erfordernis der »Übergabe« der Sache.[78] Die Übergabe bzw. der dazu erforderliche Besitz des Veräußerers erzeugt den Rechtsschein der Inhaberschaft. 17

c) Gutgläubiger Erwerb von einer Geheißperson bzw. Scheingeheißperson nach §§ 929 S. 1, 932 I 1 BGB (E)

Fallbeispiel: »Die Herrenhemden«[79]

aa) Möglichkeit gutgläubigen Erwerbs sowohl von Geheiß- als auch von Scheingeheißperson?

Im Rahmen von § 929 S. 1 BGB genügt nach hM[80] die Übergabe der Sache an den 18
Erwerber durch einen unmittelbaren Besitzer, der auf Geheiß des Eigentümers handelt (sog. *Geheißperson*). Eine Besitzverschaffung unmittelbar vom Veräußerer auf den Erwerber ist somit nicht erforderlich. Nach Auffassung der Rechtsprechung[81] und eines Teils der Literatur[82] kann wegen der Verweisung in § 932 I 1 BGB auf § 929 S. 1 BGB für den gutgläubigen Erwerb nichts anderes gelten. Die Tatsache, dass der unmittelbare Besitzer das Geheiß (die Veranlassung) des Veräußerers befolge, begründe einen ebenso starken Rechtsscheinstatbestand wie der Besitz des Veräußerers

78 → § 4 Rn. 22 ff.

79 *Vieweg/Röthel* Fälle SachenR Fall 10.

80 → § 4 Rn. 31. Vereinzelt wurde im Schrifttum ein gutgläubiger Erwerb durch eine Geheißperson gänzlich abgelehnt. Objektiver Rechtsscheinstatbestand sei nur der Besitz und nicht die Besitzverschaffung durch den Veräußerer; vgl. näher *Gursky* 20 Probleme SachenR 8. Problem 54 f. mit Verweis auf Palandt/*Hoche*, bis 26. Aufl. 1967, § 932 Anm 1; *v. Lübtow*, FS 41. DJT, 1955, 217; mit abweichender Begründung iE *E. Wolf* SachenR § 5 B IV d.

81 BGHZ 36, 56 (60); BGH NJW 1974, 1132 (1134).

82 Erman/*Bayer* § 932 Rn. 2; Staudinger/*W. Wiegand* (2011) § 932 Rn. 22 ff.; MüKoBGB/*Oechsler* § 932 Rn. 16 ff.; *Prütting* SachenR Rn. 428; *Westermann/Gursky/Eickmann* SachenR § 47 Rn. 2 ff.

selbst (sog. *Besitzverschaffungsmachttheorie*). Insofern lässt es der BGH[83] sogar ausreichen, wenn die Besitzverschaffung durch den unmittelbaren Besitzer aus der Sicht des Erwerbers objektiv als Leistung des Veräußerers *erscheine*.

bb) Möglichkeit gutgläubigen Erwerbs nur von echter Geheißperson?

In der Literatur wird hingegen teilweise vertreten, ein gutgläubiger Erwerb von einer Geheißperson sei nur möglich, wenn sich der unmittelbare Besitzer tatsächlich dem Geheiß des Veräußerers unterwerfe und für dessen Rechnung die Sache übergebe (sog. *Unterwerfungstheorie*).[84] Werde die Geheißperson dagegen durch Täuschung zur Besitzübertragung veranlasst und übertrage sie die Sache auf eigene Rechnung, ordne sich also dem Geheiß überhaupt nicht unter[85] (sog. *Scheingeheißperson*), entstehe kein Rechtsschein und könne kein gutgläubiger Erwerb erfolgen. Denn der Erwerber glaube in diesem Falle nicht an das Recht selbst, sondern lediglich, dass der unmittelbare Besitzer auf Geheiß des Veräußerers handele. Dieser Glaube an das Vorhandensein eines Rechtsscheinsträgers werde jedoch vom BGB nicht geschützt.[86]

Einige Vertreter der vorbezeichneten Auffassung fordern zusätzlich zur tatsächlichen Unterwerfung, dass der unmittelbare Besitzer auch in Kenntnis und im Hinblick auf die Einigung nach § 929 S. 1 BGB zwischen Veräußerer und Erwerber handele (sog. *modifizierte Unterwerfungstheorie*).[87] Ansonsten fehle es an dem für die Besitzverschaffung nach § 929 S. 1 BGB erforderlichen finalen Bezug zur Einigung.

d) Objektiver Rechtsscheinstatbestand der Übereignung nach §§ 929 S. 2, 932 I 2 BGB – bloße Einigung (G)

19 Mangels eines durch die Übergabe hervorgerufenen Rechtsscheinstatbestands muss beim Erwerb gem. § 929 S. 2 BGB ein solcher auf andere Weise begründet werden.[88] Für den gutgläubigen Erwerb bei der Übereignung »kurzer Hand«[89] muss der Erwerber den Besitz an der Sache vom Veräußerer erlangt haben (§ 932 I 2 BGB). Dies entspricht einer Übergabe iSd § 929 S. 1 BGB: Der Erwerber muss auf Veranlassung des Veräußerers unmittelbaren oder mittelbaren[90] Besitz an der Sache erlangt haben. Der Veräußerer selbst muss den Besitz völlig aufgeben.[91] Eine Übergabe durch einen Dritten auf Weisung oder sonstige Ermöglichung des Veräußerers genügt,[92] wenn diese im Einzelfall geeignet ist, einen Rechtsschein zugunsten des Veräußerers zu begründen.[93]

---

83 BGH JZ 1975, 27 (28).
84 Palandt/*Bassenge* § 932 Rn. 4; *Baur/Stürner* SachenR § 52 Rn. 13; *Medicus/Petersen* BürgerlR Rn. 564.
85 Beispiel nach BGHZ 36, 56: K hat bei V Kohle gekauft und bezahlt, die auf Abruf geliefert werden soll. V überträgt seinen Kohlenhandel vor Abruf auf D und veranlasst diesen zur Lieferung an K in der Annahme, er bekomme hierfür den Kaufpreis.
86 *Medicus/Petersen* BürgerlR Rn. 564.
87 *v. Caemmerer* JZ 1963, 586 (587); *Martinek* AcP 188 (1988), 573 (582 f., 629 ff., 646 ff.).
88 Staudinger/*W. Wiegand* (2011) § 932 Rn. 32.
89 → § 4 Rn. 37.
90 BGHZ 161, 90 (110) = BGH NJW 2005, 359 (364).
91 BGHZ 161, 90 (109) = BGH NJW 2005, 359 (363).
92 BGHZ 56, 123 (129 f.); Palandt/*Bassenge* § 932 Rn. 4.
93 Staudinger/*W. Wiegand* (2011) § 932 Rn. 33; verneint im Fall BGHZ 161, 90 (111) = BGH NJW 2005, 359 (364).

e) Gutgläubiger Erwerb bei Zustimmung zur Verfügung durch einen Nichtberechtigten nach §§ 185, 932 BGB (V)

Fraglich ist, ob eine Kombination der Erwerbsmöglichkeiten nach §§ 929, 185 BGB einerseits und §§ 929, 932 BGB andererseits einen Eigentumserwerb vom Nichtberechtigten ermöglicht.[94] Relevant wird dies, wenn der Veräußerer sich auf einen in Wirklichkeit nichtberechtigten Dritten beruft, welcher der Veräußerung zugestimmt hat. Die Zustimmung kann entweder vorher als *Einwilligung* gem. § 183 BGB oder nachträglich als *Genehmigung* gem. § 184 I BGB erteilt werden. 20

Beispiel: V veräußert ein Fahrrad des Eigentümers E an den gutgläubigen B. Z, der im Besitz des Fahrrads ist, stimmt dieser Veräußerung zu.

§ 932 BGB schützt nicht nur den guten Glauben an das Eigentum des Veräußerers, sondern auch den guten Glauben an das Eigentum eines Dritten, der der Veräußerung zugestimmt hat; Veräußerer und Dritter sind insofern als Einheit auf der Veräußererseite anzusehen. Voraussetzung ist allerdings, dass der zustimmende Dritte durch den Rechtsschein des Besitzes ausgewiesen ist, denn die Zustimmung des Dritten stellt den eigentlichen Übertragungsakt dar. Aus diesem Grund muss der Dritte unmittelbarer oder zumindest mittelbarer Besitzer sein.

f) Objektiver Rechtsscheinstatbestand der Übereignung nach §§ 929 S. 1, 930, 933 BGB – Übergabesurrogat in Form des Besitzkonstituts (G)

Fallbeispiel: »Die begehrte Fräsmaschine«[95] 21

Der Erwerber einer Sache, die unter Vereinbarung eines Besitzmittlungsverhältnisses übereignet werden soll (§§ 929 S. 1, 930, 933 BGB), wird beim Erwerb vom Nichtberechtigten Eigentümer, wenn ihm die Sache vom Veräußerer iSv § 929 S. 1 BGB übergeben wird, dh der Erwerber erhält auf Veranlassung des Veräußerers unmittelbaren oder mittelbaren Besitz, der Veräußerer verliert jeglichen Besitzrest.[96] Rechtsscheinsbasis für den gutgläubigen Erwerb ist wiederum die Besitzverschaffung.[97] Der Erwerber muss noch im Zeitpunkt des Besitzerwerbs gutgläubig sein.[98]

Die Übergabe kann auch unter *Einschaltung von Mittelspersonen* erfolgen (zB eines Besitzdieners des Veräußerers).[99] Neben der Besitzverschaffung an sich ist entscheidend, dass der bestehende mittelbare Besitz aufgrund des Veräußerungsgeschäfts, also nicht aus einem anderen Rechtsgrund, in unmittelbaren Besitz umgewandelt werden soll.[100] Diese Forderung wird mit der Formulierung in § 936 I aE BGB[101] begründet.[102] Dieses Kriterium ist deshalb von Bedeutung, weil der Erwerbstatbestand nach §§ 929 S. 1, 930, 933 BGB zeitlich gestreckt ist, dh die einzelnen Voraussetzungen

94 Bejahend BGHZ 56, 123 (129); Palandt/*Bassenge* § 932 Rn. 5.
95 *Vieweg/Röthel* Fälle SachenR Fall 11.
96 MüKoBGB/*Oechsler* § 933 Rn. 4; *Schmitz* JuS 1975, 717 (720).
97 BGHZ 67, 207 (209); Staudinger/*W. Wiegand* (2011) § 933 Rn. 17 ff.; vgl. auch BGH NJW-RR 2005, 1328 (1329).
98 Bamberger/Roth/*Kindl* § 933 Rn. 2.
99 RGZ 137, 23 (26); Soergel/*Henssler* § 933 Rn. 6.
100 Staudinger/*W. Wiegand* (2011) § 933 Rn. 26.
101 »... wenn der Erwerber auf Grund der Veräußerung den Besitz an der Sache erlangt.«.
102 Soergel/*Henssler* § 933 Rn. 6.

auseinanderfallen (»nachträglich … übergeben«).[103] Im Unterschied dazu findet der gutgläubige Erwerb nach §§ 929, 932 BGB zeitgleich mit der Übergabe statt.

Anstatt der Übergabe wird auch die *nachträgliche Abtretung des mittelbaren Besitzes* als ausreichend erachtet.[104] Nach der ratio legis muss es ausreichen, dass die gesamte dem nichtberechtigten Veräußerer verbliebene Besitzposition auf den Erwerber übergeht.[105] Für die Übergabe ist deshalb auch ausreichend, wenn der Erwerber die Sache unter gleichzeitigem Einverständnis des Veräußerers an sich nimmt;[106] ein nachträgliches Einverständnis (Genehmigung) genügt dagegen nicht.[107]

g) Objektiver Rechtsscheinstatbestand bei der Übereignung nach §§ 929 S. 1, 931, 934 BGB – Abtretung des Herausgabeanspruchs (G)

22 **Fallbeispiel:** »Die begehrte Fräsmaschine«[108]

Der gutgläubige Erwerb gem. §§ 929 S. 1, 931, 934 BGB umfasst *zwei Fallgruppen*[109], die sich danach unterscheiden, ob der Veräußerer mittelbarer Besitzer ist oder nicht:[110]

Ist der *Veräußerer mittelbarer Besitzer*, liegt der Rechtsschein bereits in der Übertragung des mittelbaren Besitzes.[111] Schon in diesem Zeitpunkt erhält der gutgläubige Erwerber mit Abtretung des Herausgabeanspruchs aus dem Besitzmittlungsverhältnis (§§ 870, 398 BGB) Eigentum an der Sache (§ 934 Alt. 1 BGB),[112] da der Veräußerer jede besitzrechtliche Beziehung zu der Sache verliert. Der Herausgabeanspruch muss tatsächlich bestehen. Im Unterschied zu § 934 Alt. 2 BGB genügt die Abtretung eines bloß behaupteten Anspruchs nicht.[113] Der Erwerb ist mit Einigung und Abtretung abgeschlossen. Die Übereignung bildet also wie bei § 929 BGB in der Regel eine zeitliche Einheit. Eine spätere Bösgläubigkeit schadet nicht.[114] Die damit erreichte Gleichbehandlung der Abtretung des Herausgabeanspruchs nach § 931 BGB mit der Übergabe nach § 929 S. 1 BGB ist im Hinblick auf die grundsätzliche Gleichstellung von mittelbarem und unmittelbarem Besitz im Rahmen des Gutglaubenserwerbs geboten.[115]

103 *Wolff/Raiser* SachenR § 69 II 2c.

104 *Westermann/Gursky/Eickmann* SachenR § 48 Rn. 3; *Wolff/Raiser* SachenR § 69 II 2c.

105 *Westermann/Gursky/Eickmann* SachenR § 48 Rn. 3.

106 BGH LM Nr. 1 zu § 933.

107 BGH JR 1978, 154 (156).

108 *Vieweg/Röthel* Fälle SachenR Fall 11.

109 *Schmitz* JuS 1975, 717 (720). – Zum gutgläubigen Erwerb nach §§ 929 S. 1, 931, 934 BGB bei Begründung von sog. Nebenbesitz eing. → § 2 Rn. 39 ff.

110 → § 4 Rn. 47.

111 Das Besitzmittlungsverhältnis muss nach dem Willen des unmittelbaren Besitzers noch fortbestehen. Eine nach außen manifestierte Willensänderung beendet hingegen den mittelbaren Besitz und hindert dessen Entstehung unabhängig davon, ob diese auch dem bisherigen oder angehenden mittelbaren Besitzer gegenüber zum Ausdruck gebracht wird; so BGHZ 161, 90 (113) = NJW 2005, 359 (364) (»Flow-Tex«).

112 *Westermann/Gursky/Eickmann* SachenR § 48 Rn. 8.

113 BGH LM Nr. 7 zu § 931; MüKoBGB/*Oechsler* § 934 Rn. 4.

114 MüKoBGB/*Oechsler* § 934 Rn. 5.

115 *Westermann/Gursky/Eickmann* SachenR § 48 Rn. 8. Demgegenüber wird § 934 Alt. 1 BGB verbreitet als rechtspolitisch fehlerhaft angesehen, vgl. Staudinger/*W. Wiegand* (2011) Vorbem zu §§ 932 ff. Rn. 17; Jauernig/*Berger* § 934 Rn. 2; *Ernst*, FS Gernhuber, 1993, 104 f.; wN bei *Kindl* AcP 201 (2001), 391 (398 f.).

Ist dagegen der *Veräußerer nicht mittelbarer Besitzer*, fehlt es also an einem Besitzmittlungsverhältnis (§ 868 BGB) zwischen ihm und dem unmittelbaren Besitzer, so findet ein gutgläubiger Erwerb nur unter den Voraussetzungen des § 934 Alt. 2 BGB statt. Der Veräußerer muss dem Erwerber einen ihm – tatsächlich oder vermeintlich[116] – zustehenden Herausgabeanspruch abtreten. Zusätzlich muss der Erwerber – wie bei § 933 BGB – aufgrund des Veräußerungsgeschäfts unmittelbaren oder mittelbaren Besitz an der Sache erlangen (§ 934 Alt. 2 BGB).[117] Vorher fehlt jeder legitimierende Rechtsschein.[118] Nicht ausreichend ist die eigenmächtige Besitzverschaffung durch den Erwerber.[119]

h) Objektiver Rechtsscheinstatbestand des Erbscheins (§ 2366 BGB) (E)

Der Erbschein ist eine vom Nachlassgericht ausgestellte, dem Rechtsverkehr dienende amtliche Bescheinigung, die bekundet, wer Erbe ist und welchen Verfügungsbeschränkungen (zum Beispiel Vor- und Nacherbschaft iSv § 2363 BGB, Testamentsvollstreckung iSv § 2364 BGB) der Erbe unterliegt. Der Erbschein begründet die widerlegbare Vermutung seiner Richtigkeit und Vollständigkeit (§ 2365 BGB) in *doppelter Hinsicht*: Sie erstreckt sich zum einen darauf, dass das bezeugte Erbrecht dem Erben zusteht (*positive Vermutung*).[120] Zum anderen geht sie dahin, dass keine anderen als die angegebenen Beschränkungen bestehen (*negative Vermutung*).[121] Als objektiver Rechtsscheinstatbestand schützt der Erbschein den gutgläubigen Erwerb vom sog. *Scheinerben*, also von demjenigen, der zwar in einem Erbschein als Erbe ausgewiesen ist, tatsächlich nach der materiellen Rechtslage jedoch nicht Erbe ist. Aufgrund des öffentlichen Glaubens des Erbscheins kommt es nicht darauf an, ob der Erwerber Kenntnis von der Existenz und dem Inhalt des Erbscheins gehabt hat.[122] **23**

Da der Erbschein nur das fehlende Erbrecht des Scheinerben ersetzt, beurteilt sich der Erwerb vom Scheinerben wie der Erwerb vom wahren Erben. Im Einzelnen bedeutet dies, dass der Erwerber von dem durch Erbschein legitimierten Scheinerben nach § 2366 iVm §§ 929 ff. BGB Eigentum erwerben kann, wenn der wahre Erbe verfügungsbefugt ist. Ist dies nicht der Fall, so kommt nur ein gutgläubiger Erwerb über § 2366 iVm §§ 929 ff., 932 ff. BGB in Betracht.[123] Demgemäß ist auch ein Erwerb nach § 2366 BGB nicht möglich, wenn die Sache dem wahren Berechtigten bereits abhanden gekommen (§ 935 BGB) war. Maßgeblich ist daher, wie der Erwerber die Sache[124] vom wahren Erben hätte erwerben können: durch Erwerb vom Berechtigten oder Nichtberechtigten.

116 MüKoBGB/*Oechsler* § 934 Rn. 4, 10; Staudinger/*W. Wiegand* (2011) § 934 Rn. 10.
117 Palandt/*Bassenge* § 934 Rn. 4.
118 RGZ 89, 348 (349); 138, 265 (267); BGH NJW 1959, 1536 (1538); LM Nr. 7 zu § 931 BGB unter III 1.
119 Palandt/*Bassenge* § 934 Rn. 4.
120 An der materiellen Rechtslage ändert der Erbschein jedoch nichts.
121 Staudinger/*Herzog* (2010) § 2365 Rn. 17; Palandt/*Weidlich* § 2365 Rn. 1; nicht von der Richtigkeitsvermutung erfasst wird somit das tatsächliche Bestehen der im Erbschein angegebenen Verfügungsbeschränkungen.
122 *Medicus/Petersen* BürgerlR Rn. 568.
123 *Medicus/Petersen* BürgerlR Rn. 568.
124 Merke: § 2366 BGB gilt sowohl für bewegliche als auch für unbewegliche Sachen!

Beispiel für die Kombination des § 2366 BGB mit §§ 932 ff. BGB: X hat an den Erblasser E ein Buch verliehen. Der Scheinerbe S veräußert und übergibt das Buch an den (gutgläubigen) Erwerber A. Hat E dem X das Buch gestohlen, kann ein gutgläubiger Dritter (A) das Buch dann auch nicht vom Scheinerben erwerben (§ 935 BGB). Unschädlich ist im Hinblick auf § 935 BGB jedoch die Tatsache, dass über § 857 BGB immer ein Abhandenkommen beim wahren Erben vorliegt.[125]

4. Gutgläubigkeit

a) Guter Glaube des Erwerbers (G)

24 Die Gutgläubigkeit des Erwerbers ist für alle Erwerbstatbestände der §§ 932–934 BGB Voraussetzung. Die Legaldefinition des guten Glaubens findet sich als »Negativformulierung« in § 932 II BGB. Danach ist der Erwerber nicht gutgläubig, wenn er positiv wusste oder infolge grober Fahrlässigkeit nicht wusste, dass die Sache nicht dem Veräußerer gehört. Das Gesetz verlangt den guten Glauben also nicht als positive Voraussetzung, sondern versteht die Bösgläubigkeit als Ausschlussgrund.[126]

Streitig ist, ob schon allein die Kenntnis aller das Eigentum ausschließenden Umstände für sich genommen genügt, um die Gutgläubigkeit zu verneinen.[127] Unabhängig davon wird aber regelmäßig die damit verbundene falsche Einschätzung der Rechtslage jedenfalls den Vorwurf grober Fahrlässigkeit begründen.

Die grobe Fahrlässigkeit ist nicht gesetzlich definiert. Der Erwerber handelt in der Regel grob fahrlässig, wenn er die im Verkehr erforderliche Sorgfalt nach den gesamten Umständen in besonders schwerem Maße verletzt, dh wenn er das nicht beachtet, was jedem im konkreten Fall hätte einleuchten müssen.[128] Die Annahme grober Fahrlässigkeit ist damit Tatfrage. Ermöglicht wird eine differenzierende, an die Interessenlage von Eigentümer und Erwerber angepasste Risikoverteilung.[129]

Eine allgemeine Nachforschungs*pflicht* – korrekt: Nachforschungs*obliegenheit*[130] – trifft den Erwerber nicht.[131] Nur beim Vorliegen besonderer Umstände und Anhaltspunkte, die Zweifel an der Berechtigung des Veräußerers wecken müssen, ist eine Nachforschungsobliegenheit im Einzelfall zu bejahen.[132] Dann muss der Erwerber

125 Palandt/*Weidlich* § 2366 Rn. 6.

126 Staudinger/*W. Wiegand* (2011) § 932 Rn. 38.

127 BGH NJW 1961, 777; BGHZ 26, 256 (258) stellt zT die Kenntnis der Umstände der positiven Kenntnis gleich; Staudinger/*Gursky* (2013) § 892 Rn. 152 ff.; Staudinger/*W. Wiegand* (2011) § 932 Rn. 41.

128 BGH NJW 1990, 899 (900); NJW 1992, 310; NJW 1994, 2022 (2023); NJW 2005, 1365 (1366); Palandt/*Bassenge* § 932 Rn. 10.

129 Staudinger/*W. Wiegand* (2011) § 932 Rn. 40; ähnlich *Wilhelm* SachenR Rn. 938.

130 Entgegen der geläufigen Bezeichnung als »Nachforschungspflicht« handelt es sich hierbei um eine Obliegenheit (Staudinger/*W. Wiegand* (2011) § 932 Rn. 55), die im Gegensatz zu einer Pflicht nicht einforderbar ist. Obliegenheiten sind vielmehr primär im Eigeninteresse einer Partei zu beachten, da ihre Nichterfüllung Nachteile für den begründet, der sie nicht erfüllt.

131 BGH NJW 1975, 735 (736).

132 Solche können sich aus der Art, dem Gegenstand und den Umständen des Geschäfts ergeben, siehe iE → § 5 Rn. 32 f. Vgl. als Beispiel OLG München NJW 2003, 673: Verkauf einer wertvollen Geige deutlich unter dem Verkehrswert in einem Lokal in der Nähe des Hauptbahnhofs; ferner LG München ZfS 2006, 92 (93): Preisnachlass von 42%; vgl. zudem OLG Schleswig NJW 2007, 3007 (3008): Drängen des Verkäufers auf eine schnelle Abwicklung des Geschäfts an einem Sonntag, auf der Straße und zu einem sehr günstigen Preis.

die wirkliche Eigentumslage klären, will er vermeiden, dass ihm grob fahrlässige Unkenntnis vorgeworfen wird; nicht ausreichend ist hierfür die Eigentumsbestätigung des Veräußerers.[133]

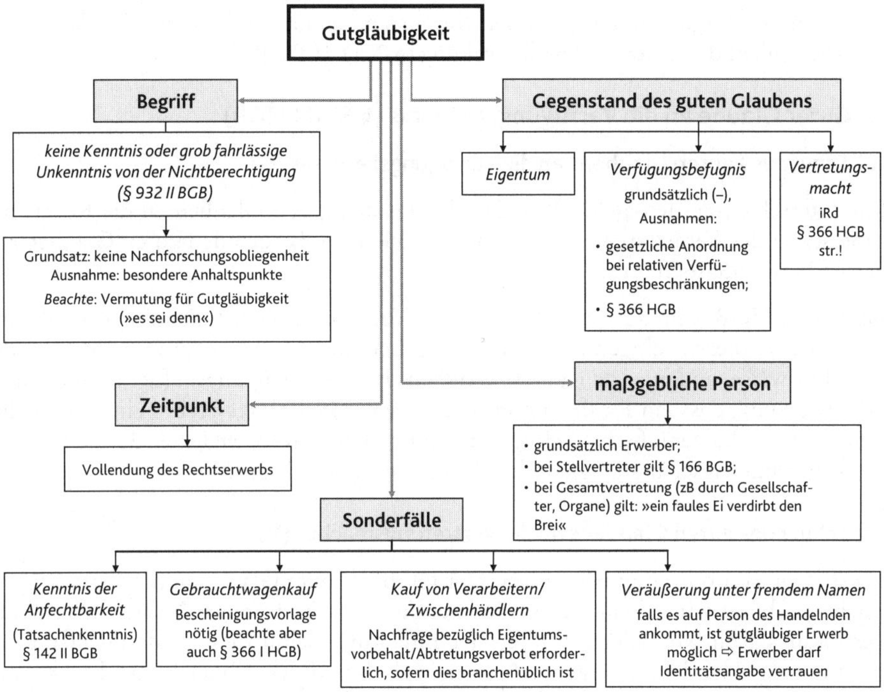

b) Gegenstand des guten Glaubens (G)

Gegenstand des guten Glaubens ist bei §§ 932 ff. BGB allein das *Eigentum* des Veräußerers an der übereigneten Sache.[134] Geschützt wird nicht der gute Glaube an die Geschäftsfähigkeit, die Vertretungsmacht oder die übrigen Übereignungsvoraussetzungen. Auch wird der gute Glaube an die Verfügungsbefugnis durch §§ 932 ff. BGB nicht unmittelbar geschützt.[135] **25**

Allerdings erklären einige Einzelvorschriften, die relative Veräußerungsverbote enthalten, die §§ 932 ff. BGB für anwendbar (vgl. §§ 135 II, 161 III; 2113 II; 2211 II BGB) und *erweitern* damit den gutgläubigen Erwerb für Fälle des guten Glaubens an die Verfügungsbefugnis des Veräußerers.[136] Eine zusätzliche Erweiterung gilt im *kaufmännischen Verkehr* nach § 366 HGB.[137] Auch hier wird der gute Glaube an die Verfügungsbefugnis geschützt.

133 BGH WM 1978, 1208 (1209).

134 Palandt/*Bassenge* § 932 Rn. 8; Bamberger/Roth/*Kindl* § 932 Rn. 12.

135 Anders umfasst § 892 BGB ausdrücklich auch alle relativen Verfügungsbeschränkungen. Der Redlichkeitsschutz durch das Grundbuch reicht also weiter als der durch Besitz; vgl. *Medicus/Petersen* BürgerlR Rn. 536.

136 *Medicus/Petersen* BürgerlR Rn. 536.

137 → § 5 Rn. 26 f.

In den vorerwähnten Fällen muss sich der gute Glaube auf das *Nichtbestehen der Verfügungsbeschränkung bzw. des Veräußerungsverbots* beziehen.[138] So ist im Falle einer angeordneten Testamentsvollstreckung ein gutgläubiger Erwerb vom Erben möglich, wenn der Erwerber das Bestehen der Testamentsvollstreckung nicht kannte oder wenn er gutgläubig annahm, der Gegenstand gehöre nicht zum Nachlass bzw. unterliege nicht der Testamentsvollstreckung (§ 2211 II BGB).[139]

c) Guter Glaube an die Verfügungsbefugnis (§ 366 I HGB)

aa) Schutz des guten Glaubens an die Verfügungsbefugnis (G)

26 Im Unterschied zu den §§ 932 ff. BGB, die nur den guten Glauben an die Rechtsinhaberschaft des Veräußerers regeln, schützt § 366 I HGB auch den guten Glauben an dessen Verfügungsbefugnis.[140]

Bei § 366 I HGB weiß der Erwerber, dass der Veräußerer nicht Eigentümer ist, glaubt aber an eine diesem eingeräumte Verfügungsbefugnis. Damit schützt § 366 I HGB ausnahmsweise und *nur* den guten Glauben an die Verfügungsbefugnis unter der Voraussetzung, dass ein Kaufmann im Betrieb eines Handelsgewerbes eine ihm nicht gehörende Sache veräußert.[141] Hingegen kann § 366 I HGB weder § 935 BGB noch die mangelnde Geschäftsfähigkeit des Veräußerers überwinden.[142]

bb) Schutz des guten Glaubens an die Vertretungsmacht? (V)

27 Umstritten ist, ob im Rahmen von § 366 I HGB der gute Glaube an die Vertretungsmacht geschützt wird, wenn der Veräußerer die Sache im fremden Namen, aber ohne Vertretungsmacht veräußert. Ein Teil der Literatur[143] lehnt dies ab, da im Handelsrecht nur das Handeln im eigenen Namen typisch und deshalb auch nur dieses gem. § 366 I HGB schutzwürdig sei. Zudem genügten für Mängel der Vertretungsmacht die Regeln der Anscheins- und Duldungsvollmacht sowie § 56 HGB.[144] Nach anderer Auffassung[145] ist es dagegen irrelevant, ob der Veräußerer im eigenen oder fremden Namen handelt. In der Praxis des Handelsrechts werde die feine Unterscheidung zwischen Verfügungen im eigenen und im fremden Namen nicht so stark beachtet, zumal dies häufig kaum feststellbar sei. Danach gelte § 366 I HGB auch für den guten Glauben an die Vertretungsmacht, allerdings nur für das dingliche Erfüllungsgeschäft. Der gutgläubige Erwerber sei also dem Bereicherungsanspruch des früheren Eigentümers ausgesetzt.[146]

---

138 Palandt/*Ellenberger* § 136 Rn. 9.

139 Palandt/*Weidlich* § 2211 Rn. 4.

140 Prüfungsschema und Klarstellung zur Terminologie bei *Wilhelm* SachenR Rn. 954.

141 Beispiel: Guter Glaube an die Verfügungsmacht eines Kfz-Händlers bei Kauf eines Vorführwagens auch ohne Vorlage des Kfz-Briefs, Baumbach/Hopt/*Hopt* § 366 Rn. 2.

142 Baumbach/Hopt/*Hopt* § 366 Rn. 3.

143 *Medicus/Petersen* BürgerlR Rn. 567; *Canaris* HandelsR § 27 Rn. 16; *W. Wiegand* JuS 1974, 545 (548); *Tiedtke* Jura 1983, 460 (474).

144 *Medicus/Petersen* BürgerlR Rn. 567.

145 Baumbach/Hopt/*Hopt* § 366 Rn. 5.

146 Baumbach/Hopt/*Hopt* § 366 Rn. 5; auch *Wilhelm* SachenR Rn. 955 ff.; zweifelnd, ob Bereicherungsansprüche gegeben sind, Schlegelberger/*Hefermehl*, Handelsgesetzbuch, Bd. IV §§ 343–372, 5. Aufl. 1976, § 366 Rn. 32.

d) Kein gutgläubiger Erwerb bei Kenntnis der Anfechtbarkeit (§ 142 II BGB) (V)

War ein Veräußerer zwar im Zeitpunkt der Eigentumsübertragung Eigentümer, ficht der Voreigentümer die Eigentumsübertragung an ihn aber später an, so wird der Veräußerer gem. § 142 I BGB rückwirkend (ex tunc) zum Nichtberechtigten.[147] Ob der Erwerber in diesem Fall Gutglaubensschutz verdient, beurteilt sich danach, ob er zur Zeit der Vornahme des Verfügungsgeschäfts in Bezug auf die Anfechtbarkeit gutgläubig war (§ 142 II iVm § 932 II BGB).[148] Das setzt voraus, dass er beim Erwerb die Umstände, aus denen sich die Anfechtbarkeit der Übereignung zwischen Voreigentümer und Veräußerer ergibt, weder kannte noch ohne grobe Fahrlässigkeit nicht kannte.[149] Nicht maßgeblich ist dagegen, ob er von der Anfechtung selbst wusste oder infolge grober Fahrlässigkeit nicht wusste. 28

§ 142 II BGB ist überall dort anwendbar, wo das Gesetz einen Gutglaubensschutz vorsieht (§§ 892 f., 932 f., 1138, 1155, 1207 f., 1244 BGB).[150]

e) Maßgebliche Person für die Gutgläubigkeit (V)

Handelt allein der Erwerber, so ist auf dessen guten Glauben abzustellen. Bei Einschaltung eines Stellvertreters auf Erwerberseite ist gem. § 166 I BGB für die Kenntnis oder das Kennenmüssen der fehlenden Berechtigung des Veräußerers grundsätzlich allein die Person des Vertreters maßgeblich. Der böse Glaube des Vertretenen (Erwerbers) ist aber nur dann ohne Bedeutung, wenn der Stellvertreter völlig selbstständig handelt,[151] wie § 166 II BGB zum Ausdruck bringt. Handelt der Stellvertreter dagegen auf Weisung[152] des Erwerbers, kommt es auch auf dessen Kenntnis an, damit der Erwerber seine Bösgläubigkeit nicht umgehen kann.[153] Dem ausdrücklich erfassten Fall des Handelns aufgrund bestimmter Weisung ist der Fall der Genehmigung (§ 184 BGB) einer zunächst ohne Vertretungsmacht vorgenommenen Verfügung gleichzustellen, da auch in diesem Fall die Letztentscheidung beim Erwerber verbleibt.[154] 29

Die Kenntnis des Erwerbers ist ebenfalls entscheidend, wenn die Übergabe an eine Person erfolgt, die nicht Stellvertreter ist, also lediglich dem Besitzerwerb dient.[155] Ihre Gut- oder Bösgläubigkeit spielt keine Rolle.

Beim Erwerb durch Gesamtvertreter, zB durch die Gesellschafter einer BGB-Gesellschaft als Gesamthänder bei der Anschaffung einer Sache (§§ 709 ff. BGB), schadet bereits die Bösgläubigkeit nur eines Gesamthänders. Das Gleiche gilt bei Bösgläubigkeit von Organen (»Ein faules Ei verdirbt den Brei.«).[156] Anders erwirbt beim Erwerb

147 Palandt/*Ellenberger* § 142 Rn. 4.
148 BGH NJW-RR 1987, 1456 (1457): keine Kenntnis vom Anfechtungsgrund.
149 BGH NJW-RR 1987, 1456 (1457).
150 Erman/*Arnold* § 142 Rn. 8.
151 MüKoBGB/*Quack*, 4. Aufl. 2004, § 932 Rn. 49.
152 Dabei ist der Begriff der Weisung weit auszulegen. Nach der Rspr. des BGH reicht es aus, wenn der Vertretene den Bevollmächtigten zu dem Geschäft veranlasst hat, BGHZ 38, 65 (68).
153 Bamberger/Roth/*Kindl* § 932 Rn. 13.
154 Staudinger/*Schilken* (2014) § 166 Rn. 29.
155 Palandt/*Bassenge* § 932 Rn. 7.
156 MüKoBGB/*Oechsler* § 932 Rn. 39; Staudinger/*W. Wiegand* (2011) § 932 Rn. 97, 99.

zu Miteigentum dagegen nur der Bösgläubige keinen eigenen Eigentumsanteil; die Gutgläubigen erlangen »ihren« Anteil dennoch.[157]

Bei Vertretung auf Veräußererseite muss sich der gute Glaube des Erwerbers auf das Eigentum des vertretenen angeblichen Eigentümers beziehen.[158]

f) Maßgeblicher Zeitpunkt für das Vorliegen des guten Glaubens (G)

30 Maßgeblicher Zeitpunkt für das Vorliegen des guten Glaubens ist die *Vollendung des Rechtserwerbs*. Das ist regelmäßig die Übergabe.[159] Beim bedingten Rechtserwerb (§ 158 BGB) ist auf den Abschluss des Übertragungsgeschäfts, also ebenfalls auf Einigung und Übergabe abzustellen. Eine nach diesem Zeitpunkt, aber vor Bedingungseintritt eintretende Bösgläubigkeit verhindert den endgültigen Rechtserwerb nicht.[160]

g) Nachforschungsobliegenheiten beim Kfz-Erwerb (V)

31 Beim Kfz-Erwerb besteht die Besonderheit, dass nicht nur das Kfz, sondern auch der Fahrzeug-Brief (seit 2005: die Zulassungsbescheinigung Teil II) übergeben bzw. ausgefertigt werden muss.[161] Der Kfz-Brief ist kein Traditionspapier, sondern ein bloßes Hilfspapier (vgl. § 952 BGB). Daher genügt dessen Übergabe grundsätzlich allein nicht, um eine – für den Erwerb nach den §§ 932 ff. BGB notwendige – Übergabe zu bewirken.[162] Der Kfz-Brief kann für sich genommen deshalb kein hinreichender Rechtsscheinsträger sein.[163] Ebenfalls reicht auch der Besitz des Kfz allein als Rechtsscheinsträger nicht aus, weil an einem Kfz häufig Sicherungs- oder Vorbehaltseigentum besteht und der Sicherungsgeber bzw. Vorbehaltskäufer in diesen Fällen den unmittelbaren Besitz innehat, ohne als Eigentümer verfügungsberechtigt zu sein. Soweit zwischen den Kaufvertragsparteien das Vorliegen eines unbedingten dinglichen Erfüllungsgeschäfts bzgl. des Kfz streitig ist, kann die Einbehaltung des Kfz-Briefs durch den nicht vorleistungspflichtigen Verkäufer als ein (konkludenter) Eigentumsvorbehalt gedeutet werden.[164]

Ausgehend von diesen Grundsätzen ist beim Kfz-Erwerb zunächst danach zu unterscheiden, ob es sich um einen Neuwagen (einschließlich Vorführwagen und Wagen mit Tageszulassung) oder um einen Gebrauchtwagen handelt sowie ferner, ob der Käufer eine Privatperson oder ein gewerblich Handelnder ist. Beim Erwerb eines *Neuwagens* durch eine Privatperson schließt die fehlende Vorlage des Kfz-Briefs wegen der Besonderheiten der Erstzulassung den guten Glauben regelmäßig nicht

157 Staudinger/*W. Wiegand* (2011) § 932 Rn. 99. → § 3 Rn. 9, → § 3 Rn. 11.
158 MüKoBGB/*Quack*, 4. Aufl. 2004, § 932 Rn. 53.
159 Palandt/*Bassenge* § 932 Rn. 14; *Wilhelm* SachenR Rn. 937; *Schmitz* JuS 1975, 717 (718).
160 MüKoBGB/*Oechsler* § 932 Rn. 37; *Haas/Beiner* JA 1998, 23 (28).
161 Vgl. § 12 II 2 Fahrzeug-Zulassungsverordnung (FZV) idF vom 18.12.2006; danach ist zwischen der Ausfüllung und der erstmaligen Ausfertigung durch die Zulassungsbehörde zu unterscheiden. Die Ausfertigung erfolgt nur bei Nachweis der Verfügungsberechtigung, insbes. durch Kaufvertrag oder Originalrechnung; vgl. Hentschel/König/Dauer/*Dauer*, 41. Aufl. 2011, FZV § 12 Rn. 5.
162 OLG Karlsruhe MDR 2005, 1155 (1156); *Frahm/Würdinger* JuS 2008, 14 (14).
163 BGH NJW 1978, 1854; OLG Köln NJOZ 2004, 3700 (3701).
164 BGH NJW 2006, 3488 (3489); vgl. dazu *Fritsche/Würdinger* NJW 2007, 1037 ff.; zur Möglichkeit einer konkludenten Sicherungsübereignung durch Übergabe des Briefs vgl. *Frahm/Würdinger* JuS 2008, 14 (15); abl. LG Flensburg NJW-RR 2009, 196 (196).

aus.[165] Anders kann dies bei einem gewerblichen Käufer zu beurteilen sein.[166] Beim Erwerb eines *Gebrauchtwagens* ist hingegen regelmäßig die Vorlage des Kfz-Briefs erforderlich.[167]

Weiter lässt sich bei Gebrauchtwagen – mit Blick auf den Briefinhalt und die Anwendbarkeit des § 366 I HGB – danach differenzieren, ob als Vertragspartner auf Veräußererseite eine Privatperson oder ein Kfz-Händler steht.

Unter Privatleuten muss der Erwerber überprüfen, ob der Veräußerer als Halter eingetragen ist. Zwar ergibt sich aus der Eintragung als Halter nicht, dass der Eingetragene Eigentümer ist.[168] Jedoch begründen der Besitz des Wagens zusammen mit dem des Kfz-Briefs gegenüber dem Erwerber einen ausreichenden Rechtsschein für das Eigentum und die Verfügungsbefugnis des Veräußerers.[169] Weitere Nachforschungsobliegenheiten (Erkundigungsobliegenheiten) können insbesondere hinzutreten, wenn der Veräußerer zwar im Besitz des Briefs, aber nicht eingetragen ist (Personenverschiedenheit von Veräußerer und Halter)[170] oder die Umstände der Veräußerung zweifelhaft sind, zB bei ungewöhnlichem Verkaufsort, besonders günstigem Preis[171] oder erkennbarer Fälschung des Kfz-Briefs.[172]

Beim *Erwerb eines Gebrauchtwagens vom Kfz-Händler* – hierbei handelt es sich zumindest um ein einseitiges Handelsgeschäft – ist stets § 366 I HGB[173] zu beachten. Der gute Glaube an die Verfügungsbefugnis kann – falls keine anderen Anhaltspunkte Zweifel an der Ordnungsgemäßheit des Vorerwerbs wecken müssen[174] – die Voreintragung des Kfz-Händlers im Kfz-Brief entbehrlich machen.[175]

165 Vgl. BGH WM 1965, 1136 ff.; *Frahm/Würdinger* JuS 2008, 14 (16); *Schmidt* JuS 2005, 650 (651); *Westermann/Gursky/Eickmann* SachenR § 46 Rn. 11, die jedoch zwischen einem »angesehenen« Händler und einem Nichtvertragshändler differenzieren wollen; Baumbach/Hopt/*Hopt* § 366 Rn. 2 zum Erwerb eines Vorführwagens mit Verweis auf OLG Hamm NJW 1964, 2257 (2257).

166 Vgl. BGH NJW 2005, 1365 (1365); dazu *Fritsche/Würdinger* DAR 2007, 501 (503).

167 Vgl. iE Staudinger/*W. Wiegand* (2011) § 932 Rn. 63, 140 ff. Speziell für den Erwerb vom Händler: EBJS/*Lettl* § 366 Rn. 17; MüKoBGB/*Oechsler* § 932 Rn. 53 f.; *Westermann* SachenR Rn. 228.

168 BGH NJW 1991, 1415 (1416).

169 In der Regel ist der eingetragene Halter mit dem Eigentümer identisch, daher genügt auch die Vorlage des Kfz-Briefs und die Behauptung des Veräußerers, er sei mit der eingetragenen Person identisch, *Westermann/Gursky/Eickmann* SachenR § 46 Rn. 13; *Wolf/Wellenhofer* SachenR § 8 Rn. 18 f.; eine Ausnahme gilt für aus dem Ausland eingeführte Gebrauchtwagen; BGH NJW 1991, 1415 (1416); NJW 1994, 2022 (2023) (in den Auslandspapieren war kein Halter eingetragen). – Zur Bedeutung des Kfz-Briefs für die Eigentumsvermutung → § 7 Rn. 40, → § 7 Rn. 45.

170 BGH NJW 1975, 735 (736); NJW 1994, 2022 (2023); OLG Köln MDR 2014, 958; vgl. auch LG Mönchengladbach NJW 2005, 3578 (3579).

171 OLG Hamburg NJW-RR 1987, 1266 (1267); auch BGH NJW-RR 1987, 1456 (1457): niedriger Preis in Verbindung mit weiteren Ungereimtheiten.

172 *Westermann/Gursky/Eickmann* SachenR § 46 Rn. 11; LG München ZfS 2006, 92 (93); KG MDR 2003, 1350 (1351): Bei falscher Schreibweise eines Ortsnamens und weiteren offenbar fehlerhaften Eintragungen muss ein Erwerber bei angemessener Prüfung erkennen, dass der Brief gefälscht ist.

173 → § 5 Rn. 26.

174 BGH NJW 1992, 310; NJW 2005, 1365 (1366); zahlreiche Beispiele bei Bamberger/Roth/*Kindl* § 932 Rn. 17.

175 BGH WM 1987, 1282 (1283 f.); EBJS/*Lettl* § 366 Rn. 17; *Schmidt* JuS 2005, 650 (651).

h) Nachforschungsobliegenheiten beim Erwerb von Groß- und Zwischenhändlern sowie von Verarbeitern (V)

32 Die Rechtsprechung[176] bejaht beim *Erwerb* hochwertiger Investitions- und Konsumgüter *von einem Händler* die Obliegenheit des Erwerbers, sich beim Lieferanten bzw. Vorhändler danach zu erkundigen, ob – wie üblich – Vorbehaltseigentum an den Waren besteht und der Weiterverkauf bestimmter Waren der Kreditsicherung dienen soll.[177] Weitere *besondere Umstände, die eine Nachforschungsobliegenheit begründen*, sind:

- Kenntnis des Erwerbers von der Zahlungsschwäche des Händlers der Ware,[178]
- Angebot unter Einkaufspreis[179] oder
- Geschäfte, die außerhalb des gewöhnlichen oder ordnungsgemäßen Geschäftsbetriebs des jeweiligen Veräußerers liegen.[180]

Beim *Erwerb direkt vom Verarbeiter* (§ 950 BGB) bestehen Erkundigungsobliegenheiten vor allem dann, wenn üblicherweise ein Abtretungsverbot für die Kaufpreisforderung vereinbart wird, da hier oftmals ein einfacher oder verlängerter Eigentumsvorbehalt besteht.[181]

i) Guter Glaube bei Zustimmung des besitzenden Nichteigentümers zur Verfügung des Nichtbesitzers (V)

33 Für den Fall, dass ein Nichteigentümer, der im Besitz der Sache ist, der Verfügung eines anderen (Nichtbesitzers) zustimmt, ist umstritten, unter welchen Voraussetzungen ein gutgläubiger Erwerb möglich ist. In einem solchen Fall glaubt der Erwerber, gem. §§ 929 S. 1, 185 I BGB zu erwerben.[182]

Ein gutgläubiger Erwerb wird überwiegend für möglich gehalten, wenn der Zustimmende dem Erwerber entweder unmittelbaren oder mittelbaren Besitz übertrage und sich in letzterem Falle selbst jeder Besitzposition entäußere.[183] Diese Fälle könnten nicht anders behandelt werden, als wenn der zustimmende Besitzer selbst als Veräußerer aufgetreten wäre und der Erwerber an dessen Eigentum geglaubt hätte. Auch hier weise der Besitz den Zustimmenden als Eigentümer aus, an dessen Eigentum der Erwerber glauben dürfe.[184] Der gute Glaube beziehe sich also nicht auf die Verfügungsbefugnis, sondern auf das Eigentum des zustimmenden Besitzers und unterfalle deshalb dem Schutz des § 932 BGB.[185] Voraussetzung sei insofern, dass der objektive Rechtsschein gerade in der Person des zustimmenden Dritten gegeben sei, weil die

176 BGH WM 1980, 1349.
177 BGH LM Nr. 1 zu § 365 HGB; NJW 1999, 425 (426); NJW-RR 2004, 555 (556); NJW 2005, 1365 (1366).
178 BGH LM Nr. 22 zu § 455.
179 BGH LM Nr. 23 zu § 455.
180 BGH NJW 1999, 425 (426): Verkauf einer größeren Zahl fabrikneuer Hubarbeitsbühnen durch ein Unternehmen, das sich mit der Vermietung solcher Maschinen befasst.
181 BGHZ 77, 274 (277 ff.); *Gursky* JZ 1984, 604 (607). → § 11 Rn. 16.
182 Vgl. den Beispielsfall → § 5 Rn. 20.
183 BGHZ 10, 81 (84); 56, 123 (129); Soergel/*Henssler* § 932 Rn. 12.
184 *Medicus/Petersen* BürgerlR Rn. 566.
185 *Wolf/Wellenhofer* SachenR § 8 Rn. 24; *Medicus/Petersen* BürgerlR Rn. 566.

Zustimmung der entscheidende Übertragungsakt sei.[186] Die irrtümliche Annahme, es bestehe eine besitzrechtliche Verbindung, genüge daher nicht.[187]

Nach vereinzelter Ansicht soll sogar die Zustimmung eines Nichtbesitzers, den der Erwerber für den Eigentümer halte, ausreichen.[188] Ebenfalls soll genügen, wenn der auf den Zustimmenden verweisende nichtberechtigte Veräußerer Besitzer der Sache sei.[189] Mit dem auf Besitz beruhenden Rechtsschein ist diese Ansicht allerdings nicht zu vereinbaren.

j) Guter Glaube bei Veräußerung unter fremdem Namen (V)

Das Problem einer Veräußerung unter fremdem Namen stellt sich am häufigsten bei der Veräußerung von Kraftfahrzeugen: Ein durch den Besitz des Kfz-Briefs scheinbar legitimierter Nichtberechtigter tritt unter dem Namen des eingetragenen Halters auf, ohne offen zu legen, dass er mit dem Halter nicht identisch ist; er handelt unter falscher Namensangabe. 34

Beispiel: Der Eigentümer eines Kfz verkauft dieses unter Eigentumsvorbehalt weiter (§ 449 BGB). Bedingung des Eigentumseintritts ist die Deckung des zur Bezahlung begebenen Schecks. Der Scheck ist nicht gedeckt, der Erwerber veräußert das Kfz unter Vorlage des Kfz-Briefs weiter an einen Dritten, gegenüber dem er unter dem Namen des Eigentümers und Halters auftritt. Der Erwerber glaubt aufgrund des Besitzes am Pkw und dem Namen im Kfz-Brief an die Verfügungsmacht des Veräußerers.

Bei Geschäften unter falschem Namen hat der wahre Namensinhaber die Möglichkeit, das Geschäft durch Genehmigung an sich ziehen (§ 177 BGB).[190] Aber auch der Erwerber eines Kfz ist in seinem guten Glauben an die Eigentümerstellung des Veräußerers schutzwürdig. Er hat ein Interesse daran, insbesondere bei direkten Austauschverträgen (Bargeschäfte), ohne Einschaltung des wahren Namensträgers direkt Eigentum vom Veräußerer zu erwerben, zumal er regelmäßig weder den Eigentümer noch den Veräußerer namentlich kennt. Die Regeln des Vertretungsrechts kollidieren hier mit den Vorschriften über den gutgläubigen Erwerb von Sachen. Zur Lösung des Konflikts ist entscheidend, mit wem der Erwerber das Geschäft abschließen will: mit dem Veräußerer oder mit dem wirklichen Namensträger (dem Eigentümer). Im ersten Fall ist das Geschäft für den Veräußerer ein sog. Eigengeschäft, im zweiten Fall ein sog. Fremdgeschäft, auf das die Vertretungsregeln zur Anwendung gelangen, sodass der Vertragspartner direkt vom Berechtigten erwirbt. Bei einem Eigengeschäft finden die Vertretungsregeln dagegen keine Anwendung, der Vertragspartner erwirbt unter Zugrundelegung der Gutglaubensvorschriften direkt vom nichtberechtigten Veräußerer.

Wer beim Handeln unter fremdem Namen Geschäftspartner sein soll, ist durch Auslegung der Erklärung des Veräußerers (Empfängerhorizont) zu ermitteln. Eine Erklärung unter Anwesenden ist idR ein Eigengeschäft des Handelnden, weil der Erwerber regelmäßig mit demjenigen das Geschäft abschließen will, der ihm als Vertragspartner entgegentritt.[191] Das gilt vor allem für Bargeschäfte des täglichen

186 *Westermann/Gursky/Eickmann* SachenR § 46 Rn. 5; *W. Wiegand* JuS 1974, 201 (203).
187 RGZ 72, 310 (312); BGHZ 10, 81 (87); BGH JR 1952, 472 (473); MDR 1955, 346 (347).
188 OGHBrZ 1, 292 (295).
189 *Westermann*, 5. Aufl. 1966, § 46 2 (anders aber *Westermann/Gursky/Eickmann* SachenR § 46 Rn. 5).
190 *Medicus/Petersen* BürgerlR Rn. 82.
191 OLG Düsseldorf NJW 1985, 2484 unter Hinweis auf *Larenz*, Schuldrecht AT, 6. Aufl. 1963, § 30 II b.

Lebens.[192] Normalerweise geht der Erwerber davon aus, dass Veräußerer und Eigentümer identisch sind. Ein falscher Name ändert an der Eigenschaft als Vertragspartner nichts.[193] Der Erwerber kann damit gutgläubig Eigentum vom nichtberechtigten Veräußerer erwerben. Allgemeine Nachforschungsobliegenheiten im Hinblick auf die Identität des Veräußerers hat der Erwerber nicht, es sei denn, besondere Umstände legen den Verdacht der Verwendung einer falschen Identität nahe.[194]

Eine andere Situation ist gegeben, wenn dem Erwerber der Name des Geschäftspartners so wichtig ist, dass er nur vom Namensträger erwerben will und dem Veräußerer dies bekannt ist. Der Veräußerer täuscht dann bewusst über seine Identität, um einen Geschäftsabschluss zu bewirken. Tatsächlich führt der Veräußerer dann ein Fremdgeschäft, auf das die Regeln der Stellvertretung anzuwenden sind.[195]

Daraus erschließt sich die Antwort auf die Frage, ob – im oben angegebenen Beispiel – angenommen werden kann, der Käufer wolle nur mit dem wirklichen Namensträger kontrahieren, weil dessen Name im Kfz-Brief ausgewiesen ist.[196] Dagegen spricht, dass sich der Erwerber auf den durch den Besitz des Pkw und des Kfz-Briefs erzeugten Rechtsschein verlassen darf und dass der Eigentümer durch die Besitzüberlassung den Rechtsschein mitverursacht.[197] Auch der BGH[198] nimmt in dieser Konstellation ein Eigengeschäft an: Für den Erwerber sei grundsätzlich von Belang, dass die Namen des Veräußerers und des ausgewiesenen Halters übereinstimmten,[199] nicht aber die hinter dem Namen stehende Person. Die Behauptung des Veräußerers, die ausgewiesene Person zu sein, begründe für sich genommen keine Identitätsvorstellung des Erwerbers, hinter der die Person des verhandelnden Veräußerers zurücktrete.

k) Darlegungs- und Beweislast (V)

35 In der Praxis spielt häufig eine entscheidende Rolle, wer die Darlegungs- und Beweislast zu tragen hat. Darunter versteht man, zu wessen Lasten es geht, wenn im Prozess eine behauptete Tatsache sich weder als wahr noch als unwahr erweist (»non liquet«).

§ 932 I BGB geht davon aus, dass der Erwerber im Normalfall gutgläubig ist. Das kommt in der Formulierung »... es sei denn, dass er ... nicht in gutem Glauben ist« zum Ausdruck. Wer einen gutgläubigen Eigentumserwerb bestreitet, hat demnach die tatsächlichen Umstände, welche die Bösgläubigkeit des Erwerbers begründen, darzulegen und zu beweisen.[200]

192 *Mittenzwei* NJW 1986, 2472 (2473).

193 OLG Düsseldorf NJW 1989, 906; zust. *Wilhelm* SachenR Rn. 943 f.

194 OLG Düsseldorf NJW 1989, 906.

195 OLG Düsseldorf NJW 1985, 2484 (betrifft einen solchen Fall); allgemeiner OLG Düsseldorf NJW 1989, 906.

196 OLG Düsseldorf NJW 1985, 2484 unterscheidet zwischen dem Irrtum über die Eigentumsverhältnisse und dem Irrtum über die Personenidentität.

197 Nach *Mittenzwei* NJW 1986, 2472 (2474) ist die Trennung beider vorbezeichneter Irrtümer nicht geeignet, die Grenze zwischen geschütztem Vertrauen in den Briefbesitz und dem nicht geschützten Vertrauen in die Verfügungsmacht korrekt zu ziehen.

198 BGH NJW 2013, 1946 (1946 f.) mAnm *M. Schwab* JuS 2014, 265 ff.

199 Dies folgt aus dem Umstand, dass bei fehlender Übereinstimmung den Erwerber Nachforschungsobliegenheiten treffen, BGHZ 68, 323 (325) = NJW 1977, 1240.

200 BGH NJW 1982, 38 (39); Soergel/*Henssler* § 932 Rn. 51.

Die sich aus dem Wortlaut ergebende Beweislastverteilung in § 932 BGB entspricht dem Grundgedanken des gutgläubigen Erwerbs, dass sich der Erwerber auf den durch den Besitz erzeugten Rechtsschein verlassen darf. Sie berücksichtigt zudem die Schwierigkeit, »innere« Tatsachen zu beweisen.[201]

Kann derjenige, der den Eigentumserwerb bestreitet, die Bösgläubigkeit des Erwerbers dadurch glaubhaft machen, dass er dessen Kenntnis der maßgeblichen Tatsachen nachweist, so steht dem Erwerber immer noch die Möglichkeit offen, seine Gutgläubigkeit infolge eines Rechtsirrtums zu beweisen.[202]

Will der frühere Eigentümer oder ein Dritter eine grob fahrlässige Unkenntnis des Erwerbers wegen Verletzung von Nachforschungsobliegenheiten nachweisen, so tragen sie auch die Beweislast für das Vorliegen der tatsächlichen Umstände, aus denen sich das Bestehen der Nachforschungsobliegenheit ergibt.[203]

5. Kein Abhandenkommen iSv § 935 BGB

a) Begriff (G)

Abhanden gekommen ist eine Sache, wenn der Eigentümer (§ 935 I 1 BGB) oder sein Besitzmittler (§ 935 I 2 BGB) den unmittelbaren Besitz ohne – nicht notwendig gegen – seinen Willen verloren hat.[204] Die Alternativen »gestohlen« und »verloren« iSv § 935 I BGB sind lediglich Unterfälle des Abhandenkommens. 36

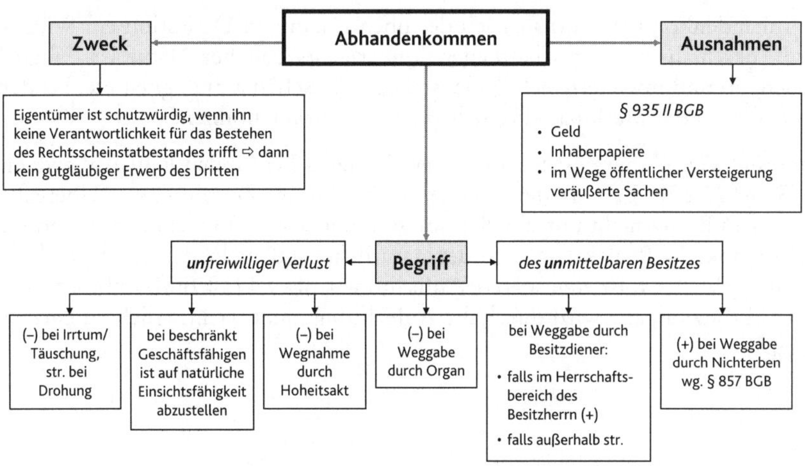

Bei kollidierendem Willen von Eigentümer und Besitzmittler ist auf den Willen des Eigentümers abzustellen. Der unfreiwillige Besitzverlust des Besitzmittlers ist demgemäß dann unschädlich, wenn er dem Willen des Eigentümers entspricht.[205] Bei einer Unterschlagung (§ 246 StGB) durch den Besitzmittler gelten jedoch die §§ 932–934 BGB, da hier dem Besitzmittler die Sache nicht abhanden gekommen ist.[206]

201 Staudinger/W. *Wiegand* (2011) § 932 Rn. 101.
202 Staudinger/W. *Wiegand* (2011) § 932 Rn. 104.
203 Staudinger/W. *Wiegand* (2011) § 932 Rn. 105.
204 Allgemeine Ansicht; vgl. OLG München NJW-RR 1993, 1466 (1467).
205 Palandt/*Bassenge* § 935 Rn. 7; *Wietfeld* Jura 2014, 1039 (1045).
206 Palandt/*Bassenge* § 935 Rn. 4; *Prütting* SachenR Rn. 433.

b) Zweck des gesetzlichen Ausschlussgrunds (G)

37 Beim gutgläubigen Erwerb tritt das Interesse des Eigentümers, sein Eigentum nicht zu verlieren, zugunsten des auf den objektiven Rechtsschein des Besitzes vertrauenden Erwerbers zurück (*Verkehrsschutz*).[207] Der Vorrang des allgemeinen Verkehrsinteresses vor dem Individualinteresse des Eigentümers besteht aber nicht ausnahmslos. Er wird vielmehr dann durchbrochen[208] bzw. eingeschränkt,[209] wenn das Eigentum und der Besitz ohne Zutun des Eigentümers auseinander fallen. Die Ausnahmeregelung des § 935 BGB knüpft insofern an das Veranlassungsprinzip an und bezweckt eine faire Risikoverteilung. Entscheidendes Zurechnungskriterium für die Interpretation des § 935 BGB ist deshalb die Verantwortlichkeit für das Bestehen des rechtsscheinsbegründenden Tatbestands.[210]

Der Eigentümer, der sein Eigentum bewusst einem Dritten anvertraut, kann das Risiko eines Verlusts besser einschätzen, als der Erwerber die Berechtigung des Dritten überprüfen kann.[211] In diesem Fall ist es interessengerecht, dass der Rechtsschein des Besitzes uneingeschränkt zugunsten des Erwerbers wirkt. Bei unfreiwilliger Trennung von Eigentum und Besitz überwiegt hingegen die Schutzwürdigkeit des Eigentümers.[212]

c) Kein Abhandenkommen bei Irrtum und Täuschung des unmittelbaren Besitzers (G)

38 Das Abhandenkommen enthält nach der oben genannten Definition ein Willensmoment,[213] das nicht rechtsgeschäftlicher, sondern tatsächlicher Natur ist. Fraglich ist dennoch, ob und inwiefern sich Willensmängel, Geschäftsunfähigkeit etc. bei der Besitzaufgabe auf das Merkmal »Freiwilligkeit« auswirken können.[214]

Irrtum und Täuschung des unmittelbaren Besitzers begründen kein Abhandenkommen iSv § 935 I BGB,[215] da der Irrende/Getäuschte im Zeitpunkt der Übergabe der Sache seinen Besitz nicht unfreiwillig, sondern mit seinem Einverständnis verliert. Da die Übergabe ein Realakt ist, also der natürliche und nicht der rechtsgeschäftliche Wille maßgeblich ist, ist eine spätere Anfechtung trotz § 142 I BGB unbeachtlich. Die gewollte Besitzaufgabe wird durch die Anfechtung nicht nachträglich zu einer ungewollten.[216]

207 → § 5 Rn. 2.

208 *Westermann/Gursky/Eickmann* SachenR § 45 Rn. 10.

209 Staudinger/*W. Wiegand* (2011) Vorbem zu §§ 932 ff. Rn. 20 unter Hinweis auf die Verfasser des BGB; auch *Wilhelm* SachenR Rn. 927: »Kompromiss«.

210 Staudinger/*W. Wiegand* (2011) Vorbem zu §§ 932 ff. Rn. 24; vor allem *Rebe* AcP 173 (1973), 186 (200 f.); unabhängig davon, ob iE dem Veranlassungs- oder Risikoprinzip gefolgt wird.

211 *Baur/Stürner* SachenR § 52 Rn. 10; *Zeranski* JuS 2002, 340 (344).

212 Palandt/*Bassenge* § 935 Rn. 1.

213 So MüKoBGB/*Quack*, 4. Aufl. 2004, § 935 Rn. 5.

214 Staudinger/*W. Wiegand* (2011) § 935 Rn. 9; *Baur/Stürner* SachenR § 52 Rn. 41.

215 RGZ 101, 224 (225); *Tiedtke* Jura 1983, 460 (470); aA für den Fall der Täuschung Staudinger/*Herrmann* Eckpfeiler (2008), 1009 (1036).

216 *Prütting* SachenR Rn. 434.

d) Abhandenkommen bei Gewalt oder Drohung gegenüber dem unmittelbaren Besitzer (G)

Fraglich ist, ob – anders als bei Irrtum und Täuschung – die rechtswidrige Einwirkung einer Drohung auf den Willen des unmittelbaren Besitzers die Freiwilligkeit der Besitzaufgabe ausschließen kann. Ein Teil der Literatur[217] bejaht das Abhandenkommen regelmäßig allein wegen der Zwangswirkung unabhängig von deren Intensität, da der Besitzwechsel nicht freiwillig bewirkt werden könne. Der BGH[218] und ein anderer Teil der Literatur[219] grenzen enger ein und nehmen ein Abhandenkommen nur bei unwiderstehlicher physischer Gewalt (*vis absoluta*) oder gleichstehendem seelischen Zwang an. 39

e) Abhandenkommen bei Weggabe durch Geschäftsunfähige bzw. beschränkt Geschäftsfähige (G)

Die Weggabe einer Sache durch einen Geschäftsunfähigen (§ 104 BGB) erfolgt mangels natürlicher Einsichtsfähigkeit hinsichtlich der Bedeutung der Besitzaufgabe unfreiwillig und begründet daher ein Abhandenkommen der Sache.[220] 40

Die Weggabe durch einen beschränkt Geschäftsfähigen wird unterschiedlich beurteilt: Zum Teil[221] wird ebenfalls generell das Abhandenkommen mit der Begründung bejaht, der Schutz des nicht voll Geschäftsfähigen gehe dem Verkehrsschutz der §§ 932 ff. BGB vor. Zum Teil[222] wird umgekehrt das Abhandenkommen unter Berufung auf den tatsächlichen Charakter des Besitzwillens stets verneint, denn diesen hätte auch der beschränkt Geschäftsfähige. Überwiegend[223] wird auf die Urteilsfähigkeit des Minderjährigen hinsichtlich der Bedeutung der Weggabe abgestellt (Einzelfallbetrachtung). Konnte der Minderjährige die natürliche Bedeutung der Weggabe erfassen, so sei die Sache nicht abhanden gekommen.

f) Kein Abhandenkommen bei Wegnahme durch Hoheitsakt (E)

Die Wegnahme der Sache durch rechtmäßigen Hoheitsakt (zB Beschlagnahme durch den Gerichtsvollzieher) begründet kein Abhandenkommen, da der Hoheitsakt den fehlenden Willen des Besitzers ersetzt.[224] Auch fehlerhafte Zwangsvollstreckungsakte sowie sonstige rechtswidrige Hoheitsakte bewirken kein Abhandenkommen.[225] Die öffentlich-rechtliche Besitzentziehung vollzieht sich gänzlich außerhalb privatrecht- 41

217 Staudinger/*W. Wiegand* (2011) § 935 Rn. 11; Bamberger/Roth/*Kindl* § 935 Rn. 9; *Baur/Stürner* SachenR § 52 Rn. 43; *Westermann/Gursky/Eickmann* SachenR § 49 Rn. 5.

218 BGHZ 4, 10 (34); BGH NJW 1953, 1506 (1507).

219 Soergel/*Henssler* § 935 Rn. 5; *Prütting* SachenR Rn. 434.

220 OLG München NJW 1991, 2571; Staudinger/*W. Wiegand* (2011) § 935 Rn. 9 f.; Erman/*Bayer* § 935 Rn. 3; Palandt/*Bassenge* § 935 Rn. 5.

221 Vor allem in der älteren Literatur: *Flume* BGB AT II § 13 S. 11d; *Canaris* NJW 1964, 1987 (1988); MüKoBGB/*Gitter*, 3. Aufl. 1993, Vor § 104 Rn. 61–64.

222 *Westermann*, 5. Aufl. 1966, § 49 I 3; *Oertmann* SeuffBl. 74, 580.

223 Palandt/*Bassenge* § 935 Rn. 5; *Westermann/Gursky/Eickmann* SachenR § 49 Rn. 5; auch MüKoBGB/*Oechsler* § 935 Rn. 7; Soergel/*Henssler* § 935 Rn. 6, welche die §§ 827 f. BGB entsprechend heranziehen; vgl. ferner *Neuner* JuS 2007, 401 (404).

224 BGHZ 4, 10 (33); Palandt/*Bassenge* § 935 Rn. 6.

225 MüKoBGB/*Oechsler* § 935 Rn. 12.

licher Kategorien. Umstritten ist diese Regel aber hinsichtlich nichtiger Verwaltungsakte.[226]

g) Kein Abhandenkommen bei Weggabe der Sache durch ein Organ einer juristischen Person (V)

42 Da die juristische Person selbst nicht handlungsfähig ist, kann sie keine tatsächliche Sachherrschaft ausüben. Sie erwirbt den Besitz vielmehr durch ihre Organe, die die Sachherrschaft ausüben, ohne selbst Besitzdiener oder -mittler zu sein. Die unbefugte Weitergabe einer Sache durch ein Organ der juristischen Person stellt damit kein Abhandenkommen dar.[227]

h) Kein Abhandenkommen bei Weggabe der Sache durch den mitbesitzenden Alleineigentümer (V)

42a Eine Sache, die durch den mitbesitzenden Alleineigentümer ohne den Willen des Mitbesitzers weggegeben wird, ist nicht abhanden gekommen.[228] Der Mitbesitzer ist weder (Mit-)Eigentümer (§ 935 I 1 BGB) noch vermittelt er dem unmittelbar besitzenden Alleineigentümer den Besitz (§ 935 I 2 BGB).[229] Eine analoge Anwendung des § 935 I BGB scheitert bereits an der fehlenden Regelungslücke: § 935 BGB bezweckt den Schutz des Eigentümers, der seinen Besitz unfreiwillig verloren, nicht hingegen desjenigen, der sich seines Besitzes freiwillig begeben hat. Auch mit einem – vom BGH in Zweifel gezogenen – unzureichenden Schutz des mitbesitzenden Nichteigentümers, kann die Lückenhaftigkeit des § 935 I BGB nicht begründet werden.[230]

Beispiel: Ehemann E ist Alleineigentümer eines Pkw, der durch seine Ehefrau F mitbenutzt wird (unmittelbarer Mitbesitz von E und F). Übergibt nun E im Rahmen einer Leihe den Pkw an seinen Freund A, der ihn dem gutgläubigen X übereignet, dann scheitert der Eigentumserwerb des X nicht am Abhandenkommen gem. § 935 I BGB: E hat seinen unmittelbaren Besitz im Rahmen der Übergabe an A freiwillig aufgegeben (§ 935 I 1 BGB [-]). Gleiches gilt für seinen Besitzmittler A im Zeitpunkt der Weitergabe an X (§ 935 I 2 BGB [-]). F hat zwar den unmittelbaren Besitz ohne ihren Willen verloren, allerdings war sie nicht Eigentümerin des Pkw (§ 935 I 1 BGB [-]). Auch war sie nicht Besitzmittlerin des E,

---

226 Vgl. dazu Staudinger/*W. Wiegand* (2011) § 935 Rn. 17 f. mwN und Soergel/*Henssler* § 935 Rn. 10: Abhandenkommen bei nichtigen, nicht aber anfechtbaren Verwaltungsakten; jetzt auch MüKoBGB/*Oechsler* § 935 Rn. 12.

227 BGHZ 57, 166 (167); Palandt/*Bassenge* § 935 Rn. 10. Siehe zum Organbesitz iE → § 2 Rn. 48. – Ein Unterschlagungsakt durch ein Organ stellt dagegen eine äußerlich kundgemachte Willensänderung dar, künftig nicht mehr für die juristische Person besitzen zu wollen, sodass ein unfreiwilliger Besitzverlust für die juristische Person und damit ein Abhandenkommen vorliegt; vgl. *Petersen* Jura 2002, 255 (256 f.).

228 Demgegenüber steht ein Abhandenkommen gem. § 935 I 1 BGB dem Erwerb von (Allein-)Eigentum dann entgegen, wenn der Mitbesitzer zugleich Miteigentümer ist; vgl. BGH NJW 1995, 2097 (2099); BGHZ 199, 227 (234) = NJW 2014, 1524 (1526); Bamberger/Roth/*Kindl* § 935 Rn. 4; Palandt/*Bassenge* § 935 Rn. 9.

229 BGHZ 199, 227 (935) = NJW 2014, 1524 (1526); Bamberger/Roth/*Kindl* § 935 Rn. 4; krit. *Wietfeld* Jura 2014, 1039 (1044 f.), die § 935 I 2 BGB für einschlägig erachtet und eine Lösung auf der Konkurrenzebene sucht.

230 BGHZ 199, 227 (235 ff.) = NJW 2014, 1524 (1526 f.); lückenhaft könnten allein die Regelungen sein, die gerade den Schutz des Mitbesitzers bezwecken, allen voran § 866 BGB.

da jener im Zeitpunkt der Übergabe an A selbst unmittelbaren Besitz hatte (§ 935 I 2 BGB [-]). Ein Abhandenkommen ließe sich somit nur über eine analoge Anwendung des § 935 I BGB bejahen. Der BGH lehnt den Analogieschluss indes mangels Regelungslücke ab.

i) Abhandenkommen bei Unterschlagung und Weiterveräußerung der Sache durch einen Besitzdiener? (V)

Der Besitzdiener (§ 855 BGB) übt die tatsächliche Sachherrschaft für seinen Besitz- 43
herrn aus. Dieser allein ist Besitzer iSd Gesetzes. Umstritten ist, ob eine Sache, die der Besitzdiener sich gegen den Willen seines Besitzherrn – des Eigentümers und Besitzers der Sache – zueignet und veräußert, dem Besitzherrn abhanden kommt.

Fraglich ist bereits, ob aufseiten des verfügenden Besitzdieners, der sich erstmalig bei der Veräußerung als Eigenbesitzer geriert,[231] der für § 932 BGB erforderliche Rechtsschein des Besitzes gegeben ist. Dies ist zweifelhaft, weil der Besitz nach § 854 BGB die vom tatsächlichen Willen getragene Sachherrschaft und damit eine gewisse Dauer und nicht nur eine flüchtige Sachberührung voraussetzt.[232] Der Besitzdiener hat zwar die tatsächliche Gewalt bereits inne, er ist aber nicht Besitzer im rechtlichen Sinne.[233] Zudem erfordert eine Übergabe iSd § 929 S. 1 BGB, dass der Besitzererwerb des Erwerbers auf Veranlassung des zugleich jeglichen Besitzrest verlierenden Veräußerers erfolgt. Bei einer unautorisierten Weggabe der Sache durch einen Besitzdiener kann daher fraglich sein, ob dieses Zurechnungselement vorliegt.[234]

Bei der Weggabe der Sache durch den Besitzdiener sind *zwei Fallgestaltungen* zu unterscheiden: einerseits die eigenmächtige Weggabe unmittelbar aus dem Herrschaftsbereich des Eigentümers (Besitzherrn) heraus und andererseits die Weggabe außerhalb des Herrschaftsbereichs.

aa) Eigenmächtige Weggabe aus dem Herrschaftsbereich des Eigentümers (V)

Beispiel: Ein Lagerarbeiter, der nur für die Aufbewahrung und den Transport von Waren in- 44
nerhalb des Betriebsgeländes zuständig ist, veräußert Waren an Dritte.

Hier ist ein Abhandenkommen unproblematisch, da der Besitzverlust gegen den Willen des Besitzherrn erfolgt.[235]

bb) Eigenmächtige Weggabe außerhalb des Herrschaftsbereichs des Eigentümers (V)

Beispiel: Ein Handelsvertreter veräußert Waren, die ihm nur als Muster zur Vorlage überge- 45
ben wurden.

Problematisch ist dagegen der Fall, in dem sich der Besitzdiener weisungsgemäß außerhalb des Herrschafts-/Gewahrsamsbereichs des Eigentümers befindet und sich

231 *Gursky* 20 Probleme SachenR 10. Problem 65 ff.

232 Staudinger/*Gutzeit* (2012) § 854 Rn. 3 ff.; Palandt/*Bassenge* § 854 Rn. 3.

233 Staudinger/*W. Wiegand* (2011) § 935 Rn. 14; *W. Wiegand* JuS 1974, 201 (205). → § 2 Rn. 25.

234 Die folgenden Ausführungen zu § 935 BGB könnten daher auch bereits im Rahmen der §§ 929, 932 BGB angesprochen werden.

235 *Gursky* 20 Probleme SachenR 10. Problem 65. Anders soll dies hingegen zu beurteilen sein, soweit die Sondervorschriften der §§ 54–56 HGB einschlägig sind, da diese eine Zurechnung nahelegten, vgl. *Baur/Stürner* SachenR § 52 Rn. 39.

dann zum Eigenbesitzer aufschwingt. *Zwei Lösungsansätze* werden zu dieser Problematik vertreten:

(1) Erste Lösung: Anknüpfung an die objektive Rechtslage

Die Rechtsprechung[236] und Teile der Literatur[237] halten allein die objektive Besitzlage und nicht den äußeren Anschein für ausschlaggebend. § 935 I 1 BGB setze nur voraus, dass der unmittelbare Besitzer die Sache ohne seinen Willen verliere.[238] Für die Beurteilung der Freiwilligkeit des Besitzverlusts komme es allein auf die Willensrichtung des Besitzers und nicht auf den Willen einer zu dieser Entscheidung nicht befugten Hilfsperson (des Besitzdieners) an. Das Gesetz schütze nicht den guten Glauben an einen nur scheinbaren Besitz.[239] Nach der objektiven Besitzlage verliere der Besitzherr den unmittelbaren Besitz ohne seinen Willen, wenn sich der Besitzdiener selbst zum Besitzer aufschwinge und die Sache unbefugt einem Dritten übereigne. Dass die Besitzdienereigenschaft als solche nicht erkennbar sei und der Besitzdiener wie ein echter Besitzer auftrete, sei unerheblich.

(2) Zweite Lösung: Anknüpfung an den äußeren Anschein

Nach einer Gegenauffassung[240] ist zugunsten des Rechtsverkehrs dann auf den Willen des Besitzdieners abzustellen, wenn er nach außen eine selbstständige, einem unmittelbaren Besitzer (Besitzmittler) vergleichbare Stellung einnimmt. Da der Besitzdiener die Sache freiwillig herausgebe, könne nicht von einem Abhandenkommen gesprochen werden. Das Veranlassungsprinzip als Korrektiv des Rechtsscheinsprinzips gebiete es, den Besitzdiener in diesem Fall dem Besitzmittler gleichzustellen. In beiden Fällen werde die Sache durch den Eigentümer einem Dritten anvertraut, der diese Rechtsstellung missbrauchen und über die Sache verfügen könne. Deshalb sei die Schutzbedürftigkeit des Eigentümers auch hier gegenüber dem Erwerbsinteresse geringer.[241] Die Gleichbehandlung diene damit im Ergebnis der Vermeidung überraschender, ungleicher Ergebnisse bei gleichem Rechtsschein.[242]

j) Abhandenkommen bei Weggabe einer Nachlasssache durch einen Nichterben (V)

46 Auch der fiktive Besitz des Erben (§ 857 BGB)[243] wird durch § 935 BGB geschützt.[244] Gibt ein Nichterbe eine zum Nachlass gehörende Sache weg, so liegt darin nicht nur

236 RGZ 71, 248 (253); 106, 4; OLG Bamberg NJW 1949, 716 (716 f.); OLG Frankfurt OLGZ 1989, 198; vgl. auch OLG Köln MDR 2006, 90 (90): Kaufinteressent bei Probefahrt.

237 Palandt/*Bassenge* § 935 Rn. 8; Soergel/*Henssler* § 935 Rn. 8; *Westermann/Gursky/Eickmann* SachenR § 49 Rn. 11 ff.; *Prütting* SachenR Rn. 76; *Musielak* JuS 1992, 713 (723); *Neuner* JuS 2007, 401 (405); ausführlich *Wilhelm* SachenR Rn. 966 ff. mit weiteren Argumenten; modifizierend *Baur/Stürner* SachenR § 52 Rn. 39.

238 Ausnahme, wenn der Besitzdiener weisungswidrig die Sache im Rahmen eines Rechtsverhältnisses mit dem Eigentümer und mit Vertretungsmacht weggibt, so zB bei § 56 HGB.

239 Zu weiteren Argumenten vgl. *Gursky* 20 Probleme SachenR 10. Problem 66 f.

240 MüKoBGB/*Joost* § 855 Rn. 23; Staudinger/*W. Wiegand* (2011) § 935 Rn. 14; iErg ebenso MüKoBGB/*Oechsler* § 935 Rn. 10.

241 Zu weiteren Argumenten der Gegenauffassung vgl. *Gursky* 20 Probleme SachenR 10. Problem 68 f.

242 Vgl. das Beispiel bei *Westermann/Gursky/Eickmann* SachenR § 49 Rn. 11, die allerdings gleichwohl der ersten Auffassung folgen.

243 → § 2 Rn. 46.

244 Vgl. MüKoBGB/*Oechsler* § 935 Rn. 5.

eine verbotene Eigenmacht (§ 858 BGB), sondern – bei Wegnahme des unmittelbaren Besitzes des Erben – auch ein Abhandenkommen der Sache.[245]

Die Schutzwürdigkeit des Erben tritt jedoch dann hinter den Gutglaubensschutz des Erwerbers zurück, wenn ein vorläufiger Erbe über Nachlassgegenstände verfügt,[246] bevor er die Erbschaft ausschlägt (§§ 1942 ff. BGB).

Sofern der Erbschaftsbesitzer durch Erbschein legitimiert ist, wird der gutgläubige Erwerber nach § 2366 BGB geschützt.[247]

k) Allgemeine Ausnahmen vom Abhandenkommen (§ 935 II BGB) (G)

Für Geld, Inhaberpapiere und Sachen, die im Wege öffentlicher Versteigerung 47
(§ 383 III 1 BGB) veräußert werden, stellt § 935 II BGB die Grundregelung der §§ 932 ff. BGB wieder her.[248] Hiermit soll bei Geld und Inhaberpapieren die gesteigerte Umlauffähigkeit erhalten und der Erwerber nicht zu unpraktikablen Prüfungen der Eigentumsverhältnisse gezwungen werden. Dem Verkehrsinteresse wird insofern gegenüber dem Eigentümerinteresse der Vorrang eingeräumt.[249]

Der BGH hat die umstrittene Frage,[250] unter welchen Voraussetzungen Gold- und Sammlermünzen als Geld iSd § 935 II BGB zu qualifizieren sind, entschieden.[251] Hiernach ist über die staatliche Anerkennung als offizielles Zahlungsmittel hinausgehend erforderlich, dass die Münzen zum Umlauf im öffentlichen Zahlungsverkehr bestimmt und geeignet sind.[252]

l) Besonderheit: öffentlich versteigerte Sachen (E)

Öffentlich versteigerte Sachen (vgl. § 383 BGB) sind aus historischen Gründen vom 48
Anwendungsbereich des § 935 I BGB ausgenommen.[253] Grund dafür ist die endgül-

245 MüKoBGB/*Oechsler* § 935 Rn. 5; Staudinger/*W. Wiegand* (2011) § 935 Rn. 19; Palandt/*Bassenge* § 857 Rn. 4.

246 MüKoBGB/*Joost* § 857 Rn. 12; Palandt/*Bassenge* § 857 Rn. 5, auch bei Anfechtung der Annahme oder des Testaments (§§ 2078 ff. BGB) oder der Erbunwürdigkeitserklärung (§§ 2339 ff. BGB); vgl. Palandt/*Weidlich* § 1953 Rn. 4.

247 → § 5 Rn. 23.

248 Soergel/*Henssler* § 935 Rn. 16.

249 Staudinger/*W. Wiegand* (2011) § 935 Rn. 23; *Westermann/Gursky/Eickmann* SachenR § 49 Rn. 20.

250 Zum Teil wurde die offizielle Zulassung bzw. die objektive Eignung als Zahlungsmittel – idS Palandt/*Bassenge*, 72. Aufl. 2013, § 935 Rn. 11 – als ausreichend erachtet; aA *Westermann/Gursky/Eickmann* § 49 Rn. 20: maßgeblich sei die subjektive Zweckbestimmung. Nach der hM ist indes darauf abzustellen, ob den Münzen nach der Verkehrsauffassung objektiv eine praktische Zahlungsmittelfunktion zukomme, vgl. BGHSt 32, 198 (200 ff.) = NJW 1984, 1311 (1312); MüKoBGB/*Oechsler* § 935 Rn. 15.

251 BGH NJW 2013, 2888 (2888 f.) mAnm *K. Schmidt* JuS 2014, 169 (169 f.).

252 Beide Kriterien verneint der BGH bei Münzen, die als Sammlerstücke herausgegeben werden: Nach ihrer Bestimmung seien sie dem Kreislauf des Geldes entzogen; zudem fehle die Umlaufeignung, da deren Verkaufswert nicht dem Nennwert entspreche, vgl. BGH NJW 2013, 2888 (2888 f.).

253 Nach *Wolff/Raiser* SachenR § 69 I 4b sollte die Öffentlichkeit bei der Versteigerung dem Eigentümer eine größere Chance geben, vom Verbleib der Sache zu erfahren und seine Rechte geltend zu machen. Dies ist nach heutiger Rechtslage aber zweifelhaft, soweit man nicht auch hier ein erhöhtes Rechtsschutzbedürfnis anerkennt; *Westermann/Gursky/Eickmann* SachenR § 49 Rn. 21 mwN zum Streitstand.

tige Rechtszuordnung, die den Rechtsfrieden herstellen soll. Die ordnungsgemäße Versteigerung im Rahmen des § 383 III BGB lässt nach hM nur die Anwendbarkeit von § 935 I BGB, nicht aber die übrigen Voraussetzungen der §§ 932–934 BGB – vor allem die Gutgläubigkeit – entfallen.[254]

Hieraus ergibt sich folgendes Problem: Beim Erwerb in der öffentlichen Versteigerung ist fraglich, ob das Merkmal des Abhandenkommens durch § 935 II BGB endgültig ausgeschlossen wird. Auch wenn derjenige, der die Sache in der Versteigerung erhalten hat, bösgläubig war, könnte ein Zweiterwerber (Erwerb vom nichtberechtigten – da bösgläubigen – Versteigerungserwerber) die ursprünglich abhanden gekommene Sache gutgläubig erwerben. Zum Teil wird dies – entgegen dem Wortlaut – mit der Sonderstellung öffentlich versteigerter Sachen begründet.[255] Dagegen wird aber eingewandt, das Gesetz habe keinen Anlass, bei Scheitern der Übereignung in öffentlicher Versteigerung aufgrund fehlender Gutgläubigkeit die besondere Schutzwürdigkeit des Eigentümers einer abhanden gekommenen Sache auch bei nachfolgenden Übereignungen außer Acht zu lassen.[256]

Die Ausnahme des § 935 II BGB erstreckt sich nicht auf Sachen, die im Wege der *Zwangsvollstreckung* nach der ZPO erworben werden.[257] Beim Erwerb in der Zwangsvollstreckung gem. § 817 ZPO handelt es sich um einen Staatsakt, der ohne Rücksicht auf die Gutgläubigkeit des Erwerbers erfolgt. Dieser erwirbt daher selbst dann Eigentum, wenn er weiß, dass der Schuldner nicht Eigentümer ist.[258]

6. Gutgläubiger lastenfreier Erwerb (§ 936 BGB) (V)

49 § 936 BGB ermöglicht den lastenfreien Erwerb einer mit (dinglichen) Rechten[259] Dritter belasteten Sache, wenn der Erwerber hinsichtlich der Belastung gutgläubig ist.[260] Zu den Rechten Dritter iSd § 936 BGB gehören insbesondere der Nießbrauch (§ 1030 BGB), vertragliche und gesetzliche Pfandrechte (§§ 1204, 562, 647 BGB), das Pfändungspfandrecht (§ 804 I ZPO) sowie das Anwartschaftsrecht aus aufschiebend (beim Vorbehaltseigentum) oder auflösend (bisweilen anzutreffen bei der Sicherungsübereignung) bedingter Übereignung (§§ 929, 158 BGB).

Nach seinem Wortlaut (»Ist eine veräußerte Sache …«) erfasst § 936 BGB sowohl den Erwerb vom Berechtigten nach §§ 929–931 BGB als auch den Erwerb vom Nichtberechtigten gem. §§ 929–931 iVm §§ 932–935 BGB. Im letzten Fall müssen die Gutgläubigkeit des Erwerbers und das Abhandenkommen[261] zweimal geprüft

254 Soergel/*Henssler* § 935 Rn. 21; Staudinger/*W. Wiegand* (2011) § 935 Rn. 27; *Westermann/Gursky/Eickmann* SachenR § 49 Rn. 21 mwN zur Gegenansicht.

255 So *Wolff/Raiser* SachenR § 69 I 4b; *Prütting* SachenR Rn. 437.

256 *Westermann/Gursky/Eickmann* SachenR § 49 Rn. 21; → § 10 Rn. 43.

257 Palandt/*Bassenge* § 935 Rn. 11.

258 BGHZ 119, 75 (76).

259 Nicht erfasst werden daher schuldrechtliche Zurückbehaltungsrechte, öffentlich-rechtliche Beschwerungen; vgl. Bamberger/Roth/*Kindl* § 936 Rn. 2; MüKoBGB/*Oechsler* § 936 Rn. 5 f.; Palandt/*Bassenge* § 936 Rn. 1.

260 Staudinger/*W. Wiegand* (2011) § 936 Rn. 7.

261 Staudinger/*W. Wiegand* (2011) § 936 Rn. 12 mit dem zutr. Hinweis, dass § 935 BGB auch im Rahmen des § 936 BGB gilt.

werden.[262] Der gute Glaube muss sich zum einen auf das Eigentum des Veräußerers (§ 932 II BGB), zum anderen auf das Nichtbestehen von Rechten Dritter (§§ 936 II, 932 II BGB) beziehen. Weder dem Eigentümer der Sache noch dem Inhaber des Rechts[263] darf die Sache abhanden gekommen sein (§ 935 I BGB). Auch § 366 HGB (guter Glaube an die Verfügungsbefugnis) ist hier über dessen Abs. 2 anwendbar.

Für den gutgläubigen lastenfreien Erwerb ist weiterhin erforderlich, dass der Erwerber eine Besitzposition wie beim Erwerb vom Nichtberechtigten erlangt (§ 936 I 2, 3 BGB iVm §§ 932–934 BGB), denn § 936 BGB ist quasi eine »Miniatur« der §§ 932–934 BGB und beruht damit auf derselben Rechtsscheinswirkung wie diese: dem Besitz bzw. der Besitzverschaffungsmacht des Veräußerers.[264]

Schließlich darf der lastenfreie Erwerb nicht durch § 936 III BGB ausgeschlossen sein. Dies ist dann der Fall, wenn bei der Veräußerung durch Abtretung des Herausgabeanspruchs nach §§ 929, 931, 934 BGB der Inhaber des dinglichen Rechts die Sache im unmittelbaren oder mittelbaren Besitz hat und damit der Sache näher steht als der nichtberechtigt Verfügende.[265]

Liegen diese Voraussetzungen vor, so verliert der Dritte mit dem rechtsgeschäftlichen Eigentumserwerb sein auf der Sache lastendes (dingliches) Recht.[266]

Fallbeispiel: » Kunst kennt viele Sammler«[267]

7. Ansprüche des bisherigen Eigentümers nach gutgläubigem Erwerb (G)

Hat der Erwerber durch Verfügung eines Nichtberechtigten gem. §§ 929 f., 932 ff. BGB Eigentum erworben, stellt sich die Frage, ob dem bisherigen Eigentümer gegen ihn und/oder den nichtberechtigt Verfügenden Ansprüche zustehen. Außer im Fall des unentgeltlichen Erwerbs iSv § 816 I 2 BGB hat der bisherige Eigentümer gegen den Erwerber keine Ansprüche. Gegen den nichtberechtigt Verfügenden können indes Schadensersatz- sowie Herausgabeansprüche bezogen auf den erhaltenen Erlös begründet sein. Welches Anspruchsziel günstiger ist, bestimmt sich danach, ob der im Einzelfall erzielte Erlös hinter dem Wert der Sache zurückbleibt, ihm entspricht oder ihn übersteigt. Auf welche Grundlagen insbesondere die Schadensersatzansprüche zu stützen sind, ist Gegenstand einer umfangreichen Diskussion.[268] 50

262 *Wilhelm* SachenR Rn. 1013; *Röthel* Jura 2009, 241 (244).

263 Ist die Sache nur dem Inhaber des Rechts abhanden gekommen, aber nicht dem Eigentümer, so ist gutgläubiger, mit dem Recht des Dritten belasteter Eigentumserwerb möglich; vgl. MüKoBGB/*Oechsler* § 936 Rn. 13; Staudinger/*W. Wiegand* (2011) § 936 Rn. 12; Palandt/*Bassenge* § 936 Rn. 3.

264 Staudinger/*W. Wiegand* (2011) § 936 Rn. 1; instruktiv *Röthel* Jura 2009, 241 (242 ff.). So erfordert das Erlöschen eines Vermieterpfandrechtes durch gutgläubigen lastenfreien Erwerb die Übergabe der Sache an den Erwerber, vgl. BGH NJW-RR 2005, 1328 (1329).

265 Ausführlich dazu *Röthel* Jura 2009, 241 (242 f.).

266 Soergel/*Henssler* § 936 Rn. 12.

267 *Vieweg/Röthel* Fälle SachenR Fall 9.

268 Umfassend Staudinger/*Gursky* (2013) Vorbem zu §§ 987–993 Rn. 64 ff.

Für den *Fremdbesitzer* iSv § 872 BGB – also denjenigen, der im Zeitpunkt der Verfügung die Sache nicht als ihm gehörend besitzt – sind drei Konstellationen zu unterscheiden: In der ersten Konstellation ist der Fremdbesitzer, bspw. aufgrund eines Leihvertrags, gegenüber dem Eigentümer zum Besitz berechtigt. Der Schadensersatzanspruch kann in diesem Fall auf zwei rechtliche Grundlagen gestützt werden. Zum einen kann er sich aus einem schuldrechtlichen Leistungsstörungsrecht (§§ 280 I, III, 283 BGB) ergeben – durch die Übereignung wird die Rückgabe als Leistungspflicht unmöglich. Zum anderen kann er im Deliktsrecht (§ 823 I, II BGB) seine Grundlage finden. Ausgeschlossen sind dagegen gem. § 986 BGB die Ansprüche aus dem Eigentümer-Besitzer-Verhältnis (§§ 990, 989 BGB).[269]

In der zweiten Konstellation besteht zu keinem Zeitpunkt ein Besitzrecht, bspw. weil der nichtberechtigt Verfügende die Sache von einem seinerseits nicht zum Besitz berechtigten Dritten geliehen hat. Hier – beim sog. Fremdbesitzerexzess – finden die Regelungen der §§ 989 f. BGB und die deliktischen Normen nebeneinander Anwendung, vgl. § 991 II BGB.[270]

Stark umstritten ist dagegen die dritte Konstellation, in der ehemals ein Besitzrecht bestand, dieses aber zum Zeitpunkt der Verfügung nicht mehr besteht. Hier stellt sich die Frage, ob die Regelungen des Eigentümer-Besitzer-Verhältnisses neben dem schuldrechtlichen Leistungsstörungsrecht Anwendung finden.[271]

Für den Fall der Verfügung durch den nichtberechtigten *Eigenbesitzer* findet sich ein sehr breites Meinungsspektrum[272] zu den Anspruchsgrundlagen. Kern der Diskussion ist, in welchem Umfang die Regelungen des Eigentümer-Besitzer-Verhältnisses die deliktische Haftung verdrängen (sog. Sperrwirkung). Als entscheidend wird teilweise angesehen, ob der Besitzer gut- oder bösgläubig bzw. der Anspruch aus § 985 BGB rechtshängig ist. Eine andere Auffassung bejaht eine Sperrwirkung indes auch für den bösgläubigen bzw. verklagten Besitzer; ausgenommen sei allein der deliktische Besitzer iSd § 992 BGB.

269 Der »nicht-so-berechtigte Besitzer« ist kein Anwendungsfall der §§ 985 ff. BGB → § 7 Rn. 15.

270 Diese Norm wird zT auch in Zwei-Personen-Konstellationen (analog) angewendet, wenn also bspw. der nichtberechtigt Verfügende die Sache direkt vom Eigentümer leiht, aber der Leihvertrag nichtig ist. Andere Stimmen befürworten eine direkte Anwendung des Deliktsrechts; zu diesem Problemkreis Staudinger/*Gursky* (2013) Vorbem zu §§ 987–993 Rn. 32.

271 Die hM bejaht eine *echte Anspruchskonkurrenz* → § 8 Rn. 51.

272 Eing. Staudinger/*Gursky* (2013) Vorbem zu §§ 987–993 Rn. 64 ff.

Rechtsgeschäftlicher Erwerb beweglicher Sachen vom Nichtberechtigten
– Ansprüche des bisherigen Eigentümers

1. Ausgangslage: Gutgläubiger Erwerb

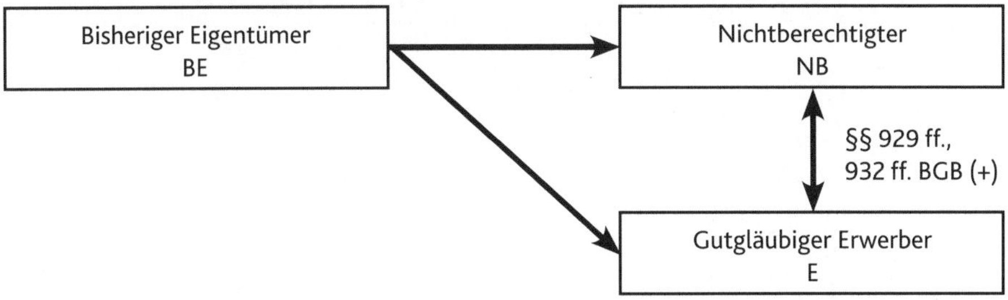

2. Ansprüche bisheriger Eigentümer gegen gutgläubigen Erwerber

a)	§ 985 BGB	(-)	Eigentum verloren aufgrund gutgläubigen Erwerbs
b)	§ 823 I BGB	(-)	bei leichter Fahrlässigkeit sind §§ 932 ff. BGB Rechtfertigungsgrund für Eigentumsverletzung
c)	§ 812 I 1 Alt. 1 BGB	(-)	jedenfalls keine Leistung BE an E
d)	§ 812 I 1 Alt. 2 BGB	(-)	Leistung NB an E; zudem gutgläubiger Erwerb als Behaltensgrund für E
e)	§ 816 I 2 BGB	(+)	im *Ausnahmefall* des unentgeltlichen Erwerbs des E

3. Ansprüche bisheriger Eigentümer gegen Nichtberechtigten

a) auf Schadensersatz	**Anwendbarkeit**
aa) vertragliche Rückgabenorm iVm §§ 280 I, III, 283 BGB	(+)
bb) §§ 687 II, 678 BGB	(+)
cc) §§ 990, 989 BGB	ggf. (+)
dd) § 823 BGB	ggf. (+)
ee) § 826 BGB	(+)

b) auf Herausgabe des von E erhaltenen Erlöses	**Anwendbarkeit**
aa) §§ 687 II, 681 S. 2, 667 BGB	(+)
bb) § 816 I 1 BGB • lex specialis gegenüber § 812 I 1 Alt. 2 BGB (Nichtleistungskondiktion); • *wichtigste Ausgleichsnorm* in Fällen des gutgläubigen Erwerbs	(+)
cc) §§ 985, 285 BGB	(-)

§ 6 Gesetzlicher Eigentumserwerb

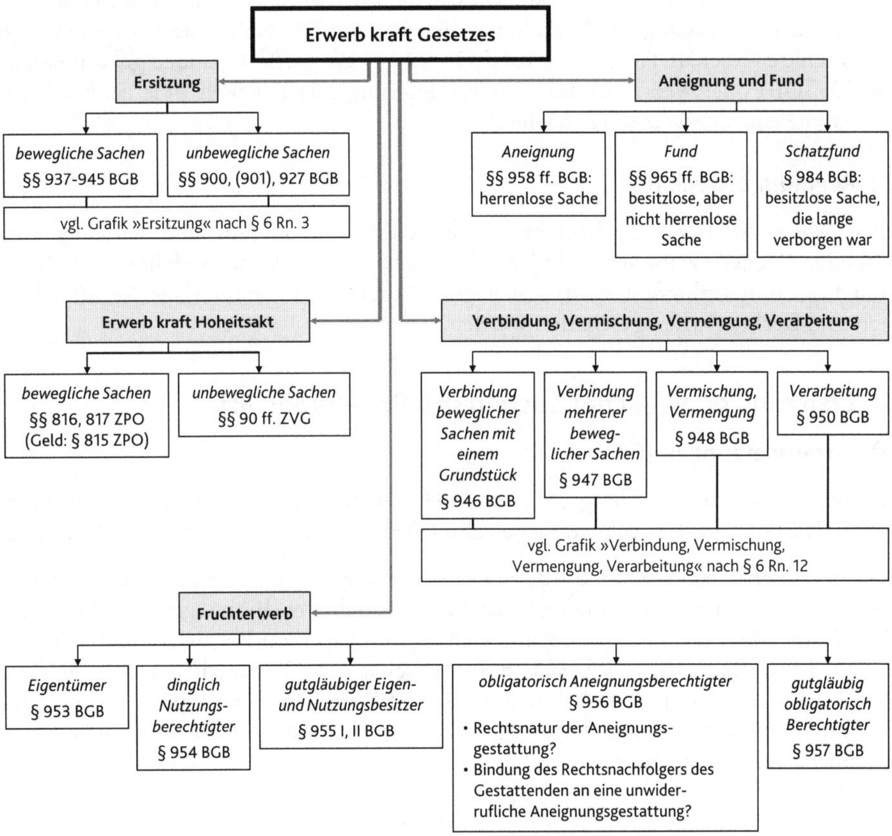

I. Ersitzung (§§ 937–945, 900–902 BGB)

1. Begriff, Bedeutung und Regelungszweck

a) Begriff und Bedeutung (G)

Ersitzung ist der automatisch durch Zeitablauf eintretende Erwerb des Eigentums an einer Sache. Eigentumserwerb an einer beweglichen Sache kraft Ersitzung tritt ein, wenn ein hinsichtlich seines Eigentums Gutgläubiger eine bewegliche Sache zehn Jahre in Eigenbesitz gehalten hat (§ 937 BGB).[1] Eigentumserwerb an einem Grundstück kraft Ersitzung tritt ein, wenn der Eigenbesitzer eines Grundstücks 30 Jahre als 1

1 Zur Ersitzung beweglicher Sachen → § 6 Rn. 3 ff.

Eigentümer im Grundbuch eingetragen war, sog. *Buch- oder Tabularersitzung* (§ 900 I BGB[2]).

Praktisch ist die Ersitzung deshalb von besonderer Relevanz, da sie auch in solchen Fällen eintritt, in denen ein rechtsgeschäftlicher Eigentumserwerb an der Sache oder dem Grundstück nicht möglich ist.[3] Dies ist beispielsweise der Fall, wenn neben der fehlenden Berechtigung des Veräußerers ein weiteres Erwerbshindernis vorliegt (zB beschränkte Geschäftsfähigkeit, § 105 BGB), wenn die Sache abhanden gekommen ist (§ 935 BGB) oder wenn es schon am Veräußerungsgeschäft fehlt (wie zB bei Inbesitznahme einer verwechselten Sache).[4]

b) Regelungszweck (G)

2 Der Zweck der Ersitzung liegt in der Befriedung, Beruhigung und Vereinfachung unklarer Rechtsbeziehungen.[5] Indem ein dauerhaftes Auseinanderfallen von Besitz und Eigentum verhindert wird, sollen hinsichtlich der Eigentumslage Rechtssicherheit und Rechtsklarheit geschaffen werden.[6]

2. Ersitzung beweglicher Sachen (§§ 937–945 BGB)

a) Voraussetzungen (G)

3 Voraussetzung der Ersitzung ist gem. § 937 BGB, dass ein gutgläubiger Besitzer (§ 937 II BGB) eine bewegliche Sache zehn Jahre im Eigenbesitz hatte (§ 937 I BGB).

Eigenbesitzer ist gem. § 872 BGB, wer eine Sache als ihm gehörend besitzt. Hierbei ist auf den natürlichen Willen abzustellen.[7] Mittelbarer Besitz genügt.[8] Der gute Glaube des Besitzers muss sich auf dessen eigenes Eigentum[9] beziehen und während der gesamten Ersitzungszeit bestehen. Dabei schadet bei Besitzerlangung schon grob fahrlässige Unkenntnis – ähnlich wie bei § 990 I BGB –, während später nur positive Kenntnis sowie bewusstes Verschließen vor der richtigen Erkenntnis den guten Glauben beeinträchtigen.[10]

---

2 Nach § 900 II BGB wird Abs. 1 auch entsprechend auf die Ersitzung bestimmter anderer Grundstücksrechte für anwendbar erklärt. → § 6 Rn. 8 ff.

3 Palandt/*Bassenge* Vorb v. § 937 Rn. 1; *Prütting* SachenR Rn. 442.

4 Staudinger/*W. Wiegand* (2011) Vorbem zu §§ 937–945 Rn. 4; Staudinger/*Gursky* (2013) § 900 Rn. 4.

5 MüKoBGB/*Baldus* § 937 Rn. 2.

6 *Baur/Stürner* SachenR § 53 Rn. 85; *Westermann/Gursky/Eickmann* SachenR § 51 Rn. 2 und § 84 Rn. 1.

7 → § 2 Rn. 13.

8 NK-BGB/*Meller-Hannich* § 937 Rn. 5 mwN.

9 NK-BGB/*Meller-Hannich* § 937 Rn. 8.

10 Bamberger/Roth/*Kindl* § 937 Rn. 6; Staudinger/*W. Wiegand* (2011) § 937 Rn. 7 ff. Zur Problematik der Gut-/Bösgläubigkeit eines Erben siehe *Krämer* NJW 1997, 2580. Während die Bösgläubigkeit als Einwendung nach allgemeinen Grundsätzen vom Gegner zu beweisen ist, trifft den Ersitzenden bei abhandengekommenen Sachen die volle Beweislast hinsichtlich sämtlicher Voraussetzungen des § 937 BGB, vgl. OLG Celle GRUR-RR 2011, 24 (27).

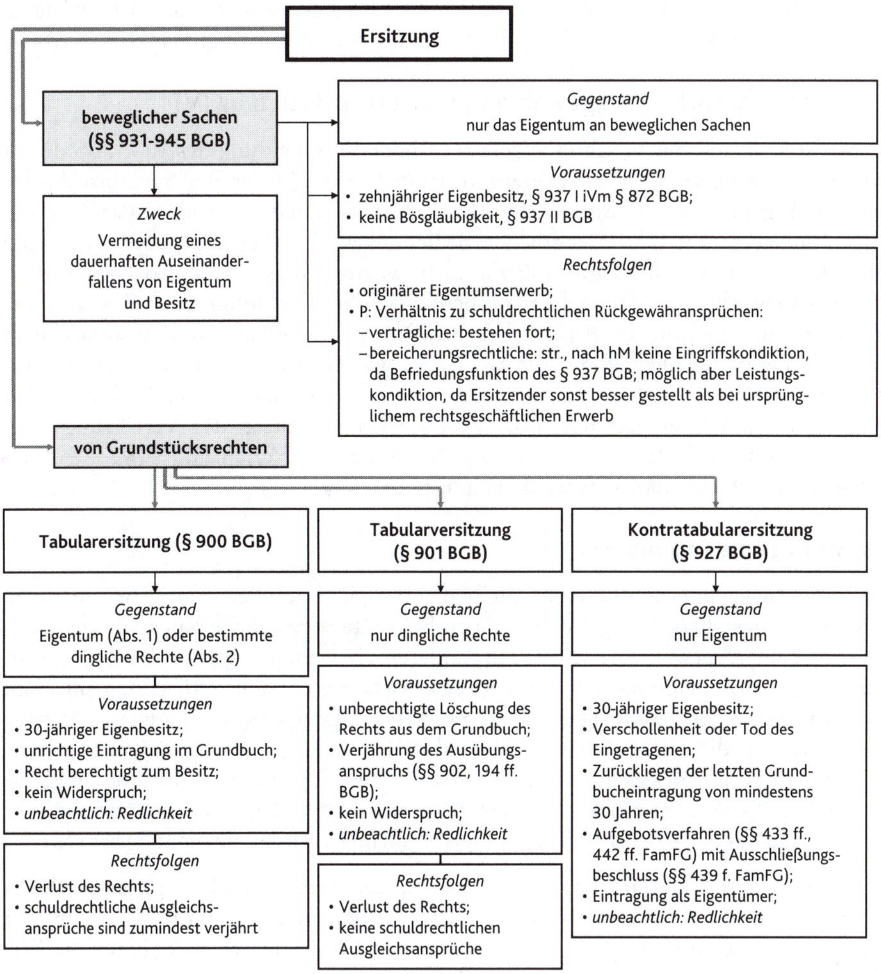

b) Rechtsfolge (G)

Durch Ersitzung erwirbt der gutgläubige Besitzer – nach überwiegender Meinung originär – Eigentum an der Sache, während der bisherige Eigentümer sein Eigentum verliert.[11] 4

Eine Sonderregel zur Ersitzung bildet § 2026 BGB. Danach kann sich der Erbschaftsbesitzer[12] gegenüber dem Eigentümer bis zum Eintritt der Verjährung des Erbschaftsanspruchs nicht auf Ersitzung berufen. Der Erbschaftsbesitzer bleibt also trotz erlangten Eigentums dem Erben schuldrechtlich zur Herausgabe (= Rückübertragung

---

11 Palandt/*Bassenge* Vorb v. § 937 Rn. 1. Der Streit, ob ein originärer oder derivativer Erwerb des Eigentums vorliegt, hat rein dogmatische Bedeutung, da jedenfalls die Folge gesetzlich festgelegt ist. Er kann daher regelmäßig vernachlässigt werden. Vgl. Staudinger/*W. Wiegand* (2011) § 937 Rn. 17.

12 → § 2 Rn. 47.

des Eigentums und des Besitzes) verpflichtet.[13] Dagegen kommt dem Erben die Ersitzungszeit des Erbschaftsbesitzers im Verhältnis zu Dritten zugute (§ 944 BGB).[14]

c) Schuldrechtliche Rückgewähransprüche trotz Ersitzung (V)

5 Umstritten ist seit der berühmten Menzel-Bilder-Entscheidung des RG[15], ob die Ersitzung einen *materiellen Erwerbsgrund* darstellt oder ob der Rechtsverlust des bisherigen Eigentümers *in irgendeiner Weise auszugleichen* ist, sodass das verlorene Eigentum aufgrund schuldrechtlicher Beziehungen (Vertrag, Bereicherung, Delikt) zurückgefordert werden kann. Für die Beantwortung dieser Frage ist entscheidend, welches Gewicht man der sachenrechtlichen Befriedungsfunktion der Ersitzung gegenüber schuldrechtlichen Ansprüchen beimisst, bei denen andere Zeiträume für die Abwicklung maßgeblich sind.[16] Bis 31.12.2001 war diese Frage immer dann praktisch relevant, wenn der Ersitzungszeitraum (zehn Jahre) verstrichen, aber noch keine Verjährung (30 Jahre) eingetreten war. Nach der Neuregelung des Verjährungsrechts kommt es nur noch darauf an, wenn der Ersitzende die Verjährungseinrede im Hinblick auf den Kondiktionsanspruch nicht erhoben hat.[17]

aa) Vertragliche Ansprüche (V)

6 Nach überwiegender Auffassung[18] bleiben vertragliche Rückgewähransprüche uneingeschränkt bestehen. Das gelte zum einen für echte vertragliche Rückgabeansprüche (Miete, Leihe, Verwahrung, etc.), zum anderen aber auch – sofern die Begründung des Eigenbesitzes eine schuldhafte Vertragsverletzung darstellt – für einen auf Naturalrestitution (§ 249 BGB) gerichteten Rückübertragungsanspruch aus § 280 I BGB. Die Vertreter dieser Auffassung gehen damit von einer auf das Sachenrecht beschränkten Funktion der Ersitzung aus (Beschränkung auf die Zuordnung dinglicher Rechte). Ob die Zuordnung zu Recht bestehe und wie lange sie Bestand habe, sei keine Frage des Sachenrechts.[19] Auch die Verjährung verfolge Befriedungszwecke.

Schwierigkeiten könnten sich daraus ergeben, dass vertraglich häufig nur die Rückübertragung des Besitzes (zB aus § 604 III BGB), nicht aber die Eigentumsverschaffung geschuldet ist. Beide Verpflichtungen beziehen sich jedoch auf die Wiederherstellung des zuvor bestehenden Zustands und können daher der veränderten sachenrechtlichen Situation (Eigentumserwerb anstelle bloßer Besitzposition) angepasst

13 So die überwiegende Auffassung zB MüKoBGB/*Helms* § 2026 Rn. 7; Staudinger/*Gursky* (2013) § 2026 Rn. 15; Palandt/*Weidlich* § 2026 Rn. 1; *Lange/Kuchinke*, Erbrecht, 5. Aufl. 2001, § 40 IV 6c, jeweils mwN; aA zB Soergel/*Diekmann* § 2026 Rn. 3; Jauernig/*Stürner* § 2026 Rn. 1; *Brox*, Erbrecht, 19. Aufl. 2001, Rn. 569: wegen § 2026 sei der Eigentumserwerb relativ unwirksam.

14 Der Erbe kann sich die beim Erbschaftsbesitzer verstrichene Ersitzungszeit anrechnen lassen, Staudinger/*W. Wiegand* (2011) § 944 Rn. 1.

15 RGZ 130, 69.

16 MüKoBGB/*Baldus* § 937 Rn. 47 ff.

17 *Wilhelm* SachenR Rn. 1133 (Fn. 1919); Bamberger/Roth/*Kindl* § 937 Rn. 9; NK-BGB/*Meller-Hannich* § 937 Rn. 11; → § 6 Rn. 7.

18 MüKoBGB/*Baldus* § 937 Rn. 45 ff.; Staudinger/*W. Wiegand* (2011) § 937 Rn. 22; Palandt/*Bassenge* Vorb v. § 937 Rn. 2; *Baur/Stürner* SachenR § 53 Rn. 91 (unter a); aA insbes. Erman/*Hefermehl*, 10. Aufl. 2000, § 937 Rn. 6 (unter c) mwN, der mit Entschiedenheit vertrat, dass mit dem Ersitzungserwerb eine definitive und umfassende Regelung der Verhältnisse erreicht werden müsse. Die Ersitzungsregeln enthielten – im Gegensatz zu denen in den folgenden Titeln über gesetzlichen Eigentumserwerb – auch keinen Verweis auf das Bereicherungsrecht.

19 Staudinger/*W. Wiegand* (2011) § 937 Rn. 22.

werden. Die Lösung des Problems wird damit in einer Umwandlung der Besitzübertragungsansprüche in Ansprüche auf Rückübereignung der Sache gesehen.[20]

bb) Bereicherungsansprüche (V)

7 Umstritten, aber nach der Neuregelung des Verjährungsrechts nur noch von geringerer praktischer Relevanz, ist, ob bei Ersitzung auch Bereicherungsansprüche bestehen können. Einer Auffassung[21] zufolge schließt die Ersitzung nach § 937 BGB jeden Bereicherungsanspruch aus. § 937 BGB bezwecke eine endgültige Friedensregelung und müsse insoweit Rechtsgrund für jegliche Kondiktionsansprüche sein. Dafür spreche vor allem, dass bei der Ersitzung eine Verweisung wie in § 951 BGB gerade fehle. Schon im gemeinen Recht, das durch das BGB insoweit nicht abgeändert worden sei, habe die Ersitzung ihren Rechtsgrund in sich selbst getragen. Diese gesetzlich getroffene Wertung würde jedoch mit der Annahme schuldrechtlicher Ausgleichsansprüche unterlaufen werden.[22] Für den Fall der rechtsgrundlosen bzw. unentgeltlichen Leistung des Besitzes bei gleichzeitigem Eigentumsübergang kommt diese Auffassung zu dem Ergebnis, dass der Bereicherte nach zehn Jahren durch die Ersitzung erneut (!) und nunmehr kondiktionsfest Eigentum erwerbe.[23]

Die wohl überwiegende Auffassung[24] unterscheidet dagegen nach Kondiktionsarten:

Eine *Eingriffskondiktion* (§ 812 I 1 Alt. 2 BGB) scheide aus, denn die Ersitzung stelle einen kondiktionsfesten Rechtsgrund für die Eigentumserlangung dar. Die Regelung des § 937 BGB solle verhindern, dass der Besitzer mit dritten Personen länger als zehn Jahre über sein Eigentum streiten müsse.

Im Anschluss an das RG[25] geht diese Auffassung weiterhin davon aus, dass die *Leistungskondiktion* für den Fall des rechtsgrundlosen oder unentgeltlichen (vgl. § 816 I 2 BGB) Erwerbs nicht durch den Tatbestand der Ersitzung ausgeschlossen werden könne. Im Rahmen seiner schuldrechtlichen Beziehungen zu einer bestimmten Person sei dem Besitzer die Geltung der allgemeinen Verjährungsfristen zuzumuten.[26] Eine Kondiktion komme deshalb bei einem fehlgeschlagenen Austauschverhältnis in Betracht. Diese Kondiktion sei zwar an sich Besitzkondiktion, erstrecke sich aber gem. § 818 I BGB auf das aufgrund des geleisteten Eigenbesitzes erlangte Eigentum (der Eigenbesitz ermöglichte erst die Ersitzung).[27]

20 Staudinger/*W. Wiegand* (2011) § 937 Rn. 23; *Baur/Stürner* SachenR § 53 Rn. 91.

21 MüKoBGB/*Baldus* § 937 Rn. 49 ff.; Palandt/*Bassenge* Vorb v. § 937 Rn. 2; *Prütting* SachenR Rn. 450 f.; *Wieling* SachenR § 11 I 2a.

22 Staudinger/*W. Wiegand* (2011) § 937 Rn. 19.

23 *v. Gierke*, Das Sachenrecht des bürgerlichen Rechts, 4. Aufl. 1959, § 34 II 2; *Prütting* SachenR Rn. 450.

24 Erman/*Ebbing* § 937 Rn. 10; *Baur/Stürner* SachenR § 53 Rn. 91; *Westermann/Gursky/Eickmann* SachenR § 51 Rn. 13 f.

25 RGZ 130, 69 (72).

26 *Westermann/Gursky/Eickmann* SachenR § 51 Rn. 14.

27 Diese Auffassung konnte sich bis zum 31.12.2001 noch auf § 195 BGB aF stützen. Bei der 30-jährigen Verjährungsfrist für Bereicherungsansprüche bedeutete es einen Wertungswiderspruch, denjenigen, der nur den Besitz ohne Rechtsgrund erhalten habe, besser zu stellen als den, der gutgläubig oder unentgeltlich Besitz und Eigentum erlangt habe. Nachdem gem. § 199 IV BGB für Kondiktionsansprüche ebenfalls eine zehnjährige Frist gilt, ist der Streit praktisch nur für die Frage relevant, ob der Ersitzer die Verjährungseinrede erheben muss oder nicht; vgl. *Wilhelm* SachenR Rn. 1133 (Fn. 1919).

3. Ersitzung von Grundstücksrechten (§§ 900–902 BGB)

a) Buch- oder Tabularersitzung (§ 900 BGB) (V)

8 Ähnlich wie bewegliche Sachen können auch das Eigentum an Grundstücken, grundstücksgleiche Rechte und bestimmte Grundstücksrechte ersessen werden.[28] § 900 BGB bezweckt, ein dauerhaftes Auseinanderfallen von formeller Rechtslage (Grundbuch) und materieller Rechtslage zu vermeiden.

Da die Buch- oder Tabularersitzung ebenfalls – wenn auch nur mittelbaren – Eigenbesitz als Rechtsscheinsträger fordert, sind neben dem Eigentum (§ 900 I BGB) nur solche dinglichen Grundstücksrechte erfasst, die zum Sach- oder Rechtsbesitz berechtigen oder auf deren Ausübung die Besitzschutzansprüche anwendbar sind (§ 900 II BGB).

Beispiele: Das Recht zum Sachbesitz geben Nießbrauch (§ 1036 I BGB) und dingliches Wohnrecht (§ 1093 I BGB). Durch Rechtsbesitz sind Grund- und persönliche Dienstbarkeiten geschützt (§§ 1018, 1029, 1090 BGB).[29] Auf grundstücksgleiche Rechte wie Erbbaurecht (§§ 1, 11 ErbbauRG) und Wohnungseigentum (§ 1 WEG) wird – ohne Auswirkung auf das Ergebnis – teils § 900 I BGB analog, teils § 900 II BGB angewandt.[30]

Voraussetzung der Buch- oder Tabularersitzung ist, dass der Ersitzende 30 Jahre lang im Grundbuch zu Unrecht als Eigentümer eingetragen war und gleichzeitig das Grundstück in seinem Eigenbesitz (§ 872 BGB)[31] hatte.[32] Mittelbarer Eigenbesitz genügt. Auf welche Weise er das Grundstück erlangt hat, spielt ebenso wenig eine Rolle wie der gute Glaube des Eigenbesitzers.[33] Im Grundbuch darf allerdings gem. § 900 I 3 BGB kein Widerspruch eingetragen sein, da dieser den Lauf der Frist hemmt.[34]

Rechtsfolge: Mit Ersitzung erwirbt der Ersitzende das Eigentum bzw. das sonstige dingliche Grundstücksrecht originär.[35] Die Grundbucheintragung über die erfolgte Ersitzung ist insofern nur deklaratorisch.[36]

b) Buch- oder Tabularversitzung (§ 901 BGB) (V)

9 Die sog. Tabular*ver*sitzung, geregelt in § 901 BGB, versucht wie § 900 BGB ein Auseinanderfallen von Grundbucheintragung und tatsächlicher Rechtslage auf Dauer zu vermeiden.[37] Dabei regelt § 901 BGB den umgekehrten Fall der Ersitzung, nämlich ein *Erlöschen* tatsächlich bestehender, eintragungsfähiger beschränkt dinglicher Rechte

28 Zu dieser Aufstellung Palandt/*Bassenge* § 900 Rn. 2; jurisPK-BGB/*Toussaint* § 900 Rn. 16 mit weiteren Einzelheiten.

29 Staudinger/*Gursky* (2013) § 900 Rn. 27; Jauernig/*Berger* § 900 Rn. 1; *Westermann/Gursky/Eickmann* SachenR § 84 Rn. 5; *Wieling* SachenR § 20 III 1b.

30 Siehe hierzu die Nachweise bei Staudinger/*Gursky* (2013) § 900 Rn. 26.

31 → § 6 Rn. 3.

32 *Wieling* SachenR § 20 III 1a.

33 BGH MDR 1971, 915; BayObLGZ 1979, 104 (111); Staudinger/*Gursky* (2013) § 900 Rn. 7 f.

34 Staudinger/*Gursky* (2008) § 900 Rn. 16; *Westermann/Gursky/Eickmann* SachenR § 84 Rn. 2.

35 Palandt/*Bassenge* § 900 Rn. 5; Jauernig/*Berger* § 900 Rn. 1; *Wieling* SachenR § 20 III 1c.

36 NK-BGB/*U. Krause* § 900 Rn. 11; *Demharter* Anh. zu § 44 Rn. 2.

37 Bamberger/Roth/*Eckert* § 901 Rn. 1.

bei unrichtiger Grundbuchlöschung (§ 901 I 1 BGB).[38] Die Tabularversitzung kann somit als eine Art »Ersitzung der Lastenfreiheit« verstanden werden.[39] Voraussetzung ist, dass der Ausübungsanspruch bereits materiellrechtlich verjährt ist.[40]

c) Kontratabularersitzung (Ersitzung entgegen dem Grundbuch) (§ 927 BGB) (E)

Eine Ersitzung entgegen dem Grundbuch (praescriptio contra tabulas) ist nach § 927 10
BGB nur für das Eigentum – nach hM auch für das Bruchteils- und das Wohnungseigentumsrecht, nicht aber auch für andere dingliche Grundstücksrechte – möglich.[41] § 927 BGB regelt zwei Rechtsvorgänge: erstens den Ausschluss des bisherigen Rechtsvorgängers von seinem bisherigen Recht durch Ausschließungsbeschluss (Abs. 1 und 3) und zweitens den Erwerb des Eigentums am Grundstück durch den Aneignungsberechtigten (Abs. 2). Die Kontratabularersitzung ist an enge Voraussetzungen geknüpft, die sich in den Fällen des § 927 I 1 und I 3 BGB unterscheiden.[42]

Der Ausschließungsbeschluss (§ 439 FamFG) setzt allgemein die Glaubhaftmachung 30-jährigen Eigenbesitzes des Antragstellers am Grundstück voraus. Weitere Voraussetzung ist entweder, dass kein Eigentümer oder dass ein Nichteigentümer eingetragen ist. Der eingetragene Nichteigentümer wird dann im Wege des Aufgebotsverfahrens (§§ 433 ff., 442 ff. FamFG)[43] mit seinen Rechten ausgeschlossen (§ 927 I 1 BGB). In diesem Verfahren ist die Eigentumsvermutung des § 891 BGB zu widerlegen.[44] Alternativ kommt als weitere Voraussetzung in Betracht, dass der eingetragene Eigentümer sich nicht um sein Eigentum kümmert, weil er zwischenzeitlich verschollen oder verstorben ist *und* innerhalb der letzten 30 Jahre keine Grundbucheintragung erfolgt ist, die dessen Zustimmung erfordert hätte (§ 927 I 3 BGB).[45]

Der Ersitzende, der aufgrund des Aufgebotsverfahrens den Ausschließungsbeschluss erwirkt hat, wird erst mit Eintragung in das Grundbuch Eigentümer. Das Grundstück wird kurzzeitig herrenlos, da der Ausschließungsbeschluss nicht unmittelbar zum Eigentumserwerb des Eigenbesitzers führt: Dieser erwirbt lediglich ein Aneignungsrecht, aufgrund dessen er sich als Eigentümer in das Grundbuch eintragen lassen kann (§ 927 II BGB).[46] Gutgläubig lastenfreier Erwerb ist nach § 927 BGB jedoch nicht möglich.[47]

---

38 Jauernig/*Berger* § 901 Rn. 1; NK-BGB/*U. Krause* § 900 Rn. 3; jurisPK-BGB/*Toussaint* § 901 Rn. 3 ff.

39 Staudinger/*Gursky* (2013) § 901 Rn. 1; auch *Wilhelm* SachenR Rn. 731.

40 Zu Fristbeginn und Fristlauf vgl. Palandt/*Bassenge* § 901 Rn. 2.

41 Staudinger/*Pfeifer* (2011) § 927 Rn. 4, 6; NK-BGB/*Grziwotz* § 927 Rn. 3; krit. zum Begriff *Wilhelm* SachenR Rn. 732, der in § 927 BGB nur einen Anklang an die Kontratabularersitzung sieht.

42 Vgl. Jauernig/*Berger* § 927 Rn. 2; Bamberger/Roth/*Grün* § 927 Rn. 4 bzw. 5; NK-BGB/*Grziwotz* § 927 Rn. 4 bzw. 5 f.

43 Durch das Aufgebotsverfahren wird der bisherige Eigentümer aufgefordert, sein Recht zum Anmeldezeitpunkt anzumelden. Widrigenfalls werde seine Ausschließung erfolgen § 445 FamFG.

44 Staudinger/*Pfeifer* (2011) § 927 Rn. 10. Zur Eigentumsvermutung des § 891 BGB → § 13 Rn. 8.

45 Staudinger/*Pfeifer* (2011) § 927 Rn. 11; besonders hierzu *Saenger* MDR 2001, 134 (135).

46 Staudinger/*Pfeifer* (2011) § 927 Rn. 15, 22 ff.; NK-BGB/*Grziwotz* § 927 Rn. 10 ff.; *Westermann/Gursky/Eickmann* SachenR § 84 Rn. 9; *Saenger* MDR 2001, 134 (135 f.).

47 Jauernig/*Berger* § 927 Rn. 2; *Westermann/Gursky/Eickmann* SachenR § 84 Rn. 9; *Wieling* SachenR § 23 III 2b.

Keine Wirkung hat der Ausschließungsbeschluss in den Fällen des § 927 III BGB sowie gegenüber demjenigen, dessen Rechte im Beschluss vorbehalten sind. Bei solchen Sachverhalten wird das Grundstück nicht herrenlos, wenn derjenige, gegen den der Beschluss nicht wirkt, der wahre Eigentümer ist. Er behält sein Eigentum.[48]

II. Verbindung, Vermischung, Vermengung, Verarbeitung (§§ 946–951 BGB)

1. Verbindung, Vermischung, Vermengung (§§ 946–949 BGB)

Fallbeispiele: »Einbau auf fremdem Grund«[49]; »Beuys' Fettecke«[50]

a) Regelungszweck der §§ 946–949 BGB (G)

11 Der Regelungszweck der §§ 946–949 BGB erklärt sich mit Hilfe des § 93 BGB.[51] Wird eine Sache wesentlicher Bestandteil einer anderen Sache, so können die ursprünglichen Eigentumsverhältnisse nicht mehr fortbestehen, weil gem. § 93 BGB wesentliche Bestandteile einer Sache nicht sonderrechtsfähig (»nicht Gegenstand besonderer Rechte«) sind. Daher wird durch bestimmte tatsächliche Vorgänge (Verbindung, Vermischung, Vermengung) die Neuordnung der Eigentumsverhältnisse erforderlich. Mit der Regelung originären Eigentumserwerbs[52] dienen die §§ 946 ff. BGB vor allem der Rechtsklarheit.[53] Darüber hinaus bezwecken die §§ 946 ff. BGB aber auch die Erhaltung wirtschaftlicher Werte in Fällen, in denen eine Trennung meist unmöglich oder zumindest wirtschaftlich sinnlos ist.[54]

b) Verbindung beweglicher Sachen mit einem Grundstück (§ 946 BGB) (G)

12 Wird eine bewegliche Sache mit einem Grundstück in der Weise verbunden, dass sie nach §§ 93–95 BGB zu dessen wesentlichem Bestandteil wird, so erwirbt der Grundstückseigentümer gem. § 946 BGB das Eigentum an der verbundenen Sache. Die Vornahme der Verbindung ist ein Realakt.[55] Der Eigentumserwerb erfolgt auch dann, wenn der Wert der beweglichen Sache den des Grundstücks übersteigt. § 946 BGB ist *nicht abdingbar*.[56] Mit der Verbindung erlöschen gem. § 949 S. 1 BGB auch die Rechte Dritter an der Sache. Bestanden am Grundstück Rechte Dritter, so erstrecken sich diese auch auf die neuen wesentlichen Bestandteile (§ 949 S. 3 BGB).

Typenfixierung

48 Staudinger/*Pfeifer* (2011) § 927 Rn. 16.
49 *Vieweg/Röthel* Fälle SachenR Fall 13.
50 *Vieweg/Röthel* Fälle SachenR Fall 15.
51 MüKoBGB/*Füller* § 946 Rn. 1; *Westermann/Gursky/Eickmann* SachenR § 52 Rn. 1.
52 Staudinger/*W. Wiegand* (2011) Vorbem zu §§ 946–952 Rn. 3.
53 Staudinger/*W. Wiegand* (2011) Vorbem zu §§ 946–952 Rn. 1; ihm folgend Bamberger/Roth/*Kindl* § 946 Rn. 1.
54 *Baur/Stürner* SachenR § 53 Rn. 4.
55 NK-BGB/*Mauch* § 946 Rn. 10.
56 BGH NJW 2006, 990 (990); Palandt/*Bassenge* § 946 Rn. 1; Bamberger/Roth/*Kindl* § 946 Rn. 2; *Westermann/Gursky/Eickmann* SachenR § 52 Rn. 33 mwN.

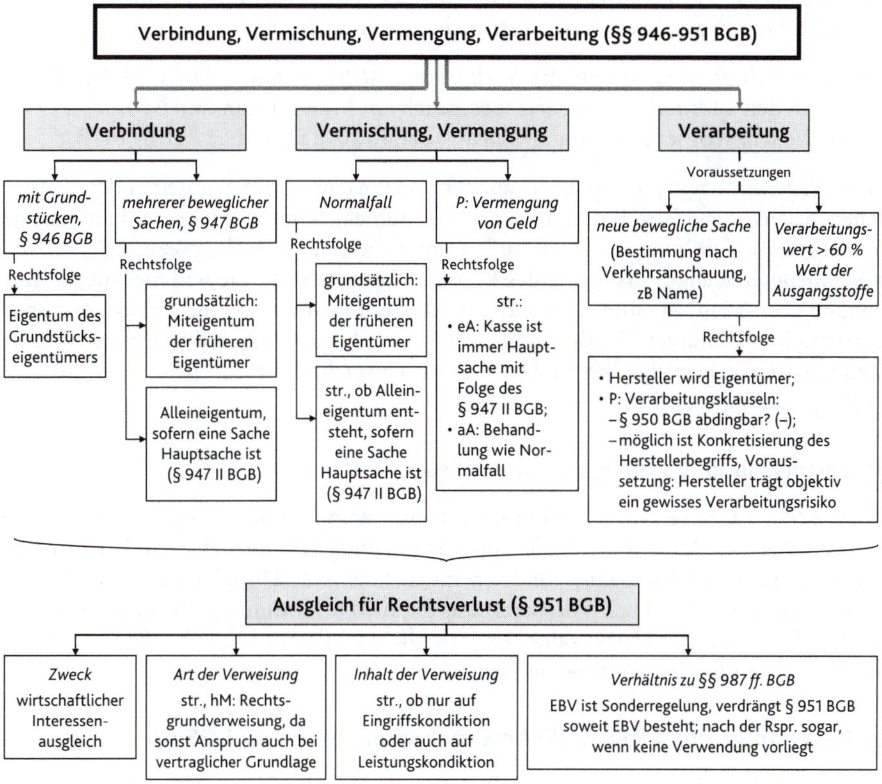

c) Verbindung mehrerer beweglicher Sachen (§ 947 BGB) (G)

Eigentumserwerb gem. § 947 BGB setzt die Verbindung mehrerer beweglicher Sachen miteinander in der Weise voraus, dass sie zu wesentlichen Bestandteilen (§ 93 BGB) einer einheitlichen Sache werden,[57] so zB bei einem aufgeklebten Plakat gegenüber einer Plakatwand, bei Gerbstoff gegenüber Leder,[58] oder bei der Einfügung von Sachen in ein Gebäude, das – als Scheinbestandteil (§ 95 BGB) – nicht wesentlicher Bestandteil eines Grundstücks ist.[59] 13

Auch § 947 BGB ist *nicht abdingbar*.[60] Sog. Verbindungsklauseln[61], die einen Ausgleich für den Rechtsverlust bieten sollen, können deshalb allenfalls als Rückübe r-

57 Dabei ist eine Anwendbarkeit des § 950 BGB vorrangig zu prüfen. → § 6 Rn. 18 und BGH NJW 1995, 2633.

58 Palandt/*Bassenge* § 947 Rn. 4.

59 So ein Teil der Lehre: Soergel/*Henssler* § 947 Rn. 5; aA Staudinger/*W. Wiegand* (2011) § 946 Rn. 12: entsprechende Anwendung von § 946 BGB.

60 BGH NJW 2006, 990 (990); Palandt/*Bassenge* § 947 Rn. 1; *Westermann/Gursky/Eickmann* SachenR § 52 Rn. 3.

61 RGRK/*Pikart* § 947 Rn. 17.

eignung mittels antizipierter Einigung und antizipiertem Besitzkonstitut ausgelegt werden.[62] Durchgangserwerb ist daher nicht zu vermeiden.[63]

Grundsätzlich entsteht durch die Verbindung *Miteigentum* (§ 947 I BGB). Rechte Dritter an den verbundenen Sachen setzen sich am Miteigentumsanteil fort (§ 949 S. 2 BGB). Weitere Konsequenz ist die Geltung der §§ 1008 ff. und §§ 741 ff. BGB.[64]

Alleineigentum nach § 947 II BGB entsteht nur, wenn eine der miteinander verbundenen Sachen als Hauptbestandteil der zusammengesetzten Sache (= Hauptsache) anzusehen ist. Die von der Literatur[65] kritisch begleitete Rechtsprechung[66] verfolgt zunehmend eine enge Auslegung des Begriffs »Hauptsache«. Sie will hiermit die Entstehung von Alleineigentum vermeiden und dadurch vor allem die Eigentumsvorbehaltsverkäufer schützen. Maßgeblich ist danach, ob die übrigen Bestandteile »fehlen könnten«, ohne dass das Wesen der Sache beeinträchtigt würde. Dies wird von der Rechtsprechung verneint.

d) Vermischung, Vermengung (§ 948 BGB) (G)

14 Auch § 948 BGB setzt die Verbindung mehrerer beweglicher Sachen voraus. Bei Flüssigkeiten und Gasen wird dies als Vermischung (zB entsteht Kir Royal durch Vermischung von Champagner und Crème de Cassis de Dijon[67]), bei festen Stoffen als Vermengung bezeichnet. Voraussetzung ist, dass die Trennung objektiv unmöglich (§ 948 I BGB: »untrennbar«) oder wirtschaftlich sinnlos (§ 948 II BGB: »mit unverhältnismäßigen Kosten verbunden«) ist.

e) Rechtsfolge des § 948 BGB: Anwendbarkeit des § 947 BGB (V)

15 Gem. § 948 I BGB findet § 947 BGB bei Vermischung oder Vermengung entsprechende Anwendung. Streitig ist dabei, ob diese Verweisung auch § 947 II BGB erfasst (Entstehung von Alleineigentum).

Nach einem Teil der Literatur[68] findet § 947 II BGB im Rahmen des § 948 BGB allenfalls bei ungleichartigen Sachen Anwendung (zB bei Tapete und Farbe, wenn der Verarbeitungswert wesentlich geringer ist als der Stoffwert, da sonst § 950 BGB eingreift). Nur in solchen Fällen könne begrifflich von einer Haupt- und einer Nebensache gesprochen werden. Bei Vermischung und Vermengung gleichartiger Sachen

62 Ausführlich *Serick* BB 1973, 1405. Zur Unwirksamkeit von Verbindungsklauseln, die die Wirkungen des § 947 BGB ausschließen oder zulasten eines Miteigentümers ändern, BGH JZ 1972, 165. Zulässig sind Abreden, denen zufolge das gem. § 947 BGB entstandene Eigentum oder Miteigentum nach §§ 929 ff. BGB wieder zurückübertragen wird, Staudinger/*W. Wiegand* (2011) § 947 Rn. 8.

63 MüKoBGB/*Füller* § 950 Rn. 27; Erman/*Ebbing* § 950 Rn. 11.

64 Bamberger/Roth/*Kindl* § 948 Rn. 5; NK-BGB/*Mauch* § 948 Rn. 4 ff. jeweils auch zur Frage, was bei Unklarkeit der Anteile gilt.

65 MüKoBGB/*Füller* § 947 Rn. 5 f.; *Baur/Stürner* SachenR § 53 Rn. 9.

66 BGHZ 20, 159 (163); OLG Köln NJW 1991, 2570.

67 Crème de Cassis ist seit EuGH, Rs. 120/78, Slg. 1979, 649 = NJW 1979, 1766 – Rewe/Bundesmonopolverwaltung für Branntwein (»Cassis de Dijon«) auch in Deutschland vermarktbar.

68 Bamberger/Roth/*Kindl* § 948 Rn. 6; *Baur/Stürner* SachenR § 53 Rn. 11; *Westermann/Gursky/Eickmann* SachenR § 52 Rn. 16.

komme hingegen § 947 II BGB nicht in Betracht; es entstehe vielmehr stets Miteigentum entsprechend den Wertverhältnissen.

Nach anderer Auffassung[69], die sich auf die Verkehrsanschauung stützt, ist auch bei gleichartigen Sachen bei einem großen zahlenmäßigen Übergewicht § 947 II BGB entsprechend anwendbar. Der Eigentümer des Hauptbestands werde Alleineigentümer der gesamten Menge.[70]

> **Beispiel:** Beim Tanken an einer Selbstbedienungstankstelle entsteht nach der ersten Auffassung stets Miteigentum. Nach der anderen Auffassung kommt es auf das Mengenverhältnis des vorhandenen und zugetankten Kraftstoffs an.[71]

f) Vermengung von Geld – Anwendbarkeit von § 948 BGB (V)

Auf die Vermengung von Geld (zB in einer Kasse) als bewegliche Sache iSd § 948 **16**
BGB findet durch Verweisung unbestritten § 947 I BGB Anwendung (Entstehung von Miteigentum an den Münzen und Geldscheinen).[72] Andernfalls wäre in der Insolvenz des Kasseninhabers der Regelfall einer Geldvermengung entgegen dem Grundgedanken des Gesetzes mit einem dinglichen Rechtsverlust verbunden.[73] Bei der somit erforderlichen Aufhebung des Miteigentums bei der Rückforderung des Bargelds wollen einige[74] aus Praktikabilitätsgründen vom Erfordernis einer Teilungsvereinbarung (§§ 749, 752 BGB) absehen und nehmen ein »Aussonderungsrecht« der Miteigentümer an.[75]

Ob auch § 947 II BGB – mit der Folge der Entstehung von Alleineigentum – auf Geld anwendbar ist, bemisst sich im Wesentlichen danach, welcher Auffassung man bei der Vermengung gleichartiger Sachen[76] folgt. Nach der Ansicht von *Medicus*[77] ist dabei eine Kasse mit wechselndem Bestand immer als Hauptsache iSv § 947 II BGB anzusehen sodass der sein Eigentum Verlierende ausschließlich bereicherungsrechtliche Ansprüche gegen den Kasseninhaber geltend machen kann. Die Auffassung, nicht der Sachwert der Münzen oder der Geldscheine sei entscheidend, sondern der in ihnen verkörperte Wert (sog. *Theorie der Geldwertvindikation*), wird nicht mehr vertreten. Danach fände § 948 BGB keine Anwendung; es wäre stattdessen Herausgabe des entsprechenden Betrags nach § 985 BGB zu verlangen.[78]

---

69 Staudinger/*W. Wiegand* (2011) § 948 Rn. 8.

70 BGHZ 14, 114 (117); Palandt/*Bassenge* § 948 Rn. 4.

71 IE – auch zu den schuldrechtlichen Fragen – *Faust* JuS 2011, 929 im Anschluss an BGH NJW 2011, 2871.

72 Palandt/*Bassenge* § 948 Rn. 2; Staudinger/*K. Schmidt* (1997) Vorbem zu §§ 244 ff. Rn. B 10.

73 *Gehrlein* NJW 2010, 3543 (3544).

74 MüKoBGB/*Füller* § 948 Rn. 7; Soergel/*Henssler* § 948 Rn. 6; *Baur/Stürner* SachenR § 53 Rn. 11; *Westermann/Gursky/Eickmann* SachenR § 30 Rn. 18 § 52 III c; auch Bamberger/Roth/*Kindl* § 948 Rn. 7, sofern die Quoten feststehen.

75 Infolge des Besitzes des Kasseninhabers an den Gegenständen und der Eigentumsvermutung des § 1006 BGB obliegt es jedoch dem Miteigentümer, den auf ihn entfallenden Anteil der Höhe nach zu beweisen. Dies ist bei einer Geldvermengung in der Regel undurchführbar. Insoweit ist für eine Aussonderung aus praktischer Sicht oftmals kein Raum, vgl. BGH NJW 2010, 3578 (3579).

76 → § 6 Rn. 15.

77 *Medicus* JuS 1983, 897 (900); anders Bamberger/Roth/*Kindl* § 948 Rn. 7.

78 *Westermann* SachenR I, 6. Aufl. 1990, § 30 V 2 (anders aber *Westermann/Gursky/Eickmann* SachenR § 29 Rn. 31); *Simitis* AcP 159 (1960/61), 406 (458 ff.).

g) Erlöschen der Rechte Dritter (§ 949 BGB) (G)

17 § 949 BGB greift die Eigentumszuordnung der §§ 946–948 BGB auf und trifft entsprechende Regelungen für die Rechte Dritter.[79] Die Rechte Dritter an der Sache erlöschen, wenn das Eigentum erlischt (Satz 1); sie setzen sich bei Miteigentum an dem Anteil fort, der an die Stelle der Sache tritt (Satz 2). Bei Entstehung von Alleineigentum in der Person des Eigentümers der belasteten Sache erstrecken sie sich auf die hinzutretende Sache (Satz 3).

2. Verarbeitung (§ 950 BGB)

Fallbeispiele: »Teures Leder«[80]; »Beuys' Fettecke«[81]

a) Verarbeitung (§ 950 BGB) (G)

18 Entsteht eine *neue bewegliche Sache* im Arbeitsprozess, so erwirbt der *Hersteller* Eigentum, sofern der *Verarbeitungswert* nicht wesentlich geringer ist als der Wert der Ausgangsstoffe (§ 950 I BGB). Diese Regelung bezweckt die Klärung der Eigentumsverhältnisse durch Entscheidung des Interessenkonflikts zwischen Stoffeigentümer (Lieferant) und Verarbeiter. § 950 BGB ist lex specialis zu §§ 947, 948 BGB.

Ausgangsstoffe einer Verarbeitung (oder sonstigen Umbildung[82]) können nur körperliche Gegenstände sein.[83] Der Verarbeitungs- bzw. Umbildungsakt als willensgetragener Realakt umfasst jede gegenständliche Veränderung der Ausgangsstoffe, die neue Sacheigenschaften erzeugt.[84] Als Beispiele zu nennen sind neben einer vollständigen Umformung der Grundstoffe auch das Zusammenfügen von Einzelteilen, das Zerlegen einer Sache in ihre Bestandteile[85] und sogar bloße Oberflächenbearbeitungen (vgl. die gesetzliche Klarstellung in § 950 I 2 BGB).

Eine *neue Sache* ist nach der Verkehrsanschauung[86] immer dann anzunehmen, wenn sie eine *höhere Verarbeitungsstufe* als die Ausgangsprodukte erreicht. Anzeichen dafür sind etwa ein neuer Name, eine neue Funktion, ein neuer Verwendungszweck, eine wesentliche Substanzveränderung oder eine Formveränderung. Eine Wertsteigerung allein genügt nicht.[87] Umstritten ist, ob Datenträger durch Bespielen zu neuen Sachen werden.[88] Zum Teil erfolgt eine Abgrenzung danach, ob der Datenräger nicht

79 Plakativ Bamberger/Roth/*Kindl* § 949 Rn. 1: Die Lasten teilen das Schicksal des Eigentums.

80 *Vieweg/Röthel* Fälle SachenR Fall 14.

81 *Vieweg/Röthel* Fälle SachenR Fall 15.

82 Diese erfasst als weitergehender Rechtsbegriff die Verarbeitung, vgl. *Westermann/Gursky/Eickmann* SachenR § 53 Rn. 4. Eine Abgrenzung wird aufgrund identischer Rechtsfolgen für entbehrlich gehalten, vgl. MüKoBGB/*Füller* § 950 Rn. 6.

83 jurisPK-BGB/*Vieweg* § 950 Rn. 6.

84 jurisPK-BGB/*Vieweg* § 950 Rn. 7; MüKoBGB/*Füller* § 950 Rn. 5 f.

85 *Westermann/Gursky/Eickmann* SachenR § 53 Rn. 4; Bamberger/Roth/*Kindl* § 950 Rn. 4; Palandt/*Bassenge* § 950 Rn. 2; aA wohl MüKoBGB/*Füller* § 950 Rn. 6.

86 Vgl. dazu LAG Schleswig-Holstein NZA-RR 2006, 461 (462).

87 jurisPK-BGB/*Vieweg* § 950 Rn. 11; Palandt/*Bassenge* § 950 Rn. 3; Staudinger/*W. Wiegand* (2011) § 950 Rn. 9.

88 In der Literatur wird dies vielfach abgelehnt, soweit die Daten jederzeit wieder löschbar oder übertragbar sind, vgl. Bamberger/Roth/*Kindl* § 950 Rn. 5; Staudinger/*W. Wiegand* (2011) § 950 Rn. 9; Soergel/*Henssler* § 950 Rn. 8; *Westermann/Gursky/Eickmann* SachenR § 53 Rn. 7; Palandt/

nur eine neue Funktion und Bezeichnung erhält, sondern dadurch erst seine eigentliche wirtschaftliche Bedeutung erlangt.[89]

Sofern der *Verarbeitungswert* wesentlich geringer ist als der Wert der Ausgangsstoffe, erwirbt der Hersteller kein Eigentum an der neuen Sache.[90] Dies wird regelmäßig bei einem Verarbeitungswert von weniger als 60% des Wertes der Ausgangsstoffe angenommen.[91] Den Verarbeitungswert ermittelt man, indem man vom Verkaufswert der neuen Sache den Wert aller verarbeiteten (auch der dem Verarbeitenden gehörenden) Ausgangsstoffe abzieht. Der Verarbeitungswert errechnet sich also aus dem Wert der neuen Sache abzüglich des Wertes der Ausgangsstoffe. Eine Sache ist danach nur dann neu iSv § 950 BGB, wenn ihr Verkaufswert zumindest das 1,6-fache des Wertes der Ausgangsstoffe beträgt.

b) Hersteller iSd § 950 BGB – Vereinbarung der Herstellereigenschaft (Verarbeitungsklausel) (V)

Umstritten ist, ob § 950 BGB, der das Eigentum dem »Hersteller« zuweist, abbedungen werden kann (dazu bb) oder ob zumindest durch Parteivereinbarung bestimmt werden kann, wer Hersteller iSd § 950 BGB sein soll (dazu cc). Einigkeit besteht aber dahingehend, dass der Herstellerbegriff (dazu aa) nicht notwendig an die tatsächliche Verarbeitung anknüpft. 19

aa) Herstellerbegriff

Nach herkömmlichem Verständnis[92] ist Hersteller derjenige, in dessen Namen und wirtschaftlichem Interesse die Herstellung nach der Verkehrsanschauung erfolgt.[93] Grundsätzlich ist demgemäß auch die sog. »fremdwirkende Verarbeitung«[94] möglich. Anderenfalls wäre das Wirtschaften in einer arbeitsteiligen Gesellschaft kaum möglich.[95] So ist zB unstreitig, dass regelmäßig nicht der Arbeitnehmer, sondern der Arbeitgeber Hersteller ist,[96] weil die Tätigkeit des Arbeitnehmers dem Betrieb des Arbeitgebers zuzurechnen ist.[97] Ebenso steht fest, dass Fragen des Willens oder des guten Glaubens grundsätzlich keine Rolle spielen, da die Verarbeitung ein Realakt ist.[98]

Bassenge § 950 Rn. 3; vgl. zum Aufspielen von Software auf die Festplatte eines PC LAG Sachsen CR 2008, 553 ff. m. krit. Anm. *Redeker*; aA OLG Köln GRUR-RR 2014, 419 (421) m. krit. Anm. *Kolb* zum Bespielen eines Tonbands, zumindest dann, wenn die Aufzeichnung zur längerfristigen Nutzung bestimmt ist.

89 jurisPK-BGB/*Vieweg* § 950 Rn. 15.

90 Dann ist nur ein Eigentumserwerb nach §§ 947–948 BGB möglich.

91 BGHZ 56, 88 (90 f.); BGH NJW 1995, 2633; Palandt/*Bassenge* § 950 Rn. 5.

92 Dies Verständnis basierte auf der früheren Unterscheidung zwischen Werk- und Werklieferungsvertrag (§§ 631, 651 BGB aF). Während Werkverträge die Herstellung mit Stoffen des Bestellers betrafen, bezogen sich Werklieferungsverträge auf Stoffe des Unternehmers.

93 BGHZ 14, 114 (117); *Prütting* SachenR Rn. 463.

94 *Westermann/Gursky/Eickmann* SachenR § 53 Rn. 12; zu den Einzelheiten siehe etwa Staudinger/*W. Wiegand* (2011) § 950 Rn. 17.

95 *Westermann/Gursky/Eickmann* SachenR § 53 Rn. 12.

96 MüKoBGB/*Füller* § 950 Rn. 23. – Zur Frage, wer Eigentümer eines im Rahmen der Berufsausbildung herzustellenden Gesellenstücks wird, LAG München NZA-RR 2003, 187 f.; LAG Köln, Urt. v. 20.12.2001, Az. 10 Sa 430/01, LS in MDR 2002, 1016.

97 *Westermann/Gursky/Eickmann* SachenR § 53 Rn. 13.

98 Palandt/*Bassenge* § 950 Rn. 1; *Westermann/Gursky/Eickmann* SachenR § 53 Rn. 4.

Schwierigkeiten bereitet allerdings die Zuordnung der Herstellereigenschaft beim Werklieferungsvertrag (§ 651 BGB). Diese Probleme bestanden vor der Schuldrechtsmodernisierung 2002 in dieser Form nicht, da die Bestimmung des Herstellers der seinerzeitigen Unterscheidung zwischen Werk- und Werklieferungsvertrag (§§ 631, 651 aF) folgte: Beim Werkvertrag war der Besteller, der dem Unternehmer die Sache zur Bearbeitung übergab, »Hersteller« iSv § 950 BGB (Konsequenz: Der Schneider musste den aus dem Kundenstoff hergestellten Anzug nicht übereignen). Beim Werklieferungsvertrag war hingegen der Unternehmer, der die Sache zu beschaffen hatte, Hersteller.[99] Das Schuldrechtsmodernisierungsgesetz hat diese Unterscheidung zwischen Werk- und Werklieferungsvertrag aufgeben. Nunmehr sind auf alle Verträge, die die Herstellung neuer beweglicher Sachen betreffenden einheitlich die §§ 651[100], 433 ff. BGB anwendbar. Die §§ 631 ff. BGB finden hingegen nur noch Anwendung bei unbeweglichen Sachen, bei der Herstellung unkörperlicher Werke sowie bei Reparaturen und Wartungen.[101] Damit stellt sich jedoch die Frage, wie nach der Schuldrechtsreform der Fall zu behandeln ist, dass der Besteller Eigentümer der Ausgangsstoffe ist, aus denen der Unternehmer die neue bewegliche Sache herstellt.

Zur Bewältigung dieses durch die Schuldrechtsreform entstandenen Problems werden zwei gegensätzliche Lösungen vorgeschlagen. Ein Teil des Schrifttums[102] geht – wenn auch mit unterschiedlicher Begründung – nach wie vor davon aus, dass Hersteller iSd § 950 BGB der Besteller sei, wenn dieser Eigentümer der Ausgangsstoffe war. Auch die Rechtsprechung tendiert in diese Richtung.[103] Ein anderer Teil der Literatur[104] nimmt hingegen die Neufassung des § 651 BGB zum Anlass, die Herstellereigenschaft mit dem Ergebnis neu zuzuordnen, dass bei der Verarbeitung der Unternehmer als Hersteller iSd § 950 BGB Eigentum erwirbt.

Ein zur Begründung der ersten Auffassung entwickelter Ansatz sieht die Lösung im Schuldrecht und will Verträge, bei denen der Besteller die Stoffe liefert, entgegen § 651 S. 1 BGB auch weiterhin dem Werkvertragsrecht unterstellen.[105] Ausgehend von der Unterteilung Werk- und Werklieferungsvertrag wäre dann wie nach der früheren Rechtslage eine Zuordnung der Herstellereigenschaft möglich und der Besteller als Hersteller iSd § 950 BGB anzusehen.[106] Dem Unternehmer stünde als Sicherheit für seine Werklohnforderung ein Unternehmerpfandrecht (§ 647 BGB) zu.[107] Hiergegen wird vorgebracht, die Anwendung der kaufrechtlichen Regelungen entspreche dem klaren Willen des Gesetzgebers und sei auch von der EG-Verbrauchsgüterkauf-Richtlinie (RL 1999/44/EG) vorgegeben.[108]

---

99 Siehe nur MüKoBGB/*Füller* § 950 Rn. 22; Soergel/*Henssler* § 950 Rn. 17.

100 Bei nicht vertretbaren Sachen sind die Besonderheiten des § 651 S. 3 BGB zu beachten.

101 *Röthel* NJW 2005, 625.

102 Bamberger/Roth/*Voit* § 651 Rn. 10; Bamberger/Roth/*Kindl* § 950 Rn. 12; MüKoBGB/*Füller* § 950 Rn. 21; Palandt/*Bassenge* § 950 Rn. 8; Staudinger/*W. Wiegand* (2011) § 950 Rn. 21; *Westermann/Gursky/Eickmann* SachenR § 53 Rn. 16, 19.

103 Vgl. OLG Celle ZGS 2009, 384.

104 *Röthel* NJW 2005, 625 (627 ff.); *Hagen* JZ 2004, 713 (716 ff.); *Prütting* SachenR Rn. 465.

105 So Bamberger/Roth/*Voit* § 651 Rn. 8, 10; *Voit* BauR 2002, 145 (146 f.), der § 651 S. 2 BGB auf die Fälle einschränkt, in denen der Wert der vom Besteller gelieferten Stoffe relativ gering ist.

106 Zuordnung der Herstellereigenschaft Bamberger/Roth/*Voit* § 651 Rn. 10.

107 Bamberger/Roth/*Voit* § 651 Rn. 10.

108 Vgl. *Röthel* NJW 2005, 625 (626 f.); *Hagen* JZ 2004, 713 (714); *Mankowski* MDR 2003, 854 (854 f.).

Zum gleichen Ergebnis wie die schuldrechtliche Lösung führt eine enger am Herstellerbegriff orientierte Begründung. Der Besteller, der zumindest den überwiegenden Teil der Ausgangsstoffe liefere, steuere unter Übernahme des gesamten Geschäftsrisikos – insbesondere der Preisgefahr iSv § 651 S. 2 BGB iVm § 645 I 1 BGB – die Herstellung des Werkes.[109] Zudem werde der Unternehmer nur aufgrund Weisung des Bestellers tätig.[110] Dementsprechend sei der Besteller als Hersteller iSd § 950 BGB anzusehen.[111] Die insofern auftretende Friktion mit dem Wortlaut der §§ 651, 433 ff. BGB, die von einer Übereignung durch den Unternehmer ausgehen, seien mit einem anderen Verständnis des Begriffes »Lieferung« zu bewältigen: Lieferung sei abweichend vom üblichen Sprachgebrauch nicht als Verschaffung von Eigentum und Besitz zu verstehen, sondern erschöpfe sich in der Besitzverschaffung.[112] Bedenken[113], dass für den Unternehmer so keine hinreichende Sicherungsmöglichkeit gegeben sei, wird mit der zumindest analogen Anwendung des Unternehmerpfandrecht (§ 647 BGB) begegnet.[114]

Die Vertreter der Gegenansicht[115] sehen demgegenüber eine gesetzessystematisch stimmige Lösung nur darin, dass der Unternehmer – unabhängig vom Eigentum an den Ausgangsstoffen – in allen Fällen, in denen § 950 I 1 BGB zu einem Eigentumserwerb führt, Eigentümer wird. Bereits die Anknüpfung an das Eigentum des Bestellers sei verfehlt, denn § 950 BGB enthalte gerade die Wertung, nicht dem Eigentümer der Ausgangsstoffe, sondern dem Verarbeitenden das Eigentum zuzuweisen.[116] Auch sprächen Rechtsklarheit und Publizität gegen das Eigentum als Anknüpfungspunkt.[117] Zudem sei der Unternehmer nicht in solcher Weise den Weisungen unterworfen, dass man eine fremdwirkende Verarbeitung annehmen könnte. Vielmehr könne im Regelfall der Unternehmer selbst über den Herstellungsvorgang entscheiden.[118] Entsprechend sei die aus dem alten Schuldrecht gekannte Differenzierung stets nur eine gesetzliche Durchbrechung der in § 950 BGB angelegten Grundsätze gewesen, die mit der Schuldrechtsreform entfallen sei.[119] Darüber hinaus wird argumentiert, der Eigentumserwerb beim Unternehmer werde schon von § 651 iVm §§ 433 ff. BGB vorausgesetzt, da diese Vorschriften von einer Eigentumsverschiebung vom Unternehmer zum Besteller ausgingen.[120] Bei konsequenter Anwendung des § 950 BGB wäre demnach der Unternehmer als Hersteller anzusehen. Der Un-

109 *Westermann/Gursky/Eickmann* SachenR § 53 Rn. 19.

110 *Westermann/Gursky/Eickmann* SachenR § 53 Rn. 19.

111 Bamberger/Roth/*Kindl* § 950 Rn. 12; *Westermann/Gursky/Eickmann* SachenR § 53 Rn. 19.

112 Staudinger/*Peters/Jacoby* (2013) § 651 Rn. 13; *Mankowski* MDR 2003, 854. Auch Vertreter der Gegenansicht nehmen eine derartige teleologische Reduktion vor, wenn Eigentumserwerb des Unternehmers daran scheitert, dass der Wert der Verarbeitung zu gering ist, vgl. *Hagen* JZ 2004, 713 (715).

113 Vgl. *Röthel* NJW 2005, 625 (627); *Hagen* JZ 2004, 713 (715 f.).

114 Staudinger/*Peters/Jacoby* (2013) § 651 Rn. 22; *Westermann/Gursky/Eickmann* SachenR § 53 Rn. 16.

115 Für diese Lösung *Röthel* NJW 2005, 625 (627 ff.); *Hagen* JZ 2004, 713 (716 ff.); *Prütting* SachenR Rn. 465. – Um den Besteller gegen Insolvenz zu sichern, befürwortet *Hagen* JZ 2004, 713 (718) eine Treuhandlösung, die *Röthel* NJW 2005, 625 (629) ablehnt.

116 *Röthel* NJW 2005, 625 (628).

117 *Röthel* NJW 2005, 625 (628).

118 *Röthel* NJW 2005, 625 (628).

119 *Röthel* NJW 2005, 625 (628 f.).

120 *Hagen* JZ 2004, 713 (717)

ternehmer hätte dann die Möglichkeit, seinen Kaufpreisanspruch aus §§ 651 S. 1, 433 II BGB durch einen Eigentumsvorbehalt[121] zu sichern.

Unabhängig davon, wie man den Herstellerbegriff definiert, stellt sich die Frage der privatautonomen Gestaltung. Insofern kommen die Abbedingung des § 950 BGB sowie die Vereinbarung der Herstellereigenschaft in Betracht. Besondere Relevanz kommt dem – nicht zuletzt mit Blick auf die Kreditsicherung – dann zu, wenn bei der Verarbeitung (§ 950 BGB) der Eigentumsvorbehalt der Rohstofflieferanten erlischt.

bb) Abdingbarkeit des § 950 BGB?

Eine Auffassung[122] hält § 950 BGB für *dispositives Recht*. § 950 BGB sei nicht anwendbar, wenn der Eigentümer des Ausgangsstoffs und der Verarbeiter eine abweichende Regelung träfen, selbst wenn der Verarbeiter vor oder während der Verarbeitung deutlich mache, er wolle selbst Eigentum an der neuen Sache erwerben. Dies wird damit begründet, dass § 950 BGB den Konflikt zwischen den Interessen des Eigentümers und denen des Verarbeiters lösen wolle. Wenn dieser Konflikt jedoch bereits durch eine vertragliche Regelung über den Eigentumserwerb gelöst werde, solle § 950 BGB nicht eingreifen.[123]

Nach einer anderen Ansicht[124] ist § 950 BGB *nicht dispositiv*. Wie auch die anderen Vorschriften des gesetzlichen Eigentumserwerbs schließe § 950 BGB als sachenrechtliche Zuordnungsvorschrift abweichende Vereinbarungen aus. § 950 BGB regele nämlich nicht nur den Interessenkonflikt zwischen Stoffeigentümer und Verarbeiter, sondern wirke sich auch auf Interessen Dritter, namentlich den Schutz von Gläubigern der Beteiligten, aus.[125] Der Interessengegensatz von Eigentümer und Verarbeiter lasse sich überdies kaum anhand der Eigentumsfrage sachgerecht lösen, da § 950 BGB – wie auch die übrigen Formen originären Eigentumserwerbs – lediglich eine objektiv feststellbare Eigentumszuordnung erstrebe.[126] Der Lieferant (Vorbehaltsverkäufer) könne nach objektiven Kriterien nicht als Hersteller angesehen werden, da nicht er, sondern der Vorbehaltskäufer das typische Verarbeitungsrisiko trage.[127]

Auch die Rechtsprechung[128] und ein weiterer Teil der Literatur[129] halten § 950 BGB *grundsätzlich für unabdingbar*. Die gesetzlich angeordnete Rechtsfolge des Realakts Verarbeitung stehe nicht zur Parteidisposition. Dies ergebe sich bereits daraus, dass § 950 BGB entsprechend seiner systematischen Stellung eine zwingende Norm sei. Andererseits sei aber die *Herstellereigenschaft konkretisierungsbedürftig* und müsse anerkanntermaßen durch wirtschaftliche Gesichtspunkte bestimmt werden. Diese

121 → § 11 Rn. 1 f.

122 RGZ 138, 84 (88); 161, 109 (113); *Baur/Stürner* SachenR § 53 Rn. 15, 20 ff.; *Flume* NJW 1950, 841; dargestellt bei *Gursky* 20 Probleme SachenR 11. Problem 73 ff. mwN. Siehe auch ausführlich *Dolezalek* AcP 195 (1995), 392.

123 *Flume* NJW 1950, 841 (843).

124 Staudinger/*W. Wiegand* (2011) § 950 Rn. 27–30; *Westermann/Gursky/Eickmann* SachenR § 53 Rn. 21; *Medicus/Petersen* BürgerlR Rn. 519; *Bülow* Kreditsicherheiten Rn. 1490 f.; *Weber* SachenR I § 10 Rn. 33 ff.; *Wilhelm* SachenR Rn. 1074 f.

125 Staudinger/*W. Wiegand* (2011) § 950 Rn. 28 ff.

126 *Medicus/Petersen* BürgerlR Rn. 519.

127 *Westermann/Gursky/Eickmann* SachenR § 53 Rn. 21.

128 Vgl. BGHZ 20, 159 (163).

129 *Wieling* SachenR § 11 II 4f; *Wilhelm* SachenR Rn. 1075.

Konkretisierung könne aber auch durch Vertrag zwischen den Parteien erfolgen, sodass die Möglichkeit bestehe, die Herstellereigenschaft mittels der sog. *Verarbeitungsklausel* festzulegen.

cc) Konkretisierung der Herstellereigenschaft durch Verarbeitungsklauseln

Nach Auffassung der Rechtsprechung[130] und eines Teils der Literatur[131] kann die Herstellereigenschaft durch Vertrag zwischen den Parteien mittels einer sog. *Verarbeitungsklausel* konkretisiert werden. Diese Festlegung wirke selbst dann, wenn der Verarbeiter nicht für einen anderen herstellen wolle, jedenfalls solange er sich nach außen erkennbar an die (technischen) Herstellungsvorgaben halte. Mit einer Verarbeitungsklausel (Beispiel: »Der Vorbehaltskäufer verarbeitet für den Vorbehaltsverkäufer.«)[132] soll bewirkt werden, dass der Lieferant nach § 950 I BGB selbst Eigentümer der produzierten neuen Sache wird. Der originäre Eigentumserwerb vermeidet einen Durchgangserwerb des Verarbeitenden und damit einen Zugriff durch dessen Gläubiger auf die verarbeiteten Rohstoffe.[133] Allerdings verliert dadurch der Verarbeitende ein etwaiges Anwartschaftsrecht am gelieferten Stoff.[134]

Fraglich ist jedoch, ob mittels Verarbeitungsklausel jeder Außenstehende – also auch zB eine kreditgewährende Bank – als Hersteller vereinbart werden kann. Als Voraussetzung für die Verlagerung der Herstellerfunktion wird genannt, dass derjenige, der als Hersteller vereinbart werden soll, ein entscheidend höheres Risiko als die übrigen Gläubiger des Verarbeiters trage (Produktions- und Absatzrisiko, ökonomische Lenkung der Produktion, Verwendungsrisiko).[135] Nur wer nach objektiven Kriterien am Verarbeitungsrisiko beteiligt sei, könne Hersteller sein, also jedenfalls nicht die kreditgewährende Bank.[136]

Nach jeder Auffassung ist zwar die Vereinbarung einer antizipierten Sicherungsübereignung (§ 930 BGB)[137] zulässig, die einer unwirksamen Herstellerklausel im Zweifel durch zulässige Umdeutung (§ 140 BGB) zu entnehmen sei.[138] Da der Verarbeiter hierbei aber zumindest für eine juristische Sekunde Eigentümer werde (*Durchgangserwerb*), bleibe der Kreditsicherungszweck auf der Strecke.

Probleme treten darüber hinaus auf, wenn *mehrere Verarbeitungsklauseln konkurrierend* zusammentreffen, weil das Produkt mehrere Verarbeitungsstufen durchläuft: Meist wird dann Miteigentum im Verhältnis der Stoffwerte entsprechend § 947 BGB

130 BGHZ 14, 114 (117); 20, 159 (163); 46, 117 (118 f.); Darstellung auch bei Erman/*Ebbing* § 950 Rn. 9.

131 *Prütting* SachenR Rn. 464; auch dies abl. aber *Wieling* SachenR § 11 II 4f; *Wilhelm* SachenR Rn. 1075.

132 Vgl. ferner das Formulierunsgbeispiel bei NK-BGB/*Mauch* § 948 Rn. 15.

133 *Gursky* 20 Probleme SachenR 11. Problem 73.

134 Dies will *Nierwetberg* NJW 1983, 2235 (2235 f.), vermeiden, indem er – auch ohne Anhaltspunkt im Wortlaut der Verarbeitungsklausel – durch interessengerechte Auslegung eine antizipierte, aufschiebend bedingte Übereignung des Eigentums vom Lieferanten an den Verarbeiter durch brevi manu traditio gem. § 929 S. 2 BGB annimmt.

135 Palandt/*Bassenge* § 950 Rn. 6.

136 Staudinger/*W. Wiegand* (2011) § 950 Rn. 34; *Westermann/Gursky/Eickmann* SachenR § 53 Rn. 19, 21; dem folgend Bamberger/Roth/*Kindl* § 950 Rn. 10; Erman/*Ebbing* § 950 Rn. 10; *Lüke* SachenR Rn. 245; siehe ferner *W. Wiegand*, FG BGH I, 2000, 775 f.

137 → § 12 Rn. 9.

138 Staudinger/*W. Wiegand* (2011) § 950 Rn. 45.

entstehen,[139] oder aufgrund einer Auslegung der Klauseln wird sich ergeben, dass die Gläubiger sämtlich mit der Entstehung von Miteigentum einverstanden sind,[140] und zwar sowohl bei Klauseln, die untereinander vereinbart sind, als auch bei einander widersprechenden Klauseln.

3. Ausgleich für Rechtsverlust (§ 951 BGB)

Fallbeispiel: »Einbau auf fremdem Grund«[141]

a) Regelungszweck des § 951 BGB (G)

20 Der mit der sachenrechtlichen Zuordnung gem. §§ 946–950 BGB verbundene Eigentumsverlust bzw. Untergang beschränkt dinglicher Rechte Dritter (§ 949 BGB) soll nicht zu einer endgültigen Vermögenseinbuße führen. Deshalb darf der Vermögenswert der erlangten Sachsubstanz dem Begünstigten nicht zugewiesen werden. Ein Interessenausgleich soll vielmehr durch schuldrechtliche Ausgleichsansprüche erzielt werden. Größte praktische Bedeutung hat der auf eine Vergütung in Geld gerichtete Anspruch aus § 951 I BGB. Er gewährt eine Vergütung nach den Vorschriften über die Herausgabe einer ungerechtfertigten Bereicherung. Er soll denjenigen, der aufgrund der §§ 946–950 BGB einen Rechtsverlust (insbesondere hinsichtlich des Eigentums, beachte aber auch § 949 BGB) erlitten hat, für diesen Verlust entschädigen. Daher wird dieser schuldrechtliche Ausgleichsanspruch auch als Rechtsfortwirkungsanspruch (im Verhältnis zum verlorenen Recht) bezeichnet.[142] Die Norm stellt damit klar, dass die §§ 946–950 BGB keinen rechtlichen Grund für die Vermögensmehrung abgeben.[143]

Soweit kein voller Rechtsverlust entsteht – bei Miteigentum gem. §§ 947 I, 948 BGB –, erfolgt der Ausgleich gem. §§ 749 ff. BGB durch Aufhebung der Gemeinschaft.

b) Art der Verweisung in § 951 BGB (V)

21 § 951 BGB stellt nach hM[144] keine eigene Anspruchsgrundlage dar, sondern lediglich eine *Rechtsgrundverweisung* auf die §§ 812 ff. BGB. Wäre § 951 BGB eine Rechts-

139 KG JW 1930, 2798; OLG Frankfurt MDR 1959, 578 (579); Soergel/*Henssler* § 950 Rn. 21; *Baur/Stürner* SachenR § 53 Rn. 22; *Schapp* SachenR, 2. Aufl. 1995, Rn. 268; *Schreiber* SachenR Rn. 185; *Wieling* SachenR § 11 II 4k.

140 *Serick* Eigentumsvorbehalt IV § 46 II 1b; *ders.* BB 1972, 277 ff.

141 *Vieweg/Röthel* Fälle SachenR Fall 13.

142 Staudinger/*Gursky* (2011) § 951 Rn. 1 f.

143 *Westermann/Gursky/Eickmann* SachenR § 54 Rn. 1; *Wilhelm* SachenR Rn. 1084.

144 BGHZ 17, 236 (238 f.); 40, 272 (276); 55, 176 (177); MüKoBGB/*Füller* § 951 Rn. 3; Staudinger/*Gursky* (2011) § 951 Rn. 1; Palandt/*Bassenge* § 951 Rn. 2; *Westermann/Gursky/Eickmann* SachenR § 54 Rn. 1; *Baur/Wolf* JuS 1966, 393 (393 f.); *Neuner* SachenR Rn. 314; aA *Hadding*, FS Mühl, 1981, 225 (262 f.), der darauf hinweist, dass sich der Vorrang vertraglicher Abreden, den die hM als Begründung anführe, bereits aus dem Vorrang der Leistungskondiktion ergebe; ebenso *Wilhelm* SachenR Rn. 1079 ff. sowie *Imlau* NJW 1964, 1999, der in § 951 BGB deshalb einen selbstständigen Schuldgrund sieht, weil die Norm sonst überflüssig wäre und andere Verweisungen auf das Bereicherungsrecht ebenfalls Rechtsfolgenverweisungen darstellten. Im Übrigen zieht er den Wortlaut als Begründung heran, der von »Vergütung« im Gegensatz zu »erlangtes Etwas« spreche.

folgenverweisung, so bestünde auch bei wirksamen Vertragsbeziehungen, also bei Vorliegen eines Rechtsgrunds, neben den Ansprüchen aus Vertrag eine Ausgleichspflicht nach § 951 BGB.[145] Für einen Anspruch aus § 951 BGB müssen wegen der Rechtsgrundverweisung sämtliche Voraussetzungen eines Bereicherungsanspruchs erfüllt sein.

Umstritten[146] ist, ob die Verweisung nur für die Eingriffskondiktion (§ 812 I 1 Alt. 2 BGB) oder auch für die Leistungskondiktion (insbesondere § 812 I 1 Alt. 1 BGB) gilt. Nach Ansicht der Rechtsprechung[147] und eines Teils der Literatur[148] verweist schon der Wortlaut des § 951 BGB auf beide Kondiktionsarten.

Nach der hL[149] beschränkt sich die Verweisung dagegen auf die Fälle der Eingriffskondiktion. Dies habe zur Konsequenz, dass § 951 BGB nicht anwendbar sei, wenn sich die Verbindung, Vermischung bzw. Verarbeitung als Leistung an den Eigentümer oder an einen Dritten darstelle. Der auszugleichende Rechtserwerb beruhe hier gerade auf dem Willen des Leistenden, selbst wenn er sich letztlich nach den §§ 946 ff. BGB vollziehe. Deshalb sei in diesem Fall über die §§ 812 ff. BGB direkt abzuwickeln; § 951 BGB finde folglich keine Anwendung.

c) Konkurrenzverhältnis der §§ 951, 812 ff. BGB zu den §§ 987 ff. BGB (V)

Umstritten ist das Verhältnis der §§ 951, 812 ff. BGB zu der Regelung der §§ 987 ff. 22
BGB hinsichtlich der Verwendungen, die derjenige, der einen Rechtsverlust erlitten hat, auf die Sache getätigt hatte (zB Kosten der Verarbeitung). Nach § 951 II 1 BGB bleiben die Vorschriften über den Ersatz von Verwendungen, also insbesondere die §§ 994 ff. BGB, unberührt. Fraglich ist aber die Bedeutung dieser Regelung.

Weitgehend besteht Einigkeit darüber, dass die Regelungen des EBV gegenüber dem Bereicherungsrecht grundsätzlich eine abschließende Sonderregelung darstellen.[150] Wie umfassend diese Regelungen im Verhältnis zu Ansprüchen aus §§ 951, 812 BGB sind, ist allerdings umstritten.

Nach Ansicht des BGH[151] kann § 951 BGB als bereicherungsrechtliche Vorschrift selbst dann nicht zur Anwendung kommen, wenn die vorgenommenen Tathandlun-

145 BGHZ 35, 356 (359); 40, 272 (276); 41, 157 (159); 55, 176 (177); MüKoBGB/*Füller* § 951 Rn. 3 mwN.

146 Der Streit wird vor allem um die sog. Einbaufälle ausgetragen, hat aber zumeist mangels Ergebnisdifferenz überwiegend rechtsdogmatische Bedeutung. Beispiel: Handwerker H baut Stoffe, die dem E gehören, in das Haus des B ein. E kann sich nicht gem. §§ 951, 812 ff. BGB an B halten, da H aus der Sicht des Leistungsempfängers B an diesen geleistet hat. Eine gewisse Relevanz erlangt der Meinungsstreit für den Fall, dass der Materialeigentümer die Sachen selbst einbaut: Sieht man von § 951 BGB auch die Leistungskondiktion als miterfasst an, entstehen zwei Anspruchsgrundlagen: Hinsichtlich des Materials ergibt sich ein Anspruch aus §§ 951 I, 812 I 1 Alt. 1 BGB, hinsichtlich der Arbeitsleistung aus § 812 I 1 Alt. 1 BGB.

147 BGHZ 40, 272 (276); BGH NJW 1989, 2745 (2746).

148 *Prütting* SachenR Rn. 467; *Schapp/Schur* SachenR Rn. 254.

149 MüKoBGB/*Füller* § 951 Rn. 3, 9; Soergel/*Henssler* § 951 Rn. 2; Staudinger/*Gursky* (2011) § 951 Rn. 2; Palandt/*Bassenge* § 951 Rn. 2; Jauernig/*Berger* § 951 Rn. 1; *Lüke* SachenR Rn. 246; *Wilhelm* SachenR Rn. 1080 ff.; *Westermann/Gursky/Eickmann* SachenR § 54 Rn. 2; jeweils mwN; vgl. auch OLG Frankfurt FamRZ 2007, 643 f.; OLG Celle NJW-RR 2004, 1430 f.

150 → § 8 Rn. 58 ff.

151 BGHZ 41, 157 (163).

gen nicht mehr unter den von ihm geprägten engen Verwendungsbegriff[152] fallen, weil sie zu einer grundlegenden Umgestaltung der Sache geführt haben. Seiner Ansicht nach schließen die §§ 994 ff. BGB die Ansprüche aus §§ 951, 812 BGB umfassend aus.

Insbesondere bei Bösgläubigkeit des unrechtmäßigen Besitzers sei eine Anwendung des § 951 BGB gegenüber dem zur Herausgabe nach § 985 BGB berechtigten Eigentümer unbillig. Der unrechtmäßige Besitzer könnte sonst bei einer völligen Umgestaltung der Sache, die zu einem Eigentumsverlust geführt habe, für alle Maßnahmen gem. § 951 BGB Ersatz verlangen, während er ansonsten bei lediglich nützlichen Verwendungen wegen § 996 BGB leer ausginge. Damit würde erst ein schwerwiegender Eingriff zu einer Ersatzberechtigung führen. Darüber hinaus sei der besitzende Verwender durch das Wegnahmerecht des § 997 BGB genügend geschützt.

Auch eine Auffassung[153] in der Literatur geht von der Ausschließlichkeit der §§ 994 ff. BGB aus, legt dabei jedoch einen weiten Verwendungsbegriff zugrunde. Damit erfasst sie also innerhalb des EBV auch Aufwendungen, die die Sache in ihrem Bestand grundlegend verändern, sodass sich der oben dargestellte Wertungswiderspruch nicht ergibt; § 951 BGB bleibt unanwendbar.

Nach anderer Ansicht[154] können dagegen die Regelungen des EBV nur insoweit abschließenden Charakter haben, wie ihr Regelungsumfang reiche. Sofern es um den Ausgleich von Maßnahmen gehe, die nicht unter den (engen) Verwendungsbegriff fielen, müsse der Ausgleich über die Anwendung des § 951 BGB offen stehen. Eine Verweisung allein auf das Wegnahmerecht des § 997 BGB biete keinen ausreichenden Schutz.

Da durch den Ausschluss des Bereicherungsrechts ein angemessener Ausgleich generell nicht erreicht werde, sollen nach einer vierten Ansicht[155] §§ 951 I, 812 BGB prinzipiell neben den §§ 994 ff. BGB anwendbar sein. Der Vorrang des EBV solle insoweit nicht gelten. Dies zeige schon der Wortlaut des § 951 II 1 BGB. Nach allen anderen Ansichten werde der nichtbesitzende Verwender, der die Verwendungen nach Bereicherungsrecht ersetzt verlangen könne, in unangemessener Weise gegenüber dem besitzenden Verwender bevorzugt. Der Eigentümer sei über die Grundsätze der aufgedrängten Bereicherung[156] ausreichend geschützt.

d) Wegnahmerecht des Nichtbesitzers gem. §§ 951 II 2, 997 BGB? (E)

MS ✓ 23 Unberührt vom Vergütungsanspruch aus § 951 I BGB bleiben nach § 951 II 1 BGB auch die Vorschriften über das Recht zur Wegnahme einer Einrichtung (zB §§ 997, 1216 S. 2 BGB). Darüber hinaus gewährt § 951 II 2 BGB ein besonderes Wegnahmerecht in den Fällen der Verbindung gem. §§ 946, 947 BGB.

An sich besteht ein solches Wegnahmerecht nur für den Besitzer der Sache. Umstritten ist, ob § 951 II 2 BGB auch einem Nichtbesitzer, der Eigentum verloren hat, ein

152 → § 8 Rn. 34.

153 Staudinger/*Gursky* (2013) Vorbem zu §§ 994–1003 Rn. 43 f.; *Baur/Stürner* SachenR § 11 Rn. 55; *Wilhelm* SachenR Rn. 1103 f.

154 *Eichler* JuS 1965, 479 (480); wN bei Soergel/*Stadler* Vor § 994 Rn. 15.

155 *Medicus/Petersen* BürgerlR Rn. 897; *Westermann/Gursky/Eickmann* SachenR § 32 Rn. 7.

156 Dazu *Medicus/Petersen* BürgerlR Rn. 899.

Wegnahmerecht aus § 997 BGB gewährt. Nach der Regelung des § 258 S. 2 BGB ist dies generell möglich. Gegenstand des Streits ist das Verständnis der Norm.

Der BGH[157] und eine Mindermeinung in der Literatur[158] folgen dem engen Wortlaut des § 951 II 2 BGB und lehnen ein Wegnahmerecht des Nichtbesitzers ab, da sonst der Ausschluss des Wiederherstellungsanspruchs gem. § 951 I 2 BGB leerliefe. Durch § 951 II 2 BGB werde das Wegnahmerecht aus § 997 BGB lediglich auf Fälle erweitert, in denen die Verbindung nicht vom Besitzer, sondern von einem Dritten vorgenommen worden sei. Wegnahmeberechtigt sei danach aber nur der Besitzer der Sache.

Die Gegenansicht[159] bejaht den selbstständigen Charakter des Wegnahmerechts aus § 951 II BGB und sieht die Regelung des § 951 II 2 BGB als Erweiterung des II 1. Das Wegnahmerecht sei ein Rechtsfortwirkungsrecht, das jedem zustehen solle, der einen Eigentumsverlust (unstreitig) bzw. einen Rechtsverlust nach § 949 BGB (überwiegende Auffassung) erleide.[160] Die Verweisung auf § 997 BGB habe danach nur Bedeutung für die in § 951 II 2 BGB nicht ausdrücklich genannte Aneignungsbefugnis und die Ausschlussgründe des § 997 II BGB wie auch für die Weiterverweisung auf § 258 BGB.[161]

Insbesondere die Anwendbarkeit von § 997 II BGB ermögliche, dass die Wegnahme durch das Angebot von Wertersatz verhindert werden könne. Vor allem im Hinblick auf § 258 BGB werde das Wiederherstellungsverbot des § 951 I 2 BGB regelmäßig nicht umgangen, da die Ausübung des Wegnahmerechts wegen der Kostentragungslast des Entreicherten ohnehin weniger günstig sei als die Geltendmachung des Vergütungsanspruchs.[162]

4. Eigentumserwerb an Schuldurkunden (§ 952 BGB) (V)

§ 952 BGB regelt die dingliche Rechtslage an Schuldscheinen und anderen Urkunden. 24
Schuldschein ist jede vom Schuldner über seine Verpflichtung ausgestellte privatrechtliche[163] Urkunde, gleichgültig ob diese nur zum Zwecke der Beweissicherung ausgestellt wird (Darlehensschuldschein, Lagerempfangsschein) oder durch die Urkunde die Verbindlichkeit erst entsteht (Bürgschaftsurkunde, abstraktes Schuldversprechen, Schuldanerkenntnis).[164] Auch Sparbücher[165], Versicherungsscheine und

157 BGHZ 40, 272 (281).

158 Jauernig/*Berger* § 951 Rn. 23.

159 MüKoBGB/*Füller* § 951 Rn. 40; Staudinger/*Gursky* (2011) § 951 Rn. 67; Palandt/*Bassenge* § 951 Rn. 24; vgl. *Medicus/Petersen* BürgerlR Rn. 904; *Baur/Stürner* SachenR § 53 Rn. 36; *Baur/Wolf* JuS 1966, 393 (398 f.); *Wilhelm* SachenR Rn. 1117.

160 Streitig: für die weitere Auffassung *Wieling* SachenR § 11 II 5c aa; *Wolff/Raiser* SachenR § 74 IV 3, da auch solche Rechte bei der Abtrennung wiederaufleben könnten; für die engere Ansicht, die ein Wegnahmerecht nur bei Eigentumsverlust anerkennt: Staudinger/*Gursky* (2011) § 951 Rn. 70 mwN; Palandt/*Bassenge* § 951 Rn. 24; MüKoBGB/*Füller* § 951 Rn. 44.

161 Staudinger/*Gursky* (2011) § 951 Rn. 67.

162 Staudinger/*Gursky* (2011) § 951 Rn. 67.

163 OLG Frankfurt DNotZ 2009, 111 (112): Ausfertigungen von Urteilen, Beschlüssen sowie vollstreckbare notarielle Urkunden nach §§ 47 ff. BeurkG fallen demnach angesichts ihres hoheitlichen Charakters nicht unter § 952 BGB.

164 Staudinger/*Gursky* (2011) § 952 Rn. 3.

165 Seit RGZ 106, 1 (4).

Wechsel unterfallen dem Begriff.[166] Nach ganz hM ist § 952 BGB entsprechend auf die Zulassungsbescheinigung Teil II (Kfz-Brief) anwendbar.[167] Ausdrücklich nennt § 952 II BGB Hypotheken-, Grundschuld- und Rentenbriefe.

Der Eigentumserwerb erfolgt nach dem Grundsatz »Das Recht am Papier folgt dem Recht aus dem Papier«. Dies hat zur Konsequenz, dass die Urkunden nicht nach §§ 929 ff. BGB übertragen werden können. Den Gegensatz hierzu bilden Inhaberpapiere wie Theaterkarten, Lotterielose oder Inhaberschecks, bei denen »Das Recht aus dem Papier dem Recht am Papier folgt«.

Nach Tilgung der Schuld kann der Schuldner die Rückgabe des Schuldscheins verlangen. Ein obligatorisches Rückforderungsrecht gewährt § 371 BGB. Streitig ist, ob neben dem Anspruch aus § 371 BGB auch ein Anspruch aus § 985 BGB gegeben ist. Überwiegend verneint die Literatur[168] dies, da das Eigentum nicht automatisch in Analogie zu § 952 BGB an den bisherigen Schuldner zurückfalle. Mangels Eigentums könne er daher auch nicht aus § 985 BGB gegen den früheren Gläubiger und Besitzer des Schuldscheins vorgehen. Andernfalls sei § 371 BGB überflüssig und § 797 S. 2 BGB kaum erklärbar.

Die Gegenauffassung in der Literatur[169] geht von der Prämisse aus, dass das Eigentum an dem Schuldschein analog § 952 BGB an den Schuldner zurückfalle. Diesem stehe deshalb konsequenterweise auch der Anspruch aus § 985 BGB zu.

Ob § 952 BGB dispositiv ist, wird teilweise[170] – mit Hinweis auf die Entstehungsgeschichte[171] – bejaht. Die inzwischen überwiegende Ansicht geht hingegen von einer Unabdingbarkeit aus. Die Verknüpfung zwischen Urkunde und verbrieftem Recht könne jedoch durch eine Entwertung der Urkunde aufgehoben werden.[172] Autogrammsammler hätten dann die Möglichkeit, zB einen Schuldschein einer berühmten Person nach §§ 929 ff. BGB zu übereignen.

166 Staudinger/*Gursky* (2011) § 952 Rn. 5.

167 BGH NJW 1964, 1413 (1413 f.); NJW 2007, 2844; Staudinger/*Gursky* (2011) § 952 Rn. 9 mwN; *Neuner* JuS 2007, 401 (403); siehe auch BGHZ 10, 122 (125); 34, 122 (134); BGH NJW 2007, 2844 f.; OLG Karlsruhe MDR 2005, 1155 (1156); zum Pferdepass vgl. MüKoBGB/*Füller* § 952 Rn. 12 mwN.

168 MüKoBGB/*Füller* § 952 Rn. 23; Soergel/*Henssler* § 952 Rn. 16; Staudinger/*Olzen* (2011) § 371 Rn. 1; Staudinger/*Gursky* (2011) § 952 Rn. 18; Palandt/*Bassenge* § 952 Rn. 4; Jauernig/*Berger* § 952 Rn. 4; *Baur/Stürner* SachenR § 53 Rn. 44; *Wolff/Raiser* SachenR § 75 II (Fn. 13); *Prütting* SachenR Rn. 474.

169 Erman/*Ebbing* § 952 Rn. 17; *Wieling* SachenR § 9 IX 1b.

170 RGZ 51, 83 (85); RGRK/*Pikart* § 952 Rn. 2.

171 Protokolle III, 644 f. Autogrammsammler sollten die Möglichkeit haben, zB einen Schuldschein einer berühmten Person nach §§ 929 ff. BGB zu übereignen.

172 MüKoBGB/*Füller* § 952 Rn. 17 f.; jurisPK-BGB/*Vieweg* § 952 Rn. 13; Erman/*Ebbing* § 952 Rn. 2; Palandt/*Bassenge* § 952 Rn. 1; Soergel/*Henssler* § 952 Rn. 18; Staudinger/*Gursky* (2011) § 952 Rn. 24 f. mit der Begründung, die Norm stehe in der Umgebung zwingender Normen (§§ 947 ff. BGB); ferner könne ein Auseinanderfallen auch in solchen Sonderfällen wegen des Schuldnerschutzes nicht gewollt sein.

III. Erwerb von Erzeugnissen und sonstigen Bestandteilen einer Sache (§§ 953–957 BGB), Aneignung (§§ 958–964 BGB) und Fund (§§ 965–984 BGB)

1. Erwerb von Erzeugnissen und sonstigen Bestandteilen einer Sache (§§ 953–957 BGB)

a) Regelungszweck (G)

An wesentlichen Bestandteilen einer Sache, insbesondere an Erzeugnissen (zB Hühnerei, Kalb, Fohlen), können nach § 93 BGB keine eigenen Rechte begründet werden; die Bestandteile haben keine eigene rechtliche Existenz.[173] Wesentliche Bestandteile und Erzeugnisse können jedoch von der Hauptsache getrennt werden. Die Rechtslage nach der Trennung regeln die §§ 953–957 BGB.[174] Die Vorschriften ordnen das Eigentum jedoch nur vorläufig zu. Herausgabe- und Erstattungsansprüche bestehen nach allgemeinen Regeln.[175] 25

Nach dem Grundsatz des § 953 BGB setzt sich das Eigentum an der Sache (zunächst) auch an den abgetrennten Bestandteilen fort.[176] Die §§ 954–957 BGB regeln Ausnahmen hierzu. Konsequenterweise erfolgt die Prüfung in umgekehrter Reihenfolge, also endend mit § 953 BGB. Wer gem. §§ 953 ff. BGB Eigentum erwirbt, ergibt sich nach einer Art Checkliste, der folgende Prüfungsreihenfolge zu entnehmen ist: Eigentum erwirbt

- der obligatorisch Aneignungsberechtigte, wenn die Aneignungsgestattung von einem Berechtigten (Eigentümer, Nießbraucher, Pächter) ausging (§ 956 BGB; Probleme: Rechtsqualität der Aneignungsgestattung;[177] Bindung des Rechtsnachfolgers des Gestattenden an eine unwiderrufliche Aneignungsgestattung);
- der gutgläubig obligatorisch Berechtigte, wenn die Aneignungsgestattung von einem Nichtberechtigten ausging (§ 957 BGB);
- der gutgläubige Eigen- und Nutzungsbesitzer (§ 955 I und II BGB);
- der dinglich Nutzungsberechtigte (§ 954 BGB);
- der Eigentümer (§ 953 BGB).

b) Erwerbsgestattung (§ 956 BGB) (V)

§ 956 BGB regelt den Eigentumserwerb an Früchten aufgrund persönlicher Gestattung[178] durch den Berechtigten (idR den Eigentümer) infolge Abtrennung[179] oder 26

173 Staudinger/*Gursky* (2011) § 953 Rn. 2; *Wilhelm* SachenR Rn. 1040.
174 Instruktiv *Schultheiß* JuS 2013, 679 ff.
175 Statt aller NK-BGB/*Mauch* § 953 Rn. 4; jurisPK-BGB/*Martinek* § 953 Rn. 11.
176 Staudinger/*Gursky* (2011) § 953 Rn. 4; jurisPK-BGB/*Martinek* § 953 Rn. 4, 10; *Wilhelm* SachenR Rn. 1039 f.
177 → § 6 Rn. 26.
178 Um ein Fruchtziehungsrecht iSd § 956 BGB handelt es sich zB beim sog. Holzeinschlagsrecht; vgl. BGH NJW-RR 2005, 1718 (1719) mit Ausführungen zur Vollziehung einer formunwirksamen Schenkung (§ 518 II BGB).
179 Wegen der Parallelität zu § 929 S. 1 BGB und dem Gedanken, dass der Erwerber eine eigene herrschaftsmäßige Beziehung über die Sache erlangen muss, genügt für § 956 I 1 Fall 1 BGB der mittelbare Besitz des Abtrennenden an der Muttersache nicht, wenn der Gestattende unmittelbarer Besitzer bleibt, BGHZ 27, 360 (364).

Besitzerlangung. Umstritten ist die Rechtsnatur dieser Gestattung. Diese Frage ist regelmäßig von Bedeutung für den Zeitpunkt, in dem die Verfügungsbefugnis[180] vorliegen muss.[181]

Nach einer Auffassung (*Erwerbstheorie, Aneignungstheorie*), die sich auf die systematische Stellung der Vorschrift im Gesetz stützt, handelt es sich hierbei um eine einseitige empfangsbedürftige Willenserklärung[182] oder um eine vertragliche Begründung eines Erwerbsrechts.[183]

Die Gegenansicht (*Übertragungstheorie*)[184] sieht § 956 BGB als Unterfall der §§ 929 ff. BGB. Es handele sich lediglich um einen gesetzlich geregelten Fall der Übereignung künftiger Sachen. Damit sei die Gestattung lediglich als Angebot anzusehen, welches der Berechtigte noch (konkludent) annehmen müsse. Diese Annahme liege regelmäßig in der Fortsetzung des Besitzes an der Hauptsache bzw. der Ergreifung des Besitzes am Erzeugnis.

c) Entsprechende Anwendbarkeit des § 935 BGB auf §§ 955, 957 BGB? (V)

27 Nach § 955 BGB können Erzeugnisse und sonstige Bestandteile soweit sie eine bestimmungsgemäße Ausbeute der Sache darstellen,[185] gutgläubig erworben werden. Streitig ist dabei, ob § 935 BGB auf § 955 BGB entsprechende Anwendung findet und damit den Erwerb von Bestandteilen ausschließt, wenn die Muttersache abhanden gekommen ist.

Nach einer Auffassung[186] ist § 935 BGB auf § 955 BGB analog anwendbar. Ein gutgläubiger Fruchterwerb scheide deshalb aus, wenn die Frucht im Augenblick des Abhandenkommens der Muttersache bereits als deren Bestandteil existierte und damit mit abhanden gekommen sei.

Eine andere Auffassung[187] verneint die analoge Anwendbarkeit des § 935 BGB. § 935 BGB gelte für den derivativen Eigentumserwerb, während es sich bei § 955 BGB um einen originären Eigentumserwerb handele. Zudem verfolgten die §§ 932 ff. BGB und § 955 BGB unterschiedliche Interessen: Während die §§ 932 ff. BGB das Verkehrsinteresse schützten, berücksichtige § 955 BGB das Produktionsinteresse. Schließlich bestünden erhebliche praktische Schwierigkeiten bei der Ermittlung, ob die Frucht im Zeitpunkt des Abhandenkommens bereits angelegt gewesen sei oder nicht.[188]

---

180 → § 4 Rn. 56 ff.

181 MüKoBGB/*Oechsler* § 956 Rn. 2 f.; Soergel/*Henssler* § 956 Rn. 2; siehe auch Bamberger/Roth/*Kindl* § 956 Rn. 6 ff.; jurisPK-BGB/*Martinek* § 956 Rn. 6.

182 Erman/*Ebbing* § 956 Rn. 3; Bamberger/Roth/*Kindl* § 956 Rn. 2; *Schreiber* SachenR Rn. 198.

183 MüKoBGB/*Oechsler* § 956 Rn. 2; Staudinger/*Gursky* (2011) § 956 Rn. 11; *Prütting* SachenR Rn. 484; *Westermann/Gursky/Eickmann* SachenR § 57 Rn. 13 f.

184 RGZ 78, 35; Palandt/*Bassenge* § 956 Rn. 2; *Wieling* SachenR § 11 III 4a aa; offen gelassen in BGHZ 27, 360 (364 f.).

185 Beispielsweise Kies, Palandt/*Bassenge* § 955 Rn. 1.

186 Palandt/*Bassenge* § 955 Rn. 4; *Wolff/Raiser* SachenR § 77 III 4; noch weitergehend Planck/*Brodmann* § 957 Anm. 2b β.

187 MüKoBGB/*Oechsler* § 955 Rn. 7; Soergel/*Henssler* § 955 Rn. 5; Staudinger/*Gursky* (2011) § 955 Rn. 9; Erman/*Ebbing* § 955 Rn. 16; NK-BGB/*Mauch* § 955 Rn. 9; *Baur/Stürner* SachenR § 53 Rn. 53, 66 aE; *Gursky* 20 Probleme SachenR 12. Problem 83 ff.; *Medicus/Petersen* BürgerlR Rn. 603.

188 *Medicus/Petersen* BürgerlR Rn. 603; *Wilhelm* SachenR Rn. 1059.

Über § 957 BGB kann auch dann Eigentum an Erzeugnissen und Bestandteilen gem. § 956 BGB erworben werden, wenn die Aneignungsgestattung von einem Nichtberechtigten ausgeht. Unstreitig findet § 935 BGB auf § 957 BGB analog Anwendung, soweit es um einen gutgläubigen Erwerb von Sachbestandteilen einer abhanden gekommenen beweglichen Sache geht. Diese, nur für die nicht zu den Früchten gehörenden Bestandteile allgemein anerkannte Analogie wird damit begründet, dass sonst § 935 BGB allzu leicht umgangen werden könnte.[189] Umstritten ist die analoge Anwendung lediglich für Früchte. Dazu werden dieselben Auffassungen wie zur Anwendbarkeit des § 935 BGB im Rahmen des § 955 BGB vertreten.

2. Aneignung (§§ 958–964 BGB) und Fund (§§ 965–984 BGB)

a) Begriffliche Abgrenzung von Aneignung und Fund (G)

Herrenlose Sachen, also Sachen ohne Eigentümer, kann man sich aneignen, besitzlose Sachen, die einen Eigentümer haben, dagegen finden. 28

b) Aneignung (§§ 958 ff. BGB) (G)

Wer an einer herrenlosen Sache (mittelbaren oder unmittelbaren) Eigenbesitz[190] begründet, erwirbt das Eigentum an dieser Sache, sofern nicht ein Fall des § 958 II BGB vorliegt (gesetzliches Verbot der Aneignung, zB Wilderei, oder Verletzung des Aneignungsrechts eines anderen, zB des Jagd- oder Fischereiberechtigten). Herrenlos ist eine Sache gem. § 959 BGB, wenn der Eigentümer den Besitz an ihr in der Absicht aufgegeben hat, auf das Eigentum zu verzichten (*Dereliktion*). Die Aufgabe ist eine einseitige, nicht empfangsbedürftige Willenserklärung, die Verfügungsmacht voraussetzt.[191] Allerdings bedarf es für die Aneignung als originärem Eigentumserwerb keiner Willenserklärung. Die Aneignung kommt vielmehr durch den Realakt der Besitzergreifung zustande.[192] Hierfür bedarf es also auch keiner Geschäftsfähigkeit. 29

c) Fund (§§ 965 ff. BGB) (G)

Gegenstand des Funds sind verlorene Sachen, also bewegliche Sachen, die besitz-, aber nicht herrenlos sind.[193] Besitzlos wird eine Sache, wenn jegliche Sachherrschaft an ihr beendet wird. Insofern gelten die allgemeinen Regeln des § 856 BGB.[194] Insbesondere ist zu beachten, dass eine verloren gegangene Sache solange nicht besitzlos ist, als dem Besitzer der Ort des Verlusts der Sache bekannt und ihm die Wiedererlangung der Sache noch möglich ist.[195] Es kommt allein auf die objektiven Gegebenheiten und nicht darauf an, was sich der Finder vorstellt.[196] 30

---

189 So MüKoBGB/*Oechsler* § 957 Rn. 3; Soergel/*Henssler* § 957 Rn. 4; Staudinger/*Gursky* (2011) § 957 Rn. 8; NK-BGB/*Hoeren* § 957 Rn. 3; *Baur/Stürner* SachenR § 53 Rn. 66, 53.

190 → § 2 Rn. 13.

191 MüKoBGB/*Oechsler* § 959 Rn. 3 ff.; Soergel/*Henssler* § 959 Rn. 2.

192 *Wilhelm* SachenR Rn. 1037 f., auch zur Frage, wer Eigentum erwirbt, wenn ein ausschließliches Aneignungsrecht besteht.

193 MüKoBGB/*Oechsler* § 965 Rn. 3.

194 Staudinger/*Gursky* (2011) § 965 Rn. 2; Bamberger/Roth/*Kindl* § 965 Rn. 4; → § 2 Rn. 36.

195 Soergel/*Henssler* § 965 Rn. 3.

196 jurisPK-BGB/*Martinek* § 965 Rn. 4; Staudinger/*Gursky* (2011) § 965 Rn. 1; teils anders, um den Finder zu schützen, *Wilhelm* SachenR Rn. 1141.

Gem. § 973 BGB erwirbt der Finder sechs Monate nach der Anzeige (§ 973 I BGB) bzw. der Besitzergreifung (§ 973 II BGB) ex nunc[197] originäres Eigentum an der gefundenen Sache; gleichzeitig erwirbt er auch das Eigentum an zwischenzeitlich gezogenen Sachfrüchten. In der Zeit bis zum Eigentumserwerb besteht ein übertragbares Anwartschaftsrecht.[198]

Der Rechtsverlust der früher dinglich Berechtigten – also auch des ehemaligen Eigentümers – kann nach der Rechtsgrundverweisung des § 977 BGB auf das Bereicherungsrecht innerhalb einer (Ausschluss-)Frist von drei Jahren ausgeglichen werden. § 818 III BGB findet Anwendung.[199]

d) Rechtsverhältnis zwischen ursprünglichem Eigentümer und Finder (V)

31 Im Verhältnis zwischen Eigentümer und Finder entsteht vom Zeitpunkt des Auffindens an bis zum Eigentumserwerb ein *gesetzliches Schuldverhältnis.*[200] Die Vorschriften der §§ 677 ff. BGB können hierauf ergänzend angewandt werden.[201]

Grundsätzlich *keine* Anwendung finden die §§ 987 ff. BGB.[202] Nach einer Auffassung[203] soll zwar § 994 I 2 BGB analog herangezogen werden können. Die Gegenansicht[204] lehnt dies jedoch als überflüssig ab, da der Finder zwar Früchte ziehen müsse (§ 968 BGB), diese aber nicht behalten dürfe (§ 953 BGB) und zum Gebrauch der Sache nicht berechtigt sei (§ 966 BGB).

e) Fund durch Besitzdiener (V)

KK

32 Anerkanntermaßen kann die Besitzergreifung auch durch Besitzdiener (§ 855 BGB)[205] erfolgen. Finder ist dann der Besitzherr, wenn der Besitzdiener die verlorene Sache für den Besitzherrn in Besitz nimmt.[206]

f) Schatzfund (§ 984 BGB), insbesondere durch Arbeitnehmer (V)

33 Schatzfund iSd § 984 BGB ist kein Sondertatbestand des § 965 BGB. Dies äußert sich darin, dass hier die Entdeckung das wesentliche Tatbestandsmerkmal ist und nicht die Inbesitznahme.[207]

Beim Schatzfund stellt sich im Rahmen eines Arbeitsverhältnisses die Frage, ob der Arbeitnehmer oder der Arbeitgeber als Finder anzusehen ist. Ersteres nimmt der

197 So die ganz hM; vgl. statt vieler MüKoBGB/*Oechsler* § 973 Rn. 4; Staudinger/*Gursky* (2011) § 973 Rn. 6; *Wolff/Raiser* SachenR § 82 VII 1; teils aA RGRK/*Pikart* § 973 Rn. 2, der einen Erwerb mit rückwirkender Kraft annimmt.

198 Palandt/*Bassenge* § 973 Rn. 1.

199 Staudinger/*Gursky* (2011) § 973 Rn. 8.

200 Staudinger/*Gursky* (2011) Vorbem zu §§ 965 ff. Rn. 2; MüKoBGB/*Oechsler* § 965 Rn. 14.

201 Staudinger/*Gursky* (2011) Vorbem zu §§ 965 ff. Rn. 3.

202 MüKoBGB/*Quack*, 4. Aufl. 2004, § 965 Rn. 17.

203 RGRK/*Pikart* § 970 Rn. 3; Palandt/*Bassenge*, 64. Aufl. 2005, § 970 Rn. 1.

204 MüKoBGB/*Oechsler* § 970 Rn. 1; Staudinger/*Gursky* (2011) § 970 Rn. 1; Palandt/*Bassenge* § 970 Rn. 1.

205 → § 2 Rn. 24.

206 BGHZ 8, 130 (132); Staudinger/*Gursky* (2011) § 965 Rn. 10; jurisPK-BGB/*Martinek* § 965 Rn. 6.

207 Staudinger/*Gursky* (2011) § 984 Rn. 6; Bamberger/Roth/*Kindl* § 984 Rn. 3.

BGH an, solange der Arbeitgeber seinen Arbeitnehmer nicht planmäßig und gezielt nach Schätzen suchen lässt.[208]

IV. Eigentumserwerb durch Hoheitsakt: Versteigerung gepfändeter Sachen (E)

Bei der Versteigerung gepfändeter beweglicher Sachen im Rahmen der Zwangsvollstreckung nach den Vorschriften der ZPO wird das Eigentum dem Ersteigerer gem. §§ 816, 817 ZPO hoheitlich zugewiesen. Es liegt *kein* rechtsgeschäftlicher Eigentumserwerb vor; der Erwerber ist nicht Käufer iSd BGB. Vielmehr entsteht ein kaufähnlicher öffentlichrechtlicher Vertrag.[209] Als Veräußerer tritt nicht der Gläubiger der gepfändeten Sache, sondern der Staat – vertreten durch den Gerichtsvollzieher – auf.[210] Der hoheitliche Charakter der Versteigerung bringt es mit sich, dass es auf eine Gutgläubigkeit des Erwerbers nicht ankommt.[211] Voraussetzung des Eigentumserwerbs ist nur die Verstrickung der Sache sowie die Einhaltung der wesentlichen Verfahrensvorschriften.[212] 34

Für Geld gilt die Sonderregelung des § 815 ZPO: Der Eigentumsübergang erfolgt mit der Ablieferung des Geldes beim Zwangsvollstreckungsgläubiger (§ 815 I ZPO).

Bei der Zwangsversteigerung von Grundstücken ist § 90 II ZVG zu beachten. Danach geht mit dem Zuschlag auch das Eigentum an beweglichen Sachen, die noch der Beschlagnahme unterliegen, auf den Ersteher über. Erfasst sind zum einen gem. § 55 I iVm §§ 20 II, 21 ZVG die im Eigentum des Grundstückseigentümers stehenden Bestandteile, Erzeugnisse oder Zubehörstücke, die gem. §§ 1120 ff. BGB dem Haftungsverband einer Hypothek angehören.[213] Um den Erwerber zu schützen,[214] wird dieser aber wegen § 55 II ZVG auch Eigentümer von Zubehörstücken, die im Eigentum Dritter stehen, wenn sich diese im Besitz des Grundstückseigentümers befinden. Der betroffene Eigentümer, der den Rechtsverlust vermeiden will, muss sein Eigentumsrecht vor der Versteigerung geltend machen (vgl. § 55 II, § 37 Nr. 5 ZVG).

V. Zusendung unbestellter Ware (V)

Die Zusendung unbestellter Waren an einen Verbraucher (§ 13 BGB) durch einen Unternehmer (§ 14 BGB) führt zu einem Ausschluss sämtlicher Rückgabeansprüche.[215] Dies bedeutet für den Eigentümer nahezu einen vollständigen Verlust seines Rechts. 35

208 BGHZ 103, 101 (107) – Lübecker Münzenschatz; OLG Nürnberg NJW-RR 2003, 933 (934) – Archaeopteryx Nr. 6; zu den einzelnen Fallvarianten Bamberger/Roth/*Kindl* § 984 Rn. 4.
209 *Bensching/Stadler* Jura 2002, 438 (442).
210 Musielak/Voit/*Becker* § 817 Rn. 2 f.; BLAH/*Hartmann* Einf §§ 814–825 Rn. 1.
211 BLAH/*Hartmann* Einf §§ 814–825 Rn. 1; *Bensching/Stadler* Jura 2002, 438 (442).
212 *Bensching/Stadler* Jura 2002, 438 (442); *Brox/Walker* ZVR Rn. 412 ff.; jeweils mit Aufzählung der hierzu gehörenden Normen.
213 → § 15 Rn. 16 ff. zu Hypothek und Grundschuld.
214 Vgl. BGH NJW 1969, 2135 (2136); *Brox/Walker* ZVR Rn. 929.
215 BT-Drs. 14/1658, 46; BT-Drs. 14/3195, 32; → § 7 Rn. 19.

Gleichwohl hat der Gesetzgeber nicht beabsichtigt, § 241a BGB als gesetzlichen Eigentumserwerbstatbestand auszugestalten.[216] Entgegen einer Ansicht in der Literatur[217] darf daher § 241a BGB nicht so angewandt werden, als führe er einen Übergang des Eigentums auf den Empfänger der Ware herbei; dieses verbleibt – wenn auch als weitgehend leere Hülse – beim Versender. Auch eine Ersitzung scheitert regelmäßig am mangelnden Eigenbesitz und am bösen Glauben des Empfängers.[218]

216 Vgl. die eingehende Analyse der Materialien (BT-Drs. 14/1658, 46; BT-Drs. 14/2920, 5, 14; BT-Drs. 14/3195, 32) bei *Schwarz* NJW 2001, 1449 (1450 Fn. 20, 1452). Gegen eine Deutung als Erwerbstatbestand ferner Jauernig/*Mansel* § 241a Rn. 5; *Berger* JuS 2001, 649 (652 f.); *Sosnitza* BB 2000, 2317 (2322 f.).

217 *Riehm* Jura 2000, 505 (512), der mit der insoweit übereinstimmenden Auffassung zu Art. 16 II WG und Art. 21 ScheckG argumentiert.

218 *Schwarz* NJW 2001, 1449 (1452); *Riehm* Jura 2000, 505 (512).

§ 7 Vindikationsanspruch (§ 985 BGB)

I. Grundlagen

1. Begriff und Anwendungsbereich (G)

Der Vindikationsanspruch ist der Herausgabeanspruch des Eigentümers einer Sache gegen deren Besitzer aus § 985 BGB. Er hat zur Voraussetzung, dass der Besitzer gegenüber dem Eigentümer kein Recht zum Besitz iSd § 986 BGB geltend machen kann. Die derart bestehenden Eigentums- und Besitzverhältnisse nennt man Vindikationslage. Der Eigentumsherausgabeanspruch aus § 985 BGB wird auch kurz *Vindikation* genannt. 1

§ 985 BGB wird kraft Gesetzes auch auf den Nießbraucher (§ 1065 BGB), den Pfandgläubiger (§ 1227 BGB bzw. iVm § 1257 BGB) und den Erbbauberechtigten (§ 11 I ErbbauRG) angewandt, da auch hier der Sachbesitz zum Inhalt des dinglichen Rechts gehört.[1]

2. Rechtsnatur und Regelungszweck (G)

Der Vindikationsanspruch ist ein dinglicher Anspruch.[2] Er ist auf die Verwirklichung eines Zustands gerichtet, der dem Inhalt des zugrundeliegenden dinglichen Rechts entspricht. Er wird daher auch als Rechtsverwirklichungsanspruch bezeichnet. Ziel des Herausgabeanspruchs ist es, dem Eigentümer den ihm gem. § 903 BGB zustehenden Sachbesitz zu verschaffen. Mit dem Anspruch aus § 985 BGB soll dem Eigentümer also die Beseitigung von Beeinträchtigungen (unbefugter Besitz eines Dritten) der ihm durch § 903 BGB zugewiesenen Befugnisse ermöglicht werden.[3] 2

Der Vindikationsanspruch besteht, wenn objektiv eine Vindikationslage[4] vorliegt, unabhängig davon, ob sich die Parteien des Bestehens der Vindikationslage bewusst sind. Der Kenntnisstand des Besitzers findet erst im Rahmen der Folgeansprüche (§§ 987 ff. BGB) Berücksichtigung.[5]

II. Anwendbarkeit der §§ 985, 986 BGB – Lehre vom Vorrang des Vertragsverhältnisses (V)

Umstritten ist, ob der Vindikationsanspruch auch von einem zugleich schuldrechtlich rückforderungsberechtigten Eigentümer geltend gemacht werden kann, mit anderen 3

1 *Baur/Stürner* SachenR § 11 Rn. 1. → § 10 Rn. 35 sowie → § 16 Rn. 59, → § 16 Rn. 64.

2 MüKoBGB/*Baldus* Vor § 985 Rn. 2; Staudinger/*Gursky* (2013) § 985 Rn. 1; *Baur/Stürner* SachenR § 11 Rn. 43.

3 Staudinger/*Gursky* (2013) § 985 Rn. 1; ausführlich zu Natur und Voraussetzungen *Picker*, FG BGH I, 2000, 693 ff.

4 → § 7 Rn. 1.

5 Vgl. etwa *Baur/Stürner* SachenR § 11 Rn. 4 ff.

Worten ob der Anspruch aus § 985 BGB auch gegen einen Besitzer gerichtet werden kann, der vormals ein vertragliches Besitzrecht oder ein Besitzrecht auf der Grundlage eines beschränkt dinglichen Rechts[6] (§§ 1055, 1223 BGB) innehatte und gegen den vertragliche Rückgabeansprüche bestehen.

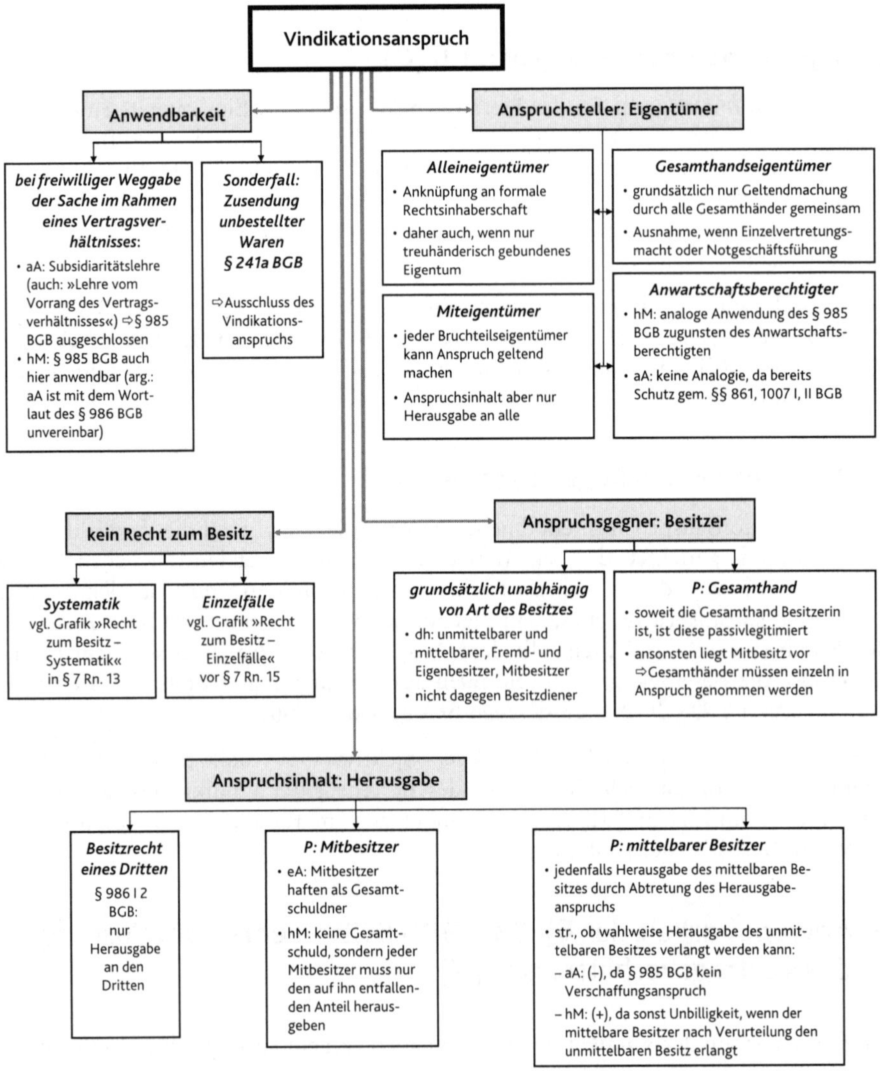

6 → § 10 Rn. 35 sowie → § 16 Rn. 55.

MS

Nach der *Lehre vom Vorrang des Vertragsverhältnisses*[7] (= *Subsidiaritätslehre*) tritt der dingliche Vindikationsanspruch aus § 985 BGB hinter die vertraglichen Rückgabeansprüche (zB aus §§ 546, 604 BGB) zurück.[8] Dies gelte selbst dann, wenn das Rechtsverhältnis, auf dem der rechtmäßige Besitz beruhe, beendigt sei. Die Weggabe der Sache aufgrund eines zum Besitz berechtigenden Schuldverhältnisses durch den Eigentümer sei eine freiwillige Einschränkung des Eigentums. Auch nach Wegfall der vertraglichen Besitzberechtigung sei der Eigentümer daher auf die vertraglichen Rückabwicklungsansprüche beschränkt.

Die hM[9] hingegen befürwortet eine *echte Anspruchskonkurrenz* zwischen vertraglichen Herausgabeansprüchen und dinglichem Herausgabeanspruch. Die Eigentumseinschränkung und der damit verbundene Ausschluss der Vindikation gelte – wie § 986 BGB klar zum Ausdruck bringe[10] – nur für die Dauer des eingeräumten Besitzrechts. Die Vindikation konkurriere daher mit den vertraglichen Rückgabeansprüchen, die nach Ende des Besitzrechts entstünden.[11] Der Vindikationsanspruch kann nach hM daher auch gegen einen Besitzer gerichtet werden, der zuvor ein vertragliches Besitzrecht innehatte.

III. Voraussetzungen des § 985 BGB

1. Anspruchsgegenstand (G)

Fallbeispiele: »Das Flaschenpfand«[12]; »Kunst kennt viele Sammler«[13]; »Die kostenlose Autoreparatur«[14]

Gegenstand des Herausgabeanspruchs kann entsprechend dem Spezialitätsprinzip[15] nur eine individualisierte, bewegliche oder unbewegliche Sache sein.[16] 4

a) Abgrenzung zum Erbschaftsanspruch (Gesamtanspruch) gem. § 2018 BGB (G)

Die Vindikation einer Sachgesamtheit als solcher ist über § 985 BGB nicht möglich. Bei Sachgesamtheiten besteht vielmehr für jede Einzelsache ein Vindikationsanspruch. 5

Neben diesen Einzelansprüchen kann einem Erben gegen den Erbschaftsbesitzer[17] aus § 2018 BGB ein Anspruch auf Herausgabe des Nachlasses als solchem zustehen.

---

7 *Baur/Stürner* SachenR § 11 Rn. 30; *Wolff/Raiser* SachenR § 84 I 2; *Raiser*, FS Wolff, 1952, 123 ff.; *ders.* JZ 1961, 529 (531); krit. dazu *Medicus/Petersen* BürgerlR Rn. 593.

8 Zur Frage, ob § 241a BGB den Vindikationsanspruch ausschließt, → § 7 Rn. 19 f.

9 BGHZ 85, 11 (13); BGH MDR 1969, 128; JZ 1980, 767; MüKoBGB/*Baldus* § 985 Rn. 72–74; Staudinger/*Gursky* (2013) § 985 Rn. 32 ff.; Palandt/*Bassenge* § 985 Rn. 1; *Prütting* SachenR Rn. 523.

10 BGHZ 34, 122 (123 f.) = NJW 1961, 499; Staudinger/*Gursky* (2013) § 985 Rn. 34.

11 *Pinger/Scharrelmann/Thissen* 20 Probleme EBV 1. Problem.

12 *Vieweg/Röthel* Fälle SachenR Fall 5.

13 *Vieweg/Röthel* Fälle SachenR Fall 9.

14 *Vieweg/Röthel* Fälle SachenR Fall 17.

15 → § 1 Rn. 7.

16 Staudinger/*Gursky* (2013) § 985 Rn. 86.

17 → § 2 Rn. 47.

Der Anspruch betrifft alle Gegenstände (Sachen und Rechte) des Nachlasses, die der Erbschaftsbesitzer aufgrund eines beanspruchten, ihm aber tatsächlich nicht zustehenden Erbrechts erlangt hat.[18] Da dieser Anspruch alle Einzelansprüche auf die konkreten Gegenstände zusammenfasst, spricht man hierbei von einem Gesamtanspruch.[19]

Zu beachten ist, dass § 2018 BGB in der Klausur *vorrangig* zu prüfen ist, da die Folgeansprüche aus §§ 987 ff. BGB bei Vorliegen eines Anspruchs aus § 2018 BGB unter Umständen gem. § 2029 BGB modifiziert werden.[20]

b) Vindikation von Geld (V)

6 Gegenstand der Herausgabepflicht kann auch Geld in Form von Münzen oder Banknoten, dh beweglichen Sachen sein. Allerdings müssen die einzelnen Geldzeichen wegen des Spezialitätsprinzips nach überwiegender Auffassung[21] beim Besitzer noch individualisierbar vorhanden sein (*Geldvindikation*). Insbesondere dürfe kein Eigentumsverlust durch Vermischung (§ 948 II BGB) eingetreten sein. In diesem Fall kommen schuldrechtliche Ansprüche gem. §§ 816, 823 BGB in Betracht.

Die Auffassung, die bei der Vindikation von Geld nicht auf die konkreten Geldscheine oder Münzen, sondern allein auf dessen Wert abstellte (Geldwertvindikation),[22] wird mittlerweile nicht mehr vertreten. Ihr wurde entgegengehalten, Buch- und Bargeldwerte unterschiedlich zu behandeln sowie das sachenrechtliche Spezialitätsprinzip ohne zwingenden Grund zu durchbrechen.[23]

2. Anspruchsteller (G)

7 Gläubiger des Vindikationsanspruchs ist der Eigentümer der Sache. Unmaßgeblich ist dabei, ob er auch nach wirtschaftlicher Betrachtungsweise als Eigentümer angesehen werden kann. So ist insbesondere der Sicherungseigentümer (ebenso wie der Leasinggeber) anspruchsberechtigt, auch wenn er keine tatsächlichen Befugnisse über die Sache innehat und steuerrechtlich nicht als Eigentümer behandelt wird.[24] Gleiches gilt für den Wohnungseigentümer hinsichtlich seines Sondereigentums (§ 13 I WEG).[25]

---

18 BGH NJW 1985, 3069; Palandt/*Weidlich* § 2018 Rn. 1; ausführlich zum Erbschaftsanspruch *Wieling* JZ 1986, 5 (5 ff.).

19 Palandt/*Weidlich* § 2018 Rn. 1. Die praktische Bedeutung liegt vor allem im einheitlichen Gerichtsstand iSv § 27 ZPO.

20 Ausführlich dazu *Richter* JuS 2008, 97 (98 ff.).

21 Soergel/*Stadler* § 985 Rn. 22; Palandt/*Bassenge* § 985 Rn. 8; *Baur/Stürner* SachenR § 11 Rn. 42; *Westermann/Gursky/Eickmann* SachenR § 29 Rn. 30 f.; *O. Werner* JuS 1987, 855 (857).

22 Zuletzt noch *Westermann* SachenR I, 6. Aufl. 1990, § 30 V 3 (in 7. Aufl. 1998 aufgegeben); *Simitis* AcP 159 (1960/61), 406 (459 ff.).

23 Ausführliche Darstellung des Streits bei Staudinger/*Gursky* (2013) § 985 Rn. 92; ebenso *Westermann/Gursky/Eickmann* SachenR § 29 Rn. 31; → § 6 Rn. 16.

24 MüKoBGB/*Baldus* § 985 Rn. 3; Soergel/*Stadler* § 985 Rn. 9; *O. Werner* JuS 1987, 855 (857); *Schreiber* Jura 2005, 30 (31), auch zum Inhalt des Anspruchs in diesem Fall (§ 986 I 2 BGB).

25 BGHZ 49, 250 (251).

a) Miteigentümer (V)

Jeder Miteigentümer kann Dritten gegenüber unabhängig von den anderen Miteigentümern den Vindikationsanspruch geltend machen; jedoch ist der Anspruch nur auf Einräumung von Mitbesitz oder auf Herausgabe an alle Miteigentümer gerichtet (§§ 1011, 432 BGB).[26] Dies gilt entsprechend für Wohnungseigentümer im Hinblick auf das gemeinschaftliche Eigentum (§ 13 II WEG). 8

b) Gesamthandseigentümer (V)

Gesamthandseigentümer[27] können den Vindikationsanspruch hinsichtlich gesamthänderisch gebundenen Eigentums grundsätzlich nur gemeinschaftlich und auf Herausgabe an alle geltend machen, es sei denn, einem oder mehreren von ihnen wurde Vertretungsmacht für alle eingeräumt (§§ 714, 709 BGB (GbR), §§ 125 ff. HGB (OHG), ggf. iVm §§ 161 II, 170 HGB (KG), §§ 1421 ff. BGB (eheliche Gütergemeinschaft), § 2039 BGB (Miterbengemeinschaft)).[28] 9

c) Anwartschaftsberechtigter (V)

§ 985 BGB ist eine typische Schutzvorschrift für den Eigentümer. Umstritten ist, ob auch der Anwartschaftsberechtigte[29] Gläubiger des Anspruchs aus § 985 BGB sein kann. 10

Eine Ansicht[30] betont die dem Eigentum wesensgleiche, subjektiv dingliche Natur des Anwartschaftsrechts und gesteht daher auch dem Anwartschaftsberechtigten den Herausgabeanspruch aus § 985 BGB (zumindest analog) zu. Komplikationen können allerdings auftreten, wenn dem gutgläubigen Erwerber einer Eigentumsanwartschaft die Sache gestohlen wird, da sowohl der Eigentümer als auch der Anwartschaftsberechtigte Herausgabe an sich selbst verlangen könnten. Eine Konkurrenz zum gleichgerichteten Anspruch des Eigentümers werde jedoch aufgrund des bestehenden Besitzmittlungsverhältnisses durch § 986 I 2 BGB vermieden, da auch der Eigentümer regelmäßig nur Herausgabe an den Anwartschaftsberechtigten verlangen könne. Jedenfalls sei eine analoge Anwendung des § 985 BGB auf den Anwartschaftsberechtigten deswegen geboten, weil nur so – ohne den Umweg über § 1007 III 2 BGB[31] – dem Besitzer die Rechte aus §§ 987 ff. BGB auch gegenüber dem Anwartschaftsberechtigten zustünden. Dies sei auch interessengerecht.[32]

Die Gegenmeinung[33] hält eine analoge Anwendung des § 985 BGB zumindest für unnötig. Die Herausgabeansprüche nach §§ 1007 I und II bzw. 861 BGB würden zum Schutz des Anwartschaftsberechtigten ausreichen.

---

26 Soergel/*Stadler* § 985 Rn. 11; Staudinger/*Gursky* (2013) § 985 Rn. 30; *Westermann/Gursky/Eickmann* SachenR § 28 Rn. 6.
27 → § 3 Rn. 11.
28 MüKoBGB/*Baldus* § 985 Rn. 10; *Schreiber* Jura 2005, 30 (31).
29 → § 11 Rn. 46.
30 Staudinger/*Gursky* (2013) Vorbem zu §§ 985–1007 Rn. 6; Palandt/*Bassenge* § 929 Rn. 43; *Baur/Stürner* SachenR § 59 Rn. 3.
31 Zum Anspruch aus § 1007 BGB → § 2 Rn. 67 ff.
32 Staudinger/*Gursky* (2013) Vorbem zu §§ 985–1007 Rn. 6.
33 MüKoBGB/*Baldus* § 985 Rn. 5.

3. Anspruchsgegner (G)

11 Schuldner des Anspruchs ist der Besitzer der Sache, unabhängig von der Art des Besitzes. Ohne Bedeutung ist insbesondere, ob er Eigenbesitz oder Fremdbesitz hat.[34] Der Anspruch kann sich auch gegen den mittelbaren Besitzer richten. Dabei ist allerdings der Inhalt des Anspruchs höchst umstritten.[35]

Gegen den Besitzdiener kann der Vindikationsanspruch nicht geltend gemacht werden, da er selbst keine Besitzposition innehat.[36]

Problematisch ist die Passivlegitimation von Gesamthandsgemeinschaften. Für die OHG und KG ist weitgehend anerkannt, dass diese selbst Besitzer sein und somit selbst aus § 985 BGB in Anspruch genommen werden können (Organbesitz der Gesellschaft). Wird mit der oben[37] beschriebenen Ansicht die Besitzfähigkeit der Außen-GbR bejaht und räumt man dieser mit dem BGH[38] auch die Parteifähigkeit ein, so ist die GbR passivlegitimiert und kann auf Herausgabe verklagt werden. Ansonsten liegt Mitbesitz (§ 866 BGB) der Gesellschafter in ihrer gesamthänderischen Verbundenheit vor. Diese sind zu verklagen; die GbR ist dann weder parteifähig noch passivlegitimiert.

4. Maßgeblicher Zeitpunkt für das Vorliegen der Voraussetzungen (E)

12 Grundsätzlich müssen die Voraussetzungen des Vindikationsanspruchs bis zu seiner Erfüllung fortbestehen.[39]

Wenn der Herausgabeanspruch gerichtlich geltend gemacht worden ist, genügt jedoch das Bestehen der Vindikationslage bei Rechtshängigkeit. Eine nachfolgende Veräußerung der Sache durch den klagenden Eigentümer schadet dem Erfolg der Klage ebenso wenig wie eine nachfolgende Übergabe der Sache an einen Dritten durch den verklagten Besitzer (§§ 265, 266 ZPO). Die §§ 265, 266 ZPO sichern sowohl die Aktivlegitimation des veräußernden Klägers als auch die Passivlegitimation des veräußernden Beklagten. Zweck der Vorschriften ist es, die Bedeutung der Veräußerung der streitbefangenen Sache[40] für einen schwebenden Prozess zu regeln.[41]

Allerdings muss der Kläger im Falle der Veräußerung der streitbefangenen Sache nach hM seinen Klageantrag auf Herausgabe an den Erwerber der Sache umstellen, um der Abweisung der Klage als unbegründet zu entgehen (sog. *Relevanztheorie*).[42] Er tritt

---

34 MüKoBGB/*Baldus* § 985 Rn. 13–16; *Baur/Stürner* SachenR § 11 Rn. 31; *Schreiber* Jura 2005, 30 (31).

35 → § 7 Rn. 30.

36 Staudinger/*Gursky* (2013) § 985 Rn. 56; *Baur/Stürner* SachenR § 11 Rn. 33. → § 2 Rn. 24 f.

37 → § 2 Rn. 48.

38 BGHZ 146, 341.

39 MüKoBGB/*Baldus* § 985 Rn. 11, 25; vgl. auch *Habersack* SachenR Rn. 78 f. mit Beispielsfall.

40 Streitbefangen ist eine Sache, wenn die Sachlegitimation einer Partei auf der rechtlichen Beziehung zu ihr beruht (Aktiv- oder Passivlegitimation); vgl. Thomas/Putzo/*Reichold* § 265 Rn. 3.

41 Thomas/Putzo/*Reichold* § 265 Rn. 1; zu den Auswirkungen einer Grundstücksveräußerung auf die Passivlegitimation im Rahmen einer negatorischen Klage gem. § 1004 I BGB vgl. BGH NJW 2008, 1810 (1810 f.); dazu *Looff* Jura 2009, 124 ff.

42 BGH NJW 1997, 735 (736); NJW-RR 1995, 1217 (1219); NJW-RR 1986, 1182; NJW 1986, 3206 (3207); MüKoBGB/*Baldus* § 985 Rn. 11; Staudinger/*Gursky* (2013) § 985 Rn. 36; Palandt/

dann in gesetzlicher Prozessstandschaft für den Erwerber auf (§ 265 II 1 ZPO). Der Umstellung bedarf es nicht, wenn der Erwerber den Kläger zur Geltendmachung im eigenen Namen ermächtigt hat.[43] Der Veräußerer soll über §§ 265, 266 ZPO grundsätzlich am Prozess festgehalten werden.[44] Eine Übernahme der Parteistellung durch den Erwerber ist nach § 265 II 2 ZPO nämlich nur möglich, wenn beide Parteien zustimmen. Wegen der mit der Formbedürftigkeit einhergehenden leichteren Erkennbarkeit und der größeren wirtschaftlichen Bedeutung des Rechtsübergangs[45] begründet § 266 I ZPO demgegenüber bei Veräußerung eines Grundstücks ein Übernahmerecht des Rechtsnachfolgers auch ohne Zustimmung des Prozessgegners sowie auf dessen Verlangen sogar eine Pflicht zur Übernahme.

Eine Ausnahme gilt nach § 265 III ZPO. Hat der Kläger das Eigentum an der streitbefangenen Sache im Wege gutgläubigen Erwerbs (§ 325 II ZPO) auf einen Dritten übertragen, entfaltet das Urteil zwischen Kläger und Beklagtem keine Rechtskraft gegen den Rechtsnachfolger. Dem Beklagten kann unter diesen Umständen die Fortsetzung des Prozesses mit dem Kläger als Rechtsvorgänger nicht zugemutet werden. Der Beklagte kann das Fehlen der Aktivlegitimation des Klägers einwenden. Die Klage ist dann als unbegründet abzuweisen, es sei denn, der Kläger erklärte den Rechtsstreit für erledigt. Diesem – wegen der Kostenfolge[46] – für ihn ungünstigen Ergebnis kann der Kläger nur dadurch begegnen, dass er in gewillkürter Prozessstandschaft für den Dritten, dh mit dessen Ermächtigung, die Klage ändert, und zwar auf Leistung an den Dritten als seinen Rechtsnachfolger. § 265 III ZPO dient dem Schutz des Beklagten bei einer Veräußerung durch den Kläger, indem er die Rechtskraft des Urteils auch *gegen* den Dritten (Erwerber) erstrecken lässt.

§ 265 III ZPO findet keine Anwendung bei einem gutgläubigen Erwerb vom Beklagten. Der Beklagte bleibt für diesen Prozess passivlegitimiert.[47]

IV. Recht zum Besitz aus § 986 BGB

1. Systematik und Grundlagen der Besitzrechte (§ 986 I BGB) (G)

Besitzrechte wirken entweder absolut (Wirkung gegenüber jedermann) oder relativ 13
(Wirkung nur im Zwei-Personen-Verhältnis).

Sie können beruhen auf:

- schuldrechtlichen Verträgen (zB §§ 433, 535, 631 BGB);

Bassenge § 985 Rn. 3; Zöller/*Greger* § 265 Rn. 6a; MüKoZPO/*Becker-Eberhard* § 265 Rn. 83 ff.; Thomas/Putzo/*Reichold* § 265 Rn. 13; aA *Rosenberg/Schwab/Gottwald* ZivilProzR § 100 Rn. 31 f., da die Behandlung durch die hM widersprüchlich sei und der Kläger gegen den Erwerber mittels einer Titelumschreibung nach § 727 ZPO vorgehen könne.

43 Staudinger/*Gursky* (2013) 985 Rn. 36; MüKoZPO/*Becker-Eberhard* § 265 Rn. 86.

44 Thomas/Putzo/*Reichold* § 265 Rn. 1.

45 MüKoZPO/*Becker-Eberhard* § 266 Rn. 3.

46 Bei übereinstimmender Erledigterklärung trägt der Kläger trotz einer aussichtsreichen Klage die Kosten des Verfahrens (§ 91a ZPO), weil er selbst die Erfolgsaussichten seiner Klage mit der Veräußerung vereitelt hat; Zöller/*Greger* § 265 Rn. 9.

47 Der Kläger muss aber die Klage ggf. auf Schadensersatz umstellen, wenn nicht der Rechtsnachfolger mit Zustimmung des Klägers (§ 265 II ZPO) die Beklagtenstellung übernimmt; Thomas/Putzo/*Reichold* § 265 Rn. 20; Zöller/*Greger* § 265 Rn. 10.

- rechtsgeschäftsähnlichen Handlungen (zB Besitzeinräumung durch einen Dritten mit Zustimmung des Eigentümers, § 185 BGB analog);[48]
- dinglichen Verfügungen (zB §§ 1205, 1036 BGB, § 11 I ErbbauRG, § 31 WEG);
- Verwaltungsbefugnissen (zB § 80 I InsO, §§ 2205, 1985 I, 1422 BGB);
- Gesetz (zB Mitbesitz des Ehegatten an Hausrat und Ehewohnung aus § 1353 BGB[49], gesetzliche Pfandrechte iSv § 1247 BGB[50]).

Bei relativen Besitzrechten ist zu beachten, dass das Recht zum Besitz gerade dem Eigentümer gegenüber bestehen muss.[51] Der Besitz ist daher zum einen dann rechtmäßig, wenn er durch ein Rechtsverhältnis gedeckt wird, das unmittelbar zwischen Eigentümer und Besitzer besteht (*originäres Besitzrecht*) (§ 986 I 1 Alt. 1 BGB). Darüber hinaus kommt aber auch ein sog. abgeleitetes Besitzrecht in Betracht (§ 986 I 1 Alt. 2 BGB). Das Besitzrecht des unmittelbaren Besitzers, gegen den sich der Herausgabeanspruch richtet, beruht dann darauf, dass der mittelbare Besitzer, von dem er sein Besitzrecht ableitet, dem Eigentümer gegenüber zum Besitz berechtigt ist und zudem zur Überlassung des Besitzes an den unmittelbaren Besitzer berechtigt war.

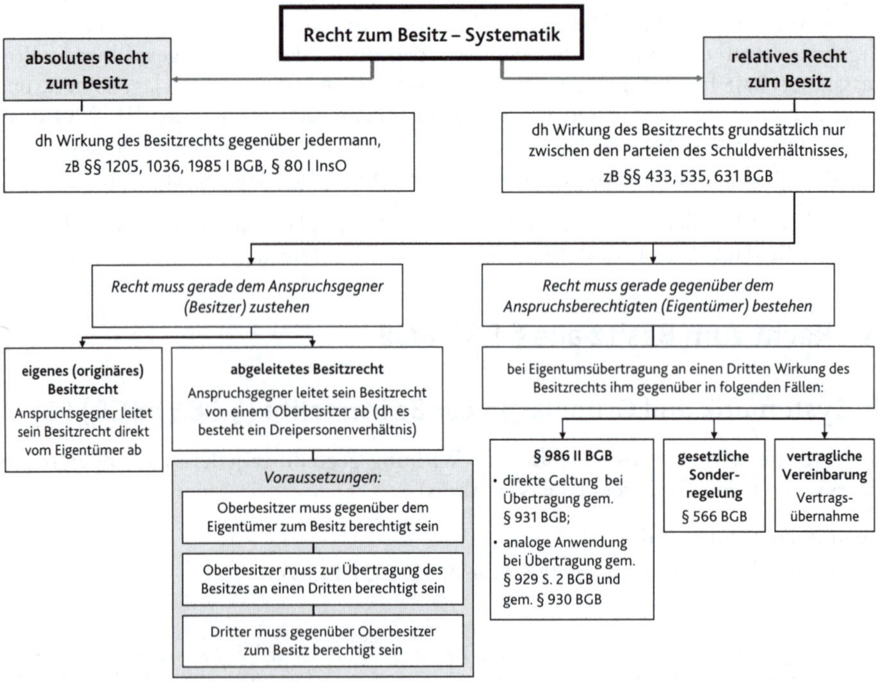

48 MüKoBGB/*Baldus* § 986 Rn. 37.

49 Vgl. zum Besitzrecht bei ehelicher Lebensgemeinschaft BGHZ 71, 216 (222); Staudinger/*Gursky* (2013) § 986 Rn. 23; *Gernhuber/Coester-Waltjen* FamR § 19 III 1 Rn. 24; *Gottwald* PdW SachenR Fall 92; bei einer nichtehelichen Lebensgemeinschaft kann ein vertraglich begründetes Besitzrecht grundsätzlich nur bei Vorliegen besonderer Anhaltspunkte angenommen werden, vgl. BGH NJW 2008, 2333 (2334 f.).

50 Vgl. BGH NJW 1999, 3716 (3717).

51 *Westermann/Gursky/Eickmann* SachenR § 29 Rn. 14.

Voraussetzung eines abgeleiteten Besitzrechts ist also

- ein Besitzrecht des mittelbaren Besitzers (Übertragender) gegenüber dem Eigentümer,
- das zur weiteren Besitzübertragung auf Dritte berechtigt sowie
- ein wirksames Rechtsverhältnis zwischen mittelbarem Besitzer (Übertragender) und Drittem (unmittelbarer Besitzer), aufgrund dessen der unmittelbare Besitzer zum Besitz berechtigt ist.[52]

Fehlt die Besitzberechtigung des mittelbaren Besitzers gegenüber dem Eigentümer, so wirkt das mit dem unmittelbaren Besitzer vereinbarte Besitzmittlungsverhältnis nur relativ, dh der unmittelbare Besitzer kann sich dem Eigentümer gegenüber nicht darauf berufen.

Nach dem Wortlaut des § 986 BGB muss der Übertragende selbst mittelbarer Besitzer sein, also anerkennen, dass er den Besitz für einen Oberbesitzer (den Eigentümer) mittelt.

Weithin anerkannt[53] ist aber auch, dass ausnahmsweise zwischen Eigentümer und Übertragendem dann kein rechtswirksames Besitzmittlungsverhältnis mehr bestehen muss, wenn die tatsächliche Besitzlage der materiellen Rechtslage entspricht. Dies ist etwa der Fall, wenn – insbesondere bei einer Veräußererkette mit Eigentumsvorbehalten[54] – der durch den Kaufvertrag mit dem Eigentümer zum Besitz und zur Besitzweitergabe berechtigte Enderwerber die Kaufsache weiterverkauft und an den zweiten Käufer übergibt, der dadurch Eigenbesitzer wird.[55]

2. Charakter des § 986 BGB (G)

Umstritten ist, ob § 986 BGB dem Besitzer eine Einwendung[56] oder Einrede[57] gibt. 14

Aus dem Wortlaut des § 986 BGB (»kann verweigern«) könnte – wie bei §§ 320, 273 BGB – auf eine Einrede geschlossen werden. Eine Ansicht[58] befürwortet daher den Einredecharakter des § 986 BGB. Es müsse dem Besitzer vorbehalten bleiben, sich auf sein Besitzrecht zu berufen. Dem setzt die überwiegende Ansicht[59] entgegen, § 986 BGB gestalte lediglich den schon in § 903 BGB formulierten Vorbehalt von Rechten Dritter aus. Ferner sei aufgrund der ähnlichen Struktur der §§ 1007 III,

52 Staudinger/*Gursky* (2013) § 986 Rn. 37.

53 BGHZ 10, 69; BGH WM 1956, 158; NJW 1990, 1914; NJW 2006, 3488 (3490); MüKoBGB/*Baldus* § 986 Rn. 35 f.; Palandt/*Bassenge* § 986 Rn. 7; Staudinger/*Gursky* (2013) § 986 Rn. 37 mit Beispielsfällen; *Baur/Stürner* SachenR § 11 Rn. 39 mit Beispielsfällen; *Schreiber* Jura 2005, 30 (33).

54 → § 11 Rn. 12 ff.

55 Beispiel nach Staudinger/*Gursky* (2013) § 986 Rn. 37.

56 Die Einwendung führt zum Erlöschen des Anspruchs und ist im Prozess von Amts wegen zu berücksichtigen.

57 Die Einrede gibt lediglich ein Leistungsverweigerungsrecht und muss ausdrücklich geltend gemacht werden.

58 RGRK/*Pikart* § 986 Rn. 24.

59 BGHZ 82, 13 (18); BGH NJW 1999, 3716 (3717); MüKoBGB/*Baldus* § 986 Rn. 58–60; Soergel/*Stadler* § 986 Rn. 30; Staudinger/*Gursky* (2013) § 986 Rn. 1; Palandt/*Bassenge* § 986 Rn. 1; *Baur/Stürner* SachenR § 11 Rn. 26; *Westermann/Gursky/Eickmann* SachenR § 29 Rn. 3; *Wolff/Raiser* SachenR § 84 IV 1 (Fn. 15); *Wolf/Wellenhofer* SachenR § 21 Rn. 20; dahin tendierend auch *Schreiber* Jura 2005, 30 (32).

861 II BGB, die zweifelsfrei Einwendungscharakter hätten, wegen des gemeinsamen Regelungszusammenhangs auch hier von einer Einwendung auszugehen. Schließlich sei es unbillig, etwa einen säumigen Beklagten zur Herausgabe auch dann gem. § 331 ZPO zu verurteilen, wenn sich schon aus dem Vortrag des Klägers ein Besitzrecht des Beklagten ergebe.

3. Einzelfälle

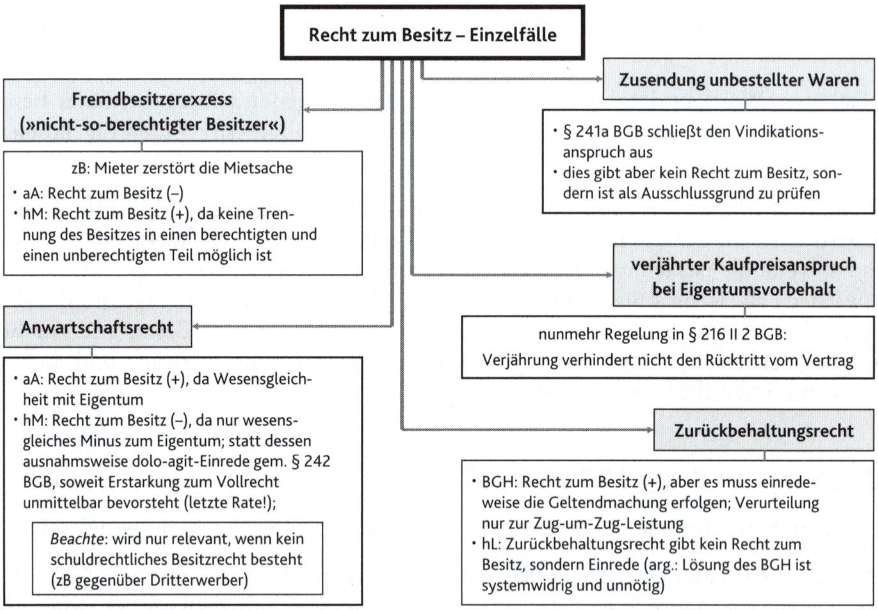

a) Fremdbesitzerexzess (V)

15 Nach einem Teil der Literatur[60] soll eine Vindikationslage auch dann entstehen können, wenn der Besitzer zwar prinzipiell zum Besitz berechtigt ist, jedoch im Einzelfall sein Besitzrecht überschreitet (sog. Fremdbesitzerexzess), zB wenn der Mieter die angemietete Sache zerstört. Man spricht dabei auch vom »nicht-so-berechtigten Besitzer«.[61] Dem wird entgegengesetzt,[62] dass die Überschreitung des Besitzrechts im Einzelfall das zugrundeliegende Schuldverhältnis unberührt lasse, der Besitzer also sein Besitzrecht nicht aufgrund einer tatsächlichen Handlung verlieren könne. Die Trennung des Besitzes in einen rechtmäßigen und einen unrechtmäßigen Teil sei

60 *Zeuner*, FS Felgenträger, 1969, 423 ff.

61 Vgl. Staudinger/*Gursky* (2013) Vorbem zu §§ 987–993 Rn. 16.

62 MüKoBGB/*Baldus* Vor §§ 987–1003 Rn. 14–16; Palandt/*Bassenge* Vorb v. § 987 Rn. 3; *Baur/Stürner* SachenR § 11 Rn. 24 ff.; *Medicus/Petersen* BürgerlR Rn. 582; *Schiemann* Jura 1981, 640. BGH NJW 2002, 60 (61) hat die Frage, ob beim »nicht-so-berechtigten Besitzer« die §§ 987 ff. BGB anwendbar seien, dahinstehen lassen, weil in concreto Ansprüche entweder aus § 988 BGB oder § 812 I 1 Alt. 2 BGB gegeben waren.

künstlich und entspreche nicht der Verkehrsanschauung. Sowohl bei Exzesshandlungen als auch bei der Anmaßung einer anderen Besitzstellung sei der Eigentümer daher auf seine vertraglichen bzw. deliktischen Ansprüche beschränkt, die auch hinreichend schützten.

Vom »nicht-so-berechtigten« Besitzer ist der »nicht-mehr-berechtigte« Besitzer zu unterscheiden. Das ist derjenige, der ursprünglich ein Besitzrecht hatte, das jedoch zwischenzeitig entfallen ist.[63]

b) Rückwirkender Wegfall des Besitzrechts (G)

Ebenfalls von der Konstellation des »nicht-so-berechtigten« Besitzers zu unter- **16**
scheiden ist der Fall, dass das Besitzrecht rückwirkend entfällt, mithin als von vornherein nicht bestehend angesehen wird. Häufiges Beispiel hierfür ist die Anfechtung des dem Besitzrecht zugrundeliegenden Vertrages, die zur Nichtigkeit ex tunc führt (§ 142 BGB). Bedeutung gewinnt die Rückwirkung vor allem im Rahmen der Folgeansprüche gem. §§ 987 ff. BGB, die in diesem Fall von Anfang an anwendbar sind.[64]

c) Besitzrecht bei jederzeitiger Kündigungsmöglichkeit (V)

aa) Vindikationsanspruch (V)

Der Anspruch aus § 985 BGB entsteht automatisch in dem Zeitpunkt, in dem das **17**
Besitzrecht entfällt, und nicht – entgegen der Formulierung »kann verlangen« – erst mit seiner Geltendmachung.[65]

Bei Verwahrung und Leihe – Gleiches gilt für die GoA[66] – ergibt sich die Besonderheit, dass der Hinterleger gem. § 695 BGB bzw. der Verleiher gem. § 604 III BGB die Sache jederzeit zurückverlangen kann.[67] Hierin ist eine konkludente Kündigung zu sehen.[68] Der Besitzer hat daher nur ein »Recht zum Haben«, nicht aber »zum Behalten« (sog. *schwebende Vindikationslage*). Das Recht zum Besitz entfällt ex nunc mit der Folge des Entstehens des Anspruchs aus § 985 BGB.[69]

KK

---

63 → § 8 Rn. 48.

64 MüKoBGB/*Baldus* Vor §§ 987–1003 Rn. 25; Staudinger/*Gursky* (2013) § 986 Rn. 26.

65 Staudinger/*Gursky* (2013) § 985 Rn. 14.

66 MüKoBGB/*Baldus* Vor §§ 987–1003 Rn. 21; Palandt/*Bassenge* Vorb v. § 987 Rn. 5; Erman/*Ebbing* Vor §§ 987–993 Rn. 28.

67 Staudinger/*Gursky* (2013) § 985 Rn. 14.

68 So die heute hM: Staudinger/*Reuter* (2005) § 604 Rn. 3, 10, § 695 Rn. 3: MüKoBGB/*Henssler* § 695 Rn. 3; insoweit zust. Palandt/*Sprau* § 695 Rn. 1, der zwar eine Kündigung annimmt, aber – in Übereinstimmung mit der älteren Theorie – erst mit Rückgabe den Vertrag für beendet ansieht. Die bei Entstehung des BGB vorherrschende Ansicht vertritt noch *Mansel* NJW 1992, 1264 (1269) mwN.

69 Da die Regeln der §§ 604 V, 695, 696 BGB nur den Zweck haben, zur Vermeidung von Unstimmigkeiten mit den Verjährungsfristen den Fristlauf für den vertraglichen Rückgabeanspruch hinauszuschieben (BT-Drs. 14/6040, 258), wird man diese Sondervorschriften nicht auch auf den Vindikationsanspruch anwenden müssen. Darauf deutet auch der Wortlaut (»Rückgabe« und nicht »Herausgabe«) hin.

bb) Sekundäransprüche (V)

18 Diese Unterscheidung ist von Bedeutung im Rahmen der Folgeansprüche gem. §§ 987 ff. BGB. Bei der Beurteilung der Redlichkeit spielt eine Rolle, ob nur ein Recht zum Haben, nicht aber zum Behalten besteht.

Der BGH[70] hat Entleiher und Verwahrer deswegen dem unrechtmäßigen Besitzer gleichgestellt und eine Haftung gem. § 989 BGB bejaht, weil diese von vornherein mit ihrer Herausgabeverpflichtung rechnen müssten und daher eine vergleichbare Situation wie beim verklagten Besitzer (vgl. § 989 BGB) vorliege.

Da der Besitz jedoch gerechtfertigt sei, vertritt die Literatur[71] die Auffassung, der Entleiher bzw. Verwahrer müsse, da er den Besitz aufgrund eines wirksamen Vertrags vom Eigentümer erhalten habe, solange als rechtmäßiger Besitzer angesehen werden, bis der Eigentümer die Sache herausverlange. Mangels Vindikationslage könnten die Ansprüche aus den §§ 989 ff. BGB erst bei Eintritt der Unmöglichkeit nach dem Herausgabeverlangen, das die Kündigung einschließe, entstehen, nicht aber vor diesem Zeitpunkt.[72]

d) Lieferung unbestellter Ware (G)

aa) Herausgabeanspruch (G)

19 Nach dem Wortlaut des § 241a BGB begründet die Lieferung von Waren an einen Verbraucher durch einen Unternehmer (§§ 13, 14 BGB) keine Ansprüche gegen diesen. Fraglich ist, ob damit auch der Vindikationsanspruch und der Bereicherungsanspruch ausgeschlossen sind.

Gegen einen derart weitreichenden Ausschluss wird eingewandt,[73] dass § 241a BGB lediglich einen Schutz des Verbrauchers vor Schadensersatzansprüchen aufgrund seines eigenen fahrlässigen Umgangs bieten solle. Für diesen Normzweck bedürfe es einer so weitreichenden Wirkung aber nicht, zumal der Verbraucher nicht die Pflicht habe, die Ware zurückzusenden. Er müsse sie auf Verlangen lediglich aushändigen.[74] Würde auch der Herausgabeanspruch ausgeschlossen, käme es, da der Verbraucher die Ware behalten dürfe und wohl sogar gegen eine Wegnahme durch den Eigentümer die Besitzschutzansprüche aus §§ 861, 1007 I und II BGB geltend machen könne, zu einem dauernden Auseinanderfallen von Eigentum und Besitz – ein Zustand, der sonst nur im Fall der Verjährung des Vindikationsanspruchs auftrete.[75] Dem Versender bliebe dann lediglich die formale Rechtsposition des Eigentums, nicht aber die nach § 903 BGB zugewiesene umfassende Nutzungs- und Ausschließungsbefugnis. § 241a BGB würde über diesen Weg faktisch zu einer neuen Art des gesetzlichen Eigentumsübergangs führen. Dies war aber ausdrücklich nicht gewollt.[76]

70 BGH LM Nr. 2 zu § 688; Nr. 2 zu § 989.
71 MüKoBGB/*Baldus* Vor §§ 987–1003 Rn. 21.
72 Siehe auch *Pinger/Scharrelmann/Thissen* 20 Probleme EBV 13. Problem.
73 *Flume* ZIP 2000, 1427 (1428).
74 Zur Zustellung unbestellter Waren → § 4 Rn. 19.
75 → § 7 Rn. 38.
76 *Schwarz* NJW 2001, 1449 (1450, 1452) unter Hinweis auf die Materialen; ebenso *Berger* JuS 2001, 649 (652 f.).

Neben dem Wortlaut des § 241a BGB spricht jedoch für den Ausschluss von Herausgabeansprüchen auch, dass der Gesetzgeber die Zusendung von Waren ohne Bestellung zur Anbahnung von Verträgen bewusst unterbinden und daher § 241a BGB – ebenso wie den gleichzeitig eingefügten § 661a BGB – als zivilrechtliche Sanktionsnorm mit weitreichenden Folgen ausgestalten wollte.[77] Die weitgehende Entleerung des Eigentums ist zwar in Hinblick auf Art. 14 I GG verfassungsrechtlich bedenklich, doch waren sich die Gesetzgebungsorgane einer so weitreichenden Folge bewusst.[78]

Allerdings verschafft § 241a BGB, auch wenn man entsprechend dem gesetzgeberischen Willen einen Ausschluss des Vindikationsanspruchs annimmt, kein Recht zum Besitz iSv § 986 BGB,[79] da das Behalten- und Nutzendürfen lediglich Folge des Anspruchsausschlusses ist, nicht aber ein besonderes Rechtsverhältnis begründet. Im Übrigen nimmt die Literatur »Randkorrekturen« vor, nach denen die Folge des § 241a BGB nicht eintreten soll, wenn die Zusendung wettbewerbsrechtlich zulässig war[80] und wenn der Versender nicht der Eigentümer war.[81]

Hinweis für den Anspruchsaufbau: Ob § 241a BGB vor oder nach Prüfung der Voraussetzungen des Vindikationsanspruchs geprüft wird, ist nach Zweckmäßigkeitsgesichtspunkten zu entscheiden.

bb) Haftung des Empfängers (G)

Die Frage, ob und wie der Empfänger unbestellt zugesandter Ware für Schäden an 20
dieser haftet, war lange Zeit umstritten.[82] Der nun in § 241a I BGB enthaltene Ausschluss erfasst insbesondere Schadens- und Nutzungsersatzansprüche, die sich aus den §§ 987 ff., §§ 677 ff. und §§ 823 ff. BGB ergeben, wenn die Waren bewusst unbestellt zugeschickt worden sind.[83]

Diese Ausschlusswirkung erfasst auch vorsätzliche Beschädigungen, insbesondere das Wegwerfen der zugesandten Sache. § 241a BGB gibt dem Empfänger damit ein sog. *Preisgaberecht*.[84] Auf diese Weise soll er vor jeder faktischen Belastung bewahrt werden, zumal bereits das Zurücksenden einen gewissen Aufwand erfordern würde, der ihm gerade erspart werden soll.

KK ✓

77 BT-Drs. 14/1658, 46; BT-Drs. 14/3195, 32; *Wendehorst* DStR 2000, 1311 (1316 f.); *Casper* ZIP 2000, 1601 (1605 f.); *Riehm* Jura 2000, 505 (511, 513); *Schwarz* NJW 2002, 1449 (1449 f.), auch unter Gegenschluss aus § 241a II BGB.

78 Vgl. den Hinweis des Bundesrats an die Bundesregierung in BR-Drs. 25/1/00, 9. Für eine Verfassungswidrigkeit der Regelung *Deckers* NJW 2001, 1474 (1474); zumindest schwere Bedenken äußern *Riehm* Jura 2000, 505 (512); *Schwarz* NJW 2001, 1449 (1454); *Berger* JuS 2001, 649 (651): »manches spricht dafür …«.

79 HM: *Berger* JuS 2001, 649 (653); *Schwarz* NJW 2001, 1449 (1452), welche § 241a BGB nur eine dauernde Einrede entnehmen; aA (Besitzrecht bejahend) *Sosnitza* BB 2000, 2317 (2323).

80 Vgl. Palandt/*Grüneberg* § 241a Rn. 7; MüKoBGB/*Finkenauer* § 241a Rn. 12 f.; *Berger* JuS 2001, 649 (651); dies kann durch eine entsprechend weite Auslegung des Merkmals »unbestellt« erreicht werden; gegen diese Einschränkung wohl *Casper* ZIP 2000, 1601 (1608). – Die Zusendung unbestellter Ware wurde auch vor Schaffung des § 241a BGB als Fall des »Anreißens« allgemein als sittenwidrig nach § 1 UWG aF (jetzt § 4 Nr. 1 und § 7 I UWG nF) eingestuft, siehe nur BGH GRUR 1959, 277 (278 f.); NJW 1965, 1662; NJW 1976, 1977 (1978); auch BGH NJW 1992, 3040, alle mwN.

81 *Berger* JuS 2001, 649 (653).

82 Siehe zB *Schwung* JuS 1985, 449 (450).

83 Vgl. Bamberger/Roth/*Fritzsche* § 987 Rn. 24 f. mwN.

84 *Casper* ZIP 2000, 1601 (1605); *Berger* JuS 2001, 649 (653); MüKoBGB/*Finkenauer* § 241a Rn. 31.

e) Anwartschaftsrecht als Recht zum Besitz (V)

21 Umstritten ist, ob das Anwartschaftsrecht dem Anwartschaftsberechtigten ein dingliches, absolut wirkendes Recht zum Besitz gewährt.[85]

Einer Auffassung[86] zufolge gibt das Anwartschaftsrecht als wesensgleiches Minus zum Vollrecht Eigentum ein dingliches Recht zum Besitz. Begründet wird dies damit, dass mit der Einräumung des Besitzes zugunsten des Anwartschaftsberechtigten zugleich auch die aus dem Eigentum folgenden Rechte auf Besitz und Nutzung mitübertragen würden. Ein Anwartschaftsrecht sei für den Erwerber nur dann sinnvoll, wenn er zugleich die damit verbundenen Befugnisse dinglich gesichert erlange.

Demgegenüber[87] lehnen der BGH und der überwiegende Teil der Literatur ein dingliches Besitzrecht aus dem Anwartschaftsrecht ab. Das Anwartschaftsrecht sei eben nur ein wesensgleiches Minus (!) zum Eigentum. Gegenüber dem Eigentümer, dem das stärkere Besitzrecht zustehe, sei ein dinglich wirkendes Besitzrecht des Anwartschaftsberechtigten nicht gerechtfertigt. Das auf einem schuldrechtlichen Vertrag beruhende Anwartschaftsrecht diene vielmehr lediglich der Sicherung des Eigentumserwerbs, der aber vom Anwartschaftsberechtigten – unabhängig von der Besitzlage – allein durch Herbeiführung des Bedingungseintritts vollendet werden könne.

Da sich ein relatives Recht zum Besitz meist aus den schuldrechtlichen Beziehungen zwischen Verkäufer und Erwerber ergibt, ist der Streit, ob das Anwartschaftsrecht ein absolut wirkendes Recht zum Besitz gewährt, regelmäßig nicht von entscheidender Bedeutung. Die Frage wird allerdings relevant, wenn ein Dritter das Anwartschaftsrecht vom Nichteigentümer erwirbt.[88] Dann gewährt die letztgenannte Ansicht dem Erwerber des Anwartschaftsrechts zu dessen Schutz im Ausnahmefall die »dolo-agit«-Einrede gem. § 242 BGB: Der Anwartschaftsberechtigte kann die Herausgabe verweigern, wenn die Erstarkung des Anwartschaftsrechts zum Vollrecht unmittelbar bevorsteht (letzte Rate!) und die Geltendmachung des Vindikationsanspruchs daher rechtsmissbräuchlich wäre.

f) Besitzrecht des Vorbehaltskäufers bei verjährtem Kaufpreisanspruch (§ 216 II 2 BGB) (V)

22 Beim Eigentumsvorbehalt[89] steht dem Vorbehaltskäufer ein relatives Besitzrecht aus dem Kaufvertrag zu. Dieses schuldrechtliche Besitzrecht erlischt erst mit Rücktritt des Vorbehaltsverkäufers nach §§ 449 II, 323 I, 346 I, 349 BGB. Dieser wäre aber nach § 218 I 1 BGB unwirksam, wenn auch der Kaufpreisanspruch verjährt ist. Damit würden Eigentum und Besitz dauerhaft auseinander fallen. Jedoch ermöglicht die Spezialregelung des § 216 II 2 BGB ausdrücklich den Rücktritt des Vorbehaltsverkäufers nach Verjährungseintritt.[90]

85 Staudinger/*Gursky* (2013) § 986 Rn. 13; *Pinger/Scharrelmann/Thissen* 20 Probleme EBV 7. Problem.

86 OLG Karlsruhe JZ 1966, 272 (273); Palandt/*Bassenge* § 929 Rn. 41; *Baur/Stürner* SachenR § 59 Rn. 47; *Wolf/Wellenhofer* SachenR § 14 Rn. 20 f., § 21 Rn. 22.

87 BGHZ 10, 69 (72); MüKoBGB/*Baldus* § 986 Rn. 11–13; Staudinger/*Gursky* (2013) § 986 Rn. 13; *Gudian* NJW 1967, 1786; *Stoll* JuS 1967, 12 (15 ff.); *Brox* JuS 1984, 657 (659).

88 Staudinger/*Gursky* (2013) § 986 Rn. 13.

89 → § 11 Rn. 40.

90 → § 11 Rn. 65.

g) Zurückbehaltungsrechte (§§ 273, 1000 BGB) als Recht zum Besitz (V)

Fallbeispiele: »Der Drehkran«[91]; »Die kostenlose Autoreparatur«[92]

Umstritten ist, ob ein Zurückbehaltungsrecht ein Recht zum Besitz iSv § 986 BGB 23
geben kann.

Nach Auffassung des BGH[93] gibt das *Zurückbehaltungsrecht aus § 273 BGB* ein Recht zum Besitz. Er begründet dies damit, dass § 986 BGB die Verteidigung gegenüber dem Vindikationsanspruch abschließend regele und deshalb alle Einreden erfasse. Allerdings gelten nach der Rechtsprechung für das Zurückbehaltungsrecht – entgegen dem Einwendungscharakter des § 986 BGB[94] – zwei Besonderheiten: Zum einen müsse § 273 BGB einredeweise geltend gemacht werden, zum anderen sei § 274 BGB anzuwenden, dh bei Bestehen eines Zurückbehaltungsrechts erfolge keine Abweisung der Herausgabeklage, sondern nur eine Verurteilung zur Leistung Zug um Zug.

Die Gegenansicht[95] in der Literatur lehnt diese Auffassung als widersprüchlich und inkonsequent ab. Zurückbehaltungsrechte gewährten selbstständige Gegenrechte, die dem Anspruch aus § 985 BGB unmittelbar entgegenstünden. Dem Zurückbehaltungsberechtigten solle kein Recht zum Besitz gegeben werden, das das Herrschaftsrecht des Eigentümers einschränke, indem es den Anspruch aus § 985 BGB zerstöre.[96] Anderenfalls würde das Zurückbehaltungsrecht seiner eigenen Grundlage (Gegenseitigkeit) beraubt: Seine Aufgabe bestehe darin, die Gleichzeitigkeit der Erfüllung von Ansprüchen sicherzustellen, nicht aber die Besitzlage zu regeln.

Die Folgeproblematik der Anwendung der §§ 987 ff. BGB ist nach diesen Auffassungen wie folgt zu klären: Vom Ausgangspunkt des BGH her dürften dem Eigentümer gegen den durch das Zurückbehaltungsrecht »berechtigten« Besitzer die Folgeansprüche der §§ 987 ff. BGB nicht zustehen. Dennoch bejaht der BGH diese, weil der Besitzer die Herausgabe nicht endgültig, sondern lediglich vorübergehend zur Sicherung seiner Ansprüche verweigern dürfe.[97] Die in der Literatur überwiegend vertretene Ansicht führt dagegen ohne weitere Probleme zur Bejahung der Anwendbarkeit der §§ 987 ff. BGB.[98]

Das *Zurückbehaltungsrecht aus § 1000 BGB* stellt nach allgemeiner Ansicht kein Besitzrecht iSd § 986 BGB dar. Mit der Anerkennung als Besitzrecht würde es einer seiner Voraussetzungen – der Vindikationslage – beraubt: Bereits die erstmalige Vor-

91 *Vieweg/Röthel* Fälle SachenR Fall 8.
92 *Vieweg/Röthel* Fälle SachenR Fall 17.
93 StRspr.: BGHZ 64, 122 (124); 149, 326 (333); BGH NJW-RR 1986, 282; NJW 1995, 2627 (2628). Vgl. aber → § 8 Rn. 4: ausnahmsweise analoge Anwendung der EBV-Regeln bei Besitzrecht aufgrund eines Zurückbehaltungsrechts; dazu *Gursky* JZ 2005, 385 (386).
94 → § 7 Rn. 14.
95 MüKoBGB/*Baldus* § 986 Rn. 32 f.; Staudinger/*Gursky* (2013) § 986 Rn. 28; Erman/*Ebbing* § 986 Rn. 18 f.; Palandt/*Bassenge* § 986 Rn. 5 mwN; Jauernig/*Berger* § 986 Rn. 8; *Wolf/Wellenhofer* SachenR § 21 Rn. 28; *Schreiber* Jura 2005, 30 (33); *Sosnitza*, Besitz und Besitzschutz, 2003, 106 ff.
96 Staudinger/*Gursky* (2013) § 986 Rn. 28; Erman/*Ebbing* § 986 Rn. 18 f.; *Schreiber* Jura 1992, 356 (359); *ders.* Jura 2005, 30 (33).
97 StRspr.: BGH WM 1970, 1366; JuS 1986, 315; dargestellt bei *Seidel* JZ 1993, 181 (182).
98 *Seidel* JZ 1993, 181 (181 f.).

nahme einer erstattungsfähigen Verwendung[99] gem. § 994 BGB ließe das gesetzliche Schuldverhältnis der §§ 987 ff. BGB entfallen.[100] Anders ist die Situation, wenn der Besitzer von der Möglichkeit des § 1003 BGB Gebrauch macht. Dadurch wandelt sich das Zurückbehaltungsrecht derart, dass er bei unterlassener Erklärung (I 2) Befriedigung nach den §§ 1234 bis 1247 BGB oder durch Klage auf Duldung der Zwangsvollstreckung mit anschließender Zwangsversteigerung oder Zwangsverwaltung erlangen kann. Diese Befriedigungsbefugnis impliziert unstreitig ein Recht zum Besitz.[101]

h) Einwendungen des unmittelbaren Besitzers gegen den abgetretenen Anspruch (§§ 929 S. 1, 931, 986 II BGB) (V)

24 § 986 II BGB stattet ein an sich relatives Besitzrecht (Wirkung nur gegenüber dem Partner des Schuldverhältnisses) ausnahmsweise[102] mit Wirkung gegenüber einem Dritten aus, wenn dieser eine bewegliche Sache im Wege des § 931 BGB erwirbt. Damit wird der Schutz desjenigen verstärkt, der bei einer Veräußerung der Sache besitzmäßig näher steht als der Erwerber (Erhaltungsfunktion des Besitzes).[103] § 986 II BGB will den unmittelbaren Besitzer so stellen, als sei nicht das Eigentum übertragen (§§ 929 S. 1, 931 BGB), sondern lediglich der obligatorische Herausgabeanspruch abgetreten worden. Dann hätte der Besitzer die Rechte aus §§ 404 ff. BGB. Wegen der Vergleichbarkeit der von § 931 BGB und § 404 BGB geregelten Situationen und dem in beiden Fällen gleichermaßen bestehenden Schutzbedürfnis[104] des Schuldners der abgetretenen Forderung bzw. des unmittelbaren Besitzers der übereigneten Sache findet § 404 BGB im Rahmen des § 986 BGB entsprechend Anwendung.[105] Der unmittelbare Besitzer kann dem obligatorischen Herausgabeanspruch des neuen Eigentümers also seine Einwendungen entgegenhalten, die ihren Grund in dem Verhältnis zum früheren Eigentümer (Veräußerer) haben.

Wie bei § 404 BGB muss es für die Geltendmachung der Einwendungen genügen, dass diese zur Zeit der Eigentumsübertragung lediglich »begründet«, also ihrem Rechtsgrund nach gegeben sind.[106] Dadurch wird die Vermutung des Gesetzes, der Vindikationsanspruch entstehe in der Person des Erwerbers neu, relativiert.[107]

Eine analoge Anwendung des § 986 II BGB auf den Eigentumserwerb an Schuldurkunden nach § 952 BGB wird überwiegend abgelehnt.[108]

99 → § 8 Rn. 33 ff.
100 Staudinger/*Gursky* (2013) § 986 Rn. 28.
101 Staudinger/*Gursky* (2013) § 986 Rn. 28; *Seidel* JZ 1993, 181 (182).
102 Als weitere Ausnahme kann man § 566 BGB ansehen, der bei unbeweglichen Sachen einen Eintritt des Erwerbers in einen Mietvertrag anordnet und so iErg. zum Fortbestehen eines Besitzrechts führt. Zu den Anforderungen an entsprechende Verträge siehe BGH NJW 2001, 2885 mAnm *Neumann/Engl* JA 2002, 270.
103 *Westermann/Gursky/Eickmann* SachenR § 29 Rn. 21; MüKoBGB/*Baldus* § 986 Rn. 40; Staudinger/*Gursky* (2013) § 986 Rn. 49 ff.
104 MüKoBGB/*Baldus* § 986 Rn. 40.
105 BGH NJW 1975, 1121 (1122); MüKoBGB/*Baldus* § 986 Rn. 40; Staudinger/*Gursky* (2013) § 986 Rn. 50; *Wilhelm* SachenR Rn. 1220. Entsprechend anwendbar sind daneben auch die §§ 405–407 BGB.
106 MüKoBGB/*Baldus* § 986 Rn. 40.
107 *Medicus/Petersen* BürgerlR Rn. 445; → § 4 Rn. 51 f.
108 MüKoBGB/*Baldus* § 986 Rn. 44; Staudinger/*Gursky* (2013) § 986 Rn. 57; aA RGRK/*Pikart* § 986 Rn. 47.

i) Einwendungen des mittelbaren Besitzers gegen Ansprüche des neuen Eigentümers (§§ 929 S. 2, 986 II BGB analog) (E)

Nach überwiegender Auffassung[109] ist § 986 II BGB analog auf den Fall anzuwenden, 25
dass die Übereignung nach § 929 S. 2 BGB an den Besitzmittler des zum Besitz berechtigten mittelbaren Besitzers erfolgt. Der mittelbare Besitzer kann dem Herausgabeverlangen des Erwerbers die Einwendungen entgegenhalten, die ihm aus dem Besitzmittlungsverhältnis mit dem Veräußerer zustehen. Der Analogie liegt der Gedanke zugrunde, dass der mittelbare Besitzer durch den Eigentumsübergang keinen Nachteil erleiden darf.

Beispielsfall: B verleiht an A ein Sachenrechtsbuch, das A an C weiterverleiht. B überträgt das Eigentum auf C. A bleibt im Verhältnis zu B aufgrund des geschlossenen Besitzmittlungsverhältnisses mittelbarer Besitzer. Gegen den Herausgabeanspruch des C, gerichtet auf den mittelbaren Besitz, kann A dem C die Einwendungen entgegenhalten, die ihm auch gegen einen Herausgabeanspruch des B zugestanden hätten.

Der mittelbare Besitzer kann auch weiterhin vom jetzigen Eigentümer und seinem Besitzmittler Herausgabe des unmittelbaren Besitzes aufgrund des zwischen diesen bestehenden Besitzmittlungsverhältnisses verlangen.

j) Einwendungen aus dem ursprünglichen Besitzmittlungsverhältnis (§§ 929 S. 1, 930, 986 II BGB analog) (E)

§ 986 II BGB findet bei Übereignung einer Sache gem. § 930 BGB nach wohl einhel- 26
liger Meinung analoge Anwendung,[110] wenn der mittelbar besitzende Eigentümer die Sache unter Abschluss eines (neuen) Besitzmittlungsverhältnisses mit dem Erwerber veräußert.[111]

Beispielsfall: V hat seine Zeltausrüstung an B verliehen. E will diese erwerben und einigt sich mit V unter Abschluss eines Besitzmittlungsverhältnisses über den Eigentumsübergang. E geht gegen B aus § 985 BGB vor.

Nach allgemeiner Ansicht ist der Wortlaut des § 986 II BGB – aufgrund der ausschließlichen Bezugnahme auf § 931 BGB[112] – zu eng.[113] § 986 II BGB enthalte vielmehr einen *allgemeinen Rechtsgedanken* dahingehend, dass der Erwerber von Eigentum nicht nur mit Besitzrechten Dritter rechnen müsse, sondern diese auch zu respektieren habe. Das gelte für dingliche wie obligatorische Rechte gleichermaßen.[114]

---

109 AK-BGB/*Joerges* § 985 Rn. 22; MüKoBGB/*Baldus* § 986 Rn. 41; *Wolff/Raiser* SachenR § 84 IV 1a; *Canaris*, FS Flume I, 1978, 359 (392 f.); aA ohne Begründung Soergel/*Mühl*, 12. Aufl. 1990, § 986 Rn. 18.

110 BGHZ 111, 142 (146); OLG Düsseldorf NJW 1986, 2513; MüKoBGB/*Baldus* § 986 Rn. 26; Soergel/*Stadler* § 986 Rn. 24; Staudinger/*Gursky* (2013) § 986 Rn. 55 mwN zur Literatur; Erman/*Ebbing* § 986 Rn. 34; Jauernig/*Berger* § 986 Rn. 9; *Prütting* SachenR Rn. 515 (Fn. 10); *Westermann/Gursky/Eickmann* SachenR § 29 Rn. 21; *Wieling* SachenR § 12 I 3a aa; *Wolff/Raiser* SachenR § 84 IV 1a (Fn. 21); *Canaris*, FS Flume I, 1978, 359 (392 f.); *Schreiber* Jura 2005, 30 (34).

111 Staudinger/*Gursky* (2013) § 986 Rn. 55.

112 Staudinger/*W. Wiegand* (2011) § 930 Rn. 18; AK-BGB/*Reich* §§ 930, 931 Rn. 7.

113 Soergel/*Stadler* § 986 Rn. 24; Staudinger/*Gursky* (2013) § 986 Rn. 55; *Westermann/Gursky/Eickmann* SachenR § 29 Rn. 21.

114 *Canaris*, FS Flume I, 1978, 359 (392 f.).

Immer, wenn das Eigentum quasi »über den Kopf des Besitzers hinweg«[115] übertragen werde, müsse das Besitzrecht gegenüber dem Erwerber – also relativ – weiterwirken. Der unmittelbare Besitzer solle durch die Eigentumsübertragung nicht schlechter gestellt werden.[116] Für die analoge Anwendung bestehe auch ein praktisches Bedürfnis, da § 986 II BGB bei wortgetreuer Anwendung zu leicht umgangen werden könnte.[117]

V. Rechtsfolge

1. Herausgabe (G)

27 Rechtsfolge des Vindikationsanspruchs ist die Verpflichtung zur Herausgabe der Sache. Insbesondere bei Grundstücken kann die Vindikation auch auf unselbstständige Teile beschränkt werden.[118] Der Besitzer muss die Sache grundsätzlich in dem Zustand herausgeben, in dem sie sich befindet, und dem Eigentümer den unmittelbaren Besitz daran verschaffen.[119] Die Herausgabepflicht beschränkt sich nicht auf die »Duldung der Wegnahme«, sondern begründet eine positive Handlungspflicht zur »Auskehrung«.[120]

2. Besitzrecht eines Dritten (§ 986 I 2 BGB) (G)

28 Bei Besitzberechtigung eines Dritten kann der Eigentümer vom unrechtmäßigen unmittelbaren Besitzer nur Herausgabe an den Dritten verlangen, der ihm gegenüber zum Besitz berechtigt ist (§ 986 I 2 BGB).[121] Andernfalls würde er die Herstellung eines unrechtmäßigen Zustandes verlangen. Eine Ausnahme gilt dann, wenn der Dritte den unmittelbaren Besitz nicht übernehmen will oder kann (§ 986 I 2 BGB aE).

3. Herausgabeanspruch gegen den Mitbesitzer (V)

29 Grundsätzlich ist der Anspruchsgegner gem. § 985 BGB nur zur Herausgabe gerade der Besitzform verpflichtet, die er unrechtmäßig innehat.[122] Daher kann jeder Mitbesitzer nur auf Herausgabe des auf ihn entfallenden Besitzanteils in Anspruch genommen werden.[123]

Umstritten ist, ob mehrere unberechtigte Mitbesitzer als Gesamtschuldner haften. Dies wird von einer Ansicht[124] bejaht. Dagegen wird jedoch vorgebracht, dass dann der einzelne in Anspruch genommene Mitbesitzer verbotene Eigenmacht (§ 858

115 Staudinger/*Gursky* (2013) § 986 Rn. 55.
116 Erman/*Ebbing* § 986 Rn. 34.
117 Staudinger/*Gursky* (2013) § 986 Rn. 55.
118 BGH NJW-RR 2008, 1397 (1399); zur Rechtslage bei Mobilien vgl. Staudinger/*Gursky* (2013) § 985 Rn. 88 f.
119 MüKoBGB/*Baldus* § 985 Rn. 47–49; *Baur/Stürner* SachenR § 11 Rn. 41 f.
120 Staudinger/*Gursky* (2013) § 985 Rn. 59; *Westermann/Gursky/Eickmann* SachenR § 29 Rn. 23.
121 *Westermann/Gursky/Eickmann* SachenR § 29 Rn. 19; *Werner* JuS 1987, 856 (860 f.); *Schreiber* Jura 2005, 30 (31).
122 Staudinger/*Gursky* (2013) § 985 Rn. 66.
123 MüKoBGB/*Baldus* § 985 Rn. 19; Staudinger/*Gursky* (2013) § 985 Rn. 66, 69.
124 *Schlosser* FamRZ 1961, 295.

BGB) begehen müsste, um dem Urteil nachzukommen.[125] Eine Gesamtschuld iSd § 431 BGB wird teilweise bei Bestehen von qualifiziertem Mitbesitz[126] angenommen. Da die Besitzer die Sache nur im Zusammenwirken herausgeben können, liege eine unteilbare Leistung vor.[127] Dieser Auffassung wird entgegengehalten, auch beim qualifizierten Mitbesitz sei jeder Mitbesitzer zur Vornahme derjenigen Handlung verpflichtet, die zur Übertragung seiner faktischen Mitherrschaftsmacht auf den Eigentümer erforderlich sei. Von einer gemeinsam geschuldeten unteilbaren Leistung könne also keine Rede sein. Eine unteilbare Leistung wäre allenfalls die Herausgabe des Besitzes schlechthin.[128]

Umstritten ist, inwieweit Mitbesitz bei Gesamthandsgemeinschaften bejaht werden kann oder ob die Gesamthandsgemeinschaft selbst besitzfähig ist.[129]

4. Herausgabeanspruch gegen den mittelbaren Besitzer (V)

Ist der Anspruchsgegner nur mittelbarer Besitzer, so kann der Eigentümer nach § 985 **30** BGB jedenfalls die Übertragung dieses mittelbaren Besitzes durch Abtretung des Herausgabeanspruchs gegen den unmittelbaren Besitzer gem. § 870 BGB verlangen.

Sehr umstritten ist, ob der Eigentümer von einem mittelbaren Besitzer auch die Verschaffung unmittelbaren Besitzes verlangen und einen entsprechenden Klageantrag stellen kann.[130]

Nach einer in der Literatur vertretenen Ansicht[131] kann der Eigentümer von einem mittelbaren Besitzer nur die Übertragung des mittelbaren Besitzes fordern: Die Herausgabe des unmittelbaren Besitzes sei dem mittelbaren Besitzer rechtlich unmöglich. Der Vindikationsanspruch würde anderenfalls zu einem Verschaffungsanspruch, da sich der mittelbare Besitzer um den unmittelbaren Besitz an der Sache bemühen müsste, indem er diese zuerst vom unmittelbaren Besitzer herausfordere.

Nach der Gegenansicht[132] soll der Eigentümer aus prozessualen oder vollstreckungsrechtlichen Gründen wahlweise auch die Herausgabe des unmittelbaren Besitzes verlangen können. Wäre dies nicht möglich, bestünde für den Eigentümer das Risiko, dass der unmittelbare Besitzer, sobald der Eigentümer den Titel auf Abtretung des Herausgabeanspruchs gegen den mittelbaren Besitzer erwirkt habe, die Sache dem mittelbaren Besitzer zurückgebe. Der Eigentümer müsste dann – wenn er in den

125 Staudinger/*Gursky* (2013) § 985 Rn. 66; Palandt/*Bassenge* § 866 Rn. 5: Im Übrigen müsste auch die Vollstreckung eines derartigen Urteils scheitern, da die übrigen nicht verurteilten Besitzer auch Mitgewahrsam haben dürften und somit im Wege der Vollstreckungserinnerung (§§ 809, 766 ZPO) vorgehen können.

126 → § 2 Rn. 10.

127 AK-BGB/*Joerges* § 985 Rn. 5; jurisPK-BGB/*Ehlers* § 985 Rn. 13.

128 Staudinger/*Gursky* (2013) § 985 Rn. 67; *Wieling* SachenR § 12 I 1b bb (Fn. 21).

129 → § 7 Rn. 11 und → § 2 Rn. 48.

130 Dazu *Pinger/Scharrelmann/Thissen* 20 Probleme EBV 3. Problem; PWW/*Englert* § 985 Rn. 10 f.; *Gottwald* PdW SachenR Fall 91.

131 jurisPK-BGB/*Ehlers* § 985 Rn. 12; *Lüke* SachenR Rn. 275.

132 MüKoBGB/*Baldus* § 985 Rn. 17; Soergel/*Stadler* § 985 Rn. 18; Staudinger/*Gursky* (2013) § 985 Rn. 71 ff.; Bamberger/Roth/*Fritzsche* § 985 Rn. 18 ff.; *Medicus/Petersen* BürgerlR Rn. 448; *Prütting* SachenR Rn. 521; *Baur/Stürner* SachenR § 11 Rn. 41 f.; *Wolff/Raiser* SachenR § 84 III 2; *Wieling* SachenR § 12 I 2c; *Grunewald* BürgerlR 4. Teil § 22 I 1b bb Rn. 3; *Petersen* Jura 2002, 255; *Schreiber* Jura 2005, 30 (31 f.).

Sachbesitz gelangen wolle – noch einmal, und zwar nun auf Herausgabe der Sache klagen, da der im ersten Prozess erlangte Titel gerichtet auf Abtretung des Herausgabeanspruchs, dh auf Abgabe einer Willenserklärung (§ 894 ZPO), eine Herausgabevollstreckung (§§ 883, 885 ZPO) nicht zulasse. Bei einer auf Herausgabe der Sache gerichteten Klage sei dagegen die Vollstreckungsmöglichkeit vom Bestand des Besitzmittlungsverhältnisses zwischen dem mittelbaren Besitzer und dem unmittelbar besitzenden Dritten unabhängig. Bestehe dieses noch, so könne sich der Gläubiger den Herausgabeanspruch des Schuldners nach § 886 ZPO überweisen lassen und anschließend aus diesem Anspruch gegen den unmittelbaren Besitzer vollstrecken. Sei der Herausgabeanspruch des mittelbaren Besitzers aber schon durch Rückgabe an den Schuldner erloschen, so könne der Gläubiger nach §§ 883, 885 ZPO vollstrecken.[133]

VI. Anwendbarkeit schuldrechtlicher Vorschriften

1. Grundsatz (G)

31 Während die Vorschriften des Allgemeinen Teils uneingeschränkt auf dingliche Ansprüche Anwendung finden – zB unterliegt der Vindikationsanspruch der Verjährung[134] und darf im Wege der Selbsthilfe durchgesetzt werden (vgl. §§ 229 ff. BGB) –, verhält es sich bei den Vorschriften des Schuldrechts anders.[135] Schuldrechtliche und dingliche Ansprüche unterscheiden sich nach ihrer Funktion und Durchsetzungskraft. Daher können schuldrechtliche Normen keine Anwendung finden, wenn sachenrechtliche Sonderbestimmungen eingreifen oder ihre Anwendung gegen sachenrechtliche Grundsätze verstoßen würde.[136] Schuldrechtliche Normen sind allenfalls entsprechend anwendbar, soweit dieselbe Interessenlage besteht und die spezifische Funktion der dinglichen Rechte nicht durch die schuldrechtliche Regelung beeinträchtigt wird.[137] Da der Vindikationsanspruch die gleiche Struktur wie ein schuldrechtlicher Herausgabeanspruch hat, wird die Anwendung schuldrechtlicher Vorschriften auf die Abwicklung des Vindikationsanspruchs überwiegend grundsätzlich bejaht.[138]

2. Abtretbarkeit des Vindikationsanspruchs? (V)

32 Der Vindikationsanspruch ist als dinglicher Anspruch nach hM nicht selbstständig abtretbar, da der dingliche Anspruch nicht von seinem Stammrecht getrennt werden

133 Staudinger/*Gursky* (2013) § 985 Rn. 72; *Medicus/Petersen* BürgerlR Rn. 448.

134 Ausgenommen sind gem. § 902 BGB im Grundbuch eingetragene Rechte.

135 Einen Überblick gibt *Lieder* JuS 2011, 874 (875 ff.); vgl. ferner *Medicus/Petersen* BürgerlR Rn. 447 ff.; Staudinger/*Gursky* (2013) Vorbem zu §§ 987–993 Rn. 74 f.; *Wilhelm* SachenR Rn. 1183 ff.

136 MüKoBGB/*Baldus* Vor § 985 Rn. 30–34; *Westermann/Gursky/Eickmann* SachenR § 29 Rn. 5.

137 BGHZ 49, 263 (264 f.); Soergel/*Stadler* Vor § 985 Rn. 3; Staudinger/*Gursky* (2013) § 985 Rn. 2; *Westermann/Gursky/Eickmann* SachenR § 29 Rn. 5.

138 Vgl. Soergel/*Stadler* Vor § 985 Rn. 3; Motive zum BGB III, 398 ff.; krit. *Baur/Stürner* SachenR § 5 Rn. 25. Weitere Ansprüche, die ebenfalls schuldrechtlichen Typs sind, sind der Anspruch aus § 894 BGB sowie die Beziehungen zwischen dem Inhaber des Vollrechts und dem Inhaber eines beschränkt dinglichen Rechts.

kann.[139] Vielmehr entsteht der Anspruch beim Erwerber des Stammrechts stets neu.[140] Hiervon zu unterscheiden sind die schuldrechtlichen Folgeansprüche des Vindikationsanspruchs (§§ 987 ff. BGB), die nach den allgemeinen Regeln abgetreten werden können.

Als allgemein zulässig erachten der BGH[141] und die überwiegende Ansicht in der Literatur[142] allerdings eine *Ausübungsermächtigung* (analog § 185 I BGB) zugunsten eines Dritten, der den Vindikationsanspruch dann trotz Fehlens der Eigentümerstellung im eigenen Namen geltend machen kann. Die versuchte Abtretung des Vindikationsanspruchs kann regelmäßig in eine solche sog. Einziehungsermächtigung umgedeutet werden (§ 140 BGB).[143] Bedeutung erlangt dies vor allem in der Zwangsvollstreckung: Aufgrund dieser Konstruktion kann sich der Gläubiger einen Vindikationsanspruch des Schuldners pfänden und überweisen lassen (§§ 857 III, 847 ZPO).

3. Erfüllung und Erfüllungsort (§§ 362 I, 269 BGB) (V)

Die Vorschriften über die Erfüllung (§ 362 I BGB) sowie über den Erfüllungsort 33
(§ 269 BGB) sind nach überwiegender Ansicht[144] mit der Maßgabe anwendbar, dass die Sache an dem Ort herauszugeben ist, wo sie sich bei Rechtshängigkeit bzw. bei Eintritt der Bösgläubigkeit des Besitzers befindet. Nach anderer Ansicht[145] ist Leistungsort der Vindikation stets der Ort, wo sich die Sache befindet. Allerdings schulde der bösgläubige Besitzer bei zwischenzeitlicher Ortsveränderung Ersatz der Transportkosten als Schadensersatz analog den §§ 989, 990 BGB.[146]

4. Schuldnerverzug (V)

Die Vorschriften über den Schuldnerverzug passen zwar grundsätzlich auch auf den 34
Vindikationsanspruch. Es ist allerdings § 990 II BGB zu beachten. Danach muss nur der bösgläubige[147] Besitzer für den Verzögerungsschaden aufkommen (Privilegierung des redlichen Besitzers, vgl. auch § 993 I BGB aE). Die §§ 286 ff. BGB sind daher nur

139 Für diese ganz hM MüKoBGB/*Baldus* Vor § 985 Rn. 40 f.; Soergel/*Stadler* § 985 Rn. 3; Staudinger/*Gursky* (2013) § 985 Rn. 3; Erman/*Ebbing* § 985 Rn. 9; Palandt/*Bassenge* § 985 Rn. 1; *Wolff/Raiser* SachenR § 84 VI 3; eing. *Werner* JuS 1987, 855 (856 ff.); Erman/*Werner*, 10. Aufl. 2000, Einl. § 854 Rn. 13. Für eine selbstständige Abtretbarkeit: Staudinger/*Berg*, 11. Aufl. 1956, § 985 Rn. 9; wN bei *Gursky* 20 Probleme EBV 2. Problem 8 f. Teilweise anders als die hM auch *Wilhelm* SachenR Rn. 1184: Abtretbarkeit in Fällen wie § 931 BGB, wo die Abtretung der Begründung eines Besitzrechts dient.

140 Vgl. zum Meinungsstand auch → § 4 Rn. 51.

141 BGH NJW 1983, 112 (113); NJW-RR 1986, 158 = NJW 1986, 1616 (LS); LM Nr. 24 zu § 985.

142 Staudinger/*Gursky* (2013) § 985 Rn. 3; *Baur/Stürner* SachenR § 11 Rn. 44; *Habersack* SachenR Rn. 98; *Pinger/Scharrelmann/Thissen* 20 Probleme EBV 2. Problem; *Westermann/Gursky/Eickmann* SachenR § 29 Rn. 5; *Werner* JuS 1987, 855 (858 ff.).

143 MüKoBGB/*Baldus* Vor § 985 Rn. 40 f.; Staudinger/*Gursky* (2013) § 985 Rn. 3.

144 BGHZ 79, 211 (214); 104, 304 (306); *Baur/Stürner* SachenR § 11 Rn. 45.

145 MüKoBGB/*Baldus* § 985 Rn. 55 f.; Staudinger/*Gursky* (2013) § 985 Rn. 61; *Gursky* JZ 1984, 609; ausführlich *Picker*, FG BGH I, 2000, 726 ff.

146 Staudinger/*Gursky* (2013) § 985 Rn. 61; *Gottwald* PdW SachenR Fall 97; *Wolff/Raiser* SachenR § 84 III 1; *Picker*, FG BGH I, 2000, 740 ff.

147 → § 8 Rn. 21.

auf den bösgläubigen Besitzer anwendbar.[148] Nur diesen treffen die Haftung nach Verzugseintritt gem. § 280 I und II iVm § 286 BGB für Verzögerungsschäden, insbesondere über § 987 II BGB hinaus für Früchte, die nur der Eigentümer gezogen hätte (§ 252 BGB), sowie die Haftungsverschärfung des § 287 S. 2 BGB.

KK✓

5. Unmöglichkeit (insbesondere § 285 BGB) (V)

35 Bei Unmöglichkeit der Herausgabe enthalten die §§ 989 ff. BGB spezielle Regelungen, die die Besonderheiten des dinglichen Anspruchs berücksichtigen.[149]

Nach heute ganz hM[150] ist § 285 BGB (Herausgabe des Ersatzes bei Unmöglichkeit als eine Art schuldrechtliche Surrogation) iVm §§ 280, 283 BGB auf den Vindikationsanspruch nicht anwendbar, da dies regelmäßig zu einer nicht gerechtfertigten Anspruchshäufung in der Hand des Eigentümers führen würde. Dieser könnte dann nämlich vom Besitzer Herausgabe der Sache und von allen früheren Besitzern dasjenige verlangen, das sie etwa infolge einer Weiterveräußerung als Erlös erhalten haben. Schon diese Folge steht im Widerspruch zu den Regelungen der §§ 987 ff. BGB. Die aus §§ 985, 285, 280, 283 BGB in Anspruch Genommenen wären wiederum Regressansprüchen ihrer Vertragspartner ausgesetzt und somit doppelt belastet. Darüber hinaus passt § 285 BGB genau genommen schon von seiner Rechtsfolge her nicht, da er zur Herausgabe des Surrogats verpflichtet, das der Schuldner für sein verlorenes Rechtsgut erlangt hat. Der in aller Regel begehrte Veräußerungserlös ist aber nicht Surrogat des Besitzes, sondern des Eigentums.[151]

KK✓

6. Schadensersatz statt der Leistung nach Fristsetzung (§§ 281 I 1, 280 I, III BGB) (E)

36 Nach fruchtlosem Ablauf einer angemessenen Nachfrist besteht die Möglichkeit, Schadensersatz statt der Leistung zu verlangen (§§ 281 I 1, 280 I, III BGB), sofern der Schuldner sich nicht exkulpieren kann, § 280 I 2 BGB. Dieses Vorgehen ist auch beim Vindikationsanspruch möglich.

Damit ergibt sich allerdings ein weiteres Problem: Die gesetzliche Formulierung erlaubt dem Eigentümer (Gläubiger des Vindikationsanspruchs), auf diese Weise vom Besitzer (Schuldner) Schadensersatz in Geld statt der Leistung zu verlangen. Der Besitzer hat dann den Wert der geschuldeten Herausgabe zu ersetzen, der aber mit dem Wert der Sache selbst gleichgesetzt werden kann. Gem. § 281 IV BGB erlischt gleichzeitig der Herausgabeanspruch, sodass er die Sache selbst dauerhaft behalten darf.

148 MüKoBGB/*Baldus* § 985 Rn. 91; Staudinger/*Gursky* (2013) § 985 Rn. 11.

149 MüKoBGB/*Baldus* Vor § 985 Rn. 30–34, § 985 Rn. 56. Gegen eine Anwendbarkeit der Unmöglichkeitsregeln insgesamt wendet *Wilhelm* SachenR Rn. 1186 ff. ein, dass es bei der Herausgabe nach § 985 BGB lediglich um die Beendigung eines rechtswidrigen Habens geht, nicht aber um die Erfüllung einer Leistungspflicht, an deren Stelle das Interesse treten könnte.

150 So bereits RGZ 115, 31 (33); 143, 374 (376); MüKoBGB/*Baldus* § 985 Rn. 87; Staudinger/*Gursky* (2013) § 985 Rn. 7; Palandt/*Bassenge* § 985 Rn. 13; *Baur/Stürner* SachenR § 11 Rn. 44; *Medicus/Petersen* BürgerlR Rn. 599; *Wolff/Raiser* SachenR § 84 VI 1; *Wilhelm* SachenR Rn. 1187; *Jochem* MDR 1975, 177 (177 f.); *Heckmann* Jura 1983, 561 (561 f.); umfassende Nachweise (mit weiteren Differenzierungen) bei *Gursky* 20 Probleme EBV 4. Problem 19 ff.

151 *Pinger/Scharrelmann/Thissen* 20 Probleme EBV 4. Problem; *Gottwald* PdW SachenR Fall 90; *Wilhelm* SachenR Rn. 1187.

Dies bedeutet im Ergebnis, dass der Eigentümer den Besitzer zu einem – im Regelfall nicht sachgerechten – »Zwangskauf« verpflichten kann.[152] Der Gesetzgeber hat auf eine ausdrückliche Einschränkung des § 281 I 1 BGB bei Rückgewähransprüchen bewusst verzichtet. Einem rechtsmissbräuchlichen Begehren, das auf einen Zwangskauf hinausläuft, könne mit § 242 BGB begegnet werden.[153]

7. Allgemeine Pflichtverletzungen (V)

Die allgemeinen Regeln über die schuldhafte Pflichtverletzung (§ 280 I BGB) sind auf das Vindikationsverhältnis als gesetzliche Sonderverbindung grundsätzlich anwendbar. Nur die Verletzung von Obhutspflichten[154] wird exklusiv durch die speziellen Regelungen in §§ 989 ff. BGB erfasst. In Betracht kommt eine Haftung wegen Pflichtverletzung aber dann, wenn der Besitzer bei Herausgabe der Sache Aufklärungspflichten, zB über eine mittlerweile eingetretene Gefährlichkeit der Sache, sowie Mitteilungs- oder Fürsorgepflichten verletzt. 37

8. Verjährung (G)

Der Vindikationsanspruch verjährt nach § 197 I Nr. 2 BGB in 30 Jahren. Die Verjährung beginnt gem. § 200 BGB mit der Entstehung des Anspruchs, also dem Eintritt der Vindikationslage, zu laufen.[155] Eine Sonderregelung für den Fristlauf bei Rechtsnachfolge auf der Besitzerseite enthält § 198 BGB. Eine Ausnahme von der Verjährbarkeit besteht wegen § 902 BGB für das Grundstückseigentum (Unverjährbarkeit eingetragener Rechte).[156] 38

---

152 Vgl. *Gsell* JZ 2004, 110 (112); vgl. ferner *M. Schwab* JuS 2002, 1 (3, Fn. 30) mwN; einschränkend Bamberger/Roth/*Fritzsche* § 985 Rn. 30; Palandt/*Bassenge* § 985 Rn. 14, die jeweils eine Rechtshängigkeit des Herausgabeverlangens bzw. die Bösgläubigkeit des Besitzers für erforderlich halten; einschränkend ferner *Gebauer/Huber* ZGS 2005, 103 (105 f.) sowie *Gruber/Lösche* NJW 2007, 2815 (2817 f.), die eine Anwendbarkeit nur bei Vorliegen der Verzugsvoraussetzungen gem. § 990 II BGB annehmen wollen. Im Hinblick auf die Anspruchshöhe abweichend zum einen *M. Schwab* NZM 2003, 50 ff.; *ders./Novokmet* ZGS 2004, 187 ff., denen zufolge der kapitalisierte Nutzungswert gegen Überlassung des Besitzes (nicht: Übereignung) zu bezahlen sei, zum anderen *Katzenstein/Hüftle* NZM 2004, 601 ff., denen zufolge über §§ 280 I, II; 281 IV; 546 I BGB nur die Kosten für die Ergreifung des Besitzes und eine Ersatzvornahme zu ersetzen seien. Der Substanzwert der Sache sei nämlich kein Äquivalent für die geschuldete Rückgabepflicht aus § 546 I BGB; zur Anwendung des § 281 BGB auf (schuldrechtliche) Rückgewähransprüche vgl. auch *Schleiter* Jura 2008, 434 (439 ff.), der vorrangig auf Informationsobliegenheiten des Gläubigers gem. § 242 BGB sowie eine (analoge) Anwendung der §§ 311b I, 571 I 2 BGB abstellen will. Eine Anwendbarkeit des § 281 BGB im Rahmen des § 985 BGB gänzlich abl. Jauernig/*Stadler* § 281 Rn. 3; Staudinger/*Gursky* (2013) § 985 Rn. 81 ff.; *Katzenstein* AcP 206 (2006), 96 (103).

153 BT-Drs. 14/6040, 138 f.; wN bei *Katzenstein/Hüftle* NZM 2004, 601 (601, Fn. 3); *M. Schwab* NZM 2003, 50 (52), der aus Gründen des Mieterschutzes eine enge Orientierung an den Vorschriften des BGB und der ZPO befürwortet.

154 *Wieling* SachenR § 12 I 2e; krit. AK-BGB/*Joerges* § 985 Rn. 30; Staudinger/*Gursky* (2013) § 985 Rn. 12: Es bestehe kein großes Bedürfnis, über den durch das allgemeine Deliktsrecht gewährten Schutz hinauszugehen.

155 *Mansel* NJW 2002, 89 (93); *Wilhelm* SachenR Rn. 1179, der auch die unterschiedliche Verjährung der Ansprüche aus § 985 BGB und § 1004 BGB kritisiert.

156 Staudinger/*Gursky* (2013) § 985 Rn. 96; *Westermann/Gursky/Eickmann* SachenR § 29 Rn. 4; *Wilhelm* SachenR Rn. 1180; an eine Verwirkung sind nach BGH NJW 2007, 2183 (2184) wegen § 902 BGB hohe Anforderungen zu stellen.

Die Verjährung gewährt dem Besitzer eine Einrede mit der Folge, dass in diesem Fall Eigentum und Besitz dauerhaft auseinander fallen, sofern nicht schon der Tatbestand der Ersitzung (§ 937 BGB) vorliegt.[157] Diese Rechtsfolge wird insbesondere in den sog. Beutekunstfällen als unbillig erachtet. Eine gangbare Lösung kann in diesen Fällen jedoch über eine analoge Anwendung der Verjährungshemmung wegen höherer Gewalt gem. § 206 BGB gefunden werden.[158]

VII. Verhältnis der Vindikationsklage zur Drittwiderspruchsklage (§ 771 ZPO) (E)

39 Wird eine bewegliche Sache durch den Gerichtsvollzieher gepfändet[159] (§ 808 ZPO), entsteht ein Besitzmittlungsverhältnis: Der Gerichtsvollzieher, der die Sache in Gewahrsam nimmt, ist unmittelbarer Fremdbesitzer. Der das Verfahren betreibende Vollstreckungsgläubiger ist mittelbarer Fremdbesitzer ersten Grades. Der Schuldner ist mittelbarer Eigenbesitzer zweiten Grades. Belässt der Gerichtsvollzieher die Sache beim Schuldner, so hat dieser unmittelbaren Fremdbesitz und zugleich mittelbaren Eigenbesitz dritten Grades. Der Gerichtsvollzieher ist dann mittelbarer Fremdbesitzer ersten Grades und der Gläubiger mittelbarer Fremdbesitzer zweiten Grades.[160]

Wird eine *schuldnerfremde Sache* gepfändet, stellt sich daher die Frage nach einer auf § 985 BGB gestützten Herausgabeklage während des Zwangsvollstreckungsverfahrens. Nach allgemeiner Ansicht soll der vom Schuldner verschiedene Eigentümer gegen die Pfändung und Beschlagnahme nicht mit der Klage aus § 985 BGB vorgehen dürfen. Während des Zwangsvollstreckungsverfahrens hat er die Möglichkeit der Erhebung der Drittwiderspruchsklage gem. § 771 ZPO. Da die Besitzentziehung durch hoheitlichen Akt erfolgt und so besondere Rechtmäßigkeitsvoraussetzungen zu prüfen sind, sind die Rechtsbehelfe der ZPO während des Vollstreckungsverfahrens spezieller. Die Vindikationsklage gegen den Vollstreckungsgläubiger soll nach überwiegender Ansicht[161] während der Zwangsvollstreckung unzulässig sein. Eine

157 MüKoBGB/*Baldus* § 985 Rn. 63–66; *Baur/Stürner* SachenR § 11 Rn. 47; Staudinger/*Gursky* (2013) § 985 Rn. 97; zu den damit verbundenen Folgefragen, insbes. dem Schutz des nichtberechtigten Besitzers im Fall eines erneuten Besitzwechsels *Magnus/Wais* NJW 2014, 1270 ff. → § 6 Rn. 3 f.

158 So MüKoBGB/*Baldus* § 985 Rn. 65 (Aktualisierung vom 14.1.2014); *Raue* GRUR 2015, 1, 5 sucht demgegenüber eine Lösung über den Einwand des Rechtsmissbrauchs. Der Freistaat Bayern hat überdies eine Gesetzesinitiative gestartet, derzufolge eine Berufung auf die Verjährung bei abhanden gekommenen Sachen dann ausgeschlossen sein soll, wenn der Besitzer bei Besitzerwerb bösgläubig war, vgl. BR-Drs. 2/14. *Klose* Rechtswissenschaft 2014, 228 (230, 240 ff.) erachtet die Verjährbarkeit des Vindikationsanspruchs unter Verweis auf die Kleingarten-Entscheidung des BVerfG (BVerfGE 52, 1) generell als verfassungswidrig.

159 Gleich zu behandeln ist die Pfändung des Grundstückszubehörs durch den Beschlagnahmebeschluss.

160 OLG Schleswig SchlHA 1975, 47; Staudinger/*Gursky* (2013) Vorbem zu §§ 987–993 Rn. 12; Staudinger/*Gutzeit* (2012) § 868 Rn. 56; Palandt/*Bassenge* § 868 Rn. 11.

161 BGHZ 100, 95 (104); BGH NJW 1989, 2542; *Brox/Walker* ZVR Rn. 1400; MüKoBGB/*Baldus* § 985 Rn. 119; Staudinger/*Gursky* (2013) § 985 Rn. 16; MüKoZPO/*K. Schmidt/Brinkmann* § 771 Rn. 12; Stein/Jonas/*Münzberg* § 771 Rn. 78; BLAH/*Hartmann* Einf §§ 771–774 Rn. 5 f.; Musielak/Voit/*Lackmann* § 771 Rn. 5; Zöller/*Herget* § 771 Rn. 1; *Prütting/Weth* JuS 1988, 505 (507); *Stadler/Bensching* Jura 2002, 438 (440).

Gegenansicht[162] hält die auf materielles Recht gestützte Vindikationsklage zwar für zulässig, aber unbegründet.

Eine andere Frage ist, ob der Eigentumsherausgabeanspruch den einschlägigen Rechtsbehelfen der ZPO auch in materieller Hinsicht weicht. Dies entscheidet darüber, ob später Ansprüche aus dem Eigentümer-Besitzer-Verhältnis bestehen.[163]

VIII. Eigentumsvermutungen

1. Eigentumsvermutung zugunsten des Besitzers (§ 1006 BGB)

a) Allgemeines (G)

Große Bedeutung hat die Eigentumsvermutung des § 1006 BGB. Die Vorschrift hilft 40
gegen die erheblichen praktischen Schwierigkeiten, die Eigentümerstellung nachzuweisen, mit zwei Rechtsvermutungen: Zum einen wird vermutet, dass der gegenwärtige (unmittelbare oder mittelbare) Eigenbesitzer einer Sache deren Eigentümer ist (Abs. 1 und 3). Zum anderen wird zugunsten eines früheren Besitzers »während der Dauer seines Besitzes« Eigentum vermutet (Abs. 2). Die leicht feststellbare Tatsache Besitz wird also für die Beweisführung genutzt und diese damit erleichtert. Die Eigentumsvermutung ist damit eine Ausprägung der Publizitätswirkung.[164] Die Vermutungswirkung des § 1006 BGB greift bei jeder Art von Ansprüchen ein, die an die Eigentümerstellung anknüpfen.[165] Im Zusammenhang mit dem gutgläubigen Eigentumserwerb ist § 1006 BGB dagegen nicht anwendbar, da die dort anzuwendenden §§ 932 ff. BGB eine abschließende Regelung enthalten.[166]

Die Vorschrift betrifft nur bewegliche Sachen;[167] für Immobilien gilt die Vermutung der Richtigkeit des Grundbuchs nach § 891 BGB.[168] Auf die EU-Zulassungsbescheinigung Teil II (Kfz-Brief) ist § 1006 BGB insoweit anwendbar, als vermutet wird, dass der Besitzer des Kraftfahrzeugs auch Eigentümer des Briefs ist. Der Besitzer des Kfz kann sich daher auch dem Inhaber des Kfz-Briefs gegenüber auf § 1006 BGB berufen.[169] Beim Sparbuch kann wegen §§ 808, 952 BGB nicht auf § 1006 BGB zurückgegriffen werden; vielmehr muss der Besitzer beweisen, dass ihm die Forderung abgetreten worden ist.[170]

162 *Jauernig/Berger* ZVR/InsR § 13 VII; *Rosenberg/Schwab/Gottwald* ZivilProzR, 9. Aufl. 1961, § 185 III 3; *Jauernig* ZZP 66 (1953), 398 (403).

163 → § 8 Rn. 8.

164 Siehe zum Ganzen O. *Werner* JA 1983, 617 (618 f.).

165 So etwa neben den dinglichen Ansprüchen aus §§ 985, 1004 BGB auch bei Kondiktionsansprüchen (§§ 812 ff. BGB) und deliktischen Ansprüchen (§ 823 I BGB) sowie bei den Ansprüchen aus §§ 1007 I und II BGB; vgl. MüKoBGB/*Baldus* § 1006 Rn. 28 f.; Staudinger/*Gursky* (2013) § 1006 Rn. 29; *Weber* SachenR I § 15 Rn. 9; *Hadding* JuS 1972, 183 (185); *Baur/Stürner* SachenR § 10 Rn. 8 mN aus der Rspr.

166 *Wolf* JuS 1985, 941 (942); *Brehm/Berger* SachenR § 7 Rn. 80.

167 Vgl. MüKoBGB/*Baldus* § 1006 Rn. 12; Staudinger/*Gursky* (2013) § 1006 Rn. 2.

168 → § 13 Rn. 8; siehe nur O. *Werner* JA 1983, 617 (623).

169 BGHZ 156, 310 (319); Anm. *Berger* LMK 2004, 28 (29); OLG Köln NJOZ 2004, 3700 (3701 f.); Staudinger/*Gursky* (2013) § 1006 Rn. 2; MüKoBGB/*Baldus* § 1006 Rn. 13 f.; → Rn. 45. Das Eigentum am Kfz-Brief steht analog § 952 BGB dem jeweiligen Eigentümer des Kfz zu.

170 BGH WM 1972, 701 (701 f.); NJW 1972, 2268 (2269); O. *Werner* JA 1983, 617 (623); Staudinger/*Gursky* (2013) § 1006 Rn. 2. Der Besitz des Buchs kann aber einen gewissen Beweisanhalt für die erfolgte Übertragung geben.

b) Gegenwärtiger Besitzer (§ 1006 I BGB) (G)

41 § 1006 I BGB enthält die Vermutung, dass der gegenwärtige Besitzer bei Besitzerlangung Eigenbesitz (§ 872 BGB) erlangt und dadurch zugleich das Eigentum erworben hat.[171] Des Weiteren wird vermutet, dass er während der Dauer seines Besitzes Eigentümer geblieben ist (Rechtsfortdauervermutung[172]).[173] Die Vorschrift greift somit nicht ein, wenn der Besitzer nur Fremdbesitzer ist[174] oder wenn sich sonst ergibt, dass mit dem Besitzerwerb kein Eigentumserwerb einhergegangen ist.[175] Behauptet ein früherer Fremdbesitzer, dass er später Eigenbesitz erworben habe, greift § 1006 I BGB ebenfalls nicht ein, sodass er den Eigentumserwerb beweisen muss.[176] Wird ein bisheriger Organbesitzer wegen Beendigung der Organstellung oder ein bisheriger Besitzdiener Besitzer, so gelangt die Vermutung zur Anwendung.[177] Die Eigentumsvermutung kann auch angewandt werden, wenn die Verfügungsbefugnis desjenigen streitig ist, von dem der jetzige Besitzer sein Eigentum erworben haben will.[178]

Bei Mitbesitz streitet die Vermutung des § 1006 I BGB iVm § 741 BGB für Miteigentum; eine bestimmte Quote wird dagegen nicht vermutet.[179] Praktisch bedeutsam ist dies bei Hausrat innerhalb einer nichtehelichen Lebensgemeinschaft.[180] Wird ein früherer Mitbesitzer Alleinbesitzer, so gilt § 1006 I BGB zu seinen Gunsten und begründet die Vermutung von Alleineigentum, wenn die Besitzübertragung mit Zustimmung des anderen erfolgt ist.[181] Das Alleineigentum eines Mitbesitzers wird

171 BGHZ 156, 310 (316); BGH NJW-RR 1989, 1453 (1453); NJW-RR 1989, 651 (651); NJW 1984, 1456 (1457); NJW 1975, 1269 (1270); NJW 1967, 2008; MüKoBGB/*Baldus* § 1006 Rn. 42; Staudinger/*Gursky* (2013) § 1006 Rn. 6 f.; *Krebs* FamRZ 1994, 281 (282 f.); teils abw. *Wolf* JuS 1985, 941 (943).

172 Nur auf die allgemeine Rechtsfortdauervermutung rekurrierend aber MüKoBGB/*Baldus* § 1006 Rn. 41; *Medicus*, FS Baur, 1981, 66; *Brehm/Berger* SachenR § 7 Rn. 82; Erman/*Ebbing* § 1006 Rn. 18.

173 BGH NJW 1993, 935 (936); NJW-RR 1989, 1453 (1453); Staudinger/*Gursky* (2013) § 1006 Rn. 7. Zum Verhältnis beider Vermutungen vgl. auch *Wolf* JuS 1985, 941 (943).

174 Siehe nur *Hadding* JuS 1972, 183 (184); *O. Werner* JA 1983, 617 (624); *Krebs* FamRZ 1994, 281 (282), jeweils unter Hinweis auf § 1006 III BGB.

175 BGH NJW 1984, 1456 (1457); NJW 1967, 2008. Zum praktisch wichtigen Fall des Eigentumsvorbehaltskaufs vgl. *O. Werner* JA 1983, 617 (621) mwN; BGHZ 64, 395 (396 f.).

176 BGHZ 156, 310 (317); BGH LM BGB § 1006 Nr. 2; WM 1964, 788; *O. Werner* JA 1983, 617 (625); *Baur/Stürner* SachenR § 10 Rn. 6 unter Hinweis auf Abs. 1 S. 2; anders *Wolf* JuS 1985, 941 (942 ff.).

177 BGHZ 156, 310 (316 ff.); Anm. *Berger* LMK 2004, 28 (29); *Gursky* JZ 2005, 385 (386 f.).

178 MüKoBGB/*Baldus* § 1006 Rn. 45–47.

179 BGH NJW 1993, 935 (936 f.); Staudinger/*Gursky* (2013) § 1006 Rn. 13; Palandt/*Bassenge* § 1006 Rn. 1; schon *Wolff* JherJb 44 (1902) 143, (185). Für Wertpapiere, die in einem Oder-Depot verwahrt werden, hat BGH NJW 1997, 1434 (1435) eine Auslegungsregel für hälftiges Miteigentum angenommen, die in einem solchen Fall aber relativ einfach zu widerlegen sei; zu dieser Entscheidung vgl. *Gursky* JZ 2005, 385 (395 f.).

180 Vgl. OLG Düsseldorf MDR 1999, 233 (233 f.); NJW 1992, 1706 (1707), auch zu den Anforderungen für eine Widerlegung.

181 BGH WM 1964, 788; ähnlich RGRK/*Pikart* § 1006 Rn. 10, der den Nachweis der Auseinandersetzung verlangt; OLG Brandenburg NJW 2003, 1055 (1056); anders OLG Hamm FamRZ 2003, 529 (530) für die Auflösung einer nichtehelichen Lebensgemeinschaft, da in diesem Fall die Einräumung von Alleineigentum nicht der Lebenserfahrung entspreche. Ausführlich hierzu *Krebs* FamRZ 1994, 281 (283 f.).

vermutet, wenn er beweist, dass die übrigen Mitbesitzer Nichteigentümer oder Fremdbesitzer sind.[182]

c) Ausnahmeregelung in § 1006 I 2 BGB (G)

Die Eigentumsvermutung entfällt, wenn einem früheren Besitzer die Sache gestohlen worden, verloren gegangen oder sonst abhanden gekommen ist. Das »Abhandenkommen« in § 1006 I 2 BGB ist ebenso auszulegen wie in § 935 BGB.[183] In diesen Fällen ist es nicht sachgerecht, eine Vermutung zugunsten des Besitzers zu statuieren.[184] 42

d) Früherer Besitzer (§ 1006 II BGB) (V)

Für den früheren Besitzer wird nach § 1006 II BGB vermutet, dass dieser bei seinem (Eigen-)Besitzerwerb auch Eigentum erworben und dieses später – auch nach seinem Besitzverlust – nicht verloren habe.[185] Die Vermutung nach § 1006 II BGB tritt hinter die des Abs. 1 zurück. Sie ist also nur heranzuziehen, wenn jene (insbesondere wegen Abs. 1 S. 2) nicht gilt oder widerlegt ist.[186] Entsprechend geht im Verhältnis zwischen zwei ehemaligen Besitzern die Eigentumsvermutung zugunsten des zeitlich späteren der zugunsten des früheren vor.[187] Die Einschränkung des Abs. 1 S. 2 ist auf Abs. 2 entsprechend anzuwenden.[188] 43

e) Vermutung bei mittelbarem Besitz (§ 1006 III BGB) (G)

Die Gleichstellung des mittelbaren Besitzers mit dem unmittelbaren Besitzer (Abs. 1) in § 1006 III BGB bewirkt, dass bei mehrstufigem Besitz die Vermutung dem mittelbaren Besitzer zugute kommt. Er wird als Eigenbesitzer und Eigentümer vermutet.[189] Bedeutung kann diese Vermutung insbesondere bei der Sicherungsübereignung erlangen, bei der – bei bewiesenem oder unstreitigem Besitzmittlungsverhältnis – der Sicherungsnehmer als Eigentümer vermutet wird.[190] Über die Verweisungen in den §§ 1065, 1227 BGB gilt die Vermutung auch zugunsten des Besitzmittlers mit dem Inhalt, dass dieser Inhaber dieses Rechts sei.[191] 44

182 Seit *Wolff* JherJb 44, 1902, 143 (184 f.); heute OLG Düsseldorf NJW-RR 1994, 866 mwN; RGRK/*Pikart* § 1006 Rn. 10.

183 Staudinger/*Gursky* (2013) § 1006 Rn. 13; MüKoBGB/*Baldus* § 1006 Rn. 49.

184 *Weber* SachenR I § 15 Rn. 10.

185 BGHZ 54, 319 (324 f.); 161, 90 (108 f.) = NJW 2005, 359 (363); BGH NJW 1984, 1456 (1457); NJW 1995, 1292 (1293); NJW-RR 2005, 280 (281). Der abweichende Wortlaut ist nach hM zu korrigieren, siehe nur MüKoBGB/*Baldus* § 1006 Rn. 56; Staudinger/*Gursky* (2013) § 1006 Rn. 19; abl. *O. Werner* JA 1983, 617 (625 f.).

186 MüKoBGB/*Baldus* § 1006 Rn. 57; Staudinger/*Gursky* (2013) § 1006 Rn. 19; BGH NJW 1995, 1292 (1293); NJW-RR 2005, 280 (281); NJW 2006, 3488 (3490); OLG Koblenz NJW-RR 2003, 1606 (1607); LG Bonn NJW 2003, 673 (674); OLG Düsseldorf NJW-RR 1994, 866.

187 OLG Düsseldorf NJW-RR 1994, 866; *Gursky* JZ 2005, 385 (386).

188 MüKoBGB/*Baldus* § 1006 Rn. 58; Staudinger/*Gursky* (2013) § 1006 Rn. 21; *O. Werner* JA 1983, 617 (623 f.).

189 Staudinger/*Gursky* (2013) § 1006 Rn. 22; *O. Werner* JA 1983, 617 (625). Krit. zu § 1006 III BGB *Picker* AcP 188 (1988), 511 (554 ff.). Die Vermutung eines obligatorischen Besitzrechts kann auch über § 1006 III BGB nicht hergeleitet werden, vgl. *O. Werner* JA 1983, 617 (625) mwN.

190 Vgl. BGH JZ 1969, 433 (433 f.); Staudinger/*Gursky* (2013) § 1006 Rn. 23; *O. Werner* JA 1983, 617 (625).

191 Vgl. Staudinger/*Gursky* (2013) § 1006 Rn. 25; *Baur/Stürner* SachenR § 10 Rn. 5; *Wolf* JuS 1985, 941 (942).

f) Wirkung der Eigentumsvermutung (V)

45 Die Vermutung des § 1006 BGB gilt primär zugunsten des Besitzers, kann aber nach hM[192] auch für denjenigen eingreifen, der ein eigenes Recht vom Besitzer herleitet. So kann sich auch ein Pfändungspfandgläubiger auf die zugunsten des Titelschuldners wirkende Eigentumsvermutung berufen, wenn gegen ihn Vollstreckungsgegenklage (§ 771 ZPO) erhoben wird.[193]

Die Tatsachenbasis der Vermutung, dh den Umstand, dass er Besitz erworben hat, muss der Besitzer darlegen und beweisen.[194]

Für die Widerlegung der Vermutung ist grundsätzlich der volle Beweis des Gegenteils erforderlich (§ 292 ZPO),[195] da § 1006 BGB eine Beweislastumkehr enthält.[196] Der Prozessgegner muss daher beweisen, dass der Besitzer nur Fremdbesitz erlangt hat[197] oder dass er das Eigentum entweder nicht erlangt oder später verloren hat.[198] Dem Umstand, dass Eigentum und Besitz häufig auseinanderfallen, kann aber im Rahmen der freien Beweiswürdigung (§ 286 I ZPO) Rechnung getragen werden, indem die Anforderungen an die Überzeugung des Gerichts entsprechend herabgesetzt werden (zB wenn ein Eigentumsvorbehalt branchenüblich ist).[199] Der Besitz des Kfz-Briefs und die Eintragung eines anderen als des Besitzers genügen regelmäßig nicht, um die Vermutungswirkung zu zerstören, da der Kfz-Brief ein reines Hilfspapier ist.[200]

§ 1006 BGB stellt nach Ansicht des BGH[201] den Besitzer grundsätzlich auch von der Darlegungslast frei, auf welche Weise er das Eigentum erworben hat. Trägt der Besitzer einzelne Erwerbsgründe konkret vor, genügt für den Prozessgegner regelmäßig, diese zu widerlegen.[202] Teile der Literatur und der Instanzrechtsprechung nehmen weitergehend an, dass den Besitzer eine sog. sekundäre Behauptungslast trifft (dh, er müsse bei Bestreiten des Eigentums den Vorgang, der zum Eigentumserwerb geführt haben soll, konkretisierend behaupten, um dem Prozessgegner eine solche Widerlegung zu ermöglichen), weil der Erwerb in »seiner Sphäre« liege.[203]

---

192 BGHZ 161, 90 (114) = BGH NJW 2005, 359 (363); NJW 2002, 2101 (2102); *O. Werner* JA 1983, 617 (622); Staudinger/*Gursky* (2013) § 1006 Rn. 34 f.; krit. MüKoBGB/*Baldus* § 1006 Rn. 24–26.

193 BGHZ 156, 310 (315); ebenso bereits Staudinger/*Gursky* (2013) § 1006 Rn. 35 mwN.

194 BGH LM BGB § 1006 Nr. 2; OLG Koblenz NJW-RR 2003, 1606 (1607); *O. Werner* JA 1983, 617 (626).

195 BGHZ 156, 310 (318); Anm. *Berger* LMK 2004, 28 (29); BGH NJW-RR 2005, 280 (281); NJW 2002, 2101 (2102); NJW 1994, 939 (940), je mwN; *Medicus*, FS Baur, 1981, 64 f. mit der Klarstellung, dass diese Norm an sich Tatsachenvermutungen betrifft § 1006 BGB aber eine Rechtsvermutung enthält. Der Vortrag bloßer Gegenindizien genügt nicht, BGHZ 161, 90 (109) = BGH NJW 2005, 359 (363).

196 BGH NJW-RR 2005, 280 (281); krit. dagegen MüKoBGB/*Baldus* § 1006 Rn. 59 f.

197 BVerwG VIZ 2002, 459 (460); *Hadding* JuS 1972, 183 (184); Palandt/*Bassenge* § 1006 Rn. 7.

198 BGHZ 156, 310 (318); BGH NJW-RR 2005, 280 (281).

199 Vgl. MüKoBGB/*Baldus* § 1006 Rn. 59–62.

200 BGHZ 156, 310 (319 f.); MüKoBGB/*Baldus* § 1006 Rn. 13 f.; ebenso *O. Werner* JA 1983, 617 (623); großzügiger Staudinger/*Gursky* (2013) § 1006 Rn. 2.

201 BGHZ 156, 310 (319); BGH NJW 2002, 2101 (2102); LM BGB § 1006 Nr. 2; zust. *O. Werner* JA 1983, 617 (620, 621 f.); Bamberger/Roth/*Fritzsche* § 1006 Rn. 16; *Gursky* JZ 2005, 385 (395).

202 Staudinger/*Gursky* (2013) § 1006 Rn. 48; aA Palandt/*Bassenge* § 1006 Rn. 7.

203 Vgl. OLG Hamm MDR 2014, 403; KG Urt. v. 30.8.2010 – 12 U 175/09; MüKoBGB/*Baldus* § 1006 Rn. 28, 39; Staudinger/*Gursky* (2013) § 1006 Rn. 48 f.; *Wolf* JuS 1985, 941 (944); aA OLG Saarbrücken NJW-RR 2014, 1241 (1241 f.): Ein schlichtes Bestreiten der Gegenpartei genüge nicht, vielmehr bedürfe es eines qualifizierten Vortrags, der die fehlende Eigentümerstellung zumindest mit einiger Wahrscheinlichkeit nahelege; ausführlich zum Ganzen *Medicus*, FS Baur, 1981, 67 ff.

2. Eigentumsvermutungen unter Ehegatten (§ 1362 BGB) und eingetragenen Lebenspartnern (V)

Für bewegliche Sachen im Besitz eines oder beider *Ehegatten* wird § 1006 BGB durch § 1362 BGB weitgehend verdrängt. Eine inhaltsgleiche Regelung trifft § 8 I LPartG für gleichgeschlechtliche *eingetragene Lebenspartner*, auf die im Folgenden deshalb nicht mehr eingegangen werden muss. 46

Nach § 1362 BGB streitet zugunsten der Gläubiger eines Ehegatten die Vermutung, dass die zum gemeinsamen Gebrauch bestimmten Sachen dem Schuldner-Ehegatten gehören. Damit soll § 1362 I BGB vor allem den Gläubigern eines Ehegatten dienen. Für sie sind regelmäßig die Eigentumsverhältnisse unbekannt und unaufklärbar; die (insoweit zurücktretende) Bestimmung des § 1006 BGB würde zur Vermutung von – vollstreckungsrechtlichem – Miteigentum führen.[204] Gerade unter Ehegatten sind illoyale Verschleierungen zum Zweck der Vollstreckungsvereitelung besonders häufig zu erwarten.[205]

Voraussetzungen der Eigentumsvermutung nach § 1362 I BGB sind:

- Bestehen einer wirksamen Ehe. Als »allgemeine Ehewirkung« ist § 1362 BGB bei allen Güterständen anwendbar.[206] Eine analoge Anwendung auf andere Fälle des verfestigten Zusammenlebens erwachsener Personen, insbesondere auf nichteheliche Lebensgemeinschaften, wird zwar teilweise – auch unter Berufung auf Art. 6 I GG – gefordert.[207] Der BGH sieht jedoch § 1362 BGB als verfassungsgemäß an und verneint eine planwidrige Regelungslücke.[208] Nach der Scheidung kann § 1362 BGB angewendet werden, solange die Vermögensauseinandersetzung noch nicht abgeschlossen ist.[209]
- Zusammenleben in einem gemeinsamen Hausstand.[210] Das Getrenntleben iSv § 1362 I 2 BGB ist rein tatsächlich zu verstehen, also unabhängig davon, ob die Ehegatten gewillt sind, die eheliche Gemeinschaft wiederherzustellen (vgl. § 1567 I BGB).[211]
- Alleinbesitz eines oder Mitbesitz (unmittelbar oder mittelbar) beider Ehegatte an beweglichen[212] Sachen; es genügt nach Auffassung des BGH auch früherer Besitz.[213] Darauf, ob die Sachen vor oder nach der Eheschließung erworben wurden, kommt es nicht unmittelbar an.[214]

204 MüKoBGB/*Weber-Monecke* § 1362 Rn. 2; Staudinger/*Gursky* (2013) § 1006 Rn. 37; *Brehm/Berger* SachenR § 7 Rn. 88; BGH NJW 1992, 1162 (1163).

205 Vgl. *O. Werner* JA 1983, 617 (619).

206 MüKoBGB/*Weber-Monecke* § 1362 Rn. 11, 14; Staudinger/*Voppel* (2012) § 1362 Rn. 15 f. Für die Gütergemeinschaft geht aber regelmäßig § 1416 BGB vor.

207 MüKoBGB/*Weber-Monecke* § 1362 Rn. 10; ebenso unter Verweis auf die für den Gläubiger gleichfalls bestehenden tatsächlichen und rechtlichen Unsicherheiten sowie Manipulationsgefahren Palandt/*Brudermüller* § 1362 Rn. 1, Einl v. § 1297 Rn. 28; *Roth* JZ 2007, 530 (531 f.); *Löhnig/Würdinger* FamRZ 2007, 1856 (1856 ff.); *Wellenhofer* AnwBl. 2008, 559 (565).

208 BGH NJW 2007, 992 (993); ferner Erman/*Kroll-Ludwigs* § 1362 Rn. 3.

209 Erman/*Kroll-Ludwigs* § 1362 Rn. 15.

210 MüKoBGB/*Weber-Monecke* § 1362 Rn. 12.

211 MüKoBGB/*Weber-Monecke* § 1362 Rn. 13; Staudinger/*Voppel* (2012) § 1362 Rn. 25.

212 MüKoBGB/*Weber-Monecke* § 1362 Rn. 15; Staudinger/*Voppel* (2012) § 1362 Rn. 17 ff.

213 BGH NJW 1993, 935 (936); Erman/*Kroll-Ludwigs* § 1362 Rn. 6; krit. hinsichtlich ehemaliger Besitzer *Hohloch* LM BGB § 857 Nr. 3.

214 Siehe eing. BGH NJW 1992, 1162 (1162 f.): Bei erwiesenem Erwerb vor der Ehe sei § 1006 BGB anwendbar, womit die Vermutung des § 1362 BGB widerlegt werden könne; bestätigend BGH NJW 1993, 935 (936).

Rechtfolge von § 1362 I BGB ist, dass der Ehegatte, der Schuldner des Gläubigers ist, als Eigentümer angesehen wird. Die Vermutung gilt nur zugunsten des Gläubigers; für die Ehegatten untereinander oder für Dritte gilt § 1006 BGB.[215] § 1362 I BGB greift vorwiegend beim Vollstreckungszugriff ein, gilt aber auch zugunsten des Sicherungsnehmers bei der Sicherungsübereignung.[216]

Demgegenüber gilt § 1362 II BGB auch zwischen den Ehegatten untereinander.[217] Diese Vermutung setzt zusätzlich voraus, dass der betreffende Gegenstand seinem Zweck nach dem persönlichen Gebrauch eines Ehegatten dienen soll; hierzu ist eine konkrete Betrachtungsweise heranzuziehen.[218] Bei Damenschmuck nimmt der BGH[219] einen Erfahrungssatz, dass er zur Benutzung allein durch die Frau bestimmt ist, nur dann an, wenn die Ehefrau entsprechende Umstände vorträgt und dieser Vortrag nicht durch Gegenvorbringen erschüttert wird. Teile der Literatur[220] bejahen hingegen weitergehend die generelle Vermutung des Inhalts, dass der Schmuck der Frau alleine gehört und der Ehemann daher beweisen müsse, dass es sich um eine Leihe handele oder der Schmuck der Kapitalanlage wegen angeschafft worden sei. Auf Hausrat ist stets nur § 1362 I BGB anzuwenden, auch wenn ein Ehegatte die Haushaltsarbeit allein besorgt.[221]

Eine vollstreckungsrechtliche Fortsetzung zu § 1362 BGB enthält die unwiderlegliche Vermutung[222] des § 739 ZPO. Die vollstreckungsrechtliche Vorschrift ist deshalb erforderlich, weil § 1362 BGB nur gegen die Gefahr schützt, die Zwangsvollstreckung in schuldnerfremde Gegenstände zu betreiben. Die Zwangsvollstreckung selbst orientiert sich allerdings am »Gewahrsam« (§§ 808, 803, 883 ZPO).[223] In § 739 ZPO wurde daher eine dem § 1362 BGB entsprechende Gewahrsamsvermutung normiert, dh nach § 739 ZPO gilt der Schuldner für die (Verwertungs- und Wegnahme-)Zwangsvollstreckung auch als alleiniger Gewahrsamsinhaber. Der andere Ehegatte muss Drittwiderspruchsklage (§ 771 ZPO), gestützt auf das Eigentum (nicht auch: auf den Besitz), erheben[224] und dabei die Vermutung des Eigentums gem. § 1362 BGB widerlegen.[225]

215 MüKoBGB/*Weber-Monecke* § 1362 Rn. 17; Staudinger/*Gursky* (2013) § 1006 Rn. 37.

216 MüKoBGB/*Weber-Monecke* § 1362 Rn. 18.

217 Siehe nur MüKoBGB/*Weber-Monecke* § 1362 Rn. 25.

218 Statt aller MüKoBGB/*Weber-Monecke* § 1362 Rn. 27; Bamberger/Roth/*Beutler* § 1362 Rn. 13.

219 Vgl. BGHZ 2, 82 (84 f.); BGH FamRZ 1971, 24 (25 f.); zuvor RGZ 99, 152 (153); ferner OLG Nürnberg NJW-RR 2001, 3 = JuS 2003, 186 = FamRZ 2001, 1220 f. mAnm *Bergschneider*, der einen solchen Erfahrungssatz ganz ablehnt und nur auf die Umstände des Einzelfalls abstellen will.

220 Ausführlich MüKoBGB/*Weber-Monecke* § 1362 Rn. 29.

221 MüKoBGB/*Weber-Monecke* § 1362 Rn. 29.

222 OLG Bamberg FamRZ 1962, 391 (392); MüKoZPO/*Heßler* § 739 Rn. 12; Staudinger/*Voppel* (2012) § 1362 Rn. 36; Musielak/Voit/*Lackmann* § 739 Rn. 6.

223 MüKoBGB/*Weber-Monecke* § 1362 Rn. 31; MüKoZPO/*Heßler* § 739 Rn. 1, 4, 8; Palandt/*Brudermüller* § 1362 Rn. 10; *O. Werner* JA 1983, 617 (619).

224 So die hM: MüKoBGB/*Weber-Monecke* § 1362 Rn. 32; MüKoZPO/*Heßler* § 739 Rn. 10, 15; *Brox* FamRZ 1981, 1125 (1125 f.); *Eichenhofer* JZ 1988, 326 (330). Teils wird auch eine Erinnerung gem. § 766 I ZPO für möglich gehalten (Erman/*Kroll-Ludwigs* § 1362 Rn. 10), vgl. zum Streitstand MüKoBGB/*Weber-Monecke* § 1362 Rn. 32.

225 Hierbei dürfen keine besonders hohen Anforderungen gestellt werden, vgl. *Hohloch* LM BGB § 857 Nr. 3.

§ 8 Eigentümer-Besitzer-Verhältnis

I. Allgemeines

1. Begriff (G)

1 Unter dem Eigentümer-Besitzer-Verhältnis versteht man das Rechtsverhältnis zwischen dem Eigentümer einer Sache und deren Besitzer, der im Verhältnis zum Eigentümer kein Besitzrecht iSd § 986 BGB geltend machen kann (*unrechtmäßiger Besitzer*). Das Eigentümer-Besitzer-Verhältnis entspricht daher der Vindikationslage (§§ 985, 986 BGB).[1]

2. Interessenlage und Regelungszweck (G)

2 Im Eigentümer-Besitzer-Verhältnis ist das Hauptinteresse des Eigentümers auf die Wiedererlangung seiner Sache gerichtet. Dem dient der Vindikationsanspruch gem. § 985 BGB.[2] Die Sache kann allerdings vor Rückgabe beschädigt oder zerstört worden sein. Der Besitzer kann Nutzungen aus ihr gezogen oder Verwendungen auf sie gemacht haben. Regelmäßig wird daher die bloße Herausgabe der Sache an den Eigentümer nicht den Interessen beider Parteien gerecht.

Die differenzierte Regelung der §§ 987 ff. BGB trägt dieser Interessenlage Rechnung, indem sie Folgeansprüche vorsieht, die neben oder an die Stelle des Vindikationsanspruchs treten können. Sie sind ihrer Natur nach schuldrechtliche Nebenansprüche[3] und bilden ein grundsätzlich abschließendes (arg. § 993 I Hs. 2 BGB) Anspruchsgefüge. Hiernach bestimmt sich, ob der Eigentümer wegen der Beschädigung seiner Sache Schadensersatzansprüche geltend machen oder Nutzungen heraus- bzw. ersetzt verlangen kann (§§ 987–993 BGB). Dem Besitzer können Gegenansprüche und -rechte wegen seiner Verwendungen auf die Sache zustehen. Neben einem Verwendungsersatzanspruch sind dies das Wegnahme- und/oder das Zurückbehaltungsrecht (§§ 994–1003 BGB).

Bei der Ausgestaltung der einzelnen Ansprüche differenziert der Gesetzgeber im Wesentlichen nach Anspruchsziel und Qualität des Besitzes. Als *Hauptzweck* der §§ 987 ff. BGB erweist sich der Schutz des zwar unrechtmäßigen, aber redlichen und unverklagten Besitzers vor der deliktischen und bereicherungsrechtlichen Haftung.[4] Der gutgläubige unverklagte Besitzer bildet – obwohl er erst in § 993 BGB angesprochen wird – den eigentlichen Regelfall der §§ 987 ff. BGB.[5]

---

1 → § 7 Rn. 1.
2 → § 7 Rn. 1 f.
3 Erman/*Ebbing* Vor §§ 987–993 Rn. 4.
4 Staudinger/*Gursky* (2013) Vorbem zu §§ 987–993 Rn. 4; *Medicus/Petersen* BürgerlR Rn. 574; *Ebenroth/Zeppernick* JuS 1999, 209 (210). → § 8 Rn. 9, → § 8 Rn. 49.
5 Staudinger/*Gursky* (2013) Vorbem zu §§ 987–993 Rn. 3.

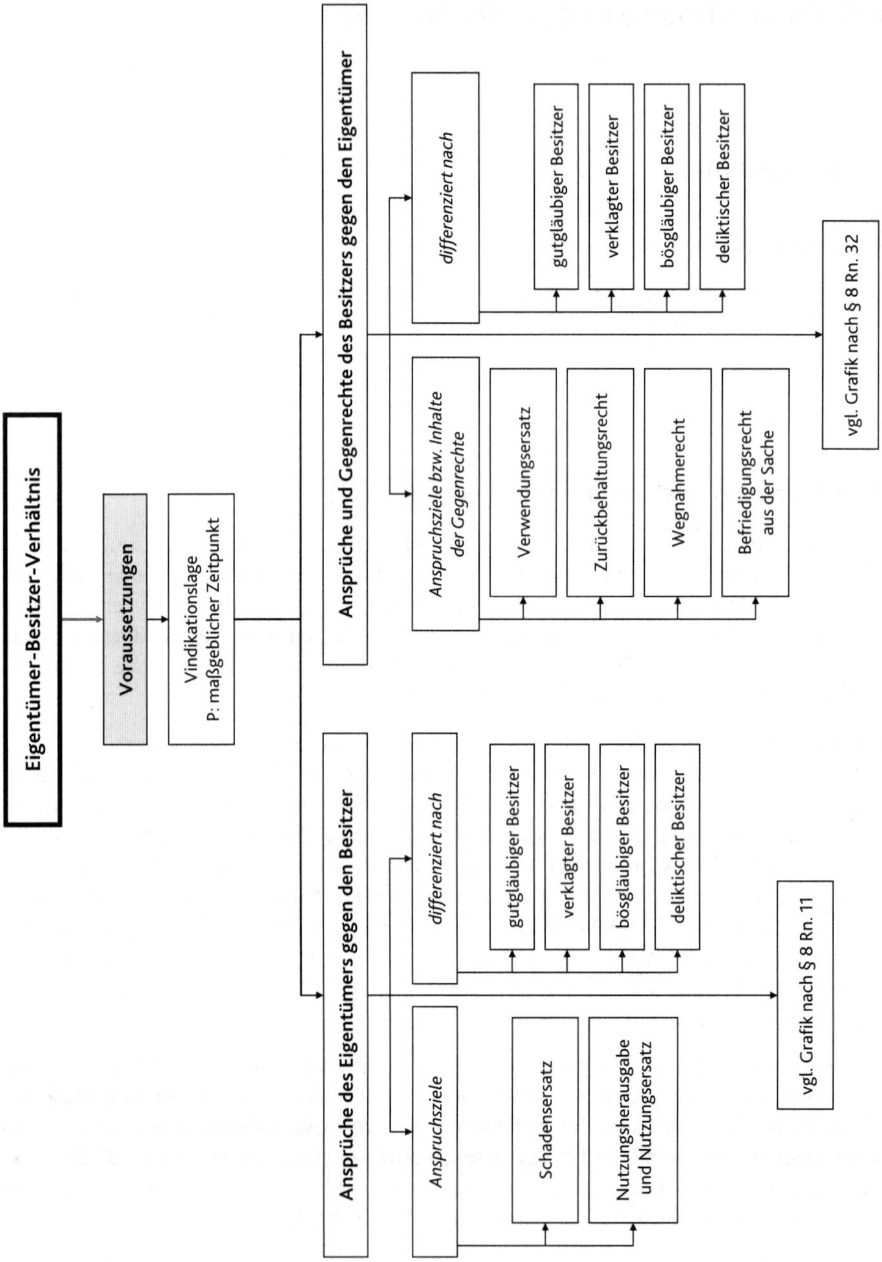

Eigentümer-Besitzer-Verhältnis
Voraussetzungen
Vindikationslage
P: maßgeblicher Zeitpunkt
Ansprüche des Eigentümers gegen den Besitzer
Anspruchsziele
Schadensersatz
Nutzungsherausgabe und Nutzungsersatz
differenziert nach
gutgläubiger Besitzer
verklagter Besitzer
bösgläubiger Besitzer
deliktischer Besitzer
vgl. Grafik nach § 8 Rn. 11
Ansprüche und Gegenrechte des Besitzers gegen den Eigentümer
Anspruchsziele bzw. Inhalte der Gegenrechte
Verwendungsersatz
Zurückbehaltungsrecht
Wegnahmerecht
Befriedigungsrecht aus der Sache
differenziert nach
gutgläubiger Besitzer
verklagter Besitzer
bösgläubiger Besitzer
deliktischer Besitzer
vgl. Grafik nach § 8 Rn. 32

3. Klausurtechnik: Prüfungsstandort (G)

Da die Regelungen des Eigentümer-Besitzer-Verhältnisses das Bestehen einer Vindi- 3
kationslage, mithin das Fehlen eines vertraglichen oder gesetzlichen Besitzrechts voraussetzen, sind besitzrechtsbegründende Ansprüche aus Vertrag bzw. vertragsähnliche Ansprüche und Ansprüche aus Geschäftsführung ohne Auftrag vorrangig zu prüfen. Da die Regelungen des Eigentümer-Besitzer-Verhältnisses gegenüber dem Delikts- und Bereicherungsrecht spezieller sind und diese möglicherweise verdrängen,[6] sind Ansprüche aus §§ 987 ff. BGB vor diesen zu untersuchen.

Bei der Prüfung der Ansprüche aus dem Eigentümer-Besitzer-Verhältnis empfiehlt es sich, das Bestehen der Vindikationslage gem. §§ 985, 986 BGB der Anspruchsprüfung nicht als Vorbemerkung isoliert voranzustellen, sondern vielmehr inzident als Tatbestandsvoraussetzung des jeweiligen Anspruchs zu prüfen.

II. Voraussetzungen und Anwendungsbereich

1. Voraussetzungen

a) Bestehen einer Vindikationslage (G)

Gemeinsames Erfordernis aller Ansprüche aus den §§ 987 ff. BGB, gleich ob auf 4
Schadensersatz, Nutzungsherausgabe oder Verwendungsersatz gerichtet, ist das Bestehen einer Vindikationslage zwischen Anspruchsteller und Anspruchsgegner.[7] Von zentraler Bedeutung ist, ob dem Besitzer ein Besitzrecht zur Seite steht. Dies ergibt sich aus § 986 BGB.[8]

Nur ausnahmsweise wendet der BGH[9] die Regeln des Eigentümer-Besitzer-Verhältnis als »Notordnung« auch dann an, wenn dem Besitzer ein Recht zum Besitz zusteht. So könnten unter anderem die §§ 987 f. BGB herangezogen werden, wenn das zwischen Eigentümer und Besitzer bestehende Rechtsverhältnis keine eigenen (und damit speziellen) Regeln zum Nutzungsersatz enthalte.

b) Maßgeblicher Zeitpunkt für das Bestehen der Vindikationslage (G)

Fallbeispiel: »Die kostenlose Autoreparatur«[10]

Der Zeitpunkt, in dem die Vindikationslage bestehen muss, richtet sich nach dem 5
Inhalt des geltend gemachten Anspruchs. Bei Schadensersatzansprüchen muss die Vindikationslage grundsätzlich mit Eintritt des schadensbegründenden Ereignisses,

6 Vgl. zur Konkurrenzproblematik iE → § 8 Rn. 49 ff.
7 Zum rückwirkenden Entfall des Eigentumserwerbs bzw. des Besitzrechtsverhältnisses vgl. Palandt/*Bassenge* Vorb v. § 987 Rn. 7; zum Sonderfall der Aufhebung des in der Zwangsversteigerung gem. § 90 I ZVG erteilten Zuschlags vgl. OLG Celle NJW 2006, 3440 ff.; zust. *Kaiser* NJW 2007, 2823 (2824 f.).
8 → § 7 Rn. 13 ff.
9 BGHZ 149, 326 (332 f.); krit. *Gursky* JZ 2005, 385 (386); → § 8 Rn. 9, → § 8 Rn. 51.
10 *Vieweg/Röthel* Fälle SachenR Fall 17.

bei Nutzungsersatzansprüchen zur Zeit der Nutzungsziehung und bei Verwendungsersatzansprüchen zum Zeitpunkt der Verwendungsvornahme bestehen.[11]

Eine *Ausnahme* macht der BGH[12] bei der Geltendmachung von Verwendungsersatzansprüchen zugunsten des ehemals rechtmäßigen, jetzt aber »nicht mehr berechtigten Besitzers«. Zu dessen Schutz soll es ausnahmsweise nicht schaden, dass die Verwendungen während der Zeit des berechtigten Besitzes vorgenommen worden sind, wenn die Vindikationslage zumindest bei Geltendmachung des Anspruchs besteht und das Rechtsverhältnis, das das Besitzrecht begründete, keine Sonderregelung trifft.[13]

2. Anwendungsbereich

a) Unmittelbare und entsprechende Anwendung der §§ 987 ff. BGB (G)

6 Beim Bestehen einer Vindikationslage sind die §§ 987 ff. BGB unmittelbar anwendbar.

Auch ohne Bestehen einer Vindikationslage sind die Regelungen des Eigentümer-Besitzer-Verhältnisses aufgrund gesetzlicher Verweisung entsprechend anwendbar auf die folgenden dinglichen Ansprüche: die Herausgabeansprüche aus § 1007 I und II BGB (§ 1007 III 2 BGB), das Nießbrauchsrecht (§ 1065 BGB), das Erbbaurecht (§ 11 I ErbbauRG) und das Pfandrecht (§ 1227 BGB). Eine weitgehend dem Eigentümer-Besitzer-Verhältnis parallele Ausgestaltung hat das Verhältnis Erbe-Erbschaftsbesitzer in den §§ 2020 ff. BGB gefunden.

b) Analoge Anwendung der §§ 987 ff. BGB (V)

7 Da dem Vindikationsanspruch die dinglichen Ansprüche aus § 894 BGB und § 1004 BGB, die selbst keine Abwicklungsregelung enthalten, von ihrem Anspruchsziel her nahe stehen, wird diskutiert, ob die Regelungen des Eigentümer-Besitzer-Verhältnisses hierauf analog anzuwenden sind.

Von der Rechtsprechung[14] wird dies für das Verhältnis zwischen Vormerkungsinhaber (§ 883 BGB) bzw. dinglich Vorkaufsberechtigtem (§ 1094 BGB) und Zwischenerwerber bejaht.[15]

Im Anwendungsbereich des § 894 BGB wird die analoge Anwendung für das Verhältnis zwischen Buchberechtigtem und wahrem Berechtigten von der hM[16] insbesondere im Hinblick auf die Verwendungsersatzansprüche aus §§ 1000, 994 ff. BGB

11 Siehe nur *Wilhelm* SachenR Rn. 1262.

12 BGHZ 34, 122 (131); 75, 288 (292); 148, 322 (327 ff.); BGH ZIP 1987, 577 (580); NJW-RR 2000, 895 (896); NJW 2002, 2875 (2875 f.) mwN; abl. *Gursky* JZ 2005, 385 (394).

13 → § 8 Rn. 48.

14 BGHZ 75, 288 (291); 87, 296 (297 ff.); 144, 323 (326) = BGH NJW 2000, 2899 (2900) mAnm *J. Hager* DNotZ 2001, 325 ff.

15 → § 14 Rn. 22 (Vormerkung) und → § 16 Rn. 97 (beschränkt dingliche Rechte).

16 BGHZ 41, 30 (35); OLG Dresden VIZ 2000, 418 (420); MüKoBGB/*Baldus* Vor §§ 987–1003 Rn. 38; Palandt/*Bassenge* § 894 Rn. 10; Soergel/*Stadler* § 1000 Rn. 1; *Medicus/Petersen* BürgerlR Rn. 454; krit. Staudinger/*Gursky* (2013) Vorbem §§ 987–993 Rn. 85; *Kohler* NJW 1984, 2849 (2850 ff.).

unter der Voraussetzung bejaht, dass die Verwendungen auf den Gegenstand des Berichtigungsanspruchs gemacht wurden. Die Stellung des Bucheigentümers gegenüber dem wahren Eigentümer sei der des unberechtigten Besitzers gegenüber dem Eigentümer wesensverwandt.

Auch für den Beseitigungsanspruch nach § 1004 BGB wird die analoge Anwendung der §§ 989 ff. BGB von Rechtsprechung und Teilen der Literatur befürwortet.[17] Das Haftungsprivileg des Eigentümer-Besitzer-Verhältnisses, insbesondere für den unverklagten, redlichen Besitzer, müsse auch für den Beseitigungsanspruch aus § 1004 BGB gelten. Eine Einstandspflicht nach § 1004 BGB könne nicht angenommen werden, wenn der Störer schon nach den Vorschriften des Eigentümer-Besitzer-Verhältnisses nicht auf Schadensersatz hafte.

c) Ansprüche aus §§ 987 ff. BGB nach Durchführung der Zwangsvollstreckung (E)

Wird eine schuldnerfremde Sache gepfändet und verwertet, hat der Eigentümer die Möglichkeit der Drittwiderspruchsklage gem. § 771 ZPO, solange das Zwangsvollstreckungsverfahren nicht abgeschlossen ist.[18] 8

Mit Abschluss des rechtmäßig durchgeführten Verfahrens erwirbt der Ersteher das Eigentum an der versteigerten Sache und ist keinen Ansprüchen des ursprünglichen Eigentümers ausgesetzt. Umstritten ist jedoch, ob nach Beendigung der Zwangsvollstreckung Schadensersatzansprüche gegen den das Verfahren betreibenden Gläubiger möglich sind:

Eine Auffassung[19] lehnt Ansprüche aus dem Eigentümer-Besitzer-Verhältnis ab. Da wegen der Spezialität der Drittwiderspruchsklage eine Vindikationsklage nie erfolgreich gewesen wäre, bestünden auch keine Folgeansprüche. Schadensersatzansprüche könnten daher nur unmittelbar aus den §§ 823 ff. BGB hergeleitet werden. Außerdem würde sich bei Anwendbarkeit der §§ 989, 990 BGB bei leichter Fahrlässigkeit eine generelle Haftungsfreistellung ergeben, die nicht sachgerecht sei.[20]

Die Gegenansicht[21] bejaht Schadensersatzansprüche aus §§ 989, 990 BGB, da die Unstatthaftigkeit der Vindikationsklage nichts am Bestehen der Vindikationslage ändere. Die Vorrangigkeit der Drittwiderspruchsklage sei rein verfahrensrechtlicher Natur und besage nichts über das Bestehen von Folgeansprüchen.

17 RGZ 114, 266 (268); 158, 40 (45); dargestellt bei *Medicus/Petersen* BürgerlR Rn. 454; *Lutter/Overrath* JZ 1968, 345 (353, Fn. 60); dagegen aber Staudinger/*Gursky* (2013) § 1004 Rn. 147, der § 280 BGB anwenden will.

18 → § 7 Rn. 39; *Stadler/Bensching* Jura 2002, 438 (440).

19 RGZ 61, 430 (431 f.); 100, 95 (103); 108, 260 (263); Staudinger/*Gursky* (2013) Vorbem zu §§ 987–993 Rn. 12; *Brox/Walker* ZVR Rn. 465; *Berg* NJW 1972, 1996.

20 Staudinger/*Gursky* (2013) Vorbem zu §§ 987–993 Rn. 12; *Wieling* SachenR § 12 I 1c (Fn. 31); *Berg* NJW 1972, 1996.

21 OLG Jena OLGRspr. 2, 267; MüKoZPO/*Gruber* § 804 Rn. 46; Staudinger/*Hager* (2010) § 823 Rn. B 72; Stein/Jonas/*Münzberg* § 771 Rn. 90; *Gaul/Schilken/Becker-Eberhard* ZVR § 7 II 4b Rn. 20; *Gaul* ZZP 110 (1997), 3 (16 f.); *Stadler/Bensching* Jura 2002, 438 (444). LG Berlin NJW 1972, 1675 (1675 f.) wendet den Maßstab des § 990 BGB im Rahmen des § 823 I BGB an.

III. Schadensersatzansprüche des Eigentümers

1. Anspruchssystematik (G)

9 Das Haftungssystem knüpft an den passivlegitimierten Besitzer an. Zu unterscheiden sind:

- der verklagte Besitzer, sog. Prozessbesitzer (§ 989 BGB);
- der bösgläubige (unredliche) Besitzer (§§ 990, 989 BGB): Bösgläubig ist nur der Besitzer, der seine fehlende Berechtigung zum Besitz kennt oder beim Besitzerwerb grob fahrlässig nicht erkennt. Die leicht fahrlässige Annahme, selbst Eigentümer zu sein oder ein Besitzrecht zu haben, schadet dem Besitzer nicht. Als bösgläubiger Besitzer ist auch derjenige anzusehen, der die wahre Rechtslage erst nach Besitzerwerb erkennt (§ 990 I 2 BGB);[22]
- der gutgläubige (redliche) und unverklagte Besitzer: Er haftet grundsätzlich nicht auf Schadensersatz (§ 993 I Hs. 2 BGB), es sei denn, er überschreitet als Fremdbesitzer sein vermeintliches Besitzrecht (vgl. § 991 II BGB);[23]
- der deliktische Besitzer (§§ 992, 823 ff. BGB).

2. Verklagter Besitzer (§ 989 BGB) (G)

10 Erfährt der Besitzer – unabhängig von seiner bisherigen Redlichkeit oder Unredlichkeit – durch die Zustellung einer Klage (§§ 261 I, 253 I ZPO), dass ein anderer von ihm im Prozess die Herausgabe einer Sache verlangt, so rechtfertigt die Kenntnis einer möglichen Herausgabepflicht, ihn streng haften zu lassen (§ 989 BGB – *Warnfunktion der Klagezustellung*).[24]

3. Bösgläubiger Besitzer (§§ 990, 989 BGB)

a) Maßstab und Anknüpfungspunkt für den bösen Glauben (G)

11 Bösgläubig ist der Besitzer, wenn er den Mangel seines Besitzrechts positiv kennt oder grob fahrlässig nicht kennt (vgl. § 932 II BGB).[25] Wie die unterschiedliche Behandlung in § 989 und § 990 BGB zeigt, begründet die Zustellung einer Klageschrift allein noch keine Bösgläubigkeit; § 990 BGB soll vielmehr den Zeitpunkt des Haftungsbeginns vorverlagern.[26]

22 *Westermann/Gursky/Eickmann* SachenR § 30 Rn. 5.

23 → § 8 Rn. 16 f.

24 Statt vieler Palandt/*Bassenge* § 989 Rn. 1; *Wilhelm* SachenR Rn. 1234, 666; *Westermann/Gursky/Eickmann* SachenR § 30 Rn. 5; *Ebenroth/Zeppernick* JuS 1999, 209 (210).

25 MüKoBGB/*Baldus* § 990 Rn. 3 ff.; Staudinger/*Gursky* (2013) § 990 Rn. 11; *Wilhelm* SachenR Rn. 1255; detailliert jurisPK-BGB/*Ehlers* § 990 Rn. 3 ff.; *Ebenroth/Zeppernick* JuS 1999, 209 (212).

26 RGRK/*Pikart* § 989 Rn. 1, 15; *Wolff/Raiser* SachenR § 85 III 3; *Ebenroth/Zeppernick* JuS 1999, 209 (211).

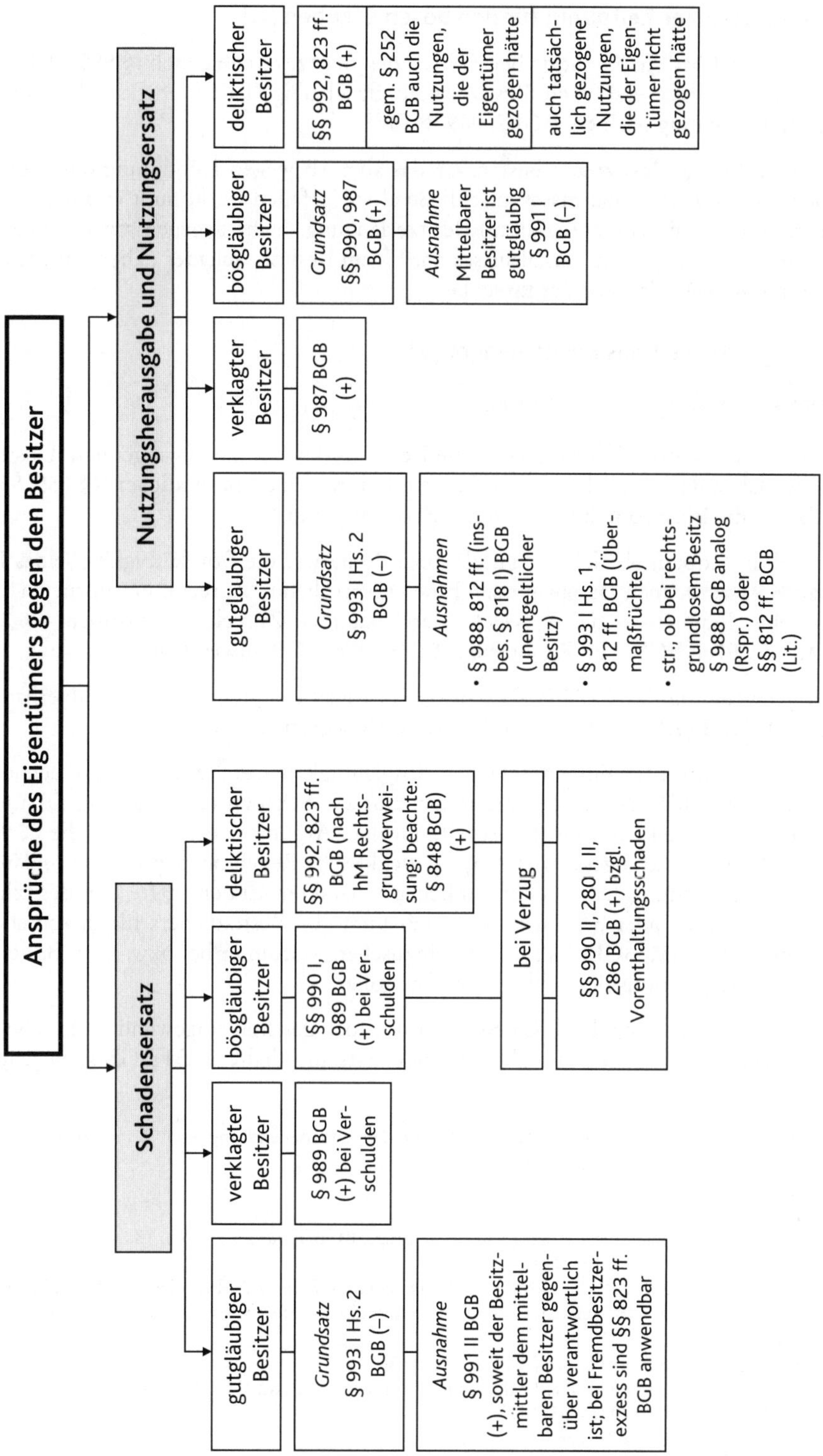
Ansprüche des Eigentümers gegen den Besitzer
Schadensersatz
gutgläubiger Besitzer
Grundsatz § 993 I Hs. 2 BGB (–)
Ausnahme § 991 II BGB (+), soweit der Besitzmittler dem mittelbaren Besitzer gegenüber verantwortlich ist; bei Fremdbesitzerexzess sind §§ 823 ff. BGB anwendbar
verklagter Besitzer
§ 989 BGB (+) bei Verschulden
bösgläubiger Besitzer
§§ 990 I, 989 BGB (+) bei Verschulden
deliktischer Besitzer
§§ 992, 823 ff. BGB (nach hM Rechtsgrundverweisung: beachte: § 848 BGB) (+)
bei Verzug
§§ 990 II, 280 I, II, 286 BGB (+) bzgl. Vorenthaltungsschaden
Nutzungsherausgabe und Nutzungsersatz
gutgläubiger Besitzer
Grundsatz § 993 I Hs. 2 BGB (–)
Ausnahmen
• § 988, 812 ff. (insbes. § 818 I) BGB (unentgeltlicher Besitz)
• § 993 I Hs. 1, 812 ff. BGB (Übermaßfrüchte)
• str., ob bei rechtsgrundlosem Besitz § 988 BGB analog (Rspr.) oder §§ 812 ff. BGB (Lit.)
verklagter Besitzer
§ 987 BGB (+)
bösgläubiger Besitzer
Grundsatz §§ 990, 987 BGB (+)
Ausnahme Mittelbarer Besitzer ist gutgläubig § 991 I BGB (–)
deliktischer Besitzer
§§ 992, 823 ff. BGB (+)
gem. § 252 BGB auch die Nutzungen, die der Eigentümer gezogen hätte
auch tatsächlich gezogene Nutzungen, die der Eigentümer nicht gezogen hätte

b) Maßgeblicher Zeitpunkt für den bösen Glauben (G)

12 Grundsätzlich ist die Kenntnis bei Erwerb des Besitzes maßgeblich (§ 990 I 1 BGB). Wird der Besitzer erst nach Besitzerwerb bösgläubig, haftet er erst ab *positiver* Kenntniserlangung nach §§ 990 I 2, 989 BGB.[27]

Hat zunächst ein Besitzrecht bestanden, das aber zB wegen Kündigung des zugrundeliegenden Rechtsverhältnisses anschließend weggefallen ist, kommt es auf die erstmalige (und somit idR berechtigte) Besitzerlangung, nicht dagegen auf die Beendigung des berechtigenden Verhältnisses an.[28] Dem Besitzer schadet daher nur *positive* Kenntnis vom Wegfall des Besitzrechts.

c) Bösgläubigkeit des Besitzdieners (V)

Fallbeispiel: »Der günstige Videorekorder«[29]

13 Grundsätzlich ist für Bösgläubigkeit die Kenntnis des Besitzers maßgeblich. Unstreitig[30] ist daher, dass es auch beim Besitzerwerb durch einen Besitzdiener (§§ 855, 854 I BGB) auf die Bösgläubigkeit des Besitzherrn ankommt.[31]

Fraglich ist jedoch, ob sich der gutgläubige Besitzherr die Bösgläubigkeit seines Besitzdieners zurechnen lassen muss.[32] Eine entsprechende Zurechnungsnorm im Gesetz fehlt. Fraglich ist daher, welche der bekannten Zurechnungsnormen – § 278, § 831 und § 166 BGB – im Rahmen der §§ 989, 990 BGB anwendbar ist.

Eine Anwendung des § 278 BGB scheidet aus, weil das gesetzliche Schuldverhältnis der §§ 987 ff. BGB erst durch den Besitzerwerb begründet wird.[33]

Teilweise[34] wird eine Zurechnung der Bösgläubigkeit des Besitzdieners nach dem Maßstab des § 831 BGB, der unmittelbar nur die Schadensersatzhaftung für unerlaubte Handlungen eines Dritten regelt, mit dem Argument befürwortet, die §§ 989, 990 BGB seien eine abgeschwächte quasi-deliktische Regelung. Schon die bösgläubige Besitzbegründung habe deliktsähnlichen Charakter. Zudem hafte der Besitzherr vor Besitzerwerb oder bei einer Besitzanmaßung des Besitzdieners für diesen ebenfalls nur nach § 831 BGB. Es sei nicht einzusehen, warum er bei bzw. nach Besitzerwerb die Exkulpationsmöglichkeit verlieren solle.[35]

Gegen die Anwendung des § 831 BGB wird jedoch generell eingewandt,[36] es gehe bei der Zurechnung von Bösgläubigkeit um Bewusstseinsinhalte. § 831 BGB stelle jedoch

27 Siehe nur Staudinger/*Gursky* (2013) § 990 Rn. 24; zur Behandlung von Rechtsirrtümern vgl. OLG Schleswig OLGR 2007, 431.
28 BGH JR 1958, 301.
29 *Vieweg/Röthel* Fälle SachenR Fall 16.
30 BGHZ 16, 259; Palandt/*Bassenge* § 990 Rn. 6; MüKoBGB/*Baldus* § 990 Rn. 18.
31 Zum Besitzdiener → § 2 Rn. 24 f.
32 *Gottwald* PdW SachenR Fall 97; *Pinger/Scharrelmann/Thissen* 20 Probleme EBV 14. Problem; *S. Lorenz* JZ 1994, 549 (550 ff.) auch zur Relevanz einer späteren Kenntniserlangung des Besitzdieners.
33 BGHZ 16, 259 (262); *S. Lorenz* JZ 1994, 549 (550).
34 MüKoBGB/*Baldus* § 990 Rn. 19 ff.; Erman/*Ebbing* § 990 Rn. 24; *Baur/Stürner* SachenR § 5 Rn. 15; *Petersen* Jura 2002, 255 (258).
35 Vgl. *Medicus/Petersen* BürgerlR Rn. 581.
36 Staudinger/*Gursky* (2013) § 990 Rn. 43 ff.; *Kiefner* JA 1984, 189 (193).

gerade nicht auf subjektive Merkmale des Verrichtungsgehilfen ab, sondern ausschließlich auf die Verwirklichung objektiver Merkmale. Die Bösgläubigkeit sei ein spezielles Moment des »Vertreterbewusstseins«. Eine Analogie zu § 166 BGB[37] passe daher besser.

Die Rechtsprechung[38] und ein weiterer Teil der Literatur[39] bejahen die Anwendbarkeit des § 166 BGB, soweit der Besitzdiener die einem rechtsgeschäftlichen Stellvertreter vergleichbare freie Stellung habe, der Besitzherr den bösgläubigen Besitzdiener also im Rechtsverkehr vollkommen selbstständig auftreten lasse und der Besitzdiener den Besitz im Rahmen der insoweit übertragenen Tätigkeit erwerbe. Im Übrigen sei jedoch § 831 BGB entsprechend anwendbar, da auf einen Besitzerwerb außerhalb eines Rechtsgeschäfts nur der gerade nicht vom Bestehen einer Sonderverbindung abhängige § 831 BGB passe.

d) Bösgläubigkeit des minderjährigen Besitzers (V)

Fallbeispiel: »Opas Rennrad«[40]

Umstritten ist, ob es für den minderjährigen Besitzer auf dessen Kenntnis ankommt. 14

Aus Gründen des Minderjährigenschutzes wird vertreten,[41] es komme allein auf das Wissen der gesetzlichen Vertreter an (§ 166 I BGB analog). Da sich die Bösgläubigkeit allein auf die fehlende Besitzberechtigung beziehe, diese aber in der Regel aus einem Schuldverhältnis folge, könne nur derjenige bösgläubig sein, der selbst beurteilen könne, ob dieses Schuldverhältnis wirksam sei.

Ein anderer Teil der Literatur[42] stellt auf die Einsichtsfähigkeit des Minderjährigen ab. Der deliktsähnliche Charakter der §§ 990, 989 BGB rechtfertige es, die §§ 827 f. BGB analog heranzuziehen. Ein Minderjähriger sei als bösgläubiger Besitzer iSd § 990 BGB anzusehen, wenn er aufgrund seiner geistigen Entwicklung habe erkennen können, dass er nicht berechtigt war, den Besitz zu erwerben.

Teilweise[43] wird für die Beurteilung der Bösgläubigkeit danach differenziert, ob es sich um die Rechtsfolgen eines fehlgeschlagenen Vertrags (dann § 166 I BGB analog) oder um deliktsähnliche Handlungen (dann § 828 BGB analog) handelt.

e) Besitzerwerb und Umwandlung von Fremd- in Eigenbesitz (V)

Fallbeispiel: »Opas Rennrad«[44]

---

37 Eine direkte Anwendbarkeit der Norm scheidet aus, da es um eine Zurechnung bei dem Realakt Besitzerwerb geht und die §§ 164 ff. BGB nur die Abgabe und den Empfang von Willenserklärungen regeln.

38 BGHZ 32, 53 (Leitsatz); 41, 17 (21); 55, 307 (311).

39 Soergel/*Stadler* § 990 Rn. 17; Staudinger/*Gursky* (2013) § 990 Rn. 43 ff.; Palandt/*Bassenge* § 990 Rn. 6; *Wolf/Wellenhofer* SachenR § 22 Rn. 10; *Schiemann* Jura 1981, 631 (641).

40 *Vieweg/Röthel* Fälle SachenR Fall 18.

41 *Metzler* NJW 1971, 690; *Pinger* MDR 1974, 187 (187 f.).

42 Vgl. MüKoBGB/*Baldus* § 990 Rn. 19; *Ebel* JA 1983, 296 (299).

43 Vgl. MüKoBGB/*Gitter*, 3. Aufl. 1999, Vor § 104 Rn. 28 ff. mwN; ähnlich Staudinger/*Gursky* (2013) § 990 Rn. 39 f.

44 *Vieweg/Röthel* Fälle SachenR Fall 18.

15 Umstritten ist, ob ein Besitzerwerb iSd § 990 I BGB vorliegt, wenn der unmittelbare Besitzer seinen berechtigt erworbenen Fremdbesitz in unrechtmäßigen Eigenbesitz umwandelt.

> **Beispiel:** A rettet ein Gemälde des verreisten Nachbarn B aus dessen brennendem Haus. Nach ein paar Tagen (noch bevor dieser zurückkommt) entschließt er sich, es auf eigene Rechnung zu veräußern.[45]

Ein Teil der Literatur[46] lehnt eine Haftung aus § 990 BGB mit der Begründung ab, unter Besitzerwerb iSd § 990 BGB sei – ebenso wie in § 854 S. 1 BGB – die Erlangung der Sachherrschaft zu verstehen. Allein die Veränderung des Besitzwillens könne einer neuen Besitzergreifung nicht gleichgestellt werden. Die Absenkung der Haftungsschwelle von der positiven Kenntnis zur groben Fahrlässigkeit sei nämlich nur dann gerechtfertigt, wenn der Besitzer sich bewusst sei, einen anderen als Oberbesitzer zu haben.[47] Hieran fehle es aber gerade.[48] Daher könne sich auch der Besitzer durch bloße Änderung des Besitzwillens nicht den Haftungsprivilegien der §§ 987 ff. BGB selbst unterwerfen. Zudem bedürfe es des Anspruchs nach § 990 I BGB nicht, da der Besitzer bereits vertraglich und deliktisch hafte.

Die Rechtsprechung[49] bejaht hingegen eine Haftung aus § 990 BGB. Besitzerwerb sei nicht nur die erstmalige Erlangung der Sachherrschaft, sondern auch die Umwandlung von Eigen- in Fremdbesitz. Eigen- und Fremdbesitz seien ihrem Wesen nach grundsätzlich verschieden; eine Gleichsetzung der Besitzarten sei daher nicht gerechtfertigt. Die Frage der Rechtmäßigkeit des Besitzes sei je nach Besitzart gesondert zu beurteilen.

4. Fremdbesitzerexzess des redlichen Besitzers (§§ 993 I Hs. 2, 991 II BGB)

a) Haftung im Dreipersonenverhältnis (G)

16 Der redliche Besitzer kann ausnahmsweise dem Eigentümer gegenüber zum Schadensersatz verpflichtet sein, wenn er den (unrechtmäßigen) Besitz von einem Dritten, der nicht Eigentümer der Sache ist, als Fremdbesitzer erlangt hat und diesem Dritten (mittelbarer Besitzer) gegenüber für entstandene Schäden verantwortlich ist (§§ 991 II, 989 BGB).[50] Der Fremdbesitzer wird nur insoweit von der Haftung freigestellt, als er im Rahmen des Schuldverhältnisses mit dem Dritten darauf vertrauen durfte, die schädigende Handlung entschädigungslos vornehmen zu können.[51] Grund der Haftung ist, dass der unrechtmäßige Fremdbesitzer nicht besser stehen soll als der rechtmäßige Fremdbesitzer.

Wie sich schon aus dem Wortlaut des § 991 II BGB (»insoweit«) ergibt, ist für die Schadensersatzpflicht des Besitzmittlers das Besitzmittlungsverhältnis zwischen ihm

45 Vgl. *Gursky* 20 Probleme EBV 13. Problem 79 ff.
46 *Prütting* SachenR Rn. 540; *Wilhelm* SachenR Rn. 1287.
47 So selbst die Vertreter der gegenteiligen Ansicht, etwa MüKoBGB/*Baldus* § 990 Rn. 13.
48 *Wilhelm* SachenR Rn. 1287.
49 BGHZ 31, 129 (134 f.); ihr folgend Staudinger/*Gursky* (2013) § 990 Rn. 29 f.
50 OLG Koblenz NJW 2002, 617 (618).
51 Siehe nur *Wilhelm* JZ 2004, 650 (651).

und dem mittelbaren Besitzer maßgeblich. Das hat zur Folge, dass etwaige gesetzliche und vereinbarte Haftungsprivilegierungen aus diesem Verhältnis dem Fremdbesitzer auch im Verhältnis zum Eigentümer zugutekommen.[52]

Umstritten ist jedoch, welche Bedeutung die Formulierung »den in § 989 bezeichneten Schaden« in § 991 II BGB beizumessen ist. Ein Teil des Schrifttums[53] versteht den Verweis auf § 989 BGB als bloße Festlegung der Schadensart. Für den Haftungsmaßstab sei hingegen allein das Besitzmittlungsverhältnis zwischen Fremdbesitzer und mittelbarem Besitzer maßgeblich.[54] Demnach würden gesetzliche und vereinbarte Haftungsverschärfungen, die sich aus diesem Rechtsverhältnis ergeben, gleichermaßen für die Schadensersatzpflicht gegenüber dem Eigentümer gelten. Den Fremdbesitzer, der sich im Verhältnis zum mittelbaren Besitzer in Verzug befindet, träfe hiernach auch bei § 991 II BGB die Zufallshaftung aus § 287 S. 2 BGB.

Eine andere Ansicht[55] verneint hingegen die Wirksamkeit von Haftungsverschärfungen im Verhältnis zum Eigentümer. Bereits die Gesetzgebungsgeschichte zeige, dass mit der Formulierung »den in § 989 BGB bezeichneten Schaden« in § 991 II BGB der Verantwortlichkeitsmaßstab des § 989 BGB insgesamt gemeint sei. Deshalb setze eine Haftung aus §§ 991 II, 989 BGB stets Verschulden voraus.[56] Anderenfalls entstünde zudem ein Wertungswiderspruch, da der gutgläubige unberechtigte Fremdbesitzer schlechter stünde als der bösgläubige Fremdbesitzer, der nur gem. § 990 I iVm §§ 276, 278 BGB hafte.[57] Gegen die Zufallshaftung aus § 287 S. 2 BGB spräche vor allem auch § 990 II BGB, der eine Verzugshaftung von der Bösgläubigkeit abhängig mache.[58]

Einigkeit besteht jedoch insoweit, als nach allgemeiner Ansicht auch der gutgläubige unberechtigte Fremdbesitzer nicht für Verzögerungsschäden haftet.[59]

Daneben kommen ausnahmsweise bei Fremdbesitzerexzess Ansprüche unmittelbar aus §§ 823 ff. BGB in Betracht.[60]

MS

52 Staudinger/*Gursky* (2013) § 991 Rn. 17; *Wilhelm* JZ 2004, 650, 651; Bamberger/Roth/*Fritsche* § 991 Rn. 18; MüKoBGB/*Baldus* § 991 Rn. 10; Jauernig/*Berger* § 991 Rn. 3; NK-BGB/*Schanbacher* § 991 Rn. 16; aA *Katzenstein* AcP 204 (2004), 1 ff.

53 MüKoBGB/*Baldus* § 991 Rn. 12; Bamberger/Roth/*Fritsche* § 991 Rn. 18; Soergel/*Stadler* § 991 Rn. 4; *Katzenstein* AcP 204 (2004), 1 (10).

54 MüKoBGB/*Baldus* § 991 Rn. 12; Bamberger/Roth/*Fritsche* § 991 Rn. 17; Soergel/*Stadler* § 991 Rn. 4, der zusätzlich anführt, dass es angemessen sei, wenn der Eigentümer sich nicht nur Beschränkungen entgegenhalten muss, sondern auch von Verschärfungen profitiere.

55 So vor allem Staudinger/*Gursky* (2013) § 991 Rn. 14 f. mwN auch zur Gegenansicht; *Westermann/Gursky/Eickmann* SachenR § 31 Rn. 26; Palandt/*Bassenge* § 991 Rn. 3; zumindest für die Verzugshaftung auch Jauernig/*Berger* § 991 Rn. 3.

56 Staudinger/*Gursky* (2013) § 991 Rn. 15.

57 Staudinger/*Gursky* (2013) § 991 Rn. 15; *Westermann/Gursky/Eickmann* SachenR § 31 Rn. 26, jeweils unter Bezugnahme auf *Kunze* Die Haftung des Schuldners für den Schaden des Drittbeteiligten, 1909, 112.

58 Jauernig/*Berger* § 991 Rn. 3.

59 MüKoBGB/*Baldus* § 991 Rn. 12; Bamberger/Roth/*Fritsche* § 991 Rn. 16; Palandt/*Bassenge* § 991 Rn. 3. Vgl. auch *Habersack* SachenR Rn. 111.

60 Vgl. zur teleologischen Reduktion des § 993 I Hs. 2 BGB → § 8 Rn. 17 aE.

b) Haftung im Zweipersonenverhältnis (V)

17 Für das Zweipersonenverhältnis fehlt eine gesetzliche Regelung. Erhält der Besitzer eine Sache vom Eigentümer selbst zu Fremdbesitz – etwa aufgrund eines nichtigen Mietvertrags –, weiß er, dass er eine fremde Sache besitzt, mit der er nicht nach Belieben verfahren darf. Auch in diesem Fall hat der Fremdbesitzer, der sein vermeintliches Besitzrecht überschreitet, für den daraus resultierenden Schaden einzustehen (sog. *Fremdbesitzerexzess*).[61] Im Fall eines Zweipersonenverhältnisses darf also nichts anderes gelten als für das gesetzlich geregelte Dreipersonenverhältnis. Obwohl über dieses Ergebnis Einigkeit besteht, ist die rechtliche Begründung umstritten.

Ein Teil der Literatur[62] plädiert für eine analoge Anwendung des § 991 II BGB, da die dort getroffene gesetzliche Wertung ebenfalls passe. Eine Haftung nach den §§ 823 ff. BGB ist damit eröffnet.

Andere Auffassungen ziehen – sei es generell bei Fremdbesitz, sei es lediglich beim Fremdbesitzerexzess – die §§ 823 ff. BGB unmittelbar heran. Eine dieser Ansichten[63] beschränkt das Haftungsprivileg des § 993 I Hs. 2 BGB ausschließlich auf den Eigenbesitzer, sodass der Fremdbesitzer nach §§ 823 ff. BGB haften kann. Historischer Hintergrund der Privilegierung des gutgläubigen Eigenbesitzers sei gewesen, dass dieser glaube, seine vermeintlich eigene Sache vernachlässigt zu haben. Der Fremdbesitzer wisse dagegen, dass ihm kein eigenes Besitzrecht die Beschädigung der Sache erlaube. Nach der überwiegenden Meinung[64] ist die Schutzbedürftigkeit eines Fremdbesitzers der des Eigenbesitzers nur dann ähnlich, wenn er sich im Rahmen seines vermeintlichen Besitzrechts halte. Überschreite der Fremdbesitzer dieses jedoch, sei er nicht schutzbedürftig. Es müssten dann die §§ 823 ff. BGB unmittelbar Anwendung finden. Dies ergebe sich aus einer teleologischen Reduktion des Ausschließlichkeitsgrundsatzes in § 993 I Hs. 2 BGB.[65]

In der neueren Literatur werden zudem vertragliche Schadensersatzansprüche erwogen. Als Anspruchsgrundlage wird insoweit §§ 311 II Nr. 3, 280 I, 241 II BGB genannt.[66] Tragender Gedanke ist wiederum, dass der unrechtmäßige Fremdbesitzer nicht besser gestellt werden dürfe als er bei Wirksamkeit des Vertrages stünde.

---

61 Staudinger/*Gursky* (2013) Vorbem zu §§ 987–993 Rn. 16; MüKoBGB/*Baldus* § 993 Rn. 15 f.; *Prütting* SachenR Rn. 539 f.; krit. zum Erfordernis des Fremdbesitzerexzess hingegen *Wilhelm* JZ 2004, 650 ff.

62 MüKoBGB/*Baldus* § 993 Rn. 15 f.; *Wolff/Raiser* SachenR § 85 III 5b α; *Baur/Stürner* SachenR § 11 Rn. 32; *Wilhelm* SachenR Rn. 1302; ausführlich *Wilhelm* JZ 2004, 650 (652); *Schreiber* SachenR Rn. 215; *Katzenstein* AcP 204 (2004), 1 (10).

63 RGRK/*Pikart* § 992 Rn. 17.

64 RGZ 101, 307 (310 f.); 157, 132 (135); BGHZ 24, 188 (196); 31, 129 (132); Soergel/*Stadler* Vorbem zu §§ 987 ff. Rn. 22; Staudinger/*Gursky* (2013) Vorbem zu §§ 987–993 Rn. 32; Jauernig/*Berger* Vor §§ 987–993 Rn. 12; *Westermann/Gursky/Eickmann* SachenR § 30 Rn. 16; krit. *Wolff/Raiser* SachenR § 85 III 5b β, 6a α, die eine Anwendung der §§ 989, 990 BGB vorziehen.

65 *Westermann/Gursky/Eickmann* SachenR § 30 Rn. 16; zur Frage, ob der Haftungsmaßstab im Rahmen der §§ 823 ff. BGB ebenfalls dem vermeintlichen Besitzrecht entnommen werden kann Jauernig/*Berger* Vor §§ 987–993 Rn. 12; *Wieling* MDR 1972, 645 (651).

66 *Neuner* SachenR Rn. 106; allg. zur Anwendung des § 311 II Nr. 3 BGB im Falle des Vorliegens eines nichtigen Vertrages vgl. BGH NJW 2005, 3208 (3209); Palandt/*Grüneberg* § 311 Rn. 24.

5. Deliktischer Besitzer (§ 992 BGB)

a) Rechtsgrundverweisung (G)

Für einen deliktischen Besitzer, dh denjenigen, der sich den Besitz durch verbotene Eigenmacht oder eine Straftat verschafft hat, erklärt § 992 BGB die deliktischen Vorschriften ausdrücklich für anwendbar. Damit nimmt § 992 BGB als Ausnahmevorschrift dem deliktischen Besitzer das unverdiente Privileg, während des Bestehens der Vindikationslage gem. §§ 987 ff. BGB nur eingeschränkt zu haften. 18

§ 992 BGB ist nach allgemeiner Ansicht[67] eine Rechtsgrundverweisung und damit keine selbstständige Anspruchsgrundlage. Eine Rechtsfolgenverweisung kann § 992 BGB schon deshalb nicht sein, weil die Vorschrift die Voraussetzungen des Schadensersatzanspruchs nicht tatbestandlich benennt. Auch kann eine bei einer Rechtsfolgenverweisung mögliche verschuldensunabhängige Haftung über §§ 992, 848 BGB hinaus nicht gewollt sein.

b) Verschulden als Voraussetzung (V)

Nach der in der Literatur herrschenden Ansicht[68] muss die verbotene Eigenmacht im Rahmen des § 992 BGB – über dessen Wortlaut hinaus – schuldhaft begangen worden sein. Im Gegensatz zur Besitzerlangung durch – nach der Legaldefinition des § 858 I BGB verschuldensunabhängige[69] – verbotene Eigenmacht setzten Straftaten stets Verschulden voraus. Um eine Angleichung beider Haftungsverschärfungsgründe des § 992 BGB zu erreichen und gleichzeitig zu verhindern, dass redliche Besitzer ungleich behandelt würden, müsse allgemein vorausgesetzt werden, dass die verbotene Eigenmacht für die Anwendung des § 992 BGB schuldhaft begangen worden sei. Die verbotene Eigenmacht müsse gegen den Eigentümer oder seinen Besitzmittler gerichtet sein. Sonst würde auch der gutgläubige Besitzer, der nur durch eine schuldlose Verwechslung zum unrechtmäßigen Besitzer geworden sei, deliktisch haften.[70] 19

Demgegenüber lässt eine andere Ansicht[71] bereits einen objektiven Verstoß gegen die Rechtsordnung genügen, wenn eine der nachfolgenden Handlungen, insbesondere die Beschädigungshandlung, schuldhaft begangen wurde. Da eine Haftung aus Delikt ohnehin Verschulden erfordere (Rechtsgrundverweisung!), bestehe kein Bedürfnis für das Erfordernis einer schuldhaft begangenen verbotenen Eigenmacht, um den

---

67 OLG Karlsruhe NJW 1990, 719; Palandt/*Bassenge* § 992 Rn. 1; MüKoBGB/*Baldus* § 992 Rn. 5; Staudinger/*Gursky* (2013) § 992 Rn. 2; *Westermann/Gursky/Eickmann* SachenR § 31 Rn. 22.

68 Palandt/*Bassenge* § 992 Rn. 2; Soergel/*Stadler* § 992 Rn. 3; *Westermann/Gursky/Eickmann* SachenR § 31 Rn. 19 ff.; *Prütting* SachenR Rn. 541; *Wolf/Wellenhofer* SachenR § 22 Rn. 33 f.; *Müller* JuS 1983, 516 (519); *Kempny* JuS 2008, 858 (860).

69 → § 2 Rn. 50.

70 *Wieling* und *Wacke* fordern sogar eine vorsätzliche verbotene Eigenmacht. Nach *Wieling* MDR 1972, 645 (649 f.) unter Hinweis auf *Siber* JherJb. 89, 1941, 1 (42 f.), erfasst § 992 BGB nur besonders verwerfliche Erwerbsarten. Eine Haftung nach Deliktsrecht sei nur dann gerechtfertigt, wenn die Besitzverhältnisse beim Besitzerwerb so lagen, dass der Täter die wahre Lage kennen musste. Würde § 992 BGB auf einen gutgläubigen Besitzer Anwendung finden, sei die strenge deliktische Haftung (insbes. § 848 BGB) nicht angemessen. *Wacke*, FS Hübner, 1984, 669 (685), stellt ebenfalls darauf ab, dass die Zufallshaftung des § 848 BGB bei bloß fahrlässigem Verhalten unangemessen und systemwidrig wäre.

71 BGH WM 1960, 1148; MüKoBGB/*Baldus* § 992 Rn. 5; diff. *Brox* JZ 1965, 516 (517).

Anwendungsbereich der §§ 823 ff. BGB zu eröffnen.[72] Dagegen wird eingewendet, dass nach dem Wortlaut des § 992 BGB die Haftung bereits ab Besitzerwerb eintreten solle. Daher müssten bereits bei Besitzerlangung die Voraussetzungen des § 992 BGB vorliegen.[73]

c) Verbotene Eigenmacht und schadensbegründende Eigentumsverletzung (V)

20 Zum Teil[74] wird vertreten, dass die Eigentumsverletzung gerade in der verbotenen Eigenmacht liegen müsse. Eine andere Ansicht[75] hält es für ausreichend, dass das Eigentum *nach* der verbotenen Eigenmacht unter den Voraussetzungen der §§ 823 ff. BGB verletzt werde: Das sei interessengerecht, weil ansonsten derjenige, der sich schuldhaft den Besitz verschaffe, das Eigentum aber erst später schuldhaft verletze, privilegiert würde.

6. Umfang des Schadensersatzanspruchs

a) Haftungsauslösende Tatbestände und Haftungsumfang (G)

21 Nach den §§ 989, 990 BGB haftet der Besitzer für jede objektive Beeinträchtigung der Vindikation. Grundsätzlich umfasst der Schadensersatzanspruch die Haftung für Verschlechterung, Untergang oder sonstige Unmöglichkeit der Herausgabe, einschließlich des entgangenen Gewinns.[76] »Verschlechterung« der Sache setzt körperliche Beschädigungen oder Beeinträchtigungen ihrer Funktionstauglichkeit voraus, während »Untergang« die völlige physische Vernichtung der Sache oder zumindest ihren wirtschaftlichen Totalverlust bedeutet.[77] Wichtigste Fallgruppe einer sonstigen Unmöglichkeit der Herausgabe ist die Besitzweitergabe zur Veräußerung, insbesondere dann, wenn die Veräußerung gem. §§ 932 ff. BGB wirksam ist.[78]

Vorenthaltungsschäden (zB der Wertverlust oder die Abnutzung)[79] werden nur bei deliktischem Besitzerwerb (§ 992 BGB) oder beim bösgläubigen Besitzer unter den weitergehenden Voraussetzungen des Verzugs ersetzt (§§ 990 II, 286 BGB).[80] Bei Verzug haftet der Besitzer gegebenenfalls auch für Zufall (§§ 990 II, 287 S. 2 BGB).[81]

---

72 MüKoBGB/*Baldus* § 992 Rn. 5.

73 Vgl. die eingehende Diskussion bei *Pinger/Scharrelmann/Thissen* 20 Probleme EBV 16. Problem.

74 *Baur/Stürner* SachenR § 11 Rn. 8; *K. Müller* JuS 1983, 516 (519 f.); mit teils abweichender Begründung ebenso Staudinger/*Gursky* (2013) § 992 Rn. 11, 13; *Westermann/Gursky/Eickmann* SachenR § 31 Rn. 19.

75 MüKoBGB/*Baldus* § 992 Rn. 5; Palandt/*Bassenge* § 992 Rn. 5 f.; *Kempny* JuS 2008, 858 (859 f.).

76 BGH DB 1982, 947; MüKoBGB/*Baldus* § 989 Rn. 18 f.

77 Staudinger/*Gursky* (2013) § 989 Rn. 6 ff.

78 Staudinger/*Gursky* (2013) § 989 Rn. 12.

79 BGH NJW 1999, 425 (426 f.).

80 BGH NJW 1993, 389 (392); BGHZ 156, 170 (171); Palandt/*Bassenge* § 990 Rn. 9; *Ebenroth/Zeppernick* JuS 1999, 209 (211).

81 Beachte: § 990 II BGB bezieht sich nur auf § 990 I BGB und ist nicht im Fall des § 989 BGB anwendbar; BGH NJW 1993, 389 (392); *Ebenroth/Zeppernick* JuS 1999, 209 (213).

b) Verschulden (G)

Der Untergang, die Verschlechterung oder der Verlust der Sache muss auf einer schuldhaften Verletzung der dem Besitzer auferlegten Pflichten beruhen. Es handelt sich um ein echtes Verschulden, nicht nur um ein »Verschulden gegen sich selbst«.[82] Dieses liegt vor, wenn der Besitzer nicht die Sorgfalt hat walten lassen, die ein ordentlicher und verständiger Mensch anwendet, um eine Sache vor Schaden zu bewahren.[83] Dass der Besitzer nicht weiß, dass es sich um eine fremde Sache handelt oder dass Rechtshängigkeit eingetreten ist, steht einem Verschulden nicht entgegen.[84] Die Verschuldensfähigkeit richtet sich nach §§ 276 I 3, 827 f. BGB. 22

Regelmäßig verschuldet ist die gewöhnliche Abnutzung einer Sache[85] sowie die Weiternutzung der Sache in Kenntnis des sich daraus ergebenden Risikos der Verschlechterung. So hat der verklagte oder bösgläubige Besitzer nach §§ 989, 990 BGB auch für einen unverschuldeten Unfall einzustehen, wenn er das Kfz in Kenntnis der bestehenden oder möglichen Herausgabepflicht gefahren hat. Auch jede freiwillige Weitergabe der Sache an Dritte ist stets verschuldet.[86]

Da das Eigentümer-Besitzer-Verhältnis ein gesetzliches Schuldverhältnis darstellt, muss sich der Besitzer im Rahmen der §§ 989, 990 BGB auch das Verschulden seiner Hilfspersonen nach § 278 BGB zurechnen lassen.[87]

IV. Nutzungsersatzansprüche des Eigentümers (G)

Solange der Eigentümer nicht im Besitz der Sache war, konnte er selbst die Sache nicht nutzen. Stattdessen kam die tatsächliche Nutzung oder zumindest die Nutzungsmöglichkeit dem Besitzer zugute. Für die aus der Sache gezogenen oder zu ziehenden Nutzungen kann der Eigentümer grundsätzlich Nutzungsersatz verlangen. 23

1. Anspruchssystematik (G)

Ebenso wie beim Schadensersatz lässt sich auch beim Nutzungsersatz eine Systematisierung nach dem Besitzer vornehmen. Zu unterscheiden sind: 24

- der verklagte Besitzer (§ 987 BGB);
- der bösgläubige Besitzer (§§ 990, 987 BGB);
- der deliktische Besitzer (§ 992 BGB);

82 MüKoBGB/*Baldus* § 989 Rn. 10; NK-BGB/*Schanbacher* § 989 Rn. 12; aA OLG Saarbrücken NJW-RR 1998, 1068 (1069).

83 Vgl. RGZ 100, 42 (44); Staudinger/*Gursky* (2013) § 989 Rn. 16; dieser Verschuldensbegriff entspricht dem für Nutzungen geltenden § 987 II BGB.

84 *Westermann/Gursky/Eickmann* SachenR § 31 Rn. 17; OLG Saarbrücken NJW-RR 1998, 1068 (1069); aA Palandt/*Bassenge* § 989 Rn. 5.

85 RGZ 145, 79 (83) (zu §§ 467, 347 BGB); *Westermann/Gursky/Eickmann* SachenR § 31 Rn. 17.

86 RGZ 56, 313 (316 f.); BGH NJW-RR 1993, 626 (627); RG WarnRspr. 34 Nr. 188; *Ebenroth/Zeppernick* JuS 1999, 209 (211).

87 Staudinger/*Gursky* (2013) § 989 Rn. 16, Vorbem zu §§ 987–993 Rn. 33; anders als die Bösgläubigkeit beim Besitzerwerb: → § 8 Rn. 12 f.

- der gutgläubige (redliche), unverklagte Besitzer (§ 993 I BGB);
- der unentgeltlich erwerbende Besitzer (§ 988 BGB);
- der rechtsgrundlos erwerbende Besitzer (§ 988 BGB analog).

Sonderregelungen gelten für den Fremdbesitzer (§ 991 I BGB).

2. Nutzungsbegriff (G)

25 Nutzungen sind gem. der Legaldefinition in §§ 100, 99 BGB alle unmittelbaren und mittelbaren Sach- und Rechtsfrüchte sowie Gebrauchsvorteile.[88] Ein Teil der Literatur[89] will die §§ 987 f. BGB nur auf solche Früchte anwenden, an denen der Besitzer gem. §§ 955, 957 BGB Eigentum erworben hat und an denen kein Anspruch nach § 985 BGB besteht. Die überwiegende Ansicht[90] lässt bei Früchten den Anspruch aus §§ 987 f. BGB mit § 985 BGB konkurrieren; je nachdem, ob der Besitzer Eigentümer geworden ist, handele es sich dem Inhalt nach um einen Herausgabe- oder um einen Übereignungsanspruch.

3. Verklagter Besitzer (§ 987 BGB) und bösgläubiger Besitzer (§§ 990, 987 BGB) (G)

26 Der Prozessbesitzer (§ 987 BGB) und der bösgläubige Besitzer (§§ 990, 987 BGB) haften grundsätzlich auf Herausgabe der Nutzungen, die nach Rechtshängigkeit bzw. Beginn der Bösgläubigkeit[91] tatsächlich gezogen wurden (§ 987 I BGB). Darüber hinaus hat der Besitzer ab dem Zeitpunkt der Rechtshängigkeit bzw. Bösgläubigkeit auch für die schuldhaft entgegen den Regeln einer ordnungsgemäßen Wirtschaft nicht gezogenen Nutzungen Ersatz zu leisten, unabhängig davon, ob der Eigentümer sie gezogen hätte (§ 987 II BGB).[92]

Für den bösgläubigen Besitzer macht jedoch § 991 I BGB dann eine Ausnahme, wenn der mittelbare Besitzer gutgläubig (redlich) ist.[93] Zweck dieser Bestimmung ist der Schutz des redlichen, unverklagten Oberbesitzers gegen einen Regress des Besitzmittlers.[94]

88 Jauernig/*Berger* § 987 Rn. 1, Jauernig/*Mansel* zu §§ 99–103 Rn. 2 f.; Soergel/*Stadler* § 987 Rn. 11; *Westermann/Gursky/Eickmann* SachenR § 31 Rn. 12.

89 Jauernig/*Berger* § 987 Rn. 1; Staudinger/*Gursky* (2013) Vorbem zu §§ 987–993 Rn. 6; *Wieling* SachenR § 12 II a, § 12 IV 7; *Westermann/Gursky/Eickmann* SachenR § 31 Rn. 12; Soergel/*Stadler* § 987 Rn. 3; siehe auch *Wilhelm* SachenR Rn. 1276.

90 MüKoBGB/*Baldus* § 987 Rn. 19 ff.

91 MüKoBGB/*Baldus* § 987 Rn. 6, § 990 Rn. 23; Staudinger/*Gursky* (2013) § 987 Rn. 14.

92 Zum »Verschulden« bei dieser Obliegenheit siehe MüKoBGB/*Baldus* § 987 Rn. 27 f.; Staudinger/*Gursky* (2013) § 987 Rn. 34; *Ebenroth/Zeppernick* JuS 1999, 209 (211). § 280 I 2 BGB findet insoweit zugunsten des Eigentümers analoge Anwendung, vgl. BGH NJW-RR 2005, 1542 (1543) mit weitergehenden Ausführungen zum Verhältnis der Nutzungsherausgabeansprüche aus § 987 I und II BGB.

93 MüKoBGB/*Baldus* § 991 Rn. 2, 4 ff.

94 MüKoBGB/*Baldus* § 991 Rn. 2.

4. Deliktischer Besitzer (§§ 992, 823 ff. BGB) (G)

Der deliktische Besitzer haftet gem. §§ 992, 823 ff. BGB ebenfalls auf Herausgabe von Nutzungen. Er muss die gezogenen Nutzungen auch dann ersetzen, wenn der Eigentümer diese nicht hätte ziehen können, sowie im umgekehrten Fall, wenn er sie nicht gezogen hat, aber der Eigentümer die Nutzungen hätte ziehen können.[95] 27

5. Redlicher, unverklagter Besitzer (§ 993 I Hs. 2 BGB) (G)

Der gutgläubige Besitzer ist privilegiert und haftet grundsätzlich nicht auf Nutzungsersatz (§ 993 I Hs. 2 BGB). Ausnahmsweise haftet er jedoch gem. §§ 993 I Hs. 1, 812 ff. BGB auf Herausgabe der gezogenen sog. Übermaßfrüchte. 28

KK

6. Unentgeltlich erwerbender Besitzer (§ 988 BGB) (G)

Hat der Besitzer den Besitz unentgeltlich erlangt, so ist er gem. §§ 988, 812 ff. (§ 818 I) BGB zur Herausgabe der gezogenen Nutzungen verpflichtet.[96] 29

Der Verweis auf das Bereicherungsrecht bringt dabei mit sich, dass nach § 818 III BGB die Nutzungsersatzansprüche mit Aufwendungsersatzansprüchen des Besitzers, auch wenn es sich nicht um Verwendungen iSd §§ 994 ff. BGB handelt, zu saldieren sind und § 1001 BGB nicht anzuwenden ist.[97]

KK

7. Rechtsgrundlos erwerbender Besitzer (§ 988 BGB analog) (V)

Ist der Besitz rechtsgrundlos erworben worden, zB weil der Pachtvertrag unwirksam war, ist fraglich, ob der Eigentümer vom Besitzer Nutzungsersatz nach den Grundsätzen des Eigentümer-Besitzer-Verhältnisses verlangen kann. 30

Beispielsfall und Problemstellung: E veräußert eine Sache an B. Ist nur das Kausalverhältnis unwirksam, hat B Eigentum und Besitz erworben, beides jedoch rechtsgrundlos. E kann von B sowohl das Eigentum als auch die Nutzungen gem. §§ 812, 818 I BGB herausverlangen, dh E steht ein Rückübereignungsanspruch zu, der auch die gezogenen Nutzungen umfasst. Ist – zB wegen Fehleridentität – auch das dingliche Geschäft unwirksam, bleibt E Eigentümer und es entsteht ein Eigentümer-Besitzer-Verhältnis. Bei Redlichkeit des B kann E die Sache zwar kondizieren, könnte aber keinen Nutzungsersatz verlangen.

Da der Eigentümer nicht schlechter stehen soll, als wenn er neben dem Besitz auch sein Eigentum verloren hätte, besteht im Ergebnis Einigkeit darüber, dass ihm Nutzungsersatz zusteht. Kontrovers diskutiert wird allerdings die Anspruchsgrundlage.

MS (Vertiefen!)

Die Rechtsprechung[98] wendet § 988 BGB analog an, um die bestehende Regelungslücke zu schließen. »Unentgeltlich« iSd § 988 BGB meine, dass der Erwerb nicht von

95 BGH WM 1960, 1148; Palandt/*Bassenge* § 992 Rn. 6.

96 Zur (analogen) Anwendung des § 988 BGB auf den zunächst rechtmäßigen Besitzer, der seinen Besitz nach Ablauf der Besitzzeit gutgläubig und unentgeltlich fortsetzt, vgl. BGH NJW 2008, 221 (222); ferner Staudinger/*Gursky* (2013) § 988 Rn. 9.

97 BGHZ 137, 314 (316 ff.); OLG Dresden VIZ 2000, 418 (422 f.); Palandt/*Bassenge* § 988 Rn. 5; diff. *Wilhelm* Anm. LM Nr. 10 zu § 988 BGB, je nachdem, ob die Aufwendungen den gezogenen Nutzungen entsprechen oder nicht. Hierzu auch *Gursky* JZ 2005, 385 (387 f.) mwN.

98 RGZ 163, 348 (357); BGHZ 32, 76 (94); 71, 216 (225); BGH NJW 1983, 164.

einer ausgleichenden Zuwendung abhänge. Der rechtsgrundlose Erwerb könne dem unentgeltlichen Erwerb gleichgestellt werden, weil auch der rechtsgrundlose Besitzer keine Gegenleistung zu erbringen brauche. Wegen der erschöpfenden Sonderregelung der Nutzungsansprüche in §§ 987 ff. BGB verbiete sich ein Rückgriff auf das allgemeine Bereicherungsrecht.

Die Literatur[99] lehnt die Gleichstellung von unentgeltlichem und rechtsgrundlosem Erwerb ab und wendet trotz bestehender Vindikationslage die §§ 812 ff. BGB, insbesondere die Leistungskondiktion gem. § 812 I 1 Alt. 1 BGB, unmittelbar an. Eine Analogie zu § 988 BGB sei mangels Regelungslücke nicht möglich. Die Gleichstellung sei allenfalls so lange gerechtfertigt, wie der Besitzer noch keine Gegenleistung erbracht habe.

Da der Besitzer jedoch oft nicht wisse, dass er den Besitz rechtsgrundlos erworben habe, werde er – so die Literatur – häufig dennoch zahlen bzw. leisten. Im *Zweipersonenverhältnis* könne ein Besitzerwerb vom Eigentümer niemals zugleich unrechtmäßig und unentgeltlich sein. Damit erfasse § 988 BGB überhaupt nicht den Fall, dass der Eigentümer dem Besitzer selbst den Besitz verschaffe. Auch widerspreche die Gleichstellung dem Sprachgebrauch des Gesetzes (auch § 516 BGB sowie §§ 134 I, 143 II InsO sprechen nur von »unentgeltlich«).[100] Für die Anwendung der §§ 812 ff. BGB spreche entscheidend der Zweck, fehlgeschlagene Geschäfte rückabzuwickeln. Das müsse auch gelten, wenn die Geschäfte nicht nur schuldrechtlich, sondern auch dinglich fehlgeschlagen seien.[101]

Das entscheidende Argument für die unmittelbare Anwendung der §§ 812 ff. BGB sieht die Literatur jedoch in der Möglichkeit, die sich bei *Dreipersonenverhältnissen* ergebenden Schwierigkeiten sachgerecht lösen zu können.

Beispiel: Dieb D veräußert eine Sache des E an den B, der sogleich an D zahlt. Kausal- und Erfüllungsgeschäft sind nichtig.

Nach Auffassung der Literatur[102] müsse dem Besitzer die Möglichkeit gegeben werden, sich auch gegenüber dem Eigentümer auf ein einem Dritten gezahltes Entgelt zu berufen. Dies könne nur über die Anwendung der §§ 812 ff. BGB erfolgen.

99 Staudinger/*Gursky* (2013) Vorbem zu §§ 987–993 Rn. 49; Palandt/*Bassenge* Vorb v. § 987 Rn. 18 mwN; Palandt/*Bassenge* § 988 Rn. 8; Bamberger/Roth/*Fritzsche* § 988 Rn. 19; *Baur/Stürner* SachenR § 11 Rn. 38; *Westermann/Gursky/Eickmann* SachenR § 30 Rn. 11 f.; *Medicus/Petersen* BürgerlR Rn. 600; *Wolff/Raiser* SachenR § 85 II 6; für eine ausschließliche Anwendung der §§ 987 ff. BGB in solchen Fällen wegen des Vorrangs der Leistungskondiktion aber *Wilhelm* SachenR Rn. 1279; vgl. ferner *Gursky* 20 Probleme EBV 9. Problem 48 ff.

100 Staudinger/*Gursky* (2013) Vorbem zu §§ 987–993 Rn. 48; *Reuter/Martinek*, Ungerechtfertigte Bereicherung, 1983, 692, die auf die Notwendigkeit eines parallelen Verständnisses der Begriffe in § 988 und § 816 I BGB hinweisen; *Kindl* JA 1996, 115 (121).

101 Staudinger/*Gursky* (2013) Vorbem zu §§ 987–993 Rn. 48.

102 Staudinger/*Gursky* (2013) Vorbem zu §§ 987–993 Rn. 52; *Medicus/Petersen* BürgerlR Rn. 600: Dem B muss die Möglichkeit gegeben werden, Ansprüchen des D (Kondiktion der Nutzungen) seinen Anspruch auf Rückzahlung des Kaufpreises entgegenzuhalten (nur D könne, da er den Besitz an B geleistet habe, auch die Nutzungen von B herausverlangen). Nur so könne B die Verrechnung seines Vermögensopfers ermöglicht werden. E könne von D die Nutzungen, die er selbst gezogen hätte, nach §§ 992, 823, 249 BGB ersetzt verlangen. Hätte er sie nicht gezogen, könne er die Nutzungen nach § 687 II BGB fordern. Letztlich komme der Nutzungsherausgabeanspruch des Diebes dem Eigentümer zugute. Vgl. ferner *Weber* SachenR I § 16 Rn. 55 ff.

V. Verwendungsersatzansprüche und weitere Rechte des Besitzers

Der Besitzer ist daran interessiert, vom Eigentümer Ersatz für die von ihm auf die Sache gemachten Verwendungen zu erhalten, weil diese nach Herausgabe der Sache nur noch dem Eigentümer zugute kommen. 31

1. Anspruchssystematik, Anspruchsinhaber und -gegner (G)

Im Gegensatz zu den Ansprüchen auf Schadens- und Nutzungsersatz differenziert das Gesetz beim Verwendungsersatz zunächst nicht nach der Art des Besitzes, sondern nach der Art der geltend gemachten Verwendung. 32

Anspruchsinhaber ist stets der gegenwärtige Besitzer. Dies gilt auch bei Verwendungen des Rechtsvorgängers, wenn der Besitzer den Besitz durch Gesamt- oder Einzelrechtsnachfolge[103] von demjenigen erlangt hat, der die Verwendungen vorgenommen hat (§ 999 I BGB). Für die Frage der Ersatzfähigkeit der Verwendungen kommt es dabei allein auf die Gut- bzw. Bösgläubigkeit des Vorbesitzers an. Nach hM[104] stellt § 999 I BGB eine Umdeutung des – wegen der Nichtberechtigung – gescheiterten Veräußerungsgeschäfts in eine Abtretung der Verwendungsersatzansprüche dar.

Anspruchsgegner ist der jeweilige Eigentümer (§ 999 II BGB).[105] Dies soll dem Besitzer auch bei einem Eigentümerwechsel die reale Sicherheit für seinen Verwendungsanspruch erhalten.[106] Dementsprechend bestehen auch die Zurückbehaltungs- und Wegnahmerechte, die den Anspruch des Besitzers sichern sollen, ihm gegenüber,[107] während von der hM[108] die Fortgeltung einer bereits erteilten Genehmigung nach § 1001 BGB verneint wird. Als Ausgleich stehen dem neuen Eigentümer gegen den Verkäufer regelmäßig die Rechte aus §§ 435, 437, 280 ff. BGB zu.[109]

---

103 Eine bloße Übertragung der Sachherrschaft genügt nicht; es muss ein Veräußerungsgeschäft erfolgt sein; RGZ 129, 199 (204); MüKoBGB/*Baldus* § 999 Rn. 4; *Wieling* SachenR § 12 V 7a. Ebenso wenig stellt die Einräumung mittelbaren Besitzes eine Rechtsnachfolge dar, siehe nur RGZ 158, 394 (397); Palandt/*Bassenge* § 999 Rn. 2.

104 RGZ 129, 199 (204); MüKoBGB/*Baldus* § 999 Rn. 1; Palandt/*Bassenge* § 999 Rn. 1; *Wieling* SachenR § 12 V 7a; *Gursky* AcP 171 (1971), 82 (85 ff.). Nach aA ist der Anspruch auf die Höhe des Rückgriffsanspruchs des jetzigen Besitzers gegen den Vorbesitzer, der die Verwendungen getätigt hat, beschränkt; vgl. OLG Freiburg JZ 1953, 404 (404 f.); Soergel/*Stadler* § 999 Rn. 4; *Wolff/Raiser* SachenR § 86 III (Fn. 14); *Böhmer* JZ 1953, 392 (395).

105 Auch ein originärer Erwerb begründet nach allgM die Haftung, vgl. Palandt/*Bassenge* § 999 Rn. 5; jurisPK-BGB/*Ehlers* § 999 Rn. 7; *Wieling* SachenR § 12 V 7b bb.

106 RGZ 71, 424 (427); BGH LM Nr. 1 zu § 999 = Nr. 2 zu § 390; BGH NJW 1979, 716 mAnm *K. Schmidt* JuS 1979, 517 (517 f.); ebenso *Wieling* SachenR § 12 V 7b aa; *Kohler* NJW 1984, 2849 (2852 f.).

107 MüKoBGB/*Baldus* § 999 Rn. 13; *Westermann/Gursky/Eickmann* SachenR § 32 Rn. 24, 32.

108 Wie MüKoBGB/*Baldus* § 999 Rn. 14 und *Wieling* SachenR § 12 V 7b bb darlegen, begründet schon die Genehmigung eine eigenständige Haftung des Alteigentümers, zumal der Rechtsverkehr durch die Vorschrift des § 999 II BGB mangels Publizität ohnehin belastet ist; ebenso BGH NJW 1996, 52. Für die aA *Wolff/Raiser* SachenR § 86 IV.

109 MüKoBGB/*Baldus* § 999 Rn. 14; Jauernig/*Berger* § 999 Rn. 2; *Wieling* SachenR § 12 V 7b aa.

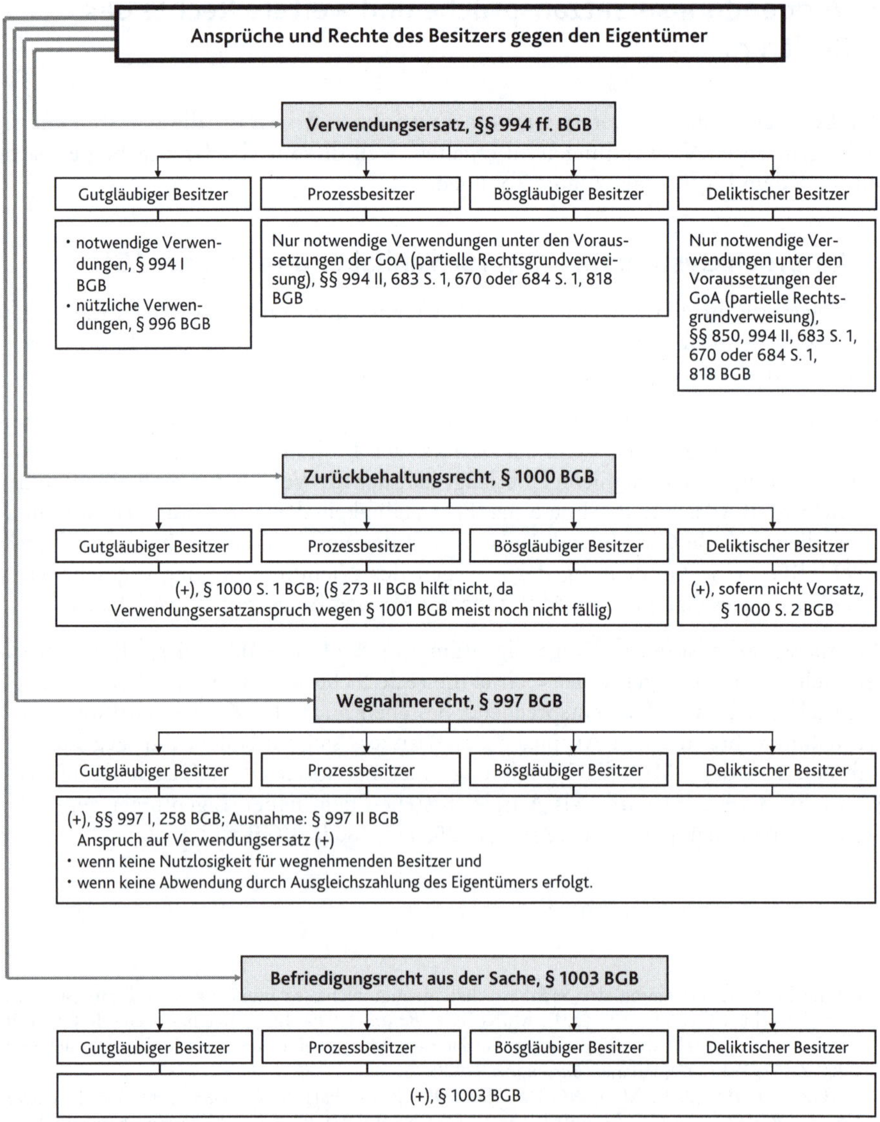

2. Grundbegriff und Verwendungsarten (G)

33 Verwendungen sind willentliche Vermögensaufwendungen, die der Sache selbst zugute kommen, indem sie ihrer Erhaltung, Wiederherstellung oder Verbesserung dienen. Keine Verwendung ist daher der vom Besitzer an einen Dritten gezahlte Kaufpreis zum Erwerb der Sache.[110]

110 Unstreitig, vgl. nur BGH NJW 1980, 2245 (2247); Palandt/*Bassenge* § 994 Rn. 2 f. Weiteres Sonderproblem: Parkgebühr als Verwendung, vgl. *Gottwald* PdW SachenR Fall 104.

Nach der Art der Verwendungen sind notwendige (§§ 994 f. BGB), nützliche (§ 996 BGB) und Luxusverwendungen zu unterscheiden.

Notwendige Verwendungen sind nach hM[111] solche, die zur Erhaltung oder ordnungsgemäßen Bewirtschaftung der Sache objektiv erforderlich sind, die also der Eigentümer hätte machen müssen und die nicht nur den Sonderzwecken des Besitzers dienen. Die rein objektive Betrachtung der Erforderlichkeit anhand des wirtschaftlichen Zwecks wird damit begründet, dass der Nutzen für den Eigentümer im Rahmen des § 683 BGB, auf den in Abs. 2 verwiesen wird, Berücksichtigung finden solle[112] und dass die Regelung des Eigentümer-Besitzer-Verhältnisses den redlichen Besitzer auch vor dem Risiko, Verwendungen ersatzlos vorgenommen zu haben, schützen wolle.[113] Eine Änderung der Planung durch den Eigentümer, wie er die Sache künftig nutzen wolle, sei daher unbeachtlich. Die Gegenansicht[114] stellt dagegen auf den Willen des Eigentümers ab und steht ggf. vor dem Problem der aufgedrängten Bereicherung.[115] Zu den notwendigen Verwendungen zählen zB gewöhnliche Erhaltungskosten (§ 994 I 2 BGB) sowie Lasten (§ 995 BGB).[116] Notwendig sind insbesondere Reparaturmaßnahmen, Versicherungsprämien und Fütterungskosten.[117]

Nützliche Verwendungen iSv § 996 BGB sind sonstige wertsteigernde Verwendungen.[118] Das Vorliegen einer Werterhöhung ist primär nach objektiven Kriterien (Verkehrswert[119]) zu ermitteln.[120]

Luxusverwendungen führen zu keiner Steigerung des objektiven Werts der Sache.[121]

3. Problemfälle

a) Wesensändernde Verwendungen (V)

Streitig ist, ob auch solche Umgestaltungen Verwendungen sind, die die Sache in ihrem Wesen verändern. 34

111 BGHZ 131, 220 (223); BGH NJW 2002, 3478 (3479); Bamberger/Roth/*Fritzsche* § 994 Rn. 44 ff.; Palandt/*Bassenge* § 994 Rn. 5; Staudinger/*Gursky* (2013) § 994 Rn. 11; *ders.* JZ 2005, 385 (394 f.); MüKoBGB/*Baldus* § 994 Rn. 24 ff.; Erman/*Ebbing* § 994 Rn. 12 f.; *Wilhelm* SachenR Rn. 1316; *Wieling* SachenR § 12 V 2c; teils abweichend BGHZ 64, 333 (339).

112 Staudinger/*Gursky* (2013) § 994 Rn. 11; MüKoBGB/*Baldus* § 994 Rn. 25–28.

113 *Brehm/Berger* SachenR § 8 Rn. 68.

114 *Haas* AcP 176 (1976), 1 (2).

115 Vgl. *Haas* AcP 176 (1976), 1 (2, 4 ff.).

116 Darunter fallen öffentlich- und privatrechtliche Leistungen wie Grundsteuern, Anliegerbeiträge oder Rentenleistungen. Außergewöhnliche Lasten, die den Substanzwert der Sache betreffen, sind dagegen erstattungsfähig: Tilgungsbeiträge, Lastenausgleichszahlungen, Kapitalabfindungen, Erschließungskosten. Vgl. Erman/*Ebbing* § 995 Rn. 1 f., 5.

117 Palandt/*Bassenge* § 994 Rn. 5; *Prütting* SachenR Rn. 551; AG Bad Homburg NJW-RR 2002, 894 (895) nimmt an, dass bei Tieren kein Zurückbehaltungsrecht wegen der Fütterungskosten bestehe.

118 Palandt/*Bassenge* § 996 Rn. 2.

119 *Westermann/Gursky/Eickmann* SachenR § 32 Rn. 13.

120 Staudinger/*Gursky* (2013) § 996 Rn. 5; Erman/*Ebbing* § 996 Rn. 6; *Westermann/Gursky/Eickmann* SachenR § 32 Rn. 13.

121 Bamberger/Roth/*Fritzsche* § 996 Rn. 11.

Nach dem *engen Verwendungsbegriff* des BGH[122] sind Verwendungen nur solche willentlichen Vermögensaufwendungen, die die Sache wiederherstellen, erhalten oder verbessern, sie jedoch nicht grundlegend verändern (zB Hausbau auf unbebautem Grundstück). Zum Schutz des Eigentümers müsse der Ersatz von Verwendungen auf jene beschränkt werden, für die ein wirtschaftliches Bedürfnis bestehe.

In der Literatur[123] hingegen wird der sog. *weite Verwendungsbegriff* vertreten. Demnach sind auch bestandsverändernde Vermögensaufwendungen, die der Sache zugute kommen, deren Nutzbarkeit wiederherstellen und deren wirtschaftlichen Wert erhöhen, Verwendungen iSd §§ 994 ff. BGB. Eine Beschränkung des Verwendungsbegriffs sei aus Sicht des Besitzers nicht gerechtfertigt.

Bedeutung erlangt der Meinungsstreit vor allem im Konkurrenzverhältnis zwischen den §§ 994 ff. BGB und bereicherungsrechtlichen Ersatzansprüchen.[124]

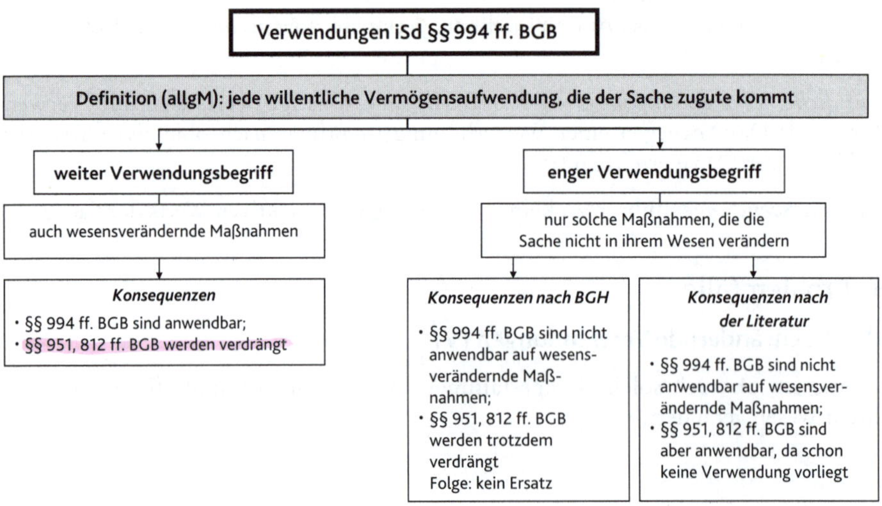

b) Eigenleistungen des Besitzers (V)

35 Streitig ist auch, ob der Besitzer Ersatz für selbst erbrachte Arbeitsleistungen auf die Sache verlangen kann.

Nach einer Ansicht[125] stellt die Aufwendung eigener Arbeitskraft schon dann eine Verwendung dar, wenn durch ihren Einsatz fremde Arbeitskraft eingespart wird. Der Eigentümer solle für die wirtschaftliche Werterhöhung aufkommen, da sie ihm auch zugute komme.

---

122 BGHZ 41, 157 (160); dazu auch *Medicus/Petersen* BürgerlR Rn. 877.

123 *Medicus/Petersen* BürgerlR Rn. 877 f. mwN; *Wilhelm* SachenR Rn. 1305 ff.; *Wolf/Wellenhofer* SachenR § 23 Rn. 12; *ders.* AcP 166 (1966), 188 (193); *Haas* AcP 176 (1976), 1 (16).

124 *Pinger/Scharrelmann/Thissen* 20 Probleme EBV 17. Problem; → § 8 Rn. 60.

125 BGHZ 131, 220 (224); *Baur/Stürner* SachenR § 11 Rn. 55; NK-BGB/*Schanbacher* § 994 Rn. 5.

Nach überwiegender Meinung[126] ist hingegen ein Entgelt für eigene Arbeitskraft nur dann zu leisten, wenn die Arbeitskraft sonst anderweitig gegen Entgelt verwertet worden wäre, insbesondere wenn dem Besitzer andere Einnahmen entgangen sind, oder er die Tätigkeit im Rahmen seines Gewerbes geleistet hat. Der Besitzer erleide durch eigene Arbeitsleitung im Allgemeinen keine wirtschaftlichen Einbußen. Zudem solle der Eigentümer den Besitzer nicht entlohnen.

4. Einzelne Verwendungsersatzansprüche (G)

Zur Ermittlung der Anspruchsgrundlage ist aufseiten des Anspruchstellers einerseits **36**
zwischen dem redlichen, dem bösgläubigen, dem verklagten und dem deliktischen Besitzer sowie andererseits zwischen den einzelnen Verwendungsarten (notwendige, nützliche und Luxusverwendungen) zu differenzieren.

a) Redlicher, unverklagter Besitzer (§ 994 I BGB) (G)

Der redliche und unverklagte Besitzer erhält gem. § 994 I BGB die notwendigen **37**
Verwendungen[127] und gem. § 996 BGB die nützlichen Verwendungen ersetzt. Luxusverwendungen sind hingegen gem. §§ 994 ff. BGB nicht ersatzfähig. Er hat allerdings die gewöhnlichen Erhaltungskosten (§ 994 I 2 BGB) sowie die normalen Lasten (§ 995 S. 2 BGB) selbst zu tragen, soweit ihm auch die laufenden Nutzungen der Sache zukommen. Der Besitzer würde nämlich doppelt privilegiert, wenn er sowohl die Nutzungen behalten dürfte als auch die laufenden Aufwendungen – die mit diesen regelmäßig korrespondieren und aus den Nutzungen bestritten werden – ersetzt bekäme.[128]

Nützliche Verwendungen iSv § 996 BGB sind nur ersatzfähig, wenn die objektive Erhöhung des Werts bei Wiedererlangung für den Eigentümer noch vorhanden ist.[129] Hier trägt also das Risiko, dass die Aufwendungen fehlschlagen oder deren Erfolg nachträglich wegfällt, – im Gegensatz zu § 994 BGB – der Besitzer.[130] Fehlt es nach den subjektiven Interessen des Eigentümers an einer Werterhöhung oder ist diese nur gering, so kommt es nach einem Teil der Literatur[131] auf diese an; der höhere objektive Wert sei – entsprechend den Überlegungen zur »aufgedrängten Bereicherung«[132] – MS

126 OLG Nürnberg NJW 1966, 738; Staudinger/*Gursky* (2013) Vorbem zu §§ 994–1003 Rn. 12 mwN.

127 → § 8 Rn. 33.

128 MüKoBGB/*Baldus* § 994 Rn. 37, § 995 Rn. 4; Staudinger/*Gursky* (2013) § 994 Rn. 19, § 995 Rn. 6; Erman/*Ebbing* § 995 Rn. 4; *Brehm/Berger* SachenR § 8 Rn. 69; *Wieling* SachenR § 12 V 3a.

129 Insoweit wird in der Literatur verbreitet zwischen den »nützlichen Verwendungen«, bei denen dies der Fall ist, und den »Luxusverwendungen«, bei denen es an einem solchen Vorteil fehlt, unterschieden; vgl. MüKoBGB/*Baldus* § 996 Rn. 3 f. mwN; → § 8 Rn. 33. Verwendungsersatzansprüche gem. § 996 BGB sind nach stRspr. des BGH in jedem Fall durch den Betrag der tatsächlich getätigten Aufwendungen »gedeckelt«, vgl. nur BGH NJW 2006, 1729 (1730) mwN.

130 *Westermann/Gursky/Eickmann* SachenR § 32 Rn. 11, 13 f.

131 Bamberger/Roth/*Fritzsche* § 996 Rn. 8–10; Erman/*Ebbing* § 996 Rn. 6; MüKoBGB/*Baldus* § 996 Rn. 6 f.; *Weber* SachenR I § 16 Rn. 76; *Wieling* SachenR § 12 V 3b bb; *Haas* AcP 176 (1976), 1 (24 ff.); *Jakobs* AcP 167 (1967), 350 (355 ff.); diese Einschränkung abl. aber Staudinger/*Gursky* (2013) § 996 Rn. 5 ff.

132 Für eine Gleichbehandlung beider Fälle auch MüKoBGB/*Baldus* § 996 Rn. 6 f., 12; *Wieling* SachenR § 12 V 3b aa; Darstellung und Nachweise ferner bei Staudinger/*Gursky* (2013) § 996 Rn. 11.

nur zu ersetzen, wenn der Eigentümer die Wertsteigerung realisiert. Nach anderer Auffassung[133] soll der redliche Besitzer so gestellt werden, als wenn seine Vorstellung, selbst Eigentümer zu sein, zugetroffen hätte.

Maßgeblicher Zeitpunkt ist die Besitzerlangung durch den Eigentümer. Befindet er sich in Annahmeverzug oder genehmigt er die Verwendung, kann es auf diese Zeitpunkte ankommen, wenn diese Ereignisse früher eintreten.[134]

b) Verklagter Besitzer und bösgläubiger Besitzer (§§ 994 II, 683, 670, 684 BGB) (V)

38 Dem Prozessbesitzer und dem bösgläubigen Besitzer sind nur die notwendigen Verwendungen zu ersetzen und dies auch nur unter den Voraussetzungen der §§ 994 II, 683, 670 BGB oder der §§ 994 II, 684 S. 1, 818 BGB.[135] Dabei handelt es sich nach hM[136] um eine »partielle Rechtsgrundverweisung« auf die Regeln der GoA: Der Fremdgeschäftsführungswille müsse nicht vorliegen, da dieser wegen des Zuschnitts der §§ 994 ff. BGB auf die Situation des unrechtmäßigen Eigenbesitzers schon begrifflich ausgeschlossen sei.

Liegen diese Voraussetzungen nicht vor und genehmigt der Eigentümer die Geschäftsführung auch nicht (§ 684 S. 2 BGB), wird der Besitzer nach hM über § 684 S. 1 BGB auch auf Bereicherungsansprüche verwiesen.[137]

c) Deliktischer Besitzer (§ 992 BGB)

39 Gleiches wie für den bösgläubigen Besitzer gilt im Ergebnis für den deliktischen Besitzer gem. §§ 992, 850 (iVm §§ 994 II, 683, 670 oder §§ 684 S. 1, 818) BGB.[138]

5. Geltendmachung von Verwendungsersatzansprüchen und weiteren Rechten

a) Genehmigungserfordernis und Anspruchsausschluss (§§ 1001, 1002 BGB) (G)

40 Zum Schutz des ersatzverpflichteten Eigentümers bestehen kraft Gesetzes Beschränkungen, denen der unrechtmäßige Besitzer bei der Geltendmachung seiner Verwendungsersatzansprüche unterworfen ist (§§ 1001 f. BGB).

133 Staudinger/*Gursky* (2013) § 996 Rn. 11; *Brehm/Berger* SachenR § 8 Rn. 72.

134 Erman/*Ebbing* § 996 Rn. 7; Staudinger/*Gursky* (2013) § 996 Rn. 2; MüKoBGB/*Baldus* § 996 Rn. 4.

135 Umstritten ist, ob § 684 S. 1 BGB eine Rechtsgrundverweisung (dann §§ 684 S. 1, 812 ff. BGB) oder eine Rechtsfolgenverweisung ist (dann §§ 684 S. 1, 818 BGB). Im letzten Sinne entscheidet die Rspr., vgl. BGH WM 1976, 1056 (1060); Erman/*Dornis* § 684 Rn. 2 mwN.

136 Bamberger/Roth/*Fritzsche* § 994 Rn. 57; MüKoBGB/*Baldus* § 994 Rn. 32–34; Staudinger/*Gursky* (2013) § 994 Rn. 23 mwN auch zur Gegenansicht, die eine vollständige Rechtsgrundverweisung annimmt.

137 RGZ 117, 112 (114, 116); BGH NJW 1955, 340 (341); BGH JZ 1991, 986 (990); MüKoBGB/*Baldus* § 994 Rn. 51; Erman/*Ebbing* § 994 Rn. 32; *Brehm/Berger* SachenR § 8 Rn. 75; *Wolff/Raiser* SachenR § 86 I 1; *Wilhelm* SachenR Rn. 1325; aA Staudinger/*Gursky* (2013) § 994 Rn. 27; *Westermann/Gursky/Eickmann* SachenR § 32 Rn. 16; § 994 II BGB verweise ausschließlich auf die Regeln der echten, berechtigten GoA.

138 Übersicht bei *Baur/Stürner* SachenR § 11 Rn. 57.

Der Besitzer kann seine Verwendungsersatzansprüche erst geltend machen, wenn der Eigentümer die Verwendungen – ausdrücklich oder stillschweigend – genehmigt[139] (§ 1001 S. 1 BGB)[140] oder die Sache im Wissen um die zu ersetzenden Verwendungen entgegennimmt bzw. behält (§ 1001 S. 2 und 3 BGB). In diesen Fällen ist der Eigentümer entweder nicht mehr schutzbedürftig, oder er kommt tatsächlich in den Genuss der verwendungsbedingten Vorteile.

Der Eigentümer soll ferner Verwendungsersatzansprüche nicht auf unabsehbare Zeit befürchten müssen. Die Verwendungsersatzansprüche des Besitzers müssen daher für bewegliche Sachen innerhalb eines Monats und für Grundstücke binnen sechs Monaten nach Herausgabe der Sache an den Eigentümer geltend gemacht werden (§ 1002 I BGB – Ausschlussfrist)[141].

b) Zurückbehaltungs- und Befriedigungsrecht (§§ 1000, 1003 BGB)

Weiterhin können dem Besitzer bei Verwendungen das Zurückbehaltungs- und das 41
Befriedigungsrecht zustehen.

aa) Zurückbehaltungsrecht (§ 1000 BGB) (G)

Der Verwendungsersatzanspruch gibt dem Besitzer ein Zurückbehaltungsrecht 42
(§ 1000 BGB). Er kann die Herausgabe der Sache[142] bis zur Befriedigung seiner Verwendungsersatzansprüche verweigern (*Ausnahme:* vorsätzliche unerlaubte Handlung, § 1000 S. 2 BGB). § 1000 BGB erlangt neben § 273 II BGB selbstständige Bedeutung, da § 273 II BGB zumindest seinem Wortlaut nach einen fälligen Gegenanspruch voraussetzt.[143] § 1000 BGB trägt dem Umstand Rechnung, dass der Anspruch aus §§ 994 ff. BGB erst mit Genehmigung der Verwendungen durch den Eigentümer fällig wird (§ 1001 BGB).

bb) Befriedigungsrecht (§ 1003 BGB) (V)

Unter der Voraussetzung des § 1003 BGB – die erfolglose Aufforderung des Eigen- 43
tümers zur Genehmigung der Verwendungen – wird dem Besitzer das Recht gewährt, die Sache zur Tilgung seiner Ersatzansprüche nach den Vorschriften über den Pfandverkauf bzw. über die Zwangsvollstreckung in das unbewegliche Vermögen zu ver-

139 Nach BGH NJW 2002, 2875 (2876) ist »Genehmigung« hier nicht iSd Legaldefinition des § 184 II BGB zu verstehen, sondern als »Einverständnis«. Hierfür spreche neben der Entstehungsgeschichte auch der Normzweck, den Eigentümer nicht Ersatzansprüchen wegen ungewollter Verwendungen auszusetzen. Ausreichend sei jede Form von Einverständnis. Eine Genehmigung iSd § 1001 S. 1 Alt. 2 BGB könne daher auch im Voraus erteilt werden. Insbes. genüge eine Erklärung, dass der Eigentümer mit der Reparatur der Sache, die der Besitzer in Auftrag gegeben habe, einverstanden sei.

140 Die Genehmigung vor Wiedererlangung der Sache lässt den bis dahin nur »bedingten« Verwendungsersatzanspruch voll wirksam werden; Staudinger/*Gursky* (2013) § 1001 Rn. 2.

141 MüKoBGB/*Baldus* § 1002 Rn. 7.

142 Zur Frage, ob bei Tieren ein Zurückbehaltungsrecht besteht, vgl. AG Bad Homburg NJW-RR 2002, 894 f.

143 Nach der hM soll für § 273 BGB jedoch schon ein Gegenanspruch genügen, der automatisch mit Erbringung der zurückgehaltenen Leistung fällig werde; BGHZ 73, 317 (319); 111, 154 (156); 116, 244 (248); MüKoBGB/*Krüger* § 273 Rn. 30; Staudinger/*Bittner* (2014) § 273 Rn. 26. Damit entfällt eigentlich das Bedürfnis für die Sonderregelung in § 1000 BGB; Staudinger/*Gursky* (2013) § 1000 Rn. 3.

werten. Damit zeigt auch § 1003 BGB, dass der Verwendungsersatzanspruch nur unter bestimmten Bedingungen einen Anspruch auf Zahlung gibt. Im Vordergrund steht vielmehr die Sachhaftung.[144]

c) Wegnahmerecht (§ 997 BGB) (V)

44 Eine weitere, wenn auch in der Regel schwächere Möglichkeit des Besitzers, wirtschaftlichen Ausgleich zu erlangen, ist die Wegnahme der verbundenen Sache (§ 997 BGB). § 997 BGB gewährt dem unrechtmäßigen Besitzer, unabhängig von dessen Gut- oder Bösgläubigkeit (auch dem deliktischen Besitzer), ein Wegnahmerecht, wenn er mit der Sache eine andere Sache als wesentlichen Bestandteil verbunden hat (*Ausnahme:* § 997 II BGB).[145]

d) Verwendungsersatz des für einen Dritten besitzenden Fremdbesitzers (V)

45 Hat der Besitzer keinen Eigen-, sondern Fremdbesitz[146], kommt es dann zu Problemen, wenn Oberbesitzer und Eigentümer nicht identisch sind. Dies gilt für Ansprüche des Eigentümers im gleichen Maße wie für Ersatzansprüche des unmittelbaren Besitzers. In diesem Zusammenhang wird vor allem diskutiert, ob der unmittelbare Besitzer dem Eigentümer überhaupt seine Verwendungsersatzansprüche entgegensetzen kann oder ob er nicht vielmehr auf seine Ansprüche gegen den Oberbesitzer beschränkt ist.

Des Weiteren ist strittig, ob nicht zumindest dann die Verwendungsersatzansprüche ausgeschlossen sind, wenn die Vindikationslage erst nach Vornahme der Verwendungen entstanden ist.

Fallbeispiel: »Die kostenlose Autoreparatur«[147]

aa) Verwendungsersatzansprüche gegen den Eigentümer trotz Vertragsverhältnisses des Besitzers mit einem Dritten? (V)

46 Leitet der unrechtmäßige Besitzer bei Geltendmachung des Verwendungsersatzanspruchs seinen Besitz von einem Oberbesitzer ab, der nicht Eigentümer der Sache ist, ist fraglich, ob der Besitzer sich nur an den (ihm regelmäßig vertraglich verbundenen)

144 So allgemein *Westermann/Gursky/Eickmann* SachenR § 32 Rn. 22.

145 Streitig ist dabei, ob das mit dem Wegnahmerecht verbundene Aneignungsrecht auch dann besteht, wenn die eingefügte Sache nicht im Eigentum des Verwenders stand. Staudinger/*Gursky* (2013) § 997 Rn. 31; *Westermann/Gursky/Eickmann* SachenR § 32 Rn. 32 und *Wieling* SachenR § 12 V 9a; *ders.* JZ 1985, 511 (518) lehnen hier das Aneignungsrecht des Verwenders ab, da dieser kein eigenes Vermögensopfer erbracht habe. Die überwiegende Ansicht (Palandt/*Bassenge* § 997 Rn. 3; *Wolff/Raiser* SachenR § 79 I 3, Fn. 4) bejaht hingegen den Eigentumserwerb des Wegnehmenden auch in solchen Fällen und verweist den Alt-Eigentümer auf schuldrechtliche Ausgleichsansprüche gem. § 951 I BGB. Nach MüKoBGB/*Baldus* § 997 Rn. 31 und *Hellmann*, SeuffBl. 67, 1902, 289 (291) soll bei Abtrennung durch den Verwender das Eigentum beim vormaligen Eigentümer wiederaufleben.

146 So stellt sich nur beim Fremdbesitzer die Frage nach dem »nicht-so-berechtigten« Besitzer und die Frage nach der Qualifikation der Umwandlung von Eigen- in Fremdbesitz. Nur im Falle des Fremdbesitzes kommt ausnahmsweise eine Haftung des redlichen Besitzers nach § 991 II BGB sowie die Haftung nach den Grundsätzen des Fremdbesitzerexzesses in Frage. Besondere Probleme werden auch bei der Konkurrenz mit vertraglichen und deliktischen Ansprüchen aufgeworfen.

147 *Vieweg/Röthel* Fälle SachenR Fall 17.

Oberbesitzer wenden kann oder ob ihm darüber hinaus auch gegen den Eigentümer Verwendungsersatzansprüche nach den §§ 994 ff. BGB zustehen.

Beispielsfälle: Ein Dritter erwirbt eine Sache von einem nicht geschäftsfähigen Eigentümer und vermietet diese weiter. Der Mieter nimmt sodann Reparaturen an der Mietsache vor. Ein typisches Beispiel bildet die Reparatur bestellerfremder Sachen im Rahmen eines Werkvertrags.

Zwar bestehen in diesen Fällen unter dem Gesichtspunkt der Vindikationslage keine Probleme, soweit es an einer Ableitung des Besitzrechts vom Eigentümer fehlt.[148] Problematisch ist aber, ob die vom Mieter oder Werkunternehmer tatsächlich vorgenommenen Arbeiten an der Sache als »Verwendungen« iSd §§ 994 ff. BGB angesehen werden können. Denn Initiator ist der Besteller, der nicht zuletzt aufgrund der vertraglichen Verbindung wirtschaftlich für die Reparatur einzustehen hat. Praktische Bedeutung erlangt die Problematik bei Zahlungsunfähigkeit des Oberbesitzers.

Nach einer in der Literatur verbreiteten Ansicht[149] kann der unrechtmäßige Fremdbesitzer in diesem Fall keine Ansprüche aus den §§ 994 ff. BGB geltend machen. Aus dem zufälligen Auseinanderfallen von Oberbesitz und Eigentum dürften dem unmittelbaren Besitzer keine Vorteile erwachsen. Als unrechtmäßiger Fremdbesitzer dürfe dieser nicht besser stehen als ein rechtmäßiger Fremdbesitzer. Dieser sei jedoch auf die Ansprüche gegen seinen Vertragspartner beschränkt. Der unmittelbare Besitzer müsse das Insolvenzrisiko seines Vertragspartners selbst tragen; er dürfe dieses Risiko nicht über §§ 994 ff. BGB auf den Eigentümer abwälzen können. Da der Verwender allgemein derjenige sei, der den Verwendungsvorgang für eigene Rechnung veranlasse und beherrsche, könne der Dienstverpflichtete bzw. Werkunternehmer nicht als Verwender qualifiziert werden.[150] Verwender sei vielmehr der Dienstherr bzw. der Besteller. Maßgeblich sei also nicht, wer die Verwendung tatsächlich vornehme, sondern wem sie zuzurechnen sei (vgl. die Diskussion bei § 950 BGB).[151] Die §§ 994 ff. BGB passten schon typologisch nicht auf Werkleistungen eines besitzenden Werkunternehmers, da dessen Arbeiten nicht durch den Besitz der Sache, sondern durch die Gegenleistung motiviert und damit entgeltbezogen seien.[152]

Im Ergebnis übereinstimmend klammert eine andere Auffassung[153] Leistungen iSd Bereicherungsrechts grundsätzlich aus dem Verwendungsbegriff aus, da § 994 I BGB gerade den Besitzer bevorzugen wolle, der nicht aufgrund einer Leistung besitze. Wer durch Leistung den Besitz empfangen habe, könne dem Eigentümer nämlich regelmäßig die Gegenleistung entgegenhalten.

---

148 Dazu MüKoBGB/*Baldus* § 994 Rn. 47.

149 MüKoBGB/*Baldus* § 994 Rn. 49 f.; Staudinger/*Gursky* (2013) Vorbem zu §§ 994–1003 Rn. 30 f.; *Medicus/Petersen* BürgerlR Rn. 591; *Müller*, FS Lent, 1957, 179 ff.; *Münzel* MDR 1952, 643 (647); *Wolf* AcP 166 (1966), 188 (223 f.).

150 So insbes. MüKoBGB/*Baldus* § 994 Rn. 49 f.; Staudinger/*Gursky* (2013) Vorbem zu §§ 994–1003 Rn. 20 f.; *Medicus/Petersen* BürgerlR Rn. 591.

151 Vgl. zur Diskussion bei § 950 BGB iE → § 6 Rn. 19. Umstritten ist ebenfalls, ob Verwendungsansprüche nach §§ 994 ff. BGB nicht auch schon dann ausscheiden, wenn der Fremdbesitzer seinen Besitz aus einem unwirksamen Vertrag mit dem Eigentümer ableitet. Auch dann sei nicht der Besitzer der Verwender, sondern der Eigentümer.

152 Staudinger/*Gursky* (2013) Vorbem zu §§ 994–1003 Rn. 20.

153 Staudinger/*Gursky* (2013) Vorbem zu §§ 994–1003 Rn. 45; Palandt/*Bassenge* Vorb v. § 994 Rn. 10; *Reuter/Martinek*, Ungerechtfertigte Bereicherung, 690; *M. Wolf* AcP 166 (1966), 188 (206 f.); *Kindl* JA 1996, 201 (204); allgemein zur scharfen Trennung zwischen Aufwendung und Leistung *Beuthien* JuS 1987, 841 (845 f.).

Dem Ausschluss von Verwendungsersatzansprüchen gegen den Eigentümer wird jedoch von der überwiegenden Auffassung entgegengehalten,[154] dass vertragliche Beziehungen des unmittelbaren Besitzers zu Dritten das sachenrechtliche Verhältnis zwischen Eigentümer und Besitzer nicht berühren könnten. Der Besitzer müsse die Sache dem Eigentümer auch nach § 985 BGB herausgeben, ohne sich auf seine vertraglichen Rechte gegenüber Dritten berufen zu können. Um den unmittelbaren Besitzer nicht unbillig zu benachteiligen, müsse er dem Eigentümer wenigstens die ihm gesetzlich zugestandenen Verwendungsersatzansprüche entgegensetzen dürfen. Anderenfalls würde der Eigentümer, dem die Verwendung letztendlich zugute komme, ungerechtfertigt besser stehen. Dem Besitzer stünden daher Verwendungsersatzansprüche aus §§ 994 ff. BGB zu, die er dem Eigentümer bis zur Befriedigung seiner Ansprüche einredeweise entgegenhalten könne (§ 1000 BGB). Allerdings dürfe der unberechtigte Fremdbesitzer auch nicht besser stehen, als er im Rahmen seines vermeintlichen Besitzrechts stünde. Schließe das zugrunde liegende Rechtsverhältnis Ersatzansprüche aus, sei auch kein Raum für Verwendungsersatzansprüche gegen den Eigentümer.[155]

bb) Lösungswege für den Schutz des Verwendungen vornehmenden Besitzers (Werkunternehmer) bei Bestehen eines Vertragsverhältnisses mit einem Dritten (V)

47 Trotz der unterschiedlichen Auffassung über die Anwendbarkeit der §§ 994 ff. BGB auf den unmittelbaren und unrechtmäßigen Fremdbesitzer besteht im Ergebnis Einigkeit darüber, dass der Besitzer nicht durch das zufällige Auseinanderfallen von Oberbesitz und Eigentum schlechter gestellt sein darf. So ist nach allgemeiner Ansicht im Fall der Reparatur bestellerfremder Sachen der regelmäßig vorleistende Werkunternehmer schutzwürdig. Streitig ist jedoch, auf welchem Weg dieser Schutz erreicht werden kann.[156] Die folgende Darstellung betrifft auch den Fall, dass die Besitzberechtigung des unmittelbaren Besitzers (Verwender) nachträglich wegfällt (»nicht mehr berechtigter Besitzer«[157]).

Der BGH[158] erreicht den Schutz des Werkunternehmers, indem er ihm – wie gesehen – auch gegen den Eigentümer Verwendungsersatzansprüche aus den §§ 994 ff. BGB und damit auch das Zurückbehaltungsrecht des § 1000 BGB zubilligt.

Nach der *Theorie vom Vorrang des Vertragsverhältnisses*[159] kann der Eigentümer den Vindikationsanspruch ohnehin nicht geltend machen, da er die Sache freiwillig weggegeben und damit sein Eigentum wirksam eingeschränkt habe.

Ein anderer Teil der Literatur[160] stellt zwar das Bestehen des Vindikationsanspruchs selbst nicht in Abrede, billigt dem *Werkunternehmer* jedoch ein *Besitzrecht nach*

154 BGHZ 34, 122 (129); 51, 250 (251); BGH NJW 2002, 2875 (2876) mwN; Erman/*Ebbing* Vor §§ 994–1003 Rn. 18 f.; *Hoche* NJW 1957, 468; *Firsching* AcP 162 (1963), 440 (451); *Berg* JuS 1972, 193 (194).

155 BGH NJW 1979, 716; NJW 2015, 229 (231).

156 Siehe auch die eingehende Diskussion bei *Medicus/Petersen* BürgerlR Rn. 587 ff.

157 Zu dessen Verwendungsersatzansprüchen → § 8 Rn. 48.

158 BGHZ 34, 122 (127 ff.); 51, 250 (251 f.).

159 *Wolff/Raiser* SachenR § 84 I 2; *Raiser* JZ 1961, 529 (529 ff.). Zur Lehre vom Vorrang des Vertragsverhältnisses vgl. insbes. → § 7 Rn. 3 und → § 8 Rn. 51. Zu Gegenargumenten siehe *Medicus/Petersen* BürgerlR Rn. 593.

160 *Baur/Stürner* SachenR § 55 Rn. 40.

§ 986 BGB zu. Dieses beruhe auf einem gutgläubig erworbenen Unternehmerpfandrecht (§§ 647, 1257, 1207 BGB). Dem wird jedoch entgegengehalten, dass § 1257 BGB von einem bereits entstandenen Pfandrecht ausgehe und damit die Vorschriften über den gutgläubigen Erwerb für gesetzliche Pfandrechte gerade nicht anwendbar seien.[161]

Den Gedanken des Pfandrechts aufgreifend argumentiert *Medicus*[162], der Eigentümer könne in die Begründung eines Werkunternehmerpfandrechts einwilligen (§§ 183, 185 I BGB analog), sodass es auf einen gutgläubigen Erwerb des Werkunternehmerpfandrechts gar nicht ankomme. Eine solche Einwilligung lasse sich einer Rechtsbeziehung zwischen Eigentümer und Oberbesitzer entnehmen, nach deren Inhalt der Oberbesitzer verpflichtet oder zumindest gegenüber dem Eigentümer ermächtigt sei, die Sache reparieren bzw. entsprechende Verwendungen vornehmen zu lassen. Diesem Gedanken wird jedoch entgegengehalten, dass sich § 185 BGB auf rechtsgeschäftliche Verfügungen beziehe, das Unternehmerpfandrecht jedoch kraft Gesetzes entstehe. Der BGH wendet zudem ein, diese Rechtskonstruktion laufe auf eine unzulässige Verpflichtungsermächtigung hinaus.[163]

cc) Abreißen der »Vertragsbrücke« nach Vornahme der Verwendungen (»nicht mehr berechtigter Fremdbesitzer«) (V)

Problematisch ist der Fall, dass ein unmittelbarer Fremdbesitzer, der zum Eigentümer 48
der Sache in keinem Vertragsverhältnis steht, *im Zeitpunkt der Verwendungsvornahme* noch rechtmäßiger Besitzer war und erst danach zum unrechtmäßigen Besitzer wurde. Möchte dieser dann Verwendungsersatzansprüche gegen den Eigentümer geltend machen, der die Sache von ihm herausverlangt, besteht die Schwierigkeit darin, dass die Vindikationslage nur zum Zeitpunkt des Herausgabeverlangens des Eigentümers gegeben ist.

> **Beispiel nach BGHZ 34, 122 ff.**[164]: Der Eigentümer verkauft ein Kfz unter Eigentumsvorbehalt. Der Vorbehaltskäufer gibt es in Reparatur. Nachdem der Werkunternehmer den Wagen repariert hat, tritt der Eigentümer wirksam vom Kaufvertrag zurück. Nunmehr fordert der Eigentümer das Kfz vom Werkunternehmer heraus.

Auch für diese Problemstellung ist das Vorliegen einer Vindikationslage vorentscheidend für die Anwendbarkeit der §§ 994 ff. BGB. Zu der hier als problematisch behandelten Frage gelangt man nur, wenn man von einer echten Anspruchskonkurrenz[165] zwischen vertraglichen Ansprüchen und dem Vindikationsanspruch ausgeht (»Anwendbarkeit nebeneinander«).

Der Besitzer kann nach §§ 994 ff. BGB nur für solche Verwendungen Ersatz verlangen, die im Zeitpunkt des Bestehens der Vindikationslage vorgenommen wurden. Eine im

---

161 Weitere Gegenargumente bei *Medicus/Petersen* BürgerlR Rn. 592. Daneben bleibt jedoch die Möglichkeit der rechtsgeschäftlichen Bestellung eines Pfandrechts (auch mithilfe von AGB) bestehen (mit der Folge gutgläubigen Erwerbs § 1207 BGB). → § 10 Rn. 33 f.

162 *Medicus/Petersen* BürgerlR Rn. 594 mit eingehender Diskussion der Gegenargumente.

163 BGHZ 34, 122 (125).

164 Vgl. auch *Medicus/Petersen* BürgerlR Rn. 587 ff.; *Gursky* 20 Probleme EBV 20. Problem 116 ff.

165 → § 8 Rn. 52.

MS

Schrifttum verbreitete Meinung[166] vertritt – gestützt auf Wortlaut und Systematik der §§ 987 ff. BGB –, dass in diesem besonderen Fall Verwendungsersatzansprüche nicht in Betracht kommen. Das für die §§ 987–998 BGB einheitlich geltende Erfordernis der Vindikationslage ergebe nur dann Sinn, wenn dieses nicht nur zu irgendeinem beliebigen Zeitpunkt, sondern schon bei Vornahme der Verwendung erfüllt sein müsse.[167] Zudem unterscheide § 994 I und II BGB hinsichtlich des Haftungsumfangs nach der Gut- und Bösgläubigkeit. Da beide Begriffe die Unrechtmäßigkeit des Besitzes voraussetzten, sei der rechtmäßige Besitzer jedoch weder gut- noch bösgläubig. Auch aus diesem Grund könne § 994 BGB keine Anwendung finden.

Die Rechtsprechung[168] und ein Teil der Literatur[169] lassen hingegen für die Anwendung der §§ 994 ff. BGB genügen, dass jedenfalls im Zeitpunkt des Herausgabeverlangens eine Vindikationslage besteht. Ein ehemals berechtigter Besitzer dürfe nicht schlechter stehen als ein von vornherein unberechtigter Besitzer. Gleichwohl dürfe er auch nicht besser stehen als im Rahmen seines Besitzrechts, sodass Ansprüche aus §§ 994 ff. BGB dann ausschieden, wenn das zugrunde liegende Rechtsverhältnis Verwendungsersatzansprüche abweichend regelt.[170]

VI. Konkurrenzen

1. Grundsatz (G)

49 Grundsätzlich enthalten die §§ 987 ff. BGB eine *abschließende Sonderregelung* hinsichtlich der *Schadensersatz-*, *Nutzungsersatz-* und nach überwiegender Ansicht auch *Verwendungsersatzansprüche* zwischen Eigentümer und unrechtmäßigem Besitzer.[171] Dies ergibt sich aus Gesetzessystematik und Wortlaut des § 993 I Hs. 2 BGB. Von einem Teil der Literatur[172] wird dieses Vorrangverhältnis hinsichtlich des verklagten bzw. bösgläubigen Besitzers angezweifelt, da dieser keinen Schutz verdiene. Unabhängig davon sind vereinzelt Durchbrechungen des Grundsatzes anerkannt worden, um untragbare Ergebnisse einer starren Anwendung des Ausschließlichkeitsdogmas zu vermeiden.[173]

Im Einzelnen ist zu differenzieren zwischen dem Verhältnis der EBV-Ansprüche zueinander sowie dem Verhältnis der EBV-Ansprüche zu vertraglichen Ansprüchen, Ansprüchen aus GoA, bereichungsrechtlichen Ansprüchen und deliktischen Ansprüchen.

166 MüKoBGB/*Baldus* § 994 Rn. 45; Palandt/*Bassenge* Vorb v. § 994 Rn. 3, 8; Soergel/*Stadler* Vor § 994 Rn. 6; Staudinger/*Gursky* (2013) Vorbem zu §§ 994–1003 Rn. 31; Erman/*Ebbing* Vor §§ 994–1003 Rn. 38; *Schwerdtner* JuS 1970, 64 (66); *Beuthien* JuS 1987, 841 (845 f.).

167 Staudinger/*Gursky* (2013) Vorbem zu §§ 994–1003 Rn. 31.

168 BGHZ 34, 122 (131); 51, 250 (251); 75, 288 (292 f.); 100, 95 (102 f.).

169 *Prütting* SachenR Rn. 557; *Wilhelm* SachenR Rn. 1266; *Gottwald* PdW SachenR Fall 107; weitergehend wegen drohender Wertungswidersprüche *Waldner* JR 1988, 20 (21 f.).

170 BGHZ 131, 220 (222) = NJW 1996, 921 (921); NJW 1979, 716.

171 So die hM: RGZ 137, 206 (210); 163, 348 (352); BGH Nr. 8 zu LM § 985; OLG Dresden VIZ 2000, 418 (423); MüKoBGB/*Baldus* § 993 Rn. 1 f.; Soergel/*Stadler* Vor § 987 Rn. 18; Palandt/*Bassenge* Vorb v. § 987 Rn. 16 ff. mwN; *Baur/Stürner* SachenR § 11 Rn. 34; *Wilhelm* JZ 2004, 650 (651).

172 Vgl. *Berg* JuS 1972, 83 (84); *Müller* JuS 1983, 516 (519); *Prütting* SachenR Rn. 542, 564.

173 → § 8 Rn. 59–61.

2. Verhältnis der EBV-Ansprüche zueinander (G)

Die Ansprüche aus dem Eigentümer-Besitzer-Verhältnis stehen zueinander in *echter Anspruchskonkurrenz*, soweit sie sich nicht schon der Sache nach gegenseitig ausschließen.[174] 50

3. Verhältnis zu vertraglichen Ansprüchen (G)

Für das Verhältnis der EBV-Ansprüche zu vertraglichen Ansprüchen ist vorentscheidend, ob man der Lehre vom Vorrang des Vertragsverhältnisses[175] folgt und damit eine Verdrängung des Vindikationsanspruchs (§ 985 BGB) durch vertragliche Rückgabeansprüche annimmt oder ob man mit der hM[176] eine *echte Anspruchskonkurrenz* zwischen vertraglichen Herausgabeansprüchen und dinglichem Herausgabeanspruch bejaht. 51

Nach der *Lehre vom Vorrang des Vertragsverhältnisses* scheitert die Haftung aus §§ 987 ff. BGB bereits an der fehlenden Vindikationslage.

Innerhalb der hM (*echte Anspruchskonkurrenz*) werden im Wesentlichen zwei Ansichten vertreten,[177] die vor allem in den Fällen des »nicht mehr berechtigten Besitzers« zu unterschiedlichen Ergebnisses führen.[178]

a) Allgemeine Konkurrenzregeln (G)

Die Rechtsprechung[179] und ein Teil der Literatur[180] sehen die Folgeansprüche ebenso wie den Vindikationsanspruch selbst in *echter Anspruchskonkurrenz* zu den vertraglichen Rückabwicklungsvorschriften. Mit Erlöschen des Besitzrechts würden Einwirkungsbefugnisse und Nutzungszuweisungen überhaupt nicht mehr gewährt. Da der »nicht mehr berechtigte Besitzer« kein Besitzrecht habe, seien die Grundsätze des Eigentümer-Besitzer-Verhältnisses anwendbar und ein Ausschluss der §§ 987 ff. BGB nicht gerechtfertigt. Gleichwohl seien §§ 994 ff. BGB nicht anwendbar, wenn das besitzrechtsbegründende Rechtsverhältnis die Ansprüche auf Verwendungsersatz gesondert regelt.[181] 52

MS

Die überwiegende Ansicht in der Literatur[182] hält dagegen die §§ 987 ff. BGB neben den vertraglichen Rückabwicklungsvorschriften dann nicht für anwendbar, wenn

174 AllgM; vgl. nur RGRK/*Pikart* § 987 Rn. 20.

175 *Raiser* JZ 1961, 529 (531); Darstellung und Nachweise bei *Gursky* 20 Probleme EBV 1. Problem 1 f.; zu Einzelheiten → § 7 Rn. 3.

176 BGHZ 85, 11 (13); BGH JZ 1980, 767; MüKoBGB/*Baldus* § 985 Rn. 69; Palandt/*Bassenge* § 985 Rn. 1; *Prütting* SachenR Rn. 523. Vgl. die eingehende Diskussion bei *Pinger/Scharrelmann/Thissen* 20 Probleme EBV 1. Problem; → § 7 Rn. 3.

177 *Pinger/Scharrelmann/Thissen* 20 Probleme EBV 8. Problem.

178 → § 7 Rn. 15.

179 BGH MDR 1969, 128; NJW 1982, 2304; NJW 1996, 921; NJW 2001, 3118 (3119).

180 *Westermann/Gursky/Eickmann* SachenR § 30 Rn. 14; Staudinger/*Gursky* (2013) Vorbem zu §§ 987–993 Rn. 39 mwN.

181 BGHZ 131, 220 (222) = NJW 1996, 921 (921 f.); NJW 1979, 716; NJW 2015, 229 (231); → § 8 Rn. 46, 48.

182 MüKoBGB/*Baldus* Vor §§ 987–1003 Rn. 30 f.; Palandt/*Bassenge* Vorb v. § 987 Rn. 8 ff.; Jauernig/*Berger* Vor §§ 987–993 Rn. 8; *Prütting* SachenR Rn. 563; *Ebenroth/Zeppernick* JuS 1999, 209 (215).

ursprünglich ein wirksamer Vertrag zwischen Eigentümer und Besitzer vorgelegen hat. Das Schuldrecht enthalte eigene Vorschriften für die Rückabwicklung von Schuldverträgen (zB §§ 280, 283 BGB), neben denen für die Anwendung der §§ 987 ff. BGB nicht nur kein Bedürfnis bestehe, sondern deren besondere Haftungsvoraussetzungen (zB § 546 II BGB) auch nicht umgangen werden dürften, da sie auf das jeweilige Sonderverhältnis zugeschnittene Wertungen enthielten. Im Übrigen seien die §§ 987 ff. BGB auf den unberechtigten Besitzerwerb zugeschnitten (vgl. § 990 I BGB: Bösgläubigkeit bei Besitzerwerb), der in den Konkurrenzfällen (Umwandlung von berechtigtem in unberechtigten Besitz, zB mit Ablauf des Mietvertrags) gerade nicht vorliege.

b) Verhältnis zu speziellen vertraglichen Haftungsbeschränkungen beim Fremdbesitzer (V)

53 Spezielle Haftungsbeschränkungen durch das Vertragsrecht ergeben sich beim Fremdbesitzer. So kann der *unrechtmäßige Fremdbesitzer* (zB Erwerb der Sache aufgrund eines unwirksamen Überlassungsvertrags, etwa §§ 535, 598 BGB) nach hM[183] Verwendungsersatz gem. §§ 994 ff. BGB nur in den Grenzen seines vermeintlichen Besitzrechts aus dem Überlassungsvertrag verlangen, da er sonst besser stünde als bei Wirksamkeit des Überlassungsvertrags, dh besser als ein rechtmäßiger Fremdbesitzer.

Umgekehrt gesteht der BGH[184] auch dem *rechtmäßigen Fremdbesitzer* ausnahmsweise dann einen Verwendungsersatzanspruch zu, wenn das Rechtsverhältnis, aus dem sich sein Besitzrecht ergibt, einen solchen nicht abschließend regelt, dh auch nicht durch Ausschluss. Denn der rechtmäßige Fremdbesitzer soll nicht schlechter stehen als der unrechtmäßige.

Hiervon zu unterscheiden ist der an sich *berechtigte Fremdbesitzer, der die Grenzen seines Besitzrechts überschreitet*. Hier sind die Regelungen des Eigentümer-Besitzer-Verhältnisses von vornherein nach überwiegender Ansicht nicht anzuwenden.[185]

4. Verhältnis zu Ansprüchen aus Geschäftsführung ohne Auftrag (§§ 677 ff. BGB)

a) Echte berechtigte Geschäftsführung ohne Auftrag (V)

54 Stellt die Besitzergreifung eine echte berechtigte GoA dar, so verschafft diese dem Fremdbesitzer ein Recht zum Besitz. Damit sind *EBV-Ansprüche ausgeschlossen*.[186] Auch sind die §§ 994 ff. BGB für die Fälle geschaffen, in denen jemand aufgrund seines Besitzes im eigenen Interesse Verwendungen macht; für Aufwendungen zuguns-

183 BGH LM Nr. 4 zu § 994; NJW 1979, 716; *Baur/Stürner* SachenR § 11 Rn. 56 f.; Palandt/*Bassenge* Vorb v. § 994 Rn. 5; zum Problem und zu den divergierenden Ansichten *Gursky* 20 Probleme EBV 18. Problem 105 ff.

184 BGH LM Nr. 4 zu § 994.

185 → § 7 Rn. 15.

186 Staudinger/*Gursky* (2013) Vorbem zu §§ 987–993 Rn. 70, Vorbem zu §§ 994–1003 Rn. 51; MüKoBGB/*Seiler* Vor § 677 Rn. 18; MüKoBGB/*Baldus* § 994 Rn. 51; Erman/*Ebbing* Vor §§ 994–1003 Rn. 44; *M. Wolf* AcP 166 (1966), 188 (215 f.).

ten eines anderen passen dagegen die §§ 677 ff. BGB.[187] Der Geschäftsführer erhält über §§ 683 S. 1, 670 BGB alle Aufwendungen ersetzt, die er für erforderlich halten durfte.

Die Haftung ergibt sich auch ausschließlich aus Pflichtverletzung der GoA.[188] Dabei wird der Geschäftsführer in den Fällen der Notgeschäftsführung (§ 680 BGB) gegenüber den §§ 989, 990 BGB privilegiert.

b) Echte unberechtigte Geschäftsführung ohne Auftrag (V)

55 Hinsichtlich Schadensersatzansprüchen wird das *Eigentümer-Besitzer-Verhältnis verdrängt*, da die §§ 677 ff. BGB auch bei unberechtigter Geschäftsführung eine Sonderregelung gegen altruistische Einmischung enthalten.[189] Der Schadensersatzanspruch aus § 678 BGB ist für den Geschäftsherrn auch meist günstiger als derjenige aus §§ 989, 990 BGB.

Für den Verwendungsersatz wird überwiegend ein Vorrang der §§ 684 S. 1, 812 BGB vor den §§ 994 ff. BGB angenommen, da auch die unberechtigte GoA eine schuldrechtliche Sonderverbindung darstelle.[190]

c) Irrtümliche Eigengeschäftsführung (vermeintliche GoA) (V)

56 Geht der Geschäftsführer irrtümlich von einem eigenen Geschäft aus, so finden die §§ 677 ff. BGB wegen § 687 I BGB keine Anwendung.[191] Da dann idR auch redlicher Eigenbesitz gegeben ist, wird diese Konstellation also von beiden Rechtsinstituten privilegiert.

d) Angemaßte Eigengeschäftsführung (V)

57 Der bewusst unredliche Geschäftsführer haftet aufgrund § 687 II BGB nach den allgemeinen Regeln, hat also hinsichtlich seiner Verwendungen nur den Anspruch aus § 994 II BGB. Macht der Geschäftsherr aber von seinem Recht, das Geschäft an sich zu ziehen,[192] Gebrauch, so hat der Geschäftsherr auch die Hilfsansprüche aus §§ 687 II, 681 S. 2, 666 BGB und den Schadensersatzanspruch nach § 678 BGB;[193] Verwendungen sind dann allerdings nach §§ 687 II, 684 S. 1 BGB zu ersetzen.[194]

187 *M. Wolf* AcP 166 (1966), 188 (216 f.).
188 Staudinger/*Bergmann* (2006) § 680 Rn. 16 ff., § 677 Rn. 30 ff.
189 Staudinger/*Gursky* (2013) Vorbem zu §§ 987–993 Rn. 70.
190 MüKoBGB/*Seiler* Vor § 677 Rn. 18; MüKoBGB/*Baldus* § 994 Rn. 51; Staudinger/*Gursky* (2013) Vorbem zu §§ 994–1003 Rn. 51; Palandt/*Bassenge* Vorb v. § 994 Rn. 14; aA BGH WM 1983, 393, der auch hier die §§ 987 ff. BGB als abschließende Sonderregelung annimmt.
191 BGHZ 31, 129 (131); MüKoBGB/*Baldus* § 994 Rn. 51; Palandt/*Bassenge* Vorb v. § 994 Rn. 14.
192 Staudinger/*Bergmann* (2006) § 687 Rn. 10, 40; vgl. auch BGHZ 39, 186 (188); BGH WM 1956, 1279 (1281); Palandt/*Bassenge* Vorb v. § 987 Rn. 18; ebenso im Grundsatz *M. Wolf* AcP 166 (1966), 188 (218 f.), nach dem aber kaum Fälle denkbar seien, in denen eine Geltendmachung der Ansprüche iSd Norm vorliegt.
193 Staudinger/*Gursky* (2013) Vorbem zu §§ 987–993 Rn. 71.
194 Staudinger/*Gursky* (2013) Vorbem zu §§ 994–1003 Rn. 52.

5. Verhältnis zum Bereicherungsrecht (§§ 812 ff. BGB)

Fallbeispiel: »Teures Leder«[195]

a) Grundsatz (G)

58 Die §§ 987 ff. BGB bilden nach hM, die sich auf § 993 I Hs. 2 BGB stützen kann, gegenüber den bereicherungsrechtlichen Ansprüchen grundsätzlich eine hinsichtlich Nutzungs- und Verwendungsersatz *abschließende Sonderregelung*.[196] Nicht verdrängt werden bereicherungsrechtliche Ansprüche, soweit sie sich *nicht* auf Nutzungs- oder Verwendungsersatz richten (arg. § 993 I Hs. 2 BGB). Dementsprechend bleiben insbesondere der Anspruch auf Herausgabe des Erlangten nach § 816 BGB,[197] der Anspruch auf Entschädigung wegen Rechtsverlusts nach § 951 BGB[198] sowie Ansprüche auf Wertersatz wegen Veräußerung oder Verbrauchs der Sache[199] von den §§ 987 ff. BGB unberührt.

b) Nutzungsersatz bei rechtsgrundlosem Besitzerwerb (V)

59 Der in § 993 I Hs. 2 BGB festgelegte Vorrang der §§ 987 ff. BGB wird nach einem Teil der Literatur[200] ausnahmsweise bei Nutzungsersatzansprüchen durchbrochen, wenn der Besitzer den Besitz rechtsgrundlos, aber gutgläubig erworben hat. Dem Eigentümer sollen in diesem Fall bereicherungsrechtliche Ansprüche auf Nutzungsersatz trotz der bestehenden Vindikationslage entgegen § 993 I Hs. 2 BGB zustehen. Wenn schon derjenige, der durch eine rechtsgrundlose, aber wirksame Verfügung sein Eigentum verloren habe, aus Bereicherungsrecht (§ 818 I BGB) Ersatz für die gezogenen Nutzungen verlangen könne, dann müsse erst recht derjenige Nutzungsersatz verlangen können, der Eigentümer der genutzten Sache geblieben sei.

Im Ergebnis stimmt der BGH[201] dieser Ansicht zu, hält jedoch daran fest, dass bei Bestehen einer Vindikationslage die §§ 987 ff. BGB eine abschließende Sonderregelung seien. Den Wertungswiderspruch löst der BGH dadurch, dass er den rechtsgrundlosen Besitzerwerb mit dem unentgeltlichen gleichsetzt und demzufolge dem Eigentümer Nutzungsersatz analog § 988 BGB gewährt.[202]

c) Verwendungsersatz (V)

60 Weithin anerkannt ist, dass auch die Gegenrechte des Besitzers aus den §§ 994 ff. BGB, insbesondere die Verwendungsersatzansprüche, eine für die Vindikationslage

195 *Vieweg/Röthel* Fälle SachenR Fall 14.
196 *Pinger/Scharrelmann/Thissen* 20 Probleme EBV 10. Problem. Siehe zum Ganzen auch *Waltjen* AcP 175 (1975), 109 (109 ff.).
197 BGHZ 55, 176 (178); BGH JZ 1961, 24.
198 BGHZ 55, 176 (178 f.); RGRK/*Pikart* § 987 Rn. 13 ff.
199 BGHZ 14, 7 (8); Palandt/*Sprau* Einf v. § 812 Rn. 7.
200 Staudinger/*Gursky* (2013) Vorbem zu §§ 987–993 Rn. 49; *Baur/Stürner* SachenR § 11 Rn. 38.
201 BGHZ 32, 76 (94).
202 → § 8 Rn. 30.

abschließende Sonderregelung darstellen[203] und bereicherungsrechtliche Ersatzansprüche verdrängen – jedenfalls soweit der Tatbestand der §§ 994 ff. BGB reicht. Im Ergebnis kommt die vom weiten Verwendungsbegriff ausgehende Literaturmeinung[204] daher zu einem vollständigen Ausschluss von Bereicherungsansprüchen. Innerhalb der Auffassung, die wie der BGH den engen Verwendungsbegriff favorisiert, ist umstritten, ob die Ausschlusswirkung selbst dann eingreift, wenn der Besitzer zwar eine *Auf*wendung, jedoch keine *Ver*wendung in diesem engeren Sinne vorgenommen hat, der Besitzer mithin keinen Ersatz aus den §§ 994 ff. BGB verlangen kann.[205]

MS

Der BGH[206] schließt auf Aufwendungsersatz gerichtete Bereicherungsansprüche neben den §§ 994 ff. BGB generell aus. Dies soll unabhängig vom Verwendungscharakter der getätigten Aufwendungen erfolgen. Auch über §§ 994 ff. BGB nicht zu ersetzende Aufwendungen sollen unter diesen Ausschluss fallen. Ersatzansprüche aus Verwendungskondiktion bzw. Entschädigungsansprüche aus § 951 BGB würden stets durch die abschließenden Sonderregelungen des Eigentümer-Besitzer-Verhältnisses verdrängt. Da der BGH demzufolge bei wesensändernden Sachaufwendungen weder zu einer Entschädigung aus den §§ 994 ff. BGB noch aus Bereicherungsrecht, insbesondere aus §§ 951, 812 ff. BGB, kommt, gewährt er in Härtefällen eine Billigkeitsentschädigung aus § 242 BGB. Ferner lässt der BGH Ansprüche aus condictio ob rem (§ 812 I 2 Alt. 2 BGB) zu, wenn die Veränderungen an Grund und Boden von einem Besitzberechtigten in der begründeten Erwartung gemacht wurden, künftig das Eigentum am Grundstück zu erwerben.[207]

Grundlegend anderer Ansicht zum Umfang der Sperrwirkung des Eigentümer-Besitzer-Verhältnisses ist ein Teil der Literatur.[208] Die §§ 994 ff. BGB seien nur dann abschließend, wenn überhaupt eine Verwendung iSd engen Verwendungsbegriffs (keine Wesensänderung) vorliege. Im Ergebnis bestehe bei wesensverändernden Maßnahmen kein Anspruch aus §§ 994 ff. BGB. Mangels einer Konkurrenzsituation sei § 951 BGB daher durchaus anwendbar. Diese Auffassung kommt dann regelmäßig zum Problem der aufgedrängten Bereicherung.[209]

203 RGZ 163, 348 (352); BGHZ 41, 157 (158); Palandt/*Bassenge* Vorb v. § 994 Rn. 15 mwN; *Haas* AcP 176 (1976), 1 (18 ff.) unter anderem mit dem Argument, es werde sonst der Zweck des § 996 BGB, dem bösgläubigen oder verklagten Besitzer Ersatz weitgehend zu versagen, umgangen; aA *Medicus/Petersen* BürgerlR Rn. 897 (Anspruchskonkurrenz zu den §§ 951, 812 BGB); *Berg* JuS 1972, 193 (194 f., Anspruchskonkurrenz daneben auch zur Leistungskondiktion); *Pinger* JR 1973, 268 (Anspruchskonkurrenz zur Verwendungskondiktion); *Reeb* JuS 1973, 624 (628 ff., umfassende Konkurrenz zum Bereichungsrecht).

204 Vgl. insbes. Staudinger/*Gursky* (2013) Vorbem zu §§ 994–1003 Rn. 43; *M. Wolf* AcP 166 (1966), 188 (199 ff.).

205 *Pinger/Scharrelmann/Thissen* 20 Probleme EBV 18. Problem.

206 BGHZ 41, 157 (158); 41, 341 (346).

207 BGHZ 44, 321 (323); 108, 256 (262); BGH NJW 1996, 52 (52); NJW 2001, 3118 (3119); siehe auch *Canaris* JZ 1996, 344 (347).

208 *Eichler* JuS 1965, 479 (480); *Huber* JuS 1970, 515 (519); *Pikart* WM 1971, 1526 (1537); *Weitnauer* DNotZ 1972, 377; *Mühl* AcP 176 (1976), 396 (424).

209 Dazu *Medicus/Petersen* BürgerlR Rn. 899; *Westermann* BGB – Sachenrecht Rn. 338 f.

6. Verhältnis zum Deliktsrecht (§§ 823 ff. BGB) (G)

Fallbeispiele: »Beuys' Fettecke«[210]; »Der günstige Videorekorder«[211]

61 Grundsätzlich sind die deliktischen Ansprüche durch die *abschließenden Sonderregelungen* der §§ 987 ff. BGB ausgeschlossen (§ 993 I Hs. 2 BGB).[212] *Ausnahmsweise* können deliktische Ansprüche neben Ansprüchen aus dem Eigentümer-Besitzer-Verhältnis bestehen, wenn der Besitzer die Sache deliktisch erworben hat (§ 992 BGB), sowie im Falle des Fremdbesitzerexzesses.[213] So haftet der redliche[214] Fremdbesitzer, soweit er sein vermeintliches Besitzrecht überschreitet, auch dann deliktisch, wenn eine Vindikationslage besteht. Dabei kommt es nicht darauf an, ob ihm das Besitzrecht durch den Eigentümer selbst oder durch einen Dritten (§§ 991 II, 823 ff. BGB) eingeräumt worden ist.[215] Der rechtlose Besitzer darf bei einem Exzess nicht besser stehen als der rechtmäßige.

Unberührt von den §§ 987 ff. BGB bleibt, entsprechend dem Normzweck der Deprivilegierung des Vorsatztäters,[216] auch § 826 BGB.[217]

---

210 *Vieweg/Röthel* Fälle SachenR Fall 15.

211 *Vieweg/Röthel* Fälle SachenR Fall 16.

212 *Pinger/Scharrelmann/Thissen* 20 Probleme EBV 11. und 12. Problem; vgl. iE Staudinger/*Gursky* (2013) Vorbem zu §§ 987–993 Rn. 65 ff.; *Kuhn* Jura 2013, 975 (985 ff.).

213 → § 7 Rn. 15 sowie → § 8 Rn. 9.

214 Davon zu unterscheiden: Der rechtmäßige Fremdbesitzer haftet im Exzess ohnehin deliktisch (kein »nicht-so-berechtigter Besitzer«).

215 Palandt/*Bassenge* Vorb v. § 987 Rn. 2 ff. und § 993 Rn. 1; *Baur/Stürner* SachenR § 11 Rn. 35.

216 Staudinger/*Oechsler* (2014) § 826 Rn. 133.

217 Jauernig/*Berger* Vor §§ 987–993 Rn. 12; *Müller* JuS 1983, 516 (517); *Ebenroth/Zeppernick* JuS 1999, 209 (215).

§ 9 Abwehransprüche und Duldungspflichten

I. Allgemeines

1. Interessenlage und Regelungszweck der §§ 1004, 906 ff. BGB (G)

Das Gesetz gibt dem Eigentümer[1] – ähnlich dem Besitzer[2] – Ansprüche an die Hand, sein Eigentum gegen Beeinträchtigungen Dritter zu verteidigen (§§ 1004, 906 ff. BGB). Diese sog. Abwehransprüche des Eigentümers (§ 1004 I BGB) dienen – ebenso wie §§ 985, 894 und 1005 BGB – der Realisierung der Eigentümerbefugnisse aus § 903 BGB,[3] insbesondere dem Recht des Eigentümers, Dritten die Einwirkung auf sein Eigentum zu verbieten (§ 903 S. 1 BGB aE). Häufig geraten die Interessen verschiedener Eigentümer – insbesondere wenn sie ihre Nutzungsrechte auf engem Raum ausüben – in Konflikt.[4] Wechselseitige Störungen, zB durch Lärm, sind verbreitet. Die *Interessenlage* ist durch eine Kollision gegenläufiger Nutzungsinteressen geprägt: Das Recht zur freien Eigentumsnutzung des einen beeinträchtigt die freie Eigentumsnutzung des anderen. 1

§ 1004 BGB bezweckt den Schutz der Eigentümerbefugnisse an beweglichen und unbeweglichen Sachen. Sein Hauptanwendungsbereich liegt im Grundstücksrecht. Hierfür besteht mit § 906 BGB eine besondere Norm, die typische Einwirkungen auf nachbarliche Grundstücke erfasst. *Regelungszweck* der §§ 1004, 906 ff. BGB ist, die grundsätzlich gleichrangigen Nutzungsinteressen des beeinträchtigten Grundstückseigentümers und des einwirkenden Nachbarn durch ein System wechselseitiger Abwehransprüche und Duldungspflichten zu einem gerechten Ausgleich zu bringen, sog. Ordnungsfunktion der Abwehransprüche.[5] Dabei gilt: Das Eigentum wird umfassend vor Beeinträchtigungen geschützt (§ 1004 I BGB), es sei denn, der Eigentümer hat die Beeinträchtigung aufgrund Gesetzes oder vertraglicher Vereinbarung zu dulden (zB § 1004 II iVm §§ 906 ff. BGB) oder die Einwirkung ist aufgrund von Rechtfertigungsgründen rechtmäßig.

2. Praktische Bedeutung (G)

Die praktische Bedeutung der Abwehransprüche reicht von der Abwehr unerwünschter Postwurfsendungen bis hin zu Einwirkungen auf das (Grundstücks-) Eigentum, die sich aus der fortschreitenden Industrialisierung und Technisierung ergeben.[6] Zu erwähnen ist die stetige Zunahme von Industrieemissionen sowie von Verkehrs- und Freizeitlärm. Da es heute in zunehmendem Maße um die Abwehr von Belastungen aus der Umwelt und den Schutz der Umwelt vor Beeinträchtigungen durch Private geht, wird die zivilrechtliche Regelungssystematik der §§ 1004, 906 ff. BGB auch als privates Umweltrecht bezeichnet.[7] 2

---

1 Zur Anwendbarkeit der bundes- und landesrechtlichen Vorschriften des Nachbarrechts auf Bruchteils- und Wohnungseigentümer vgl. BGH NJW 2007, 3636.

2 → § 2 Rn. 59.

3 Staudinger/*Gursky* (2013) § 1004 Rn. 1.

4 MüKoBGB/*Säcker* § 906 Rn. 1.

5 MüKoBGB/*Säcker* § 906 Rn. 1; Erman/*Wilhelmi* § 906 Rn. 1.

6 Soergel/*Münch* § 1004 Rn. 4.

7 Staudinger/*Roth* (2009) § 906 Rn. 6; eing. Staudinger/*Kohler* (2010) Einl zum UmweltHR Rn. 35 ff.; krit. jedoch MüKoBGB/*Säcker* § 906 Rn. 1 mwN.

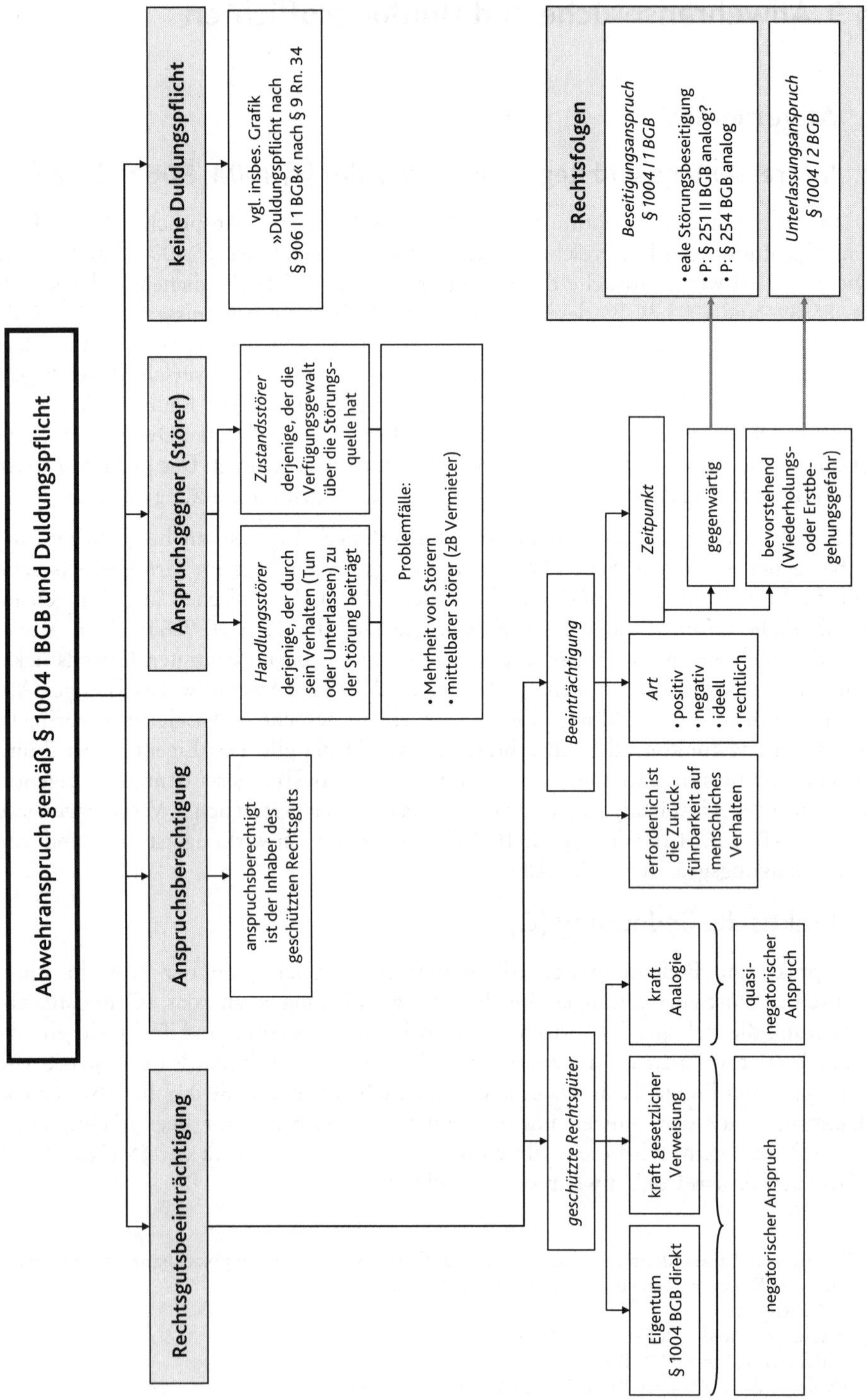

Abwehranspruch gemäß § 1004 I BGB und Duldungspflicht
Rechtsgutsbeeinträchtigung
Anspruchsberechtigung
Anspruchsgegner (Störer)
keine Duldungspflicht
anspruchsberechtigt ist der Inhaber des geschützten Rechtsguts
Handlungsstörer derjenige, der durch sein Verhalten (Tun oder Unterlassen) zu der Störung beiträgt
Zustandsstörer derjenige, der die Verfügungsgewalt über die Störungsquelle hat
Problemfälle: • Mehrheit von Störern • mittelbarer Störer (zB Vermieter)
vgl. insbes. Grafik »Duldungspflicht nach § 906 I 1 BGB« nach § 9 Rn. 34
geschützte Rechtsgüter
Eigentum § 1004 BGB direkt
kraft gesetzlicher Verweisung
kraft Analogie
negatorischer Anspruch
quasi-negatorischer Anspruch
Beeinträchtigung
erforderlich ist die Zurückführbarkeit auf menschliches Verhalten
Art • positiv • negativ • ideell • rechtlich
Zeitpunkt
gegenwärtig
bevorstehend (Wiederholungs- oder Erstbegehungsgefahr)
Rechtsfolgen
Beseitigungsanspruch § 1004 I 1 BGB
• eale Störungsbeseitigung
• P: § 251 II BGB analog?
• P: § 254 BGB analog
Unterlassungsanspruch § 1004 I 2 BGB

3. Verhältnis der §§ 1004, 906 BGB zueinander (V)

Die §§ 1004, 906 BGB werden oft gemeinsam erwähnt. Der wesentliche Unterschied beider Normen besteht darin, dass allein § 1004 I BGB eine Anspruchsgrundlage für die Abwehr von Eigentumsstörungen bietet. § 906 I 1 BGB spricht zwar von »kann ... nicht verbieten«, betrifft aber nur Duldungspflichten iSv § 1004 II BGB. § 906 I und II 1 BGB bestimmen damit den Inhalt des Eigentumsabwehranspruchs (systematische Stellung im Zusammenhang mit § 903 BGB im 3. Abschnitt des Ersten Titels des Sachenrechts).[8] Damit kann der Regelungsgehalt des § 906 BGB bereits Auswirkungen auf den Umfang der Eigentümerbefugnisse sowie auf die Feststellung einer »Beeinträchtigung« haben.[9] 3

Streitig ist die *dogmatische Einordnung*. Teilweise[10] wird wie folgt differenziert: § 906 I BGB sei als Inhaltsbegrenzung des Eigentums zu verstehen. Bei Beeinträchtigungen iSv § 906 I BGB sei damit bereits der Anspruch aus § 1004 I BGB ausgeschlossen. § 906 II BGB begründe hingegen eine Duldungspflicht, gebe daher eine rechtshindernde Einwendung.[11] Die überwiegende Auffassung[12] nimmt keine Differenzierung vor und sieht § 906 BGB insgesamt als rechtshindernde Einwendung. Sie erreicht damit einen Wertungsgleichlauf mit den für § 906 BGB allgemein anerkannten Grundsätzen der Darlegungs- und Beweislast.

II. Abwehransprüche (Beseitigungs- und Unterlassungsanspruch, § 1004 I BGB)

Die Ansprüche auf Beseitigung und Unterlassung von Eigentumsbeeinträchtigungen sind von einer umfangreichen Kasuistik geprägt. Im Fußnotenapparat werden deshalb die streitigen Beeinträchtigungen in Klammern aufgeführt, um dem Leser einen rechtstatsächlichen Überblick zu verschaffen. Dies darf aber keinesfalls dazu führen, Einzelfallentscheidungen pauschal zu übernehmen und unbesehen auf ähnliche Fälle anzuwenden. Auch bei gleichliegenden Sachverhalten ist eine sorgfältige Prüfung der Tatbestandsvoraussetzungen unerlässlich![13]

1. Normzweck des § 1004 I BGB im Gesamtsystem der Eigentumsschutzansprüche (G)

Im Gesamtsystem der Eigentumsschutzansprüche[14] ergänzt § 1004 I BGB § 985 BGB 4
insoweit, als er dem Eigentümer dingliche Ansprüche auch hinsichtlich solcher Be-

8 Staudinger/*Roth* (2009) § 906 Rn. 3.

9 Vgl. BGHZ 114, 184 (186): »Die jeweilige Eigentümerstellung wird durch Zusammenschau aller sie regelnden gesetzlichen Vorschriften bestimmt, die zugleich ihren Inhalt wie ihre Schranken ausmachen. Nur in dem hiernach gegebenen Rahmen kann sich der Eigentümer gegen Beeinträchtigungen zur Wehr setzen.«

10 Staudinger/*Gursky* (2013) § 1004 Rn. 176; *Kleindienst*, Der privatrechtliche Immissionsschutzanspruch nach § 906 BGB, 1964, 19 ff.; *Picker*, Der negatorische Abwehranspruch, 1972, 110, Fn. 268; *Kleindienst* NJW 1968, 1953; *Jauernig* JZ 1986, 605 (608); *Olzen* Jura 1991, 281 (284).

11 Staudinger/*Gursky* (2013) § 1004 Rn. 176.

12 AK-BGB/*Winter* § 906 Rn. 1; Palandt/*Bassenge* § 1004 Rn. 34; Staudinger/*Roth* (2009) § 906 Rn. 3.

13 Instruktiv zum privaten Nachbarrecht in der Fallbearbeitung *Röthel* Jura 2005, 539 ff.

14 → § 3 Rn. 6.

einträchtigungen gewährt, die nicht in einer Besitzentziehung und -vorenthaltung bestehen.[15] Der Anspruch richtet sich auf die Beseitigung aller sonstigen gegenwärtig noch andauernden bzw. auf die Unterlassung drohender Beeinträchtigungen.[16] § 1004 I BGB ist damit die *Generalklausel dinglicher Schutzansprüche gegen Eigentumsbeeinträchtigungen*.[17] Hingegen ist § 985 BGB als Spezialregelung einer bestimmten Art von Eigentumsbeeinträchtigungen zu verstehen.[18] Beide Ansprüche können im Einzelfall aber auch nebeneinander bestehen.[19]

Weitere Eigentumsschutzansprüche sind

- unbefugter Nutzung des Eigentums durch einen Dritten: die Ansprüche aus §§ 987 ff., 812 ff. BGB;
- bei Eigentumsverlust infolge gesetzlichen Eigentumserwerbs: der Anspruch auf Wertersatz gem. §§ 951, 812 BGB;
- bei einer wirksamen Verfügung eines Dritten über das Eigentum: die Ansprüche auf Herausgabe des Erlöses nach §§ 816 I 1, 687 II BGB.

2. Anspruchsziel der Abwehransprüche aus § 1004 I BGB (G)

5 Die Abwehransprüche (Beseitigungs- und Unterlassungsanspruch) des § 1004 I BGB sind im Gegensatz zu den meisten Schadensersatzansprüchen verschuldensunabhängig.[20] Sie sind dementsprechend auch nicht auf Naturalrestitution gerichtet – die Wiederherstellung des Zustandes, der ohne das schädigende Ereignis gegenwärtig bestehen würde (§ 249 I BGB)[21] –, sondern lediglich auf die *Beseitigung* oder *Unterlassung* der Beeinträchtigung für die Zukunft.[22] Liegt ein Verschulden vor, so können Schadensersatzpflichten aus §§ 823 ff. BGB bestehen, die über § 1004 BGB hinaus »echten« Schadensersatz für bereits eingetretene Schäden gewähren. § 1004 BGB ist nach hM[23] Schutzgesetz iSd § 823 II BGB.

15 MüKoBGB/*Baldus* § 1004 Rn. 1 f.; Soergel/*Münch* § 1004 Rn. 14; Palandt/*Bassenge* § 1004 Rn. 5.

16 MüKoBGB/*Baldus* § 1004 Rn. 1 f.

17 Zur Anwendbarkeit des § 1004 BGB neben dem mietrechtlichen Störungsbeseitigungsanspruch gem. § 541 BGB vgl. BGH NJW 2007, 2180 (2180), der von einer Spezialität des § 541 BGB ausgeht; aA offenbar noch BGH NJW 1974, 1463 (1464).

18 Staudinger/*Gursky* (2013) § 1004 Rn. 2, 9.

19 Wenn zB der Störer widerrechtlich ein Grundstück in Besitz genommen und darauf ein Haus errichtet hat, muss er das Haus nach § 1004 BGB beseitigen und das Grundstück gem. § 985 BGB herausgeben, vgl. BGH LM Nr. 14 zu § 1004; *Baur/Stürner* SachenR § 12 Rn. 20 ff.; zur Abgrenzung *Baur* AcP 160 (1960), 490.

20 BGHZ 110, 313 (317).

21 Die Abgrenzung des Umfangs der Wiederherstellung von der Leistung eines Schadensersatzes ist iE streitig. → § 9 Rn. 67.

22 Soergel/*Münch* § 1004 Rn. 278, 290.

23 RGZ 121, 185 (189); BGH LM Nr. 18 zu § 906; NJW 1985, 1773 (1774); NJW 1993, 925 (928); OLG Stuttgart MDR 2005, 329 (329); MüKoBGB/*Wagner* § 823 Rn. 368; Palandt/*Sprau* § 823 Rn. 65; Palandt/*Bassenge* § 1004 Rn. 1; zweifelnd OLG Köln NJW 1996, 1290 (1291); aA Staudinger/*Gursky* (2013) § 1004 Rn. 171; *ders.* NJW 1971, 782 (783); *Picker*, FS H. Lange, 1992, 625 (684 Fn. 133): Diese Einordnung sei systemwidrig, denn § 985 BGB, der einen Spezialfall zu § 1004 BGB bilde, sei ebenfalls kein Schutzgesetz. Zudem fehle das Bedürfnis für die Einordnung als Schutzgesetz: Bei Eigentumsverletzungen bzw. der Verletzung sonstiger absoluter Rechte sei ein Anspruch nach § 823 I BGB ohnehin gegeben; krit. auch *H. Roth* JuS 2001, 1161 (1163).

3. Anwendungsbereich des § 1004 I BGB

a) Negatorischer Abwehranspruch (G)

Der negatorische Abwehranspruch (actio negatoria)[24] aus § 1004 BGB schützt seinem Wortlaut nach unmittelbar nur das Eigentum an beweglichen und unbeweglichen Sachen.[25] Darüber hinaus findet § 1004 I BGB kraft gesetzlicher Verweisung auf andere dingliche Rechte entsprechende Anwendung: Verweisungen finden sich für das Erbbaurecht (§ 11 ErbbauRG), für die Dienstbarkeiten (§§ 1027, 1065, 1090 II BGB), für das Dauerwohnrecht (§ 34 II WEG), für rechtsgeschäftlich bestellte (§ 1227 BGB) sowie für gesetzliche Pfandrechte (§§ 1257, 1227 BGB), für das Pfändungspfandrecht (§ 804 II ZPO iVm § 1227 BGB) und für das Pfandrecht nach dem Pachtkreditgesetz (§ 8 PachtkredG). 6

b) Quasi-negatorischer Abwehranspruch (§ 1004 I BGB analog) (V)

§ 1004 I BGB wird analog auf sämtliche absoluten Rechte angewandt. Denn ohne die Möglichkeit der Verteidigung gegen Übergriffe Dritter bliebe jede »absolute« Zuweisung von Herrschaftsrechten ein leeres Versprechen.[26] 7

Dies gilt etwa für das Namensrecht (§ 12 BGB), die Firma (§ 37 II HGB), die Erfindung (§ 139 PatG), das geistige Eigentum (§§ 97, 98 UrhG) und die gewerbliche Bezeichnung (§ 15 MarkenG).[27] Die Rechtsprechung ist zuletzt über den Kreis der absoluten Rechte hinausgegangen und hat insbesondere die in den §§ 823 I und II, 824 BGB geschützten Rechtsgüter und rechtlich geschützten Positionen einschließlich des allgemeinen Persönlichkeitsrechts in den erweiterten Schutzbereich[28] des § 1004 BGB aufgenommen.[29]

Der Abwehranspruch gegen Beeinträchtigungen anderer absoluter Rechte oder rechtsähnlicher Positionen wird quasi-negatorischer Abwehranspruch genannt.[30] Sind durch § 823 I BGB oder auf ein Schutzgesetz iSd § 823 II BGB gegründete Rechtsstellungen betroffen, spricht man von deliktischen Abwehransprüchen.

---

24 »Negatorisch« bedeutet »zur Störungsabwehr«; der Begriff actio negatoria des römischen und gemeinen Rechts passt wegen seiner Enge nicht mehr auf die heutige Begrifflichkeit; MüKoBGB/*Baldus* § 1004 Rn. 11; Staudinger/*Gursky* (2013) § 1004 Rn. 1.

25 Staudinger/*Gursky* (2013) § 1004 Rn. 14.

26 Staudinger/*Gursky* (2013) § 1004 Rn. 15; *Wolff/Raiser* SachenR § 87 III; *Scheiber* Rn. 138.

27 Zu weiteren geschützten Rechtsgütern Palandt/*Bassenge* § 1004 Rn. 4.

28 *Marburger*, Verhandlungen zum 56. DJT (1986), Bd. C, S. 115 ff. mit Vorschlägen zur Begrenzung des Kreises der Anspruchsberechtigten und *Olzen* Jura 1991, 281 (283 f.) weisen darauf hin, dass die Grundstücksbezogenheit der Beeinträchtigung im Gegenzug aufgegeben wird.

29 RGZ 60, 6; 61, 366 – Kreditwürdigkeit; 140, 392 (402); 148, 114 (123) – Warenzeichen und Wettbewerbsrecht; 163, 210 (214 f.); BGHZ 14, 163 (170); BGH LM Nr. 6 zu § 812 BGB – Ehre; LM Nr. 132 zu § 1004 BGB – nachbarschützende Bebauungsvorschriften; siehe auch die Darstellung bei *Olzen* Jura 1991, 281 (283); NK-BGB/*Keukenschrijver* § 1004 Rn. 68 ff.

30 Vgl. Jauernig/*Berger* § 1004 Rn. 2. Die Terminologie ist iE uneinheitlich. So werden zT die Abwehr von Beeinträchtigungen des Eigentums und absoluter Rechte mit »negatorischer Abwehranspruch« betitelt und lediglich die Ansprüche zur Verteidigung von Rechtsgütern und rechtlich geschützten Interessen »quasi-negatorische Abwehransprüche« genannt (*Baur* JZ 1966, 381 ff.). Teilweise werden auch alle außer dem Eigentum (negatorischer Abwehranspruch) geschützten Rechte und Rechtsgüter unter dem Begriff »quasi-negatorischer Abwehranspruch« zusammengefasst, RGRK/*Pikart* § 1004 Rn. 7, 139.

Aus der Erweiterung des Anwendungsbereichs des § 1004 I BGB hat sich der sog. *Widerrufsanspruch als Unterfall des Beseitigungsanspruchs*[31] entwickelt. Dieser ist, weil er auf eine noch gegenwärtige Störung reagiert und nicht dem Deliktsrecht zuzurechnen ist, verschuldensunabhängig. Ihm kommt Bedeutung bei objektiv rechtswidrigen Beeinträchtigungen zu, insbesondere bei ehrverletzenden Äußerungen.[32]

4. Anspruchsvoraussetzungen im Überblick

a) Voraussetzungen des Beseitigungsanspruchs – Überblick (§ 1004 I 1 BGB) (G)

8 Der Beseitigungsanspruch aus § 1004 I 1 BGB setzt (auch in analoger Anwendung) voraus:

- *Anspruchsberechtigung*: Anspruchsberechtigt ist der Eigentümer oder Inhaber einer vom erweiterten Anwendungsbereich des § 1004 BGB erfassten Rechtsposition;[33]
- *Passivlegitimation*: Richtiger Anspruchsgegner ist der Störer;[34]
- *gegenwärtige Beeinträchtigung* des Eigentums oder eines sonstigen geschützten Rechts des Anspruchstellers in anderer Weise als durch Entziehung oder Vorenthaltung des Besitzes (§ 1004 I 1 BGB);[35]
- *Fehlen eines Ausschlussgrunds oder einer Duldungspflicht* des beeinträchtigten Eigentümers oder Rechtsinhabers (§ 1004 II BGB).

b) Spezielle Voraussetzungen des Unterlassungsanspruchs (§ 1004 I 2 BGB)

Fallbeispiel: »Das Flaschenpfand«[36]

aa) Wiederholungsgefahr (G)

9 Der Unterlassungsanspruch aus § 1004 I 2 BGB setzt anstelle einer gegenwärtigen Beeinträchtigung die Gefahr der Wiederholung einer Beeinträchtigung voraus. Die sonstigen Voraussetzungen sind identisch mit denen des Beseitigungsanspruchs aus § 1004 I 1 BGB. Wiederholungsgefahr ist die auf objektiven Tatsachen beruhende ernstliche Besorgnis weiterer Störungen.[37] Die Wiederholung des Eingriffs muss objektiv wahrscheinlich sein oder zumindest eine nahe liegende Möglichkeit darstellen (Tatfrage). Dabei kommt früheren Beeinträchtigungen Indizwirkung zu.[38] Die Wiederholungsgefahr wird *widerleglich*[39] *vermutet*, wenn eine Störung tatsächlich

KK ✓

31 Dazu iE noch unter → § 9 Rn. 70 ff.

32 BGHZ 10, 104; 14, 163; 34, 99; 66, 182 (187); 89, 198; OLG München OLGZ 1990, 97; Soergel/*Münch* § 1004 Rn. 328 ff.; Erman/*Ebbing* § 1004 Rn. 152; vgl. auch Staudinger/*Gursky* (2013) § 1004 Rn. 13, der zwar das Bedürfnis nach einem solchen Anspruch betont, aber der dogmatischen Anbindung an § 1004 BGB krit. gegenübersteht.

33 → § 9 Rn. 13.

34 → § 9 Rn. 22 ff.

35 → § 9 Rn. 14 ff.

36 *Vieweg/Röthel* Fälle SachenR Fall 5.

37 Palandt/*Bassenge* § 1004 Rn. 32; MüKoBGB/*Baldus* § 1004 Rn. 291 f.

38 MüKoBGB/*Baldus* § 1004 Rn. 289 f.; zur Frage des Übergangs der durch den Erblasser begründeten Wiederholungsgefahr auf den Rechtsnachfolger BGH NJW-RR 2006, 1378 (1379).

39 An die Widerlegung der Vermutung durch den Störer werden hohe Anforderungen gestellt, BGHZ 92, 143 (147, 150); BGH NJW 1988, 2801 (2805); BayObLG NJW-RR 1987, 463 (464); OLG Köln NJW-RR 1993, 97 (99); krit. Soergel/*Münch* § 1004 Rn. 204 ff.

vorausgegangen ist, wie zB beim Einwurf von Werbesendungen trotz ausdrücklichen Verbots.[40] Die rein subjektiven Vorstellungen des Anspruchstellers sind nicht ausschlaggebend.[41]

bb) (Erst-)Begehungsgefahr (G)

Entgegen dem Wortlaut (»weitere Beeinträchtigungen«) soll der Eigentümer nach allgemeiner Ansicht[42] nicht nur vor einer Wiederholung, sondern auch vor einer *erstmalig* drohenden Beeinträchtigung geschützt werden, sog. »(Erst-)Begehungsgefahr«[43] (korrigierende Interpretation des § 1004 I 2 BGB[44]). Bei reinem Wortverständnis des § 1004 I 2 BGB käme man zu dem absurden Ergebnis, dass der Eigentümer die erste rechtswidrige Beeinträchtigung abwarten müsste, ehe er sich zur Wehr setzen könnte. Ein solches Verständnis liefe dem präventiven Zweck des § 1004 I 2 BGB zuwider.[45] § 1004 I 2 BGB ist damit auch Grundlage für einen vorbeugenden Unterlassungsanspruch.[46] 10

cc) Anspruchsberechtigung (G)

Anspruchsberechtigter des Unterlassungsanspruchs ist, wer nach Eintritt der Beeinträchtigung Beseitigung verlangen könnte.[47] Maßgeblicher Zeitpunkt für die Beurteilung des Vorliegens einer Wiederholungs- oder (Erst-)Begehungsgefahr ist die letzte mündliche Tatsachenverhandlung. Der Anspruchsteller trägt die Beweislast[48] für das Vorliegen der Wiederholungs- bzw. (Erst-)Begehungsgefahr.[49] Hat er diese nachgewiesen, trägt der Anspruchsgegner die Darlegungs- und Beweislast dafür, dass diese Gefahr mittlerweile beseitigt ist.[50] 11

dd) Prozessuale Behandlung: Keine Anwendung der §§ 257 ff. ZPO? (E)

Obwohl sich der Unterlassungsanspruch auf die Gefahr einer künftigen Beeinträchtigung bezieht, zielt der Anspruch auf eine gegenwärtige Leistung (Abwendung der 12

---

40 BGHZ 106, 229 (234).

41 Staudinger/*Gursky* (2013) § 1004 Rn. 213.

42 RGZ 101, 335 (338 f.); BGH NJW 2004, 3701 (3702); LM Nr. 27, 32 zu § 1004; BayObLG NJW-RR 1987, 1040 (1041); OLG Zweibrücken NJW 1992, 1242; NK-BGB/*Keukenschrijver* § 1004 Rn. 118 ff.; Erman/*Ebbing* § 1004 Rn. 76; MüKoBGB/*Baldus* § 1004 Rn. 289 f.; Soergel/*Münch* § 1004 Rn. 228; Staudinger/*Gursky* (2013) § 1004 Rn. 214; Jauernig/*Berger* § 1004 Rn. 11; Palandt/*Bassenge* § 1004 Rn. 32; *Baur/Stürner* SachenR § 12 Rn. 25; *Westermann/Gursky/Eickmann* SachenR § 35 Rn. 24; *Wolf/Wellenhofer* SachenR § 24 Rn. 34.

43 *Medicus/Petersen* BürgerlR Rn. 440; Erman/*Ebbing* § 1004 Rn. 76.

44 *Westermann/Gursky/Eickmann* SachenR § 35 Rn. 24.

45 MüKoBGB/*Baldus* § 1004 Rn. 289 f.

46 Staudinger/*Gursky* (2013) § 1004 Rn. 214.

47 MüKoBGB/*Baldus* § 1004 Rn. 294.

48 Nach der allgemeinen Regel der Beweislastverteilung hat jede Partei im Prozess das für sie Günstige zu beweisen; vgl. Thomas/Putzo/*Reichold* Vorbem § 284 Rn. 23; *Schilken* ZivilProzR Rn. 503.

49 Zu Beweisfragen im privaten Immissionsrecht vgl. *Vieweg*, Beweisverträge als Instrument privatautonomer immissionsgeprägter Nachbarkonflikte, in: Jahrbuch Umwelt- und Technikrecht 2004, Berlin 2004, 351 ff. sowie *Roth*, Beweisfragen um das private Immissionsrecht, in: Jahrbuch Umwelt- und Technikrecht 2010, 223 ff.

50 Die Rspr. stellt an die Widerlegung des Anspruchsgegners hohe Anforderungen, BGHZ 14, 163 (167 f.); BGH WM 1961, 1023 (1024); vgl. auch Staudinger/*Gursky* (2013) § 1004 Rn. 220.

Gefahr).[51] §§ 257 ff. ZPO (Klagen auf künftige Leistung) sind daher nicht anwendbar. Insbesondere ist neben der Wiederholungs- bzw. (Erst-)Begehungsgefahr nicht das spezielle Rechtsschutzbedürfnis des § 259 ZPO erforderlich.[52]

5. Anspruchsberechtigung (G)

13 Anspruchsberechtigter[53] der Abwehransprüche ist der Inhaber des beeinträchtigten Eigentums bzw. der sonstigen von § 1004 BGB geschützten Rechtspositionen.[54]

Bei *Miteigentum*[55] kann jeder Miteigentümer das Abwehrrecht gegen störende Dritte in Bezug auf die ganze Sache geltend machen; das gilt nach überwiegender Auffassung[56] auch, wenn einzelne Miteigentümer von anderen Miteigentümern in der Ausübung ihrer Miteigentumsrechte gestört werden. Die Gegenauffassung[57] verweist die Miteigentümer im Verhältnis zueinander auf die Rechte aus §§ 743 ff. BGB.[58]

Fallbeispiel: »Nachbars Gartenzwerge«[59]

§ 1004 I BGB schützt nicht den nur *obligatorisch Berechtigten*, wie zB den Mieter. Dieser kann jedoch bei Beeinträchtigung der Mietsache vom Vermieter Beseitigung der Beeinträchtigung nach § 536 BGB verlangen und ihn damit dazu veranlassen, seinerseits als Eigentümer gegen den Störer aus § 1004 I BGB vorzugehen.[60] Ebenso wenig schützt § 1004 I BGB lediglich wirtschaftliche Interessen, zB an der Störungsfreiheit eines fremden Grundstücks. So kann der Grundstückskäufer vor Eintragung in das Grundbuch nicht aus § 1004 I BGB gegen den Störer vorgehen, es sei denn, er ist vom Verkäufer hierzu analog § 185 I BGB ermächtigt worden.[61]

Ein *Nichteigentümer* kann die Anspruchsberechtigung nicht durch Zession des Abwehranspruchs durch den Rechtsinhaber (Eigentümer) erlangen, weil der Anspruch nicht von seinem Stammrecht – dem Eigentum oder sonstigem Recht – getrennt werden kann.[62]

51 Staudinger/*Gursky* (2013) § 1004 Rn. 223; Erman/*Ebbing* § 1004 Rn. 78; Palandt/*Bassenge* § 1004 Rn. 31.

52 Staudinger/*Gursky* (2013) § 1004 Rn. 223.

53 Auch juristische Personen des öffentlichen Rechts können als Rechtsinhaber anspruchsberechtigt sein. BGHZ 14, 294 (296); MüKoBGB/*Baldus* § 1004 Rn. 48 f.; Staudinger/*Gursky* (2013) § 1004 Rn. 83, 175.

54 Zur Anspruchsberechtigung bei Sondereigentum *Bruns* NJW 2012, 337 (338 ff.).

55 → § 4 Rn. 11 und Grafik in → § 3 Rn. 11; zur Anwendung des § 1004 BGB auf das Verhältnis zwischen Wohnungseigentümern (vgl. § 15 III WEG) OLG Stuttgart NJW 2006, 1744 (1744).

56 BGHZ 116, 392 (395); BGH NJW 1953, 1427; MüKoBGB/*K. Schmidt* § 1011 Rn. 1; Staudinger/*Gursky* (2013) § 1011 Rn. 11.

57 KG NJW 1953, 1592 (1593): § 745 BGB gebe nicht nur eine Organisationsanweisung, sondern dem einzelnen Teilhaber einen Anspruch auf ordnungsgemäße Verwaltung; das sei auch der Fall, wenn die Nutzungsquote beeinträchtigt werde; iErg ebenso Erman/*Ebbing* § 1004 Rn. 105.

58 Ansprüche der Miteigentümer untereinander aus Besitz sind nur im Rahmen des § 866 BGB möglich (nur Schutz gegen Besitzentziehung, nicht gegen Besitzstörungen); Soergel/*Stürner* § 1011 Rn. 3. → § 2 Rn. 64.

59 *Vieweg/Röthel* Fälle SachenR Fall 20.

60 Vgl. Staudinger/*Gursky* (2013) § 1004 Rn. 87.

61 Erman/*Hefermehl*, 10. Aufl. 2000, § 1004 Rn. 2; zur Unabtretbarkeit auch Erman/*Ebbing* § 1004 Rn. 104 unter Verweis auf die Grundsätze zu § 985 BGB.

62 Staudinger/*Gursky* (2013) § 1004 Rn. 86. Insofern besteht eine Parallele zu § 985 BGB, der nach überwiegender Auffassung auch nicht isoliert abgetreten werden darf. → § 7 Rn. 32.

6. Beeinträchtigung iSd § 1004 I BGB

a) Überblick (G)

Eine für den negatorischen[63] Abwehranspruch erforderliche Beeinträchtigung liegt dann vor, wenn in die Herrschafts- und Verfügungsmacht des Eigentümers aus § 903 BGB eingegriffen wird. Der Eingriff kann in der tatsächlichen Einwirkung auf die Sache selbst oder in einem Angriff auf die rechtliche Stellung des Eigentümers bestehen. 14

Die Annahme einer Beeinträchtigung iSd § 1004 BGB setzt dreierlei voraus:[64] Sie muss

- in anderer Weise als durch Entziehung oder Vorenthaltung des Besitzes erfolgen[65] (Abgrenzung zu § 985 BGB);
- sich auf menschliches Verhalten zurückführen lassen;
- fortdauern, dh im Zeitpunkt der Anspruchstellung bzw. der letzten mündlichen Tatsachenverhandlung[66] gegenwärtig sein.

b) Eigentumsbeeinträchtigung (V)

Die noch hM[67] in Literatur und Rechtsprechung versteht unter einer Eigentumsbeeinträchtigung iSd § 1004 BGB jede von außen kommende Einwirkung auf eine Sache. Die Handlung oder Unterlassung des Störers müsse lediglich kausal für diese Beeinträchtigung sein. Dies hat zur Folge, dass neben der ursprünglichen Einwirkung selbst auch der dadurch herbeigeführte Zustand eine abwehrfähige Eigentumsbeeinträchtigung ist.[68] 15

> **Beispiel:** Ein Tanklastzug kippt auf einem Grundstück um und verliert Öl. Das mit dem Öl durchtränkte Erdreich stellt nun selbst eine Eigentumsbeeinträchtigung dar.[69]

Nach einer Gegenansicht (»Rechtsusurpationstheorie«)[70] liegt eine Eigentumsbeeinträchtigung nur dann vor, wenn und solange ein Dritter – durch sein Verhalten, die räumliche Lage oder Ausstrahlungen seiner Sache – eine Herrschaftsposition einnimmt, die ihm nach der Eigentumsordnung nicht zukommt, indem er auf die Sache des Anspruchsinhabers einwirkt oder Einwirkungen nicht verhindert (Eigentumsanmaßung). Nach dieser Ansicht entfällt die Störung, sobald das störende Verhalten endet, selbst wenn dies zu einer Veränderung der Sache geführt haben sollte. Im oben genannten Beispiel würde das aufgrund des Tanklastzugunfalls mit Öl durchtränkte Erdreich keine Eigentumsbeeinträchtigung darstellen. Begründet wird diese engere

---

63 Die Voraussetzungen des quasi-negatorischen Abwehranspruchs ergeben sich aus den entsprechenden Rechten und Rechtsgütern.

64 MüKoBGB/*Baldus* § 1004 Rn. 56–73.

65 Vgl. zB BGH NJW 2003, 3702 (3702); NJW-RR 2006, 270 (270): »Fremdbefüllung von Gasbehältern«.

66 Jauernig/*Berger* § 1004 Rn. 6.

67 Erman/*Ebbing* § 1004 Rn. 5, 12 f.

68 Ausführlich zu dieser Konsequenz BGH NJW 2005, 1366 (1367 f.).

69 Weitere Beispiele bei jurisPK-BGB/*Ehlers* § 1004 Rn. 5 f.

70 Begründet von *Picker*, Der negatorische Abwehranspruch, passim, insbes. S. 50, 54, 83, 128 ff.; ihm folgend Staudinger/*Gursky* (2013) § 1004 Rn. 4 ff., 96 ff.; *Gursky* JR 1989, 397 (398 ff.); *Wilhelm* SachenR Rn. 1363 ff. (insbes. 1379 ff.); *Brehm/Berger* SachenR § 7 Rn. 9; *Kahl*, Anm. zu BGH LM Nr. 217 zu § 1004; *Olzen* Jura 1991, 281 (289); *Buchholz/Radke* Jura 1997, 454 (456 ff.); *Katzenstein* ZGS 2005, 424 (426 ff.) mwN; *ders.* NZM 2008, 594 (596 f.); wiederum abweichend *Herrmann* JuS 1994, 273 (276); vgl. auch *Lettl* JuS 2005, 871 (872).

Ansicht damit, dass ansonsten eine verschuldensunabhängige Schadensersatzhaftung begründet werde. Der Abwehranspruch unterscheide sich von Schadensersatzansprüchen jedoch grundlegend und stehe in seiner Funktion vielmehr dem Vindikationsanspruch gleich.[71] Die hM[72] hält dieser Ansicht entgegen, sie führe zu inkonsistenten Ergebnissen und schränke den Eigentumsschutz willkürlich ein. Im Musterfall, der Beeinträchtigung durch Immissionen, könne schwerlich von einer Eigentumsanmaßung gesprochen werden. Die Pflicht zur restlosen Beseitigung der Störungsquelle bestehe, weil der Störer auch die Bereinigung aller Beseitigungsfolgen schulde. Außerdem würden die gleichen Probleme bei den Besitzschutzansprüchen auftreten, bei denen eine Rechtsusurpation nicht als Grundlage des Anspruchs dienen könne.

Die folgende Darstellung schließt sich aus Gründen der Übersichtlichkeit der Auffassung der noch hM und der Rechtsprechung an.

c) Beeinträchtigung aufgrund menschlichen Verhaltens (G)

16 Schließlich muss sich die Beeinträchtigung auf menschliches Verhalten zurückführen lassen. Notwendig hierfür ist ein willensgetragenes Verhalten.[73]

Einwirkungen auf die Sache, die ausschließlich auf Naturkräften oder auf dem natürlichen Zustand einer Sache beruhen – wie abgeschwemmtes Erdreich, Felsstürze[74], im Sturm umgestürzte Bäume[75], wild abfließendes Regenwasser[76], Laub- und Nadelfall auf Nachbargrundstücke; übermäßiges Eindringen von Unkraut und Durchdringung von Rohrleitungen durch Wurzeln[77] oder Überflutungsschäden durch Aktivitäten eines zugewanderten Bibers[78] –, werden von § 1004 BGB grundsätzlich nicht erfasst und können damit keinen Abwehranspruch begründen.

Allerdings ist nach ganz überwiegender Auffassung[79] der Eigentümer eines Grundstücks dann für Störungen durch Naturkräfte verantwortlich, wenn er oder sein

---

71 *Stoll* AcP 162 (1963), 203 (220, 224 f.); *Gursky* JR 1989, 397 (398); eine solche Strukturgleichheit abl. *Herrmann* JuS 1994, 273 (277).

72 Stellvertretend für die Kritik: MüKoBGB/*Baldus* § 1004 Rn. 78 ff.; *Wenzel* NJW 2005, 241 (243); diese Kritik wiedergebend (und widerlegend) ferner *Gursky* JR 1989, 397 (398 ff.).

73 RGZ 134, 231 (234); BGHZ 90, 255 (266); 114, 183 (187); BGH NJW 1985, 1773 (1774).

74 BGH NJW 1985, 1773; NJW-RR 1996, 659; LM Nr. 224 zu § 1004.

75 BGH NJW 1993, 1855 (1856).

76 BGHZ 114, 183 (187); anders bei Zuleitung von Drainagewasser: OLG Koblenz DWW 2010, 305 (305 f.).

77 BGH NJW 1990, 3195 (3196).

78 OLG Nürnberg MDR 2014, 273.

79 StRspr.: BGHZ 28, 110 (111); 90, 255 (266); 114, 183 (187); 122, 283 (284); BGH NJW 1995, 2233 (2234); NJW 2005, 1366 (1368 f.); Soergel/*Münch* § 1004 Rn. 167; Staudinger/*Gursky* (2013) § 1004 Rn. 53; Erman/*Ebbing* § 1004 Rn. 17, 125 ff. mwN zur Rspr.; Palandt/*Bassenge* § 1004 Rn. 18 ff.; Bamberger/Roth/*Fritzsche* § 1004 Rn. 20 f. m. zahlreichen Beispielen; *Baur/Stürner* SachenR § 12 Rn. 16, 18; *Westermann/Gursky/Eickmann* SachenR § 35 Rn. 5; *Röthel* Jura 2005, 539 (542); *Lettl* JuS 2005, 871 (873). Vereinzelt gebliebene Stimmen in der Literatur wollen hingegen dem Eigentümer stets die Pflicht zur Störungsbeseitigung auferlegen. Der Eigentümer könne in den Grenzen des § 903 BGB frei mit der Sache verfahren. Dem entspreche, dass er für Gefahren und Störungen, die mit seinem Eigentum zusammenhängen, auch dann haften müsse, wenn sie letztendlich nicht beeinflussbar oder zu beseitigen seien. Der Eigentümer soll jedoch nur in den Grenzen des Zumutbaren verpflichtet sein, die Störung zu beseitigen. Vgl. *Prütting* SachenR Rn. 575; *Pleyer* AcP 156 (1958), 299 (302); *Kübler* AcP 159 (1960), 236 ff., 276 ff.; *Schmid* NJW 1988, 29; zur Haftung nach öffentlichem Recht vgl. *v. Mutius* Jura 1983, 298.

Rechtsvorgänger diese durch eigene Handlungen oder pflichtwidriges Unterlassen mitverursacht und dadurch eine Gefahrenquelle hervorgerufen hat. Es muss also eine »Sicherungspflicht« bestehen.[80] In einem solchen Falle beruht die Beeinträchtigung zumindest mittelbar auf dem Willen des Eigentümers (Störers),[81] so zB wenn die Erdabschwemmung durch eine künstliche Hangabschrägung erleichtert oder der Regenabwasserlauf durch eine Bodenveränderung verstärkt wird.[82] Bei umstürzenden Bäumen ist entscheidend, ob sie aufgrund ihres Alters nicht mehr standsicher und deswegen gegenüber normalen Einwirkungen der Naturkräfte nicht mehr hinreichend widerstandsfähig sind; das bloße Anpflanzen und Aufziehen widerstandsfähiger Bäume begründet dagegen regelmäßig noch keine für die Zurechnung einer Beeinträchtigung notwendige konkrete Gefahrenlage für das Nachbargrundstück.[83]

d) Fortdauern der Beeinträchtigung (G)

Die Beeinträchtigung muss eingetreten sein (Beseitigungsanspruch) und gegenwärtig 17
noch fortbestehen. Maßgeblich hierfür ist der Zeitpunkt der Anspruchstellung bzw. der Zeitpunkt der letzten mündlichen Tatsachenverhandlung.[84]

Ist die *Beeinträchtigung bereits abgeschlossen*, fehlt eine Voraussetzung des Abwehranspruchs aus § 1004 I BGB. Für den Beseitigungsanspruch ergibt sich die Gegenwärtigkeit aus der angeordneten Rechtsfolge: Störungsbeseitigung ist nur möglich, wenn im maßgeblichen Zeitpunkt überhaupt noch eine »beseitigungsfähige« Beeinträchtigung vorliegt.[85] Für den Unterlassungsanspruch folgt die Voraussetzung des Fortdauerns der Beeinträchtigung aus der Wiederholungs- bzw. (Erst-)Begehungsgefahr.[86]

e) Arten der Einwirkung

Mit Blick auf ihre Abwehrfähigkeit werden verschiedene Arten von Einwirkungen unterschieden: positive, negative, ideelle und rechtliche Einwirkungen.

aa) Positive Einwirkungen (G)

Unter positiven Einwirkungen auf die Sache werden aktive Angriffe auf deren räum- 18
lich-gegenständlichen Bereich verstanden. Sie kommen vor allem bei Grundstücken in Betracht, zB durch das Betreten von Menschen oder Tieren, durch den Überflug

80 So das in neuerer Zeit vom BGH herausgearbeitete Kriterium, vgl. BGH NJW-RR 2001, 1208 (1208); NJW 2005, 1366 (1367); BGHZ 157, 33 (42); dazu auch *Wenzel* NJW 2005, 241 (241 f.).

81 RGZ 127, 29 (34) – Fabrikhaldenbrand; 134, 231 (234) – Abbröckeln von Steinen aus Felsenhang; 149, 205 (210 ff.) – Steinschlag durch Druck aufgrund errichteten Gebäudes; aus der neueren Rspr. zB BGHZ 90, 255 (266) = NJW 1984, 2207 (2209); BGH NJW 1991, 2770 (2771); OLG Düsseldorf NJW-RR 1990, 144 (145); LG Koblenz NJW-RR 1991, 655.

82 BGHZ 49, 349 (245) – Veränderung des natürlichen Wasserabflusses; 90, 255 (266) – Schlammabfluss durch Menschenhand begünstigt; BGH NJW-RR 1996, 659 (660) – Veränderung eines Hanggrundstücks; OLG Koblenz MDR 1975, 403 – künstliche Wasseransammlung durch Schuttaufschüttung; OLG Stuttgart NuR 1990, 141 – Erdrutsch aufgrund geologischer Besonderheiten; beachte auch die landesrechtlichen Wassergesetze.

83 Vgl. BGHZ 122, 283 (285); BGH NJW 2003, 1732 (1733).

84 Jauernig/*Berger* § 1004 Rn. 6.

85 MüKoBGB/*Baldus* § 1004 Rn. 74 ff.

86 → § 9 Rn. 9 f.

mit Drohnen,[87] durch das Ablagern fremder Sachen, durch grobkörperliche Immissionen, durch alle Einwirkungen unwägbarer Stoffe iSd § 906 BGB (*Imponderabilien*) oder auch durch Einwerfen von Werbematerial in den Briefkasten entgegen einer ausdrücklichen Willenskundgabe (Aufkleber am Briefkasten) oder einer speziellen Untersagung.[88] Der Eigentümer muss die Sache dabei nicht notwendigerweise in Besitz haben. So besteht der Anspruch auch dann, wenn beispielsweise das Eigentum an Limonadenflaschen dadurch verletzt wird, dass ein Konkurrent sie mit eigenen Produkten füllt.[89]

Die Eigentumsbeeinträchtigung setzt keine körperliche Einwirkung voraus, sodass auch die Behinderung der einzigen Ausfahrt aus einem Grundstück oder einer Garage durch verbotenes Parken einen Abwehranspruch wegen Beeinträchtigung des Grundstücks auslösen kann.[90] Dasselbe gilt, wenn sich jemand gegenüber einem anderen berühmt, er sei Eigentümer der Sache.[91]

Umstritten ist, ob das Fotografieren fremder Gebäude zur anschließenden gewerblichen Verbreitung der Fotos eine abwehrfähige positive Beeinträchtigung darstellt. Der BGH[92] hat offen gelassen, ob bereits das *bloße Fotografieren* einer fremden Sache Abwehransprüche auslösen kann. Die Literatur[93] verneint dies, da hierdurch weder auf die tatsächliche noch auf die rechtliche Herrschaftsmacht des Eigentümers eingewirkt werde. Eine vergleichbare Problematik besteht hinsichtlich der Videoüberwachung eines Nachbargrundstücks. Während vereinzelt die Möglichkeit einer Eigentumsbeeinträchtigung zumindest angedeutet wird,[94] stellt die überwiegende Ansicht auf eine Beeinträchtigung des allgemeinen Persönlichkeitsrechts ab.[95]

Die *gewerbliche Verbreitung der Fotografien* von Privatgebäuden soll hingegen nach Ansicht des BGH[96] das Eigentum dann beeinträchtigen, wenn die Gebäude nicht von der öffentlichen Straße her einsehbar seien. Das gelte selbst dann, wenn der Eigentümer das Betreten seines Grundstücks gestattet habe. Grund dafür sei, dass das wirt-

87 Eing. *Regenfus* NZM 2011, 799 (799 ff.): Der darin verwirklichte Eingriff in das Eigentumsrecht (vgl. §§ 1004, 905 BGB) ist jedoch nach § 1 LuftVG zu dulden. Gleichwohl können Überflüge von mit Videokameras bestückten Drohnen im Einzelfall wegen Beeinträchtigung des allgemeinen Persönlichkeitsrechts abgewehrt werden.

88 BGHZ 106, 229 (232); BGH NJW 1989, 902 (903).

89 BGH LM Nr. 27 zu § 1004 BGB; Staudinger/*Gursky* (2013) § 1004 Rn. 24.

90 OLG Karlsruhe NJW 1978, 274; MüKoBGB/*Baldus* § 1004 Rn. 110 f.; Staudinger/*Gursky* (2013) § 1004 Rn. 33; *Dörner* JuS 1978, 666 (667): Eine Eigentumsbehinderung am Pkw liegt nicht vor, wenn jemand gehindert wird, mit dem Pkw auf ein bestimmtes Grundstück oder in seine Garage zu fahren.

91 BGH NJW 2006, 689 (689 f.) (»Oskar Schlemmer – Rote Mitte«); vgl. zum Meinungsstand und zur prozessrechtlichen Behandlung → § 9 Rn. 21.

92 BGH NJW 1966, 542 (543) (»Apfelmadonna«, im Schwerpunkt zur Nachbildung fremder Kunstwerke); NJW 1975, 778.

93 MüKoBGB/*Baldus* § 1004 Rn. 113 ff.; *Brehm/Berger* SachenR § 7 Rn. 12; Staudinger/*Gursky* (2013) § 1004 Rn. 80; Palandt/*Bassenge* § 1004 Rn. 11 mwN.

94 OLG Köln NJW 2009, 1827.

95 BGH NJW 2010, 1533 (1534); LG Bielefeld NJW-RR 2008, 327 (327 f.); LG Bonn NJW-RR 2005, 1067 (1067 f.); generell zu Überwachungskameras im Nachbarrecht *Horst* NJW 2009, 1787 ff.; *Elzer* NJW 2013, 3537 ff.

96 BGH NJW 1975, 778; NJW 1989, 2251 (2252); zust. Soergel/*Münch* § 1004 Rn. 61 f.; Erman/*Ebbing* § 1004 Rn. 25; *Wolf/Wellenhofer* SachenR § 24 Rn. 12; diff. BGH NJW 2004, 594 (595) (»Hundertwasser-Haus«): »Panoramafreiheit« nur bei Fotografien aus dem Blickwinkel eines Passanten, nicht von gegenüberliegender Privatwohnung aus.

schaftliche Verwertungsrecht der Sache grundsätzlich nur dem Eigentümer zustehe. Soweit § 59 UrhG nicht etwas anderes bestimme, könne die wirtschaftliche Nutzung fremden Eigentums mit dem Anspruch aus § 1004 I BGB abgewehrt werden.

bb) Negative Einwirkungen (G)

Nutzt der Eigentümer sein Grundstück in den Grenzen seiner Befugnisse (§ 903 **19** BGB), entzieht er dem Nachbargrundstück dabei jedoch (mittelbar) Vorteile, spricht man von »negativen Einwirkungen«.[97] In der Praxis handelt es sich dabei oft um die Entziehung von Licht[98], Luft, der Aussicht[99], des Grundwassers[100] oder auch um die Störung des Fernseh- bzw. Hörfunkempfangs[101].

KK

Eine Auffassung in der Literatur[102] dehnt den Schutz des § 1004 BGB auf negative Einwirkungen insgesamt aus, da dem Wortlaut des § 906 BGB, insbesondere den dort aufgeführten Beispielen, kein Hinweis entnommen werden könne, dass negative Einwirkungen aus dem Anwendungsbereich des § 1004 BGB ausgeschlossen sein sollten.

Nach hM[103] stellen negative Einwirkungen keine Beeinträchtigungen iSd § 1004 BGB dar. Die unterschiedliche Behandlung positiver und negativer Einwirkungen ergebe sich aus der Entstehungsgeschichte, dem Wortlaut und der Systematik des Gesetzes. Es fehle bereits an der von § 906 I BGB vorausgesetzten »Zuführung«. Nach der Wertung der §§ 903, 905 BGB müsse eine Benutzung, die sich innerhalb der eigenen Grenzen des Grundstücks halte, vom Eigentumsinhalt gedeckt sein und bedürfe insofern keiner besonderen Rechtfertigung nach § 906 BGB.[104] Insoweit sei das Ausschließungsrecht aus dem beeinträchtigten Grundstück eingeschränkt.[105] Unzulässig sei nur die Beeinträchtigung von Dienstbarkeiten des Nachbarn oder der sich aus nachbarschützenden landesrechtlichen Bauvorschriften ergebenden Rechte (Art. 124 EGBGB iVm zB Art. 43 ff. BayAGBGB[106]), weil durch diese Rechte die Eigentumssphäre des Eigentümers erweitert und die des anderen Nutzers – des Nachbarn oder dinglich Berechtigten – beschränkt würden.[107]

97 MüKoBGB/*Baldus* § 1004 Rn. 124 ff.; Soergel/*Münch* § 1004 Rn. 96; Erman/*Ebbing* § 1004 Rn. 18; *Neuner* JuS 2005, 487 (487).
98 LG Gießen NJW-RR 2000, 1255.
99 BGH NJW 1991, 1671 (1672); NJW 1992, 2569 (2570); OLG Frankfurt NJW-RR 1989, 464.
100 BayObLGZ 1965, 7.
101 BGHZ 88, 344 – Störung des Empfangs durch Abschattung eines Hochhauses; vgl. auch § 26 NachbG NW.
102 AK-BGB/*Winter* § 906 Rn. 36; Soergel/*Münch* § 1004 Rn. 96, 98; *Baur/Stürner* SachenR § 25 Rn. 26; *Heck* SachenR § 50 Nr. 7; *Tiedemann* MDR 1978, 272 (273 f.).
103 BGHZ 69, 1 (4); BGH NJW 1992, 2569 (2570); LM Nr. 1 und 2 zu § 903; Staudinger/*Gursky* (2013) § 1004 Rn. 66; *Wilhelm* SachenR Rn. 751 f.; Erman/*Ebbing* § 1004 Rn. 18; Palandt/*Bassenge* § 903 Rn. 9; *Olzen* Jura 1991, 281 (285).
104 BGHZ 88, 344 (346); MüKoBGB/*Baldus* § 1004 Rn. 49 f.; *Brehm/Berger* SachenR § 6 Rn. 15; krit. zur Rspr. Staudinger/*Gursky* (2013) § 1004 Rn. 64 ff.
105 Vgl. Palandt/*Bassenge* § 903 Rn. 9.
106 Gesetz zur Ausführung des Bürgerlichen Gesetzbuchs und anderer Gesetze v. 20.9.1982, BayRS 400–1-J, abgedruckt in Ziegler/Tremel Nr. 130. Landesrechtliche nachbarrechtliche Vorschriften sind vor allem für Fenster (Art. 43), Balkone (Art. 44, 45) und den Grenzabstand von Pflanzen (Bäume, Sträucher, Hecken, Wein- und Hopfenstöcke) (Art. 47 ff.) von Bedeutung.
107 MüKoBGB/*Baldus* § 1004 Rn. 49 f.; Staudinger/*Gursky* (2013) § 1004 Rn. 65 f.

Zum Teil[108] wird erwogen, über solche Spezialvorschriften hinaus Begrenzungen des Eigentumsinhalts aus dem nachbarlichen Gemeinschaftsverhältnis abzuleiten und so zumindest die Abwehr extremer Einwirkungen zu ermöglichen. Grundlage dieses Beseitigungsanspruchs soll entweder § 1004 I BGB oder – so die höchstrichterliche Rechtsprechung[109] und Teile der Literatur[110] – das nachbarliche Gemeinschaftsverhältnis selbst (§ 242 BGB)[111] sein.

cc) Ideelle Einwirkungen (G)

Fallbeispiel: »Nachbars Gartenzwerge«[112]

20 Unter ideellen Einwirkungen – auch »immaterielle«, »psychische« oder »moralische« Immissionen genannt – versteht man Einflüsse, die ohne räumlichen Grenzübertritt das ästhetische oder sittliche Empfinden des Nachbarn verletzen.[113] Beispiele aus der Rechtsprechung sind der Bordellbetrieb im Nachbarhaus[114], ein anstoßerregendes Benehmen im Freibad[115] oder ein Schrottplatz für Baumaterialien in einer Wohngegend[116] oder neben einem Hotel[117].

Auch ideelle Einwirkungen können nach der Rechtsprechung des BGH[118], der sich die Literatur zT[119] angeschlossen hat, für sich genommen[120] keinen Abwehranspruch aus § 1004 I BGB auslösen, selbst dann nicht, wenn sie den Verkehrswert des Grundstücks mindern.[121] Als Begründung führt der BGH an, bei solchen lediglich das Empfinden des Eigentümers störenden Einwirkungen handele es sich nicht um »ähnliche Einwirkungen« iSd § 906 BGB, da weder auf das Grundstück noch auf die darauf

108 Staudinger/*Gursky* (2013) § 1004 Rn. 66; *Neuner* JuS 2005, 487 (487); ähnlich Staudinger/*Roth* (2009) § 906 Rn. 126.

109 RGZ 162, 216; 167, 14 (23); BGHZ 28, 110 (114); 58, 149 (159); 68, 350 (353 ff.); BGH LM Nr. 1, 2 zu § 903, Nr. 1 zu § 906.

110 Erman/*Ebbing* § 1004 Rn. 19; NK-BGB/*Keukenschrijver* § 1004 Rn. 63; vgl. auch *Wenzel* NJW 2005, 247.

111 → § 9 Rn. 65 f.

112 *Vieweg/Röthel* Fälle SachenR Fall 20.

113 Ebenso wie bei den negativen Einwirkungen geht es bei den ideellen Einwirkungen um den Konflikt zweier Berechtigter bei der Nutzung ihres Eigentums; MüKoBGB/*Baldus* § 1004 Rn. 55.

114 RGZ 57, 239; vgl. auch BGHZ 95, 307 (309) zu der Fallgestaltung, dass die das sittliche Empfinden des Nachbarn störende Nutzung nach außen nicht wahrnehmbar war.

115 RGZ 76, 130.

116 BGH JZ 1969, 431; WM 1974, 1226 – Eisenstangen und Bleche zur Abstützung des Grundstücks.

117 BGH JZ 1970, 782.

118 Grundlegend RGZ 76, 130; BGHZ 51, 396 (398); 54, 56 (59 f.); 95, 307 (308 f.); 144, 200 (203) = BGH NJW 2000, 2901 (2902).

119 Staudinger/*Gursky* (2013) § 1004 Rn. 76 f.; Palandt/*Bassenge* § 903 Rn. 10; MüKoBGB/*Baldus* § 1004 Rn. 132; *Wilhelm* SachenR Rn. 752 aE; *Westermann/Gursky/Eickmann* SachenR § 35 Rn. 8.

120 Erst wenn von den ideellen Beeinträchtigungen noch weitere, unter den Katalog des § 906 BGB fallende Einwirkungen ausgehen, wie etwa Lärm oder Geruch.

121 BGH NJW 1985, 2824; teils anders Jauernig/*Berger* § 906 Rn. 2; dagegen Staudinger/*Gursky* (2013) § 1004 Rn. 76: Der Aspekt materieller Erwerbsinteressen hat mit einer etwaigen persönlichkeitsrechtlichen Komponente des Eigentums nichts zu tun, sondern nur mit der unterschiedlichen Nutzungsart und kann daher auch nur durch das öffentliche Planungsrecht entschieden werden.

befindlichen Sachen eingewirkt werde. Zudem fehle es – wie bei den negativen Einwirkungen – an der von § 906 BGB vorausgesetzten »Zuführung«. Die Orientierung an § 906 BGB sei erforderlich, um der Gefahr einer uferlosen Ausweitung des Beseitigungsanspruchs entgegenzutreten.[122] Wohl aber seien auch ideelle Einwirkungen (mit)abwehrfähig, wenn neben der ideellen Einwirkung zusätzlich zB störende Gerüche (Leichenhalle)[123] entstünden oder der Eigentümer des störenden Grundstücks gezielt schikanös zum Nachteil des Nachbarn handele.[124]

Gegen diese Rechtsprechung des BGH wird angeführt, es sei nicht gerechtfertigt, den das Eigentum beeinträchtigenden Charakter ideeller Immissionen schlechthin zu verneinen.[125] Vielmehr müsse nach der Art ideeller Immissionen differenziert werden. So seien zwar Beeinträchtigungen des sittlichen Empfindens, nicht aber generell zB abstoßende Anblicke als Störung anzusehen, solange sie nur das ästhetische Empfinden des Nachbarn verletzten.[126] Einer uferlosen Ausweitung des Beseitigungsanspruchs könne über die Tatbestandsvoraussetzungen »Unwesentlichkeit«[127] und »Ortsüblichkeit« iSd § 906 BGB[128] entgegengewirkt werden.

Zur Abwehr von *Verletzungen des allgemeinen Persönlichkeitsrechts* durch ideelle Einwirkungen auf das Grundstück wird von einer Literaturansicht[129] die Anwendbarkeit des § 1004 BGB mit der Begründung bejaht, die allgemeine Anerkennung und Verstärkung des Persönlichkeitsschutzes erlaube auch eine Verlagerung des Beseitigungsanspruchs ins »Ideelle« hinein. Zum Teil wird demgegenüber aber vertreten, der Abwehranspruch solle unmittelbar aus dem allgemeinen Persönlichkeitsrecht abgeleitet werden, weil nicht ersichtlich sei, warum dafür der Eigentumsschutz herhalten müsse.[130]

---

122 RGZ 76, 130 (133); BGHZ 51, 396 (398); BGH WM 1974, 1226; siehe auch Staudinger/*Gursky* (2013) § 1004 Rn. 76.

123 OLG Zweibrücken OLGE 4, 61.

124 BGHZ 54, 56 (61).

125 Soergel/*Münch* § 1004 Rn. 92; Staudinger/*Gursky* (2013) § 1004 Rn. 76; Erman/*Ebbing* § 1004 Rn. 22; Jauernig/*Berger* § 906 Rn. 2 § 1004 Rn. 4 (entscheidend: Intensität); AK-BGB/*Kohl* § 1004 Rn. 48; *Baur/Stürner* SachenR § 25 Rn. 26; *Heck* SachenR § 50 Nr. 7; *Pleyer* JZ 1959, 305 (306); *Grunsky* JZ 1970, 785 (786); im Wesentlichen auch Staudinger/*Roth* (2009) § 906 Rn. 132. Vgl. OLG Hamburg NJW 1988, 2052 (2052 f.) – Gartenzwerge; AG Münster NJW 1983, 2886 (2886 f.) – Ablagerung von Steinen, einer Tonne und zwei Eimern an der Grundstücksgrenze; AG Bonn JMBl.NW 1974, 8.

126 Soergel/*Münch* § 1004 Rn. 92; Staudinger/*Gursky* (2013) § 1004 Rn. 76 – ideelle Immissionen seien nur so lange nicht abwehrfähig, wie es sich nicht um Extremfälle handele oder ein widerwärtiger Anblick nicht zu einer gravierenden seelischen Belastung führe; Erman/*Ebbing* § 1004 Rn. 22. AA *Westermann/Gursky/Eickmann* SachenR § 35 Rn. 7, die der Abwehr ideeller Beeinträchtigungen im Rahmen des Eigentumsschutzes krit. gegenüberstehen. Eine hinreichende Lösung sei über § 826 BGB sowie § 823 I BGB iVm den Grundsätzen zum Allgemeinen Persönlichkeitsrecht möglich.

127 *Loewenheim* NJW 1975, 826 (827).

128 Erman/*Ebbing* § 1004 Rn. 23; vgl. auch *Baur/Stürner* SachenR § 25 Rn. 26, die nicht auf § 906 BGB zurückgreifen, sondern die Reichweite der Nutzung des Eigentums aus dem Eigentum selbst ableiten. Zum Beispiel liege im Eigentum kein Recht auf Beibehaltung der Aussicht; ebenso sei zweifelhaft, ob das Treiben in einem Bordell auf einem angrenzenden Grundstück eine Beeinträchtigung darstelle; krit. gegen die Einbeziehung von § 906 BGB auch Staudinger/*Gursky* (2013) § 1004 Rn. 76.

129 Erman/*Ebbing* § 1004 Rn. 22; Palandt/*Bassenge* § 903 Rn. 10; *Olzen* Jura 1991, 281 (286).

130 So MüKoBGB/*Baldus* § 1004 Rn. 55, 59; MüKoBGB/*Säcker* § 906 Rn. 29; Staudinger/*Gursky* (2013) § 1004 Rn. 57; *Neuner* JuS 2005, 787 (787 f.); *Westermann/Gursky/Eickmann* SachenR § 35 Rn. 7.

Wegen ideeller Einwirkungen können sich uU auch deliktische Ansprüche auf Naturalrestitution wegen Verletzung des allgemeinen Persönlichkeitsrechts sowie wegen der Verletzung von Schutzgesetzen (§ 823 I und II BGB) oder aus § 826 BGB ergeben.

dd) Rechtliche Einwirkungen (G)

21 Eine Beeinträchtigung der Eigentumsposition iSd § 1004 I BGB kann auch in der Weise geschehen, dass der Störer unmittelbar die Rechtsposition des Eigentümers angreift, zB indem er diese Dritten gegenüber bestreitet oder ein eigenes, das Eigentum beschränkende Recht (eine Dienstbarkeit oder Miteigentum) geltend macht.[131]

Eine abwehrfähige Störung liegt weiterhin eindeutig in jeder rechtsgeschäftlichen Verfügung eines Nichtberechtigten über das Eigentum;[132] dabei besteht die Beeinträchtigung im drohenden Eigentumsverlust.[133] Der Eigentümer muss einer solchen Verfügung mit der Unterlassungsklage nach § 1004 I 2 BGB begegnen können.[134]

Der Rechtsverlust aufgrund einer bereits erfolgten Verfügung stellt keine fortdauernde Beeinträchtigung dar, sondern einen Schaden. Der Eigentümer ist auf die Ersatzansprüche aus §§ 987 ff., 823 ff. BGB oder die Surrogationsansprüche aus § 816 BGB oder aus § 687 II iVm §§ 681 S. 2, 667 BGB angewiesen.[135]

Bei Beeinträchtigung der grundbuchmäßigen Stellung durch unrichtige Grundbucheintragung verdrängt der *Grundbuchberichtigungsanspruch* aus § 894 BGB als besonders geregelter negatorischer Anspruch den Anspruch aus § 1004 I BGB.[136]

7. Anspruchsgegner – Störer

a) Störerbegriff (G)

22 Unterlassung und Beseitigung nach § 1004 I BGB können nur vom Störer verlangt werden (Anspruchsgegner). Störer ist nach der Rechtsprechung derjenige, auf dessen Willensbetätigung die Beeinträchtigung unmittelbar oder adäquat mittelbar zurückzuführen ist.[137] Dies bedeutet, dass nicht nur derjenige Störer ist, der die Störung (mit-)verursacht hat (*Handlungsstörer*), sondern auch derjenige, der den eigentums-

---

131 BGH NJW 2006, 689 (689 f.); MüKoBGB/*Baldus* § 1004 Rn. 97; einschränkend Staudinger/*Gursky* (2013) § 1004 Rn. 30; instruktiv zum Meinungsstand und zur prozessualen Frage, ob Unterlassungs- oder Eigentumsfeststellungsklage das effektivere Abwehrmittel ist, *Ulrici* Jura 2006, 692 (695 f.).

132 Staudinger/*Gursky* (2013) § 1004 Rn. 31; Erman/*Ebbing* § 1004 Rn. 30; Palandt/*Bassenge* § 1004 Rn. 7; diff. Soergel/*Münch* § 1004 Rn. 101.

133 Erman/*Ebbing* § 1004 Rn. 30.

134 Staudinger/*Gursky* (2013) § 1004 Rn. 31.

135 Staudinger/*Gursky* (2013) § 1004 Rn. 31; Erman/*Ebbing* § 1004 Rn. 30.

136 RGZ 121, 335 (336); 158, 40 (45); BGHZ 5, 76 (82); Staudinger/*Gursky* (2013) § 1004 Rn. 64; MüKoBGB/*Baldus* § 1004 Rn. 37; Palandt/*Bassenge* § 894 Rn. 13, § 1004 Rn. 3; *Wolff/Raiser* SachenR § 87 I 2b.

137 BGHZ 19, 126 (129) mwN; 28, 110 (111); 41, 393 (397); 90, 255 (266). Daher fallen auch Personen, denen die Entschlussfreiheit völlig fehlt, aus dem Kreis der Störer heraus; vgl. BGH NJW 1955, 1474 (1475): Handeln auf Befehl der Besatzungsmacht. Vgl. ferner die Übersicht über die jüngere BGH-Rspr. bei *Wenzel* NJW 2005, 241 ff. Gegen die Anknüpfung an den Willen sind die Vertreter der Usurpationstheorie → § 9 Rn. 15, vgl. etwa *Westermann/Gursky/Eickmann* SachenR § 35 Rn. 13. Hierzu auch MüKoBGB/*Baldus* § 1004 Rn. 171, der vielmehr auf die »Nachfolge in die Herrschaft« abstellen will.

beeinträchtigenden Zustand bewusst (willentlich) aufrechterhält (*Zustandsstörer*).[138] Als Zurechnungsgrund für eine Haftung kommen also – wie im Polizei- und Ordnungsrecht – zum einen das Verursachungsprinzip und zum anderen das Herrschaftsprinzip in Verbindung mit der Verantwortlichkeit für eine Sache in Betracht. Die Abgrenzung der Handlungs- von der Zustandshaftung bereitet in der Praxis erhebliche Schwierigkeiten, weil beide Arten häufig zusammentreffen und insbesondere die Annahme einer pflichtwidrigen Unterlassung es ermöglicht, Fälle der Zustandshaftung in eine Handlungshaftung umzuformulieren.[139]

Des Weiteren setzt die Störereigenschaft die Möglichkeit zur Abhilfe, dh zur Beseitigung der Störungsfolgen oder zur Unterlassung des störenden Verhaltens voraus.[140] Sonst wären sinnlose Verurteilungen zu unmöglichen Leistungen die Folge.[141] Zweifelhaft ist die Abhilfemöglichkeit insbesondere bei mittelbaren Störungen.

b) Handlungsstörer (G)

Handlungsstörer ist, wer die Eigentumsbeeinträchtigung durch sein Verhalten – positives Tun oder pflichtwidriges Unterlassen – zumindest adäquat kausal mitverursacht hat.[142] Handlungsstörer ist auch derjenige, der die Störung durch einen Dritten adäquat ursächlich veranlasst hat und sie hätte verhindern können (*mittelbarer Störer*).[143] Die Beseitigungspflicht wird insoweit als reine Kausalhaftung verstanden.[144] Bei pflichtwidriger Unterlassung wird die Rechtspflicht zum Handeln aus Ingerenz (vorangegangenes sozialwidriges oder gefährdendes Tun), aus nachbarlicher Rücksichtnahme oder allgemeiner Sozialpflichtigkeit des Eigentums abgeleitet.[145] 23

c) Zustandsstörer (G)

Zustandsstörer ist derjenige, der die Herrschaft über eine gefahrbringende Sache, durch die die Störung mitverursacht wird, ausübt und von dessen Willen die Beseitigung der Störung abhängt.[146] Das Willenskriterium als Zurechnungsgrund ermöglicht 24

138 BGHZ 29, 314 (317); BGH LM Nr. 14 zu § 1004.

139 Staudinger/*Gursky* (2013) § 1004 Rn. 92.

140 BGHZ 62, 388 (393); 95, 307 (308); MüKoBGB/*Baldus* § 1004 Rn. 181.

141 Sonderfall BGHZ 120, 239: Die Beseitigung im Teich quakender Frösche hätte gegen das BNatSchG verstoßen; Verurteilung nur bei Genehmigung einer Ausnahme durch die Naturschutzbehörde; ebenso BGH NZM 2005, 318 f.

142 StRspr. seit RGZ 92, 22 (25); BGHZ 1, 57 (63); 19, 126 (129); 28, 110 (111); BGH NJW 1986, 2503 (2504); NJW 2005, 1366 (1368); NJW 2007, 432 (432); Palandt/*Bassenge* § 1004 Rn. 16; *Baur/Stürner* SachenR § 12 Rn. 13.

143 BGH NJW 1982, 440 (440 f.); NJW 2006, 992 (993); vgl. auch OLG Düsseldorf NJW-RR 2006, 956 (957); OLG Karlsruhe NJW 2007, 3443 (3444).

144 *Picker*, Der negatorische Beseitigungsanspruch, 25 ff.

145 Vgl. dazu Staudinger/*Gursky* (2013) § 1004 Rn. 93; krit. *Baur/Stürner* SachenR § 12 Rn. 16 ff.

146 StRspr. seit RGZ 92, 22 (24 f.); BGH NJW 1985, 1773 (1774); NJW 2005, 1366 (1368 f.); NJW-RR 2008, 827; OLG Koblenz MDR 2009, 443 (444); *Baur/Stürner* SachenR § 12 Rn. 14. Im Gegensatz und als Kritik an der Unterscheidung von Handlungs- und Zustandsstörern wird *im Schrifttum teilweise* eine *andere Terminologie* verwandt, ohne dabei sachlich zu einer Abweichung zu gelangen. Anstatt der Begriffe Handlungs- und Zustandsstörer wird von *Tätigkeits- und Untätigkeitsstörer* gesprochen. Tätigkeitsstörer sei, wer durch fortdauerndes positives Tun die Störung derart bewirke, dass das Ende des Tuns auch das Ende der Störung bedeute. Untätigkeitsstörer sei, wer nicht Tätigkeitsstörer sei und die Störung beseitigen könne. Daneben müssten weitere Zurechnungsgründe hinzutreten, wie zB die Verantwortlichkeit aus der Schaffung einer Gefahrenquelle; vgl. hierzu MüKoBGB/*Baldus* § 1004 Rn. 159–171; ihm folgend nun Erman/*Ebbing* § 1004 Rn. 110 ff.

einerseits eine Haftungsfreistellung, wenn der Eigentümer für Störungen etwa durch Naturkatastrophen oder Unglücksfälle nicht verantwortlich ist.[147] Andererseits dient es der Heranziehung des gegenwärtigen Eigentümers auch in Fällen, in denen der störende Zustand zwar vom Rechtsvorgänger herbeigeführt worden ist, der jetzige Eigentümer die Störung aber bewusst bestehen lässt, obwohl er sie beseitigen könnte.[148] Damit ist grundsätzlich der Rechtsnachfolger passivlegitimiert, weil die störende Sache gegenwärtig ihm zugeordnet ist (originäre Haftung).[149] Bleibt der Rechtsvorgänger jedoch hinsichtlich der Sache verfügungsberechtigt,[150] richtet sich der Anspruch auch gegen ihn als Zustandsstörer.[151] Dasselbe gilt für den Halter eines unberechtigt auf fremdem Grund abgestellten Pkw.[152]

Der gegenwärtige Eigentümer kann auch herangezogen werden, wenn der rechtliche Umstand, der eine ursprünglich rechtmäßige Inanspruchnahme fremden Eigentums gewährleistet hatte, später entfallen ist.[153]

d) Beendigung der Zustandshaftung durch Dereliktion? (V)

MS ✓

25 Mit der Dereliktion (Eigentumsaufgabe, § 959 BGB) gibt der bisherige Zustandsstörer den Besitz an der Sache auf.[154] Teilweise[155] wird vertreten, dass damit auch seine negatorische Verantwortlichkeit entfalle, weil er die Inanspruchnahme fremden Eigentums beende. Die weiterbestehende faktische Beeinträchtigung sei irrelevant.[156] Nach anderer Auffassung[157] kann sich an der einmal eingetretenen Verantwortlichkeit des Pflichtigen nichts ändern. Der Inhaber einer Störungsquelle könne sich seiner Verantwortung auch nicht durch Dereliktion entziehen, weil das zur Störung führende Verhalten weiterwirke und nicht rückgängig gemacht werden könne (*actus contrarius*).[158] Auch müsse der Eigentümer des gegen seinen Willen beeinträchtigten Grundstücks unabhängig von der Eigentumslage geschützt sein.[159]

---

147 BGHZ 19, 126 (130); 90, 255 (266); BGH NJW 1999, 2896 (2897); NJW 2008, 992 (993); OLG Koblenz ZfS 2008, 635 (635).

148 RGZ 103, 174 (175 f.); BGHZ 29, 314 (317); BGH NJW 1968, 1327 (1328); NJW-RR 2006, 1378 (1379); Staudinger/*Gursky* (2013) § 1004 Rn. 94 u. 132 ff.

149 Staudinger/*Gursky* (2013) § 1004 Rn. 126.

150 ZB wenn der Nießbraucher Eigentümer wird und das Grundstück vermietet.

151 Palandt/*Bassenge* § 1004 Rn. 25.

152 BGH NJW 2012, 3781.

153 RGRK/*Pikart* § 1004 Rn. 75.

154 Allgemein zu den Folgen der Grundstücksdereliktion aus zivilrechtlicher und öffentlich-rechtlicher Perspektive *Sliwiok-Born* NJW 2014, 1047 ff.

155 AK-BGB/*Kohl* § 1004 Rn. 51; Staudinger/*Gursky* (2013) § 1004 Rn. 108; *Wieling* SachenR § 23 IV 1a bb; *Westermann/Gursky/Eickmann* SachenR § 35 Rn. 13; *Picker*, Der negatorische Beseitigungsanspruch, 113 ff.; *ders.*, FS Gernhuber, 1993, 337 (337 ff., 356 f.); *Gursky* JZ 1990, 921 (921 f.); *Katzenstein* NZM 2008, 594 (596 f.); vgl. zur fortdauernden Anmaßung fremder Rechtspositionen als Voraussetzung einer Eigentumsbeeinträchtigung nach der »Rechtsusurpationstheorie« → § 9 Rn. 15.

156 Staudinger/*Gursky* (2013) § 1004 Rn. 108, der zusätzlich einen Vergleich zu § 985 BGB und zu § 894 BGB zieht, der auch entfalle, wenn der Anspruchsgegner den Besitz auf- oder weitergebe; *Wilhelm* SachenR Rn. 1378, 1385.

157 BGHZ 18, 253 (258); 41, 393 (397); BGH NJW 2007, 2182 (2182); MüKoBGB/*Baldus* § 1004 Rn. 88 ff.; Soergel/*Münch* § 1004 Rn. 184; Erman/*Ebbing* § 1004 Rn. 130, 132; Jauernig/*Berger* § 1004 Rn. 20; *Neuner* JuS 2005, 385 (388 ff.); *Lettl* JuS 2005, 871 (873 f.).

158 Soergel/*Münch* § 1004 Rn. 184.

159 Erman/*Hefermehl*, 10. Aufl. 2000, § 1004 Rn. 7.

e) Mehrheit von Störern (V)

Bei einer Mehrheit von Störern ist gegen jeden einzelnen Störer ein selbstständiger Abwehranspruch gegeben.[160] Für die Haftung kommt es nicht auf Art und Umfang des Tatbeitrags an. Der beeinträchtigte Eigentümer kann sich deshalb an denjenigen Störer wenden, von dem er die Störungsbeseitigung am ehesten erwartet.[161] Dagegen beschränkt sich der Anspruchsinhalt, dh die Beseitigung bzw. Unterlassung, auf den konkreten Tatbeitrag des einzelnen Störers.[162] Wird daher von einem (Mit-)Störer die vollständige Beseitigung der Beeinträchtigung verlangt, kann dieser einwenden, ein anderer sei für die Einwirkung mitverantwortlich.[163] Lassen sich die einzelnen Störungsbeiträge bzw. -anteile nicht mehr verlässlich trennen, ist von einer gesamtschuldnerischen Haftung auszugehen.[164] 26

Neben demjenigen, der die störende Tätigkeit tatsächlich ausübt, haftet auch der mittelbare Störer, dh derjenige, der die Störung veranlasst hat.[165] Diese Haftung ist von der Rechtsprechung unter anderem anerkannt worden für einen Sportverein hinsichtlich des von einem Tennisplatz ausgehenden Lärms[166], für den Besteller lärmender Bauarbeiten[167], für ein Unternehmen hinsichtlich der Beeinträchtigungen, die von seinen Kunden, Lieferanten und sonstigen Besuchern ausgehen[168], sowie für eine Stadt hinsichtlich des Lärms spielender Kinder auf einem Spielplatz[169].

f) Störereigenschaft im Verhältnis Vermieter-Mieter (V)

Im Verhältnis Vermieter-Mieter kann bei einer Störung durch den Mieter auch der Vermieter als Störer in Anspruch genommen werden, wenn er dem Mieter die störende Benutzung ausdrücklich oder stillschweigend gestattet hat und zur Beseitigung der Störung in der Lage ist.[170] Das störende Verhalten vollzieht sich in Verwirklichung des Mietvertrags und stellt sich deshalb als Ausübung der vom Vermieter in Anspruch genommenen Befugnisse dar.[171] Eigentümer (Vermieter) und Mieter können daher ggf. als Gesamtschuldner haften.[172] 27

Je nach den Umständen des Einzelfalles soll der Vermieter darüber hinaus nach Ansicht der Rechtsprechung[173] auch für ein Verhalten seines Mieters haften, das der

160 Jauernig/*Berger* § 1004 Rn. 18.
161 Erman/*Ebbing* § 1004 Rn. 138.
162 BGH NJW 1976, 799 (800); Soergel/*Münch* § 1004 Rn. 192.
163 Soergel/*Münch* § 1004 Rn. 192.
164 MüKoBGB/*Baldus* § 1004 Rn. 231 f.
165 MüKoBGB/*Baldus* § 1004 Rn. 154, 175; Erman/*Ebbing* § 1004 Rn. 115, 138; vgl. ferner BGH NJW 2007, 432 (432 f.); OLG München NZM 2003, 445 (446), dazu *Hannemann* NZM 2004, 531 (533).
166 BGH NJW 1983, 751.
167 BGH NJW 1962, 1342.
168 BGH WM 1962, 765 (765 f.) (Schäden am Bodenpflaster durch LKW-Verkehr zu fabrikartiger Druckerei); NJW 1982, 440 (440 f.) (Lärm von LKW-Lieferverkehr zu Kaffeerösterei).
169 LG Aachen ZMR 1959, 172.
170 BGHZ 95, 307 (308); BGH NJW 1967, 246; BayObLG NJW-RR 1987, 463 (463 f.); BGH NJW 2006, 992 (993); Staudinger/*Gursky* (2013) § 1004 Rn. 122.
171 Staudinger/*Gursky* (2013) § 1004 Rn. 118.
172 Erman/*Ebbing* § 1004 Rn. 139.
173 StRspr. seit RGZ 45, 297 (299); 47, 162 (164); 134, 231 (234); BGHZ 49, 340 (347 f.); BGH NJW 1959, 2013 (2014); zuletzt BGH MDR 2000, 169 (170).

Vermieter dem Mieter zwar verboten hat, das er aber dann »in ungehöriger Weise« duldet. Das sei zB der Fall, wenn der Vermieter gegen einen vertragswidrigen Gebrauch der Mietsache, der zugleich die Störung der Nachbarn begründe, nicht einschreite (vgl. § 541 BGB). Ausschlaggebend für diese Auffassung ist, dass der Vermieter in der Lage sei, die Störung zu unterbinden (Drohung mit Kündigung, Einleitung der zur Störungsbeseitigung erforderlichen Maßnahmen etc.).[174]

Dagegen wird eingewendet, dass der Vermieter grundsätzlich nicht dazu verpflichtet sei, für das Wohlverhalten seines Mieters in Bezug auf Dritte zu sorgen.[175] Störer sei er nur dann, wenn er durch aktive Mitwirkung fremdes Eigentum beeinträchtige. Allein die Möglichkeit, den Mietvertrag kündigen zu können (§ 543 II Nr. 2 BGB), gebe dem Vermieter noch nicht die Macht, die Störung tatsächlich zu beseitigen.

III. Rechtswidrigkeit der Beeinträchtigung – Fehlen von Ausschlusstatbeständen und Duldungspflichten

1. Allgemeines (G)

28 Die Beeinträchtigung des Eigentums muss rechtswidrig sein. Dies folgt zwar nicht ausdrücklich aus dem Wortlaut des § 1004 I BGB; aus § 1004 II BGB ergibt sich aber, dass Abwehransprüche bei Bestehen einer Duldungspflicht des Eigentümers ausgeschlossen sind (*rechtshindernde Einwendung*[176]). Die *Darlegungs- und Beweislast* trägt der Störer. Das Fehlen einer Duldungspflicht wird mit der Rechtswidrigkeit der Beeinträchtigung gleichgesetzt.[177] Da hinsichtlich der Rechtswidrigkeit nicht auf die Eingriffshandlung, sondern auf den das Eigentum beeinträchtigenden Zustand abgestellt wird,[178] ergibt sich die Rechtswidrigkeit bereits aus dem Erfolg der Einwirkung, dh sie wird in der Regel durch die Eigentumsverletzung indiziert[179] (*Lehre vom Erfolgsunrecht*).

174 MüKoBGB/*Baldus* § 1004 Rn. 182–185; Soergel/*Münch* § 1004 Rn. 142; Palandt/*Bassenge* § 1004 Rn. 18; *Wolff/Raiser* SachenR § 182–185 I 3 (Fn. 11); *Lutter/Overath* JZ 1968, 345 (351 ff.) (insgesamt zur Haftung des Vermieters und Mieters).

175 Staudinger/*Gursky* (2013) § 1004 Rn. 122 f. mwN; *Larenz/Canaris* SchuldR II 2 § 86 III 2b, 3b; *Picker*, Der negatorische Beseitigungsanspruch, 146 ff. (151); *Westermann/Gursky/Eickmann* SachenR § 35 Rn. 15; *Paschke* JZ 1986, 147: »Vermietvorgang ist kein gefahrbringendes Tun«.

176 So die hM, vgl. MüKoBGB/*Baldus* § 1004 Rn. 309; Soergel/*Münch* § 1004 Rn. 240; Staudinger/*Gursky* (2013) § 1004 Rn. 164; Erman/*Ebbing* § 1004 Rn. 36 f.; Palandt/*Bassenge* § 1004 Rn. 34; *Baur/Stürner* SachenR § 12 Rn. 8 ff.; *Wolff/Raiser* SachenR § 87 I 5 (Fn. 15); aA RGZ 144, 268 (271); RGRK/*Johannsen*, 11. Aufl. 1964, § 1004 Anm. 58; *Enneccerus/Nipperdey* BGB AT I § 226 Fn. 6: Einrede, wenn der Beklagte ein subjektives Recht auf Störung in Anspruch nimmt.

177 Siehe nur Soergel/*Münch* § 1004 Rn. 240; gegen die Unterteilung als rechtmäßig und rechtswidrig BGHZ 66, 37 (39); Erman/*Ebbing* § 1004 Rn. 36; *Esser/Weyers* SchuldR BT 1 § 62 III 1; stattdessen wird auf die Parallele zu § 986 BGB verwiesen, bei dem es auch nur darum gehe, ob der gegenwärtige Zustand der Eigentumsbeeinträchtigung bestehen bleiben dürfe oder nicht; diff. nach Handlungs- und Zustandshaftung – nur für die erste käme es auf ein Rechtmäßigkeits- oder Rechtswidrigkeitsurteil an – *Picker*, Der negatorische Beseitigungsanspruch, 171 ff.; ihm folgend Staudinger/*Gursky* (2013) § 1004 Rn. 165.

178 BGH NJW 1976, 416; *Baur* AcP 160 (1961), 465 (471 ff.).

179 BGH WM 1971, 278 (279); aA *Münzberg*, Verhalten und Erfolg als Grundlagen der Rechtswidrigkeit und Haftung, 1966, 392 f.

Merke: In der Klausur ist die Rechtswidrigkeit der Beeinträchtigung nur dann zu prüfen, wenn der Sachverhalt Anhaltspunkte für eine Duldungspflicht gibt!

2. Überblick über Ausschlusstatbestände und Duldungspflichten (G)

Folgende Ausschlusstatbestände und Duldungspflichten[180] sind zu berücksichtigen: 29

- öffentlich-rechtliche Ausschlusstatbestände wie § 14 BImSchG;[181]
- allgemeine gesetzliche Rechtfertigungsgründe: § 227 BGB (Notwehr), §§ 228, 904 BGB (Notstand), §§ 229, 562b, 859, 910[182], 962 BGB (Selbsthilfe), § 193 StGB (Wahrnehmung berechtigter Interessen), Art. 5 GG (Meinungs-, Presse- und Kunstfreiheit);[183]
- einstweilige Verfügungen gem. § 935 ZPO;[184]
- rechtsgeschäftliche Vereinbarungen;[185]
- gesetzliche Duldungspflichten privatrechtlicher Natur, insbesondere aus § 906 BGB, §§ 912 ff. BGB, §§ 917 ff. BGB, § 242 BGB (nachbarrechtliches Gemeinschaftsverhältnis),[186] und landesnachbarrechtlichen Vorschriften (zB zu Grenzabständen für Pflanzen[187], Hammerschlags- und Leiterrechten[188] oder Wärmedämmung[189]).

3. Öffentlich-rechtliche Ausschlusstatbestände der Abwehransprüche aus § 1004 I BGB (E)

Ausschlusstatbestände sind solche, die einen an sich bestehenden Abwehranspruch von Gesetzes wegen aus übergeordnetem Allgemeininteresse ausschließen. Sie werden teilweise mit Duldungspflichten gleichgestellt.[190] Liegt ein Ausschlussgrund vor, bedarf es keiner Prüfung etwaiger Duldungspflichten mehr. 30

Spezialgesetzliche Ausschlussgründe für die Abwehransprüche aus § 1004 I BGB finden sich in § 14 BImSchG, § 7 VI AtG, § 11 LuftVG, § 75 II VwVfG und § 11 WHG.

Den *in der Praxis wichtigsten Ausschlussgrund* enthält § 14 BImSchG. Danach können gegen eine im förmlichen Verfahren unter Öffentlichkeitsbeteiligung (§ 10 BImSchG iVm 9. BImSchV) bestandskräftig genehmigte Anlage (§§ 4, 10 BImSchG) keine Beseitigungs- oder Unterlassungsansprüche aus § 1004 I BGB geltend gemacht werden. Der Grund für diese Überlagerung des Zivilrechts durch das öffentliche

180 Deutlich wird das teils komplexe Zusammenspiel von Ausschlusstatbeständen und Rechten des beeinträchtigten Eigentümers einerseits sowie Rechten des Störers andererseits am Beispiel der zivilrechtlichen Abwehrmöglichkeiten beim privaten Einsatz von Drohnen; hierzu *Regenfus* NZM 2011, 799 (801 f.).

181 → § 9 Rn. 30.

182 Zum Verhältnis des Selbsthilferechts nach § 910 I 1 BGB zum Beseitigungsanspruch gem. § 1004 I 1 BGB vgl. ausführlich *Lettl* JuS 2005, 871 (873).

183 Palandt/*Bassenge* § 1004 Rn. 35.

184 BGH LM Nr. 1 zu § 926 ZPO.

185 → § 9 Rn. 31 ff.

186 → § 9 Rn. 34 ff.

187 ZB Art. 47 ff. BayAGBGB; zu §§ 50 ff. NdsNachbG vgl. BGHZ 157, 33 (36 f.).

188 ZB §§ 24 ff. NachbG NW. Einschränkend bei reinen Verschönerungsmaßnahmen BGH NZM 2013, 243 (243); vgl. auch *Kirchhof* NZBau 2012, 206.

189 ZB § 23a NachbG NW.

190 Vgl. zB Staudinger/*Gursky* (2013) § 1004 Rn. 172 ff., 184.

Recht liegt darin, dass im verwaltungsrechtlichen Genehmigungsverfahren die von der Anlage ausgehenden Beeinträchtigungen abschließend beurteilt werden und der beeinträchtigte Nachbar seine Rechte während des Genehmigungsverfahrens geltend machen kann. Nach Erteilung der Genehmigung sollen einmal geschaffene wirtschaftliche Werte nicht durch ein Zivilurteil wieder zunichte gemacht werden[191] (sog. Legalisierungswirkung der Genehmigung).[192] Außerdem wird ein eventueller Anspruchsverlust nach § 14 BImSchG durch einen Schadensersatzanspruch ausgeglichen.[193]

Sonstige öffentlich-rechtliche Ausschlussgründe bestehen nach hM[194], wenn die Störung unmittelbar von einem dem öffentlichen Interesse dienenden lebenswichtigen Betrieb ausgeht, wie etwa von Energieversorgungsunternehmen, öffentlichen Verkehrsbetrieben und anderen der Daseinsvorsorge dienenden (»gemeinwichtigen«) Anlagen. Das gilt auch dann, wenn der Betrieb in privatrechtlicher Form betrieben wird. Ein vollständiger Ausschluss des Abwehranspruchs kommt aber lediglich dann in Frage, wenn dem Betrieb die Unterlassung einzelner Betriebsmaßnahmen oder die Schaffung von Schutzvorkehrungen nur mit unzumutbaren Aufwendungen oder wesentlichen Änderungen oder Beschränkungen möglich wäre.[195] Analog § 906 II BGB kann dann aufgrund des sog. bürgerlich-rechtlichen Aufopferungsanspruchs bei privatrechtlich organisierten Betrieben[196] eine Geldentschädigung gefordert werden – wenn hoheitliche Einwirkungen vorliegen aus enteignendem/enteignungsgleichem Eingriff[197]

KK✓

4. Duldungspflichten aufgrund Rechtsgeschäfts, insbesondere aufgrund Einwilligung des Beeinträchtigten

Duldungspflichten können sich aus der rechtsgeschäftlichen Einräumung obligatorischer Rechte (zB Mietvertrag) oder dinglicher Rechte (zB Grunddienstbarkeit, Nießbrauch)[198] ergeben. Weiterhin kommt eine Einwilligung des Beeinträchtigten in Betracht.

a) Duldungspflicht aufgrund vertraglicher Vereinbarung (G)

31 Als Grundlage einer Duldungspflicht aufgrund vertraglicher Vereinbarung kommt sowohl ein rein schuldrechtlich wirkender Vertrag (zB entgeltliche Gestattung des Eigentümers einer Sportstätte, Fernsehaufnahmen tätigen zu dürfen – Vergabe sog. Fernsehrechte) als auch die vertragliche Einräumung eines dinglichen Rechts an dem Grundstück (zB Nießbrauch) in Betracht. Der beeinträchtigte Eigentümer ist dadurch verpflichtet, die Störung in dem vereinbarten Umfang hinzunehmen.

191 *Baur/Stürner* SachenR § 25 Rn. 31.

192 Statt vieler Staudinger/*Roth* (2009) § 906 Rn. 21.

193 Staudinger/*Gursky* (2013) § 1004 Rn. 172; Staudinger/*Kohler* (2010) BImSchG § 14 Rn. 4 ff.; *Brehm/Berger* SachenR § 6 Rn. 21 ff.; *Westermann* SachenR Rn. 101; *Baur* JZ 1974, 657 (658).

194 RGZ 159, 129 (137); BGHZ 48, 98 (104); zuletzt BGHZ 144, 200 (205) = NJW 2000, 2901 (2902) = LM BGB § 1004 Nr. 246 (mAnm *H. Roth*) unter II.2.; MüKoBGB/*Säcker* § 906 Rn. 154; Staudinger/*Gursky* (2013) § 1004 Rn. 192; Erman/*Wilhelmi* § 906 Rn. 72; Palandt/*Bassenge* § 906 Rn. 36; krit. Staudinger/*Roth* (2009) § 906 Rn. 29 f., 42 ff.; *H. Roth* JuS 2001, 1161 (1162 f.).

195 RGZ 133, 152 (153); 159, 131; 170, 40 (43); MüKoBGB/*Säcker* § 906 Rn. 126.

196 BGHZ 48, 98 (100 ff.); 60, 119 (122 f.); 144, 200 (205 f.); MüKoBGB/*Säcker* § 906 Rn. 126; Palandt/*Bassenge* § 906 Rn. 37.

197 Vgl. BGHZ 48, 98 (101 ff.); 72, 289 (291 f.); BGH WM 1976, 1116 (1117); NJW 2005, 660 (661).

198 → § 16 Rn. 27.

b) Einbeziehung Dritter in die rechtsgeschäftlich vereinbarte Duldungspflicht (V)

Beispiele:[199] 32

a) Der Eigentümer gestattet seinem Mieter die Anbringung einer Werbetafel. Der Mieter gestattet seinerseits einem Werbeunternehmen die Anbringung einer bestimmten Werbetafel.

b) Rechtsreferendar R wohnt zur Miete bei X. R erhält regelmäßig Besuch von seinen Arbeitsgemeinschaftskollegen sowie von seiner Freundin f.

§ 986 I 1 Alt. 2 BGB ist auf den Abwehranspruch entsprechend anwendbar.[200] Der Störer (Werbeunternehmen, Besucher, Lieferant) kann sich dem Eigentümer gegenüber darauf berufen, dass derjenige, der ihm die Einwirkung (Betreten des Grundstücks) gestattet hat (Mieter), dem Eigentümer gegenüber berechtigt ist, die Einwirkungsbefugnis an ihn weiterzuleiten. Deshalb kann X als Vermieter und Eigentümer des Wohnhauses, in dem R zur Miete wohnt, das Betreten des Hausgrundstücks durch dessen Kollegen sowie durch dessen Freundin nicht nach § 1004 I BGB unterbinden, wenn sie sich im Rahmen des Üblichen halten (Umfang der Nutzungsgestattung).[201] Der Rechtsnachfolger des beeinträchtigten Eigentümers ist allerdings an die rechtsgeschäftliche Vereinbarung nur dann gebunden, wenn das Einverständnis Inhalt einer übergehenden vertraglichen Pflicht ist.[202] Macht der Mieter hingegen durch den Empfang bestimmter Personen von der Mietsache einen vertragswidrigen Gebrauch, kann der Eigentümer/Vermieter ein Hausverbot auf der Grundlage des § 1004 I BGB erlassen.[203]

c) Einseitige Einwilligung des Beeinträchtigten und Widerrufsmöglichkeit (E)

Der beeinträchtigte Eigentümer kann einseitig in die Beeinträchtigung einwilligen 33
(Genehmigung, Gestattung). Beispiele: unentgeltliche Gestattung der Ablagerung von Baumaterialien des Nachbarn auf dem Grundstück des Einwilligenden.[204] In der längeren Duldung der Störung liegt noch keine Einwilligung des beeinträchtigten Eigentümers.[205]

Die gefälligkeitshalber erteilte Genehmigung kann jederzeit widerrufen werden.[206] So wird mit der Geltendmachung des Beseitigungsanspruchs eine zuvor erteilte Einwilligung zumindest konkludent für künftige Teilakte der fortdauernden Einwirkungs-

199 OLG Köln NJW 1955, 1072.

200 BGH NJW 1958, 2061 (2062); MDR 1998, 1279; LM Nr. 13 zu § 164 BGB; NJW 2007, 146 (147); OLG Köln NJW 1955, 1072; MüKoBGB/*Baldus* § 1004 Rn. 212 f.; Staudinger/*Gursky* (2013) § 1004 Rn. 200; Erman/*Ebbing* § 1004 Rn. 47; Palandt/*Bassenge* § 1004 Rn. 34; *Baur/Stürner* SachenR § 12 Rn. 9; *Müller* SachenR, 4. Aufl. 1997, Rn. 780 ff., *Westermann/Gursky/Eickmann* SachenR § 35 Rn. 17.

201 Vgl. MüKoBGB/*Baldus* § 1004 Rn. 212 f.; Staudinger/*Gursky* (2013) § 1004 Rn. 200.

202 Vgl. BGH NJW-RR 2008, 827.

203 Staudinger/*Gursky* (2013) § 1004 Rn. 200; dazu *Weimar* JR 1970, 58: Störenfried, Dieb, mehrmals wöchentlich um 14.00 Uhr erscheinender Klavierlehrer (Hausordnung nennt Ruhezeit zwischen 13.00 Uhr und 16.00 Uhr), Untervermietung gegen den Willen des Vermieters, spielende Nachbarkinder im Hof, wenn ausdrücklich nur den Mietern die Nutzung gestattet ist.

204 Beispiel bei *Baur/Stürner* SachenR § 12 Rn. 9.

205 BGH VersR 1964, 1070; OLG Hamburg MDR 1969, 576; Palandt/*Bassenge* § 1004 Rn. 37.

206 BGH NJW-RR 2008, 827. Grundsätzlich ist daher der Einzelrechtsnachfolger an die schuldrechtliche Gestattung nicht gebunden; zum Sonderfall der Einzelrechtsnachfolge beim rechtmäßigen Überbau → § 9 Rn. 63.

handlung des Störers widerrufen.[207] Wegen dieser Widerrufsmöglichkeit wird die einseitige Gestattung des Eigentümers von einem Teil der Literatur[208] als nicht ausreichend angesehen, überhaupt eine Duldungspflicht zu begründen und den Abwehranspruch auszuschließen. Nach aA[209] rechtfertigt die einseitige Gestattung wenigstens die Beeinträchtigung für die Vergangenheit, weil die Duldungspflicht nur so lange bestehe, wie ein Duldungsgrund vorhanden sei. Die einseitige Gestattung des Eigentümers bilde eine ausreichende Grundlage für eine Duldungspflicht, zumal die Gestattung nicht widerrufen werden müsse.

Beide Auffassungen[210] wollen den Eigentümer aber im Fall eines störenden Dauerzustands über § 242 BGB zur Duldung verpflichten, wenn der Dauerzustand mit seiner Gestattung geschaffen wurde (*venire contra factum proprium*).[211]

Nimmt man die Widerruflichkeit der Einwilligung an und fällt mit dem Widerruf die Duldungspflicht weg, so stellt sich die Frage, ob ein durch eine erlaubte Handlung herbeigeführter und damit zunächst rechtmäßiger Zustand nachträglich in einen rechtswidrigen umschlagen kann. Dies ist zu bejahen, weil andernfalls dem Störer ohne jede gesetzliche Grundlage ein gegenwärtiges Gebrauchsrecht an der Sache eingeräumt würde.

5. Gesetzliche Duldungspflichten privatrechtlicher Natur, nachbarrechtlicher Ausgleichsanspruch

Fallbeispiel: »Nachbars Gartenzwerge«[212]

a) Duldungspflicht nach § 906 BGB

aa) Regelungszweck und System des § 906 BGB (G)

34 Durch § 906 BGB soll ein Ausgleich zwischen den unterschiedlichen – grundsätzlich gleichrangigen – Nutzungsinteressen der verschiedenen *Grundstücks*eigentümer[213] geschaffen werden.[214] Im Gegensatz zu § 1004 BGB, der Beeinträchtigungen beweglicher Sachen und Grundstücke erfasst, hat § 906 BGB einen auf Grundstücke ein-

207 OLG München OLGZ 90, 98 (98 f.); Staudinger/*Gursky* (2013) § 1004 Rn. 174; Erman/*Ebbing* § 1004 Rn. 46; siehe auch *Westermann/Gursky/Eickmann* SachenR § 35 Rn. 17. Bei Dauerschuldverhältnissen ist für den Widerruf ein wichtiger Grund erforderlich (§§ 626, 723 BGB analog).

208 Staudinger/*Gursky* (2013) § 1004 Rn. 194; *Westermann/Gursky/Eickmann* SachenR § 35 Rn. 17; *Brehm/Berger* SachenR § 7 Rn. 15 mit dem Hinweis, die Anerkennung einer einseitigen Gestattung bedeute eine Abkehr vom Vertragsprinzip. Möglich sei lediglich, dies als Nichtdurchsetzung des Abwehranspruchs zu verstehen.

209 MüKoBGB/*Baldus* § 1004 Rn. 206; Erman/*Ebbing* § 1004 Rn. 46.

210 Staudinger/*Gursky* (2013) § 1004 Rn. 194 wählt nicht den Weg über § 242 BGB. Seiner Ansicht nach steht aber hinter der scheinbar nur einseitigen Erlaubnis bei vernünftiger Auslegung die vertragliche Begründung einer Duldungspflicht. Damit kommt er häufig zum gleichen Ergebnis.

211 *Westermann/Gursky/Eickmann* SachenR § 35 Rn. 17.

212 *Vieweg/Röthel* Fälle SachenR Fall 20.

213 Eine Anwendung des § 906 BGB setzt grundsätzlich das Vorliegen einer die Grundstücksgrenze überschreitenden Einwirkung voraus, vgl. zum Verhältnis zweier auf einem gemeinsamen Grundstück lebender Mieter BGHZ 157, 188 (190) sowie LG Potsdam DWW 2014, 268 (268 f.); zum Sonderfall eines einvernehmlich »verschachtelten« Überbaus BGH NJW 2008, 1810 (1811 ff.).

214 MüKoBGB/*Säcker* § 906 Rn. 1; *Brehm/Berger* SachenR § 6 Rn. 14. Zu den Regelungsprinzipien iE jurisPK-BGB/*Vieweg/Regenfus* § 906 Rn. 6 ff.

geschränkten Anwendungsbereich. Seinem Grundgedanken nach sind im nachbarschaftlichen Lebensverhältnis bestimmte Störungen (sog. *Imponderabilien*[215] wie Gase, Dämpfe, Gerüche, Geräusche) durch grenzüberschreitende Nutzung des Eigentums anderer zu dulden, um eine sinnvolle Nutzung des nachbarschaftlichen Raums überhaupt zu ermöglichen.[216] Obwohl keine Überschreitung der Grundstücksgrenze im rechtlichen Sinne vorliegt, ist § 906 BGB analog auf das Verhältnis von Wohnungseigentümern im Hinblick auf das jeweilige Sondereigentum anzuwenden.[217]

§ 906 BGB, dem große praktische Bedeutung[218] zukommt, unterscheidet in einer stark differenzierten Regelungssystematik zwischen

- unwesentlichen Beeinträchtigungen (§ 906 I 1 BGB) und
- wesentlichen Beeinträchtigungen durch ortsübliche Benutzung, die nicht durch wirtschaftlich zumutbare Maßnahmen verhindert werden können (§ 906 II 1 BGB).

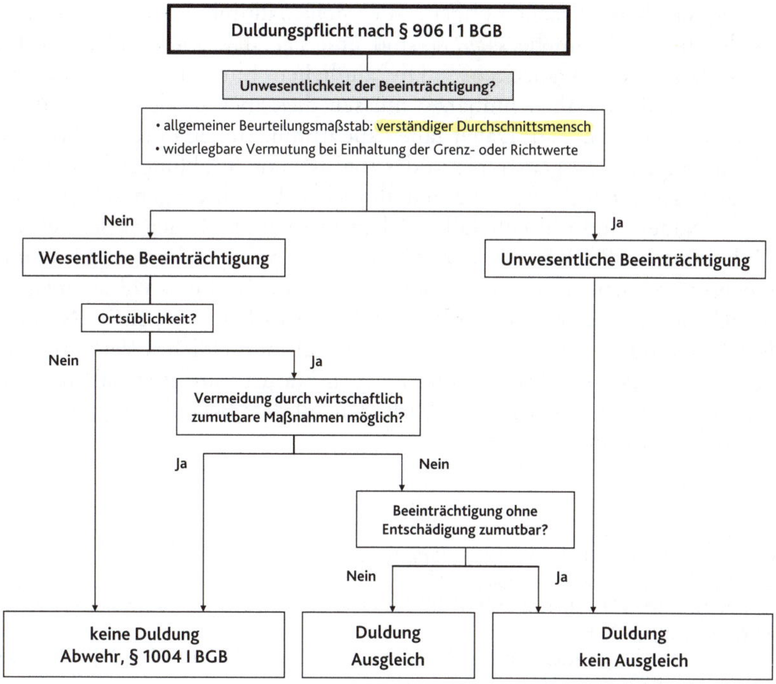

215 Der Begriff ist nicht ganz zutreffend, weil manche der »Imponderabilien« durchaus wägbar sind wie Ruß oder Rauch. Von § 906 BGB erfasst werden sollen unkörperliche oder leichte körperliche Sachen, Staudinger/*Roth* (2009) § 906 Rn. 116.

216 Erman/*Wilhelmi* § 906 Rn. 1; Palandt/*Bassenge* § 906 Rn. 1.

217 Vgl. BGHZ 198, 327 (331 ff.) = NJW 2014, 458 (460 f.) (zu § 906 II 2 BGB analog) mwN, da das Sondereigentum als eine Art Ersatzgrundstück fungiere, mithin eine strukturelle Vergleichbarkeit zu einem grenzüberschreitenden Eingriff von außen bestehe. Hieran fehle es hingegen bei Beeinträchtigungen des Sondereigentums durch das Gemeinschaftseigentum, BGHZ 185, 371 (375 ff.) = NJW 2010, 2347 sowie im Verhältnis sondernutzungsberechtigter Bruchteilseigentümer, BGH NJW 2012, 2343.

218 jurisPK-BGB/*Vieweg*/*Regenfus* § 906 Rn. 18 ff.

Beide Störungen sind vom Eigentümer des Nachbargrundstücks zu dulden. Bei wesentlichen, aber ortsüblichen Beeinträchtigungen gewährt das Gesetz einen Anspruch auf angemessenen Ausgleich in Geld (§ 906 II 2 BGB unmittelbar und analog). Kompensationslos besteht die Duldungspflicht gegenüber nicht störenden oder unwesentlichen Beeinträchtigungen.[219] Abgewehrt werden können danach

- wesentliche ortsunübliche Beeinträchtigungen und
- wesentliche ortsübliche Beeinträchtigungen, die mit angemessenen Mitteln verhindert werden könnten.

bb) »Ähnliche Einwirkungen« iSd § 906 I 1 BGB (G)

35 Unter den Anwendungsbereich von § 906 BGB fallen nicht nur die dort ausdrücklich aufgezählten Imponderabilien, sondern auch die diesen Einwirkungen ähnlichen Beeinträchtigungen. Ähnliche Einwirkungen sind mit den gesetzlichen Beispielen vergleichbare Erscheinungen, die sich dadurch auszeichnen, dass sie unkontrollierbar und unbeherrschbar sind und sich daher auch über die Grundstücksgrenzen hinweg ausbreiten.[220] Die ähnlichen Einwirkungen sind zwar im Allgemeinen sinnlich wahrnehmbar,[221] müssen dies aber – wie die Legalbeispiele zeigen – nicht zwingend sein. Daher fallen auch Immissionen durch elektromagnetische Schwingungen, Röntgenstrahlen oder ionisierende Strahlungen in den Anwendungsbereich des § 906 BGB.[222] Zu den ähnlichen Einwirkungen zählen insbesondere Laub-, Nadel- und Blütenbefall[223], Kleinstkörper wie Feuerwerksrückstände[224] oder Unkrautsamen[225], Kleintiere[226] wie Bienen sowie Licht von Hoflampen[227], Sonnenlichtreflexionen durch das Oberlicht[228] bzw. die Photovoltaikanlage[229] des Nachbargebäudes, Leuchtreklamen[230] und Straßenbeleuchtungen[231]. Nicht erforderlich ist, dass die Einwirkungen unmittelbar auf menschliches Verhalten zurückzuführen sind, sodass sie ihren Grund auch in Naturereignissen haben können,[232] soweit diese nur durch menschliches Verhalten auf dem beeinträchtigenden Grundstück ermöglicht worden sind.[233]

---

219 Erman/*Wilhelmi* § 906 Rn. 3.
220 BGHZ 117, 110 (112); 157, 33 (41); *H. Roth* JuS 2001, 1161 (1162).
221 Vgl. BGHZ 62, 361 (366); 90, 255 (259).
222 BGH NJW 2004, 1317 (1318); BGHZ 90, 255 (258); MüKoBGB/*Säcker* § 906 Rn. 100; Staudinger/*Roth* (2009) § 906 Rn. 173.
223 BGHZ 157, 33 (40 f.); OLG Stuttgart NJW-RR 1988, 204; OLG Düsseldorf NJW-RR 1990, 144; OLG Hamm NZM 2009, 335.
224 RG JW 1927, 45.
225 OLG Düsseldorf OLGZ 1993, 451.
226 BGHZ 117, 110; bei Tauben str.; pro: OLG Celle NJW-RR 1989, 783 (783 f.) (bis zu 30 Tiere); LG München NJW-RR 1992, 462 (462 f.) (105 Tauben); contra (Grobimmission): Staudinger/*Roth* (2009) § 906 Rn. 119; *Scheidler* DVBl. 2007, 936 ff.
227 LG Wiesbaden NJW 2002, 615.
228 OLG Stuttgart WuM 2009, 299.
229 OLG Karlsruhe NJOZ 2014, 1010 (1011 f.).
230 OLG Hamburg MDR 1972, 1034.
231 OVG Koblenz NJW 1986, 953; insgesamt umfassend zur Kasuistik Staudinger/*Roth* (2009) § 906 Rn. 116 ff.
232 ZB Unkrautwuchs oder Überwucherung von Pflanzen; MüKoBGB/*Säcker* § 906 Rn. 103; Soergel/*Baur* § 906 Rn. 36; Erman/*Wilhelmi* § 906 Rn. 15.
233 Soergel/*Baur* § 906 Rn. 36; Staudinger/*Roth* (2009) § 906 Rn. 114; ähnlich Erman/*Wilhelmi* § 906 Rn. 15; OLG Stuttgart WuM 2009, 299 (Sonnenlichtreflexionen).

Auf größere, festkörperliche Gegenstände (*Grobimmissionen*) – zB Fußbälle, angeschwemmtes Geröll oder Schlamm, Fallobst und auch eindringende größere Tiere (Katzen[234]) – ist § 906 BGB nicht anwendbar.[235] Diese Einwirkungen kann der Eigentümer grundsätzlich selbst dann abwehren, wenn sie unwesentlich oder ortsüblich sind.[236]

cc) »Zuführung« von Immissionen (G)

Das Gesetz gibt nicht vor, was unter »Zuführung« zu verstehen ist. § 906 III BGB 36
gibt lediglich einen negativen Hinweis, dass »Zuführung« nicht die Immission durch angelegte Leitungswege meint. Solche Immissionen brauchen also nie geduldet zu werden, selbst wenn sie unwesentlich sind.[237] Mit »Zuführung« kann der Gesetzgeber daher nur an Immissionen gedacht haben, die einem Grundstück auf natürlichem Wege zugeleitet werden (auch mechanisch, zB durch Erschütterungen[238]). Ideelle und negative Einwirkungen sind nach der Rechtsprechung mangels »Zuführung« vom Anwendungsbereich des § 906 BGB ausgeschlossen.[239]

Während das bloße Eindringen von Wasser keine Zuführung von Immissionen ist, kann bei (bio)chemischen Verunreinigungen des auf das Grundstück fließenden Wassers (Wasser als »Transportmittel« für Schadstoffe wie Unkrautvernichtungsmittel) eine von § 906 BGB erfasste Immission vorliegen.[240] Ist die Flüssigkeit in der Luft fein verteilt, fällt ihre Einwirkung auf das Grundstück in den Anwendungsbereich des § 906 BGB (Beispiel: saurer Regen, zerstäubtes Wasser eines Springbrunnens; Gegenbeispiel: vom Wind auf das Nachbargrundstück gewehter Wasserstrahl aus einem Brunnen).[241]

dd) Wesentlichkeit der Beeinträchtigung

Nach § 906 I BGB sind nur solche Einwirkungen zu dulden, die die Benutzung des Grundstücks nicht oder nur unwesentlich beeinträchtigen. Für wesentliche Beeinträchtigungen besteht gem. § 906 II BGB nur bei Ortsüblichkeit und Unzumutbarkeit der Verhinderung eine Duldungspflicht. Streitig ist, wie die Wesentlichkeit zu bestimmen ist.

(1) Beurteilungsmaßstab: Empfinden eines verständigen Durchschnittsmenschen (V)

Die ältere Rechtsprechung des BGH[242] legte für die Konkretisierung der Wesentlich- 37
keit einen differenziert-objektiven Beurteilungsmaßstab an: Maßgeblich sei das Emp-

234 Vgl. OLG Köln NJW 1985, 2338; OLG Celle NJW-RR 1986, 821 (821 f.); wN bei Staudinger/*Roth* (2009) § 906 Rn. 118.
235 Insgesamt dazu Staudinger/*Roth* (2009) § 906 Rn. 117 ff.
236 Erman/*Wilhelmi* § 906 Rn. 12.
237 Vgl. dazu OLG Dresden NJW 2005, 1871 (1871) (Lichtprojektion auf benachbarte Hauswand).
238 MüKoBGB/*Säcker* § 906 Rn. 99 – die Einwirkungen aufgrund Erschütterungen von Gebäuden werden anhand der DIN 4150 (Erschütterungsschutz im Bauwesen) und VDI 2056 (Beurteilungsmaßstäbe für mechanische Schwingungen von Maschinen) beurteilt; Einwirkungen mechanischer Schwingungen auf Menschen beurteilen sich nach VDI 2057 (Auswirkungen auf Gleichgewichtssinn, Außenbezirke der Haut und Körperteile).
239 → § 9 Rn. 19 f.
240 BGHZ 90, 255 (259) (Unkrautvernichtungsmittel im ablaufenden Niederschlagswasser als natürliche Zuführung).
241 BGHZ 29, 314 (316); 90, 255 (259); Soergel/*Baur* § 906 Rn. 114; Staudinger/*Roth* (2009) § 906 Rn. 121.
242 BGH NJW 1958, 1393; NJW 1977, 1920; NJW 1978, 419; NJW 1984, 2207 (2208); ebenso ein Teil der Literatur; vgl. Staudinger/*Roth* (2009) § 906 Rn. 177 ff.; Erman/*Wilhelmi* § 906 Rn. 17

finden des normalen Durchschnittsmenschen im Hinblick auf Natur und Zweckbestimmung des beeinträchtigten Grundstücks in seiner jeweils konkreten Beschaffenheit im Rahmen der örtlichen Verhältnisse (zB Wohn- oder Industriegebiet).[243]

Später änderte der BGH[244] seinen Beurteilungsmaßstab dahingehend, dass er auf das Empfinden eines *verständigen Durchschnittsmenschen* abstellte.[245] »Wesentlich« sei, was diesem auch unter Würdigung anderer öffentlicher und privater Belange billigerweise nicht mehr zuzumuten ist. Dieser Maßstab ist inzwischen mehrfach[246] bestätigt und auch von weiten Teilen der Literatur rezipiert worden.[247] Im Gegensatz zum normalen Durchschnittsmenschen habe der verständige Durchschnittsmensch Allgemeininteressen und gesetzliche Wertungen – wie ein verändertes Umweltbewusstsein, den Naturschutz, das Interesse an einer jugendfreundlichen Umgebung, an einem funktionierenden öffentlichen Personennahverkehr, an der Förderung und Unterstützung hilfs- und pflegebedürftiger Menschen oder auch an einem Zusammenhalt der örtlichen Gemeinschaft, der durch Vereins- und Gemeindefeste gestärkt werde – in die Frage der Wesentlichkeit einer Störung mit einzubeziehen.[248] Das Allgemeininteresse könne daher nicht nur das Individualinteresse des beeinträchtigten Eigentümers zurückdrängen, sondern auch dem Störer entgegengehalten werden.[249]

(wohl nur bei Fehlen öffentlich-rechtlicher Vorschriften); *Wolff/Raiser* SachenR § 53 II 1; *Marburger*, FS Ritter, 1997, 901 (914 Fn. 52); *Hagen* NVwZ 1991, 817 (819); *H. Roth* (2009) JR 1994, 64 (65).

243 Soergel/*Baur* § 906 Rn. 42, 45; Staudinger/*Roth* (2009) § 906 Rn. 178; Erman/*Wilhelmi* § 906 Rn. 17.

244 BGHZ 120, 239 (255); dazu *Vieweg* NJW 1993, 2570 (2570 ff.); ferner *J. f. Baur*, FG BGH I, 2000, 850 ff.

245 Die Änderung der Rspr. beruht auf der Angleichung der zivilrechtlichen Rspr. des BGH zu § 906 BGB (wesentliche Beeinträchtigung) und der des BVerwG zu §§ 1, 3 BImSchG (erhebliche Belästigung). Vgl. zu den Harmonisierungsbestrebungen iE *Vieweg/Röthel*, DVBl. 1996, 1171 (1772 f.); *J. f. Baur*, FG BGH I, 2000, 857 f.

246 BGHZ 121, 248 (255) – Jugendzeltplatz; 139, 288 (296); 140, 1 (5) – Schweinemästerei; BGH NJW 1999, 1029 (1030); BGHZ 148, 261 (264) = BGH NJW 2001, 3119 – Hammerfallschmiede; NJW 2003, 3699 (3699 f.) – Rockkonzert; NJW 2004, 1317 (1318) – Mobilfunkanlage; NZM 2004, 957 (958) – Windkraftanlage; BGHZ 157, 33 (43) – Laubfall; BGHZ 161, 323 (334) = NJW 2005, 660 (663) – Flughafen; NJW-RR 2007, 168 (168 f.) – Eisenbahnbrücke; OLG Nürnberg NJW-RR 1988, 979 (979 f.) – Ballspiele Jugendlicher; OLG Schleswig NJW-RR 1996, 399 – Fäkalienregen von Eisenbahnbrücke; OLG Düsseldorf NJW-RR 1996, 211 – Spielstraße; OLG Köln NJW 1998, 763 (764) – Lärm von Behinderten; LG Wiesbaden NJW 2002, 615 – Glühbirne; OLG Karlsruhe NJW 2007, 3443 (3444) – Anlieferverkehr und Lichtemissionen eines Pflegeheims; OLG Bremen OLGR 2007, 501 – Omnibuslinie.

247 MüKoBGB/*Säcker* § 906 Rn. 45, 55 ff., mit gewissen Bedenken; Palandt/*Bassenge* § 906 Rn. 17; *Wolf/Wellenhofer* SachenR § 25 Rn. 10 ff.; PWW/*Lemke* § 906 Rn. 17; *Köhler* Jura 1985, 225 (227); *Vieweg/Röthel* NJW 1999, 969 (970). Erman/*Wilhelmi* § 906 Rn. 18, wendet den Maßstab des verständigen Durchschnittsmenschen auf Fälle an, in denen öffentlich-rechtliche Normen eingreifen. Die bei diesem Maßstab zulässige Wertung solle zur Vereinheitlichung öffentlich-rechtlicher und privatrechtlicher Normen beitragen.

248 Zur dogmatischen Grundlage des neuen Beurteilungsmaßstabs vgl. *Vieweg/Röthel* NJW 1999, 969 (971 f.), denen zufolge die Berücksichtigung von Allgemeininteressen aus dem Verhältnismäßigkeitsprinzip folge.

249 OLG Köln NJW 1998, 763 (764). – Vgl. weiter zum Ganzen *Vieweg/Röthel* NJW 1999, 969 (971); krit. MüKoBGB/*Säcker* § 906 Rn. 55, der die Vermischung der Begriffe Wesentlichkeit und Ortsüblichkeit besorgt; Staudinger/*Roth* (2009) § 906 Rn. 177, der darauf hinweist, dass der Unschärfe des § 906 BGB weiter Vorschub geleistet werde; *Marburger*, FS Ritter, 1997, 901 (914 Fn. 52), der die Verkürzung des privatrechtlichen Nachbarschutzes befürchtet.

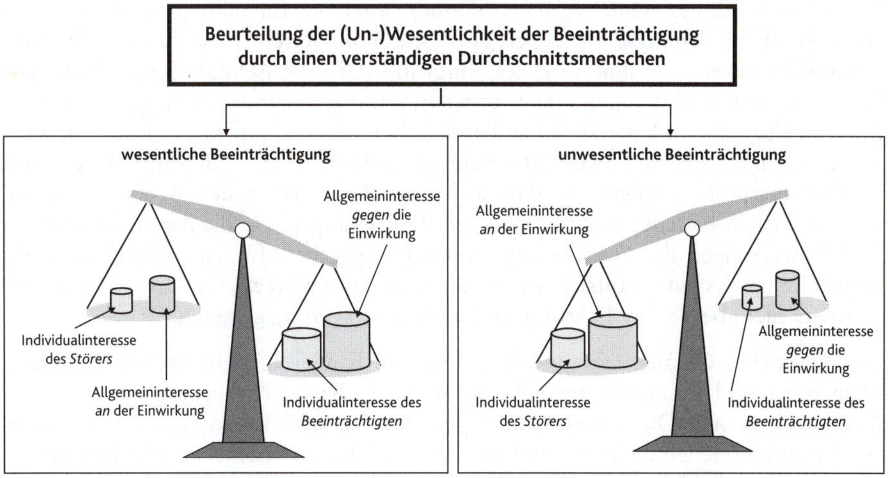

(2) Regelvermutung der Unwesentlichkeit (§ 906 I 2 und 3 BGB) (G)

Nach § 906 I 2 und 3 BGB[250] sind Beeinträchtigungen idR unwesentlich, wenn Grenz- oder Richtwerte nicht überschritten werden, die in Gesetzen und Rechtsverordnungen[251] oder in den nach § 48 BImSchG erlassenen allgemeinen Verwaltungsvorschriften[252] niedergelegt sind. Dies soll den Störer, der grundsätzlich zu beweisen hat, dass die von ihm verursachte Einwirkung nicht wesentlich und damit zulässig ist, begünstigen.[253] Lange Zeit war umstritten, ob der Gesetzgeber mit der Formulierung »in der Regel« nur eine Art Regelbeispiel einführen, die Beweislast umkehren oder eine widerlegbare Vermutung für die Unwesentlichkeit (Indizwirkung) einführen wollte.[254] Eine Beweislastregel hätte bedeutet, dass den Beeinträchtigten, der trotz Einhaltung der Grenzwerte eine wesentliche Beeinträchtigung geltend macht, die Beweislast träfe und dann eine Einzelfallprüfung zu erfolgen habe.[255] Der BGH[256] hat die Frage dahingehend entschieden, dass § 906 I 2 BGB nur eine Indizwirkung für die Einhaltung der Wesentlichkeitsgrenze entfalte. Dem Beeinträchtigten stehe weiter offen, Umstände des Einzelfalls darzulegen und ggf. zu beweisen, aufgrund derer das 38

250 Die Sätze 2 und 3 des § 906 I BGB wurden durch das Sachenrechtsänderungsgesetz (Art. 2 § 3) v. 21.9.1994, BGBl. I 2457, neu eingefügt.

251 ZB das Fluglärmgesetz oder Rechtsverordnungen nach dem BImSchG wie die 18. BImSchV (Sportanlagenlärmschutzverordnung), vgl. dazu OLG Hamm NJW-RR 2007, 756 (757 ff.); nicht gilt dies hingegen für das Fluglärmgesetz, vgl. BGH NJW 2005, 660 (663) sowie die 16. BImSchV (Verkehrslärmschutzverordnung), vgl. BGH NJW-RR 2007, 168 (169), deren Grenzwerte allenfalls als Entscheidungshilfen herangezogen werden können. Vgl. auch jurisPK-BGB/*Vieweg/Regenfus* § 906 Rn. 76.

252 TA-Lärm v. 26.8.1998 und TA-Luft v. 24.7.2002; abgedruckt in: *Landmann/Rohmer*, Umweltrecht, Bd. IV (Stand: 2011), 3.1. und 3.2.

253 Vgl. BGH NZM 2004, 957 (958).

254 Zum Meinungsstand vgl. *Vieweg*, FS Großfeld, 1998, 1251 (1257 ff.).

255 BT-Drs. 12/7425, 87; hierzu und zu den Unterschieden vgl. auch *Röthel* JZ 2004, 1083 (1084).

256 BGH NJW 2004, 1317 (1318 f.), klarstellend, dass die Wesentlichkeit selbst nicht zu beweisen ist; bestätigend BGH NZM 2004, 957 (958); NJW-RR 2007, 168 (169); zuvor bereits so *Marburger*, FS Ritter, 1997, 901 (913 ff.). Vgl. zum Spezialfall des Fluglärms BGHZ 161, 323 (334 ff.) = NJW 2005, 660 (663).

Gericht dann zum Ergebnis gelangen könne, dass trotz Einhaltung der Grenzwerte eine wesentliche Beeinträchtigung gegeben sei. Dem Gericht steht dabei ein Beurteilungsspielraum zu, der ihm gestattet, aufgrund der (atypischen) Einzelfallsituation die Wesentlichkeit abweichend (aber unter Beachtung der Indizwirkung) zu bejahen. Messabschläge in den heranzuziehenden Regelwerken seien nicht zu beachten, wenn sie der zivilrechtlichen Beweislastverteilung widersprechen würden.[257] Grund der Regelfall-Harmonisierung[258] ist, dass auf diese Weise die in den Rechtssätzen und Regelwerken enthaltenen sachverständigen Beurteilungen und die darauf beruhenden Risikobewertungen des Gesetz- bzw. Verordnungsgebers für das öffentliche Anlagengenehmigungs- und -aufsichtsrecht auch für das Zivilrecht Geltung erhalten sollen, wenn nicht besondere Faktoren eine andere Bewertung gebieten.[259]

Privilegiert sind Geräuscheinwirkungen, die von Kindertageseinrichtungen, Kinderspielplätzen und ähnlichen Einrichtungen durch Kinder[260] hervorgerufen werden (§ 22 Ia BImSchG). Diese stellen im Regelfall keine schädlichen Umwelteinwirkungen dar und schließen die Heranziehung der angeführten Grenz- und Richtwerte zur Bewertung der Schädlichkeit aus. Gleichwohl bleibt für besondere Situationen, die vom Regelfall abweichen, eine Einzelfallprüfung möglich.[261] Diese immissionsschutzrechtliche Regelung strahlt auch auf die Beurteilung der Wesentlichkeit nach § 906 I BGB aus.[262]

Nicht unter § 906 I 2 BGB fallen sonstige technische Regelwerke wie die von privaten Normungsvereinen geschaffenen DIN-Normen, VDI-Richtlinien oder VDE-Bestimmungen sowie die LAI-Hinweise.[263] Die Gerichte können sich aber an ihnen orientieren und sie bei der Beurteilung, was wesentlich ist, als Entscheidungshilfe heranziehen. Unzulässig ist lediglich eine schematische Heranziehung ohne Prüfung des Einzelfalls.[264]

---

257 BGH NZM 2004, 957 (958); vgl. auch OLG Frankfurt OLGR 2009, 47.

258 *Vieweg*, FS Link, 2003, 985 (992 mwN).

259 BGH NJW 2004, 1317 (1319); *Röthel* JZ 2004, 1083 f. – Beachte aber auch BVerwG NJW 2003, 3360 (3361), wonach es nicht ausgeschlossen sei, dass dann, wenn die Rechtsordnung mehrere Rechtswege zur Verfolgung der Interessen eröffne, die jeweils angerufenen Gerichte die Rechtsbegriffe zur Zumutbarkeit von Lärmbeeinträchtigungen unterschiedlich auslegten.

260 Kinder idS sind gem. § 7 I Nr. 1 SGB VIII Minderjährige unter 14 Jahren, vgl. BR-Drs. 128/11, 6.

261 Beispielhaft nennt die Gesetzesbegründung eine unmittelbare Nachbarschaft zu sensiblen Nutzungen wie Krankenhäusern oder Pflegeanstalten sowie den Fall, dass sich die Einrichtung nach Art, Größe und Ausstattung nicht in die vorhandene (Wohn-)Bebauung einfügt, BR-Drs. 128/11, 7.

262 BR- Drs. 128/11, 7; *Scheidler* ZfBR 2011, 742 (745); vgl. auch zur Ausstrahlungswirkung auf das Wohnungseigentumsrecht BGH NJW-RR 2012, 1292 (1293).

263 Beim »Länderausschuss für Immissionsschutz« handelt es sich um einen regelmäßig tagenden Kreis von Vertretern der Länderbehörden. Sie erarbeiten unter anderem Hinweise und Richtlinien, die als Sachverständigenaussage herangezogen werden können, oder – wenn sie in den Ländern als Verwaltungsvorschrift umgesetzt worden sind – für die jeweiligen Verwaltungsbehörden verbindlich sind, etwa die »Freizeitlärm-Richtlinie« (NVwZ 1997, 469 ff.) und die »Geruchsimmissions-Richtlinie« (GIRL); vgl. *Hansmann* NVwZ 1999, 1158 (1160 f.).

264 BGH NJW 2003, 3699 (3700); BGHZ 111, 63 (67); 120, 239 (256 f.); 121, 248 (252 f.); 122, 76 (80 f.); BVerwGE 81, 197 (202 f., 205); 88, 143 (149); BVerwG NJW 1999, 2912 (2913); BGH NJW 1995, 132 (133); vgl. auch *Wenzel* NJW 2005, 241 (244).

ee) Ortsüblichkeit der Beeinträchtigung (§ 906 II 1 BGB)

(1) Allgemeines (G)

Liegt eine wesentliche Beeinträchtigung vor, setzt § 906 II 1 BGB für eine Duldungspflicht weiter die Ortsüblichkeit der Benutzung des störenden Grundstücks voraus, dh nur eine nicht ortsübliche, wesentliche Beeinträchtigung kann nach § 1004 I BGB abgewehrt werden. **39**

Die Ortsüblichkeit der Nutzung wird durch einen Vergleich der Benutzung des störenden (nicht des betroffenen!) Grundstücks mit anderen Grundstücken im Vergleichsgebiet ermittelt. Sie liegt vor, wenn eine Mehrzahl von Grundstücken in ähnlich störender Art und Weise genutzt wird.[265] Maßgeblich für die ortsübliche Benutzung ist das Gepräge oder das Gebietsprofil des Vergleichsgebiets. Wichtige Anhaltspunkte hierfür bieten die Raumordnungs- und Bauleitpläne. Im Bereich von Bebauungsplänen ist die nach § 1 II iVm §§ 2 ff. BauNVO[266] zulässige bauliche Nutzung von zentraler Bedeutung, doch bleibt letztlich stets die tatsächliche typische Benutzung entscheidend. Beim Vergleich des störenden Grundstücks mit der ortsüblichen Benutzung ist danach zu fragen, ob die Mehrheit der Grundstücke im Vergleichsgebiet nach Art, Maß und Umfang mit annähernd gleich beeinträchtigender Wirkung auf andere Grundstücke genutzt wird.[267]

(2) Priorität der Nutzung (V)

Nach ständiger Rechtsprechung des BGH[268] liegt allein in dem Umstand, dass die störende Nutzung bereits früher ausgeübt wurde als die beeinträchtigte, kein Rechtfertigungsgrund für die Eigentumsbeeinträchtigung. Die Priorität[269] wirkt sich grundsätzlich nicht auf das Bestehen von Abwehransprüchen nach § 1004 I BGB aus.[270] Begründet wird dies damit, dass andernfalls jeder technische Fortschritt gehemmt werde.[271] **40**

Etwas anderes kann sich allerdings unter dem *Gesichtspunkt der Vorbelastung eines Grundstücks* ergeben, wenn das Grundstück im Einflussbereich einer gebietsprägenden Störungsquelle liegt. Der Ausschluss von Abwehransprüchen gegen eine bereits längere Zeit vorhandene und behördlich genehmigte Störungsquelle lässt sich zum einen auf die Grundsätze des nachbarlichen Gemeinschaftsverhältnisses stützen. Zum

---

265 BGHZ 30, 273 (278 f.); 120, 239 (260); MüKoBGB/*Säcker* § 906 Rn. 117; Soergel/*Baur* § 906 Rn. 120 ff.; *H. Roth* JuS 2001, 1191 (1162); ausführlich *J. f. Baur*, FG BGH I, 2000, 853 ff.

266 Baunutzungsverordnung abgedruckt in Sartorius Nr. 311. Danach unterscheiden sich die für die Bebauung vorgesehenen Flächen nach der Art ihrer baulichen Nutzung unter anderem in Wohn-, Dorf-, Misch-, Gewerbe- und Industriegebiete.

267 BGHZ 111, 63 (72); 120, 239 (260). Zunehmend sind Tendenzen erkennbar, auch an dieser Stelle normativ-wertende Elemente einzuführen, zB ob eine Grundstücksbenutzung zulässig ist oder nicht; vgl. BGHZ 140, 1 (10); 157, 33 (43, 46 f.); teils krit. *Wenzel* NJW 2005, 241 (245). Vgl. iE jurisPK-BGB/*Vieweg/Regenfus* § 906 Rn. 82 ff.

268 RGZ 70, 150 (152); 154, 161 (165); 162, 348 (356, 358 f.); BGHZ 15, 146 (148); 60, 235 (242); 135, 235 (241); 148, 261 (267); eing. Staudinger/*Roth* (2009) § 906 Rn. 184, 220 mwN; *Hagen*, FS *Medicus,* 1999, 161 ff.; beide auch zur insoweit abweichenden Rspr. des BVerwG zu § 22 BImSchG.

269 Vgl. zur Bedeutung der Priorität jurisPK-BGB/*Vieweg/Regenfus* § 906 Rn. 94.

270 BGHZ 148, 261 (267); ausführlich *Klöhn* AcP 208 (2008), 777 ff. Anderes gilt aber im Hinblick auf Ausgleichsansprüche gem. § 906 II 2 BGB; vgl. BGHZ 59, 378 (384 f.); 129, 124 (129); 135, 235 (240 ff.); 148, 261 (267 f.); auch Staudinger/*Roth* (2009) § 906 Rn. 260; Erman/*Wilhelmi* § 906 Rn. 36 mwN; *Hagen*, FS *Medicus,* 1999, 167 f.; *Neuner* AcP 203 (2003), 46 (68).

271 RGZ 154, 161 (165); 162, 348 (357); krit. Erman/*Wilhelmi* § 906 Rn. 25.

anderen lässt er sich auf den Aspekt zurückführen, dass derjenige den vorhersehbaren Konflikt mitverschuldet, der sich in Kenntnis oder grob fahrlässiger Unkenntnis einer vorhandenen Immissionsquelle in deren Nähe ansiedelt.[272]

ff) Möglichkeit der Abwendung durch wirtschaftlich zumutbare Maßnahmen (§ 906 II 1 BGB) (V)

41 Die Duldungspflicht aus § 906 II 1 BGB setzt weiterhin voraus, dass die Beeinträchtigung nicht durch wirtschaftlich zumutbare Maßnahmen verhindert werden kann. Sinn und Zweck dieser Einschränkung ist die Unterbindung nach neuestem technischem Stand vermeidbarer wesentlicher und ortsüblicher Beeinträchtigungen.[273]

Generell sind Maßnahmen zur Verhinderung von Immissionen nur zumutbar, wenn sie technisch möglich sind und Erfolg versprechen (Geeignetheit). In erster Linie kommen dafür technische Einrichtungen wie Geruchsfilter oder Lärmschutzwände in Betracht, aber auch betriebsorganisatorische Maßnahmen wie Betriebsumstellungen oder die Änderung der Betriebszeiten.[274] Zusätzlich muss die Maßnahme – als Ausprägung des Verhältnismäßigkeitsprinzips – den Benutzern dieser Art wirtschaftlich zumutbar sein. Hierbei wird ein gemischt subjektiv-objektiver Maßstab angelegt: Es kommt nicht darauf an, was dem konkreten Eigentümer des störenden Grundstücks zuzumuten ist, sondern darauf, was einem entsprechenden Durchschnittsbetrieb der betroffenen Branche an finanzieller Belastung zugemutet werden kann, ohne dabei auf Dauer einen angemessenen Gewinn zu verlieren.[275]

b) Nachbarrechtlicher Ausgleichsanspruch (§ 906 II 2 BGB)

Fallbeispiel: »Der Kupolofen«[276]

aa) Regelungszweck (G)

42 Rechtsfolge der Duldungspflicht gem. § 906 II 1 BGB ist der Ausschluss des primären Abwehranspruchs aus § 1004 I BGB (§ 1004 II BGB). An dessen Stelle tritt der Ausgleichsanspruch nach § 906 II 2 BGB.[277] Für die Duldung wesentlicher, nicht in zumutbarer Weise vermeidbarer ortsüblicher Beeinträchtigungen erhält der Betroffene einen angemessenen Ausgleich in Geld (sog. nachbarrechtlicher Ausgleichsanspruch). Dieser nachbarrechtliche Ausgleichsanspruch ist verschuldensunabhängig und grundsätzlich neben Schadensersatzansprüchen anwendbar.[278] Ausgeschlossen ist ein An-

---

272 BGHZ 148, 261 (269). Zum Vorbelastungsprinzip eing. Staudinger/*Roth* (2009) § 906 Rn. 184, 220 mwN, der – anders als der BGH – hierin keine Frage der Wesentlichkeit, sondern der Ortsüblichkeit sieht; ferner *J. f. Baur*, FG BGH I, 2000, 859 f.; *Wenzel* NJW 2005, 241 (245); zur Vorhersehbarkeit einer erst später entstehenden Störungsquelle vgl. OLG Frankfurt OLGR 2009, 47 mwN.

273 Soergel/*Baur* § 906 Rn. 136.

274 MüKoBGB/*Säcker* § 906 Rn. 149; Soergel/*Baur* § 906 Rn. 137; Erman/*Wilhelmi* § 906 Rn. 34.

275 MüKoBGB/*Säcker* § 906 Rn. 149; Soergel/*Baur* § 906 Rn. 139; Erman/*Wilhelmi* § 906 Rn. 34.

276 *Vieweg/Röthel* Fälle SachenR Fall 19.

277 Palandt/*Bassenge* § 906 Rn. 27.

278 So *Wenzel* NJW 2005, 241 (243 f.) nach BGHZ 155, 99 (107 ff.), wo es aber um eine analoge Anwendung der Vorschrift ging; *Röthel* JZ 2005, 578 (580). BGHZ 120, 239 (249) ging hingegen noch von einer Subsidiarität gegenüber Schadensersatzansprüchen aus; dagegen bereits *Vieweg* NJW 1993, 2570 (2574).

spruch gem. § 906 II 2 BGB jedoch, soweit abschließende gesetzliche Sonderregelungen wie etwa § 89 WHG oder auch § 74 VwVfG einschlägig sind.[279]

bb) Anspruchsvoraussetzungen

(1) Überblick (G)

Für die Geltendmachung des nachbarrechtlichen Ausgleichsanspruchs müssen die folgenden Voraussetzungen erfüllt sein:[280] 43

- *Anspruchsberechtigung:* Anspruchsberechtigt ist der Eigentümer oder ein sonst dinglich oder obligatorisch am Grundstück Berechtigter, zB der Mieter oder Pächter,[281] nicht der bloße Benutzer;[282]
- *Passivlegitimation:* Richtiger Anspruchsgegner ist der Benutzer des störenden Grundstücks, dh derjenige, der die Nutzungsart des Grundstücks bestimmt (nicht, wer aus dieser Nutzung unmittelbar begünstigt wird),[283] bzw. derjenige, der eigenverantwortlich handeln darf und das Risiko für eine Beeinträchtigung Dritter trägt;[284]
- Bestehen einer *Duldungspflicht* bezüglich einer Einwirkung iSd § 906 II 1 BGB (wesentliche ortsübliche Beeinträchtigung, die nicht durch wirtschaftlich zumutbare Maßnahmen verhindert werden kann);[285]
- *Unzumutbarkeit* der *Beeinträchtigung* der *ortsüblichen Nutzung* des Grundstücks oder dessen Ertrags (§ 906 II 2 BGB).

(2) Unzumutbarkeit der Beeinträchtigung (G)

Unzumutbarkeit liegt entgegen der früheren Rechtsprechung[286] nicht mehr nur bei einer Existenzgefährdung oder -vernichtung des betroffenen Eigentümers vor. Vielmehr ist positiv festzustellen, was dem Betroffenen noch zuzumuten ist.[287] Gefordert ist eine Entscheidung nach Billigkeit (Billigkeitsanspruch), die einen angemessenen Interessenausgleich unter Berücksichtigung sämtlicher Umstände des Einzelfalles herbeiführen soll, indem die beiderseitigen Interessen an einer bestimmten Nutzung der jeweiligen Grundstücke abgewogen werden.[288] Ausschlaggebend ist das Empfinden eines normalen – nicht des konkreten – Benutzers des betroffenen Grund- 44

279 Zu § 89 WHG vgl. BGHZ 142, 227 (236) (im Zeitpunkt der Entscheidung: § 22 WHG aF); zu § 74 VwVfG vgl. BGHZ 161, 323 (329); abl. hingegen zu § 2 HaftPflG BGHZ 155, 99 (107); zu §§ 114 ff. BBergG vgl. BGH NJW 2009, 762 (764 f.); allgemein dazu *Krüger* ZfIR 2007, 2 (4).

280 Vgl. iE *Schreiber* Jura 2011, 263 ff.

281 BGHZ 30, 273 (280); BGHZ 198, 327 (330 f.); krit. zur Einbeziehung des Besitzers in den unmittelbaren Anwendungsbereich des § 906 II 2 BGB *Popescu/Majer* NZM 2009, 181 (184).

282 BGHZ 92, 143 (145); Staudinger/*Roth* (2009) § 906 Rn. 268.

283 Bei Geräuschimmissionen oder Erschütterungen, die durch eine Bautätigkeit verursacht werden, ist deshalb nicht der Bauunternehmer, sondern der Bauherr richtiger Anspruchsgegner, vgl. BGH NJW 1966, 42; NJW 2010, 3158 (3158 f.).

284 BGH MDR 1968, 917; Staudinger/*Roth* (2009) § 906 Rn. 269.

285 BGHZ 120, 239 (251 f.) stellt fest, dass ein Ausgleichsanspruch nicht in Betracht kommt, wenn der Abwehranspruch aus anderen Gründen als wegen § 906 II 1 BGB – etwa wegen öffentlichrechtlicher Bestimmungen des BNatSchG – ausgeschlossen ist. BGH NJW 2004, 3701 (3702 f.); NZM 2005, 318 (319) stellen insoweit klar, dass ein zum Ersatz verpflichtendes Verhalten aber darin liegen kann, eine Störungssituation zu schaffen, die wegen solcher Verbote nicht beseitigt werden darf; dazu auch OLG Hamm NZM 2009, 335 (336); *Röthel* JZ 2005, 578 ff.; *Wenzel* NJW 2005, 241 (246).

286 BGHZ 49, 148 (153 f.).

287 Vgl. Soergel/*Baur* § 906 Rn. 143; Erman/*Wilhelmi* § 906 Rn. 36: »über das zumutbare Maß hinaus«.

288 BGHZ 69, 118 (127); Staudinger/*Roth* (2009) § 906 Rn. 261.

stücks.[289] Berücksichtigung finden insbesondere Dauer, Intensität und Auswirkungen der Beeinträchtigungen[290] sowie alle sonstigen Umstände, die den Interessenkonflikt durch Maßnahmen des einen oder anderen veranlasst oder verschärft haben.[291] Darunter fällt auch die Mitverursachung der Störung durch den Betroffenen (Gedanke des § 254 BGB).[292]

Merke: Durch die Veränderung des Wesentlichkeitsmaßstabs, in den mit der Rechtsfigur des verständigen Durchschnittsmenschen[293] bereits eine Interessenabwägung Eingang gefunden hat, wird die Abwägung im Hinblick auf den Ausgleichsanspruch nicht obsolet, da es sich bei Duldung und Ausgleich um unterschiedliche Anspruchsziele handelt.

cc) Inhalt des Ausgleichsanspruchs (V)

45 Der Anspruch aus § 906 II 2 BGB ist auf angemessenen Ausgleich in Geld gerichtet. Nach überwiegender Auffassung[294] handelt es sich nicht um einen Schadensersatzanspruch, sondern um einen *Wertersatzanspruch*. Für den rechtmäßigen Entzug von Eigentümerbefugnissen soll ein im Wesentlichen nach den Grundsätzen der Enteignungsentschädigung zu bemessender Wertausgleich geleistet werden.[295] Danach soll nur die Vermögenseinbuße auszugleichen sein, die ein Durchschnittsbenutzer durch die Überschreitung der Zumutbarkeitsgrenze typischerweise erleidet, also nur der unzumutbare Teil der Beeinträchtigung (teilweise Schadloshaltung).[296] Teilweise[297] wird demgegenüber vertreten, es sei eine volle Schadloshaltung iSd §§ 249 ff. BGB zu leisten, weil nur so die auferlegte Duldungspflicht im privaten Interesse des Störers abgegolten werden könne. Bei Substanzentziehung ist deren Verkehrswert maßgeblich; bei vorübergehender Beeinträchtigung gewerblicher oder privater Nutzung kann der Ertragsverlust zugrundegelegt werden.[298] Der Ausgleichsbetrag ist nach überwiegender Auffassung[299] nicht mehr nach § 254 BGB (analog) zu teilen, soweit ein möglicher Beitrag des Betroffenen zur Störung bereits in die Abwägung im Rahmen der Unzumutbarkeitsprüfung eingegangen ist.

dd) Summierte Einwirkungen (Z)

46 Problematisch ist die Behandlung sog. summierter Einwirkungen, bei denen die Beeinträchtigung durch mehrere Verursacher entsteht (Hauptfall: Luftverunreinigun-

289 Palandt/*Bassenge* § 906 Rn. 28; Staudinger/*Roth* (2009) § 906 Rn. 254 unter Berufung auf *Spieß* JuS 1980, 100 (102): »Durchschnittsbewohner« und OLG Düsseldorf VersR 1979, 578: »durchschnittlicher Maßstab«; Erman/*Wilhelmi* § 906 Rn. 40: »differenziert-objektiver Maßstab«.

290 BGHZ 49, 148 (153); 62, 361 (371); 69, 118 (127); Soergel/*Baur* § 906 Rn. 143.

291 BGHZ 79, 45 (53); BGH NJW 1995, 1823 (1824); Staudinger/*Roth* (2009) § 906 Rn. 260; Mitverschulden: BGHZ 59, 378 (382 ff.); BGH WM 1981, 267 (270); Mitverursachungsanteil: BGH WM 1988, 200 (204); ebenso MüKoBGB/*Säcker* § 906 Rn. 167.

292 BGHZ 59, 378 (382 ff.); Erman/*Wilhelmi* § 906 Rn. 36.

293 → § 9 Rn. 37.

294 BGHZ 85, 375 (386); 90, 255 (263); Soergel/*Baur* § 906 Rn. 149; Erman/*Wilhelmi* § 906 Rn. 40; *Wolf/Wellenhofer* SachenR § 25 Rn. 16; Staudinger/*Roth* (2009) § 906 Rn. 262 f.

295 BGHZ 49, 148 (155); 62, 361 (362 ff.); 85, 375 (386); Soergel/*Baur* § 906 Rn. 149; Staudinger/*Roth* (2009) § 906 Rn. 262; Erman/*Wilhelmi* § 906 Rn. 40; Palandt/*Bassenge* § 906 Rn. 29.

296 BGH NJW 1988, 3019; Erman/*Wilhelmi* § 906 Rn. 40.

297 MüKoBGB/*Säcker* § 906 Rn. 166; Palandt/*Bassenge* § 906 Rn. 29; *Jauernig* JZ 1986, 605 (610 ff.).

298 BGHZ 62, 361 (371); Soergel/*Baur* § 906 Rn. 149; Staudinger/*Roth* (2009) § 906 Rn. 264.

299 BGHZ 49, 148 (155); Staudinger/*Roth* (2009) § 906 Rn. 264; *Kleindienst* NJW 1968, 1953 (1955); aA Palandt/*Bassenge* § 906 Rn. 29 unter Verweis auf BGH NJW 1992, 2884: danach ist § 254 BGB auch bei schuldloser Mitverursachung des Ausgleichsberechtigten anwendbar.

gen). Hier ergeben sich hinsichtlich der Kausalität erhebliche *Beweisschwierigkeiten*. Über verschiedene »Haftungsarten« wird versucht, dem Betroffenen das Vorgehen gegen die Störer zu vereinfachen oder überhaupt zu ermöglichen. Man unterscheidet Beeinträchtigungen, die jede für sich unwesentlich sind (sog. Kleinimmissionen), die zusammen jedoch die Wesentlichkeitsgrenze überschreiten (progressive Schadenssteigerung/synergetische Immissionen) und Beeinträchtigungen, die bereits jeweils für sich genommen wesentlich sind (lineare Schadenssteigerung/additive Immissionen).

Im Anwendungsbereich des UmweltHG bestehen Sonderregelungen, die für den Geschädigten *Beweiserleichterungen* bringen sollen. So wird nach § 6 I UmweltHG vermutet, dass eine Anlage einen Schaden verursacht hat, wenn es – unter allen in Betracht zu ziehenden Gegebenheiten – möglich ist, dass sie ihn ausgelöst hat. Der Anlagenbetreiber kann diese Vermutung widerlegen, wenn er nachweist, dass alle Betriebsanforderungen eingehalten wurden und sich auch kein Störfall ereignet hat (§ 6 II und III UmweltHG). Dies wiederum wird vermutet, wenn im Zeitraum der möglichen Schadensverursachung Kontrollmessungen durchgeführt worden sind und diese keine Anhaltspunkte für Verletzungen der Betriebspflichten ergeben haben (§ 6 IV Nr. 1 UmweltHG). Sind hiernach mehrere Anlagenbetreiber zum Ersatz von Schäden verpflichtet, so ist für das Haftungsverhältnis in ähnlicher Weise zu unterscheiden.[300]

(1) Progressive Schadenssteigerung (Z)

Bei der progressiven Schadenssteigerung ist anerkannt, dass wahlweise von jedem Verursacher Unterlassung nach § 1004 I BGB verlangt werden kann (*Primäranspruch*). **47**

Für den *Sekundäranspruch* nach § 906 II 2 BGB, der gegeben ist, wenn die Beeinträchtigungen nicht rechtzeitig abgewehrt werden konnten, wird überwiegend eine gesamtschuldnerische Haftung der Verursacher analog § 830 BGB angenommen.[301] Ein Teil der Literatur[302] verneint die gesamtschuldnerische Haftung, wenn die Kleinemittenten mit öffentlicher Genehmigung (zB beim Autofahren oder beim Betrieb von Heizungen) handeln oder wegen ihrer Vielzahl nicht greifbar sind. In diesem Fall bestehe nur ein anteilsmäßiger Ausgleichsanspruch nach § 906 II 2 BGB. Dabei könne eine Schätzung der einzelnen Anteile gem. § 287 ZPO erfolgen.

(2) Lineare Schadenssteigerung (Z)

Auch bei linearer Schadenssteigerung kann von jedem Störer nach Maßgabe des § 906 BGB Unterlassung seines Beitrags verlangt werden. **48**

Für die Ausgleichspflicht nach § 906 II 2 BGB wird hier von der Rechtsprechung und einem Teil der Literatur vertreten,[303] dass jeder einzelne Störer nur anteilsmäßig (pro

300 Vgl. Staudinger/*Vieweg* (2007) § 840 Rn. 8 mwN; *G. Hager* NJW 1991, 134 (139 f.).

301 Für die wechselseitige Verstärkung der zugeführten Schadstoffe tragen die Emittenten die objektive Verantwortung; BGHZ 66, 70 (76); 72, 289 (298); MüKoBGB/*Säcker* § 906 Rn. 168; Soergel/*Baur* § 906 Rn. 160; Erman/*Wilhelmi* § 906 Rn. 37; Palandt/*Bassenge* § 906 Rn. 31; krit. zu dieser Begründung *Köndgen* UPR 1983, 345 (353 f.).

302 Soergel/*Baur* § 906 Rn. 165; Staudinger/*Roth* (2009) § 906 Rn. 278; *Westermann*, FS Larenz, 1973, 1003 (1012); *Diederichsen/A. Scholz* WiVerw 84, 23 (38); *Ruhwedel* NJW 1971, 641 (645); vgl. im Zusammenhang mit dem UmweltHG auch OLG Düsseldorf JZ 1999, 684 (684 f.) m. krit. Anm. *Salje*.

303 BGHZ 66, 70 (76); 72, 289 (297 ff.); 85, 375 (387) (für den Fall, dass die Tatbeiträge feststehen; abweichend unter Rückgriff auf § 830 I 2 BGB aber bei Nichterweislichkeit einer Beteiligung BGHZ 101, 106 [111]); MüKoBGB/*Säcker* § 906 Rn. 140; Soergel/*Baur* § 906 Rn. 162; Erman/*Wilhelmi* § 906 Rn. 37; Palandt/*Bassenge* § 906 Rn. 31. Gleiches gilt für die Haftung nach § 1 UmweltHG, BGH JZ 1999, 684 (685).

rata) nach seinem Verursachungsbeitrag haftet, während eine Gegensicht[304] die gesamtschuldnerische Haftung aller Störer befürwortet.

(3) Summierte Einwirkungen bei unklarem Verursachungsbeitrag (Z)

49 Besondere Probleme treten auf, wenn mehrere Störer zwar die Schwelle des nach § 906 BGB Zulässigen überschreiten, der Schaden aber selbst unter Anwendung des § 287 ZPO nicht einem einzelnen Emittenten zugerechnet werden kann. Überwiegend[305] wird auch hier eine gesamtschuldnerische Haftung angenommen, da jeder Störer einen kausalen Beitrag für die Gesamtbeeinträchtigung erbracht habe und das Risiko der Unaufklärbarkeit nicht zulasten des Beeinträchtigten gehen dürfe. Zu einer Schadensaufteilung dürfe es erst im Gesamtschuldnerregress kommen (§ 426 I BGB). Nach der Gegenauffassung[306] soll dagegen nur eine anteilige Haftung bestehen, weil eine gesamtschuldnerische Haftung analog § 830 I 2 BGB nach allgemeinen Regeln nur gegeben sein könne, wenn feststehe, dass jeder Emittent alleine den Schaden hätte verursachen können. Dies sei bei einer möglicherweise progressiven Schadenssteigerung aber gerade nicht der Fall. Unstreitig soll daher nach beiden Ansichten die gesamtschuldnerische Haftung insoweit bestehen, als jeder Störer die gesamte Beeinträchtigung auch allein hätte verursachen können.[307]

c) Allgemeiner nachbarrechtlicher Ausgleichsanspruch (§ 906 II 2 BGB analog) (V)

50 Die Rechtsprechung des BGH[308] und ihr folgend die Literatur[309] bejahen in Analogie zu § 906 II 2 BGB einen allgemeinen nachbarrechtlichen Ausgleichsanspruch für eigentlich abwehrbare (§ 1004 I BGB), dh nicht zu duldende Beeinträchtigungen, die jedoch aus rechtlichen oder tatsächlichen Gründen vom Eigentümer nicht unterbunden werden können.[310] Der Betroffene – regelmäßig der Eigentümer, wegen § 862

304 Staudinger/*Roth* (2009) § 906 Rn. 279; *Marburger*, Verhandlungen 56. DJT Bd. 1 Gutachten C, S. 124 ff.

305 BGHZ 66, 70 (77); MüKoBGB/*Säcker* § 906 Rn. 174; Erman/*Wilhelmi* § 906 Rn. 37; Palandt/*Bassenge* § 906 Rn. 31; *Marburger*, Verhandlungen 56. DJT Bd. 1 Gutachten C, S. 124 ff.; *K. Schmidt* JuS 1976, 467; auch Soergel/*Baur* § 906 Rn. 158, 163 ff.

306 *Medicus* JZ 1986, 778 (782); ihm folgt Staudinger/*Roth* (2009) § 906 Rn. 280; zuvor *Köndgen* UPR 1983, 345 (353 f.).

307 BGHZ 66, 70 (77); 72, 289 (297 f.); 85, 375 (387); Staudinger/*Roth* (2009) § 906 Rn. 280; Palandt/*Bassenge* § 906 Rn. 31; *Medicus* JZ 1986, 778 (782).

308 BGHZ 58, 149 (151) – Grobimmissionen/Steine, Verstoß gegen § 908 BGB; 68, 350 (350 ff.) – Stehenlassen einer Grenzwand; 72, 289 (291 f.) – Vertiefungsschäden; 85, 375 – Vertiefungsschaden § 909 BGB; 90, 255 (262) – chemische Unkrautvernichtungsmittel; BGH WM 1985, 1041 – Schäden aufgrund Wasserrohrbruchs auf dem Nachbargrundstück; NJW 1987, 2808 – Absacken des Nachbargebäudes aufgrund Vertiefung; NJW 1990, 1910 – verspätete Geltendmachung von Ansprüchen; NJW 1990, 3195 (3196); NJW-RR 1990, 1194 – Baumwurzeln in Mauerwerk; BGHZ 155, 99 (101 ff.) – Wasserrohrbruch; BGHZ 157, 188 (190 f.) – Wasserrohbruch in Mietshaus; BGH NJW 2003, 1732 (1733) – alterskranke Pappeln; BGH NJW 2004, 3701 (3702 f.) – umgestürzter naturgeschützter Baum; BGH NJW 2008, 992 (993) – Brand des benachbarten Hauses.

309 MüKoBGB/*Säcker* § 906 Rn. 169; Soergel/*Baur* § 906 Rn. 151 ff.; Erman/*Wilhelmi* § 906 Rn. 43; Palandt/*Bassenge* § 906 Rn. 35; *Lettl* JuS 2005, 871 (875 ff.). Krit. und – in mehr oder weniger großem Umfang – abl. aber *J. f. Baur*, FG BGH I, 2000, 867 f.; Staudinger/*Roth* (2009) § 906 Rn. 66 ff. mwN; *Schlechtriem*, FS Gernhuber, 1993, 407 ff.; *Neuner* JuS 2005, 487 (491); *Popescu/Majer* NZM 2009, 181 (182 ff.); zum Meinungsstand iE jurisPK-BGB/*Vieweg/Regenfus* § 906 Rn. 132 ff.

310 MüKoBGB/*Säcker* § 906 Rn. 141; krit. wiederum *H. Roth* JuS 2001, 1161 (1164) mwN. Verneinend zB für das Abschießen von Silvesterraketen BGH NJW 2009, 3787 (3787 f.).

BGB uU auch der Besitzer[311] des Grundstücks – hat in diesen Fällen keine Möglichkeit, sich gegen die Störung zur Wehr zu setzen. Seine »Aufopferung« mangels eines Abwehranspruchs soll er nicht entschädigungslos hinnehmen müssen, sofern die Beeinträchtigung das zumutbare Maß überschreitet.[312] § 906 II 2 BGB findet daher analoge Anwendung und schließt so die Rechtsschutzlücke.[313] Entschädigungsfähig können dabei Beeinträchtigungen des Immobiliar- wie auch des Mobiliareigentums sein. Ersatz für beschädigte bewegliche Sachen ist jedoch nur zu leisten, wenn dieser Schaden als Teil des Nachteils anzusehen ist, der durch die Eigentumsstörung an dem Grundstück entstanden ist.[314] Anspruchsgegner ist – wie bei § 906 II 2 BGB unmittelbar – der Eigentümer des Nachbargrundstücks oder der Nutzer als derjenige, der die Nutzungsart dieses Grundstücks bestimmt.[315]

Rechtliche Hinderungsgründe ergeben sich meist bei Duldungspflichten aus dem nachbarlichen Gemeinschaftsverhältnis.[316] Tatsächliche (faktische) Hinderungsgründe liegen bei der Unmöglichkeit rechtzeitiger Geltendmachung der Abwehransprüche, insbesondere wegen Nichterkennbarkeit der Störung vor. Seine größte praktische Bedeutung hat der nachbarrechtliche Ausgleichsanspruch, wenn ein Anspruch auf vollen Schadensersatz aus unerlaubter Handlung mangels nachweisbaren Verschuldens nicht besteht oder nicht durchsetzbar ist. Auch so schließt § 906 II 2 BGB analog eine Rechtsschutzlücke.[317]

Dieser allgemeine nachbarrechtliche Ausgleichsanspruch besteht auch bei anderen als den von § 906 BGB genannten Einwirkungen, so zB bei *Grobimmissionen*,[318] bei einer unzulässigen *Grundstücksvertiefung* nach § 909 BGB[319], bei eindringendem Wasser aus Rohrbrüchen[320] oder bei einem Verstoß gegen § 908 BGB[321]. Ein weiterer

311 BGHZ 155, 99 (101 f.) mwN; dies gilt jedoch nach BGHZ 157, 188 (191 ff.) nicht, wenn die Mietwohnungen des Anspruchstellers und Anspruchsgegners innerhalb desselben (ungeteilten) Grundstückseigentums liegen (aA zuvor OLG Düsseldorf NJW-RR 2003, 1521 f.; VersR 2003, 455 ff.); anders jedoch dann, wenn die Mietwohnungen Sondereigentum iSd § 5 I WEG sind; BGHZ 197, 327 (330 ff.) = NJW 2014, 458 (459 f.).

312 Staudinger/*Roth* (2009) § 906 Rn. 66; aus der Rspr. zuletzt BGHZ 155, 99 (102 f.) mwN.

313 Vgl. Staudinger/*Roth* (2009) § 906 Rn. 65 f.; vgl. auch *Hagen*, FS H. Lange, 1992, 433 (433 ff.): »§ 906 II BGB als Musterlösung und Lösungsmuster«.

314 BGH NJW 2008, 992 (993); dazu *Vieweg/Regenfus* LMK 2008, 261371 – in Abgrenzung dazu BGHZ 92, 143 = NJW 1985, 47 (Kupolofen).

315 BGHZ 155, 99 (102) mwN; 157, 188 (190); BGH NJW 2009, 3787 (3787).

316 BGHZ 68, 350 (354); BGH NJW 1987, 2808 (2810); auch BGHZ 157, 33 (45 ff.): Duldungspflichten nach dem Landesnachbarrecht; zur Duldungspflicht aufgrund einer kommunalen Baumschutzsatzung vgl. OLG Hamm NZM 2009, 335 (335 f.); zum Ganzen *Wenzel* NJW 2005, 241 (246 f.).

317 *Hagen* WM 1984, 677 (680); *ders.*, FS H. Lange, 1992, 483 (passim); BGHZ 155, 99 (104); auch BGHZ 157, 188 (193); *Wenzel* NJW 2005, 241 (246 f.). Die Rechtsprechung zum »faktischen Duldungszwang« abl. *Roth*, Der bürgerlich-rechtliche Aufopferungsanspruch, 2001, passim; *Wieling* LMK 2003, 183 f. und LMK 2005, 26 (27), da auf diese Weise missachtet werde, dass die Verschuldenshaftung nach der Konzeption des BGB den Regelfall darstelle und eine verschuldensunabhängige Haftung nur in enumerativ beschriebenen Einzelsituationen bestehen könne.

318 BGHZ 28, 225 (232 f.); 58, 149 (158 f.); BGH NJW 2003, 1732 (1733) und NJW 2004, 3701 (3702 f.): umstürzende Bäume; siehe ferner BGH NJW 2009, 3787 (3787) – Silvesterrakete.

319 BGHZ 72, 289 (292); BGH NJW-RR 1997, 1374; Staudinger/*Roth* (2009) § 909 Rn. 64 ff. mwN; krit. *Brox* JA 1984, 182 (188).

320 BGHZ 155, 99 (103); 157, 188 (190 ff.).

321 BGHZ 58, 149 (158 ff.); BGH WM 1985, 1041; für die Fälle des Ausschlusses aus faktischen Gründen abl. aber Staudinger/*Roth* (2009) § 908 Rn. 13, 19 mwN, da durch einen verschuldensunabhängigen Aufopferungsanspruch die Verschuldenshaftung des § 836 BGB unterlaufen würde.

Anwendungsbereich ergibt sich für *hoheitliche Immissionen*.[322] Wegen des Grundstücksbezugs des § 906 BGB muss das Verhalten, das die Einwirkung und den Schaden ausgelöst hat, stets dem Bereich der konkreten Nutzung des Grundstücks zuzuordnen sein und einen sachlichen Bezug zu diesem aufweisen.[323]

d) Duldungspflicht aufgrund Überbaus

aa) Begriff und Regelungszweck der §§ 912 ff. BGB (G)

51 Baut der Eigentümer bei Errichtung[324] eines einheitlichen Gebäudes über die Grenze seines Grundstücks (Überbau),[325] so liegt darin zum einen eine Eigentumsstörung gem. § 1004 I BGB, die ihn zur Beseitigung des Überbaus verpflichtet. Zum anderen würde aber der beeinträchtigte Nachbar als Eigentümer des überbauten Grundstücks bei Anwendung allgemeiner Grundsätze gem. §§ 93, 94 I, 946 BGB das Eigentum an dem überbauten Gebäudeteil erwerben (Gebäude als wesentlicher Bestandteil des Grundstücks).[326] Beides hätte die Zerstörung erheblicher wirtschaftlicher Werte, insbesondere von Gebäuden, zur Folge. Um dies zu verhindern und »Erpressungsversuchen« entgegenzuwirken,[327] verpflichten die §§ 912 ff. BGB den Eigentümer des beeinträchtigten Grundstücks zur Duldung des Überbaus gegen Wertausgleich in Form einer Geldrente.[328] Die Durchsetzung der Eigentumsrechte (§ 903 BGB) des Eigentümers des überbauten Nachbargrundstücks wird damit – auch aus volkswirtschaftlichen Überlegungen – von Gesetzes wegen gegenüber dem Gebäudeerhalt zurückgestellt.[329] Zugleich werden die Eigentümerbefugnisse für das begünstigte Grundstück erweitert.[330] Wegen der identischen Interessenlage werden die §§ 912 ff. BGB auf die – in der Praxis häufigere – Unterschreitung von Grenzabstand(s)flächen analog angewandt.[331] Eine analoge Anwendung des § 912 BGB kommt ferner auch bei Beeinträchtigungen von beschränkt dinglichen Rechten an einem Grundstück in Betracht.[332]

bb) Typen des Überbaus (G)

52 Folgende Typen des Überbaus werden unterschieden: der rechtmäßige, dh mit Zustimmung des Eigentümers des Nachbargrundstücks erfolgte Überbau und der unrechtmäßige Überbau sowie hierbei der entschuldigte und der unentschuldigte Überbau;[333] weiterhin gibt es den sog. Eigengrenzüberbau.

322 Statt vieler BGHZ 122, 76 (77); *Wenzel* NJW 2005, 241 (246); ausführlich dazu Staudinger/*Roth* (2009) § 906 Rn. 38 ff., 82 ff. und *J. F. Baur*, FG BGH I, 2000, 860 ff.

323 BGH NJW 2009, 3787 (3788 f.).

324 Wird bei der Veränderung eines bereits errichteten Gebäudes erstmals über die Grundstücksgrenze gebaut, kann § 912 BGB zumindest analoge Anwendung finden, vgl. BGH MDR 2009, 24 (24); Staudinger/*Roth* (2009) § 912 Rn. 17.

325 Soergel/*Baur* § 912 Rn. 2; einen summarischen Überblick bietet *Horst* MDR 2000, 494 ff.

326 Staudinger/*Roth* (2009) § 912 Rn. 1.

327 BGHZ 53, 5 (11); 97, 292 (294); 102, 311 (314); MüKoBGB/*Säcker* § 912 Rn. 1; Erman/*Lorenz* § 912 Rn. 1; *Prütting* SachenR Rn. 345.

328 Nach § 915 BGB kann auch der Abkauf der überbauten Fläche verlangt werden.

329 RGZ 160, 166 (180).

330 Staudinger/*Roth* (2009) § 912 Rn. 3.

331 OLG Frankfurt NJW-RR 2013, 793 (794); OLG Köln NJW-RR 2003, 376 (376); OLG Koblenz NJW-RR 1999, 1934; OLG Karlsruhe NJW-RR 1993, 665; vgl. auch BGH NJW 2010, 446 (448 f.); aA RGZ 87, 371 (373 f.).

332 Vgl. BGH NJW 2008, 3123 (3124) mwN (Beeinträchtigung einer Grunddienstbarkeit).

333 Zum Ganzen Staudinger/*Roth* (2009) § 912 Rn. 4.

Die Vorschriften der §§ 912 ff. BGB sind auf den unrechtmäßigen entschuldigten Überbau zugeschnitten. Entschuldigt ist ein unrechtmäßiger Überbau, wenn der Überbauende nicht schuldhaft oder nur leicht fahrlässig gehandelt und der beeinträchtigte Nachbar nicht widersprochen hat. Beim unrechtmäßigen unentschuldigten Überbau, der gesetzlich nicht ausdrücklich geregelt ist, trifft den Überbauenden dagegen entweder der Vorwurf zumindest grober Fahrlässigkeit oder der Nachbar hat bei nur leicht fahrlässigem Überbau dem Bauen auf seinem Grundstück widersprochen.[334]

Ein Spezialfall ist der sog. *Eigengrenzüberbau*. Als *ursprünglichen* Eigengrenzüberbau bezeichnet man den Bau eines Gebäudes über die Grenze zweier im Eigentum des Bauherrn stehender Grundstücke. Ein *nachträglicher* Eigengrenzüberbau liegt dann vor, wenn der Grundstückseigentümer sein Grundstück in der Weise teilt, dass das aufstehende Gebäude von der Grenze der neu geschaffenen Grundstücke durchschnitten wird. Der Eigengrenzüberbau realisiert sich dann, wenn das Eigentum an beiden Grundstücken an verschiedene Personen fällt. Die §§ 912 ff. BGB sind auf den Eigengrenzüberbau analog anzuwenden.[335]

cc) Unrechtmäßiger entschuldigter Überbau

(1) Voraussetzungen – Überblick (G)

§ 912 I BGB erfasst als unrechtmäßigen entschuldigten Überbau folgenden Fall: 53

- Errichtung eines einheitlichen Gebäudes durch den Grundstückseigentümer;
- Grenzüberbauung (Grenzüberschreitung);
- kein Vorsatz und keine grobe Fahrlässigkeit hinsichtlich der Grenzunterschreitung;[336]
- keine Gestattung des Eigentümers des Nachbargrundstücks;
- kein sofortiger Widerspruch des Nachbarn.

(2) Eigentümerstellung des Überbauenden (V)

Nach hM[337] kann nur der Eigentümer[338] des überbauenden Grundstücks den Überbau wirksam vornehmen und die Duldungspflicht des Nachbarn auslösen, weil der Überbau das Stammgrundstück (das Grundstück des Überbauenden) mit einer Rentenpflicht belaste und damit verfügungsähnlichen Charakter habe. Der obligatorisch oder dinglich berechtigte Besitzer des Grundstücks (Mieter, Pächter, Dienstbarkeits- 54

334 Staudinger/*Roth* (2009) § 912 Rn. 4.

335 MüKoBGB/*Säcker* § 912 Rn. 50 mit weiteren Beispielsfällen für die analoge Anwendung; *Horst* MDR 2000, 494 (497); siehe auch BGHZ 102, 311 (315); BGH NJW 2002, 54 (54 f.); NJW 2008, 1810 (1811); NJW-RR 2013, 652 (653); NJW-RR 2014, 971 (971 f.).

336 Es werden hohe Sorgfaltsanforderungen an denjenigen gestellt, der weiß, dass er im Bereich der Grenze baut, und verlangt, dass er ggf. einen Vermessungsingenieur hinzuzieht, vgl. BGHZ 156, 170 (171 f.); RGZ 88, 39 (42); Bamberger/Roth/*Fritzsche* § 912 Rn. 16; vgl. jedoch zum sog. Aufstockungs-Überbau LG Freiburg NJW-RR 2007, 812 (812 f.).

337 BGHZ 15, 216 (219 f.); Soergel/*Baur* § 912 Rn. 6; Staudinger/*Roth* (2009) § 912 Rn. 11; Erman/*Lorenz* § 912 Rn. 5; Palandt/*Bassenge* § 912 Rn. 5; *Wolff/Raiser* SachenR § 55 I 2; aA MüKoBGB/*Säcker* § 912 Rn. 11; *Baur* AcP 160 (1961), 465 (491): Der Überbau habe keinen verfügungsähnlichen Charakter, sei damit also nicht an die Eigentümerstellung gebunden; die Werterhaltungsfunktion des § 912 BGB gebiete auch dann eine Duldungspflicht, wenn ein Besitzer den Überbau errichte.

338 Diesem gleichgestellt sind der Erbbauberechtigte (§ 11 ErbbauRG) und der Vorerbe; Staudinger/*Roth* (2009) § 912 Rn. 11; *Wolff/Raiser* SachenR § 55 I 2; für den Erbbauberechtigten offen gelassen von BGH NJW 1985, 789 (790).

berechtigter) oder der nichtberechtigte Bucheigentümer könne keinen Überbau mit Duldungspflicht errichten. Erkläre sich der Eigentümer allerdings mit dem Bau des Besitzers einverstanden (§§ 184, 185 BGB analog), liege ein Überbau des Eigentümers vor.[339] Ebenso sei die Situation zu beurteilen, wenn der Nichteigentümer das Grundstück später zu Eigentum erwerbe.[340] Auf das handwerkliche Bauen kommt es für § 912 BGB nicht an; das Gebäude muss im Namen und im wirtschaftlichen Interesse des Grundstückseigentümers entstehen.[341]

(3) Errichtung eines einheitlichen Gebäudes (V)

55 »Gebäude« ist ein Bauwerk, das durch räumliche Umfriedung gegen äußere Einflüsse Schutz gewährt und den Eintritt von Menschen gestattet.[342] »Einheitlich« ist das Gebäude, dessen Teile nicht voneinander getrennt werden können, ohne dass der eine oder andere zerstört oder in seinem Wesen verändert wird.[343]

Der Gesetzeswortlaut »bei Errichtung« ist zu eng gefasst. Nicht nur die erste Errichtung, sondern auch die Veränderung oder Erweiterung eines bereits vorhandenen, bisher nicht über die Grundstücksgrenze ragenden Gebäudes stellt einen Überbau dar, wenn es sich bei der Erweiterung, die nun auf fremdem Grund steht, um wesentliche Gebäudeteile handelt.[344]

Auch die Vergrößerung eines Überbaus ist von der einmal bestehenden Duldungspflicht nicht mehr gedeckt und damit ein neuer »Überbau«, weil §§ 912 ff. BGB nur das Interesse an der Erhaltung der bereits geschaffenen Werte schützt.[345]

(4) Umfang der Grenzüberschreitung (V)

56 Der Umfang der Grenzüberschreitung ist grundsätzlich unerheblich. Auf die Größe und wirtschaftliche Bedeutung des überbauten Gebäudeteils kommt es ebenso wenig an wie auf den Ort des Baubeginns.[346] Eine Einschränkung gilt jedoch wegen der Zwecksetzung, wirtschaftliche Werte zu erhalten, dann, wenn sich die Beseitigung des Überbaus auf diesen beschränken lässt und die Gebäudeeinheit nicht beeinträchtigt wird.[347] Der Überbau kann sowohl überirdisch als auch unter der Erde erfolgen (zB Keller, Fundament für Schornstein).[348] Auch der überwiegende Teil des Gebäudes kann auf dem fremden Grundstück stehen.[349] Erforderlich ist aber, dass eines der Grundstücke das sog. Stammgrundstück ist. Stammgrundstück ist im-

339 BGHZ 15, 215 (216); OLG Frankfurt MDR 1968, 496.

340 Erman/*Lorenz* § 912 Rn. 5.

341 Staudinger/*Roth* (2009) § 912 Rn. 12.

342 BGH LM Nr. 1, 25 zu § 912; NJW 1982, 756. Auch größere – wegen ihres Wertes erhaltungsbedürftige – Bauwerke, auf die der Gebäudebegriff nicht passt, fallen aufgrund des Normzwecks in den Anwendungsbereich des § 912 BGB, zB Großantennen oder Brücken.

343 Die Beurteilung der Einheitlichkeit richtet sich in erster Linie nach der körperlichen und baulichen Beschaffenheit; vgl. RGZ 169, 172 (176); BGH LM Nr. 2 zu § 93 BGB.

344 Vgl. OLG Karlsruhe NJW 2010, 620 (620): Anbringung von 15 cm starken Dämmplatten.

345 MüKoBGB/*Säcker* § 912 Rn. 7; Soergel/*Baur* § 912 Rn. 4; Staudinger/*Roth* (2009) § 912 Rn. 17, 19 alle mwN zur Rspr.

346 BGHZ 62, 141 (146); 110, 298 (301); BGH NJW 1985, 789 (790).

347 Vgl. BGH NJW-RR 2009, 24 (Fensterläden und Markisen); NJW-RR 2013, 652 (653 f.) (Öltank).

348 Soergel/*Baur* § 912 Rn. 3; Erman/*Lorenz* § 912 Rn. 3.

349 Palandt/*Bassenge* § 912 Rn. 6.

mer das Grundstück, zu dem das Gebäude nach Absicht und Interesse des Erbauers gehören soll.[350]

(5) Zurechnung des Verschuldens von Hilfspersonen (V)

Der Eigentümer beauftragt zum Bau meist verschiedene Personen, wie zB Architekten, Statiker, Handwerker und Generalunternehmer. Kümmert er sich selbst nicht um die Vermessung und die Bauarbeiten, trifft ihn kaum je ein eigenes Verschulden an einem Überbau. Deshalb stellt sich die Frage nach der Zurechnung des Verschuldens von Hilfspersonen. 57

Nach der Rechtsprechung des BGH[351] und einem Teil der Literatur[352] wird ein Verschulden des Architekten beim Überbau dem Bauherrn gem. § 166 BGB zugerechnet, da er aufgrund der Planung und Ausführung des Bauvorhabens als Sachwalter des Bauherrn die für § 166 BGB erforderliche Repräsentanteneigenschaft innehabe. Der Bauunternehmer und seine Gehilfen seien dagegen keine Repräsentanten des Bauherrn, weshalb eine Haftung für diese Hilfspersonen nach § 166 BGB nicht in Betracht komme. Der BGH[353] lehnt bei diesen Personen auch eine Zurechnung über § 278 BGB bzw. § 831 BGB ab.

Ein anderer Teil der Literatur[354] will zumindest im Rahmen des nachbarlichen Gemeinschaftsverhältnisses[355] § 278 BGB analog auf Bauunternehmer und dessen Hilfspersonen anwenden. Das nachbarliche Gemeinschaftsverhältnis sei einer schuldrechtlichen Beziehung vergleichbar, weil das Nebeneinander der Grundstückseigentümer eine Sphäre gesteigerten sozialen Kontakts darstelle.[356] Nicht die Beeinträchtigung fremden Eigentums stehe im Vordergrund, sondern die Betrauung des Bauunternehmers durch den Eigentümer. Nur dadurch könne sich dieser seiner Haftung entziehen (Betrauungshaftung).

Teilweise wird im Schrifttum[357] der Eingriff in fremdes Eigentum als der entscheidende Umstand angesehen, auf den § 831 BGB analog anwendbar sei, da ein enger Zusammenhang zum Recht der unerlaubten Handlung bestehe, während § 166 BGB in den Bereich rechtsgeschäftlichen Verkehrs gehöre. Die Zurechnung scheitere jedoch am fehlenden Abhängigkeitsverhältnis des Bauunternehmers gegenüber dem Bauherrn. Er sei nicht Verrichtungsgehilfe.

(6) Widerspruch des Nachbarn (V)

Der Eigentümer des Nachbargrundstücks oder einer von mehreren Eigentümern (Miteigentümer, § 1011 BGB; Teileigentümer, aber auch Dauerwohnberechtigter, § 31 WEG)[358] 58

350 Insbes. beim Eigengrenzüberbau kann die Ermittlung des Stammgrundstücks Probleme bereiten. Für diese Fälle ist die Bestellung einer Grunddienstbarkeit mit einer Duldungspflicht zulässig, vgl. BGH NJW 2014, 311 (312).

351 BGHZ 42, 63 (63 f.); BGH NJW 1977, 375.

352 Erman/*Lorenz* § 912 Rn. 6; Jauernig/*Berger* § 912 Rn. 7; Palandt/*Bassenge* § 912 Rn. 9; *Brehm/Berger* SachenR § 6 Rn. 34.

353 BGH NJW 1977, 375.

354 MüKoBGB/*Säcker* § 912 Rn. 18–21; *Prütting* SachenR Rn. 343, 351.

355 → § 9 Rn. 65.

356 MüKoBGB/*Säcker* § 912 Rn. 20 mit Verweis auf BGHZ 42, 374 (377).

357 Soergel/*Baur* § 912 Rn. 9; *Baur/Stürner* SachenR § 5 Rn. 17; *Wolf/Wellenhofer* SachenR § 25 Rn. 35 (Fall 31).

358 MüKoBGB/*Säcker* § 912 Rn. 22 f.; Palandt/*Bassenge* § 912 Rn. 10; Erman/*Lorenz* § 912 Rn. 7.

muss dem Bau über die Grundstücksgrenze nur dann widersprechen, wenn dem Überbauenden lediglich leichte Fahrlässigkeit zur Last gelegt werden kann.[359] Der Widerspruch ist eine einseitig empfangsbedürftige Willenserklärung, die formlos gültig ist, auch stillschweigend abgegeben werden kann und keiner Begründung bedarf.[360] Er ist gegenüber dem bauenden Eigentümer oder einem seiner Vertreter (zB Architekt, Bauleiter) zu erklären.[361] Nur obligatorisch oder (beschränkt-)dinglich berechtigte Nachbarn dürfen den Widerspruch nicht erklären.[362] § 912 I BGB gibt für die Erklärung des Widerspruchs einen Zeitraum vor, und zwar »vor oder sofort nach der Grenzüberschreitung«. Die Fristgemäßheit des Widerspruchs bestimmt sich nicht nach § 121 BGB (»unverzüglich«), sondern nach dem besonderen Zweck der Vorschrift. Der Widerspruch ist demnach nur dann rechtzeitig erhoben, wenn er zu einem Zeitpunkt erfolgt, in dem eine Beseitigung ohne erhebliche Zerstörung des Bauwerks noch möglich ist.[363] Kenntnis oder Erkennbarkeit der Grenzüberschreitung sind nicht erforderlich.[364]

dd) Rechtsfolgen (V)

59 Rechtsfolgen des unrechtmäßigen entschuldigten Überbaus sind die *Duldungspflicht* des Eigentümers[365] des überbauten Grundstücks (§ 912 I BGB) und ein Anspruch auf Zahlung einer Geldrente (*Wertausgleichsanspruch*, § 912 II BGB) als Kompensation des Nutzungsverlusts.[366] Die Höhe der Geldrente bemisst sich nach dem Verkehrswert der überbauten Grundstücksfläche zum Zeitpunkt der Grenzüberschreitung.[367] Durch die Geldrente werden gleichzeitig Schadensersatzansprüche aus § 823 BGB und Ausgleichsansprüche gem. § 906 II 2 BGB ausgeschlossen.[368] Einzelheiten der Geldrente sowie des Abkaufrechts des Rentenberechtigten – nicht jedoch die Eigentumsverhältnisse am Überbau und an der überbauten Grundstücksfläche – regeln die §§ 913–915 BGB.

ee) Eigentumsverhältnisse am übergebauten Gebäude (V)

60 Das Eigentum an der überbauten Grundstücksfläche[369] verbleibt – durch den Überbau unberührt – beim beeinträchtigten Grundstückseigentümer. Zu den Eigentumsverhältnissen am übergebauten Gebäude enthält das Gesetz keine Regelung. Eine

---

359 Staudinger/*Roth* (2009) § 912 Rn. 22.

360 BGHZ 59, 191 (194); Staudinger/*Roth* (2009) § 912 Rn. 29.

361 Staudinger/*Roth* (2009) § 912 Rn. 32; Erman/*Lorenz* § 912 Rn. 7.

362 Staudinger/*Roth* (2009) § 912 Rn. 31.

363 BGHZ 59, 191 (196), Soergel/*Baur* § 912 Rn. 12.

364 BGHZ 97, 292 (294); OLG Köln NJW-RR 2003, 376 (377); MüKoBGB/*Säcker* § 912 Rn. 25.

365 Diese Duldungspflicht erstreckt sich nur auf den Überbau selbst und gewährt nicht zugleich ein Nutzungsrecht hinsichtlich der sog. Funktionsflächen, die dessen zweckentsprechender Nutzung dienen, BGH NJW 2014, 311 (312 f.) – Garagenzufahrt – mwN auch zur Gegenansicht.

366 BGHZ 65, 395 (397).

367 BGHZ 57, 304 (305); 97, 292 (297); BGH NJW 1972, 201; damit sollen für die Überbaurente feste Verhältnisse geschaffen und nachbarliche Streitigkeiten über den jeweiligen Wert der überbauten Fläche unterbunden werden; MüKoBGB/*Säcker* § 912 Rn. 31; Staudinger/*Roth* (2009) § 912 Rn. 47.

368 RGZ 65, 73 (76 f.); BGHZ 97, 292 (295); MüKoBGB/*Säcker* § 912 Rn. 29; klarstellend, dass dies nur gilt, soweit § 912 BGB bejaht wird, BGHZ 156, 170 (172).

369 Nach allgemeiner Meinung gehört dazu auch der Luftraum über dem überbauten Gebäude; RGZ 169, 172 (175); BGHZ 64, 273 (274).

klare Eigentumszuordnung – entweder zum Überbauenden oder zum Eigentümer des überbauten Grundstücks – bereitet deswegen Probleme, weil hier zwei gesetzliche Zuordnungsprinzipien aufeinander treffen. Einerseits bestimmen §§ 93, 94 II BGB, dass einzelne Gebäudeteile nicht sonderrechtsfähig sind (sog. *Gebäudeakzession*). Andererseits steht nach dem Grundsatz der sog. *Bodenakzession* ein mit dem Grundstück fest verbundenes Gebäude im Eigentum des Grundstückseigentümers (§§ 946, 93, 94 BGB). Die ganz überwiegende Ansicht löst diese Kollision beim unrechtmäßigen entschuldigten Überbau zugunsten des Überbauenden, der danach auch Eigentümer des überbauten Gebäudeteils werden soll. Die Begründung divergiert:

Überwiegend wird darauf abgestellt,[370] dass § 912 BGB ein Recht an einem fremden Grundstück gewähre und der über die Grenze gebaute Gebäudeteil damit nicht Bestandteil der überbauten Grundstücksfläche werde. Vielmehr sei der überbaute Teil wie ein Scheinbestandteil des Nachbargrundstücks analog § 95 I 2 BGB zu behandeln. Mit dieser Gebäudeakzession werde verhindert, dass die übergebauten Gebäudeteile wesentliche Bestandteile des überbauten Grundstücks würden und damit in das Eigentum des Nachbarn übergingen. Eigentum und Nutzungsbefugnis blieben so in einer Hand.[371] Auch der wirtschaftlichen Zusammengehörigkeit und dem Gesichtspunkt der natürlich-wirtschaftlichen Einheit von Gebäuden werde so Rechnung getragen.

Nach aA[372], die ebenfalls auf wirtschaftliche Aspekte abstellt, bedarf es einer Heranziehung des § 95 I BGB nicht. Vielmehr ergebe sich bereits aus §§ 93, 94 II BGB (*wesentlicher Bestandteil des Gebäudes*) die vorrangige Zugehörigkeit des überbauten Gebäudeteils zum Gesamtgebäude und dessen Zugehörigkeit zum Grundstück des Überbauenden nach § 94 I BGB (wesentlicher Bestandteil eines Grundstücks).

ff) Unrechtmäßiger unentschuldigter Überbau

(1) Begriff und Rechtsfolgen (G)

Ein unentschuldigter unrechtmäßiger Überbau liegt vor, wenn die Voraussetzungen 61
des § 912 BGB nicht gegeben sind. In diesem Fall kann der Eigentümer des überbauten Grundstücks mangels Duldungspflicht Beseitigung des Überbaus auf Kosten des Überbauenden (§ 1004 I BGB) und Herausgabe der überbauten Fläche (§ 985 BGB) verlangen.[373] Der unentschuldigte Überbau ist eine unerlaubte Handlung iSd § 823 BGB, sodass Wiederherstellung des früheren Zustandes nach § 823 I iVm § 249 S. 1 BGB verlangt werden kann. Des Weiteren ist an Ansprüche aus Besitzstörung (§ 862 BGB) und aus dem Eigentümer-Besitzer-Verhältnis zu denken.

Der Beseitigungsanspruch aus § 1004 I BGB soll wegen § 275 II BGB – früher: aufgrund der Wertung des § 251 II BGB – dann ausgeschlossen sein, wenn die Beseitigung für den Überbauenden unter Berücksichtigung sämtlicher Umstände, besonders

370 BGHZ 27, 197; 59, 191 (199); BGH NJW 1985, 789 (789 f.); Staudinger/*Roth* (2009) § 912 Rn. 42; Erman/*Lorenz* § 912 Rn. 9; *Baur/Stürner* SachenR § 25 Rn. 11; *Horst* MDR 2000, 494 (498); *Prütting* SachenR Rn. 344; So iErg auch *Westermann/Gursky/Eickmann* SachenR § 62 Rn. 9, die allerdings eine analoge Anwendung von § 95 I 2 BGB für »gewagt« halten.

371 Staudinger/*Roth* (2009) § 912 Rn. 42; *Westermann/Gursky/Eickmann* SachenR § 62 Rn. 9.

372 MüKoBGB/*Säcker* § 912 Rn. 33 ff.; Soergel/*Baur* § 912 Rn. 23 mit unterschiedlicher Schwerpunktsetzung.

373 Staudinger/*Roth* (2009) § 912 Rn. 74; *Horst* MDR 2000, 494 (496); aA Staudinger/*Gursky* (2013) § 1004 Rn. 41, 42 mwN.

der beiderseitigen Interessen, mit unzumutbaren Aufwendungen verbunden wäre.[374] In diesem Fall steht dem Duldungsverpflichteten ein Rentenanspruch analog § 912 BGB zu. Bei ganz geringfügigen Beeinträchtigungen kann ein Beseitigungsanspruch gem. § 242 BGB ausgeschlossen sein.

(2) Eigentumsverhältnisse (V)

62 Auch hier stellt sich das Problem der Eigentumsverhältnisse am überbauten Gebäudeteil. Da beim unentschuldigten Überbau § 912 BGB nicht anwendbar ist und folglich auch kein Recht an einem fremden Grundstück iSv § 95 I 2 BGB analog besteht, setzt sich hier – im Gegensatz zum entschuldigten Überbau – der Grundsatz der Bodenakzession durch; der beeinträchtigte Nachbar wird Eigentümer des Überbaus. Dies ist gerechtfertigt, weil die eigentumsmäßige Zusammenfassung wirtschaftlicher Einheiten dort ihre Grenze findet, wo bei ihrer Schaffung fremdes Eigentum verletzt wird.[375]

gg) Rechtmäßiger Überbau (Z)

63 Unter rechtmäßigem Überbau versteht man den mit Zustimmung des Eigentümers des Nachbargrundstücks erfolgten Überbau. Trotz der grundsätzlich zwingenden Natur sachenrechtlicher Vorschriften (numerus clausus, Typenzwang)[376] können die Parteien ihre Rechtsverhältnisse beim Überbau abweichend von § 912 BGB vereinbaren und eine Duldungspflicht aufgrund rechtsgeschäftlicher Zustimmung des betroffenen Nachbarn schaffen.[377] Alle Rechtsfolgen ergeben sich dann aus dieser Vereinbarung.[378] Mangels spezieller Abreden gelten im Hinblick auf die Eigentumsverhältnisse am übergebauten Teil des Gebäudes nach allgemeiner Auffassung die für den unrechtmäßigen entschuldigten Überbau entwickelten Grundsätze (→ § 9 Rn. 60). Der übergebaute Teil des Gebäudes bildet demnach einen wesentlichen Bestandteil des auf dem Stammgrundstück errichteten Gebäudes.[379]

Gegenüber einem Einzelrechtsnachfolger kann sich der Überbauende nur dann auf die Zustimmung berufen, wenn dieser nicht widerruft. Erfolgt ein Widerruf, so muss der Rechtsnachfolger dennoch den ausgeführten Überbau aus § 912 BGB dulden, denn der mit Zustimmung seines Rechtsvorgängers errichtete Überbau erfolgte ohne Vorsatz oder grobe Fahrlässigkeit, sodass die Voraussetzungen des § 912 BGB vorliegen. Im Ergebnis bedeutet das eine »Verdinglichung« der obligatorischen Zustimmung bezüglich der Duldungspflicht. Als Kompensation steht dem neuen Eigentümer des überbauten Grundstücks analog § 912 II BGB der Anspruch auf die Überbaurente zu.[380] Durch die Eintragung der Gestattung in das Grundbuch – zB in

374 BGH NZM 2010, 174 (175); Palandt/*Bassenge* § 912 Rn. 17; krit. Staudinger/*Roth* (2009) § 912 Rn. 75 – darin liege eine Art Zwangsenteignung des Nachbarn; zurückhaltend auch Soergel/*Baur* § 912 Rn. 74.

375 Staudinger/*Roth* (2009) § 912 Rn. 76.

376 → § 1 Rn. 5.

377 BGH NJW 1971, 426 (427); NJW 1983, 1112 (1113); MüKoBGB/*Säcker* § 912 Rn. 45; Staudinger/*Roth* (2009) § 912 Rn. 67.

378 MüKoBGB/*Säcker* § 912 Rn. 46.

379 Vgl. BGH NJW 2008, 3122 (3122) mwN; vgl. ferner BGHZ 157, 301 (304) mit weitergehenden Ausführungen zum Folgeproblem des rechtlichen Schicksals des Überbaus nach Ablauf des (vertraglichen) Besitzrechts.

380 BGH NJW 1983, 1112 (1113) – insoweit bleibt es bei der relativen Wirkung des Rentenverzichts. Anders BGHZ 157, 301 (304 ff.) bei einem von vornherein auf Zeit schuldrechtlich eingeräumten Überbaurecht.

Form der Bestellung einer Grunddienstbarkeit oder einer beschränkt-persönlichen Dienstbarkeit – kann eine weiterreichende dingliche Wirkung erreicht werden, indem die Eintragung den Widerruf der Zustimmung durch den Rechtsnachfolger ausschließt.[381] Anders stellt sich die Rechtslage bei einem noch im Bau befindlichen Überbau dar: Mangels einer auch zu seinen Lasten wirkenden Zustimmung ist der Überbau ihm gegenüber rechtswidrig; er kann sein Widerspruchsrecht ausüben.[382]

Eigentümer des überbauten Gebäudeteils ist auch hier der (jeweilige) Eigentümer des Stammgrundstücks, denn das Prinzip der Erhaltung wirtschaftlicher Werte muss – wenn schon beim rechtswidrigen entschuldigten – dann erst recht beim rechtmäßigen Überbau gelten.[383]

e) Duldungspflicht aufgrund Notwegerechts (§§ 917 ff. BGB) (V)

Fehlt einem Grundstück die zur ordnungsgemäßen Benutzung notwendige Verbindung zu einem öffentlichen Weg, so kann der betroffene Eigentümer[384] sein Grundstück tatsächlich und wirtschaftlich nicht in vollem Umfang nutzen. Wegen der beschränkten Bodenkapazität besteht allerdings ein öffentliches Interesse daran, den gesamten Bodenbestand auszunutzen.[385] Dem trägt § 917 I BGB Rechnung, indem er für die Eigentümer der Verbindungsgrundstücke eine Duldungspflicht hinsichtlich der Benutzung ihrer Grundstücke als Verbindung zu einer öffentlichen Straße vorsieht (sog. Notwegerecht, § 917 I BGB).[386] Auch hier wird die Duldungspflicht durch Zahlung einer Geldrente kompensiert (§ 917 II BGB).[387] 64

Voraussetzung für die Begründung der Duldungs- und Entschädigungspflicht ist das Verlangen nach Benutzung der Nachbargrundstücke.[388] Die Duldungspflicht ist ausgeschlossen, wenn eine bisher bestehende Verbindung des nun abgeschnittenen Grundstücks durch dessen Eigentümer willkürlich aufgehoben wurde, zB durch Aufgabe eines Wegerechts (§ 918 BGB).[389] *Inhalt* des Notwegerechts kann auch die Duldung der Verlegung von Versorgungs- und Entsorgungsleitungen (Abwasserkanal) sein.[390] Die Duldungspflicht besteht so lange, bis der Mangel – das Abgeschnittensein – behoben ist (§ 917 I 1 BGB).

381 Staudinger/*Roth* (2009) § 912 Rn. 70 (Sonderrechtsnachfolger).

382 MüKoBGB/*Säcker* § 912 Rn. 47; Staudinger/*Roth* (2009) § 912 Rn. 69.

383 BGHZ 62, 141 (145 f.).

384 Streitig ist, ob anderen dinglich Berechtigten ein Notwegerecht zusteht, vgl. Staudinger/*Roth* (2009) § 917 Rn. 32; MüKoBGB/*Säcker* § 917 Rn. 16. Nur schuldrechtlich Berechtigten steht ein Notwegerecht nicht zu. Deshalb ist nach BGH NJW-RR 2006, 1160 (1161) der Mieter auf Ansprüche gegen den Vermieter zu verweisen.

385 Soergel/*Baur* § 917 Rn. 1.

386 Da das Notwegerecht kein dingliches Recht beinhaltet, sondern eine inhaltliche Bestimmung des rechtlich geschützten Freiheitsbereichs des Grundeigentümers darstellt, ist es nicht eintragungsfähig, OLG Hamm NJOZ 2014, 1327 (1328).

387 Zur Unentgeltlichkeit im Falle eines gewohnheitsrechtlich begründeten Wegerechts vgl. OLG Schleswig MDR 2007, 457.

388 BGHZ 94, 160 (162); Staudinger/*Roth* (2009) § 917 Rn. 2, 3; Jauernig/*Berger* § 917 Rn. 4; teils aA LG Hannover MDR 1991, 870; MüKoBGB/*Säcker* § 917 Rn. 5, 19.

389 Vgl. BGH NJW 2006, 3426 (3427 f.).

390 BGH NJW 1960, 93; OLG Koblenz NJOZ 2003, 981 ff. Für Telekommunikationsleitungen besteht in den §§ 68, 76 TKG eine Sonderregelung.

Der Notwegberechtigte kann sich nicht einen beliebigen, im Zweifel kürzesten Weg über ein bestimmtes, an einer öffentlichen Straße liegendes Grundstück aussuchen, sondern ist an die örtlichen Verhältnisse gebunden, die vorgeben, welches Grundstück in Frage kommt.[391] Bei mehreren Möglichkeiten entscheidet eine Abwägung, welche Lösung einerseits – vorrangig – die geringste Belastung für den Duldungspflichtigen mit sich bringt und andererseits für den Berechtigten am effektivsten ist.[392] So kann zB der Notwegberechtigte dazu angehalten sein, sein Grundstück über ein Feldgrundstück anstatt über ein Hausgrundstück zu betreten.

f) Duldungspflicht aufgrund nachbarlichen Gemeinschaftsverhältnisses (§ 242 BGB)

aa) Bedeutung und Inhalt des nachbarlichen Gemeinschaftsverhältnisses (G)

65 Trotz einer recht umfangreichen speziellen gesetzlichen Regelung der Duldungspflichten – insbesondere durch § 906 und §§ 912 ff. BGB – gibt es Fallgestaltungen des Zusammenlebens auf engem nachbarlichen Raum, die hiervon nicht erfasst sind. Auf Grundlage des Gebots von Treu und Glauben (§ 242 BGB) wurde deshalb das Rechtsinstitut des nachbarlichen Gemeinschaftsverhältnisses[393] entwickelt. Es statuiert eine gesteigerte *Pflicht zu gegenseitiger Rücksichtnahme*,[394] die im Rahmen des § 1004 BGB zu einer Duldungspflicht gegenüber bestimmten Störungen führt. Nur so kann in jedem Einzelfall ein gerechter Interessenausgleich erreicht werden. Um die gesetzliche Konzeption der §§ 906 ff. BGB nicht zu unterlaufen, ist die Anwendbarkeit der Grundsätze des nachbarlichen Gemeinschaftsverhältnisses auf eng begrenzte Ausnahmefälle zur Regelung atypischer nachbarlicher Interessenkonflikte beschränkt, bei denen die Vorschriften der §§ 906 ff. BGB zu keinem gerechten Ergebnis führen.[395] Insbesondere ist bei Zuführung von Imponderabilien das nachbarliche Gemeinschaftsverhältnis wegen der ausschließlichen Regelung in § 906 BGB nicht (mehr) anwendbar.[396]

Das nachbarliche Gemeinschaftsverhältnis begründet Duldungspflichten und gewährt zur Kompensation Ausgleichsansprüche (§ 906 II 2 BGB analog); in Einzelfällen können auch Handlungspflichten ausgelöst werden.[397] Zum Beispiel hat der

391 Soergel/*Baur* § 917 Rn. 9; vgl. auch BGH NJW 2006, 3426 (3427).

392 Staudinger/*Roth* (2009) § 917 Rn. 38.

393 Überblick bei jurisPK-BGB/*Vieweg/Regenfus* § 906 Rn. 109 ff.; krit. zum nachbarlichen Gemeinschaftsverhältnis insgesamt *Pleyer* JZ 1959, 167 (167 ff.); 305 (305 ff.); *Neuner* JuS 2005, 385 (387); für eine entsprechende Anwendung der § 906 II BGB § 14 BImSchG auf grob-körperliche Immissionen oder eine erweiterte Auslegung der Unterlassungsansprüche der Nachbarn anstatt der Anwendung des nachbarlichen Gemeinschaftsverhältnisses BGHZ 58, 149; Soergel/*Teichmann* § 242 Rn. 75; *Baur/Stürner* SachenR § 25 Rn. 36 ff.

394 Erman/*Wilhelmi* § 906 Rn. 74; *Wilhelm* SachenR Rn. 802 ff.; *Brox* JA 1984, 182 (183 ff.); krit. *Neuner* JuS 2005, 385 (387).

395 BGHZ 28, 110 (114); 88, 344 (351); 101, 290 (293 f.); 157, 33 (37 f.); BGH NJW 1991, 2826 (2827); NJW-RR 2008, 610 (611 f.); Erman/*Wilhelmi* § 906 Rn. 74 ff.; Palandt/*Bassenge* § 903 Rn. 13; *Prütting* SachenR Rn. 350; idS auch *Olzen* Jura 1991, 281 (288).

396 BGH NJW 1962, 2341; Soergel/*Teichmann* § 242 Rn. 75.

397 BGHZ 28, 110 (114); 68, 350 (354); OLG Düsseldorf NJW 1953, 1394 (1395) – nicht entgegen landesrechtlichen Bestimmungen; OLG Frankfurt OLGZ 89, 324 (324 f.) – Beseitigung einer Funkantenne; Erman/*Wilhelmi* § 906 Rn. 74; so wohl auch *Westermann/Gursky/Eickmann* SachenR § 61 Rn. 3.

BGH[398] bei auf das Nachbargrundstück fliegenden Steinbrocken infolge von Sprengungen in einem Gipswerk einen Unterlassungsanspruch gem. § 1004 BGB verneint und dem beeinträchtigten Nachbarn (nur) einen Ausgleichsanspruch nach § 906 II 2 BGB zugesprochen, da die Betriebsschließung die Existenz des Betreibers vernichtet hätte.

bb) Dogmatische Einordnung (V)

Umstritten ist, ob das nachbarliche Gemeinschaftsverhältnis eine rechtliche Sonderbeziehung iSe gesetzlichen Schuldverhältnisses oder lediglich einen gesteigerten Kontakt tatsächlicher Art darstellt. Bedeutung erlangt diese Frage insbesondere für die Zurechnung des Verschuldens von Hilfspersonen. Bei der Einordnung als gesetzliches Schuldverhältnis wäre der für den Anspruchsteller günstige § 278 BGB anwendbar. 66

Nach hM[399] kann das nachbarliche Gemeinschaftsverhältnis nur in Ausnahmefällen Pflichten begründen. Es könne deshalb kein gesetzliches Schuldverhältnis sein.

In der Literatur wird teilweise[400] eine rechtliche Sonderbeziehung bejaht. Dies ergebe sich aufgrund der in den gesetzlichen Normierungen enthaltenen Interessen- und Konfliktregelungen des Nachbarverhältnisses oder auch bereits aus der tatsächlichen Lage der Grundstücke in einem abgegrenzten Raum. Diese erfordere die Festschreibung von Rechten und Pflichten durch das Recht.

Die hM hat – wie schon bei § 906 II 2 BGB[401] – Probleme, die Nichtanwendbarkeit des § 278 BGB[402] durch Anwendung anderer Zurechnungsnormen auszugleichen: § 831 BGB entfällt schon wegen der gesetzlichen Trennung des § 912 BGB vom Deliktsrecht.[403] In Betracht gezogen werden deshalb die analoge Anwendung von § 166 BGB[404] oder von § 185 BGB[405] sowie die Konstruktion eines Vertrages mit Schutzwirkung zugunsten des Nachbarn[406].

---

398 BGHZ 28, 225 (225 ff.); vgl. auch BGHZ 68, 350 (353 ff.) bzgl. des Stehenlassens einer für den Nachbarn unentbehrlichen Grenzwand oder BGHZ 58, 149 (159) für Abschwemmungen von einem Behelfsdamm.

399 RGZ 132, 51 (57); BGHZ 42, 374 (377); BGH NJW 1977, 375; NJW 2006, 992 (993); Soergel/*Teichmann* § 242 Rn. 74; Staudinger/*Caspers* (2014) § 278 Rn. 10; Erman/*Wilhelmi* § 906 Rn. 76; *Baur/Stürner* SachenR § 5 Rn. 16; *Neuner* JuS 2005, 385 (387); vgl. auch *Brox* JA 1984, 182 (186 ff.), der insoweit zwischen gewöhnlichen nachbarlichen Schadensvermeidungspflichten und besonderen obligatorischen Beziehungen (wie zB bei § 922 S. 4 BGB) differenziert.

400 Soergel/*Münch* § 1004 Rn. 12 (unmittelbar zu § 278 BGB); *Westermann/Gursky/Eickmann* SachenR § 61 Rn. 44; *Mühl* NJW 1960, 1133 (1136); aus § 242 soll das nachbarliche Gemeinschaftsverhältnis nach *Westermann* (JZ 1963, 408 [408 f.] und SachenR § 62 V 2) nicht entwickelt werden können, weil § 242 BGB eine Sonderverbindung voraussetze und damit nur deren Inhalt bestimme.

401 → § 9 Rn. 42 ff.

402 Ausdrücklich BGHZ 42, 374 (374 ff.); BGH NJW 1977, 375.

403 BGH NJW 1964, 2016 (2017); NJW 1977, 375; auch würde die Norm in den häufigen Fällen des Architekten- und Bauunternehmerverschuldens nicht helfen, da diese keine Verrichtungsgehilfen seien.

404 BGHZ 42, 63 (63 f.): nur Verschulden des Architekten, nicht des Bauunternehmers (dazu BGH NJW 1977, 375) mit Kritik *Medicus/Petersen* BürgerlR Rn. 799.

405 BGHZ 15, 216 (219).

406 OLG Düsseldorf NJW 1965, 539.

IV. Rechtsfolgen der Abwehransprüche aus § 1004 I BGB

1. Beseitigung gem. § 1004 I 1 BGB (G)

67 § 1004 I 1 BGB gewährt einen Anspruch auf aktive Beseitigung der beeinträchtigenden Störung in Natur.[407]

Häufig bereitet die Abgrenzung des Beseitigungs- vom Schadensersatzanspruch Schwierigkeiten. Während Schadensersatz die Herstellung des Zustandes bedeutet, der vor Eintritt des schadenstiftenden Ereignisses bestand, meint Beseitigung die Veränderung des jetzigen, realen Zustandes. Der Störer muss sich also – bildlich gesprochen – wieder in seinen Rechtskreis zurückziehen.[408]

Beispiel: Durch Schadstoffe, die wegen einer Lücke in der Isolierung auf das Nachbargrundstück gelangt sind, wurden die Pflanzen des Nachbarn zerstört. Schadensersatz würde hier Wertersatz für die zerstörten Pflanzen bedeuten, Beseitigung dagegen nur Schließung der Isolierungslücke, sodass keine weiteren Schadstoffe austreten können, bzw. die Durchführung einer Bodenreinigung, wenn die Schadstoffe noch auf dem Nachbargrundstück vorhanden sind.

Beseitigt der Eigentümer die Störung selbst (klausurträchtige Fallgestaltung), können Ansprüche aus Bereicherungsrecht oder Geschäftsführung ohne Auftrag entstehen.[409]

Der Beseitigungsanspruch aus § 1004 I 1 BGB unterliegt als materieller Anspruch der Verjährung.[410]

2. Analoge Anwendung des § 251 II BGB bzw. § 275 II BGB? (E)

68 Umstritten ist, ob sich der Störer bei unverhältnismäßig hohem Beseitigungsaufwand vom Beseitigungsanspruch analog §§ 251 II, 275 II BGB durch Zahlung einer Geldentschädigung befreien kann. Hintergrund ist, dass es auch für den Beseitigungsanspruch eine wirtschaftliche Opfergrenze geben muss. Zum Teil wird diese Forderung auch mit § 242 BGB[411] oder mit dem Rechtsgedanken des § 904 BGB[412] begründet.

Obwohl es sich bei § 1004 I 1 BGB nicht um einen Schadensersatzanspruch handelt, wendete die überwiegende Auffassung[413] vor der Schuldrechtsreform § 251 II BGB

407 Staudinger/*Gursky* (2013) § 1004 Rn. 136.

408 Staudinger/*Gursky* (2013) § 1004 Rn. 139.

409 BGHZ 97, 231 (234 ff.); 110, 313 (315); BGH NJW 2005, 1366 (1367); zur Kostentragungspflicht allgemein siehe nur *Wolff/Raiser* SachenR § 87 I 4 u. *Katzenstein* ZGS 2005, 424 (429 f.).

410 BGHZ 125, 56 (63 f.); Staudinger/*Gursky* (2013) § 1004 Rn. 194 ff. Die Verjährungsfrist beträgt drei Jahre ab Kenntnis/Kennenmüssen, maximal zehn Jahre §§ 195, 199 I, 4 BGB; vgl. MüKoBGB/*Baldus* § 1004 Rn. 120; *Wilhelm* SachenR Rn. 1179. § 902 BGB wird vom BGH auf § 1004 BGB nicht angewandt; BGHZ 60, 235 (237 ff.); 125, 56 (63); aA Staudinger/*Gursky* (2013) § 1004 Rn. 201; *Wilhelm* SachenR Rn. 1180; beide mwN. Zur Verwirkung von Unterlassungsansprüchen gemäß § 1004 I 2 insbes. im Falle wiederholt gleichartiger Störungen vgl. BGH NJW-RR 2006, 235.

411 Staudinger/*Gursky* (2013) § 1004 Rn. 148 – die Schwelle dieses Notbehelfs müsse aber deutlich über der des § 251 II BGB liegen; für die weitere Inanspruchnahme des Eigentums schulde der Störer daneben nach dem Prinzip der §§ 906 II 2, 912 II, 917 II BGB und des § 14 BImSchG einen finanziellen Ausgleich.

412 So die ältere Literatur: *Heck* SachenR § 66 Nr. 6.

413 BGHZ 62, 388 (391); BGH WM 1979, 783 (784); Soergel/*Münch* § 1004 Rn. 312; Erman/*Ebbing* § 1004 Rn. 99 f.; *Lettl* JuS 2005, 871 (877).

analog an. Diese Norm enthalte einen »allgemeinen Rechtsgedanken« dahin gehend, dass das Verlangen, den gebotenen Zustand herzustellen, dann rechtsmissbräuchlich sei, wenn der in Anspruch Genommene den Zustand nur mit unverhältnismäßigen, unzumutbaren Mitteln herstellen könne. Der nicht schuldhaft Handelnde dürfe nicht schlechter als der schuldhaft Handelnde behandelt werden, dem § 251 II BGB zugute komme. Seit der Schuldrechtsreform wird vor allem in der Rechtsprechung eine Anwendung des § 275 II BGB favorisiert, der vom Gesetzgeber[414] gerade auch zur Begrenzung sachenrechtlicher Ansprüche geschaffen worden sei und daher einen Rekurs auf § 251 II BGB überflüssig mache.[415] Da § 275 II BGB anders als § 251 II BGB auch auf das Leistungsinteresse des Gläubigers abstellt, dürfte dieser Ansatz in jedem Falle zu einer Erhöhung der Anforderungen an die Darlegung eines Anspruchausschlusses führen.[416]

Die Gegenansicht[417] lehnt die analoge Anwendung des § 251 II BGB bzw. des § 275 II BGB mit der Begründung ab, eine solche Analogie sanktioniere die dauerhafte Einverleibung der Rechte des Nachbarn durch den Störer; der innere Kern des Eigentums dürfe nicht durch eine »Art privater rechtswidriger Enteignung« angetastet werden.[418] Mit dem Verschuldensargument werde der Zweck beider Haftungsarten vermischt. Die negatorischen Ansprüche dienten gerade nicht der Wiedergutmachung eines Schadens, sondern der Beendigung des Eingriffs in eine fremde Eigentumssphäre. Der Störer solle in die Grenzen der eigenen Rechtssphäre zurückgedrängt werden.[419]

3. Anspruchsminderung bzw. -ausschluss durch § 254 BGB? (E)

§ 1004 I 1 BGB gibt einen verschuldensunabhängigen Abwehranspruch. Allerdings 69
könnte auch hier der Gedanke des Mitverschuldens bzw. der Mitverantwortlichkeit des Betroffenen, wie ihn § 254 BGB formuliert, zum Tragen kommen. Dann müsste § 254 BGB ein allgemeiner, insbesondere auch auf Abwehransprüche anwendbarer Rechtsgedanke zu entnehmen sein.

Die hM[420] entnimmt § 254 BGB einen solchen allgemeinen Rechtsgedanken der Mitverantwortlichkeit, der auch auf § 1004 BGB anwendbar sei. Da allerdings § 1004 BGB eine verschuldensunabhängige Haftung begründe, die auf die bloße Verursachung einer Störung abstelle, solle – spiegelbildlich – auch im Rahmen des § 254 BGB nicht auf ein Mitverschulden, sondern auf die tatsächliche Mitverursachung durch den Beeinträchtigten abzustellen sein.

414 Vgl. BT-Drs. 14/6040, 130.

415 BGH NJW 2008, 3122 (3123); NZM 2010, 174 (175); zuvor bereits OLG Düsseldorf NJW-RR 2007, 1024 (1025).

416 Vgl. *Kolbe* NJW 2008, 3618 (3619 f.), der zudem weitergehende Einschränkungen zum Schutz des Unterlassungsanspruchs für erforderlich hält und zudem bei Überbaufällen eine Analogie zu § 912 BGB für vorzugswürdig erachtet.

417 AK-BGB/*Kohl* § 1004 Rn. 62; MüKoBGB/*Baldus* § 1004 Rn. 236; Staudinger/*Gursky* (2013) § 1004 Rn. 156; *Baur/Stürner* SachenR § 12 Rn. 21.

418 MüKoBGB/*Baldus* § 1004 Rn. 238; krit. dazu *Gsell* LMK 2008, 266937; ferner *Kolbe* NJW 2008, 3618 (3619) unter Verweis auf die §§ 906 ff. BGB sowie § 242 BGB.

419 Staudinger/*Gursky* (2013) § 1004 Rn. 156.

420 RGZ 138, 327 (329); BGHZ 28, 225 (232); 110, 313 (317); BGH WM 1964, 1102 (1104); ZMR 1965, 301 (302); BGH NJW 2006, 3628 (3630); Soergel/*Münch* § 1004 Rn. 313; *Wolff/Raiser* SachenR § 87 Fn. 14; *Brehm/Berger* SachenR § 6 Rn. 18.

Die Gegenauffassung[421] lehnt eine Modifikation des Beseitigungsanspruchs durch ein Prinzip der Mitverursachung ab, da es mit dem inneren System des BGB unvereinbar sei. Inhalt und Umfang des negatorischen Anspruchs seien durch ihre Rechtsverwirklichungsaufgabe zwingend vorgegeben: Aufgrund § 1004 I BGB könne nur Beseitigung der Störung verlangt werden, nicht mehr und auch nicht weniger.[422] Die inhaltliche Beschränkung des Abwehranspruchs würde bedeuten, den Kläger mit einer nicht gesetzlich vorgesehenen Duldungspflicht iSd § 1004 II BGB zu belegen und dem Störer die widerrechtliche Inanspruchnahme fremder Eigentumsrechte zu gestatten.[423]

4. Sonderfall der Beseitigung: Widerruf

Einen praktisch besonders relevanten Sonderfall der Beseitigung stellt der auf § 1004 I BGB gestützte Widerruf dar. Er soll im Folgenden kurz dargestellt werden, obwohl er keinen spezifisch sachenrechtlichen Inhalt hat.

a) Voraussetzungen des Widerrufsanspruchs (V)

70 Besteht die Rechtsgutsbeeinträchtigung in einer Verletzung des allgemeinen Persönlichkeitsrechts oder in einer Kreditgefährdung (vgl. § 824 BGB) durch ehrkränkende Äußerungen, so richtet sich der Beseitigungsanspruch auf Widerruf der Äußerung. Hierbei handelt es sich um einen Unterfall des allgemeinen Beseitigungsanspruchs, der sich jedoch mittlerweile in Voraussetzungen und Rechtsfolge zu einer eigenständigen Rechtsfigur entwickelt hat.[424]

Voraussetzungen des Widerrufsanspruchs sind:[425]

- Der Anspruchsgegner muss ehrkränkende oder kreditschädigende Tatsachen behauptet haben. Bei reinen Meinungsäußerungen oder Werturteilen besteht kein Widerrufsanspruch. Um eine Tatsachenbehauptung handelt es sich, wenn die Äußerung zumindest in ihrem Kern dem Beweis zugänglich ist.[426]
- Die Tatsache muss objektiv unwahr oder zumindest nicht erweislich wahr sein.
- Aus der Äußerung muss sich ein andauernder Störungszustand als »stetig neu fließende und fortwirkende Quelle der Schädigung und Ehrverletzung« ergeben. Dies ist nur dann der Fall, wenn die Behauptung der Öffentlichkeit oder bestimmten Dritten bekannt geworden ist, denn der Widerruf soll nur der Wiederherstellung der Ehre des Beeinträchtigten dienen, nicht dagegen diesem gegenüber dem Störer Genugtuung verschaffen.[427]
- Der Widerruf muss notwendig und geeignet sein, den Störungszustand zu beseitigen.

421 AK-BGB/*Kohl* § 1004 Rn. 62; MüKoBGB/*Baldus* § 1004 Rn. 245 f.; Soergel/*Ekkenga/Kuntz* § 254 Rn. 20; Staudinger/*Gursky* (2013) § 1004 Rn. 157; *Larenz* NJW 1955, 263 f.; *Picker*, Der negatorische Beseitigungsanspruch, 164: § 254 BGB sei lediglich beim Ausgleichsanspruch aus § 906 II 2 BGB zu berücksichtigen; *Westermann/Gursky/Eickmann* SachenR § 35 Rn. 21.

422 Staudinger/*Gursky* (2013) § 1004 Rn. 157; *Picker*, Der negatorische Abwehranspruch, 158 f.

423 Staudinger/*Gursky* (2013) § 1004 Rn. 157.

424 Soergel/*Münch* § 1004 Rn. 328.

425 Vgl. Erman/*Ebbing* § 1004 Rn. 153 ff.; NK-BGB/*Keukenschrijver* § 1004 Rn. 126 ff.

426 MüKoBGB/*Rixecker* § 12 Anh Rn. 143 sowie Rn. 220 ff.

427 MüKoBGB/*Rixecker* Allg. PersönlR Rn. 220 ff.

Dagegen setzt der Widerrufsanspruch als Unterfall des Beseitigungsanspruchs kein Verschulden voraus.[428] Ihm kommt daher im Vergleich zum inhaltsgleichen Widerrufsanspruch gem. §§ 823 oder 824 BGB (Widerruf als Schadensersatz im Wege der Naturalrestitution), der neben § 1004 BGB bestehen kann, größere praktische Bedeutung zu.[429]

b) Inhalt und Umfang des Widerrufsanspruchs (V)

Besondere Schwierigkeiten ergeben sich in der Praxis bei der Durchsetzung des 71
Widerrufsanspruchs.

Da der Widerruf der Beseitigung einer Störung dient, ist zunächst danach zu differenzieren, welche Art der Störung vorliegt: Während bei nachweislich unwahren Tatsachenbehauptungen dem Beeinträchtigten ein Anspruch auf uneingeschränkten Widerruf zusteht, kommt bei nicht erweislich wahren Behauptungen nur ein eingeschränkter Widerruf dergestalt in Betracht, dass der Störer erklären muss, seine Behauptung nicht nachweisen zu können. Ist nur ein Teil einer Behauptung unwahr, so muss nur bezüglich dieses Teils eine Richtigstellung erfolgen.[430]

Der Widerruf hat sich in den Grenzen des Notwendigen und Zumutbaren zu halten. Er hat in Form und Umfang daher grundsätzlich so zu erfolgen wie die ehrverletzende Äußerung.[431] Erfolgte die Behauptung also zB gegenüber einem kleinen Personenkreis, ist auch der Widerruf auf diese Personen beschränkt. Bei Veröffentlichungen in der Presse ist auch der Widerruf (in entsprechendem Umfang) im gleichen Presseerzeugnis und an der gleichen Stelle im Druckwerk zu erklären.

c) Vollstreckung des Widerrufsanspruchs (E)

Im Einzelnen umstritten ist die Vollziehung eines stattgebenden Urteils. Teilweise 72
wird dem Verletzten die Möglichkeit eingeräumt, das stattgebende Urteil auf Kosten des Störers zu veröffentlichen. Von vornherein soll keine Leistungsklage, sondern nur eine Feststellungsklage in Betracht kommen.[432] Der Widerruf soll dann mit Veröffentlichung des Urteils vollzogen sein. Allerdings hat der Verletzte häufig nicht nur ein Interesse an der Veröffentlichung als solcher, sondern gerade an einer Veröffentlichung durch den Störer, da die Beeinträchtigung nur so wirksam beseitigt werden kann.

Danach müsste eine Vollstreckung des (Leistungs-)Urteils erfolgen, wenn sich der Störer weigert, den Widerruf zu erklären. Die Vollstreckung richtet sich nach § 888 ZPO, da es sich bei dem Widerruf um eine unvertretbare Handlung handelt.[433]

428 Erman/*Ebbing* § 1004 Rn. 158.
429 MüKoBGB/*Rixecker* Allg. PersönlR Rn. 219.
430 Siehe nur NK-BGB/*Keukenschrijver* § 1004 Rn. 127.
431 MüKoBGB/*Rixecker* Allg. PersönlR Rn. 224 f.
432 *Leipold* ZZP 84 (1971), 150 (155).
433 MüKoBGB/*Rixecker*, 5. Aufl. 2007, Allg. PersönlR Rn. 254.

5. Unterlassung gem. § 1004 I 2 BGB (V)

73 § 1004 I 2 BGB gewährt gegen künftige Beeinträchtigungen einen Unterlassungsanspruch als *vorbeugenden Rechtsschutz*.[434] Nach hM[435] handelt es sich beim Unterlassungsanspruch um einen echten materiellen Anspruch auf Unterlassung der Beeinträchtigung. Dieses Verständnis entspreche der allgemeinen Regel, dass eine Leistungsklage einen materiell-rechtlichen Anspruch voraussetze.[436] Die materiellrechtliche Grundlage des Abwehranspruchs liege in der konkret bedrohten Herrschafts- und Verfügungsmacht des Eigentümers (§ 903 S. 1 BGB) bzw. in der Gefahr eines ersten Eingriffs. Demgegenüber hält ein Teil der Literatur[437] die vorbeugende Unterlassungsklage aus § 1004 I 2 BGB für einen rein prozessualen Rechtsbehelf.

Der Unterlassungsanspruch aus § 1004 I 2 BGB unterliegt nicht der Verjährung, da er mit jeder Zuwiderhandlung neu entsteht (vgl. § 199 V BGB).[438]

434 *Henckel* AcP 174 (1974), 98 (100).

435 MüKoBGB/*Baldus* § 1004 Rn. 293; Staudinger/*Gursky* (2013) § 1004 Rn. 212; *Baur/Stürner* SachenR § 12 Rn. 25, 27 (Fn. 2); *Enneccerus/Nipperdey* BGB AT I § 72 I 3a; *Wolff/Raiser* SachenR § 87 I 4.

436 Staudinger/*Gursky* (2013) § 1004 Rn. 212.

437 *Esser/Weyers* SchuldR BT 1 § 62 IV; *Canaris*, Die Feststellung von Lücken im Gesetz, 2. Aufl. 1983, 166; *v. Caemmerer*, FS 100 Jahre DJT II, 1960, 54; *Larenz* NJW 1955, 263.

438 MüKoBGB/*Baldus* § 1004 Rn. 295 f.; Staudinger/*Gursky* (2013) § 1004 Rn. 226; Erman/*Schmidt-Räntsch* § 199 Rn. 43; iErg ebenso BGH NJW 1990, 2555 (2556).

§ 10 Pfandrechte an beweglichen Sachen und Rechten

I. Allgemeines

1. Begriff und Rechtsnatur (G)

Ein Pfandrecht an einer beweglichen Sache – auch Fahrnispfand genannt – ist die Belastung einer beweglichen Sache (§ 1204 BGB) oder des Miteigentums an einer beweglichen Sache (§ 1258 BGB) mit einem Verwertungsrecht des Gläubigers, das eine diesem zustehende Forderung sichern soll.[1] Die Belastung besteht in der Weise, dass der Pfandgläubiger berechtigt ist, aus der Sache Befriedigung zu erlangen (§ 1204 I BGB).[2] Das Fahrnispfand wird überwiegend als ein dingliches, streng akzessorisches Verwertungsrecht angesehen.[3] Strenge Akzessorietät bezeichnet hier den Umstand, dass das Pfandrecht zu seiner Entstehung eine zu sichernde Forderung voraussetzt und sein Bestand, seine Übertragung sowie seine Durchsetzung mit ihrem Schicksal untrennbar verbunden ist.[4] 1

Das Pfandrecht wird seiner Rechtsnatur nach allgemein als dingliches Recht qualifiziert.[5] Das ergibt sich einerseits aus der systematischen Stellung im Gesetz (3. Buch des BGB »Sachenrecht«),[6] andererseits aus der zuordnenden Wirkung des Pfandrechts, denn das Pfandrecht besteht auch bei einem Eigentümerwechsel fort.[7]

2. Funktion: Sicherungs- und Verwertungsrecht (G)

Das Pfandrecht gibt dem Pfandgläubiger das Recht, sich aus dem Pfand nach Fälligkeit der Forderung (*Pfandreife*) durch Pfandverkauf zu befriedigen.[8] Das Pfandrecht ist daher ein sog. Verwertungsrecht. 2

---

1 Zu Harmonisierungs- und Vereinheitlichungsbestrebungen auf europäischer Ebene (insbes. zum »Common Frame of Reference«) vgl. *Baur/Stürner* SachenR § 64 Rn. 148; *Wilhelm* SachenR Rn. 429.

2 *Baur/Stürner* SachenR § 55 Rn. 3; *Reinicke/Tiedtke* Kreditsicherung Rn. 993; Soergel/*Habersack* Vor § 1204 Rn. 3 f.; MüKoBGB/*Damrau* § 1204 Rn. 1.

3 → § 16 Rn. 6.

4 MüKoBGB/*Damrau* § 1204 Rn. 15; Soergel/*Habersack* § 1204 Rn. 1; *Schur* Jura 2005, 361 (361 ff.).

5 MüKoBGB/*Damrau* § 1204 Rn. 1; Staudinger/*W. Wiegand* (2009) Vorbem zu §§ 1204 ff. Rn. 12; Erman/*Schmidt* Einl. § 1204 Rn. 4; Palandt/*Bassenge* Überbl v. § 1204 Rn. 1; *Baur/Stürner* SachenR § 55 Rn. 1; *Westermann/Gursky/Eickmann* SachenR § 125 Rn. 1; *Wolff/Raiser* SachenR § 131; ausführlich zu den Pfandrechtstheorien: Staudinger/*W. Wiegand* (2009) Vorbem zu §§ 1204 ff. Rn. 12 ff.

6 Staudinger/*W. Wiegand* (2009) Vorbem zu §§ 1204 ff. Rn. 12.

7 *Westermann/Gursky/Eickmann* SachenR § 125 Rn. 1. Die dingliche Natur unterscheidet das Pfandrecht vom Zurückbehaltungsrecht gem. § 273 BGB.

8 Staudinger/*W. Wiegand* (2009) Vorbem zu §§ 1204 ff. Rn. 18.

Vor Pfandreife gewährt das Pfandrecht in der Zwangsvollstreckung ein Recht auf vorzugsweise Befriedigung (§ 805 I ZPO).[9] Bei Insolvenz des Eigentümers gibt es dem Pfandgläubiger ein Absonderungsrecht (§ 50 InsO).[10]

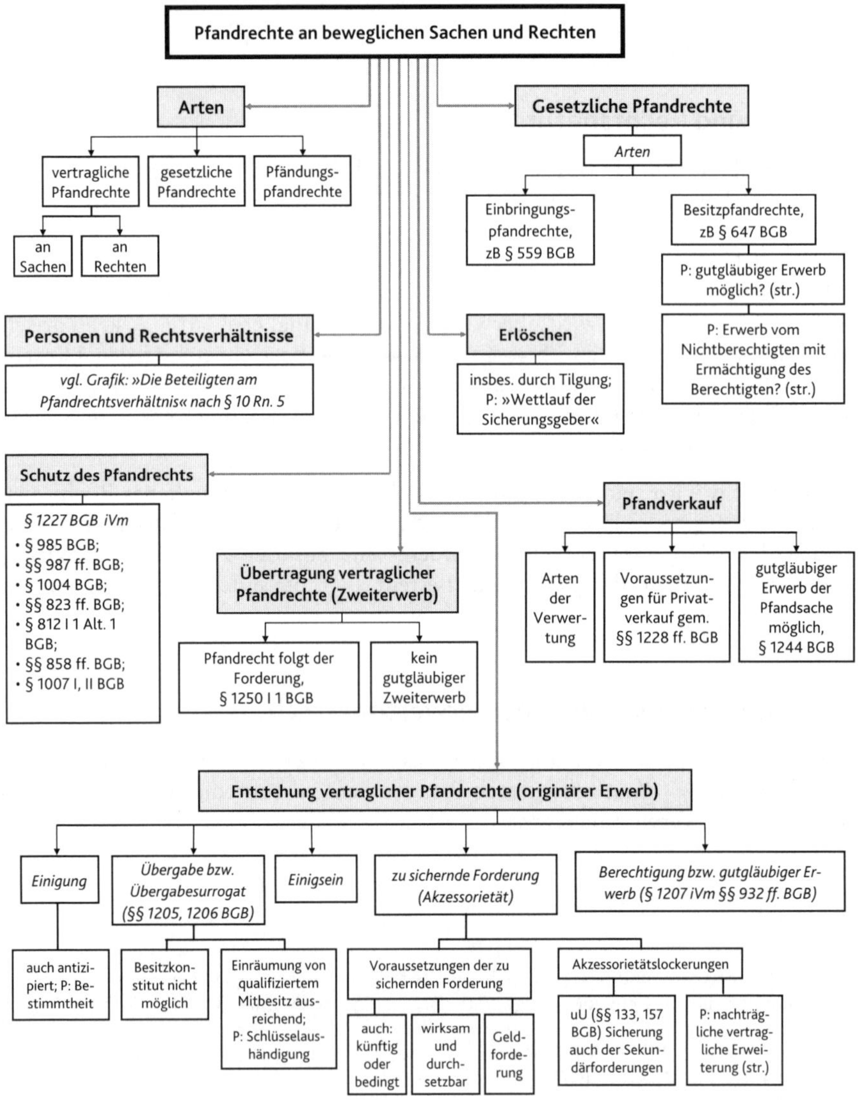

9 Dem unmittelbar oder mittelbar besitzenden Pfandrechtsinhaber steht ein die Veräußerung hinderndes Recht iSd § 771 I ZPO zu. Er kann sich aber auch mit der Klage auf vorzugsweise Befriedigung, die gegenüber der Drittwiderspruchsklage ein »Minus« darstellt, begnügen. Vgl. Zöller/*Stöber* § 805 Rn. 5; Musielak/Voit/*Becker* § 805 Rn. 6. Umstritten ist schließlich die Statthaftigkeit einer Klage nach § 805 ZPO, wenn ein Recht gepfändet wird; vgl. Musielak/Voit/*Becker* § 805 Rn. 2.

10 *Baur/Stürner* SachenR § 55 Rn. 1.

3. Praktische Bedeutung (G)

3 Die praktische Bedeutung der Pfandrechte liegt heute zum einen in der *Sicherung von Kleinkrediten des täglichen Lebens*, für die zB Schmuck oder andere (Wert-)Gegenstände in Pfandleihhäusern versetzt werden (sog. *Sach- oder Faustpfand*).[11] Zum anderen und von größerer wirtschaftlicher Bedeutung sind zu erwähnen das *Pfandrecht der Banken an Wertpapieren, Edelmetallen und Waren* zur Absicherung von *Lombardkrediten*[12] sowie die *Verpfändung von Inhaberpapieren*.[13] Auch Personen, denen an sich ein gesetzliches Pfandrecht[14] zusteht (zB im Kfz-Gewerbe oder Spediteure), lassen sich zT zusätzlich ein vertragliches Pfandrecht einräumen, um auch dann gesichert zu sein, wenn ein gesetzliches Pfandrecht mangels Eigentums des Verpfänders nicht entstehen kann. Die Befugnis zur vertraglichen Verpfändung ergibt sich in diesem Fall aus § 185 BGB.[15]

Das Pfandrecht hat allerdings wegen des beim Sachpfand notwendigen Besitzwechsels auf den Pfandgläubiger (Faustpfandprinzip) von Beginn an nicht die ihm zugedachte Funktion (»Mobiliarkredit«) erfüllen können. Insbesondere liegt dies darin begründet, dass bei der Pfandrechtsbestellung eine Verschärfung des Übergabeerfordernisses gegenüber anderen Sicherungsmitteln vorgesehen ist: Die Vereinbarung eines Besitzkonstituts als Übergabeersatz ist nicht ausreichend.[16] Damit sind jedoch die Bedürfnisse der Praxis, weiterhin mit dem verpfändeten Gegenstand arbeiten zu können, verkannt worden.[17] An Stelle des Pfands sind in der Praxis die Sicherungsübereignung[18], die Sicherungsabtretung sowie der Eigentumsvorbehalt[19] getreten.

4. Arten (G)

4 Pfandrechte lassen sich nach der Art ihrer Entstehung und der Art ihrer Nutzung unterscheiden. Nach der Art ihrer *Entstehung* sind zu unterscheiden:

- vertragliche Pfandrechte an beweglichen Sachen[20] (§§ 1204 ff. BGB) und an Rechten[21] (§§ 1273 ff. BGB);
- gesetzliche Pfandrechte[22] (Besitzpfandrechte oder Einbringungspfandrechte), die ohne Einigung der Beteiligten allein durch eine Sachbeziehung entstehen;

---

11 Zum Pfandleihgeschäft vgl. Staudinger/*W. Wiegand* (2009) Anh zu § 1257 Rn. 30 ff.

12 Lombardkredit ist die Gewährung eines Darlehens gegen Bestellung eines Pfandrechts an Wertpapieren, Edelmetallen oder Waren.

13 MüKoBGB/*Damrau* Vor § 1204 Rn. 4; Nr. 14 I 1 AGB-Banken bestimmt zB, dass irgendwie in den Besitz der Banken gelangende Wertgegenstände als Pfand für sämtliche Ansprüche der Bank gegen den Kunden dienen.

14 → § 10 Rn. 31 ff.

15 Zur wirtschaftlichen Bedeutung der Pfandrechte MüKoBGB/*Damrau* Vor § 1204 Rn. 4; *Baur/Stürner* SachenR § 55 Rn. 8; *Reinicke/Tiedtke* Kreditsicherung Rn. 1000; *Rimmelspacher* KreditsicherungsR Rn. 125; *Prütting* SachenR Rn. 783.

16 Motive III 801; Nachweis bei Staudinger/*W. Wiegand* (2009) § 1205 Rn. 1.

17 Staudinger/*W. Wiegand* (2009) Vorbem zu § 1204 Rn. 1.

18 Siehe § 12.

19 Siehe § 11.

20 → § 10 Rn. 8 ff.

21 → § 10 Rn. 51 ff.

22 → § 10 Rn. 31 ff.

- Pfändungspfandrechte[23], die im Wege der Zwangsvollstreckung entstehen (§§ 803 ff. ZPO).

An die Art ihrer *Nutzungsmöglichkeit* knüpft folgende Unterscheidung an:

- bei regulären Pfandrechten ist es dem Pfandgläubiger normalerweise nicht gestattet, das Pfand für sich zu nutzen;
- dagegen berechtigen Nutzungspfandrechte (Antichresen, § 1213 BGB)[24] dazu, Nutzungen aus dem Pfand zu ziehen (§§ 1213 f. BGB). Voraussetzung ist eine entsprechende individuelle Vereinbarung zwischen Verpfänder und Pfandgläubiger.[25]

Eine Sonderform stellt das sog. *irreguläre Pfandrecht* dar. Ein Beispiel des irregulären Pfandes ist die Verpfändung von Geld, etwa die Mietkaution[26] oder die Sperrung eines Bankguthabens[27]. Bei den irregulären Pfandrechten ist der Pfandgläubiger nicht nur berechtigt, die verpfändete Sache zu verwenden. Sie wird ihm vielmehr sogar zu Eigentum übertragen. Nach Tilgung der Schuld ist an ihrer Stelle eine gleichartige Sache zurückzugewähren (zu übereignen).[28] Auf irreguläre Pfandrechte sind die §§ 1204 ff. BGB entsprechend anwendbar.[29]

Kontrovers wird das sog. *Flaschen- oder Behälterpfand* beurteilt. Verbreitet wird auch dieses als irreguläres Pfand bezeichnet. Die rechtliche Einordnung begegnet allerdings einer Reihe von Problemen: Eine begriffliche Irritation kann sich daraus ergeben, dass – abweichend vom Normalfall, in dem die Pfandsache ein Darlehen sichert – hier das »Pfandgeld« die Rückgabe der Flaschen sichern soll. Weiterhin sind die unterschiedlichen rechtstatsächlichen Gestaltungsformen (insbesondere Einheitsflasche[30] vs. individualisierte Flasche[31])[32] und die entsprechend unterschiedliche wirtschaftliche Interessenlage der Hersteller bzw. Vertreiber in der Handelskette einerseits sowie der Endverbraucher andererseits zu berücksichtigen.[33] Bei Individualflaschen ist – im Unterschied zu den Einheitsflaschen – regelmäßig von einem wirtschaftlichen Interesse des Herstellers bzw. Vertreibers auszugehen, »sein« Leergut zurückzuerhalten. Das Interesse der Endverbraucher geht sowohl bei Individual- als

---

23 → § 10 Rn. 48 ff.

24 § 1213 BGB ist auch auf gesetzliche Pfandrechte anwendbar; vgl. RGZ 105, 408.

25 Fehlt es an einer entsprechenden Vereinbarung, ist das Erlangte nach den Vorschriften über die Geschäftsführung ohne Auftrag herauszugeben; BGH NJW 2014, 3570 (3572).

26 Die Einordnung hängt von der konkreten Ausgestaltung ab. Soll der Vermieter Eigentümer des Geldes werden, liegt nach hM ein irreguläres Pfandrecht vor; vgl. zur hM Soergel/*Habersack* § 1204 Rn. 32; Staudinger/*W. Wiegand* (2009) § 1204 Rn. 57; aA MüKoBGB/*Damrau* § 1204 Rn. 7, der hierin ein Darlehen zur Sicherung der Gegenforderung sieht.

27 Staudinger/*W. Wiegand* (2009) § 1204 Rn. 58; OLG Hamm BB 1963, 1117; OLG Koblenz BB 1974, 199.

28 Soergel/*Habersack* § 1204 Rn. 30; Staudinger/*W. Wiegand* (2009) § 1204 Rn. 54; NK-BGB/*Bülow* Vor §§ 1204 ff. Rn. 6; *Baur/Stürner* SachenR § 55 Rn. 5; einschränkend MüKoBGB/*Damrau* § 1204 Rn. 9 im Falle einer Eigentumsübertragung.

29 *Baur/Stürner* SachenR § 55 Rn. 5; MüKoBGB/*Damrau* § 1204 Rn. 9.

30 Die Einheitsflasche weist keine Individualisierungsmerkmale auf und kann von unbestimmt vielen Herstellern verwendet werden.

31 Die Individualflasche ist für den Verbraucher durch Ausgestaltung und/oder dauerhafte Kennzeichnung erkennbar einem bestimmten Hersteller bzw. Vertreiber zuzuordnen.

32 Zu Abgrenzungsschwierigkeiten und Mischformen vgl. *Schmitz/Goeckenjan/Ischebeck* Jura 2006, 821 ff.

33 Diese Interessen werden unter anderem durch die Vorschriften der Verpackungsverordnung beeinflusst; vgl. § 8 I VerpackV, die auf dem Kreislaufwirtschafts- und Abfallgesetz beruht; vgl. dazu *Hartmann/Henn* Jura 2008, 691 (696).

auch Einheitsflaschen hingegen dahin, frei entscheiden zu können, ob sie die Flaschen gegen (Rück-)Zahlung des »Pfandgeldes« zurückgeben oder unter Verzicht auf die (Rück-)Zahlung diese behalten und ggf. auch anderweitig nutzen.

Zur *rechtlichen Einordnung* des Flaschenpfandes bedarf es einer klaren Differenzierung zwischen den schuldrechtlichen und sachenrechtlichen Rechtsverhältnissen hinsichtlich der Flasche einerseits und des »Pfandgeldes« andererseits.

Hinsichtlich der *Flaschen* kommen auf schuldrechtlicher Ebene folgende Gestaltungen in Betracht: Kauf, Tausch, Miete, Leihe, Gebrauchsüberlassung sui generis (uU jeweils mit Rücknahmeverpflichtung und Ersetzungsbefugnis) oder auch ein (Sach-) Darlehen. Sachenrechtlich ist lediglich fraglich, ob es zu einer Eigentumsübertragung kommt.

Fallbeispiel: »Das Flaschenpfand«[34]

Hinsichtlich des *»Pfandgeldes«* sind aus schuldrechtlicher Perspektive folgende Ansätze in Erwägung zu ziehen: Kauf, Tausch, (Sicherungs-)Darlehensvertrag und Sicherungsvertrag (§ 311 I BGB – uU mit Rückübereignungsverpflichtung). Sachenrechtlich ist ein irreguläres Pfandrecht, das nach hM eine Übereignung des Geldes einschließt, oder eine isolierte (Sicherungs-)Übereignung desselben nach §§ 929 ff. BGB konstruierbar.

Der BGH[35] hat 2007 entschieden, dass bei Individualflaschen[36] ein leiheähnliches Rechtsverhältnis besteht und das Eigentum an den Flaschen dauerhaft beim Hersteller bzw. Vertreiber verbleibt.[37] Auf die rechtliche Einordnung des »Pfandgeldes«, insbesondere als irreguläres Pfand, sowie auf die Rechtslage bei Einheitsflaschen hat er nicht eingehen müssen.[38]

5. Rechtsbeziehungen

a) Beteiligte am Pfandrechtsverhältnis (G)

Auf der Passivseite (Verpflichtung) steht der Schuldner der zu sichernden Forderung, 5
der in der Regel zugleich Verpfänder und Eigentümer der sichernden Sache ist. An diesen Regelfall (*Personenidentität*) knüpft § 1248 BGB an, der die Vermutung aufstellt, dass der Verpfänder auch der Eigentümer der Sache ist. Die Personenidentität

34 *Vieweg/Röthel* Fälle SachenR Fall 5.

35 BGH NJW 2007, 2913 (2914 ff.); vgl. auch BGH NJW 2007, 2912 f.

36 Zur Frage der Sonderrechtsfähigkeit von befüllten Ein- und Mehrwegflaschen vgl. *Hartmann/Henn* Jura 2008, 691 (692).

37 Zust. *Wolf* JA 2007, 737 (739); krit. *Faust* JuS 2007, 1060 (1061 f.) und *Weber* NJW 2008, 948 (949 ff.), die unabhängig von der jeweiligen Art der Flasche zumindest im Verhältnis zwischen dem Einzelhändler und dem Kunden zwingend eine Übereignung annehmen wollen; ähnlich auch *Wilhelm* LMK 2007, 241761; zur Frage, ob diese Übereignung gem. §§ 929, 185 I BGB oder im Wege des gutgläubigen Erwerbs gem. §§ 929 ff., 932 ff. BGB erfolgt, vgl. *Hartmann/Henn* Jura 2008, 691 (693 f.).

38 Zur Rechtslage vgl. statt vieler: MüKoBGB/*Damrau* § 1204 Rn. 8 f.; Soergel/*Habersack* § 1204 Rn. 33; Staudinger/*W. Wiegand* (2009) § 1204 Rn. 59 f.; *Martinek* JuS 1987, 514 ff.; *ders.* JuS 1989, 268 ff.; instruktiv *Schmitz/Goeckenjan/Ischebeck* Jura 2006, 821 ff.; *Wolf* JA 2007, 737 (738 ff.); *Hartmann/Henn* Jura 2008, 691 (695 ff.).

auf der Passivseite ist allerdings nicht erforderlich; so kann ein Eigentümer seine Sache für eine fremde Schuld oder auch der Verpfänder eine ihm nicht gehörende Sache für seine oder eine fremde Forderung verpfänden.[39] Auf der Aktivseite (Berechtigung) steht der Forderungsgläubiger, der wegen der Akzessorietät des Pfandrechts mit dem Pfandgläubiger identisch sein muss (*zwingende Personenidentität*). Die Rechtsbeziehungen zwischen den drei Personen auf der Passivseite (Eigentümer, Forderungsschuldner und Verpfänder) untereinander sowie die Rechtsbeziehungen des Pfand- und Forderungsgläubigers jeweils zu einer der Personen auf der Passivseite sind streng auseinanderzuhalten.

Die Beteiligten am Pfandrechtsverhältnis

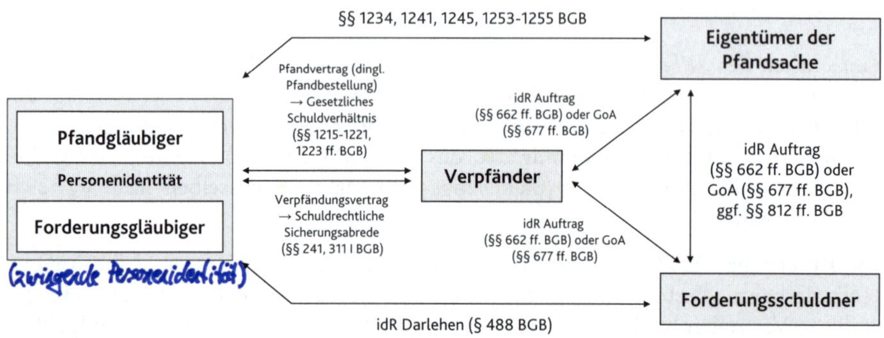

b) Von den §§ 1204 ff. BGB geregelte Rechtsbeziehungen (G)

6 Mit Bestellung des Pfandrechts entsteht zwischen Verpfänder und Pfandgläubiger ein *gesetzliches Schuldverhältnis*, das verschiedene Rechte und Pflichten begründet (§§ 1215–1221, 1223 ff. BGB), zB die Verwahrungspflicht des Pfandgläubigers (§ 1215 BGB) und die Verpflichtung des Verpfänders zum Ersatz derjenigen Aufwendungen, die der Pfandgläubiger auf das Pfand macht (§ 1216 BGB). Von dem gesetzlichen Schuldverhältnis ist die der Verpfändung zugrundeliegende, selbstständige *schuldrechtliche Sicherungsabrede* (§§ 241, 311 I BGB) zu unterscheiden,[40] die das bestellte Sicherungsrecht mit der zu sichernden Forderung verknüpft (*Akzessorietät*).

Die Rechtsbeziehungen zwischen Pfandgläubiger und Eigentümer sind in den §§ 1234, 1241, 1245, 1253 ff. BGB geregelt. An dem Rechtsverhältnis zwischen Verpfänder und Pfandgläubiger ist der Eigentümer nicht beteiligt, wenn er vom Verpfänder personenverschieden ist.

c) Rechtsverhältnisse nach allgemeinen Regeln (G)

7 Die rechtlichen Beziehungen des Eigentümers zum Verpfänder werden von den §§ 1204 ff. BGB nicht erfasst. Meist liegt dem Verhältnis zwischen Eigentümer und

39 *Baur/Stürner* SachenR § 55 Rn. 9; *Westermann/Gursky/Eickmann* SachenR § 128 Rn. 1; *Prütting* SachenR Rn. 782.
40 Vgl. BGH NJW 2003, 61 f.; *Gursky* JZ 2005, 385 (398).

Verpfänder ein Auftrag (§§ 662 ff. BGB) oder eine Geschäftsführung ohne Auftrag (§§ 677 ff. BGB) zugrunde.

Auch die Rechtsbeziehungen des Forderungsschuldners zum Eigentümer der verpfändeten Sache werden von den pfandrechtlichen Vorschriften (§§ 1204 ff. BGB) nicht bzw. nur teilweise geregelt. Zwischen dem Forderungsschuldner und dem Eigentümer der verpfändeten Sache können sich Ansprüche aus Auftrag (§§ 662 ff. BGB), Geschäftsführung ohne Auftrag (§§ 677 ff. BGB) oder ungerechtfertigter Bereicherung (§§ 812 ff. BGB) ergeben.

Ein Auftragsverhältnis oder eine Geschäftsführung ohne Auftrag liegt in der Regel auch zwischen Schuldner und Verpfänder vor, soweit diese personenverschieden sind.

Die Beziehung zwischen Forderungsschuldner und Forderungsgläubiger bestimmt sich insbesondere nach dem von ihnen geschlossenen Vertrag (zB Darlehen iSv § 488 BGB).

II. Entstehung vertraglicher Pfandrechte (Ersterwerb)

1. Voraussetzungen der Bestellung (§§ 1205 ff. BGB) – Überblick (G)

Fallbeispiel: »Der Wettlauf der Sicherer«[41]

Die Bestellung eines vertraglichen Pfandrechts (Erst- bzw. originärer Erwerb) setzt – ähnlich der Übertragung oder Begründung anderer dinglicher Rechte (vgl. §§ 929, 1032 BGB) – voraus: 8

- *rechtsgeschäftliche Einigung* über die Pfandrechtsbestellung mit dem Inhalt des § 1204 BGB;
- *Übergabe* der verpfändeten Sache (§§ 1205 I 2, 1205 II BGB);
- *Berechtigung* des Verpfänders, da die Pfandrechtsbestellung eine Verfügung über die Sache ist;[42]
- Bestand einer zu sichernden (auch künftigen) *Forderung* (*Akzessorietät* des Pfandrechts!).

2. Einigung

a) Inhalt der Einigung (G)

Die Parteien müssen sich über die Bestellung eines Pfandrechts einigen. Dabei bezieht sich die dingliche Einigung über die Bestellung eines Pfandrechts – wie jede dingliche Einigung – auf den mit der Pfandrechtsbestellung verfolgten dinglichen Erfolg, dh darauf, dass eine bestimmbare Forderung durch ein Pfandrecht an einer konkreten Sache gesichert werden soll (*Sicherungswille*).[43] Die Parteien müssen in ihrer Einigung nicht ausdrücklich das Wort »verpfänden« benutzen.[44] 9

41 *Vieweg/Röthel* Fälle SachenR Fall 21.
42 → § 4 Rn. 56.
43 *Westermann/Gursky/Eickmann* SachenR § 127 Rn. 1.
44 *Westermann/Gursky/Eickmann* SachenR § 127 Rn. 1.

Von der dinglichen Pfandrechtsbestellung ist die schuldrechtliche Sicherungsabrede (*Grundgeschäft*) zu unterscheiden, in der die Parteien die Bestellung eines Pfandrechts zur Sicherung einer Forderung vereinbaren.

Das Objekt, an dem das Pfandrecht entsteht, ist entweder eine bewegliche Sache (§ 1204 BGB) oder das Miteigentum an einer beweglichen Sache (§ 1258 BGB). Der Gesetzgeber ist wegen des Bestimmtheitsgrundsatzes von der Verpfändung einzelner Sachen ausgegangen.

b) Verpfändung von Sachgesamtheiten (V)

10 Die Verpfändung von Sachgesamtheiten oder Sachinbegriffen (zB Warenlager mit wechselndem Bestand, Bibliothek, Gemäldesammlung, Viehherde, Handelsunternehmen, Holzlager[45]) ist nach der Gesetzessystematik nicht möglich. Allerdings können mehrere Sachen unter einer Bezeichnung zusammengefasst und unter dieser Sammelbezeichnung verpfändet werden,[46] sodass an jeder einzelnen, der Sachgesamtheit zugehörigen Sache ein eigenes Pfandrecht bestellt wird.[47] Die Problematik dieser Fälle liegt darin, dass hinsichtlich jeder einzelnen Sache die Voraussetzungen der Pfandrechtsbestellung vorliegen müssen. So muss auch die für die Übergabe erforderliche Publizität der Verpfändung (*Offenkundigkeit*) gegeben sein.[48]

Gattungsbezeichnungen oder eine quotenmäßige Bezeichnung des Pfandgegenstands (zB ¼ aller Bücher; Bücher im Wert von…) reichen nicht aus.[49] Bei Gattungssachen wie Getreide, Öl oder Wein ist erforderlich, dass die als Pfand dienende Menge der Pfandgegenstände konkret bezeichnet und ausgesondert wird.[50]

c) Antizipierte Einigung (V)

11 Ein Pfandrecht kann nur an einer vorhandenen Sache bestellt werden. Künftig herzustellende Sachen können also nicht mit einem Pfandrecht belastet werden. Das Pfandrecht kann aber im Zeitpunkt der Besitzerlangung an der zZt noch nicht existenten Sache entstehen, wenn sich die Parteien bereits vorweg über die Bestellung des Pfandrechts geeinigt haben (antizipierte Einigung) und diese Einigung noch fortwirkt.[51]

3. Übergabe und Übergabesurrogate

a) Parallelen und Unterschiede zwischen §§ 1205 ff. und §§ 929 ff. BGB (G)

12 § 1205 I BGB setzt als Vollzugselement der Pfandrechtsbestellung die Übergabe der Sache voraus. Obwohl das BGB im dritten Buch bereits im Zusammenhang mit der

45 RGZ 53, 218 (220) – Holzlager; 68, 49 (49 f.); 74, 146 (148) – Holzstapel; 77, 201 (201 ff.) – Warenlager; 95, 235 (235 f.) – Gewerbe- und Handelsunternehmen.

46 MüKoBGB/*Damrau* § 1204 Rn. 10; Staudinger/*W. Wiegand* (2009) § 1204 Rn. 35; Erman/*Schmidt* § 1204 Rn. 8; *Baur/Stürner* SachenR § 55 Rn. 11; *Westermann/Gursky/Eickmann* SachenR § 127 Rn. 2.

47 MüKoBGB/*Damrau* § 1204 Rn. 10; *Westermann/Gursky/Eickmann* SachenR § 127 Rn. 2.

48 Erman/*Schmidt* § 1204 Rn. 8.

49 *Westermann/Gursky/Eickmann* SachenR § 127 Rn. 2.

50 BGHZ 21, 52 (55); Staudinger/*W. Wiegand* (2009) § 1204 Rn. 37.

51 MüKoBGB/*Damrau* § 1204 Rn. 11.

Übereignung beweglicher Sachen die Übergabe geregelt hat (§§ 929 ff. BGB), verweisen die Vorschriften über die Bestellung des Pfandrechts nicht auf diese, sondern regeln die Übergabe und ihre Surrogate eigenständig. Dabei bestehen teilweise Übereinstimmungen zwischen den beiden Regelungskomplexen, teilweise weichen die Vorschriften aber voneinander ab.

§§ 1205 ff. BGB		§§ 929 ff. BGB
§ 1205 I 1 BGB	≙	§ 929 S. 1 BGB
§ 1205 I 2 BGB	≙	§ 929 S. 2 BGB
———		§ 930 BGB
§ 1205 S. 2 BGB	≙	§ 931 BGB
§ 1206 BGB		———

Grund für die teilweise abweichende Regelung ist die unterschiedliche Zielrichtung der Übergabeerfordernisse: Bei §§ 1205 ff. BGB handelt es sich nicht um eine Rechtsübertragung wie bei §§ 929 ff. BGB, sondern um die Begründung eines Verwertungsrechts.[52] Auch das Publizitätsprinzip ist in Bezug auf Pfandrechte strenger ausgestaltet. Der Grund für die Entscheidung des Gesetzgebers für ein Besitzpfandrecht liegt zum einen darin, dass der Gläubiger vor weiteren Verfügungen oder sonstigen Beeinträchtigungen durch den Verpfänder geschützt werden soll; zum anderen soll die Sache aus dem Herrschaftsbereich des Verpfänders ausscheiden, um nicht als unbelastet und unbeschränkt zu dessen Vermögen gehörend zu erscheinen.[53] Rechtliche Probleme im Zusammenhang mit der Übergabe bei der Pfandrechtsbestellung beziehen sich regelmäßig auf die hinreichende Erkennbarkeit des Besitzwechsels (*Publizitätsprinzip*) und auf die Zugriffsmöglichkeit des Verpfänders.[54]

b) Übergabe (§ 1205 I BGB) (G)

Der *Regelfall der Übergabe* findet sich in § 1205 I 1 BGB. Die Übergabe erfordert wie **13**
bei § 929 S. 1 BGB den Erwerb des (Allein-)Besitzes gem. § 854 I oder II BGB bzw. § 868 BGB durch den Pfandgläubiger.[55] Voraussetzung ist wie bei § 929 S. 1 BGB:

- Veranlassung des Besitzwechsels durch den Verpfänder,
- Wechsel in der Person des unmittelbaren Besitzers (mit Ausnahme der Fälle der sog. »Umwandlung der Besitzverhältnisse«[56]),
- vollständige Besitzaufgabe des Verpfänders und Eigentümers.[57]

52 Staudinger/W. *Wiegand* (2009) § 1205 Rn. 9.
53 Staudinger/W. *Wiegand* (2009) Vorbem zu §§ 1204 ff. Rn. 22.
54 Staudinger/W. *Wiegand* (2009) § 1205 Rn. 14.
55 Soergel/*Habersack* § 1205 Rn. 16; Erman/*Schmidt* § 1205 Rn. 6 ff.; *Westermann/Gursky/Eickmann* SachenR § 127 Rn. 5. Gegen die Besitzerlangung nach § 854 II BGB aber MüKoBGB/*Damrau* § 1205 Rn. 10: Der Gesetzgeber habe durch den Ausschluss des Besitzkonstituts (§ 930 BGB) zum Ausdruck gebracht, dass dem Ausschluss des Eigentümers von der Einwirkung auf die Pfandsache besondere Bedeutung zukomme. Daher genüge zur Pfandbestellung auch nicht die Besitzübertragung nach § 854 II BGB: Nur weil der Erwerber in der Lage sei, den Besitz auszuüben, sei über den Ausschluss jeglicher Einwirkung des Eigentümers noch nichts gesagt.
56 → § 4 Rn. 27.
57 RGZ 57, 323 (324); 118, 250 (253); Staudinger/W. *Wiegand* (2009) § 1205 Rn. 12; *Westermann/Gursky/Eickmann* SachenR § 127 Rn. 5.

Die zu §§ 929 ff. BGB entwickelten Grundsätze über die *Einschaltung von Hilfspersonen* und die Besitzerlangung durch einseitige Ergreifung der Sache gelten entsprechend.[58]

Ist der Pfandgläubiger bereits unmittelbarer oder mittelbarer Besitzer der Sache, genügt nach § 1205 I 2 BGB die schlichte Einigung über die Bestellung des Pfandrechts (*brevi manu traditio*).[59] Einzige Einschränkung bei Bestehen des mittelbaren Besitzes des Pfandgläubigers ist, dass nicht der Verpfänder selbst unmittelbarer Besitzer (Besitzmittler des Gläubigers) ist. Wie der Pfandgläubiger den Besitz der Sache erlangt hat, ist unerheblich.[60]

Das *Anbringen von Pfandzeichen* erfüllt die Übergabevoraussetzungen nicht. Die Pfandzeichen bewirken nur die äußere Kundgabe der Verpfändung, ein Besitzwechsel ist mit ihnen nicht verbunden.[61]

c) Übergabesurrogate

aa) Nicht genügend: Vereinbarung eines Besitzkonstituts (V)

14 Die Vereinbarung eines Besitzkonstituts, wie es § 930 BGB als Übergabesurrogat bei der Übereignung beweglicher Sachen vorsieht, genügt nicht:[62] Die Pfandbestellung durch Besitzkonstitut wäre nach außen hin nicht hinreichend erkennbar; insofern ist der Publizitätsgrundsatz bei der Verpfändung stärker verwirklicht als bei der Übereignung.[63]

bb) Folge der unwirksamen Vereinbarung eines Besitzkonstituts (V)

15 Die Verpfändung unter Vereinbarung eines Besitzkonstituts (§ 930 BGB) ist wegen fehlender Publizität unwirksam. Übergibt der Verpfänder aber dem Pfandgläubiger nach Vereinbarung eines Besitzkonstituts die vermeintliche Pfandsache in Verkennung der Rechtslage, so stellt sich die Frage, ob infolge dieser Übergabe nicht doch ein Pfandrecht entstehen kann. Die Übergabe erfolgt hier deshalb, weil der Verpfänder irrtümlich annimmt, der Pfandgläubiger habe ein Besitzrecht. Bei Übergabe der Sache einigen sich die Beteiligten also nicht ausdrücklich mit dem Inhalt, dem Pfandgläubiger solle in Zukunft ein Verwertungsrecht zustehen (§ 1205 I BGB), da der Verpfänder davon ausgeht, dass ein solches bereits entstanden sei. Die dingliche Einigung, die mit Vereinbarung des Besitzkonstituts vollzogen werden sollte, besteht *nicht* mehr fort, weil die Parteien mit der Vereinbarung des Besitzkonstituts von der Erfüllung ihres Willens ausgegangen sind. Lassen sich jedoch die Erklärungen der Parteien bei der tatsächlichen Übergabe der Sache so auslegen, dass dem Pfandgläubiger in jedem Fall ein Pfandrecht zustehen soll, falls ein solches noch nicht begründet worden ist, liegt in der Übergabe *hilfsweise* eine konkludente Einigung über die Pfandrechtsbestellung. Dieser Fall ist nicht anders zu beurteilen, als wenn die Parteien

58 → § 4 Rn. 25.

59 *Westermann/Gursky/Eickmann* SachenR § 127 Rn. 10.

60 *Westermann/Gursky/Eickmann* SachenR § 127 Rn. 10.

61 RGZ 77, 201 (208 f.); Staudinger/W. *Wiegand* (2009) § 1205 Rn. 15; *Westermann/Gursky/Eickmann* SachenR § 127 Rn. 8.

62 Aus diesem Grund hat sich in der Praxis auch die Sicherungsübereignung durchgesetzt; vgl. Erman/*Schmidt* § 1205 Rn. 1.

63 Staudinger/W. *Wiegand* (2009) § 1205 Rn. 1; *Reinicke/Tiedtke* Kreditsicherung Rn. 1005.

die Unwirksamkeit der Verpfändung durch Besitzkonstitut erkannt und anschließend die Sache durch Einigung und Übergabe »erneut« verpfändet hätten.[64]

cc) Abtretung des Herausgabeanspruchs (§ 1205 II BGB) (V)

Ist der Verpfänder mittelbarer Besitzer der Sache, kann die Übergabe dadurch ersetzt 16
werden, dass der Verpfänder dem Pfandgläubiger den mittelbaren Besitz[65] überträgt (§§ 870, 398 BGB[66]) und dem unmittelbaren Besitzer die Verpfändung anzeigt (§ 1205 II BGB). Durch die Abtretung wird der Pfandgläubiger mittelbarer Besitzer erster Stufe, der Verpfänder wird mittelbarer Besitzer zweiter Stufe.[67]

dd) Übergabesurrogat gem. § 1205 II BGB bei nur vermeintlichem mittelbaren Besitz (V)

§ 1205 II BGB setzt für das Übergabesurrogat »Übertragung des mittelbaren Besit- 17
zes« (§ 870 BGB) voraus, dass dieser tatsächlich besteht.[68] Eine Verpfändung durch Abtretung eines nur vermeintlichen Herausgabeanspruchs begründet also kein Pfandrecht. Ist der Verpfänder nicht mittelbarer Besitzer, weist er aber den unmittelbaren Besitzer an, die Sache an den Pfandgläubiger zu übergeben, so kann hierin eine Übergabe vom Verpfänder an den Pfandgläubiger mit der stillschweigenden Einigung der Parteien liegen, es solle nunmehr in jedem Fall ein Pfandrecht entstehen, falls ein solches noch nicht begründet worden sei. Das soll auch der Fall sein können, wenn der unmittelbare Besitzer die Sache aufgrund der Abtretungsanzeige an den Pfandgläubiger übergibt.[69]

ee) Begründung qualifizierten Mitbesitzes (§ 1206 BGB) (V)

Ausreichend als Übergabesurrogat ist auch die Begründung von Mitbesitz[70] (§ 1206 18
BGB), dh abweichend von § 929 BGB ist nicht stets die vollkommene Besitzaufgabe des Verpfänders erforderlich. Dies rechtfertigt sich aus der Sicherungsfunktion des Pfandrechts.[71] Allerdings muss qualifizierter Mitbesitz begründet werden.[72] Die Erlangung einfachen Mitbesitzes gem. § 866 BGB erfüllt die Voraussetzungen der Übergabe nicht.

Qualifizierter Mitbesitz kann auf zwei Arten entstehen: Entweder befindet sich die Sache unter Mitverschluss des Pfandgläubigers (§ 1206 Alt. 1 BGB, unmittelbarer qualifizierter Mitbesitz) oder ein Dritter ist im Besitz der Sache (sog. *Pfandhalter*[73]),

64 *Reinicke/Tiedtke* Kreditsicherung Rn. 1006; *dies.* JA 1984, 202 (205 f.) mit Beispielen aus der Rspr.
65 → § 2 Rn. 9.
66 NK-BGB/*Bülow* § 1205 Rn. 36. Der Anspruch aus § 985 BGB ist nicht abtretbar, → § 4 Rn. 51.
67 Staudinger/*W. Wiegand* (2009) § 1205 Rn. 26; NK-BGB/*Bülow* § 1205 Rn. 37.
68 MüKoBGB/*Damrau* § 1205 Rn. 17; *Westermann/Gursky/Eickmann* SachenR § 127 Rn. 11.
69 *Reinicke/Tiedtke* Kreditsicherung Rn. 1006; *dies.* JA 1984, 202 (206) mit Beispielen aus der Rspr.
70 → § 2 Rn. 10.
71 Staudinger/*W. Wiegand* (2009) § 1205 Rn. 1.
72 Einfacher und qualifizierter Mitbesitz unterscheiden sich dadurch, dass beim einfachen Mitbesitz jeder Mitbesitzer die Sachherrschaft auch ohne Mitwirkung der anderen Mitbesitzer ausüben kann; → § 2 Rn. 10.
73 Jauernig/*Berger* Anm. zu den §§ 1205, 1206 Rn. 8; NK-BGB/*Bülow* § 1206 Rn. 11 ff.

der sie nur an Eigentümer und Gläubiger gemeinschaftlich herausgeben kann (§ 1206 Alt. 2 BGB, mittelbarer qualifizierter Mitbesitz).

ff) Übergabe durch Aushändigung von Schlüsseln (V)

19 Die Übergabe einer in einem verschlossenen Raum oder in einem Safe befindlichen Sache kann grundsätzlich durch Überlassung aller passenden Schlüssel erfolgen. Der Empfänger erlangt dadurch in der Regel Alleinbesitz, da er nach der Verkehrsanschauung durch den Besitz des Schlüssels die tatsächliche Herrschaft über die Sache ausüben kann.[74] Dagegen liegt nur einfacher Mitbesitz und damit keine Übergabe vor, wenn der Verpfänder einen Schlüssel mit Einverständnis des Pfandgläubigers zurückbehält.[75]

Behält der Verpfänder heimlich einen weiteren Schlüssel für sich zurück, obwohl er dem Pfandgläubiger ausdrücklich oder stillschweigend erklärt, er habe ihm alle Schlüssel ausgehändigt, ist das Vorliegen der Übergabe fraglich.

Nach einem Teil der Literatur[76] erhält der Pfandgläubiger bei heimlichem Einbehalten eines Schlüssels lediglich einfachen Mitbesitz (*Theorie des Mitbesitzes*), denn der Verpfänder habe durch den zurückbehaltenen Schlüssel weiterhin die Möglichkeit ungehinderten Zugangs zu der Sache, habe seinen Besitz also nicht völlig aufgegeben.[77] Die Pfandrechtsbestellung scheitere damit an der Übergabe. Auch im Verhältnis zu Dritten habe der Pfandgläubiger das Risiko des Nichterwerbs zu tragen, wenn er auf die Erklärung des Pfandbestellers, er habe ihm sämtliche Schlüssel ausgehändigt, vertraue.[78] Die Folgen der Täuschung trage also der Gläubiger.[79]

Die Rechtsprechung[80] und ein anderer Teil des Schrifttums[81] sehen in der Erklärung des Pfandbestellers, sämtliche Schlüssel seien ausgehändigt, eine vollständige Besitzaufgabe und bejahen deshalb eine wirksame Pfandrechtsbestellung (*Theorie des Alleinbesitzes*). Zur Begründung wird angeführt, es sei nie völlig ausgeschlossen, dass der Verpfänder eine Zugriffsmöglichkeit auf die Sache habe; er könne ja auch noch einen weiteren Schlüssel finden oder nachmachen lassen. Deshalb sei auf den erklärten Willen abzustellen. Für die Beurteilung der tatsächlichen Sachherrschaft sei die Verkehrsanschauung maßgeblich, die sich nicht nach der wahren Rechtslage, sondern danach richte, wie sich die Rechtsverhältnisse nach außen darstellten.[82] Nach dieser

74 Soergel/*Habersack* § 1205 Rn. 19; Erman/*Schmidt* § 1205 Rn. 8.

75 BGH NJW 1979, 714 (715) für den Kauf; MüKoBGB/*Damrau* § 1205 Rn. 10; aA RGZ 66, 258 (263): Die Übergabe fehle nur dann, wenn der Verpfänder/Eigentümer Gebrauch von dem Schlüssel mache, ansonsten sei das Pfandrecht gültig; vgl. auch Bamberger/Roth/*Sosnitza* § 1206 Rn. 2 f.

76 Soergel/*Habersack* § 1205 Rn. 19; Staudinger/*W. Wiegand* (2009) § 1206 Rn. 4; Palandt/*Bassenge* § 854 Rn. 5; *Westermann/Gursky/Eickmann* SachenR § 8 Rn. 7 § 127 Rn. 7, 15; *Rosenberg* JW 1922, 219; *Schmidt* AcP 134 (1931), 1 (21 ff.).

77 *Westermann/Gursky/Eickmann* SachenR § 8 Rn. 7 § 127 Rn. 7, 15.

78 *Schmidt* AcP 134 (1931), 1 (21 ff.).

79 Staudinger/*W. Wiegand* (2009) § 1206 Rn. 4; *Westermann/Gursky/Eickmann* SachenR § 127 Rn. 7; *Schmidt* AcP 134 (1931), 1 (21 ff.).

80 RGZ 103, 100 (101); OLG Stuttgart OLGE 8, 195.

81 MüKoBGB/*Damrau* § 1205 Rn. 10 § 1206 Rn. 6; Soergel/*Mühl*, 12. Aufl. 1990, § 1206 Rn. 7; Staudinger/*Spreng*, 12. Aufl. 1980, § 1206 Rn. 2a; Erman/*Schmidt* § 1205 Rn. 8 § 1206 Rn. 3; *Wolff/Raiser* SachenR § 163 Fn. 17.

82 Soergel/*Mühl*, 12. Aufl. 1990, § 1206 Rn. 7.

Auffassung führt also nicht jeder Mitverschluss des Verpfänders zu einfachem Mitbesitz. Einfacher Mitbesitz liege vielmehr erst dann vor, wenn der Verpfänder nach Ansicht der Parteien auch die tatsächliche Gewalt über die Sache mit ausüben könne und solle.[83] Im Übrigen würde der arglistig Handelnde noch begünstigt, wenn in diesem Fall eine wirksame Pfandrechtsbestellung verneint werde und der Gläubiger somit der Böswilligkeit des Eigentümers ausgesetzt wäre.[84] Solange der Verpfänder von seiner Möglichkeit, selbst weiterhin die Sachherrschaft ausüben zu können, keinen Gebrauch mache, bestehe der für § 1205 BGB erforderliche Alleinbesitz des Pfandgläubigers.[85]

Pfandrechtserwerb	Art des Erwerbs
§ 1205 I 1 BGB	Einigung + Übergabe
§ 1205 I 2 BGB	Einigung (bei bereits bestehendem Besitz)
§ 1205 II BGB	Einigung + Übertragung von mittelbarem Besitz + Verpfändungsanzeige
§ 1206 Alt. 1 BGB	Einigung + Einräumung von qualifiziertem unmittelbaren Mitbesitz

d) Umdeutung in ein Zurückbehaltungsrecht bei fehlender Besitzeinräumung? (E)

Kommt es aus irgendwelchen Gründen nicht zur Übergabe der Sache, an der das Pfandrecht entstehen soll, oder liegen für keinen Übergabetatbestand die rechtlichen Voraussetzungen vor, so entsteht kein Pfandrecht. Da sich das Pfandrecht vor allem durch seine dingliche Natur von einem Zurückbehaltungsrecht unterscheidet,[86] manche Zurückbehaltungsrechte in ihrer Wirkung aber den Pfandrechten sehr ähnlich sind (§ 1000 BGB, §§ 369 ff. HGB), wird zT angenommen, die bestehende (dingliche) Einigung könne in die Vereinbarung eines Zurückbehaltungsrechts umgedeutet werden (§ 140 BGB).[87] Die Gegenauffassung lehnt die Umdeutung in ein Zurückbehaltungsrecht ab, weil der Gläubiger nichts erlangt habe, was er zurückhalten könne,[88] bzw. weil der dem Gläubiger vielleicht noch zustehende mittelbare Besitz kein Zurückbehaltungsrecht gegen den Eigentümer und unmittelbaren Besitzer gewähre.[89] 20

83 MüKoBGB/*Damrau* § 1206 Rn. 6.
84 MüKoBGB/*Damrau* § 1205 Rn. 10.
85 *Wolff/Raiser* SachenR § 163 Fn. 17.
86 → § 10 Rn. 1.
87 Soergel/*Habersack* § 1205 Rn. 14; Staudinger/*W. Wiegand* (2009) Vorbem zu §§ 1204 ff. Rn. 26, § 1205 Rn. 31.
88 *Westermann/Gursky/Eickmann* SachenR § 127 Rn. 4.
89 MüKoBGB/*Damrau* § 1205 Rn. 9.

4. Akzessorietät

a) Zu sichernde Forderung (V)

21 Die Begründung des Pfandrechts setzt das Bestehen einer zu sichernden Forderung voraus (*strenge Akzessorietät des Pfandrechts*[90]). Besteht eine solche Forderung nicht, kann kein Pfandrecht entstehen, auch nicht ein Pfandrecht des Eigentümers.[91] Unerheblich ist aber der genaue Bestand der zu sichernden Forderung, zB wenn die Parteien bei Pfandbestellung den genauen Verrechnungsstand nicht kennen.[92]

Die zu sichernde Forderung muss auf eine *Geldforderung* gerichtet sein bzw. in eine solche übergehen können (vgl. § 1228 BGB).[93] Daher scheiden viele dingliche Ansprüche aus dem Anwendungsbereich des Pfandrechts aus.

Die Forderung muss zudem *durchsetzbar und wirksam* sein: Unwirksame Forderungen zB aufgrund von §§ 134, 138 oder 119 BGB und nicht durchsetzbare Forderungen scheiden als Grundlage der Bestellung eines Pfandrechts aus. Wäre eine Pfandrechtsbestellung für solche Forderungen möglich, so könnten Pfandrechte dazu eingesetzt werden, an sich nicht schutzwürdige Forderungen dennoch durchsetzbar zu machen.[94] Daher ist zB die Bestellung von Pfandrechten zur Sicherung von Naturalobligationen (Heiratsvermittlung gem. § 656 BGB; Spiel- oder Wettschuld iSv § 762 BGB) nicht möglich, denn diese begründen keine Verbindlichkeiten des Schuldners und stellen also keine durchsetzbaren Forderungen dar.[95] Bei einredebehafteten Forderungen ist im Einzelfall danach zu fragen, ob die Sicherung durch ein Pfandrecht den Schutzzweck der jeweiligen Norm unterlaufen und zu einem mittelbaren Erfüllungszwang führen würde.[96]

Hingegen können *verjährte Forderungen* durch Pfandrechtsbestellung gesichert und das Pfand verwertet werden. Das ergibt sich aus § 216 I BGB.

b) Inhalt der zu sichernden Forderung (G)

22 Die Verwertung des Pfandes und die Befriedigung des Gläubigers geschehen durch Pfandverkauf (§ 1228 BGB). Daraus ergibt sich, dass die Forderung, die erfüllt werden soll, auf Geld gerichtet sein muss. Allerdings braucht die zu sichernde Forderung bei Bestellung des Pfandrechts nicht zwangsläufig eine Geldforderung zu sein. Sie muss aber in eine Geldforderung übergehen können, damit Pfandreife eintritt (§ 1228 II 2 BGB).[97] Ausreichend ist, dass die Forderung erst durch das Hinzutreten

90 → § 10 Rn. 1.
91 *Westermann/Gursky/Eickmann* SachenR § 127 Rn. 17; anders bei Grundpfandrechten (§ 1163 BGB).
92 MüKoBGB/*Damrau* § 1204 Rn. 22.
93 → § 10 Rn. 22; Bamberger/Roth/*Sosnitza* § 1204 Rn. 15.
94 Staudinger/W. *Wiegand* (2009) § 1204 Rn. 14 f.
95 Staudinger/W. *Wiegand* (2009) § 1204 Rn. 16; NK-BGB/*Bülow* § 1204 Rn. 33 f. Man spricht bei §§ 656, 762 BGB von »unvollkommenen Verbindlichkeiten«.
96 Staudinger/W. *Wiegand* (2009) § 1204 Rn. 15.
97 Erman/*Schmidt* § 1204 Rn. 15; Bamberger/Roth/*Sosnitza* § 1204 Rn. 15; *Baur/Stürner* SachenR § 55 Rn. 14.

weiterer Umstände (zB Verzug, Nichterfüllung, Eintritt einer Vertragsstrafe) in eine Geldleistungsverpflichtung umgewandelt wird.[98]

c) Sicherung künftiger und bedingter Forderungen (G)

Die zu sichernde Forderung kann auch eine künftige oder bedingte Forderung sein (ausdrücklich § 1204 II BGB), soweit sie dem sachenrechtlichen Bestimmtheitsgrundsatz entspricht. Ausreichend hierfür ist die Bestimmbarkeit der zu sichernden Forderung, dh sie muss im Zeitpunkt ihrer Entstehung zweifelsfrei ermittelt werden können.[99] Auch die Höhe der Forderung braucht nicht festzustehen.[100] 23

Das Pfandrecht entsteht sofort durch Einigung und Übergabe und nicht erst mit der Entstehung der zu sichernden Forderung.[101] Dies ist für den Rang mehrerer Pfandrechte an einer Sache von Bedeutung, da sich der Rang auch bei künftigen oder bedingten Forderungen nach dem Zeitpunkt der Bestellungshandlung richtet (§ 1209 BGB). Das Pfandrecht zur Sicherung künftiger oder bedingter Forderungen hängt damit weniger von der Forderung als vom Sicherungszweck ab.

Allerdings ist die Verwertung des Pfandes erst mit dem Zeitpunkt des Entstehens der Forderung möglich, da sie Fälligkeit voraussetzt.[102] Das Pfandrecht erlischt, wenn feststeht, dass die Forderung nicht entstehen wird oder ihre Bedingung nicht mehr eintreten kann.[103]

d) Sicherung von Subsidiär- bzw. Sekundärforderungen (V)

Das Pfandrecht ist streng akzessorisch mit der zu sichernden Forderung verbunden. Eine gewisse Lockerung der Akzessorietät kann jedoch in Betracht kommen, wenn die Forderung von Anfang an nichtig ist und an ihre Stelle ein bereicherungsrechtlicher Zahlungsanspruch (§§ 812 ff. BGB) tritt. Die ergänzende Auslegung der Einigungserklärungen hinsichtlich des Grundgeschäfts ergibt regelmäßig, dass ein möglicherweise entstehender Bereicherungsanspruch als Pfandforderung gelten soll, sollte die Primärforderung nicht entstehen. Den Geschäftspartnern geht es zumeist um den wirtschaftlichen Erfolg der Sicherung der Gläubigerforderung, welcher Rechtsgrund ihr auch immer zugrundeliegt.[104] Für eine solche Auslegung der Erklärungen der Parteien müssen allerdings konkrete Anhaltspunkte vorliegen 24

98 MüKoBGB/*Damrau* § 1204 Rn. 17; Staudinger/*W. Wiegand* (2009) § 1204 Rn. 12; Palandt/*Bassenge* § 1204 Rn. 9.

99 BGHZ 86, 340 (346); Staudinger/*W. Wiegand* (2009) § 1204 Rn. 24; *Westermann/Gursky/Eickmann* SachenR § 127 Rn. 19.

100 Soergel/*Habersack* § 1204 Rn. 21.

101 BGHZ 86, 340 (347); *Westermann/Gursky/Eickmann* SachenR § 127 Rn. 18; *Wolff/Raiser* SachenR § 162 I 3; *Schur* Jura 2005, 361 (362, m. Fn. 7); krit. MüKoBGB/*Damrau* § 1204 Rn. 22: Es entstehe ein »Anwartschaftsrecht auf das Pfandrecht« (bedingte Forderung) bzw. ein Besitzrecht an der Sache mit Erwerbsaussicht auf ein Pfandrecht (künftige Forderung).

102 Soergel/*Habersack* § 1204 Rn. 23.

103 RGZ 145, 328 (336); BGHZ 86, 340 (347); Jauernig/*Berger* § 1204 Rn. 14; *Westermann/Gursky/Eickmann* SachenR § 127 Rn. 18; auf die bedingte Forderung wird § 1252 BGB entsprechend angewandt, Staudinger/*W. Wiegand* (2009) § 1204 Rn. 27.

104 Staudinger/*W. Wiegand* (2009) § 1204 Rn. 21; *Westermann/Gursky/Eickmann* SachenR § 127 Rn. 17; vgl. zur Parallelproblematik bei Hypothek und Bürgschaft → § 15 Rn. 27.

(Parteiwille).[105] Fehlen diese, kommt nur ein Zurückbehaltungsrecht nach § 273 BGB an der Sache in Frage.[106] Ansonsten kann möglicherweise eine Umdeutung der zu sichernden Forderung in Betracht kommen (§ 140 BGB).[107] Die »Ersetzung« durch einen Bereicherungsanspruch ist dann nicht mehr möglich.

e) Forderungsaustausch und vertragliche Erweiterung der Forderung (V)

25 Der beliebige Austausch der zu sichernden Forderungen bei Beibehaltung des Pfandrechts ist ausgeschlossen, weil bei der Forderungsauswechslung faktisch ein in seinem Bestand nichtakzessorisches Pfandrecht entstehen würde. Dies unterscheidet das Pfandrecht von der Hypothek, bei der unter den Vorgaben des § 1180 BGB eine Forderungsauswechslung möglich ist.[108] Eine neue Forderung kann nur nach Aufhebung des bestehenden Pfandrechts und durch Neubestellung des Pfandrechts für die neue Forderung gesichert werden.[109]

Umstritten ist, ob das Pfandrecht auch für vertragliche Erweiterungen[110] der Forderung haftet, insbesondere wenn nachrangige Rechte bestehen. Denn durch eine beliebige Erweiterung der vorrangigen Forderung könnten die nachstehenden Pfandrechte vollkommen entwertet werden.[111] Nach Ansicht der Befürworter[112] ergibt sich die Zulässigkeit einer Forderungserweiterung aus dem Umkehrschluss zu § 1210 I 2 und I 1 BGB (Haftung des Pfandes im Umfang des jeweiligen Bestandes der Forderung). § 1210 BGB sei so zu verstehen, dass nur in dem Fall, den § 1210 I 2 BGB beschreibe (keine Haftungserweiterung durch Rechtsgeschäft des Schuldners bei Personenverschiedenheit von Schuldner und Eigentümer), die Haftungserweiterung ausgeschlossen sei. Die Verdrängung nachrangiger Pfandgläubiger begegne auch keinen rechtspolitischen Bedenken, weil nachrangig Berechtigte mit derartigen Erweiterungen des vorstehenden Pfandrechts rechnen müssten.[113] Immerhin könnten sich nachrangig Berechtigte durch ein schuldrechtliches Verbot gegen eine Haftungserweiterung absichern.[114] Die Gegenansicht[115] folgert hingegen aus dem Ausschluss in § 1210 I 2 BGB, dass die Haftung darüber hinaus immer dann ausgeschlossen sein müsse, wenn nachrangige dingliche Rechte bestünden.

---

105 BGH NJW 1968, 1134; Staudinger/W. *Wiegand* (2009) § 1204 Rn. 21; *Baur/Stürner* SachenR § 55 Rn. 12; *Westermann/Gursky/Eickmann* SachenR § 127 Rn. 17; nach MüKoBGB/*Damrau* § 1204 Rn. 21 ist zu berücksichtigen, ob die Pfandbestellung aus Gefälligkeit oder beim Verpfänder aus eigenen wirtschaftlichen Interessen erfolgte.

106 Auch ein solches kann aber nach Treu und Glauben ausgeschlossen sein, so zB bei Nichtigkeit wegen Wuchers; vgl. MüKoBGB/*Damrau* § 1204 Rn. 21.

107 Erman/*Schmidt* § 1204 Rn. 12.

108 → § 15 Rn. 72 ff.

109 BGH WM 1972, 283 (287); OLG Karlsruhe OLGE 15, 383 (393); MüKoBGB/*Damrau* § 1204 Rn. 24; Soergel/*Habersack* § 1204 Rn. 19; Staudinger/W. *Wiegand* (2009) § 1204 Rn. 21; Erman/*Schmidt* § 1204 Rn. 12; *Wolff/Raiser* SachenR § 162 II.

110 Dieser Fall unterscheidet sich von der unzulässigen Forderungsauswechslung, bei der eine völlig neue Forderung gesichert werden soll.

111 Staudinger/W. *Wiegand* (2009) § 1210 Rn. 6.

112 MüKoBGB/*Damrau* (2009) § 1210 Rn. 2; Staudinger/W. *Wiegand* (2009) § 1210 Rn. 5; Erman/*Schmidt* § 1210 Rn. 4.

113 Staudinger/W. *Wiegand* (2009) § 1210 Rn. 6.

114 MüKoBGB/*Damrau* § 1210 Rn. 2.

115 Planck/*Flad* § 1210 Anm. 2a; *Westermann/Gursky/Eickmann* SachenR § 128 Rn. 5: Auch verstoße die Ansicht der gegenteiligen Auffassung gegen den Prioritätsgrundsatz; *Wolff/Raiser* SachenR § 162 II.

5. Berechtigung bzw. Überwindung der Nichtberechtigung (gutgläubiger Erwerb)

a) Möglichkeit des gutgläubigen Erwerbs (G)

Grundsätzlich ist nur der Eigentümer berechtigt, eine Sache mit einem Pfandrecht zu belasten (§ 1207 BGB). Aus der Grundentscheidung des BGB-Gesetzgebers für einen gutgläubigen Eigentumserwerb resultiert aber auch die Möglichkeit eines gutgläubigen Erwerbs von Pfandrechten. In beiden Fällen fordert das Verkehrsinteresse den Schutz des gutgläubigen Erwerbers. Auch die strukturellen Übereinstimmungen von Übereignung und Verpfändung – beide beruhen auf der Publizitätswirkung des Besitzes – verlangen eine grundsätzliche Gleichbehandlung. Ob das Vollrecht oder nur einzelne, aus dem Eigentum fließende Befugnisse übertragen werden, darf hinsichtlich der Schutzbedürftigkeit keine Rolle spielen.[116] 26

Der gutgläubige originäre Erwerb des Pfandrechts ist in § 1207 BGB geregelt. Daneben kennt das Gesetz den gutgläubigen rechtsgeschäftlichen Erwerb des Vorrangs (§ 1208 BGB).[117]

Auf die Verpfändung einer Sache, die nicht dem Verpfänder gehört, sind gem. § 1207 BGB die Vorschriften der §§ 932, 934 und 935 BGB über den gutgläubigen Eigentumserwerb entsprechend anwendbar.[118] Wie bei der Übereignung kommt es für die Anwendung der konkreten Gutglaubensvorschrift auf den jeweiligen Erwerbstatbestand an.[119]

Pfandrechtserwerb	Art des Erwerbs	Gutgläubiger Erwerb
§ 1205 I 1 BGB	Einigung + Übergabe	§ 1207 iVm § 932 I 1 BGB
§ 1205 I 2 BGB	Einigung (bei bereits bestehendem Besitz)	§ 1207 iVm § 932 I 2 BGB
§ 1205 II BGB	Einigung + Übertragung von mittelbarem Besitz + Verpfändungsanzeige	§ 1207 iVm § 934 BGB
§ 1206 Alt. 1 BGB	Einigung + Einräumung von qualifiziertem unmittelbaren Mitbesitz	§ 1207 iVm § 932 I 1 BGB
§ 1206 Alt. 2 BGB	Einigung + Einräumung von qualifiziertem mittelbaren Mitbesitz	§ 1207 iVm § 934 BGB

116 Staudinger/*W. Wiegand* (2009) § 1207 Rn. 1; *ders.* JuS 1974, 545.
117 → § 10 Rn. 28.
118 § 1207 BGB verweist nicht auf § 933 BGB, da das Pfandrecht nicht durch Vereinbarung eines Besitzkonstituts begründet werden kann.
119 Vgl. zu den jeweiligen Fallkonstellationen des gutgläubigen Erwerbs Palandt/*Bassenge* § 1207 Rn. 2.

b) Voraussetzungen des gutgläubigen Ersterwerbs (§ 1207 BGB) (G)

27 Mit der Verweisung des § 1207 BGB auf die §§ 932, 934, 935 BGB sind nicht nur die in den einzelnen Gutglaubensvorschriften aufgestellten Voraussetzungen auf die Bestellung des Pfandrechts anwendbar, sondern es ist auch der Grundgedanke zu übertragen, auf dem die §§ 932, 934, 935 BGB beruhen.[120] Der gutgläubige Ersterwerb eines Pfandrechts setzt für alle Erwerbstatbestände gleichermaßen voraus:[121]

- *Verfügung*, die allein an der fehlenden Rechtsmacht des Verfügenden scheitert (der Rechtsschein ersetzt nur das fehlende Eigentum des Verpfänders);
- *Besitz des Verpfänders* als objektive Grundlage des Rechtsscheins; wie bei der Übereignung ist unmittelbarer Besitz nicht zwingende Voraussetzung; zur Entstehung des Rechtsscheins genügt es bereits, dass der Verpfänder in der Lage ist, die für die Verpfändung notwendige Besitzlage herzustellen (Besitzverschaffungsmacht);[122]
- *guter Glaube des Pfandgläubigers* an das Eigentum des Verpfänders (Negativformulierung in § 932 II BGB); Sondervorschriften zum Merkmal des guten Glaubens finden sich in §§ 366, 367 HGB (guter Glaube an die Verfügungsmacht);
- *kein Abhandenkommen* der Pfandsache (§ 1207 iVm § 935 I BGB).

c) Gutgläubiger Rangerwerb (§ 1208 BGB) (E)

28 § 1208 BGB regelt den gutgläubigen Rangerwerb eines Pfandrechts. Die Regelung führt den Gedanken des Rechtsscheins fort und ist mit § 936 BGB vergleichbar, auf den sie verweist. Anders als bei § 936 BGB erlöschen die an der Sache bestehenden Rechte aber nicht, sondern werden dem erworbenen Pfandrecht nachgestellt. § 1208 S. 1 BGB beinhaltet damit eine Ausnahme vom Prioritätsgrundsatz.[123]

Die *Voraussetzungen* des gutgläubigen Rangerwerbs gem. § 1208 I BGB sind:

- *wirksamer Erwerb* eines Pfandrechts nach §§ 1205 ff. BGB;
- *Gutgläubigkeit* des Erwerbers *hinsichtlich des älteren Rechts* an der Sache (§ 1208 S. 1 iVm § 932 II BGB);
- dem älteren dinglich Berechtigten ist die *Sache nicht abhanden gekommen* (§ 1208 S. 2 BGB iVm § 935 BGB).[124]

§ 1208 BGB verweist neben § 935 BGB auf §§ 932 I 2 und 936 III BGB. Mit der entsprechenden Anwendung dieser Normen ist Folgendes gemeint: Der gutgläubige Erwerb des Vorrangs ist bei einem Erwerb des Pfandrechts durch bloße Einigung (§ 1205 I 2 BGB) nur möglich, wenn der Erwerber des Pfandrechts den Besitz an der Pfandsache vom Verpfänder erlangt hat (§ 1208 S. 2 iVm § 932 I 2 BGB).[125]

Bei einer Verpfändung nach § 1205 II BGB bleibt es gegenüber dem unmittelbaren Besitzer beim Prioritätsgrundsatz, dh § 1208 S. 2 BGB macht eine echte Ausnahme von der Regelung in § 1208 S. 1 BGB: Die älteren Rechte des unmittelbaren Besitzers

120 Staudinger/W. *Wiegand* (2009) § 1207 Rn. 4.
121 Dazu insgesamt Staudinger/W. *Wiegand* (2009) § 1207 Rn. 5 ff.
122 Staudinger/W. *Wiegand* (2009) § 1207 Rn. 6; → § 5 Rn. 16.
123 MüKoBGB/*Damrau* § 1208 Rn. 1; Staudinger/W. *Wiegand* (2009) § 1208 Rn. 1; *Weber* SachenR I § 18 Rn. 19.
124 Hierdurch werden die älteren Rechte im Umfang des § 935 BGB geschützt; vgl. Soergel/*Habersack* § 1208 Rn. 8.
125 Soergel/*Habersack* § 1208 Rn. 4.

gehen wegen der Verweisung auf § 936 III BGB dem neuen Pfandrecht vor (Schutz des unmittelbaren Besitzers).[126] Da er als unmittelbarer Besitzer derjenige ist, der für den Verpfänder den Rechtsschein begründet, kann er nicht um eigene Rechte gebracht werden.[127]

III. Übertragung vertraglicher Pfandrechte (Zweiterwerb)

1. Voraussetzungen der Übertragung vom Berechtigten (G)

Aufgrund der strengen Akzessorietät des Pfandrechts kann das Pfandrecht nur zusammen mit der Forderung übertragen werden. § 1250 I 1 BGB bestimmt, dass das Pfandrecht durch »Übertragung« der gesicherten Forderung auf den neuen Gläubiger übergeht. Unabhängig von der Art des Forderungsübergangs folgt das Pfandrecht daher der Forderung, ohne dass der Besitz an der Sache übertragen werden müsste.[128] Die gesicherte Forderung kann übergehen durch Rechtsgeschäft (Abtretung, § 398 BGB), kraft Gesetzes (allgemein gem. § 412 iVm §§ 399–404, 406–410 BGB oder pfandrechtsspezifisch gem. §§ 1225, 1249, 1251 BGB) oder durch gerichtliche Überweisung an Zahlungs statt (§ 835 I Alt. 2, II ZPO).[129] Folge ist, dass der Zessionar das Pfandrecht in Haftungsumfang und Inhalt, dh mit den Einschränkungen erhält, wie es sich zuletzt beim Zedenten befand.[130] § 1250 BGB knüpft an den Gedanken des § 401 BGB an, ist aber im Gegensatz zu dieser Vorschrift nicht dispositiv.[131] Die isolierte Übertragung des Pfandrechts ist nichtig (§ 1250 I 2 BGB).[132] Der neue Pfandgläubiger kann vom bisherigen Pfandgläubiger gem. § 1251 I BGB Herausgabe der Pfandsache verlangen. 29

Wird der automatische Übergang des Pfandrechts bei Übertragung der Forderung von beiden Parteien übereinstimmend ausgeschlossen, erlischt das Pfandrecht aufgrund seiner Akzessorietät (§ 1250 II BGB). Pfandrechtsgläubiger und Inhaber der gesicherten Forderung können somit nicht auseinander fallen.

2. Kein gutgläubiger Zweiterwerb (V)

Einen gutgläubigen Zweiterwerb des Pfandrechts bei Übertragung der Forderung (§ 1250 I 1 BGB) gibt es nach hM[133] nicht. Insofern sind zwei Konstellationen zu unterscheiden: 30

126 MüKoBGB/*Damrau* § 1208 Rn. 7; Soergel/*Habersack* § 1208 Rn. 1, 4.

127 Staudinger/*W. Wiegand* (2009) § 1208 Rn. 3; zum Schutz des mittelbaren Besitzers analog § 936 III BGB siehe Soergel/*Habersack* § 1208 Rn. 4 (ohne Begründung); Staudinger/*W. Wiegand* (2011) § 936 Rn. 15 ff., § 1208 Rn. 3; Planck/*Flad* § 1208 Anm. 2c.

128 Staudinger/*W. Wiegand* (2009) § 1250 Rn. 2.

129 IdR wird die Forderung dem Gläubiger jedoch aufgrund seines Wahlrechts zur Einziehung überwiesen.

130 Staudinger/*W. Wiegand* (2009) § 1250 Rn. 3.

131 Staudinger/*W. Wiegand* (2009) § 1250 Rn. 1; Bamberger/Roth/*Sosnitza* § 1250 Rn. 1; *Schur* Jura 2005, 361 (363).

132 Jauernig/*Berger* § 1250 Rn. 1.

133 *Westermann/Gursky/Eickmann* SachenR § 131 Rn. 3; vgl. ferner *Schur* Jura 2005, 361 (363) und die folgenden Nachweise.

Im ersten Fall besteht keine zu sichernde Forderung. Eine dem § 1138 Alt. 1 BGB, der bei der Hypothek die Forderung zur Ermöglichung des Rechtserwerbs fingiert, entsprechende Vorschrift fehlt.[134] Hier wird nur teils[135] die Möglichkeit eines gutgläubigen Erwerbs bejaht, wenn ausnahmsweise auch ein gutgläubiger Forderungserwerb möglich ist (§ 405 BGB, Art. 16 WG).

Im zweiten Fall ist lediglich das Pfandrecht – zB mangels wirksamer Einigung über die Pfandrechtsbestellung – nicht entstanden. Nach hM[136] kann es ebenfalls nicht gutgläubig erworben werden, weil der Erwerber der Forderung das Pfandrecht kraft Gesetzes erwerbe, ein gutgläubiger Erwerb aber nur für den rechtsgeschäftlichen Erwerb vorgesehen sei. Ferner fehle es an dem erforderlichen Vertrauenstatbestand, weil es zum einen für § 1250 S. 1 BGB auf die Übergabe nicht ankomme und zum anderen der Übertragende selbst geltend mache, ihm gehöre die Sache nicht. Deshalb passe auch die Vermutung des § 1006 BGB nicht auf die Übertragung eines Pfandrechts. Die Gegenauffassung[137] lässt einen gutgläubigen Erwerb zu, wenn die Sache übergeben wurde, weil dann ein genügender Rechtsschein vorhanden sei. Sie nimmt an, dass auch bei dem gesetzlichen Übergang zugleich eine rechtsgeschäftliche Übertragung des Pfandrechts gewollt sei.

IV. Gesetzliche Pfandrechte

1. Entstehung und Arten gesetzlicher Pfandrechte (G)

31 Gesetzliche Pfandrechte können auf zwei Arten entstehen:[138]

Zum einen kann ein gesetzliches Pfandrecht – wie das Vertragspfandrecht – durch Inbesitznahme seitens des Pfandgläubigers entstehen, sog. *gesetzliches Besitzpfandrecht* (Faustpfandrecht). Gesetzliche Besitzpfandrechte sind das Pfandrecht aus Hinterlegung (§ 233 BGB), das Pächterpfandrecht am Inventar (§ 583 BGB), das Unternehmerpfandrecht (§ 647 BGB) und die Pfandrechte des Kommissionärs (§ 397 HGB), Frachtführers (§ 440 HGB), Spediteurs (§ 464 HGB), Lagerhalters (§ 475b HGB) sowie des Verfrachters (§ 495 HGB) am Lager-, Handels- oder Transportgut.

Gesetzliche Pfandrechte können zum anderen dadurch entstehen, dass die Sache in den räumlichen Herrschaftsbereich des Pfandgläubigers eingebracht wird, ohne dass dieser Besitz an der Sache begründet (sog. *Einbringungspfandrecht*). Dazu gehören das Pfandrecht des Vermieters, des Verpächters und des Gastwirts (§§ 562–562d; § 581 II iVm §§ 562–562d BGB; § 704 BGB), des Verfrachters am Passagiergepäck (§ 552 HGB) und das Früchtepfandrecht (§ 1 DüngMSaatG).

---

134 Materialien III, 467; vgl. zu § 1138 Alt. 1 BGB → § 15 Rn. 41.

135 Bamberger/Roth/*Sosnitza* § 1250 Rn. 3; MüKoBGB/*Damrau* § 1250 Rn. 3; Soergel/*Habersack* § 1250 Rn. 6; NK-BGB/*Bülow* § 1250 Rn. 5; dagegen *Westermann/Gursky/Eickmann* SachenR § 131 Rn. 3, da es auch hier an einem Vertrauenstatbestand fehle.

136 MüKoBGB/*Damrau* § 1250 Rn. 3; Bamberger/Roth/*Sosnitza* § 1250 Rn. 3; Staudinger/*W. Wiegand* (2009) § 1250 Rn. 4; Soergel/*Habersack* § 1250 Rn. 6; *Westermann/Gursky/Eickmann* SachenR § 131 Rn. 3; *Weber* SachenR I § 18 Rn. 20; *Reinicke/Tiedtke* Kreditsicherung Rn. 1012 ff.; *Tiedtke*, Gutgläubiger Erwerb, 1985, 83; *Latta/Rademacher* JuS 2008, 1052 (1053).

137 *Wieling* SachenR § 15 VI 1b; *Heck* SachenR § 105 V; *J. Hager*, Verkehrsschutz durch rechtlichen Erwerb, 1990, 96 ff.; dahin neigend auch NK-BGB/*Bülow* § 1250 Rn. 5.

138 Instruktiv *Alexander* JuS 2014, 1.

Auf die so entstandenen gesetzlichen Pfandrechte finden die §§ 1204 ff. BGB entsprechende Anwendung.

2. Gutgläubiger Erwerb gesetzlicher Pfandrechte

a) Grundproblematik (V)

Die Entstehung gesetzlicher Pfandrechte setzt grundsätzlich die Berechtigung des 32
Pfandschuldners, dh in der Regel dessen Eigentum, voraus. Aufgrund der Verweisung des § 1257 BGB auf die Vorschriften des rechtsgeschäftlich bestellten Pfandrechts ist auch an einen gutgläubigen Erwerb gesetzlicher Pfandrechte gem. §§ 1207, 932 ff. BGB zu denken. Eine Einschränkung der Verweisung ergibt sich indes aus dem Wortlaut der Verweisungsnorm: Die Vorschriften finden nur auf ein »entstandenes« gesetzliches Pfandrecht Anwendung (§ 1257 BGB). § 1207 BGB gilt daher jedenfalls nicht unmittelbar. Diskutiert wird aber eine analoge Anwendung des § 1207 BGB auf gesetzliche Pfandrechte.

Dabei ist zwischen Besitz- und Einbringungspfandrechten zu unterscheiden:[139] Einbringungspfandrechte können nach allgemeiner Auffassung nicht gutgläubig erworben werden.[140] Nach der Konzeption des Gesetzgebers knüpft der gutgläubige Erwerb an den Erwerb unmittelbaren Besitzes durch den Erwerber an. Das Einbringungspfandrecht ist dagegen ein besitzloses Pfandrecht. Es entsteht allein durch Einbringung einer Sache, ohne dass der Erwerber Besitz erlangen muss. Umstritten ist daher allein, ob der gutgläubige Erwerb eines Besitzpfandrechts, insbesondere des Unternehmerpfandrechts, an schuldnerfremden Sachen möglich ist.[141]

b) Gutgläubiger Erwerb des Unternehmerpfandrechts? (V)

Fallbeispiel: »Die kostenlose Autoreparatur«[142]

Besondere Bedeutung hat der Streit um den gutgläubigen Erwerb gesetzlicher Besitz- 33
pfandrechte[143] beim Unternehmerpfandrecht (§ 647 BGB).

Ein Teil des Schrifttums[144] *bejaht* die *Analogiefähigkeit* der §§ 1257, 1207, 932 ff. BGB bzw. des § 366 III HGB im Hinblick auf das Unternehmerpfandrecht und führt dafür rechtspolitische sowie ökonomische Argumente an:

Das Unternehmerpfandrecht als gesetzliches Besitzpfandrecht sei den vertraglichen Besitzpfandrechten ähnlich, da es auf der Übergabe der Sache beruhe. Damit bestehe bei beiden Pfandrechten auch die gleiche Rechtsscheinsituation, die Voraussetzung

---

139 → § 10 Rn. 31.

140 Staudinger/*W. Wiegand* (2009) § 1257 Rn. 6; Palandt/*Weidenkaff* § 562 Rn. 2; Bamberger/Roth/*Sosnitza* § 1257 Rn. 5; *Reinicke/Tiedtke* Kreditsicherung Rn. 1012; auch *Wilhelm* SachenR Rn. 1870.

141 → § 10 Rn. 33.

142 *Vieweg/Röthel* Fälle SachenR Fall 17.

143 → § 10 Rn. 32.

144 GK-HGB/*Canaris* § 366 Rn. 113 ff.; MüKoBGB/*Damrau* § 1257 Rn. 3; Staudinger/*W. Wiegand* (2009) § 1257 Rn. 14; Erman/*Schmidt* § 1257 Rn. 7; Soergel/*Habersack* § 1257 Rn. 6; Bamberger/Roth/*Sosnitza* § 1257 Rn. 5; *Baur/Stürner* SachenR § 55 Rn. 40; *Wolff/Raiser* SachenR § 163 III 2; *K. Schmidt* NJW 2014, 1 (1 f., 5). *Westermann* SachenR Rn. 261, 333 hält eine Analogie jedenfalls für »erwägenswert«.

des gutgläubigen Erwerbs sei.[145] Auch regele § 647 BGB nur das, was die Parteien vernünftigerweise selber vereinbaren würden (ggf. in entsprechenden AGB-Klauseln). Damit sei das Unternehmerpfandrecht aber kein echtes gesetzliches Pfandrecht, sondern lediglich ein gesetzlich typisiertes Pfandrecht. Bei der mit § 647 BGB inhaltsgleichen Vereinbarung wäre § 1207 BGB zweifellos direkt anwendbar.[146]

Auch der Vergleich mit § 366 III HGB unterstütze die Annahme der Analogiefähigkeit des § 1207 BGB. Gem. § 366 III HGB könnten Kaufleute ohne Weiteres gesetzliche Pfandrechte gutgläubig erwerben. Der Werkunternehmer befinde sich aber in einer vergleichbaren Interessenlage wie Kaufleute (Vorleistungspflicht, anonymer Kundenstamm). Dies rechtfertige eine analoge Anwendung des § 366 III HGB auf den Werkunternehmer.[147] Zudem sei § 366 III HGB nicht etwa eine Ausnahmevorschrift zu den bürgerlich-rechtlichen Erwerbsbestimmungen, sondern setze vielmehr den Pfandrechtserwerb nach BGB – in analoger Anwendung der §§ 1207, 932 ff. BGB – voraus. § 366 HGB erweitere den gutgläubigen Pfandrechtserwerb nach BGB also nicht; seine Bedeutung (Abs. 1 wie Abs. 3) liege allein in der Erweiterung der Gutglaubensvorschriften des BGB auf den guten Glauben an die Verfügungsbefugnis.[148]

Nicht zuletzt spreche für die Analogie zu § 1207 BGB die allgemeine Schutzwürdigkeit des Werkunternehmers: Er sei nach § 641 I BGB zur Vorleistung verpflichtet und stehe wegen der heute weit verbreiteten Eigentumsvorbehalte oder Sicherungsübereignungen von Kraftfahrzeugen häufig ohne Sicherheit da. Gerade aus diesem Grund gewähre ihm § 647 BGB ein gesetzliches Pfandrecht.[149]

Die Rechtsprechung[150] und ein anderer Teil der Literatur[151] *lehnen* einen *gutgläubigen Erwerb gesetzlicher Pfandrechte ab*. Sie berufen sich auf die bewusste Entscheidung des Gesetzgebers gegen den gutgläubigen Erwerb gesetzlicher Pfandrechte durch die Formulierung in § 1257 BGB (»entstandenes Pfandrecht«). Auch die Entstehungsgeschichte der Norm lasse keine andere Auslegung zu,[152] weil dem Gesetz-

145 Vgl. insbes. für weitere Argumente *Gursky* 20 Probleme SachenR 18. Problem, 119 ff.

146 GK-HGB/*Canaris* § 366 Rn. 114; vgl. Soergel/*Habersack* § 1257 Rn. 6. Die Anwendung des § 1257 BGB auf ein vertragliches, mit dem Inhalt des § 647 BGB vereinbartes Pfandrecht bestätigt auch die Gegenansicht, vgl. in BGHZ 101, 307 zu BGHZ 68, 323. Krit. dazu, dass es nach Ansicht des BGH auf die Wohlformuliertheit der AGB ankommen soll, und dass hier noch die Gutgläubigkeit des Bestellers angenommen werden kann, *Waldner* JR 1988, 20 (20 f.).

147 GK-HGB/*Canaris* § 366 Rn. 112 ff.; MüKoBGB/*Damrau* § 1257 Rn. 3: kein innerer Unterschied zwischen Pfandrechten des § 366 III HGB und dem Unternehmerpfandrecht; *Baur/Stürner* SachenR § 55 Rn. 40; *Wolff/Raiser* SachenR § 163 III 2; umfassend hierzu auch *Wilhelm* SachenR Rn. 1866 ff.

148 MüKoBGB/*Damrau* § 1257 Rn. 3; *Baur/Stürner* SachenR § 55 Rn. 40; *K. Schmidt* NJW 2014, 1 (2 f.).

149 Staudinger/*W. Wiegand* (2009) § 1257 Rn. 7, 14.

150 BGHZ 34, 153 (154 f.); 87, 274 (280 f.); 100, 95 (101); 101, 307 (309 ff.); BGH NJW 1992, 2570 (2574).

151 Staudinger/*Peters/Jacoby* (2013) § 647 Rn. 15 f.; MüKoBGB/*Busche* § 647 Rn. 11; Palandt/*Bassenge* § 1257 Rn. 2; Jauernig/*Berger* § 1257 Rn. 2; NK-BGB/*Bülow* § 1257 Rn. 6; *Reinicke/Tiedtke* Kreditsicherung Rn. 1033; *Prütting* SachenR Rn. 790; *Westermann/Gursky/Eickmann* SachenR § 132 Rn. 2.

152 *Wilhelm* SachenR Rn. 1873 f., weist dagegen aus der Entstehungsgeschichte nach, dass die Formulierung unüberlegt war.

geber die erweiterte Regelung in § 366 HGB bekannt gewesen sei. § 366 HGB könne daher nur als Ausnahmevorschrift verstanden werden, die keine Rückschlüsse auf § 1257 BGB erlaube.[153] Damit fehle es auch an einer planwidrigen Regelungslücke für die analoge Anwendung von § 366 III BGB.

Eine bloße Behauptung sei, dass es sich beim Unternehmerpfandrecht um ein gesetzlich typisiertes Pfandrecht handele: Man könne nicht annehmen, dass in der Übergabe zur Reparatur stets und ohne Weiteres eine konkludente rechtsgeschäftliche Verpfändung der Sache liege.[154] Außerdem bleibe es den Parteien unbenommen, ein vertragliches Pfandrecht neben dem gesetzlich entstehenden zu vereinbaren.

Der maßgebliche Rechtsscheinstatbestand, auf den sich die Befürworter der Analogie beriefen, sei unzutreffend gewählt. Nicht die Besitzerlangung erzeuge den für den gutgläubigen Erwerb erforderlichen Rechtsschein, sondern der Besitz des Verfügenden als solcher. Dass der Werkunternehmer nur an übergebenen Sachen ein Pfandrecht erwerbe, sei für den Rechtsschein also bedeutungslos. Entscheidend sei der Besitz des Bestellers. Allein dieser könne aber auch nicht den gutgläubigen Erwerb rechtfertigen, denn der Vergleich mit den Einbringungspfandrechten, bei denen der Pfandschuldner ebenfalls Besitzer sei, zeige, dass deren Besitz zum gutgläubigen Erwerb eines Pfandrechts nicht ausreichen könne. Der gutgläubige Erwerb eines Einbringungspfandrechts werde nämlich einhellig abgelehnt.[155] Gegen einen gutgläubigen Erwerb spreche auch die Tatsache, dass das Unternehmerpfandrecht unabhängig von einem Parteiwillen entstehe, die Frage der Gut- oder Bösgläubigkeit damit überhaupt nicht entscheidend sein könne.[156]

Gegen das Ergebnis, einem gutgläubigen Erwerb zuzustimmen, sprächen – im Gegensatz zu den Belangen des Werkunternehmers – die Interessen des wahren Eigentümers. Dieser würde durch ein gutgläubig erworbenes Unternehmerpfandrecht unangemessen belastet, weil es nicht nur werterhöhende, für den Eigentümer positive Aufwendungen sichere, sondern genauso wirtschaftlich sinnlose Aufwendungen.[157] Die schutzwürdigen Interessen des Unternehmers könnten viel besser und auch ausreichend durch Verwendungsansprüche aus §§ 994 ff. BGB gegen den Eigentümer gewahrt werden.[158]

Zur Vermeidung dieses Streits enthalten die AGB von Werkunternehmern in der Praxis regelmäßig eine Klausel des Inhalts, dass das Leistungssubstrat vertraglich verpfändet wird. Die Zulässigkeit einer solchen Klausel ist mittlerweile auch von der Rechtsprechung anerkannt.[159]

---

153 MüKoBGB/*Damrau* § 1257 Rn. 3 unter Hinweis auf die entsprechende Anwendung des § 1208 BGB; *Westermann/Gursky/Eickmann* SachenR § 132 Rn. 2; NK-BGB/*Bülow* § 1257 Rn. 6.

154 *Gursky* 20 Probleme SachenR 18. Problem, 123.

155 BGHZ 34, 153 (158); bestätigend BGHZ 87, 274 (280); 100, 95 (101); *Münzel* MDR 1952, 643.

156 BGHZ 34, 153 (158).

157 *Henke* AcP 161 (1961), 1 (2).

158 BGHZ 34, 122 (127); *Reinicke/Tiedtke* Kreditsicherung Rn. 1033; aA Soergel/*Mühl*, 12. Aufl. 1990, § 1257 Rn. 4, weil der Anspruch daran scheitere, dass die Voraussetzungen nicht gegeben seien; krit. auch *K. Schmidt* NJW 2014, 1 (1 f.): das Vindikationsrecht sei schwerlich hierfür geschaffen; → § 8 Rn. 5 u. → § 8 Rn. 46 ff.

159 BGHZ 68, 323 (insoweit unveröffentlicht), bestätigt in BGHZ 101, 307 (309 ff.).

c) Erwerb des Unternehmerpfandrechts vom Nichtberechtigten mit Ermächtigung des Eigentümers (Reparaturweggabe, § 185 I BGB analog)? (E)

Fallbeispiel: »Die kostenlose Autoreparatur«[160]

34 Bei einer Inreparaturgabe durch den Nichteigentümer könnte der Schutz des Werkunternehmers dadurch erreicht werden, dass eine Ermächtigung durch den Eigentümer zur Durchführung von Reparaturen analog § 185 I BGB angenommen wird. Weil die Entstehung des Pfandrechts vom Willen der Parteien unabhängig ist, bezöge sich die Einwilligung dann auch auf die Situation »Inreparaturgabe«, in der normalerweise ein Pfandrecht des Werkunternehmers entstehen würde.

Zum Teil[161] wird die Zulässigkeit des Erwerbs gesetzlicher Pfandrechte analog §§ 185 I, 183 BGB aus ergebnisorientierten Gründen bejaht. Der Eigentümer könne, wenn er generell in die Weggabe der Sache zu Reparaturzwecken durch den Besteller eingewilligt habe, nicht besser behandelt werden, als wenn er die Sache selbst weggegeben hätte.[162] Diese Einwilligung in die Situation, in der das Unternehmerpfandrecht durch rechtsgeschäftlichen Abschluss eines Werkvertrags entstehe, sei einer rechtsgeschäftlichen Verfügung iSd § 185 I BGB so ähnlich, dass sie die analoge Anwendung der §§ 185 I, 183 BGB rechtfertige.

Teilweise[163] soll der Inhalt der Einwilligung des Eigentümers exakt geprüft werden und sollen der analogen Anwendung des § 185 I BGB strengere Grenzen gezogen werden. Zum Beispiel soll § 185 I BGB analog nicht eingreifen, sobald der Eigentümer zum Ausdruck bringe, er wolle für die Kosten der Reparatur nicht aufkommen. Bei einer solchen Aussage willige der Eigentümer gerade nicht in die Situation der Entstehung eines Unternehmerpfandrechts ein. Die Zustimmung zur bloß tatsächlichen Einwirkung auf die Sache könne nicht als Einwilligung in die Entstehung eines Unternehmerpfandrechts verstanden werden.

Der BGH[164] und Teile des Schrifttums[165] verneinen eine analoge Anwendung des § 185 I BGB wegen der Befürchtung, es käme sonst zu einer unzulässigen Vermischung der rechtsgeschäftlichen mit den gesetzlichen Pfandrechten.[166] Gerade weil das Unternehmerpfandrecht als gesetzliches Pfandrecht unabhängig von der Willensrichtung des Bestellers entstehe, dürfe es nicht auf die Einwilligung in die Reparatur ankommen. Zudem beinhalte das Einverständnis mit der Reparatur nicht die Einwilligung in die Entstehung des Pfandrechts. Die Annahme einer Einwilligung dieses Inhalts sei rein fiktiv.[167] Mehr noch: Der Eigentümer wolle in der Regel

160 *Vieweg/Röthel* Fälle SachenR Fall 17.
161 GK-HGB/*Canaris* § 366 Rn. 113 f.; Staudinger/*Peters/Jacoby* (2013) § 647 Rn. 11 ff.; Staudinger/*W. Wiegand* (2009) § 1257 Rn. 14; *Medicus/Petersen* BürgerlR Rn. 594; *K. Schmidt* NJW 2014, 1 (5).
162 Vgl. *Medicus/Petersen* BürgerlR Rn. 594.
163 *Raiser* JZ 1958, 681 (682); *ders.* JZ 1961, 285 (286); *Schwerdtner* JuS 1970, 64 (66).
164 BGHZ 34, 122 (125 ff.).
165 MüKoBGB/*Bayreuther* § 185 Rn. 9; MüKoBGB/*Damrau* § 1257 Rn. 5; Soergel/*Mühl* § 647 Rn. 7; Palandt/*Bassenge* § 1257 Rn. 2; *Baur/Stürner* SachenR § 55 Rn. 40; *Prütting* SachenR Rn. 790; *Westermann/Gursky/Eickmann* SachenR § 132 Rn. 2.
166 *Westermann/Gursky/Eickmann* SachenR § 132 Rn. 2.
167 *Westermann/Gursky/Eickmann* SachenR § 132 Rn. 2.

gerade nicht für die Kosten der Reparatur eintreten.[168] Im Ergebnis würde man mit einer Einwilligung das unzulässige Rechtsinstitut der Verpflichtungsermächtigung[169] anerkennen, wenn man in diesem Fall die Begründung eines Unternehmerpfandrechts bejahte.[170]

V. Schutz des Pfandrechts (G)

Zum umfassenden Schutz des Pfandrechts verweist § 1227 BGB auf die Ansprüche gegen Eigentumsbeeinträchtigungen. Dem Pfandgläubiger stehen bei Beeinträchtigungen des Pfands uU folgende Ansprüche zu: 35

- Herausgabeanspruch nach §§ 1227, 985 BGB[171] gegen den Eigentümer oder einen Dritten (bei Besitzentziehung oder Vorenthaltung des Pfandes);
- Abwehransprüche aus §§ 1227, 1004 I BGB (bei sonstiger Störung);[172]
- Nutzungsherausgabe- und -ersatzansprüche gem. §§ 987 f. BGB sind auf das Nutzungspfandrecht (§§ 1213 f. BGB) hinsichtlich der Nutzungen anwendbar;[173]
- Schadensersatzansprüche aus §§ 989 ff. BGB sind vor Pfandreife nur auf die Bestellung eines Pfandrechts am Schadensersatzbetrag gerichtet;[174]
- Schadensersatzansprüche aus §§ 823 ff. BGB (bei Beschädigung der Pfandsache) oder Bereicherungsansprüche aus § 812 I 1 Alt. 2 BGB (Eingriffskondiktion);
- Besitzschutzansprüche gem. §§ 858 ff., 1007 I und II BGB (bei Beschädigung der Pfandsache), da das rechtsgeschäftliche Pfandrecht als Besitzpfand ausgestaltet ist;
- weitere Rechte können sich aus dem Pfandvertrag oder aus §§ 766, 771, 805, 809 ZPO bei Pfändung der Pfandsache durch Gläubiger des Verpfänders ergeben.

Bei der Geltendmachung aller vorgenannten Ansprüche steht dem Pfandgläubiger die Vermutung des § 1006 BGB auch gegenüber dem Eigentümer zur Seite.[175] Verlangt der Pfandgläubiger vom Besitzer Herausgabe der Sache, so kann sich dieser dem Pfandgläubiger gegenüber auf das Zurückbehaltungsrecht aus § 1000 BGB berufen, wenn er Anspruch auf Verwendungsersatz gem. §§ 994 ff. BGB hat.[176]

---

168 MüKoBGB/*Damrau* § 1257 Rn. 5; *Baur/Stürner* SachenR § 55 Rn. 40.

169 Unter einer Verpflichtungsermächtigung versteht man das Handeln im eigenen Namen mit Ermächtigung des Berechtigten entsprechend § 185 I BGB. Dadurch würden aber die Stellvertretungsvoraussetzungen, insbes. das Offenkundigkeitsprinzip umgangen. In Betracht kommt lediglich eine mittelbare Stellvertretung, die keine unmittelbaren Rechtswirkungen für oder gegen den »Vertretenen« erzeugt.

170 BGHZ 34, 122 (125).

171 Der Herausgabeanspruch gegen den Verpfänder zum Zweck des Verkaufs ergibt sich dagegen aus § 1231 1 BGB. Dieser Anspruch kann auch gegen Dritte gerichtet sein, auf die der Verpfänder seinen Mitbesitz übertragen hat, sowie gegen den Eigentümer, wenn Eigentümer- und Verpfänderstellung auseinanderfallen und die Verpfändung berechtigterweise vorgenommen wurde.

172 Soergel/*Habersack* § 1227 Rn. 5; zu den Voraussetzungen des § 1004 BGB → § 9 Rn. 6.

173 Staudinger/*W. Wiegand* (2009) § 1227 Rn. 11; NK-BGB/*Bülow* § 1227 Rn. 7.

174 Erman/*Schmidt* § 1227 Rn. 5; NK-BGB/*Bülow* § 1227 Rn. 7.

175 Soergel/*Habersack* § 1227 Rn. 2.

176 Staudinger/*W. Wiegand* (2009) § 1227 Rn. 14. Das gilt nicht in der Sonderkonstellation, dass der Eigentümer der Besitzer der Pfandsache ist. Überhaupt ist die gegenüber dem Eigentumsherausgabeanspruch veränderte Interessenlage zu berücksichtigen.

VI. Tilgung der Forderung

1. Erlöschensgründe, insbesondere Tilgung der Forderung (G)

36 Wichtigster Grund für das Erlöschen des Pfandrechts ist wegen dessen Akzessorietät das Erlöschen der zu sichernden Forderung, *insbesondere durch Tilgung*[177] (§ 1252 BGB). Eine Parallele zu Eigentümerhypothek bzw. Eigentümergrundschuld derart, dass das Pfandrecht bei Tilgung der Forderung auf den Eigentümer übergeht (»Eigentümerpfandrecht« an eigenen Sachen), gibt es nicht.[178] Als dingliches Recht erlischt das Pfandrecht auch mit Untergang des Pfandes, dh der belasteten Sache.[179] *Weitere Erlöschensgründe* sind

- der vereinbarte Ausschluss des Pfandrechtsübergangs bei Abtretung der Forderung (§ 1250 II BGB);
- die einseitige Aufgabe- oder Verzichtserklärung des Pfandgläubigers (§ 1255 I BGB);
- die Vereinigung von Pfandrecht und Eigentum, sog. Konsolidation (§ 1256 I BGB[180]);
- der rechtmäßige Pfandverkauf (§ 1242 II 1 BGB);
- die freiwillige und bewusste[181] Rückgabe des Pfandes an den Eigentümer oder den Verpfänder (§§ 1253 ff. BGB).

Daneben treten die *allgemeinen Erlöschensgründe* von Rechten an Sachen, zB der Eintritt einer auflösenden Bedingung (§ 158 I BGB), die Pfandversteigerung oder der lastenfreie Erwerb (§ 936 I BGB).[182]

2. Folgen der Forderungstilgung (V)

37 Im Regelfall befriedigt der persönliche Schuldner den Forderungsinhaber und Pfandgläubiger (Personenidentität![183]) mit der Folge, dass die Forderung durch Erfüllung gem. § 362 I BGB erlischt. Aufgrund seiner Akzessorietät erlischt zugleich das Pfandrecht (§ 1252 BGB).

Leistet der Verpfänder, der nicht persönlicher Schuldner ist, an den Pfand- und Forderungsgläubiger, so geht die Forderung auf ihn über (§ 1225 S. 1 BGB). Die Forderung erlischt also nicht, sondern wechselt nur ihren Inhaber. Damit geht das Pfandrecht mit der Forderung auf den Verpfänder über (§ 1250 I 1 BGB, Akzessorietät). Ist der Verpfänder zugleich Eigentümer der Sache, was regelmäßig der Fall ist, so fallen Pfandrecht und Eigentum in einer Person zusammen (sog. *Konsolidation*). Das Pfandrecht erlischt (§ 1256 I 1 BGB).

177 → § 10 Rn. 37.

178 *Prütting* SachenR Rn. 794, 820; zur Hypothek vgl. § 1113 I BGB (Akzessorietät), § 1163 I 2 BGB (Erwerb der Hypothek durch den Eigentümer bei Erlöschen der Forderung) und § 1177 I 1 BGB (Umwandlung in eine Eigentümergrundschuld); → § 15 Rn. 58 ff.

179 *Westermann/Gursky/Eickmann* SachenR § 131 Rn. 8.

180 Die Bedeutung der Norm liegt eher im Ausschluss der Konsolidationswirkung für verschiedene Tatbestände; Staudinger/*W. Wiegand* (2009) § 1256 Rn. 1.

181 *Westermann/Gursky/Eickmann* SachenR § 131 Rn. 9.

182 *Weber/Weber* KreditsicherungsR § 6 IV.

183 Zu den Personenbeziehungen → § 10 Rn. 5.

Auch wenn Eigentümer und Verpfänder ausnahmsweise nicht dieselbe Person sind, hat der Eigentümer das Recht, den Pfand- und Forderungsgläubiger zu befriedigen, sobald der Schuldner zur Leistung berechtigt ist (§ 1249 S. 1 BGB).[184] Mit Leistung an den Pfandgläubiger geht die Forderung auf den Eigentümer über (§ 1249 S. 2 iVm § 268 III 1 BGB) und unter den Voraussetzungen des § 1256 II BGB auch das Pfandrecht (Ausnahme vom Grundsatz des Erlöschens bei Konsolidation, § 1256 I 1 BGB).

3. Fortbestand des Pfandrechts trotz Zusammenfallens mit dem Eigentum (E)

Von dem Grundsatz, dass das Pfandrecht erlischt, wenn es mit dem Eigentum in einer Person zusammenfällt (*Konsolidation*, § 1256 I 1 BGB), wird in *zwei Fällen* eine *Ausnahme* gemacht: Die Forderung ist mit dem Recht eines Dritten belastet (§ 1256 I 2 BGB) oder der Eigentümer hat ein rechtliches Interesse daran, dass das Pfandrecht fortbesteht (§ 1256 II BGB[185]). 38

Ein rechtliches Interesse des Eigentümers wird insbesondere bejaht, wenn weitere dingliche Rechte (Pfandrecht oder Nießbrauch) an der Sache bestehen und diese durch das Erlöschen des erstrangigen Pfandrechts des Eigentümers aufrücken würden. § 1256 II BGB will dem Eigentümer dann das erstrangige Pfandrecht erhalten.[186] Auswirkungen hat dies bei der Verteilung des Erlöses aus dem Pfandverkauf[187] und wenn der Eigentümer die gesicherte Forderung zusammen mit dem Pfandrecht weiter übertragen will.[188] Nach überwiegender Meinung wird der Fortbestand des Pfandrechts nur fingiert, was dadurch bestätigt wird, dass sich Dritte nicht auf den Fortbestand des Pfandrechts berufen können.[189] Eine vollständige Fiktion des Pfandrechts bewirkt § 1256 BGB damit nicht. Die Fiktion reicht nur soweit, wie es die Eigentümerinteressen fordern.[190]

184 § 1249 BGB spricht nicht vom »Eigentümer«, sondern von demjenigen, der »durch die Veräußerung des Pfandes ein Recht verlieren würde«. Das sind der Eigentümer und andere dinglich Berechtigte (zB der Nießbraucher).

185 Vgl. die Parallelvorschrift beim Nießbrauch (§ 1063 BGB).

186 Staudinger/*W. Wiegand* (2009) § 1256 Rn. 6; Bamberger/Roth/*Sosnitza* § 1256 Rn. 4; NK-BGB/*Bülow* § 1256 Rn. 8. Str. ist dies, wenn der Eigentümer auch persönlicher Schuldner ist. Gegen die Anwendung von § 1256 II BGB (hM) Soergel/*Habersack* § 1256 Rn. 4; Staudinger/*W. Wiegand* (2009) § 1256 Rn. 9; Erman/*Schmidt* § 1256 Rn. 3; NK-BGB/*Bülow* § 1256 Rn. 7; *Westermann/Gursky/Eickmann* SachenR § 131 Rn. 12.

187 Den Pfandverkauf darf der Eigentümer nicht selbst vorantreiben (§ 1197 BGB analog); Staudinger/*W. Wiegand* (2009) § 1256 Rn. 8; aA MüKoBGB/*Damrau* § 1256 Rn. 5, weil der nachrangige Pfandgläubiger durch den Pfandverkauf des Eigentümers nicht benachteiligt werde, sondern im Gegenteil darin die einzige Chance bestehe, sich aus dem Pfand zu befriedigen; er könne es nicht einmal nach § 1232 BGB vom Eigentümer herausverlangen.

188 RGZ 154, 382 (382 f.); Staudinger/*W. Wiegand* (2009) § 1256 Rn. 9.

189 Grundlegend BGHZ 27, 227 (233).

190 Für die relative Wirkung des Pfandrechts auch MüKoBGB/*Damrau* § 1256 Rn. 5; RGRK/*Kregel* § 1256 Rn. 5 (»unechtes Eigentümerpfandrecht«); Soergel/*Habersack* § 1256 Rn. 4; Staudinger/*W. Wiegand* (2009) § 1256 Rn. 7; *Westermann/Gursky/Eickmann* SachenR § 131 Rn. 12. Für ein vollwertiges Pfandrecht hingegen Planck/*Flad* § 1256 Anm. 3.

4. Folgen der Tilgung bei Bestehen weiterer Sicherheiten (V)

Fallbeispiel: »Der Wettlauf der Sicherer«[191]

39 Bestehen für eine Forderung mehrere Sicherheiten (Pfandrecht, Bürgschaft, Hypothek, etc.) und wird ein Sicherungsgeber in Anspruch genommen, stellt sich die Frage, ob dieser im Innenverhältnis zu den anderen Sicherungsgebern Ausgleichsansprüche geltend machen kann. Denn einmal kann sich die Inanspruchnahme gerade dieses Sicherungsgebers als rein zufällig darstellen, zum anderen hat er seine Sicherheit möglicherweise in Kenntnis des Bestehens anderer Sicherheiten gewährt.

Im Verhältnis mehrerer Pfandeigentümer zueinander soll nach hM der Rechtsgedanke der §§ 774 II, 426 BGB entsprechend gelten, sodass diese untereinander anteilig Regress nehmen könnten.[192]

Umstritten ist dagegen das Verhältnis des dinglichen zum persönlichen Sicherungsgeber, insbesondere zum Bürgen. Nach der Grundkonzeption der akzessorischen Sicherungsrechte bewirkt die Erfüllung der gesicherten Forderung den gesetzlichen Forderungsübergang auf den Leistenden,[193] mit dem zugleich alle bestehenden Neben- und Vorzugsrechte mitüberwechseln:

- bei der Bürgschaft gem. §§ 774 I 1, 412, 401 I BGB;
- bei Pfandrecht und Hypothek gem. § 1225 S. 1 bzw. § 1143 I, jeweils iVm §§ 412, 401 BGB.

Mangels abweichender Vereinbarung wäre also der zuerst leistende Sicherungsgeber durch den Übergang der Sicherheiten privilegiert (Prioritätsgedanke), ohne schutzwürdiger zu sein. Es könnte deshalb zu einem »Wettlauf« zwischen den verschiedenen Sicherungsgebern kommen, um jeweils den anderen in Regress nehmen zu können. Die »rein mechanische Anwendung des Gesetzes«[194] führt damit zu nicht vertretbaren Zufälligkeiten.

Bei der Lösung dieses Problems muss es das Ziel sein, nach Bewertung der typischen Interessen einzelner Sicherungsgeber einen gerechten Ausgleich unter allen Siche-

191 *Vieweg/Röthel* Fälle SachenR Fall 21.

192 Soergel/*Habersack* § 1225 Rn. 10; Staudinger/*W. Wiegand* (2009) § 1225 Rn. 16; Erman/*Schmidt* § 1225 Rn. 9; Palandt/*Bassenge* § 1225 Rn. 3; *Baur/Stürner* SachenR § 55 Rn. 23; abweichend *Westermann/Gursky/Eickmann* SachenR § 128 Rn. 19: Es sollen keine Ausgleichsansprüche gegen die anderen Pfandgläubiger entstehen. Vielmehr solle eine inhaltliche Beschränkung der Rechtsposition des ablösenden Verpfänders stattfinden, sodass diesem im Pfandverkauf der Erlös nur in Höhe des auf die anderen entfallenden Anteils gebühre (Abzug des eigenen Haftungsumfangs). Insgesamt aA Planck/*Flad* § 1225 Anm. 2c, d; RGRK/*Kregel* § 1225 Rn. 4; *Becker* NJW 1971, 2151 (2152 f.): Die Ausgleichspflicht ergebe sich nicht aus § 774 II BGB, sondern aus § 769 BGB. Überdies habe die Nennung des § 426 BGB in § 774 II BGB insoweit negative Bedeutung, als § 426 BGB zum einzigen gemeinsamen Haftungsgrund erklärt werde.

193 Beim Zusammentreffen der Bürgschaft mit nicht-akzessorischen Rechten soll der zahlende Bürge deren Übertragung vom Hauptschuldner verlangen können (Grund: Sicherungszweck, Ähnlichkeit zu Pfandrechten); vgl. RGZ 89, 193 (195); 91, 277 (280); BGHZ 42, 53 (56 f.); Staudinger/*Horn* (2012) § 774 Rn. 21.

194 Staudinger/*W. Wiegand* (2009) § 1225 Rn. 28 mwN; vgl. ferner *Neuner* AcP 203 (2003), 46 (62 f.).

rungsgebern zu finden.[195] Zur Korrektur der Gesetzessystematik werden zwei Lösungsmöglichkeiten diskutiert:

Nach einem Teil der Literatur[196] ist der Bürge gegenüber dem dinglichen Sicherungsgeber zu bevorzugen. Leiste er, so gingen die dinglichen Sicherheiten (Pfandrecht oder Hypothek) in voller Höhe auf ihn über, und er könne die gesamte Belastung auf die anderen Sicherungsgeber abwälzen. Im umgekehrten Fall, also bei Befriedigung des Gläubigers durch einen dinglichen Sicherungsgeber, erlösche die Bürgschaft, und der Bürge sehe sich keinem Rückgriffsanspruch ausgesetzt.[197]

Die Bevorzugung des Bürgen neben der ohnehin bestehenden privilegierenden Einrede der Vorausklage (§ 771 BGB) wird dem § 776 BGB entnommen, der Ausdruck einer gesetzgeberischen Wertung sei, den Bürgen in besonderem Maße zu schützen.[198] Nach dieser Norm werde der Bürge von seiner Verpflichtung aus § 765 I BGB frei, wenn der Gläubiger ein die Forderung sicherndes Recht (zB Pfandrecht) aufgebe und der Bürge für dieses Recht nach § 774 I 1 BGB hätte Ersatz verlangen können. Dem Bürgen solle der Rückgriff auf das für die Forderung bestehende Sicherungsrecht, zB ein Pfandrecht, erhalten bleiben. Umgekehrt stehe dem Verpfänder ein solches Recht gerade nicht zu.[199] Der in § 776 BGB enthaltene Rechtsgedanke werde auf das Verhältnis zu dem dinglichen Sicherer (Verpfänder) übertragen, der das dingliche Recht durch Befriedigung des Gläubigers zum Erlöschen bringe: Mit Befriedigung des Gläubigers erwerbe der Verpfänder die Forderung (§ 1225 S. 1 BGB), mit der auch das Pfandrecht auf ihn übergehe (§ 1250 I 1 BGB) und durch Konsolidation erlösche (Normalfall: Verpfänder = Eigentümer). Der Bürge verliere die dingliche Rückgriffsmöglichkeit also nicht nur bei Aufgabe des Pfandrechts durch den Gläubiger, sondern auch bei Befriedigung des Gläubigers durch den Verpfänder und wenn sich der Gläubiger selbst aus dem Pfand befriedigt.[200] Mit Erlöschen des sichernden Pfandrechts müsse daher auch zugleich die Bürgschaft, genauer der Anspruch des Gläubigers gegen den Bürgen aus § 765 I BGB, in Höhe des Pfandwertes erlöschen (Rechtsgedanke aus § 776 BGB) und könne daher nicht mehr auf den Verpfänder übergehen; dieser erhalte nur die ungesicherte Forderung des Pfandgläubigers gegen den persönlichen Schuldner.[201]

Die Bevorzugung des Bürgen sei letztlich auch rechtspolitisch gerechtfertigt, da der Bürge im Gegensatz zum Verpfänder nicht sachlich begrenzt, sondern mit seinem gesamten persönlichen Vermögen hafte.[202]

195 Staudinger/*W. Wiegand* (2009) § 1225 Rn. 29; *Esser/Weyers* SchuldR BT 1 § 40 III 6; *Reinicke/Tiedtke* Kreditsicherung Rn. 1022.

196 Staudinger/*Horn* (2012) § 774 Rn. 68; *Baur/Stürner* SachenR § 55 Rn. 23; *Larenz*, Lehrbuch des Schuldrechts Bd. II Besonderer Teil, 12. Aufl. 1981, § 64 III; *Reinicke/Tiedtke* Kreditsicherung Rn. 1022 ff.

197 Vgl. zur gesamten Problematik und weiteren Argumenten *Gursky* 20 Probleme SachenR 20. Problem, 129 ff.; *Reinicke/Tiedtke* Kreditsicherung Rn. 1022 ff.

198 Staudinger/*Horn* (2012) § 774 Rn. 68; *Reinicke/Tiedtke* Kreditsicherung Rn. 1023.

199 Staudinger/*Horn* (2012) § 774 Rn. 68 unter Hinweis auf BGH NJW-RR 1991, 499.

200 Alle Fälle des Wegfalls einer anderen Sicherheit werden von § 776 BGB (wenn auch nicht ausdrücklich) erfasst; vgl. RGRK/*Kregel* § 1225 Rn. 6.

201 RGRK/*Kregel* § 1225 Rn. 6.

202 Staudinger/*Horn* (2012) § 774 Rn. 68.

Nach Auffassung des BGH[203] und eines Teils der Literatur[204] soll der zuerst leistende Sicherungsgeber entsprechend § 426 BGB einen nur anteiligen Ausgleichsanspruch gegen den anderen Sicherungsgeber erwerben. Für das Verhältnis zwischen Verpfänder und Bürgen gelte nichts anderes als unter Mitbürgen gem. §§ 769, 774 II, 426 BGB. Dies ergebe sich aus der Verweisung des § 1225 S. 2 BGB auf § 774 BGB, der nur mit § 769 BGB zusammen angewendet werden könne. Mit der Verweisung habe der Gesetzgeber zum Ausdruck gebracht, dass er den Bürgen- und Verpfänderregress als gleichwertig ansehe. Für das Zusammentreffen eines Bürgen mit einem Verpfänder könne deshalb nur § 426 BGB und nichts anderes gelten.[205] Aber auch generell für andere dingliche Sicherheiten lasse sich den §§ 774 II, 1225 S. 2 BGB der allgemeine Rechtsgedanke einer Ausgleichshaftung bei mehreren Sicherungsgebern entnehmen. Die anteilige Ausgleichspflicht sei die sinnvollste Regelung, die sich aus den widersprechenden Regressregelungen der § 774 I 1 und § 1225 S. 1 BGB ergebe.[206]

Anders als nach Meinung derjenigen, die den Bürgen privilegieren wollen, sei dem § 776 BGB keine Wertung über das Innenverhältnis verschiedener Sicherungsnehmer zu entnehmen. Die Norm betreffe allein das Verhältnis zwischen Gläubiger und Bürgen und bilde lediglich eine Sanktion für die Missachtung der Interessen durch den Gläubiger.[207]

VII. Befriedigung durch Pfandverkauf

1. Verwertung des Pfands durch Pfandverkauf (V)

40 Es gibt verschiedene Möglichkeiten, die Pfandsache zu veräußern und den Pfandgläubiger zu befriedigen. Man unterscheidet zunächst zwischen dem Pfandverkauf ohne Titel (§ 1233 I BGB) und demjenigen mit Titel (§ 1233 II BGB).

Der Normalfall ist der des privaten Pfandverkaufs ohne Titel (§§ 1228 I, 1233 I, 1234–1240 BGB). Verkäufer ist der Pfandgläubiger kraft seines Pfandrechts.[208] Die geläufigste Form ist die öffentliche Versteigerung (§ 1235 I BGB) durch den Gerichtsvollzieher oder eine sonst zur Versteigerung berechtigte Person (§ 383 III BGB). Rechtmäßig ist die Versteigerung, wenn nicht gegen die in § 1243 I BGB genannten Vorschriften verstoßen wird.[209] Die Verletzung von Ordnungsvorschriften[210] führt nicht zur Rechtswidrigkeit der Versteigerung; der Eigentümer kann jedoch nach § 1243 II BGB Schadensersatz verlangen.

203 BGHZ 108, 179 (182 ff.); BGH NJW 1992, 3228 (3229).

204 MüKoBGB/*Damrau* § 1225 Rn. 10; Soergel/*Habersack* § 1225 Rn. 12, 9; Staudinger/*W. Wiegand* (2009) § 1225 Rn. 28; Erman/*Schmidt* § 1225 Rn. 11; Palandt/*Sprau* § 774 Rn. 13; *Medicus/Petersen* BürgerlR Rn. 941; *Westermann/Gursky/Eickmann* SachenR § 128 Rn. 22; *Larenz/Canaris* SchuldR II 2 § 60 IV 3a; *Wolff/Raiser* SachenR § 140 V 1.

205 Erman/*Schmidt* § 1225 Rn. 11; *Medicus/Petersen* BürgerlR Rn. 941.

206 MüKoBGB/*Damrau* § 1225 Rn. 10.

207 Staudinger/*W. Wiegand* (2009) § 1225 Rn. 29; *Westermann/Gursky/Eickmann* SachenR § 128 Rn. 22; zudem beziehe sich § 776 BGB nur auf die freiwillige Aufgabe von Pfandrechten, Soergel/*Mühl*, 12. Aufl. 1990, § 1225 Rn. 10.

208 Jauernig/*Berger* § 1233 Rn. 1.

209 Rechtmäßigkeitsvoraussetzung für die Versteigerung ist die Einhaltung der Vorschriften der §§ 1228 II, 1230 S. 2, 1235, 1237 S. 1, 1240 BGB.

210 Bloße Ordnungsvorschriften sind §§ 1234 I und II, 1237 S. 2, 1238 I, 1241 BGB.

Möglichkeiten der Pfandverwertung:			
	Voraussetzung	Anwendbare Vorschriften	Art des Erwerbs
Privater Pfandverkauf durch öffentliche Versteigerung		§§ 1233 I, 1228 I, 1235 I, 383 III BGB	durch Zuschlag kommen privater Kaufvertrag und Übereignung zwischen Pfandgläubiger (vertreten durch Gerichtsvollzieher) und Ersteigerer zustande
Privater Pfandverkauf durch freihändigen Verkauf	Pfand mit Börsen- oder Marktpreis	§§ 1233 I, 1235 II, 1221 BGB	wie oben, aber Vertreter kann hier nicht nur ein Gerichtsvollzieher sein
Verkauf nach den Vorschriften der ZPO	vollstreckbarer Titel	§ 1233 II BGB, §§ 814 ff. ZPO	kein Verkauf im Wege der Zwangsvollstreckung, sondern besondere Art des Pfandverkaufs: Gerichtsvollzieher handelt privatrechtlich als Vertreter des Pfandgläubigers, beachtet dabei aber die Formen der Zwangsvollstreckung statt der §§ 1234 ff. BGB
Zwangsvollstreckung	vollstreckbarer Titel, Pfändung	§§ 806 ff. ZPO	durch Zuschlag Eigentumszuweisungen kraft Hoheitsakt

Hat das Pfand einen Börsen- oder Marktpreis, so kann es im freihändigen Verkauf durch einen öffentlich bestellten Versteigerer verwertet werden (§ 1235 II iVm § 1221 BGB); gleiches gilt für Gold- und Silbersachen, falls nur Gebote unter dem Metallwert abgegeben werden (§ 1240 II BGB).

Die Pfandverwertung kann auch nach den Vorschriften der ZPO über die Zwangsvollstreckung in bewegliche Sachen durch öffentliche Versteigerung erfolgen. Sie ist kein Verkauf im Wege der Zwangsvollstreckung, sondern eine besondere Art des Pfandverkaufs.[211] Diese Form der Pfandverwertung setzt voraus, dass der Pfandgläubiger einen vollstreckbaren Titel gegen den Eigentümer auf Duldung der Befriedigung aus der Pfandsache hat (§ 1233 II BGB iVm §§ 814 ff. ZPO). Diese Möglichkeit besteht neben dem Pfandverkauf nach § 1233 I BGB. Ihr Vorteil liegt darin, dass bei Verwertung nicht die Vorschriften der §§ 1234 ff. BGB eingehalten werden müssen.[212] Dabei handelt es sich jedoch ebenfalls um ein Tätigwerden des Gerichtsvollziehers im privaten Auftrag des Pfandgläubigers.[213]

211 Staudinger/*W. Wiegand* (2009) § 1233 Rn. 10.
212 MüKoBGB/*Damrau* § 1233 Rn. 6.
213 MüKoBGB/*Damrau* § 1233 Rn. 6.

Der Pfandgläubiger kann seine Forderung aber auch jederzeit gerichtlich durch Klage geltend machen und die in seinem Besitz befindliche Sache des Schuldners sodann durch den Gerichtsvollzieher pfänden lassen (§ 809 ZPO). Die Verwertung erfolgt dann durch hoheitliche Versteigerung nach den Vorschriften der ZPO (§§ 806 ff. ZPO).

2. Wirkungen des rechtmäßigen Pfandverkaufs

a) Eigentumserwerb an der Pfandsache (V)

41 Folge des rechtmäßigen privaten Pfandverkaufs ist der Übergang des Eigentums am Pfand auf den Ersteher durch Übereignung gem. §§ 929 ff. BGB. § 1242 I BGB stellt klar, dass der Pfandgläubiger, vertreten durch die Versteigerungsperson, bei Pfandreife über fremdes Eigentum wirksam als Berechtigter verfügen kann.

Sämtliche sonst an der Pfandsache bestehenden Pfandrechte erlöschen, selbst vorrangige und solche, von denen der Ersteher Kenntnis hatte (§ 1242 II BGB). Sie bestehen aber an einem etwaigen Mehrerlös fort.[214]

b) Eigentumserwerb am Erlös (V)

42 Der Pfandgläubiger erwirbt das (Allein-)Eigentum am Erlös durch Übereignung gem. § 929 BGB,[215] wenn ihm dieser zur Befriedigung seiner Forderung inkl. Zinsen (§ 1210 I BGB) im Ganzen gebührt. Die gesicherte Forderung erlischt dann durch Erfüllung (§ 1247 S. 1 BGB);[216] bei einem geringeren Erlös als dem Forderungsbestand erlischt sie in Höhe des Erlöses. Übersteigt der Erlös aus dem Pfand die gesicherte Forderung, so erwerben Pfandgläubiger und ehemaliger Eigentümer der Pfandsache Miteigentum (§ 1008 BGB) am Erlös: Der Pfandgläubiger durch Rechtsgeschäft gem. § 929 S. 1 BGB und der Eigentümer durch dingliche Surrogation (§ 1247 S. 2 BGB), dh das Eigentum am Pfand setzt sich am Erlös fort.[217]

3. Wirkungen des unrechtmäßigen Pfandverkaufs und des Verkaufs trotz fehlenden Pfandrechts

a) Eigentumserwerb an der Pfandsache (E)

43 Fraglich sind die Folgen eines Pfandverkaufs, wenn der Pfandgläubiger tatsächlich kein Pfandrecht besaß oder der Pfandverkauf nicht rechtmäßig erfolgte.

Der Ersteher kann gem. § 1244 BGB unter folgenden *Voraussetzungen* gutgläubig lastenfreies Eigentum an der Pfandsache erwerben:[218]

214 Staudinger/W. *Wiegand* (2009) § 1242 Rn. 5.

215 MüKoBGB/*Damrau* § 1247 Rn. 1.

216 Beachte: § 1247 S. 1 BGB regelt nur die schuldrechtlichen Konsequenzen. Der Eigentumserwerb erfolgt durch Übereignung.

217 MüKoBGB/*Damrau* § 1247 Rn. 5; Staudinger/W. *Wiegand* (2009) § 1247 Rn. 2 ff.

218 Beachte: § 1207 iVm §§ 932, 934, 935 BGB regelt den gutgläubigen Erwerb des Pfandrechts, während § 1244 BGB iVm §§ 932–934, 936 BGB den gutgläubigen Erwerb der Pfandsache im Wege der Pfandverkaufs erfasst.

- *Veräußerung in Ausübung eines (angeblichen) Pfandrechts:* Veräußert der Pfandgläubiger die Sache als eigene (Veräußerung als Eigentümer), finden die §§ 932–934 und 936 BGB unmittelbar Anwendung.[219]
- *Pfandverkauf* in einer der drei Veräußerungsarten (§§ 1233 II, 1235 I oder II BGB): Bei einer Zwangsvollstreckung nach den Vorschriften der ZPO kommt es allerdings nicht auf § 1244 BGB an, da hier die Eigentumsübertragung nicht durch privates Rechtsgeschäft, sondern durch staatlichen Hoheitsakt erfolgt (anders als bei der Pfandversteigerung). Deshalb steht selbst Bösgläubigkeit des Erstehers seinem Rechtserwerb nicht entgegen.[220]
- *Guter Glaube* des Erstehers hinsichtlich des Bestehens der Verfügungsbefugnis gem. § 1242 BGB, die wiederum das Bestehen des Pfandrechts *und* der Rechtmäßigkeit des Pfandverkaufs verlangt (keine Kenntnis oder grob fahrlässige Unkenntnis von Rechtsmängeln, vgl. § 932 II BGB).[221] Der gute Glaube wird vermutet.[222] Bei Verkauf nach den Regeln der ZPO (§ 1233 II BGB) erstreckt sich der Gutglaubensschutz auch auf das Vorhandensein eines Titels, dh der Erwerber wird auch dann geschützt, wenn der Veräußerer keinen Titel erlangt hatte.[223]
- Vorliegen der besonderen Tatbestandsvoraussetzungen der §§ 932–934 und 936 BGB.

Da in § 1244 BGB nicht auf § 935 BGB verwiesen wird, kann auch an abhanden gekommenen Sachen gutgläubig Eigentum im Wege der Pfandversteigerung erworben werden.

b) Eigentumserwerb am Erlös (E)

Hat der Ersteigerer – zB wegen Bösgläubigkeit – kein Eigentum an der Pfandsache erworben, so tritt auch am Erlös keine Änderung der Rechtsverhältnisse ein.[224] 44

Konnte dagegen der Ersteigerer gem. § 1244 BGB Eigentum an der Pfandsache erwerben, obwohl kein Pfandrecht bestand oder eine Rechtmäßigkeitsvoraussetzung gem. § 1243 I BGB fehlte, so ist zu unterscheiden:

Fehlte es an einem Pfandrecht oder lag noch keine Pfandreife vor, so gebührt dem Pfandgläubiger der Erlös nicht. Der Eigentümer der Pfandsache erwirbt Eigentum am erzielten Erlös aufgrund dinglicher Surrogation (§ 1247 S. 2 BGB).[225]

War dagegen der *Pfandverkauf rechtswidrig*, weil eine sonstige in § 1243 I BGB genannte Voraussetzung fehlt, so gebührt dem Pfandgläubiger der Erlös materiell. Daher geht die wohl überwiegende Ansicht im Schrifttum[226] davon aus, dass in diesem Fall der Pfandgläubiger Eigentum am Erlös erwirbt.

219 Siehe nur Bamberger/Roth/*Sosnitza* § 1244 Rn. 2.
220 BGHZ 55, 20 (25); Thomas/Putzo/*Seiler* § 817 Rn. 9.
221 NK-BGB/*Bülow* § 1244 Rn. 5, 8.
222 Erman/*Schmidt* § 1244 Rn. 5.
223 MüKoBGB/*Damrau* § 1244 Rn. 7; Staudinger/*W. Wiegand* (2009) § 1244 Rn. 4.
224 Staudinger/*W. Wiegand* (2009) § 1247 Rn. 5; Soergel/*Habersack* § 1247 Rn. 7.
225 Staudinger/*W. Wiegand* (2009) § 1247 Rn. 15 f.; Jauernig/*Berger* § 1247 Rn. 8.
226 Soergel/*Habersack* § 1247 Rn. 7; Staudinger/*W. Wiegand* (2009) § 1247 Rn. 17; Palandt/*Bassenge* § 1247 Rn. 4; aA MüKoBGB/*Damrau* § 1247 Rn. 3.

4. Sachmängelgewährleistung des Pfandgläubigers (V)

45 Als »Verkäufer« des Pfandes treffen den Pfandgläubiger an sich die Gewährleistungspflichten jedes Verkäufers. Erfolgte der Verkauf aber im Wege öffentlicher Versteigerung (§ 383 III BGB) unter der Bezeichnung als »Pfand«, ist die Gewährleistung für Sachmängel gem. § 445 BGB ausgeschlossen.[227] Beim freihändigen Verkauf bleibt die Gewährleistung des Verkäufers bestehen.[228]

5. Einreden gegen Forderung und Pfandrecht

a) Verteidigungsmöglichkeiten des Verpfänders (V)

46 § 1211 BGB regelt die Verteidigungsmöglichkeiten des mit dem persönlichen Schuldner nicht identischen Verpfänders gegen die Inanspruchnahme des Pfands durch den Pfandgläubiger.[229] Wegen der Akzessorietät des Pfandrechts erweitert § 1211 BGB den Kreis der Einreden (ähnlich § 1137 BGB für die Hypothek):[230] Dem Verpfänder stehen einmal alle Einreden zu, die auch der persönliche Schuldner erheben könnte (§ 1211 I 1 Alt. 1 BGB), daneben aber auch die Einreden, die ein Bürge gem. § 770 BGB geltend machen kann (§ 1211 I 1 Alt. 2 BGB). Durch die Geltendmachung der Einreden eines Bürgen (§ 1211 I 1 iVm § 770 BGB) kann der Verpfänder die Befriedigung des Pfandgläubigers verweigern, solange der persönliche Schuldner das Bestehen der Forderung anfechten (§ 770 I BGB) oder der Pfandgläubiger sich durch Aufrechnung gegen eine fällige Forderung des persönlichen Schuldners befriedigen kann (§ 770 II BGB).

Von der Geltendmachung der dem persönlichen Schuldner zustehenden Einreden sind die beschränkte Erbenhaftung des persönlichen Schuldners (§ 1211 I 2 BGB) und die Verjährungseinrede ausgenommen. Für die Verjährungseinrede ergibt sich dies aus dem Rechtsgedanken des § 216 I BGB, demzufolge die Befriedigung aus dem Pfandrecht trotz Verjährung der gesicherten Forderung verlangt werden kann.[231] Der Verpfänder kann die Einreden auch dann erheben, wenn sie dem persönlichen Schuldner rechtskräftig aberkannt worden sind[232] oder dieser auf sie verzichtet hat (§ 1211 II BGB).[233]

Unabhängig von § 1211 BGB kann der Verpfänder dem Pfandgläubiger gegenüber die Einreden aus dem zwischen beiden bestehenden persönlichen Rechtsverhältnis (schuldrechtliche Sicherungsabrede, §§ 241, 311 BGB) geltend machen. Gleiches gilt für das Nichtbestehen des Pfandrechts (zB wegen Nichtigkeit der Einigung).[234]

227 Siehe nur Palandt/*Weidenkaff* § 445 Rn. 5 ff.
228 Staudinger/*W. Wiegand* (2009) § 1233 Rn. 7 ff.; Palandt/*Weidenkaff* § 445 Rn. 3.
229 Staudinger/*W. Wiegand* (2009) § 1211 Rn. 1.
230 Jauernig/*Berger* § 1211 Rn. 2.
231 → § 10 Rn. 21.
232 Staudinger/*W. Wiegand* (2009) § 1211 Rn. 10; auf ein zugunsten des Schuldners ergangenes Urteil kann sich der Verpfänder aber berufen.
233 Staudinger/*W. Wiegand* (2009) § 1211 Rn. 8 ff.
234 Jauernig/*Berger* § 1211 Rn. 1.

b) Einreden des Schuldners und des Eigentümers (V)

Der Schuldner kann stets nur *forderungsbezogene Einreden* erheben, zB das Nichtbestehen der Forderung. Der Eigentümer kann *eigentums- und forderungsbezogene Einreden* geltend machen, da wegen der Akzessorietät das Nichtbestehen der Forderung auch das Nichtbestehen des Pfandrechts zur Folge hat.[235] 47

Besteht gegen das Pfandrecht eine *dauernde Einrede*, so können der Verpfänder, aber auch der Eigentümer die Rückgabe des Pfandes verlangen (§ 1254 BGB). Dies hat zur Konsequenz, dass das Pfandrecht erlischt (§ 1253 I BGB).[236]

VIII. Pfändungspfandrecht

1. Entstehung eines Pfändungspfandrechts (E)

Das Pfändungspfandrecht ist ein Pfandrecht eigener Art, dessen Rechtsnatur noch immer nicht unumstritten ist. Es entsteht bei der Pfändung, dh bei der staatlichen Beschlagnahme eines Vollstreckungsgegenstandes (§ 804 I ZPO). Hinsichtlich der konkreten Entstehungsvoraussetzungen werden unterschiedliche Ansichten vertreten:[237] 48

Nach der *öffentlich-rechtlichen Theorie*[238] entsteht das Pfändungspfandrecht allein durch den hoheitlichen Akt der Pfändung (Verstrickung). Auf eine Forderung des vollstreckenden Gläubigers kommt es danach ebenso wenig an wie auf das Eigentum des Schuldners an der gepfändeten Sache.

Die mittlerweile herrschende *gemischt öffentlichrechtlich-privatrechtliche Theorie*[239] setzt dagegen für das Entstehen des Pfändungspfandrechts neben der wirksamen Pfändung durch Hoheitsakt (Verstrickung) das Bestehen der zu sichernden Forderung und die Zugehörigkeit des gepfändeten Gegenstands zum Schuldnervermögen voraus.

2. Schutz des Pfändungspfandrechts (E)

Über die Verweisung des § 804 II ZPO wird das Pfändungspfandrecht ebenso geschützt wie ein vertragliches Faustpfandrecht.[240] 49

3. Verwertung des gepfändeten Gegenstands (E)

Die Verwertung gepfändeter beweglicher Sachen geschieht idR durch eine vom Gerichtsvollzieher vorzunehmende Versteigerung (§ 814 ZPO). Der Ersteigerer erwirbt 50

235 *Prütting* SachenR Rn. 794.

236 Vgl. insgesamt zu den Einreden des Verpfänders: *Weber/Weber* KreditsicherungsR § 6 IV.

237 Überblick bei Staudinger/W. *Wiegand* (2009) Anh zu § 1257 Rn. 17; Musielak/Voit/*Becker* § 804 Rn. 1 ff.; *Stadler/Bensching* Jura 2002, 438 (439).

238 BLAH/*Hartmann* Übers § 803 Rn. 8; Thomas/Putzo/*Seiler* § 803 Rn. 8; Stein/Jonas/*Münzberg* § 804 Rn. 1 ff. WN in BGHZ 119, 75 (82 f.).

239 MüKoZPO/*Gruber* § 804 Rn. 6, 11; Musielak/Voit/*Becker* § 804 Rn. 2, 4; *Brox/Walker* ZVR Rn. 393; *Gaul/Schilken/Becker-Eberhard* ZVR § 50 III 3a Rn. 50 ff. WN in BGHZ 119, 75 (86 f.).

240 Vgl. zum Schutz des Pfandrechts → § 10 Rn. 35.

kraft Hoheitsakts Eigentum an der Pfandsache. Am Erlös setzen sich die an der Pfandsache bestehenden Rechte fort, dh der frühere Eigentümer wird Eigentümer des Erlöses, der Gläubiger erhält ein Pfändungspfandrecht am Erlös. Kehrt der Gerichtsvollzieher den Erlös an den Gläubiger aus, so gilt dies gem. § 819 ZPO als Zahlung des Schuldners. Wird eine schuldnerfremde Sache gepfändet, so entsteht nach der gemischt öffentlichrechtlich-privatrechtlichen Theorie kein Pfändungspfandrecht; der Erlös gebührt dem Pfändungsgläubiger daher nicht und ist bei Auskehr gem. § 812 I 1 Alt. 1 BGB an den Eigentümer herauszugeben.[241]

IX. Pfandrechte an Rechten

1. Systematik der §§ 1273 ff. BGB (E)

51 § 1273 I BGB stellt klar, dass Gegenstand eines Pfandrechts auch ein Recht sein kann. Damit hat sich der Gesetzgeber, systemwidrig im dritten Buch des BGB,[242] für die Zulässigkeit der Begründung eines Rechts an einem Recht entschieden. Aufgrund des Pfandrechts an einem Recht ist der Pfandgläubiger berechtigt, gewisse Befugnisse des Rechtsinhabers an dessen Stelle auszuüben, insbesondere Befriedigung aus dem Recht zu suchen. Da das Pfandrecht an Rechten dem Sachpfand nach seinem Zweck weitgehend gleicht, sind mangels abweichender Sonderregelungen gem. § 1273 II BGB die Vorschriften über das Sachpfand entsprechend anzuwenden.

Nach der Gesetzessystematik sind Pfandrechte an Geldforderungen, an sonstigen Forderungen und an sonstigen Vermögensrechten zu unterscheiden:

- §§ 1273–1278 BGB gelten für alle Arten von Pfandrechten an Rechten.
- §§ 1279–1290 BGB enthalten Sonderregeln für die Verpfändung von Forderungen (sowohl Geld- als auch sonstige Forderungen). Die Unterscheidung zwischen Geld- und sonstigen Forderungen ist nur bei der Zuteilung des Verwertungserlöses von Bedeutung (§§ 1287 f. BGB).
- §§ 1291–1296 BGB enthalten Sonderregeln für bestimmte Formen sonstiger Vermögensrechte.

2. Entstehung von Pfandrechten an Rechten

a) Verpfändbare Rechte (E)

52 Verpfändbar sind grundsätzlich alle Forderungen und sonstigen Rechte, soweit sie übertragbar sind, also die Leistung auch ohne Veränderung ihres Inhalts an einen anderen erbracht werden kann (§ 1274 II iVm §§ 399 f. BGB).[243] Gegenstand eines Pfandrechts können also beispielsweise auch Hypotheken, Grundschulden oder GmbH-Anteile sein. Auch Anwartschaftsrechte können verpfändet werden.[244] Einschränkungen ergeben sich im Einzelfall aus dem Zweck des Pfandrechts als Verwertungsrecht und der Eigenart bestimmter Rechte.[245]

---

241 Musielak/Voit/*Becker* § 817 Rn. 9; *Brox/Walker* ZVR Rn. 456.

242 → § 1 Rn. 11.

243 Staudinger/*D. Wiegand* (2009) § 1274 Rn. 25 f.

244 Staudinger/*D. Wiegand* (2009) § 1273 Rn. 17.

245 MüKoBGB/*Damrau* § 1273 Rn. 2; Übersicht bei Staudinger/*D. Wiegand* (2009) § 1274 Rn. 23 ff.

Da § 1273 BGB nach seinem Wortlaut ein bestehendes Recht voraussetzt, kann ein künftiges, dh erst noch zu erwerbendes Recht nicht Gegenstand eines Pfandrechts sein. Denkbar ist aber eine antizipierte Einigung über die Bestellung eines Pfandrechts an dem künftigen Recht, sofern der Bestimmtheitsgrundsatz beachtet wird. Soweit die übrigen Entstehungsvoraussetzungen (Übergabe, Abtretungsanzeige) vorliegen, wird das Pfandrecht in dem Zeitpunkt begründet, in dem der Verpfänder das Recht erwirbt.[246]

Hiervon zu unterscheiden ist die Frage, ob das Pfandrecht an einem Recht zur Sicherung einer künftigen Forderung bestellt werden kann. Dies ist gem. §§ 1273 II, 1204 II BGB zulässig.

b) Voraussetzungen der Entstehung – Überblick (E)

Die Bestellung des Pfandrechts an einem Recht erfolgt gem. § 1274 BGB nach den für 53
die Übertragung des Rechts geltenden Vorschriften. Regelmäßig setzt dies voraus:

- *Bestehen der gesicherten Forderung:* Wird eine künftige oder bedingte Forderung gesichert (§§ 1273 II, 1204 II BGB), so entsteht das Pfandrecht bereits mit der Einigung über die Verpfändung, ein Verwertungsrecht gibt dieses Pfandrecht allerdings erst ab dem Zeitpunkt des endgültigen Entstehens der Forderung.[247]
- *Einigung* über die Bestellung eines Pfandrechts an dem Recht. Dabei ist ggf. die für die Rechtsübertragung nötige Form zu beachten.
- *Übergabe bzw. Übergabesurrogat* entsprechend §§ 1205, 1206 BGB, falls die Übertragung des Rechts die Übergabe einer Sache verlangt.
- *Anzeige an den Schuldner gem.* § 1280 BGB: Wird ein Pfandrecht an einer Forderung bestellt, zu deren Übertragung die bloße Einigung genügt, dann muss der Gläubiger die Verpfändung dem Schuldner anzeigen. Diese Anzeige ist Wirksamkeitsvoraussetzung für die Verpfändung, dh das Pfandrecht an der Forderung entsteht erst mit erfolgter Anzeige.[248] Da der Gläubiger es häufig vermeiden will, dass sein Schuldner von der Verpfändung erfährt, hat sich in der Praxis die Sicherungsabtretung gegenüber der rechtsgeschäftlichen Verpfändung von Forderungen durchgesetzt.
- *Einigsein* bis zur Vollendung des Rechtserwerbs.
- *Berechtigung bzw. gutgläubiger Erwerb.*

Die Verpfändung akzessorischer Sicherungsrechte, wie zB der Hypothek, erfolgt durch Verpfändung der zugrundeliegenden Forderung (zB gem. §§ 1153, 1154 BGB[249]).

c) Gutgläubiger Erwerb von Pfandrechten an Rechten (E)

Der gutgläubige Erwerb eines Pfandrechts an einem Recht kommt in Betracht, wenn 54
der Verpfänder nicht Inhaber des verpfändeten Rechts oder nicht verfügungsbefugt ist. Das Pfandrecht kann aber nur dann kraft guten Glaubens erworben werden, wenn auch das belastete Recht seinerseits gutgläubig erworben werden kann.[250] Dies ist bei Forderungen regelmäßig (*Ausnahme:* § 405 BGB) nicht der Fall, weil es an

246 MüKoBGB/*Damrau* § 1273 Rn. 4; Staudinger/*D. Wiegand* (2009) § 1273 Rn. 14.
247 Vgl. Staudinger/*W. Wiegand* (2009) § 1204 Rn. 23, 26.
248 Staudinger/*D. Wiegand* (2009) § 1280 Rn. 7, 11.
249 → § 15 Rn. 77.
250 *Reinicke/Tiedtke* Kreditsicherung Rn. 1043.

einem Rechtsschein für den Gutglaubenserwerb fehlt. Anderes gilt zB bei Hypotheken und Grundschulden (§ 892 BGB).

3. Verwertung von Pfandrechten an Rechten (E)

55 Ein Pfandrecht an einem Recht kann grundsätzlich nur durch Zwangsvollstreckung aufgrund eines vollstreckbaren Titels verwertet werden (§ 1277 BGB). Dieser muss sich gegen den Inhaber des verpfändeten Rechts richten und auf Duldung der Zwangsvollstreckung gehen. Ein Pfandverkauf, wie bei der Verpfändung beweglicher Sachen, ist nicht möglich.

Für die Verwertung verpfändeter Forderungen bedarf es dagegen keines Titels. Die Verwertung erfolgt hier nach den Sondervorschriften der §§ 1281 f. BGB. Dabei unterscheidet das Gesetz nach dem Zeitraum vor und nach Pfandreife. Pfandreife liegt idR dann vor, wenn die durch das Pfand gesicherte Forderung fällig ist.[251]

Vor Pfandreife können Pfandgläubiger und Gläubiger die verpfändete Forderung gem. § 1281 BGB nur gemeinsam geltend machen. Sie sind insoweit Gesamthandsgläubiger.

Nach Pfandreife kann der Pfandgläubiger vom Schuldner der verpfändeten Forderung Leistung an sich gem. § 1282 BGB verlangen, der Schuldner darf nur noch an ihn leisten. Es liegt ein Fall der gesetzlichen Einziehungsermächtigung vor.

Gleiches gilt für die Verwertung verpfändeter Grund- und Rentenschulden (§ 1291 BGB).

4. Folgen des Erlöschens der gepfändeten Forderung durch Erfüllung (E)

56 Fällt die gepfändete Forderung durch Erfüllung weg, so ist hinsichtlich der Rechtsfolgen danach zu unterscheiden, ob es sich um eine Geldforderung handelt oder nicht:

Erfüllt der Schuldner eine Forderung, die nicht Geldforderung ist, so erlöschen die gepfändete Forderung und das Pfandrecht. Dafür wird der Gläubiger Inhaber des geschuldeten Gegenstands. Der Pfandgläubiger erwirbt durch dingliche Surrogation ein Pfandrecht an diesem Gegenstand gem. § 1287 S. 1 BGB. Bestand der Anspruch in der Übereignung eines Grundstücks, erwirbt der Pfandgläubiger eine Sicherungshypothek an dem Grundstück (§ 1287 S. 2 BGB).

Wird dagegen eine gepfändete Geldforderung erfüllt, so ist weiter zu differenzieren: Wird die Geldforderung vor Pfandreife (dh vor Fälligkeit der gepfändeten Forderung) von Pfandgläubiger und Gläubiger gemeinsam eingezogen, erwirbt der Gläubiger Eigentum an dem Geld. Er ist gem. § 1288 I BGB verpflichtet, das Geld mündelsicher anzulegen (vgl. § 1807 BGB) und dem Pfandgläubiger ein Pfandrecht an dem Geld zu bestellen. Es entsteht also kein Pfandrecht kraft Gesetzes durch dingliche Surrogation.

251 Staudinger/*D. Wiegand* (2009) § 1281 Rn. 1.

Findet die Einziehung nach Pfandreife statt, so erwirbt der einziehende Pfandgläubiger Eigentum an dem Geld, und zwar auch dann, wenn ihm der Betrag nur teilweise zusteht, weil die gepfändete die gesicherte Forderung übersteigt.[252] Die verpfändete Forderung erlischt durch Erfüllung (§ 1288 II BGB), nach einer Ansicht[253] aber nur in Höhe der gesicherten Forderung. Den Restbetrag müsse der Schuldner weiterhin an den Gläubiger leisten. Dafür könne der Schuldner diesen Betrag nach § 812 BGB vom Pfandgläubiger kondizieren. Nach anderer Ansicht[254] wird der Schuldner in voller Höhe von seiner Schuld befreit. Pfandgläubiger und Gläubiger würden analog § 1247 S. 2 BGB Miteigentümer des gesamten Geldbetrags und müssten sich diesbezüglich auseinandersetzen. Insoweit wird die Regelung bei der Sachpfändung übernommen.[255]

252 MüKoBGB/*Damrau* § 1288 Rn. 4 f.; Soergel/*Habersack* § 1288 Rn. 5; aA Staudinger/*D. Wiegand* (2009) § 1288 Rn. 6.
253 MüKoBGB/*Damrau* § 1288 Rn. 5.
254 Palandt/*Bassenge* § 1288 Rn. 3; Staudinger/*D. Wiegand* (2009) § 1288 Rn. 5.
255 → § 10 Rn. 42.

§ 11 Eigentumsvorbehalt und Anwartschaftsrecht

I. Entstehung und Formen des Eigentumsvorbehalts

1. Grundlagen

a) Begriff (G)

Unter Eigentumsvorbehalt wird die Vereinbarung zwischen Verkäufer und Käufer verstanden, dass das Eigentum an der bewegliche Sache erst nach vollständiger Tilgung der Kaufpreisforderung auf den Käufer übergehen soll. 1

Diese Vereinbarung liegt als Grundbaustein allen Formen des Eigentumsvorbehalts zugrunde, wird aber meist um spezifische Elemente ergänzt. Daraus ergeben sich folgende *Sonderformen des Eigentumsvorbehalts:*

- verlängerter Eigentumsvorbehalt;[1]
- erweiterter Eigentumsvorbehalt;[2]
- weitergeleiteter Eigentumsvorbehalt;[3]
- nachgeschalteter Eigentumsvorbehalt.[4]

b) Interessenlage und Bedeutung (G)

Grundsätzlich sind im Kaufvertrag die Leistungen Zug um Zug zu erbringen (§ 320 BGB). Im heutigen Wirtschaftsverkehr ist der Verkäufer jedoch häufig zur Vorleistung gezwungen. So kann der Hersteller die Rechnungen seines Rohstofflieferanten regelmäßig erst dann begleichen, wenn er die aus den Rohstoffen erzeugten Produkte verkauft hat. Die Materialbeschaffungskosten werden somit über den Weiterveräußerungserlös gedeckt. Häufig wird ein Zahlungsziel vereinbart. Rechtlich gewährt der Lieferant dem Hersteller hierdurch eine Stundung. 2

Eine vorbehaltslose und unbedingte Erfüllung des Kaufvertrags birgt jedoch für den Verkäufer Risiken: Gegen zwischenzeitliche Veräußerung der Sache durch den Käufer (als verfügungsbefugtem Eigentümer) ist er ebenso wenig geschützt wie gegen eine Vollstreckung der Gläubiger des Käufers in die Sache. Im Insolvenzfall muss er sich möglicherweise mit einer geringen Befriedigungsquote aus der Insolvenzmasse begnügen. Anders gewendet: Der Verkäufer hat keine ausreichende Sicherheit für die von ihm gestundete Forderung.[5]

---

1 → § 11 Rn. 12 ff.
2 → § 11 Rn. 28 ff.
3 → § 11 Rn. 32.
4 → § 11 Rn. 33.
5 Nach der bis zum 31.12.2001 geltenden Vorschrift des § 454 BGB war der vorleistende Verkäufer auf Schadensersatz- oder Erfüllungsansprüche beschränkt, konnte aber nicht mehr die Sache zurückverlangen. § 454 BGB aF wurde aufgehoben, da die Vorschrift als rechtspolitisch verfehlt angesehen wurde; vgl. BT-Drs. 14/6040, 204. Die Praxis behalf sich mit der Vereinbarung eines vertraglichen Rücktrittsrechts oder mit der Abbedingung der Vorschrift; vgl. Jauernig/*Vollkommer*, 9. Aufl. 1999, § 454 Rn. 3.

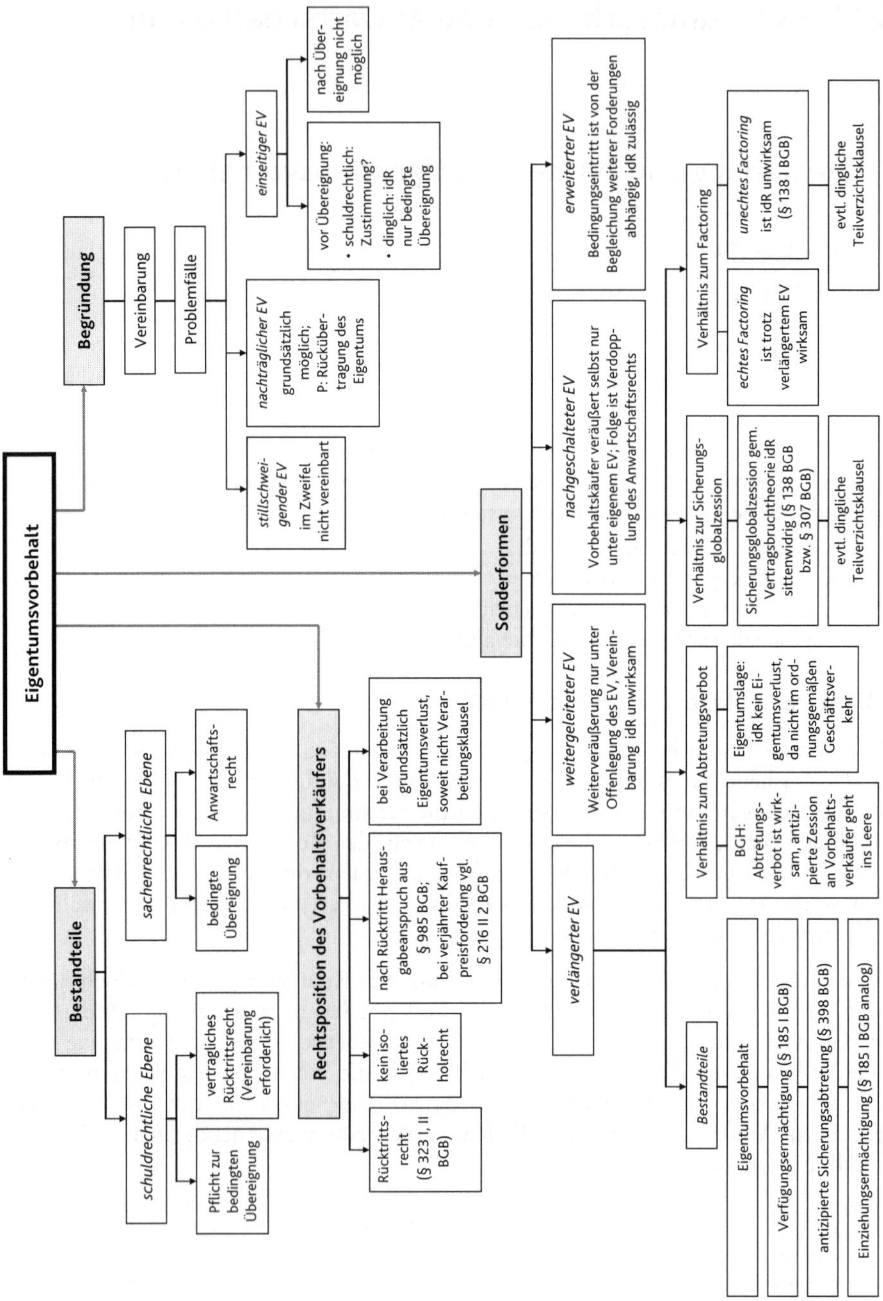
Eigentumsvorbehalt
Bestandteile
schuldrechtliche Ebene
Pflicht zur bedingten Übereignung
vertragliches Rücktrittsrecht (Vereinbarung erforderlich)
sachenrechtliche Ebene
bedingte Übereignung
Anwartschaftsrecht
Rechtsposition des Vorbehaltsverkäufers
Rücktrittsrecht (§ 323 I, II BGB)
kein isoliertes Rückholrecht
nach Rücktritt Herausgabeanspruch aus § 985 BGB; bei verjährter Kaufpreisforderung vgl. § 216 II 2 BGB
bei Verarbeitung grundsätzlich Eigentumsverlust, soweit nicht Verarbeitungsklausel
Begründung
Vereinbarung
Problemfälle
stillschweigender EV im Zweifel nicht vereinbart
nachträglicher EV grundsätzlich möglich; P: Rückübertragung des Eigentums
einseitiger EV
vor Übereignung: • schuldrechtlich: Zustimmung? • dinglich: idR nur bedingte Übereignung
nach Übereignung nicht möglich
Sonderformen
verlängerter EV
weitergeleiteter EV Weiterveräußerung nur unter Offenlegung des EV, Vereinbarung idR unwirksam
nachgeschalteter EV Vorbehaltskäufer veräußert selbst nur unter eigenem EV; Folge ist Verdopplung des Anwartschaftsrechts
erweiterter EV Bedingungseintritt ist von der Begleichung weiterer Forderungen abhängig, idR zulässig
Bestandteile
Eigentumsvorbehalt
Verfügungsermächtigung (§ 185 I BGB)
antizipierte Sicherungsabtretung (§ 398 BGB)
Einziehungsermächtigung (§ 185 I BGB analog)
Verhältnis zum Abtretungsverbot
BGH: Abtretungsverbot ist wirksam, antizipierte Zession an Vorbehaltsverkäufer geht ins Leere
Eigentumslage: idR kein Eigentumsverlust, da nicht im ordnungsgemäßen Geschäftsverkehr
Verhältnis zur Sicherungsglobalzession
Sicherungsglobalzession gem. Vertragsbruchtheorie idR sittenwidrig (§ 138 BGB bzw. § 307 BGB)
evtl. dingliche Teilverzichtsklausel
Verhältnis zum Factoring
echtes Factoring ist trotz verlängertem EV wirksam
unechtes Factoring ist idR unwirksam (§ 138 I BGB)
evtl. dingliche Teilverzichtsklausel

Ein umfassender Schutz für den Verkäufer lässt sich dadurch erzielen, dass ihm nicht nur obligatorische Rechte eingeräumt werden, sondern ihm auch dinglich das Eigentum an der verkauften Sache so lange verbleibt, bis seine Gegenforderung vollständig beglichen worden ist. Hieraus resultiert die besondere Bedeutung des Eigentumsvorbehalts. Für den Vorbehaltskäufer hat der Eigentumsvorbehalt den Vorteil, dass er schon vor vollständiger Kaufpreiszahlung ein dingliches Anwartschaftsrecht und damit eine verwertbare Rechtsposition erlangt.[6]

c) Bestandteile des Eigentumsvorbehalts (G)

Im Gesetz findet sich zum Eigentumsvorbehalt, der sowohl eine schuldrechtliche als 3
auch eine sachenrechtliche Ebene hat,[7] lediglich eine Auslegungsregel (§ 449 I BGB).

Schuldrechtlich verpflichtet sich der Verkäufer, alle zur Übereignung notwendigen Handlungen sofort vorzunehmen. Dabei soll der Eintritt der damit verbundenen Rechtsfolge – der Eigentumsübergang – noch von der aufschiebenden Bedingung vollständiger Kaufpreiszahlung abhängig sein (§ 158 I BGB).

In § 449 I BGB wird – anders als in § 455 I BGB in der bis zum 31.12.2001 geltenden Fassung – bei Zahlungsverzug des Käufers kein vertragliches Rücktrittsrecht des Verkäufers gesetzlich vermutet. Der Verkäufer muss vielmehr nach den allgemeinen Vorschriften des § 323 I oder II BGB vorgehen.[8]

Dinglich wird mit dem Eigentumsvorbehalt ein aufschiebend bedingter Eigentumsübergang vereinbart (§§ 929, 158 I BGB). Dem Vorbehaltskäufer steht in der Zeit zwischen Einigung/Übergabe und Bedingungseintritt (endgültiger Rechtserwerb) ein dingliches Anwartschaftsrecht zu.

d) Nicht-Akzessorietät des Eigentumsvorbehalts (G)

Der Eigentumsvorbehalt ist ein *selbstständiges Sicherungsrecht*, mithin nicht akzesso- 4
risch.[9] Wird die zu sichernde Kaufpreisforderung abgetreten, geht das Vorbehaltseigentum des Zedenten nicht automatisch auf den Zessionar über. § 401 BGB ist nicht anwendbar.[10]

Eine gewisse Verknüpfung von Forderung und Sicherungseigentum wird jedoch durch die aufschiebende Bedingung der Zahlung erreicht, dh das Eigentum geht grundsätzlich erst mit Erlöschen der Kaufpreisforderung über.[11]

6 Zum Anwartschaftsrecht → § 11 Rn. 34 ff.

7 Statt aller *Baur/Stürner* SachenR § 59 Rn. 1.

8 Palandt/*Weidenkaff* § 449 Rn. 26; Palandt/*Ellenberger* § 216 Rn. 4; *Wilhelm* SachenR Rn. 2445; *Schulze/Kienle* NJW 2002, 2842 (2842 f.); *Habersack/Schürnbrand* JuS 2002, 833 (834 f.); BT-Drs. 14/6040, 241. Dabei wird die Berücksichtigung des Sicherungsinteresses des Vorbehaltsverkäufers aber idR dazu führen, dass die Nachfrist relativ kurz zu bemessen ist; vgl. *Schulze/Kienle* NJW 2002, 2842 (2843). Während eine individualvertragliche Abbedingung des § 449 II BGB ohne Weiteres möglich ist, scheitert eine entsprechende Regelung in AGB an § 307 I 1, II Nr. 1 BGB, vgl. BGH NJW-RR 2008, 818 (821) mwN.

9 BGHZ 42, 53 (56); Palandt/*Grüneberg* § 401 Rn. 5; *Weber/Weber* KreditsicherungsR § 9 I.

10 BGHZ 42, 53 (56); Jauernig/*Stürner* § 401 Rn. 5.

11 Vgl. *Huber* ZIP 1987, 752: »indirekte Sicherung«.

e) Gegenstand des Eigentumsvorbehalts: bewegliche Sachen (G)

5 Bei unbeweglichen Sachen ist die dingliche Einigung (*Auflassung*) unter einer Bedingung unzulässig (§ 925 II BGB), da ein Schwebezustand mit grundbuchrechtlichen Prinzipien unvereinbar wäre. Gegenstand eines Eigentumsvorbehalts können somit nur bewegliche Sachen sein (vgl. § 449 I BGB), inklusive ihrer wesentlichen Bestandteile, des Zubehörs und der Früchte (§§ 97, 99 BGB).[12] Für unbewegliche Sachen ermöglicht aber das Sicherungsmittel der Vormerkung (§ 883 BGB) einen vergleichbaren Schutz des Erwerbers.[13]

2. Begründung des Eigentumsvorbehalts

a) Vereinbarung (G)

6 Der Eigentumsvorbehalt entfaltet seine vollen schuld- wie sachenrechtlichen Wirkungen, wenn er sowohl im Kaufvertrag als auch bei der dinglichen Einigung wirksam vereinbart wird.[14] Ist er im Kaufvertrag geregelt, wird seine Geltung bei der dinglichen Einigung vermutet (§ 449 I BGB). In der Praxis wird der Eigentumsvorbehalt daher im Kaufvertrag vereinbart. Weit verbreitet und zulässig ist eine Vereinbarung durch AGB.

b) Konkludenter Eigentumsvorbehalt (G)

7 Zwar kann ein Eigentumsvorbehalt auch konkludent vereinbart werden. Es kann aber, auch wenn der Eigentumsvorbehalt bei Warenlieferungen – insbesondere bei Kaufpreisstundung[15] – überaus verbreitet ist, bei fehlender ausdrücklicher Vereinbarung nicht ohne Weiteres zulasten des Käufers von einem stillschweigend vereinbarten Eigentumsvorbehalt ausgegangen werden. Vielmehr müssen sich für einen objektiven Beobachter konkrete Anhaltspunkte für einen diesbezüglichen Willen der Parteien[16] oder einen entsprechenden Handelsbrauch in der betreffenden Branche[17] erkennen lassen.

c) Nachträglicher Eigentumsvorbehalt (V)

8 Der Eigentumsvorbehalt kann auch nachträglich, dh nach Abschluss und Erfüllung des Kaufvertrags, vereinbart werden.[18] Dabei handelt es sich um eine grundsätzlich

12 *Weber/Weber* KreditsicherungsR § 9 II.

13 → § 14 Rn. 1 ff.

14 Jauernig/*Berger* § 449 Rn. 4 ff.; *Baur/Stürner* SachenR § 59 Rn. 10.

15 Eine nicht vollständige Kaufpreiszahlung alleine genügt nie, um einen Eigentumsvorbehalt zu begründen; siehe nur NK-BGB/*Meller-Hannich/Schilken* § 929 Rn. 73; aA MüKoBGB/*H. P. Westermann* § 449 Rn. 15 f. mwN; offen gelassen von BGH NJW 2006, 3488 (3489).

16 Jauernig/*Berger* § 449 Rn. 6; NK-BGB/*Meller-Hannich/Schilken* § 929 Rn. 73; *Reinicke/Tiedtke* Kreditsicherung Rn. 845; vgl. auch BGH NJW 2006, 3488 (3489): Einbehalten des Kfz-Briefes als konkludente Vereinbarung eines Eigentumsvorbehaltes; krit. dazu für den Fall einer vereinbarten Vorleistungspflicht des Verkäufers *Tiedtke* JZ 2008, 452 (459 f.).

17 BGH NJW-RR 2004, 555.

18 *Baur/Stürner* SachenR § 59 Rn. 11 mwN; *Lüke* SachenR Rn. 552; *Reinicke/Tiedtke* Kreditsicherung Rn. 846 ff.; *Weber/Weber* KreditsicherungsR § 9 I; *Wolf/Wellenhofer* SachenR § 14 Rn. 7; BGH NJW 2006, 3488 (3489); zur Frage einer nachträglichen Erweiterung, wenn das Anwartschaftsrecht bereits auf einen Dritten übertragen wurde, → § 11 Rn. 52.

unbedenkliche Änderung des ursprünglichen Geschäfts in beiderseitigem Einvernehmen (*Vertragsänderung*).

Probleme treten dann auf, wenn die Sache inzwischen bereits an den Vorbehaltskäufer übereignet worden und dieser damit Volleigentümer geworden ist. Umstritten ist, durch welche bzw. wie viele Rechtsakte der Verkäufer das Eigentum an der Sache zurückerhält.

Die Rechtsprechung[19] geht davon aus, dass zunächst eine unbedingte Rückübertragung des Volleigentums nach §§ 929, 930 BGB an den Verkäufer erfolgt und sich hieran eine erneute, jetzt aber bedingte Übereignung an den Käufer nach §§ 929 S. 2, 158 I BGB anschließt.

Die überwiegende Ansicht in der Literatur[20] nimmt dagegen aus Gründen der Praktikabilität und Publizität einen einheitlichen Akt der Rückübertragung des um das Anwartschaftsrecht des Käufers gekürzten Eigentums auf den Verkäufer an, der unter der auflösenden (!) Bedingung der vollständigen Kaufpreiszahlung steht (§§ 929, 930, 158 II BGB). Diese Lösung hat den Vorteil, dass zwischenzeitlich begründete Rechte Dritter an der Sache durch die Rückübereignung nicht beeinträchtigt werden. Außerdem entspricht sie eher dem Schutzbedürfnis des Schuldners, da ein Zugriff der Gläubiger des Vorbehaltsverkäufers mangels Eigentums(rück)übertragung nicht möglich ist.

d) Einseitiger Eigentumsvorbehalt (V)

Vom nachträglich vereinbarten Eigentumsvorbehalt ist der Fall des nachträglichen 9
»Erschleichens« eines Eigentumsvorbehalts zu unterscheiden, sog. vertragswidriger Eigentumsvorbehalt.[21] Hierbei bringt der Verkäufer den Eigentumsvorbehalt einseitig erstmalig im Zuge der Übereignung – und damit im Widerspruch zum Kaufvertrag – zum Ausdruck. Häufigste Konstellation ist die erstmalige Erwähnung des Eigentumsvorbehalts auf dem Lieferschein.[22] In diesem Fall ist danach zu unterscheiden, wann dem Käufer die Erklärung zugeht.[23]

aa) Erklärung nach unbedingter Übereignung (V)

Erklärt der Verkäufer den Eigentumsvorbehalt erst nach erfolgter unbedingter Über- 10
eignung, zB in der auf eine gewöhnliche Lieferung folgenden Rechnung, so ist diese Erklärung nach allgemeiner Ansicht wirkungslos: Durch Übergabe und konkludente Einigung hat der Käufer bereits das volle Eigentum erworben. Die nachfolgende Erklärung ist nicht geeignet, dieses unbedingte Eigentum nachträglich zur nur bedingten Erwerbsposition – dh zum Anwartschaftsrecht – herabzumindern.[24]

19 RGZ 49, 170 (172); 54, 396 (397 f.); BGH NJW 1953, 217 (218); weniger streng aber RG JW 1915, 445 (446); HRR 1929 Nr. 105.

20 Staudinger/*Beckmann* (2014) § 449 Rn. 36; Bamberger/Roth/*Kindl* § 929 Rn. 60; *Reinicke/Tiedtke* Kreditsicherung Rn. 847; *Baur/Stürner* SachenR § 59 Rn. 11 und § 51 Rn. 34; *Wilhelm* SachenR Rn. 2444; *Raiser* NJW 1953, 217; *Deneke* JuS 1988, 965.

21 MüKoBGB/*H. P. Westermann* § 449 Rn. 13, 18.

22 Staudinger/*Beckmann* (2014) § 449 Rn. 31 ff.; *Baur/Stürner* SachenR § 59 Rn. 11 und § 51 Rn. 34; *Gottwald* PdW SachenR Fall 178; *Ulmer/Schmidt* JuS 1984, 18 ff.

23 Zum Ganzen siehe auch *Bonin* JuS 2002, 438 ff.; NK-BGB/*Meller-Hannich/Schilken* § 929 Rn. 76.

24 Staudinger/*Beckmann* (2014) § 449 Rn. 32; *Reinicke/Tiedtke* Kreditsicherung Rn. 847.

bb) Erklärung vor oder bei der Übereignung (V)

11 Wenn der Verkäufer vor bzw. bei Übereignung der Ware einseitig den Eigentumsvorbehalt erklärt, zB auf dem der Ware beigefügten Lieferschein, so ist wiederum zu differenzieren:

Gegenüber einem nicht zur Vertragsänderung berechtigten Dritten, zB einem nicht vertretungsbefugten Angestellten des Käufers, liegt trotz des erklärten Vorbehalts nach dem objektiven Empfängerhorizont des Käufers in der bloßen Übergabe der Sache das dingliche Angebot des Verkäufers, dem Käufer die Ware entsprechend den Bedingungen des Kaufvertrags, mithin also bedingungslos, zu übereignen. Die nachträglich abredewidrig eingefügte Bedingung des Verkäufers ist dem Käufer in diesem Fall nicht zugegangen,[25] da § 130 I BGB voraussetzt, dass Erklärungen in zumutbarer Weise zugehen.[26] Der Verkäufer kann seine unbedingte Erklärung auch nicht wegen Inhaltsirrtums gem. § 119 I Alt. 1 BGB anfechten. Es ist vielmehr davon auszugehen, dass er sich vertragsgemäß verhalten, also »bei verständiger Würdigung des Falles« eine unbedingte Übereignung erklärt hätte.[27]

Anders ist die Rechtslage jedoch zu beurteilen, wenn der Verkäufer den Eigentumsvorbehalt gegenüber dem Käufer oder einem zur Vertragsgestaltung befugten Dritten erklärt. In diesem Fall liegt in der Erklärung einerseits ein Angebot des Verkäufers, den schuldrechtlichen Kaufvertrag abzuändern, sowie andererseits das dingliche Angebot, die Ware nur bedingt zu übereignen. Wiederum sind schuldrechtliche und sachenrechtliche Ebene getrennt voneinander zu betrachten:

Auf schuldrechtlicher Ebene ist entscheidend, ob nach den Umständen davon auszugehen ist, dass der Käufer der Vertragsänderung zustimmt. Allerdings ergibt sich die Zustimmung nicht schon aus der bloßen Inempfangnahme der Sache, da dem Käufer die stillschweigende Billigung einer Vertragsänderung nicht ohne Weiteres unterstellt werden darf. Die Zustimmung kann auch dann nicht angenommen werden, wenn der Käufer sich bei Annahme ausdrücklich oder konkludent alle Rechte vorbehält. Die Beweislast für das Zustandekommen einer Vertragsänderung trägt der Verkäufer.[28] Lässt sich der Käufer jedoch auf die Vertragsänderung ein, wird aus dem abredewidrigen, einseitigen Eigentumsvorbehalt ein einverständlich vereinbarter – und damit zulässiger – nachträglicher Eigentumsvorbehalt. Sicherheitshalber ist zu empfehlen, dass sich der Empfänger bei Annahme der Ware seine Rechte aus dem Kaufvertrag vorbehält.[29]

25 BGH NJW 1979, 213 (214); NJW 1979, 2199 (2200); zu diesen Urteilen *Ulmer/Schmidt* JuS 1984, 18 ff.

26 *Wolf/Wellenhofer* SachenR § 14 Rn. 5. Unzumutbar ist demnach idR die Überprüfung des Lieferscheins, nicht jedoch die der beigelegten Verkaufsbedingungen; vgl. BGH NJW 1982, 1749 (1750); *Ulmer/Schmidt* JuS 1984, 18 (23 ff.); *Landwehr/Thonfeld* NZI 2004, 7 (12).

27 *Reinicke/Tiedtke* Kreditsicherung Rn. 847.

28 *Reinicke/Tiedtke* Kreditsicherung Rn. 852; siehe auch Staudinger/*Beckmann* (2014) § 449 Rn. 29.

29 Vgl. *Bonin* JuS 2002, 438 (438 f., 440).

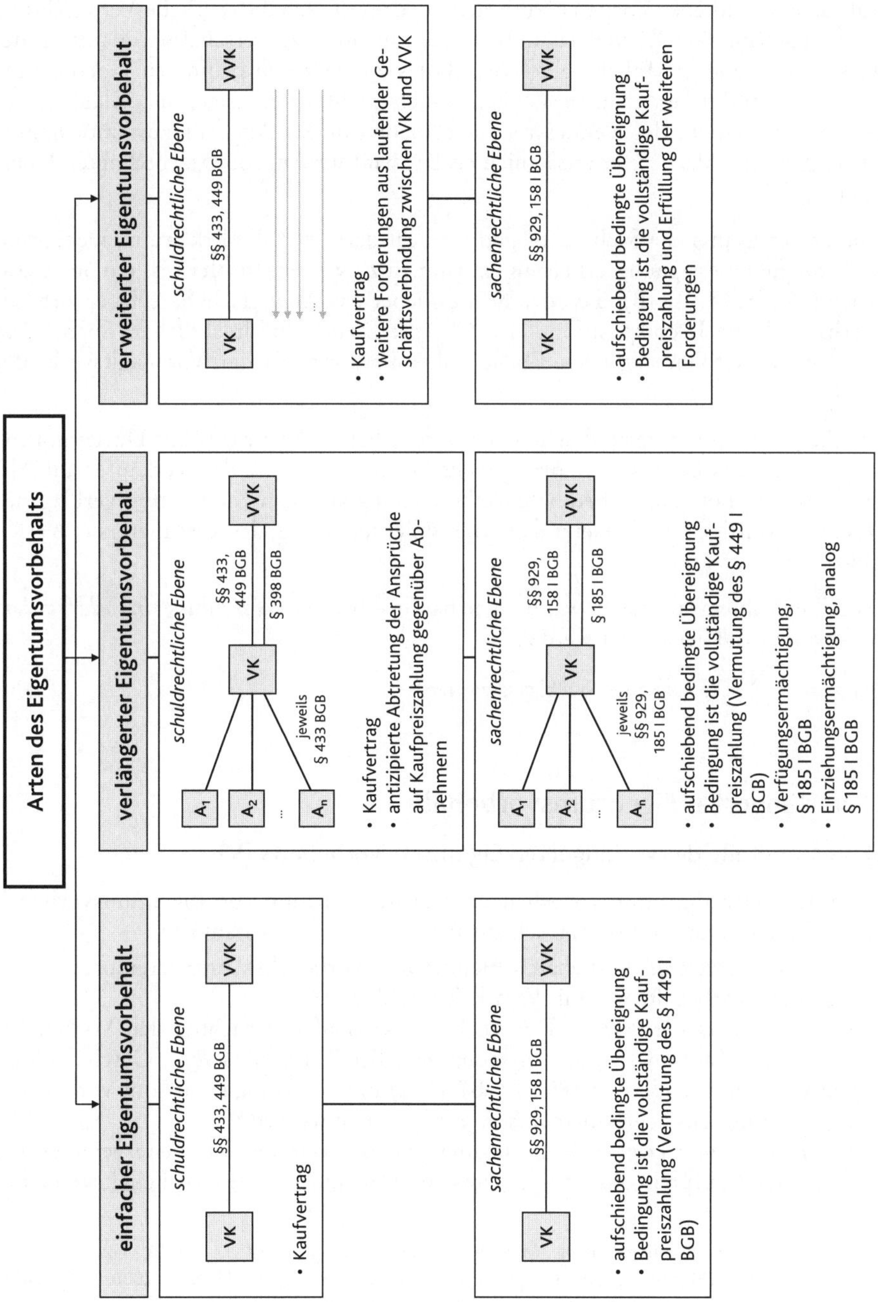
Arten des Eigentumsvorbehalts
einfacher Eigentumsvorbehalt
schuldrechtliche Ebene
VK
§§ 433, 449 BGB
VVK
• Kaufvertrag
sachenrechtliche Ebene
VK
§§ 929, 158 I BGB
VVK
• aufschiebend bedingte Übereignung
• Bedingung ist die vollständige Kaufpreiszahlung (Vermutung des § 449 I BGB)
verlängerter Eigentumsvorbehalt
schuldrechtliche Ebene
A1
A2
...
An
jeweils § 433 BGB
VK
§§ 433, 449 BGB
§ 398 BGB
VVK
• Kaufvertrag
• antizipierte Abtretung der Ansprüche auf Kaufpreiszahlung gegenüber Abnehmern
sachenrechtliche Ebene
A1
A2
...
An
jeweils §§ 929, 185 I BGB
VK
§§ 929, 158 I BGB
§ 185 I BGB
VVK
• aufschiebend bedingte Übereignung
• Bedingung ist die vollständige Kaufpreiszahlung (Vermutung des § 449 I BGB)
• Verfügungsermächtigung, § 185 I BGB
• Einziehungsermächtigung, analog § 185 I BGB
erweiterter Eigentumsvorbehalt
schuldrechtliche Ebene
VK
§§ 433, 449 BGB
VVK
• Kaufvertrag
• weitere Forderungen aus laufender Geschäftsverbindung zwischen VK und VVK
sachenrechtliche Ebene
VK
§§ 929, 158 I BGB
VVK
• aufschiebend bedingte Übereignung
• Bedingung ist die vollständige Kaufpreiszahlung und Erfüllung der weiteren Forderungen

Auf sachenrechtlicher Ebene ist zu beachten, dass die schuldrechtliche Verpflichtung des Verkäufers, dem Käufer das unbedingte Eigentum zu verschaffen, nichts an der Wirksamkeit und am Inhalt seines Angebotes zur lediglich bedingten Übereignung ändert (Abstraktionsprinzip!). Es kann auch nicht nach Treu und Glauben angenommen werden, der Veräußerer habe mehr (dh ein Angebot zur unbedingten Übereignung) erklärt, als er tatsächlich erklärt hat (nur Angebot zur bedingten Übereignung).[30]

Nimmt der Käufer die Sache entgegen, so liegt darin idR die Erklärung, wenigstens die bedingte Übereignungserklärung annehmen zu wollen. Insofern ist davon auszugehen (§§ 133, 157 BGB), dass der Käufer lieber das Anwartschaftsrecht erwirbt als überhaupt keine Rechtsposition.[31] Im Gegensatz zur schuldrechtlichen Ebene setzt sich auf der sachenrechtlichen Ebene daher im Ergebnis der Vorbehaltsverkäufer durch.

Besteht der Käufer aufgrund seines schuldrechtlichen Anspruchs auf Durchführung des Kaufvertrags in dessen ursprünglicher Form, so muss er den Verkäufer auf Abgabe des Angebots zur unbedingten Übereignung aus dem Kaufvertrag verklagen.[32] Das rechtskräftige Urteil ersetzt dann die Willenserklärung des Veräußerers (§ 894 I 1 ZPO).

Dasselbe Problem stellt sich, wenn – wie häufig – bei Vertragsschluss *einander widersprechende AGB* verwendet werden.[33]

Fallbeispiel: »Die komplizierten Kaufbedingungen«[34]

3. Verlängerter Eigentumsvorbehalt

a) Bestandteile des verlängerten Eigentumsvorbehalts (V)

12 Der verlängerte Eigentumsvorbehalt ist eine Kombination von Eigentumsvorbehalt und Sicherungszession. Er setzt sich aus *vier Bestandteilen* zusammen:

- *Eigentumsvorbehalt:* Vorbehaltsverkäufer und Vorbehaltskäufer vereinbaren einen Eigentumsvorbehalt, evtl. mit Verarbeitungsklausel.[35]
- *Veräußerungsermächtigung:* Der Vorbehaltsverkäufer ermächtigt den Vorbehaltskäufer, die Ware im Rahmen ordnungsgemäßer Wirtschafts- und Geschäftstätigkeit weiterzuveräußern (§ 185 I BGB). Diese Ermächtigung kann vom Vorbehaltsverkäufer nur aus begründetem Anlass widerrufen werden.[36]
- *Vorausabtretung:* Der Vorbehaltskäufer tritt die sich aus der Weiterveräußerung ergebende Kaufpreisforderung gegen seine Abnehmer an den Vorbehaltsverkäufer

---

30 *Reinicke/Tiedtke* Kreditsicherung Rn. 848; *Ulmer/Schmidt* JuS 1984, 18 (21 ff.). An die Klarheit einer solchen Erklärung ist ein strenger Maßstab anzulegen; vgl. BGH NJW 2006, 3488 (3489) mwN; krit. zu dieser Entscheidung *Fritsche/Würdinger* NJW 2007, 1037 ff.

31 *Reinicke/Tiedtke* Kreditsicherung Rn. 848.

32 Vgl. Staudinger/*Beckmann* (2014) § 449 Rn. 32.

33 Zu den Lösungsansätzen für diese Fälle vgl. auch *Weber* SachenR I § 12 Rn. 18 ff.; *Bülow* Kreditsicherheiten Rn. 730 f.; *Landwehr/Thonfeld* NZI 2004, 7 (9 ff.).

34 *Vieweg/Röthel* Fälle SachenR Fall 24.

35 → § 6 Rn. 19.

36 BGH NJW 1969, 1171; *Wolf/Wellenhofer* SachenR § 14 Rn. 49; *Wilhelm* SachenR Rn. 2450.

zu Sicherungszwecken im Voraus ab (§ 398 BGB). Die Kaufpreisforderung gegen die Abnehmer ersetzt damit das verlorene Vorbehaltseigentum als Kreditsicherungsmittel.
- *Einziehungsermächtigung:* Da sowohl Eigentumsvorbehalt als auch Zession gegenüber den Abnehmern des Vorbehaltskäufers idR nicht aufgedeckt werden sollen, ermächtigt der Vorbehaltsverkäufer den Vorbehaltskäufer regelmäßig analog § 185 BGB zur Einziehung der Kaufpreisforderung.[37]

Der verlängerte Eigentumsvorbehalt ist grundsätzlich nicht sittenwidrig gem. § 138 I BGB und verstößt auch nicht gegen § 307 BGB[38].[39]

Im Geschäftsverkehr sind in AGB häufig sog. *Abwehrklauseln* enthalten, in denen der Käufer für den Fall der Vereinbarung eines Eigentumsvorbehalts einem erweiterten Eigentumsvorbehalt[40] des Lieferanten widerspricht. Sind in den AGB des Käufers aber nicht gleichzeitig auch Abwehrklauseln bezüglich eines verlängerten Eigentumsvorbehalts enthalten, so stehen solche auf einen erweiterten Eigentumsvorbehalt bezogenen Abwehrklauseln nach der Rechtsprechung[41] der Wirksamkeit eines in den AGB des Verkäufers enthaltenen verlängerten Eigentumsvorbehalts nicht entgegen, wenn ein solcher branchenüblich ist.

b) Einziehungsermächtigung (§ 185 BGB analog) (E)

Durch die Einziehungsermächtigung wird lediglich ein Ausschnitt des Forderungsrechts auf den Vorbehaltskäufer übertragen, die Forderung als solche verbleibt dagegen beim Gläubiger. Der Ermächtigte kann die Forderung im eigenen Namen geltend machen und – je nach Ausgestaltung – vom Schuldner Leistung an den Gläubiger oder an sich verlangen. Er ist auch ermächtigt, Erklärungen abzugeben, die im Zusammenhang mit der Erfüllung notwendig werden (vgl. § 364 BGB). Die Einziehungsermächtigung gibt dem Vorbehaltskäufer aber nicht die Befugnis, die Forderung an einen Dritten abzutreten. Der Schuldner kann dem Ermächtigten alle ihm gegen den Gläubiger zustehenden Einwendungen entgegenhalten.[42] Die Einziehungsermächtigung kann nur widerrufen werden, wenn die Sicherheit des Vorbehaltsverkäufers gefährdet ist, insbesondere bei Vertragsuntreue des Vorbehaltskäufers.[43] 13

Die Zulässigkeit von Einziehungsermächtigungen wird von der Rechtsprechung aus dem Gedanken des § 185 BGB hergeleitet.[44] Wenn sogar ein Nichtberechtigter mit Einwilligung des Rechtsinhabers wirksam verfügen könne, dann müsse erst recht die bloße Forderungseinziehung möglich sein. Wirksamkeitsvoraussetzung sei neben der Zustimmung des Rechtsinhabers die Abtretbarkeit der Forderung.[45]

37 *Wolf/Wellenhofer* SachenR § 14 Rn. 61; *Weber/Weber* KreditsicherungsR § 10 II; *K. Schmidt* JuS 1999, 1129.
38 Bis 31.12.2001: § 9 AGBG.
39 BGHZ 94, 105 (112); BGH WM 1988, 1784 (1785); Staudinger/*Beckmann* (2014) § 449 Rn. 142; *Reinicke/Tiedtke* Kreditsicherung Rn. 929.
40 → § 11 Rn. 28 ff.
41 OLG Düsseldorf NJW-RR 1997, 946 m. Bespr. *Köster* JuS 2000, 23 (25 ff.).
42 Palandt/*Grüneberg* § 398 Rn. 32 ff.
43 *Wolf/Wellenhofer* SachenR § 14 Rn. 61; *Reinicke/Tiedtke* Kreditsicherung Rn. 932.
44 BGHZ 4, 153 (164); 70, 389 (394); Staudinger/*Gursky* (2014) § 185 Rn. 33.
45 Palandt/*Grüneberg* § 398 Rn. 37.

Hiergegen wird vereinzelt vorgebracht, dass die Einziehung einer Forderung gerade keine Verfügung sei.[46] Sie berge außerdem die Gefahr der faktischen Verdoppelung der Gläubigerstellung sowie prozessualer Nachteile für den Schuldner.[47]

Im Prozess führt die Einziehungsermächtigung idR zur gewillkürten Prozessstandschaft, sofern ein wirtschaftliches Eigeninteresse des Ermächtigten an der Einziehung besteht. Der Ermächtigte kann also die Forderung im eigenen Namen gerichtlich geltend machen.[48]

c) Rechtslage nach Forderungseinziehung (E)

14 Zwar steht beim verlängerten Eigentumsvorbehalt die Kaufpreisforderung gegen den Abnehmer dem Vorbehaltsverkäufer zu. Der Vorbehaltskäufer ist lediglich zur Einziehung ermächtigt. Zahlt der Abnehmer jedoch an den Vorbehaltskäufer, liegt eine Leistung in dessen Vermögen vor. Er wird bei Barzahlung Eigentümer der übergebenen Scheine und Münzen, bei Überweisung Inhaber einer Forderung gegen seine Bank. Der Vorbehaltsverkäufer erwirbt an dem Geld hingegen keine Rechtsposition, insbesondere kein Pfandrecht. Der verlängerte Eigentumsvorbehalt gewährt daher nur eine Sicherheit auf Zeit, nämlich bis zur Einziehung der Forderung.[49]

Der Vorbehaltsverkäufer bleibt grundsätzlich auf schuldrechtliche Ansprüche gegen den Vorbehaltskäufer, zB aus Pflichtverletzung (§ 280 I BGB) oder aus Delikt (wegen Verletzung des Eigentums durch die Verfügung) beschränkt. Daneben besteht die Kaufpreisforderung aus dem Vorbehaltskauf fort.

Dagegen scheiden Ansprüche gegen den Abnehmer, insbesondere aus der abgetretenen Kaufpreisforderung, regelmäßig aus, weil der Abnehmer wegen der Einziehungsermächtigung mit befreiender Wirkung an den Vorbehaltskäufer geleistet hat (§§ 362 II, 185 I BGB).[50] Wird die Sicherungszession – wie üblich – nicht aufgedeckt, so bewirkt bereits § 407 I BGB, dass die Zahlung auch dem Vorbehaltsverkäufer als neuem Gläubiger gegenüber als bewirkt gilt und dieser nicht erneut Zahlung verlangen kann.[51]

Dies gilt auch dann, wenn der Abnehmer dem Käufer einen Scheck zahlungshalber gegeben hat und der Vorbehaltskäufer diesen – im Verhältnis zum Vorbehaltsverkäufer pflichtwidrig – selbst eingelöst hat. Zwar besteht die schuldrechtliche Forderung weiter, da ein Scheck idR nur erfüllungshalber (§ 364 II BGB) begeben wird. Der Abnehmer kann die Zahlung an den Vorbehaltsverkäufer als wirklichen Forderungsinhaber aber dauerhaft verweigern.[52] Die Einlösung des Schecks ist wie eine Verfügung über eine Forderung anzusehen, welche dem Berechtigten gegenüber wirksam ist. Diesem steht daher gegen den Einlösenden ein Anspruch aus § 816 I 1 BGB zu.[53]

46 Palandt/*Grüneberg* § 398 Rn. 32.
47 Dazu *Medicus* BGB AT Rn. 1008.
48 Vgl. Thomas/Putzo/*Hüßtege* § 51 Rn. 34.
49 Soergel/*Henssler* Anh. § 929 Rn. 105 f. (dort auch zu sog. Verkaufserlösklauseln); *Reinicke/Tiedtke* Kreditsicherung Rn. 932.
50 MüKoBGB/*Bayreuther* § 185 Rn. 34 f.
51 Nach BGH NJW 2006, 2845 (2846 f.) steht dem Schuldner, der in Unkenntnis einer Teilabtretung der gegen ihn gerichteten Forderung Teilleistungen an den Vorbehaltsverkäufer erbringt, in analoger Anwendung des § 366 I BGB die Möglichkeit einer nachträglichen Tilgungsbestimmung offen.
52 BGH NJW 1996, 1961; Palandt/*Grüneberg* § 364 Rn. 8.
53 OLG Düsseldorf JuS 1999, 1129 m. zust. Anm. *K. Schmidt*.

d) Aufrechnung gegenüber dem Vorbehaltskäufer (E)

Eine Aufrechnung im Verhältnis zwischen Vorbehaltskäufer und Abnehmer könnte daran scheitern, dass aufgrund der Vorausabtretung der Vorbehaltsverkäufer Gläubiger der Kaufpreisforderung ist. Es könnte folglich an der Gegenseitigkeit der Forderungen fehlen (§ 387 BGB). In der Einziehungsermächtigung liegt keine Erklärung des Vorbehaltsverkäufers, er sei mit einer Aufrechnung des Abnehmers gegen den Vorbehaltskäufer einverstanden.[54] Für die Frage nach der Wirkung der Aufrechnung sind folgende Fälle zu unterscheiden: 15

Hatte der Abnehmer bei Erklärung der Aufrechnung keine Kenntnis vom verlängerten Eigentumsvorbehalt, dh keine Kenntnis von der Abtretung der Forderung an den Vorbehaltsverkäufer, so greift § 407 I BGB.

Hatte der Abnehmer bei Aufrechnungserklärung dagegen Kenntnis von der Vorausabtretung, so muss der Vorbehaltsverkäufer die Aufrechnung gem. § 406 BGB in zwei Fällen nicht gegen sich gelten lassen: wenn der Abnehmer schon bei Erwerb der Gegenforderung Kenntnis von der Vorausabtretung hatte oder wenn die Gegenforderung erst nach Kenntniserlangung und später als die abgetretene Hauptforderung fällig wird.[55]

e) Kollision mit Abtretungsverbot (E)

Grundsätzlich kann ein Abtretungsverbot – auch formularmäßig – wirksam vereinbart werden (§ 399 Alt. 2 BGB)[56] (für beiderseitige Handelsgeschäfte gilt dabei die Sonderregel des § 354a HGB[57]). Allerdings kann ein Abtretungsverbot im Einzelfall unwirksam sein, wenn es den Interessen des Abnehmers einseitig Vorrang vor den schutzwürdigen Belangen von Vorbehaltsverkäufer und -käufer einräumt (§§ 138 I, 307 BGB).[58] 16

Problematisch ist der Fall des Zusammentreffens eines Abtretungsverbots mit einer früheren antizipierten Sicherungszession, zB im Rahmen des verlängerten Eigentumsvorbehalts:

Nach einer Ansicht[59] wird der Vorbehaltsverkäufer trotz des Abtretungsverbots Gläubiger der Kaufpreisforderung. Der zedierende Vorbehaltskäufer habe wegen der Geltung des Prioritätsprinzips zum Zeitpunkt der Entstehung der Forderung keine Verfügungsbefugnis mehr über sie. Wegen der zeitlich früheren Vereinbarung der Sicherungszession gehe das Abtretungsverbot ins Leere.

Der BGH[60] hat dem jedoch entgegengehalten, ein Abtretungsausschluss sei – ungeachtet des Prioritätsprinzips – der Vorausabtretung vorgelagert. Die Forderung sei

54 *Reinicke/Tiedtke* Kreditsicherung Rn. 936.
55 Palandt/*Grüneberg* § 406 Rn. 5 ff.; *Reinicke/Tiedtke* Kreditsicherung Rn. 937 ff.
56 BGHZ 51, 113 (117) – Bauvertrag; 77, 274 (275) – Kaufvertrag; BGH NJW 2006, 3486 (3487); *Wolf/Wellenhofer* SachenR § 14 Rn. 58.
57 Vgl. zu dieser Vorschrift *Westermann/Gursky/Eickmann* SachenR § 43 Rn. 46 ff.; *K. Schmidt* NJW 1999, 400. Die Vorschrift ist weder direkt noch analog auf Nichtkaufleute anwendbar; vgl. BGH NJW 2006, 3486 (3487).
58 Palandt/*Grüneberg* § 307 Rn. 8 § 399 Rn. 10.
59 *Serick* Eigentumsvorbehalt IV § 51 III 1.
60 BGHZ 30, 176 (179); *Hadding/van Look* WM 1988 Sonderbeilage Nr. 7 S. 5.

bei Entstehung bereits mit dem Abtretungsverbot belastet. Auch der Zedent einer antizipiert abgetretenen Forderung könne diese immer nur in der Form erwerben, in der sie später tatsächlich entstehe.[61]

f) Eigentumsverhältnisse bei Vereinbarung eines Abtretungsverbots (E)

17 Folgt man der Ansicht des BGH zur Wirksamkeit eines Abtretungsausschlusses, so ist fraglich, ob der Vorbehaltsverkäufer auch dann sein Eigentum an der gesicherten Sache verliert, wenn der Vorbehaltskäufer mit dem Abnehmer ein Abtretungsverbot gem. § 399 Alt. 2 BGB vereinbart.

Die Ermächtigung des Vorbehaltskäufers, über die gelieferten Waren zu verfügen, erstreckt sich nur auf Weiterveräußerungen im Rahmen des ordnungsgemäßen Geschäftsverkehrs, also auf Verfügungen, bei denen der Vorbehaltsverkäufer für das Vorbehaltseigentum ein anderes Kreditsicherungsmittel erhält, mithin die Sicherungszession wirksam werden kann. Vereinbaren Vorbehaltskäufer und Abnehmer ein Abtretungsverbot, so ist die Verfügung des Vorbehaltskäufers folglich von der Ermächtigung des Vorbehaltsverkäufers (§ 185 I BGB) nicht gedeckt.

Dies gilt insbesondere auch für das sog. »Sale-and-Lease-Back-Verfahren«.[62] Hier verkauft der Vorbehaltskäufer die Sache an einen Leasinggeber, der sie ihm gegen Zahlung von Leasingraten weiterhin zur Verfügung stellt. Die Kaufpreisforderung gegen den Leasinggeber ist in diesem Fall kein ausreichendes Äquivalent für das verlorene Eigentum, da der Vorbehaltskäufer mit den Leasingraten belastet ist.

Der Abnehmer kann das Eigentum an der Ware daher allenfalls gutgläubig erwerben (§§ 932 ff. BGB). Dabei ist zu berücksichtigen, dass in Branchen, in denen üblicherweise Lieferungen nur unter verlängertem Eigentumsvorbehalt erfolgen, den Abnehmer, der ein Abtretungsverbot vereinbaren will, Nachforschungsobliegenheiten treffen. Die Vereinbarung eines Abtretungsverbots kann dabei bereits Indiz für die Bösgläubigkeit sein.[63]

g) Kollision von verlängertem Eigentumsvorbehalt und Sicherungsglobalzession (E)

18 Vielfach ist ein Unternehmer nicht nur auf Warenkredite seiner Lieferanten, sondern darüber hinaus auch auf Geldkredite von Banken angewiesen. Jene lassen sich zur Kreditsicherung üblicherweise alle Forderungen des Unternehmers gegen Dritte abtreten (*Globalzession*). Treffen Globalzession[64] und verlängerter Eigentumsvorbehalt zusammen und werden demzufolge dieselben Forderungen des Unternehmers von mehreren Abtretungsvereinbarungen erfasst, so gilt grundsätzlich das *Prioritätsprinzip*. Die zeitlich frühere Zession ist wirksam, die nachfolgende gegenstandslos

61 Zur Diskussion, ob bei Abtretung einer zukünftigen Forderung Direkt- oder Durchgangserwerb eintritt: Palandt/*Grüneberg* § 398 Rn. 12 mwN.

62 BGHZ 104, 129 (132 ff.); *Wolf/Wellenhofer* SachenR § 14 Rn. 50; *Weber/Weber* KreditsicherungsR § 9 IV; *Gottwald* PdW SachenR Fall 187.

63 Vgl. BGHZ 77, 274 (278 f.); BGH NJW 1999, 425 (426); *Reinicke/Tiedtke* Kreditsicherung Rn. 948; *Gursky* JZ 1984, 604 (607 f.).

64 Zur Kollision von antizipierter Sicherungsübereignung und verlängertem Eigentumsvorbehalt vgl. *Geibel* WM 2005, 962 ff.

(vgl. §§ 185 II 2, 408 BGB). Im Ergebnis setzt sich daher regelmäßig die Globalzession durch.

Das Prioritätsprinzip kommt aber dann nicht zum Zug, wenn die Globalzession unwirksam ist, insbesondere sittenwidrig ist (§ 138 I BGB).[65]

Die Sittenwidrigkeit kann sich ergeben aus:

- einer anfänglichen *Übersicherung* bei erheblichem Missverhältnis zwischen Kreditsumme und Sicherheit;[66]
- einer wirtschaftlichen *Knebelung* des Zedenten;
- einer Gläubigergefährdung (nach der sog. Vertragsbruchtheorie).[67]

aa) Sittenwidrigkeit der Sicherungsglobalzession aufgrund Gläubigergefährdung (E)

Der BGH[68] und die hL[69] folgen der sog. *Vertragsbruchtheorie*: Beim Zusammentreffen von verlängertem Eigentumsvorbehalt und Globalzession könne sich die Sittenwidrigkeit der Globalzession vor allem aus dem Gesichtspunkt der Verleitung zur Kredittäuschung bzw. zur Gläubigergefährdung ergeben. Lässt sich ein Gläubiger die Forderungen seines Schuldners global abtreten, müsse er in erhöhtem Maße auf die Interessen seines Schuldners und dessen anderer Gläubiger Rücksicht nehmen.[70] Wenn der Käufer im Rahmen eines verlängerten Eigentumsvorbehaltes den Warenkreditgeber über den rechtlichen Erfolg der mit ihm vereinbarten Abtretung täuscht, begehe der Vorbehaltskäufer hierdurch gegenüber dem Warenkreditgeber eine grobe Vertragsverletzung. Andererseits wisse der Geldkreditgeber oder hätte zumindest wissen müssen, dass sein Zedent Rohstoffe nur unter verlängertem Eigentumsvorbehalt beschaffen könne.[71] Der Bank sei daher vorzuwerfen, sie verleite den Käufer zum Vertragsbruch gegenüber dem Vorbehaltsverkäufer. Ein solches Verhalten sei sittenwidrig und die Globalzession deshalb unwirksam (*Vertragsbruchtheorie*). Im Ergebnis soll also der Warenkreditgeber trotz der vorangegangenen Sicherungszession zugunsten der Bank die zedierten Forderungen des Vorbehaltskäufers erwerben. 19

Dagegen befürwortet ein Teil der Literatur[72] eine Aufteilung von mehrfach zedierten Forderungen zwischen den grundsätzlich gleichberechtigten Kreditgebern. Dabei soll die Quote im Innenverhältnis von der Kredithöhe der einzelnen Kreditgeber abhängen. Diese Lösung führt jedoch zu erheblicher Rechtsunsicherheit und ist darüber hinaus wenig praktikabel.[73]

---

65 → § 12 Rn. 24 ff.

66 Vgl. *Reinicke/Tiedtke* Kreditsicherung Rn. 953; *Tetzlaff* ZIP 2003, 1826 ff.

67 BGHZ 30, 149; *Baur/Stürner* SachenR § 59 Rn. 49 ff.; *Wolf/Wellenhofer* SachenR § 14 Rn. 64; *Jork* JuS 1994, 1019 (1020 f.); *Paulus* JuS 1995, 185 (190 f.).

68 BGHZ 30, 149; BGH NJW 2005, 1192 (1193 f.) – Bei der Kollision einer Globalzession zugunsten einer Bank und einer späteren zugunsten des Vermieters von Maschinen gelten – weil dem Vermieter kein Verlust der Eigentumssubstanz und des darin verkörperten Wertes droht und sich der Schuldner nicht in einer vergleichbaren Zwangslage befindet – diese Grundsätze nicht.

69 *Wolf/Wellenhofer* SachenR § 14 Rn. 64 f.; *Jork* JuS 1994, 1019 (1020 f.); *Paulus* JuS 1995, 185 (190 f.).

70 BGHZ 98, 303 (314); *Reinicke/Tiedtke* Kreditsicherung Rn. 953.

71 BGHZ 30, 149 (153).

72 *Serick* Eigentumsvorbehalt IV § 41 I und § 48 I; *Erman* BB 1959, 1109 ff.; *Beuthien* BB 1971, 375 ff.

73 So auch der BGH WM 1960, 838 (839); WM 1969, 114 (115).

Eine weitere Ansicht[74] kritisiert die Vertragsbruchtheorie, kommt jedoch aufgrund der Annahme eines allgemeinen Surrogationsgedankens (vgl. § 1247 S. 2 BGB) ebenfalls zu einer Privilegierung der Warenkreditgeber. Die sicherungshalber abgetretene Forderung an den Warenkreditgeber tritt nach dieser Ansicht bei Veräußerung der Sache automatisch an die Stelle des Vorbehaltseigentums, auf das der Geldkreditgeber daher nicht hätte zugreifen können. Dieser Konstruktion wird jedoch entgegengehalten, das Institut der Surrogation sei eine Ausnahme zu den sachenrechtlichen Grundprinzipien und daher auf die gesetzlich explizit geregelten Fälle zu beschränken.[75] Waren- und Geldkreditgeber stünden grundsätzlich gleichberechtigt nebeneinander.

bb) Vermeidung der Sittenwidrigkeit durch Teilverzichtsklauseln (E)

20 Um die Sittenwidrigkeit einer Globalzession nach der Vertragsbruchtheorie zu vermeiden, hat die Praxis sog. Teilverzichtsklauseln entwickelt. Dabei ist zu unterscheiden:

Obligatorische Teilverzichtsklauseln gewähren dem Sicherungsgeber einen Anspruch gegen den Sicherungsnehmer, globalzedierte Forderungen an ihn zurückzuübertragen, wenn sie gleichzeitig einem verlängerten Eigentumsvorbehalt unterfallen. Solche obligatorischen Verzichtsklauseln räumen jedoch den Vorwurf der Sittenwidrigkeit nicht aus.[76] Dem Warenkreditgeber würde die Durchsetzung seiner Forderung unangemessen erschwert, da er zunächst den Rückübertragungsanspruch des Vorbehaltskäufers gegen dessen Bank pfänden und diesen dann durchsetzen müsste.

Zudem müsste er bei Wirksamkeit der Globalzession das Insolvenzrisiko des Geldkreditgebers tragen, da der schuldrechtliche Regressanspruch gegen den Geldkreditgeber (§ 816 II BGB) dem Warenkreditgeber bei Insolvenz des Geldkreditgebers kein Vorzugsrecht einräumt.

Wirksam ist die Globalzession jedoch bei Vereinbarung einer *dinglichen Verzichtsklausel*, nach der sich die Globalzession lediglich auf diejenigen Forderungen erstreckt, die nicht schon Gegenstand eines verlängerten Eigentumsvorbehalts sind.[77]

cc) Anspruch des Vorbehaltsverkäufers gegen den Kreditgeber bei Zahlung des Abnehmers an den Kreditgeber (E)

21 Die Frage, ob der Vorbehaltsverkäufer gegen die Bank einen Anspruch aus § 816 II BGB hat, stellt sich, wenn die Globalzession unwirksam ist oder die betreffende Forderung nicht erfasst, der Abnehmer aber gleichwohl an die nichtberechtigte Bank gezahlt hat. Insofern ist danach zu unterscheiden, ob die Bank bei Entgegennahme der Zahlung als (vermeintliche) Gläubigerin der an sie sittenwidrig zedierten Forderung gegen den Abnehmer fungierte oder nur als Zahlstelle des Vorbehaltskäufers.[78] Maßgeblich ist insoweit der vom Abnehmer verfolgte Leistungszweck. Dabei kommt es insbesondere darauf an, ob dem Abnehmer die Globalzession an die Bank bekannt war.

74 *K. Schmidt* DB 1977, 65.

75 BGHZ 30, 149 (152); vgl. auch *Geibel* WM 2005, 962 (968).

76 BGHZ 72, 308 (311 ff.); BGH NJW 1968, 1516 (1518 f.); NJW 1969, 318 (319); Jauernig/*Stürner* § 398 Rn. 20; *Reinicke/Tiedtke* Kreditsicherung Rn. 954; *Jork* JuS 1994, 1021.

77 BGH NJW 1974, 942 (943); *Reinicke/Tiedtke* Kreditsicherung Rn. 954; *Rimmelspacher* KreditsicherungsR Rn. 438; *Baur/Stürner* SachenR § 59 Rn. 52.

78 *Reinicke/Tiedtke* Kreditsicherung Rn. 934 f.

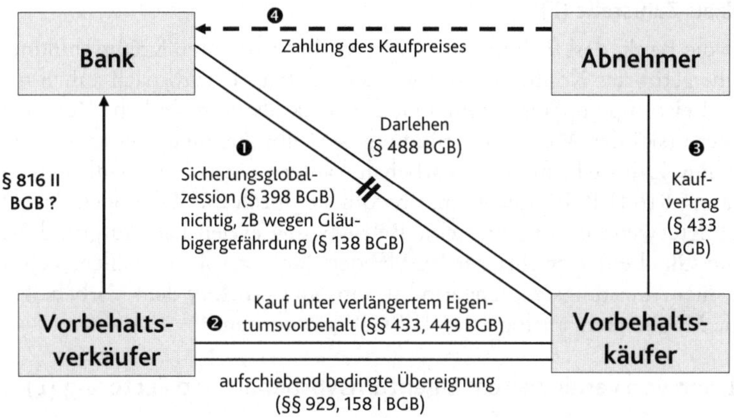

(1) Bank als vermeintliche Forderungsinhaberin (E)

Wollte der Abnehmer mit der Zahlung an die Bank und nicht an den Vorbehaltskäufer leisten und wird er hierdurch von seiner Verbindlichkeit gegenüber dem Vorbehaltsverkäufer befreit, so hat der Vorbehaltsverkäufer bei Sittenwidrigkeit der Globalzession gegen die Bank als Nichtberechtigte einen Regressanspruch aus § 816 II BGB.[79] Die befreiende Wirkung der Leistung ergibt sich dabei idR aus einer entsprechenden Anwendung der §§ 407 ff. BGB: Der Schuldner, der in Unkenntnis der Unwirksamkeit der ersten (Global-)Zession an den Erstzessionar leistet, ist ähnlich schutzwürdig wie der Schuldner, der in Unkenntnis der Zession an den früheren Gläubiger (vgl. § 407 I BGB) oder der in Unkenntnis der Erstzession an den Zweitzessionar (vgl. § 408 I BGB) leistet. Demgemäß sind zugunsten des Abnehmers im Verhältnis zum Vorbehaltsverkäufer die §§ 407 ff. BGB entsprechend anzuwenden.[80] Der an den Zessionen unbeteiligte Schuldner, der im Übrigen die Umstände der beiden Sicherungsgeschäfte nicht kennt und deren Wirksamkeit kaum beurteilen kann, soll nicht das Risiko tragen, das aus der Unsicherheit über die Person des Gläubigers erwächst. Die Zahlung an die Bank hat daher befreiende Wirkung. Sie ist auch gegenüber dem Warenkreditgeber (Vorbehaltsverkäufer) wirksam, wenn der Abnehmer von der Zession an diesen nichts wusste (§ 407 I BGB analog). 22

(2) Bank als erkennbar Nichtberechtigte (E)

War dem Abnehmer die Vorauszession an den Vorbehaltsverkäufer dagegen bekannt, so kann er analog § 407 I BGB nicht mit befreiender Wirkung an den Geldkreditgeber leisten. Ein Anspruch aus § 816 II BGB kommt daher an sich nicht in Betracht; der Vorbehaltsverkäufer müsste sich vielmehr an den Abnehmer halten. Allerdings hat der Vorbehaltsverkäufer die Möglichkeit, die Leistung an die Bank nach §§ 362 II, 185 II 1 Alt. 1 BGB als Erfüllung zu genehmigen und sich so ebenfalls den Anspruch aus § 816 II BGB gegen die Bank zu verschaffen.[81] 23

79 Ob dem Vorbehaltsverkäufer gegen die Bank daneben auch ein Anspruch aus § 816 I 1 BGB zusteht, hängt davon ab, ob man die Forderungseinziehung als Verfügung ansieht (umstritten, vgl. *Serick* Eigentumsvorbehalt IV §§ 41, 48; *Hübner/Goerke* JA 1984, 265).

80 *Jork* JuS 1994, 1021.

81 Str.; vgl. BGHZ 53, 139 (141); 56, 177 (178); 72, 316 (320); Jauernig/*Stürner* § 398 Rn. 20; Palandt/*Sprau* § 816 Rn. 18 ff.; *Wieling*, Bereicherungsrecht, 4. Aufl. 1997, § 4 III 2.

(3) Bank als Zahlstelle (E)

24 Verlangt die Bank, dass Zahlungen an den Vorbehaltskäufer/Kreditschuldner nur auf ein bei ihr geführtes Konto geleistet werden dürfen, so wird nach außen nicht deutlich, wer Leistungsempfänger sein soll: die Bank als vermeintliche Zessionarin oder der Vorbehaltskäufer. Mit der Begründung, sie selbst sei nicht Leistungsempfängerin, sondern nur Zahlstelle für den Vorbehaltskäufer, könnte die Bank dann den Anspruch aus § 816 II BGB abwehren, obwohl sie durch die Zahlungen der Abnehmer unberechtigterweise im Ergebnis eine Befriedigung erzielt hat. Aufgrund § 242 BGB (Treu und Glauben) verwehrt der BGH[82] der Bank in solchen Fällen, sich darauf zu berufen, nicht Leistungsempfängerin zu sein, und eröffnet dem Vorbehaltsverkäufer damit die Möglichkeit, analog § 816 II BGB vorzugehen.[83]

h) Kollision von verlängertem Eigentumsvorbehalt und Factoring (E)

25 Die gesetzlich nicht geregelte Vertragsform des Factoring gibt dem Unternehmer die Möglichkeit, einem Factor (idR einer Bank) alle bestehenden wie künftigen Forderungen gegen seine Abnehmer unter der Bedingung abzutreten, dass zwischen ihm und dem Factor ein Kaufvertrag über diese Forderungen zustande kommt (§ 158 I BGB). Das Delkredere- oder Bonitätsrisiko des Schuldners trägt beim echten Factoring (echter Forderungskauf) die Bank, der Unternehmer (= Anschlusskunde) haftet nur für die Verität, dh den Bestand der Forderung. Beim unechten Factoring (Abtretung der Forderungen nur erfüllungshalber iSd § 364 II BGB für Gewährung eines Kredits) trägt dagegen der Unternehmer auch das Bonitätsrisiko.[84] Vorteile für den Unternehmer sind sofortige Liquidität und Inkassoerleichterungen. Dafür muss er dem Factor allerdings ein gewisses Entgelt zahlen.[85]

Trotz der mit dem Factoring verbundenen Globalzession an den Factor gelten für diese – insbesondere bei Kollision mit einer Vorausabtretung im Rahmen eines verlängerten Eigentumsvorbehalts – nicht in jedem Fall dieselben Erwägungen wie bei Sicherungsglobalzessionen.

aa) Echtes Factoring (E)

26 Da das echte Factoring einen Forderungskauf (§§ 453, 433 BGB) der Bank darstellt, wird der Vorbehaltsverkäufer hierdurch nicht gefährdet. Lehnt die Factor-Bank im konkreten Einzelfall den Forderungskauf ab, bleibt dem Vorbehaltsverkäufer weiterhin der Zugriff auf die Forderung des Vorbehaltskäufers gegen dessen Abnehmer. Wird das Factoring dagegen durchgeführt, kann der Vorbehaltsverkäufer auf das vom Factor gezahlte Entgelt zugreifen, das – vermindert um die Provision – der Forderung entspricht. Der Vorbehaltsverkäufer steht also sowohl rechtlich als auch wirtschaftlich vergleichbar da, als hätte der Vorbehaltskäufer die Forderungen kraft der ihm erteilten Einziehungsermächtigung selbst von seinen Abnehmern eingezogen.[86]

82 BGHZ 72, 316 (320); krit. zur Begründung dieses Ergebnisses *Blaschczok* JuS 1985, 88 ff.

83 *Reinicke/Tiedtke* Kreditsicherung Rn. 935; *Bülow* Kreditsicherheiten Rn. 1677; *Jork* JuS 1994, 1019.

84 Dazu Palandt/*Grüneberg* § 398 Rn. 40; *Martinek* ModVertragstypen I 232 ff.; *Jork* JuS 1994, 1022.

85 Vgl. *Reinicke/Tiedtke* Kreditsicherung Rn. 956.

86 BGHZ 69, 254 (258); 100, 353 (358); Jauernig/*Stürner* § 398 Rn. 30; *Baur/Stürner* SachenR § 59 Rn. 57 f. mwN; *Jork* JuS 1994, 1023 mwN auch zur Gegenansicht.

Im Ergebnis ist es für den Vorbehaltsverkäufer ohne Bedeutung, ob der Factor oder der Abnehmer des Vorbehaltskäufers zahlt. Es bleibt daher bei der uneingeschränkten Geltung des Prioritätsprinzips.[87] Die Vertragsbruchtheorie gilt nicht. Aber auch wenn die Abtretung an den Factor dem verlängerten Eigentumsvorbehalt zeitlich nachfolgt, ist sie wirksam, da sie durch die dem Vorbehaltskäufer erteilte Ermächtigung zur Verfügung über die Sache und deren Gegenwert im ordnungsgemäßen Geschäftsverkehr gedeckt ist.[88]

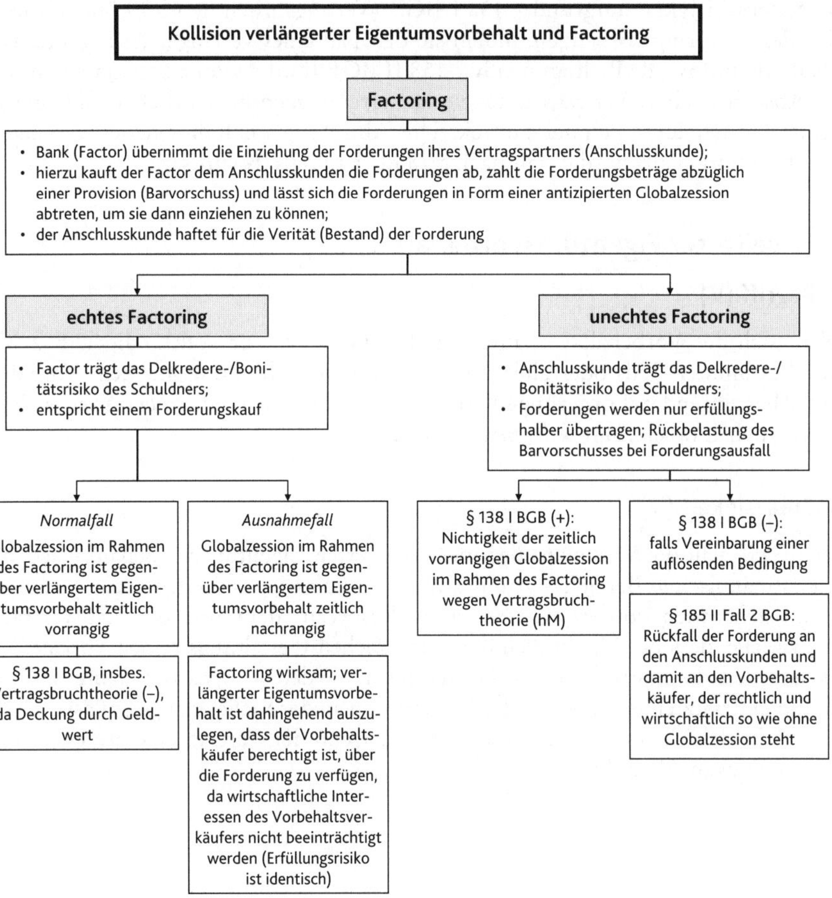

bb) Unechtes Factoring (E)

Umstritten ist die Rechtslage beim unechten Factoring, das in der Praxis allerdings 27
kaum noch vereinbart wird.[89] Nach einem Teil der Literatur[90] sind unechtes und ech-

87 *Reinicke/Tiedtke* Kreditsicherung Rn. 960 ff.; *Martinek* ModVertragstypen I 283 ff.; *Baur/Stürner* SachenR § 59 Rn. 58; *Wolf/Wellenhofer* SachenR § 14 Rn. 71 f.; *Wolf* WM 1979, 1374 (1374 ff.).

88 BGHZ 72, 15 (20); 82, 283 (288).

89 *Reinicke/Tiedtke* Kreditsicherung Rn. 966 ff.; *Jork* JuS 1994, 1024 (1024 f.).

90 *Reinicke/Tiedtke* Kreditsicherung Rn. 967; *Baur/Stürner* SachenR § 59 Rn. 59 f.

tes Factoring gleich zu behandeln, da es sich bei beiden Verträgen um Forderungskäufe handele. Dagegen wird eingewendet, das unechte Factoring sei seinem Wesen nach kein Forderungskauf, sondern ein Kreditgeschäft. Beim unechten Factoring würden die abgetretenen Forderungen ähnlich wie bei der Sicherungszession für einen echten Geldkredit als Sicherheit verwendet. Der Vorbehaltskäufer erhalte daher kein adäquates Äquivalent. Demzufolge sei genauso wie bei anderen Globalzessionen zu Sicherungszwecken die Vertragsbruchtheorie[91] anzuwenden. Der Warenkreditgeber sei daher auch hier zu privilegieren.[92]

Der Sittenwidrigkeit aufgrund § 138 I BGB (Vertragsbruchtheorie) können die Parteien des Factoring vorbeugen, indem sie den Fall eines verlängerten Eigentumsvorbehalts als auflösende Bedingung iSv § 158 II BGB für die Globalzession vereinbaren. Mit Abschluss eines Vertrags unter verlängertem Eigentumsvorbehalt fällt die Forderung an den Unternehmer zurück. Die Abtretung im Rahmen des verlängerten Eigentumsvorbehalts wird damit nach § 185 II Fall 2 BGB wirksam.

4. Erweiterter Eigentumsvorbehalt

a) Begriff (V)

28 Behält sich der Vorbehaltsverkäufer das Eigentum bis zur vollständigen Bezahlung eines bestimmten Teils oder aller aus der Geschäftsverbindung mit dem Vorbehaltskäufer herrührenden Forderungen vor, so spricht man von einem erweiterten Eigentumsvorbehalt (auch *Kontokorrentvorbehalt*).[93]

b) Zulässigkeit (V)

29 Der BGH[94] hält die Vereinbarung eines erweiterten Eigentumsvorbehalts – jedenfalls im kaufmännischen Bereich – grundsätzlich für zulässig, es sei denn, die Ausweitung des zu sichernden Forderungsumfangs widerspreche dem Sinn des Kaufvertrags in einem Maße, dass ein Missbrauch der vertraglichen Gestaltungsfreiheit vorläge.[95] Insbesondere sei die Erstreckung auf Forderungen, die der Vorbehaltsverkäufer aus nachfolgenden Ersatzteillieferungen oder Reparaturen an der Sache erlange, zulässig.[96] Auch die Gefahr der Übersicherung bestehe nicht, wenn der Vertrag eine ermessensunabhängige Freigabeklausel[97] enthalte.[98]

---

91 BGHZ 69, 254 (257); 82, 50 (54); *Martinek* ModVertragstypen I 286 ff.; *Serick* Eigentumsvorbehalt IV § 52 IV 5a; zur Vertragsbruchtheorie → § 11 Rn. 19 f.

92 BGHZ 82, 50 (61); *Wolf/Wellenhofer* SachenR § 14 Rn. 76. Siehe hierzu auch die Kontroverse zwischen *Canaris* und *Serick* NJW 1981, 249 und 1347 bzw. 794 und 1715.

93 Staudinger/*Beckmann* (2014) § 449 Rn. 149 ff.; *Wolf/Wellenhofer* SachenR § 14 Rn. 83 ff.; *Weber/Weber* KreditsicherungsR § 10 I; *Baur/Stürner* SachenR § 59 Rn. 6; *Rimmelspacher* KreditsicherungsR Rn. 210 ff.; *Tiedtke*, FG BGH I, 2000, 829 ff.

94 BGHZ 42, 53 (59); 94, 105 (112); BGH WM 1986, 1545 (1547).

95 BGH NJW 1978, 632.

96 BGH NJW 1978, 632.

97 → § 12 Rn. 27.

98 BGH WM 1994, 585 (586); aA *Reinicke/Tiedtke* Kreditsicherung Rn. 911.

Nach anderer Ansicht[99] stellt der erweiterte Eigentumsvorbehalt stets einen Missbrauch vertraglicher Gestaltungsmacht und eine Benachteiligung des Vorbehaltskäufers dar. Demnach dürfe er weder formularmäßig (§ 307 BGB) noch individualvertraglich vereinbart werden.[100]

Eine vermittelnde Auffassung[101] will schließlich die Vertragsbruchtheorie entsprechend anwenden, wenn aufgrund einzelfallbezogener Umstände der Vorbehaltskäufer keine Möglichkeit mehr habe, von einer Bank einen Geldkredit zu bekommen, da alle als Sicherungsmittel verfügbaren Forderungen dem erweiterten Eigentumsvorbehalt unterfielen.

c) Konzernvorbehalt (V)

Der Erwerb des Eigentums wurde früher bisweilen davon abhängig gemacht, dass der Käufer sämtliche Forderungen des Verkäufers und diesem nahe stehender Unternehmen (vgl. § 15 AktG) begleicht. Wegen der damit zwangsläufig verbundenen Einengung des wirtschaftlichen Betätigungsspielraums wurden diese Klauseln allgemein als sittenwidrig und daher als nichtig nach § 138 I BGB angesehen.[102] Seit 1.1.1999 ist ein solcher Konzernvorbehalt ausdrücklich verboten (§ 449 III BGB).[103] Nach einem Teil der Literatur[104] hat § 449 III BGB sogar die Unwirksamkeit des dinglichen Geschäfts zur Folge. Nicht von der Norm erfasst ist der umgekehrte Fall, bei dem erst die Erfüllung aller Forderungen gegen die zum Konzern des Käufers gehörenden Unternehmen, die Bedingung auslöst;[105] er ist wie ein sonstiger erweiterter Eigentumsvorbehalt zu behandeln.[106] 30

d) Aufrechterhaltung eines unwirksamen erweiterten Eigentumsvorbehalts als einfacher Eigentumsvorbehalt (V)

Auch in dem Fall, in dem bei formularmäßiger Vereinbarung der erweiterte Eigentumsvorbehalt ausnahmsweise nichtig ist, sieht sich der BGH[107] nicht gehindert, den Klauselinhalt bei der Vertragsauslegung zu berücksichtigen. Der Vorbehaltsverkäufer wolle jedenfalls bedingtes Eigentum übertragen. Auch wenn dem Käufer das unbedingte (Voll-)Eigentum lieber wäre als das bedingte, so sei ihm das bedingte (dh das Anwartschaftsrecht) doch lieber als der Verzicht auf den Erwerb jeglicher dinglicher 31

99 *Reinicke/Tiedtke* Kreditsicherung Rn. 911; *Tiedtke*, FG BGH I, 2000, 829 ff., der als Nichtigkeitsfolge aber die Aufrechterhaltung als einfacher Eigentumsvorbehalt annimmt; krit. auch MüKoBGB/*H. P. Westermann* § 449 Rn. 82 f.

100 Von der Frage der Zulässigkeit des erweiterten Eigentumsvorbehalts ist die Frage zu unterscheiden, ob die Vertragsparteien den Haftungsumfang nachträglich erweitern können, wenn das Anwartschaftsrecht an einen Dritten weiterübertragen worden ist. → § 11 Rn. 52.

101 *Serick* Eigentumsvorbehalt IV § 50 II 3a; *Jork* JuS 1994, 1021 (1021 f.).

102 Siehe nur Jauernig/*Berger* § 929 Rn. 32.

103 Dazu *Reinicke/Tiedtke* Kreditsicherung Rn. 917 ff.; *Tiedtke*, FG BGH I, 2000, 845 ff.; *Wilhelm* SachenR Rn. 2455; *Habersack/Schürnbrand* JuS 2002, 833 (837 f.).

104 So – in den Details aber untereinander abweichend – *Bülow* DB 1999, 2196 (2197 f.); *Habersack/Schürnbrand* JuS 2002, 833 (838); Jauernig/*Berger* § 449 Rn. 8.

105 Da die Bestimmung im Zusammenhang mit dem Schutz der übrigen Gläubiger bei Insolvenz des Vorbehaltskäufers steht, kommt eine analoge Anwendung nicht in Frage, vgl. Palandt/*Weidenkaff* § 449 Rn. 22; Jauernig/*Berger* § 449 Rn. 8; *Bülow* DB 1999, 2196 (2196, 2198); aA *Habersack/Schürnbrand* JuS 2002, 833 (838 f.).

106 Vgl. *Bülow* DB 1999, 2196 (2196, 2198).

107 BGH NJW 1988, 1774 (1776); WM 1994, 585 (587).

Rechtsposition. Der erweiterte Eigentumsvorbehalt sei daher als einfacher Eigentumsvorbehalt aufrechtzuerhalten.

Dem hält die Gegenansicht[108] das Verbot der geltungserhaltenden Reduktion (vgl. § 306 II BGB) entgegen. Bei Unwirksamkeit der Klausel könne der Vertrag nur so behandelt werden, als hätte er diese Vertragsbedingungen von vornherein nicht enthalten.

5. Weitere Sonderformen des Eigentumsvorbehalts

a) Weitergeleiteter Eigentumsvorbehalt (V)

32 Beim weitergeleiteten Eigentumsvorbehalt ermächtigt der Vorbehaltsverkäufer den Vorbehaltskäufer zur Weiterveräußerung der gelieferten Sache nur unter der Bedingung, dass der Vorbehaltskäufer als Verkäufer den Eigentumsvorbehalt gegenüber dem Schlusserwerber offen legt und der Vorbehaltsverkäufer somit Vorbehaltseigentümer bleibt.[109] Vollzogen wird dies entweder durch die Übertragung des Anwartschaftsrechts selbst oder durch Übereignung an den Abnehmer unter der aufschiebenden Bedingung (§ 158 I BGB) der Kaufpreiszahlung durch den Vorbehaltskäufer.[110] Da der Vorbehaltskäufer seine Geschäftsbeziehungen offen legen muss und der Schlusserwerber vorerst kein Eigentum erwirbt, entspricht diese Vereinbarung nicht den Interessen der Beteiligten. Dies hat den weitergeleiteten Eigentumsvorbehalt in der Praxis weitestgehend ungebräuchlich gemacht.[111] Um dem Schlusserwerber, der nicht schon mit Tilgung seiner Verbindlichkeit gegenüber dem Vorbehaltskäufer, sondern erst mit Tilgung der Kaufpreisforderung des Vorbehaltsverkäufers durch den Vorbehaltskäufer Eigentum erwirbt,[112] wenigstens gewisse Sicherheit zu geben, wird regelmäßig vereinbart, dass er die Kaufpreisschuld des Vorbehaltskäufers tilgen darf und diese Leistung auf seine Schuld gegenüber dem Vorbehaltskäufer angerechnet wird.[113]

Wegen der beschriebenen nachteiligen Auswirkungen ist auch die Zulässigkeit eines weitergeleiteten Eigentumsvorbehalts problematisch. Der BGH hat zumindest einen weitergeleiteten Kontokorrentvorbehalt wegen § 307 BGB für unwirksam erklärt, wenn es sich um zum Weiterverkauf bestimmte Sachen handelt,[114] aber zugleich zu erkennen gegeben, dass er die Bedenken eines Teils der Literatur[115] gegen den weitergeleiteten Eigentumsvorbehalt insgesamt teilt.

108 *Tiedtke* ZIP 1988, 784 (786); so auch LG Bonn WM 1993, 1409 (1410).

109 *Reinicke/Tiedtke* Kreditsicherung Rn. 921; *Weber/Weber* KreditsicherungsR § 10 III.

110 Staudinger/*Beckmann* (2014) § 449 Rn. 156 – Veräußert der Vorbehaltskäufer ohne diese Einschränkungen (und erwirbt der Abnehmer gutgläubig Volleigentum), ist er dem Vorbehaltsverkäufer zum Schadensersatz verpflichtet (§ 280 BGB), Palandt/*Weidenkaff* § 449 Rn. 16.

111 Vgl. OLG Stuttgart BB 1975, 1131; Staudinger/*Beckmann* (2014) § 449 Rn. 156; MüKoBGB/*H. P. Westermann* § 449 Rn. 95.

112 *Rimmelspacher* KreditsicherungsR Rn. 209; *Baur/Stürner* SachenR § 59 Rn. 6.

113 *Weber/Weber* KreditsicherungsR § 10 III; *Reinicke/Tiedtke* Kreditsicherung Rn. 921.

114 BGH NJW 1991, 2285 (2286 f.); MüKoBGB/*H. P. Westermann* § 449 Rn. 95.

115 Vgl. zB MüKoBGB/*H. P. Westermann* § 449 Rn. 95; *Reinicke/Tiedtke* Kreditsicherung Rn. 921.

b) Nachgeschalteter Eigentumsvorbehalt (V)

Vom weitergeleiteten Eigentumsvorbehalt ist der nachgeschaltete Eigentumsvorbehalt zu unterscheiden, bei dem der Vorbehaltskäufer die Sache nur unter (eigenem) Eigentumsvorbehalt weiterveräußert. Hierzu kann er aufgrund einer Vereinbarung mit seinem Vorbehaltsverkäufer verpflichtet sein. Er kann ihn aber auch freiwillig vereinbaren.[116] Anders als beim weitergeleiteten Eigentumsvorbehalt weiß der Schlusserwerber idR nichts vom Eigentumsvorbehalt des Vorbehaltsverkäufers.[117] Der Vorbehaltsverkäufer verliert sein Eigentum hier mit der Tilgung einer der beiden Kaufpreisschulden.[118] Die Abrede, dass der Vorbehaltskäufer selbst nur unter Eigentumsvorbehalt weiterveräußern darf, ist sowohl formularmäßig (§ 307 BGB) als auch individualvertraglich zulässig.[119] 33

II. Rechtsposition des Vorbehaltskäufers: Anwartschaftsrecht

Fallbeispiel: »Die sieben Lastkraftwagen«[120]

1. Begriff, rechtliche Einordnung und Entstehung des Anwartschaftsrechts

a) Begriff (G)

Als Anwartschaftsrecht wird die Rechtsposition bezeichnet, die bei einem mehrstufigen, insbesondere bedingten Rechtserwerb dem Erwerber vor Vollendung des Rechtserwerbs zusteht. Kennzeichnend ist, dass diese Rechtsposition nicht mehr einseitig vom Übertragenden beseitigt werden kann und daher die Vollendung des Erwerbs nur noch vom Verhalten des Berechtigten selbst abhängt. Der Begriff Anwartschaftsrecht dient lediglich der vereinfachten Darstellung, ist aber nicht Gegenstand spezieller gesetzlicher Regelung.[121] 34

116 *Weber/Weber* KreditsicherungsR § 10 IV; *Rimmelspacher* KreditsicherungsR Rn. 207 f.; *Baur/Stürner* SachenR § 59 Rn. 6; Staudinger/*Beckmann* (2014) § 449 Rn. 157.

117 *Weber/Weber* KreditsicherungsR § 10 IV; *Bülow* Kreditsicherheiten Rn. 1537.

118 Nach BGHZ 56, 34 (36) verliert der Vorbehaltsverkäufer sein Eigentum bei Tilgung durch den Vorbehaltskäufer an diesen (Bedingungseintritt), bei Zahlung des Schlusserwerbers an jenen (gutgläubiger Erwerb oder Erwerb aufgrund einer Einwilligung des Vorbehaltsverkäufers); Palandt/*Weidenkaff* § 449 Rn. 17; Staudinger/*Beckmann* (2014) § 449 Rn. 157; MüKoBGB/*H. P. Westermann* § 449 Rn. 96; *Reinicke/Tiedtke* Kreditsicherung Rn. 922; *Weber/Weber* KreditsicherungsR § 10 IV.

119 *Weber/Weber* KreditsicherungsR § 10 IV; *Reinicke/Tiedtke* Kreditsicherung Rn. 922.

120 *Vieweg/Röthel* Fälle SachenR Fall 22.

121 *Medicus/Petersen* BürgerlR Rn. 456, 487; *Reinicke/Tiedtke* Kreditsicherung Rn. 882.

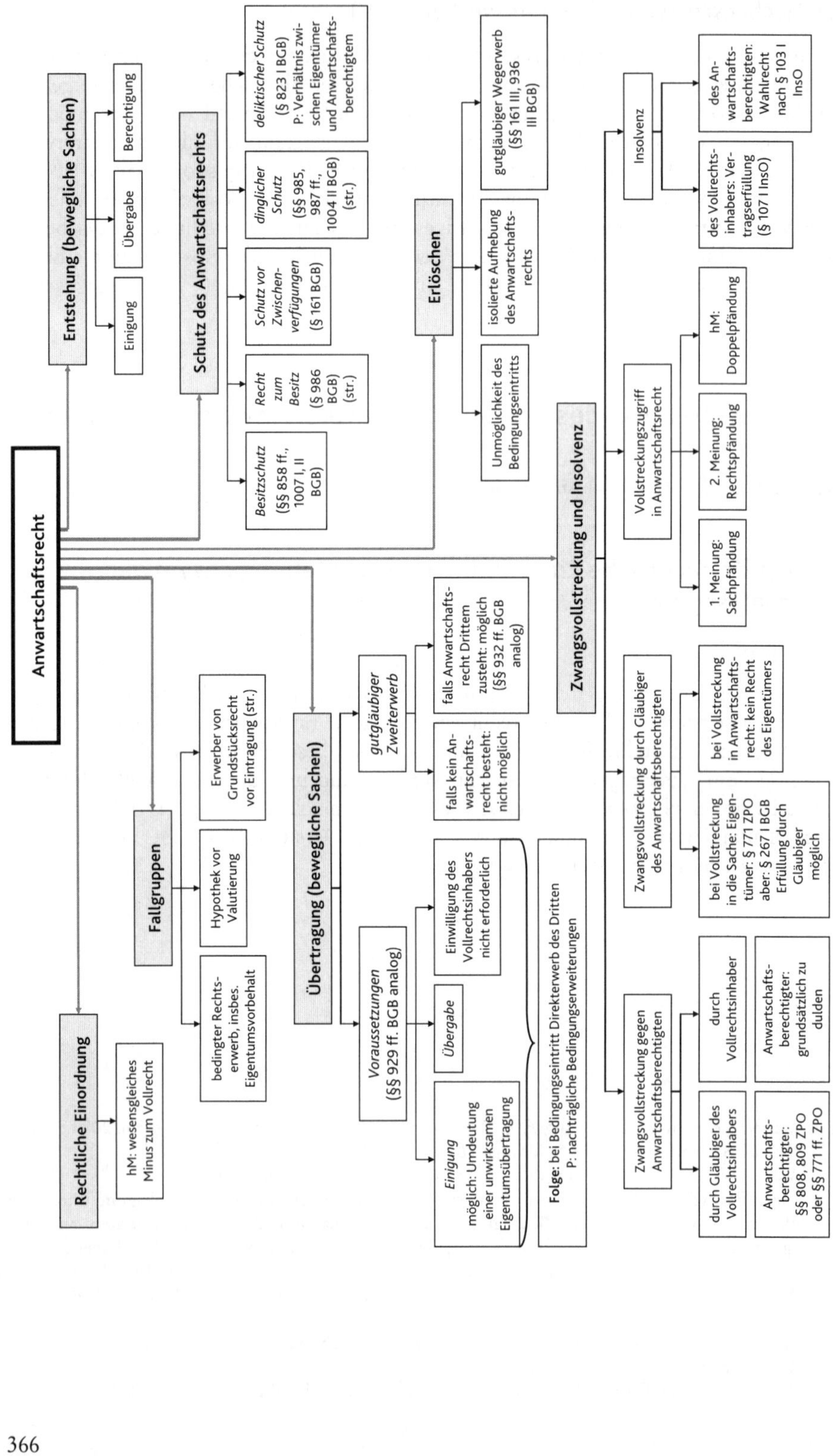

Anwartschaftsrecht
Rechtliche Einordnung
hM: wesensgleiches Minus zum Vollrecht
Fallgruppen
bedingter Rechtserwerb, insbes. Eigentumsvorbehalt
Hypothek vor Valutierung
Erwerber von Grundstücksrecht vor Eintragung (str.)
Übertragung (bewegliche Sachen)
Voraussetzungen (§§ 929 ff. BGB analog)
Einigung möglich: Umdeutung einer unwirksamen Eigentumsübertragung
Übergabe
Einwilligung des Vollrechtsinhabers nicht erforderlich
Folge: bei Bedingungseintritt Direkterwerb des Dritten
P: nachträgliche Bedingungserweiterungen
gutgläubiger Zweiterwerb
falls kein Anwartschaftsrecht besteht: nicht möglich
falls Anwartschaftsrecht Drittem zusteht: möglich (§§ 932 ff. BGB analog)
Entstehung (bewegliche Sachen)
Einigung
Übergabe
Berechtigung
Schutz des Anwartschaftsrechts
Besitzschutz (§§ 858 ff., 1007 I, II BGB)
Recht zum Besitz (§ 986 BGB) (str.)
Schutz vor Zwischenverfügungen (§ 161 BGB)
dinglicher Schutz (§§ 985, 987 ff., 1004 II BGB) (str.)
deliktischer Schutz (§ 823 I BGB) P: Verhältnis zwischen Eigentümer und Anwartschaftsberechtigtem
Erlöschen
Unmöglichkeit des Bedingungseintritts
isolierte Aufhebung des Anwartschaftsrechts
gutgläubiger Wegerwerb (§§ 161 III, 936 III BGB)
Zwangsvollstreckung und Insolvenz
Zwangsvollstreckung gegen Anwartschaftsberechtigten
durch Gläubiger des Vollrechtsinhabers
Anwartschaftsberechtigter: §§ 808, 809 ZPO oder §§ 771 ff. ZPO
durch Vollrechtsinhaber
Anwartschaftsberechtigter: grundsätzlich zu dulden
Zwangsvollstreckung durch Gläubiger des Anwartschaftsberechtigten
bei Vollstreckung in die Sache: Eigentümer: § 771 ZPO aber: § 267 I BGB Erfüllung durch Gläubiger möglich
bei Vollstreckung in Anwartschaftsrecht: kein Recht des Eigentümers
Vollstreckungszugriff in Anwartschaftsrecht
1. Meinung: Sachpfändung
2. Meinung: Rechtspfändung
hM: Doppelpfändung
Insolvenz
des Vollrechtsinhabers: Vertragserfüllung (§ 107 I InsO)
des Anwartschaftsberechtigten: Wahlrecht nach § 103 I InsO

b) Fallgruppen (G)

In der Praxis lassen sich *drei Fallgestaltungen* unterscheiden, in denen es zur Entstehung eines Anwartschaftsrechts mit unterschiedlicher Ausprägung und Stärke kommt:[122] **35**

- Im Wirtschaftsverkehr entsteht ein Anwartschaftsrecht am häufigsten infolge *bedingten Eigentumserwerbs*. Hauptanwendungsfall ist der Erwerb beweglicher Sachen unter Eigentumsvorbehalt (§§ 929 ff., 158 I BGB).[123] Von Praxisrelevanz ist auch die auflösend bedingte Sicherungsübereignung bzw. -zession (§§ 929, 930, 158 II BGB bzw. §§ 398 ff., 158 II BGB).
- Von erheblicher praktischer Bedeutung ist ferner das *Anwartschaftsrecht des Hypothekars* zwischen Eintragung und Valutierung der Hypothek.[124] Dem Eigentümer steht insoweit zunächst eine Eigentümergrundschuld zu (§ 1163 I 1 BGB).
- Schließlich erwächst unter bestimmten Umständen auch dem *Erwerber von Grundstücksrechten* zwischen Einigung und Eintragung in das Grundbuch ein Anwartschaftsrecht an dem entstehenden dinglichen Recht.[125]

Die folgende Darstellung beschränkt sich auf das Anwartschaftsrecht beim Verkauf beweglicher Sachen unter Eigentumsvorbehalt. Die beiden anderen Fälle werden im Zusammenhang mit dem Immobiliarsachenrecht erörtert.[126]

c) Rechtliche Einordnung (G)

Die rechtliche Einordnung des Anwartschaftsrechts ist umstritten.[127] Der BGH bezeichnet es als *wesensgleiches Minus*[128] bzw. als *Vorstufe zum Vollrecht*[129], also als dingliches Recht. Von anderen wird das Anwartschaftsrecht wegen seiner Verknüpfung mit schuldrechtlichen Vorgängen zT[130] als schuldrechtlich-dingliches Recht, zT[131] aber auch als subjektiv-dingliches Recht verstanden. **36**

d) Rechtsstellung des Übertragenden (G)

Der Übertragende bleibt dinglich Vollrechtsinhaber und ist lediglich schuldrechtlich an der Ausübung seiner aus dem Vollrecht erwachsenden Rechte gehindert. **37**

---

122 *Medicus/Petersen* BürgerlR Rn. 457 ff.; Staudinger/*Hager* (2010) § 823 Rn. B 150 f.; *Haas/Beiner* JA 1998, 23 ff. – Daneben wird der Begriff der Anwartschaft auch in anderen Bereichen verwendet, siehe dazu *Schreiber* Jura 2001, 623 (623 f.).

123 *Baur/Stürner* SachenR § 59 Rn. 32 ff.; *Lux* Jura 2004, 145 ff. hält das Anwartschaftsrecht für unnötig, da sich die gewünschten Ergebnisse ohne Weiteres aus dem Gesetz ergäben.

124 *Medicus/Petersen* BürgerlR Rn. 460.

125 IE str.; → § 13 Rn. 60 ff.

126 → § 13 Rn. 60 ff., → § 15 Rn. 79.

127 Näher dazu *Harke* JuS 2006, 385 ff., der die Pfandrechtsähnlichkeit betont.

128 BGHZ 28, 16 (21); der Begriff geht auf *Schwister* JW 1933, 1762 (1764) zurück.

129 BGH NJW 1984, 1184 (1185); so auch *Weber/Weber* KreditsicherungsR § 9 IV; zur Entwicklung: *Wolf/Wellenhofer* SachenR § 14 Rn. 11; *Baur/Stürner* SachenR § 59 Rn. 33.

130 *Serick* AcP 166 (1966), 129 ff.

131 BGHZ 28, 88 (94); *Baur/Stürner* SachenR § 59 Rn. 2, 4; wN bei Staudinger/*Beckmann* (2014) § 449 Rn. 74 ff.; krit. zur Terminologie des BGH (»zu ungeschminkte Metaphorik«) MüKo-BGB/*Oechsler* § 929 Rn. 18.

e) Entstehungsvoraussetzungen (G)

38 Das Anwartschaftsrecht wird dem Erwerber vom Vollrechtsinhaber eingeräumt (*Ersterwerb*). Da das Anwartschaftsrecht den Erwerb des Vollrechts vermitteln soll, richtet sich der Erwerb nach den Vorschriften des Vollrechtserwerbs.[132] So entsteht bei beweglichen Sachen das Anwartschaftsrecht durch Einigung über den bedingten Vollrechtsübergang und Übergabe der Sache durch den berechtigten Vollrechtsinhaber (§§ 929 ff. BGB analog).

2. Schutz des Anwartschaftsrechts

a) Possessorischer Besitzschutz des Anwartschaftsberechtigten (G)

39 Der Anwartschaftsberechtigte kann wie jeder andere Besitzer die Besitzschutzansprüche der §§ 858 ff., 1007 I und II BGB geltend machen.[133]

b) Besitzrecht des Anwartschaftsberechtigten gem. § 986 BGB (G)

40 **Fallbeispiel:** »Kunst kennt viele Sammler«[134]

Regelmäßig hat der Anwartschaftsberechtigte gegenüber dem Eigentümer (Vorbehaltsverkäufer) ein Besitzrecht gem. § 986 BGB schon aus dem zwischen ihnen bestehenden Kaufvertrag. Dieser genügt den Anforderungen an ein Besitzmittlungsverhältnis iSd § 868 BGB. Dieses Recht kann er auch einem Dritterwerber entgegenhalten (§ 986 II BGB).[135]

Streitig ist dagegen, ob darüber hinaus das Anwartschaftsrecht als solches ein gegenüber jedermann und damit auch gegenüber dem Eigentümer wirkendes, dingliches Besitzrecht iSd § 986 I BGB gewährt.

Relevant wird dieses Problem für den Anwartschaftsberechtigten vor allem dann, wenn er das Anwartschaftsrecht gutgläubig von einem Nichtberechtigten erworben hat, und der Eigentümer jetzt die Sache von ihm herausverlangt. Dann kann sich der Anwartschaftsberechtigte nicht auf ein Besitzrecht aus einem Kaufvertrag berufen, sondern bedarf einer dinglichen Besitzrechtsposition.

Ein Teil der Literatur[136] verneint ein absolutes Besitzrecht aus dem Anwartschaftsrecht mit Rücksicht auf seine Abhängigkeit von der schuldrechtlichen Lage.

Die Gegenansicht in der Literatur[137] und das OLG Karlsruhe[138] betonen die Wesensverwandtschaft des Anwartschaftsrechts mit dem dinglichen Eigentumsrecht

132 *Wilhelm* SachenR Rn. 2328.

133 *Baur/Stürner* SachenR § 59 Rn. 46.

134 *Vieweg/Röthel* Fälle SachenR Fall 9.

135 *Baur/Stürner* SachenR § 59 Rn. 46; *Medicus/Petersen* BürgerlR Rn. 463; → § 7 Rn. 21.

136 MüKoBGB/*Baldus* § 986 Rn. 9 f.; *Medicus/Petersen* BürgerlR Rn. 465; *Weber/Weber* KreditsicherungsR § 9 IV; *Stoll* JuS 1967, 12 (15 ff.); *Gudian* NJW 1967, 1786; alte Rspr. des BGH in BGHZ 10, 69.

137 Palandt/*Bassenge* § 929 Rn. 41; Soergel/*Henssler* Anh. § 929 Rn. 78 f.; Bamberger/Roth/*Kindl* § 929 Rn. 75; *Serick* Eigentumsvorbehalt I 275 ff.; *Wolf/Wellenhofer* SachenR § 14 Rn. 20; *Baur/Stürner* SachenR § 59 Rn. 47; *Reinicke/Tiedtke* Kreditsicherung Rn. 884; *Bauknecht* NJW 1955, 1251.

138 OLG Karlsruhe JZ 1966, 272.

und bejahen ein absolutes Besitzrecht des Anwartschaftsberechtigten. Das Entstehen des Anwartschaftsrechts gehe mit einer entsprechenden dinglichen Einschränkung des Eigentumsrechts einher. Die Übertragung des Anwartschaftsrechts sei für den Erwerber nur sinnvoll, wenn er zugleich die mit diesem verbundenen Befugnisse dinglich gesichert erlange. *Petersen*[139] hält dem entgegen, dass ein andauernder unmittelbarer Besitz des Anwartschaftsberechtigten für den Vollrechtserwerb nicht notwendig sei, da die Übergabe iSv § 929 BGB bereits erfolgt sei. Der Anwartschaftsberechtigte sei deshalb hier nicht schutzwürdiger als jeder andere Besitzer.

Nach der Ansicht des BGH[140] soll der Anwartschaftsberechtigte jedenfalls dann den Gegenstand nicht herausgeben müssen, wenn der Bedingungseintritt unmittelbar bevorstehe, insbesondere also der Anwartschaftsinhaber zur sofortigen Zahlung des restlichen Kaufpreises bereit sei. Mit vollständiger Tilgung der Kaufpreisschuld erstarke sein Anwartschaftsrecht zum Vollrecht Eigentum. Der bisherige Anwartschaftsberechtigte könne nun seinerseits den Anspruch aus § 985 BGB geltend machen. Dem Herausgabeverlangen des (Noch-)Eigentümers stehe daher insoweit eine Einrede und kein Recht zum Besitz iSd § 986 BGB entgegen. Der Eigentümer dürfe gem. § 242 BGB die Herausgabe nicht verlangen, wenn er zur sofortigen Rückerstattung verpflichtet wäre (dolo agit qui petit quod statim redditurus est).

c) Schutz vor Zwischenverfügungen

Fallbeispiel: »Kunst kennt viele Sammler«[141]

aa) Schutz vor Zwischenverfügungen (V)

Der Anwartschaftsberechtigte ist gegen zwischenzeitliche Verfügungen des Veräuße- 41
rers gem. § 161 I BGB geschützt:[142] Als mittelbarer Eigenbesitzer kann der Vorbehaltsverkäufer zwar sein (Rest-)Eigentum durch Abtretung seines Herausgabeanspruches aus dem Besitzmittlungsverhältnis auf den Erwerber übertragen (§§ 929, 931 BGB). Der Zwischenerwerber erwirbt auf diese Weise zunächst wirksam das Eigentum vom Berechtigten. Dieses verliert er aber mit Bedingungseintritt sofort wieder (§ 161 I BGB), wenn das stets beim Vorbehaltskäufer verbliebene Anwartschaftsrecht zum Vollrecht erstarkt. Die Zwischenverfügung wird mit Bedingungseintritt absolut unwirksam.[143] § 161 I BGB wirkt damit gegenüber jedermann und nicht nur – wie etwa bei einem Verstoß gegen ein Veräußerungsverbot (§§ 135 ff. BGB) oder bei einer Vormerkung (§§ 883 ff. BGB) – gegenüber dem geschützten Anwartschaftsinhaber.

139 *Medicus/Petersen* BürgerlR Rn. 465.
140 BGHZ 10, 69 (75).
141 *Vieweg/Röthel* Fälle SachenR Fall 9.
142 *Medicus/Petersen* BürgerlR Rn. 462, 503; *Gottwald* PdW SachenR Fall 186; *Schreiber* Jura 2001, 623 (624, 627).
143 Jauernig/*Mansel* Anm. zu den §§ 160, 161 Rn. 3; Vor § 104 Rn. 19; Staudinger/*Bork* (2010) § 161 Rn. 12; *Derleder* Jura 2002, 772 (773); krit. MüKoBGB/*H. P. Westermann* § 161 Rn. 7 f., der dennoch der absoluten Unwirksamkeit »praktisch den Vorzug« geben will; → § 14 Rn. 17.

bb) Kein »gutgläubiger Wegerwerb« (V)

42 Gem. § 161 III BGB sind die Vorschriften der §§ 932 ff. BGB auf Zwischenverfügungen entsprechend anzuwenden. Zu denken wäre daher an einen Verlust der Anwartschaft zugunsten eines gutgläubigen Erwerbers. Der gute Glaube müsste sich dabei auf das Nichtbestehen eines Anwartschaftsrechts beziehen. Ein solcher »gutgläubiger Wegerwerb« des Anwartschaftsrechts wird jedoch im Ergebnis ganz überwiegend abgelehnt.[144]

Zwar ist umstritten, ob auf das Anwartschaftsrecht als wesensgleiches Minus zum Vollrecht Eigentum § 161 III iVm §§ 932–934 BGB Anwendung finden soll oder ob das Anwartschaftsrecht eher einer dinglichen Belastung gem. § 936 BGB gleicht.[145] Im Ergebnis ist dies jedoch ohne Belang, da für den Gutglaubenserwerb in beiden Fällen dieselben Voraussetzungen erfüllt sein müssen.

Nach überwiegender Ansicht[146] findet § 936 III BGB auch im Fall des § 934 I Alt. 1 BGB analoge Anwendung. § 936 III BGB enthält den Rechtsgedanken, dass zulasten eines unmittelbaren Besitzers ein gutgläubiger Erwerb des Eigentums bzw. eines dinglichen Rechts nicht möglich ist. Der gutgläubige (lastenfreie) Vollrechtserwerb scheidet folglich trotz § 161 III BGB dann aus, wenn der Anwartschaftsberechtigte – wie regelmäßig – die Sache im unmittelbaren Besitz hat. In diesem Fall erlischt sein Anwartschaftsrecht auch bei der Veräußerung der Sache durch den Vollrechtsinhaber an einen gutgläubigen Dritten nicht.

Der Schutz durch § 936 III BGB wird dem Anwartschaftsberechtigten jedoch ausnahmsweise dann versagt, wenn er dem Dritten die Sache nachträglich herausgegeben hat, ohne diesen auf sein Besitzrecht hinzuweisen.[147] Wäre nämlich der Anwartschaftsberechtigte Volleigentümer und nicht nur anwartschaftsberechtigt gewesen, so hätte der Dritte spätestens mit dieser Übergabe das Eigentum gutgläubig erworben (§§ 929, 931, 934 Alt. 2 BGB). Der Anwartschaftsberechtigte darf aber nicht stärker geschützt sein als der Vollrechtsinhaber.

d) Treuwidrige Verhinderung des Vollrechtserwerbs durch den Veräußerer (V)

43 Die Sicherung des Anwartschaftsrechts wird durch § 162 I BGB ergänzt. Verweigert der Vorbehaltsverkäufer die Annahme weiterer Zahlungen, so verhindert er treuwidrig den Eintritt der aufschiebenden Bedingung: Sie gilt damit als eingetreten. Nach *Petersen*[148] bedarf der Vorbehaltskäufer dieses Schutzes allerdings überhaupt nicht: Mit der Verweigerung der Annahme der Kaufpreisraten gerate der Vorbehaltsverkäufer in Annahmeverzug, und der Vorbehaltskäufer könne durch Hinterlegung des Betrags den Eintritt der Bedingung selbst herbeiführen (§§ 372, 378 BGB).

144 Siehe eing. *Döring* NJW 1996, 1443 (1443 ff.); abl. Staudinger/*W. Wiegand* (2011) § 936 Rn. 16.
145 MüKoBGB/*Oechsler* § 936 Rn. 16; Diskussion bei *Döring* NJW 1996, 1445.
146 MüKoBGB/*Oechsler* § 936 Rn. 16; Jauernig/*Berger* § 929 Rn. 40; § 936 Rn. 1, 7; NK-BGB/*Meller-Hannich/Schilken* § 929 Rn. 86; *Wieling* SachenR § 17 II 2b bb; *Medicus/Petersen* BürgerlR Rn. 462; *Wilhelm* SachenR Rn. 1016; *Röthel* Jura 2009, 241 (244); *Haas/Beiner* JA 1998, 23 (25, 30); in der Begründung teils krit. *Westermann/Gursky/Eickmann* SachenR § 43 Rn. 14 f.; *Döring* NJW 1996, 1446; aA Staudinger/*W. Wiegand* (2011) § 936 Rn. 16; krit. auch *Lux* Jura 2004, 145 (150).
147 *Medicus/Petersen* BürgerlR Rn. 462; vgl. auch *Wilhelm* SachenR Rn. 2338.
148 *Medicus/Petersen* BürgerlR Rn. 464.

e) Schadensersatzansprüche gegen den Veräußerer (V)

Geht die Sache infolge eines Verschuldens des Vollrechtsinhabers unter oder wird der Rechtserwerb sonst beeinträchtigt, steht dem Anwartschaftsberechtigten ein Anspruch auf Schadensersatz zu (§ 160 I BGB).[149] Unberührt bleiben schuldrechtliche Ansprüche aus Pflichtverletzung (§ 280 I BGB) des Kaufvertrags. 44

f) Dinglicher Schutz des Anwartschaftsrechts? (G)

Fraglich ist, ob der Anwartschaftsberechtigte eigene Ansprüche analog §§ 985, 987 ff. BGB gegen einen unberechtigten Besitzer geltend machen kann. Die wohl hM[150] billigt ihm diese Ansprüche zu, ebenso einen Unterlassungs- und Beseitigungsanspruch gegen störende Dritte analog § 1004 I BGB.[151] 45

Nach der Gegenansicht[152] hat der Anwartschaftsberechtigte keine eigenen dinglichen Ansprüche, sondern ist lediglich nach § 185 BGB ermächtigt, die Ansprüche des Eigentümers geltend zu machen. Dabei wird teilweise[153] eine generelle stillschweigende Ermächtigung durch den Eigentümer angenommen. Im Übrigen werde der Anwartschaftsberechtigte schon durch die Besitzschutzansprüche aus §§ 1007 II, 861 BGB ausreichend geschützt.[154]

g) Deliktischer Rechtsschutz des Anwartschaftsrechts gem. § 823 I BGB

aa) Das Anwartschaftsrecht als Recht iSd § 823 I BGB (G)

Das Anwartschaftsrecht genießt als ein sonstiges absolutes Recht deliktischen Schutz, § 823 I BGB.[155] 46

bb) Aufteilung des Schadensersatzanspruchs zwischen Anwartschaftsberechtigtem und Eigentümer – Innenverhältnis (E)

Umstritten ist, wie der Schadensersatzanspruch zwischen dem Vorbehaltskäufer, dessen Anwartschaftsrecht verletzt wird, und dem Vorbehaltsverkäufer, dessen Eigentum geschädigt ist, aufzuteilen ist. Insbesondere stellt sich die Frage, wem der Substanzschaden zusteht. 47

Nach Ansicht des BGH[156] kann der Anwartschaftsberechtigte nur den Wert des Anwartschaftsrechts, dh die Differenz zwischen dem Wert der Sache und dem noch nicht gezahlten Restkaufpreis ersetzt verlangen. Der Ersatz des restlichen Substanzschadens stehe dem Vorbehaltseigentümer zu.

---

149 *Wolf/Wellenhofer* SachenR § 14 Rn. 16.

150 Jauernig/*Berger* § 929 Rn. 57; *Wolf/Wellenhofer* SachenR § 14 Rn. 22; siehe auch MüKoBGB/*Baldus* § 985 Rn. 5–7, der darauf hinweist, dass zumindest bei Mobilien der Schutz aus § 1007 BGB ausreicht.

151 *Wolf/Wellenhofer* SachenR § 14 Rn. 23; siehe auch MüKoBGB/*Baldus* § 1004 Rn. 54.

152 *Brox* JuS 1984, 657 (660).

153 MüKoBGB/*Baldus* § 985 Rn. 5–7.

154 Vgl. Staudinger/*Gursky* (2013) Vorbem zu §§ 985–1007 Rn. 6.

155 BGHZ 55, 20 (25, 26); OLG Celle NJW 1960, 967 (968); Staudinger/*Hager* (2010) § 823 Rn. B 151 ff.; *Baur/Stürner* SachenR § 59 Rn. 45; *Lüke* SachenR Rn. 569; *Reinicke/Tiedtke* Kreditsicherung Rn. 897; *Westermann/Gursky/Eickmann* SachenR § 43 Rn. 17; *Gottwald* PdW SachenR Fall 183.

156 BGHZ 55, 20 (31 f.); Jauernig/*Berger* § 929 Rn. 58.

Nach aA[157] kann der Anwartschaftsberechtigte für den Substanzschaden in voller Höhe Ersatz verlangen. Dieser müsse schließlich trotz des Untergangs der Kaufsache den Kaufpreis wegen § 446 BGB in voller Höhe entrichten, sodass wirtschaftlich er allein eine finanzielle Einbuße erleide.

cc) Berechtigung zum Zahlungsempfang – Außenverhältnis (E)

48 Davon zu unterscheiden ist die Frage, inwieweit Anwartschaftsberechtigter und Eigentümer im Außenverhältnis dem Schädiger gegenüber zum Empfang der Zahlung berechtigt sind.

Versteht man den Eigentumsvorbehalt als besitzloses Pfandrecht zugunsten des Verkäufers, so steht der Ersatzanspruch dem Vorbehaltskäufer als eigentlichem »Eigentümer« zu. Diese Lösung entbehrt zwar einer gesetzlichen Grundlage.[158] Dennoch befürwortet ein Teil der Literatur[159] die volle Liquidation durch den Anwartschaftsberechtigten.

Nach aA[160] sind der anwartschaftsberechtigte Vorbehaltskäufer und der Eigentümer Gesamtgläubiger (§ 428 BGB). Dem steht jedoch entgegen, dass derjenige, an den nicht geleistet wird, zumindest zeitweise seine Sicherung (oder ihr Surrogat in Form der Schadensersatzforderung) verlöre.

Um diesen Nachteil zu vermeiden kann nach hM[161] die Schadensersatzzahlung nur an den Eigentümer und den Anwartschaftsberechtigten gemeinsam erfolgen (§§ 432, 1281 BGB entsprechend).

3. Übertragung des Anwartschaftsrechts

Fallbeispiel: »Die sieben Lastkraftwagen«[162]

a) Voraussetzungen (G)

49 Das Anwartschaftsrecht wird entsprechend den Vorschriften über das Vollrecht übertragen. Beim bedingten Erwerb beweglicher Sachen bedarf es deshalb der Einigung über die Übertragung des Anwartschaftsrechts und der Übergabe der bedingt zu übereignenden Sache (§§ 929 ff. BGB analog).[163] Die Übertragung des Anwartschaftsrechts durch den Anwartschaftsberechtigten ist ohne Einwilligung des Vollrechtsinhabers möglich.[164] Der Anwartschaftsberechtigte verfügt nämlich nur über ein ihm

157 So wohl *Baur/Stürner* SachenR § 59 Rn. 45.

158 *Baur/Stürner* SachenR § 59 Rn. 45.

159 *Müller-Laube* JuS 1993, 529 (534 f.).

160 Staudinger/*Hager* (2010) § 823 Rn. B 155; *Lüke* SachenR Rn. 570; *Reinicke/Tiedtke* Kreditsicherung Rn. 897; *Gottwald* PdW SachenR Fall 183; *Brox* JuS 1984, 657 (660).

161 Palandt/*Bassenge* § 929 Rn. 43; Jauernig/*Berger* § 929 Rn. 58; *Baur/Stürner* SachenR § 59 Rn. 45; *Brox* JuS 1984, 657 (660); Erman/*Grunewald* § 449 Rn. 37; *Schreiber* Jura 2001, 623 (627).

162 *Vieweg/Röthel* Fälle SachenR Fall 22.

163 Statt vieler Staudinger/*W. Wiegand* (2011) § 929 Rn. 7, 34, Anh zu §§ 929 ff. Rn. 25. Zur Übertragung nach § 929 S. 2 BGB vgl. BGH NJW 2007, 2844 f. Danach bedarf es auch in diesem Fall keines darüber hinausgehenden Publikationsakts.

164 *Wolf/Wellenhofer* SachenR § 14 Rn. 27; *Baur/Stürner* SachenR § 59 Rn. 34 ff.; *Medicus/Petersen* BürgerlR Rn. 473; *Weber/Weber* KreditsicherungsR § 9 IV; *Rimmelspacher* KreditsicherungsR Rn. 251.

selbst zustehendes Recht. Die Position des Vollrechtsinhabers wird durch den Wechsel in der Person des Inhabers dieses Rechts nicht beeinträchtigt.

b) Umdeutung einer unwirksamen Vollrechtsübertragung (V)

Verfügt der Anwartschaftsberechtigte über die Sache, ist zunächst zu klären, ob er als 50 Nichtberechtigter über das Eigentum oder als Berechtigter über das Anwartschaftsrecht verfügen will. Entscheidend ist die Auslegung der dinglichen Einigung nach dem objektiven Empfängerhorizont (§§ 133, 157 BGB).

Will der Anwartschaftsberechtigte über das ihm nicht zustehende Eigentum verfügen und scheitert der gutgläubige Eigentumserwerb des Dritten an der fehlenden Übergabe (§ 933 BGB), so kann die gewollte, aber unwirksame Vollrechtsübertragung meist in die wirksame Übertragung des Anwartschaftsrechts als wesensgleiches Minus umgedeutet werden (§ 140 BGB).[165]

Nach Ansicht des BGH[166] bedarf es einer Umdeutung nicht, da bereits die Auslegung der Einigung ergebe, dass der Verfügende zumindest auch das Anwartschaftsrecht als wesensgleiches Minus zum Vollrecht übertragen wolle.

c) Verfügungsverbot zulasten des Anwartschaftsberechtigten (G)

Veräußerer und Erwerber des Anwartschaftsrechts können die Weiterübertragung 51 des Anwartschaftsrechts auf einen Dritten durch den Anwartschaftsberechtigten nicht mit dinglicher Wirkung ausschließen (§ 137 S. 1 BGB).[167]

Möglich ist jedoch eine schuldrechtliche Verpflichtung des Erwerbers, nicht über das Anwartschaftsrecht zu verfügen (§ 137 S. 2 BGB). Er macht sich dann bei einer uneingeschränkt wirksamen Weiterübertragung wegen Verletzung der Sicherungsabrede gegenüber dem Noch-Eigentümer schadensersatzpflichtig.

d) Bedingungserweiterung nach Zweiterwerb des Anwartschaftsrechts (V)

Fallbeispiel: »Die sieben Lastkraftwagen«[168]

Das Anwartschaftsrecht des Dritten (Zweiterwerbers) würde beeinträchtigt oder so- 52 gar inhaltsentleert, wenn die Parteien des Kaufvertrags den Haftungsumfang der durch einen Eigentumsvorbehalt zu sichernden Forderungen nachträglich erweitern oder den Kaufvertrag aufheben. Eine derartige Aushöhlung des übertragenen Anwartschaftsrechts würde im Ergebnis einen unzulässigen Vertrag zulasten Dritter darstellen. Deshalb ist die nachträgliche Erweiterung des Eigentumsvorbehalts nur mit Zustimmung des Zweiterwerbers des Anwartschaftsrechts zulässig.[169] Möglich

165 Palandt/*Bassenge* § 929 Rn. 45; auch *Wolf/Wellenhofer* SachenR § 15 Rn. 18.
166 BGHZ 35, 85 (91); 50, 45 (48 f.); *Reinicke/Tiedtke* Kreditsicherung Rn. 887; *Würdinger* NJW 2008, 1422 (1424).
167 Staudinger/*Kohler* (2010) BImSchG § 137 Rn. 23; *Gottwald* PdW SachenR Fall 179.
168 *Vieweg/Röthel* Fälle SachenR Fall 22.
169 BGHZ 75, 221 (227); *Wolf/Wellenhofer* SachenR § 14 Rn. 32 (Fall 12); *Medicus/Petersen* BürgerlR Rn. 473; *Rimmelspacher* KreditsicherungsR Rn. 305; *Gottwald* PdW SachenR Fall 180; *Forkel* NJW 1980, 774 (774 f.); *Lowenheim* JuS 1981, 721.

bleibt aber die Ausübung von Rechten, die schon im Kaufvertrag angelegt sind, wie zB die Anfechtung oder etwaige gesetzliche oder vertragliche Rücktrittsrechte.[170]

e) Direkterwerb des Berechtigten (G)

53 Bei Bedingungseintritt erstarkt das Anwartschaftsrecht in der Person des Anwartschaftsberechtigten zum Vollrecht. Das Eigentum geht folglich unmittelbar auf den (Zweit-)Erwerber über (kein Durchgangserwerb des Ersterwerbers). Die Gläubiger des Ersterwerbers haben daher keinen Zugriff auf die übereignete Sache.[171]

f) Nachträgliche Erwerbshindernisse (G)

54 Maßgeblicher Zeitpunkt für das Vorliegen der Übertragungsvoraussetzungen ist allein die Übertragung des Anwartschaftsrechts (Einigung und Übergabe der Sache). Ohne Bedeutung ist daher, ob der Eigentumsvorbehaltsverkäufer auch noch bei Bedingungseintritt die Übertragung will oder ob er noch verfügungsberechtigt ist.[172]

4. Gutgläubiger Erwerb des Anwartschaftsrechts

a) Fallgruppen (V)

55 Im Zusammenhang mit dem gutgläubigen Erwerb eines Anwartschaftsrechts kommen *zwei Konstellationen* in Betracht:

- gutgläubiger Ersterwerb des Anwartschaftsrechts vom Nichteigentümer;[173]
- gutgläubiger Zweiterwerb des Anwartschaftsrechts vom Nicht-Anwartschaftsberechtigten. Hier sind wiederum *zwei Möglichkeiten* zu unterscheiden: Entweder besteht ein Anwartschaftsrecht überhaupt nicht[174] oder ein zwar bestehendes Anwartschaftsrecht steht nicht dem Veräußerer zu.[175]

b) Gutgläubiger Ersterwerb des Anwartschaftsrechts vom Nichteigentümer (V)

Fallbeispiel: »Die sieben Lastkraftwagen«[176]

56 Da das Anwartschaftsrecht das wesensgleiche Minus zum Eigentum als Vollrecht darstellt, kann ein Nichtberechtigter beim Verkauf einer beweglichen Sache anstelle der unbedingten Eigentumsübertragung einen Eigentumsvorbehalt vereinbaren. Der Erwerber erlangt dann – unter den allgemeinen Voraussetzungen des gutgläubigen Erwerbs (§§ 932 ff. BGB) – kraft seines guten Glaubens ein Anwartschaftsrecht, das entsprechend den vertraglichen Bedingungen zum Vollrecht erstarkt (»Gutgläubiger

---

170 Palandt/*Bassenge* § 929 Rn. 50.

171 *Reinicke/Tiedtke* Kreditsicherung Rn. 889; *Baur/Stürner* SachenR § 59 Rn. 34; *Westermann/Gursky/Eickmann* SachenR § 43 Rn. 33 f.; *Weber/Weber* KreditsicherungsR § 9 IV; *Gottwald* PdW SachenR Fall 179; Bamberger/Roth/*Kindl* § 929 Rn. 82; *Lux* Jura 2004, 145 (147 f.).

172 MüKoBGB/*H. P. Westermann* § 449 Rn. 44; *Gottwald* PdW SachenR Fall 184.

173 → § 11 Rn. 56.

174 → § 11 Rn. 57.

175 → § 11 Rn. 58.

176 *Vieweg/Röthel* Fälle SachenR Fall 22.

Ersterwerb«).[177] Für den guten Glauben des Erwerbers ist auf den Zeitpunkt der Einigung und Übergabe, nicht auf den des Bedingungseintritts abzustellen.[178]

c) Kein gutgläubiger Zweiterwerb eines nicht existenten Anwartschaftsrechts (V)

Fallbeispiel: »Geldnöte«[179]

Liegt der Mangel auf der schuldrechtlichen Ebene, dh ist ein Anwartschaftsrecht überhaupt nicht entstanden, ist ein gutgläubiger Erwerb von vornherein ausgeschlossen. Der gutgläubige Erwerb setzt als Anknüpfungspunkt ein existierendes Recht voraus. Hier käme als Anknüpfungspunkt dagegen nur die Behauptung einer tatsächlich nicht existenten Rechtsstellung in Betracht. Diese reicht jedoch nicht aus.[180] 57

Aus dem gleichen Grund ist der gute Glaube des Erwerbers an den Umfang der erworbenen Anwartschaft (dh die Höhe der Kaufpreisforderung oder der bereits getilgten Raten) ohne Bedeutung. Das Anwartschaftsrecht kann nur in dem Zustand erworben werden, in dem es tatsächlich besteht.[181]

d) Gutgläubiger Zweiterwerb vom Nichtberechtigten bei bestehendem Anwartschaftsrecht? (V)

Fallbeispiel: »Geldnöte«[182]

Hiervon ist der gutgläubige Zweiterwerb eines Anwartschaftsrechts zu unterscheiden, bei dem sich ein nicht verfügungsberechtigter Veräußerer als Inhaber eines tatsächlich bestehenden Anwartschaftsrechts ausgibt. Die Wirksamkeit eines solchen gutgläubigen Zweiterwerbs eines bestehenden Anwartschaftsrechts ist umstritten: 58

Nach einer Ansicht[183] ist das Anwartschaftsrecht als Rechtsposition mit starker schuldrechtlicher Komponente für den Gutglaubenserwerb ungeeignet. Insbesondere stehe diesem entgegen, dass der Besitz nur den Rechtsschein für das Eigentum erzeuge. Zerstöre der Veräußerer diesen, indem er als (nur) Anwartschaftsberechtigter auftrete, vertraue der Erwerber letztlich lediglich auf bloße Zusagen des Veräußerers.

177 Jauernig/*Berger* § 929 Rn. 44; MüKoBGB/*H. P. Westermann* § 449 Rn. 63; Staudinger/*W. Wiegand* (2011) § 932 Rn. 129; jurisPK-BGB/*Beckmann* § 932 Rn. 49 f.; *Baur/Stürner* SachenR § 59 Rn. 38; *Krüger* JuS 1994, 905 (905 f.); *Lux* Jura 2004, 145 (149).

178 *Schreiber* Jura 2001, 623 (627); *Derleder* Jura 2002, 772 (773); *Haas/Beiner* JA 1998, 23 (28); → § 5 Rn. 30.

179 *Vieweg/Röthel* Fälle SachenR Fall 23.

180 *Medicus/Petersen* BürgerlR Rn. 475; *Reinicke/Tiedtke* Kreditsicherung Rn. 895; *Baur/Stürner* SachenR § 59 Rn. 40; *Rimmelspacher* KreditsicherungsR Rn. 303 f.; *Wolf/Wellenhofer* SachenR § 14 Rn. 36; *Gottwald* PdW SachenR Fall 185; *Brox* JuS 1984, 657 (662); *Krüger* JuS 1994, 906 (906 f.), weist darauf hin, dass mangels schuldrechtlicher Verpflichtung gar keine kondiktionsfeste Zahlung erfolgen könne, die das Anwartschaftsrecht zum Vollrecht erstarken lassen könnte; ähnlich *Schreiber* Jura 2001, 623 (627); aA *Wieling* SachenR § 17 III 1b bb.

181 MüKoBGB/*H. P. Westermann* § 449 Rn. 64; aA auch hier *Wieling* SachenR § 17 III 1b cc.

182 *Vieweg/Röthel* Fälle SachenR Fall 23.

183 Staudinger/*W. Wiegand* (2011) § 932 Rn. 131; *Medicus/Petersen* BürgerlR Rn. 475; *Gottwald* PdW SachenR Fall 185; *Flume* AcP 161 (1961), 385 (394 ff.); *W. Wiegand* JuS 1974, 201 (211 f.); *Brox* JuS 1984, 657 (661 f.); *Schreiber* Jura 2001, 623 (627); Bamberger/Roth/*Kindl* § 929 Rn. 85; NK-BGB/*Meller-Hannich/Schilken* § 932 Rn. 8; *Lux* Jura 2004, 145 (149); wohl auch *Krüger* JuS 1994, 906.

Demgegenüber lässt die wohl überwiegende Ansicht[184] den gutgläubigen Zweiterwerb des Anwartschaftsrechts grundsätzlich zu. Das Vertrauen des Erwerbers sei schutzwürdig, da das Anwartschaftsrecht nichts anderes sei als das in der Entwicklung befindliche Eigentum und da der Rechtsschein des Eigentums den des Anwartschaftsrechts mitbeinhalte.

Der Erwerber erlangt das Anwartschaftsrecht danach gutgläubig, wenn es sich um ein Verkehrsgeschäft[185] handelt, die Sache übergeben wird und der Erwerber hinsichtlich der Anwartschaftsberechtigung des Veräußerers gutgläubig ist, sofern die Sache dem wahren Anwartschaftsberechtigten nicht abhanden gekommen ist (§§ 932 ff. BGB analog). Maßgeblicher Zeitpunkt für den guten Glauben ist auch hier die Übergabe, nicht der Bedingungseintritt. Somit ist unschädlich, wenn der Erwerber im Zeitraum zwischen Übertragung des Anwartschaftsrechts und Bedingungseintritt bösgläubig wird.

Scheitert ein gutgläubiger Erwerb und zahlt der vermeintliche Zweiterwerber in der Absicht, die Bedingung – zu seinen Gunsten – eintreten zu lassen, so erwirbt der wahre Anwartschaftsberechtigte das Volleigentum aufgrund Erfüllung durch einen Dritten gem. § 267 BGB. Eine Genehmigung des Schuldners ist nach § 267 BGB nicht nötig. Der Zahlende hat dann gegen den Erwerber einen Ausgleichsanspruch aus § 812 I 1 Alt. 2 BGB.

5. Anwartschaftsrecht als Kreditsicherungsmittel

a) Begründung von Rechten am Anwartschaftsrecht (V)

59 Wesentlicher Zweck der Anerkennung eines Anwartschaftsrechts als eigene Rechtsposition ist seine Verwendungsmöglichkeit als Kreditsicherheit. So kann das Anwartschaftsrecht wie eine Sache verpfändet werden (§§ 1204 ff. BGB analog; nicht Rechtspfand, §§ 1273 ff. BGB!).[186] Es kann sicherungshalber übertragen (§§ 929, 930 BGB analog) und seinerseits unter Vorbehalt weiter übertragen werden (doppelte Anwartschaft, § 158 I BGB).[187]

Auf dem Anwartschaftsrecht können auch gesetzliche Pfandrechte lasten. So ist das Anwartschaftsrecht an Sachen, die in einem gemieteten Raum oder auf einem gemieteten Grundstück lagern, mit einem Vermieterpfandrecht belastet (§ 562 BGB).[188]

Mit Bedingungseintritt verwandelt sich das rechtsgeschäftliche wie auch das gesetzliche Pfandrecht am Anwartschaftsrecht in ein Pfandrecht an der Sache (§ 1287 BGB analog).[189] Umstritten[190] ist, ob es zur Aufhebung des Anwartschaftsrechts der Zustimmung des Pfandgläubigers bedarf (§ 1276 BGB analog).[191]

184 Palandt/*Bassenge* § 929 Rn. 46; *Baur/Stürner* SachenR § 59 Rn. 39; *Rimmelspacher* KreditsicherungsR Rn. 302; *Serick* Eigentumsvorbehalt I § 11 IV 1; *Reinicke/Tiedtke* Kreditsicherung Rn. 706.

185 → § 5 Rn. 10.

186 Staudinger/*W. Wiegand* (2009) § 1204 Rn. 44.

187 *Wolf/Wellenhofer* SachenR § 14 Rn. 33.

188 BGHZ 117, 200 (202 ff.), dazu *Krüger* JuS 1994, 908 (908 f.); BGH NJW 1965, 1475; Staudinger/*Emmerich* (2014) § 562 Rn. 15a ff.; MüKoBGB/*Artz* § 562 Rn. 16; *Rimmelspacher* KreditsicherungsR Rn. 278 ff.; *Tiedtke* NJW 1972, 1404 (1404 f.); *Fischer* JuS 1993, 542 (543).

189 MüKoBGB/*Damrau* § 1204 Rn. 12 mwN, § 1287 Rn. 15; Staudinger/*W. Wiegand* (2009) § 1204 Rn. 44; Staudinger/*D. Wiegand* (2009) § 1287 Rn. 17 ff.; *Reinicke/Tiedtke* Kreditsicherung Rn. 890.

190 → § 11 Rn. 62.

191 Zum Schutz des Pfandrechtsgläubigers bei Sachpfändung durch Dritte, *Frank* NJW 1974, 2211.

b) Anwartschaftsrechte im Haftungsverband der Hypothek (E)

Besteht das Anwartschaftsrecht an einer Sache, die Zubehör eines hypothekarisch belasteten Grundstücks ist, so fällt es als wesensgleiches Minus zum Vollrecht Eigentum genauso wie das Eigentum in den Haftungsverband der Hypothek (§§ 1120 ff. BGB).[192] Bei Bedingungseintritt erstarkt das Anwartschaftsrecht zum Eigentum, wobei sich die hypothekarische Belastung am Eigentum fortsetzt.[193] 60

6. Erlöschen des Anwartschaftsrechts

Fallbeispiel: »Die sieben Lastkraftwagen«[194]

a) Erlöschen durch Unmöglichwerden des Bedingungseintritts (G)

Ist die Vollendung des Rechtserwerbs nicht mehr möglich, erlischt das Anwartschaftsrecht. Im Fall der bedingten Übereignung beweglicher Sachen ist dies der Fall,[195] 61

- wenn die Erfüllung der Kaufpreisverpflichtung nicht mehr möglich ist, insbesondere wenn der Vorbehaltsverkäufer vom Kaufvertrag zurückgetreten ist;[196]
- wenn die Kaufpreisforderung verjährt ist und der Käufer die weitere Zahlung verweigert;[197]
- wenn die Parteien den Kaufvertrag aufgehoben oder angefochten haben oder sich herausstellt, dass der Kaufvertrag von vornherein unwirksam gewesen ist.[198]

Dies zeigt, dass das Anwartschaftsrecht ein mit dem Bestand der Kaufpreisforderung unlösbar verknüpftes Recht ist.[199]

b) Isolierte Aufhebung des Anwartschaftsrechts (V)

Das Anwartschaftsrecht kann auch isoliert vom zugrundeliegenden schuldrechtlichen Vertrag aufgehoben werden. Dabei verliert der Eigentumsvorbehaltskäufer zwar sein bedingtes Eigentum, behält aber den schuldrechtlichen Anspruch auf Übereignung gem. § 433 I 1 BGB. 62

Ist das Anwartschaftsrecht mit einem rechtsgeschäftlichen oder gesetzlichen Pfandrecht belastet oder fällt es in den Haftungsverband einer Hypothek, ist umstritten, ob es zur Aufhebung des Anwartschaftsrechts der Zustimmung des Pfandgläubigers bzw. des Hypothekengläubigers bedarf.

---

192 *Baur/Stürner* SachenR § 39 Rn. 35 ff.; *Rimmelspacher* KreditsicherungsR Rn. 282 ff.; *Medicus/Petersen* BürgerlR Rn. 484; *Kollhosser* JA 1984, 196; *Scholz* MDR 1990, 679; ausführlich *Zimmermann*, Die Haftung des Grundstückszubehörs für die Grundpfandrechte, 2001, 24 ff.

193 BGHZ 35, 85 (94 f.); BGH NJW 1965, 1475; *Baur/Stürner* SachenR § 39 Rn. 35 ff.; *Medicus/Petersen* BürgerlR Rn. 484; *Reinicke* MDR 1961, 681 (682); *Kollhosser* JA 1984, 196 (199); *Krüger* JuS 1994, 907 (907 f.); → § 15 Rn. 22.

194 *Vieweg/Röthel* Fälle SachenR Fall 22.

195 Überblick bei Jauernig/*Berger* § 929 Rn. 62 f.

196 Siehe nur NK-BGB/*Meller-Hannich/Schilken* § 929 Rn. 89.

197 Zum Besitzrecht des Käufers in diesem Fall → § 11 Rn. 65.

198 MüKoBGB/*H. P. Westermann* § 449 Rn. 22, 45; *Medicus/Petersen* BürgerlR Rn. 479; *Jauernig* JuS 1994, 721 (723); aA *Wieling* SachenR § 17 II 1a.

199 *Baur/Stürner* SachenR § 59 Rn. 4; *Wolf/Wellenhofer* SachenR § 14 Rn. 17; *Rimmelspacher* KreditsicherungsR Rn. 306.

Die Literatur[200] will überwiegend § 1276 I 1 BGB analog anwenden und hält daher die Zustimmung für stets erforderlich. Dies sei nicht zuletzt wegen der parallelen Interessenlage geboten.

Dagegen lehnt der BGH[201] eine Zustimmungspflicht ab: Das Anwartschaftsrecht sei kein Recht iSd § 1276 I 1 BGB. Als wesensgleiches Minus zum Eigentum könne es vielmehr nur nach den §§ 1204 ff. BGB, dh als Sachpfand, verpfändet werden. Hierfür sei eine Zustimmungspflicht jedoch nicht vorgesehen.

III. Rechtsposition des Vorbehaltsverkäufers

1. Rücktrittsrecht gem. § 323 BGB (G)

63 § 449 I BGB enthält im Unterschied zur früheren Rechtslage[202] keine Vermutung eines Rücktrittsrechts bei Verzug des Schuldners mehr. Damit ist der Vorbehaltsverkäufer auf § 323 BGB verwiesen. Er muss daher eine angemessene Nachfrist zur Zahlung setzen (§ 323 I BGB), sofern dies nicht ohnehin wegen § 323 II Nr. 2 BGB entbehrlich ist.[203] Durch die Abkopplung der Rücktrittsmöglichkeit vom Verzug ist das Erfordernis des Vertretenmüssens entfallen. Bei einem Teilzahlungskauf gelten aber wegen §§ 508 II 1, 498 BGB für den Rücktritt nun besonders strenge Anforderungen.[204] Ausgeschlossen ist ein Rücktritt ferner allgemein in den Fällen des § 323 VI BGB, wenn die Verzögerung primär in der Sphäre des Gläubigers liegt.

2. Kein isoliertes Rückholrecht ohne Rücktritt (E)

64 Um den Vorbehaltskäufer unter Druck zu setzen oder ihn zur Begleichung offener Forderungen anzuhalten, kann der Vorbehaltsverkäufer daran interessiert sein, die an den Vorbehaltskäufer gelieferte Ware zumindest vorübergehend zurückzuholen, ohne vom Vertrag zurücktreten zu müssen.

Die Zulässigkeit dieses Vorgehens wurde zu der bis zum 31.12.2001 geltenden Rechtslage kontrovers diskutiert, da außerhalb des Anwendungsbereichs des Verbraucherkreditgesetzes, das in § 13 III VerbrKrG das Herausgabeverlangen gleichzei-

200 MüKoBGB/*Damrau* § 1204 Rn. 12; Bamberger/Roth/*Sosnitza* § 1276 Rn. 6; Jauernig/*Berger* § 929 Rn. 63; *Reinicke/Tiedtke* Kreditsicherung Rn. 905 ff.; *Kollhosser* JZ 1985, 370; *Marotzke* AcP 186 (1986), 490; *Tiedtke* NJW 1985, 1305 (1306 ff.); *ders.* NJW 1988, 28; NK-BGB/*Meller-Hannich/Schilken* § 929 Rn. 90 für die rechtsgeschäftlich begründeten Pfandrechte; bei den gesetzlichen seien die Vorschriften über die Enthaftung heranzuziehen (*Rimmelspacher* KreditsicherungsR Rn. 307; *Wilhelm* NJW 1987, 1785 [1786 ff.]; *Ludwig* NJW 1989, 1458 [1459 ff.]).

201 BGHZ 92, 280 (290 ff.); zust. für die Anwartschaft bei bedingter Übereignung Staudinger/*D. Wiegand* (2009) § 1276 Rn. 11.

202 Der bis zum 31.12.2001 geltende § 455 I BGB enthielt die gesetzliche Vermutung eines vertraglichen Rücktrittrechts des Vorbehaltsverkäufers bei Zahlungsverzug des Vorbehaltskäufers. → § 11 Rn. 3 (Fn. 8).

203 So ausdrücklich BT-Drs. 14/6040, 241; auch Jauernig/*Berger* § 449 Rn. 12; gegen die Anwendbarkeit des § 323 II Nr. 2 BGB aber *Habersack/Schürnbrand* JuS 2002, 833 (835).

204 *Habersack/Schürnbrand* JuS 2002, 833 (835).

tig als Rücktritt vom Kaufvertrag wertete,[205] keine gesetzliche Regelung bestand. Der BGH[206] und die überwiegende Literatur[207] lehnten ein isoliertes Rückholrecht ab, da dies dem wirtschaftlichen Zweck des Eigentumsvorbehalts, dem Vorbehaltskäufer die gelieferten Sachen vor allem als Produktionsmittel zu erhalten, widerspreche und zu erheblicher Rechtsunsicherheit führe. Man gestattete jedoch den Parteien, vertraglich eine solche Regelung zu treffen, die allerdings bei formularmäßigen Vereinbarung kritisch an § 9 AGBG (ab 1.1.2002: § 307 BGB) zu messen war.[208]

Wegen § 449 II BGB, der sich an dieser früheren Rechtsprechung orientiert,[209] kann der Vorbehaltsverkäufer in allen Fällen des Kaufs unter Eigentumsvorbehalt die Sache nur dann zurückholen, wenn er zurückgetreten ist. Eine formularmäßige Vereinbarung eines Rückholrechts wird überwiegend als unvereinbar mit dem gesetzlichen Leitbild (§ 307 II Nr. 1 BGB) des Eigentumsvorbehaltskaufs gesehen.[210] Für den Teilzahlungskauf gilt weiter die ausdrückliche Vermutung, dass ein Wiederansichnehmen einen Rücktritt darstellt (§ 508 S. 5 BGB).[211]

3. Ansprüche bei verjährter Kaufpreisforderung (E)

Das dem Vorbehaltsverkäufer an sich zustehende Rücktrittsrecht nach § 323 I und II **65**
BGB ist nach § 218 I 1 BGB grundsätzlich ausgeschlossen, sobald die Zahlungspflicht des Käufers verjährt ist. Der Vorbehaltskäufer könnte sich auf sein Besitzrecht aus dem Kaufvertrag berufen. Da dieser mangels Rücktrittsmöglichkeit des Verkäufers nicht beendet werden kann, käme es zu einem dauernden Auseinanderfallen von Eigentum und Besitz.

Die Sonderregelung des § 216 II 2 BGB, die der hM zur früheren Rechtslage entspricht,[212] erlaubt den Rücktritt aber auch nach Verjährung der Kaufpreisforderung.[213] Wie andere Sicherungsmittel schützt damit auch der Eigentumsvorbehalt vor der Verjährungseinrede. Er verhindert eine Aufspaltung von formeller Eigentümerposition und dauerhaftem Besitzrecht.

205 Vgl. Staudinger/*Beckmann* (2004) § 449 Rn. 49.

206 BGHZ 54, 214 (220 f.).

207 *Reinicke/Tiedtke* Kreditsicherung Rn. 868 f.; *Larenz*, Lehrbuch des Schuldrechts, Bd. II/1 Besonderer Teil, 13. Aufl. 1986, § 43 II b; *Müller-Laube* JuS 1982, 797 (798) mwN; siehe auch *Huber* ZIP 1987, 752 (752 f.).

208 BGHZ 96, 182 (188).

209 BT-Drs. 14/6040, 241; *Wilhelm* SachenR Rn. 2446, 2448; *Schulze/Kienle* NJW 2002, 2842 (2843) mwN; *Habersack/Schürnbrand* JuS 2002, 833 (836).

210 Vgl. *Habersack/Schürnbrand* JuS 2002, 833 (836 f.) mwN.

211 Palandt/*Weidenkaff* § 508 Rn. 6 ff.; *Habersack/Schürnbrand* JuS 2002, 833 (835).

212 Die hM wandte den Gedanken des § 223 II BGB in der bis zum 31.12.2001 geltenden Fassung entsprechend an und gab dem Vorbehaltsverkäufer einen Anspruch auf Herausgabe der Sache zum Zwecke der Verwertung, obwohl mangels Leistungspflicht eigentlich kein Verzug des Schuldners mehr möglich war. Vgl. statt vieler: BGHZ 34, 191 (194 ff.); 70, 96 (98); BGH NJW 1979, 2195 (2196); MüKoBGB/*Grothe*, 4. Aufl. 2001, § 223 Rn. 3; Soergel/*Walter*, 12. Aufl. 1988, § 223 Rn. 6; aA (mangels Schutzwürdigkeit des Verkäufers): Staudinger/*Peters*, 13. Bearb. 2001, § 223 Rn. 9 mwN; *van Look/Stoltenberg* WM 1990, 661.

213 Palandt/*Ellenberger* § 216 Rn. 4; *Habersack/Schürnbrand* JuS 2002, 833 (837); BT-Drs. 14/6040, 123; *Stehle* Jura 2005, 78, auch ausführlich dazu, dass der Vorbehaltsverkäufer nun keinen isolierten Herausgabeanspruch zum Zwecke der Verwertung mehr hat.

Da nun die Rücktrittsregeln unmittelbar Anwendung finden, hat sich der frühere Streit, ob der Vorbehaltsverkäufer den vom Vorbehaltskäufer bereits gezahlten Teil des Kaufpreises behalten darf[214] oder ob der geleistete Kaufpreis unter Abzug einer Nutzungsvergütung für den verkauften Gegenstand analog §§ 346 ff. BGB zurückzuerstatten ist,[215] erledigt.[216]

4. Vorbehaltseigentum bei Verarbeitung (§ 950 BGB) (V)

66 Wenn der Vorbehaltskäufer die Ware nicht nur behält und selbst nutzt, sondern darüber hinaus zu neuen Sachen verarbeitet, läuft der Vorbehaltsverkäufer Gefahr, sein Vorbehaltseigentum kraft Gesetzes (§ 950 BGB) an den Vorbehaltskäufer zu verlieren, ohne ein anderes Kreditsicherungsmittel dafür zu bekommen. Als Ersatz für den vom Parteiwillen unabhängigen Rechtsverlust bliebe dem Vorbehaltsverkäufer dann lediglich der Bereicherungsanspruch nach §§ 951 I, 812 I 1 Alt. 2 BGB, der aber weniger Sicherheit bietet als die ursprüngliche dingliche Sicherheit. Da dieses Ergebnis den Interessen beider Parteien nicht gerecht wird, versucht man, den Rechtsverlust des Vorbehaltsverkäufers mit unterschiedlichen Lösungsansätzen[217], zB mit Verarbeitungsklauseln, zu vermeiden.

IV. Anwartschaftsrecht in Einzelzwangsvollstreckung und Insolvenz

1. Anwartschaftsrecht in der Zwangsvollstreckung

a) Zwangsvollstreckung in die Sache durch den Vorbehaltseigentümer (E)

67 Der Vollrechtsinhaber selbst kann aufgrund eines Vollstreckungstitels wegen der Kaufpreisforderung oder einer anderen Forderung gegen den Vorbehaltskäufer in die verkaufte Sache vollstrecken. Dieses Recht steht ihm neben der Möglichkeit zu, vom Vertrag zurückzutreten und die Sache herauszuverlangen sowie ggf. die Herausgabe durch Wegnahme durch den Gerichtsvollzieher nach § 883 ZPO durchzusetzen.

Das Eigentum des Vollrechtsinhabers steht zwar der Entstehung eines Pfändungspfandrechts des Vollrechtsinhabers, nicht jedoch der Verstrickung und damit auch nicht der Wirksamkeit der Pfändung entgegen.[218] Auch das bloße Anwartschaftsrecht des Anwartschaftsberechtigten ist Haftungsmasse für den vollstreckenden Vollrechtsinhaber. Damit kann sich der Vorbehaltskäufer grundsätzlich nicht gegen die Vollstreckung des Vollrechtsinhabers wehren (außer bei Missachtung von Vorschriften über das Vollstreckungsverfahren, § 766 ZPO).[219]

214 BGH NJW 1979, 2195 (2196).
215 *Rimmelspacher* KreditsicherungsR Rn. 215; *Tiedtke* DB 1980, 1477 (1482).
216 Siehe nur *Reinicke/Tiedtke* Kreditsicherung Rn. 870 f.; *Habersack/Schürnbrand* JuS 2002, 833 (837); MüKoBGB/*H. P. Westermann* § 449 Rn. 35 sowie zur früheren Rechtslage die 3. Auflage § 445 Rn. 41.
217 Überblick bei Staudinger/*W. Wiegand* (2011) § 950 Rn. 18 ff.; *Rimmelspacher* KreditsicherungsR Rn. 158 ff.; → § 6 Rn. 19.
218 *Baur/Stürner* SachenR § 59 Rn. 42; *Brox/Walker* ZVR Rn. 296 ff., 383.
219 BGHZ 15, 171 (173); *Reinicke/Tiedtke* Kreditsicherung Rn. 877.

Vollstreckt der Vorbehaltsverkäufer in die dem Eigentumsvorbehalt unterfallende Sache, so stehen ihm nun nach § 811 II 1 ZPO bestimmte Pfändungsverbote nicht mehr entgegen.[220] Dies soll dem Vorbehaltsverkäufer, der in solche Sachen vollstrecken will, den Umweg über den Rücktritt und die anschließende Herausgabevollstreckung ersparen.[221]

b) Zwangsvollstreckung in die Sache durch Gläubiger des Vorbehaltseigentümers (E)

Wollen Gläubiger des Vollrechtsinhabers in dessen Vorbehaltseigentum vollstrecken, ist der Anwartschaftsberechtigte regelmäßig schon dadurch geschützt, dass sich die Sache in seinem Gewahrsam befindet. Da er in der Zwangsvollstreckung gegen den Vollrechtsinhaber Dritter ist, ist eine Wegnahme ohne seine Zustimmung unzulässig (§§ 808, 809 ZPO). Gegen eine gleichwohl erfolgte Wegnahme kann sich der Anwartschaftsberechtigte mit der Erinnerung (§ 766 ZPO) wehren.[222] 68

Befindet sich die Sache nicht in seinem Gewahrsam, kann der Anwartschaftsberechtigte aufgrund seines Anwartschaftsrechts als ein die Veräußerung hindernden Rechts Drittwiderspruchsklage erheben (§ 771 ZPO). Dem steht nicht entgegen, dass der Anwartschaftsberechtigte gegen grundsätzlich zulässige (Zwischen-)Verfügungen gem. § 161 I 2 BGB geschützt ist, da die Eigentumsverschaffung durch den Gerichtsvollzieher in der Zwangsversteigerung hoheitlich und nicht rechtsgeschäftlich erfolgt. Der Ersteher erwirbt durch sie endgültig und lastenfrei.[223] Gegen das so erfolgende Erlöschen des Anwartschaftsrechts muss sich der Anwartschaftsberechtigte wehren können.[224]

c) Zwangsvollstreckung in die Sache durch Gläubiger des Anwartschaftsberechtigten (E)

Als Zugriffsobjekt kommt für die Gläubiger des Anwartschaftsberechtigten zum einen die Sache selbst, zum anderen das an ihr bestehende Anwartschaftsrecht des Vorbehaltskäufers in Betracht. 69

Der Vollrechtsinhaber kann gegen die Zwangsvollstreckung anderer Gläubiger des Anwartschaftsberechtigten in die Sache unter Berufung auf sein Eigentum Drittwiderspruchsklage erheben (§ 771 ZPO).[225] Die Gläubiger können der Klage aber durch die Tilgung der Kaufpreisschuld die Grundlage entziehen (§ 267 I BGB). Damit tritt die Bedingung ein, und das Eigentum des Vollrechtsinhabers erlischt. Lehnt der Vorbehaltsverkäufer nach Widerspruch des Vorbehaltskäufers die Zahlung des

220 *Brox/Walker* ZVR Rn. 297 mit Hinweis auf den früheren Streitstand; eing. zur Vorschrift des § 811 II ZPO: *Münzberg* DGVZ 1998, 81.

221 *Münzberg* DGVZ 1998, 81 mit Hinweis auf die Gesetzesbegründung.

222 Thomas/Putzo/*Seiler* § 809 Rn. 9; *Westermann/Gursky/Eickmann* SachenR § 43 Rn. 16.

223 AA *Säcker* JZ 1971, 156 (159), der den Eigentumserwerb privatrechtlich beurteilt; → § 6 Rn. 34.

224 BGHZ 55, 20 (27); *Baur/Stürner* SachenR § 59 Rn. 48; *Wolf/Wellenhofer* SachenR § 14 Rn. 41; *Medicus/Petersen* BürgerlR Rn. 510, 466; *Westermann/Gursky/Eickmann* SachenR § 43 Rn. 16; *Frank* NJW 1974, 2211; *Prütting/Weth* JuS 1988, 510 mwN.

225 BGHZ 54, 214 (218); *Wolf/Wellenhofer* SachenR § 14 Rn. 39; *Reinicke/Tiedtke* Kreditsicherung Rn. 860; *Brox/Walker* ZVR Rn. 1412; *Prütting/Weth* JuS 1988, 509 (509 f.) mwN; *Wetzel* JuS 1990, 472; *Stadler/Bensching* Jura 2002, 438 (441); *Haas/Beiner* JA 1998, 23 (29).

Gläubigers ab (§ 267 II BGB), handelt er regelmäßig treuwidrig mit der Folge, dass die Bedingung dennoch eintritt (§ 162 BGB).[226]

Dem Vetorecht können die Gläubiger aber auch durch die Pfändung (nur) des Anwartschaftsrechts entgehen.[227] Hiergegen kann sich der Vorbehaltsverkäufer nicht wehren, da seine Eigentümerstellung unangetastet bleibt.

2. Zugriff auf das Anwartschaftsrecht

a) Pfändung des Anwartschaftsrechts (E)

70 Umstritten ist, wie der Vollstreckungszugriff auf das Anwartschaftsrecht erfolgt.[228]

Zum Teil[229] wird davon ausgegangen, dass das Anwartschaftsrecht ausschließlich nach den Vorschriften über die *Sachpfändung* (§§ 808 ff. ZPO) durch den Gerichtsvollzieher zu pfänden sei. Danach wäre lediglich die Verstrickung nötig. Die reine Sachpfändung von Anwartschaftsrechten hätte zur Folge, dass der Gerichtsvollzieher hierbei komplizierte rechtliche Erwägungen anstellen müsste. Zudem wäre der Gläubiger dazu gezwungen, auf eine schuldnerfremde Sache zuzugreifen. Er würde damit eine Drittwiderspruchsklage provozieren, da er einen materiell rechtswidrigen Eingriff in die Rechtsposition eines anderen vornimmt.

Eine andere Auffassung[230] nimmt eine reine *Rechtspfändung* durch das Vollstreckungsgericht an (§§ 857 I, 828, 829 ZPO). Dies hätte eine Sachpfändung durch das Vollstreckungsgericht ohne jeden Publizitätsakt[231] zur Folge, wenn bei Bedingungseintritt das Pfändungspfandrecht am Anwartschaftsrecht automatisch zum Pfändungspfandrecht an der Sache erstarken würde (§§ 1287 BGB, 847 ZPO analog).[232]

Um beide Kritikpunkte zu vermeiden, hält die hM[233] eine Kombination von Sach- und Rechtspfändung, die sog. *Doppelpfändung*, für erforderlich. Durch diese sei sowohl die notwendige Publizität gesichert als auch die Gefahr einer Inanspruchnahme des über die Anwartschaft hinausgehenden Eigentums gebannt.

b) Auswirkungen der Doppelpfändung des Anwartschaftsrechts (E)

71 Nach der herrschenden Theorie der Doppelpfändung muss der Gläubiger zunächst das Anwartschaftsrecht nach § 857 ZPO pfänden lassen. Hiermit verhindert er nach §§ 857, 829 I 2 ZPO Verfügungen des Anwartschaftsberechtigten über das Anwartschaftsrecht. Infolge dieses Verfügungsverbotes entfällt auch die Widerspruchsmög-

226 Vgl. *Weber/Weber* KreditsicherungsR § 9 VI 1.

227 → § 11 Rn. 70 f.

228 *Medicus/Petersen* BürgerlR Rn. 485 f.; *Rimmelspacher* KreditsicherungsR Rn. 220 ff.; ausführlich *Brox/Walker* ZVR Rn. 807 ff.; zur Pfändung eines (noch) nicht bestehenden Anwartschaftsrechts vgl. OLG Hamm NJOZ 2009, 824 (826): Pfändung des Anwartschaftsrechts erfasst keinesfalls den schuldrechtlichen Erfüllungsanspruch.

229 Nachweise bei *Brox/Walker* ZVR Rn. 810; *Kupisch* JZ 1976, 426 (426 f.).

230 *Baur/Stürner* SachenR § 59 Rn. 41; *Weber/Weber* KreditsicherungsR § 9 VI 1; *Medicus/Petersen* BürgerlR Rn. 486; so auch BGHZ 49, 197 (203) zur Auflassungsanwartschaft.

231 *Reinicke/Tiedtke* Kreditsicherung Rn. 901.

232 *Baur/Stürner* SachenR § 59 Rn. 41; *Brox/Walker* ZVR Rn. 809.

233 BGH NJW 1954, 1325 mwN; *Reinicke/Tiedtke* Kreditsicherung Rn. 902; Bamberger/Roth/*Kindl* § 929 Rn. 85 ff.

lichkeit des Anwartschaftsberechtigten gem. § 267 II BGB. Lehnt der Vollrechtsinhaber die Kaufpreistilgung durch den Gläubiger dennoch ab, handelt er treuwidrig und § 162 BGB kommt zur Anwendung.

Die nachfolgende zusätzliche Sachpfändung durch den Gerichtsvollzieher führt dazu, dass sich mit Bedingungseintritt das Pfandrecht am Anwartschaftsrecht an der Sache als Sachpfandrecht fortsetzen kann. Zunächst kommt es zwar nicht zur Entstehung eines Pfändungspfandrechts an der Sache selbst, solange diese noch nicht im Eigentum des Anwartschaftsberechtigten steht. Mit Bedingungseintritt setzt sich dann aber das Pfandrecht des Anwartschaftsrechts an der Sache fort. Mit der Inbesitznahme der Sache nach § 808 ZPO ist gleichzeitig die hierfür erforderliche Publizität gewahrt.[234]

Des Weiteren ist die Pfändung des Anwartschaftsrechts für die Entstehung des Pfandrechts an der Sache rangwahrend.[235]

Im Unterschied dazu erfolgt der Erwerb eines rechtsgeschäftlichen Pfandrechts am Anwartschaftsrecht allein nach den Vorschriften über die Verpfändung einer Sache (§§ 1204 ff. BGB).[236]

3. Anwartschaftsrecht in der Insolvenz

a) Insolvenz des Vorbehaltsverkäufers vor Bedingungseintritt (E)

Wird über das Vermögen des Vorbehaltsverkäufers das Insolvenzverfahren eröffnet, 72
so kann der Insolvenzverwalter – als Ausnahme zu § 103 InsO – die Erfüllung des Vertrages nicht ablehnen (§ 107 I InsO).[237] Der Käufer und Anwartschaftsberechtigte muss dann vertragsgemäß den restlichen Kaufpreis zahlen und erhält das Eigentum an der Sache. Somit bleibt er von der Insolvenz seines Vertragspartners unberührt.

b) Insolvenz des Anwartschaftsberechtigten (E)

Wird der Anwartschaftsberechtigte insolvent, kann der Insolvenzverwalter wählen, 73
ob er den Kaufvertrag erfüllen will oder nicht (§ 103 I InsO).[238] Der Verkäufer kann den Insolvenzverwalter nach dem Berichtstermin[239] (§ 156 InsO) zur unverzüglichen Abgabe dieser Erklärung auffordern (§§ 103 II 2, 107 II 1 InsO).

Will der Insolvenzverwalter erfüllen, wird die restliche Kaufpreisschuld Masseschuld (§ 55 I Nr. 2 InsO), dh sie wird vor den gewöhnlichen Gläubigern befriedigt.

Lehnt er die Erfüllung ab, kann der Vollrechtsinhaber die Ware aussondern (§ 47 InsO), da insoweit das Besitzrecht des Käufers aus § 986 BGB erlischt, weil die Bedingung nicht mehr eintreten kann. Dies gilt jedoch nur für den einfachen Eigentumsvorbe-

234 *Reinicke/Tiedtke* Kreditsicherung Rn. 902.

235 *Reinicke/Tiedtke* Kreditsicherung Rn. 903; auch *Brox/Walker* ZVR Rn. 815 f., die aber selbst eine »Rechtspfändung in Form der Sachpfändung« vorziehen, Rn. 812; *Tiedtke* NJW 1972, 1404 (1405).

236 → § 10 Rn. 52.

237 Siehe nur Braun/*Kroth* § 107 Rn. 3 ff. Der Gesetzeswortlaut ist insoweit unpräzise.

238 BGH NJW 1954, 1325 (1327 f.); *Medicus/Petersen* BürgerlR Rn. 481; *Serick* Eigentumsvorbehalt I § 13 II 1b; *Reinicke/Tiedtke* Kreditsicherung Rn. 861; *Weber/Weber* KreditsicherungsR § 9 VII 1; *Huber* NZI 2004, 57 ff.; *Münzberg* DGVZ 1998, 84 (84 f.).

239 Insoweit stellt § 107 II InsO eine Modifikation der allgemeinen Regelungen dar, Andres/Leithaus/*Andres* § 107 Rn. 12; Braun/*Kroth* § 107 Rn. 12 f.; *Marotztke* ZZP 109 (1996), 429 (431).

halt; der erweiterte Eigentumsvorbehalt wird, soweit er lediglich andere Forderungen als den Kaufpreisanspruch sichert, wie Sicherungseigentum behandelt und berechtigt daher nur zur Absonderung.[240] Er kann Ersatzaussonderung verlangen, wenn der Anwartschaftsberechtigte die Ware vor Eröffnung des Insolvenzverfahrens rechtswidrig an einen gutgläubigen Dritten veräußert hat (§ 48 S. 1 InsO). Hat der Insolvenzverwalter die Ware veräußert, so kann der Vollrechtsinhaber auf den Gegenleistungsanspruch (§ 48 S. 1 InsO) oder auf die Gegenleistung zugreifen, wenn sie noch unterscheidbar in der Masse vorhanden ist (§ 48 S. 2 InsO).[241] Überträgt der Vorbehaltsverkäufer das Eigentum zur Besicherung einer Geldforderung auf einen Dritten,[242] steht diesem angesichts des derivativen Charakters des von ihm erworbenen Eigentums kein Aussonderungsrecht gem. § 47 InsO, sondern – der Rechtslage beim Sicherungseigentum entsprechend[243] – allein ein Absonderungsrecht zu.[244]

240 BGH NJW 2008, 1803 (1805). Gleiches gilt hinsichtlich des Verarbeitungsprodukts und der Erlösforderung beim verlängerten Eigentumsvorbehalt, siehe jeweils Braun/*Bäuerle* § 47 Rn. 32, 35; *Marotzke* ZZP 109 (1996), 429 (432 f., 444, 457); BGHZ 98, 160 (170). Zum Sicherungseigentum in der Insolvenz → § 12 Rn. 40.

241 Andres/Leithaus/*Leithaus* § 48 Rn. 4 ff.; *Ganter* NZI 2005, 1 (2 ff.); *Landwehr/Thonfeld* NZI 2004, 7 (13).

242 Zur Zulässigkeit eines solchen Vorgehens vgl. allgemein Staudinger/*Beckmann* (2014) § 449 Rn. 113.

243 → § 12 Rn. 40.

244 BGH NJW 2008, 1803 (1805 f.).

§ 12 Sicherungsübereignung

I. Grundlagen

1. Begriff (G)

Unter Sicherungsübereignung versteht man die Übereignung beweglicher Sachen durch den Sicherungsgeber an den Sicherungsnehmer zur Sicherung einer Forderung des Sicherungsnehmers. Dies erfolgt regelmäßig unter Vereinbarung eines Besitzmittlungsverhältnisses (§§ 929, 930 BGB), dh grundsätzlich verbleibt bei der Sicherungsübereignung das Sicherungsgut im Besitz des Sicherungsgebers.[1] 1

2. Interessenlage und Bedeutung (G)

Im Gesetz ist explizit nur das Pfandrecht als Instrument für die dingliche Sicherung an beweglichen Sachen vorgesehen.[2] Die gesetzliche Regelung des Pfandrechts setzt jedoch voraus, dass die Pfandsache dem Pfandgläubiger übergeben wird oder dieser zumindest qualifizierten Mitbesitz erlangt (§§ 1205, 1206 BGB). Mit der Ausgestaltung als Faustpfand wollte der Gesetzgeber der Gefahr entgegentreten, dass bereits belastete Gegenstände von Dritten fälschlicherweise als ausreichende Sicherheiten betrachtet würden.[3] Eine Pfandrechtsbestellung durch Vereinbarung eines Besitzkonstituts gem. § 868 BGB zwischen Sicherungsgeber und Sicherungsnehmer ist daher aus Publizitätsgründen nicht möglich. 2

Im Wirtschaftsleben ist jedoch ein Sicherungsmittel erforderlich, das dem Sicherungsgeber die Weiternutzung der zur Sicherheit bereitstehenden Gegenstände gestattet und es zugleich dem Sicherungsnehmer ermöglicht, auf die Sicherheiten auch im Falle der Insolvenz des Schuldners zuzugreifen, ohne lediglich mit der Insolvenzquote abgespeist zu werden. Der klassische Fall ist der, dass ein mittelständischer Unternehmer einen Kredit benötigt, jedoch keine anderen Sicherheiten anbieten kann als die von ihm produzierten Waren, seine Produktionsmaschinen und das Inventar. Da er dies jedoch für die laufende Produktion benötigt, kommt eine Weggabe zu Sicherungszwecken nicht in Betracht. Diesen Erfordernissen der Praxis entsprechend wurde von der Rechtsprechung praeter legem mit der Sicherungsübereignung eine Art *besitzloses Pfandrecht* entwickelt, dessen Zulässigkeit inzwischen nicht mehr in Frage steht.[4]

---

1 In Ausnahmefällen kann eine Übereignung zu Sicherungszwecken jedoch auch anders erfolgen. So kann sich das Sicherungsgut zB bei einem Dritten, etwa einem Lagerverwalter, befinden und der Sicherungsgeber dem Sicherungsnehmer seinen Herausgabeanspruch gegen den Lagerverwalter abtreten (§ 931 BGB) oder den Lagerhalter anweisen, zukünftig ausschließlich für den Sicherungsnehmer zu besitzen (§ 929 S. 1 BGB). Die folgenden Ausführungen gelten für diese Fälle entsprechend; vgl. auch *Reinicke/Tiedtke* Kreditsicherung Rn. 648.

2 → § 10 Rn. 1.

3 Mot. III, 801 f.; *Hromadka* JuS 1980, 89 (90).

4 Jauernig/*Berger* § 930 Rn. 20; Staudinger/*W. Wiegand* (2011) Anh zu §§ 929 ff. Rn. 52 ff.; NK-BGB/*Meller-Hannich/Schilken* § 930 Rn. 26.

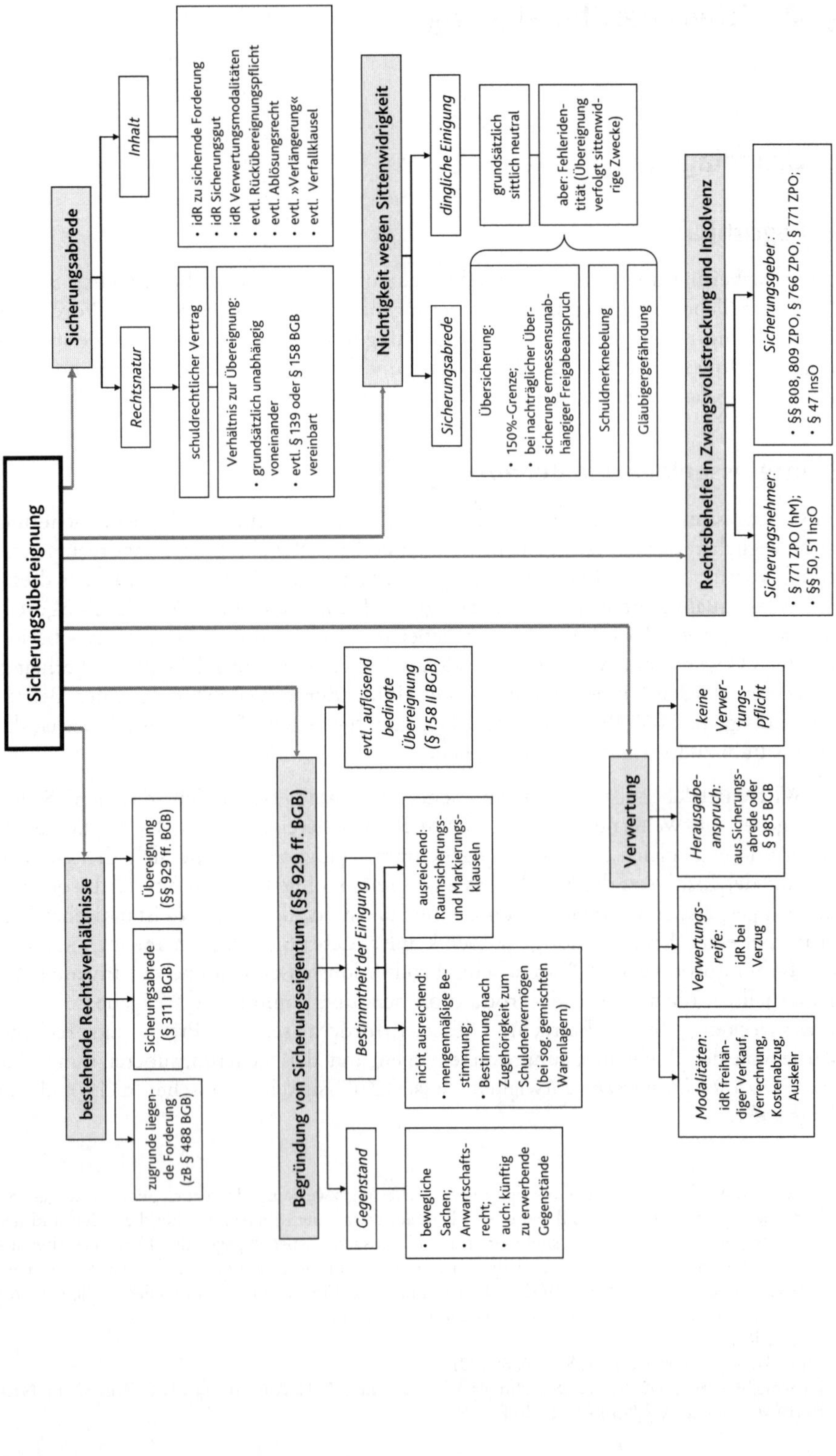
Sicherungsübereignung
bestehende Rechtsverhältnisse
zugrunde liegende Forderung (zB § 488 BGB)
Sicherungsabrede (§ 311 I BGB)
Übereignung (§§ 929 ff. BGB)
Begründung von Sicherungseigentum (§§ 929 ff. BGB)
Gegenstand
• bewegliche Sachen; • Anwartschaftsrecht; • auch: künftig zu erwerbende Gegenstände
Bestimmtheit der Einigung
nicht ausreichend: • mengenmäßige Bestimmung; • Bestimmung nach Zugehörigkeit zum Schuldnervermögen (bei sog. gemischten Warenlagern)
ausreichend: Raumsicherungs- und Markierungsklauseln
evtl. auflösend bedingte Übereignung (§ 158 II BGB)
Verwertung
Modalitäten: idR freihändiger Verkauf, Verrechnung, Kostenabzug, Auskehr
Verwertungsreife: idR bei Verzug
Herausgabeanspruch: aus Sicherungsabrede oder § 985 BGB
keine Verwertungspflicht
Sicherungsabrede
Rechtsnatur
schuldrechtlicher Vertrag
Verhältnis zur Übereignung: • grundsätzlich unabhängig voneinander • evtl. § 139 oder § 158 BGB vereinbart
Inhalt
• idR zu sichernde Forderung • idR Sicherungsgut • idR Verwertungsmodalitäten • evtl. Rückübereignungspflicht • evtl. Ablösungsrecht • evtl. »Verlängerung« • evtl. Verfallklausel
Nichtigkeit wegen Sittenwidrigkeit
Sicherungsabrede
Übersicherung: • 150%-Grenze; • bei nachträglicher Übersicherung ermessensunabhängiger Freigabeanspruch
Schuldnerknebelung
Gläubigergefährdung
dingliche Einigung
grundsätzlich sittlich neutral
aber: Fehleridentität (Übereignung verfolgt sittenwidrige Zwecke)
Rechtsbehelfe in Zwangsvollstreckung und Insolvenz
Sicherungsnehmer: • § 771 ZPO (hM); • §§ 50, 51 InsO
Sicherungsgeber: • §§ 808, 809 ZPO, § 766 ZPO, § 771 ZPO; • § 47 InsO

3. Zwecke der Sicherungsübereignung (G)

Hauptzweck der Sicherungsübereignung ist nicht die Befriedigung, sondern die *Sicherung des Gläubigers*. Sie basiert auf einer funktionellen Aufteilung des Eigentums, indem sie dem Sicherungsgeber die Sachnutzung und dem Sicherungsnehmer als Eigentümer die größtmögliche Sicherung gewährt.[5] Regelmäßig hat der Sicherungsnehmer daher auch *kein* Nutzungsrecht[6] an der Sache. Um den Sicherungszweck nicht zu gefährden und insbesondere die Rückübertragung des Sicherungsguts nach Wegfall oder Erfüllung des Sicherungszwecks nicht zu vereiteln, ist der Sicherungsnehmer – trotz seiner im Außenverhältnis bestehenden Rechtsmacht – grundsätzlich verpflichtet, keine Verfügungen über das Sicherungsgut zu treffen.[7] 3

Durch die Sicherungsübereignung gewinnt der Sicherungsnehmer ein *Absonderungsrecht* und damit eine *Vorzugsstellung* gegenüber anderen, ungesicherten Gläubigern des Sicherungsgebers im Falle der Insolvenz des Schuldners (§§ 50, 51 Nr. 1 InsO).

4. Rechtliche Einordnung

Die Sicherungsübereignung ist eine abstrakte, dingliche Verfügung. Sie ist ein fiduziarisches Sicherungsmittel, das gegenüber der zu sichernden Forderung nicht akzessorisch[8] ist.

a) Sicherungsübereignung als fiduziarisches Sicherungsmittel (V)

Im Gegensatz zum Pfandrecht ist die Sicherungsübereignung ein *Treuhandgeschäft* (= fiduziarisches Geschäft), dh ein Rechtsverhältnis, vermöge dessen einer Partei (Treuhänder, hier der Sicherungsnehmer, idR eine Bank) von einer anderen Partei (Treugeber, hier der Sicherungsgeber) eine Rechtsposition (Treugut, hier das Sicherungseigentum) übertragen wird. Die übertragene Rechtsposition verleiht dem Treuhänder nach außen mehr Befugnisse als ihm im Innenverhältnis zum Treugeber zustehen sollen (Überschuss an Rechtsmacht).[9] So erlangt der Sicherungsnehmer bei der Sicherungsübereignung zwar vollwirksam Eigentum am Sicherungsgut, ist jedoch im Innenverhältnis zum Sicherungsgeber durch die – nicht dinglich wirkende (§ 137 BGB) – Sicherungsabrede beschränkt (= treuhänderische Bindung). Wegen der unbeschränkten Rechtsmacht nach außen ist auch eine Übereignung an einen Dritten durch den Sicherungsnehmer, die den Bestimmungen der Sicherungsabrede widerspricht, Eigentumserwerb vom Berechtigten. 4

Da die Treuhand hier im (Sicherungs-)Interesse des Treuhänders (= Sicherungsnehmer) liegt, ist sie eine *eigennützige Treuhand* (sog. Sicherungstreuhand).

5 Staudinger/*W. Wiegand* (2011) Anh zu §§ 929 ff. Rn. 58 und 61.
6 BGH NJW 2007, 216 (217); *Reinicke/Tiedtke* Kreditsicherung Rn. 722; *Schur* Jura 2005, 361 (366).
7 Vgl. auch MüKoBGB/*Oechsler* Anh §§ 929–936 Rn. 40.
8 Statt aller siehe nur jurisPK-BGB/*Beckmann* § 930 Rn. 33 ff.
9 *Baur/Stürner* SachenR § 57 Rn. 3; *Westermann/Gursky/Eickmann* SachenR § 44 Rn. 3; Bamberger/Roth/*Kindl* § 930 Rn. 13.

b) Rechtsverhältnisse zwischen den Parteien (G)

5 Die *Sicherungsübereignung* selbst ist eine dingliche Verfügung über das Eigentum, die regelmäßig gem. §§ 929, 930 BGB erfolgt.[10] Von dieser sind die daneben bestehenden schuldrechtlichen Verträge zwischen Sicherungsgeber bzw. persönlichem Schuldner einerseits und Sicherungsnehmer (= Gläubiger) andererseits zu unterscheiden:[11] Zum einen besteht zwischen dem Gläubiger und dem persönlichen Schuldner idR ein Darlehensvertrag, aus dem sich der Umfang der zu sichernden Forderung des Sicherungsnehmers ergibt. Zum anderen besteht zwischen Sicherungsnehmer und Sicherungsgeber die sog. *Sicherungsabrede*, die den Kreditvertrag mit dem dinglichen Geschäft verbindet und den Rechtsgrund der Sicherungsübereignung darstellt.[12] Dabei muss der Sicherungsgeber nicht zwingend auch Schuldner der zu sichernden Forderung sein.[13]

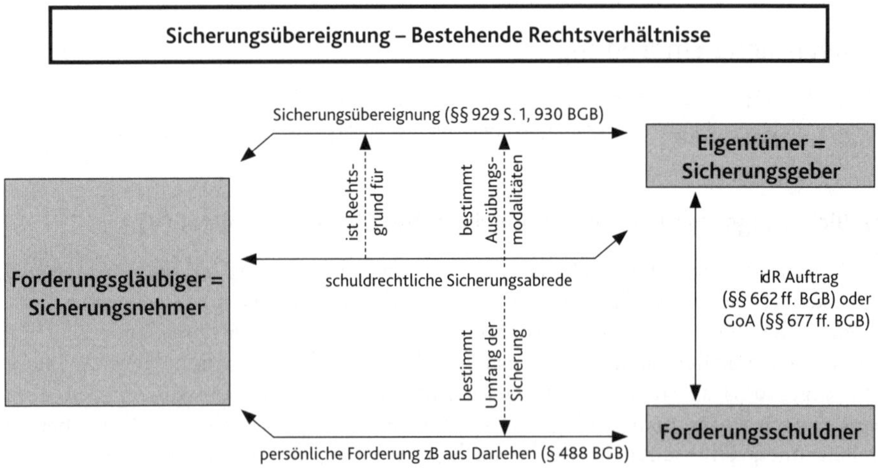

II. Begründung von Sicherungseigentum

1. Allgemeine Voraussetzungen (G)

Fallbeispiel: »Der Bagger«[14]

6 Die Sicherungsübereignung ist eine Übereignung nach den allgemeinen Vorschriften der §§ 929 ff. BGB, wobei grundsätzlich das Sicherungsgut im unmittelbaren Besitz des Sicherungsgebers bleibt. Die Voraussetzungen sind daher:[15]

10 → § 12 Rn. 6.
11 *Wilhelm* SachenR Rn. 2401.
12 → § 12 Rn. 14.
13 Palandt/*Bassenge* § 930 Rn. 18.
14 *Vieweg/Röthel* Fälle SachenR Fall 25.
15 → § 4 Rn. 5 ff.

- *dingliche Einigung* zwischen Sicherungsnehmer und Sicherungsgeber darüber, dass der Sicherungsnehmer das Eigentum am Sicherungsgut erhalten soll (§ 929 S. 1 BGB);
- Vereinbarung eines *konkreten Besitzkonstituts*, vermöge dessen der Sicherungsgeber weiterhin den Besitz am Sicherungsgut behalten kann (§§ 930, 868 BGB);
- *Einigsein* bei der Vereinbarung des Besitzkonstituts;
- *Verfügungsbefugnis* des Sicherungsgebers über das Sicherungsgut bzw. *gutgläubiger Erwerb* nach § 933 BGB.[16] Die Voraussetzungen des gutgläubigen Erwerbs werden allerdings zumeist nicht vorliegen, da § 933 BGB die Übergabe verlangt. Außerdem sind an den guten Glauben des Sicherungsnehmers besonders strenge Maßstäbe anzulegen, da die Sicherungsübereignung ein »unübliches Geschäft« darstellt. Insbesondere obliegen dem Sicherungsnehmer bei üblicherweise unter Eigentumsvorbehalt gelieferten Waren *besondere Nachprüfungs- und Erkundigungsobliegenheiten*.[17]

2. Einigung

a) Gegenstand einer Sicherungsübereignung (G)

Gegenstand einer Sicherungsübereignung können bewegliche Sachen und Anwart- 7
schaftsrechte an beweglichen Sachen sein.[18]

Möglich ist zwar auch die Sicherungsübereignung von Immobilien. Hierfür besteht jedoch kein Bedarf, da bereits die Sicherungsgrundschuld[19] ein zweckmäßiges Sicherungsmittel bietet.[20]

Sachgesamtheiten (wie Bibliotheken, Gemäldesammlungen, Warenlager oder Unternehmen) und das *Vermögen im Ganzen* können wegen des Spezialitätsprinzips als solche nicht sicherungsübereignet werden. Gegenstand der Sicherungsübereignung sind in diesen Fällen die einzelnen – zum Vermögen bzw. zur Sachgesamtheit gehörenden – beweglichen Gegenstände. Die einzelnen Sachen einer Sachgesamtheit können allerdings bei der Einigung durch eine Sammelbezeichnung erfasst werden, wenn diese die notwendigen Bestimmtheitsanforderungen erfüllt.[21]

Erst *künftig entstehende* oder erst in Zukunft *zu erwerbende Sachen* können sicherungshalber übereignet werden, soweit die Übereignung den allgemeinen sachenrechtlichen Bestimmtheitsanforderungen[22] gerecht wird.

b) Bestimmtheit der dinglichen Einigung, insbesondere bei Übereignung von Warenlagern und anderen Sachgesamtheiten (G)

Grundsätzlich muss die dingliche Einigung so bestimmt sein, dass ein Dritter, der die 8
Parteiabreden kennt, bei Vollendung des Rechtserwerbs allein aufgrund des Inhalts

16 Zum gutgläubigen Erwerb gem. § 933 BGB → § 5 Rn. 21.
17 BGH NJW 1958, 1485 (1486); → § 5 Rn. 32 f.
18 *Baur/Stürner* SachenR § 57 Rn. 11; *Wilhelm* SachenR Rn. 2397. MüKoBGB/*Oechsler* Anh zu §§ 929–936 Rn. 11 nennt weiterhin unter anderem Inhaberpapiere und Gesellschaftsanteile.
19 → § 15 Rn. 89 ff.
20 MüKoBGB/*Oechsler* Anh zu §§ 929–936 Rn. 11.
21 → § 12 Rn. 8.
22 → § 1 Rn. 7.

der Einigung, dh ohne weitere Informationen (zB Warenlisten, Rechnungen, Unterlagen) außerhalb der Sicherungsabrede heranziehen zu müssen, die zu übereignende Sache von den anderen abgrenzen kann. Bloße Bestimmbarkeit genügt daher nicht.[23]

aa) Sicherungsübereignung von Teilen von Warenlagern

Bei der Übereignung von Sachgesamtheiten, insbesondere von Teilen eines Warenlagers, gebietet der Bestimmtheitsgrundsatz, dass Gegenstand der Einigung nicht nur ein bloß mengenmäßig oder wertmäßig bezeichneter Teil der Sachgesamtheit[24] ist. Vielmehr müssen die einzelnen zu übereignenden Sachen bestimmt sein:

- Den Bestimmtheitsanforderungen genügt insbesondere eine sog. *Raumsicherungsvereinbarung*, bei der das Sicherungsgut in einen bestimmten Raum verbracht und dadurch als Sicherungsgut kenntlich gemacht wird.
- Auch eine *Markierungsvereinbarung* kennzeichnet die zu übertragende Teilmenge ausreichend. Bei dieser befindet sich das Sicherungsgut zwar nicht in einem separaten Raum. Es ist jedoch abgesondert von der anderen Ware und ist darüber hinaus markiert oder in einem Verzeichnis unter genauer Angabe individueller Merkmale konkret umschrieben.[25]
- Dem Bestimmtheitsgrundsatz kann zudem durch die Bezugnahme auf ein *Inventarverzeichnis* genügt werden, soweit dieses die von ihm erfassten Gegenstände hinreichend bestimmt bezeichnet. Das Verzeichnis muss dabei nicht mit der sonstigen Vertragsurkunde körperlich verbunden sein, solange sich die Parteien über die Übereignung der einzelnen Gegenstände tatsächlich einig sind.[26]

bb) Sicherungsübereignung von gemischten Warenlagern

Problematisch ist die Erfüllung des Bestimmtheitserfordernisses bei der Übereignung aus sog. gemischten Warenlagern. Darunter versteht man Warenlager, bei denen zB ein Teil der Waren im Eigentum des Sicherungsgebers steht, am anderen Teil dagegen nur Anwartschaftsrechte des Sicherungsgebers bestehen. Sollen bei gemischten Warenlagern nur die Gegenstände sicherungsübereignet werden, die im Eigentum des Sicherungsgebers stehen, sind diese aber nicht von den unter Eigentumsvorbehalt gelieferten Waren abgesondert, so ist dem Bestimmtheitsgebot nicht genügt, da die Eigentumsverhältnisse ohne Zuhilfenahme weiterer Umstände nicht erkennbar sind. Erfasst die Einigung – so wie es regelmäßig der Fall ist – auch solche Sachen, an denen nur ein Anwartschaftsrecht besteht, so ist eine Kennzeichnung der Ware je nach Form der Zugehörigkeit der übereigneten Sachen zum Vermögen des Sicherungsgebers (rechtliche Qualifizierung) allerdings nicht notwendig.[27]

Vereinbarungen, nach denen alle Sachen, die sich in einem Raum befinden bzw. markiert worden sind, übereignet werden sollen, sind dann wirksam, wenn einzelne

---

23 BGH NJW 1992, 1161 f.; NJW 1994, 133 (134); *Pikart* WM 1959, 794 (798); *Westermann* SachenR Rn. 178; *Gehrlein* MDR 2008, 1069 (1070); krit. zu dieser Formel Staudinger/W. *Wiegand* (2011) Anh zu §§ 929 ff. Rn. 95 ff.

24 BGHZ 21, 52 (55); BGH NJW 1984, 803 (804).

25 Staudinger/W. *Wiegand* (2011) Anh zu §§ 929 ff. Rn. 108; Soergel/*Henssler* Anh. § 930 Rn. 31; Bamberger/Roth/*Kindl* § 930 Rn. 19.

26 BGH NJW 2008, 3142 (3144).

27 BGHZ 28, 16 (25); *Baur/Stürner* SachenR § 57 Rn. 12 f.

Stücke davon nicht endgültig dem Erwerber gehören sollen, dem Veräußerer jedoch nur ein schuldrechtlicher Rückübertragungsanspruch gegen den Erwerber zusteht.[28]

c) Antizipierte Sicherungsübereignung (V)

In der Praxis bilden Sicherungsgeschäfte, bei denen konstante Sachgesamtheiten übereignet werden, die Ausnahme. Stattdessen wechselt im Laufe der Zeit idR der Bestand, zB wenn aus dem Warenlager Waren verkauft werden und neu produzierte Waren hinzukommen. Hier besteht ein Interesse der Parteien, schon im Zeitpunkt der Sicherungsvereinbarung dafür Sorge zu tragen, dass auch nachträglich eingebrachte Waren von der Sicherungsübereignung erfasst werden. 9

Dies geschieht rechtstechnisch durch eine *antizipierte dingliche Einigung* in Verbindung mit einem *antizipierten Besitzkonstitut*.[29] Die Zulässigkeit einer antizipierten Sicherungsübereignung ist grundsätzlich anerkannt.[30]

Umstritten jedoch ist, ob bei der antizipierten Sicherungsübereignung zum Eigentumsübergang eine weitere *Ausführungshandlung* des Sicherungsgebers – zB bei Eingang der Ware ins Lager – erforderlich ist, die die Sache als Sicherungsgut erkennbar macht. Während Rechtsprechung[31] und ein Teil der Literatur[32] eine »nach außen erkennbare Ausführungshandlung« fordern, da sonst den Publizitätsanforderungen nicht genügt werde, geht die hL[33] davon aus, dass ein Erkennbarmachen nur im Hinblick auf den Bestimmtheitsgrundsatz gefordert werden könne.[34] Sei diesem Genüge getan, so bedürfe es keiner weiteren Ausführungshandlung.[35] Der Streit ist jedoch zumeist nicht von praktischer Bedeutung, da auch nach Ansicht der Rechtsprechung bereits das Einbringen des Sicherungsgutes in den Lagerraum als Ausführungshandlung genügen kann.

Erwirbt der Sicherungsgeber Waren, die bereits antizipiert sicherungsübereignet wurden, so findet nach allgemeiner Ansicht grundsätzlich ein Durchgangserwerb des Sicherungsgebers statt.[36] Ausnahmsweise ist aber ein Direkterwerb anzunehmen, wenn die dingliche Einigung mit dem Dritten als »Geschäft für den, den es angeht«, abgeschlossen wird. Voraussetzung hierfür ist jedoch, dass der Sicherungsgeber bei der Übereignung der Sache durch einen Dritten als Vertreter des Sicherungsnehmers handeln will und dem Dritten die Person, an die er übereignet, gleichgültig ist.

---

28 BGH NJW 2000, 2898; zust. *Gursky* JZ 2005, 285 (287) mwN.

29 → § 4 Rn. 8, → § 4 Rn. 43.

30 BGH NJW 1994, 133 (134); Staudinger/W. *Wiegand* (2011) Anh zu §§ 929 ff. Rn. 128 ff.; *Westermann/Gursky/Eickmann* SachenR § 44 Rn. 7, § 39 Rn. 10; *Wolff/Raiser* SachenR § 180 II 1; *Pikart* WM 1959, 794 (798).

31 RGZ 73, 415 (418); BGHZ 21, 52 (56); BGH MDR 1958, 509.

32 *Reinicke/Tiedtke* Kreditsicherung Rn. 645; *Bülow* Jura 1987, 509 (513, 517).

33 MüKoBGB/*Oechsler* § 930 Rn. 25; Staudinger/W. *Wiegand* (2011) § 930 Rn. 32; *Baur/Stürner* SachenR § 51 Rn. 31.

34 → § 12 Rn. 8.

35 Ausführliche Darstellung → § 4 Rn. 44.

36 *Baur/Stürner* SachenR § 51 Rn. 32; *Reinicke/Tiedtke* Kreditsicherung Rn. 646; vgl. auch → § 4 Rn. 43.

d) Auflösend bedingte Sicherungsübereignung

Fallbeispiel: »Der Bagger«[37]

aa) Zulässigkeit der auflösend bedingten Sicherungsübereignung (V)

10 Das Sicherungseigentum soll dem Sicherungsnehmer idR nur so lange zustehen, wie der Sicherungszweck noch fortbesteht. Mit Erfüllung der gesicherten Forderung soll das Eigentum an den Sicherungsgeber zurückfallen. Hierfür kommen *zwei Gestaltungsmöglichkeiten* in Betracht:

- Bei der *Sicherungsübereignung unter der auflösenden Bedingung der Erfüllung der zu sichernden Forderung* (§ 158 II BGB) hat der Sicherungsgeber ein *Anwartschaftsrecht* an den übertragenen Gegenständen, das sich mit jeder getilgten Rate verstärkt. Mit Bedingungseintritt fällt das Eigentum von selbst an den Sicherungsgeber zurück. Einer separaten Rückübertragung durch den Sicherungsnehmer bedarf es nicht.[38]
- Dagegen hängt bei der *unbedingten Sicherungsübereignung* die Wiedererlangung des Eigentums von der Durchsetzung des obligatorischen Rückabwicklungsanspruchs aus dem Sicherungsvertrag bzw. aus § 812 I 2 Alt. 1 BGB (condictio ob causam finitam) ab.[39]

bb) Stillschweigende Vereinbarung eines Bedingungszusammenhangs? (V)

11 Umstritten ist, ob ein Bedingungszusammenhang zwischen Forderungstilgung und Sicherungsübereignung auch dann angenommen werden kann, wenn er nicht ausdrücklich vereinbart wurde. Dieser Meinungsstreit ist heute nur noch von geringer Praxisrelevanz, da in aller Regel entsprechende Vereinbarungen getroffen werden. Ansonsten ergibt die Interessenlage zwischen den Beteiligten Folgendes:

Die auflösend bedingte Sicherungsübereignung hat für den Sicherungsgeber den Vorteil, dass er bei Tilgung der Forderung sein Eigentum automatisch zurückerhält, die Rückübertragung also nicht erst mühsam gegen den Sicherungsnehmer durchsetzen muss. Zudem hat er auch schon vor Tilgung der Forderung eine gegenüber dem Sicherungsnehmer günstigere Rechtsposition, da er als Anwartschaftsberechtigter gegenüber Zwischenverfügungen des Sicherungsnehmers geschützt ist (§ 161 II und III iVm § 936 III BGB). Dieses Anwartschaftsrecht steht ihm auch als weitere Kreditunterlage zur Verfügung. Geht man davon aus, dass der Sicherungsgeber dem Sicherungsnehmer regelmäßig keine stärkere Rechtsposition einräumen möchte als unbedingt erforderlich, ist im Zweifel eine auflösend bedingte Sicherungsübereignung anzunehmen.[40]

37 *Vieweg/Röthel* Fälle SachenR Fall 25.

38 Staudinger/W. *Wiegand* (2011) Anh zu §§ 929 ff. Rn. 197, 206, 216; *Baur/Stürner* SachenR § 57 Rn. 10; *Westermann/Gursky/Eickmann* SachenR § 44 Rn. 20; *Haas/Beiner* JA 1998, 23 (24); *Würdinger* NJW 2008, 1422 (1423); *Gsell* NJW 2008, 2002 (2003).

39 → § 12 Rn. 20.

40 *Weber/Weber* KreditsicherungsR § 8 II 2; *Wolff/Raiser* SachenR § 180 II 2; *Lange* NJW 1950, 565 (569); vgl. hierzu auch BGH NJW 1986, 977; *Baur/Stürner* SachenR § 57 Rn. 10 aE; teils abw. NK-BGB/*Meller-Hannich/Schilken* § 930 Rn. 32.

Etwas anderes gilt aber dann, wenn nicht nur eine bestimmte Forderung, sondern eine *Gruppe von Forderungen* gesichert werden soll. In diesem Fall können leicht Zweifel hinsichtlich des Bedingungseintritts entstehen. Die Gefahr von schädigenden und unberechtigten Verfügungen des Sicherungsgebers zulasten der Bank als Sicherungsnehmerin ist dann besonders groß. Der sonst bestehende Schutz der Bank durch § 246 StGB würde weitgehend versagen, wenn man im Zweifel einen Bedingungszusammenhang annähme, da sich der Sicherungsgeber stets darauf berufen könnte, er habe geglaubt, wieder Eigentümer gewesen zu sein. Aus Gründen des Schutzes des Sicherungsnehmers soll daher bei der Sicherung von Forderungsmehrheiten im Zweifel von der Unbedingtheit der Sicherungsübereignung auszugehen sein.[41]

e) Keine akzessorische Verknüpfung mit der Forderung durch Parteivereinbarung (G)

Die Sicherungsübereignung kann durch Parteivereinbarung nicht vom Bestand der gesicherten Forderung abhängig gemacht werden. Es kann also keine akzessorische Verknüpfung erreicht werden, da dies ebenso wenig wie die sonstigen sachenrechtlichen Grundsätze zur Disposition der Parteien steht.[42] In Betracht kommt allenfalls eine auflösend bedingte Übereignung[43], durch die eine gewisse Verknüpfung mit der Forderung entsteht.[44] 12

3. Übergabe bzw. Übergabesurrogat (G)

Die Sicherungsübereignung erfolgt regelmäßig gem. §§ 929, 930 BGB. Voraussetzung ist die Vereinbarung eines konkreten Besitzmittlungsverhältnisses. Erforderlich ist ein konkretes Rechtsverhältnis iSd § 868 BGB, das den Parteien bestimmte Nutzungsrechte und Verwaltungspflichten auferlegt und eine Besitzrechtsbeziehung auf Zeit (wenn auch unbefristet) enthält.[45] Maßgebend ist dabei, dass der unmittelbare Besitzer anerkennt, dass er sein Recht zum Besitz nur von einem (mittelbaren) Oberbesitzer ableitet.[46] 13

Heute ist allgemein anerkannt,[47] dass schon die Sicherungsabrede als *konkretes Besitzmittlungsverhältnis* ausreichend ist, da sich aus ihr regelmäßig ergibt, dass der

41 Vgl. BGH NJW 1984, 1184 (1186); NJW 1991, 353 (354); Staudinger/W. *Wiegand* (2011) Anh zu §§ 929 ff. Rn. 196–210; *Weber* SachenR I § 13 Rn. 30 (Vermutung komme mangels praktischer Verbreitung nicht in Betracht); eine bedingte Übereignung auch für diese Fälle annehmend aber *Reinicke/Tiedtke* Kreditsicherung Rn. 662 ff.

42 Staudinger/W. *Wiegand* (2011) Anh zu §§ 929 ff. Rn. 190; *Reinicke/Tiedtke* Kreditsicherung Rn. 655.

43 → § 12 Rn. 11.

44 Staudinger/W. *Wiegand* (2011) Anh zu §§ 929 ff. Rn. 196 ff.; *Reinicke/Tiedtke* Kreditsicherung Rn. 655 ff.; *Jauernig* NJW 1982, 268 mwN gegen BGH NJW 1982, 275, der bezüglich der parallelen Situation der Sicherungszession die Möglichkeit, eine Akzessorietät zu vereinbaren, bejaht und im Regelfall unterstellt; *Medicus* JuS 1971, 497 (503 f.): »Akzessorietätsersatz«.

45 Krit. dazu *Gehrlein* MDR 2008, 1069 (1070) unter Verweis auf Bamberger/Roth/*Kindl* § 930 Rn. 5: »Bloßes Lippenbekenntnis«.

46 → § 2 Rn. 29.

47 BGH NJW 1979, 2308 (2309); MüKoBGB/*Oechsler* § 930 Rn. 14 f.; *Gehrlein* MDR 2008, 1069 (1070).

Sicherungsgeber die Sache so lange besitzen darf, bis sie der Sicherungsnehmer zur Verwertung herausverlangen kann.

III. Sicherungsabrede

1. Rechtsnatur (G)

14 Die Verknüpfung zwischen Sicherungszweck und Übereignung wird durch die Sicherungsabrede hergestellt.[48] Diese ist ein selbstständiger schuldrechtlicher Vertrag zwischen Sicherungsnehmer und Sicherungsgeber, der Rechte und Pflichten der Parteien in Bezug auf das Sicherungsgut bestimmt.

a) Verhältnis zum Kreditvertrag (G)

15 Grundsätzlich ist die Sicherungsabrede gegenüber dem Bestand der zu sichernden Forderung, dh von der Wirksamkeit des Kreditvertrags, rechtlich unabhängig.[49] Allerdings führt die Unwirksamkeit des Kreditvertrages dazu, dass keine zu sichernde Forderung besteht. Bei Personenidentität zwischen persönlichem Schuldner und Sicherungsgeber ist dann nach dem (uU nur konkludenten) Parteiwillen idR ein einheitliches Geschäft iSd § 139 BGB anzunehmen, insbesondere wenn die Verträge uno actu geschlossen wurden. Im Ergebnis führt daher die Unwirksamkeit des einen Vertrags (Kreditvertrag) regelmäßig auch zur Unwirksamkeit des anderen Geschäfts (Sicherungsabrede).[50]

b) Verhältnis zur Sicherungsübereignung

aa) Verhältnis ohne besondere Vereinbarung (G)

16 Die Sicherungsabrede ist Rechtsgrund der Sicherungsübereignung.[51] Wegen des Abstraktionsprinzips sind beide jedoch voneinander unabhängig. Auch wenn die Sicherungsabrede gleichzeitig das Besitzmittlungsverhältnis iSv §§ 930, 868 BGB darstellt, schadet nach überwiegender Ansicht die Unwirksamkeit der Sicherungsabrede nicht, soweit die Sicherungsabrede zumindest vermeintlich wirksam ist.[52]

bb) Vereinbarung einer Geschäftseinheit iSv § 139 BGB? (V)

17 Umstritten ist, ob Sicherungsvertrag und Sicherungsübereignung zu einem einheitlichen Rechtsgeschäft, sog. Geschäftseinheit, nach § 139 BGB verbunden werden können. In diesem Fall zöge die Nichtigkeit der kausalen Sicherungsabrede die Nichtigkeit der abstrakten Sicherungsübereignung nach sich.[53]

48 Staudinger/*W. Wiegand* (2011) Anh zu §§ 929 ff. Rn. 217; *Schur* Jura 2005, 361 (363 ff.). Vgl. zu den bestehenden Rechtsverhältnissen die Grafik zu → § 12 Rn. 5.

49 MüKoBGB/*Oechsler* Anh zu §§ 929–936 Rn. 25 ff.; *Baur/Stürner* SachenR § 57 Rn. 15.

50 Palandt/*Bassenge* § 930 Rn. 19; *Serick* Eigentumsvorbehalt I § 4 II 4 und III § 37 I 2a.

51 *Reinicke/Tiedtke* Kreditsicherung Rn. 687.

52 → § 2 Rn. 29.

53 Vgl. BGH NJW-RR 1989, 519; NJW 1991, 917 (918); *Baur/Stürner* SachenR § 5 Rn. 55; *Reinicke/Tiedtke* Kreditsicherung Rn. 632.

Während die wohl überwiegende Ansicht[54] die Anwendung des § 139 BGB generell mit dem Argument ablehnt, dass mit dem Abstraktionsprinzip gerade dem Verkehrsinteresse vor dem in § 139 BGB manifestierten Erfolgsinteresse der Vorzug gegeben werde, befürwortet eine andere Ansicht[55] eine Durchbrechung des Abstraktionsgrundsatzes.

Der BGH[56] geht einen Mittelweg: Grundsätzlich sei eine Verknüpfung zu einer Geschäftseinheit zwar zulässig, jedoch seien an den Abschluss eines derartigen Vertrages strenge Anforderungen zu stellen. Insbesondere genügten für die Annahme eines entsprechenden Parteiwillens nicht das bloße Vorliegen eines wirtschaftlichen Zusammenhangs oder die gemeinsame Niederschrift in derselben Urkunde.

cc) Stillschweigend vereinbarter Bedingungszusammenhang zwischen Sicherungsvertrag und Sicherungsübereignung, § 158 I BGB (V)

Anerkannt ist, dass die Sicherungsübereignung grundsätzlich – auch stillschweigend – 18
von der aufschiebenden Bedingung der Wirksamkeit der Sicherungsabrede abhängig gemacht werden kann.[57] Jedoch sind hier hohe Beweisanforderungen zu stellen, die idR dazu führen, dass keine stillschweigende Vereinbarung eines Bedingungszusammenhangs anzunehmen ist.

2. Inhalt

a) Überblick (G)

Regelmäßig – dh nicht zwingend – werden in der Sicherungsabrede folgende Punkte 19
geregelt:

- *Bestimmung der zu sichernden Forderung:* Die Sicherungsabrede stellt die Verknüpfung von zu sichernder Forderung und dinglicher Sicherung dar; sie bestimmt, welche Forderungen in welchem Umfang gesichert sind.[58] Gesichert werden können Forderungen jeder Art, insbesondere auch fremde Schulden.[59]
- Besonders bei Banken verbreitet und grundsätzlich zulässig ist die Sicherung »aller gegenwärtigen und künftigen Forderungen des Sicherungsnehmers gegen den Sicherungsgeber« (*Sicherung von Forderungsgruppen*)[60]. Dabei ist jedoch in besonderem Maße auf eine evtl. Unwirksamkeit gem. § 138 I BGB oder §§ 305c, 307 BGB[61] und auf die Anforderungen des Bestimmtheitsgrundsatzes zu achten. Insbesondere verstößt eine solche Klausel in AGB gegen §§ 305c, 307 BGB, wenn der Sicherungsgeber mit dem persönlichen Schuldner nicht identisch ist.[62]

54 BayObLG Rpfleger 1969, 48 mit zust. Anmerkung *Haegele*; *Baur/Stürner* SachenR § 5 Rn. 56; *Wilhelm* SachenR Rn. 2399.
55 BGH NJW 1967, 1128 (1130).
56 BGH NJW-RR 1979, 1495 (1496); NJW-RR 1985, 3006 (3007); NJW-RR 1988, 2364; NJW-RR 1989, 519; alle mwN.
57 MüKoBGB/*H. P. Westermann* § 158 Rn. 26; *Baur/Stürner* SachenR § 5 Rn. 53; *Wilhelm* SachenR Rn. 2400.
58 Staudinger/*W. Wiegand* (2011) Anh zu §§ 929–931 Rn. 217.
59 MüKoBGB/*Oechsler* Anh zu §§ 929–936 Rn. 26.
60 MüKoBGB/*Oechsler* Anh zu §§ 929–936 Rn. 28 f.
61 Bis 31.12.2001: §§ 3, 9 AGBG.
62 *Reinicke/Tiedtke* Kreditsicherung Rn. 702.

- *Genaue Umschreibung des Sicherungsgutes*, insbesondere bei Sachgesamtheiten;
- Vereinbarung der *Verpflichtung des Sicherungsgebers zur Übereignung* des Sicherungsguts an den Sicherungsnehmer;[63]
- *Konkretisierung der treuhänderischen Bindung*[64] des Sicherungsnehmers: Die Sicherungsabrede enthält Regelungen zur Begrenzung der Rechtsmacht des Sicherungsnehmers im Innenverhältnis zum Sicherungsgeber. Hieraus ergibt sich auch die Pflicht des Sicherungsnehmers, sich jeder Verfügung zu enthalten, die die Rückübertragung des Sicherungsguts nach Wegfall bzw. Erfüllung des Sicherungszwecks vereiteln würde. Setzt sich der Sicherungsnehmer über diese Bindung hinweg, bleiben seine mit Dritten geschlossenen Verträge selbstverständlich davon unberührt (unbeschränkte Rechtsmacht nach außen). Gegenüber dem Sicherungsgeber macht er sich jedoch unter Umständen schadensersatzpflichtig gem. § 280 I BGB. In der Zwangsvollstreckung entfaltet die Bindung darüber hinaus quasidingliche Wirkung.[65]
- evtl. *Verpflichtung des Sicherungsgebers*, die Sache *ordnungsgemäß zu behandeln* und ggf. auch zu versichern;[66]
- Vereinbarung der *Verpflichtung des Sicherungsnehmers*, das Sicherungsgut bei Wegfall des Sicherungszwecks an den Sicherungsgeber *zurückzuübereignen*;[67]
- Bestimmungen zu den einzuhaltenden *Verwertungsmodalitäten*.

b) Verpflichtung zur Rückübereignung (V)

Fallbeispiel: »Der Bagger«[68]

20 Wird nicht schon die dingliche Übereignung auflösend bedingt erklärt[69], so ist es üblich, die Pflicht des Sicherungsnehmers, das Sicherungsgut bei Wegfall des Sicherungszwecks an den Sicherungsgeber zurückzuübereignen, ausdrücklich zu vereinbaren.

Umstritten ist, ob man im Zweifel *auch ohne ausdrückliche Vereinbarung* von einer vertraglichen Rückübertragungspflicht ausgehen kann. Nach allgemeinen Auslegungsgrundsätzen entspricht dies jedenfalls dann dem Parteiwillen, wenn der Sicherungszweck wegen Erlöschens der zu sichernden Forderung ganz entfällt.[70] Dies folgt insbesondere aus dem treuhänderischen Charakter der Sicherungsabrede.

Auch für den Fall, dass die Forderung nicht valutiert wurde, dh gar nicht entstanden ist, leitet die hM[71] einen Rückübereignungsanspruch aus der Sicherungsabrede im

63 *Reinicke/Tiedtke* Kreditsicherung Rn. 687; *Wilhelm* SachenR Rn. 2401.

64 → § 12 Rn. 4.

65 *Serick* Eigentumsvorbehalt II § 19 I 3.

66 *Baur/Stürner* SachenR § 57 Rn. 15.

67 → § 12 Rn. 20.

68 *Vieweg/Röthel* Fälle SachenR Fall 25.

69 → § 12 Rn. 10.

70 *Schur* Jura 2005, 361 (365). Für den Fall der nachträglichen Übersicherung: BGHZ 137, 212 (219) = BGH (GSZ) NJW 1998, 671; dazu vgl. *Schwab* JuS 1999, 740.

71 *Schur* Jura 2005, 361 (364); Bamberger/Roth/*Kindl* § 930 Rn. 22; MüKoBGB/*Oechsler* Anh zu §§ 929–936 Rn. 47; Jauernig/*Berger* § 930 Rn. 40. Kann die Pflicht nicht durch ergänzende Auslegung des Sicherungsvertrags gewonnen werden, kommt als Anspruchsgrundlage § 812 I 2 Alt. 2 BGB in Betracht. Siehe aber → § 12 Rn. 15.

Wege der ergänzenden Vertragsauslegung ab. Nach anderer Ansicht[72] soll hingegen der Sicherungsgeber die Möglichkeit haben, entweder seinen Valutierungsanspruch einzuklagen oder über § 323 BGB vom (Kredit-)Vertrag zurückzutreten und die Sicherheit gem. § 346 BGB zurückzuerhalten. Hiergegen lässt sich einwenden, dass Darlehensvertrag und Sicherungsübereignung, insbesondere im Dreipersonenverhältnis, in ihrem Bestand voneinander unabhängig sind.[73]

c) Ablösungsrecht des Sicherungsgebers im Dreipersonenverhältnis (E)

Sind Sicherungsgeber und persönlicher Schuldner nicht identisch, wird häufig ein 21
Ablösungsrecht des Sicherungsgebers für den Fall vereinbart, dass die Verwertung des Sicherungsguts droht.[74] Befriedigt der Sicherungsgeber den Sicherungsnehmer, so geht dessen Forderung gegen den Schuldner nicht automatisch auf den Sicherungsgeber über. § 1225 BGB findet nämlich keine analoge Anwendung, da das Sicherungseigentum nicht akzessorisch ist. Jedoch ergibt sich aus der Sicherungsabrede die *Verpflichtung des Sicherungsnehmers*, dem Sicherungsgeber die gesicherte Forderung gegen den Schuldner abzutreten (§ 398 BGB). Vorteilhaft ist dies für den Sicherungsgeber dann, wenn die Forderung anderweitig gesichert ist, da ihm gegen den Schuldner idR ohnehin eine Forderung aus dem Innenverhältnis, etwa aus § 670 BGB, zusteht.

d) Verlängerte Sicherungsübereignung (E)

Eine Sonderform der Sicherungsübereignung ist die »verlängerte Sicherungsübereig- 22
nung«. Diese wird vor allem bei der Sicherungsübereignung von Warenlagern mit wechselndem Bestand vereinbart. In der Sicherungsabrede wird dabei die Berechtigung des Sicherungsgebers vereinbart, die sicherungshalber übereigneten Sachen im gewöhnlichen Geschäftsgang zu veräußern (§ 185 I BGB).[75] Die dabei entstehenden Kaufpreisforderungen gegen seine Abnehmer werden im Wege der *Vorausabtretung* auf den Sicherungsnehmer übertragen.[76]

e) Zulässigkeit von Verfallklauseln (analog § 1229 BGB) (E)

Eine Verfallklausel hat zum *Inhalt*, dass das Eigentum im Falle des Schuldnerverzugs 23
endgültig beim Sicherungsnehmer bleibt, dieser das Sicherungsgut also endgültig behalten darf (Sicherungseigentum an Erfüllungs statt). In aller Regel ist eine Verfallklausel für den Sicherungsgeber ungünstig, da das Sicherungsgut meist mehr wert ist als die zu sichernde Forderung. Im Pfandrecht ist eine entsprechende Abrede vor Pfandreife nichtig gem. § 1229 BGB, während der Verpfänder danach nicht mehr schutzwürdig und eine Verfallklausel daher zulässig ist.

Umstritten ist, ob in einem Sicherungsvertrag zulässigerweise eine Verfallklausel vereinbart werden kann: Das RG[77] bejahte dies und erachtete dabei den Verfall sogar als

72 *Medicus/Petersen* BürgerlR Rn. 496.
73 Bamberger/Roth/*Kindl* § 930 Rn. 22; → § 12 Rn. 14 f.
74 *Bülow* WM 1985, 373 (379 f.).
75 Staudinger/*W. Wiegand* (2011) Anh zu §§ 929 ff. Rn. 73; *Baur/Stürner* SachenR § 57 Rn. 7; *Wilhelm* SachenR Rn. 2403.
76 Zum Pendant des verlängerten Eigentumsvorbehalts → § 11 Rn. 12 ff.
77 RG DJZ 1902, 485; dazu *Gaul* AcP 168 (1968), 351 (362 ff.).

wesentlichen Bestandteil der Sicherungsabrede. Ein Teil der Literatur[78] lehnt Verfallklauseln grundsätzlich mit Hinweis auf die Wertung des § 1229 BGB (wie auch die des § 1149 BGB) als Ausdruck eines allgemeinen Rechtsgedankens ab. Die überwiegende Ansicht[79] spricht sich gegen ein generelles Verbot von Verfallklauseln bei der Sicherungsübereignung aus. Dies gelte jedenfalls dann, wenn dem Sicherungsgeber im Falle eines die Forderung übersteigenden Werts der übereigneten Sache ein Ausgleichsanspruch zustehe. Andernfalls seien Verfallklauseln regelmäßig sittenwidrig gem. § 138 I BGB bzw. § 307 BGB.

IV. Nichtigkeit wegen Sittenwidrigkeit

1. Nichtigkeit der Sicherungsabrede – Überblick (G)

24 Die Sicherungsübereignung greift besonders schwerwiegend in die Rechtsstellung des Sicherungsgebers ein. Daher ist – vor allem bei Übereignung von Sachgesamtheiten – immer zu bedenken, ob der Sicherungsvertrag wegen Sittenwidrigkeit unwirksam ist. Ob dies der Fall ist, bestimmt sich stets nach einer *Gesamtwürdigung* des konkreten Sicherungsvertrags *im Einzelfall.* Die Rechtsprechung hat im Laufe der Zeit verschiedene, nicht abschließende *Fallgruppen* entwickelt, bei deren Vorliegen idR von Sittenwidrigkeit auszugehen ist. Sittenwidrig sind danach insbesondere Sicherungsübereignungen, die zur *Übersicherung*[80], zu einer *Knebelung des Sicherungsgebers*[81] oder zur *Gläubigergefährdung*[82] führen.[83]

2. Übersicherung

a) Problematik (V)

25 Die Tatsache, dass die Verwertung sicherungsübereigneter Sachen manchmal nur geringe Erlöse bringt, führt häufig dazu, dass der eigentliche Wert der Gegenstände den der gesicherten Forderung deutlich übersteigt. Auf diese Weise wird gewährleistet, dass der Sicherungsnehmer aus dem Erlös in jedem Fall Befriedigung erlangen kann. Auch bei der Übereignung von Sachgesamtheiten mit wechselndem Bestand – zB durch Einbringung neuer Waren in das Lager – übersteigt deren Wert häufig den der Forderung.

---

78 Soergel/*Henssler* Anh. § 930 Rn. 78 ff.; Jauernig/*Berger* § 930 Rn. 37; Staudinger/*W. Wiegand* (2011) Anh zu §§ 929 ff. Rn. 234 und § 1229 Rn. 15; *Baur/Stürner* SachenR § 57 Rn. 16; *Gaul* AcP 168 (1968), 351 (374 ff.).

79 Palandt/*Bassenge* § 930 Rn. 33; MüKoBGB/*Oechsler* Anh zu §§ 929–936 Rn. 51; *Rimmelspacher* KreditsicherungsR Rn. 356 ff.; *Reinicke/Tiedtke* Kreditsicherung Rn. 711; *Wolff/Raiser* SachenR § 179 III 2c; *Westermann/Gursky/Eickmann* SachenR § 44 Rn. 30. Vgl. auch BGHZ 130, 101 (104 ff.) und BGH NJW 2003, 1041 (1042 f.) zur Nichtanwendung bei Grundstücken.

80 → § 12 Rn. 25 ff.

81 → § 12 Rn. 28.

82 → § 12 Rn. 29.

83 Zur Frage der quantitativen Teilbarkeit sittenwidriger Vertragsklauseln vgl. BGH NJW 2009, 1135 (1136 f.).

Übersicherung[84] liegt nicht schon dann vor, wenn der Wert des Sicherungsguts den Wert der gesicherten Forderung überhaupt übersteigt. Voraussetzung ist vielmehr, dass darüber hinaus die beiden Werte in einem unangemessenen Verhältnis zueinander stehen und der Sicherungsnehmer seine Interessen einseitig, dh ohne Rücksicht auf die Belange des Sicherungsgebers wahrgenommen hat. Ist dies der Fall, so ist die Vereinbarung gem. § 138 I BGB bzw. bei Regelung durch AGB gem. § 307 BGB nichtig.

b) Anfängliche Übersicherung (V)

Besteht bereits bei Vertragsschluss ein auffälliges Missverhältnis zwischen gesicherter Forderung und Sicherungsgut, so ist schon die Sicherungsabrede nichtig (§ 138 I BGB). Hiervon kann ausgegangen werden, wenn zu diesem Zeitpunkt gewiss ist, dass im Verwertungsfall ein auffälliges Missverhältnis zwischen dem realisierbaren Wert der Sicherheit und der gesicherten Forderung bestehen wird. Eine Vermutung der Sittenwidrigkeit bei Überschreiten bestimmter Deckungsgrenzen (wie bei der nachträglichen Übersicherung) besteht hier nicht; vielmehr ist der realisierbare Wert der jeweiligen Sicherheit nach den ungewissen Marktverhältnissen im Falle einer Insolvenz des Schuldners entscheidend.[85] Die Sittenwidrigkeit ist anhand des vertraglichen Gesamtcharakters im Zeitpunkt des Vertragsschlusses nach dessen Inhalt, Beweggrund und Zweck zu bestimmen. Die Übersicherung muss insbesondere auf einer verwerflichen Gesinnung des Sicherungsnehmers beruhen. Davon kann ausgegangen werden, wenn der Sicherungsnehmer aus eigensüchtigen Gründen eine Rücksichtslosigkeit gegenüber den berechtigten Belangen des Sicherungsgebers an den Tag legt, die nach sittlichen Maßstäben unerträglich ist.[86] 26

c) Nachträgliche Übersicherung und Freigabeklauseln (E)

Der Fall der nachträglichen Übersicherung ist hiervon zu unterscheiden. Er ergibt sich insbesondere bei der Sicherungsübereignung von Sachgesamtheiten mit wechselndem Bestand. Hier kann durch Schwankungen des Warenbestands der Gesamtwert des Sicherungsguts erheblich über den Anfangsbestand hinauswachsen. Auch kann sich das Sicherungsbedürfnis verringern, weil Forderungen teilweise getilgt wurden. 27

Nach der Rechtsprechung des BGH[87] besteht in diesen Fällen grundsätzlich eine *feste Deckungsgrenze von 110%* der zu sichernden Forderung. In dem Aufschlag von 10% werden insbesondere Feststellungs- und Verwertungskosten berücksichtigt.

Allerdings gibt es keine allgemeingültigen, branchenüblichen Maßstäbe zur Bestimmung des realisierbaren Werts von Sicherungsgegenständen bei Eintritt des Siche-

84 MüKoBGB/*Oechsler* Anh zu §§ 929–936 Rn. 30 ff.; *Reinicke/Tiedtke* Kreditsicherung Rn. 732 ff.; *Westermann* SachenR Rn. 190 ff.

85 BGH NJW 1998, 2047; ausführlich *Tetzlaff* ZIP 2003, 1826 (1828 ff.); *Lowowski*, FS Schimansky, 1999, 389 (394 ff., 414); *Nobbe*, FS Schimansky, 1999, 433 (447 ff.); *Ganter* WM 2001, 1 (3 ff.); *Weber* SachenR I § 13 Rn. 44, die jeweils eine 200%-ige Überschreitung des zu sichernden Warenwertes als Richtgröße und Anhaltspunkt nennen.

86 BGH WM 1966, 13 (15); NJW 1998, 2047; zusammenfassend NK-BGB/*Meller-Hannich/Schilken* § 930 Rn. 67; jurisPK-BGB/*Beckmann* § 930 Rn. 58 ff. mit Beispielen; *Lowowski*, FS Schimansky, 1999, 389 (411 f.); *Gehrlein* MDR 2008, 1069 (1073 f.).

87 BGHZ 137, 212 (228 ff.) = BGH NJW 1998, 671 (674 f.).

rungsfalls. Deshalb entwickelte der BGH eine einfache Vermutungs- und Beweislastregelung: Der regelmäßige Sicherungswert sei durch Anknüpfung an den Schätzwert zum Zeitpunkt des Freigabeverlangens zuzüglich eines Risikozuschlags zu bemessen. Diesen Risikozuschlag gewinnt der BGH[88] durch entsprechende Anwendung des § 237 BGB und kommt so zu einer *Deckungsgrenze von 150%* inkl. Feststellungs- und Verwertungskosten. Wer behaupte, diese Grenze sei im Einzelfall unangemessen, etwa weil das Verwertungsrisiko größer oder geringer sei, habe dies substantiiert darzulegen und ggf. zu beweisen, um die Annahme einer anderen Grenze zu rechtfertigen. Im Ergebnis wird daher regelmäßig bei Überschreitung der 150%-Grenze Sittenwidrigkeit vorliegen.

Bei nachträglicher Überschreitung dieser Deckungsgrenzen kann nicht ohne Weiteres von der Sittenwidrigkeit der Sicherungsabrede ausgegangen werden. Vielmehr besteht nach der Entscheidung des Großen Senats[89] des BGH bei formularmäßig vereinbarten revolvierenden Globalsicherheiten (Sicherungsübereignungen von Warenlagern mit wechselndem Bestand und Globalzessionen) im Falle einer nachträglichen Übersicherung der Sicherungsgeber nur ein *ermessensunabhängiger Freigabeanspruch*. Dieser Anspruch, der auf Rückübertragung der nicht mehr benötigten Sicherheiten lautet, ergebe sich durch Auslegung (§ 157 BGB) aus dem fiduziarischen Charakter der Sicherungsabrede und der typischen Interessenlage der Vertragsparteien.

Auch bei Fehlen einer ausdrücklichen Vereinbarung der Parteien gilt daher die 150%-Deckungsgrenze, bei deren Überschreitung der Sicherungsgeber Freigabe verlangen kann. Der Sicherungsnehmer hat danach nur ein Wahlrecht, welche von mehreren ihm gegebenen Sicherheiten er freigeben will (§§ 262, 1230 S. 1 BGB analog).[90] Gleiches gilt, wenn eine nach § 307 II Nr. 2 BGB unwirksame (zB ermessensabhängige) Freigabeklausel vereinbart wurde. Im letztgenannten Fall tritt der immanente Freigabeanspruch gem. § 306 II BGB an die Stelle der unwirksamen Regelung.

Damit hat sich der BGH gegen eine Ansicht in der Literatur[91] entschieden, nach der Sicherungsabreden nur wirksam sein sollen, wenn die Verträge bereits bei Abschluss *Freigabeklauseln* enthielten, die den Sicherungsgeber hinreichend schützten. Aus den Klauseln müsse nach dieser Meinung eine Verpflichtung des Sicherungsnehmers zur Freigabe unter konkret und eindeutig festgelegten Voraussetzungen erwachsen. Ein nur unverbindliches Inaussichtstellen einer Freigabe genüge nicht.

3. Schuldnerknebelung (V)

28 Eine weitere Fallgruppe, in der regelmäßig von Sittenwidrigkeit der Sicherungsabrede auszugehen ist, ist die der sog. Schuldnerknebelung.

88 BGHZ 137, 212 (234 ff.) = BGH NJW 1998, 671 (676 f.).

89 BGHZ 137, 212 (219) = BGH NJW 1998, 671; zu den Beschlussvorschlägen des IX. und XI. Senats *Schwab* JuS 1999, 740; siehe auch *Baur/Stürner* SachenR § 57 Rn. 24 ff.

90 *Wilhelm* SachenR Rn. 2418.

91 *Baur/Stürner* SachenR § 57 Rn. 20 ff.

Eine Knebelung des Sicherungsgebers ist dann anzunehmen, wenn der Sicherungsgeber durch die Sicherungsübereignung in eine vernichtende Abhängigkeit vom Sicherungsnehmer gelangt, sodass er wirtschaftlich praktisch nicht mehr selbstständig handeln kann und der Sicherungsnehmer eigentlicher Herr des Unternehmens des Sicherungsgebers wird.[92] Der Sicherungsnehmer darf seine wirtschaftliche Machtstellung also nicht dazu ausnutzen, dem Sicherungsgeber eigenständige, wirtschaftliche Entscheidungen unmöglich zu machen.

4. Gläubigergefährdung oder -täuschung (V)

Der Tatbestand der Gläubigergefährdung bzw. -täuschung[93] ist dann erfüllt, wenn es der Sicherungsnehmer gegenüber den *anderen* Gläubigern des Sicherungsgebers an der gebotenen Rücksichtnahme fehlen lässt. Dies führt – auch bei Verwendung von AGB – zur Sittenwidrigkeit gem. § 138 I BGB.[94] Gläubigergefährdung liegt insbesondere dann vor, wenn die Sicherungsübereignung dazu geeignet ist, über die Kreditwürdigkeit des Sicherungsgebers hinwegzutäuschen, und diese Möglichkeit so nahe liegt, dass mit der Schädigung anderer Gläubiger zu rechnen ist. Es genügt, wenn der Sicherungsnehmer sich dieser Erkenntnis grob fahrlässig verschließt. Bedingter Vorsatz ist nicht erforderlich. 29

Ansprüche der anderen Gläubiger ergeben sich bei Kollusion von Sicherungsnehmer und Sicherungsgeber unter Umständen auch aus §§ 826, 823 II BGB iVm § 263 StGB.

5. Nichtigkeit der dinglichen Einigung (V)

Aus der Nichtigkeit der Sicherungsabrede nach § 138 BGB folgt wegen des Abstraktionsprinzips nicht automatisch die Nichtigkeit der auf ihr beruhenden Sicherungsübereignung. Vielmehr muss die dingliche Einigung ihrerseits sittenwidrig sein. Die dingliche Einigung ist jedoch grundsätzlich sittlich neutral. Unter welchen Voraussetzungen sie ausnahmsweise als sittenwidrig und damit nichtig betrachtet werden kann, ist streitig.[95] 30

- Ein Teil der Literatur[96] will *nur gravierende Nichtigkeitsgründe* (wie zB vorsätzliche Kredittäuschung) gelten lassen.
- Die Rechtsprechung[97] und die wohl überwiegende Meinung[98] gehen dagegen davon aus, dass *Sicherungsübereignungen bei Sittenwidrigkeit des Sicherungsvertrags stets sittenwidrig* seien, da der dingliche Vollzug in diesem Fall sittenwidrige Zwecke verfolge (*Lehre von der Fehleridentität*). Der Sicherungsgeber wäre ohne

92 Vgl. RGZ 136, 247 (253); MüKoBGB/*Oechsler* Anh zu §§ 929–936 Rn. 34; Staudinger/*W. Wiegand* (2011) Anh zu §§ 929 ff. Rn. 152; *Reinicke/Tiedtke* Kreditsicherung Rn. 755.

93 *Reinicke/Tiedtke* Kreditsicherung Rn. 756.

94 Beachte: § 138 I BGB greift auch bei Vereinbarung durch AGB, da hier nicht der Vertragspartner, sondern die Interessen Dritter geschützt werden sollen.

95 *Baur/Stürner* SachenR § 57 Rn. 4, 17, 22 ff.

96 *Baur/Stürner* SachenR § 57 Rn. 22.

97 BGH BB 1952, 734 (735).

98 *Serick* Eigentumsvorbehalt I § 4 II 6a und III § 30 II 2; *Reinicke/Tiedtke* Kreditsicherung Rn. 729; Staudinger/*W. Wiegand* (2011) Anh zu §§ 929 ff. Rn. 168.

jeden Schutz, würde man die Übereignung für wirksam erachten, die Sicherungsabrede jedoch nicht. Der Sicherungsnehmer würde dann Eigentum erlangen, ohne über den Sicherungsvertrag an den Sicherungsgeber treuhänderisch gebunden zu sein und daher letztlich besser stehen, als wenn er einen wirksamen Sicherungsvertrag geschlossen hätte. Nach hM hat daher der Sicherungsgeber einen Herausgabeanspruch aus § 985 BGB, während er nach der Mindermeinung[99] auf § 812 I 1 Alt. 1 BGB beschränkt ist.

V. Belastungen des Sicherungseigentums (E)

31 Der Sicherungsnehmer erwirbt das Eigentum grundsätzlich in dem Umfang, in dem es dem Sicherungsgeber zusteht. Übereignet zB der Sicherungsgeber dem Sicherungsnehmer Sachen sicherungshalber, die sich in gemieteten Räumen befinden, so erlangt der Sicherungsnehmer folglich nur das mit dem Vermieterpfandrecht (§ 562 BGB) belastete Eigentum an den Sachen.[100]

Die Möglichkeit gutgläubig lastenfreien Erwerbs nach § 936 I 3 BGB[101] scheitert in diesen Fällen regelmäßig an der Erlangung des unmittelbaren Besitzes durch den Sicherungsnehmer. Außerdem ist Bösgläubigkeit anzunehmen, wenn der Erwerber weiß, dass sich die Sachen in gemieteten Räumen befinden.[102]

Dagegen schadet das erst nach erfolgter Sicherungsübereignung an den Sicherungsnehmer vollzogene Einbringen des Sicherungsguts in gemietete Räume dem unbelastet erworbenen Eigentum des Sicherungsnehmers nicht.[103]

Eine besondere Kollisionslage besteht, wenn nicht das Eigentum, sondern das Anwartschaftsrecht an beweglichen Sachen Gegenstand von Sicherungsübereignung und Vermieterpfandrecht ist. Fraglich ist, ob bei nachträglichem Eintritt der Bedingung des Vorbehaltskaufs Sicherungseigentum und Pfandrecht gleichrangig mit der Folge einer quotalen Erlösverteilung bestehen[104] oder ob der Sicherungsnehmer das Eigentum, belastet mit dem Vermieterpfandrecht, erwirbt.[105]

Entsprechende Rechtsfolgen treten bei der Sicherungsübereignung beweglicher Sachen ein, die Zubehör eines hypothekarisch belasteten Grundstücks sind (§ 1120 aE BGB).[106]

99 *Baur/Stürner* SachenR § 57 Rn. 15.
100 Ausdrücklich offen gelassen in BGHZ 117, 200 (207); dazu *Fischer* JuS 1993, 542.
101 → § 5 Rn. 49.
102 MüKoBGB/*Oechsler* § 936 Rn. 12.
103 Staudinger/*Emmerich* (2014) § 562 Rn. 16; *Fischer* JuS 1993, 542.
104 Vgl. Staudinger/*Emmerich* (2014) § 562 Rn. 17; *Weber/Rauscher* NJW 1988, 1571 (1572 f.).
105 BGHZ 117, 200 (208) mit der Begründung, andernfalls werde das Vermieterpfandrecht ausgehöhlt. Zust. Palandt/*Weidenkaff* § 562 Rn. 10; *Reinicke/Tiedtke* Kreditsicherung Rn. 677; nur IErg zust. *Fischer* JuS 1993, 542 (544 f.).
106 Zum Haftungsverband der Hypothek → § 15 Rn. 16; zu möglichen Kollisionsfällen Staudinger/*W. Wiegand* (2011) Anh zu §§ 929 ff. Rn. 295 ff.

VI. Verwertung des Sicherungseigentums

1. Verwertungsmodalitäten (E)

Wie die Verwertung des Sicherungsguts durchgeführt wird, bestimmt sich primär nach der Sicherungsabrede.[107] In der Regel wird *freihändiger Verkauf* vereinbart, da nach allgemeiner Erfahrung der dabei erzielbare Veräußerungserlös höher ausfällt als der zu erwartende Versteigerungserlös und da eine Versteigerung im Vergleich zum freihändigen Verkauf schwerfälliger und kostspieliger ist.[108] Der erzielte Erlös wird mit der Forderung des Gläubigers *verrechnet* (keine Surrogation wie beim Pfandrecht)[109], dh der Sicherungsnehmer erwirbt zunächst Alleineigentum am Erlös. Verbleibt ein Resterlös, werden die *Kosten der Verwertung abgezogen* und der Rest an den Sicherungsgeber *ausgekehrt*. Reicht hingegen der Erlös zur vollständigen Tilgung der Forderung nicht aus, so bleibt der Sicherungsgeber weiterhin Schuldner in Höhe der (nicht gesicherten) Restforderung. 32

Enthält die Sicherungsabrede keine oder keine ausreichenden Regelungen, so ist sie *auszulegen.*[110] Maßgeblich ist der hypothetische Parteiwille. Hierbei ist zu beachten, dass den Sicherungsnehmer bei der Verwertung die Pflicht trifft, auf berechtigte Belange des Sicherungsgebers Rücksicht zu nehmen.[111] Regelmäßig ist daher von der Vereinbarung der Verwertung durch freihändigen Verkauf auszugehen, da eine Versteigerung selten im Interesse der Parteien sein wird.[112] Andere Verwertungsarten wie zB die Nutzungsziehung (auch nach Eintritt des Sicherungsfalls), der Verfall des Sicherungseigentums[113] oder auch der Selbsteintritt des Sicherungsnehmers sind nach Ansicht des BGH nur bei besonderer Vereinbarung zulässig.[114] Ebenfalls ist davon auszugehen, dass der verwertende Sicherungsnehmer den Erlös mit der zu tilgenden Forderung verrechnen, gegenüber dem Sicherungsgeber Rechnung legen und nach Abzug der Kosten den verbleibenden Restbetrag an den Sicherungsgeber zurückerstatten muss.

Nach einer Ansicht[115] sollen dagegen, wenn es an einer speziellen Regelung im Sicherungsvertrag fehlt, die Regelungen zur Pfandverwertung (§§ 1228 ff. BGB) analog anzuwenden sein. Dafür spreche der Charakter der Sicherungsübereignung als besitzloses Pfandrecht. Dagegen wird eingewendet, dass sich die Sicherungsübereignung gerade gegen die Pfandrechtsregelungen durchgesetzt habe, und dies nicht nur hinsichtlich der Entstehung des Pfandrechts, sondern auch im Hinblick auf die Verwer-

107 Staudinger/W. *Wiegand* (2011) Anh zu §§ 929 ff. Rn. 225; Bamberger/Roth/*Kindl* § 930 Rn. 36; *Baur/Stürner* SachenR § 57 Rn. 41; *Schur* Jura 2005, 361 (366 f.).

108 Vgl. Staudinger/W. *Wiegand* (2011) Anh zu §§ 929 ff. Rn. 233.

109 → § 10 Rn. 42.

110 *Reinicke/Tiedtke* Kreditsicherung Rn. 709 ff.

111 BGH MDR 2000, 222 (223) mwN.

112 AA *Westermann/Gursky/Eickmann* SachenR § 44 Rn. 29; *Baur/Stürner* SachenR § 57 Rn. 42, die beim Fehlen vertraglicher Regelungen von einer Pflicht zur öffentlichen Versteigerung ausgehen.

113 Zur Zulässigkeit → § 12 Rn. 23.

114 BGH NJW 2007, 216 (217) mit dem Ergebnis, dass ein Anspruch des Sicherungsnehmers aus Eingriffskondiktion nicht besteht.

115 *Baur/Stürner* SachenR § 57 Rn. 42.

tung des Sicherungsguts.[116] Daher sei eine subsidiäre Geltung der §§ 1228 ff. BGB nicht anzunehmen, zumal sie in aller Regel nicht im Interesse der Beteiligten liege.[117]

2. Zeitpunkt der Verwertung (E)

33 Der Zeitpunkt, ab dem der Sicherungsnehmer die Verwertung betreiben darf, bestimmt sich vorrangig nach dem Sicherungsvertrag. Fehlen diesbezügliche Vereinbarungen, so ist der Sicherungsnehmer im Zweifel erst dann zur Verwertung befugt, wenn der Sicherungsgeber in Verzug gerät, dh *nicht schon bei Fälligkeit der Forderung*. Dies dient dem Schutz des Sicherungsgebers.[118]

Verwertet der Sicherungsnehmer das Sicherungsgut schon vorher, so verstößt er zwar gegen seine Pflichten aus der Sicherungsabrede, die Verfügung ist jedoch auch dann dinglich wirksam.[119] Ihn trifft allerdings unter Umständen eine *Schadensersatzpflicht* auf Grundlage des § 280 I BGB. Befindet sich der Sicherungsgeber im Besitz des Sicherungsguts, so ist er schon dadurch ausreichend geschützt, dass er das Besitzrecht aus der Sicherungsabrede auch gegen einen neuen Eigentümer geltend machen kann (§ 986 I und II BGB).[120]

3. Herausgabeanspruch des Sicherungsnehmers gegen den Sicherungsgeber zur Vorbereitung der Verwertung (E)

34 Die Verwertung setzt die vorherige Erlangung des unmittelbaren Besitzes durch den Sicherungsnehmer voraus. Der Sicherungsnehmer muss also zunächst das Sicherungsgut vom Sicherungsgeber herausverlangen. Ein *Herausgabeanspruch* des Sicherungsnehmers ergibt sich zum einen idR aus der Sicherungsabrede, zum anderen aus § 985 BGB, da das Besitzrecht des Sicherungsgebers mit Eintritt der Verwertungsreife erlischt.[121]

Fraglich ist, ob ein Herausgabeanspruch aus § 985 BGB auch dann noch besteht, wenn die gesicherte Forderung bereits verjährt ist. Gem. § 216 II 1 BGB verliert der Sicherungsgeber mit Verjährung der Forderung sein Recht zum Besitz am Sicherungsgut und ist damit zum Zwecke der Verwertung dem Sicherungsnehmer zur Herausgabe verpflichtet.[122] Folglich führt die Verjährung der zu sichernden Forderung nicht zu einem *dauerhaften Besitzrecht* des Sicherungsgebers am Sicherungsgut. Solange in der Sicherungsabrede nichts Gegenteiliges vereinbart worden ist, kann daher der Sicherungsnehmer das Sicherungsgut verwerten, obwohl die zu sichernde Forderung bereits verjährt ist.

116 OLG Nürnberg JR 1958, 22; Soergel/*Henssler* Anh. § 930 Rn. 67; Staudinger/*W. Wiegand* (2011) Anh zu §§ 929 ff. Rn. 227; *Weber/Weber* KreditsicherungsR § 8 V 1; *Trinkner* BB 1962, 80; *Serick* BB 1970, 541 (541 ff.).

117 OLG Nürnberg JR 1958, 22; MüKoBGB/*Oechsler* Anh. §§ 929–936 Rn. 47 ff.; *Weber/Weber* KreditsicherungsR § 8 V 1.

118 BGH WM 1989, 1086 (1088).

119 MüKoBGB/*Oechsler* Anh zu §§ 929–936 Rn. 44; *Baur/Stürner* SachenR § 57 Rn. 2.

120 → § 7 Rn. 13 ff.

121 Staudinger/*W. Wiegand* (2011) Anh zu §§ 929 ff. Rn. 230.

122 *Baur/Stürner* SachenR § 57 Rn. 15; zu § 223 II aF ausführlich *Schuch*, Der Einfluss der Forderungsverjährung auf dingliche Sicherungsrechte, 94 ff.; siehe auch BT-Drs. 14/6040, 122 f.

Weigert sich der Sicherungsgeber, das Sicherungsgut herauszugeben, muss der Sicherungsnehmer einen *Herausgabetitel* erwirken (§ 883 ZPO) und das Sicherungsgut durch den Gerichtsvollzieher pfänden lassen. Nimmt er die Sache selbst weg, so begeht er verbotene Eigenmacht[123] iSv § 858 I BGB.

4. Keine Verwertungspflicht des Sicherungsnehmers (E)

Der Sicherungsnehmer und Gläubiger ist nicht verpflichtet, das Sicherungsgut zu 35
verwerten.[124] Er kann alternativ, aber auch kumulativ, den Sicherungsgeber auf Zahlung aus der zu sichernden Forderung verklagen. Die Gefahr der doppelten Inanspruchnahme des Sicherungsgebers besteht dabei nicht, da der Sicherungsgeber gegebenenfalls Vollstreckungsgegenklage gem. § 767 ZPO erheben kann.

Bei Vollstreckung des stattgebenden Zahlungsurteils kann grundsätzlich auch in das Sicherungsgut vollstreckt werden. Allerdings hat die Herausgabevollstreckung[125] gegenüber der Zahlungsvollstreckung Vorteile: So sind bei ersterer insbesondere die Unpfändbarkeitsvorschriften der §§ 811 ff. ZPO nicht anzuwenden[126] (Grenze: § 242 BGB[127]). Unerheblich ist auch, dass der Gläubiger in ihm selbst gehörende Sachen vollstreckt. Eine solche Vollstreckung ist wirksam, da Verstrickung eintritt.[128]

VII. Sicherungseigentum in Zwangsvollstreckung und Insolvenz

1. Zwangsvollstreckung in das Sicherungsgut

a) Rechtsbehelfe des Sicherungsnehmers bei Zwangsvollstreckung in das Vermögen des Sicherungsgebers (E)

Da das Sicherungsgut idR[129] *im Besitz des Sicherungsgebers* verbleibt und damit 36
grundsätzlich dem Zugriff der anderen Gläubiger des Sicherungsgebers ausgesetzt ist (vgl. § 808 ZPO),[130] muss dem Sicherungsnehmer ein Rechtsbehelf zur Abwehr dieser Vollstreckung zustehen.

Ein Teil der Literatur[131] gesteht dem Sicherungsnehmer lediglich einen Anspruch auf *vorzugsweise Befriedigung* gem. § 805 ZPO zu. Das Sicherungseigentum sei seinem Wesen nach ein besitzloses Pfandrecht. Der Sicherungsnehmer sei daher wie ein Pfandrechtsgläubiger zu behandeln.

123 → § 2 Rn. 50.
124 BGH NJW-RR 2007, 781 (782); Palandt/*Bassenge* § 930 Rn. 29.
125 → § 12 Rn. 34.
126 OLG Frankfurt NJW 1973, 104 f.; OLG Stuttgart WM 1994, 110; MüKoBGB/*Oechsler* Anh. §§ 929–936 Rn. 2 mwN; BLAH/*Hartmann* § 883 Rn. 10.
127 *Gerhardt* JuS 1972, 696 (700).
128 BLAH/*Hartmann* § 804 Rn. 7; *Brox/Walker* ZVR Rn. 361 ff. (insbes. Rn. 363 unter [11]).
129 → § 12 Rn. 1.
130 Musielak/Voit/*Becker* § 808 Rn. 1; *Baur/Stürner* SachenR § 57 Rn. 32.
131 BLAH/*Hartmann* § 771 Rn. 25; MüKoZPO/*K. Schmidt/Brinkmann* § 771 Rn. 29.

Dem wird von der hM[132] entgegengehalten, dass der Sicherungsnehmer, wenn er auf das Recht aus § 805 ZPO beschränkt wäre, die Versteigerung des Sicherungsguts dulden müsste. Er könnte nur – in Höhe seiner Forderung – vorzugsweise Befriedigung aus dem erzielten Versteigerungserlös verlangen. Das idR zugrundeliegende Kreditverhältnis würde damit vorzeitig beendet. Dies wäre für den Sicherungsnehmer vor allem bei für ihn günstigen Darlehensbedingungen nachteilig. Auch habe der Sicherungsnehmer in diesem Fall keinen Einfluss auf die Art der Verwertung und erleide daher Nachteile, weil die regelmäßig vereinbarte freihändige Veräußerung einen höheren Erlös erwarten lasse als eine Zwangsversteigerung. Vor allem aber sei zu beachten, dass auch das Sicherungseigentum rechtlich vollwertiges Eigentum und entsprechend zu behandeln sei. Die Gleichstellung mit einem besitzlosen Pfandrecht sei daher gerade nicht gerechtfertigt. Die hM sieht im Sicherungseigentum ein die Veräußerung hinderndes Recht iSv § 771 ZPO des Sicherungsnehmers. Er kann also aufgrund seines Sicherungseigentums grundsätzlich *Drittwiderspruchsklage* erheben. Ist die Forderung jedoch getilgt und damit der Sicherungszweck erfüllt, muss sich der Sicherungsgeber bei Erhebung einer Drittwiderspruchsklage die dolo-agit-Einrede entgegenhalten lassen (§ 242 BGB), weil er in diesem Falle nach der Sicherungsabrede verpflichtet ist, die Sache sofort wieder herauszugeben.[133]

b) Rechtsbehelfe des Sicherungsgebers bei Zwangsvollstreckung in das Vermögen des Sicherungsnehmers

aa) Sicherungsgut im Besitz des Sicherungsgebers (E)

37 Befindet sich, wie zumeist, das Sicherungsgut beim Sicherungsgeber, so scheitert die Zwangsvollstreckung anderer Gläubiger des Sicherungsnehmers schon daran, dass der Sicherungsgeber als Gewahrsamsinhaber ein Vetorecht gem. §§ 808, 809 ZPO geltend machen kann. Gegen eine dennoch erfolgende erzwungene Wegnahme kann sich der Sicherungsgeber mit der Vollstreckungserinnerung nach § 766 ZPO wehren, weil die Verletzung des § 808 ZPO einen Verstoß gegen die rechtmäßige Art und Weise der Zwangsvollstreckung darstellt.

bb) Sicherungsgut im Besitz des Sicherungsnehmers oder freiwillige Herausgabe (E)

38 Befindet sich das Sicherungsgut ausnahmsweise im Besitz des Sicherungsnehmers, oder hat der Sicherungsgeber die Sache freiwillig an den Gerichtsvollzieher herausgegeben (§§ 808, 809 ZPO), hat der Sicherungsgeber bei Zwangsvollstreckung der Gläubiger des Sicherungsnehmers in das Sicherungsgut andere Abwehrmöglichkeiten als im Normalfall:

Nach einer Ansicht[134] kann der Sicherungsgeber eine Drittwiderspruchsklage (§ 771 ZPO) nur dann erheben, wenn ihm eine tatsächliche Rechtsposition zusteht. Danach

132 RGZ 61, 430 (431); 124, 73; BGHZ 12, 232 (234); 20, 88 (101); 72, 141 (144, 146); 80, 296 (299); 118, 201 (206 f.); BGH NJW 1987, 1880; WM 1987, 539 (541); OLG Stuttgart NJW 1971, 50; Soergel/*Henssler* Anh. § 930 Rn. 132; Palandt/*Bassenge* § 930 Rn. 35; Staudinger/*W. Wiegand* (2011) Anh zu §§ 929 ff. Rn. 253; *Baur/Stürner* SachenR § 57 Rn. 32; *Brox/Walker* ZVR Rn. 1417; *Gerhardt* JuS 1972, 696 (697); *Prütting/Weth* JuS 1988, 510; *Stadler/Bensching* Jura 2002, 438 (441); allg. hierzu *Serick* JuS 1975, 170.

133 BGHZ 100, 95 (105); BGH NJW 1987, 1880 (1882) mwN.

134 *Weber/Weber* KreditsicherungsR § 8 VI 2.

könne ein die Veräußerung hinderndes Recht allenfalls aus einem Anwartschaftsrecht abgeleitet werden. Eine Drittwiderspruchsklage des Sicherungsgebers sei nur bei auflösend bedingter Sicherungsübereignung[135] möglich.

Die hM[136] gewährt dem Sicherungsgeber dagegen die *Drittwiderspruchsklage* (§ 771 ZPO) unabhängig davon, um welche Art der Sicherungsübereignung es sich handelt. Unerheblich sei, dass der Sicherungsgeber weder Eigentum noch ein Anwartschaftsrecht am Sicherungsgut für sich beanspruchen könne. Bis zur Verwertungsreife stehe dem Sicherungsgeber wirtschaftlich gesehen im Verhältnis zum Sicherungsnehmer das Eigentum zu. Die treuhänderische Bindung des Sicherungseigentums habe insoweit ausnahmsweise eine quasi-dingliche Wirkung.[137] Daher sei die formale Eigentümerstellung des Sicherungsnehmers insoweit unberücksichtigt zu lassen.

Unstreitig ist die Rechtslage nach Verwertungsreife: Da die Sache dann auch aus wirtschaftlicher Sicht dem Sicherungsnehmer zusteht,[138] hat der Sicherungsgeber kein die Veräußerung hinderndes Recht mehr inne.

c) Umfang des Befriedigungsrechts der Gläubiger des Sicherungsnehmers (E)

Umstritten ist, in welchem Umfang Gläubiger des Sicherungsnehmers das Siche- 39
rungsgut in der Zwangsvollstreckung in Anspruch nehmen dürfen. Die Frage stellt sich insbesondere dann, wenn die Forderung des Gläubigers gegen den Sicherungsnehmer die gesicherte Forderung des Sicherungsnehmers gegen den Sicherungsgeber übersteigt.

Während der BGH[139] die Frage offen gelassen hat, ist ein Teil der Literatur[140] der Auffassung, den Gläubigern des Sicherungsnehmers stehe das Sicherungsgut in vollem Umfang als Haftungsgrundlage zur Verfügung. Der Sicherungsgeber müsse sich an den Sicherungsnehmer halten (§ 812 I 1 Alt. 2 BGB).

Dem wird entgegengehalten, der Gläubiger des Sicherungsnehmers dürfe nicht besser stehen als der Sicherungsnehmer selbst. Die treuhänderische Bindung des Sicherungsnehmers habe insoweit quasi-dingliche Wirkung und wirke auch gegen die Gläubiger des Sicherungsnehmers. Das Sicherungsgut dürfe daher maximal in Höhe des beim Sicherungsgeber bzw. persönlichen Schuldner des Sicherungsnehmers beizutreibenden Betrags verwertet werden.[141]

---

135 → § 12 Rn. 10.

136 RGZ 79, 121 (122); 91, 12 (14); BGHZ 11, 37 (41); 72, 141 (145 f.); Staudinger/*W. Wiegand* (2011) Anh zu §§ 929 ff. Rn. 250 f.; MüKoBGB/*Oechsler* Anh zu §§ 929–936 Rn. 53; *Baur/Stürner* SachenR § 57 Rn. 40; *Wolff/Raiser* SachenR § 180 IV 2; *Brox/Walker* ZVR Rn. 1416; *K. Schmidt* JuS 1977, 624; *Prütting/Weth* JuS 1988, 510.

137 MüKoBGB/*Oechsler* Anh zu §§ 929–936 Rn. 53.

138 AllgM: BGHZ 72, 141 (146); Staudinger/*W. Wiegand* (2011) Anh zu §§ 929 ff. Rn. 251; *Prütting/Weth* JuS 1988, 510; aA (nämlich auch nach diesem Zeitpunkt) OLG Karlsruhe NJW 1977, 1069.

139 BGHZ 72, 141 (147).

140 *Gaul/Schilken/Becker-Eberhard* ZVR § 41 VI Rn. 80.

141 MüKoBGB/*Oechsler* Anh zu §§ 929–936 Rn. 53; *Reinicke/Tiedtke* Kreditsicherung Rn. 764.

2. Insolvenz

a) Rechtsbehelfe des Sicherungsnehmers bei Insolvenz des Sicherungsgebers (E)

40 Bei Insolvenz des Sicherungsgebers wird der Sicherungsnehmer wie ein Pfandrechtsgläubiger behandelt.[142] Ihm steht daher kein Aussonderungsrecht, sondern lediglich ein Recht auf *abgesonderte Befriedigung* gem. §§ 51 Nr. 1, 50 InsO zu. Insbesondere kann der Insolvenzverwalter das Sicherungsgut im freihändigen Verkauf verwerten (§ 166 InsO). Der Rückfall des Sicherungsguts an den Sicherungsgeber verhindert, dass der Sicherungsnehmer auf Dauer Eigentümer des Sicherungsguts bleibt und darüber hinaus seine Forderung gesondert gegen den Sicherungsgeber anmelden kann. Durch die abgesonderte Befriedigung wird dem Interesse des Sicherungsnehmers ausreichend Rechnung getragen. Die anderen Insolvenzgläubiger werden durch diese Regelung der InsO besser gestellt als unter Geltung der KO, da nun der Insolvenzverwalter die Verwertung besorgt und eine Zerschlagung wirtschaftlicher Werte vermieden wird.[143]

b) Rechtsbehelfe des Sicherungsgebers bei Insolvenz des Sicherungsnehmers (E)

41 Dem Sicherungsgeber steht bei Insolvenz des Sicherungsnehmers ein Aussonderungsrecht gem. § 47 InsO zu. Das Sicherungsgut fällt folglich nicht in die Insolvenzmasse, wenn der Sicherungsgeber die Forderung erfüllt oder ihre Erfüllung Zug um Zug gegen die Aussonderung anbietet,[144] obwohl der Sicherungsgeber bei Eröffnung der Insolvenz kein Eigentümer mehr war.[145] So wird der treuhänderischen Bindung des Sicherungseigentums auch in der Insolvenz Rechnung getragen. Nach Forderungstilgung ist ein Rückgriff auf das Sicherungsgut nicht mehr möglich. Vielmehr ist dieses wieder dem Vermögen des Sicherungsgebers zuzurechnen. Im Ergebnis wird die Sicherungsübereignung also so behandelt, als wäre sie unter der aufschiebenden Bedingung der Forderungstilgung erfolgt.[146]

---

142 HM: RGZ 124, 73 (75); BGHZ 72, 141 (146 f.); BGH NJW 1971, 799; NJW 1978, 632 (633); OLG Nürnberg KTS 1974, 115 (117); Palandt/*Bassenge* § 930 Rn. 37; Staudinger/*W. Wiegand* (2011) Anh zu §§ 929 ff. Rn. 254; *Baur/Stürner* SachenR § 57 Rn. 31; *Bötticher* MDR 1950, 706; aA *Grunsky* JuS 1984, 497 (500). Die hM steht wegen der unterschiedlichen Interessenlage bei der Gesamtvollstreckung nicht im Widerspruch zu den in der Einzelzwangsvollstreckung geltenden Wertungen, vgl *Reinicke/Tiedtke* Kreditsicherung Rn. 765 (Nachweise teils zu § 48 KO).

143 *Reinicke/Tiedtke* Kreditsicherung Rn. 766; vgl. auch *Marotztke* ZZP 109 (1996), 429 (442 ff.).

144 *Baur/Stürner* SachenR § 57 Rn. 39.

145 RGZ 94, 305 (307): zu § 43 KO; Staudinger/*W. Wiegand* (2011) Anh zu §§ 929 ff. Rn. 252; *Baur/Stürner* SachenR § 57 Rn. 39; *Westermann/Gursky/Eickmann* SachenR § 44 Rn. 25; *Medicus/Petersen* BürgerlR Rn. 511.

146 → § 12 Rn. 10.

§ 13 Immobiliarsachenrecht – Grundlagen

I. Allgemeines

1. Begriff und Systematik (G)

Das Immobiliarsachenrecht – auch Grundstücks- oder Liegenschaftsrecht genannt – umfasst Regelungen über Rechte an Grundstücken (sog. Grundstücksrechte, dh Eigentum und beschränkt dingliche Rechte[1] an Grundstücken wie zB Hypotheken und Grundschulden[2]) sowie Regelungen über grundstücksgleiche Rechte (zB Erbbaurecht, Bergwerkseigentum) und weitere Sonderformen des Eigentums (zB Wohnungseigentum).[3] 1

- Das *materielle Immobiliarsachenrecht* regelt in §§ 873 ff. BGB allgemein die dinglichen Rechtsänderungen an Grundstücken, dh den Erwerb und den Verlust von Grundeigentum sowie die Begründung, Übertragung, Belastung und Aufhebung von beschränkt dinglichen Rechten an Grundstücken.[4] Spezielle Regelungen des Grundstückseigentums enthalten die §§ 905 ff. BGB.[5] Die beschränkt dinglichen Rechte (Grundpfandrechte, Dienstbarkeiten und Reallasten) sind in den §§ 1018 ff. BGB geregelt.[6]
- Das in der Grundbuchordnung geregelte *formelle Immobiliarsachenrecht* enthält die verfahrensrechtlichen und inhaltlichen Voraussetzungen für die nach materiellem Recht erforderliche Grundbucheintragung (§§ 13 I, 17, 19, 20, 29 I, 39 I, 40 I GBO).[7]
- *Öffentlich-rechtliche Vorschriften*[8] können das private Immobiliarsachenrecht überlagern und Verfügungsbeschränkungen für den Grundstücksverkehr enthalten. So bedarf zB bei entsprechender Gemeindesatzung in Gebieten mit Fremdenverkehrsfunktion gem. § 22 I BauGB die Begründung bzw. Teilung von Wohnungseigentum der Genehmigung der zuständigen Behörde. Gleiches gilt für die Veräußerung land- und forstwirtschaftlicher Grundstücke (§ 2 I GrdstVG).

---

1 Siehe § 16.
2 Siehe § 15.
3 Zur Harmonisierung bzw. Vereinheitlichung des Grundstückrechts in Europa vgl. *Baur/Stürner* SachenR § 64 Rn. 74 ff., insbes. 80 ff.
4 Soergel/*Stürner* Vor § 873 Rn. 6.
5 Der Bereich des Nachbarrechts (insbes. §§ 1004, 906 BGB) wird gesondert dargestellt, siehe § 9.
6 Siehe Grafik nach → § 1 Rn. 2.
7 Soergel/*Stürner* Vor § 873 Rn. 7.
8 Hierzu gehören zB die Vorschriften des Flurbereinigungsgesetzes (FlurbG) v. 14.7.1953, BGBl. I 591 mit späteren Änderungen, des Reichssiedlungsgesetzes (RSiedlG) v. 11.8.1919, RGBl. I 1429 mit späteren Änderungen, des Baugesetzbuchs (BauGB) und des Grundstücksverkehrgesetzes (GrstVG) v. 28.7.1961, BGBl. I 1091 mit späteren Änderungen. Das Reichsheimstättengesetz ist mit Wirkung zum 1.10.1993 aufgehoben (Einzelheiten bei *Schöner/Stöber* GrundbuchR Rn. 3904 ff.).

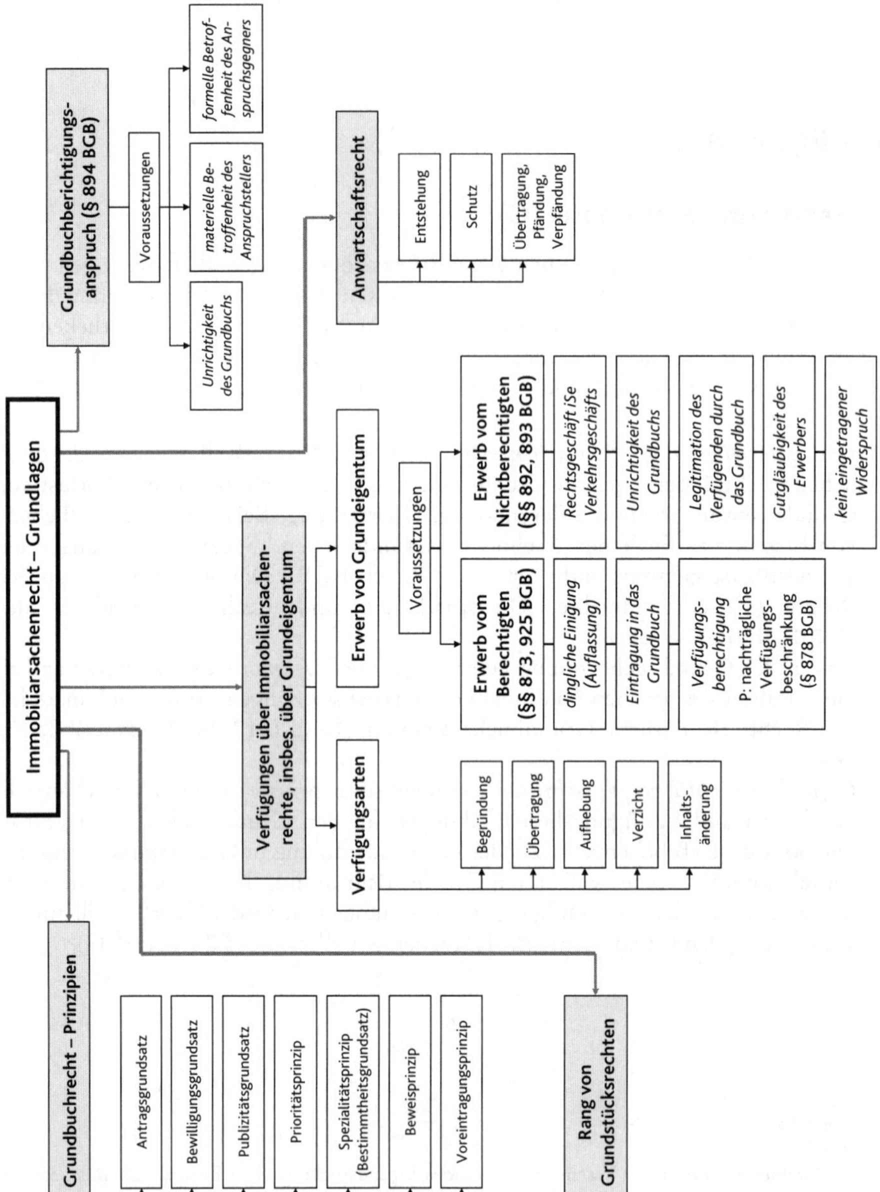
Immobiliarsachenrecht – Grundlagen
Grundbuchberichtigungsanspruch (§ 894 BGB)
Voraussetzungen
Unrichtigkeit des Grundbuchs
materielle Betroffenheit des Anspruchstellers
formelle Betroffenheit des Anspruchsgegners
Anwartschaftsrecht
Entstehung
Schutz
Übertragung, Pfändung, Verpfändung
Verfügungen über Immobiliarsachenrechte, insbes. über Grundeigentum
Erwerb von Grundeigentum
Voraussetzungen
Erwerb vom Berechtigten (§§ 873, 925 BGB)
dingliche Einigung (Auflassung)
Eintragung in das Grundbuch
Verfügungsberechtigung
P: nachträgliche Verfügungsbeschränkung (§ 878 BGB)
Erwerb vom Nichtberechtigten (§§ 892, 893 BGB)
Rechtsgeschäft iSe Verkehrsgeschäfts
Unrichtigkeit des Grundbuchs
Legitimation des Verfügenden durch das Grundbuch
Gutgläubigkeit des Erwerbers
kein eingetragener Widerspruch
Verfügungsarten
Begründung
Übertragung
Aufhebung
Verzicht
Inhaltsänderung
Grundbuchrecht – Prinzipien
Antragsgrundsatz
Bewilligungsgrundsatz
Publizitätsgrundsatz
Prioritätsprinzip
Spezialitätsprinzip (Bestimmtheitsgrundsatz)
Beweisprinzip
Voreintragungsprinzip
Rang von Grundstücksrechten

2. Grundstück (G)

Eine Legaldefinition des Grundstücks gibt es nicht. Der Grundstücksbegriff wird jedoch in einzelnen Vorschriften vorausgesetzt (vgl. §§ 94 I, 96, 873 I BGB; § 3 I GBO).[9] 2

Unter Grundstück im formell-rechtlichen Sinn versteht man den *räumlich abgegrenzten Teil der Erdoberfläche*, der katastermäßig vermessen und bezeichnet ist sowie im Grundbuch auf einem gesonderten Grundbuchblatt oder mit einer gesonderten Nummer eines gemeinschaftlichen Grundbuchblattes geführt wird.[10] Hiervon zu unterscheiden sind der vermessungstechnische Grundstücksbegriff (Flurstück oder Katasterparzelle)[11] sowie das Wirtschaftsgrundstück (selbstständige ökonomische Einheit).[12]

Zum Grundstück im formell-rechtlichen Sinn gehören auch dessen wesentliche Bestandteile (§§ 93, 94 I BGB) und Rechte, die mit dem Eigentum am Grundstück untrennbar verbunden sind (§ 96 BGB).[13]

3. Grundbuch und Grundzüge des Grundbuchrechts

Das Grundbuchrecht umfasst Regelungen, die sicherstellen sollen, dass das Grundbuch seiner Funktion[14], ein verlässlicher Rechtsscheinsträger zu sein, nachkommen kann. Wegen der engen Verknüpfung von formellem und materiellem Grundstücksrecht sind Kenntnisse des Grundbuchrechts von grundlegender Bedeutung auch für das Verständnis der Probleme des materiellen Rechts, insbesondere des gutgläubigen Erwerbs. Die Darstellung der Grundzüge, insbesondere der formellen Grundsätze des Grundbuchrechts sowie des exemplarischen Grundbuchauszugs[15] trägt dem Rechnung. Die nötige Vertiefung von Einzelfragen erfolgt später im jeweiligen systematischen Zusammenhang.

9 MüKoBGB/*Kohler* Vor § 873 Rn. 1.

10 Siehe nur Soergel/*Stürner* Vor § 873 Rn. 1; *Wilhelm* SachenR Rn. 570; so auch der Grundstücksbegriff des GrdstVG, des BauGB und der BauNVO.

11 Flurstück ist ein Teil der Erdoberfläche, der von einer in sich geschlossenen Linie umgrenzt und in einer vom Katasteramt geführten Flurkarte unter der Flurnummer verzeichnet ist. Ein Grundbuchgrundstück kann aus mehreren Flurstücken bestehen, jedoch nicht umgekehrt; vgl. BayObLGZ 1956, 470.

12 Beispielsweise iSd RSiedlG; ebenso das Grundstück im steuerrechtlichen Sinne, Staudinger/*Gursky* (2012) Vorbem zu §§ 873 ff. Rn. 13, 19.

13 So insbes. subjektiv-dingliche Rechte (§§ 1018, 1094, 1105 BGB). Bedeutung erlangt § 96 BGB vor allem für die hypothekarische Haftung nach §§ 1120 ff. BGB; → § 15 Rn. 16.

14 → § 13 Rn. 3.

15 Das amtliche Muster findet sich im Anlagenband zu BGBl. I Nr. 6 v. 10.2.1995.

Muster[16]

(Grundbuchblatt)

Amtsgericht

Köln

Grundbuch

von

W o r r i n g e n

Grundbuchblatt-Nr.

0100

16 Aus *Meikel* GBO 2830 ff. = GBV Anlage 1 (zu § 22).

Amtsgericht Köln **Grundbuch von** Worringen **Blatt** 0100 **Bestandsverzeichnis** 1

Laufende Nummer der Grundstücke	Bisherige laufende Nummer der Grundstücke	Bezeichnung der Grundstücke und der mit dem Eigentum verbundenen Rechte					Größe		
		Gemarkung (Vermessungsbezirk)	Karte: Flur	Karte: Flurstück	Liegenschaftsbuch	Wirtschaftsart und Lage	ha	a	m²
		a	b		c/d	e			
1	2	3					4		
1		Worringen	1	100		Freifläche Alte Neußer Landstraße		10	10
2	1	Worringen	1	101		Weg Alte Neußer Landstraße			90
3	1	Worringen	1	102		Gebäude- und Freifläche Alte Neußer Landstraße 100		9	10
4		Worringen	1	200		Landwirtschaftsfläche Alte Neußer Landstraße		5	00
5		Worringen	1	310		Gartenland		2	00
6	3,5	Worringen	1 1	102 310		Gebäude- und Freifläche Alte Neußer Landstraße 100 Gartenland		11	10
7 ---- zu 6		1/10 Miteigentumsanteil an dem Grundstück Worringen	1	110		Weg Alte Neußer Landstraße		1	00

Bestand und Zuschreibungen		Abschreibungen	
Zur laufenden Nummer der Grundstücke		Zur laufenden Nummer der Grundstücke	
5	6	7	8
1	Aus Blatt 0200 am 5. Januar 1993. Neumann Götz	2	Nach Blatt 0001 am 15. April 1993. Neumann Götz
1,2,3	Lfd. Nr. 1 geteilt und fortgeschrieben gemäß VN Nr. 100/93 in Nrn. 2 und 3 am 15. April 1993. Neumann Götz		
4,5	Aus Blatt 0250 am 10. Mai 1993. Neumann Götz		
3,5,6	Lfd. Nr. 5 der Nr. 3 als Bestandteil zugeschrieben und unter Nr. 6 neu eingetragen am 9. Juni 1993. Neumann Götz		
7 ---- zu 6	Aus Blatt 0300 am 12. Juli 1993. Neumann Götz		

Amtsgericht Köln **Grundbuch von** Worringen **Blatt** 0100 **Erste Abteilung** 1

Laufende Nummer der Eintragungen	Eigentümer	Laufende Nummer der Grundstücke im Bestandsverzeichnis	Grundlage der Eintragung
1	2	3	4
1	M ü l l e r, Friedrich, geb. am 5. Juli 1944, Alte Neußer Landstraße 100, 5000 Köln 71	1	Aufgelassen am 14. Oktober 1992, eingetragen am 5. Januar 1993. Neumann Götz
		4,5	Aufgelassen am 11. November 1992, eingetragen am 10. Mai 1993. Neumann Götz
		7/zu 6	Das bisher in Blatt 0300 eingetragene Eigentum aufgrund Auflassung vom 15. April 1993 und Buchung gemäß § 3 Abs. 3 GBO hier eingetragen am 12. Juli 1993. Neumann Götz
2a)	S c h u m a c h e r, Ute geb. Müller, geb. am 12. Mai 1966, Grundermühle 7, 51515 Kürten	4,6,7	Erbfolge (33 VI 250/94 AG Köln), eingetragen am 7. Dezember 1994. Neumann Götz
b)	M ü l l e r, Georg, geb. am 6. März 1968, Kemperbachstraße 48, 51069 Köln - in Erbengemeinschaft -		

Amtsgericht Köln **Grundbuch von** Worringen **Blatt** 0100 **Zweite Abteilung** 1

Laufende Nummer der Eintragungen	Laufende Nummer der betroffenen Grundstücke im Bestandsverzeichnis	Lasten und Beschränkungen
1	2	3
1	4,6,7	Nießbrauch für Müller, Gerhard, geb. am 23. April 1918, Alte Neußer Landstraße 100, 50769 Köln, befristet, löschbar bei Todesnachweis. Unter Bezugnahme auf die Bewilligung vom 15. April 1993 - URNr. 400/93 Notar Dr. Schmitz in Köln - eingetragen am 12. Juli 1993. Neumann Götz
2	4,6	Widerspruch gegen die Eintragung des Eigentümers des Friedrich Müller zugunsten des Josef Schmitz, geb. am 26. Juli 1940, Rochusstraße 300, 50827 Köln. Unter Bezugnahme auf die einstweilige Verfügung des Landgerichts Köln vom 30. Juli 1993 - 10 O 374/93 - eingetragen am 3. August 1993. Neumann Götz
3	4	Dienstbarkeit (Wegerecht) für den jeweiligen Eigentümer des Grundstücks Flur 1 Nr. 201 (derzeit Blatt 0250). Unter Bezugnahme auf die Bewilligung vom 11. November 1992 - URNr. 2231/92 Notar Dr. Schneider in Köln - eingetragen am 4. August 1993. Neumann Götz

Veränderungen		Löschungen	
Laufende Nummer der Spalte 1		Laufende Nummer der Spalte 1	
4	5	6	7
		2	Gelöscht am 31. August 1993 Neumann Götz

Amtsgericht Köln **Grundbuch von** Worringen **Blatt** 0100 **Dritte Abteilung** 1

Laufende Nummer der Eintragungen	Laufende Nummer der belasteten Grundstücke im Bestandsverzeichnis	Betrag	Hypotheken, Grundschulden, Rentenschulden
1	2	3	4
1	3,4,5,6	10.000,00 DM 5.000,00 DM	Grundschuld - ohne Brief - zu zehntausend Deutsche Mark für die Stadtsparkasse Köln in Köln; 18% Zinsen jährlich; vollstreckbar nach § 800 ZPO. Unter Bezugnahme auf die Bewilligung vom 19. April 1993 - URNr. 420/93 Notar Dr. Schmitz in Köln - eingetragen am 9. Juni 1993. Gesamthaft: Blätter 0100 und 0550. Neumann Götz
2	4,6	20.000,00 DM - 5.000,00 DM 15.000,00 DM	Hypothek zu zwanzigtausend Deutsche Mark für Bundesrepublik Deutschland (Wohnungsfürsorge); 12% Zinsen jährlich; 2% bedingte Nebenleistung einmalig. Unter Bezugnahme auf die Bewilligung vom 6. Oktober 1993 - URNr. 1300/93 Notar Dr. Schmitz in Köln -. Vorrangsvorbehalt für Grundpfandrechte bis zu DM 100.000,00; bis 20% Zinsen jährlich; bis 10% Nebenleistungen einmalig; inhaltlich beschränkt. Eingetragen am 15. November 1993. Neumann Götz
3	4,6,7	100.000,00 DM	Grundschuld zu einhunderttausend Deutsche Mark für Inge Müller geb. Schmidt, geb. am 12. Mai 1952, Alte Neußer Landstraße 100, 50769 Köln, 18% Zinsen jährlich. Unter Bezugnahme auf die Bewilligung vom 3. Januar 1994 - URNr. 2/94 Notar Dr. Klug in Köln -; unter Ausnutzung des Rangvorbehalts mit Rang vor III/2. Eingetragen am 17. Januar 1994. Neumann Götz

Veränderungen			Löschungen		
Laufende Nummer der Spalte 1	Betrag		Laufende Nummer der Spalte 1	Betrag	
5	6	7	8	9	10
2	20.000,00 DM	Dem Recht Abt. III Nr. 3 ist der vorbehaltene Vorrang eingeräumt. Eingetragen am 17. Januar 1994. Neumann Götz	2	5.000,00 DM	Fünftausend Deutsche Mark gelöscht am 4. Oktober 1994. Neumann Götz
3	100.000,00 DM	Gepfändet mit den Zinsen seit dem 30. Juni 1994 für die Haftpflicht-Versicherungs-Aktiengesellschaft in Köln wegen einer Forderung von DM 65.800,00 mit 9% Zinsen aus DM 59.600,00 seit dem 18. Juni 1992. Gemäß Pfändungs- und Überweisungsbeschluß des Amtsgerichts Köln vom 15. Juni 1994 - 183 M 750/94 - eingetragen am 20. Juni 1994. Neumann Götz	3 3a 3b	20.000,00 DM 60.000,00 DM 20.000,00 DM	Pfändungsvermerk vom 26. Juli 1994 gelöscht am 4. Oktober 1994. Neumann Götz
1	5.000,00 DM	Das Recht ist gemäß § 1132 Abs. 2 BGB derart verteilt, daß die hier eingetragenen Grundstücke nur noch haften für fünftausend Deutsche Mark. Die Mithaft in Blatt 0550 ist erloschen. Eingetragen am 1. Juli 1994. Neumann Götz			

Amtsgericht Köln **Grundbuch von** Worringen **Blatt** 0100 **Dritte Abteilung** 1 R

Laufende Nummer der Eintragungen	Laufende Nummer der belasteten Grundstücke im Bestandsverzeichnis	Betrag	Hypotheken, Grundschulden, Rentenschulden
1	2	3	4
4	4	8.200,00 DM	Zwangssicherungshypothek zu achttausendzweihundert Deutsche Mark für die Schmidt & Müller oHG, Köln, Wienerplatz 2, 51065 Köln, mit 8% Zinsen jährlich aus DM 7.180,00 seit dem 20. Oktober 1994. Gemäß Urteil des Amtsgerichts Köln vom 2. November 1994 - 115 C 1500/94 - eingetragen am 1. Dezember 1994. Neumann Götz
5	4,6,7	30.000,00 DM	Sicherungshypothek zum Höchstbetrag von dreißigtausend Deutsche Mark für die Stadt Köln - Amt für Wohnungswesen. Unter Bezugnahme auf die Bewilligung vom 3. November 1994 - URNr. 1400/94 Notar Dr. Schmitz in Köln - eingetragen am 5. Dezember 1994. Neumann Götz

Veränderungen			Löschungen		
Laufende Nummer der Spalte 1	Betrag		Laufende Nummer der Spalte 1	Betrag	
5	6	7	8	9	10
3 3 3a 3b	100.000,00 DM 20.000,00 DM 60.000,00 DM 20.000.00 DM	Das Recht ist geteilt in zwanzigtausend Deutsche Mark erstrangig -, sechzigtausend Deutsche Mark zweitrangig -, zwanzigtausend Deutsche Mark drittrangig -. Eingetragen am 1. August 1994. Neumann Götz			
3a	60.000,00 DM	Abgetreten mit den Zinsen seit dem 17. Januar 1994 an die Kölner Bausparkasse Aktiengesellschaft in Köln. Eingetragen am 1. August 1994. Neumann Götz			

Fortsetzung auf Einlegebogen

a) Begriff, Funktion und Aufbau des Grundbuchs (G)

3 Das Grundbuch ist ein öffentliches Register mit der Funktion, die rechtlichen Verhältnisse an Grundstücken für die am Rechtsverkehr Beteiligten auszuweisen. Wie der Besitz im Mobiliarsachenrecht, so ist im Immobiliarsachenrecht das Grundbuch Träger des Rechtsscheins und damit insbesondere für den gutgläubigen Erwerb von Bedeutung. Demgemäß muss es möglichst erschöpfend und zuverlässig Auskunft über sämtliche das Grundstück betreffende Rechtsverhältnisse geben.[17]

Das Grundbuch im allgemeinen Sprachgebrauch besteht aus Blättern (§ 2 S. 2 GBV[18]), die fortlaufend nummeriert sind.[19] Das Grundbuch iSd BGB ist das Grundbuchblatt, in dem ein Grundstück eingetragen ist (§ 3 I 2 GBO). Nur sein Inhalt ist für die Gutglaubenswirkung bzw. Vermutung des § 892 BGB maßgeblich.[20]

Für jedes Grundstück ist grundsätzlich ein gesondertes Blatt anzulegen, sog. *Realfolium* (§ 3 I 1 GBO, Ausnahme: sog. Personalfolium, § 4 GBO). Jedes Grundbuchblatt besteht aus dem Bestandsverzeichnis und drei Abteilungen: Die erste (§ 9 GBV) bezeichnet Eigentümer und Erwerbsgrund, die zweite (§ 10 GBV) Belastungen und sonstige eintragungsfähige Tatsachen (Vormerkung, Widerspruch, relative Veräußerungsverbote – § 892 I 2 BGB, ausnahmsweise auch absolute Veräußerungsverbote und Einwendungen), die dritte (§ 11 GBV) Hypotheken, Grundschulden und Rentenschulden. Im Bestandsverzeichnis (§§ 6, 7 GBV) werden unter anderem Größe, Lage, Wirtschaftsart und Parzellennummer angegeben, ggf. auch Inhalt des Wohnungseigentums und grundstücksgleiche Rechte.[21] Das Blatt trägt eine Aufschrift, die das Amtsgericht, den Grundbuchbezirk, die Nummer des Bandes und des Blattes angibt (§ 5 GBV).

b) Elektronisches Grundbuch (Z)

4 Durch das Registerverfahrensbeschleunigungsgesetz (RegVBG) vom 20.12.1993[22] wurden die §§ 126–134 neu in die GBO eingefügt. Diese Vorschriften bilden zusammen mit den ebenfalls durch das RegVBG eingefügten §§ 61–93 GBV die rechtliche Grundlage des maschinell geführten (§ 126 I 1 GBO) sog. elektronischen Grundbuchs.[23] Demnach können die Landesregierungen durch Rechtsverordnung die Führung des Grundbuchs in maschineller Form beschließen (§ 129 I 1 GBO). Der vom Bundeskabinett beschlossene Regierungsentwurf eines Gesetzes zur Einführung eines Datenbankgrundbuchs liegt seit Dezember 2012 vor.[24]

---

17 BGHZ 80, 126 (128); *Demharter* Einl. Rn. 1; *Kollhosser* JA 1984, 558 (559).

18 Allgemeine Verfügung über die Einrichtung und Führung des Grundbuchs (Grundbuchverfügung) vom 8.8.1935 (RMBl. 637).

19 *Schöner/Stöber* GrundbuchR Rn. 80.

20 *Schöner/Stöber* GrundbuchR Rn. 80; *Baur/Stürner* SachenR § 15 Rn. 47.

21 *Baur/Stürner* SachenR § 15 Rn. 50 f.; *Holzer/Kramer* GrundbuchR 2. Teil Rn. 125; *Wilhelm* SachenR Rn. 562; *Kollhosser* JA 1984, 558 (559).

22 BGBl. I 2182 ff.; siehe dazu ausführlich *Frenz* DNotZ 1994, 153 ff.; *Holzer* NJW 1994, 481 ff. Voraus ging 1982 ein Probelauf beim Grundbuchamt München, der zunächst aus technischen und finanziellen Gründen zur Einstellung des Projekts führte.

23 Zu Bestrebungen zur Schaffung eines europäischen elektronischen Grundbuchs (»European Land Information System«) vgl. *Baur/Stürner* SachenR § 64 Rn. 79.

24 Pressemitteilung des Bundesministeriums der Justiz vom 12.12.2012.

Muster[25]

(Maschinell geführtes Grundbuchblatt)*)

Grundbuchamt
Dresden

Grundbuch

von

Dresden-Altstadt I

Blatt 200

Dieses Blatt ist zur Fortführung auf EDV neu gefaßt worden und dabei an die Stelle des bisherigen Blattes getreten. In dem Blatt enthaltene Rötungen sind schwarz sichtbar.
Freigegeben am 09. 11. 1994.

Fichtner

*) Die für das in Papierform geführte Grundbuch vorgesehene farbliche Gestaltung einschließlich der roten Unterstreichung ist zulässig.

25 Aus *Meikel* GBO 2885 ff. = GBV Anlage 10b (zu § 69 IV).

Grundbuchamt Dresden

Einlegebogen

Grundbuch von Dresden-Altstadt I **Blatt** 200 **Bestandsverzeichnis** 1

Lfd. Nr. der Grund- stücke	Bisherige lfd. Nr. der Grund- stücke	Bezeichnung der Grundstücke und der mit dem Eigentum verbundenen Rechte		Größe
		Gemarkung (nur bei Abweichung vom Grundbuchbezirk angeben) Flurstück	Wirtschaftsart und Lage	m²
		a/b	c	
1	2	3		4
1	-	Flst. 74/1	Gebäude- und Freifläche Leipziger Straße 4	04 70

Grundbuchamt Dresden

Einlegebogen

Grundbuch von Dresden-Altstadt I **Blatt** 200 **Bestandsverzeichnis** 1 **R**

Bestand und Zuschreibungen		Abschreibungen	
Zur lfd. Nr. der Grundstücke		Zur lfd. Nr. der Grundstücke	
5	6	7	8
1	Bei Neufassung des Bestandsverzeichnisses als Bestand eingetragen am 09. 11. 1994.		

Fortsetzung auf Einlegebogen

Grundbuchamt Dresden

Einlegebogen

Grundbuch von Dresden-Altstadt I **Blatt** 200 **Erste Abteilung** 1

Lfd. Nr. der Eintragungen	Eigentümer	Lfd. Nr. der Grundstücke im Bestandsverzeichnis	Grundlage der Eintragung
1	2	3	4
1	Simone Franke geb. Beckert, geb. am 06. 10. 1962, Dresden	1	Bei Neufassung der Abteilung ohne Eigentumswechsel eingetragen am 09. 11. 1994.

Grundbuchamt Dresden

Einlegebogen

Grundbuch von Dresden-Altstadt I **Blatt** 200 **Zweite Abteilung** 1

Lfd. Nr. der Ein-tragungen	Lfd. Nr. der betroffenen Grundstücke im Bestands-verzeichnis	Lasten und Beschränkungen
1	2	3
1	1	Eigentumsübertragungsvormerkung für Grit Schmied geb. Bauer, geb. am 24. 03. 1964, Dresden. Gemäß Bewilligung vom 22. 10. 1993 (Notar Franz, Freital, URNr. 1234/93); eingetragen am 29. 10. 1993 (ehem. Abt. II lfd. Nr. 2). Rang nach Abt. III Nr. 2. Bei Neufassung der Abteilung eingetragen am 09. 11. 1994.

Grundbuchamt Dresden

Einlegebogen

Grundbuch von Dresden-Altstadt I **Blatt** 200 **Dritte Abteilung** 1

Lfd. Nr. der Eintragungen	Lfd. Nr. der belasteten Grundstücke im Bestandsverzeichnis	Betrag	Hypotheken, Grundschulden, Rentenschulden
1	2	3	4
1	1	134 000 DM	Grundschuld ohne Brief zu einhundertvierunddreißigtausend Deutsche Mark für die LAUSITZER HYPOTHEKEN- UND WECHSEL-BANK Aktiengesellschaft, Görlitz; 17 % Jahreszinsen; vollstreckbar nach § 800 ZPO; gemäß Bewilligung vom 27. 10. 1993 (Notar Stephan, Bautzen, URNr. 1576/93); eingetragen am 24. 09. 1993 (ehem. Abt. III lfd. Nr. 3).
2	1	500 000 DM	Grundschuld zu fünfhunderttausend Deutsche Mark für die VOLKSBANK BÜHLAU eG, Bühlau; 18 % Jahreszinsen; 3 % einmalige Nebenleistung; vollstreckbar nach § 800 ZPO; gemäß Bewilligung vom 14. 10. 1994 (Notar Markus, Esslingen, URNr. 2589/94); eingetragen am 28. 10. 1994 (ehem. Abt. III lfd. Nr. 5). Rang vor Abt. II Nr. 1. Rechte unter lfd. Nr. 1 bis 2 bei Neufassung der Abteilung eingetragen am 09. 11. 1994.

Ab 1995 kam es zur praktischen Umsetzung. In den meisten Bundesländern ist die Übernahme des Grundbuchs in Papierform in das elektronische Grundbuch bereits abgeschlossen.[26]
Für die Übernahme der Daten des Grundbuchs in Papierform in das elektronische Grundbuch stehen *drei Verfahren* zur Auswahl (§ 67 GBV): die Umschreibung (§ 68 GBV), die Neufassung (§ 69 GBV) oder die Umstellung (§ 70 GBV). Bei der Umschreibung wird das bisherige Grundbuchblatt ohne Änderung in den Computer eingelesen und gem. § 30 GBV mit einer neuen Blattnummer sowie einem Verweisungsvermerk versehen. Die Vergabe einer neuen Blattnummer und eines Verweisungsvermerks entfallen hingegen bei der Neufassung (§ 69 II GBV). Auch bei der Umstellung wird keine neue Blattnummer erteilt. Vielmehr wird das vorhandene Grundbuchblatt eingescannt oder – sofern bereits in Datenform vorhanden – als künftiges Grundbuch bestimmt.

Die elektronische Fassung bietet *wesentliche Vorteile*: Nach Zulassung gem. § 133 GBO können zB Notare oder Banken von ihren Amts- oder Geschäftsstellen aus im automatisierten (ggf. eingeschränkten) Abrufverfahren das Grundbuch selbst einsehen und bei Bedarf Ausdrucke (§ 131 GBO) erstellen. Das Grundbuchamt wird durch den weitgehenden Wegfall der Doppelbearbeitung durch Urkundsbeamten und Rechtspfleger entlastet.[27]

Als Weiterentwicklung des elektronischen Grundbuchs sind in der Vergangenheit zB elektronische Eintragungsanträge sowie ein digitales Urkundenarchiv vorgeschlagen worden.[28] Der Bundestag hat in diesem Zusammenhang am 18.6.2009 ein (nicht zustimmungsbedürftiges) Gesetz zur Einführung des elektronischen Rechtsverkehrs und der elektronischen Akte im Grundbuchverfahren beschlossen.[29] Die Landesregierungen werden darin ermächtigt, Zeitpunkt und Umfang der Einführung selbst zu bestimmen (vgl. §§ 135 GBO nF).

c) Sonderformen: Erbbau- und Wohnungsgrundbuch (Z)

Das *Erbbaugrundbuch* ist das Grundbuch iSd BGB für das Erbbaurecht[30] (§ 14 III **5**
ErbbauRG).[31] Die Eintragung in das Erbbaugrundbuch ist zwar nicht für die Entstehung des Erbbaurechts konstitutiv, wohl aber für dessen Inhalt. Damit ist sie für die Übertragung und Belastung des Erbbaurechts entscheidend (§ 14 II ErbbauRG).[32] Inhalt und Aufbau des Erbbaugrundbuchs (§§ 54–60 GBV) entsprechen im Wesentlichen dem des normalen Grundbuchs.[33] In das Bestandsverzeichnis des Erbbaugrundbuchs sind das Erbbaurecht, das belastete Grundstück, die Dauer des Erbbaurechts, aufschiebende Bedingungen, der Grundstückseigentümer sowie Veräußerungs- und Belastungsbeschränkungen nach § 5 ErbbauRG einzutragen (§ 56 f. GBV).

26 *Baur/Stürner* SachenR § 15 Rn. 51a; *Göttlinger* DNotZ 2002, 743 (743 f.). Eine Übersicht über den Stand der Umstellung in den übrigen Bundesländern ist auf www.bnotk.de unter dem Menüpunkt »Die Bundesnotarkammer«/»Aufgaben und Tätigkeiten« im Rundschreiben Nr. 04/2010 abrufbar.
27 *Gassen/Mödl* ZRP 2009, 77 (77 f.); *Göttlinger* DNotZ 2002, 743 f.
28 *Göttlinger* DNotZ 2002, 743 (748 ff.).
29 Vgl. BT-Drs. 16/12319 sowie BT-Drs. 16/13437; ausführlich dazu *Gassen/Mödl* ZRP 2009, 77 ff.
30 → § 16 Rn. 61.
31 *Schöner/Stöber* GrundbuchR Rn. 1726.
32 Palandt/*Bassenge* ErbbauRG § 14 Rn. 2.
33 *Holzer/Kramer* GrundbuchR 2. Teil Rn. 134.

Muster[34]

(Erbbaugrundbuchblatt)

Amtsgericht

München

Grundbuch

von

Waslingen

Band 375 **Blatt** 11361

(Erbbaugrundbuch)

34 Aus *Meikel* GBO 2867 ff. = GBV Anlage 9 (zu § 58).

Amtsgericht München **Einlegebogen**

Grundbuch von Waslingen **Band** 375 **Blatt** 11361 **Bestandsverzeichnis** 1

Lfd. Nr. der Grundstücke	Bisherige lfd. Nr. der Grundstücke	Bezeichnung der Grundstücke und der mit dem Eigentum verbundenen Rechte: Gemarkung (nur bei Abweichung vom Grundbuchbezirk angeben) Flurstück	Wirtschaftsart und Lage	Größe: ha	a	m²
		a/b	c			
1	2	3		4		
1		Erbbaurecht an Grundstück Band 370 Blatt 11180 Bestandsverzeichnis Nr. 2:				
		102/66	Gebäude- und Freifläche, An der Wublitz		25	15
		eingetragen Abt. II/1, bis zum 30.06.2045; Zustimmung des Grundstückseigentümers ist erforderlich zur: Veräußerung, Belastung mit Grundpfandrechten, Reallasten, Dauerwohn-/Dauernutzungsrechten; nebst deren Inhaltsänderung als weitere Belastung; Grundstückseigentümer: Breithaupt Walter, geb. 26.08.1943; gemäß Bewilligung vom 25.07.1994 - URNr. 1000/Notar Dr. Schmidt, Waslingen -; angelegt am 02.08.1994. Fuchs Körner				
2		Als Eigentümer des belasteten Grundstücks ist am 01.09.1994 eingetragen worden: Geßler Ernst, geb. 28.02.1946; hier vermerkt am 01.09.1994 Fuchs Körner				
3		Der Inhalt des Erbbaurechts ist dahin geändert, daß der Erbbauberechtigte zur Veräußerung des Erbbaurechts nicht der Zustimmung des Grundstückseigentümers bedarf. Eingetragen am 09.09.1994. Fuchs Körner				

Amtsgericht München **Einlegebogen**

Grundbuch von Waslingen **Band** 375 **Blatt** 11361 **Erste Abteilung** 1

Lfd. Nr. der Eintragungen	Eigentümer	Lfd. Nr. der Grundstücke im Bestandsverzeichnis	Grundlage der Eintragung
1	2	3	4
1	K ö h l e r Max, geb. 14.11.1911	1	Bei Bestellung des Erbbaurechts in Band 370 Blatt 11180 eingetragen und hier vermerkt am 02.08.1994. Fuchs Körner
2	G r a u e r Walter, geb. 16.12.1948	1	Einigung vom 16.08.1994; eingetragen am 15.09.1994. Fuchs Körner

Amtsgericht München **Einlegebogen**

Grundbuch von Waslingen **Band** 375 **Blatt** 11361 **Zweite Abteilung** 1

Lfd. Nr. der Eintragungen	Lfd. Nr. der betroffenen Grundstücke im Bestandsverzeichnis	Lasten und Beschränkungen
1	2	3
1	1	Erbbauzins von 500 (fünfhundert) Deutsche Mark jährlich für jeweilige Eigentümer von BVNr. 2 in Band 370 Blatt 11180; gemäß Bewilligung vom 25.07.1994 - URNr. 1000/Notar Dr. Schmidt, Waslingen -; eingetragen am 02.08.1994. Fuchs Körner
2	1	Vorgemerkt nach § 883 BGB: Anspruch auf Einräumung einer Reallast (Erbbauzinserhöhung) für jeweilige Eigentümer von BVNr. 2 in Band 370 Blatt 11180; gemäß Bewilligung vom 25.07.1994 - URNr. 1000/Notar Dr. Schmidt, Waslingen -; eingetragen am 02.08.1994. Fuchs Körner
3	1	Geh- und Fahrtrecht für jeweilige Eigentümer von Flst. 166/10 (BVNr. 3 in Band 200 Blatt 9907); gemäß Bewilligung vom 26.07.1994 - URNr. 555/Notar Uhlig, Waslingen -; eingetragen am 18.08.1994. Fuchs Körner

Amtsgericht München **Einlegebogen**

Grundbuch von Waslingen **Band** 375 **Blatt** 11361 **Zweite Abteilung** 1 **R**

Veränderungen		Löschungen	
Lfd. Nr. der Spalte 1		Lfd. Nr. der Spalte 1	
4	5	6	7
1	Das Recht ist auf dem Blatt des berechtigten Grundstücks vermerkt. Hier vermerkt am 02.08.1994. Fuchs Körner		

Amtsgericht München **Einlegebogen**

Grundbuch von Waslingen **Band** 375 **Blatt** 11361 **Dritte Abteilung** 1

Lfd. Nr. der Eintragungen	Lfd. Nr. der belasteten Grundstücke im Bestandsverzeichnis	Betrag	Hypotheken, Grundschulden, Rentenschulden
1	2	3	4
1	1	50.000 DM	Grundschuld ohne Brief zu fünfzigtausend Deutsche Mark für Heidemann Ernst, geb. 18.06.1944; 12 % Zinsen jährlich; vollstreckbar nach § 800 ZPO; gemäß Bewilligung vom 23.09.1994; - URNr. 1255/Notar Dr. Schmidt, Waslingen -; eingetragen am 30.09.1994. Fuchs Körner

Das *Wohnungsgrundbuch*, auch Wohnungseigentumsgrundbuch genannt, ist das besondere Grundbuchblatt, das bei einer Teilung gem. § 8 I WEG für jeden Miteigentumsanteil am Grundstück und das hiermit verbundene Sondereigentum an einer bestimmten Wohnung angelegt wird.[35]

d) Grundzüge des Grundbuchrechts

aa) Antragsgrundsatz (G)

6 Der Antragsgrundsatz verlangt, dass alle Eintragungen in das Grundbuch, die sich auf Rechtsverhältnisse beziehen (Rechtsänderungen, Berichtigungen und Löschungen)[36] nur auf Antrag erfolgen sollen (§ 13 I 1 GBO).[37] Antragsberechtigt sind sowohl Veräußerer als auch Erwerber (§ 13 I 2 GBO) bzw. jeder, dessen Recht von der Eintragung betroffen wird oder zu dessen Gunsten die Eintragung erfolgen soll (§ 13 II GBO).[38] Nach § 15 GBO gilt auch der Notar, der die zur Eintragung erforderlichen Erklärungen beurkundet, als ermächtigt, die Eintragung im Namen eines Antragsberechtigten zu beantragen.[39]

Dem Antrag steht das Ersuchen einer Behörde gleich (§ 38 GBO). Nur in gesetzlichen Ausnahmefällen erfolgt die Eintragung von Amts wegen.[40] Daher hat sich das Grundbuchamt grundsätzlich auch an den antragsgemäßen Umfang zu halten[41] und weder das Recht noch die Pflicht zur weiteren Ermittlung.[42] Der Antragsgrundsatz ist Ausdruck der Herrschaft der Parteien über das Grundbuchverfahren. Er verwirklicht deren Privatautonomie.[43] § 13 GBO wird allerdings als reine Ordnungsvorschrift angesehen, deren Verletzung materiell-rechtlich ohne Folgen bleibt.[44]

bb) Bewilligungsgrundsatz (G)

7 Nach dem Bewilligungsgrundsatz muss derjenige, dessen Recht von der Eintragung unmittelbar oder mittelbar betroffen ist, die Eintragung bewilligen (sog. *formelles Konsensprinzip* – § 19 GBO).[45] Es soll das Grundbuchverfahren für die Beteiligten und das Grundbuchamt erleichtern, indem das Grundbuchamt von der Prüfung des Vorliegens der zur Rechtsänderung erforderlichen sachenrechtlichen Erklärungen befreit wird. Gleiches gilt, wenn das Grundbuch unrichtig ist, dh auch in diesem Fall muss der durch die Berichtigung Betroffene, der zu Unrecht im Grundbuch eingetragen ist, die Berichtigung gestatten. Die Erklärung des wahren Berechtigten ist hingegen zur Vermeidung

35 Zum Wohnungseigentum → § 3 Rn. 13; vgl. Grafik nach § 3 Rn. 11.
36 *Demharter* § 13 Rn. 3.
37 Das Grundbuchamt wird nur in Ausnahmefällen von Amts wegen tätig; vgl. §§ 51, 52, 53, 82a, 84 ff. GBO; → § 13 Rn. 7.
38 Dazu *Schöner/Stöber* GrundbuchR Rn. 88; *Eickmann/Böttcher*, Grundbuchverfahrensrecht, 4. Aufl. 2011, Rn. 100 ff.; *Holzer/Kramer* GrundbuchR 4. Teil Rn. 20 ff.; *Baur/Stürner* SachenR § 16 Rn. 13; BGH NJW 2005, 1430.
39 *Eickmann/Böttcher*, Grundbuchverfahrensrecht, 4. Aufl. 2011, Rn. 105 ff.
40 Beispiele: § 9 II und III, § 18 II, § 23 I, § 45 I und II, §§ 48, 51, 52, 53 I, § 68 III, § 76 II, § 82a, §§ 84 ff., §§ 90 ff. GBO; *Demharter* § 13 Rn. 6.
41 *Demharter* § 13 Rn. 15 und Anh. zu § 13 Rn. 1; *Holzer/Kramer* GrundbuchR 4. Teil Rn. 15.
42 BayObLGZ 1969, 278 (281); 1989, 111 (113); BayObLG Rpfleger 1980, 105.
43 Staudinger/*Gursky* (2012) Vorbem zu §§ 873 ff. Rn. 33; *Holzer/Kramer* GrundbuchR 4. Teil Rn. 10.
44 BGHZ 141, 347 (349 f.); BayObLGZ 1988, 124 (126 f.); *Demharter* § 13 Rn. 8.
45 Staudinger/*Gursky* (2012) Vorbem zu §§ 873 ff. Rn. 34; *Schöner/Stöber* GrundbuchR Rn. 95; *Wilhelm* SachenR Rn. 585.

einer »Perpetuierung der Unrichtigkeit des Grundbuches« erforderlich, falls die Vermutung des § 891 BGB widerlegt ist.[46] Neben dem Antragsgrundsatz ist § 19 GBO damit die bedeutsamste Bestimmung des Grundbuchrechts.[47]

Eine Ausnahme[48] zum nur formellen Konsensprinzip besteht nach § 20 GBO für den Eigentumsübergang an Grundstücken[49] sowie für die Bestellung, Inhaltsänderung und Übertragung eines Erbbaurechts. Wegen der weitreichenden privat- und öffentlich-rechtlichen Folgen verlangt § 20 GBO im Interesse der Richtigkeit des Grundbuchs neben der einseitigen Bewilligung die Vorlage der beiden Einigungserklärungen (*materielles Konsensprinzip*) in der Form des § 29 GBO (öffentliche oder öffentlich beglaubigte Urkunden).[50] Auch § 20 GBO ist eine reine Ordnungsvorschrift, deren Verletzung nicht den Eintritt der Rechtsänderung verhindert.[51]

Eine Ausnahme vom Bewilligungsgrundsatz besteht nach § 22 I GBO, der zur Erleichterung des Grundbuchverkehrs den Nachweis der Unrichtigkeit in der Form des § 29 GBO zulässt.[52]

cc) Publizitätsprinzip (G)

Die Bedeutung des Grundbuchs liegt im Wesentlichen im Nachweis von Rechten.[53] 8
Das *formelle Publizitätsprinzip* trägt dem Rechnung, indem es jedem, der ein berechtigtes Interesse an der Grundbucheinsicht darlegen kann, das Recht zur Einsicht gibt (§ 12 GBO). »Berechtigt« ist das Interesse des Antragstellers, wenn es verständlich und durch die Sachlage gerechtfertigt erscheint; es kann auch rein tatsächlich oder wirtschaftlich begründet sein.[54] Damit soll allein die missbräuchliche – zB durch bloße

46 BGH NJW-RR 2006, 888 (889).
47 *Demharter* § 19 Rn. 1 f.
48 Vgl. zur Frage des Verhältnisses von § 19 GBO zu § 20 GBO *Wilhelm* SachenR Rn. 589 ff.; → § 13 Rn. 26.
49 → § 13 Rn. 19 ff.
50 Das Interesse an der Richtigkeit des Grundbuchs verdient gegenüber der verfahrensmäßig leichteren einseitigen Bewilligung den Vorrang. *Demharter* Anh. zu § 13 Rn. 3, § 19 Rn. 6, § 20 Rn. 1; Palandt/*Bassenge* Überbl v. § 873 Rn. 12; *Schöner/Stöber* GrundbuchR Rn. 108.
51 *Demharter* § 20 Rn. 3.
52 Beispiel: Nachweis der Unrichtigkeit des Grundbuchs durch Vorlage des Erbscheins.
53 *Schöner/Stöber* GrundbuchR Rn. 336.
54 *Demharter* § 12 Rn. 7; *Baur/Stürner* SachenR § 15 Rn. 55; *Holzer/Kramer* GrundbuchR 2. Teil Rn. 147, 151 ff. m. zahlreichen Fallbeispielen; vgl. auch die Übersicht bei *Grziwotz* MDR 2013, 433 ff.; BGH NJW-RR 2011, 1651: Schutzwürdiges Interesse der Presse bei Recherchen zur Frage, ob einem bekannten Politiker finanzielle Vergünstigungen durch einen bekannten Unternehmer gewährt wurden; ebenso OLG Stuttgart ZUM-RD 2013, 185 (186): Recherche zur Frage, ob eine Grundstücksübertragung unter Familienangehörigen im Vorfeld einer Insolvenzeröffnung erfolgt ist; KG NJW-RR 2004, 1316 (1317) sowie OLG München FamRZ 2013, 1070 (1071): Pflichtteilsberechtigter nach Erbfall; nicht hingegen Pflichtteilsberechtigte oder deren Gläubiger vor dem Erbfall, vgl OLG München FamRZ 2014, 339; umfassend zum Einsichtsrecht des Vertragserben und des Pflichtteilsberechtigten *Wilsch* ZEV 2014, 589 ff. sowie *Sarres* ZEV 2012, 294 ff.; OLG Rostock NJW-RR 2012, 400: Einsichtsrecht des getrennt lebenden Partners bei Wahl des Güterstands der Zugewinngemeinschaft; vgl. jedoch OLG Karlsruhe ZEV 2009, 42 (43) mAnm *Böhringer*: Kein Einsichtsrecht für Angehörige bei zu erwartender Pflegebedürftigkeit des Grundstückeigentümers. OLG Dresden MDR 2010, 464: Einsichtsrecht des Grundstücksmaklers zumindest denkbar; OLG München MDR 2015, 507: Einsichtsrecht des Bauhandwerkers über die Abteilung I hinaus (im Einzelfall) auch dann, wenn der Besteller nicht mehr Eigentümer ist. Nach hM (BayObLG Rpfleger 1984, 351; *Demharter* § 12 Rn. 12) kann auch die Absicht, den Eigentümer zwecks Eintritts in Kaufverhandlungen ermitteln zu wollen, eine Grundbucheinsicht nicht rechtfertigen; aA *Franz*

Neugier motivierte – Einsichtnahme verhindert werden, die das Interesse des Eigentümers an der Geheimhaltung seiner wirtschaftlichen Verhältnisse und sein Persönlichkeitsrecht verletzen kann.[55] Mit Wirkung zum 1.10.2014 wurden in § 12 IV GBO eine Protokollierungspflicht und ein Auskunftsanspruch des dinglich Berechtigten hinsichtlich der Einsichtnahme aufgenommen.[56]

Im Gegensatz dazu bedeutet *materielle Publizität*, dass die Richtigkeit und Vollständigkeit des Grundbuchs zugunsten des Eingetragenen widerlegbar (§ 891 BGB) und zugunsten des Erwerbers unwiderlegbar vermutet bzw. fingiert[57] (§§ 892 ff. BGB) wird.[58] Die materielle Publizität setzt die formelle Publizität voraus, weil anderenfalls der öffentliche Glaube nicht verwirklicht werden könnte.[59] Die materielle Publizität des Grundbuchs ist eines der beiden wichtigsten Prinzipien des Immobiliarsachenrechts.

Von der Richtigkeitsvermutung werden alle privaten Rechte erfasst, die eintragungsfähig oder eingetragen sind.[60] Sie erstreckt sich dagegen weder auf Angaben tatsächlicher Art noch auf eintragungsunfähige Rechte.[61]

Inhaltlich umfasst die positive Vermutung des § 891 I BGB das Bestehen des Rechts im eingetragenen Umfang (*objektiver Bestand*) und die Rechtsinhaberschaft des Eingetragenen (*subjektive Berechtigung*).[62] Aufgrund der negativen Vermutung in § 891 II BGB wird vermutet, dass das gelöschte Recht gegenwärtig nicht mehr besteht.[63] Auf die Vermutungen kann sich jedermann zugunsten und zulasten des Eingetragenen berufen.[64] Wer die Vermutung als spezielle Beweislastregel im Zivilpro-

---

NJW 1999, 406. Zur datenschutzrechtlichen Dokumentationspflicht vgl. den Tätigkeitsbericht 2013 des Unabhängigen Landeszentrum für Datenschutz Schleswig Holstein, S. 52.

55 BayObLG MittBayNot 1991, 171 (172); *Baur/Stürner* SachenR § 15 Rn. 55; vgl. zur Konkretisierung des Einsichtsrechts durch den presserechtlichen Auskunftsanspruch BVerfG NJW 2001, 503 (504 f.) = MDR 2001, 146 (147) m. kritischer Anm. *Wollweber* = JuS 2001, 697 m. Bespr. *Sachs*; ferner *Burbulla* Jura 2002, 182; *Holzer/Kramer* GrundbuchR 2. Teil Rn. 149a ff., 165.

56 Damit soll eine Verschärfung des Datenschutzes erreicht und dem informationellen Selbstbestimmungsrecht Rechnung getragen werden. Der Umfang der Protokollierungspflicht ist in § 46a GBO geregelt.

57 → § 13 Rn. 39.

58 *Schöner/Stöber* GrundbuchR Rn. 343.

59 BGHZ 80, 126; *Demharter* § 12 Rn. 1; *Schöner/Stöber* GrundbuchR Rn. 17, 524.

60 Die Eintragung muss wirksam gewesen und auf dem Grundbuchblatt des betreffenden Grundstücks erfolgt sein; vgl. Staudinger/*Gursky* (2013) § 891 Rn. 18 ff.; MüKoBGB/*Kohler* § 891 Rn. 4. Widersprüchliche Eintragungen, insbes. bei Doppelbuchungen (vgl. RGZ 56, 58 (60); BGH DB 1969, 1458; OLG Stuttgart BWNotZ 1978, 124; OLG Naumburg ZfS 2002, 275), entfalten keine Vermutungswirkung: vgl. Staudinger/*Gursky* (2013) § 891 Rn. 50; Jauernig/*Berger* § 891 Rn. 7; *Möritz* Jura 2008, 245 (245 f.) mwN auch zu abweichenden Auffassungen.

61 Staudinger/*Gursky* (2013) § 891 Rn. 4–8; MüKoBGB/*Kohler* § 891 Rn. 6–9; Jauernig/*Berger* § 891 Rn. 3; *Medicus* Jura 2001, 294 (295). Beispiel bei *Baur/Stürner* SachenR § 15 Rn. 54: Angabe, auf dem Grundstück befinde sich Wald, sowie die Grundstücksgröße. – Ebenso wenig umfasst sie das Bestehen des gesicherten Anspruchs einer Vormerkung und die Forderung einer Hypothek (vgl. § 1138 Alt. 1 BGB), *Brehm/Berger* SachenR § 10 Rn. 3.

62 BGH NJW-RR 2006, 662 (663); ausführlich Staudinger/*Gursky* (2013) § 891 Rn. 25 ff.; kürzer *Brehm/Berger* SachenR § 10 Rn. 4; *Prütting* SachenR Rn. 210.

63 Staudinger/*Gursky* (2013) § 891 Rn. 43; Jauernig/*Berger* § 891 Rn. 5; *Prütting* SachenR Rn. 210: Ob es jemals bestand oder gerade durch die Löschung erloschen ist, wird dagegen grundsätzlich nicht umfasst; dies kann nur über § 891 I BGB bewirkt werden. Siehe auch BGHZ 52, 355 (358) zur Vermutungswirkung für die Vergangenheit.

64 BGH LM Nr. 5 zu § 891; Staudinger/*Gursky* (2013) § 891 Rn. 72 f.; *Brehm/Berger* SachenR § 10 Rn. 5; *Prütting* SachenR Rn. 211. Dies unterscheidet § 891 BGB von § 1006 BGB Jauernig/*Berger* § 891 Rn. 7.

zess[65] widerlegen will, muss den vollen Beweis des Gegenteils erbringen. Da es aber nie möglich ist, sämtliche Erwerbs- bzw. Verlustgründe zu widerlegen, genügt es, dass diejenigen ausgeräumt werden, die nach dem Grundbuchinhalt oder den Umständen des Falls nahe liegen.[66] Ein Widerspruch alleine genügt hierzu nicht.[67]

dd) Prioritätsprinzip (G)

Das Prioritätsprinzip, auch Vorranggrundsatz genannt, entscheidet über die Reihenfolge der Eintragungen und damit über den Rang der Grundstücksrechte.[68] Nach dem materiell-rechtlichen Prioritätsprinzip (§ 879 BGB) richtet sich der Rang der Grundstücksrechte nach der Reihenfolge der Eintragungen; das formelle Prioritätsprinzip gewährt der früher beantragten Eintragung den besseren Rang (§§ 17, 45 GBO).[69] 9

Bei mehreren *dasselbe Recht betreffenden* Eintragungsanträgen darf das Grundbuchamt demgemäß den späteren Antrag nicht vor dem früheren erledigen; § 17 GBO regelt damit die »Entscheidungsreihenfolge des Grundbuchamtes« über die ihm vorliegenden Eintragungsanträge.[70] Dasselbe Recht ist betroffen, wenn zwischen den beantragten Eintragungen ein materielles Rangverhältnis besteht, die früher beantragte Eintragung erst die Zulassung der später beantragten herbeiführt oder eine beantragte Eintragung ihrer Art nach geeignet ist, die andere Eintragung rechtlich zu beeinflussen.[71]

Der materiell-rechtliche Entstehungszeitpunkt ist damit für den Rang unmaßgeblich; entscheidend ist allein der Eintragungszeitpunkt,[72] selbst wenn die Einigung der Eintragung zeitlich nachfolgt (§ 879 II BGB). Soweit nichts anderes bestimmt ist, hat die früher beantragte Eintragung Anspruch auf den besseren Rang (§ 45 GBO).[73] Die Vorschrift legt demgemäß die Eintragungsreihenfolge entsprechend dem Eingangszeitpunkt des Antrags fest (§ 13 I 2 GBO).[74] Sie betrifft aber nur das Eintragungsverfahren, ohne selbst die materiell-rechtlichen Rangverhältnisse nach der Eintragung zu regeln. Diese Regelung wird durch § 879 I 1 BGB getroffen.[75]

ee) Spezialitätsprinzip (Bestimmtheitsgrundsatz) (G)

Nach dem Spezialitätsprinzip ist das Grundbuchamt dazu verpflichtet, nur klare und 10
eindeutige Eintragungsunterlagen als Basis der Eintragung zu verwenden.[76] Die Per-

65 *Brehm/Berger* SachenR § 10 Rn. 1, 5.
66 StRspr.: zuletzt BGH NJW 1984, 2157; Staudinger/*Gursky* (2013) § 891 Rn. 56 f.; aA *Medicus*, FS Baur, 1981, 63 ff., zusammenfassend S. 81 f., der unter Vergleich zu § 1006 BGB annimmt, nur der eintragungsbezogene Erwerbsgrund sei zu widerlegen.
67 RG HRR 1932 Nr. 317; BGH LM Nr. 3 zu § 891; BayObLG JurBüro 1983, 762; Jauernig/*Berger* § 891 Rn. 7; *Medicus* Jura 2001, 294 (295).
68 → § 13 Rn. 68 ff.
69 *Schöner/Stöber* GrundbuchR Rn. 21; *Neuner* AcP 203 (2003), 46 (56 f.); ausführlicher zum Rang von Grundstücksrechten → § 13 Rn. 68 ff.
70 Kuntze/Ertl/Herrmann/Eickmann/*Dümig* Einl. C 6; *Baur/Stürner* SachenR § 17 Rn. 15.
71 *Demharter* § 17 Rn. 5 ff.
72 *Westermann/Gursky/Eickmann* SachenR § 78 Rn. 8; *Wilhelm* JZ 1990, 501 (503).
73 *Demharter* § 17 Rn. 1.
74 Kuntze/Ertl/Herrmann/Eickmann/*Eickmann* GBO § 45 Rn. 2.
75 → § 13 Rn. 29.
76 RGZ 61, 374 (377); 145, 343 (354); BGH Rpfleger 1979, 56; *Demharter* Anh. zu § 13 Rn. 5.

son des Rechtsinhabers sowie Inhalt und Umfang eines Grundstücksrechts müssen genau festgelegt sein (Gebot der Klarheit und Wahrheit).[77] Das Grundbuch selbst hat die Rechtsverhältnisse in klaren und eindeutigen Eintragungen darzustellen, dh es muss stets Rechtsnatur, Inhalt und Umfang des eingetragenen Rechts, den Berechtigten, das betroffene Grundstück sowie Umstände, die den Bestand des Rechts beeinflussen, ausweisen.[78]

ff) Beweisprinzip (G)

11 Das Grundbuchamt hat, weil im Grundbuchverfahren ausnahmsweise nicht der Amtsermittlungsgrundsatz des § 26 FamFG gilt, keinerlei Möglichkeiten, eigene Ermittlungen anzustellen oder Beweis zu erheben.[79] Daher muss der Antragsteller alle erforderlichen Urkunden beibringen.[80] Wegen der Gefahren, die aus einer unrichtigen Eintragung erwachsen, ordnet § 29 GBO die Form öffentlicher (§ 415 I ZPO) oder öffentlich beglaubigter Urkunden für den Nachweis der Eintragungsvoraussetzungen oder der Grundbuchunrichtigkeit an.[81] Die Erforderlichkeit des Urkundsbeweises wird allerdings durch gesetzliche Beweiserleichterungen (§§ 32–37 GBO), gesetzliche Vermutungen (§ 891 BGB, § 15 GBO, § 24 III BNotO) und Sondervorschriften (zB §§ 29a, 35 III GBO) durchbrochen.

gg) Voreintragungsprinzip (G)

12 Eine Eintragung soll nach § 39 I GBO nur erfolgen, wenn die in ihrem Recht betroffene Person als Berechtigter voreingetragen ist. Das Grundbuch soll alle Entwicklungsstufen nicht nur richtig, sondern auch klar und verständlich widerspiegeln.[82] § 39 II GBO lässt es für Hypothek, Grund- und Rentenschuld ausnahmsweise genügen, wenn sich der Gläubiger im Besitz des Briefs befindet und sein Gläubigerrecht durch eine zusammenhängende, auf den Eingetragenen zurückführende Reihe öffentlich beglaubigter Abtretungserklärungen (§ 1155 BGB) nachweisen kann. Eine weitere Ausnahme sieht § 40 I GBO vor, falls der Betroffene Erbe des Eingetragenen ist.

II. Verfügungen über Immobiliarsachenrechte, insbesondere über das Grundeigentum

1. Verfügungsarten (G)

13 Verfügung ist jedes Rechtsgeschäft, das unmittelbar auf die dingliche Rechtslage einwirkt.[83] Im Einzelnen sind dies

- die Begründung (Ersterwerb),
- die Übertragung (Zweiterwerb),

77 *Schöner/Stöber* GrundbuchR Rn. 18.
78 *Schöner/Stöber* GrundbuchR Rn. 2, 22 f.
79 Zur Vorgängernorm des § 12 FGG BayObLG Rpfleger 1970, 22; 1974, 67.
80 Kuntze/Ertl/Herrmann/Eickmann/*Herrmann* § 29 Rn. 2.
81 BayObLG MittBayNot 1985, 24 (25); *Demharter* § 29 Rn. 2; *Nieder* NJW 1984, 329 (335).
82 RGZ 133, 279 (283); BGHZ 16, 101; BGH NJW-RR 2006, 888 (890): Ordnungsfunktion der Vorschrift; *Holzer/Kramer* GrundbuchR 4. Teil Rn. 281.
83 Palandt/*Ellenberger* Überbl v. § 104 Rn. 16; vgl. auch die Übersicht bei *Baur/Stürner* SachenR § 19 Rn. 6.

- die Aufhebung,
- der Verzicht und
- die Inhaltsänderung

von (Grundstücks-)Rechten. Dabei ist zu beachten, dass die Begründung eines beschränkt dinglichen Rechts (zB einer Hypothek) an einem Grundstück gleichzeitig zu einer Belastung des Grundstücks führt.

a) Begründung (§ 873 BGB) (G)

Die Begründung beschränkt dinglicher Rechte (Belastungen eines Grundstücks) setzt gem. § 873 I BGB voraus: **14**

- die *Einigung* und
- die *Eintragung* der Rechtsänderung in das Grundbuch.

Zusätzlich müssen als allgemeine Erwerbsvoraussetzungen vorliegen

- das *Einigsein* im Zeitpunkt des Eintritts der letzten Erwerbsvoraussetzung und
- die *Verfügungsbefugnis* des Veräußerers.

Das Immobiliarsachenrecht ist damit durch den Grundsatz von Einigung und Eintragung gekennzeichnet: Die Einigung entspricht dem *materiellen Konsensprinzip*, die Eintragung dem *formellen Eintragungsprinzip*.[84] Erst ihr Zusammenwirken führt die gewünschte Rechtsfolge herbei.[85] Die Eintragung hat wegen der Verbindung mit dem Konsensprinzip keine Rechtswirkung, sondern nur Tatbestands- und Rechtsscheinswirkung.[86]

Bei einzelnen beschränkt dinglichen Rechten ergeben sich aus den jeweils einschlägigen Vorschriften teilweise weitere Anforderungen (zB gem. § 1116 BGB: Erteilung eines Hypothekenbriefes). Diese werden im Rahmen der jeweiligen Rechte näher erörtert.[87]

b) Übertragung (G)

Die Übertragung von Grundstückseigentum sowie von beschränkt dinglichen Rechten erfolgt ebenfalls nach § 873 I BGB (Grundsatz von Einigung und Eintragung). Voraussetzungen sind demgemäß *Einigung*, *Eintragung* in das Grundbuch, *Einigsein* und *Verfügungsberechtigung* des Veräußerers. **15**

Allerdings sind einige beschränkt dingliche Rechte nicht übertragbar, wie der Nießbrauch an Sachen[88] (§ 1059 BGB) und die beschränkte persönliche Dienstbarkeit[89] (§ 1092 I 1 BGB). Eine *Ausnahme* gilt auch für die Übertragung akzessorischer Sicherungsrechte (zB von Hypotheken). Diese folgen aufgrund ihrer Akzessorietät bei Abtretung der gesicherten Forderung nach und können nicht selbstständig übertragen werden.[90]

Vollständig außerhalb des Grundbuchs vollzieht sich der Rechtserwerb durch Gesamtrechtsnachfolge (insbesondere Erbfall, § 1922 I BGB) sowie aufgrund einer

84 Soergel/*Stürner* Vor § 873 Rn. 6 f.
85 MüKoBGB/*Kohler* § 873 Rn. 2.
86 Staudinger/*Gursky* (2012) Vorbem zu §§ 873 ff. Rn. 7.
87 Siehe §§ 15 f.
88 → § 16 Rn. 53.
89 → § 16 Rn. 38.
90 Vgl. zur Hypothek → § 15 Rn. 32 ff.

Zwangsversteigerung, bei der das Eigentum mit dem Zuschlag übergeht (§ 90 I ZVG)[91].[92] Die gebotene Richtigstellung des Grundbuchs (vgl. §§ 82 ff. GBO bzw. § 130 I ZVG) ist nur deklaratorisch.[93]

c) Aufhebung (§§ 875 f. BGB) (V)

16 Abweichend vom Einigungsprinzip (*Konsensprinzip*) erfolgt die Aufhebung beschränkt dinglicher Rechte durch *einseitige Aufgabeerklärung* und *Löschung* des Rechts im Grundbuch (§ 875 I 1 BGB). Gegebenenfalls ist die Zustimmung dessen erforderlich, der ein Recht am aufzuhebenden Recht besitzt (§ 876 BGB); für die Hypothek enthalten § 1183 BGB sowie § 27 GBO zusätzlich das Zustimmungserfordernis des Eigentümers.

d) Verzicht (V)

17 Der Verzicht des Eigentümers auf sein Grundeigentum – die Eigentumsaufgabe – ist speziell in § 928 I BGB geregelt.[94]

Bei Grundpfandrechten ist zwischen Aufhebung und Verzicht zu unterscheiden: Während mit der Aufhebung das Recht erlischt, geht es beim Verzicht auf den Eigentümer über (§§ 1168 I, 1175 BGB) und verhindert so ein Aufrücken nachrangiger Grundpfandrechte.

e) Inhaltsänderung (§ 877 BGB) (V)

18 Inhaltsänderung ist jede nachträgliche Änderung der Befugnisse des Berechtigten, die unter Aufrechterhaltung der Identität des Rechts nicht Übertragung, Belastung, Aufhebung oder Rangänderung ist.[95] Ein Beispiel für eine Inhaltsänderung ist die Änderung einer Kündigungsvereinbarung.[96] Für die Inhaltsänderung von Grundstücksrechten gelten die allgemeinen Voraussetzungen der Begründung und Übertragung von Grundstücksrechten (§§ 877, 873 BGB).

2. Erwerb des Grundeigentums vom Berechtigten

Fallbeispiele: »Die verwechselten Flurnummern«[97]; »Die Grundstücksschenkung«[98]

a) Voraussetzungen – Überblick (G)

19 Die Übertragung des Eigentums an einem Grundstück ist im BGB in zwei verschiedenen Abschnitten geregelt: in den allgemeinen Vorschriften über Rechte an Grundstücken (§§ 873 ff. BGB) und in den speziellen Vorschriften über den Erwerb

91 Zum Übergang des Eigentums an Bestandteilen und Zubehör → § 6 Rn. 34.
92 Staudinger/*Gursky* (2012) § 873 Rn. 12 bzw. Rn. 15; jurisPK-BGB/*Vieweg* § 873 Rn. 11.
93 *Brox/Walker* ZVR Rn. 927.
94 Ein Verzicht auf einen Miteigentumsanteil kann demgegenüber nach überwiegender Auffassung nicht auf § 928 BGB gestützt werden, vgl. BGH NJW 2007, 2254 (2255) mwN. Gleiches soll auch für das Wohnungs- und Teileigentum gelten, vgl. BGH NJW 2007, 2547 (2547 f.).
95 Palandt/*Bassenge* § 877 Rn. 3.
96 BGHZ 1, 294 (305).
97 *Vieweg/Röthel* Fälle SachenR Fall 26.
98 *Vieweg/Röthel* Fälle SachenR Fall 27.

und Verlust des Eigentums an Grundstücken (§§ 925 ff. BGB). Im Zusammenwirken beider Abschnitte sind Voraussetzungen für den *Eigentumserwerb nach §§ 873 I, 925 I BGB*:

- die Einigung zwischen Veräußerer und Erwerber in der Form des § 925 I BGB,
- die Eintragung des Erwerbers in das Grundbuch,
- das Einigsein der Parteien im Zeitpunkt der Vollendung des Rechtserwerbs und
- die Verfügungsbefugnis des Veräußerers.

b) Dingliche Einigung (Auflassung)

aa) Inhalt (G)

Die Parteien müssen sich über den Eigentumsübergang eines bestimmten Grundstücks einigen, wobei eine Falschbezeichnung nach dem Grundsatz »falsa demonstratio non nocet« unschädlich ist.[99] Maßgeblich ist nicht der äußere Erklärungstatbestand, sondern das, was die Parteien übereinstimmend gewollt haben (Auslegung nach allgemeinen Grundsätzen).[100] 20

bb) Rechtsnatur (G)

Die nach § 873 I BGB erforderliche Einigung über den Eigentumsübergang ist wie die Einigung iSd § 929 S. 1 BGB ein dinglicher Vertrag, dessen Wirksamkeit von dem zugrundeliegenden schuldrechtlichen Kausalgeschäft (idR Kaufvertrag gem. § 433 I BGB in der Form des § 311b I 1 BGB) unabhängig ist (*Abstraktionsprinzip*).[101] Konsequenz dieser rechtlichen Einordnung ist, dass auf die dingliche Einigung die allgemeinen Vorschriften über Rechtsgeschäfte (§§ 104 ff., 145 ff., 164 ff. BGB) anwendbar sind. 21

cc) Voraussetzungen (G)

Nach der allgemeinen Vorschrift des § 873 I BGB ist die dingliche Einigung grundsätzlich formfrei. Die spezielle Vorschrift über den Erwerb des Grundstückseigentums – § 925 BGB – verlangt jedoch, dass die Einigung über den Eigentumswechsel (*Auflassung*) 22

- bei gleichzeitiger Anwesenheit beider Parteien (Abs. 1),
- vor einer zuständigen Stelle (Abs. 1) und
- ohne Bedingungen und Befristungen (Abs. 2)

abgegeben wird.

Wegen der *Bedingungsfeindlichkeit* ist eine Auflassung unter Eigentumsvorbehalt (§ 449 BGB) ebenso wie die Einräumung von Rücktritts- oder Widerrufsrechten ausgeschlossen.[102] Allerdings haben auch bei der Grundstücksveräußerung die Parteien

99 BGH NJW 1983, 1610; NJW 2002, 1038 (1039); ferner *Reymann* NJW 2008, 1773 (1775 ff.) zum Fehlen sowie zu Fehlern des Erwerberverhältnisses im Güterstandsrecht.

100 MüKoBGB/*Kanzleiter* § 925 Rn. 22 – So kann auch ein realer Grundstücksteil bei entsprechender Bezeichnung oder Beschreibung vor der amtlichen Vermessung verkauft und der Auflassungsanspruch mit einer Vormerkung gesichert werden.

101 → § 1 Rn. 10.

102 MüKoBGB/*Kanzleiter* § 925 Rn. 26 f.; vgl. zur Bedingung »für den Fall der Scheidung« BayObLGZ 1972, 257 (258) = NJW 1972, 2131; LG Aachen Rpfleger 1979, 61.

in der Zeit zwischen Auflassung und Eintragung berechtigte *Sicherungsinteressen*: Der Veräußerer will sein Eigentum nicht verlieren, bevor er den Kaufpreis erhalten hat. Der Erwerber möchte sichergehen, dass er das Eigentum nach Entrichtung des Kaufpreises auch tatsächlich erwirbt. Diesen Interessen kann auf verschiedenen Wegen Rechnung getragen werden. Zum einen besteht die Möglichkeit einer Auflassungsvormerkung[103], durch die der schuldrechtliche Anspruch auf Übereignung eine gewisse Verdinglichung erfährt, sodass der Erwerber nach Zahlung des Kaufpreises stärker geschützt ist. In der Praxis wird der Notar jedoch idR zusätzlich angewiesen, erst dann den Eintragungsantrag beim Grundbuchamt zu stellen, wenn der Kaufpreis entweder beim Veräußerer selbst oder auf einem Notaranderkonto eingegangen ist.[104]

Nicht erfasst von der Bedingungsfeindlichkeit des § 925 II BGB sind allerdings Rechtsbedingungen,[105] dh die *gesetzlichen* Voraussetzungen des Zustandekommens eines wirksamen Rechtsgeschäfts.[106] Damit stehen behördliche[107] oder gerichtliche[108] Genehmigungserfordernisse der Auflassung nicht entgegen.

dd) »Zuständige Stelle« iSd § 925 I BGB (V)

23 Zuständig zur Entgegennahme der Auflassung ist im Inland nach § 925 I 2 BGB iVm den Bestimmungen des BeurkG jeder deutsche Notar, auch außerhalb seines Amtsbezirks.[109] Im Ausland ist die Auflassung vor einem Konsularbeamten zu erklären (§ 12 Nr. 1 iVm § 19 KonsG). Sie kann auch durch Aufnahme der Erklärungen in das Protokoll bei einem Vergleich vor Gericht erfolgen (§§ 925 I 3, 127a BGB iVm §§ 160 ff. ZPO). Nach § 925a BGB soll die Erklärung der Auflassung nur entgegengenommen werden, wenn die notarielle Urkunde (§ 311b I 1 BGB) über das schuldrechtliche Verpflichtungsgeschäft entweder vorgelegt oder gleichzeitig errichtet wird.[110] Durch diese Ordnungsvorschrift sollen bereicherungsrechtliche Rückabwicklungsverhältnisse vermieden werden, die sich aufgrund eines unwirksamen Verpflichtungsgeschäfts ergeben würden.

ee) »Erklärung« iSd § 925 I BGB (V)

24 Obwohl die Auflassung zu ihrer materiell-rechtlichen Wirksamkeit nach § 925 BGB nicht der Beurkundung bedarf, geschieht dies in der Praxis jedoch regelmäßig, um den formell-rechtlichen Anforderungen des § 29 GBO[111] zu genügen und um die Bindungswirkung des § 878 BGB[112] zu erreichen. Damit reduziert sich die praktische Bedeutung des Streits, was unter »erklären« iSd § 925 I 1 BGB zu verstehen ist:

---

103 Zur Auflassungsvormerkung siehe § 14.

104 Vgl. Erman/*Artz* § 925 Rn. 49.

105 MüKoBGB/*Kanzleiter* § 925 Rn. 28; Bamberger/Roth/*Grün* § 925 Rn. 33 ff.; NK-BGB/*Grziwotz* § 925 Rn. 33; jurisPK-BGB/*Benning* § 925 Rn. 36, 39, alle mit Beispielen; Palandt/*Bassenge* § 925 Rn. 20; *Baur/Stürner* SachenR § 22 Rn. 10; zB Genehmigung oder Entstehung des Erwerbers als juristische Person.

106 Palandt/*Ellenberger* Einf v. § 158 Rn. 5.

107 Vgl. die Aufstellung bei Staudinger/*Pfeifer* (2011) § 925 Rn. 102.

108 Beispiel: Genehmigung durch das Familiengericht (§ 1821 I BGB).

109 MüKoBGB/*Kanzleiter* § 925 Rn. 14.

110 Erman/*Artz* § 925a Rn. 2; Bamberger/Roth/*Grün* § 925a Rn. 2.

111 → § 13 Rn. 25.

112 → § 13 Rn. 29 ff.

Die hM[113] verlangt eine mündliche Erklärung. Nach einem Teil der Literatur[114] soll dagegen jedes Erklärungsmittel, aus dem die Einigung hervorgeht (zB Übergabe einer entsprechenden Schrift, Unterlassen von Widerspruch), ausreichen.

ff) Gleichzeitige Anwesenheit der Parteien (§ 925 I BGB) (G)

Die Parteien müssen bei Abgabe ihrer Erklärungen gleichzeitig anwesend sein (§ 925 I BGB). Gleichzeitige Anwesenheit bedeutet allerdings nicht unbedingt persönliche Anwesenheit, sodass Stellvertretung (§§ 164 ff. BGB) – bei Befreiung vom Verbot des § 181 BGB auch im Wege des Selbstkontrahierens – zulässig ist. § 925 I 1 BGB schließt somit nur eine zeitliche Aufeinanderfolge von Antrag und Annahme (§ 152 BGB)[115] oder eine Stufenbeurkundung (§ 128 BGB) aus.[116] 25

Aus diesem Grund wird auch die Erklärung eines Vertreters ohne Vertretungsmacht (§ 177 I BGB) oder eines zur Verfügung nicht Berechtigten durch *Genehmigung rückwirkend wirksam* (§§ 184 I, 185 II Alt. 1 BGB).[117] Die Genehmigung kann formlos erfolgen (§ 182 II BGB). Zu beachten ist aber § 29 GBO. Ebenso bedarf auch eine Vollmachtserteilung zur Auflassung (§ 167 II BGB) grundsätzlich nicht der Form des § 925 I BGB.[118] § 29 GBO ist auch hier zu beachten.[119]

c) Eintragung in das Grundbuch

Die Auflassung bewirkt nur zusammen mit der Eintragung in das Grundbuch den Eigentumsübergang.[120] Das Verfahren zur Eintragung richtet sich dabei nach formellem Grundbuchrecht. 26

Merke: Für die materielle Wirksamkeit des Eigentumsübergangs ist nur die tatsächliche Eintragung maßgeblich, nicht dagegen die Frage, ob das Grundbuchamt die Eintragung vornehmen durfte. Die im Folgenden dargestellten formell-rechtlichen Eintragungsvoraussetzungen nach der GBO sind deshalb in der Klausur keinesfalls beim materiell-rechtlichen Eigentumserwerb des Grundstücks zu prüfen!

---

113 RGRK/*Augustin* § 925 Rn. 71; RG JW 1928, 2519 (2520); KG OLGE 3, 428; OLG Braunschweig OLGE 45, 210; vgl. auch BayObLG DNotZ 2001, 557 (559).

114 MüKoBGB/*Kanzleiter* § 925 Rn. 20; Staudinger/*Pfeifer* (2011) § 925 Rn. 86; Palandt/*Bassenge* § 925 Rn. 3; Erman/*Artz* § 925 Rn. 24; NK-BGB/*Grziwotz* § 925 Rn. 16; jurisPK-BGB/*Benning* § 925 Rn. 10; *Rosenberg* Anm. zu RG JW 1928, 2519.

115 MüKoBGB/*Kanzleiter* § 925 Rn. 18; *Baur/Stürner* SachenR § 22 Rn. 4.

116 *Westermann/Gursky/Eickmann* SachenR § 75 Rn. 2; Bamberger/Roth/*Grün* § 925 Rn. 21, 23; eine Ausnahme davon wird wegen der Sachlage bei Erklärungen gemacht, die im Wege rechtskräftigen Urteils ersetzt wurden (§ 894 ZPO); dann muss nur noch der andere Teil seine Erklärung vor der zuständigen Stelle abgeben, die Anwesenheit des verurteilten Teils (Käufer oder Verkäufer) wird fingiert; vgl. BayObLG Rpfleger 1983, 390; 2005, 488.

117 MüKoBGB/*Kanzleiter* § 925 Rn. 20; *Baur/Stürner* SachenR § 22 Rn. 5.

118 NK-BGB/*Grziwotz* § 925 Rn. 32. Ausnahmen von der Formfreiheit der Vollmachtserteilung gelten immer dann, wenn ohne eine notarielle Beurkundung der Vollmacht die Warnfunktion des § 311b I BGB unterlaufen würde (zB unwiderrufliche Vollmacht).

119 Im Unterschied zur Auflassung selbst kann die Vollmacht vom Eintritt einer Bedingung abhängig gemacht werden. Lediglich zum Zeitpunkt der dinglichen Einigung muss die Vollmacht unbedingt bestehen; der Bedingungseintritt ist dem Grundbuchamt in der Form des § 29 I GBO nachzuweisen. Thüringer OLG, Beschluss vom 20.8.2012, 9 W 388/12; Bamberger/Roth/*Grün* § 925 Rn. 13; *Demharter* § 20 Rn. 22, jeweils mwN.

120 Soergel/*Stürner* § 873 Rn. 16; ausführlich *Brehm/Berger* SachenR § 9 Rn. 10 ff.

aa) Eintragungsvoraussetzungen (Z)

Die Eintragung des Eigentumsübergangs in das Grundbuch setzt nach der GBO voraus:[121]

- *Zuständigkeit des Grundbuchamts:* Zuständiges Grundbuchamt ist das Amtsgericht, in dessen Bezirk das betroffene Grundstück gelegen ist (§ 1 I 1 GBO);[122]
- *Beteiligtenfähigkeit* des Antragstellers;
- *Verfahrensfähigkeit* des Antragstellers;
- *ordnungsgemäßer Eintragungsantrag:* Der Antrag muss die Person des Antragstellers und das Begehren einer inhaltlich genau bestimmten Eintragung enthalten. Außerdem muss das begehrte Recht eintragungsfähig sein;
- *ordnungsgemäße Eintragungsbewilligung:* Inhaltlich muss durch die Eintragungsbewilligung dem Grundbuchamt seine Eintragungstätigkeit gestattet werden. Die Bewilligung muss außerdem Angaben enthalten über die Person des Bewilligenden, Art und Inhalt der Eintragung, die Person des Berechtigten, das betroffene Grundstück und den materiell-rechtlichen Erwerbsvorgang, der grundbuchmäßig verlautbart werden soll.[123] Dabei müssen sich Eintragungsantrag und Eintragungsbewilligung inhaltlich decken, da sonst der Eintragungsantrag nicht vollziehbar ist.[124] Auf den Inhalt der Bewilligung kann das Grundbuchamt bei der Eintragung Bezug nehmen und ihn so zum Inhalt des Grundbuchs machen (§ 874 S. 1 BGB).[125]
- Nach Eingang beim Grundbuchamt oder Aushändigung an den Begünstigten oder bei Bestehen eines unwiderruflichen gesetzlichen Anspruchs des Begünstigten auf Aushändigung ist die Eintragungsbewilligung unwiderruflich und bindend.[126] Eine Bindung an die materiell-rechtliche Einigung, die von der Bindung an die Bewilligung zu unterscheiden ist, besteht nur, wenn die Voraussetzungen des § 873 II BGB erfüllt sind.[127]
- Umstritten war lange Zeit, ob es sich bei der Eintragungsbewilligung um eine rein rechtsgeschäftliche oder um eine rein verfahrensrechtliche Erklärung handelt oder ob ihr eine Doppelnatur zukommt. Die Frage der Rechtsnatur ist für die Wirksamkeit der Eintragungsbewilligung von entscheidender Bedeutung (zB bei Bewilligung durch einen Minderjährigen). Während nach früherer Rechtslage[128] die Bewilligung als rechtsgeschäftliche Erklärung ausgestaltet war, ist diese Ansicht mit geltendem Recht nicht mehr vereinbar,[129] da es materiell-rechtlich nun nur auf die Tatsache der Eintragung, nicht aber auf deren formelle Voraussetzungen ankommt. Weil § 19 GBO auf die Bewilligung des Betroffenen – also des materiellen Rechtsträgers – abstellt, ging die frühere hM[130] davon aus, dass die Bewilligung zwar eine verfahrensrechtliche Erklärung sei, die Vorschriften des BGB über Willenserklä-

---

121 *Eickmann/Böttcher*, Grundbuchverfahrensrecht, 4. Aufl. 2011, Rn. 84 ff.; *Baur/Stürner* SachenR § 16.
122 Der Wohnsitz des Eigentümers ist unerheblich; vgl. *Baur/Stürner* SachenR § 15 Rn. 5.
123 *Schöner/Stöber* GrundbuchR Rn. 103; *Demharter* § 19 Rn. 35–37.
124 BayObLG Rpfleger 1978, 447; Rpfleger 1993, 13 (15); *Demharter* § 13 Rn. 19; *Holzer/Kramer* GrundbuchR 4. Teil Rn. 42.
125 Palandt/*Bassenge* § 874 Rn. 1.
126 *Schöner/Stöber* GrundbuchR Rn. 107.
127 *Schöner/Stöber* GrundbuchR Rn. 106.
128 RGZ 54, 378 (384); 141, 374 (377).
129 *Eickmann/Böttcher*, Grundbuchverfahrensrecht, 4. Aufl. 2011, Rn. 122.
130 BayObLGZ 1974, 30 (33); *Kollhosser* JA 1984, 714 (715).

rungen aber direkt Anwendung fänden, soweit die GBO keine Regelungen enthalte. Nach heute hM[131] erschöpft sich die Bedeutung der Eintragungsbewilligung dagegen in rein verfahrensrechtlichen Fragen. Zwar führe die Bewilligung zu der materiell-rechtlichen Bindungswirkung (§§ 873 II, 878 BGB), für die Beurteilung der Wirksamkeit der Erklärung seien jedoch Grundsätze aus der Freiwilligen Gerichtsbarkeit und nicht die des BGB heranzuziehen.[132]

- *Nachweis der Auflassung:* Neben der Bewilligung nach § 19 GBO[133] muss dem Grundbuchamt zusätzlich die Auflassung durch eine öffentlich beglaubigte Urkunde nachgewiesen werden (§§ 20, 29 I GBO);[134]
- *Voreintragung* des Bewilligenden (§ 39 I GBO);[135]
- *Vorliegen evtl. erforderlicher behördlicher Genehmigungen* (zB nach dem BauGB oder GrdstVG);
- gegebenenfalls *Nachweis sonstiger Umstände* (zB Einwilligung des Ehepartners gem. § 1365 I BGB bei Vorliegen konkreter Anhaltspunkte dafür, dass es sich bei dem betroffenen Grundstück um das gesamte Vermögen des Verfügenden handelt)[136]. Die Prüfungspflicht des Grundbuchamts besteht insofern nur eingeschränkt.[137]

bb) Eintragung von Gesellschaften (Z)

Fallbeispiel: »Wechselnde Gesellschafter«[138]

Während die OHG und die KG unmittelbar eingetragen werden können, da sie nach § 124 I HGB unter ihrem Namen Rechte erweben können (für die nötige Publizität sorgt das zentrale Registerverfahren[139]), stellt sich die Frage, wie die Eintragung – und dementsprechend auch der Eintragungsantrag – zu lauten haben, wenn eine BGB-Gesellschaft[140] das Eigentum erwerben soll. 27

131 BGHZ 84, 202 (207); BGH NJW 2013, 934 (936); OLG Düsseldorf Rpfleger 1981, 177; *Demharter* § 19 Rn. 13; *Baur/Stürner* SachenR § 16 Rn. 26; *Holzer/Kramer* GrundbuchR 4. Teil Rn. 97 f.; *Schöner/Stöber* GrundbuchR Rn. 98; f. *Schmitt* MittBayNot 1978, 89 (91).

132 Streng durchgehalten wird dieser Grundsatz aber nicht: Die AGB betreffenden gesetzlichen Regelungen wurden sogar direkt angewendet; vgl. *Holzer/Kramer* GrundbuchR 4. Teil Rn. 99, 114 f.

133 Str. ist, ob bei der Auflassung überhaupt eine Bewilligung nach § 19 GBO erforderlich ist. Die überwiegende Ansicht bejaht dies: Staudinger/*Pfeifer* (2011) § 925 Rn. 134; Staudinger/*Gursky* (2012) § 873 Rn. 267 mwN; wohl auch BGHZ 90, 323 (325, 327); 125, 41 (44); BayObLG Rpfleger 1994, 344 (345). Dabei wird davon ausgegangen, dass der Auflassungserklärung idR durch Auslegung eine Bewilligung zu entnehmen sei: *Behmer* Rpfleger 1984, 306 (307). Anders RGZ 54, 378 (383); 141, 374 (376); BayObLG Rpfleger 1967, 177; Jauernig/*Berger* § 873 Rn. 14; diese sehen in § 19 GBO nur eine Erleichterung gegenüber § 20 GBO.

134 In der Praxis werden deshalb das schuldrechtliche Verpflichtungsgeschäft (§ 311b I 1 BGB), die Auflassung (§ 925 BGB), die Eintragungsbewilligung (§ 19 GBO) und der Eintragungsantrag (§ 13 GBO) meist in einer Urkunde vom Notar zusammengefasst; vgl. *Baur/Stürner* SachenR § 22 Rn. 15.

135 Zu den Ausnahmen → § 13 Rn. 12.

136 BGHZ 35, 13 (140); 64, 246 (250); *Baur/Stürner* SachenR § 22 Rn. 17 ff.

137 OLG München MDR 2009, 1408; *Schöner/Stöber* GrundbuchR Rn. 3394.

138 *Vieweg/Röthel* Fälle SachenR Fall 31.

139 *Holzer/Kramer* GrundbuchR 3. Teil Rn. 44; *K. Schmidt* ZIP 1998, 2 (7); *Schemmann* DNotZ 2001, 244 (248); *Stöber* MDR 2001, 544 (545).

140 Zur Grundbuchfähigkeit der Wohnungseigentümergemeinschaft vgl. BGH ZIP 2005, 1233 (1238); OLG Celle NJW 2008, 1537 ff.; *Demharter* NZM 2005, 601 (604).

Für die GbR ist allgemein anerkannt, dass das (Gesamthands-)Eigentum auch bei einem Mitgliederwechsel dem Gesellschafterkreis zugeordnet bleibt; Veränderungen des Gesellschafterbestands berühren daher nur diesen, nicht aber die unmittelbare dingliche Zuordnung des Grundstücks. Auch nach der neuen Rechtsprechung[141] zur Rechtsfähigkeit der Außen-GbR wurde zunächst überwiegend angenommen, dass eine Eintragung der GbR selbst nicht möglich sei, da dies die Publizitätswirkung des Grundbuchs unvertretbar gefährden würde.[142]

Einzelne Stimmen in der Literatur[143] befürworteten die Grundbuchfähigkeit allerdings, sofern es sich um eine klar identifizierte GbR handle und der Gesellschafterbestand durch weitere, in den Grundbuchakten befindliche Unterlagen – insbesondere eine fortgeschriebene Mitgliederliste, die dem § 29 GBO entspricht – ersichtlich sei.

Der BGH[144] geht inzwischen im Grundsatz von einer allgemeinen Grundbuchfähigkeit der GbR aus. Mit der Anerkennung der Teilrechtsfähigkeit gehöre die GbR zu den Gesellschaften, die iSd § 14 II BGB mit der Fähigkeit ausgestattet seien, Rechte zu erwerben und Verbindlichkeiten einzugehen. Das Vermögen der GbR sei damit Vermögen einer »rechtsfähigen Personengesellschaft«. Deren Vermögen werde grundbuchtechnisch bei allen anderen rechtsfähigen Personengesellschaften entsprechend der materiellen Rechtslage gebucht und nicht unter Nennung ihrer Gesellschafter. Die so entstehende planwidrige Regelungslücke sei durch eine analoge Anwendung der §§ 124 I, 161 II HGB, § 7 II PartGG und § 15 I lit. b GBV zu schließen. Das formelle Grundbuchrecht hinke der Entwicklung des materiellen Rechts insoweit hinterher und sei angesichts seiner rein dienenden Funktion nicht geeignet, eine Beschränkung der Buchbarkeit von Eigentum zu bewirken. Nur soweit eine GbR gänzlich auf die Führung einer unterscheidungskräftigen Bezeichnung verzichte, sei auf eine Eintragung gem. § 47 GBO zurückzugreifen.[145]

Der Gesetzgeber hat auf diese Rechtsprechung des BGH mit dem Gesetz zur Einführung des elektronischen Rechtsverkehrs und der elektronischen Akte im Grundbuchverfahren vom 18.6.2009 reagiert, das § 47 GBO neu fasst. Nach dem neu einge-

141 BGHZ 146, 341; → § 2 Rn. 48.

142 BayObLG NJW 2003, 70 (71 ff.) mwN; OLG Celle NJW 2006, 2194 (2194 f.); OLG Schleswig NJW 2008, 306 (306 f.); *Schemmann* DNotZ 2001, 244 (250); *Stöber* MDR 2001, 544 (545); *Demharter* Rpfleger 2001, 329 (330 f.); *ders.* Rpfleger 2002, 538; *ders.* FGPrax 2004, 144 (145) mwN; *Schöpflin* NZG 2003, 117 (117 f.); *Holzer/Kramer* GrundbuchR 3. Teil Rn. 36 ff. (41); auch *Nagel* NJW 2003, 1646 (1647 f.). Früher schon so BGHZ 45, 338 (348); OLG Düsseldorf NJW 1997, 1991 f.; *K. Schmidt* ZIP 1998, 2 (7); *ders.* NJW 2001, 993 (1002); wN bei *Ulmer* ZIP 2001, 585 (594) in Fn. 89; vgl. auch BGH NJW 2006, 2189 (2190) zur Frage, ob eine GbR Verwalter einer Wohnungseigentümergemeinschaft sein kann. Offen lassend zuletzt BGH NJW 2004, 3632 (3634); NJW 2006, 3716 (3716).

143 So *Ulmer* ZIP 2001, 585 (595); *Ulmer/Steffek* NJW 2002, 330 (331 ff.); für eine Grundbuchfähigkeit der GbR bei Nachweisen, die dem § 29 GBO genügen, ferner *Böttcher/Blasche* NZG 2007, 121 (124 f.); *Ott* NJW 2003, 1223; *Demuth* BB 2002, 1555 (1556 ff.); *Dümig* Rpfleger 2002, 53 (55 ff.); *ders.* Rpfleger 2003, 80 (81 f.); ähnlich schon *Timm* NJW 1995, 3209 (3214). *Nagel* NJW 2003, 1646 (1647) und *Priester* BB 2007, 837 (839) befürworten eine Eintragung der Gesellschaft sowie der einzelnen Gesellschafter (§ 162 I 2 HGB analog); vgl. auch *Kesseler* ZIP 2007, 421 (423); *ders.* ZNotP 2008, 231 (234). Krit. zur zusätzlichen Benennung der einzelnen Gesellschafter bei ausreichend unterscheidbarem Namen OLG Stuttgart DB 2007, 334 (335): Diese sei nicht dazu geeignet, ein Mehr an Klarheit und Bestimmtheit zu erbringen; zust. *Heßeler/Kleinhenz* NZG 2007, 250 (251).

144 BGH NJW 2009, 594 (596 ff.); noch offen gelassen von BGH NJW 2008, 1378 (1379).

145 BGH NJW 2009, 594 (597); zust. *Miras* GWR 2009, 78 (79 ff.); krit. *Kesseler* NZM 2009, 190 ff.

fügten Abs. 2 sind aus Publizitätsgründen neben der Gesellschaft aber zwingend auch alle Gesellschafter einzutragen.[146] Damit weicht der Gesetzgeber bewusst von der Vorgabe des BGH ab.[147] Auch Wechsel im Gesellschafterbestand sind eintragungspflichtig. Nach § 82 S. 3 GBO hat das Grundbuchamt die Beteiligten zu verpflichten, einen Antrag auf Berichtigung des Grundbuchs zu stellen, wenn die Eintragung eines Gesellschafters infolge eines Gesellschafterwechsels unrichtig geworden ist.[148] Sofern bereits ein vollstreckbarer Titel vorliegt, ist entsprechend § 727 ZPO der Wechsel des Gesellschafters durch Erteilung einer Rechtsnachfolgeklausel zu dokumentieren.[149]

Trotz der Neufassung des § 47 GBO sahen einige Obergerichte[150] und ein Teil der Literatur[151] beim Erwerb durch eine GbR Schwierigkeiten, die Einigung gem. §§ 20, 29 GBO nachzuweisen; zumal ein Nachweis nach § 32 GBO – zB durch einen Handelsregisterauszug – der GbR verwehrt ist.[152]

Mit Beschluss vom 28.4.2011 hat sich der BGH[153] den Stimmen im Schrifttum[154] angeschlossen, die davon ausgehen, dass ein gesonderter Nachweis der Existenz und Vertretungsbefugnisse vom Grundbuchamt grds nicht gefordert werden kann. Zur Begründung wird vor allem die Nachweismediatisierung[155] durch § 47 II 1 GBO herangezogen: § 47 II 1 GBO bestimme, dass das dingliche Recht der Gesellschaft durch ihre Gesellschaft grundbuchrechtlich vermittelt werde. Erforderlich, aber auch ausreichend sei deshalb die Eintragung aller Gesellschafter.[156] Sie sichere den Nachweis von Existenz, ordnungsmäßiger Vertretung und Identität der GbR.[157] Mit dieser Regelung sei jedoch ein Erfordernis eines auf die rechtlichen Verhältnisse der GbR und in der Form des § 29 GBO zu führenden Nachweises nicht vereinbar.[158] Nur bei konkreten Anhaltspunkten, dass das Grundbuch durch die Eintragung unrichtig würde, dürfe das Grundbuchamt einen gesonderten Nachweis fordern.[159]

Nachweisprobleme bestehen jedoch nach wie vor in den Fällen, in denen die Vertretung der GbR von der gesetzlichen Regelung abweicht,[160] da in diesem Fall die

146 Vgl. BT-Drs. 16/13437, 6 (27 ff.).

147 Vgl. *Werner* MDR 2010, 721.

148 *Wellenhofer* JuS 2010, 1048; *Werner* MDR 2010, 721; siehe auch § 13 Fn. 214.

149 BGH NJW 2011, 615 (616).

150 Siehe nur OLG Bamberg ZIP 2011, 812; OLG Hamm ZIP 2010, 2245; OLG Karlsruhe BB 2011, 1474; OLG Köln NJW-RR 2011, 452; OLG München ZIP 2010, 1496; OLG Nürnberg NotBZ 2010, 315; OLG Saarbrücken DNotZ 2010, 301. Vgl. auch die Darstellung des Meinungsstandes bei *Schöner/Stöber* Rn. 4257 sowie die Aufbereitung und Systematisierung bei *Reymann* ZNotP 2011, 84 (85 ff.).

151 So etwa *Werner* MDR 2010, 721; *Lautner* MittBayNot 2010, 286.

152 Unproblematisch erschien der Erwerb durch eine GbR nur dann, wenn diese ausdrücklich und zeitgleich in der notariellen Kaufvertragsurkunde gegründet wurde, da in diesem Fall der Nachweis der Existenz und Vertretungsberechtigung durch den Kaufvertrag erbracht werden konnte.

153 BGH NJW 2011, 1958.

154 So vor allem *Reymann* ZNotP 2011, 84 (103 ff.). Dieser Auffassung vertreten auch: *Schöner/Stöber* Rn. 4258; *Böttcher* NJW 2012, 822,

155 Der Begriff geht zurück auf *Reymann* ZNotP 2011, 84 (103).

156 BGH NJW 2011, 1958 (1960); OLG München MittBayNot 2011, 396.

157 OLG München MittBayNot 2011, 396.

158 BGH NJW 2011, 1958 (1960); OLG München MittBayNot 2011, 396.

159 BGH NJW 2011, 1958 (1960).

160 Vgl. OLG München NZG 2011, 1144 (1145): in diesem Fall müsse die Vertretungsbefugnis in der Form des § 29 GBO nachgewiesen werden, die Vorlage eines formwahrenden Gesellschaftsvertrags genüge insoweit nicht; ebenso OLG Celle MDR 2013, 770 (771).

Mediatisierung durch im Grundbuch eingetragenen Gesellschafter nicht hinreichend ist.

cc) Entbehrlichkeit der Eintragung bei bereits vorhandener Eintragung? (E)

28 Denkbar ist der Fall, dass das Recht, welches begründet werden soll, im Grundbuch schon zugunsten des Erwerbers eingetragen ist, etwa aufgrund eines Versehens des Grundbuchamts oder bei Eintragung nach einer unwirksamen Einigung.

Nach hM[161] soll es in solchen Fällen genügen, dass eine materielle Einigung erfolgt und eine erneute Eintragungsbewilligung erteilt wird, die inhaltlich deckungsgleich mit der vorhandenen Eintragung ist. Das Erfordernis eines »inneren Zusammenhangs« oder einer Kausalität bestehe hingegen nicht. Da der frühere Rechtsinhaber nicht verpflichtet sei, die unrichtige Eintragung löschen zu lassen, könne diese bei Vorliegen der übrigen Rechtsentstehungsvoraussetzungen wiederaufleben. Aus den §§ 879 II, 892 II BGB gehe gerade hervor, dass die Einigung auch der Eintragung nachfolgen könne. Auch stelle dieser Weg eine Entlastung des Grundbuchamts dar.

Da aber der Verzicht auf eine Grundbuchberichtigung und Neueintragung nicht zur Umgehung der Rangvorschriften des § 879 BGB führen dürfe, entfalte die neuerlich bewilligte Eintragung keine Rückwirkung. Der Rang des so begründeten Rechts bestimme sich vielmehr nach dem Zeitpunkt der neuen Verfügung (bzw. bei der Vormerkung: Bewilligung).[162] Im Interesse der Grundbuchklarheit könne dies durch einen entsprechenden Rangvermerk im Grundbuch zum Ausdruck gebracht werden.

Die Gegenansicht[163] weist auf die Vorstellung des historischen Gesetzgebers hin, nach der mit »Eintragung« der Vorgang des Einschreibens durch den hoheitlich tätig werdenden Amtswalter gemeint sei.[164] Ein Recht könne daher nur entstehen, wenn mit jeder Begründung auch eine neue Eintragung im Zusammenhang stehe. Auch könne nur so die Grundbuchklarheit und Effizienz sichergestellt werden, da ansonsten Unklarheit über die Rangverhältnisse herrsche.[165]

dd) Materiell-rechtliche Wirkungen des Eintragungsantrags – Überblick (G)

29 Die wichtigsten materiell-rechtlichen Wirkungen des Eintragungsantrags ergeben sich aus §§ 878 f. und § 892 II BGB:

- Gem. § 878 BGB kann der Rechtserwerb des Berechtigten nicht mehr durch nachträgliche Verfügungsbeschränkungen verhindert werden, wenn diese nach der

161 RGZ 139, 118 (129); BGHZ 143, 175 (179) = NJW 2000, 805 (806); BGH NJW 1973, 613 (614 f.); LM Nr. 1 zu § 873; LG Lübeck NJW-RR 1996, 914 (915); MüKoBGB/*Kohler* § 873 Rn. 109; *Baur/Stürner* SachenR § 19 Rn. 40; *Wolff/Raiser* SachenR § 38 III 2 (Fn. 27); *Wacke* DNotZ 2000, 643 (643 f.); noch weitergehender Bamberger/Roth/*Eckert* § 873 Rn. 23, der keine nochmalige Bewilligung verlangt; diff. aber Staudinger/*Gursky* (2012) § 873 Rn. 210 ff.

162 So auch *Wilhelm* SachenR Rn. 552; *Grunsky* EWiR 2000, 286; anders *Stürner/Marc*, LM Nr. 27 zu § 883 BGB, die einen positiven Vermerk des Wiederauflebens fordern. Zu Zeitpunkt und Rangstelle diff. zwischen den Fällen, in denen vorher kein wirksamer Anspruch bestand, und der Novation *Wacke* DNotZ 2000, 643 (643 ff.), mit Bezug auf seine Abhandlung DNotZ 2000, 615.

163 *Streuer* Rpfleger 2000, 155 (155 f.); schon *ders.* Rpfleger 1988, 513 (513, 515); *Zimmer* NJW 2000, 2978 (2980).

164 RGZ 131, 97 (99); so auch Staudinger/*Gursky* (2012) § 873 Rn. 7, Vorbem zu §§ 873 ff. Rn. 24 f.

165 *Zimmer* NJW 2000, 2978 (2979 f.); *Streuer* Rpfleger 2000, 155.

Bindung an die Verfügungserklärungen (§§ 873 II, 875 II BGB) und nach Stellung des Eintragungsantrags eintreten.[166]

- § 879 BGB bestimmt, dass es für das materielle Rangverhältnis eines Rechts auf die Reihenfolge der Eintragung ankommt. Die Anträge sind in der Reihenfolge ihres Eingangs zu erledigen.[167]
- Beim rechtsgeschäftlichen Erwerb vom Nichtberechtigten ist bezüglich der Voraussetzungen des § 892 BGB der Zeitpunkt der Stellung des Eintragungsantrags maßgeblich, sofern nicht die Einigung iSd § 873 BGB später zustande kommt.[168]

d) Verfügungsberechtigung (V)

Verfügungsberechtigt ist zunächst der Eigentümer als Rechtsinhaber, sofern nicht ausnahmsweise ein absolutes oder relatives Verfügungsverbot vorliegt. Ist der Veräußerer nicht Grundstückseigentümer, so kann der Erwerber gleichwohl Eigentum erwerben, wenn der Eigentümer in die Verfügung des Nichtberechtigten einwilligt (§ 185 I BGB) oder sie nachträglich genehmigt (§ 185 II Alt. 1 BGB).[169] 30

Eine erklärte Auflassung[170] – nach zT vertretener Ansicht[171] iVm der Eintragungsbewilligung – enthält in der Regel die konkludente Einwilligung in die Weiterauflassung durch den Auflassungsempfänger.[172] Zweckmäßigerweise sollte dennoch immer die ausdrückliche Einwilligung oder Genehmigung des Grundstückseigentümers eingeholt werden, weil Auflassung und Eintragungsbewilligung infolge Rücknahme unwirksam werden könnten.[173]

e) Nachträgliche Verfügungsbeschränkung gem. § 878 BGB

aa) Regelungszweck (G)

Zweck des § 878 BGB ist, den Nachteil des konstitutiven Eintragungserfordernisses – Abhängigkeit der Rechtsänderung von einer ungewissen Zeitspanne – dadurch auszugleichen, dass er den Erwerber in der Zeit zwischen Auflassung und Eintragung vor dem Wegfall der Verfügungsbefugnis des Veräußerers schützt.[174] Liegen sämtliche Erwerbsvoraussetzungen bis auf die Eintragung vor, so ist es nicht gerechtfertigt, den Grundstückserwerb an einer zwischenzeitlich eingetretenen Verfügungsbeschränkung des Veräußerers, auf die der Erwerber in der Regel keinen Einfluss hat, scheitern zu lassen. Eine gegen den Berechtigten gerichtete nachträgliche Verfügungs- 31

166 → § 13 Rn. 31.
167 → § 13 Rn. 68.
168 → § 13 Rn. 48.
169 MüKoBGB/*Kohler* § 873 Rn. 56; ausführlich zum Zustimmungserfordernis → § 4 Rn. 59 f.
170 RGZ 129, 146 (153); 135, 378 (382); BayObLGZ 1970, 254 (256 f.); 1972, 397; krit. *Konzen*, FG BGH I, 2000, 886 f.
171 RGZ 129, 150 (153); BGHZ 106, 108 (112); Staudinger/*Pfeifer* (2011) § 925 Rn. 126.
172 Dies gilt jedoch nicht ohne Weiteres für Belastungen des Grundstücks oder die Bestellung einer Vormerkung; BayObLGZ 1979, 12.
173 Staudinger/*Pfeifer* (2011) § 925 Rn. 126; siehe zB BGHZ 84, 202.
174 MüKoBGB/*Kohler* § 878 Rn. 1; Soergel/*Stürner* § 878 Rn. 1; Bamberger/Roth/*Eckert* § 878 Rn. 2: »Bestandssicherung«; *Baur/Stürner* SachenR § 19 Rn. 35. Zu beachten ist, dass bei Tod oder Verlust der Geschäftsfähigkeit die Willenserklärung bereits nach § 130 II BGB wirksam bleibt. Deshalb kommt § 878 BGB in diesem Fall nicht zur Anwendung. Die Erklärung kann jedoch vom Erben widerrufen werden, wenn keine Bindungswirkung nach § 873 II BGB gegeben ist.

beschränkung ist deshalb im Interesse des Erwerbers unschädlich. Der Erwerb nach § 878 BGB ist damit ein Erwerb vom Berechtigten.[175]

bb) Voraussetzungen (G)

32 *Voraussetzungen* für den Schutz nach § 878 BGB sind, dass

- der Berechtigte eine für ihn bindende Erklärung nach §§ 873, 875 oder 877 BGB abgegeben hat,
- der Eintragungsantrag gem. § 13 GBO gestellt worden ist,
- der Veräußerer nachträglich in seiner Verfügungsmacht durch ein relatives oder absolutes Veräußerungsverbot beschränkt worden ist[176] und
- zum Rechtserwerb allein die Eintragung fehlt (ungeschriebenes Tatbestandsmerkmal des § 878 BGB).

cc) Verhältnis zu § 892 BGB (V)

33 Im Gegensatz zu § 878 BGB, der einen Fall des Erwerbs vom Berechtigten regelt, ist § 892 BGB eine echte Gutglaubensvorschrift. Sie findet nur Anwendung, wenn schon vor oder bei Stellung des Eintragungsantrags eine nicht eingetragene oder dem Erwerber unbekannte Verfügungsbeschränkung bestand. Dagegen kommt § 878 BGB nur zur Anwendung, wenn die Verfügungsbeschränkung nach Antragstellung eintritt.[177]

Zwischen § 878 BGB und § 892 BGB besteht hinsichtlich derselben Verfügungsbeschränkung damit ein Ausschließlichkeitsverhältnis. Ist die Verfügungsbeschränkung eingetreten, bevor die Voraussetzungen des § 878 BGB erfüllt sind, wurde sie aber erst danach im Grundbuch eingetragen, so kann weder nach § 878 BGB noch nach § 892 BGB erworben werden.[178]

Merke: In der Klausur ist die Überwindung der Verfügungsbeschränkung durch § 878 BGB systematisch vor dem gutgläubigen Erwerb (§ 892 BGB) zu prüfen!

dd) Anwendungsbereich: Rechtsgeschäftliche Verfügungen (G)

34 § 878 BGB gilt unmittelbar für *rechtsgeschäftliche Verfügungen* iSd §§ 873, 875, 877 BGB. Entsprechend anwendbar ist § 878 BGB auf einseitig empfangsbedürftige Verfügungen wie die Eigentumsverzichtserklärung (§ 928 I BGB) sowie die Bestellung und Aufhebung[179] einer Vormerkung (§ 883 I BGB) oder eines Widerspruchs (§ 899 I BGB).[180] Für Verfügungen im Wege der Zwangsvollstreckung gilt § 878 BGB nach hM[181] dagegen nicht.

175 MüKoBGB/*Kohler* § 878 Rn. 1 f.; Bamberger/Roth/*Eckert* § 878 Rn. 9.
176 MüKoBGB/*Kohler* § 878 Rn. 28; Palandt/*Bassenge* § 878 Rn. 9 f.
177 MüKoBGB/*Kohler* § 878 Rn. 4; Bamberger/Roth/*Eckert* § 878 Rn. 9.
178 Palandt/*Bassenge* § 878 Rn. 3, § 892 Rn. 9; *Däubler* JZ 1963, 588 (590 f.).
179 OLG Köln Rpfleger 1973, 299; Palandt/*Bassenge* § 878 Rn. 4.
180 Palandt/*Bassenge* § 878 Rn. 4.
181 BGHZ 9, 250 (252 f.); Staudinger/*Gursky* (2012) § 878 Rn. 12 f.; *Baur/Stürner* SachenR § 19 Rn. 37; aA MüKoBGB/*Kohler* § 878 Rn. 27; *Wacke* ZZP 82 (1969), 377.

ee) Anwendbarkeit auch auf den Nichtberechtigten mit Verfügungsbefugnis? (E)

Fallbeispiel: »Der geisteskranke Grundstücksverkäufer (1)«[182]

§ 878 BGB spricht von »dem Berechtigten«. Ob damit auch der Nichtberechtigte mit Verfügungsbefugnis (der Ermächtigte iSd § 185 I BGB) gemeint ist, der in seiner Verfügungsmacht beschränkt wird, und § 878 zumindest analog angewendet werden kann, ist umstritten. 35

Beispiel (nach BGHZ 49, 197): An A wird ein Grundstück aufgelassen und er wird zugleich ermächtigt, schon vor seiner Eintragung über das Grundstück zu verfügen. Sein Anwartschaftsrecht wird nun gepfändet, womit er die Verfügungsbefugnis verliert (vgl. §§ 857, 829 I ZPO).

Die Rechtsprechung[183] und ein Teil der Literatur[184] sehen § 878 BGB im Zusammenhang mit allen zum Eigentumserwerb führenden Tatbeständen. So setze § 873 BGB voraus, dass der Berechtigte schon und noch im Grundbuch eingetragen sei. Der »Berechtigte« iSd Norm könne danach nur der Eigentümer sein, auch deshalb, weil nur er in seiner Verfügungsmacht nachträglich beschränkt werden könne.

Der überwiegende Teil der Literatur[185] stellt nach Sinn und Zweck des § 878 BGB den Nichtberechtigten mit Verfügungsmacht dem Berechtigten gleich und bejaht damit die analoge Anwendbarkeit des § 878 BGB. Wenn der Erwerber, der alles ihm Mögliche zum Rechtserwerb getan habe, gegen eintretende Verfügungsbeschränkungen seines Vertragspartners geschützt werden solle, könne es nicht darauf ankommen, ob dieser als Rechtsinhaber bloß mit Verfügungsermächtigung oder kraft eigenen Rechts verfügt habe.[186] In den meisten Fallgestaltungen handele es sich auch um eintragungsfähige Rechte. Zudem werde der nach § 185 I BGB handelnde Nichtberechtigte von der Rechtsordnung als Berechtigter angesehen.[187]

Wird der einwilligende Rechtsinhaber nach Erteilung der Einwilligung in der Verfügung beschränkt, ist § 878 BGB unstreitig entsprechend anwendbar.[188]

ff) Rechtsfolge (G)

Bei Eingreifen von § 878 BGB bleibt die Einigungserklärung des Veräußerers trotz nachträglicher Verfügungsbeschränkung wirksam. Mit der Eintragung im Grundbuch tritt der Eigentumswechsel ein. Dies gilt unabhängig davon, ob dem Erwerber die Verfügungsbeschränkung bekannt geworden ist, weil es im Rahmen des § 878 BGB auf die Redlichkeit gar nicht ankommt.[189] 36

182 *Vieweg/Röthel* Fälle SachenR Fall 28.

183 RGZ 135, 378 (381 f.); BGHZ 49, 197 (207).

184 *Schönfeld* JZ 1959, 140 (144); *v. Lübtow* NJW 1962, 275 (277).

185 MüKoBGB/*Kohler* § 878 Rn. 12; Soergel/*Stürner* § 878 Rn. 7a; Staudinger/*Gursky* (2012) § 878 Rn. 59; Erman/*Artz* § 878 Rn. 10; Palandt/*Bassenge* § 878 Rn. 6; *Westermann/Gursky/Eickmann* SachenR § 74 Rn. 32; *Wolf/Wellenhofer* SachenR § 17 Rn. 45 aE; *Däubler* JZ 1963, 588 (589); ebenso BayObLGZ 1960, 456 (460).

186 *Westermann/Gursky/Eickmann* SachenR § 74 Rn. 32; *Däubler* JZ 1963, 588 (589).

187 *Däubler* JZ 1963, 588 (589).

188 Staudinger/*Gursky* (2012) § 878 Rn. 60; Palandt/*Bassenge* § 878 Rn. 6; *Däubler* JZ 1963, 588 (589).

189 Staudinger/*Gursky* (2012) § 878 Rn. 23; Palandt/*Bassenge* § 878 Rn. 16; *Rahn* NJW 1959, 97; *Schönfeld* JZ 1959, 140 (141) mwN; *Däubler* JZ 1963, 588 (589); *Wacke* ZZP 82 (1969), 377 (385 ff.).

3. Rechtsfolgen wirksamer Übereignung (G)

37 Rechtsfolge einer wirksamen Übereignung ist der Eigentumsübergang am Grundstück. Der Erwerber handelt damit bei künftigen Verfügungen als Berechtigter.[190] Neben dem Grundstück gehen – unabhängig vom Willen der Beteiligten – auch dessen wesentliche Bestandteile (§§ 93, 94 I BGB) in das Eigentum des Erwerbers über. Dazu gehören auch subjektiv-dingliche Rechte (Grunddienstbarkeit, subjektiv-dingliche Reallast, subjektiv-dingliches Vorkaufsrecht, § 96 BGB).[191] Nicht wesentliche Bestandteile gehen über, soweit sie die Parteien nicht vom Eigentumsübergang ausnehmen. Daneben erwirbt der Erwerber im Zweifel auch das Zubehör am Grundstück (§ 97 I BGB), um die wirtschaftliche Grundlage des Grundstücks zu erhalten (§ 926 I 2 BGB). Zubehör, das dem Veräußerer nicht gehört, kann nach den Regeln über den Eigentumserwerb an beweglichen Sachen gutgläubig lastenfrei erworben werden (§ 926 II iVm §§ 932–936 BGB).[192] § 926 BGB verhindert also nicht, dass das Zubehör nach dem Parteiwillen entsprechend den §§ 929 ff. BGB übergeht.[193]

Eine wirksame Auflassung und die entsprechende Eintragung im Grundbuch heilen ferner einen wegen Nichtbeachtung der Form nach §§ 311b I, 125 BGB nichtigen Vertrag über die Veräußerung eines Grundstücks (§ 311b I 2 BGB).[194]

4. Gutgläubiger Erwerb von Immobiliarsachenrechten, insbesondere von Grundeigentum (§§ 892, 893 BGB)

a) Regelungszweck des § 892 BGB (G)

38 § 892 BGB bezweckt, denjenigen, der im Rechtsverkehr auf den Inhalt des Grundbuchs vertraut, in seinem Vertrauen hierauf zu schützen und ihm die Rechtsposition zu verschaffen, die er erhalten würde, wenn der Inhalt des Grundbuchs der wahren Rechtslage entspräche.[195] Das Grundbuch fungiert hierbei als Rechtsscheinsträger. Sein an Eintragungsvorgänge anknüpfender Vertrauensschutz ist wegen der hohen wirtschaftlichen Werte von Liegenschaften weit wichtiger als der beim Umsatz beweglicher Sachen nach §§ 932 ff. BGB.[196] Die Eintragung in das Grundbuch entspricht dem Publizitätsakt der Übergabe beim gutgläubigen Erwerb beweglicher Sachen.

b) Rechtliche Einordnung des § 892 BGB (Z)

39 Die materiell-rechtlichen Vorschriften §§ 892, 893 BGB ermöglichen den gutgläubigen Erwerb von Grundstückseigentum und sonstigen *eintragungsfähigen* dinglichen Rechten vom Nichtberechtigten.[197]

---

190 → § 5 Rn. 13.
191 → § 16 Rn. 82, → § 16 Rn. 88.
192 Dies gilt auch für nicht wesentliche Bestandteile; vgl. Palandt/*Bassenge* § 926 Rn. 1, 3.
193 Soergel/*Stürner* § 926 Rn. 2.
194 Dies gilt sowohl für den Erwerb vom Berechtigten als auch vom Nichtberechtigten; vgl. MüKoBGB/*Kohler* § 892 Rn. 71; Staudinger/*Schumacher* (2012) § 311b Rn. 262 ff.
195 Soergel/*Stürner* § 892 Rn. 1.
196 MüKoBGB/*Kohler* § 892 Rn. 1 f.
197 Staudinger/*Gursky* (2013) § 892 Rn. 72.

Während § 891 BGB von der – widerlegbaren – Vermutung der Richtigkeit des Grundbuchs spricht, geht § 892 BGB in Wirkung und Regelungsumfang (Vollständigkeit) noch einen Schritt weiter, wenn es dort heißt: »der Inhalt des Grundbuchs gilt als richtig«. Umstritten, aber ohne praktische Bedeutung ist, ob diese Formulierung auf eine Fiktion herausläuft – so die wohl hM[198] – oder auf eine unwiderlegbare Vermutung.[199]

Die hM stützt sich auf den Wortlaut: § 892 BGB setze die Unrichtigkeit des Grundbuchs offenbar voraus, sei aber auch bei bloßen Zweifeln anzuwenden (Beweiserhebung).[200]

Die Gegenansicht[201] verneint eine Fiktion, die im Gegensatz zur Vermutung nie richtig sein könne. Da das Grundbuch hingegen in den meisten Fällen richtig sei, handele es sich um eine Vermutung, die im Gegensatz zu § 891 BGB unwiderleglich und um die Vollständigkeitsvermutung ergänzt sei.

c) Voraussetzungen des § 892 BGB – Überblick (G)

Fallbeispiel: »Der geisteskranke Grundstücksverkäufer (1)«[202]

Voraussetzungen des gutgläubigen Erwerbs sind gem. § 892 BGB: 40

- das Vorliegen eines Rechtsgeschäfts iSe Verkehrsgeschäfts;
- die Unrichtigkeit des Grundbuchs;
- die Legitimation des Verfügenden durch das Grundbuch;
- die Gutgläubigkeit des Erwerbers;
- das Fehlen eines eingetragenen Widerspruchs.

d) Rechtsgeschäft iSe Verkehrgeschäfts

Fallbeispiel: »Die Miteigentümer«[203]

aa) Grundsatz (G)

Ein gutgläubiger Erwerb ist nur bei einem Rechtsgeschäft iSe Verkehrsgeschäfts möglich. 41 Das Rechtsgeschäft muss nach dem Parteiwillen unmittelbar die Übertragung oder Belastung eines Grundstücksrechts zum Gegenstand haben.[204] Ein Verkehrsgeschäft ist ein Rechtsgeschäft, bei dem das Vermögen auf eine vom Veräußerer verschiedene Person übergeht.[205] Auf Erwerberseite muss also neben dem Veräußerer

198 RGZ 86, 353 (356); Staudinger/*Gursky* (2013) § 892 Rn. 10; MüKoBGB/*Kohler* § 892 Rn. 1; *Baur/Stürner* SachenR § 23 Rn. 39; *Lutter* AcP 164 (1964), 122 (124); *W. Wiegand* JuS 1975, 205 (206); mit weiteren Argumenten jurisPK-BGB/*Toussaint* § 892 Rn. 3.

199 RGZ 123, 19 (21); *Westermann/Gursky/Eickmann* SachenR § 83 Rn. 2; *Schöner/Stöber* GrundbuchR Rn. 343.

200 Staudinger/*Gursky* (2013) § 892 Rn. 10.

201 MüKoBGB/*Wacke*, 4. Aufl. 2004, § 892 Rn. 2.

202 *Vieweg/Röthel* Fälle SachenR Fall 28.

203 *Vieweg/Röthel* Fälle SachenR Fall 30.

204 Staudinger/*Gursky* (2013) § 892 Rn. 77 f.; → § 5 Rn. 9.

205 MüKoBGB/*Kohler* § 892 Rn. 33.

mindestens eine weitere Person stehen, die auch bei *wirtschaftlicher* Betrachtung nicht als Veräußerer angesehen werden kann.[206]

Beim Eigentumserwerb kraft Gesetzes ist ein gutgläubiger Erwerb nach § 892 BGB grundsätzlich ausgeschlossen.[207] Bei Zwangsvollstreckungsakten ist zu differenzieren:[208] Wird in einem Erkenntnisverfahren ein Urteil erwirkt, dass der Schuldner ein Recht zu bestellen oder zu übertragen habe, so ermöglicht das die Willenserklärung ersetzende (§ 894 ZPO) rechtskräftige Urteil einen gutgläubigen Erwerb, da § 898 ZPO solche fingierten Erklärungen rechtsgeschäftlichen Vorgängen gleichstellt.[209] Soll dagegen wegen einer Geldforderung in ein Grundstück oder ein Recht an einem solchen, als dessen Eigentümer bzw. Inhaber der Vollstreckungsschuldner fälschlich eingetragen ist, vollstreckt werden, ist ein gutgläubiger Erwerb nach ganz hM ausgeschlossen, da nach den allgemeinen Grundsätzen nur das wahre Schuldnervermögen hafte und der gutgläubige Erwerb im gesamten Bereich der Zwangsvollstreckung wegen Geldforderungen ausgeschlossen sei. Der wirkliche Eigentümer könne sich mit der Drittwiderspruchsklage (§ 771 ZPO) wehren.[210]

bb) Sonderfall: Erwerb akzessorischer Rechte (E)

42 Eine *Ausnahme* vom zuvor genannten Grundsatz gilt nach der Rechtsprechung des BGH und eines Teils des Schrifttums,[211] wenn der gesetzliche Erwerbstatbestand zumindest mittelbar auf ein Rechtsgeschäft zurückzuführen ist, wie beim gutgläubigen Zweiterwerb[212] von Vormerkung[213] und Hypothek[214] sowie bei der Ablösung von Grundpfandrechten[215]. Vormerkung und Hypothek gingen zwar mit der zedierten Forderung als unselbstständige Nebenrechte gem. § 401 I BGB bzw. § 1153 I BGB über; der Erwerb beruhe jedoch mittelbar auf der rechtsgeschäftlichen Forderungsabtretung, sodass § 892 BGB entsprechend anwendbar sei.

Dagegen führt ein anderer Teil des Schrifttums[216] an, insbesondere der Übergang der Vormerkung nach § 401 BGB erfolge immer nur als Anhängsel und gerade nicht auf-

206 Diese wirtschaftliche Betrachtungsweise des Verkehrsgeschäfts entspricht der ganz hM; siehe nur BGH NJW 2007, 3204 (3205); Staudinger/*Gursky* (2013) § 892 Rn. 97; *Schreiber* Jura 1999, 491 (493); *Westermann* SachenR Rn. 358; → § 5 Rn. 10.

207 Streitig ist, ob dem Erwerb kraft Gesetzes der Erwerb im Wege der vorweggenommenen Erbfolge gleichgestellt werden kann. Vgl. *Baur/Stürner* SachenR § 23 Rn. 27; *Schöner/Stöber* GrundbuchR Rn. 349 (Fn. 33); *Kohler* Jura 2008, 321 (324 ff.); → § 5 Rn. 11.

208 Siehe nur MüKoBGB/*Kohler* § 892 Rn. 26, 29; *Baur/Stürner* SachenR § 23 Rn. 22.

209 *Brox/Walker* ZVR Rn. 1122; Musielak/Voit/*Lackmann* § 898 Rn. 1. Streitig ist, ob dies auch für die Vormerkung gilt; bejahend MüKoBGB/*Kohler* § 892 Rn. 26; Staudinger/*Gursky* (2013) § 892 Rn. 89 f. mwN.

210 BGHZ 64, 194 (197); BGH BB 1963, 286; MüKoBGB/*Kohler* § 892 Rn. 29; Staudinger/*Gursky* (2013) § 892 Rn. 90 f. mwN und älterer Rspr.; *Brox/Walker* ZVR Rn. 1042, 1045 mit weiteren Details; ferner *Kohler* Jura 2008, 321 (321 f.).

211 BGHZ 25, 16 (23 ff.) zur Vormerkung; ebenso MüKoBGB/*Kohler* § 883 Rn. 75.

212 In dieser Fallkonstellation besteht die zu sichernde Forderung; Vormerkung und Hypothek sind jedoch nicht eingetragen, vgl. *Latta/Rademacher* JuS 2008, 1052 (1052 ff.).

213 → § 14 Rn. 15 f.

214 → § 15 Rn. 35 ff.

215 → § 15 Rn. 56.

216 Staudinger/*Gursky* (2013) § 892 Rn. 59; *Baur/Stürner* SachenR § 20 Rn. 52; *Canaris*, FS Flume I, 1978, 381 (389); *W. Wiegand* JuS 1975, 205 (212 f.); *Tiedtke* Jura 1981, 367; *J. Hager* JuS 1990, 429 (438).

grund Rechtsgeschäfts. Anders als bei der Hypothek seien auch keine Publizitätserfordernisse zu beachten.[217] Ein gutgläubiger Erwerb der Vormerkung scheide daher aus.[218]

e) Unrichtigkeit des Grundbuchs

aa) Gegenstand der Grundbuchunrichtigkeit (G)

Das Grundbuch ist unrichtig, wenn sein Inhalt nicht der wahren Rechtslage entspricht, dh wenn die formelle mit der materiellen Rechtslage in Widerspruch steht (vgl. § 894 BGB). Die Unrichtigkeit des Grundbuchs kann sich aus einem fehlerhaften Handeln des Grundbuchamts,[219] durch sonstige rechtliche Veränderungen (zB Erbfall), infolge Nichtigkeit des dinglichen Rechtsgeschäfts[220] oder wegen fehlender Einigung der Parteien ergeben.[221] 43

Die Unrichtigkeit bezieht sich auf den Gegenstand des öffentlichen Glaubens des Grundbuchs, nämlich die Vermutung der Richtigkeit und Vollständigkeit des Grundbuchs. § 892 I BGB umfasst damit die sog. *positive* und die sog. *negative Publizität* des Grundbuchs:

- Positiv wird vermutet, dass dem Eingetragenen das Recht, so wie es eingetragen ist, auch zusteht (Bestehen eingetragener dinglicher Rechte);
- negativ wird vermutet, dass nicht eingetragene oder gelöschte – auch unrichtige – Rechte und Verfügungsbeschränkungen nicht (mehr) bestehen.[222]

Der Schutzbereich des § 892 BGB bezieht sich nur auf Tatbestände, die zur Unrichtigkeit des Grundbuchs im Rechtssinne führen können, dh auf das Bestehen oder Nichtbestehen eintragungsfähiger dinglicher Rechte oder eintragungsfähiger relativer Verfügungsbeschränkungen.[223] Rein tatsächliche Angaben im Bestandsverzeichnis über Wirtschaftsart und Größe des Grundstücks oder über persönliche Verhältnisse (Rechts-, Geschäftsfähigkeit, Berufsbezeichnung) werden von § 892 BGB ebenso wenig erfasst wie nicht eintragbare Rechte, Belastungen und Beschränkungen.[224]

Fallbeispiel: »Wechselnde Gesellschafter«[225]

Das am 18.6.2009 vom Bundestag beschlossene Gesetz zur Einführung des elektronischen Rechtsverkehrs und der elektronischen Grundakte sieht in dem neu in das BGB eingefügten § 899a BGB die Anwendung der §§ 892–899 BGB auf die gem.

217 *Baur/Stürner* SachenR § 20 Rn. 52.

218 Vgl. ausführlich zum gutgläubigen Erwerb der Vormerkung → § 14 Rn. 12 f.

219 Falsche Namenseintragung des Erwerbers, zB statt Maier wird Meyer eingetragen.

220 Beispielsweise wegen Geschäftsunfähigkeit oder Anfechtung (§ 142 II BGB).

221 Vgl. insgesamt zu den Fällen der Unrichtigkeit *Prütting* SachenR Rn. 205 ff.; *Baur/Stürner* SachenR § 18 Rn. 1 ff.

222 MüKoBGB/*Kohler* § 892 Rn. 1; Soergel/*Stürner* § 891 Rn. 10 ff., § 892 Rn. 6; jurisPK-BGB/*Toussaint* § 892 Rn. 19 ff. mit Aufzählung möglicher Verfügungsverbote, die durch § 892 BGB überwunden werden können.

223 *Baur/Stürner* SachenR § 23 Rn. 6 ff.; *Schreiber* Jura 1999, 491 (492).

224 Beispiele: öffentlich-rechtliche Beschränkungen und Belastungen wie Bauverbote, Baulinien oder Anliegerbeiträge; vgl. *Baur/Stürner* SachenR § 23 Rn. 12; *Schreiber* Jura 1999, 491 (492); weitere Beispiele bei Staudinger/*Gursky* (2013) § 894 Rn. 19 ff.; NK-BGB/*U. Krause* § 892 Rn. 14 f.

225 *Vieweg/Röthel* Fälle SachenR Fall 31.

§ 47 II GBO erforderliche Eintragung der Gesellschafter einer GbR vor. Es besteht nunmehr auch insoweit eine Vermutungswirkung (§ 899a S. 1 BGB) sowie ein Gutglaubensschutz (§ 899a S. 2 iVm § 892 BGB). Positiv wird nach § 899a BGB in Ansehung des eingetragenen Rechts vermutet, dass diejenigen Personen Gesellschafter sind, die nach § 47 II 1 GBO im Grundbuch eingetragen sind. Negativ wird vermutet, dass über die eingetragenen hinaus keine weiteren Gesellschafter vorhanden sind.[226]

Nach der Gesetzesbegründung[227] beinhaltet § 899a BGB auch eine Vermutung für die Existenz der GbR. Hiergegen wird eingewendet, der Erwerb von einer nicht oder nicht mehr existierenden GbR unterfalle nicht § 899a BGB, da der Wortlaut der Norm eine bestehende GbR voraussetze.[228]

Ein gutgläubiger Erwerb nach § 899a S. 2 iVm § 892 BGB kommt in Betracht, wenn die GbR zwar Berechtigte ist, aber bei der dinglichen Einigung gem. §§ 973, 925 BGB nicht ordnungsgemäß vertreten wird. Besteht zusätzlich ein Mangel bezüglich der Berechtigung der Gesellschaft, ist dieser mit § 892 BGB zu überwinden; der Eigentumserwerb erfolgt insoweit kraft doppelten guten Glaubens.[229]

Der gute Glaube an eine bestimmte Regelung zur Vertretung der GbR wird nicht geschützt, sodass ein guter Glaube nur bei Handeln aller eingetragenen Gesellschafter bestehen kann.[230] Er bezieht sich nur auf die Namen und die Anzahl der Gesellschafter.[231]

Teile der Literatur vertreten die Auffassung, dass § 899a S. 2 iVm § 892 BGB auch für das schuldrechtliche Verpflichtungsgeschäft gelten und zu dessen Wirksamkeit führen.[232] Die Gegenansicht lehnt dies ab und schlägt stattdessen eine Anwendung der Rechtsscheinsgrundsätze vor.[233]

bb) Zeitpunkt der Grundbuchunrichtigkeit (E)

44 Hinsichtlich des Zeitpunkts der Grundbuchunrichtigkeit sind zwei Fälle zu unterscheiden:

Zum einen kann das Grundbuch im Zeitpunkt des Abschlusses des Vertrages sowie der Antragstellung unrichtig sein, vor Beendigung des Rechtserwerbs aber berichtigt

---

226 BT-Drs. 16/13437, 26; *Miras* DStR 2010, 604 (606): Die Vermutung gilt auch im Grundbuchverfahren, vgl. OLG Frankfurt, NotBZ 2011, 402 ff.; OLG München, Beschl. v. 12.3.2012 – 34 Wx 245/11; OLG Karlsruhe DStR 2012, 13. Krit. zum Regelungsgehalt der Vorschrift aber *Altmeppen* NJW 2011, 1905 (1907 ff.).
§ 82 S. 3 iVm § 47 II GBO erstreckt den Grundbuchberichtigungszwang auf Änderungen des Gesellschafterbestandes. Ändert sich dieser in materieller Hinsicht außerhalb des Grundbuchs, führt dies bezüglich der zwingend einzutragenden Gesellschafter zu einer Grundbuchunrichtigkeit, welche gemäß §§ 47 II 2, 22 GBO aufgrund Unrichtigkeitsnachweises oder Bewilligung berichtigt werden kann. Die §§ 892–899 BGB gelten bezüglich der Eintragung der Gesellschafter entsprechend. Bewilligungsberechtigt sind nur die Gesellschafter selbst, nicht die GbR; zu den Voraussetzungen iE *Demharter* § 47 Rn. 32. → § 13 Rn. 26 zu Fn. 147 und → § 13 Rn. 57.

227 BT-Drs. 16/13437, 27. Vgl. auch *Miras* DStR 2010, 604 (606); Bamberger/Roth/*Eckert* § 899a Rn. 3; jurisPK-BGB/*Toussaint* § 899a Rn. 25; NK-BGB/*U. Krause* § 899a Rn. 14.

228 *Krüger* NZG 2010, 801 (805); *Wellenhofer* JuS 2010, 1048 (1051).

229 *Wellenhofer* JuS 2010, 1048 (1049); *Böttcher*, AnwBl. 2011, 1 (9).

230 *Kuckein/Jenn* NZG 2009, 848 (850); *Wellenhofer* JuS 2010, 1048 (1049).

231 BGH NJW 2011, 615 (618).

232 *Lautner* DNotZ 2009, 650 (671); *Miras* DStR 2010, 604 (607).

233 Krüger NZG 2010, 801 (805); *Kuckein/Jenn* NZG 2009, 848 (851); *Wellenhofer* JuS 2010, 1048 (1050); Bamberger/Roth/*Eckert* § 899a Rn. 5; jurisPK-BGB/*Toussaint* § 899a Rn. 28.

werden (zB wird der zu Unrecht eingetragene Veräußerer gelöscht). Dies wirkt sich zuungunsten des Erwerbers aus, da ein gutgläubiger Erwerb entgegen dem Grundbuchinhalt nicht möglich ist.[234]

Zum anderen kann das Grundbuch erst nach Antragstellung unrichtig werden (zB durch nachträgliche fehlerhafte Eintragung des Veräußerers als Eigentümer). Ob in diesem Fall ein gutgläubiger Erwerb in Frage kommt, ist umstritten. Nach früherer hM[235] war Voraussetzung des § 892 II BGB, dass das Grundbuch bereits im Zeitpunkt des Vertragsschlusses und der Antragstellung unrichtig war. War dies nicht der Fall, so sollte ein gutgläubiger Erwerb ausscheiden. Nach heute überwiegender Ansicht[236] soll durch die nachträgliche Unrichtigkeit lediglich der maßgebliche Gutglaubenszeitpunkt modifiziert werden: Mangels Unrichtigkeit im Zeitpunkt der Antragstellung könne es in diesem Zeitpunkt kein – auch kein abstraktes – Vertrauen auf die vom Grundbuch ausgewiesene Rechtslage als Grundlage für den gutgläubigen Erwerb geben. Werde das Grundbuch erst nach Stellung des Antrags unrichtig, so sei anstatt des Zeitpunkts der Antragstellung der Zeitpunkt des Unrichtigwerdens maßgeblich für den guten Glauben.[237]

f) Legitimation des Veräußerers

aa) Allgemeines (G)

Der Veräußerer eines Grundstücks muss – wie beim gutgläubigen Erwerb beweglicher Sachen – als Berechtigter legitimiert sein. Seine Legitimation ergibt sich grundsätzlich aus dem Grundbuch, kann sich aber ausnahmsweise unabhängig vom Grundbuch ergeben. So tritt zB der Erbe nach dem Prinzip der Universalsukzession gem. § 1922 I BGB vollständig in die Rechtsposition des Erblassers ein. War der Erblasser als Nichtberechtigter im Grundbuch eingetragen, erwirbt sein Erbe diese Buchposition als ein vermögenswertes Gut automatisch mit der in ihr enthaltenen Legitimation (§§ 1922, 857 BGB analog). Der Erbe ist auch ohne Eintragung im Grundbuch bei Nachweis seiner Erbenstellung gem. § 35 GBO (insbesondere durch Erbschein) in einer dem Gutglaubenserwerb genügenden Weise als Rechtsinhaber in demselben Umfang wie der Erblasser legitimiert.[238] 45

bb) Gutgläubiger Erwerb mittels Erbscheins (§ 2366 BGB) (E)

Ein gutgläubiger Erwerb von Grundstücken ist auch durch den objektiven Rechtsscheinstatbestand des Erbscheins[239] möglich (§ 2366 BGB). Der Erbschein legitimiert 46

234 Staudinger/*Gursky* (2013) § 892 Rn. 184 ff.; Bamberger/Roth/*Eckert* § 892 Rn. 7.

235 RGZ 74, 416 (420).

236 BGH NJW 1980, 2413; Staudinger/*Gursky* (2013) § 892 Rn. 196; Palandt/*Bassenge* § 892 Rn. 25; *Prütting* SachenR Rn. 218 (vertritt aber im letzten Satz die früher hM und zitiert auch BGH NJW 1980, 2413).

237 BGHZ 60, 46 (53 f.); offen gelassen in BGH NJW 1980, 2413 (2414); Soergel/*Stürner* § 892 Rn. 42; Staudinger/*Gursky* (2013) § 892 Rn. 209; Palandt/*Bassenge* § 892 Rn. 25; Bamberger/Roth/*Eckert* § 892 Rn. 7; aA RGZ 116, 351 (354); 140, 35 (37 f.), das maßgeblich auf die Vollendung des Rechtserwerbs abstellte.

238 MüKoBGB/*Kohler* § 892 Rn. 8; Staudinger/*Gursky* (2013) § 892 Rn. 46; *Wolff/Raiser* SachenR § 45 (Fn. 26).

239 → § 5 Rn. 23.

den Veräußerer, weil dieser den Scheinerben dem wirklichen Erben gleichstellt.[240] Der durch Erbschein als Erbe ausgewiesene Scheinerbe[241] kann also Verfügungen wirksam treffen. Der Erblasser muss aber durch das Grundbuch als Rechtsinhaber ausgewiesen sein. Erst das Zusammenspiel von Erbschein und Grundbuch führt dann zum gutgläubigen Erwerb.

War gegen den als Bucheigentümer im Grundbuch eingetragenen Erblasser bereits ein Widerspruch eingetragen, so kann auch vom Scheinerben nicht gutgläubig mittels Erbscheins erworben werden (§§ 873 I, 925 I, 892 I, 2366 BGB), da auch vom wahren Erben ein gutgläubiger Erwerb aufgrund des Widerspruchs bereits ausgeschlossen wäre.[242]

Merke: Beim Erwerb vom Scheinerben ist stets danach zu fragen, wie der Erwerb vom wahren Erben erfolgt wäre. Wäre der wahre Erbe Berechtigter, so ist nur § 2366 BGB anzuwenden. Wäre der wahre Erbe dagegen Nichtberechtigter, so sind § 2366 BGB und § 892 BGB kumulativ anzuwenden.

g) Gutgläubigkeit des Erwerbers

Ein gutgläubiger Erwerb ist nach § 892 I 1 BGB ausgeschlossen, wenn dem Erwerber die Unrichtigkeit des Grundbuchs *positiv* bekannt ist.

aa) Maßstab der Gutgläubigkeit (G)

47 Im Gegensatz zum gutgläubigen Erwerb beweglicher Sachen (§ 932 II BGB) begründet grob fahrlässige Unkenntnis beim Grundstückserwerb keine Bösgläubigkeit.[243] Grund dieser Differenzierung ist die Tatsache, dass das Grundbuch einen verlässlicheren Rechtsscheinsträger im Vergleich zum Besitz bei beweglichen Sachen darstellt.[244]

Bösgläubig ist, wer über die Unrichtigkeit des Grundbuchs so aufgeklärt ist, dass sich ein redlich Denkender dieser Überzeugung nicht verschließen würde[245] oder wer sich als Erwerber der dahingehenden Unterrichtung planmäßig entzieht.[246] Eine Erkundigungspflicht seitens des Erwerbers besteht nicht; auch erhebliche Zweifel an der Richtigkeit oder ein Rechnen mit der Unrichtigkeit sind unschädlich.[247]

Die Kenntnis der die Unrichtigkeit begründenden Tatsachen ist ausnahmsweise ausreichend, wenn deren Folgen nach der Lebenserfahrung als bekannt anzunehmen sind.[248]

240 MüKoBGB/*Kohler* § 892 Rn. 18; beachte: Rechtsscheinsträger sind der Besitz, das Grundbuch und der Erbschein.
241 Der Scheinerbe hält sich trotz eines ihm in Wirklichkeit nicht zustehenden Erbrechts für den wahren Erben.
242 *Medicus/Petersen* BürgerlR Rn. 570.
243 RGZ 90, 395 (398); RG JW 1910, 813; JW 1934, 1043; *Wolff/Raiser* SachenR § 45 I 5b.
244 MüKoBGB/*Kohler* § 892 Rn. 2; *Schreiber* Jura 1999, 491 (493); *Medicus* Jura 2001, 294 (297).
245 BGH LM Nr. 5 zu § 892; OLG Stuttgart BWNotZ 1978, 124; OLG Hamm NJW-RR 1993, 1295 (1298); Staudinger/*Gursky* (2013) § 892 Rn. 162 – in Analogie zu § 162 BGB wird Kenntnis unterstellt; Erman/*Artz* § 892 Rn. 28; Palandt/*Bassenge* § 892 Rn. 24.
246 Staudinger/*Gursky* (2013) § 892 Rn. 157, 162.
247 Staudinger/*Gursky* (2013) § 892 Rn. 161.
248 Wer zB die Geschäftsunfähigkeit des Rechtsvorgängers des Veräußerers kennt, weiß idR, dass der Veräußerer kein Eigentum erworben hat; BGH WM 1970, 476; Soergel/*Stürner* § 892 Rn. 30; MüKoBGB/*Kohler* § 892 Rn. 51.

Weiß der Erwerber zB um die Anfechtbarkeit des dinglichen Rechtsgeschäfts (§ 142 II BGB), wird er, wenn die Anfechtung nachträglich wirksam erfolgt, so behandelt, als kenne er die Nichtigkeit des Rechtsgeschäfts.[249]

§ 892 I 2 BGB erweitert den Gutglaubensschutz auf relative Verfügungsbeschränkungen des Veräußerers, die weder im Grundbuch eingetragen noch dem Erwerber bekannt sind.[250] Die geschützte Person hat für ihren Schutz selbst zu sorgen und das Risiko des Unterbleibens der Eintragung zu tragen.[251]

Kausalität zwischen Grundbuchinhalt und gutem Glauben ist nicht erforderlich, dh der Erwerber muss das Grundbuch nicht tatsächlich einsehen.[252]

bb) Maßgeblicher Zeitpunkt für den guten Glauben (G)

Fallbeispiel: »Der geisteskranke Grundstücksverkäufer (1)«[253]

Maßgeblicher Zeitpunkt für die Kenntnis der Unrichtigkeit des Grundbuchs ist grundsätzlich der Zeitpunkt der Vollendung des Rechtserwerbs, dh die Erfüllung der letzten Erwerbsvoraussetzung.[254] **48**

Davon macht § 892 II BGB eine Ausnahme, wenn zum Rechtserwerb die Eintragung in das Grundbuch erforderlich ist. Dann soll es auf den Zeitpunkt der Antragstellung auf Eintragung ankommen, weil der Erwerber nur auf diesen Zeitpunkt Einfluss hat.[255] Ebenso wie § 878 BGB den Rechtserwerb nicht an einer nachträglichen Verfügungsbeschränkung scheitern lässt, wenn hierfür lediglich noch die Eintragung fehlt, wird diese Anforderung auch beim gutgläubigen Erwerb nach § 892 BGB als ungeschriebenes Tatbestandsmerkmal vorausgesetzt. Die Vorverlagerung des maßgeblichen Zeitpunkts für den guten Glauben ist nur gerechtfertigt, wenn Erwerber und Veräußerer alles aus ihrer Sicht Erforderliche getan haben und der Erwerb lediglich von der Eintragung durch das Grundbuchamt abhängt.[256] Daher wird eine Ausdehnung des § 892 II BGB (etwa auch auf den Zeitpunkt, ab dem ein Widerspruch den Erwerb verhindert) allgemein abgelehnt.[257]

Vereinzelt wird bezüglich § 899a BGB vertreten, dass es für die Gutgläubigkeit auf den Zeitpunkt der Vornahme des Vertretungsgeschäfts ankomme.[258] Die Gegen-

249 RGZ 89, 157; MüKoBGB/*Kohler* § 892 Rn. 51; Soergel/*Stürner* § 892 Rn. 30; Staudinger/*Gursky* (2013) § 892 Rn. 156.

250 § 892 BGB erfasst im Gegensatz zu § 878 BGB nur relative Verfügungsbeschränkungen; vgl. den Wortlaut des § 892 I 2 BGB »in der Verfügung (…) zugunsten einer bestimmten Person beschränkt«. Bei absoluten Verfügungsbeschränkungen (zB § 1365 I BGB) ist kein gutgläubiger Erwerb möglich.

251 MüKoBGB/*Kohler* § 892 Rn. 59.

252 BGHZ 104, 139 (143); BGH NJW 1980, 2413 (2414); *Baur/Stürner* SachenR § 23 Rn. 32.

253 *Vieweg/Röthel* Fälle SachenR Fall 28.

254 RGZ 116, 354 (361); 147, 298 (302); BGH NJW 1980, 2413 (2414) = JuS 1981, 225 m. Bespr. *K. Schmidt*; Palandt/*Bassenge* § 892 Rn. 25.

255 Folgt (ausnahmsweise) die Einigung der Eintragung, so muss Gutgläubigkeit im Zeitpunkt der Einigung vorliegen (§ 892 II 1 Alt. 2 BGB). Soergel/*Stürner* § 892 Rn. 36; Palandt/*Bassenge* § 892 Rn. 25. Zum maßgeblichen Zeitpunkt beim gutgläubigen Erwerb der Vormerkung → § 14 Rn. 23.

256 Staudinger/*Gursky* (2013) § 892 Rn. 200; MüKoBGB/*Kohler* § 892 Rn. 53.

257 Staudinger/*Gursky* (2013) § 892 Rn. 188; → § 13 Rn. 51.

258 *Lautner* DNotZ 2009, 650 (674).

auffassung stellt aufgrund des Verweises auf § 892 Abs 2 BGB auch in dieser Konstellation auf den Zeitpunkt der Antragstellung auf Eintragung ab.[259]

Aus § 892 II 1 Alt. 2 BGB wird von der hM[260] gefolgert, dass für den guten Glauben der Zeitpunkt maßgeblich ist, in dem die letzte Wirksamkeitsvoraussetzung des Rechtsgeschäfts eintritt. Bestehen also weitere Erfordernisse – wie zB die Genehmigung eines vollmachtlos Vertretenen oder die Genehmigung einer Behörde nach öffentlichem Recht – so muss der Erwerber im Zeitpunkt der Erteilung der Genehmigung noch gutgläubig sein. Nur zwischen Genehmigung und Eintragung schadet die Bösgläubigkeit nicht mehr. Gleiches gilt bei bedingten Rechtsgeschäften für den Eintritt der Bösgläubigkeit zwischen Antragstellung und Bedingungseintritt.[261]

Hiervon ist die Frage nach dem entscheidenden Zeitpunkt für die Unrichtigkeit des Grundbuchs zu trennen. Diese ist bereits bei der Grundbuchunrichtigkeit zu prüfen, wirkt sich jedoch auf den Gutglaubenszeitpunkt aus.[262]

h) Keine Eintragung eines Widerspruchs im Grundbuch

Ein gutgläubiger Grundstückserwerb ist auch ausgeschlossen, wenn ein Widerspruch (§ 899 I BGB; auch ein Amtswiderspruch gem. § 53 I 1 GBO[263]) gegen die Richtigkeit des Grundbuchs eingetragen ist (§ 892 I 1 BGB). Gem. § 899a S. 2 iVm § 899 BGB kann ein Widerspruch auch bezüglich des Gesellschafterbestands eingetragen werden.

Fallbeispiel: »Der geisteskranke Grundstücksverkäufer (1)«[264]

aa) Zweck des Widerspruchs (G)

49 Ist das Grundbuch unrichtig, so besteht für den wahren Berechtigten die Gefahr, dass er sein Recht wegen des öffentlichen Glaubens des Grundbuchs durch gutgläubigen Erwerb eines Dritten verliert. Um dieser Gefahr zu begegnen, gewährt § 899 I BGB dem wahren Rechtsinhaber mit der Eintragung eines Widerspruchs ein schnell einsetzbares Sicherungsmittel eigener Art.[265] Daneben besteht der materiell-rechtliche Grundbuchberichtigungsanspruch aus § 894 BGB.[266]

Der Widerspruch ist eine vorläufige Maßnahme. Er kann im Wege einstweiligen Rechtsschutzes erwirkt werden, während der Grundbuchberichtigungsanspruch un-

259 *Wellenhofer* JuS 2010, 1048 (1049).

260 MüKoBGB/*Kohler* § 892 Rn. 53; Palandt/*Bassenge* § 892 Rn. 25; Bamberger/Roth/*Eckert* § 892 Rn. 14; NK-BGB/*U. Krause* § 892 Rn. 70; *Tiedtke* Jura 1983, 519. Nach aA kommt es auf die Antragstellung bzw. Eintragung an; vgl. RGZ 69, 263 (270); Soergel/*Stürner* § 892 Rn. 38; *Baur/Stürner* SachenR § 23 Rn. 34.

261 BGHZ 10, 69 (72); *Westermann/Gursky/Eickmann* SachenR § 83 Rn. 21; *Baur/Stürner* SachenR § 23 Rn. 33; *Schreiber* Jura 1999, 491 (494).

262 → § 13 Rn. 44.

263 Der Amtswiderspruch ist ein Mittel, mit dem das Grundbuchamt nach einem verfahrensfehlerhaften Handeln von sich aus einen gutgläubigen Erwerb und damit Amtshaftungsansprüche verhindern kann. Er ist von Amts wegen einzutragen, wenn sich ergibt, dass das Grundbuchamt eine Eintragung, an die sich ein gutgläubiger Erwerb anschließen kann, unter Verletzung gesetzlicher Vorschriften vorgenommen hat und dadurch das Grundbuch unrichtig geworden ist. Vgl. *Holzer/Kramer* GrundbuchR § 6 Rn. 129 ff.; *Demharter* § 53 Rn. 10, 15 ff.

264 *Vieweg/Röthel* Fälle SachenR Fall 28.

265 Palandt/*Bassenge* § 899 Rn. 1; Staudinger/*Klinck* Eckpfeiler W Rn. 75.

266 → § 13 Rn. 57 ff.

ter Umständen einer langwierigen gerichtlichen Durchsetzung bedarf.[267] Der Widerspruch stellt insofern gegenüber dem Grundbuchberichtigungsanspruch eine verfahrensrechtliche Erleichterung dar, der einen Rechtsverlust des wahren Berechtigten insbesondere bis zur Klärung der Rechtslage verhindern kann.[268]

Ähnliche Wirkungen wie ein Widerspruch hat ein Rechtshängigkeitsvermerk, der die Rechtshängigkeit einer Klage auf Grundbuchberichtigung kundtun und einen gutgläubigen Erwerb nach §§ 265, 325 ZPO verhindern soll.[269]

bb) Materiell-rechtliche Eintragungsvoraussetzungen des Widerspruchs (G)

Die Eintragung eines Widerspruchs setzt nach § 899 I BGB voraus: 50

- Die *Unrichtigkeit des Grundbuchs:* § 899 BGB spricht von »den Fällen des § 894«,[270] dh der Inhalt des Grundbuchs darf mit der wahren Rechtslage nicht übereinstimmen.
- Die *Bewilligung des* von der Eintragung in seinem Recht *Betroffenen* (§ 899 II 1 BGB).
- Die in § 899 II BGB geforderte Bewilligung ist nach hM[271] eine materiellrechtliche Erklärung, die von der grundbuchrechtlichen Bewilligung des § 19 GBO zu unterscheiden ist. Die Bewilligung kann, wenn sich der eingetragene Betroffene weigert, durch eine *einstweilige Verfügung* ersetzt werden.[272] Dafür muss die Unrichtigkeit des Grundbuchs glaubhaft gemacht werden (§§ 936, 920 II ZPO).[273] Ergeht zugunsten des Klägers ein Urteil auf Berichtigung des Grundbuchs, so genügt das vorläufig vollstreckbare Urteil als Bewilligung eines Widerspruchs (§ 895 ZPO), um ihm so eine vorläufige Sicherung bis zur Rechtskraft zu ermöglichen.[274]

---

267 Staudinger/*Gursky* (2013) § 899 Rn. 1; Palandt/*Bassenge* § 894 Rn. 4: Die Voraussetzungen des § 894 BGB sind vom Anspruchsteller, dh von demjenigen, der die Berichtigung begehrt, zu beweisen.

268 Soergel/*Stürner* § 899 Rn. 1.

269 Zum Ganzen Erman/*Artz* § 892 Rn. 26; Staudinger/*Gursky* (2013) § 892 Rn. 264; jurisPK-BGB/*Toussaint* § 899 Rn. 35 f.; *Baur/Stürner* SachenR § 18 Rn. 42. Dabei scheint sich die Ansicht durchzusetzen, dass hierzu nur der Nachweis der Klageerhebung durch geeignete Urkunden erforderlich ist (§§ 22, 29 GBO), vgl. OLG München NJW-RR 2000, 384; BayObLG NJW-RR 2003, 234; NJW-RR 2004, 1461; *Wilhelm* SachenR Rn. 578 (mit Fn. 1089); Zöller/*Vollkommer* § 325 Rn. 50. Den Rechtshängigkeitsvermerk ganz abl. *Lickleder* ZZP 114 (2001), 195, da er unnötig und unzulässig sei.

270 Staudinger/*Gursky* (2013) § 899 Rn. 26; *Schreiber* Jura 2005, 241 (242).

271 Beide Bewilligungen können aber zusammen in einer einzigen Erklärung enthalten sein; vgl. Staudinger/*Gursky* (2013) § 899 Rn. 47, 50; NK-BGB/*U. Krause* § 899 Rn. 11 f.; aA MüKo-BGB/*Wacke*, 4. Aufl. 2004, § 899 Rn. 14, der – ebenso wie bei § 894 BGB – eine Doppelnatur verneint.

272 Entsprechend der Situation bei der Vormerkung (§ 885 BGB); Staudinger/*Gursky* (2013) § 899 Rn. 47; ferner jurisPK-BGB/*Toussaint* § 899 Rn. 12 ff.; *Schreiber* Jura 2005, 241 (243).

273 Siehe nur Bamberger/Roth/*Eckert* § 899 Rn. 7. Eine Gefährdung des Rechts braucht nicht glaubhaft gemacht zu werden, da sich diese allein aus der Möglichkeit des gutgläubigen Erwerbs ergibt (§ 899 II 2 BGB). Glaubhaftmachen erfordert, dass das Gericht die Tatsache für überwiegend wahrscheinlich hält, dh das Bestehen der Tatsache für wahrscheinlicher ansieht als das Gegenteil; vgl. BGH NJW 1998, 1870; Musielak/Voit/*Huber* § 294 Rn. 3.

274 Musielak/Voit/*Lackmann* § 895 Rn. 1; BLAH/*Hartmann* § 895 Rn. 2, 4; jurisPK-BGB/*Toussaint* § 899 Rn. 22.

- Über den Wortlaut des § 899 BGB hinaus ist ein Widerspruch nach allgemeiner Auffassung nur *zur Sicherung eintragungsbedürftiger*, nicht schon eintragungsfähiger *Rechte* zulässig, da bei Letzteren keine Gefahr eines gutgläubigen Rechtserwerbs besteht.[275]

Ein Widerspruch gegen einen Widerspruch ist nicht möglich, weil dieser kein dingliches Recht ist. Gegen Verfügungsbeschränkungen ist ein Widerspruch wegen der fehlenden positiven Publizität nicht möglich. Hingegen ist ein *Widerspruch gegen Vormerkungen zulässig*.[276]

cc) Maßgeblicher Zeitpunkt (G)

51 »Erwirbt« iSd § 892 BGB meint die Erfüllung aller gesetzlichen Tatbestandsmerkmale mit Ausnahme der fehlenden Rechtsmacht des Verfügenden. Maßgeblicher Zeitpunkt für die Eintragung des Widerspruchs ist damit die Vollendung des Rechtserwerbs. Nur bis dahin räumt ein Widerspruch die Richtigkeitsvermutung aus.[277] Ein gutgläubiger Erwerb ist nach allgemeiner Meinung ausgeschlossen, wenn der Erwerber bis zum Stellen des Eintragungsantrags zwar gutgläubig war, aber vor der tatsächlichen Eintragung der Rechtsänderung ein Widerspruch eingetragen wurde,[278] zumal der Eintragungsantrag für den Widerspruch demjenigen für die Eigentumsumschreibung vorgegangen sein muss (§ 17 GBO). § 892 II BGB ist also auf den Widerspruch nicht analog anzuwenden.[279]

dd) Wirkungen des Widerspruchs (G)

52 Ein Widerspruch erzeugt im Wesentlichen folgende Wirkungen:

- *Kein gutgläubiger Erwerb nach §§ 892, 893 BGB:* Wesentliche Wirkung eines Widerspruchs ist die Zerstörung des öffentlichen Glaubens des Grundbuchs. Dadurch kann ein gutgläubiger Erwerb verhindert werden (§ 892 I 1 Hs. 2 BGB). Soweit der Widerspruch reicht, beseitigt er den Rechtsschein des Grundbucheintrags und erzielt damit den gleichen Effekt wie die positive Kenntnis des Erwerbers von der Unrichtigkeit.[280]
- *Hemmung der Tabularersitzung*[281] (§ 900 I 3, II BGB);
- *Ausschluss der Verjährung* von Ansprüchen aus zu Unrecht gelöschten Rechten (§ 902 II BGB) und damit zugleich *Ausschluss der Buchversitzung*[282] (§ 901 BGB).
- Ein *Ausschlussurteil* zum Zwecke der Kontratabularersitzung[283] *wirkt* nach § 927 III BGB *nicht* gegen den wirklichen Eigentümer, wenn der Widerspruch zu seinen Gunsten eingetragen war.

---

275 OLG Köln DNotZ 1958, 487; OLG Karlsruhe Rpfleger 1997, 471 (472); Staudinger/*Gursky* (2013) § 899 Rn. 34; *Schreiber* Jura 2005, 241 (242); vgl. BGHZ 25, 16 (25). – Zu Unterausnahmen: Staudinger/*Gursky* (2013) § 899 Rn. 35; Palandt/*Bassenge* § 899 Rn. 2.

276 MüKoBGB/*Kohler* § 899 Rn. 4 ff. Ein Widerspruch scheidet aus, wenn gar kein obligatorischer Anspruch besteht, vgl. jurisPK-BGB/*Toussaint* § 899 Rn. 7 f.; → § 14 Rn. 15.

277 RGZ 128, 52 (55); MüKoBGB/*Kohler* § 892 Rn. 53; Staudinger/*Gursky* (2013) § 892 Rn. 188; Palandt/*Bassenge* § 892 Rn. 23; *Lutter* AcP 164 (1964), 122 (168).

278 Staudinger/*Gursky* (2013) § 892 Rn. 188; Palandt/*Bassenge* § 892 Rn. 23; *Schreiber* Jura 2005, 241 (243).

279 MüKoBGB/*Kohler* § 892 Rn. 42; Staudinger/*Gursky* (2013) § 892 Rn. 188; → § 13 Rn. 48.

280 Staudinger/*Gursky* (2013) § 899 Rn. 4.

281 → § 6 Rn. 8.

282 → § 6 Rn. 9.

283 → § 6 Rn. 10.

Um seine Wirkung zu entfalten, muss der Widerspruch *zugunsten des tatsächlich Berechtigten* eingetragen sein.[284] Der Widerspruch zum Vorteil eines nichtberechtigten Dritten kann daher den gutgläubigen Erwerb auch dann nicht verhindern, wenn das Grundbuch mit der materiellen Rechtslage nicht übereinstimmt.[285]

Weitgehend anerkannt ist auch, dass sich der Widerspruch nur gegen das Recht richtet, gegen das er eingetragen ist.[286] Das RG hatte hingegen noch angenommen, dass der Widerspruch gegen die Eintragung als Eigentümer auch sämtliche Verfügungen über vom Bucheigentümer begründete Rechte erfasse, als deren Grundlage das Eigentum notwendig sei.[287] Dem wird entgegengehalten, dass in diesen Fällen das so begründete Recht – entgegen dem Gesetzeszweck, gerade für Rechtssicherheit zu sorgen – nicht mehr verkehrsfähig wäre, obwohl der Rechtsinhaber an der Unklarheit der Lage nicht mitgewirkt habe und sich auch gegen den Widerspruch (der nicht sein Recht betreffe) nicht wehren könne.[288]

Der Widerspruch bewirkt jedoch *keine absolute Grundbuchsperre*. Stellt sich heraus, dass der Inhalt des Grundbuchs richtig oder der Widerspruch unrichtig war, so ist ein (gutgläubiger) Erwerb möglich. Der Widerspruch war dann von Anfang an bedeutungslos. Der Widerspruch erzeugt also nur dann Wirkung, wenn das durch ihn gesicherte Recht tatsächlich besteht.[289]

i) Kenntnis des Grundbuchamts als Erwerbshindernis? (Z)

Umstritten ist, ob ein gutgläubiger Erwerb auch möglich ist, wenn zwar kein Widerspruch im Grundbuch eingetragen ist, das Grundbuchamt aber aufgrund oder nach der Antragstellung von der Unrichtigkeit erfährt. 53

Nach einer Ansicht[290] soll in diesem Fall der gutgläubige Erwerb möglich sein. Es werde hier nicht gegen die Eintragungsreihenfolge verstoßen. Auch ziehe das Gesetz durch die grundsätzliche Billigung des gutgläubigen Erwerbs die Interessen des Verkehrsschutzes denen des Alteigentümers vor. Zudem entspreche diese Deutung dem Normzweck des § 892 II BGB.

Eine andere Ansicht[291] wendet ein, das Grundbuchamt dürfe nicht sehenden Auges einen materiell unrechtmäßigen Erwerb zulassen, indem es dem Eintragungsantrag nachkomme. Dem Interesse des wahren Berechtigten an der Vermeidung eines Rechtsverlustes müsse vielmehr der Vorrang eingeräumt werden.

284 *Baur/Stürner* SachenR § 18 Rn. 23; *Medicus/Petersen* BürgerlR Rn. 550; *Brehm/Berger* SachenR § 10 Rn. 24.

285 MüKoBGB/*Kohler* § 892 Rn. 41.

286 Staudinger/*Gursky* (2013) § 892 Rn. 135; *Westermann/Gursky/Eickmann* SachenR § 83 Rn. 13; *Medicus/Petersen* BürgerlR Rn. 551; *Wilhelm* SachenR Rn. 682, 686.

287 RGZ 129, 124 (127); RG SeuffArch 87 Nr. 146, S. 280; jetzt noch Soergel/*Stürner* § 892 Rn. 27.

288 Staudinger/*Gursky* (2013) § 892 Rn. 135; *Medicus/Petersen* BürgerlR Rn. 551; *Wilhelm* SachenR Rn. 686.

289 MüKoBGB/*Kohler* § 899 Rn. 20; Soergel/*Stürner* § 892 Rn. 27; *Wilhelm* SachenR Rn. 682 ff.

290 Staudinger/*Gursky* (2013) § 892 Rn. 190, 218; MüKoBGB/*Kohler* § 892 Rn. 67; Erman/*Artz* § 892 Rn. 37; *Schreiber* Jura 1999, 491 (495); eing. *Lenenbach* NJW 1999, 923. Etwas anderes solle nur gelten, wenn die Voraussetzungen eines Amtswiderspruchs (§ 53 I 1 GBO) vorliegen; vgl. Staudinger/*Gursky* (2013) § 892 Rn. 218; Erman/*Artz* § 892 Rn. 37.

291 BayObLG DNotZ 1990, 739 (741); BayObLGZ 1994, 66 (71 f.); KG NJW 1973, 56 (58); OLG Karlsruhe NJW-RR 1998, 445 (446); Bamberger/Roth/*Eckert* § 892 Rn. 24 f.; *Baur/Stürner* SachenR § 16 Rn. 60, § 23 Rn. 38. Dahin tendierend wohl auch BGHZ 97, 184 (187).

j) Wirkung des gutgläubigen Erwerbs (G)

54 Wer aufgrund des § 892 BGB gutgläubig erworben hat, erlangt die volle Eigentümerstellung einschließlich der Verfügungsbefugnis. Bei künftigen Eigentumsübertragungen verfügt der Erwerber daher als Berechtigter. Die §§ 892 f. BGB sind nicht erneut zu prüfen.[292]

5. Leistung an den Buchberechtigten

a) Regelungszweck und Inhalt des § 893 BGB (V)

55 § 893 BGB erweitert den Schutz der §§ 891, 892 BGB auf den, der im Vertrauen auf die Berechtigung des Eingetragenen eine Leistung erbringt oder ein Rechtsgeschäft abschließt, wenn sich diese auf ein dingliches Recht beziehen.[293]

Wichtigster Anwendungsbereich der ersten Alternative sind Zahlungen des Eigentümers auf ein Grundpfandrecht.[294] Durch die Zahlung wird er auch dann von seiner Leistungspflicht befreit, wenn der vom Grundbuch als Rechtsinhaber Ausgewiesene nicht mehr der wahre Rechtsinhaber ist. In diesem Fall treten auch alle übrigen Folgen der Leistung (wie zB §§ 1143, 1153 BGB) ein.[295]

Verfügungen iSd § 893 Alt. 2 BGB sind beispielsweise Aufhebung, Verzicht, Inhaltsänderung und Rangänderung eines Rechts oder die Kündigung eines Grundpfandrechts.[296]

b) Sonderfall: Miet- und Pachtzinszahlungen (E)

56 Fraglich ist, ob der Mieter oder Pächter durch Zahlung des Miet- bzw. Pachtzinses, die er an einen zu Unrecht als Eigentümer des Grundstücks Eingetragenen geleistet hat, entsprechend § 893 BGB von seiner Schuld frei wird.

Die befürwortende Auffassung[297] beruft sich darauf, dass auch Miet- und Pachtzahlungen aufgrund des dinglichen Rechts geleistet würden. Allein der Grundbuchstand biete hinreichend Anlass zur Zahlung an den Eingetragenen. Die überwiegende Ansicht[298] lehnt eine Anwendung des § 893 BGB mit der Begründung ab, der Mieter leiste aufgrund des vermeintlich übergegangenen Mietverhältnisses und nicht auf das scheinbar übertragene Eigentum. Inhaber der Mietforderung sei nicht der Eigentümer als solcher, sondern der Vermieter.[299]

---

292 AllgM; siehe nur BGH ZIP 2001, 367 (368) = NJW-RR 2001, 1097 (1098); BayObLGZ 1986, 513 (520).

293 MüKoBGB/*Kohler* § 893 Rn. 1; Staudinger/*Gursky* (2013) § 893 Rn. 1.

294 Staudinger/*Gursky* (2008) § 893 Rn. 5; MüKoBGB/*Kohler* § 893 Rn. 3.

295 Staudinger/*Gursky* (2008) § 893 Rn. 16.

296 MüKoBGB/*Kohler* § 893 Rn. 9; Staudinger/*Gursky* (2013) § 893 Rn. 25 ff.

297 *Fuchs*, Grundbegriffe des Sachenrechts, 1917, Anm. 1b; *Goldmann/Lilienthal*, Das bürgerliche Gesetzbuch II, 2. Aufl. 1912, § 44 (Fn. 38).

298 MüKoBGB/*Kohler* § 893 Rn. 7; Staudinger/*Gursky* (2013) § 893 Rn. 7; Palandt/*Bassenge* § 893 Rn. 2; *Prütting* SachenR Rn. 226; Erman/*Artz* § 893 Rn. 4; siehe auch BGH NJW 1996, 1207.

299 Staudinger/*Gursky* (2013) § 893 Rn. 7.

III. Grundbuchberichtigungsanspruch (§ 894 BGB)

1. Zweck und rechtliche Grundlage (G)

Fallbeispiele: »Die verwechselten Flurnummern«[300]; »Der geisteskranke Grundstücksverkäufer (2)«[301]

Der Widerspruch[302] verhindert zwar einen gutgläubigen Erwerb durch einen Dritten. Allein durch den Widerspruch wird das Grundbuch jedoch nicht richtig. Mit dem Berichtigungsanspruch[303] gibt das Gesetz dem Berechtigten die Möglichkeit, die Abweichung der Buchlage von der materiellen Rechtslage zu beseitigen.[304] Er gleicht dem Herausgabeanspruch aus § 985 BGB[305] insofern, als beide Ansprüche unselbstständige Ausflüsse des dinglichen Rechts sind.[306] 57

Da das Bewilligungsprinzip[307] auch für den Grundbuchberichtigungsanspruch gilt, gewährt § 894 BGB dem wahren Rechtsinhaber[308] einen *materiell-rechtlichen Anspruch auf Abgabe der formellen Bewilligungserklärung*[309] gegen den zu Unrecht im Grundbuch Eingetragenen, um seine Interessen verfolgen zu können.

Der Grundbuchberichtigungsanspruch ist seiner *Rechtsnatur* nach ein echter dinglicher Anspruch in Ergänzung der §§ 985, 1004, 1027 und 1065 BGB sowie ein spezialgesetzlicher Unterfall des negatorischen Beseitigungsanspruchs bei Störungen des Eigentums aus § 1004 I BGB.[310]

Von der Grundbuchberichtigung ist die *bloße Richtigstellung* des Grundbuchs (Korrektur von Schreibfehlern, unzutreffenden Bezeichnungen und Undeutlichkeiten von Amts wegen) zu unterscheiden.[311]

Neben dem Widerspruch und dem Berichtigungsverfahren nach § 22 GBO ist der Grundbuchberichtigungsanspruch der dritte Rechtsbehelf gegen eine Grundbuchun-

300 *Vieweg/Röthel* Fälle SachenR Fall 26.
301 *Vieweg/Röthel* Fälle SachenR Fall 29.
302 → § 13 Rn. 49.
303 Weitere Berichtigungsansprüche können sich aus Bereicherungs- und Deliktsrecht ergeben; Staudinger/*Gursky* (2013) § 894 Rn. 170 ff.: insbes. wenn ein Delikt zur Bucheintragung führte; Palandt/*Bassenge* § 894 Rn. 10; *Köbler* JuS 1982, 181 (185). Allerdings ist hier stets die Anwendbarkeit der Vorschriften besonders zu prüfen. Da auch auf den Bucheigentümer die §§ 987 ff. BGB anwendbar sind, können bereicherungs- und deliktsrechtliche Ansprüche verdrängt sein. Vgl. zu den Konkurrenzen → § 8 Rn. 49 ff.
304 MüKoBGB/*Kohler* § 894 Rn. 1.
305 → § 7 Rn. 2.
306 *Westermann/Gursky/Eickmann* SachenR § 71 Rn. 8. Wie der Vindikationsanspruch ist daher auch der Grundbuchberichtigungsanspruch nicht isoliert abtretbar, kann aber in Prozessstandschaft geltend gemacht werden; vgl. BGH NJW 2002, 1038.
307 → § 13 Rn. 7.
308 BGH NJW 2005, 2983 (2983) lehnt eine (analoge) Anwendung des § 894 BGB auf den Buchberechtigten ab; vgl. schon Staudinger/*Gursky* (2013) § 894 Rn. 69; krit. *Piekenbrock* JuS 2006, 679 (680 f.) mwN.
309 Der materielle Auflassungsanspruch kann hingegen nicht auf § 894 BGB gestützt werden, vgl. BGH BGHR 2006, 147 f. m. N. auch zur Gegenansicht.
310 RGZ 57, 320 (322); 135, 33 (35); BGHZ 5, 76 (82); MüKoBGB/*Kohler* § 894 Rn. 2; Soergel/*Stürner* § 894 Rn. 1; einschränkend *Wolff/Raiser* SachenR § 46 vor Rn. 1; → § 9 Rn. 6.
311 Soergel/*Stürner* § 894 Rn. 12.

richtigkeit. Liegen die Voraussetzungen des Grundbuchverfahrens nach § 22 GBO vor (Unrichtigkeitsnachweis), fehlt für eine auf § 894 BGB gestützte Klage auf Abgabe der Bewilligung allerdings das Rechtsschutzbedürfnis,[312] da für das Verfahren nach § 22 GBO wegen der Form des Nachweises der Unrichtigkeit in der Form des § 29 GBO keine Bewilligung erforderlich ist.[313] Schließlich kann bei Vorliegen gewisser Voraussetzungen eine Berichtigung von Amts wegen durch das Grundbuchamt erfolgen (Amtswiderspruch bzw. -löschung, § 53 I 1, 2 GBO), zB wenn eine unzulässige Eintragung erfolgt ist.[314]

2. Voraussetzungen (G)

58 Voraussetzungen des Grundbuchberichtigungsanspruchs sind:[315]

- Die *Unrichtigkeit des Grundbuchs* in Bezug auf Rechtsbestand, Rechtsinhalt oder Rechtsinhaber; der Unrichtigkeit steht gleich die unvollständige Wiedergabe eines Rechtsgeschäfts, die auch nicht auf anderem Wege, zB durch Rückgriff auf die Eintragungsunterlagen, vervollständigt werden kann;[316]
- die aus der Unrichtigkeit des Grundbuchs resultierende *materielle Betroffenheit* des Anspruchstellers und
- die durch die Berichtigung bedingte *formelle Betroffenheit* des Anspruchsgegners (Verpflichteter).[317]

3. Rechtsfolge (G)

59 Rechtsfolge des § 894 BGB ist ein Anspruch auf Abgabe der Zustimmung zur Berichtigung in Form der Eintragungsbewilligung (§§ 19, 29 GBO). Wird die Bewilligung nicht freiwillig erklärt, muss auf ihre Erteilung geklagt werden. Die Bewilligung wird dann durch das rechtskräftige Urteil ersetzt (§ 894 ZPO).[318] Nach hM[319] entfaltet ein solches Urteil über den Grundbuchberichtigungsanspruch hinaus auch Rechtskraftwirkung hinsichtlich der Feststellung, dass das Eigentum oder das Grund-

312 OLG Zweibrücken NJW 1967, 1809; OLG Frankfurt NJW 1969, 1906 (1906 f.); vgl. auch BGH NJW-RR 2006, 886 (886); MüKoBGB/*Kohler* § 894 Rn. 3; Soergel/*Stürner* § 894 Rn. 2; Staudinger/*Gursky* (2013) § 894 Rn. 7; Bamberger/Roth/*Eckert* § 894 Rn. 23; *Baur/Stürner* SachenR § 18 Rn. 30; *Wilhelm* SachenR Rn. 673; aA RG HRR 1931 Nr. 1049, das dem Berechtigten die Wahl beider Wege gelassen hat; OLG Schleswig MDR 1982, 143: Das Rechtsschutzbedürfnis besteht jedenfalls dann, wenn der Erfolg eines Grundbuchverfahrens nach § 22 GBO zweifelhaft ist. Nach *Hoffmann* NJW 1970, 148 und *Brehm/Berger* SachenR § 10 Rn. 22 ist entscheidend, dass keine rechtskraftfähige Entscheidung möglich ist.

313 *Westermann/Gursky/Eickmann* SachenR § 71 Rn. 4: Die Vermutung des § 891 BGB muss eindeutig widerlegt sein. Zu diesen Rechtsbehelfen ferner *Köbler* JuS 1982, 181 (181 f.).

314 Vgl. *Holzer/Kramer* GrundbuchR 8. Teil Rn. 132 ff., 211 ff.; Bamberger/Roth/*Eckert* § 894 Rn. 10; jurisPK-BGB/*Toussaint* § 899 Rn. 38.

315 *Westermann/Gursky/Eickmann* SachenR § 71 Rn. 14 ff.; *Köbler* JuS 1982, 181 (182 f.).

316 Soergel/*Stürner* § 894 Rn. 8; zum Sonderproblem der Doppelbuchung im Grundbuch vgl. *Möritz* Jura 2008, 245 (246 f.).

317 *Brehm/Berger* SachenR § 10 Rn. 17 f.; *Baur/Stürner* SachenR § 18 Rn. 35 weisen darauf hin, dass dies mehrere Personen sein können, gegenüber denen jeweils der Anspruch besteht.

318 *Wilhelm* SachenR Rn. 675; *Köbler* JuS 1982, 181 (184).

319 RGZ 158, 40 (43); RG JW 1931, 1805 (1806) mwN; JW 1936, 3047; BLAH/*Hartmann* § 322 Rn. 34; Staudinger/*Gursky* (2013) § 894 Rn. 166; Stein/Jonas/*Leipold* § 322 Rn. 83, 209; *Wieling* JZ 1986, 5 (10).

stücksrecht besteht bzw. nicht besteht. Begründet wird dies damit, dass das Eigentum wesentlicher Gegenstand des Rechtsstreits sei und sich das Klageziel von einer Feststellungsklage nicht unterscheide. Die Gegenansicht[320] rügt eine unbegründete Abweichung vom anerkannten Verständnis des § 322 I ZPO.

Der Inhalt der Bewilligung richtet sich nach der Art der Unrichtigkeit (Eintragung oder Löschung[321] eines Rechts).

Der Berichtigungsverpflichtete kann Gegenrechte geltend machen, zB das Zurückbehaltungsrecht gem. § 273 BGB,[322] den dolo-petit-Einwand gem. § 242 BGB, die Verwirkung oder – da die §§ 987 ff. BGB auf den Grundbuchberichtigungsanspruch entsprechend angewandt werden[323] – häufig auch § 1000 iVm §§ 994, 996 BGB. Nicht geltend gemacht werden kann jedoch der Verzicht iSd § 397 BGB.[324]

IV. Anwartschaftsrecht

1. Begriff und Bedeutung (G)

Ein Anwartschaftsrecht besteht, wenn von einem mehraktigen Entstehungstatbestand 60
eines Rechts bereits so viele Erfordernisse erfüllt sind, dass von einer gesicherten Rechtsposition des Erwerbers gesprochen werden kann, die der Veräußerer einseitig nicht mehr zu zerstören vermag.[325] Das Anwartschaftsrecht stellt eine »Vorstufe zum Vollrecht Eigentum« dar.

Das Anwartschaftsrecht ist im Grundstücksrecht aufgrund des zeitlich gestreckten[326] Eigentumserwerbs und des damit verbundenen erheblichen Sicherungsbedürfnisses des Erwerbers von wesentlicher Bedeutung, da es dem Anwartschaftsberechtigten in mehrfacher Hinsicht Schutz bietet.[327] Darüber hinaus begründet die Möglichkeit der Übertragung, Verpfändung und Pfändung des Anwartschaftsrechts seinen wirtschaftlichen Wert.

Allerdings ist die Terminologie uneinheitlich. Einige[328] unterscheiden das sog. *dingliche Anwartschaftsrecht* von einer *»bloßen« Anwartschaft*, die keinen dinglichen Charakter haben soll, sondern lediglich den einer kondizierbaren (§§ 812 ff. BGB),

320 Zöller/*Vollkommer* Vor § 322 Rn. 36, unter Hinweis auf die allgM, dass die Entscheidung über den Anspruch aus § 985 BGB keine materiell rechtskräftige Feststellung hinsichtlich des Eigentums treffe; so zuletzt BGH NJW-RR 1999, 376 (377) mwN.

321 BGHZ 41, 30 (31). Die Löschung des Eigentums erfolgt nur, wenn gleichzeitig ein anderer Eigentümer benannt wird; vgl. MüKoBGB/*Kohler* § 894 Rn. 39.

322 Insbes. § 273 II; dazu BGHZ 41, 30 (33 ff.).

323 → § 8 Rn. 7.

324 MüKoBGB/*Kohler* § 894 Rn. 34; Palandt/*Bassenge* § 894 Rn. 5; *Baur/Stürner* SachenR § 18 Rn. 38; *Köbler* JuS 1982, 181 (184).

325 BGHZ 37, 319 (321); 49, 197 (201); 54, 186 (188 f.); 83, 395 (399); 89, 41 (44); 106, 108 (112); 114, 161 (166); Staudinger/*Pfeifer* (2011) § 925 Rn. 123; *Westermann/Gursky/Eickmann* SachenR § 4 Rn. 11; *Haas/Beiner* JA 1998, 23 (24 f.); → § 11 Rn. 34.

326 Üblicherweise ist mit einer Eintragungsdauer von mehreren Monaten zu rechnen, selbst wenn der Staat seiner Pflicht nachkommt, die Grundbuchämter hinreichend mit Personal auszustatten. Bei Verletzung der – drittschützenden – Amtspflicht zur zügigen Bearbeitung kommt ein Amtshaftungsanspruch in Betracht, vgl. BGH NJW 2007, 830 ff.

327 → § 13 Rn. 64.

328 So MüKoBGB/*Kanzleiter* § 925 Rn. 35; vgl. auch *Schreiber* Jura 2001, 623 (623 f., 628).

abtretbaren, verpfändbaren und pfändbaren Vermögensposition. Andere[329] sehen in diesen Begriffen nur verschiedene Stufen desselben Rechts.

2. Entstehung eines Anwartschaftsrechts

a) Problematik und Meinungsstand (V)

61 Der Erwerb von Grundeigentum vollzieht sich in mehreren Stufen. Dabei wird die Rechtsposition des Erwerbers immer stärker.

- Mit *bindender Auflassung* (§ 873 II BGB) erhält der Erwerber Schutz gegen einen Widerruf durch den Veräußerer.
- Mit Stellen des *Eintragungsantrags* gewährt § 878 BGB Schutz gegen nachträgliche Verfügungsbeschränkungen; außerdem gilt ab diesem Zeitpunkt das formelle Prioritätsprinzip gem. § 17 GBO mit der Folge, dass die früher beantragte Eintragung hinsichtlich desselben Rechts vor einer nachfolgenden vorzunehmen ist.[330]

Bis zur Eintragung läuft der Käufer allerdings Gefahr, dass der Verkäufer sich nicht an die Einigung hält und das Grundstück erneut auflässt oder dass Gläubiger des Verkäufers aus dem Grundstück Befriedigung suchen. Das kann selbst eine bindende Einigung nicht verhindern. Auch der Verstoß gegen § 17 GBO verhindert bei Vorliegen der übrigen Erwerbsvoraussetzungen nicht den Eigentumserwerb des zu Unrecht zuerst Eingetragenen, weil § 17 GBO eine lediglich formelle Vorschrift des Grundbuchrechts ist.[331] Deshalb ist umstritten, ob beim Grundstückserwerb überhaupt ein dingliches Anwartschaftsrecht – ähnlich der Lage beim Kauf beweglicher Sachen unter Eigentumsvorbehalt – entstehen kann, und wenn ja, wann dies der Fall ist.

Teilweise[332] wird vertreten, dass *zu keiner Zeit ein dingliches Anwartschaftsrecht* entstehe. Mangels Verfügungsbeschränkung des Veräußerers gewähre die nach § 873 II BGB bindende Einigung – im Unterschied zu § 161 BGB beim Kauf beweglicher Sachen unter Eigentumsvorbehalt – keine gesicherte Rechtsstellung des Erwerbers.[333] Auch nach Antragstellung erhalte der Erwerber keine gesicherte Rechtsposition: Gegen § 17 GBO könne verstoßen werden, und der Antrag könne sich zudem jederzeit erledigen, entweder durch Zurückweisung durch das Grundbuchamt (§ 18 I 1 Alt. 1 GBO)[334] oder bei Rücknahme durch den Antragsteller. Letztlich bestehe auch kein wirtschaftliches Bedürfnis für die Begründung eines Anwartschaftsrechts, da

---

329 Staudinger/*Pfeifer* (2011) § 925 Rn. 125, 133, 137, spricht von einer »Anwartschaft« und stellt klar, dass Anwartschaft und Anwartschaftsrecht nur Ausdruck unterschiedlicher Stärke des Anwartschaftsschutzes seien, ohne Einfluss auf Identität und Verkehrsfähigkeit; MüKoBGB/*Kanzleiter* § 925 Rn. 35, spricht in diesem Stadium von einer in gewissem Maße gesicherten Rechtsposition oder einer faktischen Erwerbsaussicht; für eine Terminologie nach Belieben *Reinicke/Tiedtke* Kreditsicherung NJW 1982, 2281 (2283); vgl. allgemein zum Streit über die dingliche Natur des Anwartschaftsrechts die Nachweise bei Erman/*Artz* § 925 Rn. 57; *Westermann/Gursky/Eickmann* SachenR § 4 Rn. 10 ff.

330 → § 13 Rn. 9.

331 AllgM: vgl. RGZ 55, 340 (342); 66, 285 (288); 73, 50 (53); 113, 403 (404); BGHZ 45, 186 (190); 49, 197 (200); 83, 395 (398 f.); MüKoBGB/*Kohler* § 873 Rn. 87; Staudinger/*Gursky* (2012) § 873 Rn. 178; *Wolff/Raiser* SachenR § 38 III 1; *J. Hager* JuS 1991, 1 (2).

332 OLG Celle NJW 1958, 870; MüKoBGB/*Kohler* § 873 Rn. 91; *Medicus/Petersen* BürgerlR Rn. 469; *ders.* DNotZ 1990, 275.

333 MüKoBGB/*Kohler* § 873 Rn. 91; *Wilhelm* SachenR Rn. 846.

334 MüKoBGB/*Kohler* § 873 Rn. 91; *Medicus/Petersen* BürgerlR Rn. 469.

der schuldrechtliche Übertragungsanspruch eine ausreichende Kreditsicherheit darstelle.[335]

Ein anderer Teil der Literatur[336] und der Rechtsprechung[337] nimmt dagegen ein *Anwartschaftsrecht bereits mit der bindenden Einigung* gem. § 873 II BGB an. Zwar habe der Veräußerer auch dann noch die Möglichkeit, über das Grundstück zu verfügen. Ein Recht entbehre aber nicht seiner Eigenschaft als Recht, weil es von einem Dritten zerstört werden könne, zumal der Käufer in der Praxis nach erfolgter Auflassung mit großer Sicherheit Eigentümer werde. Aus dem Schutz des § 161 BGB für das Anwartschaftsrecht an beweglichen Sachen könne nicht gefolgert werden, alle Anwartschaftsrechte müssten ebenso oder vergleichbar stark gesichert sein.[338] Der Erwerber könne jederzeit den Eintragungsantrag stellen und sich so das Vollrecht verschaffen.[339]

Nach Rechtsprechung des BGH[340] und hM im Schrifttum[341] kann eine Anwartschaft *erst im Zusammenwirken der bindenden Einigung mit den grundbuchrechtlichen Vorschriften* entstehen. Der Eigentumsübergang setze Einigung und Eintragung voraus. Vorher sei – unabhängig vom Vorliegen aller Eintragungsvoraussetzungen – kein Anwartschaftsrecht anzunehmen.[342]

b) Anwartschaftsrecht durch Auflassung, Eintragungsbewilligung und Eintragungsantrag (V)

Das Anwartschaftsrecht beim Grundstückserwerb setzt nach hM voraus: 62

- eine *bindende Einigung* (Auflassung);
- die Erteilung der *Eintragungsbewilligung*;[343]
- die *Antragstellung durch den Erwerber*, wobei der Antrag nicht vom Grundbuchamt zurückgewiesen worden sein darf.

335 Die Vertreter dieser Auffassung bejahen lediglich eine Anwartschaft auf das im Entstehen begriffene Recht, aber kein Anwartschaftsrecht; vgl. insbes. MüKoBGB/*Kohler* § 873 Rn. 91 f.; *Westermann/Gursky/Eickmann* SachenR § 74 Rn. 16.

336 *Wolff/Raiser* SachenR § 38 III 1 mit Hinweis auf die vom Veräußerer erteilte Eintragungsbewilligung; *Reinicke/Tiedtke* Kreditsicherung NJW 1982, 2281; Staudinger/*Pfeifer* (2011) § 925 Rn. 133.

337 BayObLG Rpfleger 1972, 16; OLG Hamburg NJW-RR 1990, 1297.

338 *Hoche* NJW 1955, 652; *Reinicke/Tiedtke* Kreditsicherung NJW 1982, 2281 (2282 f.).

339 *Wolff/Raiser* SachenR § 38 III 1 mit Hinweis auf die vom Veräußerer erteilte Eintragungsbewilligung; *Reinicke/Tiedtke* Kreditsicherung NJW 1982, 2281 (2282).

340 BGHZ 45, 186 (190 f.); 49, 197 (200); 83, 395 (399); 106, 108 (111); BGH WM 1975, 255; zusammenfassend *Konzen*, FG BGH I, 2000, 871 ff.

341 MüKoBGB/*Kanzleiter* § 925 Rn. 37; Soergel/*Stürner* § 873 Rn. 14; Staudinger/*Gursky* (2012) § 873 Rn. 183 mit großen Bedenken; Erman/*Artz* § 925 Rn. 56; Palandt/*Bassenge* § 925 Rn. 24; Bamberger/Roth/*Grün* § 925 Rn. 42; *Baur/Stürner* SachenR § 19 Rn. 15 ff.; *Prütting* SachenR Rn. 359; *J. Hager* JuS 1991, 1 (2); aA *Wolf/Wellenhofer* SachenR § 17 Rn. 47.

342 *J. Hager* JuS 1991, 1 (2).

343 Teilweise wird das Erfordernis der Bewilligung nicht genannt. Ausdrücklich nennen die Bewilligung nur Soergel/*Stürner* § 873 Rn. 14a; Staudinger/*Gursky* (2012) § 873 Rn. 184; *J. Hager* JuS 1991, 1 (2). Früher wurde das Vorliegen einer Bewilligung nicht als zwingende Eintragungsvoraussetzung angesehen; vgl. Staudinger/*Gursky* (2012) § 873 Rn. 184. Es darf aber nicht übersehen werden, dass allein der Eintragungsantrag dem Auflassungsempfänger noch keine gesicherte Rechtsposition verschafft. Wenn häufig nicht auf das Erfordernis der Bewilligung hingewiesen wird, mag dies daran liegen, dass sie in neuerer Zeit in der Regel der Erklärung des Veräußerers im Wege der Auslegung entnommen wird; vgl. *Demharter* § 20 Rn. 2; Staudinger/*Pfeifer* (2011) § 925 Rn. 134.

Auf den Antrag des Erwerbers kommt es deshalb an, weil ein vom Veräußerer gestellter Eintragungsantrag nach § 31 GBO zurückgezogen werden kann. Nur wenn diese Möglichkeit für den Veräußerer ausgeschlossen ist, der Erwerber also selbst den Antrag auf Eintragung stellt, erlangt er aufgrund des Prioritätsgrundsatzes (§ 17 GBO) eine gesicherte Rechtsposition, die vom Veräußerer nicht mehr einseitig durch Rücknahme seines Antrags zerstört werden kann.[344]

Liegen diese Voraussetzungen vor, so bildet § 17 GBO – obgleich er lediglich eine Ordnungsvorschrift ist – ein verfahrensrechtliches Hindernis gegen Zwischenverfügungen des Veräußerers. Zwar hindert ein Fehler des Grundbuchamts bei der Eintragungsreihenfolge nicht die Wirksamkeit der Zwischenverfügung. Solche Fehler unterlaufen den Grundbuchämtern jedoch höchst selten,[345] sodass zwar kein hundertprozentiger Schutz des Erwerbers gewährleistet ist, die Position des Erwerbers aber im Normalfall nicht mehr vernichtet werden kann.[346] Indem §§ 878 und 892 II BGB ungeachtet des rein formellen Charakters des § 17 GBO mit dem Antrag weitreichende Folgen zugunsten des Erwerbers verknüpfen,[347] zeigt nach hM auch das Gesetz selbst, dass sich der Schutz des Erwerbers mit der verbleibenden Gefahr unsachgemäßer Behandlung durch das Grundbuchamt verträgt.[348]

c) Anwartschaftsrecht durch Auflassung und Vormerkung (V)

63 Unbestritten begründet die bloße Vormerkung – ohne Auflassung – kein Anwartschaftsrecht.[349] Streitig ist, ob Auflassung und Vormerkung zusammen zur Entstehung eines Anwartschaftsrechts führen.

Eine verbreitete Ansicht[350] bejaht die Entstehung eines Anwartschaftsrechts allein durch Auflassung in Verbindung mit einer im Grundbuch eingetragenen Auflassungsvormerkung (§§ 883 I, 885 I BGB). Das Vorliegen eines Eintragungsantrags sei nicht Voraussetzung. Ab dem Zeitpunkt, in dem die Vormerkungsvoraussetzungen vorliegen, sei der Erwerber vor Zwischenverfügungen des Veräußerers geschützt (§§ 883 II, 888 I BGB).[351] Seine Rechtsposition könne nicht mehr einseitig zerstört werden.

Eine andere Auffassung[352] verneint die Entstehung eines einheitlichen Anwartschaftsrechts aus der Rechtsstellung als Empfänger der abstrakten Auflassung auf der einen

344 Soergel/*Stürner* § 873 Rn. 14a; *J. Hager* JuS 1991, 1 (2).

345 BGHZ 49, 197 (201); Staudinger/*Gursky* (2012) § 873 Rn. 178; *Haas/Beiner* JA 1998, 23 (25 f.).

346 BGHZ 49, 197 (201); 83, 395 (399 f.); zust. *Konzen*, FG BGH I, 2000, 885.

347 → § 13 Rn. 29.

348 *J. Hager* JuS 1991, 1 (3).

349 MüKoBGB/*Kohler* § 873 Rn. 92.

350 BGHZ 83, 395 (399); 89, 41 (44 f.); 106, 108 (111); MüKoBGB/*Kanzleiter* § 925 Rn. 37; Soergel/*Stürner* § 873 Rn. 14a; Palandt/*Bassenge* § 925 Rn. 25. Der Antrag auf Eigentumsüberschreibung muss dabei noch nicht gestellt sein, OLG Düsseldorf Rpfleger 1981, 199 (200); zust. Erman/*Artz* § 925 Rn. 55; Bamberger/Roth/*Grün* § 925 Rn. 43, die eine Anwartschaft bereits bei Stellung eines Antrags auf Eintragung einer Vormerkung annehmen, nicht erst mit zusätzlichem Antrag auf Eigentumsumschreibung.

351 → § 14 Rn. 2.

352 MüKoBGB/*Kohler* § 873 Rn. 92; Staudinger/*Gursky* (2012) § 873 Rn. 184; Staudinger/*Pfeifer* (2011) § 925 Rn. 140b; *Medicus/Petersen* BürgerlR Rn. 469; *Münzberg*, FS Schiedermair, 1976, 455; *Reinicke/Tiedtke* Kreditsicherung NJW 1982, 2281 (2285); *Eickmann* Rpfleger 1981, 200 f.

und als Gläubiger der akzessorischen Vormerkung auf der anderen Seite. Mit der Verbindung beider Rechtspositionen entstehe ein neues, streng akzessorisches, dem Volleigentum nicht wesensähnliches[353] Rechtsgebilde und gerade keine selbstständig verkehrsfähige Vorstufe zum Grundstückseigentum.[354]

3. Schutz des Anwartschaftsberechtigten (V)

Ist ein Anwartschaftsrecht entstanden, so kann – im Verhältnis von Veräußerer und Erwerber – das schuldrechtliche Grundgeschäft (idR der Kaufvertrag) nicht mehr formlos aufgehoben werden. Die Aufhebung bedarf stattdessen ebenfalls der notariellen Beurkundung.[355] 64

Der Schutz des Anwartschaftsberechtigten gegenüber Dritten wird zum einen dann relevant, wenn ein Dritter – entgegen dem normalen Verlauf – das Eigentum wirksam erwirbt und so das Anwartschaftsrecht selbst verletzt. Erfolgt die Eintragung des Dritten als neuer Eigentümer, weil der Eintragungsantrag zurückgewiesen oder weil gegen § 17 GBO verstoßen worden ist, so kommen Schadensersatzansprüche gegen den Dritten aus § 823 I BGB nur in Betracht, wenn dieser positive Kenntnis von der früheren Auflassung hatte (vgl. § 892 BGB); denkbar sind auch Ansprüche aus § 826 BGB.[356] Der Anwartschaftsberechtigte ist hier in der Regel auf einen etwaigen Amtshaftungsanspruch aus Art. 34 GG iVm § 839 BGB beschränkt.

Hiervon sind die Fälle zu unterscheiden, dass ein Dritter das Grundstück beschädigt, an dem ein Eigentumsanwartschaftsrecht besteht. Hier kommen Ansprüche aus § 823 I BGB, aus § 823 II iVm einem Schutzgesetz (zB § 909 BGB) oder aus § 826 BGB in Betracht.[357]

Das Anwartschaftsrecht begründet kein Besitzrecht iSd § 986 BGB.[358]

4. Übertragung, Verpfändung und Pfändung des Anwartschaftsrechts

Die Möglichkeit der Übertragung, Verpfändung und Pfändung des Anwartschaftsrechts ergibt sich aus seinem Charakter als dingliches Recht (Vorstufe zum Vollrecht) sowie seiner Abstraktheit (nicht personengebunden). Sie entspricht den praktischen Bedürfnissen im Grundstücks- und Vollstreckungsrecht.

353 So aber BGHZ 83, 395 (399).

354 Staudinger/*Gursky* (2012) § 873 Rn. 184; Staudinger/*Pfeifer* (2011) § 925 Rn. 142 mit einer Gegenüberstellung von Eigentumsanwartschaft und Vormerkung.

355 BGHZ 83, 395 (400) = DNotZ 1982, 619 (621) mAnm *Ludwig*; BGH NJW 1994, 3346 (3347); Staudinger/*Pfeifer* (2011) § 925 Rn. 89; Staudinger/*Schumacher* (2012) § 311b Rn. 214 f.; MüKoBGB/*Kanzleiter* § 311b Rn. 60.

356 BGHZ 45, 186 (192 f.); Soergel/*Stürner* § 873 Rn. 14d; Staudinger/*Pfeifer* (2011) § 925 Rn. 138; jurisPK-BGB/*Benning* § 925 Rn. 93; *Medicus/Petersen* BürgerlR Rn. 469.

357 BGHZ 114, 161 (163, 165); Staudinger/*Pfeifer* (2011) § 925 Rn. 137; Soergel/*Stürner* § 873 Rn. 14d.

358 OLG Celle NJW 1958, 870; Palandt/*Bassenge* § 925 Rn. 28; MüKoBGB/*Kanzleiter* § 925 Rn. 38; aA *J. Hager* JuS 1991, 1 (7).

a) Übertragung des Anwartschaftsrechts (V)

65 Grundsätzlich wird das Anwartschaftsrecht als Vorstufe zum Vollrecht wie das Vollrecht selbst behandelt.[359] Daher bedarf die schuldrechtliche Verpflichtung zur Übertragung des Anwartschaftsrechts der Form des § 311b I BGB.[360]

Allerdings kann die Auflassungsanwartschaft allein durch Auflassung gem. § 925 I BGB an einen Dritten übertragen werden, da das Anwartschaftsrecht als solches nach hM weder eintragungsfähig noch eintragungsbedürftig ist.[361] Ein gutgläubiger Zweiterwerb ist damit ausgeschlossen, denn mangels Eintragungsfähigkeit kann kein Rechtsscheinstatbestand entstehen.[362]

b) Verpfändung (E)

66 Auch die Verpfändung des Anwartschaftsrechts bildet eine Ausnahme von dem Grundsatz, dass das Anwartschaftsrecht wie das Vollrecht zu behandeln ist: Die Verpfändung der Auflassungsanwartschaft richtet sich nach § 1274 I BGB. Sie erfolgt wie die Übertragung durch bloße Einigung in der Form des § 925 I BGB. Eine Anzeige nach § 1280 BGB ist nicht erforderlich.[363]

Nach überwiegender Ansicht[364] ist auch für die Verpfändung eine Eintragung weder möglich noch erforderlich. Teilweise[365] wird zwar die Eintragungsfähigkeit der *Verpfändung* in das Grundbuch in Verbindung mit einer eingetragenen Auflassungsvormerkung (§ 883 BGB) für möglich gehalten. Dagegen wird die Unterschiedlichkeit der Rechtspositionen von Auflassungsempfänger und Vormerkungsgläubiger sowie das meist abweichende Schicksal von Vormerkung und Anwartschaft eingewandt.[366]

Anders als bei § 925 II BGB ist die Auflassung bei der Verpfändung, wie auch sonst bei Pfand- und Grundpfandrechten, nicht bedingungsfeindlich.

Wird der Anwartschaftsberechtigte als Eigentümer im Grundbuch eingetragen, so erwirbt der Pfandgläubiger kraft Gesetzes analog § 1287 BGB eine Sicherungshypothek[367] am Grundstück.[368]

359 → § 11 Rn. 49.

360 BGHZ 83, 395 (400); 89, 41 (45); *Schreiber* Jura 2001, 623 (628).

361 BGHZ 49, 197 (202); 83, 395 (399); BGH NJW-RR 1992, 1178 (1180); Staudinger/*Gursky* (2012) § 873 Rn. 184; Staudinger/*Pfeifer* (2011) § 925 Rn. 129; Palandt/*Bassenge* § 925 Rn. 26; *Prütting* SachenR Rn. 360; *Schreiber* Jura 2001, 623 (628). Teils anders MüKoBGB/*Kanzleiter* § 925 Rn. 39; *Schneider* MDR 1994, 1057 (1061 f.), die aber als Minus zur Eintragung das Stellen eines Eintragungsantrags fordern.

362 Staudinger/*Pfeifer* (2011) § 925 Rn. 129; Erman/*Artz* § 925 Rn. 61; *Prütting* SachenR Rn. 360.

363 Staudinger/*Pfeifer* (2011) § 925 Rn. 130; Palandt/*Bassenge* § 925 Rn. 27; *Konzen*, FG BGH I, 2000, 892 f.

364 BGHZ 49, 202; Erman/*Artz* § 925 Rn. 62.

365 BayObLGZ 67, 297; KG JW 37, 249; MüKoBGB/*Damrau* § 1274 Rn. 30: nützlich, aber zur Entstehung nicht notwendig; *Hoche* NJW 1955, 652 (654); *Vollkommer* Rpfleger 1969, 410; *Blomeyer* Rpfleger 1970, 231.

366 Staudinger/*Pfeifer* (2011) § 925 Rn. 129, siehe auch ebenda, Rn. 142 zu den Unterschieden von Vormerkung und Anwartschaft.

367 → § 15 Rn. 12.

368 BGHZ 49, 197 (205) mwN; BayObLGZ 1990, 318 (320) = BayObLG NJW-RR 1991, 567, dort auch zur Frage des Rangs bei zwischenzeitlicher Eintragung anderer Rechte; Palandt/*Bassenge* § 1287 Rn. 4 f.

c) Pfändung (E)

Die Pfändung des Anwartschaftsrechts erfolgt im Wege der Vollstreckung in Rechte an beweglichem Vermögen nach § 857 ZPO. Die Immobiliarvollstreckung würde schon an der fehlenden Eintragung im Grundbuch scheitern.[369] 67

Voraussetzungen der Pfändung sind
- ein gerichtlicher Pfändungsbeschluss und
- dessen Zustellung an den Anwartschaftsberechtigten. Eine Zustellung an den Grundstücksveräußerer braucht nicht zu erfolgen, weil er nicht Drittschuldner iSd § 857 II ZPO[370] ist.[371]

Genauso wie bei der Verpfändung der Pfandgläubiger eine Sicherungshypothek erwirbt, so entsteht auch bei der Pfändung kraft Gesetzes für den Pfändungspfandgläubiger eine Sicherungshypothek analog § 848 II 2 ZPO, wenn der Anwartschaftsberechtigte mit seiner Eintragung das Eigentum erwirbt[372] und zu diesem Zeitpunkt sowohl das Pfandrecht als auch die Anwartschaft (noch) wirksam sind.[373]

V. Rang von Grundstücksrechten

1. Bedeutung (G)

An einem Grundstück können mehrere Rechte gleichzeitig bestehen. Das ist zB aus Gründen der Kreditsicherung der Fall, wenn mehrere Hypotheken oder Grundschulden bestellt werden. Welchem der bestehenden Rechte, insbesondere bei gleichartiger Nutzungsbefugnis (Nutzungsrechte), der Vorrang gebührt, wird vom Rang bestimmt.[374] Er entscheidet über die Zuordnungswirkung der dinglichen Rechte[375] sowie über das Verhältnis der Rechte untereinander[376]. Er gibt dem Grundstücksrecht seinen Inhalt[377], nach anderer Auffassung hat er inhaltsähnliche Wirkung.[378] 68

In der Zwangsvollstreckung gibt der Rang die Reihenfolge des Rechts auf Befriedigung der Gläubiger aus den dinglichen Rechten an (§§ 11, 44 ff., 155 II ZVG) und

369 Erman/*Artz* § 925 Rn. 64; *Baur/Stürner* SachenR § 19 Rn. 16.

370 Drittschuldner iSd § 857 ZPO ist jeder Dritte, dessen Leistung zur Ausübung des gepfändeten Rechts erforderlich ist oder dessen Rechtsstellung von der Pfändung in anderer Weise berührt wird; vgl. Zöller/*Stöber* § 857 Rn. 4. Gegenstand der Pfändung des Anwartschaftsrechts ist kein Anspruch im technischen Sinne, jedenfalls nicht der schuldrechtliche Anspruch des Auflassungsempfängers auf Eigentumsübertragung; vgl. Erman/*Artz* § 925 Rn. 64.

371 BGHZ 49, 197 (206); Staudinger/*Pfeifer* (2011) § 925 Rn. 131; Erman/*Artz* § 925 Rn. 64: Es bestehe auch kein Bedürfnis, den Grundstückseigentümer mit einem Verfügungsverbot zu belegen (wie bei § 829 I 2 ZPO, der nach § 857 I ZPO Anwendung fände), weil das Anwartschaftsrecht nach dem natürlichen Verlauf der Dinge nicht mehr beeinträchtigt werden könne.

372 BGHZ 49, 197 (205); Erman/*Artz* § 925 Rn. 65.

373 BGH DNotZ 1976, 96 (97); Staudinger/*Pfeifer* (2011) § 925 Rn. 131.

374 Soergel/*Stürner* Vor § 873 Rn. 21; *Wilhelm* JZ 1990, 501 (501 ff.); Überblick bei *Schreiber* Jura 2006, 502 ff.

375 *Westermann/Gursky/Eickmann* SachenR § 78 Rn. 1.

376 MüKoBGB/*Kohler* § 879 Rn. 2: Regelung des Verhältnisses zu anderen Rechten.

377 *Wolff/Raiser* SachenR § 142 (Fn. 1).

378 RGRK/*Augustin* § 879 Rn. 3.

bestimmt damit den Wert des einzelnen Rechts.[379] Damit kommt dem Rang entscheidende wirtschaftliche Bedeutung zu.

2. Modelle der Rangordnung (G)

69 Modellhaft lassen sich die feste und die bewegliche Rangordnung voneinander unterscheiden. Bei der festen Rangordnung erhält das Recht mit seiner Eintragung eine feste, unveränderbar bestehen bleibende Stelle.[380] Im Gegensatz dazu rückt bei der beweglichen Rangordnung das nachfolgende Recht durch Wegfall eines vorrangigen Rechts auf dessen freiwerdende Stelle auf. Der Gesetzgeber des BGB hat sich für die bewegliche Rangordnung entschieden. Ausnahmen gelten bei der Hypothek und bei der Grundschuld, die den gleichen Rang behalten, wenn sie sich in eine Eigentümerhypothek bzw. -grundschuld umwandeln (§§ 1163 I, 1177 I BGB) sowie für die Vereinigung beschränkt dinglicher Rechte mit dem Eigentum (§ 889 BGB).

3. Gesetzliche Rangordnung (G)

70 Der Rang eines Grundstücksrechts bestimmt sich entweder nach der rechtsgeschäftlichen Parteivereinbarung[381] oder subsidiär nach der gesetzlichen Rangordnung. Allgemeine gesetzliche Prinzipien zur Bestimmung des Rangs sind das Prioritäts- und das Datumsprinzip (§ 879 BGB, §§ 17, 45 GBO).

Das Prioritätsprinzip[382] als bestimmender Faktor für die Reihenfolge der Eintragung durch das Grundbuchamt betrifft dagegen nur das Eintragungsverfahren, ohne selbst die materiell-rechtlichen Rangverhältnisse nach der Eintragung zu regeln.

a) Rechte in unterschiedlichen Abteilungen: Datumsprinzip (G)

71 Bei Rechten, die in unterschiedlichen Abteilungen eingetragen sind, entscheidet das Datum des Eintragungstages (Datumsprinzip/Tempus-Prinzip, § 879 I 2 BGB) über den Rang des Rechts. Dem unter Angabe eines früheren Tages eingetragenen Recht gebührt der Vorrang. Rechte, die unter Angabe desselben Tages eingetragen sind, haben den gleichen Rang (§ 879 I 2 Hs. 2 BGB).[383]

b) Rechte in derselben Abteilung – räumliche oder zeitliche Reihenfolge? (V)

72 Während § 879 I 2 BGB für den Rang von Rechten in unterschiedlichen Abteilungen ausdrücklich das Datumsprinzip vorgibt, schweigt S. 1 dazu für die Rechte in derselben Abteilung. Damit bleibt offen, ob § 879 I 1 BGB auf die zeitliche oder die räumliche Reihenfolge abstellt.

379 Soergel/*Stürner* § 879 Rn. 1.

380 Soergel/*Stürner* Vor § 873 Rn. 21; *Prütting* SachenR Rn. 161; *Westermann/Gursky/Eickmann* SachenR § 78 Rn. 5.

381 → § 13 Rn. 73 ff.

382 → § 13 Rn. 9; ferner Bamberger/Roth/*Eckert* § 879 Rn. 10.

383 Soergel/*Stürner* § 879 Rn. 9; Staudinger/*Kutter* (2012) § 879 Rn. 57; Palandt/*Bassenge* § 879 Rn. 9; *Wilhelm* SachenR Rn. 601; aA MüKoBGB/*Kohler* § 879 Rn. 30, demzufolge die tatsächliche Eintragungszeit entscheiden soll.

In einem Umkehrschluss aus S. 2 nimmt ein Teil des Schrifttums[384] an, dass es nicht auf die zeitliche Reihenfolge ankommen könne und untermauert dieses Ergebnis mit der Entstehungsgeschichte der Norm, die sich im zweiten Entwurf vom Datumsprinzip des ersten Entwurfes gelöst habe. Entscheidend sei damit die *räumliche Eintragung* (Locus-Prinzip[385]).[386] Aus der entscheidenden Vorschrift der GBO lasse sich nichts anderes entnehmen, weil sie eine reine Sollvorschrift sei.[387]

Die Gegenauffassung im Schrifttum[388] stellt demgegenüber auf die Systematik des BGB ab, dem das Prinzip der Alterspriorität zugrundeliege, nach dem das ältere Recht dem jüngeren vorgeht. Zusätzlich wird auf die GBO verwiesen, die dem Datumsprinzip folge. Damit sei auf die zeitliche Reihenfolge abzustellen, für die die räumliche Reihenfolge Indizcharakter habe. Allerdings wird differenziert: Das Datumsprinzip gelte nur unter den unmittelbar Beteiligten. Im Hinblick auf §§ 892, 893 BGB komme es gutgläubigen Dritten gegenüber auf die räumliche Reihenfolge an.[389]

4. Rangbestimmung durch rechtsgeschäftliche Vereinbarung

a) Begriff und Bedeutung (V)

Die Parteien können den Rang, den das Grundstücksrecht erhalten soll, grundsätzlich rechtsgeschäftlich durch Einigung bestimmen, sog. materieller Rangvermerk (§ 879 III BGB; § 45 III GBO). Ausgenommen davon sind Rechte, denen das Gesetz einen Rang zuweist, sog. gesetzliche Rangprivilegien (zB § 914 I 1 BGB für die Überbaurente[390] und § 917 II 2 BGB für das Notwegerecht[391]).[392] Den vereinbarten Rang erhält das Recht erst mit der Eintragung. Anlass zur Rangbestimmung gibt es bei zeitgleicher Entstehung mehrerer Rechte oder bei Entstehung eines Rechts an einem bereits belasteten Grundstück.[393] 73

Stimmen vereinbarter und eingetragener Rang nicht überein, so entsteht das Recht grundsätzlich nicht, weil die Vereinbarung über den Rang Teil der Einigung ist und eine Einigung über den falsch eingetragenen Rang gerade nicht vorliegt.[394] Unter entsprechender[395] Anwendung des § 139 BGB gelangt man jedoch in der Regel zu dem

384 MüKoBGB/*Kohler* § 879 Rn. 24; Staudinger/*Kutter* (2012) § 879 Rn. 31 ff.; Palandt/*Bassenge* § 879 Rn. 8; *Westermann/Gursky/Eickmann* SachenR § 79 Rn. 4; *E. Wolf* SachenR § 10 C III b; *Stadler* AcP 189 (1989), 425 (444).

385 *Wilhelm* SachenR Rn. 601.

386 MüKoBGB/*Kohler* § 879 Rn. 25; *Westermann/Gursky/Eickmann* SachenR § 79 Rn. 4; NK-BGB/*U. Krause* § 879 Rn. 11 f.

387 MüKoBGB/*Kohler* § 879 Rn. 25.

388 Soergel/*Stürner* § 879 Rn. 7; Bamberger/Roth/*Eckert* § 879 Rn. 11; *Baur/Stürner* SachenR § 17 Rn. 20; *Heck* SachenR 496 ff.; *Wolff/Raiser* SachenR § 41 I 1; *Prütting* SachenR Rn. 162.

389 Soergel/*Stürner* § 879 Rn. 7. In der Regel ergeben sich keine Abweichungen zwischen räumlicher und zeitlicher Reihenfolge. Bei Divergenzen soll es nach *Baur/Stürner* SachenR § 17 Rn. 21 und *Wilhelm* SachenR Rn. 619, auf die tatsächliche Eintragungszeit ankommen.

390 → § 9 Rn. 59.

391 → § 9 Rn. 64.

392 MüKoBGB/*Kohler* § 879 Rn. 7, 34.

393 *Westermann/Gursky/Eickmann* SachenR § 78 Rn. 6.

394 BGH NJW-RR 1990, 206; OLG München MittBayNot 1994, 329; Palandt/*Bassenge* § 879 Rn. 12; *Prütting* SachenR Rn. 163.

395 Soergel/*Stürner* § 879 Rn. 15; *Westermann/Gursky/Eickmann* SachenR § 79 Rn. 18.

Ergebnis, dass die Parteien im Zweifel das Entstehen des Rechts mit dem tatsächlich eingetragenen Rang dem Nichtentstehen des Rechts vorziehen.[396]

b) Ausgleichsansprüche bei falscher Eintragung des Rangs (E)

74 Bei falscher Eintragung des Rangs ist an Bereicherungsansprüche zu denken.[397] Dabei stellt sich die Frage, wer Gläubiger eines Bereicherungsanspruchs ist: der Eigentümer (Anspruch aus § 812 I 1 Alt. 1 BGB – Leistungskondiktion) oder ein durch die Falscheintragung benachteiligter Gläubiger, auf dessen Kosten der besser gestellte Gläubiger seine Rechtsposition erlangt hat (Anspruch aus § 812 I 1 Alt. 2 BGB – Eingriffskondiktion). Für die Entscheidung dieser Frage kommt es auf den inhaltlichen Umfang der vom besser gestellten Gläubiger erlangten »Anwartschaft« auf Erhalt des Rechts an, dh ob in ihr der Rang des Rechts enthalten ist.

Einer Auffassung im Schrifttum[398] zufolge erhält der benachteiligte Gläubiger mit Eingang des Eintragungsantrags ein Anwartschaftsrecht auf das Recht mit dem sich bei korrektem Eintragungsverfahren ergebenden Rang. Der *besser gestellte Gläubiger* erhalte seine Rechtsposition damit unmittelbar »auf Kosten« des *benachteiligten Gläubigers*, dem ein direkter Anspruch aus § 812 I 1 Alt. 2 BGB (Eingriffskondiktion) gegen den begünstigten Gläubiger zustehe.

Die hM[399] verneint den Einschluss des Rangs im Anwartschaftsrecht. Der früher gestellte Antrag begründe kein materiell-rechtlich geschütztes Anrecht auf Erwerb eines bestimmten Rangs. Dieser werde gem. § 879 BGB erst mit der Eintragung zwingend festgelegt.[400] Habe der besser gestellte Gläubiger damit nichts »auf Kosten« des benachteiligten Gläubigers erlangt, bleibe nur ein Anspruch des Eigentümers aus § 812 I 1 Alt. 1 BGB oder aus der schuldrechtlichen Vereinbarung (§§ 133, 157, 242 BGB) auf Rangrücktritt im Wege der Rangänderung (§ 880 I BGB).[401] Der benachteiligte Gläubiger könne dann vom Eigentümer Abtretung dieses Anspruchs gem. §§ 285 I, 275 I BGB verlangen.[402]

Eine vermittelnde Ansicht[403] bejaht zwar das Bestehen einer Anwartschaft auf Erwerb des Rechts samt des ihm gebührenden Rangs, verneint aber das Fehlen des

396 BGH NJW-RR 1990, 206; MüKoBGB/*Kohler* § 879 Rn. 37; Soergel/*Stürner* 879 Rn. 15; Palandt/*Bassenge* § 879 Rn. 12; *Baur/Stürner* SachenR § 17 Rn. 26; *Prütting* SachenR Rn. 163; *Wolff/Raiser* SachenR § 41 III; *Wilhelm* JZ 1990, 501 (508).

397 Beispiel: Der Eigentümer einigt sich mit einem Gläubiger auf die Bestellung einer erstrangigen Grundschuld und mit einem weiteren Gläubiger auf die Bestellung einer zweitrangigen Grundschuld, die Grundschulden werden dann jedoch in umgekehrter Reihenfolge eingetragen. Zum Folgenden eing. *Wilhelm* SachenR Rn. 631 ff.; *ders.* JZ 1990, 501 (506 ff.).

398 Soergel/*Stürner* § 879 Rn. 16; Erman/*Artz* § 925 Rn. 23; *Baur/Stürner* SachenR § 17 Rn. 18, 27; *Stadler* AcP 189 (1989), 425 (459 ff., 464 ff.).

399 BGHZ 21, 98 (99); MüKoBGB/*Kohler* § 879 Rn. 41; Staudinger/*Kutter* (2012) § 879 Rn. 47; Palandt/*Bassenge* § 879 Rn. 13; *Westermann/Gursky/Eickmann* SachenR § 79 Rn. 15; *Wilhelm* JZ 1990, 501 (509 f.).

400 MüKoBGB/*Kohler* § 879 Rn. 41: Es kommt ggf. ein Anspruch aus § 826 BGB oder § 839 BGB in Betracht.

401 Siehe auch *Wilhelm* SachenR Rn. 632 f.

402 Dagegen wenden sich die Vertreter der erstgenannten Ansicht (Soergel/*Stürner* § 879 Rn. 16) mit dem Argument, eine subjektive Unmöglichkeit läge nicht vor, weil sich der Eigentümer (Schuldner) den Leistungsgegenstand ohne Weiteres von einem Dritten beschaffen könne, weil er gegen diesen einen Anspruch auf Herausgabe habe.

403 Staudinger/*Kutter* (2012) § 879 Rn. 47; *Hoche* JuS 1962, 60 (62 ff.); siehe auch RGZ 112, 260 (268).

rechtlichen Grundes. Den Rechtsgrund für den tatsächlich erworbenen Rang enthalte bei Fehlen rechtsgeschäftlicher Absprachen die gesetzliche Rangbestimmung des § 879 BGB.

5. Rangänderung (§ 880 I BGB)

a) Begriff und Bedeutung (G)

Die Rangänderung (§ 880 BGB) bezieht sich im Gegensatz zur Rangbestimmung auf ein bereits bestehendes Rangverhältnis zweier Rechte: Es kann durch Parteivereinbarung geändert werden, sog. Stellentausch (§ 880 I BGB).[404] Die wirtschaftliche Bedeutung der Rangänderung besteht darin, nachträglich einem weiteren Kreditgeber eine bessere Rangstellung einzuräumen.[405] 75

b) Voraussetzungen der Rangänderung (V)

Eine Rangänderung erfordert 76

- die *Einigung* des zurücktretenden mit dem vortretenden Berechtigten;
- die *Eintragung* der Änderung in das Grundbuch (§ 880 II 1 BGB);[406]
- bei Hypotheken, Grundschulden und Rentenschulden die *Zustimmung des Eigentümers*, die gegenüber dem Grundbuchamt abzugeben und unwiderruflich ist (§ 880 II 2 und 3 BGB);
- die *Zustimmung Dritter*, wenn deren Rechte am zurücktretenden Recht (sog. Zweigrechte wie Pfandrecht oder Nießbrauch) betroffen sind (§§ 880 III, 876 BGB).

Nach § 880 II 1 Hs. 2 BGB sind die §§ 873 II, 878 BGB und damit die allgemeinen Regeln über Rechtsgeschäfte, auf die Rangänderung als formfreien dinglichen Vertrag anwendbar.[407]

Als Rechtsfolge der Rangänderung tritt das begünstigte Recht an die Rangstelle des betroffenen Rechts, als wäre es von Anbeginn an dessen Stelle eingetragen gewesen.[408]

Dem nachträglichen *Rangtausch* iSd § 880 BGB ist nach hM[409] der Rangrücktritt eines bestehenden zugunsten eines neu einzutragenden Rechts gleichzustellen.

404 Die *Rechtsnatur* der Rangänderung ist umstritten. Rechtsdogmatisch werden der Verzicht der besseren Rangstellung, die Belastung des zurücktretenden Rechts, die Abtretung des Rangrechts oder lediglich die Änderung zwischen beiden Rechten vertreten; vgl. *Prütting* SachenR Rn. 168. Nach *Wolff/Raiser* SachenR § 42, handelt es sich um eine Abtretung des in dem zurücktretenden Liegenschaftsrecht enthaltenen Rangrechts.

405 *Prütting* SachenR Rn. 169.

406 Die Eintragung muss nach hM bei beiden Rechten vorgenommen werden; vgl. Staudinger/*Kutter* (2012) § 880 Rn. 20; Erman/*Artz* § 880 Rn. 6; aA BayObLGZ 1988, 330 (332); RG HRR 1931 Nr. 1912; MüKoBGB/*Kohler* § 880 Rn. 10; Palandt/*Bassenge* § 880 Rn. 3, nach denen materiellrechtlich nur die Eintragung beim zurücktretenden Recht erforderlich ist.

407 Zu Einzelheiten der Rangänderung vgl. MüKoBGB/*Kohler* § 880 Rn. 7; *Baur/Stürner* SachenR § 17 Rn. 38 ff.

408 MüKoBGB/*Kohler* § 880 Rn. 15.

409 RGZ 157, 24 (26 f.); MüKoBGB/*Kohler* § 880 Rn. 2.

6. Rangvorbehalt (§ 881 I BGB)

a) Begriff und Bedeutung (G)

77 Der Rangvorbehalt ist eine zugunsten des Eigentümers offen gehaltene Rangstelle, »ein für den Eigentümer reserviertes Stück Eigentum«[410], das ihm die Gestaltungsbefugnis verleiht, ein zunächst rangbesseres Recht auf einen schlechteren Rang zurückzustufen.[411] Er trägt dem wirtschaftlichen Bedürfnis des Eigentümers Rechnung, einem späteren Kreditgeber einen günstigeren Rang einräumen zu können als von Gesetzes wegen möglich wäre (Konsequenz des Prinzips der beweglichen Rangordnung).[412]

In der Praxis wird die Wirkung des Rangvorbehalts auch durch Bestellung einer Eigentümergrundschuld[413] erreicht (§ 1196 I BGB), die später in eine Fremdgrundschuld oder Hypothek umgewandelt wird. Sie hat den Rangvorbehalt weitgehend verdrängt. Auch die Bestellung einer Vormerkung[414] bietet sich an. Diese setzt aber voraus, dass der zukünftige Rechtsinhaber bereits feststeht. Der Vorteil einer Eigentümergrundschuld gegenüber dem Rangvorbehalt liegt darin, dass beim Rangvorbehalt Zwischenrechte eingetragen werden (§ 881 IV BGB) und komplizierte relative Rangverhältnisse entstehen können.[415]

b) Voraussetzungen des Rangvorbehalts (V)

78 Zur Entstehung des Rangvorbehalts sind erforderlich

- die *Einigung* zwischen dem Eigentümer und dem zurücktretenden Berechtigten (entgegen dem zu engen Wortlaut des § 881 I BGB, der lediglich die einseitige Erklärung des Eigentümers zu fordern scheint: »Der Eigentümer kann sich ... die Befugnis vorbehalten«);[416]
- die *Eintragung* des Vorbehalts mit dem vorgesehenen und bestimmten Umfang im Grundbuch bei dem zurücktretenden Recht (§ 881 II BGB; zB »Vorbehalten ist der Vorrang für eine Grundschuld von ...«). Ohne Eintragung hat ein Rangvorbehalt bestenfalls schuldrechtliche Wirkung mit der Rangfolge des § 879 BGB.[417]

---

410 MüKoBGB/*Kohler* § 881 Rn. 4.

411 Soergel/*Stürner* § 881 Rn. 1; MüKoBGB/*Kohler* § 881 Rn. 4; *Westermann/Gursky/Eickmann* SachenR § 81 Rn. 3.

412 MüKoBGB/*Kohler* § 881 Rn. 1; jurisPK-BGB/*Vieweg* § 881 Rn. 3.

413 → § 15 Rn. 88, → § 15 Rn. 93 ff.

414 → § 14 Rn. 1 f.

415 MüKoBGB/*Kohler* § 881 Rn. 2; Soergel/*Stürner* § 881 Rn. 1; *Baur/Stürner* SachenR § 17 Rn. 32; jurisPK-BGB/*Vieweg* § 881 Rn. 3 f., 22 ff. mit Rechenbeispiel. Den einzigen wesentlichen Anwendungsbereich des § 881 BGB bilden die in der Zweiten Abteilung einzutragenden anderen Grundstücksbelastungen als Grundpfandrechte.

416 MüKoBGB/*Kohler* § 881 Rn. 8; Soergel/*Stürner* § 881 Rn. 6. Eine einseitige Erklärung ist nur bei Rechten ausreichend, zu deren Entstehung eine einseitige Erklärung genügt (§§ 883, 1196 BGB).

417 Soergel/*Stürner* § 881 Rn. 1, 6; Staudinger/*Kutter* (2012) § 881 Rn. 10; *Baur/Stürner* SachenR § 17 Rn. 34.

c) Wirkung des Rangvorbehalts (V)

Wird der Vorrang ausgenutzt, erhält das neu bestellte Recht den Rang vor dem mit diesem Vorrang belasteten Recht, wenn dabei auf den Rangvorbehalt Bezug genommen wurde (»Rangeinweisung«, »Ausnutzung«).[418] 79

Die Wirkung des Rangvorbehalts zeigt sich gegenüber anderen Grundstücksrechten erst mit seiner Ausübung durch den Eigentümer und kann daher als insofern bedingte Rangänderung verstanden werden. Konsequenterweise finden die § 880 IV und V BGB (Rangänderung) ergänzend Anwendung.[419] Eine wiederholte Ausnutzung des Rangvorbehalts nach Erlöschen des bevorteilten Rechts ist zulässig, wenn nicht lediglich eine einmalige Ausnutzbarkeit vereinbart wurde.[420]

Der Vorbehalt geht mit Veräußerung des Grundstücks auf den Erwerber über (§ 881 III BGB).

418 Vgl. Bamberger/Roth/*Eckert* § 881 Rn. 6; jurisPK-BGB/*Vieweg* § 881 Rn. 21; *Baur/Stürner* SachenR § 17 Rn. 35; Erman/*Artz* § 881 Rn. 10.
419 MüKoBGB/*Kohler* § 881 Rn. 4, 15.
420 Palandt/*Bassenge* § 881 Rn. 8.

§ 14 Vormerkung

I. Funktion, rechtliche Einordnung, Formen und Abgrenzung

1. Überblick (G)

Die Vormerkung ist allgemein in den §§ 883 ff. BGB geregelt. Sie dient der vorläufigen grundbuchmäßigen Sicherung eines schuldrechtlichen Anspruchs auf dingliche Rechtsänderung. Vormerkungen können zur Sicherung jedes Anspruchs, der eine Änderung eines dinglichen, im Grundbuch eingetragenen bzw. einzutragenden Rechts zum Inhalt hat, bestellt werden.[1] 1

Besondere Formen der Vormerkung sind die Löschungsvormerkung (§ 1179 BGB)[2] sowie der gesetzliche Löschungsanspruch, der in seinen Wirkungen der eingetragenen Löschungsvormerkung gleichsteht (§ 1179a I 3 BGB).[3]

Die *wichtigste Form* ist die *Auflassungsvormerkung* (auch Eigentumsverschaffungsvormerkung oder Eigentumsübertragungsvormerkung genannt). Diese Vormerkung sichert den Anspruch des Käufers auf Übereignung eines Grundstücks. Die folgende Darstellung bezieht sich daher vorwiegend auf die Auflassungsvormerkung.[4] Die Ausführungen können auf andere Vormerkungen übertragen werden.

2. Funktion der Auflassungsvormerkung

a) Sicherungswirkung und Rangwahrung (§ 883 II und III BGB) (G)

Zwischen dem Abschluss eines Grundstückskaufvertrags und dessen Erfüllung – durch Auflassung und Eintragung in das Grundbuch – ist der Verkäufer (als Grundstückseigentümer) nach wie vor verfügungsbefugt, dh zu anderweitiger Übereignung oder Belastung berechtigt. Er kann daher mit einer weiteren Verfügung zugunsten eines anderen (sog. *Zwischenerwerber*) den schuldrechtlichen Anspruch des Käufers (sog. *Ersterwerber*) auf Übereignung vereiteln oder jede andere dingliche Rechtsänderung zunichte machen.[5] Möglich ist auch, dass das einzutragende Recht des Ersterwerbers (zB eine Grundschuld) durch die überholende Eintragung eines anderen Rechts (etwa einer anderen Grundschuld) zugunsten eines Dritten eine ungünstigere Rangstellung erhält als geschuldet war. Dem Ersterwerber stehen in diesen Fällen allenfalls Schadensersatzansprüche gem. §§ 280 I und III, 283 BGB zu, mit denen ihm oft nicht geholfen ist.[6] 2

1 BGH DNotZ 1975, 414 (416); BayObLG Rpfleger 1980, 294.
2 → § 15 Rn. 82.
3 *Baur/Stürner* SachenR § 20 Rn. 4 und § 46 Rn. 33 ff.; → § 15 Rn. 83; einschränkend BGHZ 166, 319 (325), der § 1179a I 3 BGB bzgl. des Löschungsanspruchs des nachrangigen Grundschuldgläubigers zumindest im Insolvenzfall (vgl. § 106 InsO) als Rechtsgrundverweisung ansieht.
4 Überblick zu Grundfällen zur Vormerkung bei *Löhnig/Gietl* JuS 2008, 102 ff.
5 Staudinger/*Gursky* (2013) § 883 Rn. 3 f.
6 MüKoBGB/*Kohler* § 883 Rn. 2; Jauernig/*Berger* § 883 Rn. 1.

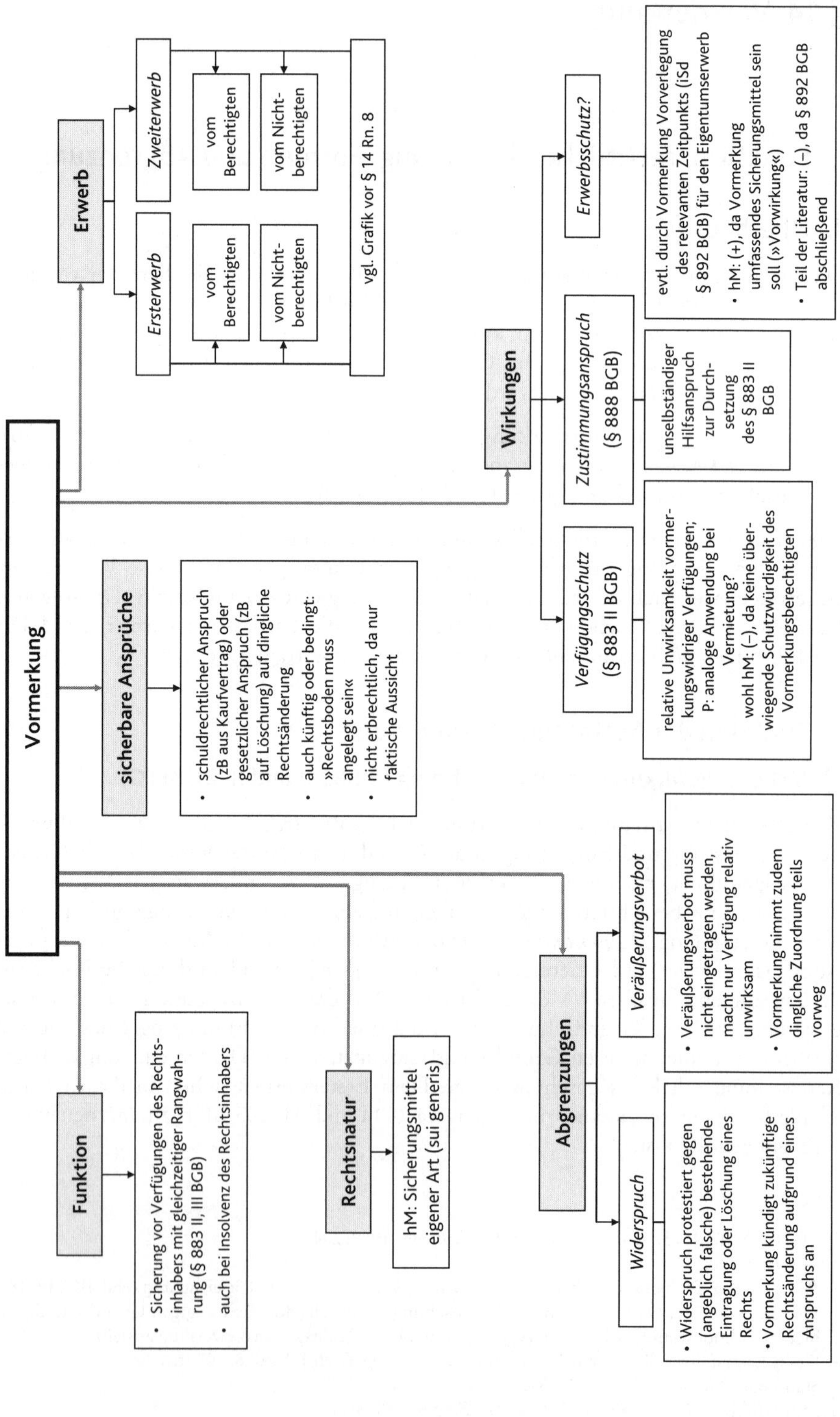
Vormerkung
Funktion
Sicherung vor Verfügungen des Rechtsinhabers mit gleichzeitiger Rangwahrung (§ 883 II, III BGB)
auch bei Insolvenz des Rechtsinhabers
Rechtsnatur
hM: Sicherungsmittel eigener Art (sui generis)
sicherbare Ansprüche
schuldrechtlicher Anspruch (zB aus Kaufvertrag) oder gesetzlicher Anspruch (zB auf Löschung) auf dingliche Rechtsänderung
auch künftig oder bedingt: »Rechtsboden muss angelegt sein«
nicht erbrechtlich, da nur faktische Aussicht
Erwerb
Ersterwerb
Zweiterwerb
vom Berechtigten
vom Nicht-berechtigten
vom Berechtigten
vom Nicht-berechtigten
vgl. Grafik vor § 14 Rn. 8
Wirkungen
Verfügungsschutz (§ 883 II BGB)
relative Unwirksamkeit vormerkungswidriger Verfügungen; P: analoge Anwendung bei Vermietung? wohl hM: (–), da keine überwiegende Schutzwürdigkeit des Vormerkungsberechtigten
Zustimmungsanspruch (§ 888 BGB)
unselbständiger Hilfsanspruch zur Durchsetzung des § 883 II BGB
Erwerbsschutz?
evtl. durch Vormerkung Vorverlegung des relevanten Zeitpunkts (iSd § 892 BGB) für den Eigentumserwerb
hM: (+), da Vormerkung umfassendes Sicherungsmittel sein soll (»Vorwirkung«)
Teil der Literatur: (–), da § 892 BGB abschließend
Abgrenzungen
Widerspruch
Widerspruch protestiert gegen (angeblich falsche) bestehende Eintragung oder Löschung eines Rechts
Vormerkung kündigt zukünftige Rechtsänderung aufgrund eines Anspruchs an
Veräußerungsverbot
Veräußerungsverbot muss nicht eingetragen werden, macht nur Verfügung relativ unwirksam
Vormerkung nimmt zudem dingliche Zuordnung teils vorweg

Diesen Gefahren begegnet die Vormerkung iSd §§ 883 ff. BGB, indem sie Verfügungen über das betroffene Recht, die den zu sichernden Anspruch gefährden, dem Vormerkungsberechtigten gegenüber – also relativ – unwirksam macht (*Sicherungswirkung* gem. § 883 II BGB) und den Rang des geschuldeten Rechts wahrt (*Rangwirkung* gem. § 883 III BGB).[7] Hingegen erzeugt die Vormerkung keine Verfügungssperre oder Grundbuchsperre.[8]

b) Schutz des Auflassungsempfängers in der Insolvenz des Vormerkungsschuldners – Vollwirkung (E)

Die Sicherungswirkung schützt den Auflassungsempfänger auch in der Insolvenz des Veräußerers (sog. Vormerkungsschuldner, § 883 II 2 BGB iVm § 106 I InsO).[9] Aus § 883 II 2 BGB ergibt sich die Beständigkeit der Auflassungsvormerkung auch gegenüber der Insolvenzeröffnung und den Verfügungen des Insolvenzverwalters. Aber erst § 106 InsO stellt klar, dass der Vormerkungsgläubiger die Erfüllung seines Anspruchs auf dingliche Rechtsänderung, anstatt vom verpflichteten Schuldner, aus der Insolvenzmasse verlangen kann.[10] Wegen des umfassenden Schutzes, den die Vormerkung gewährt, spricht man auch von der Vollwirkung der Vormerkung.[11] 3

Mit der Auflassungsvormerkung wird die herkömmliche Schwäche obligatorischer Rechte in der Insolvenz überwunden und die für dingliche Rechte charakteristische Zuordnungswirkung deutlich.[12] Die Vormerkung begründet eine unmittelbare Beziehung des Vormerkungsberechtigten zum Grundstück, aufgrund derer andere Gläubiger ausgeschlossen oder zurückgedrängt werden.[13]

3. Rechtliche Einordnung

a) Rechtsnatur (G)

Die Rechtsnatur der Vormerkung ist zB entscheidend für deren gutgläubigen Erwerb[14] sowie für die analoge Anwendbarkeit der §§ 823 I, 1004, 894 BGB. 4

7 Palandt/*Bassenge* § 883 Rn. 1; *Baur/Stürner* SachenR § 20 Rn. 9; eing. Erman/*Artz* § 883 Rn. 30 ff., 46 ff. Eine kompakte Übersicht über die einzelnen Schutzwirkungen der Vormerkung gibt MüKoBGB/*Kohler* § 883 Rn. 3.

8 Staudinger/*Gursky* (2013) § 883 Rn. 203.

9 BGHZ 149, 1 (5 ff.). § 106 InsO entspricht inhaltlich dem § 24 KO bzw. dem § 9 I 3 GesO (im Beitrittsgebiet); vgl. Andres/Leithaus/*Andres* § 106 Rn. 1 f.; *Marotzke* ZZP 109 (1996), 429 (431 f.); Staudinger/*Gursky* (2013) § 883 Rn. 309. Die Sicherungswirkung tritt freilich nur bei wirksamer Vormerkung ein; vgl. BGHZ 150, 138 (143) = BGH NJW 2002, 2313 (2314). Anders für den Löschungsanspruch des nachrangigen Grundschuldgläubigers gemäß §§ 1192 I, 1179a BGB: BGHZ 166, 319 (324 ff.); krit. dazu *Rein* NJW 2006, 3470 (3471 f.).

10 Staudinger/*Gursky* (2008) § 883 Rn. 309; Palandt/*Bassenge* § 883 Rn. 24; Erman/*Artz* § 883 Rn. 45; Andres/Leithaus/*Andres* § 106 Rn. 5; *Brehm/Berger* SachenR § 13 Rn. 14.

11 *Baur/Stürner* SachenR § 20 Rn. 9. Die Einordnung des § 106 InsO unter den Abschnitt »Erfüllung der Rechtsgeschäfte« schließt die Anwendung auf Sicherung gesetzlich entstandener Ansprüche nicht aus – Staudinger/*Gursky* (2013) § 883 Rn. 309.

12 RGZ 113, 403 (409); 151, 389 (393); Kilger/*K. Schmidt*, Konkursordnung, 15. Aufl. 1987, § 24 Anm. 1: Der Gesetzgeber selbst hat die Vormerkung damit und durch andere Bestimmungen mit einer Wirkung ausgestattet, die einer dinglichen ähnlich ist; *Baur/Stürner* SachenR § 20 Rn. 10: Behandlung wie ein beschränkt dingliches Recht; *Westermann/Gursky/Eickmann* SachenR § 82 Rn. 22.

13 *Westermann/Gursky/Eickmann* SachenR § 82 Rn. 22.

14 → § 14 Rn. 12 ff.

Die Vormerkung knüpft an einen schuldrechtlichen Anspruch an. Sie soll mit dinglicher Wirkung vor Vereitelung des Rechtserwerbs schützen und den Rang des einzutragenden Rechts sichern. Dies macht ihre rechtliche Einordnung schwierig (»Zwitterstellung«). Hinzu kommt eine bloß lückenhafte Regelung im BGB, die begrifflich nicht zweifelsfrei ist.[15]

Die Rechtsprechung[16] und der überwiegende Teil der Literatur[17] ordnen die Vormerkung wegen ihrer »Zwitterstellung« als ein mit einzelnen dinglichen Wirkungen ausgestattetes *Sicherungsmittel eigener Art* ein. Die §§ 823 I, 1004, 894 BGB seien daher analog anwendbar.[18]

Daneben wird zur Rechtsnatur der Vormerkung ein breites Spektrum von Meinungen vertreten, die von der Gleichsetzung der Vormerkung mit einem dinglichen Recht[19] bis zur Behandlung als bloßer Grundbuchvermerk[20] reichen.

b) Akzessorietät (G)

Fallbeispiel: »Der großzügige Vorerbe«[21]

5 Ein wichtiges Kennzeichen der Vormerkung ist ihre strenge *Akzessorietät*: Die Vormerkung besteht nur, wenn und solange der zu sichernde Anspruch existiert.[22] Dies hat Auswirkungen vor allem bei der Übertragung der Vormerkung.[23]

Infolge ihrer Akzessorietät kann eine Vormerkung jeweils nur einen schuldrechtlichen Anspruch sichern. Für mehrere Ansprüche auf Übertragung usw. eines Rechts müssen entsprechend viele gesonderte Vormerkungen bestellt werden.[24] Ein einheitlicher materiellrechtlicher Anspruch, für den nur eine Vormerkung zu bestellen ist, kann allerdings auch dann vorliegen, wenn ein Anspruch mit dem gleichen Inhalt durch verschiedene Vorgänge ausgelöst werden kann, zB durch Veräußerung an einen Dritten, bei Insolvenz des Eigentümers oder Verzug mit bestimmten Pflichten.[25]

Die Akzessorietät führt dazu, dass die Vormerkung kraft Gesetzes erlischt, wenn der von ihr gesicherte Anspruch voll erfüllt ist. Im häufigen Fall der Auflassungsvormer-

15 Staudinger/*Gursky* (2013) § 883 Rn. 328; *Baur/Stürner* SachenR § 20 Rn. 10.

16 RGZ 151, 389 (392); BGHZ 25, 16 (23); 60, 46 (49); BGH DNotZ 1975, 414 (416); BayObLG Rpfleger 1980, 294.

17 MüKoBGB/*Kohler* § 883 Rn. 5; Soergel/*Stürner* § 883 Rn. 2; Erman/*Artz* § 883 Rn. 2; Palandt/*Bassenge* § 883 Rn. 2; *Baur/Stürner* SachenR § 20 Rn. 61; *Wolff/Raiser* SachenR § 48 (Fn. 50); *Canaris*, FS Flume I, 1978, 371 (381 ff.); *Schippers* DNotZ 2001, 756 (759).

18 BGH NJW 1991, 2019; Soergel/*Stürner* § 883 Rn. 2, 29; *Baur/Stürner* SachenR § 20 Rn. 42; § 883 II BGB ist aber kein Schutzgesetz iSd § 823 II BGB; *Canaris*, FS Flume I, 1978, 371 (389); *J. Hager* JuS 1990, 429 (437); aA OLG München NJW 1963, 301 (303); RGRK/*Augustin* § 883 Rn. 83 f. (bei Besitz des Vormerkungsberechtigten).

19 *Enneccerus/Nipperdey* BGB AT I § 79 A II 5; *Heck* SachenR § 47 IV; *Prütting* SachenR Rn. 203; Schapp/*Schur* SachenR Rn. 345; *Wieling* SachenR § 22 I 2; *Kempf* JuS 1961, 22; *Wunner* NJW 1969, 113 (116 f.).

20 Zum Meinungsstand siehe die Nachweise bei Staudinger/*Gursky* (2013) § 883 Rn. 329 ff., *Westermann/Gursky/Eickmann* SachenR § 82 Rn. 3 und *Canaris*, FS Flume I, 1978, 371 (383).

21 *Vieweg/Röthel* Fälle SachenR Fall 33.

22 Palandt/*Bassenge* § 883 Rn. 2; *Westermann/Gursky/Eickmann* SachenR § 82 Rn. 4, 43; MüKoBGB/*Kohler* § 883 Rn. 6, 71; siehe nur BGH NJW 2001, 3701 (3702).

23 → § 14 Rn. 14.

24 BayObLG DNotZ 1999, 1011 (1012); DNotZ 2002, 293; *Demharter* Anh. zu § 44 Rn. 108.

25 BayObLG NJW-RR 2003, 450 f.

kung ist dies gegeben, wenn der Vormerkungsinhaber als neuer Eigentümer im Grundbuch eingetragen ist und keine Zwischenrechte ohne seine Zustimmung eingetragen worden sind.[26]

Umstritten ist, ob die Vereinigung von Gläubiger und Schuldnerstellung (zB durch Ererben des gesicherten Anspruchs) stets zum Erlöschen der Vormerkung führt. Nach den allgemeinen Regeln findet in diesem Fall ein Erlöschen des Anspruchs durch Konfusion statt, sofern nicht ausnahmsweise schützenswerte Interessen Dritter den Fortbestand des Anspruchs verlangen.[27] Der BGH hat wegen der Akzessorietät der Vormerkung deren Untergang bejaht[28] und die Vorschrift des § 889 BGB in dieser Situation für unanwendbar gehalten.[29] Die Literatur ist dem teils mit der Begründung entgegengetreten, dass ein Erlöschen erst bei vollständigem Wegfall des Sicherungszwecks anzunehmen sei und der Eigentümer durchaus weiterhin ein Interesse haben könne, die günstige Position, die die Vormerkung gewähre, zu behalten. Das Erlöschen der Vormerkung könne nämlich in Sonderkonstellationen, zB nach einem gutgläubigen Erwerb der Vormerkung, dazu führen, dass der Erwerber das Grundstück übereignen müsse, obwohl die Vormerkung den Erwerb umfassend abgesichert hätte.[30]

4. Unterscheidung von ähnlichen Rechtsinstituten

a) Abgrenzung zum Widerspruch (§ 899 BGB) (G)

Während sich der Widerspruch[31] gegen die Unrichtigkeit des Grundbuchs wendet 6
und so dem dinglich Berechtigten seinen Anspruch auf Grundbuchberichtigung sichert, schützt die Vormerkung einen lediglich obligatorisch Berechtigten vor Vereitelung seines Anspruchs durch (Zwischen-)Verfügungen des Rechtsinhabers.[32] Der Widerspruch protestiert gegen die Grundbuchlage, die Vormerkung prophezeit den zukünftigen Grundbuchstand.[33] Widerspruch und Vormerkung können daher auch zusammentreffen.[34]

b) Abgrenzung zu Veräußerungsverboten (G)

Relative gesetzliche Veräußerungsverbote iSd § 135 BGB (zB aus § 938 II ZPO) un- 7
terscheiden sich von der Vormerkung insofern, als sie Ansprüche aller Art, dingliche wie schuldrechtliche, sichern können und zu ihrer Entstehung nicht der – eigentlich möglichen – Eintragung in das Grundbuch bedürfen.[35]

26 BayObLGZ 1990, 318 (321 f.); BayObLG Rpfleger 2002, 260; Bamberger/Roth/*Eckert* § 883 Rn. 38; NK-BGB/*U. Krause* § 883 Rn. 105.
27 Vgl. allg. BGHZ 48, 214 (218); BGH NJW 1981, 447 (448); ferner Bamberger/Roth/*Eckert* § 883 Rn. 40 ff.
28 BGH NJW 1981, 447 (448); vgl. aber auch BGH NJW 2000, 1033 f. zur ähnlichen Situation beim dinglichen Vorkaufsrecht.
29 BGH NJW 1981, 447 (448); krit. *Medicus/Petersen* BürgerlR Rn. 554.
30 *Wacke* NJW 1981, 1577 ff. (insbes. S. 1579).
31 → § 13 Rn. 49.
32 Soergel/*Stürner* § 899 Rn. 2.
33 Die Formulierung geht zurück auf *v. Reichel*, JherJb 46 (1904) 59 (66); vgl. auch *J. Hager* JuS 1990, 429 (430); Erman/*Artz* § 883 Rn. 5.
34 Soergel/*Stürner* § 899 Rn. 2; Staudinger/*Gursky* (2013) § 883 Rn. 43 mit Beispiel.
35 MüKoBGB/*Armbrüster* § 135 Rn. 8; MüKoBGB/*Kohler* § 883 Rn. 9.

Gerichtliche und behördliche Veräußerungsverbote beschränken sich auf die negative Wirkung relativer Unwirksamkeit (§§ 135 I, 136 BGB) und nehmen gerade keine dingliche Zuordnung vorweg. Auch hier ist eine Grundbucheintragung nicht konstitutiv, aber zulässig.[36]

Rechtsgeschäftlich vereinbarte Veräußerungsverbote wirken nach § 137 BGB nur schuldrechtlich, nicht dinglich und sind nicht eintragungsfähig.[37] Durch Vormerkung sicherbar ist aber der bedingte Anspruch auf Rückübertragung bei Verstoß gegen ein Veräußerungsverbot.[38]

II. Erwerb der Vormerkung

Hinsichtlich des Erwerbs der Vormerkung ist danach zu unterscheiden, ob es sich um einen Ersterwerb oder einen Zweiterwerb (Übertragung) handelt. Weiterhin ist nach dem Erwerb vom Berechtigten und Nichtberechtigten zu differenzieren.

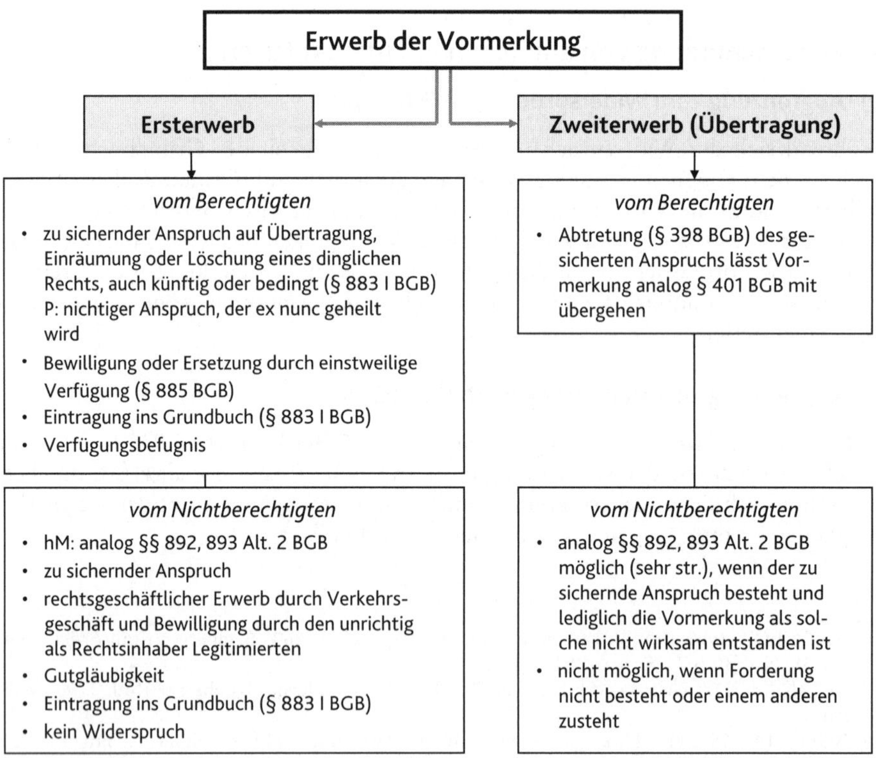

36 MüKoBGB/*Kohler* § 883 Rn. 9; Erman/*Artz* § 883 Rn. 4.
37 *Schöner/Stöber* GrundbuchR Rn. 23; zu den Ausnahmen siehe Palandt/*Bassenge* Überbl v. § 873 Rn. 8.
38 Vgl. *Schöner/Stöber* GrundbuchR Rn. 1484.

1. Ersterwerb

Fallbeispiel: »Der geprellte Grundstückskäufer«[39]

a) Voraussetzungen (G)

Schon bei der Entstehung der Vormerkung zeigt sich ihre »Zwitterstellung«: Neben dem schuldrechtlichen Anspruch ist die für das dingliche Recht typische Verbindung von Grundbucheintragung und materiell-rechtlicher Entstehungsgrundlage erforderlich.[40] 8

Die materiellen Entstehungsvoraussetzungen ergeben sich aus §§ 883, 885 BGB: § 883 BGB definiert den Anwendungsbereich der Vormerkung und § 885 BGB beschreibt die Modalitäten ihrer Begründung.

Die wirksame Entstehung einer Auflassungsvormerkung hat folgende *Voraussetzungen*:

- Bestehen eines *wirksamen schuldrechtlichen, vormerkungsfähigen Anspruchs*[41], dh eines Anspruchs auf dingliche Rechtsänderung,[42] der sich auf ein eintragungsfähiges Recht bezieht.[43] Schuldner dieses Anspruchs muss der im Entstehungszeitpunkt dinglich Berechtigte sein.[44] Der Anspruch kann sich aus Vertrag oder Gesetz ergeben.[45] Beispiel für eine in der Praxis bedeutsame gesetzliche Anspruchsgrundlage ist § 648 I BGB (Sicherungshypothek des Bauunternehmers).[46]
- *Bewilligung* des Betroffenen oder *einstweilige Verfügung* (§ 885 BGB – materiellrechtliche Entstehungsgrundlage, Willensmoment). Sie tritt an die Stelle der Einigung nach § 873 BGB und ist nach § 894 ZPO ersetzbar.[47] Ein vorläufig vollstreckbares Urteil über einen Anspruch auf Übertragung des Rechts gilt ebenfalls als Bewilligung, da der Kläger in der Zeit bis zur Rechtskraft gesichert werden muss (§ 895 ZPO).[48]
- *Eintragung* in das Grundbuch (§ 883 I BGB).
- *Berechtigung* und Verfügungsbefugnis des Bestellers.

---

39 *Vieweg/Röthel* Fälle SachenR Fall 32.

40 *Westermann/Gursky/Eickmann* SachenR § 82 Rn. 6.

41 Zur Frage einer »forderungsentkleideten« Vormerkung im Fall einer Konfusion auf Grund eines Erbfalls: *Servatius* JuS 2006, 1060 ff.

42 Soergel/*Stürner* § 883 Rn. 3 f.; bei einem echten Vertrag zugunsten Dritter kann der zu sichernde Gläubiger auch der Dritte sein, vgl. dazu BGH NJW 2009, 356 (357) mAnm *Kesseler.*

43 Staudinger/*Gursky* (2013) § 883 Rn. 35 ff.; *Westermann/Gursky/Eickmann* SachenR § 82 Rn. 7: Eintragungsbedürftigkeit ist nicht erforderlich.

44 Demgegenüber ist eine anschließende Veräußerung des Grundstücks für den Bestand der Vormerkung unschädlich, wie sich aus §§ 883 I 1, 888 I BGB ergibt. Problematisch ist hingegen der nachträgliche Schuldnerwechsel durch befreiende Schuldübernahme (§§ 414, 415 BGB): Führt diese zu einem Auseinanderfallen von Schuldner und dinglich Berechtigtem, erlischt die Forderung, vgl. BGHZ 134, 182 (188) = JZ 1997, 516 (518) mAnm *Berger*; kein Erlöschen tritt jedoch in Fällen der synchronisierten Schuldübernahme ein, bei der der Schuldner zugleich mit der Verpflichtungsübernahme das Eigentum an dem betroffenen Grundstück erlangt, BGHZ 200, 179 (183 ff.) = JZ 2014, 791 (791 f.) mAnm *Zimmer*; dazu *Regenfus* LMK 2014, 358491.

45 *Westermann/Gursky/Eickmann* SachenR § 82 Rn. 8.

46 Instruktiv BGH NJW 2001, 3701 mAnm *K. Schmidt* JuS 2002, 191; → § 15 Rn. 15.

47 MüKoBGB/*Kohler* § 885 Rn. 14, 21; Bamberger/Roth/*Eckert* § 885 Rn. 2 ff., 8 f.; *Westermann/Gursky/Eickmann* SachenR § 82 Rn. 14.

48 Musielak/Voit/*Lackmann* § 895 Rn. 1; BLAH/*Hartmann* § 895 Rn. 2, 4; auch Erman/*Artz* § 885 Rn. 8.

b) Insbesondere: zu sichernder Anspruch

aa) Vormerkung für künftige und bedingte Ansprüche (V)

9 § 883 I 2 BGB erklärt auch künftige und bedingte Ansprüche für vormerkbar.

- Weitgehend Einigkeit besteht allerdings, dass eine Vormerkung nicht für jeden ungewissen *künftigen* Anspruch bestellt werden kann, weil sonst die Gefahr einer Grundbuchsperre bestünde.[49] Für die Vormerkbarkeit eines künftigen Anspruchs ist vielmehr erforderlich, dass bereits ein Teil seines Entstehungstatbestands erfüllt ist, dh eine feste Grundlage, ein »sicherer Rechtsboden« vorhanden ist. Das ist dann der Fall, wenn die Entstehung nicht mehr ausschließlich vom Willen des Verpflichteten (Schuldner) abhängt.[50] Ein unwiderrufliches notarielles Verkaufsangebot ist ausreichend.[51]
- Der *bedingte* Anspruch ist ein Unterfall des künftigen Anspruchs,[52] bei dem ein Teil des rechtsgeschäftlichen Entstehungstatbestands bereits erfüllt ist,[53] die Entstehung des Anspruchs aber noch zumindest von einem späteren Ereignis[54] abhängt (§ 158 I BGB). Beispielsweise genügt eine Rückübereignungspflicht im Fall groben Undanks iSv § 530 BGB.[55] Weitere eine Rückübertragungspflicht auslösende Umstände können insbesondere der Vermögensverfall, die drohende Zwangsvollstreckung, die Insolvenz oder auch der Eintritt der Geschäftsunfähigkeit des Begünstigten sein.[56] Durch die Möglichkeit, auch bedingte Auflassungsansprüche vorzumerken, wird die Unzulässigkeit bedingter Auflassungen nach § 925 II BGB kompensiert.[57]

bb) Keine Vormerkung aufgrund erbrechtlicher Aussichten (V)

10 Ansprüche aufgrund Erbrechts bilden nur eine *faktische Aussicht*, deren Realisierung allein vom Willen des Erblassers abhängig ist. Sie sind daher nicht vormerkungsfähig.[58]

---

49 BGHZ 151, 116 (121) = BGH NJW 2002, 2461 (2462); BGHZ 166, 319 (324).

50 MüKoBGB/*Kohler* § 883 Rn. 25; Soergel/*Stürner* § 883 Rn. 6; Staudinger/*Gursky* (2013) § 883 Rn. 184, 183; Palandt/*Bassenge* § 883 Rn. 14 f.; *Westermann/Gursky/Eickmann* SachenR § 82 Rn. 9; *Ertl* Rpfleger 1977, 345; Erman/*Artz* § 883 Rn. 15. Darüber hinaus verlangt die Rspr., dass die Anspruchsentstehung nur noch vom Willen des Berechtigten abhängen dürfe: RGZ 151, 75 (76 f.); BGHZ 12, 115 (117); 149, 1 (3 ff.); 151, 116 (121 f.); BGH WM 1981, 1358; NJW 1981, 446; BGHZ 148, 187 (193) = BGH NJW 2001, 2883 (2884); BGHZ 166, 319 (324) sowie *J. Hager* JuS 1990, 429 (430).

51 BGHZ 149, 1 (3 f.).

52 BGHZ 12, 115; Soergel/*Stürner* § 883 Rn. 6; für eine unterschiedliche Behandlung aber BayObLG NJW 1978, 166.

53 MüKoBGB/*Kohler* § 883 Rn. 26; während Zufalls- und Potestativbedingungen ausreichen, genügen Wollensbedingungen nicht; vgl. BGHZ 148, 187 (193) = BGH NJW 2001, 2883 (2884).

54 Siehe nur BGHZ 151, 116 (121 f.); BGHZ 148, 187 (193) = BGH NJW 2001, 2883 (2884). Ausführlich zu den Bestimmtheitsanforderungen *Schippers* DNotZ 2001, 756 (758 ff.).

55 BGHZ 151, 116 (121 ff.); vgl. auch OLG München MDR 2007, 1011. Vgl. ferner OLG Zweibrücken FGPrax 2005, 9 f.: Möglich ist eine Vormerkung zur Sicherung eines Rückübereignungsanspruchs, der bei Verstoß gegen eine vertraglich übernommene »Straßenreinigungs-, Mäh- und Streupflicht« entstehen soll; diese Pflichten seien inhaltlich bestimmt genug, im Gegensatz zur Pflicht, ein Grundstück »in einem ordnungsgemäßen Zustand zu erhalten«.

56 BGH ZEV 2008, 348; OLG München NJW-RR 2009, 950 (951); zur Geschäftsunfähigkeit OLG München NJOZ 2014, 1738 (1739).

57 MüKoBGB/*Kohler* § 883 Rn. 25; → § 13 Rn. 22.

58 Staudinger/*Gursky* (2013) § 883 Rn. 62; Erman/*Artz* § 883 Rn. 20; *Westermann/Gursky/Eickmann* SachenR § 82 Rn. 10; *Wilhelm* SachenR Rn. 2251.

Vermächtnisse fallen erst im Zeitpunkt des Erbfalls an (§ 2174 BGB).[59] Selbst der erbvertraglich gebundene Erblasser kann noch über einzelne Gegenstände verfügen (§ 2286 BGB).[60] Nach dem Anfall der Erbschaft sind aber Ansprüche gegen die Erben ohne Weiteres vormerkbar, auch wenn sie ihrerseits bedingt sind.[61]

Schwierigkeiten bereitet die Abgrenzung von Verträgen, insbesondere Schenkungen auf den Todesfall (§ 2301 BGB) zu unbedingten, aber erst postmortal zu erfüllenden Verträgen unter Lebenden, da nur Letztere vormerkungsfähig sind.[62]

cc) Nichtigkeit des zu sichernden Anspruchs und spätere Entstehung (E)

Fallbeispiel: »Die aufgeladene Auflassungsvormerkung«[63] 11

Voraussetzung für das Entstehen einer Vormerkung ist die Existenz eines wirksamen zu sichernden schuldrechtlichen Anspruchs. Ist dieser nichtig (zB wegen § 125 BGB), ist auch die Vormerkung nicht entstanden. Da die Heilung des schuldrechtlichen Vertrags (zB gem. §§ 311b I 2, 518 II BGB) nach hM[64] nur ex nunc wirkt, kann sie auch der Vormerkung nicht rückwirkend zur Wirksamkeit verhelfen. Auch ein künftiger Anspruch ist vor der Heilung mangels einer »festen Rechtsgrundlage« zu verneinen, denn der Grundstückskäufer kann die Erfüllung des Übertragungsanspruchs nicht ohne den Willen des Veräußerers herbeiführen.[65]

Möglich ist allerdings, dass die Vormerkung bei einer erneuten Bewilligung in Verbindung mit einer bereits vorhandenen Grundbucheintragung ex nunc (und damit an der nächstfolgend freien Rangstelle) entsteht, wenn der ursprünglich vorgemerkte und der jetzt vorzumerkende Anspruch inhaltlich kongruent sind (»Novation«).[66] Inhaltlich kongruent sind Eintragung und (nachträgliche) Bewilligung jedoch nur, wenn sie sich auf den gleichen sicherungsfähigen, auf dingliche Rechtsänderung gerichteten Anspruch beziehen.[67] Sind etwa die Gläubiger der zu sichernden Ansprüche verschieden, fehlt es an der erforderlichen Kongruenz;[68] ebenso, wenn der ursprüngliche Anspruch – anders als der jetzt vorzumerkende – höchstpersönlich, nicht vererblich und nicht übertragbar war.[69]

---

59 Siehe nur BGHZ 12, 115 (120). Vormerkungsfähig ist jedoch ein Nachvermächtnis, wenn der Vorvermächtnisnehmer als Eigentümer eingetragen ist; vgl. *Schöner/Stöber* GrundbuchR Rn. 1485.

60 Siehe nur OLG Düsseldorf, FGPrax 2003, 110, auch zur (zulässigen) Möglichkeit, einen Verfügungsunterlassungsvertrag zu schließen und für den Fall des Verstoßes eine Vormerkung einzutragen.

61 Vgl. BGHZ 148, 187 (192 f.) = BGH NJW 2001, 2883 (2884): Ankaufsrecht.

62 Vgl. Staudinger/*Gursky* (2013) § 883 Rn. 63; Bamberger/Roth/*Eckert* § 883 Rn. 15 ff.; *Westermann/Gursky/Eickmann* SachenR § 82 Rn. 10, alle mwN; jetzt auch BGH NJW 2002, 2874 (2874 f.).

63 *Vieweg/Röthel* Fälle SachenR Fall 34.

64 BGHZ 54, 56 (63); BGH NJW 1983, 1543 (1545); Palandt/*Bassenge* § 883 Rn. 19; Palandt/*Grüneberg* § 311b Rn. 56; *Medicus/Petersen* BürgerlR Rn. 555.

65 *Medicus/Petersen* BürgerlR Rn. 555.

66 BGHZ 143, 175 = NJW 2000, 805; klargestellt in NJW 2001, 3701 (3702); vgl. zu den Auswirkungen dieser Rspr. iE *Amann* MittBayNot 2000, 197; vgl. zum Ganzen *Wilhelm* SachenR Rn. 2245; NK-BGB/*U. Krause* § 883 Rn. 29; → § 13 Rn. 26. Vgl. auch *Vieweg/Röthel* Fälle SachenR Fall 34.

67 BGHZ 193, 152 (156 f.) = NJW 2012, 2032 (2033 f.); NJW 2012, 3431 (3432).

68 Vgl. BGH NJW 2012, 3431 (3432).

69 BGHZ 193, 152 (156 f.) = NJW 2012, 2032 (2033 f.).

Nach der Rechtsprechung des BGH soll auch eine »Extension«, dh eine Aufladung der Vormerkung durch Erstreckung auf weitere zu sichernde Ansprüche möglich sein, ohne dass es dazu einer erneuten Eintragung im Grundbuch bedarf. Der Rang dieser durch die Vormerkung gesicherten Ansprüche bestimme sich dabei nach dem Moment der aus materiell-rechtlicher Sicht allein erforderlichen Bewilligung.[70] Die Akzessorietät der Vormerkung werde damit nicht aufgegeben.[71] Auch die Erweiterung des gesicherten Anspruchs setzt daher Kongruenz von Eintragung und Bewilligung voraus. Entsprechend könne eine Ergänzung nur hinsichtlich des Schuldgrundes, nicht aber hinsichtlich des Inhalts des Anspruchs vorgenommen werden.[72] Teile der Literatur lehnen dies ab und halten im Fall der »Extension« eines gesicherten Anspruchs eine neue Grundbucheintragung für erforderlich, die ihrerseits den Rang bestimme.[73] Andernfalls werde die Rechtssicherheit im Grundstücksrecht zu sehr beeinträchtigt.[74]

Diskutiert wird auch die Problematik, ob durch den gutgläubigen Erwerb einer Forderung gem. § 405 BGB eine mangels wirksamen schuldrechtlichen Anspruchs zunächst unwirksame Vormerkung erworben werden kann.[75]

c) Gutgläubiger Ersterwerb der Vormerkung

Fallbeispiel: »Der großzügige Vorerbe«[76]

aa) Möglichkeit eines gutgläubigen Ersterwerbs (G)

12 Wie oben[77] dargestellt, ist die Vormerkung nach überwiegender Auffassung als ein Sicherungsmittel eigener Art mit einzelnen dinglichen Wirkungen ausgestattet. Während es einen gutgläubigen Erwerb schuldrechtlicher Ansprüche nicht gibt, könnten die dinglichen Wirkungen der Vormerkung einen gutgläubigen Erwerb der Vormerkung rechtfertigen (negative Seite des öffentlichen Glaubens, Vollständigkeit des Grundbuchs).[78] Die Vormerkung kann nicht direkt nach § 892 BGB gutgläubig erworben werden.[79] In Frage kommt nur ein Gutglaubenserwerb nach §§ 893 Alt. 2, 892 BGB.

Der gutgläubige Ersterwerb betrifft die Frage der Bewilligung der Vormerkung durch einen zu Unrecht als berechtigt Eingetragenen. Über die entsprechende Anwendbarkeit der §§ 892, 893 BGB auf den Ersterwerb besteht Einigkeit. Die Begründungen gehen jedoch auseinander.[80]

70 BGH NJW 2008, 578 (579); krit. *Kesseler* EWiR 2008, 583 f.; *Heggen* RNotZ 2008, 213 ff.; *Amann MittBayNot* 2010, 451 ff.; *Böttcher* NJW 2013, 838 (839).

71 Vgl. BGHZ 193, 152 (156 f.) = NJW 2012, 2032 (2033 f.).

72 BGHZ 193, 152 (156 f.) = NJW 2012, 2032 (2033 f.).

73 Siehe nur *Amann* DNotZ 2008, 520 (524 ff.); *Heggen* RNotZ 2008, 213 (216 f.).

74 *Böttcher* NJW 2010, 1647 (1648).

75 Bejahend *Morell* Jura 2008, 165 ff.

76 *Vieweg/Röthel* Fälle SachenR Fall 33.

77 → § 14 Rn. 4.

78 Staudinger/*Gursky* (2013) § 892 Rn. 57.

79 Soergel/*Stürner* § 883 Rn. 2; *Baur/Stürner* SachenR § 20 Rn. 52, 65. Sieht man in der Vormerkung mit einem Teil der Literatur ein dingliches Recht, dann ist ein gutgläubiger Erwerb gem. § 892 BGB unproblematisch.

80 Davon zu unterscheiden ist die Frage des gutgläubigen Zweiterwerbs; → § 14 Rn. 15 ff.

Zum Teil wird in der Bestellung einer (bewilligten) Vormerkung eine Belastung des Grundstücks bzw. die Belastung eines Grundstücksrechts und damit eine Verfügung iSd § 893 Alt. 2 BGB gesehen. Infolgedessen finde § 893 BGB beim gutgläubigen Ersterwerb der Vormerkung unmittelbar[81] bzw. analog[82] Anwendung. Andere[83] führen für die Anwendung der §§ 892, 893 BGB die vergleichbare Interessenlage an: Entscheidend sei das Vertrauen auf den Rechtsschein des Grundbuchs bei Erwerb einer dinglich gesicherten Position.[84]

Steht dem Vormerkungsberechtigten ein zu sichernder Anspruch zu, kann er sich bezüglich der dinglichen Rechtslage auf den Grundbuchstand verlassen.[85] Sogar ein Widerspruch oder eine Grundbuchberichtigung zwischen Eintragung der Vormerkung und Verwirklichung des gesicherten Anspruchs schaden dann nicht.[86]

bb) Voraussetzungen (G)

Auch in den Voraussetzungen[87] des gutgläubigen Ersterwerbs zeigt sich die Doppel- 13
natur der Vormerkung:

- *Bestehen eines zu sichernden Anspruchs:* Wegen der Akzessorietät ist das Bestehen des Anspruchs unerlässliche Voraussetzung. Existiert der Anspruch nicht, kann die Vormerkung nicht gutgläubig erworben werden. Der gute Glaube an das Bestehen des gesicherten Anspruchs wird – anders als beim Erwerb einer Verkehrshypothek (§ 1138 Alt. 1 BGB) – nicht geschützt.[88]
- Rechtsgeschäftlicher Erwerb des Anspruchs durch ein *Verkehrsgeschäft:*[89] Ein gutgläubiger Erwerb der Vormerkung ist insbesondere nicht im Wege der einstweiligen Verfügung möglich.[90]
- *Gutgläubigkeit des Erwerbers* hinsichtlich der Berechtigung des Bewilligenden im Zeitpunkt des Eintragungsantrags, auch bei künftigen oder bedingten Ansprüchen.[91]
- *Unrichtigkeit des Grundbuchs* und Legitimation des Verfügenden daraus.
- *Keine Eintragung eines Widerspruchs* gegen die Richtigkeit des Grundbuchs.

---

81 RGZ 118, 230 (233 f.); 121, 44 (46); BGHZ 25, 16 (23); 28, 182 (187); 57, 341 (343); Soergel/*Stürner* § 883 Rn. 2 und § 893 Rn. 7; Staudinger/*Gursky* (2013) § 893 Rn. 39; *Görmer* JuS 1991, 1011 (1012); zurückhaltend *Knöpfle* JuS 1981, 157 (164 ff.), der allenfalls § 893 Alt. 1 BGB analog anwenden will. *Wilhelm* SachenR Rn. 2262 sieht § 892 I 1 BGB als Grundlage an.

82 *Medicus/Petersen* BürgerlR Rn. 553; *J. Hager* JuS 1987, 555 (556); *Tiedtke* Jura 1981, 354 (361); *Westermann/Gursky/Eickmann* SachenR § 82 Rn. 14 bzw. auf Interessenlage eing. *Westermann/Gursky/Eickmann* SachenR § 82 Rn. 32.

83 *Reinicke* NJW 1964, 2373 (2374 f.).

84 *Reinicke* NJW 1964, 2373 (2374).

85 Soergel/*Stürner* § 883 Rn. 2.

86 RGZ 121, 44 (47); Soergel/*Stürner* § 883 Rn. 2.

87 Dazu BGHZ 57, 341 (343); BGH NJW 1981, 446. Vgl. zu den Wirkungen der Vormerkung → § 14 Rn. 17 ff.

88 MüKoBGB/*Kohler* § 883 Rn. 73.

89 *Westermann/Gursky/Eickmann* SachenR § 83 Rn. 34.

90 Palandt/*Bassenge* § 885 Rn. 7; aA *J. Hager* JuS 1990, 429 (437 f.).

91 So die hM: MüKoBGB/*Kohler* § 883 Rn. 74; Erman/*Artz* § 883 Rn. 26; Staudinger/*Gursky* (2013) § 892 Rn. 215 mwN; anders: MüKoBGB/*Wacke*, 3. Aufl. 1997, § 883 Rn. 65 mwN, wonach bei künftigen und bedingten Ansprüchen auf den Zeitpunkt ihres Entstehens abzustellen sei.

2. Zweiterwerb

a) Übertragung der Vormerkung (G)

14 Das Gesetz hat die Übertragbarkeit der Vormerkung nicht geregelt. Aufgrund der Akzessorietät der Vormerkung zur Forderung und ihres Charakters als unselbstständiges Nebenrecht wird diese Regelungslücke durch die analoge Anwendung des § 401 BGB geschlossen.[92] Mit Abtretung des schuldrechtlichen Anspruchs nach § 398 BGB geht die Vormerkung quasi als Annex der gesicherten Forderung auf den Zessionar über. Eigenständig ist sie nicht übertragbar,[93] denn anderenfalls würde eine Verdoppelung der Rechtsposition eintreten. Steht der Abtretung der Forderung ihr Inhalt (§ 399 Alt. 1 BGB) oder ein Abtretungsverbot (§ 399 Alt. 2 BGB) entgegen, ist auch die Vormerkung nicht im Wege der Einzelrechtsnachfolge übertragbar. Sie kann demgemäß weder ge- noch verpfändet werden (§ 851 ZPO, § 1274 II BGB).[94]

Die Übertragung der Vormerkung und damit der gesicherte Anspruch können im Grundbuch eingetragen werden. Hierdurch wird das Grundbuch berichtigt.[95]

b) Gutgläubiger Zweiterwerb der Vormerkung

Ist die Vormerkung zunächst nicht wirksam zustande gekommen, stellt sich die Frage, ob sie bei der Abtretung des gesicherten Anspruchs kraft guten Glaubens erworben werden kann.[96] Hierbei ist danach zu differenzieren, woran die Vormerkungsbestellung gescheitert ist, insbesondere ob der abgetretene Anspruch an sich existiert.

aa) Nichtbestehen der gesicherten Forderung (V)

15 Besteht die Forderung nicht oder steht sie einem Dritten zu, scheidet ein gutgläubiger Zweiterwerb von vornherein aus, da eine isolierte Existenz der Vormerkung ohne dazugehörige Forderung nicht denkbar ist.[97] Eine § 1138 Alt. 1 BGB entsprechende Norm fehlt und dessen analoge Anwendung scheidet aus, weil eine »forderungslose« Vormerkung im Gegensatz zur forderungsentkleideten Hypothek[98] keine eigene Funktion hätte.[99]

92 Ganz überwiegende Meinung: RGZ 83, 434; 142, 330 (333); BGHZ 25, 16 (23); BayObLGZ 1971, 307 (313); MüKoBGB/*Kohler* § 883 Rn. 71; Erman/*Artz* § 883 Rn. 2; Soergel/*Stürner* § 883 Rn. 44; Staudinger/*Gursky* (2013) § 883 Rn. 344; *Wolff/Raiser* SachenR § 48 V; aA nur *Wieling* SachenR § 22 III 2a: Übertragung durch Einigung und Eintragung.

93 Soergel/*Stürner* § 883 Rn. 44; *Wolff/Raiser* SachenR § 48 V.

94 Staudinger/*Gursky* (2013) § 883 Rn. 344.

95 Staudinger/*Gursky* (2013) § 883 Rn. 347 mwN; *J. Hager* JuS 1990, 429 (434). Vgl. zu den in diesem Zusammenhang auftretenden insolvenzrechtlichen Problemen *Schöne/Stöber* Rn. 3147a.

96 Staudinger/*Gursky* (2013) § 892 Rn. 58 f.

97 BGHZ 25, 16 (23); MüKoBGB/*Kohler* § 883 Rn. 73; Staudinger/*Gursky* (2013) § 892 Rn. 58; *Lüke* SachenR Rn. 448; *Westermann/Gursky/Eickmann* SachenR § 83 Rn. 34; *Reinicke* NJW 1964, 2373 (2376); *Tiedtke* Jura 1981, 354 (366 f.).

98 → § 15 Rn. 41; MüKoBGB/*Kohler* § 883 Rn. 73.

99 Die Vormerkung dient eben allein der Sicherung der Erfüllung des zugrundeliegenden Anspruchs, Staudinger/*Gursky* (2013) § 892 Rn. 58; *Westermann/Gursky/Eickmann* SachenR § 82 Rn. 1, 24 ff.; *Reinicke* NJW 1964, 2373 (2376); *Wunner* NJW 1969, 113; *Baur/Stürner* SachenR § 20 Rn. 52 lehnen die analoge Anwendung wegen mangelnden Publizitätserfordernisses ab; dazu auch → § 14 Rn. 17.

bb) Nichtbestehen der Vormerkung aus sonstigen Gründen (V)

Umstritten ist die Möglichkeit des gutgläubigen Zweiterwerbs der Vormerkung dagegen in dem Fall, dass die gesicherte Forderung besteht und auch dem angeblichen Inhaber der Vormerkung zusteht, die Vormerkung jedoch wegen Mängeln bei ihrer Bestellung (zB wegen fehlender Bewilligung) nicht zur Entstehung gelangt ist. **16**

Ein Teil des Schrifttums[100] lehnt die entsprechende Anwendung von § 892 BGB vor allem aus dem Grund ab, dass die Vorschrift nur den rechtsgeschäftlichen Erwerb schütze. Die Vormerkung gehe hingegen bei Abtretung der gesicherten Forderung gem. §§ 398 ff., 401 BGB kraft Gesetzes mit über.

Außerdem fehle es an dem für den Rechtsübergang im Immobiliarsachenrecht erforderlichen Publizitätsakt – der Eintragung in das Grundbuch oder der Übergabe des Hypothekenbriefs. Auf diesem Publizitätsakt beruhe aber der Rechtsschein für das Bestehen eines Rechts, der öffentliche Glaube des Grundbuchs und des Hypothekenbriefs, auf dem wiederum die Vorschriften über den Gutglaubenserwerb basierten.[101]

Weiterhin wird auf den *Schutzzweck der Vormerkung* abgestellt: Es bestehe kein Bedürfnis für die Steigerung der Verkehrsfähigkeit von Übereignungsansprüchen durch die Möglichkeit des gutgläubigen Erwerbs der Vormerkung. Die Vormerkung solle regelmäßig nur das kurze Stadium bis zur Eintragung überbrücken, also eine vorläufige Rechtsposition sichern.[102] Auch solle die Vormerkung überhaupt nur gegen anderweitige vertragswidrige Verfügungen des Eigentümers schützen, jedoch nicht davor, dass sich die Nichtberechtigung des Vormerkungsschuldners herausstelle.[103]

Der BGH[104] und der überwiegende Teil der Literatur[105] gelangen dagegen aufgrund einer *funktionalen Betrachtungsweise* zu einer entsprechenden Anwendung des § 892 BGB. Zwar folge die Vormerkung bei Abtretung der Forderung nach § 401 BGB kraft Gesetzes. Der Übergang beruhe aber mittelbar auf einem Rechtsgeschäft (sog. mittelbar rechtsgeschäftlicher Erwerb)[106].

Indem sich der Rechtsnachfolger auf die Voreintragung seines Rechtsvorgängers im Grundbuch verlasse, die jenem ein gesichertes Recht verbürge, werde durch die Eintragung in das Grundbuch auch ein Vertrauenstatbestand geschaffen. Aus diesem

100 Soergel/*Stürner* § 893 Rn. 8; Staudinger/*Gursky* (2013) § 892 Rn. 60; Palandt/*Bassenge* § 885 Rn. 19; Bamberger/Roth/*Eckert* § 885 Rn. 27 f.; *Baur/Stürner* SachenR § 20 Rn. 52, 65; *Lüke* SachenR Rn. 450; *Wolff/Raiser* SachenR § 48 VII 1; *Tiedtke*, Gutgläubiger Erwerb, 115 ff.; *Canaris*, FS Flume I, 1978, 371 (389); *Medicus* AcP 163 (1964), 1 (9 ff.); *Tiedtke* Jura 1981, 354 (367 ff.). *Brehm/Berger* SachenR § 13 Rn. 30 wenden hiergegen zutreffend ein, dass es sehr wohl Fälle bloß mittelbar rechtsgeschäftlichen Erwerbs gebe; hierzu → § 13 Rn. 42.

101 Staudinger/*Gursky* (2013) § 892 Rn. 60; *Görmer* JuS 1991, 1011 (1012 f.); *Latta/Rademacher* JuS 2008, 1052 (1054); ausführlich *Wilhelm* SachenR Rn. 2296 ff. (insbes. 2299).

102 *Baur/Stürner* SachenR § 20 Rn. 52; *Medicus/Petersen* BürgerlR Rn. 557; *ders.* AcP 163 (1964), 1 (9 ff.).

103 *Knöpfle* JuS 1981, 157 (165).

104 BGHZ 25, 16 (23 f.).

105 MüKoBGB/*Kohler* § 883 Rn. 75; Erman/*Artz* § 883 Rn. 29; Jauernig/*Berger* § 883 Rn. 28; *Rimmelspacher* KreditsicherungsR Rn. 626 ff.; *Prütting* SachenR Rn. 198; *Westermann/Gursky/Eickmann* SachenR § 83 Rn. 36; *J. Hager* JuS 1990, 429 (438); *Löhnig/Gietl* JuS 2008, 102 (106).

106 → § 13 Rn. 40; MüKoBGB/*Kohler* § 883 Rn. 75.

Grunde dürfe es nicht auf den schuldrechtlichen Charakter der Abtretung ankommen. Ausschlaggebend müsse vielmehr der Gutglaubensschutz sein.[107]

Weil § 893 Alt. 2 BGB auch auf Verfügungen Anwendung finde, die sich nicht im Rahmen liegenschaftsrechtlicher Formvorschriften vollzögen, sei für den gutgläubigen Zweiterwerb der Vormerkung § 893 Alt. 2 BGB heranzuziehen, der auf § 892 BGB verweise.[108]

III. Wirkungen der Vormerkung

Fallbeispiele: »Der geprellte Grundstückskäufer«[109]; »Die aufgeladene Auflassungsvormerkung«[110]

1. Relative Unwirksamkeit vormerkungswidriger Verfügungen (G)

17 Die Vormerkung *sichert* nur den schuldrechtlichen Anspruch auf Erwerb, Aufhebung oder Änderung eines dinglichen, im Grundbuch eingetragenen bzw. einzutragenden Rechts. Sie wandelt sich nicht automatisch in das Vollrecht um. Dies unterscheidet sie vom Erstarken des Anwartschaftsrechts zum Vollrecht Eigentum bei Bedingungseintritt im Rahmen eines Eigentumsvorbehalts.[111] Zur Erfüllung des gesicherten Anspruchs ist also eine Verfügung des Vormerkungsschuldners erforderlich. Zum Zeitpunkt dieser Verfügung müssen alle hierfür erforderlichen Merkmale erfüllt sein, auch die Verfügungsbefugnis des Vormerkungsschuldners. Hat aber der Vormerkungsschuldner zwischen Vormerkungsbestellung und Verschaffung des dinglichen Rechts eine weitere Verfügung zugunsten eines Dritten über das betroffene Recht vorgenommen, würde ohne die Wirkung der Vormerkung seine Verfügungsbefugnis fehlen und der Rechtserwerb verhindert. § 883 II BGB schützt den Vormerkungsberechtigten dahingehend, dass solche den Rechtserwerb vereitelnde Zwischenverfügungen des Veräußerers ihm gegenüber – *relativ* – unwirksam sind.[112] Dem Vormerkungsberechtigten gegenüber bleibt der Schuldner also verfügungsbefugt und kann ihm das dingliche Recht verschaffen.[113] Nach anderer Auffassung soll die Übereignung an den Dritterwerber demgegenüber voll wirksam sein und dem Schuldner lediglich das Recht verbleiben, über das nun fremde Grundstück als Nichtberechtigter wirksam zu verfügen.[114]

Merke: Aufgrund § 883 II BGB wird der Anspruch des Vormerkungsberechtigten gegen den Verpflichteten auf Übereignung aus dem Kaufvertrag (§ 433 I BGB) nicht unmöglich iSv § 275 BGB. Allerdings ist hinsichtlich der Zwischenverfügung festzustellen, dass der Zwischenerwerber im Verhältnis zu jedem Dritten – ggf. mit Ausnahme des Vormerkungsberechtigten – wirksam Eigentum erworben hat.

107 MüKoBGB/*Kohler* § 883 Rn. 75; *Westermann/Gursky/Eickmann* SachenR § 83 Rn. 36.
108 Bamberger/Roth/*Eckert* § 885 Rn. 19.
109 *Vieweg/Röthel* Fälle SachenR Fall 32.
110 *Vieweg/Röthel* Fälle SachenR Fall 34.
111 *Baur* JZ 1967, 437 (439).
112 AllgM: *Baur/Stürner* SachenR § 20 Rn. 34 f.; *Brehm/Berger* SachenR § 13 Rn. 13.
113 *Baur* JZ 1967, 437 (439).
114 *Löhnig/Gietl* JuS 2008, 102 (102 f.) mwN.

2. Durchsetzung des gesicherten Anspruchs gegen den vormerkungswidrig Eingetragenen

a) Anspruch aus § 888 BGB

aa) Grundkonstellation des § 888 BGB (G)

Da eine eingetragene Vormerkung keine Grundbuchsperre auslöst,[115] kann der Zwischenerwerber als Berechtigter ins Grundbuch eingetragen werden. Dann ist der Vormerkungsschuldner grundbuchrechtlich nicht mehr in der Lage, die für den Erwerb des Vormerkungsberechtigten erforderlichen Erklärungen abzugeben (formelles Konsensprinzip, §§ 19, 39 GBO[116]). Deswegen gewährt § 888 I BGB dem Vormerkungsberechtigten einen Anspruch gegen den eingetragenen Zwischenerwerber auf Zustimmung zu der begehrten Grundbuchänderung. Dieser Anspruch ist ein *unselbstständiger dinglicher Hilfsanspruch* mit rein verfahrensrechtlicher Wirkung.[117] Die Durchsetzung des Anspruches setzt nicht voraus, dass der Vormerkungsberechtigte schon im Grundbuch eingetragen ist.[118] 18

bb) Analoge Anwendung des § 888 BGB bei gutgläubig erworbener Vormerkung (E)

Im Falle einer gutgläubig erworbenen Vormerkung kann es vorkommen, dass noch vor der Eintragung des Vormerkungsberechtigten als Rechtsinhaber der wahre Berechtigte eine Grundbuchberichtigung erreicht und selbst eingetragen wird. Auch dann ist der Veräußerer grundbuchrechtlich nicht mehr in der Lage, die erforderlichen Erklärungen abzugeben. In diesem Fall ist § 888 I BGB analog anzuwenden, mit der Folge, dass der Vormerkungsberechtigte vom eingetragenen Berechtigten Zustimmung verlangen kann.[119] 19

cc) Analoge Anwendung des § 888 BGB bei unberechtigter Löschung der Vormerkung (E)

Problematisch ist die Verfügungsbefugnis, wenn die Vormerkung versehentlich gelöscht und der Zweiterwerber eingetragen wurde.[120] Grundbuchrechtlich ist der Vormerkungsschuldner nun nicht mehr in der Lage, die erforderlichen Erklärungen abzugeben oder materiell-rechtlich das Recht des Zweiterwerbers zu übertragen. Die Voraussetzungen des gutgläubigen Erwerbs liegen nicht vor. Ein Schutz des Vormerkungsberechtigten ist gesetzlich nicht vorgesehen, denn der grundsätzlich Schutz gewährende § 883 II BGB verleiht dem Vormerkungsschuldner keine Verfügungsmacht. Diese Gesetzeslücke wird ebenfalls über eine analoge Anwendung des § 888 I BGB geschlossen.[121] 20

---

115 → § 14 Rn. 2.
116 → § 13 Rn. 7.
117 Statt aller Erman/*Artz* § 888 Rn. 2; MüKoBGB/*Kohler* § 888 Rn. 2 f.; Staudinger/*Gursky* (2013) § 888 Rn. 17, 49; *Westermann/Gursky/Eickmann* SachenR § 82 Rn. 35.
118 BGH NJW 2010, 3367.
119 *Eckert* SachenR, 4. Aufl. 2005, Rn. 811 f.; *Wilhelm* SachenR Rn. 2445.
120 Soergel/*Stürner* § 888 Rn. 1; *Baur* JZ 1967, 437 (439).
121 BGHZ 49, 263 (266 f.); Soergel/*Stürner* § 888 Rn. 3; *Baur* JZ 1967, 437 (439).

b) Rechtsnatur, Voraussetzungen und Rechtsfolgen der Zustimmung des Zwischenerwerbers (E)

21 Von Bedeutung für Rechtsnatur, Voraussetzungen und Rechtsfolge der Zustimmung ist, ob der Vormerkungsverpflichtete an den Vormerkungsberechtigten materiell-rechtlich als Berechtigter oder als Nichtberechtigter verfügt.

Sollte er hinsichtlich des betroffenen Rechts Nichtberechtigter sein, wäre von Seiten des Zweiterwerbers eine Zustimmung iSd §§ 182 ff. BGB erforderlich. Verfügt er als Berechtigter, hätte die Zustimmung allein grundbuchrechtliche Bedeutung iSd §§ 19, 29 GBO.

Ein Teil der Literatur[122] sieht in der Verfügung des Vormerkungsschuldners die Verfügung eines Nichtberechtigten. Erforderlich zur wirksamen Verfügung sei daher eine materiell-rechtliche Zustimmung nach § 185 BGB. § 888 II BGB analog verschaffe dem Vormerkungsberechtigten einen Anspruch auf Zustimmung.[123] Folge dieser Auffassung ist, dass der Vormerkungsberechtigte aufgrund der Zustimmung auch dann das vorgemerkte Recht erwerben kann, wenn die Vormerkung unwirksam war.

Nach überwiegender Auffassung[124] verfügt der Vormerkungsverpflichtete nicht als Nichtberechtigter iSd § 185 BGB, sondern mit gesetzlicher Ermächtigung, wie schon § 883 II BGB zum Ausdruck bringe.[125] Die Zustimmung könne – wie immer bei § 888 BGB[126] – nur eine solche nach § 19 GBO sein, die dem formellen Konsensprinzip[127] Rechnung trage, das durch das materielle Konsensprinzip nicht verdrängt werde.[128] Dieses Ergebnis werde sowohl durch den Wortlaut des § 888 I BGB als auch dessen Entstehungsgeschichte bestätigt: Die Zustimmung des Dritten soll nicht zur Verfügung des Vormerkungsschuldners erteilt werden, sondern zu »einer Eintragung oder Löschung«.[129] Der Rechtserwerb sei also bei formell fehlerhafter Eintragung materiell-rechtlich unanfechtbar.[130]

c) Einwendungen des Zweiterwerbers (E)

22 Der Geltendmachung des Anspruchs aus § 888 BGB kann der Zweiterwerber erstens seine persönlichen Einreden aus dem Verhältnis zum Vormerkungsberechtigten ent-

122 OLG Düsseldorf DNotZ 1971, 371 (372); *Foerste*, Grenzen der Durchsetzung von Verfügungsbeschränkungen, 1986, 28 ff., 30 ff.; *Baur* JZ 1967, 437 (439).

123 Staudinger/*Seufert*, 11. Aufl. 1956, § 888 Rn. 4b, der die materielle Zustimmung in der Erklärung nach § 888 BGB sieht; wN zur parallelen Konstellation bei gutgläubigem Ersterwerb bei *Görmer* JuS 1991, 1011 (1014).

124 BGHZ 49, 263 (267); BayObLG NJW-RR 1990, 722 (724); MüKoBGB/*Kohler* § 883 Rn. 79; Soergel/*Stürner* § 888 Rn. 3; Staudinger/*Gursky* (2013) § 888 Rn. 17; *Wolff/Raiser* SachenR § 48 III 1; *Canaris*, FS Flume I, 1978, 371 (382); *ders.* JuS 1969, 80 (82); *Tiedtke* Jura 1981, 354 (356); *J. Hager* JuS 1990, 429 (435) mwN; ebenso zur parallelen Konstellation bei gutgläubigem Ersterwerb *Görmer* JuS 1991, 1011 (1014).

125 Staudinger/*Gursky* (2013) § 888 Rn. 17.

126 AllgM: MüKoBGB/*Kohler* § 883 Rn. 79; *Brehm/Berger* SachenR § 13 Rn. 19.

127 → § 13 Rn. 7.

128 Staudinger/*Gursky* (2013) § 888 Rn. 17; Jauernig/*Berger* § 888 Rn. 1.

129 Staudinger/*Gursky* (2013) § 888 Rn. 19, unter Hinweis auf Protokolle III, 746; Materialien III, 570.

130 Staudinger/*Gursky* (2013) § 888 Rn. 19.

gegenhalten. Dabei kommt zB ein Zurückbehaltungsrecht in Betracht, insbesondere wegen eines Verwendungsersatzanspruchs des Buchberechtigten analog §§ 994 ff. BGB.[131]

Zweitens ist aber auch der Charakter des § 888 BGB als unselbstständiger Hilfsanspruch zu berücksichtigen. Das bedeutet, dass § 888 BGB nur die Durchsetzbarkeit des § 883 II BGB sicherstellen soll. Aus diesem Grund stehen dem Zweiterwerber alle Einreden zu, die der Vormerkungsverpflichtete gegen den gesicherten Anspruch geltend machen kann.[132] Ihm ist außerdem nach einem Teil der Literatur[133] auch die Berufung auf vom Vormerkungsverpflichteten noch nicht ausgeübte Gestaltungsrechte (zB Rücktritt, Anfechtung) zu gewähren.

3. Schutz des Erwerbs des gesicherten Rechts (V)

Grundsätzlich ist beim Eigentumserwerb vom Nichtberechtigten für die Gutgläubigkeit des Erwerbers der Zeitpunkt entscheidend, in dem der Rechtserwerb vollendet wird, dh alle Voraussetzungen des Erwerbstatbestands erfüllt sind. § 892 II BGB macht davon eine Ausnahme und verlegt den entscheidenden Zeitpunkt auf das Stellen des Eintragungsantrags vor.[134] Vor diesem Zeitpunkt schadet dem Erwerber Bösgläubigkeit. **23**

Fraglich ist, ob sich an dieser grundsätzlichen Rechtslage etwas ändert, wenn zur Sicherung des Anspruchs auf Übereignung zugunsten des Erwerbers eine Vormerkung eingetragen ist. Der relevante Zeitpunkt für den guten Glauben könnte nämlich durch Eintragung einer Vormerkung vorverlagert werden.

Nach einem Teil der Literatur[135] gewährt die Vormerkung nur Verfügungsschutz (§ 883 II BGB), aber keinen Erwerbsschutz hinsichtlich des zu erwerbenden Rechts gegenüber dem wahren Berechtigten. § 892 II BGB sei insofern abschließend, dh zur Vollendung des Rechtserwerbs dürfe nur noch die Eintragung des Rechts fehlen. Ansonsten würde unzulässig in das Bestandsschutzinteresse des wahren Berechtigten eingegriffen. Außerdem sei die Vormerkung in ihrer Wirkung auf das Verhältnis zwischen Vormerkungsberechtigtem und -verpflichtetem beschränkt.

Nach hM[136] bezweckt die Vormerkung dagegen auch Erwerbsschutz, dh spätere Erwerbshindernisse (zB Bösgläubigkeit, Eintragung eines Widerspruchs) sollen nach Eintragung der Vormerkung nicht mehr schaden. Nur so könne die Vormerkung dem Interesse des Rechtsverkehrs nach einem zuverlässigen Sicherungsmittel gerecht werden.[137]

131 → § 8 Rn. 7, → § 8 Rn. 31 ff.

132 BGH NJW 1989, 221; Staudinger/*Gursky* (2013) § 888 Rn. 52 ff.; *Wieling* SachenR § 22 IV 1b gg; *Westermann/Gursky/Eickmann* SachenR § 82 Rn. 35.

133 *Westermann/Gursky/Eickmann* SachenR § 82 Rn. 35.

134 Allgemein zur Regelung des § 892 II BGB → § 13 Rn. 38; zum maßgeblichen Zeitpunkt → § 13 Rn. 44.

135 *Westermann/Gursky/Eickmann* SachenR § 83 Rn. 37; *Rimmelspacher* KreditsicherungsR Rn. 624; *Wolff/Raiser* SachenR § 45 I 5 (Fn. 21, 5); *W. Wiegand* JuS 1975, 205 (212); *Hepting* NJW 1987, 870; so die früher ganz hM zu § 892 II Hs. 1 BGB.

136 RGZ 121, 44 (47); BGHZ 28, 182 (187); 57, 341 (343); BGH NJW 1981, 446; Soergel/*Stürner* § 892 Rn. 39; Staudinger/*Gursky* (2013) § 892 Rn. 215; Palandt/*Bassenge* § 885 Rn. 13; *Medicus* AcP 163 (1964), 1 (5 f.); *Görmer* JuS 1991, 1011 (1012 ff.).

137 BGH NJW 1981, 446; Palandt/*Bassenge* § 885 Rn. 13.

Außerdem spreche hierfür ein Vergleich mit der Rechtslage beim aufschiebend bedingten Erwerb, bei dem gem. § 161 BGB spätere Bösgläubigkeit ebenfalls nicht mehr schade. Denn durch § 883 BGB werde die Rechtslage weitgehend der des aufschiebend bedingten Erwerbs gleichgesetzt.

4. Schutz gegen Vermietung/Verpachtung durch § 883 II BGB (E)

24 **Beispielsfall:** Der Verkäufer eines Hausgrundstücks bewilligt dem Käufer eine Auflassungsvormerkung. Nach deren Eintragung vermietet er das Haus an einen Dritten und überlässt ihm den Besitz. Der Käufer verlangt nach Auflassung und Eintragung in das Grundbuch von dem Mieter die Herausgabe des Besitzes, dh die Räumung des Hauses.

Grundsätzlich gilt die Regel »Veräußerung bricht nicht Miete« nach § 566 BGB, dh der Grundstückskäufer tritt in die Rechtsposition des Vermieters, seines Verkäufers, ein. Der Käufer muss den Vertragsübergang wie ein dingliches Recht hinnehmen.[138] Voraussetzung dafür ist, dass der Abschluss des Mietvertrags und die Überlassung des Grundstücks *vor dem Eigentumserwerb* stattgefunden haben, das Mietverhältnis also bereits bestand.[139] Nur dann hat der Mieter gegenüber dem Erwerber ein Recht zum Besitz gem. § 986 BGB. Streitig ist, ob diese Rechtsfolgen auch dann eintreten, wenn bei Abschluss des Mietvertrags und bei Besitzüberlassung bereits eine Auflassungsvormerkung zugunsten des Erwerbers in das Grundbuch eingetragen war. Fraglich ist insbesondere, ob § 883 II BGB (analog) anwendbar ist.

Nach einer verbreiteten Literaturmeinung[140] soll die Vormerkung den Erwerber umfassend vor allen das Leistungsvermögen des Schuldners beeinträchtigenden Handlungen schützen, nicht nur vor grundbuchrechtlichen Gefahren.[141] § 883 II BGB sei auch auf die nach Eintragung der Auflassungsvormerkung erfolgte Besitzüberlassung an einen Mieter oder Pächter anwendbar, sodass diese dem Erwerber gegenüber – relativ – unwirksam sei. Schütze das Gesetz den Vormerkungsberechtigten gegen Verfügungen über das Grundstück, müsse es *erst recht* vor schuldrechtlichen Geschäften schützen, durch die dem Erwerber der Besitz vorenthalten werden könne. Anderenfalls wäre der Mieter als schuldrechtlich Berechtigter besser gestellt als der dinglich zum Besitz berechtigte Nießbraucher, dem gegenüber die Vormerkung Wirkung entfalte.[142] Zudem erforderten die Interessen des Erwerbers den Schutz gegen Vermietung oder Verpachtung in gleicher Weise wie gegen Verfügungen, da die Vorenthaltung des unmittelbaren Besitzes aufgrund eines Mietvertrages unter Umständen nachteiliger oder zumindest ebenso negativ sein könne wie eine Grundstücksbelastung.[143]

138 MüKoBGB/*Kohler* § 883 Rn. 54.

139 Staudinger/*Emmerich* (2014) § 566 Rn. 228 f.

140 MüKoBGB/*Kohler* § 883 Rn. 54; Staudinger/*Gursky* (2013) § 883 Rn. 211; Erman/*Artz* § 883 Rn. 37; Palandt/*Bassenge* § 883 Rn. 20; *Schöner/Stöber* GrundbuchR Rn. 1521; *Westermann/Gursky/Eickmann* SachenR § 82 Rn. 27; *Wolff/Raiser* SachenR § 48 (Fn. 30); *Canaris*, FS Flume I, 1978, 371 (393); *Reinicke* NJW 1954, 1236; *Tiedtke* Jura 1981, 365.

141 MüKoBGB/*Kohler* § 883 Rn. 54.

142 *Westermann/Gursky/Eickmann* SachenR § 82 Rn. 28.

143 MüKoBGB/*Kohler* § 883 Rn. 54.

Im Gegensatz dazu vertreten die Rechtsprechung[144] und ein anderer Teil des Schrifttums[145] eine am Normzweck orientierte Auffassung: § 883 II BGB sei auf die Vermietung oder Verpachtung eines Grundstücks nach Eintragung einer Auflassungsvormerkung vor dem Eigentumserwerb weder direkt noch analog anwendbar, sodass der Erwerber gem. § 566 BGB in den vom Verkäufer abgeschlossenen Mietvertrag eintrete. Die Vermietung und Verpachtung könne einer Verfügung iSv § 883 II BGB nicht gleichgestellt werden, da durch sie der Erwerb von unbelastetem Eigentum unmöglich werde, wohingegen bei einem Miet- oder Pachtvertrag der Eigentumserwerb nicht gehindert werde.[146] Darüber hinaus bestehe kein Anlass, den Erwerber gegenüber dem Mieter vorzuziehen, da beide lediglich schuldrechtliche Ansprüche gegen den Veräußerer bzw. Vermieter hätten.[147] Zudem erhalte der Erwerber für die Hinnahme der Vermietung oder Verpachtung einen Ausgleich in Form des Miet- bzw. Pachtzinses,[148] gegebenenfalls einen Schadensersatzanspruch gegen den Verkäufer aus §§ 437 Nr. 3, 280 I und III, 281 BGB wegen Rechtsmängeln iSv § 435 BGB.[149] Würde § 883 II BGB den § 566 BGB relativ unwirksam machen, wäre auch der soziale Schutz des Mieters, der seine Entsprechung in § 57 ZVG und §§ 108 ff. InsO findet, aufgehoben.[150]

144 BGHZ 13, 1 (2); BGH NJW 1989, 451; OLG Köln ZMR 2001, 967.

145 Jauernig/*Berger* § 883 Rn. 17; Palandt/*Weidenkaff* § 566 Rn. 8; NK-BGB/*U. Krause* § 883 Rn. 60; *Baur/Stürner* SachenR § 20 Rn. 41; *Brehm/Berger* SachenR § 13 Rn. 14; *Löhnig/Gietl* JuS 2008, 102 (104); ferner *Staake* Jura 2006, 561 (565): Miete sei im Vergleich zu den dinglichen Rechten kein Minus sondern ein Aliud.

146 Staudinger/*Seufert*, 11. Aufl. 1956, § 883 Rn. 49.

147 BGHZ 13, 1 (4); wiederholt in BGH NJW 1989, 451.

148 BGHZ 13, 1 (5).

149 Palandt/*Weidenkaff* § 566 Rn. 8.

150 *Baur/Stürner* SachenR § 20 Rn. 41.

§ 15 Hypothek und Grundschuld

I. Allgemeines zu den Grundpfandrechten

1. Begriff und Inhalt (G)

Der gemeinsame Oberbegriff für die Belastung von Grundstücken durch Hypothek (§§ 1113 ff. BGB), Grundschuld (§§ 1191 ff. BGB) oder Rentenschuld (§§ 1199 ff. BGB) ist Grundpfandrecht.[1] 1

Jedes BGB-Grundpfandrecht kann in ein anderes umgewandelt werden (§§ 1186, 1198 BGB).[2] Übereinstimmendes Charakteristikum der Grundpfandrechte ist die *Berechtigung ihres Inhabers zur Befriedigung aus dem belasteten Grundstück* (vgl. § 1147 BGB).[3]

2. Wirtschaftliche Bedeutung von Grundpfandrechten (G)

Die wirtschaftliche Bedeutung von Grundpfandrechten als Mittel zur Kreditsicherung ist überragend.[4] Die Befugnis, Grund und Boden zur Grundlage von Krediten zu machen, gehört zum Wesensgehalt des Eigentums nach Art. 14 I GG.[5] Der Kreditsicherung durch Grundpfandrechte in Form von Real-[6], Boden- oder Grundkrediten stehen die sog. Personalkredite gegenüber, die durch die persönlichen Verhältnisse des Schuldners gesichert werden (Vertrauen in Arbeitskraft, Bürgschaft, Eigentum an beweglichen Sachen).[7] Die anderen in § 232 I BGB genannten Sicherheiten sowie die Sicherungen von Vertragsstrafen und ähnlichen Forderungen treten demgegenüber in den Hintergrund.[8] 2

Neben den Grundpfandrechten haben sich moderne Pfandrechtsformen wie die Sicherungsübereignung, das »sale and lease back« mit Rückkaufsverpflichtung (Typ Sicherungsübereignung) oder bloßer Rückkaufsoption (Typ Verfallpfand) entwickelt, die das BGB nicht ausdrücklich vorgesehen hat.[9]

---

1 Soergel/*Konzen* Vor § 1113 Rn. 1; Staudinger/*Wolfsteiner* (2015) Einl zu §§ 1113 ff. Rn. 1.

2 *Westermann/Gursky/Eickmann* SachenR § 105 Rn. 14.

3 Soergel/*Konzen* Vor § 1113 Rn. 1; NK-BGB/*Zimmer* § 1113 Rn. 2, 4; zu den einzelnen Erklärungsansätzen jurisPK-BGB/*Reischl* § 1113 Rn. 7 ff.

4 Zur praktischen Bedeutung der Grundpfandrechte → § 15 Rn. 9.

5 Zur Veräußerungsfreiheit und Verfügungsbefugnis etwa Maunz/Dürig/*Papier* Art. 14 Rn. 14 mwN aus der Rspr. des BVerfG.

6 BGHZ 17, 89 (94).

7 MüKoBGB/*Eickmann* § 1113 Rn. 2; Staudinger/*Wolfsteiner* (2015) Einl zu §§ 1113 ff. Rn. 16.

8 Staudinger/*Wolfsteiner* (2009) Einl zu §§ 1113 ff. Rn. 17.

9 Staudinger/*Wolfsteiner* (2009) Einl zu §§ 1113 ff. Rn. 13; vgl. zum Verfallpfand und dessen Missbilligung durch § 1229 BGB: BGH NJW 1995, 2635 (2636).

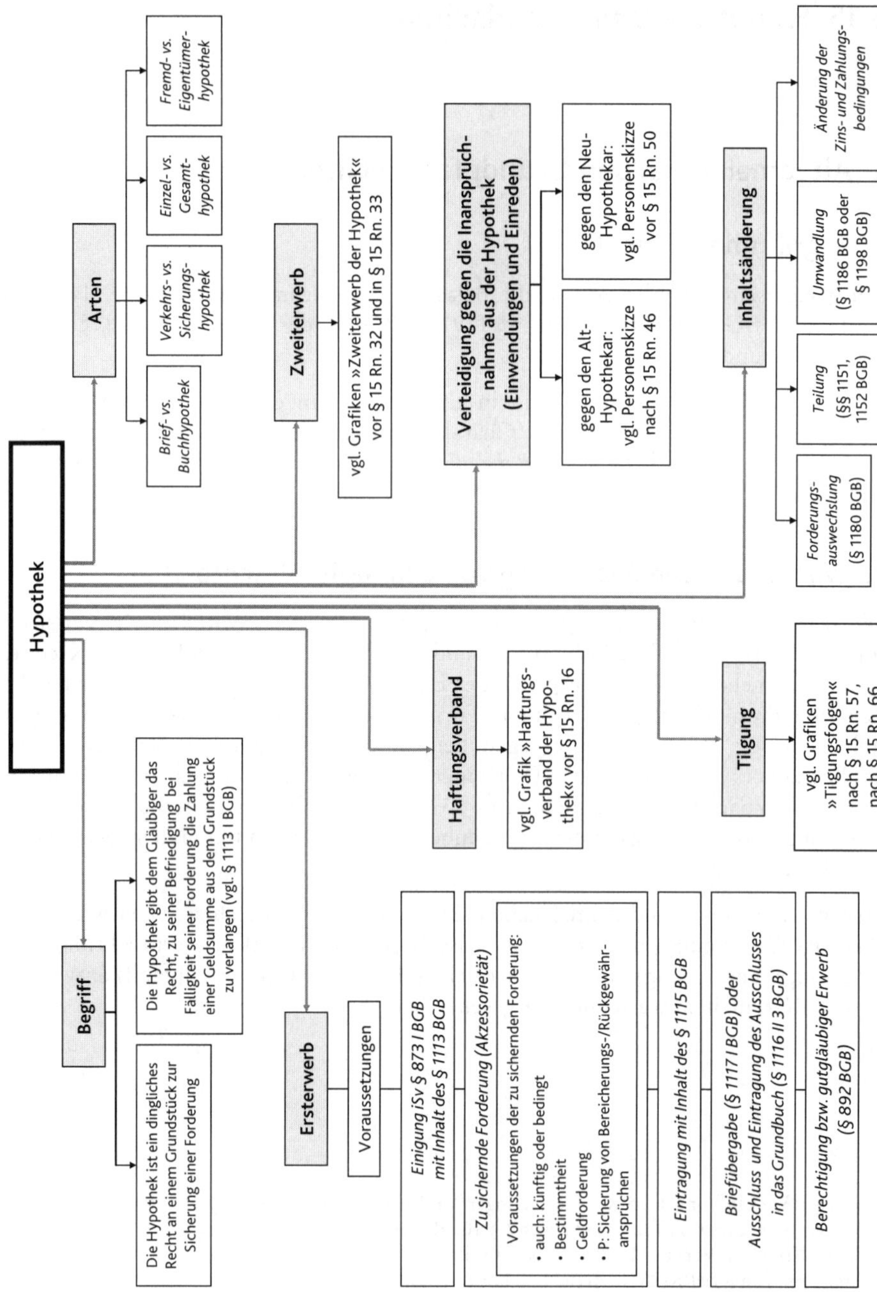
Hypothek
Begriff
Die Hypothek ist ein dingliches Recht an einem Grundstück zur Sicherung einer Forderung
Die Hypothek gibt dem Gläubiger das Recht, zu seiner Befriedigung bei Fälligkeit seiner Forderung die Zahlung einer Geldsumme aus dem Grundstück zu verlangen (vgl. § 1113 I BGB)
Ersterwerb
Voraussetzungen
Einigung iSv § 873 I BGB mit Inhalt des § 1113 BGB
Zu sichernde Forderung (Akzessorietät)
Voraussetzungen der zu sichernden Forderung:
• auch: künftig oder bedingt
• Bestimmtheit
• Geldforderung
• P: Sicherung von Bereicherungs-/Rückgewähransprüchen
Eintragung mit Inhalt des § 1115 BGB
Briefübergabe (§ 1117 I BGB) oder Ausschluss und Eintragung des Ausschlusses in das Grundbuch (§ 1116 II 3 BGB)
Berechtigung bzw. gutgläubiger Erwerb (§ 892 BGB)
Haftungsverband
vgl. Grafik »Haftungsverband der Hypothek« vor § 15 Rn. 16
Tilgung
vgl. Grafiken »Tilgungsfolgen« nach § 15 Rn. 57, nach § 15 Rn. 66
Arten
Brief- vs. Buchhypothek
Verkehrs- vs. Sicherungshypothek
Einzel- vs. Gesamthypothek
Fremd- vs. Eigentümerhypothek
Zweiterwerb
vgl. Grafiken »Zweiterwerb der Hypothek« vor § 15 Rn. 32 und in § 15 Rn. 33
Verteidigung gegen die Inanspruchnahme aus der Hypothek (Einwendungen und Einreden)
gegen den Alt-Hypothekar: vgl. Personenskizze nach § 15 Rn. 46
gegen den Neu-Hypothekar: vgl. Personenskizze vor § 15 Rn. 50
Inhaltsänderung
Forderungsauswechslung (§ 1180 BGB)
Teilung (§§ 1151, 1152 BGB)
Umwandlung (§ 1186 BGB oder § 1198 BGB)
Änderung der Zins- und Zahlungsbedingungen

Dagegen hat das Institut der Rentenschuld (§§ 1199 ff. BGB) mangels ausreichender Möglichkeiten einer Sicherung gegen Inflation und der Privilegierung des Schuldners keine praktische Bedeutung erlangt.[10]

3. Grundpfandrechtstypen (G)

Das BGB – Bestrebungen, ein einheitliches, europäisches Grundpfandrecht zu schaffen, führten bislang zu keinem Ergebnis[11] – kennt folgende Typen von Grundpfandrechten:[12] 3

- *streng akzessorische* wie die Sicherungshypothek (§ 1184 BGB);
- *akzessorische*, aber mit Durchbrechung zugunsten eines gutgläubigen Erwerbs, wie die Verkehrshypothek;
- *eigenständiges*, dh nicht an eine persönliche Forderung gebundenes, sondern wie eine selbstständige Sache im Rechtsverkehr zu behandelndes Grundpfandrecht mit dem Inhalt, die Zahlung eines Kapitalbetrags (Grundschuld) oder einer »ewigen« Rente (Rentenschuld) fordern zu können;
- *der Treuhand ähnliche* wie die Höchstbetragshypothek, bei der der Gläubiger einen betragsmäßig begrenzten Eigentumsausschnitt als Sicherheit für alle gegenwärtigen und zukünftigen Ansprüche gegen den Eigentümer erhält;
- *zirkulationsfähige*: Dabei wird das Grundpfandrecht durch eine Urkunde als echtes Wertpapier[13] vertreten. In ihr ist das Grundpfandrecht verkörpert. Die Ausstellung von Hypotheken- und Grundschuldbriefen ist in § 1116 I BGB vorgesehen. Dadurch bleibt dem Erwerber der Einblick in das Grundbuch erspart.[14] Außerdem wird das Grundpfandrecht dann nach den für bewegliche Sachen geltenden Vorschriften übertragen.[15]

10 Siehe nur Staudinger/*Wolfsteiner* (2015) Vorbem zu §§ 1199 ff. Rn. 4; jurisPK-BGB/*Reischl* § 1199 Rn. 4; *Reischl* AgrarR 1997, 277 (278).

11 Vgl. zu den einzelnen Vorschlägen, die von einem einheitlichen, nicht akzessorischen Grundpfandrecht nach dem Modell der deutschen Briefgrundschuld bis zu einer sog. Eurohypothek nach dem Vorbild des schweizerischen Schuldbriefs reichen, *Habersack* JZ 1997, 857 (861 f.); Soergel/*Konzen* Vor § 1113 Rn. 16; *Stöcker*, Die »Eurohypothek«, 1992, 216 ff.; *Stürner*, FS Serick, 1992, 377 (387 f.).

12 Soergel/*Konzen* Vor § 1113 Rn. 2 ff.; Staudinger/*Wolfsteiner* (2015) Einl zu §§ 1113 ff. Rn. 9–14.

13 Nach überwiegender Auffassung handelt es sich bei dieser Urkunde nicht um eine bloße Beweisurkunde, sondern um ein Wertpapier (vgl. MüKoBGB/*Eickmann* § 1116 Rn. 5; Soergel/*Konzen* § 1116 Rn. 3; Staudinger/*Wolfsteiner* [2015] § 1116 Rn. 7; Palandt/*Bassenge* § 1116 Rn. 2), jedoch nicht um ein Wertpapier iSd § 1 DepotG und iSd § 369 HGB. Siehe auch den klarstellenden Hinweis von *Wilhelm* SachenR Rn. 1578 f.: Wertpapier nur im Hinblick auf die Hypothek, nicht auf die Forderung.

14 Soergel/*Konzen* § 1116 Rn. 2.

15 → § 15 Rn. 34.

II. Hypothek

1. Grundlagen

a) Begriff (G)

4 Die Hypothek[16] ist ein streng akzessorisches, beschränkt dingliches Recht an einem Grundstück zur Sicherung einer dem Hypothekengläubiger (*Hypothekar*) zustehenden Forderung. Durch die Hypothek kann der Hypothekengläubiger bei Fälligkeit seiner Forderung zu seiner Befriedigung die Zahlung einer Geldsumme aus dem Grundstück verlangen (§ 1113 I BGB, Legaldefinition).[17] Der Anspruch aus der Hypothek richtet sich auf Duldung der Zwangsvollstreckung in das belastete Grundstück (§ 1147 BGB), dh auf Duldung der Verwertung der Substanz und der Nutzungen des Grundstücks im Wege der Zwangsvollstreckung.[18]

b) Gesetzliche Regelung (G)

5 Die spezifischen Regeln des Hypothekenrechts sind in den §§ 1113 ff. BGB enthalten. Auf die allgemeinen Vorschriften über Rechte an Grundstücken (§§ 873–902 BGB) muss jedoch häufig ergänzend zurückgegriffen werden.[19] Nach ihnen bestimmen sich Entstehung und Aufhebung, das Rangverhältnis, die Vormerkung, der Widerspruch und die Publizität. Hinsichtlich der Übertragung der Briefhypothek sind auch Bestimmungen des Mobiliarsachenrechts heranzuziehen. Infolge der Akzessorietät finden auch schuldrechtliche Vorschriften Anwendung, vor allem bei der Übertragung und als Folgen der Tilgung der Hypothek. Das Hypothekenrecht setzt sich also zusammen aus schuldrechtlichen, allgemeinen sachenrechtlichen und speziellen hypothekenrechtlichen Vorschriften.

c) Akzessorietät (G)

6 Im Hypothekenrecht sind Grundprinzipien des Sachenrechts wie numerus clausus/Typenzwang, Publizität, Abstraktion und Bestimmtheit verwirklicht. Besonders charakteristisch ist das Akzessorietätsprinzip. Die Hypothek ist grundsätzlich[20] streng vom Bestand der gesicherten Forderung abhängig.[21] Umgekehrt zur wirtschaftlichen Betrachtung hat also das BGB die Hypothek als Anhängsel der Forderung (Hauptsache) ausgestaltet.[22]

d) Ausformungen des hypothekenrechtlichen Akzessorietätsprinzips (V)

7 Deutlich wird die *Abhängigkeit der Hypothek von der Forderung*[23] in folgenden Zusammenhängen:

16 Dazu der Überblick jeweils bei *Klinkhammer/Ranke* JuS 1973, 665 ff. und *Büdenbender* JuS 1996, 665 ff. Zu aktuellen Vorhaben innerhalb der EU zur Schaffung eines europäischen Grundpfandrechts (insbes. sog. Eurohypothek) siehe *Baur/Stürner* SachenR § 64 Rn. 76 ff.

17 Soergel/*Konzen* § 1113 Rn. 1; Palandt/*Bassenge* § 1113 Rn. 1.

18 *Baur/Stürner* SachenR § 36 Rn. 1 ff.

19 Staudinger/*Wolfsteiner* (2015) Einl zu §§ 1113 ff. Rn. 7.

20 Zu den Ausnahmen → § 15 Rn. 41, → § 15 Rn. 44.

21 Staudinger/*Wolfsteiner* (2015) Vorbem zu §§ 1113 ff. Rn. 5.

22 *Büdenbender* JuS 1996, 665 (670).

23 Vgl. Staudinger/*Wolfsteiner* (2015) Vorbem zu §§ 1113 ff. Rn. 4 ff.

- wenn die zu sichernde Forderung nicht entsteht oder später erlischt, entsteht auch keine Hypothek bzw. besteht sie nicht fort; in beiden Fällen entsteht eine Eigentümerhypothek (§ 1163 I 1, 2 BGB);
- bei der Übertragung einer Hypothek (§ 1153 BGB);
- in Fällen gesetzlich angeordneten Forderungsübergangs (§§ 401, 412, 1153 II BGB);
- bei der Geltendmachung forderungsbezogener Einreden gegen die Hypothek (§ 1137 BGB);
- bei der formellen Legitimation durch den Hypothekenbrief auch bei Geltendmachung der Forderung (§§ 1160, 1161 BGB).

e) Rechtsverhältnisse (G)

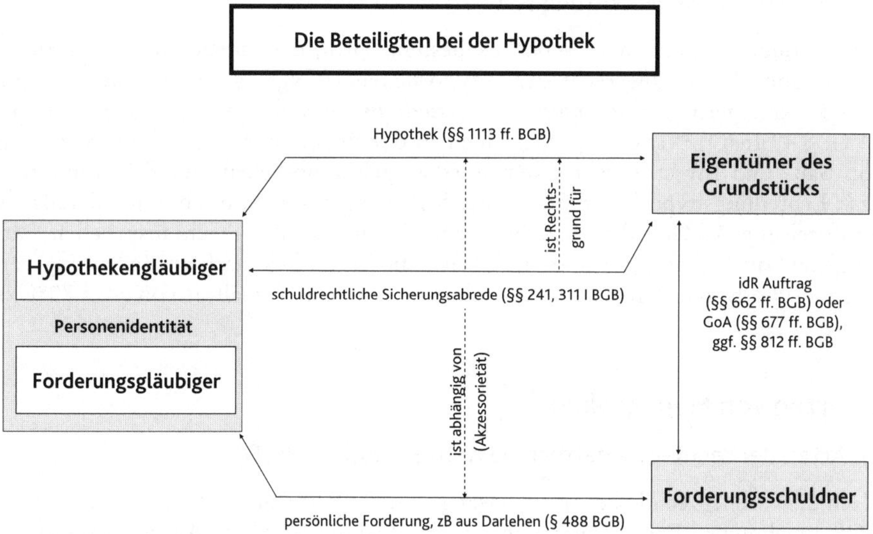

Bei der Hypothek sind *mehrere Rechtsverhältnisse* auseinanderzuhalten: 8

- Zunächst besteht das Rechtsgeschäft, dem die zu sichernde Forderung entspringt, zumeist ein Kreditgeschäft zwischen persönlichem Schuldner und Gläubiger.
- Die Hypothekenbestellung als solche ist ein dingliches Rechtsgeschäft. Bevor die Hypothek bestellt wird (dingliches Bestellungsgeschäft), schließen der Grundstückseigentümer und der Gläubiger einen Sicherungsvertrag[24] ab, in dem sich der Eigentümer (Sicherungsgeber) gegenüber dem Gläubiger (Sicherungsnehmer) zur Bestellung einer Hypothek verpflichtet. Der Sicherungsvertrag ist die causa der dinglichen Rechtsbestellung.

24 Zu ihm jurisPK-BGB/*Reischl* § 1113 Rn. 14 ff.; *Schur* Jura 2005, 361 (367). Umstritten ist die Rechtsnatur: gegenseitiger oder unvollkommen zweiseitig verpflichtender Vertrag; dazu *Westermann/Gursky/Eickmann* SachenR § 114 Rn. 9 mwN.

- Anders als Kreditgeschäft und dingliches Bestellungsrecht, die miteinander zusammenhängen, sind der Sicherungsvertrag und das dingliche Bestellungsgeschäft voneinander unabhängig.[25] Die Modalitäten der Sicherheit sind gesetzlich geregelt, sodass es weiterer Regelungen nicht bedarf.[26] Diese sind aber auch nicht ausgeschlossen, sofern sie sich im Rahmen der zulässigen Gestaltungsfreiheit halten (*sachenrechtlicher Typenzwang*).
- Persönlicher Schuldner und Grundstückseigentümer müssen dabei nicht identisch sein, wohl aber Gläubiger der Forderung und Sicherungsnehmer (Hypothekengläubiger).[27] Das BGB berücksichtigt die mögliche Personenverschiedenheit von persönlichem Schuldner und Grundstückseigentümer in den §§ 1137, 1141, 1142 ff., 1156 ff., 1164 ff., 1173 ff. und 1182 BGB.
- Wenn persönlicher Schuldner und Eigentümer nicht identisch sind, kann zwischen diesen beiden ein weiteres Rechtsgeschäft abgeschlossen werden.[28]

f) Wirtschaftliche Bedeutung (G)

9 Der besondere Vorteil der Hypothek besteht darin, dass sie als dingliches Sicherungs- und Verwertungsrecht dem Hypothekengläubiger gegenüber den persönlichen Gläubigern eine *vorzugsweise Befriedigung* gewährt (vgl. § 10 I Nr. 4 und 5 ZVG; § 49 InsO).[29] Die Hypothek dient in der Praxis überwiegend zur Sicherung von Bau- und Investitionskrediten. Restkaufgeldhypotheken und Erbabfindungs- bzw. Erbteilungshypotheken dienen der Sicherung des nicht bar bezahlten Teils des Kaufpreises eines Grundstücks bzw. der Sicherung von Ausgleichsansprüchen.[30] Im Vergleich zur Sicherungsgrundschuld[31] hat die Hypothek stark an Bedeutung verloren. Hypotheken stehen zu Grundschulden in einem Verhältnis von etwa 20% zu 80%.[32]

2. Arten von Hypotheken

a) Arten der rechtsgeschäftlich bestellten Hypothek (G)

10 Nach dem sachenrechtlichen Typenzwang sind die Parteien auf die in den §§ 1113 ff. BGB angebotenen Formen beschränkt und an deren gesetzliche Ausgestaltungen gebunden.[33]

25 *Wilhelm* SachenR Rn. 2385.
26 *Westermann/Gursky/Eickmann* SachenR § 114 Rn. 3.
27 BGH NJW 1959, 984.
28 *Wilhelm* SachenR Rn. 2384.
29 Ausweislich des Statistischen Jahrbuchs für die Bundesrepublik Deutschland 2010, S. 450, sind in den alten und neuen Bundesländern Forderungen in Höhe von 905.003 Mio. EUR durch Hypothekarkredite auf Wohnungsgrundstücke gesichert.
30 Durch Grundpfandrechte gesicherte Realkredite werden vor allem von Hypotheken- und Geschäftsbanken, Sparkassen und Bausparkassen gewährt; *Westermann/Gursky/Eickmann* SachenR § 89 Rn. 8.
31 Dazu iE → § 15 Rn. 89 ff.
32 MüKoBGB/*Eickmann* § 1191 Rn. 5; *Westermann/Gursky/Eickmann* SachenR § 113 (Fn. 3).
33 *Büdenbender* JuS 1996, 665 (666); vgl. aber auch *Baur/Stürner* SachenR § 36 Rn. 93: außerordentlich große Variationsbreite.

Muster[34]

(Hypothekenbrief)

Deutscher
Hypothekenbrief

Noch gültig für
15 000 DM.
Schönberg, den 9. Juli 1981

(Unterschriften)

über

20 000 Deutsche Mark

eingetragen im Grundbuch von
Waslingen (Amtsgericht Schönberg)
Blatt 82 Abteilung III Nr. 3 (drei)

Inhalt der Eintragung:

Nr. 3: 20 000 (zwanzigtausend) Deutsche Mark Kaufpreisforderung mit fünf vom Hundert jährlich verzinslich für Josef Schmitz, geboren am 20. März 1931, Waslingen. Unter Bezugnahme auf die Eintragungsbewilligung vom 1. Dezember 1978 eingetragen am 16. Februar 1979.

Belastetes Grundstück:

Das im Bestandsverzeichnis des Grundbuchs unter Nr. 1 verzeichnete Grundstück.

Schönberg, den 20. Februar 1979

Amtsgericht

(Siegel oder Stempel)

(Unterschriften)

Dem belasteten Grundstück ist am 14. November 1980 das im Bestandsverzeichnis unter Nr. 3 verzeichnete Grundstück als Bestandteil zugeschrieben worden. Infolge der Zuschreibung ist das belastete Grundstück unter Nr. 4 des Bestandsverzeichnisses neu eingetragen worden.

Schönberg, den 13. März 1981

Amtsgericht

(Siegel oder Stempel)

(Unterschriften)

Von den vorstehenden 20 000 DM sind 5 000 (fünftausend) Deutsche Mark nebst den Zinsen seit dem 1. Juli 1981 mit dem Vorrange vor dem Rest abgetreten an den Ingenieur Hans Müller, geboren am 14. Januar 1958, Waslingen. Die Abtretung und die Rangänderung sind am 7. Juli 1981 im Grundbuch eingetragen. Für den abgetretenen Betrag ist ein Teilhypothekenbrief hergestellt.

Schönberg, den 9. Juli 1981

Amtsgericht

(Siegel oder Stempel)

(Unterschriften)

34 Aus *Meikel* GBO 2861 = GBV Anlage 3 (zu § 52 I).

aa) Brief- und Buchhypothek (G)

11 Gesetzlich vorgesehener Regelfall der Hypothek ist die Briefhypothek (§ 1116 I BGB), bei der das Recht des Gläubigers in einem echten Wertpapier[35] verbrieft wird. Allerdings entspricht dieses Bild kaum mehr der Praxis, in der die Brieferteilung überwiegend gem. § 1116 II 1 BGB ausgeschlossen wird (Buchhypothek).[36]

bb) Verkehrs- und Sicherungshypothek (G)

12 Ebenfalls in einem Regel-Ausnahme-Verhältnis zueinander stehen die *Verkehrs-* und die *Sicherungshypothek* (§ 1184 I BGB). Dabei wird allerdings die Verkehrshypothek als die für die Praxis gedachte Regelform im BGB nicht ausdrücklich genannt.[37] Sicherungshypotheken sind stets Buchhypotheken. Verkehrshypotheken können beides sein, sind im Zweifel aber Briefhypotheken.[38] Der Unterschied beider Formen liegt im Grad der Akzessorietät.

- Die zum Umlauf bestimmte *Verkehrshypothek* unterliegt Einschränkungen der Akzessorietät, die zu einer gewissen Selbstständigkeit des dinglichen Rechts gegenüber der Forderung führen.[39] So kann sich der Gläubiger der Verkehrshypothek bei Geltendmachung der Hypothek sowohl auf das Bestehen als auch auf die eingetragene Höhe der Forderung berufen, es sei denn, die Unrichtigkeit der Eintragung ergibt sich aus dem Brief.[40] Einwendungen des alten Gläubigers, dh des Schuldners aus dem Rechtsverhältnis mit dem früheren Gläubiger, gegen die Forderung können dem Erwerber nicht entgegengehalten werden (§§ 1138 Alt. 1, 1140, 1156 BGB).[41]
- Dagegen folgt aus § 1184 BGB für die *Sicherungshypothek* ein strengerer Akzessorietätsmaßstab:[42] Das Recht des Gläubigers bestimmt sich allein nach der Forderung. Die Grundbucheintragung hat weder für den Bestand noch für die Höhe der Forderung Beweisfunktion. Auch bezieht sich der öffentliche Glaube des Grundbuchs (§ 891 BGB) nicht auf die Forderung.[43] Einwendungen aus dem alten Schuldverhältnis muss der neue Gläubiger nach §§ 406 ff. BGB hinnehmen.[44] Gesetzliche Unterfälle der Sicherungshypothek sind die *Höchstbetragshypothek* (§ 1190 I 1, III BGB)[45] und die *Wertpapierhypothek* (§§ 1187–1189 BGB).[46]

35 → § 15 Rn. 3 (Fn. 13).
36 Staudinger/*Wolfsteiner* (2015) Einl zu §§ 1113 ff. Rn. 42.
37 Die Sicherungshypothek ist der Grundtyp der Hypothek, Staudinger/*Wolfsteiner* (2015) Vorbem zu §§ 1113 ff. Rn. 11.
38 Weil die Erteilung des Hypothekenbriefs ausdrücklich ausgeschlossen werden müsste, Soergel/*Konzen* § 1116 Rn. 1; *Büdenbender* JuS 1996, 665 (666).
39 MüKoBGB/*Eickmann* § 1113 Rn. 81; jurisPK-BGB/*Reischl* § 1113 Rn. 45.
40 Staudinger/*Wolfsteiner* (2009) Vorbem zu §§ 1113 ff. Rn. 12.
41 → § 15 Rn. 54 ff.
42 MüKoBGB/*Eickmann* § 1113 Rn. 83; Soergel/*Konzen* § 1184 Rn. 1.
43 Staudinger/*Wolfsteiner* (2015) Vorbem zu §§ 1113 ff. Rn. 12, § 1185 Rn. 7.
44 Staudinger/*Wolfsteiner* (2015) Vorbem zu §§ 1113 ff. Rn. 12; *Wilhelm* SachenR Rn. 1706.
45 Vgl. dazu – neben den Kommentierungen zu § 1190 BGB – *Wilhelm* SachenR Rn. 1709 ff.
46 Staudinger/*Wolfsteiner* (2015) § 1187 Rn. 7 f.; zB für Inhaber- und Orderpapiere, Inhaberschuldverschreibungen.

cc) Einzel- und Gesamthypothek; Fremd- und Eigentümerhypothek (G)

Zu unterscheiden sind darüber hinaus die *Einzel-* und die *Gesamthypothek* (§ 1132 I 1 BGB), die sich durch die Zahl der haftenden Grundstücke unterscheiden,[47] sowie die *Fremd-* und die *Eigentümerhypothek* (§ 1163 I BGB), bei denen es auf die rechtliche Zuordnung, dh die Person des Berechtigten, ankommt. Steht eine Hypothek dem Eigentümer des belasteten Grundstücks zu, so entsteht gem. § 1177 BGB im Regelfall eine Eigentümergrundschuld, die grundschuldrechtlichen Regelungen unterworfen ist.[48] 13

dd) Tilgungs- und Einheitshypothek (V)

Sonderformen aufgrund rechtsgeschäftlicher Gestaltung sind die Tilgungs- und die Einheitshypothek: Bei der *Tilgungshypothek*[49] sind gleich bleibende Zins- und Tilgungsbeträge in einem bestimmten Prozentsatz des gewährten Kapitals zu leisten, dh die gesicherte Forderung wird sukzessive reduziert mit der hypothekenrechtlichen Folge teilweiser Umwandlung der Fremdhypothek in eine Eigentümerhypothek bzw. in eine Eigentümergrundschuld (§ 1177 BGB).[50] Die Tilgungshypothek dient insbesondere der Sicherung von Bauvorhaben. Die *Einheitshypothek* fasst zur Vereinfachung der Grundbuchführung im Rang gleichstehende oder räumlich aufeinanderfolgende Hypotheken desselben Gläubigers am selben Grundstück zusammen.[51] 14

b) Kraft Gesetzes entstehende Hypothekenformen (V)

Hypotheken müssen nicht rechtsgeschäftlich bestellt werden. Sie können auch kraft Gesetzes entstehen, zB als Ergebnis von Zwangsvollstreckungsverfahren, wie die Zwangs[52]- und Arresthypothek nach §§ 868 ff., 932 ZPO.[53] Weitere Beispiele sind landesrechtliche Sicherungshypotheken für Fiskus, Körperschaften, Anstalten oder Stiftungen (Art. 91 EGBGB), der Erwerb kraft Surrogation nach § 1287 S. 2 BGB, § 848 II 2 ZPO bzw. nach §§ 118, 128, 130, 145 ZVG.[54] Alle kraft Gesetzes entstehenden Hypotheken sind Sicherungshypotheken, weil sie für den Eigentümer, der ohne seinen Willen belastet wird, die günstigste Form der Belastung sind.[55] 15

Sicherungshypothek ist auch die sog. *Sicherungshypothek des Bauunternehmers* (§ 648 BGB). Diese Vorschrift, die die gleiche Funktion wie das gesetzliche Pfandrecht des § 647 BGB bei Mobilien hat,[56] begründet aber nicht selbst eine Hypothek,

47 Soergel/*Konzen* § 1132 Rn. 1, 12; jurisPK-BGB/*Reischl* § 1113 Rn. 50. Vgl. zur Gesamthypothek RGZ 146, 363; BGHZ 144, 138; BGH NJW 2009, 847; ferner *Baur/Stürner* SachenR § 43.

48 *Büdenbender* JuS 1996, 665 (666); *Preuß* Jura 2002, 548 (550). Vgl. iE → § 15 Rn. 58 ff.

49 Diese ist nicht gesetzlich geregelt, lässt sich aber nach Staudinger/*Wolfsteiner* (2009) Vorbem zu §§ 1113 ff. Rn. 19 ff. und *Büdenbender* JuS 1996, 665 (666) bestehenden sachenrechtlichen Regelungen (numerus clausus) zuordnen. Vgl. auch Bamberger/Roth/*Rohe* § 1113 Rn. 27 ff.

50 Staudinger/*Wolfsteiner* (2015) Vorbem zu §§ 1113 ff. Rn. 21; *Büdenbender* JuS 1996, 665 (666).

51 Einzelheiten bei Palandt/*Bassenge* § 1113 Rn. 29.

52 Dazu Übungsklausur von *Marburger/F. Werner* Jura 1999, 300.

53 Zu ihnen NK-BGB/*Zimmer* § 1113 Rn. 9 ff.

54 Bis 31.12.1998 war nach der Regelung des § 93 II VerglO die Sicherung der Erfüllung eines Vergleichs durch eine Sicherungshypothek vorgesehen. In der seit 1.1.1999 anzuwendenden InsO fehlt eine entsprechende Vorschrift.

55 *Westermann/Gursky/Eickmann* SachenR § 108 Rn. 1, 12.

56 Siehe nur *K. Schmidt* JuS 2002, 161; Staudinger/*Peters/Jacoby* (2013) § 648 Rn. 1.

sondern gibt dem Werkunternehmer einen Anspruch gegen seinen Vertragspartner, ihm auf dessen[57] Grundstück eine Hypothek zu bestellen.[58] Die Entstehung eines Immobiliarpfandrechts kraft Gesetzes würde dem Publizitätsprinzip widersprechen, zumal die Höhe offener Werklohnforderungen nicht abschätzbar ist.[59]

3. Haftungsverband der Hypothek

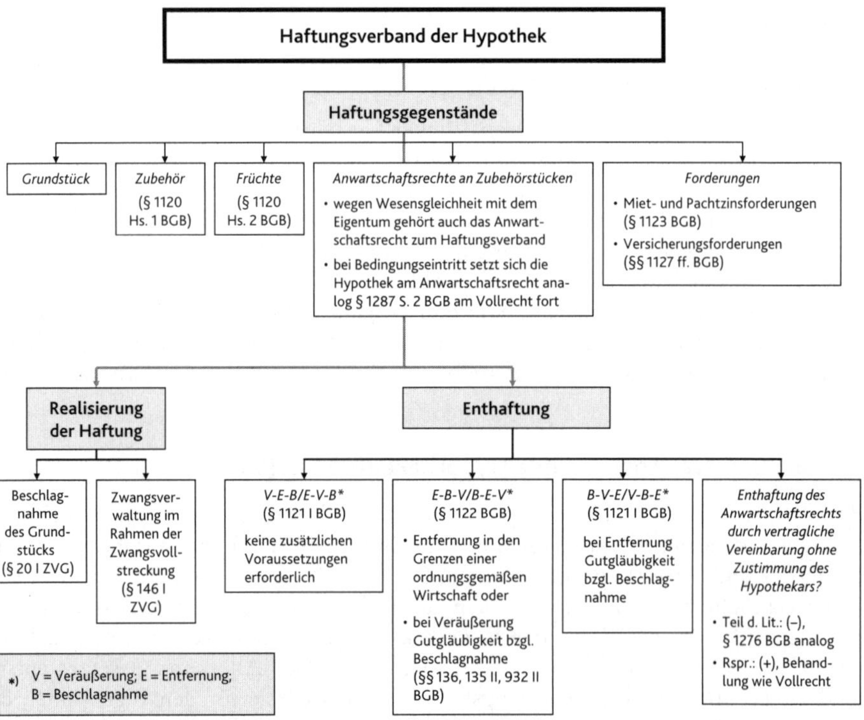

a) Haftungsumfang der Hypothek (G)

16 In erster Linie haften für die Hypothek das *Grundstück* sowie die von dem Grundstück getrennten *Erzeugnisse* (Früchte) und sonstigen Bestandteile, soweit sie nicht nach §§ 954–957 BGB in das Eigentum eines vom Eigentümer verschiedenen Dritten oder des Eigenbesitzers gelangt sind (§ 1120 Hs. 1 BGB). Daneben gehört auch das *Zubehör* zur Haftungsmasse, wenn es im Eigentum des Grundstückseigentümers steht (§ 1120 Hs. 2 BGB), sowie insbesondere *Miet- und Pachtzinsforderungen* (§ 1123 BGB) und *Versicherungsforderungen* (§§ 1127 ff. BGB).[60]

57 Vgl. zum Erfordernis der Identität von Besteller und Eigentümer und den möglichen Ausnahmen, wenn der Eigentümer die Ergebnisse der Werkleistung finanziell für sich nutzen kann BGHZ 102, 95 (97, 102 f.); Staudinger/*Peters/Jacoby* (2013) § 648 Rn. 23 ff.

58 Einen entsprechenden Anspruch gewährt Art. 6 AGBGB dem Brauer gegen den Wirt.

59 Vgl. Staudinger/*Peters/Jacoby* (2013) § 648 Rn. 4.

60 Überblick zum Hypothekenhaftungsverband bei *Schreiber* Jura 2006, 597 ff.; zu den Rechtsfolgen bei Zwangsversteigerung des Grundstücks → § 6 Rn. 34; zur Erstreckung des § 1127 BGB auf Schadensersatzforderungen BGH NJW 2006, 771 (772).

b) Realisierung der Haftung durch Beschlagnahme (V)

Der Eigentümer des belasteten Grundstücks darf frei über die im Hypothekenverband haftenden Gegenstände verfügen, weshalb die Haftung als *potentiell* bezeichnet wird.[61] Erst die Beschlagnahme (Anordnung der Zwangsversteigerung) des Grundstücks oder die Zwangsverwaltung im Rahmen der Zwangsvollstreckung[62] realisiert die Haftung der genannten Gegenstände (§§ 20 I bzw. 146 I ZVG). 17

c) Möglichkeiten der Enthaftung (§§ 1121, 1122 BGB) (V)

Die mit der Beschlagnahme für die Hypothek haftenden Gegenstände werden entweder durch *Veräußerung und dauerhafte*[63] *Entfernung* vom Grundstück von der Haftung »frei« (sog. Enthaftung, § 1121 BGB) oder *durch Trennung* vom Grundstück, wenn diese innerhalb der Grenzen einer ordnungsgemäßen Wirtschaft erfolgt (§ 1122 BGB).[64] 18

d) Enthaftung durch Veräußerung und dauerhafte Entfernung (§ 1121 BGB)

aa) Grundsatz: Enthaftung bei Veräußerung und Entfernung vor Beschlagnahme (V)

Für die Enthaftung kommt es entscheidend auf den *Zeitpunkt von Veräußerung* (V) und *Entfernung* (E) *bzw. Trennung vom Grundstück* an: Grundsätzlich müssen alle diese Vorgänge vor der Beschlagnahme (B) stattgefunden haben (§ 1121 I BGB), da die Beschlagnahme ein relatives Veräußerungsverbot iSv §§ 136, 135 BGB bewirkt. 19

Merkhilfe: V-E-B oder E-V-B.

Allerdings ist ausnahmsweise auch eine Enthaftung in anderer Reihenfolge möglich:

bb) Veräußerung als letzte Handlung (E)

Bei *Entfernung und Beschlagnahme* jeweils *vor späterer Veräußerung* (E-B-V oder B-E-V) kann eine Enthaftung entweder nach § 1122 BGB eintreten, wenn die Entfernung in den Grenzen einer ordnungsgemäßen Wirtschaft erfolgt. 20

Ansonsten kann der Dritte nur gutgläubig lastenfreies Eigentum gem. §§ 136, 135 II, 932 II BGB erwerben. Der gute Glaube muss sich dabei nur auf die Beschlagnahme, nicht auch auf die Hypothek beziehen. Entscheidender Zeitpunkt ist der der Veräußerung.[65]

Wegen § 23 II ZVG wird aber Gutgläubigkeit iSv § 1121 II 2 BGB nur ausnahmsweise vorliegen. Als bösgläubig gilt nicht nur, wer den Versteigerungsantrag kennt

61 Jauernig/*Berger* Anm. zu den §§ 1120–1122 Rn. 2; *Baur/Stürner* SachenR § 39 Rn. 5; auch jurisPK-BGB/*Reischl* § 1120 Rn. 3.
62 Diese stellen relative Veräußerungsverbote iSd §§ 136, 135 BGB dar; vgl. Staudinger/*Wolfsteiner* (2015) § 1121 Rn. 3 mwN.
63 Soergel/*Konzen* § 1121 Rn. 6; *Zimmermann*, Die Haftung des Grundstückszubehörs für die Grundpfandrechte, 2001, 85.
64 Vgl. zum Ganzen *Zimmermann*, Die Haftung des Grundstückszubehörs für die Grundpfandrechte, 2001, insbes. S. 94 ff.
65 Soergel/*Konzen* § 1121 Rn. 4; Staudinger/*Wolfsteiner* (2015) § 1121 Rn. 18 ff.

oder ihn grob fahrlässig nicht kennt, sondern ab der Eintragung des Versteigerungsvermerks im Grundbuch jedermann auch hinsichtlich der Zubehörstücke.

cc) Entfernung als letzte Handlung (E)

21 Werden die Sachen *jeweils nach Beschlagnahme und Veräußerung* vom Grundstück *entfernt* (B-V-E oder V-B-E), tritt Enthaftung ein, wenn der Erwerber im Zeitpunkt des Entfernens hinsichtlich der Beschlagnahme gutgläubig war (§ 1121 II 2 BGB). § 1121 II 2 BGB modifiziert also den Gutglaubenszeitpunkt nach § 135 II BGB[66] und verdrängt damit die allgemeine Regelung des § 936 BGB.[67]

Da sich § 135 II BGB nur auf die Kenntnis vom Veräußerungsverbot bezieht,[68] wird außerdem nur der gute Glaube in Bezug auf die Beschlagnahme geschützt. Der Erwerber kann sich nicht darauf berufen, von der Hypothekenhaftung nichts gewusst zu haben (§ 1121 II 1 BGB) oder irrig angenommen zu haben, der Gegenstand gehöre nicht zum Haftungsverband.[69]

e) Haftung des Anwartschaftsrechts (V)

22 Nach allgemeiner Auffassung[70] fällt auch das Anwartschaftsrecht an Zubehörstücken aufgrund der Wesensgleichheit mit dem Eigentum und seiner selbstständigen Übertragbarkeit in den Haftungsverband der Hypothek. Mit Bedingungseintritt verwandelt sich die Hypothek am Anwartschaftsrecht in eine Hypothek an der Sache.[71] Dasselbe gilt für den Haftungsverband der Grundschuld (§ 1192 I BGB).[72]

f) Enthaftung des Anwartschaftsrechts durch vertragliche Aufhebung (E)

23 Umstritten ist, ob das Anwartschaftsrecht neben der Enthaftung nach §§ 1121, 1122 BGB auch durch vertragliche Aufhebung zwischen Veräußerer und Grundstückseigentümer, also ohne Beteiligung des Hypothekengläubigers, vom Haftungsverband frei wird. Immerhin wird durch die Aufhebung der Anwartschaft das Grundpfandrecht nachträglich beeinträchtigt. Wie bei der Aufhebung des Pfandrechts könnte daher die Zustimmung des Hypothekengläubigers erforderlich sein.

---

66 Die Notwendigkeit einer ausdrücklichen Regelung ergibt sich daraus, dass die Entfernung als tatsächliche Loslösung keine Verfügung darstellt und die §§ 136, 135 II BGB daher keine Anwendung finden; vgl. Staudinger/*Wolfsteiner* (2015) § 1121 Rn. 21; jurisPK-BGB/*Reischl* § 1121 Rn. 20.

67 Vgl. *Zimmermann*, Die Haftung des Grundstückszubehörs für die Grundpfandrechte, 2001, 70 ff. mwN zum Meinungsstand.

68 RGZ 90, 335 (338); Erman/*Wenzel* § 1121 Rn. 6.

69 MüKoBGB/*Eickmann* § 1121 Rn. 33; Soergel/*Konzen* § 1121 Rn. 4; Erman/*Wenzel* § 1121 Rn. 6; aA Palandt/*Bassenge* § 1121 Rn. 6; *Wolff/Raiser* SachenR § 135 II 1; *Plander* JuS 1975, 345 (350).

70 BGHZ 35, 85 (89, 93); BGH NJW 1970, 2112 (2115); MüKoBGB/*Eickmann* § 1120 Rn. 38; Soergel/*Konzen* § 1120 Rn. 7; Staudinger/*Wolfsteiner* (2015) § 1120 Rn. 38; Erman/*Wenzel* § 1120 Rn. 9; *Baur/Stürner* SachenR § 39 Rn. 36–38; *Westermann/Gursky/Eickmann* SachenR § 96 Rn. 6; ausführlich *Zimmermann*, Die Haftung des Grundstückszubehörs für die Grundpfandrechte, 2001, 24 ff.

71 BGHZ 35, 85 (93); Soergel/*Konzen* § 1120 Rn. 5; jurisPK-BGB/*Reischl* § 1120 Rn. 36.

72 → § 11 Rn. 60.

Nach einer Ansicht[73] soll die Enthaftung auch ohne Zustimmung des Hypothekengläubigers möglich sein: Da der Hypothekengläubiger jederzeit mit einer Enthaftung nach § 1121 I BGB rechnen müsse, könne das Anwartschaftsrecht durch vertragliche Aufhebung ohne Zustimmung des Hypothekengläubigers dem Haftungsverband der Hypothek entfallen.

Einer anderen Auffassung[74] zufolge muss der Hypothekengläubiger der Aufhebung des Anwartschaftsrechts – wie der Pfandgläubiger der Aufhebung eines verpfändeten Rechts – zustimmen (§ 1276 I 1 BGB analog). Verbleibt die Sache auf dem Grundstück und stimmt der Hypothekengläubiger der Aufhebung nicht zu, so soll also das Anwartschaftsrecht weiter haften.

Eine dritte Ansicht[75] argumentiert mit der konsequenten Anwendung der §§ 1120 ff. BGB auf das Anwartschaftsrecht: Richte sich die Haftung des Anwartschaftsrechts nach diesen Vorschriften, so müsse desgleichen für die Enthaftung gelten. Das Anwartschaftsrecht sei kein Recht iSd § 1276 I 1 BGB,[76] vielmehr sei der Verzicht auf die Anwartschaft Veräußerung iSd § 1121 BGB. Es dürfe für § 1121 BGB keinen Unterschied machen, ob der Käufer sein Anwartschaftsrecht auf einen Dritten übertrage oder ob er es auf den Verkäufer zurückfallen lasse.[77]

Im Ergebnis stimmen also die beiden letztgenannten Meinungen darin überein, dass sie eine vertragliche Aufhebung zwischen Veräußerer und Grundstückseigentümer nicht zulassen.

4. Bestellung der Hypothek (Ersterwerb)

Fallbeispiel: »Die aufgespaltene Hypothek«[78]

a) Voraussetzungen des rechtsgeschäftlichen Ersterwerbs einer Hypothek (G)

Beim rechtsgeschäftlichen Ersterwerb einer Hypothek ist danach zu unterscheiden, 24
ob es sich um eine Brief- oder um eine Buchhypothek handelt. Bei einer Buchhypothek[79] ist die Einigung über den Ausschluss des Hypothekenbriefs und die Eintragung des Ausschlusses in das Grundbuch erforderlich (§§ 1116 II 3, 873 I BGB).[80]

73 BGHZ 92, 280 (290); *Medicus/Petersen* BürgerlR Rn. 484.

74 Soergel/*Konzen* § 1120 Rn. 5; Palandt/*Bassenge* § 1276 Rn. 5; *Baur/Stürner* SachenR § 59 Rn. 37; *Kolhosser* JZ 1985, 370 (372); *Reinicke* JuS 1986, 957; *Marotzke* AcP 186 (1986), 490.

75 MüKoBGB/*Eickmann* § 1120 Rn. 39; Staudinger/*Wolfsteiner* (2015) § 1120 Rn. 39; jurisPK-BGB/*Reischl* § 1120 Rn. 37; *Wilhelm* SachenR Rn. 1563; *ders.* NJW 1987, 1785 mwN; *Tiedtke* NJW 1988, 28 (anders noch *ders.* NJW 1985, 1305).

76 MüKoBGB/*Eickmann* § 1120 Rn. 39.

77 *Wilhelm* SachenR Rn. 1563.

78 *Vieweg/Röthel* Fälle SachenR Fall 35.

79 Eintragungsformel »Hypothek ohne Brief« oder »Buchhypothek«, Soergel/*Konzen* § 1116 Rn. 5; *Baur/Stürner* SachenR § 37 Rn. 38.

80 Dazu RGZ 108, 146 (148); BGH WM 1963, 217 (218).

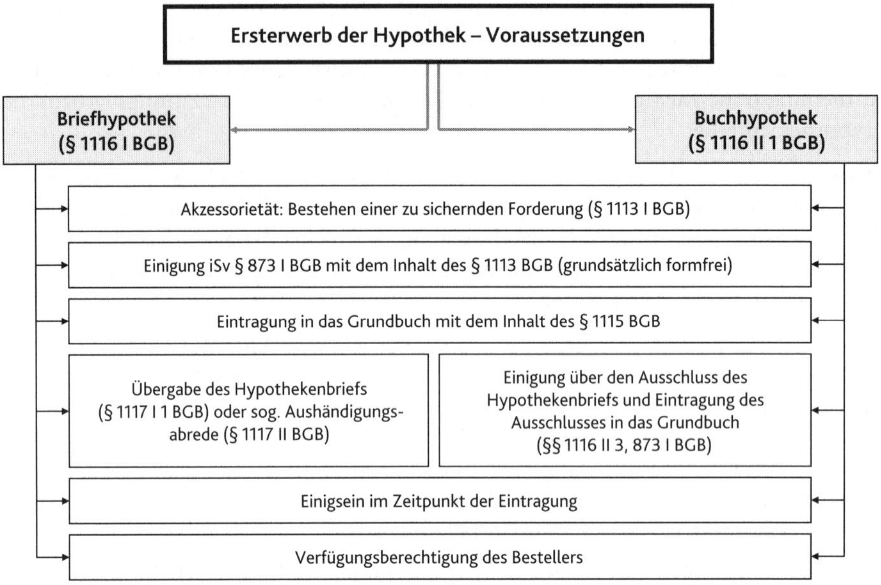

b) Unterschiede des Erwerbs von Brief- und Buchhypothek (V)

25 Bei der Buchhypothek fallen Entstehung und Erwerb des dinglichen Rechts durch den Gläubiger zeitlich zusammen (Einigung und Eintragung), während die Briefhypothek durch Einigung und Eintragung zunächst als Eigentümergrundpfandrecht entsteht und erst die Übergabe des Hypothekenbriefs den Rechtserwerb des Gläubigers bewirkt.[81] Eine Buchhypothek kann auch nachträglich bestellt werden, dh die Briefausschließung erfolgt dann im Nachhinein (§ 1116 II 2 BGB); umgekehrt kann eine Buchhypothek später in eine Briefhypothek umgewandelt werden (§ 1116 III BGB).[82] Sind am Briefrecht in der Zwischenzeit Rechte Dritter entstanden, ist deren Zustimmung zur Umwandlung erforderlich (§ 876 BGB).[83]

c) Unwirksame Einigung über Bestellung einer Hypothek – Entstehen einer Eigentümergrundschuld? (E)

26 Grundstückseigentümer und Hypothekengläubiger müssen sich über die Bestellung einer Hypothek an einem Grundstück einigen (§§ 1113 I, 873 I BGB). Scheitert die Einigung in der Person eines der Beteiligten, so entsteht keine Hypothek. Bestehen die Mängel, die zur Rechtsunwirksamkeit der Einigung führen, allein beim Gläubiger (zB Geschäftsunfähigkeit, Anfechtung), liegt seitens des Eigentümers also eine wirksame Erklärung vor und ist das Recht eingetragen worden, so könnte statt der Fremdhypothek eine *Eigentümergrundschuld* bestellt worden sein. Diese setzt nur die einseitige Erklärung des Eigentümers gegenüber dem Grundbuchamt voraus (§ 1196 II BGB). Die Entstehung entspräche den wirtschaftlichen Interessen des Eigentümers, weil die Eigentümergrundschuld eine Rangstelle besetzt (Rangsiche-

81 MüKoBGB/*Eickmann* § 1117 Rn. 5.
82 Bamberger/Roth/*Rohe* § 1116 Rn. 7 f.
83 MüKoBGB/*Eickmann* § 1116 Rn. 33.

rung zugunsten des Eigentümers).[84] Allerdings ist fraglich, ob die Erklärung des Eigentümers – gerichtet auf die Bestellung einer Hypothek – die Voraussetzungen der Bestellung einer Eigentümergrundschuld erfüllt. Bedenken bestehen zum einen hinsichtlich des Inhalts, zum anderen bezüglich des richtigen Adressaten. Die Frage ist umstritten.

Nach einem Teil der Literatur[85] rechtfertigt sich die Entstehung einer Eigentümergrundschuld aus der grundsätzlichen Entscheidung des Gesetzgebers, bei Bestellungsmängeln iSd § 1163 BGB und ähnlichen Fällen (zB Verzicht gem. § 1168 BGB) das Entstehen einer Eigentümergrundschuld anzuordnen: Sei die der Hypothek zugrundeliegende Forderung noch nicht entstanden oder die Bedingung noch nicht eingetreten, so stehe die Hypothek dem Eigentümer als Eigentümerhypothek bzw. Eigentümergrundschuld (§§ 1163 I 1, 1177 I 1 BGB) mit der Folge der Rangwahrung zu. Gleiches gelte bei der Briefhypothek bis zur Übergabe des Briefs an den Gläubiger (§ 1163 II BGB). § 1163 BGB sei wegen der vergleichbaren Interessenlage auf die fehlgeschlagene Fremdrechtsbestellung entsprechend anzuwenden:[86] Ein Aufrücken der Nachhypothekare sei hier ebenso ungerechtfertigt wie beim Fehlen der Forderung.[87]

Die Entstehung der Eigentümergrundschuld scheitere auch nicht daran, dass die Eintragung gem. § 1196 BGB auf den Namen des Eigentümers lauten müsse. Die Eintragung auf dessen Namen sei für die Begründung eines Eigentümergrundpfandrechts nicht entscheidend, wie § 1163 I 1, II BGB zeige.[88]

Die Rechtsprechung[89] und ein anderer Teil der Literatur[90] berufen sich darauf, dass die Umdeutung gem. § 140 BGB nach der Willenserklärung des Eigentümers zwar grundsätzlich denkbar sei, diese aber zum einen die Nichtigkeit des Rechtsgeschäfts voraussetze, an der es bei fehlgeschlagener Fremdrechtsbestellung fehle.[91] Zum anderen könne die auf Entstehung eines Fremdrechts gerichtete Willenserklärung des Gläubigers nach den allgemeinen Grundsätzen für Willenserklärungen nicht in eine Willenserklärung auf Entstehung einer Eigentümergrundschuld umgedeutet wer-

84 MüKoBGB/*Eickmann* § 1196 Rn. 4; Erman/*Wenzel* § 1163 Rn. 6; Jauernig/*Berger* § 1113 Rn. 16; *Westermann/Gursky/Eickmann* SachenR § 118 Rn. 5. Der Vorteil liegt darin, einem späteren Kreditgeber einen guten Rang und damit eine erhöhte Sicherheit bieten zu können. Nicht selten wirkt sich das auf die Konditionen des Kredits aus.

85 Soergel/*Konzen* § 1163 Rn. 7: Wegen des auf Bestellung einer Fremdhypothek gerichteten Geschäftswillens könne nur eine verdeckte Eigentümergrundschuld entstehen; Staudinger/*Wolfsteiner* (2015) § 1196 Rn. 6; *Baur/Stürner* SachenR § 36 Rn. 108; *Wolff/Raiser* SachenR § 145 I 3; vgl. auch *Wilhelm* SachenR Rn. 1590. Das ältere Schrifttum gelangte über eine entsprechende Umdeutung der Willenserklärung des Eigentümers zu demselben Ergebnis. Vgl. *Fuchs* Vorbem 5 zu § 1163; *Heck* SachenR § 84 I; *Schreiber*, Schuld und Haftung, Bd. 1 (1914), 335; *Wieacker* § 25 III 3. Nach *Wolff/Raiser* SachenR § 145 I 3 bedarf es dessen bei der hier vorgestellten Lösung allerdings nicht.

86 Soergel/*Konzen* § 1163 Rn. 7; Staudinger/*Wolfsteiner* (2015) § 1196 Rn. 6; *Baur/Stürner* SachenR § 36 Rn. 108.

87 Soergel/*Konzen* § 1163 Rn. 7; *Baur/Stürner* SachenR § 36 Rn. 108.

88 Staudinger/*Wolfsteiner* (2015) § 1196 Rn. 7; *Wolff/Raiser* SachenR § 145 I 3.

89 RGZ 52, 111 (115); 68, 97 (101); 106, 136 (139).

90 MüKoBGB/*Eickmann* § 1196 Rn. 4 f.; Erman/*Wenzel* § 1163 Rn. 6 § 1196 Rn. 2; Palandt/*Bassenge* § 1113 Rn. 7; *Prütting* SachenR Rn. 710; *Westermann/Gursky/Eickmann* SachenR § 118 Rn. 5; anerkennend auch Jauernig/*Berger* § 1113 Rn. 16.

91 »Entspricht ein nichtiges Rechtsgeschäft den Erfordernissen eines anderen …«; Jauernig/*Berger* § 1113 Rn. 16; *Westermann/Gursky/Eickmann* SachenR § 118 Rn. 5.

den.[92] Das Eigentümerrecht sei gegenüber einem Fremdrecht kein Minus, sondern ein aliud und damit nicht in der Erklärung enthalten.[93] Selbst bei Anerkennung der Möglichkeit einer Umdeutung fehle darüber hinaus der Zugang der Willenserklärung beim Grundbuchamt. Die Einigung werde diesem nie vorgelegt. Die dem Grundbuchamt dann eingereichte Eintragungsbewilligung (§ 19 GBO) des Eigentümers sei lediglich eine rein formelle Erklärung und könne die materiell-rechtliche Erklärung nicht ersetzen.[94]

d) Sicherung von Bereicherungs- oder Rückgewähransprüchen durch die Hypothek? (E)

27 Grundsätzlich sichert die Hypothek vertragliche Forderungen. Ist aber der Vertrag – etwa mangels Geschäftsfähigkeit – unwirksam, und sind deswegen Bereicherungs- oder Rückgewähransprüche entstanden, so fragt sich, ob die Hypothek auch diese gesetzlich begründeten Forderungen sichert.[95]

Teilweise wird in der Literatur vertreten,[96] auch Bereicherungs- und Rückgewähransprüche könnten idR durch die Hypothek gesichert werden, weil sie lediglich einen Ersatz für die nicht wirksam zustande gekommene Forderung darstellten.[97] Der Parteiwille sei im Rahmen der Einigung oder der Bewilligung auf eine ersatzweise Sicherung des Bereicherungsanspruchs anstatt des ursprünglichen Anspruchs gerichtet.[98] Nicht der Rechtsgrund soll demnach entscheiden, sondern der auf eine bestimmte tatsächliche Leistung gerichtete Anspruch.[99]

Nach aA[100] kann ein solcher Parteiwille dagegen nicht einfach unterstellt werden. Einigung oder Bewilligungserklärung müssten in dieser Hinsicht einen hinreichenden Anhaltspunkt bieten.[101] Der Schuldner-Eigentümer werde bei Unwirksamkeit der Forderung wegen der möglicherweise unterschiedlichen Fälligkeit der Ersatzforde-

92 Daran scheitert auch die – vorrangige – Auslegung. Vom Empfängerhorizont (Grundbuchamt) kann nicht von der Bestellung einer Eigentümergrundschuld ausgegangen werden; vgl. MüKoBGB/*Eickmann* § 1196 Rn. 5; Jauernig/*Berger* § 1113 Rn. 16; *Westermann/Gursky/Eickmann* SachenR § 118 Rn. 5.

93 MüKoBGB/*Eickmann* § 1196 Rn. 4; *Westermann/Gursky/Eickmann* SachenR § 118 Rn. 5.

94 MüKoBGB/*Eickmann* § 1196 Rn. 5.

95 Bei der Höchstbetragshypothek kann der Bereicherungsanspruch unproblematisch als durch die Hypothek gesichert angesehen werden; vgl. OLG Hamburg MDR 1968, 756; Staudinger/*Scherübl*, 12. Aufl. 1980, § 1113 Rn. 36.

96 MüKoBGB/*Eickmann* § 1113 Rn. 72; Soergel/*Konzen* § 1113 Rn. 11; *Baur/Stürner* SachenR § 37 Rn. 48; *Heck* SachenR § 84 II 4; *Rimmelspacher* KreditsicherungsR Rn. 711 ff.; *Westermann/Gursky/Eickmann* SachenR § 94 Rn. 14; *Wilhelm* SachenR Rn. 1588 f.; *Klinkhammer/Rancke* JuS 1973, 665; *Martinek* JuS 1999, L 21.

97 *Heck* SachenR § 84 II 4; ihm folgend *Baur/Stürner* SachenR § 37 Rn. 48; ebenso BGH NJW 1968, 1134 für das Pfandrecht an beweglichen Sachen.

98 MüKoBGB/*Eickmann* § 1113 Rn. 72; Soergel/*Konzen* § 1113 Rn. 11; *Rimmelspacher* KreditsicherungsR Rn. 711 ff. Ebenso BGHZ 36, 89 für das gesetzliche Pfandrecht an beweglichen Sachen (§ 1204 BGB); die Übertragung der dort gewonnenen Feststellungen auf das Hypothekenrecht ist aber wegen des sachenrechtlichen Bestimmtheitsgrundsatzes problematisch; vgl. Staudinger/*Scherübl*, 12. Aufl. 1980, § 1113 Rn. 36.

99 *Rimmelspacher* KreditsicherungsR Rn. 714.

100 RG JW 1911, 653; OLG Hamm JW 1934, 1865; Erman/*Wenzel* § 1163 Rn. 8; Jauernig/*Berger* § 1113 Rn. 8; Palandt/*Bassenge* § 1113 Rn. 9; *Reinicke/Tiedtke* Kreditsicherung Rn. 1063; *Prütting* SachenR Rn. 638; *Wolff/Raiser* SachenR § 132 I 1; *Büdenbender* JuS 1996, 665 (667).

101 Erman/*Wenzel* § 1163 Rn. 8; *Büdenbender* JuS 1996, 665 (667).

rung unbillig beeinträchtigt. Deshalb solle die Hypothek Bereicherungs- oder Rückgabeansprüche prinzipiell nicht sichern. Sei die Bewilligung außerdem gerade für eine bestimmte Hypothekenforderung erteilt worden, so könne sie nicht ohne Aufgabe des Bestimmtheitsgrundsatzes (§ 1115 BGB) ausgelegt werden. Notwendig sei eine Forderungsauswechslung iSd § 1180 BGB.[102]

Während nach der erstgenannten Meinung eine Fremdhypothek entsteht, gelangt nach der Gegenauffassung lediglich eine Eigentümerhypothek bzw. -grundschuld (§§ 1163 I 1, 1177 I 1 BGB) zur Entstehung.[103]

e) Sicherung einer künftigen oder bedingten Forderung (V)

Gem. § 1113 II BGB kann die Hypothek auch für eine künftige oder bedingte Forderung bestellt werden. Hiervon zu unterscheiden ist die Frage der bedingten Bestellung der Hypothek als solcher, die ebenfalls möglich ist. 28

Wird ein bedingter Anspruch gesichert, so entsteht die Hypothek mit Eintritt der Bedingung. Vorher liegt eine *vorläufige Eigentümergrundschuld* vor, die *rangwahrend* wirkt.[104]

Missverständlich ist der Wortlaut des § 1113 II BGB insoweit, als er eine Sicherung künftiger Ansprüche schlechthin zuzulassen scheint. Zu beachten ist aber, dass für einen bloß künftigen Anspruch eine vertragliche Bindung noch nicht vorliegt – es existiert also noch gar kein Anspruch iSv § 194 BGB. Könnte jeder künftige Anspruch gesichert werden, so bestünde die Möglichkeit einer »Vorratssicherung« zur Freihaltung einer Rangstelle. Daher muss § 1113 II BGB teleologisch dahingehend reduziert werden, dass eine Sicherung künftiger Ansprüche nur dann möglich ist, wenn der Eigentümer das Zustandekommen des Anspruchs nicht mehr einseitig verhindern kann.[105]

f) Bestimmtheit der Forderung (G)

Die durch die Hypothek gesicherte Forderung muss bestimmt, dh nach Gläubiger und Schuldner, einer bestimmten Geldsumme sowie dem Schuldgrund identifizierbar sein.[106] Im Einzelnen sind die Anforderungen an die Bestimmtheit unterschiedlich: Bei der Sicherungshypothek sind sie niedriger als bei der Verkehrshypothek, bei der der gesamte Forderungstatbestand als Inhalt des Rechts eingetragen werden muss.[107] Sicherbar ist überdies nur eine individuelle Geldforderung.[108] 29

102 Palandt/*Bassenge* § 1113 Rn. 9.

103 *Wolff/Raiser* SachenR § 132 I 1.

104 MüKoBGB/*Eickmann* § 1113 Rn. 52; Staudinger/*Wolfsteiner* (2015) § 1113 Rn. 35 ff.; anders *Wilhelm* SachenR Rn. 1448 ff.: »Hypothek für künftige Forderung«.

105 MüKoBGB/*Eickmann* § 1113 Rn. 49 f.; Soergel/*Konzen* § 1113 Rn. 15. Vgl. zur Vormerkung → § 14 Rn. 9.

106 BGH NJW 1994, 460 (461); MüKoBGB/*Eickmann* § 1113 Rn. 34; NK-BGB/*Zimmer* § 1113 Rn. 32.

107 Staudinger/*Wolfsteiner* (2015) Einl zu §§ 1113 ff. Rn. 57.

108 Das ergibt sich aus dem Zusammenhang der §§ 1113, 1115 BGB. Die Hypothek kann nur zur Sicherung einer Geldforderung bestellt werden; vgl. Soergel/*Konzen* § 1113 Rn. 10. Es muss sich um eine einzige Forderung handeln. Auch wenn die Forderung ausgewechselt werden kann, kann eine Hypothek niemals zwei Forderungen sichern; vgl. Staudinger/*Wolfsteiner* (2015) § 1113 Rn. 22.

g) Eintragung des Zinssatzes (E)

30 Nach § 1115 I Hs. 1 BGB ist auch der Zinssatz einzutragen. Weil Zinssätze aber Schwankungen unterliegen, werden hierüber häufig schuldrechtliche Absprachen wie Vereinbarung von Zinsrahmen, Zinshöchstsatz oder Gleitzins[109] getroffen, innerhalb deren der festgelegte Zins den sich ändernden Verhältnissen angepasst werden kann. Schwierigkeiten macht die Verdinglichung solcher Abmachungen im Hinblick auf den sachenrechtlichen Bestimmtheitsgrundsatz.[110] Daher müssen für die Zulässigkeit solcher Absprachen objektive Kriterien der Erhöhung oder Ermäßigung des Zinssatzes in der Eintragungsbewilligung angegeben worden sein[111] und es muss der jeweils aktuelle Haftungsumfang des Grundstücks bestimmt werden können. Entgegen der früher hM[112] ist die Angabe eines Höchstzinssatzes infolge der Änderung des § 288 I BGB grundsätzlich entbehrlich geworden.[113] Dies gilt aber nur, sofern sich der variable Zinssatz aus der Bezugnahme auf eine gesetzlich bestimmte Bezugsgröße wie den Basiszins iSv § 247 BGB entnehmen lässt.[114] Anfangs- und Endzeitpunkte der Zinsen müssen – wenn auch nicht ausdrücklich – bestimmt sein; dies ergibt sich bei Kapitalforderungen aus der Laufzeitabhängigkeit der Zinsen.[115]

h) Gutgläubiger Ersterwerb der Hypothek (G)

31 Hypotheken folgen den allgemeinen Grundsätzen des Immobiliarsachenrechts. Damit ist auch für die Hypothek die Möglichkeit gutgläubigen Erwerbs bei fehlender Berechtigung des Bestellers unter den Voraussetzungen des § 892 I BGB gegeben. Neben dem Vorliegen der allgemeinen Voraussetzungen der Bestellung der Hypothek (§§ 873, 1113, 1115, 1117 BGB) müssen die Merkmale des § 892 BGB zur Überwindung der fehlenden Berechtigung des Hypothekenbestellers erfüllt sein:

- Vorliegen eines Rechtsgeschäfts iSe Verkehrsgeschäfts;
- Unrichtigkeit des Grundbuchs;
- Legitimation des Bestellers aus dem Grundbuch, dh er muss als Eigentümer eingetragen sein;
- Gutgläubigkeit des Erwerbers hinsichtlich des Eigentums des Bestellers bei Vollendung des Rechtserwerbs, dh im Zeitpunkt der Erfüllung der letzten Erwerbsvoraussetzung (bzw. nach § 892 II BGB vorverlegt auf den Zeitpunkt des Stellens des Eintragungsantrags bzw. der nach Eintragung erfolgenden Einigung);
- kein Ausschluss durch eingetragenen Widerspruch oder Kenntnis des Erwerbers.

---

109 Gleitender Zinssatz ist die Bindung des Hypothekenzinses an einen anderen, Zinsschwankungen unterworfenen Zinssatz: zB 1% über EZB-Basiszinssatz (vgl. § 247 BGB).

110 *Baur/Stürner* SachenR § 37 Rn. 28.

111 Vgl. BGHZ 35, 22 (25 f.); 111, 324 (327); BGH NJW 1975, 1314 (1315).

112 BGHZ 35, 22 (26); 47, 41 (44); OLG Schleswig ZIP 2003, 250 = DNotZ 2003, 354 f.; *Demharter*, FGPrax 2004, 144 (147) mwN; *ders.* EWiR 2003, 365 f.; *Wilsch* FGPrax 2003, 193 f.; *Wagner* Rpfleger 2004, 668 (669).

113 Vgl. BGH NJW 2006, 1341; LG Schweinfurt RPfleger 2004, 622; LG Konstanz BWNotZ 2002, 11; *Wagner* Rpfleger 2004, 668 (672); *Böhringer* Rpfleger 2004, 623 f.; Staudinger/*Wolfsteiner* (2015) Einl zu §§ 1113 ff. Rn. 61.

114 BGH NJW 2006, 1341 (1342); Palandt/*Bassenge* § 1115 Rn. 10, 12; Staudinger/*Wolfsteiner* (2015) Einl zu §§ 1113 ff. Rn. 62.

115 Soergel/*Konzen* § 1115 Rn. 19; Staudinger/*Wolfsteiner* (2015) Einl zu §§ 1113 ff. Rn. 63.

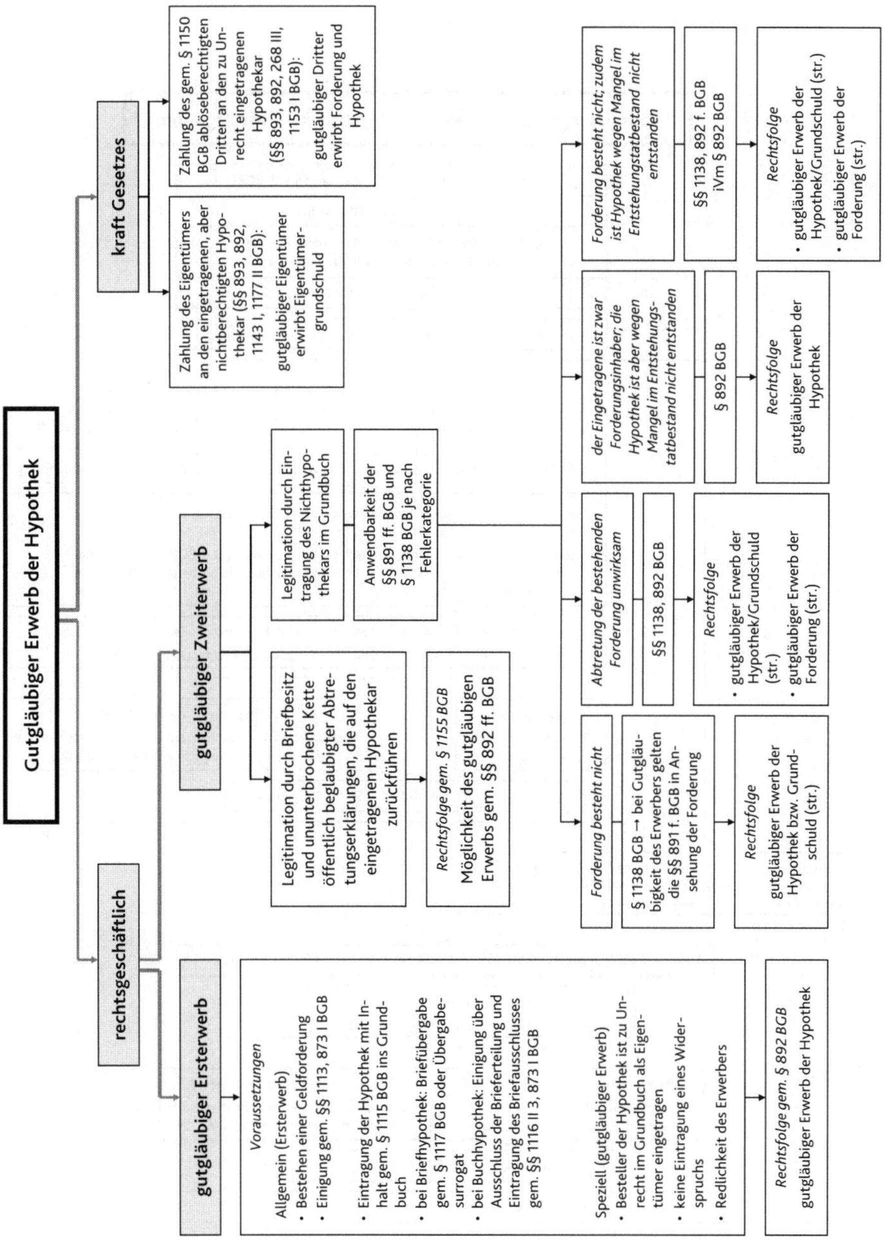

Gutgläubiger Erwerb der Hypothek
rechtsgeschäftlich
kraft Gesetzes
gutgläubiger Ersterwerb
gutgläubiger Zweiterwerb
Voraussetzungen
Allgemein (Ersterwerb)
• Bestehen einer Geldforderung
• Einigung gem. §§ 1113, 873 I BGB
• Eintragung der Hypothek mit Inhalt gem. § 1115 BGB ins Grundbuch
• bei Briefhypothek: Briefübergabe gem. § 1117 BGB oder Übergabesurrogat
• bei Buchhypothek: Einigung über Ausschluss der Brieferteilung und Eintragung des Briefausschlusses gem. §§ 1116 II 3, 873 I BGB
Speziell (gutgläubiger Erwerb)
• Besteller der Hypothek ist zu Unrecht im Grundbuch als Eigentümer eingetragen
• keine Eintragung eines Widerspruchs
• Redlichkeit des Erwerbers
Rechtsfolge gem. § 892 BGB
gutgläubiger Erwerb der Hypothek
Legitimation durch Briefbesitz und ununterbrochene Kette öffentlich beglaubigter Abtretungserklärungen, die auf den eingetragenen Hypothekar zurückführen
Rechtsfolge gem. § 1155 BGB
Möglichkeit des gutgläubigen Erwerbs gem. §§ 892 ff. BGB
Legitimation durch Eintragung des Nichthypothekars im Grundbuch
Anwendbarkeit der §§ 891 ff. BGB und § 1138 BGB je nach Fehlerkategorie
Forderung besteht nicht
§ 1138 BGB → bei Gutgläubigkeit des Erwerbers gelten die §§ 891 f. BGB in Ansehung der Forderung
Rechtsfolge
gutgläubiger Erwerb der Hypothek bzw. Grundschuld (str.)
Abtretung der bestehenden Forderung unwirksam
§§ 1138, 892 BGB
Rechtsfolge
• gutgläubiger Erwerb der Hypothek/Grundschuld (str.)
• gutgläubiger Erwerb der Forderung (str.)
der Eingetragene ist zwar Forderungsinhaber; die Hypothek ist aber wegen Mangel im Entstehungstatbestand nicht entstanden
§ 892 BGB
Rechtsfolge
gutgläubiger Erwerb der Hypothek
Forderung besteht nicht; zudem ist Hypothek wegen Mangel im Entstehungstatbestand nicht entstanden
§§ 1138, 892 f. BGB iVm § 892 BGB
Rechtsfolge
• gutgläubiger Erwerb der Hypothek/Grundschuld (str.)
• gutgläubiger Erwerb der Forderung (str.)
Zahlung des Eigentümers an den eingetragenen, aber nichtberechtigten Hypothekar (§§ 893, 892, 1143 I, 1177 II BGB):
gutgläubiger Eigentümer erwirbt Eigentümergrundschuld
Zahlung des gem. § 1150 BGB ablöseberechtigten Dritten an den zu Unrecht eingetragenen Hypothekar (§§ 893, 892, 268 III, 1153 I BGB):
gutgläubiger Dritter erwirbt Forderung und Hypothek

5. Übertragung der Hypothek (Zweiterwerb)

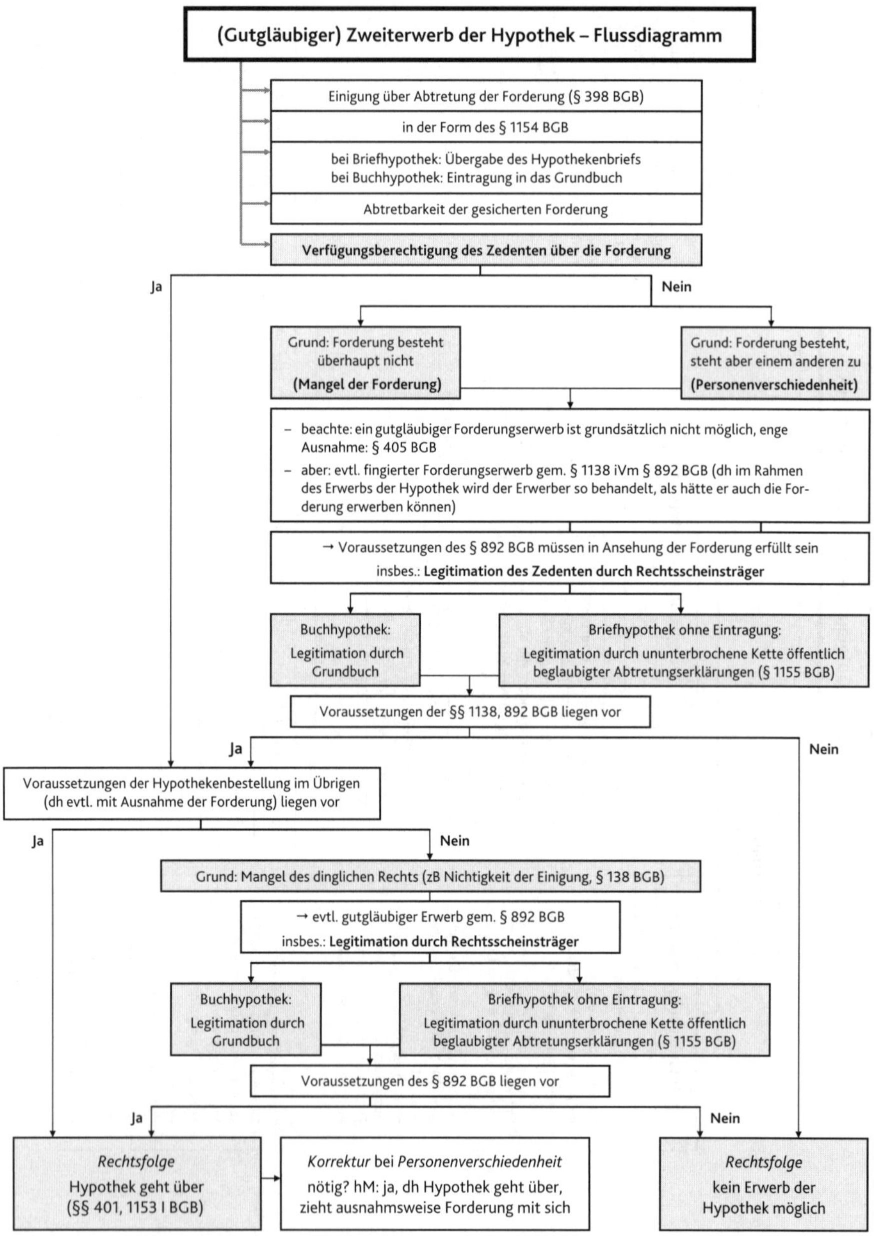

a) Mitlaufgebot der Hypothek (G)

Wegen der Zusammengehörigkeit von Forderung und Hypothek erfolgt die Übertragung der Hypothek vom Berechtigten *durch Übertragung der gesicherten Forderung* (§ 1153 I BGB).[116] Aufgrund ihrer strengen Akzessorietät kann die Hypothek *nicht ohne die Forderung* und die Forderung *nicht ohne die Hypothek* übertragen werden (§ 1153 II BGB), sog. Mitlaufgebot der Hypothek.[117] Daher bedarf es nicht einmal der Erwähnung der Hypothek im Übertragungsakt, da die Hypothek kraft Gesetzes gem. § 401 BGB übergeht.[118] Die Abtretung der Forderung ohne Hypothek ist nichtig.[119] Eine Einigung der Parteien, die Hypothek zu übertragen, ist als Abtretung der gesicherten Forderung mit Folge des Übergangs der Hypothek auszulegen.[120] 32

b) Voraussetzungen des Zweiterwerbs einer Hypothek (G)

Die Voraussetzungen des Zweiterwerbs einer Hypothek unterscheiden sich teilweise danach, ob es sich um eine Briefhypothek oder eine Buchhypothek handelt. 33

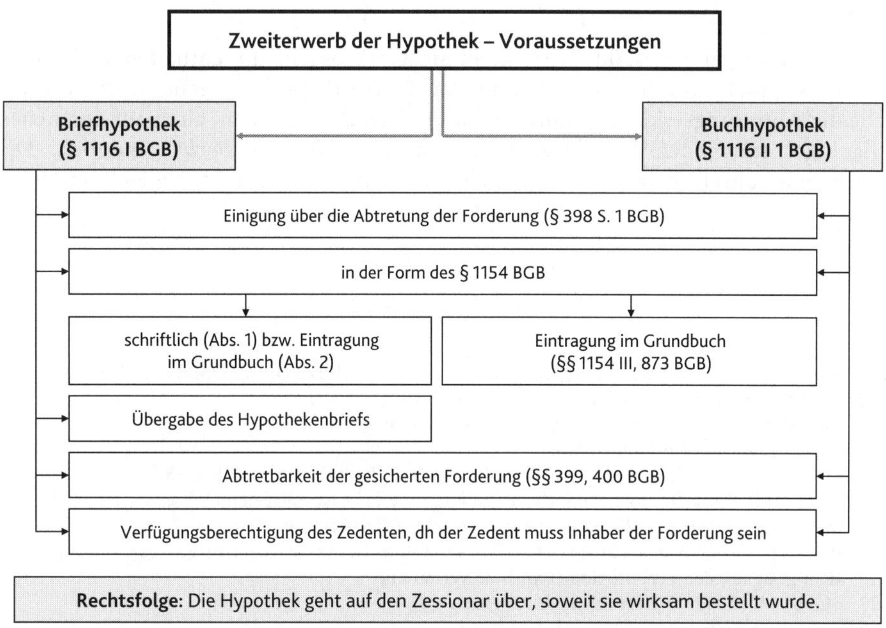

116 Staudinger/*Wolfsteiner* (2015) § 1153 Rn. 8 ff.

117 *Heck* SachenR § 96 Nr. 2: Die Hypothek als Dienerin zwingt dabei der Herrin, der Forderung, ihr Wesen auf; vgl. *Wolff/Raiser* SachenR § 130 II 2.

118 RG WarnR 1917 Nr. 145; Staudinger/*Wolfsteiner* (2015) § 1153 Rn. 9.

119 Palandt/*Bassenge* § 1153 Rn. 1. Die Vereinbarung isolierter Abtretung der Forderung oder Hypothek ist dahingehend auszulegen, dass Forderung und Hypothek übertragen werden sollen; vgl. *Westermann/Gursky/Eickmann* SachenR § 102 Rn. 3. In einer Klausur ist deshalb der Sachverhalt idR entsprechend auszulegen.

120 MüKoBGB/*Eickmann* § 1153 Rn. 5; Bamberger/Roth/*Rohe* § 1153 Rn. 3.

Bei der Briefhypothek tritt die Schriftform an die Stelle der sonst formlosen Einigung nach §§ 398 ff. BGB. Die Forderung verliert die freie Abtretbarkeit und ist nur noch in der sachenrechtlichen Form mit der Hypothek übertragbar.[121] Rückständige, dh fällige Nebenleistungen können gem. § 1159 BGB selbstständig und in der allgemeinen Form des § 398 BGB abgetreten werden.[122]

c) Übergabe des Hypothekenbriefs (G)

34 Das Eigentum am Hypothekenbrief folgt der Inhaberschaft aus der Hypothek (§ 952 II BGB). Daher ist auch keine Übereignung des Hypothekenbriefs, sondern lediglich seine Übergabe[123] erforderlich.[124]

Die Übergabe ist iSd §§ 929 ff. BGB zu verstehen, dh sie kann durch Übergabesurrogate ersetzt werden (§ 1117 I 2 BGB).[125] Die Übergabe des Hypothekenbriefs muss als Teil des Übergabeakts gewollt sein; eine spätere Übergabe ohne Bezugnahme auf die Übertragung oder ein Erlangen des Besitzes auf eine andere Weise reichen daher nicht aus.[126] Befindet sich der Brief im Besitz des Zessionars, spricht eine Vermutung dafür, dass er den Besitz vom Zedenten übergeben bekommen hat (§ 1117 III BGB).[127]

Weil die Übergabe Realakt[128] ist, kann sie trotz des in ihr enthaltenen Willenselements[129] nicht durch einen Vertreter iSd §§ 164 ff. BGB vorgenommen werden. Wie die Abtretungserklärung muss auch die Briefübergabe vom alten auf den neuen Gläubiger stattfinden.[130] Allerdings ist ein sog. *Geheißerwerb*[131] möglich. Die Wegnahme durch den Gerichtsvollzieher steht der Übergabe gleich (§ 897 II ZPO).[132]

121 *Westermann/Gursky/Eickmann* SachenR § 102 Rn. 2; auch NK-BGB/*Zimmer* § 1153 Rn. 1, 4.

122 *Westermann/Gursky/Eickmann* SachenR § 102 Rn. 4.

123 Soergel/*Konzen* § 1154 Rn. 14: dauerhafte Innehabung.

124 *Büdenbender* JuS 1996, 665 (668).

125 Bamberger/Roth/*Rohe* § 1154 Rn. 11 f.; MüKoBGB/*Eickmann* § 1117 Rn. 15 ff.

126 BGH NJW-RR 1993, 369; MüKoBGB/*Eickmann* § 1154 Rn. 14; Soergel/*Konzen* § 1154 Rn. 14; Staudinger/*Wolfsteiner* (2015) § 1154 Rn. 48, § 1117 Rn. 4 ff. und 27 ff.

127 Staudinger/*Wolfsteiner* (2015) § 1154 Rn. 48: Ohne Besitz ist die Abtretungserklärung allein nicht geeignet, den Hypothekenerwerb zu vermuten.

128 BGHZ 16, 259 (263): körperliche Übergabe.

129 Staudinger/*Wolfsteiner* (2015) § 1117 Rn. 4 f.

130 Staudinger/*Wolfsteiner* (2015) § 1154 Rn. 48 unter Verweisung auf Staudinger/*Wolfsteiner* (2015) § 1117 Rn. 4 f.; *Baur/Stürner* SachenR § 38 Rn. 12 ff.; *Wadle* JZ 1974, 689 (692); *Reinicke/Tiedtke* Kreditsicherung NJW 1994, 345 (346); aA BGH NJW-RR 1993, 369 unter Berufung auf Soergel/*Konzen* § 1154 Rn. 14: Danach müsse der Abtretende nicht in jedem Fall in eigener Person mitwirken. Die Übergabe könne auch durch einen Vertreter bewirkt werden. Voraussetzung dafür ist aber, dass die Briefübergabe von demjenigen erfolgt, der als Vertreter des Abtretenden handelt. Allerdings kann eine Vertretung nur bei Willenserklärungen stattfinden, bei Besitzverschaffung daher allenfalls im Rahmen des § 854 II BGB (Einigung zum Besitzübergang), sofern man die Einigung als rechtsgeschäftliche Einigung versteht. → § 4 Rn. 25, → § 4 Rn. 37.

131 → § 4 Rn. 31.

132 Dagegen ersetzen Pfändung und Überweisung des Briefs zur Einziehung nicht die Übergabe; Soergel/*Konzen* § 1154 Rn. 14.

6. Gutgläubiger Zweiterwerb der Hypothek

Fallbeispiel: »Die aufgespaltene Hypothek«[133]

a) Fallgestaltungen (G)

Beim gutgläubigen Zweiterwerb einer Hypothek vom Nichtberechtigten sind folgende *Fallgestaltungen* zu unterscheiden: 35

- Der die Hypothek übertragende Gläubiger ist Inhaber der Forderung, nicht aber Hypothekar, weil die Hypothek nicht wirksam bestellt wurde (Mangel des dinglichen Rechts).
- Die durch die Hypothek zu sichernde Forderung besteht nicht, dh die Hypothek wurde als Eigentümergrundschuld (§§ 1163 I 1, 1177 I BGB), aber ansonsten wirksam bestellt (Mangel der Forderung).
- Der übertragende Gläubiger ist weder Inhaber der Forderung noch der Hypothek, weil die Forderung nicht besteht und auch die Hypothek nicht wirksam bestellt wurde (Mangel des dinglichen Rechts und der Forderung).
- Forderung und Hypothek bestehen; Forderungs- und Hypothekengläubiger sind jedoch personenverschieden.

b) Mangel des dinglichen Rechts bei der Buchhypothek (G)

Besteht die Forderung und ist die Hypothek zugunsten des Verfügenden im Grundbuch eingetragen, aber nicht wirksam entstanden (zB infolge §§ 138 I, 142 I BGB), so erwirbt der Erwerber die Forderung vom Berechtigten durch Abtretung (§ 398 S. 2 BGB) in der Form der §§ 1154 III, 873 I BGB, also durch Eintragung der Abtretung ins Grundbuch.[134] Die Hypothek kann er unter den Voraussetzungen des § 892 I BGB gutgläubig erwerben (objektiver Rechtsschein des Grundbuchs).[135] 36

c) Mangel des dinglichen Rechts bei der Briefhypothek

aa) Erweiterung des Rechtsscheins des Grundbuchs durch § 1155 BGB (G)

Bei der Briefhypothek erwirbt der Erwerber die Forderung vom Berechtigten durch schriftliche Abtretungserklärung und Übergabe des Hypothekenbriefs (§ 1154 I BGB). Die Schriftform der Abtretungserklärung kann durch Eintragung der Abtretung im Grundbuch ersetzt werden (§ 1154 II BGB). Liegt eine solche Eintragung nicht vor, ist der Hypothekengläubiger nicht durch das Grundbuch legitimiert. Der Rechtsschein der Verfügungsberechtigung ergibt sich aber grundsätzlich aus der Grundbucheintragung und nicht aus dem Hypothekenbrief. Das Grundbuch ist Rechtsscheinsträger.[136] 37

133 *Vieweg/Röthel* Fälle SachenR Fall 35.

134 Auf die Frage, ob ein gutgläubiger Forderungserwerb möglich ist, kommt es in dieser Fallgestaltung deshalb nicht an.

135 Die fehlende materiell-rechtliche Berechtigung des Verfügenden wird nach § 892 BGB ersetzt. Für den gutgläubigen Hypothekenerwerb ist hier § 1138 Alt. 1 BGB noch nicht von Bedeutung.

136 *Büdenbender* JuS 1996, 665 (668).

Im Falle der Übertragung einer Briefhypothek hilft § 1155 S. 1 BGB: Die Hypothek kann vom Nichtberechtigten gutgläubig nach § 892 BGB erworben werden, wenn der Hypothekengläubiger durch eine ununterbrochene Kette öffentlich beglaubigter (vgl. § 129 I BGB) Abtretungserklärungen, die auf den letzten eingetragenen Hypothekengläubiger zurückführbar ist, legitimiert ist.[137] § 1155 BGB baut auf dem Grundbuch auf,[138] erweitert dessen objektiven Rechtsschein und ermöglicht so den vom Rechtsschein des Grundbuchs getragenen gutgläubigen Erwerb, den § 892 BGB voraussetzt.[139] Der Besitzer des Hypothekenbriefs wird so gestellt, als wäre er im Grundbuch eingetragen. Die Grundbucheintragung wird also fingiert.[140] Die Stellung des Briefbesitzers hat sogar gegenüber der Eintragung im Grundbuch insoweit Vorrang, als ein gutgläubiger Erwerb eines Rechts von dem Eingetragenen ausscheidet und stattdessen der Briefbesitzer, der durch eine Kette formgerechter Abtretungserklärungen legitimiert ist, als eingetragen gilt.[141]

bb) Gutgläubiger Zweiterwerb bei gefälschten Abtretungserklärungen (V)

38 Kommt es für den gutgläubigen Hypothekenerwerb nach §§ 1155 S. 1, 892 I BGB auf die ununterbrochene Kette schriftlicher Abtretungserklärungen an, so besteht die Gefahr der Fälschung von Abtretungserklärungen, um einen Gutglaubenserwerb zu ermöglichen. Ob äußerlich nicht erkennbare[142] Fälschungen zu einem gutgläubigen Erwerb führen können, hängt davon ab, ob bereits der äußere Schein der Echtheit der Abtretungserklärungen genügt oder ob die Abtretungen wirklich erfolgt sein müssen.

Für das Ausreichen des äußeren Scheins spricht das Interesse an der Umlauffähigkeit des Hypothekenbriefs.[143] Gegen einen gutgläubigen Erwerb wird jedoch das Schutzbedürfnis des Hypothekengläubigers angeführt: Er soll eine gefälschte Erklärung eines Dritten nicht gegen sich gelten lassen müssen. Sachgerechter sei, dass derjenige den Schaden zu tragen habe, der auf eine gefälschte Erklärung vertraue.[144] Der Schutz des Erwerbers könne nämlich nicht weiter gehen als bei einer gefälschten Grundbucheintragung, die keinen öffentlichen Glauben genieße.[145] Daher solle nur echten

137 Zur Frage, ob auch im Rahmen des § 1155 BGB die Einschaltung einer Geheiß- bzw. Scheingeheißperson möglich ist vgl. *Baur/Stürner* SachenR § 38 Rn. 38; *J. Hager* ZIP 1993, 1446 ff.; *K. Schmidt* JuS 1993, 511 f.

138 Staudinger/*Wolfsteiner* (2015) § 1155 Rn. 2: Will der Erwerber ausreichend gesichert sein, muss er auch immer das Grundbuch einsehen; vgl. schon *Ramdohr* Gruchot 44 (1900), 115 und 324 (371).

139 *Westermann/Gursky/Eickmann* SachenR § 104 Rn. 12; NK-BGB/*Zimmer* § 1155 Rn. 1, 5.

140 Die Kette wird sozusagen in das Grundbuch projiziert; vgl. Staudinger/*Wolfsteiner* (2015) § 1155 Rn. 1; *Baur/Stürner* SachenR § 38 Rn. 41; *Westermann/Gursky/Eickmann* SachenR § 104 Rn. 12 f.; *Brehm/Berger* SachenR § 17 Rn. 108.

141 OLG Hamm FGPrax 2002, 193 (194).

142 MüKoBGB/*Eickmann* § 1155 Rn. 12.

143 RGZ 85, 58 (61); 86, 262 (263); 93, 41 (43 f.); MüKoBGB/*Eickmann* § 1155 Rn. 12; Soergel/*Konzen* § 1155 Rn. 9; *Westermann* SachenR II, 6. Aufl. 1988, § 122 IV 2b; diff. *Brehm/Berger* SachenR § 17 Rn. 114.

144 Palandt/*Bassenge* § 1155 Rn. 4; NK-BGB/*Zimmer* § 1155 Rn. 8; *Baur/Stürner* SachenR § 38 Rn. 34; *Heck* SachenR § 96 Nr. 6c; *Wolff/Raiser* SachenR § 142 (Fn. 17); *Reinicke/Tiedtke* Kreditsicherung Rn. 998.

145 Von der Gegenansicht, insbes. MüKoBGB/*Eickmann* § 1155 Rn. 12, wird angeführt, gefälschte Grundbucheintragungen kämen in der Praxis kaum vor, umso mehr aber gefälschte Abtretungserklärungen.

Abtretungserklärungen der Schutz des § 1155 BGB zuteil werden, wie die Vorschrift selbst voraussetze.[146]

cc) Unterbrechung der Kette der Abtretungserklärungen durch privatschriftliche Abtretungserklärung (V)

Wird die Kette öffentlich beglaubigter Abtretungserklärungen (§ 1155 BGB) durch eine privatschriftliche Erklärung[147] unterbrochen, könnte ein gutgläubiger Erwerb wegen Verlusts des Rechtsscheins ausscheiden. 39

Die hM[148] stellt darauf ab, ob die Rechtsübertragung für sich gesehen rechtlich korrekt war, also abgesehen von der fehlenden Beglaubigung eine wirksame Rechtsübertragung bewirkt hätte oder nicht. Der Rechtsschein der vorangegangenen Beglaubigungen sei dann immer noch für einen gutgläubigen Erwerb ausreichend. Nach der nicht beglaubigten Abtretung beginne die Reihe der Abtretungserklärungen von vorne.[149] Der gutgläubige Erwerber habe also das Risiko zu tragen, dass die schriftliche Abtretung zum wirksamen Rechtsübergang geführt habe, könne sich hinsichtlich weiterer (beglaubigter) Abtretungen aber auf § 1155 BGB berufen.[150]

Einem Teil der Literatur[151] zufolge gründet sich der gute Glaube dagegen auf das durch die Kette erzeugte Gesamtergebnis und nimmt auf die fehlerhafte Einzelabtretung keinen Bezug. Daher komme es auf die materiell-rechtliche Wirksamkeit des Erwerbs nicht an. Allein eine lückenlose Kette formwahrender Abtretungserklärungen könne einer Grundbucheintragung gleichgeachtet werden (Äquivalent).[152] Nur bei einer sog. Abtretungsschleife (privatschriftliche Hin- und Rückübertragung) könne die Lücke ausnahmsweise ignoriert werden.[153]

Beachte: Auf § 1155 BGB ist nur zurückzugreifen, wenn der Erwerber nicht vom Berechtigten erwirbt. Erwirbt er die Hypothek vom Berechtigten, so schadet auch eine lückenhafte Abtretungskette nicht![154]

146 *Baur/Stürner* SachenR § 38 Rn. 34.

147 Für die materielle Schutzwirkung des § 1155 BGB genügt nach ganz hM auch die privatschriftliche Abtretung; für die verfahrensrechtliche Legitimation muss aber auch die letzte Abtretungserklärung beglaubigt sein (vgl. § 39 II GBO); *Westermann/Gursky/Eickmann* SachenR § 104 Rn. 13; aA Palandt/*Bassenge* § 1155 Rn. 3; MüKoBGB/*Eickmann* § 1155 Rn. 8, der sich unter Berufung auf Verkehrsschutzgesichtspunkte und § 1160 I BGB vollständig gegen den Gutglaubenserwerb aus einer Abtretungskette mit privatschriftlichen Abtretungen ausspricht.

148 Soergel/*Konzen* § 1155 Rn. 8; *Westermann/Gursky/Eickmann* SachenR § 104 Rn. 14; *Wolff/Raiser* SachenR § 142 VIII 3; *Brehm/Berger* SachenR § 17 Rn. 113.

149 RGRK/*Mattern* § 1155 Rn. 15.

150 Soergel/*Konzen* § 1155 Rn. 8.

151 Staudinger/*Wolfsteiner* (2015) § 1155 Rn. 19.

152 Staudinger/*Wolfsteiner* (2015) § 1155 Rn. 19; Erman/*Wenzel* § 1155 Rn. 4; NK-BGB/*Zimmer* § 1155 Rn. 13; Planck/*Strecker* § 1155 Anm. 2b.

153 AG Pirmasens MittBayNot 1992, 337.

154 BGH ZIP 2001, 367 (368) = NJW-RR 2001, 1097 (1098); Staudinger/*Wolfsteiner* (2015) § 1155 Rn. 30.

dd) Unterbrechung der Kette der Abtretungserklärungen durch Erbgang und Zwangsvollstreckungsakte (V)

40 Überträgt der Erbe des Hypothekengläubigers die Hypothek, so gilt § 1155 S. 1 BGB, wenn der Verfügende Erbe und nicht lediglich Scheinerbe ist. Die Kette ist in diesem Fall nur äußerlich unterbrochen, rechtlich ist sie wegen § 1922 BGB geschlossen, weil der Erbe nicht als zusätzliches Glied der Kette zediert, sondern in Ausübung der Rechtsstellung des Erblassers.[155]

Liegt innerhalb der Kette ein Erwerb der Hypothek im Wege der Zwangsvollstreckung vor, greift § 1155 BGB im Fall der Überweisung an Zahlungs statt ein (§ 835 II ZPO).[156] Dies gilt aber nicht, wenn der Letzterwerber selbst Vollstreckungsgläubiger ist, da in diesem Fall kein Erwerb durch Rechtsgeschäft vorliegt und die §§ 892, 893 BGB somit nicht anwendbar sind. Die §§ 892, 893 BGB gelten nur für die nach § 1155 BGB ausgewiesenen Rechtsnachfolger des Vollstreckungsgläubigers.[157]

d) Mangel der Forderung

Fallbeispiel: »Die aufgespaltene Hypothek«[158]

aa) Zweck des § 1138 Alt. 1 BGB (V)

41 Bei strenger Anwendung des Akzessorietätsgrundsatzes könnte die Hypothek bei Fehlen der zu sichernden Forderung nie übertragen und gutgläubig erworben werden (*Mitlaufgebot der Hypothek*[159]).[160] Ein Erwerber hätte sich also stets über das tatsächliche Bestehen der Forderung kundig zu machen. Der öffentliche Glaube des Grundbuchs über das Bestehen der Hypothek würde ihm in dieser Hinsicht nicht helfen[161] und ein gutgläubiger Forderungserwerb wäre grundsätzlich nicht möglich (*enge Ausnahme:* § 405 BGB).[162] Um diese Beeinträchtigung der Umlauffähigkeit der Hypothek zu vermeiden, erweitert § 1138 Alt. 1 BGB für die Verkehrshypothek[163] den Rechtsschein der Grundbucheintragung und *fingiert* das Bestehen der Forderung unter Durchbrechung des Akzessorietätsprinzips, um einen gutgläubigen Erwerb der Hypothek zu ermöglichen.[164]

---

155 MüKoBGB/*Eickmann* § 1155 Rn. 9; Soergel/*Konzen* § 1155 Rn. 7; Bamberger/Roth/*Rohe* § 1155 Rn. 9; NK-BGB/*Zimmer* § 1155 Rn. 15; *Baur/Stürner* SachenR § 38 Rn. 37; *Reinicke/Tiedtke* Kreditsicherung Rn. 897.

156 MüKoBGB/*Eickmann* § 1155 Rn. 11; Palandt/*Bassenge* § 1155 Rn. 5; Erman/*Wenzel* § 1155 Rn. 5.

157 MüKoBGB/*Eickmann* § 1155 Rn. 10; Palandt/*Bassenge* § 1155 Rn. 5.

158 *Vieweg/Röthel* Fälle SachenR Fall 35.

159 → § 15 Rn. 32.

160 Zu der Prinzipienkollision *Büdenbender* JuS 1996, 665 (671).

161 *Baur/Stürner* SachenR § 36 Rn. 80.

162 Palandt/*Grüneberg* § 405 Rn. 1.

163 § 1138 BGB gilt nicht für die Sicherungshypothek. Dies ergibt sich ausdrücklich aus § 1185 II BGB sowie aus dem in § 1184 I BGB angelegten Grundsatz, dass »die Hypothek sich nur nach der Forderung bestimmt« (sog. strenge Akzessorietät).

164 Soergel/*Konzen* § 1138 Rn. 7; Bamberger/Roth/*Rohe* § 1138 Rn. 3.

Soweit die Forderung als Grundlage der Hypothek vorhanden sein muss, gelten die §§ 891–899 BGB auch in Ansehung der Forderung.[165] Der im Grundbuch eingetragene Hypothekar wird also im Rahmen des Übertragungsvorgangs so behandelt, als ob er Inhaber der zu sichernden Forderung sei. Die Forderung wird jedoch nur als notwendige Erwerbsvoraussetzung im Rahmen der Hypothekenübertragung als existent angesehen. Materiell-rechtlich kommt die Forderung *nicht* zur Entstehung, und es wird auch kein gutgläubiger Forderungserwerb bewirkt.[166] § 1138 Alt. 1 BGB ermöglicht damit nach hM[167] den *gutgläubigen Erwerb einer forderungsentkleideten Hypothek*.

Nach älterer Literaturansicht[168] entsteht dagegen nur eine Grundschuld, da mangels Forderung lediglich eine Eigentümergrundschuld bestanden habe.

bb) Voraussetzungen des Hypothekenerwerbs nach §§ 1138 Alt. 1, 892 BGB (V)

Besteht die Forderung nicht, wurde die Hypothek aber ansonsten wirksam bestellt, so sind über die Vorschrift des § 1138 Alt. 1 BGB die *Voraussetzungen* des § 892 BGB in Bezug auf die Forderung zu prüfen: 42

- rechtsgeschäftlicher Erwerb der Forderung iSe Verkehrsgeschäfts;
- Unrichtigkeit des Grundbuchs hinsichtlich der Forderung durch Eintragung der Hypothek;
- Legitimation des Verfügenden als Forderungsinhaber – durch die Eintragung des Verfügenden als Scheinhypothekar ist er als Forderungsinhaber legitimiert (objektiver Rechtsscheinstatbestand);
- guter Glaube an die Forderungsinhaberschaft;
- keine Eintragung eines Widerspruchs (§ 899 BGB).

e) Doppelmangel (V)

Stehen dem Verfügenden weder Forderung noch Hypothek zu, so ist eine *doppelte Anwendung der Gutglaubensvorschriften* erforderlich: Die Hypothek kann bei fehlender Verfügungsbefugnis des Inhabers unmittelbar gem. § 892 I BGB gutgläubig erworben werden, das Fehlen der Forderung muss für den Hypothekenerwerb über die §§ 1138 Alt. 1, 892 BGB überwunden werden.[169] 43

f) Personenverschiedenheit von Forderungs- und Hypothekengläubiger (E)

Bei dieser Fallgruppe besteht die Forderung zwar tatsächlich; ihr Gläubiger ist aber nicht der im Grundbuch eingetragene Hypothekar. 44

165 Die Erstreckung erfolgt nur auf den dinglichen Anspruch auf Zahlung aus dem Grundstück; vgl. Staudinger/*Wolfsteiner* (2015) § 1138 Rn. 6; *Baur/Stürner* SachenR § 36 Rn. 80 ff. Damit zeigt der Gesetzgeber zugleich, dass er – mit Blick auf den Rechtsverkehr – den Erwerb der Hypothek als das Wesentliche ansieht.

166 *Westermann/Gursky/Eickmann* SachenR § 104 Rn. 6.

167 RGZ 137, 95 (96 f.); MüKoBGB/*Eickmann* § 1138 Rn. 16; Soergel/*Konzen* § 1138 Rn. 7; Staudinger/*Wolfsteiner* (2015) § 1138 Rn. 8; Palandt/*Bassenge* § 1138 Rn. 6; NK-BGB/*Zimmer* § 1138 Rn. 4; *Westermann/Gursky/Eickmann* SachenR § 104 Rn. 6 f.

168 *v. Gierke* SachenR § 57 V 2c; *Schreiber*, Schuld und Haftung Bd. 1, 1914, 320; *Wolff/Raiser* SachenR § 137 II 2; *Böhmer* ArchBürgR 37, 205 (206 f.).

169 *Baur/Stürner* SachenR § 38 Rn. 22 ff., 27; NK-BGB/*Zimmer* § 1138 Rn. 5.

Beispiel: A bestellt dem B eine Hypothek zur Sicherung einer Darlehensforderung. B tritt Forderung und Hypothek an C ab. Gleich darauf tritt C die Forderung weiter an D ab. Später ficht B die Abtretung von Forderung und Hypothek aufgrund § 123 BGB wirksam an.

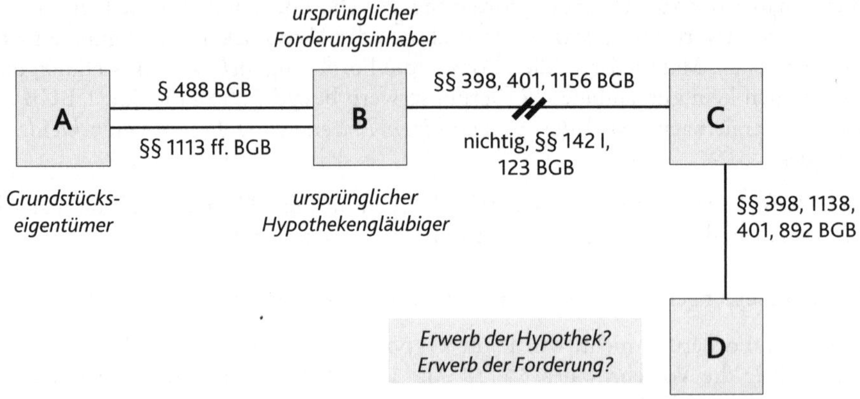

Hier besteht bei gutgläubigem Erwerb der Hypothek (über § 1138 Alt. 1 BGB) die Gefahr des systemwidrigen Auseinanderfallens von Hypothek und Forderung und damit der doppelten Inanspruchnahme des Schuldners. Daher stellt sich die Frage, ob der neue Hypothekengläubiger mit der Hypothek auch die Forderung gutgläubig erwirbt.

Ein Teil der Literatur (»Trennungstheorie«)[170] beruft sich auf die Systemwidrigkeit eines gutgläubigen Forderungserwerbs. Der Zessionar erwerbe nur die forderungsentkleidete Hypothek, während die Forderung selbst bei ihrem Inhaber verbleibe. Die denkbare doppelte Inanspruchnahme des Schuldners werde durch das System der hypothekenrechtlichen Vorschriften verhindert, wie zB durch den Übergang des dinglichen Rechts auf den Eigentümer bei Tilgung der persönlichen Forderung (§ 1163 I 2 BGB) und das Erlöschen der Forderung bei Befriedigung aus dem Grundstück. Auch müsse der Schuldner nur zahlen, wenn er den Hypothekenbrief erhalte (§§ 1160 I, 1161 BGB) und gleichzeitig die Hypothek übergehe (§§ 1163, 1164 BGB). Damit stehe ihm eine Einrede auch gegenüber dem Zessionar zu bzw. könne er nach erfolgter Zahlung gem. § 813 BGB kondizieren. Mit dem Widerspruch zum Akzessorietätsgrundsatz müsse man sich abfinden. Folge man der Aussage des § 1153 I BGB, nach dem die Forderung das bestimmende Recht sei, so müsste man den gutgläubigen Erwerb ganz verneinen. Dies stünde aber im Gegensatz zur ausdrücklichen Anordnung in den §§ 1138 Alt. 1, 892, 1155 BGB.

Nach aA (»Einheitstheorie«)[171] soll der Zessionar die Hypothek hingegen allein aufgrund ihrer Akzessorietät mitsamt der Forderung erwerben (§ 1153 I BGB analog). Damit werde der Akzessorietätsgrundsatz an sich verkehrt (hier folge ja nicht die Hypothek der Forderung, sondern die Forderung der Hypothek), doch diene dies

170 MüKoBGB/*Eickmann* § 1153 Rn. 13; Staudinger/*Wolfsteiner* (2015) § 1138 Rn. 10; *Harms* WuV Sachenrecht, 1974, Fall 61, S. 288; *Reinicke/Tiedtke* Kreditsicherung Rn. 1092; *Westermann/Gursky/Eickmann* SachenR § 104 Rn. 7; *Sternberg* JherJb 61, 1912, 395 (407 f.); *Jahr/Kropf* JuS 1963, 356 (358); *Latta/Rademacher* JuS 2008, 1052 (1056).

171 Soergel/*Konzen* § 1138 Rn. 7; Erman/*Wenzel* § 1138 Rn. 6 § 1153 Rn. 3; *Wilhelm* SachenR Rn. 1496 f.; *Wolff/Raiser* SachenR § 137 II 1d; *Oertelt* Recht 1914, 294; *Karper* JuS 1989, 33 (34); *Büdenbender* JuS 1996, 665 (674).

gerade der Beibehaltung bzw. Wiederherstellung der Akzessorietät. Vor allem entspreche diese Lösung der Schutzwürdigkeit des Schuldners, da er das Auseinanderfallen von Hypothek und Forderung nicht kenne und daher seine Einreden (insbesondere § 1160 BGB) praktisch nicht erheben könne.[172]

7. Verteidigung gegen die Inanspruchnahme aus Hypothek oder Forderung

a) Abgrenzung: Bestreiten des dinglichen Rechts (G)

Das Bestreiten des Bestehens der Hypothek, etwa wegen Fehlens der dinglichen Einigung, der Grundbucheintragung oder der Briefübergabe sowie wegen des Nichtentstehens der Forderung (§ 1163 I 1 und 2 BGB: Entstehung eines Eigentümerrechts) stellt keine Verteidigung im eigentlichen Sinne dar.[173] Gleiches gilt für das Vorbringen, die Hypothek sei auf einen anderen übergegangen (§§ 1143, 1150, 1153, 1164 BGB). Diese *Einwendungen*[174] des Eigentümers bedürfen keiner besonderen Gestattung durch die §§ 1137, 1157 BGB, sondern folgen bereits aus den Entstehungsvoraussetzungen der Hypothek (§§ 1113 ff. BGB).[175] Die Beweislast trifft – entgegen der allgemeinen Beweislastregel, nach der der Gläubiger/Kläger die Voraussetzungen seines Rechtsanspruchs zu beweisen hat – den Eigentümer. Nach § 891 BGB streitet zugunsten des Gläubigers die Vermutung des Bestehens des dinglichen Rechts, die über § 1138 Alt. 1 BGB auch auf die Forderung erstreckt wird (aber nur als Existenzvoraussetzung der Hypothek!). Diese muss der Eigentümer widerlegen.[176] Für das Bestehen der Forderung als solcher bleibt es dagegen bei den Bestimmungen des Schuldrechts und der allgemeinen Beweislast. Für Hypothek und Forderung gilt danach eine unterschiedliche Beweislastregelung.[177] 45

b) Einreden des Eigentümers gegen die Inanspruchnahme aus der Hypothek durch den ursprünglichen Gläubiger (G)

In der Regel wenden sich die Einreden des Eigentümers gegen die Inanspruchnahme aus der Hypothek. Sie sind nach ihrem Entstehungsgrund zu unterscheiden: Entweder ergeben sie sich aus dem Verhältnis des Eigentümers zum Hypothekar und sind somit pfandrechtsbezogen (hypothekenbezogen) oder sie resultieren aus dem Verhältnis von Gläubiger und persönlichem Schuldner, sind also forderungsbezogen. 46

172 *Karper* JuS 1989, 33 (34).

173 *Westermann/Gursky/Eickmann* SachenR § 100 Rn. 1.

174 Zur Unwirksamkeit der Hypothek vgl. RGZ 68, 97 (102); 89, 29 (33 f.); 91, 218 (223); *Wolff/Raiser* SachenR § 139 III 3. Zur gesamten Frage der Einwendungen vgl. Soergel/*Konzen* § 1137 Rn. 2 ff.; Staudinger/*Wolfsteiner* (2015) § 1137 Rn. 24 f.; *Baur/Stürner* SachenR § 38 Rn. 64; *Westermann/Gursky/Eickmann* SachenR § 100 Rn. 4 ff.

175 *Büdenbender* JuS 1996, 665 (671).

176 Es gelten die Grundsätze der freien richterlichen Beweiswürdigung (§ 286 ZPO). Damit ist keine besondere Art der Widerlegung vorgeschrieben.

177 *Westermann/Gursky/Eickmann* SachenR § 100 Rn. 2.

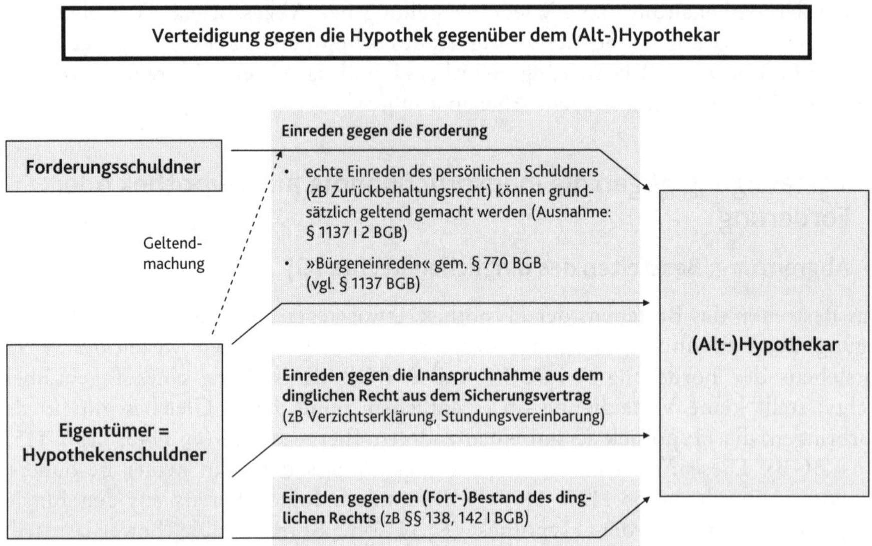

aa) Hypothekenbezogene Einreden (G)

47 *Hypothekenbezogene Einreden* sind gesetzlich nicht besonders geregelt. Ihre Zulässigkeit lässt sich aber § 1157 BGB entnehmen.[178] Die Einreden resultieren idR aus dem Sicherungsvertrag.[179] Darin kann vereinbart werden, dass die Hypothek nur unter bestimmten Bedingungen geltend gemacht werden darf oder dass der Gläubiger unter bestimmten Bedingungen auf die Hypothek verzichten solle.[180]

bb) Forderungsbezogene Einreden des Eigentümers (§ 1137 BGB) (G)

48 Infolge der Akzessorietät können Einreden gegen die Forderung gem. § 1137 BGB auch gegen die Hypothek geltend gemacht werden,[181] unabhängig davon, ob Eigentümer und Schuldner personenverschieden sind.[182] Forderungsbezogene Einreden resultieren aus dem Kreditvertrag und richten sich gegen die Durchsetzung des Anspruchs auf Befriedigung des Gläubigers durch Zwangsvollstreckung in das Grundstück (§ 1147 BGB). Einrede iSd Vorschrift ist ein Gegenrecht, das die Geltendmachung der Forderung hemmt, ohne sie zu vernichten (Leistungsverweigerungsrecht), wie zB die Einrede der Stundung, die Einrede des nicht erfüllten Vertrags oder das Zurückbehaltungsrecht.[183]

---

178 Soergel/*Konzen* § 1137 Rn. 4; *Westermann/Gursky/Eickmann* SachenR § 100 Rn. 9; *Reinicke/Tiedtke* Kreditsicherung Rn. 1072.

179 Staudinger/*Wolfsteiner* (2015) § 1137 Rn. 26.

180 Staudinger/*Wolfsteiner* (2015) § 1137 Rn. 26.

181 *Westermann/Gursky/Eickmann* SachenR § 100 Rn. 4; *Reinicke/Tiedtke* Kreditsicherung Rn. 1070; *Wilhelm* SachenR Rn. 1655.

182 Palandt/*Bassenge* § 1137 Rn. 4, 6; MüKoBGB/*Eickmann* § 1137 Rn. 6, 17.

183 Einrede im engeren Sinn; Staudinger/*Wolfsteiner* (2015) § 1137 Rn. 6 f. mit weiteren Beispielen aus der Rechtsprechung; *Baur/Stürner* SachenR § 38 Rn. 65; *Westermann/Gursky/Eickmann* SachenR § 100 Rn. 4.

cc) Umfang der forderungsbezogenen Einreden des Eigentümers (V)

49 Grundsätzlich kann der Eigentümer die dem Schuldner zustehenden Gestaltungsrechte nicht zu seiner Verteidigung ausüben. § 1137 I iVm § 770 BGB gibt allerdings dem Eigentümer auch die einem Bürgen zustehenden Einreden der Anfechtbarkeit und Aufrechenbarkeit der Hauptschuld.[184] Dasselbe gilt für andere Gestaltungsrechte wie zB das Rücktrittsrecht (§ 1137 I iVm § 770 BGB entsprechend).[185]

Die Einrede der Vorausklage (§ 771 BGB) würde dagegen dem Wesen und dem Sicherungszweck der Hypothek widersprechen. Deshalb steht sie dem Hypothekenschuldner nicht zu. Der Eigentümer kann also nicht verlangen, dass der Gläubiger zunächst aus der Forderung gegen den Schuldner vollstreckt.[186] Anders ist es nur, wenn die Hypothek nicht die Hauptschuld, sondern eine Bürgenschuld sichert[187] oder wenn die Einrede der Vorausklage vertraglich vereinbart worden ist.[188]

Sofern der Eigentümer nicht der persönliche Schuldner ist, hindert ein Einredeverzicht des Schuldners den Eigentümer nicht an der Erhebung von Einreden (§ 1137 II BGB). Nicht mehr ausübbar sind dagegen die Gestaltungsrechte, zB bei Verzicht des Schuldners auf sein Anfechtungsrecht.[189]

Ausgeschlossen sind die Einreden der Verjährung (§§ 214, 216 BGB) sowie der beschränkten Erbenhaftung[190] (§ 1137 I 2 BGB).

Vor Erlass der InsO war auch die Einwendung, dass die Forderung durch Zwangsvergleich (§ 193 KO) reduziert wurde, ausgeschlossen. Nach § 223 II InsO können nun auch absonderungsberechtigte Gläubiger in einen Insolvenzplan einbezogen werden. Damit werden diese Forderungen herabgesetzt. Dies wirkt sich auch auf die Hypothek aus.[191]

c) Verteidigung des Eigentümers gegen die Inanspruchnahme aus der Hypothek durch den neuen Hypothekengläubiger

Fallbeispiel: »Der Oldtimer«[192]

184 Solange diese Gestaltungsrechte bestehen, kann der Bürge die Befriedigung des Gläubigers verweigern und darf bei dem Hypothekar keine Befriedigung aus dem Grundstück suchen. Auf die Aufrechnung kann sich der Eigentümer auch dann berufen, wenn er selbst dem Schuldner zur Befreiung von der Schuld verpflichtet ist (zB nach § 415 III BGB); vgl. *Westermann/Gursky/Eickmann* SachenR § 100 Rn. 6; NK-BGB/*Zimmer* § 1137 Rn. 12 ff.

185 Erman/*Wenzel* § 1137 Rn. 6; *Westermann/Gursky/Eickmann* SachenR § 100 Rn. 6.

186 Staudinger/*Wolfsteiner* (2009) § 1137 Rn. 19.

187 Palandt/*Bassenge* § 1137 Rn. 7; Staudinger/*Wolfsteiner* (2015) § 1137 Rn. 19.

188 Erman/*Wenzel* § 1137 Rn. 6.

189 Staudinger/*Wolfsteiner* (2015) § 1137 Rn. 21 f.; *Westermann/Gursky/Eickmann* SachenR § 100 Rn. 8.

190 Vgl. §§ 1971, 1990, 2016 BGB.

191 *Baur/Stürner* SachenR § 38 Rn. 65; *Westermann/Gursky/Eickmann* SachenR § 100 Rn. 5.

192 *Vieweg/Röthel* Fälle SachenR Fall 37.

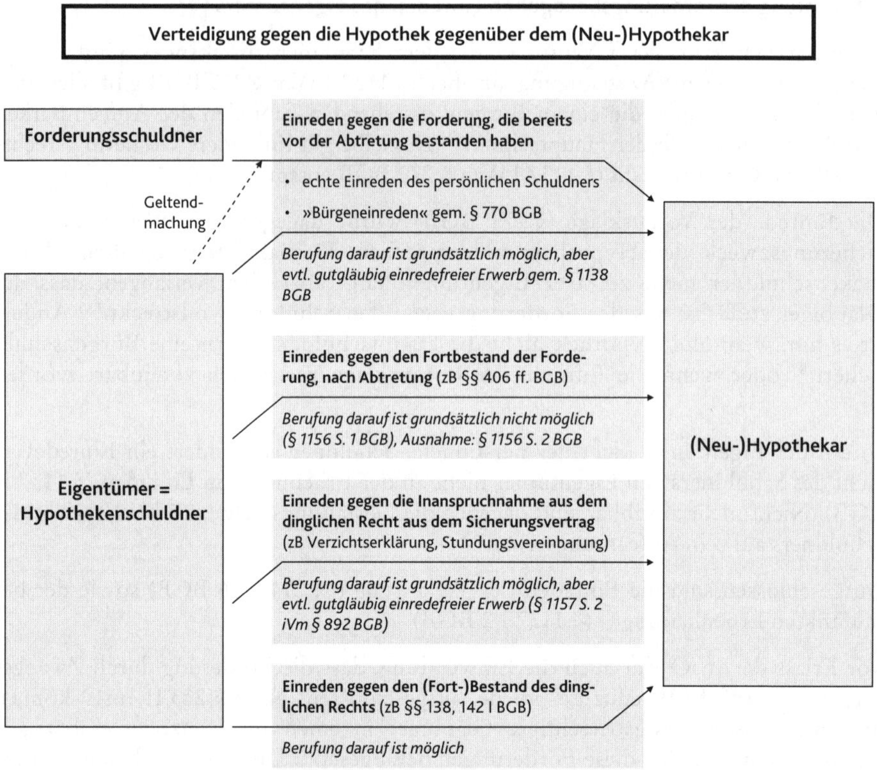

aa) Ausgangspunkt: §§ 404 ff. BGB (G)

50 Der Zweiterwerber einer Hypothek muss sich Einwendungen und Einreden, die in den beiderseitigen Rechtsbeziehungen angelegt sind, entgegenhalten lassen.[193] Dies folgt schon aus § 404 BGB, da die Hypothek mittels Forderungsabtretung übertragen wird. Nach Übertragung der Hypothek würde aber die uneingeschränkte Geltendmachung von Einreden und Einwendungen aus dem ursprünglichen Schuldverhältnis den Hypothekenmarkt lahmlegen. Im Interesse des Rechtsverkehrs werden daher die §§ 404 ff. BGB im Rahmen des Hypothekenrechts modifiziert.

bb) Leistung an den Althypothekar (§ 1156 S. 1 BGB) (V)

51 Gem. § 1156 S. 1 BGB kann sich der Eigentümer gegenüber dem neuen Hypothekar nicht auf §§ 406–408 BGB berufen. Er kann diesem also insbesondere nicht entgegenhalten, nach Abtretung in Unkenntnis an den alten Hypothekar geleistet zu haben. Genauso wenig kann er mit einer Forderung gegen den Althypothekar aufrechnen. Folglich erlischt in den genannten Fällen unter den Voraussetzungen der §§ 406–408 BGB zwar die persönliche Forderung (bspw. ein Darlehensrückzahlungsanspruch gem. § 488 I 2 BGB). Allerdings hat dies gem. § 1156 S. 1 BGB entgegen dem Grundsatz des § 1163 BGB nicht das Erlöschen der Hypothek zur Folge. Insofern kann es

193 Staudinger/*Wolfsteiner* (2015) § 1137 Rn. 2.

aufgrund dieser Regelung zu einer Diskrepanz bei der Durchsetzung von Hypothek und persönlicher Forderung kommen. Dieser Grundsatz wird in § 1156 S. 2 BGB für die Kündigung wieder eingeschränkt.[194]

Der Fall des § 1156 S. 1 BGB darf indes nicht mit der Konstellation einer Tilgung vor der Abtretung verwechselt werden. Diese hat das Erlöschen der Hypothek zur Folge und kann ohne Weiteres dem Zweiterwerber entgegen gehalten werden (→ § 15 Rn. 45). Indes sieht § 1138 Alt. 1 BGB für diesen Fall die Möglichkeit eines gutgläubigen – forderungsentkleideten – Erwerbs vor.

cc) Hypothekenbezogene Einreden (§ 1157 BGB) (V)

Nach § 1157 S. 1 BGB können Einreden gegen das dingliche Recht, die sich aus den schuldrechtlichen Beziehungen des Eigentümers zu dem ursprünglichen Hypothekar ergeben (zB Stundung der Hypothek, Verpflichtung zu vorherigem Vollstreckungsversuch in übriges Vermögen, Einrede der unzulässigen Rechtsausübung), auch dem Zessionar entgegengehalten werden. Insofern handelt es sich lediglich um eine Wiederholung des ohnehin gem. § 404 BGB geltenden Grundsatzes. Zum Schutz des Zessionars ermöglichen aber §§ 1157 S. 2, 892 BGB hinsichtlich dieser Einreden einen gutgläubig einredefreien Erwerb.[195] 52

dd) Forderungsbezogene Einreden (V)

Soweit Einreden gegen die persönliche Forderung bereits im Zeitpunkt der Abtretung bestanden haben, können diese auch dem Zessionar entgegengesetzt werden. Auch hier besteht aber die Möglichkeit des gutgläubig einredefreien Erwerbs (§§ 1138 Alt. 2, 892 BGB). 53

d) Einwendungen und Einreden des persönlichen Schuldners gegen die Inanspruchnahme aus der Forderung durch den neuen Hypothekengläubiger (V)

Der persönliche Schuldner kann dem neuen Hypothekengläubiger bei Inanspruchnahme aus der Forderung auch nach Abtretung der Hypothek uneingeschränkt sämtliche Einwendungen und Einreden entgegenhalten, die ihm wegen der Forderung gegenüber dem alten Hypothekengläubiger zustanden (§ 404 BGB).[196] Die Einschränkungen des § 1156 S. 1 BGB gegenüber dem dinglichen Anspruch gelten nicht. Daher kann es bei Personenverschiedenheit von Schuldner und Eigentümer zu Verwicklungen kommen, insbesondere hinsichtlich eines Rückgriffsanspruchs.[197] Die Klagen aus Hypothek und Forderung können somit im Prozess zu unterschiedlichen Ergebnissen führen.[198] 54

194 MüKoBGB/*Eickmann* § 1156 Rn. 1.
195 *Brehm/Berger* SachenR § 17 Rn. 106; → § 15 Rn. 54.
196 Staudinger/*Wolfsteiner* (2015) § 1156 Rn. 14; *Reinicke/Tiedtke* Kreditsicherung Rn. 1104.
197 Staudinger/*Wolfsteiner* (2015) § 1156 Rn. 14.
198 *Baur/Stürner* SachenR § 38 Rn. 59.

e) Gutgläubig einredefreier Erwerb der Hypothek

aa) Voraussetzungen (V)

55 Die Anwendung des § 1138 Alt. 2 iVm § 892 BGB auf Einreden iSd § 1137 I BGB bewirkt, dass nicht eingetragene oder gelöschte Einreden als nicht bestehend vermutet werden.[199] Sie ermöglicht so im Interesse der leichteren Übertragbarkeit und des Verkehrsschutzes den gutgläubig einredefreien Erwerb der Hypothek.[200] Ähnliches gilt für § 1157 BGB, aus dessen Verweisungen in S. 2 auf § 892 BGB sich die Eintragungsfähigkeit der Einreden in das Grundbuch ergibt.[201]

Voraussetzung eines einredefreien Erwerbs ist daher, dass weder die Einreden noch ein Widerspruch im Grundbuch eingetragen sind. Daneben muss der Erwerber gutgläubig hinsichtlich des Nichtbestehens dieser Einreden gewesen sein. Er darf also keine Kenntnis von einwendungsbegründenden Tatsachen gehabt haben[202] oder muss trotz dieser Kenntnis rechtsirrig an das Nichtbestehen von Einreden geglaubt haben (§ 1138 Alt. 2 bzw. § 1157 S. 2 iVm § 892 I BGB).[203]

Der Eigentümer verliert damit die forderungsbezogenen Einreden aus § 1137 I BGB gegen die Inanspruchnahme aus dem dinglichen Recht. Gleiches gilt für pfandrechtsbezogene Einreden aus § 1157 S. 1 BGB.[204] Selbst wenn bei einer weiteren Übertragung des Grundpfandrechts der Erwerber weiß, dass die Einreden zunächst bestanden hatten, leben diese nicht wieder auf, da er einredefrei vom Berechtigten erwirbt.[205]

bb) Abwendung eines gutgläubig einredefreien Erwerbs (E)

56 Die Verteidigungsmöglichkeiten des Eigentümers gegen eine Inanspruchnahme aus der Hypothek nach gutgläubig einredefreiem Erwerb iSv §§ 1138 Alt. 2, 1137, 892 BGB sind beschränkt. Er kann lediglich die Voraussetzungen des gutgläubigen Erwerbs bestreiten (zB Kenntnis des Erwerbers von bestehenden Einwendungen, kein Erwerb aufgrund Rechtsgeschäfts) oder nach der Übertragung entstandene rechtsverhindernde oder -vernichtende Tatsachen vorbringen, die in der Person des neuen Gläubigers entstanden sind. Die Einwendungsmöglichkeiten des persönlichen Schuldners gegen die Inanspruchnahme aus der Forderung bleiben dagegen unberührt.

Der Eigentümer muss sich daher vor der Gefahr des Verlusts von Einreden schützen können. Um einen gutgläubig einredefreien Erwerb zu verhindern, können die Ein-

199 Soergel/*Konzen* § 1138 Rn. 11; andere sprechen bei § 1138 BGB von einer Fiktion.
200 Ist ein gutgläubiger Erwerb der Hypothek über § 1138 Alt. 1 BGB möglich, wenn die Forderung überhaupt nicht besteht, so muss erst recht ein gutgläubiger einredefreier Erwerb der Hypothek möglich sein, wenn die Forderung zwar besteht, aber mit einer Einrede behaftet ist.
201 *Westermann/Gursky/Eickmann* SachenR § 100 Rn. 9; *Brehm/Berger* SachenR § 17 Rn. 107. Zwar ist § 891 BGB nicht in § 1157 S. 2 BGB genannt; vgl. aber Staudinger/*Wolfsteiner* (2015) § 1157 Rn. 7.
202 Staudinger/*Wolfsteiner* (2015) § 1157 Rn. 10.
203 Soergel/*Stürner* § 892 Rn. 30; zur Hypothek RG SeuffA 83 Nr. 191; BGHZ 25, 27 (32); Soergel/*Konzen* § 1138 Rn. 12; Palandt/*Bassenge* § 1157 Rn. 3.
204 Soergel/*Konzen* § 1138 Rn. 12 § 1157 Rn. 5; *Reinicke/Tiedtke* Kreditsicherung Rn. 1105.
205 BGH MDR 2001, 445.

reden im Wege der Grundbuchberichtigung (§ 894 BGB)[206] in das Grundbuch eingetragen und durch einen Widerspruch (§ 899 BGB)[207] gesichert werden.[208] Besondere Erleichterungen bestehen für die Eintragung eines Widerspruchs wegen unterbliebener Auszahlung des Darlehens (§ 1139 BGB).[209]

Da bei der Sicherungshypothek die Anwendung des § 1138 Alt. 2 BGB ausgeschlossen ist (§ 1185 II BGB) und es somit auch keinen gutgläubig einredefreien Erwerb hinsichtlich der forderungsbezogenen Gegenrechte gibt, ist bei ihr § 1157 BGB uneingeschränkt anwendbar und eine Eintragung der Einreden überflüssig.[210]

cc) Gutgläubig einredefreier Erwerb der Hypothek bei Ablösung durch einen Dritten (§ 1150 BGB) (E)

Bei der Hypothek besteht gem. § 1150 BGB ein besonderes Ablösungsrecht Dritter. 57
Die Vorschrift erweitert das Ablösungsrecht über den von § 268 BGB gesetzten Rahmen und verlagert es zeitlich vor.[211] Infolge der Zahlung an den eingetragenen und berechtigten Hypothekengläubiger (Ablösung) gehen Forderung und Hypothek kraft Gesetzes auf den Ablösungsberechtigten über (§§ 1150, 268 III BGB).

War der Hypothekar Nichtberechtigter, hat die Hypothek aber bestanden, so kann der Dritte die Hypothek gutgläubig nach §§ 893, 892 BGB erwerben.[212] Umstritten ist jedoch, ob der Dritte die Hypothek im Verhältnis zum Eigentümer *einredefrei* erwerben kann:

Die Rechtsprechung[213] und ein Teil der Literatur[214] lehnen dies ab. Als Argument wird dabei der gutgläubige, einredefreie Hypothekenerwerb mit dem Fall des Nichtbestehens der Hypothek verglichen, für den § 893 BGB nicht gelte. Seien die §§ 893, 892 I BGB aber bereits bei der Frage nicht anwendbar, ob der Dritte die Hypothek überhaupt erwerbe, so müsse dies auch für die Einredefreiheit gelten.[215] Es handele sich auch nicht um einen Übergang des Grundpfandrechts durch Rechtsgeschäft, wie ihn § 892 BGB voraussetze; er sei lediglich Folge der Zahlung. Auf § 893 BGB, der die Leistung auf ein Grundpfandrecht betreffe und einschlägig wäre, verweise § 1157 S. 2 BGB, der sich auf Einreden beziehe, aber gerade nicht.[216] Ein auf das Grundpfandrecht leistender Dritter sei auch nicht schutzwürdig, da er sich meist nicht beim Gläubiger erkundigen könne, welche Einreden bestünden. Er dürfe daher nicht auf

206 → § 13 Rn. 57.

207 → § 13 Rn. 49.

208 Palandt/*Bassenge* § 1157 Rn. 3; *Brehm/Berger* SachenR § 17 Rn. 107.

209 Staudinger/*Wolfsteiner* (2015) § 1138 Rn. 1.

210 Soergel/*Konzen* § 1185 Rn. 3; *Wilhelm* SachenR Rn. 1706 ff.; Staudinger/*Wolfsteiner* (2015) § 1138 Rn. 11: Der öffentliche Glaube bleibt auf das dingliche Recht beschränkt.

211 Zweck: Vermeidung unnötiger Kosten für gerichtliche Geltendmachung und Einleitung der Zwangsvollstreckung; Staudinger/*Wolfsteiner* (2015) § 1150 Rn. 1.

212 AllgM: Erman/*Wenzel* § 1150 Rn. 6; Staudinger/*Wolfsteiner* (2015) § 1150 Rn. 44; *Reinicke/Tiedtke* Kreditsicherung Rn. 1100.

213 BGH NJW 1987, 1487 (1488); NJW 1996, 190 (191).

214 Der Rspr. folgend Palandt/*Bassenge* § 1150 Rn. 5; *Reinicke/Tiedtke* Kreditsicherung Rn. 1232 ff.; *dies.* WM 1986, 813 (819 f.), jeweils zur Grundschuld; ferner Erman/*Wenzel* § 1150 Rn. 6.

215 *Reinicke/Tiedtke* Kreditsicherung Rn. 1232.

216 BGH NJW 1987, 1487 (1488); NJW 1997, 190 (191).

deren Nichtbestehen vertrauen.[217] Schließlich wolle die Regelung des § 1150 BGB die Stellung des Eigentümers nicht gegenüber derjenigen nach § 268 BGB verschlechtern.[218] Die Hypothek gehe auf den Dritten demnach nur so über, wie sie bestehe, dh dem Eigentümer müssten die vor der Ablösung bestehenden Einwendungen und Einreden erhalten bleiben. Der gute Glaube bezüglich der Einredefreiheit solle beim gesetzlichen Erwerb daher nicht entsprechend §§ 1137 I, 1138, 1157 S. 2 BGB geschützt werden.

Die Gegenmeinung[219] behandelt die Frage teilweise entsprechend der Parallelproblematik des gutgläubigen Zweiterwerbs einer Vormerkung. Wie dort solle auch der Hypothekenerwerb kraft Gesetzes zum einredefreien Erwerb führen, um Wertungswidersprüche zu vermeiden. Die Aussage, dass gutgläubiger Erwerb stets unmittelbar durch Rechtsgeschäft erfolgen müsse, lasse sich nicht begründen. Vielmehr müsse genügen, dass der Erwerb Folge eines Rechtsgeschäfts sei.[220] Vor allem sei die Lösung der Rechtsprechung mit dem Ziel des Ablösungsrechts nicht vereinbar: Es wolle den Dritten gerade besser stellen, indem dieser nicht nur einen Anspruch auf Abkauf und Übertragung erhalte, sondern ohne Zutun des Schuldners leisten und so den Übergang herbeiführen könne. § 1150 iVm § 268 III BGB ordneten mithin gesetzlich an, was redliche Vertragsparteien ohnehin vereinbaren würden. Bei einem »Abkauf« des Grundpfandrechts käme aber § 892 BGB zwanglos zur Anwendung.[221] Diese Lösung bedeute auch keine Verschlechterung der Eigentümerposition durch § 1150 BGB gegenüber § 268 BGB. Dies sei nämlich lediglich Folge davon, dass dingliche Rechte im Gegensatz zu obligatorischen gutgläubig erworben werden könnten.[222] Die mangelnde Verweisung auf § 893 BGB in § 1157 S. 2 BGB lasse sich als Anschauungslücke des Gesetzgebers erklären, der in Einreden eine Beschränkung des dinglichen Rechts gesehen und so § 892 BGB für anwendbar gehalten habe.[223]

8. Folgen der Tilgung

Die Folgen der Tilgung richten sich danach, an wen die Leistung erfolgt (Hypothekar, Forderungsgläubiger), ob der Leistungsempfänger berechtigt ist, wer die Leistung erbringt (Eigentümer, persönlicher Schuldner), ob Eigentümer und persönlicher Schuldner identisch sind und ob auf die Hypothek und/oder die Forderung gezahlt wird.

217 *Reinicke/Tiedtke* Kreditsicherung Rn. 1235; aufgegriffen von BGH NJW 1997, 190 (191) und Erman/*Wenzel* § 1157 Rn. 5.

218 BGH NJW 1997, 190 (191).

219 Staudinger/*Wolfsteiner* (2015) § 1150 Rn. 44. Zum Parallelproblem bei der Grundschuld vgl. *Canaris* NJW 1986, 1488 (1489); *Rimmelspacher* KreditsicherungsR WM 1986, 809.

220 Dies zeigt sich schon an § 1138 BGB; vgl. *Canaris* NJW 1986, 1488 (1488 f.); eing. *J. Hager* ZIP 1997, 133 (136 ff.); MüKoBGB/*Eickmann* § 1150 Rn. 34; → § 13 Rn. 41.

221 *Canaris* NJW 1986, 1488 (1489); *J. Hager* ZIP 1997, 133 (137); *Reischl* JR 1998, 405 (408 f.).

222 *J. Hager* ZIP 1997, 133 (138).

223 *Canaris* NJW 1986, 1488 (1489); ähnlich *J. Hager* ZIP 1997, 133 (136); *Wilhelm* SachenR Rn. 1840 ff., 1506; *Baur/Stürner* SachenR § 38 Rn. 114; *Reischl* JR 1998, 405 (410 f.): »recht formale Argumentation«.

Tilgungsfolgen bei der Hypothek bei Zahlung an den Hypothekengläubiger

An wen wird gezahlt?	Wer zahlt?	Worauf?	Weshalb?	Folge für die persönliche Forderung	Folge für die Hypothek
Hypothekengläubiger = Forderungsgläubiger	Eigentümer = persönlicher Schuldner	Hypothek und Forderung	alle Verbindlichkeiten sollen beseitigt werden	erlischt (§ 362 I BGB)	• geht auf den Eigentümer über (§ 1163 I 2 BGB) • wird zur Eigentümergrundschuld (§ 1177 I BGB)
		Hypothek	nur ausnahmsweise bei entsprechender Tilgungsbestimmung	erlischt gem. § 364 II BGB	• geht auf den Eigentümer über (§ 1163 I 2 BGB) • wird zur Eigentümergrundschuld (§ 1177 I BGB)
	Eigentümer ≠ persönlicher Schuldner	Hypothek	Interesse, die Zwangsvollstreckung in sein Grundstück abzuwenden	geht auf Eigentümer über (§ 1143 I 1 BGB)	• folgt der Forderung, d.h. geht auf den Eigentümer über (§§ 401, 412, 1153 I BGB) • es entsteht Eigentümerhypothek (§ 1177 II BGB)
		Forderung	aufgrund entsprechender Absprache im Innenverhältnis	erlischt (§ 362 I BGB)	• geht auf den Eigentümer über (§ 1163 I 2 BGB) • wird zur Eigentümergrundschuld (§ 1177 I BGB)
		Hypothek	trotz anderslautender Absprache im Innenverhältnis	geht auf Eigentümer nach hM über (§ 1143 I 1 BGB, Schutz des Schuldners durch Einreden aus dem Innenverhältnis zum Eigentümer)	• folgt nach hM der Forderung, dh geht auf den Eigentümer über (§§ 401, 412, 1153 I BGB) • es entsteht Eigentümerhypothek (§ 1177 II BGB)
	persönlicher Schuldner ≠ Eigentümer	Forderung	persönliches Interesse	erlischt (§ 362 I BGB)	hängt davon ab, ob ein Ersatzanspruch im Innenverhältnis besteht: • falls (–): Hypothek geht auf den Eigentümer über (§ 1163 I 2 BGB) und wird zur Eigentümergrundschuld • falls (+): persönlicher Schuldner erwirbt Hypothek kraft Gesetzes (§ 1164 I 1 BGB), dabei gesetzliche Forderungsauswechslung
	ablösungsberechtigter Dritter	Hypothek	Ablösungsrecht, das auf der dinglichen Rechtsstellung beruht	folgt der Hypothek (§§ 268 III 1, 1150 BGB)	geht auf Dritten über (§§ 401, 412, 1153 I BGB)
		Forderung	Ablösungsrecht beruht auf § 268 BGB	erlischt (§ 362 I BGB)	• geht auf den Eigentümer über (§ 1163 I 2 BGB) • wird zur Eigentümergrundschuld (§ 1177 I BGB)
	nicht ablösungsberechtigter Dritter	Hypothek		• falls Eigentümer = Schuldner: Erlöschen (§ 364 II BGB) • falls Eigentümer ≠ Schuldner: Übergang (§ 1143 BGB)	• entweder: §§ 1163 I 2, 1177 I BGB • oder: §§ 401, 412, 1153 I, 1177 II BGB
		Forderung		erlischt (§ 362 I BGB)	• geht auf den Eigentümer über (§ 1163 I 2 BGB) • wird zur Eigentümergrundschuld (§ 1177 I BGB)

a) Leistungen an den Hypothekar (G)

58 Erfolgt eine Zahlung an den mit dem Forderungsgläubiger im Regelfall identischen Hypothekar, so ist stets zu differenzieren, wer in welcher Eigenschaft auf welche Schuld leistet: ob der persönliche Schuldner, der Grundstückseigentümer oder ein Dritter leistet und ob auf die Forderung oder auf die Hypothek gezahlt werden soll. Letzteres ist insbesondere bei Personenverschiedenheit von persönlichem Schuldner und Eigentümer von Relevanz. Ausschlaggebend ist der Wille des Leistenden.[224]

b) Befriedigung durch den Eigentümer, der zugleich persönlicher Schuldner ist (G)

59 Leistet der Eigentümer, der zugleich persönlicher Schuldner ist, will er im Zweifel sowohl die Forderung als auch die Hypothek tilgen und daher auf beide zugleich zahlen.[225] Die Forderung erlischt dann durch Erfüllung gem. § 362 I BGB und die Hypothek geht in diesem Zeitpunkt auf den Eigentümer gem. § 1163 I 2 BGB über.[226] Mit der Vereinigung von Eigentum und Hypothek in einer Person entsteht eine Eigentümergrundschuld (§ 1177 I BGB).[227]

Der Eigentümer kann den Hypothekenbrief sowie alle zur Löschung der Hypothek oder Berichtigung des Grundbuchs erforderlichen Urkunden verlangen (§ 1144 BGB).[228] Darüber hinaus geben die genannten Vorschriften dem Eigentümer ein Zurückbehaltungsrecht (§§ 273, 274 BGB) der Art, dass Befriedigung nur Zug um Zug gegen Überlassung der Urkunden verlangt werden kann.[229] Damit wird der Eigentümer vor Verfügungen des Hypothekars geschützt, die dieser zwischen der eigenen Befriedigung und der Aushändigung der Urkunden vornehmen könnte. Der Eigentümer kann durch die Möglichkeit der Zug-um-Zug-Erfüllung die Löschung oder Umschreibung der Hypothek im Grundbuch schneller durchführen.[230] Die §§ 1144, 1145 BGB erweitern damit die Rechte aus §§ 894, 413, 412, 401, 368, 371 BGB.[231]

c) Befriedigung durch den Eigentümer, der nicht zugleich persönlicher Schuldner ist – Grundsatz (G)

60 Der mit dem persönlichen Schuldner nicht identische Eigentümer hat ein Interesse daran, die Zwangsvollstreckung in sein Grundstück abzuwenden. Ist er willens und in der Lage, den Gläubiger zu befriedigen, muss ihm die Möglichkeit gegeben werden, die Hypothek – wie in § 1142 BGB vorgesehen – abzulösen.[232] Der Eigentümer zahlt also regelmäßig auf die Hypothek. Infolge der Ablösung geht die Forderung auf ihn über (§ 1143 I 1 BGB) und mit der Forderung auch die Hypothek (§§ 412, 401 I,

224 Vgl. zur praktisch relevanteren Grundschuld *Baur/Stürner* SachenR § 45 Rn. 44.
225 *Reinicke/Tiedtke* Kreditsicherung Rn. 1107.
226 RGZ 78, 398 (404).
227 Soergel/*Konzen* § 1163 Rn. 20; Erman/*Wenzel* § 1163 Rn. 13, § 1164 Rn. 2.
228 Bei teilweiser Befriedigung besteht kein Anspruch auf Aushändigung des Hypothekenbriefs, sondern nur auf einen Vermerk auf dem Brief (§ 1145 BGB).
229 MüKoBGB/*Eickmann* § 1144 Rn. 7, 29; Soergel/*Konzen* § 1144 Rn. 1.
230 MüKoBGB/*Eickmann* § 1144 Rn. 1.
231 Soergel/*Konzen* § 1144 Rn. 1.
232 MüKoBGB/*Eickmann* § 1142 Rn. 1; Erman/*Wenzel* § 1142 Rn. 1.

1153 I BGB). Es entsteht eine Eigentümerhypothek, da Hypothek und Forderung vereint werden (§ 1177 II BGB).[233]

d) Befriedigung durch den Eigentümer, der nicht zugleich persönlicher Schuldner ist – Absprachen im Innenverhältnis Eigentümer/Schuldner (V)

Ist der Eigentümer im Innenverhältnis zum Schuldner zur Leistung verpflichtet, so **61**
wird der Eigentümer – abweichend vom Grundsatz – auf die Forderung leisten wollen. Fraglich ist, ob auch hier § 1143 I 1 BGB zur Anwendung kommt. Nach dem Wortlaut des § 1143 I 1 BGB findet der Forderungsübergang unabhängig von dem zwischen Eigentümer und Schuldner bestehenden Rechtsverhältnis statt.[234] Allerdings setzt § 1143 I 1 BGB voraus, dass der Eigentümer auch mit dem Zweck leistet, sich von der dinglichen Haftung befreien zu wollen.[235]

aa) Absprachegemäße Leistung auf die Forderung (V)

Zahlt der Eigentümer absprachegemäß, so leistet er in Erfüllung der internen Ver- **62**
pflichtung und damit auf die Forderung des persönlichen Schuldners. § 1143 BGB ist in diesem Fall nicht einschlägig, und die Forderung erlischt gem. §§ 267, 362 BGB. In Anwendung der §§ 1163, 1177 BGB entsteht eine Eigentümergrundschuld.[236]

bb) Absprachewidrige Leistung auf die Hypothek (V)

Die Rechtsfolgen des § 1143 I 1 BGB (Forderungsübergang mitsamt der Hypothek) **63**
könnten im Vergleich zur vorhergehenden Konstellation jedoch eingreifen, wenn der Eigentümer trotz einer anderslautenden internen Absprache auf die Hypothek zahlt. Dem Wortlaut nach wäre die Voraussetzung des § 1143 I 1 BGB dann erfüllt, weil der Eigentümer auf das dingliche Recht leistet. Allerdings könnte die Absprache im Verhältnis Eigentümer/persönlicher Schuldner der Anwendung des § 1143 I 1 BGB entgegenstehen:

Nach überwiegender Ansicht[237] soll § 1143 BGB Anwendung finden. Mangels Erlöschensgrunds gehe die Forderung bei Zahlung auf den Eigentümer über. Der Schuldner sei aufgrund der ihm nach § 1143 I 2 BGB zustehenden Einreden, insbesondere aus der internen Absprache, geschützt.

Andere[238] wollen die Vorschrift nach Sinn und Zweck einschränkend auslegen, damit sie im benannten Fall nicht zur Anwendung gelangt. Zweck der Bestimmung sei, mit Hilfe des Forderungsübergangs den Rückgriff des zahlenden Eigentümers auf den eigentlich verpflichteten Schuldner der Forderung rechtlich zu verstärken.[239] Nach

233 *Baur/Stürner* SachenR § 38 Rn. 95; *Reinicke/Tiedtke* Kreditsicherung Rn. 1111.
234 Soergel/*Konzen* § 1143 Rn. 3.
235 MüKoBGB/*Eickmann* § 1143 Rn. 8.
236 AllgM: RGZ 80, 317 (319); 143, 278 (287); MüKoBGB/*Eickmann* § 1143 Rn. 8; Soergel/*Konzen* § 1143 Rn. 3; Staudinger/*Wolfsteiner* (2015) § 1143 Rn. 5; Palandt/*Bassenge* § 1143 Rn. 2 f.; *Reinicke/Tiedtke* Kreditsicherung Rn. 1112; siehe auch *Preuß* Jura 2002, 548 (551).
237 RGZ 143, 278 (287); 150, 371 (373); BGHZ 80, 228 (231); MüKoBGB/*Eickmann* § 1143 Rn. 11, 23 f.; Palandt/*Bassenge* § 1143 Rn. 3.
238 RGZ 80, 317 (319 f.); Soergel/*Konzen* § 1143 Rn. 3; *Baur/Stürner* SachenR § 40 Rn. 18; *Reinicke/Tiedtke* Kreditsicherung Rn. 1112.
239 Soergel/*Konzen* § 1143 Rn. 3.

der oben genannten internen Absprache solle aber gerade der Eigentümer der endgültig Belastete sein. Die Rechtsfolge des § 1143 BGB vereitele aber diese Absprache.[240] Daher solle nicht § 1143 BGB, sondern § 1164 BGB anzuwenden sein.[241]

e) Befriedigung durch den mit dem Eigentümer nicht identischen persönlichen Schuldner (G)

Fallbeispiel: »Der Oldtimer«[242]

64 Der mit dem Eigentümer nicht identische persönliche Schuldner leistet im Zweifel auf die Forderung, die gem. § 362 BGB erlischt. Die Hypothek wird dann zur Eigentümergrundschuld (§§ 1163 I 2, 1177 I BGB), sofern der Schuldner keinen Ersatzanspruch gegen den Eigentümer hat, den die Hypothek absichern könnte. Steht dem Schuldner aber ein solcher Ersatzanspruch zu, so erwirbt der Schuldner die Hypothek insoweit kraft Gesetzes gem. § 1164 I 1 BGB. Es tritt also neben dem gesetzlichen Hypothekenübergang auch eine Forderungsauswechslung[243] kraft Gesetzes ein.[244] Der Ersatzanspruch muss einen rechtlichen Ausgleich für die Zahlung des Schuldners darstellen, weil in dem konkreten Personenverhältnis nicht der Zahlende, sondern der Eigentümer oder dessen Rechtsvorgänger zur Zahlung verpflichtet war.[245] Solche Ansprüche können sich nicht nur aus Vertrag, sondern auch aus dem Gesetz ergeben, zB aus §§ 280 I und III, 283 und 326 V BGB, aus § 426 II BGB, aus § 670 BGB sowie aus §§ 812 ff. BGB.[246]

f) »Wettlauf« mehrerer Sicherungsgeber (V)

Fallbeispiel: »Der Wettlauf der Sicherer«[247]

65 Werden für eine Forderung mehrere verschiedene Sicherheiten bestellt (haftet zB neben einem Hypothekenschuldner ein Dritter als Bürge) so stellt sich das Problem des »Wettlaufs« um die Regressforderung. Dieses liegt in der Systematik des Gesetzes begründet: Leistet der Bürge, so geht die Hypothek kraft Gesetzes auf ihn über (§§ 774 I 1, 412, 401 I BGB); zahlt dagegen der Grundstückseigentümer, so erwirbt er die Bürgschaft (§§ 1143 I, 412, 401 I BGB). Daher werden sich beide Sicherer beeilen, im Fall der Zahlungsunfähigkeit des persönlichen Schuldners als erster die Schuld zu tilgen, um sich durch den gesetzlichen Übergang des jeweils anderen Sicherungs-

240 *Baur/Stürner* SachenR § 40 Rn. 18 mit Verweis auf RGZ 80, 317 (Eigentümer hatte das Grundstück vom Schuldner gekauft; die Hypothek war auf den Kaufpreis angerechnet worden).

241 Dazu *Reinicke/Tiedtke* Kreditsicherung Rn. 1112: Die mit der rechtsvernichtenden Einwendung behaftete Forderung erlösche wegen der Einwendung ohnehin; der Untergang trete mit der Zahlung ein.

242 *Vieweg/Röthel* Fälle SachenR Fall 37.

243 → § 15 Rn. 72.

244 Erman/*Wenzel* § 1164 Rn. 4; Soergel/*Konzen* § 1164 Rn. 2. Der Eigentümer ist sodann persönlicher Schuldner der neuen Hypothekenforderung.

245 RGZ 131, 154 (157); Staudinger/*Wolfsteiner* (2015) § 1164 Rn. 10; Erman/*Wenzel* § 1164 Rn. 3.

246 Häufiger Fall: Bei Veräußerung eines mit einer Hypothek belasteten Grundstücks kommt die Schuldübernahme nach §§ 415 f. BGB nicht zustande (fehlende Genehmigung des Gläubigers). Dann bestehen Ersatzansprüche gegen den Erwerber aus §§ 280 I und III, 283 und 323, 326 V, 346 ff. oder § 812 I 1 Alt. 1 BGB; vgl. Staudinger/*Wolfsteiner* (2015) § 1164 Rn. 11 mwN.

247 *Vieweg/Röthel* Fälle SachenR Fall 21.

rechts im Ergebnis schadlos zu halten; bei vom Gläubiger ausgeübtem Wahlrecht[248] trifft den ausgewählten Sicherer das günstigere Los.

Dass im Ergebnis ein Sicherer die Zahlungslast allein zu tragen hat, wird als nicht interessengerecht empfunden. Daher werden Überlegungen zum Vorrang eines der Sicherungsrechte oder zu einem anteiligen Ausgleich unter den Sicherungsgebern angestellt.

Für die Privilegierung des Bürgen wird § 776 S. 1 BGB angeführt, der auf die Sicherung des Rückgriffs nach § 774 BGB abziele[249] und dem eine Entsprechung im Hypothekenrecht fehle. Daraus wird von einem Teil der Literatur[250] die Begünstigung des Bürgen im Verhältnis zum dinglichen Sicherer abgeleitet, sofern § 776 BGB nicht explizit abbedungen sei.[251] Außerdem hafte der Hypothekenschuldner ohnehin nur auf den Wert seines Grundstücks begrenzt.[252]

Hingegen will die überwiegende Ansicht[253] auch im Verhältnis dinglicher-persönlicher Sicherungsgeber bei mehreren Sicherungsgebern am allgemeinen Prinzip der Ausgleichshaftung festhalten.[254] Der Verlust eines belasteten Gegenstands könnte für den Grundpfandrechtsbesteller genauso hart sein wie die persönliche Haftung des Bürgen mit dem ganzen Vermögen. Ohne abweichende Vereinbarung stünden alle Sicherungsgeber auf derselben Stufe.[255] Zwischen dem Bürgen und dem Eigentümer bestehe danach ein anteiliger Ausgleichsanspruch analog §§ 774 II, 426 BGB.

9. Leistung an den Nichtberechtigten

a) Grundproblematik (V)

Bei Leistung an einen Nichtberechtigten im Falle der vorangegangenen Abtretung stehen sich zwei Normenkomplexe gegenüber: zum einen die §§ 406 ff. BGB, zum anderen die Regelung des § 893 BGB bzw. § 1155 iVm § 893 BGB. § 893 BGB erweitert den Anwendungsbereich von § 892 BGB unter anderem auf Leistungen an den eingetragenen Nichtberechtigten zwecks Tilgung eines Anspruchs aus dem eingetragenen, existierenden Recht.[256] Anders als bei §§ 406–408 BGB muss der Nichtberechtigte bei § 893 BGB im Moment der Zahlung in das Grundbuch eingetragen bzw. bei der Briefhypothek durch Briefbesitz und eine ununterbrochene Kette öffentlich beglaubigter Abtretungserklärungen (§§ 1155, 129 I BGB) legitimiert sein.[257] § 893 BGB gilt allerdings nur, 66

248 Palandt/*Sprau* § 774 Rn. 13.

249 MüKoBGB/*Habersack* § 776 Rn. 1.

250 Staudinger/*Horn* (2012) § 774 Rn. 34; *Baur/Stürner* SachenR § 38 Rn. 100 ff.; *Larenz*, Lehrbuch des Schuldrechts Bd. II Besonderer Teil, 12. Aufl. 1981, § 64 III.

251 Dies ist nach BGHZ 95, 350 (358) auch durch AGB möglich.

252 *Tiedtke* BB 1984, 19 (20).

253 BGHZ 108, 179 (186); BGH NJW-RR 1991, 682; MüKoBGB/*Habersack* § 774 Rn. 29 ff. mit Argumenten gegen die Gegenauffassung; MüKoBGB/*Damrau* § 1225 Rn. 10; *Reinicke/Tiedtke* Kreditsicherung Rn. 1317 ff.; *Westermann/Gursky/Eickmann* SachenR § 101 Rn. 11; *Wilhelm* SachenR Rn. 1686; *Wolff/Raiser* SachenR § 140 V 1.

254 Zur Parallelproblematik beim Zusammentreffen von Verpfänder und Bürge vgl. § 10 Rn. 39.

255 Palandt/*Sprau* § 774 Rn. 13.

256 Jauernig/*Berger* § 893 Rn. 2; → § 13 Rn. 53.

257 *Baur/Stürner* SachenR § 38 Rn. 58: Die §§ 406–408 BGB »konservieren« eine Rechtslage, entweder durch Aufrechterhaltung einer einmal entstandenen Aufrechnungslage (§ 406 BGB) oder durch Freiwerden von der Schuld durch Leistung an den Zedenten (§ 407 BGB) bzw. den zweiten Zessionar (§ 408 BGB).

wenn auf das dingliche Recht geleistet wird, also nicht bei Leistung durch den persönlichen Schuldner.[258]

Tilgungsfolgen bei der Hypothek bei Zahlung an einen Nichtberechtigten

An wen wird gezahlt?	Wer zahlt?	Worauf?	Weshalb?	Folge für die persönliche Forderung	Folge für die Hypothek
an nichtberechtigten Dritten, der durch Grundbuch oder gem. § 1155 BGB legitimiert ist	Eigentümer = persönlicher Schuldner	Hypothek und Forderung	alle Verbindlichkeiten sollen beseitigt werden	erlischt (§§ 893, 892 BGB)	gem. §§ 893, 892 BGB wird der Eigentümer behandelt, als wenn er an den Berechtigten geleistet hätte, dh: • geht auf den Eigentümer über (§ 1163 I 2 BGB) • wird zur Eigentümergrundschuld (§ 1177 I BGB)
	Eigentümer ≠ persönlicher Schuldner	Hypothek	Eigentümer hat Ausgleichsanspruch gegen Schuldner	geht auf Eigentümer über (§ 1143 I 1 BGB)	• folgt der Forderung, dh geht auf den Eigentümer über (§§ 401, 412, 1153 I BGB) • es entsteht Eigentümerhypothek (§ 1177 II BGB)
	persönlicher Schuldner ≠ Eigentümer	Forderung	persönliches Interesse	• evtl. Erlöschen gem. §§ 407 ff. BGB • ansonsten kein Erlöschen	• falls Forderung erlischt: Folge wie bei Zahlung an den Berechtigten • ansonsten keine Auswirkung
	ablösungsberechtigter Dritter	Hypothek	Verhinderung der Beeinträchtigung des eigenen Rechts	folgt der Hypothek, dh geht auf den Dritten über (§§ 268 III 1, 1150 BGB)	wird vom Dritten gutgläubig erworben (§§ 893, 892 BGB)

b) Verhältnis des § 893 BGB zu §§ 407 ff. BGB (V)

67 Gegenüber §§ 407 ff. BGB ist § 893 BGB lex specialis. § 1156 BGB bestimmt, dass die §§ 406–408 BGB »in Ansehung der Hypothek« unanwendbar sind. Für die Geltendmachung der persönlichen Forderung hingegen bleiben sie uneingeschränkt maßgeblich.[259]

c) Gesetzlicher Übergang der Hypothek kraft Legalzession (§§ 893, 892 BGB) (E)

68 Der Gesetzgeber hat sich bei der »Bewirkung der Leistung« an einen Nichtberechtigten mit der Erfüllungswirkung begnügt (§ 893 BGB), sich aber keine Gedanken um die Grundpfandrechte gemacht, bei denen mit dem Erlöschenstatbestand ein Rechtsübergang verbunden ist.[260] Die Frage ist damit, ob eine Hypothek auch bei gesetzlichem Übergang infolge Erlöschens gutgläubig nach § 892 BGB erworben werden kann, obwohl die Vorschrift ihrem Wortlaut nach den Rechtserwerb aufgrund Rechtsgeschäfts voraussetzt.

258 MüKoBGB/*Kohler* § 893 Rn. 4.
259 *Baur/Stürner* SachenR § 38 Rn. 59.
260 *Baur/Stürner* SachenR § 38 Rn. 108 ff.

In den angesprochenen Fällen erfolgt der Rechtsübergang zwar kraft Gesetzes. Er beruht aber auf rechtsgeschäftlicher Grundlage, ist also zumindest mittelbar auf ein Rechtsgeschäft zurückzuführen. Leistungsvorgang und Leistungsfolge müssen als *funktionelle Einheit* betrachtet werden, weil die Gläubigerbefriedigung, die den Übergang auslöst, in § 893 BGB ausdrücklich dem Gutglaubensschutz unterstellt wird und damit in einer geschützten Weise veranlasst wurde.[261] Daher soll auch auf solche Sachverhalte § 892 BGB ausnahmsweise anzuwenden sein.[262] Kurz: Immer wenn der Voraussetzungstatbestand des gesetzlichen Rechtsübergangs unter die Vorschriften des Erwerbs vom Nichtberechtigten fällt, tritt der als Folge daran geknüpfte gesetzliche Rechtsübergang ein.[263]

Beispielsfälle:

a) Der Schuldner-Eigentümer zahlt die Hypothek an den eingetragenen Hypothekar zurück, der die Hypothek wegen Nichtigkeit der Abtretung jedoch nicht erworben hat. Nach § 893 iVm § 892 BGB gilt der Inhalt des Grundbuchs dem Eigentümer gegenüber als richtig. Die Rechtslage wird so beurteilt, als ob er die Leistung an den wahren Hypothekar erbracht hätte. Daraus ergibt sich auch, dass die Hypothek auf ihn übergehen muss. Die Schuld erlischt[264] und der Eigentümer erwirbt die Hypothek kraft Gesetzes als Eigentümerpfandrecht, das sich in seiner Person in eine Eigentümergrundschuld verwandelt (§§ 893, 892 I, 1177 II BGB).[265]

b) Zahlt ein ablösungsberechtigter Dritter auf die Hypothek, so erwirbt er gutgläubig die Hypothek nebst der ihr zugrundeliegenden Forderung (§§ 893, 892 I, 1150, 268 III, 1153 I BGB).[266] Der Dritte hat die Zahlung geleistet und ist schutzwürdig, weil er auf die Grundbucheintragung vertraut hat.

c) Sind Eigentümer und persönlicher Schuldner nicht identisch, erwirbt der zahlende Eigentümer die Forderung, wenn er einen Ausgleichsanspruch gegen den Schuldner hat. Hätte er nämlich an den berechtigten Hypothekar gezahlt, wäre die Forderung nach § 1143 I BGB auf ihn übergegangen.[267]

d) Leistung an einen nichtberechtigten Forderungsinhaber (V)

Von oben genannten Fällen sind diejenigen zu unterscheiden, in denen auf einen *obligatorischen Anspruch* an den falschen Gläubiger geleistet wird, so zB wenn sich ein Scheingläubiger (zB der Dieb des Hypothekenbriefs) als der richtige Gläubiger ausgibt und der Schuldner an ihn leistet. Hier wird dem Schuldner überwiegend der Schutz versagt, weil der öffentliche Glaube des Grundbuchs nicht für Forderungen gilt. Die Eintragung im Grundbuch schafft keine Vermutung dafür, dass der Einge- 69

261 *Westermann/Gursky/Eickmann* SachenR § 104 Rn. 18.

262 *Baur/Stürner* SachenR § 38 Rn. 108 ff.; *Medicus/Petersen* BürgerlR Rn. 547; *Reinicke/Tiedtke* Kreditsicherung Rn. 1227 ff.; *Rimmelspacher* WM 1986, 809; *Westermann/Gursky/Eickmann* SachenR § 104 Rn. 18; *Canaris* NJW 1986, 1488 (Anm. zu BGH NJW 1986, 1487); *K. Schmidt* JuS 1986, 733; BGH NJW 1986, 1487 sieht diese Einheit allerdings nicht.

263 *Baur/Stürner* SachenR § 38 Rn. 110.

264 Dem ursprünglichen Gläubiger steht die Forderung nicht mehr zu, weil er in seiner Eigenschaft als Gläubiger der Hypothek als befriedigt gilt und die Befriedigung des Hypothekengläubigers zur Folge hat, dass die Forderung nicht mehr in seiner Person bestehen kann. Er kann nicht zweimal befriedigt werden. Vgl. *Reinicke/Tiedtke* Kreditsicherung Rn. 1228 ff.

265 *Reinicke/Tiedtke* Kreditsicherung Rn. 1228.

266 *Reinicke/Tiedtke* Kreditsicherung Rn. 1229.

267 *Reinicke/Tiedtke* Kreditsicherung Rn. 1228.

tragene Gläubiger des Schuldners ist.[268] Auf diese Fälle sind allein schuldrechtliche Vorschriften anzuwenden, insbesondere §§ 370, 407 ff. BGB.[269]

10. Ansprüche des Hypothekengläubigers (G)

70 Der Hypothekengläubiger hat gegen den Eigentümer des mit der Hypothek belasteten Grundstücks einen Anspruch auf Duldung der Zwangsvollstreckung aus der Hypothek (§ 1147 BGB). Art und Weise der Befriedigung sind gesetzlich vorgegeben:

Zunächst bedarf der Gläubiger eines die Befriedigung rechtfertigenden dinglichen Titels (zB Duldungsurteil, vollstreckbare Urkunden [§§ 794 I Nr. 5, 800 ZPO], Prozess- und Schiedsvergleiche [§§ 794 I Nr. 1 und Nr. 4a, 1053 IV ZPO] oder Haftungsübernahme mit persönlicher Unterwerfungsklausel [auch in AGB]).[270] Die Befriedigung selbst kann auf zwei Arten erfolgen: entweder durch Zwangsversteigerung (Zugriff auf die Substanz) oder durch Zwangsverwaltung (Zugriff auf die Nutzung).[271]

Daneben hat der Hypothekengläubiger als Gläubiger der gesicherten Forderung gegen den Schuldner der Forderung, der nicht mit dem Grundstückseigentümer identisch sein muss, einen Zahlungsanspruch aus dem schuldrechtlichen (Kredit-) Vertrag.

Nach § 1149 BGB sind vor Fälligkeit getroffene Abreden unwirksam, denen zufolge der Hypothekengläubiger die Übertragung des Grundstücks an sich oder eine andere Verwertungsart als die in § 1147 BGB vorgesehene verlangen kann. Mit diesem Verbot der Verfallsklausel (lex commissoria), dessen Nichtbeachtung zur Nichtigkeit der Abrede führt,[272] sollte ursprünglich bereits der abstrakten Gefährlichkeit solcher Vereinbarungen entgegengewirkt werden, weil der Schuldner oft aus seiner Notlage heraus zu wertvolle Sachen überträgt.[273] Der BGH[274] sieht in dieser Norm jedoch kein Hindernis, zu vereinbaren, ein Grundstück bei Zahlungsverzug an den Gläubiger zu übereignen, weil § 1149 BGB – ebenso wie §§ 1229, 1277 BGB – nur eine Regel über die Art der Verwertung dinglicher Rechte sei; eine besondere Anerkennung der Schutzwürdigkeit des Pfandgebers liege in der Vorschrift nach der Intention der Gesetzgeber des BGB nicht. In der genannten Abrede liege eine von der Privatautonomie gedeckte Vereinbarung einer Pflicht für den

268 *Westermann/Gursky/Eickmann* SachenR § 104 Rn. 19: Dafür spreche auch § 1167 BGB, nach dem der Schuldner die für die Umschreibung der Hypothek erforderlichen Urkunden verlangen könne (Berichtigungsurkunden).

269 MüKoBGB/*Kohler* § 893 Rn. 4; *Baur/Stürner* SachenR § 38 Rn. 61; *Westermann/Gursky/Eickmann* SachenR § 104 Rn. 19.

270 Vgl. Erman/*Wenzel* § 1147 Rn. 4 ff. Etwas anderes gilt nur für die Zwangshypothek (§ 867 III ZPO). Siehe zum Ganzen *Wilhelm* SachenR Rn. 1634 f.

271 Soergel/*Konzen* Vor § 1113 Rn. 1.

272 Bamberger/Roth/*Rohe* § 1149 Rn. 3.

273 Vgl. BGHZ 130, 101 (104); Bamberger/Roth/*Rohe* § 1149 Rn. 1; Staudinger/*Wolfsteiner* (2015) § 1149 Rn. 3.

274 BGHZ 130, 101 (106); BGH NJW 2001, 1041 (1042). Abl. *Schulz* JR 1996, 245 (246); *Tiedtke* ZIP 1996, 57 (59 ff.); ferner MüKoBGB/*Eickmann* § 1149 Rn. 12, die weiter den Normzweck im Schutz des Schuldners vor Verschleuderung sehen. → § 12 Rn. 23.

Fall der Nichtleistung,[275] die zudem an § 138 I BGB oder § 343 BGB überprüft werden könne.[276]

11. Inhaltsänderung der Hypothek

a) Fallgruppen (G)

Wichtige Funktion der Grundpfandrechte ist die Rangwahrung. Daher muss es möglich sein, ein einmal bestelltes Grundpfandrecht zur Sicherung anderer Forderungen heranzuziehen.[277] Ohne die Möglichkeit von Inhaltsänderungen müsste zunächst auf die Hypothek verzichtet (§ 1168 BGB) und für die andere Forderung an schlechterer Rangstelle erneut ein Grundpfandrecht begründet werden. Nachteile wären dabei die höheren Kosten[278] und der Verlust des Rangs.[279] Inhaltsänderungen einer Hypothek können durch 71

- Forderungsauswechslung (§ 1180 BGB),
- Teilung der Hypothek (§§ 1151, 1152 BGB),
- Umwandlung (§ 1186 oder § 1198 BGB) sowie
- Änderung der Zins- und Zahlungsbedingungen vorgenommen werden.

Voraussetzungen jeder Inhaltsänderung sind gem. §§ 877, 873, 874, 876 BGB Einigung und Eintragung in das Grundbuch.

b) Forderungsauswechslung (§ 1180 BGB)

aa) Grundsätzliches (V)

Die Forderungsauswechslung ist ein Fall der Inhaltsänderung der Hypothek.[280] 72
§ 1180 BGB durchbricht den Grundsatz fester Zuordnung der Hypothek zu einer konkreten Forderung, indem er zulässt, an die Stelle der gesicherten Forderung eine andere Forderung zu setzen[281] und dabei gleichzeitig den Rang der Hypothek zu wahren.[282] Sie ist mit und ohne Gläubigerwechsel möglich (§ 1180 I und II BGB).

Ein Bedürfnis zur Forderungsauswechslung besteht beispielsweise bei Wechsel der Kreditart oder wenn der Gläubiger ohne die Hypothek verfügen will. Sie ist bei gleichzeitigem Gläubigerwechsel einfacher als die Befriedigung der gesicherten Forderung mit Abtretung der Eigentümergrundschuld und anschließender Umwandlung.[283]

---

275 BGHZ 130, 101 (106 f.); dagegen werten *Gaul* AcP 168 (1968), 351 (380) und MüKoBGB/*Eickmann* § 1149 Rn. 12 die Norm als Ausdruck eines allgemeinen und in diesem Fall heranzuziehenden Rechtsgedankens.

276 BGHZ 130, 101 (107); BGH NJW 2001, 1041 (1042).

277 Staudinger/*Wolfsteiner* (2015) Einl zu §§ 1113 ff. Rn. 184.

278 *Westermann/Gursky/Eickmann* SachenR § 105 Rn. 1.

279 *Westermann/Gursky/Eickmann* SachenR § 105 Rn. 1.

280 Vgl. Staudinger/*Wolfsteiner* (2015) § 1180 Rn. 2: Das gleiche Ergebnis kann durch einen Verzicht auf die Hypothek und eine anschließende Umwandlung der dadurch entstandenen Eigentümergrundschuld in eine Hypothek erreicht werden.

281 *Büdenbender* JuS 1996, 665 (666).

282 Staudinger/*Wolfsteiner* (2015) § 1180 Rn. 1.

283 *Westermann/Gursky/Eickmann* SachenR § 105 Rn. 9.

bb) Voraussetzungen der Forderungsauswechslung ohne Gläubigerwechsel (E)

73 Eine Forderungsauswechslung ohne Gläubigerwechsel setzt nach §§ 1180 I 2, 873, 877 BGB voraus:

- *Einigung*[284] des Gläubigers mit dem Eigentümer über die Lösung der bisher gesicherten Forderung von der Hypothek und der Verbindung mit einer oder mehreren neuen Forderungen;[285]
- *Eintragung* in das Grundbuch mit der Forderungsbezeichnung entsprechend § 1115 BGB;[286]
- *Beschränkung der Höhe der Forderung* auf die alte Forderung; in Höhe des überschießenden Betrags handelt es sich um eine Neubegründung;[287]
- *Eintragungsbewilligung* gem. §§ 19, 20 GBO des Eigentümers, des Gläubigers oder des Dritten, dem ein Recht an der bisherigen Forderung zustand (§ 1180 II 2 BGB), sowie gleich- bzw. nachrangig Berechtigter, die durch die Forderungsauswechslung in ihrem Recht nachteilig betroffen werden.[288]

cc) Voraussetzungen der Forderungsauswechslung mit Gläubigerwechsel (E)

74 Bei einer Forderungsauswechslung *mit Gläubigerwechsel* muss der Hypothekengläubiger – neben den allgemeinen Voraussetzungen der §§ 1180 I 2, 873, 877 BGB – der Einigung zwischen Eigentümer und neuem Gläubiger[289] zustimmen. Die Zustimmung ist gegenüber dem Grundbuchamt oder demjenigen gegenüber zu erklären, zu dessen Gunsten sie erfolgt (§ 1180 II 1 BGB). Einer Eintragungsbewilligung des neuen Gläubigers bedarf es nicht.[290]

dd) Folge der Forderungsauswechslung (E)

75 Die Hypothek geht über, ohne dass es einer zusätzlichen Abtretungserklärung bedarf.[291] Die »Auswechslung« bedeutet für den neuen Gläubiger »Erwerb« der Hypothek. Damit sind die §§ 1117, 1139, 1163 I, II BGB anwendbar.[292] Die neue Forderung bestimmt in jeder Hinsicht die Hypothek, dh nach ihr richten sich nun die Einreden nach § 1137 BGB.[293] Die alte Forderung besteht ungesichert fort.[294] Fälle gesetzlicher Forderungsauswechslung enthalten die §§ 1153, 1164, 1173, 1174, 1182 BGB.[295]

---

284 Die Einigung ist nicht nur eine Verfügung über die Hypothek, sondern auch über die künftige Eigentümergrundschuld und das Grundstück; vgl. MüKoBGB/*Eickmann* § 1180 Rn. 6; Soergel/*Konzen* § 1180 Rn. 7; Erman/*Wenzel* § 1180 Rn. 3; Palandt/*Bassenge* § 1180 Rn. 1; aA Staudinger/*Wolfsteiner* (2015) § 1180 Rn. 3 bzgl. der Verfügung über das Grundstück.

285 Palandt/*Bassenge* § 1180 Rn. 2; *Westermann/Gursky/Eickmann* SachenR § 105 Rn. 10.

286 Palandt/*Bassenge* § 1180 Rn. 2.

287 Erman/*Wenzel* § 1180 Rn. 2.

288 Staudinger/*Wolfsteiner* (2009) § 1180 Rn. 20; zB durch höhere Belastung bei Änderung der Zins- und Zahlungsbedingungen.

289 MüKoBGB/*Eickmann* § 1180 Rn. 6, 8; Staudinger/*Wolfsteiner* (2015) § 1180 Rn. 15.

290 Staudinger/*Wolfsteiner* (2015) § 1180 Rn. 19.

291 *Westermann/Gursky/Eickmann* SachenR § 105 Rn. 10.

292 Erman/*Wenzel* § 1180 Rn. 6; *Westermann/Gursky/Eickmann* SachenR § 105 Rn. 10.

293 Staudinger/*Wolfsteiner* (2015) § 1180 Rn. 26; Erman/*Wenzel* § 1180 Rn. 4.

294 Erman/*Wenzel* § 1180 Rn. 4.

295 Staudinger/*Wolfsteiner* (2015) § 1180 Rn. 30.

ee) Gutgläubiger Erwerb bei der Forderungsauswechslung (E)

Mängel des dinglichen Rechts könnten durch eine Forderungsauswechslung behoben werden, wenn die Vereinbarung zwischen Gläubiger und Schuldner auch auf die *Entstehung* des dinglichen Rechts gerichtet wäre. Dafür müsste sie eine Erklärung iSd §§ 873, 1113 BGB enthalten (Auslegungsfrage).[296] 76

Bei der Forderungsauswechslung ohne Gläubigerwechsel ist für einen gutgläubigen Erwerb kein Raum: Gehen die Parteien vom Nichtbestehen des Rechts aus oder wissen sie darum, werden ihre Vereinbarungen nach dem beiderseitigen Willen zugleich die Entstehung des dinglichen Rechts miterfassen.[297] Die reine Forderungsauswechslung ohne Gläubigerwechsel wird jedoch eine solche Einigung idR kaum enthalten, weil die Parteien vom Bestehen des dinglichen Rechts ausgehen oder diese Frage schlichtweg nicht mehr interessiert.[298]

Im Fall des Gläubigerwechsels können Mängel des dinglichen Rechts durch gutgläubigen Erwerb überwunden werden. Die Auswechslung wird dann als vom Rechtsschein des Grundbuchs geschützte Erwerbshandlung erfasst.[299]

c) Teilung der Hypothek (V)

Die Teilung der Hypothek ist als Teilung der Forderung ausgestaltet, die infolge der Akzessorietät auch die Teilung der Hypothek bewirkt (§§ 1151, 1152 BGB).[300] Auch sie ist mit und ohne Gläubigerwechsel möglich. Ein spezifisches Teilungsgeschäft ist im BGB nicht geregelt. Vielmehr ist die Teilung gesetzliche Folge anderer Rechtsgeschäfte. Die §§ 1151, 1152 BGB setzen die Zulässigkeit der Teilbarkeit also schon voraus.[301] Eine Teilung liegt sowohl in der Abspaltung einzelner Teile der Forderung, wie bei der Teilabtretung nach § 1154 BGB, der Teilpfändung oder -verpfändung oder der Belastung mit einem Nießbrauch, als auch in Inhaltsänderungen iSd § 877 BGB, wenn etwa für Teilbeträge der Forderung besondere Bestimmungen über Zinssatz, Fälligkeit oder Rang getroffen werden.[302] 77

d) Umwandlung der Hypothek (V)

Grundpfandrechte können, beruhend auf ihrer Wesensgleichheit, jeweils in ein Grundpfandrecht anderer Art umgewandelt werden.[303] Eine Zustimmung Dritter ist nicht erforderlich (§§ 1186, 1198 BGB).[304] 78

Bei nachträglicher Umwandlung der Brief- in eine Buchhypothek bzw. -grundschuld ist die Eintragung des Briefausschlusses im Grundbuch erforderlich; der Brief ist un-

296 RGZ 139, 118 (129); Soergel/*Konzen* § 1180 Rn. 3; Staudinger/*Wolfsteiner* (2015) § 1180 Rn. 5.
297 Soergel/*Konzen* § 1180 Rn. 3; Palandt/*Bassenge* § 1180 Rn. 2; *Westermann/Gursky/Eickmann* SachenR § 105 Rn. 13; aA RGZ 139, 118 (129).
298 MüKoBGB/*Eickmann* § 1180 Rn. 3; Staudinger/*Wolfsteiner* (2015) § 1180 Rn. 5.
299 Palandt/*Bassenge* § 1180 Rn. 3; *Westermann/Gursky/Eickmann* SachenR § 105 Rn. 13.
300 Staudinger/*Wolfsteiner* (2015) § 1151 Rn. 2.
301 Staudinger/*Wolfsteiner* (2015) § 1151 Rn. 1.
302 Staudinger/*Wolfsteiner* (2015) § 1151 Rn. 5; *Westermann/Gursky/Eickmann* SachenR § 105 Rn. 3 ff.
303 Erman/*Wenzel* § 1186 Rn. 1.
304 Beachte aber § 876 BGB; *Wilhelm* SachenR Rn. 1511.

brauchbar zu machen (§ 69 GBO). Im umgekehrten Fall – Umwandlung der Buch- in eine Briefhypothek – ist die Übergabe des Hypothekenbriefs nicht Voraussetzung. Da der Gläubiger bereits Inhaber des dinglichen Rechts ist, kommt dem Brief nur die Bedeutung einer zusätzlichen Verlautbarung zu.[305] Jedenfalls ist er auszuhändigen (§ 60 GBO).

Durch die Umwandlung einer Sicherungshypothek in eine Verkehrshypothek bleibt es beim Briefausschluss und es entsteht eine Buchgrundschuld,[306] wenn nichts Gegenteiliges vereinbart wurde (§ 1116 III BGB).[307]

Wegen der Ähnlichkeit mit dem Institut der Forderungsauswechslung finden die Regelungen des § 1180 BGB entsprechende Anwendung auf die Umwandlung.[308] Forderungsauswechslung und Umwandlung können miteinander verbunden werden.[309]

12. Vorläufige Eigentümergrundschuld

a) Anwartschaftsrecht (V)

79 Bei Bestellung einer Hypothek für eine künftige oder bedingte Forderung oder vor ihrer Valutierung, dh der Ausbezahlung der Kreditsumme, entsteht eine vorläufige Eigentümergrundschuld gem. §§ 1163 I 1, 1177 I 1 (iVm § 1192 I bzw. § 1196 I) BGB. Mit Auszahlung des Darlehens wandelt sie sich unmittelbar in eine Hypothek um, sofern die übrigen Bestellungsvoraussetzungen gegeben sind. Die Rechtsposition des Hypothekars kann in diesem Stadium nicht mehr einseitig durch den Eigentümer zerstört werden. Dadurch erlangt der Hypothekar bis zur Valutierung der Forderung ein Anwartschaftsrecht.[310]

b) Vorläufige Eigentümergrundschuld zur Zwischenfinanzierung (E)

80 Die vorläufige Eigentümergrundschuld kann zum Zwecke der Zwischenfinanzierung verwendet werden und hat in dieser Funktion erhebliche wirtschaftliche Bedeutung.[311] Der Eigentümer überträgt einem Dritten (der Zwischenfinanzierungsbank) seine vorläufige Eigentümergrundschuld zur Sicherung eines Zwischenkredits.[312] Zwischenkredite werden unter anderem für Bauvorhaben in der Zeit zwischen der Bestellung des Grundpfandrechts für den Hauptkreditgeber und der Valutierung des Kredits benötigt. Die Auszahlung des Darlehens erfolgt idR erst nach Fertigstellung des Rohbaus (Haftungsmasse!).

Die Übertragung erfolgt bei der Briefhypothek regelmäßig durch schriftliche Abtretungserklärung (§ 1154 I BGB) und Übergabe des Briefs. Ist der Hypothekar bereits im Besitz des Briefs, kann die Übergabe durch Abtretung des Herausgabeanspruchs gegen den Gläubiger ersetzt werden (§§ 1154 I, 1117 I 2, 931 BGB). Die Buchhypo-

305 *Westermann/Gursky/Eickmann* SachenR § 105 Rn. 15: keine Anwendung der §§ 1117, 1163 II BGB.
306 → § 15 Rn. 11.
307 Erman/*Wenzel* § 1186 Rn. 3.
308 *Westermann/Gursky/Eickmann* SachenR § 105 Rn. 11.
309 Erman/*Wenzel* § 1186 Rn. 1.
310 *Medicus/Petersen* BürgerlR Rn. 460, 470 f. Siehe zum Anwartschaftsrecht iE → § 11 Rn. 34 ff.
311 *Baur/Stürner* SachenR § 37 Rn. 42; *Medicus/Petersen* BürgerlR Rn. 460.
312 *Medicus/Petersen* BürgerlR Rn. 460, 470 f.; *Preuß* Jura 2002, 548 (550).

thek eignet sich dagegen nicht zur Zwischenfinanzierung, da zu ihrer Übertragung die Eintragung in das Grundbuch erforderlich wäre (§§ 1154 III, 873 I BGB), die wiederum eine Bewilligung des Hypothekengläubigers voraussetzte. Mit der Eintragung ginge dessen Anwartschaftsrecht jedoch unter. Deshalb wird er die Bewilligung nicht erteilen wollen.

13. Löschungsvormerkung (§ 1179 BGB) und Löschungsanspruch (§ 1179a BGB)

a) Funktion der Löschungsvormerkung (§ 1179 BGB) (V)

Nach Erlöschen der gesicherten Forderung bleiben die dinglichen Rechte bei Vereinigung mit dem Grundstückseigentum in Form von Eigentümerhypothek oder -grundschuld bestehen.[313] Da der Eigentümer die Rangstelle erhalten will, hat er regelmäßig kein Interesse an der Löschung seines Rechts im Grundbuch und verhindert damit ein Aufrücken von Rechten nachrangiger Gläubiger.[314] Deshalb sichert die Löschungsvormerkung das Nachrückinteresse von Inhabern nachrangiger beschränkt dinglicher Grundstücksrechte im Grundbuch sowie von Anspruchsinhabern auf Einräumung »anderer nachrangiger Rechte als Hypothek, Grundschuld oder Rentenschuld« bzw. der Eigentumsübertragung am Grundstück. Sie hilft damit im Konflikt zwischen den Interessen des Eigentümers und nachrangiger Gläubiger.[315] 81

b) Inhalt der Löschungsvormerkung (V)

Ihr Interesse können die Gläubiger mittels eines schuldrechtlichen Anspruchs auf Löschung oder Einräumung eines dem Eigentümer zufallenden gleich- oder vorrangigen Grundpfandrechts sichern, der als Löschungsvormerkung[316] in das Grundbuch eingetragen wird (§§ 1179 I, 885 I BGB). Das kann auch schon vor Entstehung bzw. Eintragung der Eigentümerhypothek oder -grundschuld geschehen; insoweit geht § 1179 BGB über § 883 I BGB hinaus.[317] Nach Maßgabe des § 15 GBV muss die Löschungsvormerkung unmittelbar für eine konkrete Person eingetragen werden. Bei Übertragung des begünstigten Rechts muss der Löschungsanspruch mit übertragen werden; die Löschungsvormerkung geht gem. § 401 BGB über.[318] 82

313 Zu den Rangprinzipien → § 13 Rn. 68 ff.

314 MüKoBGB/*Eickmann* § 1179 Rn. 1; Staudinger/*Wolfsteiner* (2015) § 1179 Rn. 5 f.

315 Beschränkt dingliche Rechte sind Dienstbarkeiten, dingliches Vorkaufsrecht und Reallast; nicht erfasst werden öffentliche Lasten, Besitz oder Miteigentum; vgl. MüKoBGB/*Eickmann* § 1179 Rn. 22.

316 → § 14 Rn. 1.

317 Staudinger/*Wolfsteiner* (2015) § 1179 Rn. 2. § 883 BGB richtet sich gegen den *gegenwärtigen Inhaber* des betroffenen Rechts als Schuldner des vorzumerkenden Anspruchs, bei § 1179 BGB richtet sich der Anspruch gegen den *gegenwärtigen Eigentümer*, Staudinger/*Wolfsteiner* (2015) § 1179 Rn. 3. § 1179 BGB ist auch keine Spezialvorschrift zu § 883 BGB. Grundpfandrechte können daher mit der Vormerkung nach § 883 BGB gesichert werden. Die Vorschriften können gleichzeitig zur Anwendung gelangen, wenn dem Gläubiger neben dem Grundpfandrecht noch andere dingliche Rechte zustehen, vgl; MüKoBGB/*Eickmann* § 1179 Rn. 23; Staudinger/*Wolfsteiner* (2015) § 1179 Rn. 4.

318 MüKoBGB/*Eickmann* § 1179 Rn. 46. Der neue Löschungsberechtigte kann seine Eintragung im Wege der Grundbuchberichtigung (§ 22 GBO) erreichen, sofern die Bewilligung des bisherigen Gläubigers vorliegt oder der Übergang nachgewiesen wird.

c) Löschungsanspruch gem. § 1179a BGB (E)

83 Der Inhaber einer gleich- oder nachrangigen Hypothek – Gleiches gilt gem. § 1192 I BGB für die Grundschuld – besitzt einen Anspruch auf Aufhebung des dem Eigentümer zufallenden gleich- oder vorrangigen Grundpfandrechts gem. § 1179a I 1 BGB. Diesem Anspruch wird kraft Gesetzes Vormerkungswirkung beigelegt (§ 1179a I 3 BGB).[319] § 1179a BGB ersetzt den vereinbarten durch einen gesetzlichen Löschungsanspruch, der auch die Eintragung der Löschungsvormerkung entbehrlich macht.[320] Damit gehört er zum gesetzlichen Inhalt des Grundpfandrechts.[321] Ein vertraglicher Ausschluss ist jedoch gem. Abs. 5 vor oder nach Bestellung der Hypothek möglich.[322]

Bei einer vorläufigen Eigentümergrundschuld setzt der Löschungsanspruch voraus, dass die zu sichernde Forderung endgültig nicht entstehen wird, dh das Kreditgeschäft endgültig gescheitert ist.[323] Ist die Hypothek mangels Briefübergabe nicht entstanden, kann die Löschung einer Eigentümergrundschuld nicht verlangt werden (§§ 1163 II, 1179a II 2 BGB).[324]

III. Grundschuld

1. Grundlagen

a) Begriff und Interessenlage (G)

84 Die Grundschuld ist ein beschränkt dingliches Verwertungsrecht an einem Grundstück mit dem Inhalt, dass an denjenigen zu dessen Gunsten die Belastung erfolgt, eine bestimmte Geldsumme aus dem Grundstück zu zahlen ist (§ 1191 I BGB).

Im Unterschied zur Hypothek darf und kann die Grundschuld nicht das Bestehen einer gesicherten Forderung voraussetzen (*keine Akzessorietät*).[325] Daher sind Grundschuld und gesicherte Forderung im Rechtsverkehr grundsätzlich unabhängig voneinander. Verfügungen werden unmittelbar über das dingliche Recht getroffen, nicht wie bei der Hypothek über die Forderung.[326] Auch der Grundschuld liegt ein

---

319 Einschränkend bzgl. der Grundschuld im Insolvenzfall (vgl. § 106 InsO) BGHZ 166, 319 (325), wonach § 1179a I 3 BGB eine Rechtsgrundverweisung darstellen soll; vgl. dazu auch → § 14 Rn. 1, → § 14 Rn. 3.

320 Soergel/*Konzen* § 1179a Rn. 1. Dadurch ergibt sich eine Entlastung der Grundbuchämter und der übrigen Beteiligten; zum Ganzen ferner *Preuß* Jura 2002, 548 (551 f.); *Schwab* JuS 2010, 385 ff.

321 MüKoBGB/*Eickmann* § 1179a Rn. 39; Soergel/*Konzen* § 1179a Rn. 1; jurisPK-BGB/*Reischl* § 1179a Rn. 2.

322 MüKoBGB/*Eickmann* § 1179a Rn. 39.

323 Soergel/*Konzen* § 1179a Rn. 13; jurisPK-BGB/*Reischl* § 1179a Rn. 27.

324 Streitig ist, ob § 1179a II 2 BGB auch Anwendung findet, wenn eine endgültige Eigentümergrundschuld entstanden ist, nachdem die Briefübergabe mangels Entstehens oder infolge Erlöschens der Forderung unterblieben ist. Die zugrundeliegende Frage ist, ob § 1179a BGB nur auf normale Entstehungstatbestände unanwendbar sein soll. Vgl. dazu MüKoBGB/*Eickmann* § 1179a Rn. 24; Soergel/*Konzen* § 1179a Rn. 15 mwN.

325 Staudinger/*Wolfsteiner* (2015) Vorbem zu §§ 1191 ff. Rn. 4; Bamberger/Roth/*Rohe* § 1191 Rn. 6; vgl. jeweils den Wortlaut des § 1113 I BGB und des § 1191 I BGB; *Neuner* SachenR Rn. 590.

326 Staudinger/*Wolfsteiner* (2015) Vorbem zu §§ 1191 ff. Rn. 10.

Kausalverhältnis (*Sicherungsvertrag/-abrede*) zugrunde, das aber nicht den Inhalt der Grundschuld prägt. Aus diesem Grunde kann das Kausalverhältnis uU auch mehrfach wechseln[327] (vgl. zur Forderungsauswechslung bei der Hypothek[328]).

Bei Bestellung einer dinglichen Sicherheit entspricht die nicht akzessorische Grundschuld am ehesten dem Gläubigerinteresse, weil sie ohne Rücksicht auf die gesicherte Forderung verwertet werden kann. Hingegen kommt es dem Schuldner eher darauf an, eine »sichere« Form der Grundstücksbelastung wie die der Sicherungshypothek zu wählen, weil bei ihr gewährleistet ist, dass sich der Gläubiger nur dann aus dem Grundstück befriedigt, wenn auch die zu sichernde Forderung, die »Schuld«, noch besteht.[329]

b) Gesetzliche Regelung (G)

Für die Grundschuld gelten grundsätzlich sämtliche Vorschriften der Hypothek entsprechend, soweit sich nicht aus dem Fehlen der Akzessorietät etwas anderes ergibt (§ 1192 I BGB) und soweit nicht die besonderen Vorschriften der §§ 1193–1198 BGB eingreifen. Bei der Anwendung der Hypothekenvorschriften auf die Grundschuld ist deshalb stets zu prüfen, ob und inwieweit die jeweilige Vorschrift Ausdruck der Akzessorietät der Hypothek ist, also eine Forderung voraussetzt (zB §§ 1153, 1137, 1138 BGB).[330] **85**

2. Arten

Herkömmlich werden – nicht zuletzt aus Gründen der Anschaulichkeit – folgende Arten von Grundschulden voneinander unterschieden:[331] isolierte Grundschuld, Treuhandgrundschuld, Fremdgrundschuld, Eigentümergrundschuld und Sicherungsgrundschuld. Bei der in der Rechtspraxis kaum vorkommenden Rentenschuld iSv § 1199 BGB[332] handelt es sich um eine Variante der Grundschuld, bei der zu regelmäßig wiederkehrenden Terminen eine bestimmte Geldsumme aus dem Grundstück zu zahlen ist.[333]

---

327 Staudinger/*Wolfsteiner* (2015) Vorbem zu §§ 1191 ff. Rn. 4.

328 → § 15 Rn. 72 ff.

329 *Baur/Stürner* SachenR § 36 Rn. 85.

330 Eine Übersicht über die anzuwendenden und die nicht anzuwendenden Vorschriften findet sich bei MüKoBGB/*Eickmann* § 1192 Rn. 4; Soergel/*Konzen* § 1192 Rn. 2; Erman/*Wenzel* § 1192 Rn. 2 ff.; *Goertz/Roloff* JuS 2000, 762.

331 Auch nach Anerkennung der Sicherungsgrundschuld als eigenem Grundschuldtyp gegen eine weitere Einteilung der echten Grundschuld abhängig vom Kausalverhältnis, Staudinger/*Wolfsteiner* (2015) Vorbem zu §§ 1191 ff. Rn. 3.

332 Siehe nur Staudinger/*Wolfsteiner* (2015) Vorbem zu §§ 1199 ff. Rn. 5; *Reischl* AgrarR 1997, 277 (278).

333 Wegen der geringen praktischen Bedeutung wird hier auf eine nähere Behandlung der Rentenschuld verzichtet.

Muster[334]

(Grundschuldbrief)

Deutscher Grundschuldbrief

über

3 000 Deutsche Mark

eingetragen im Grundbuch von
Waslingen (Amtsgericht Schönberg)
Blatt 84 Abteilung III Nr. 3 (drei)

Inhalt der Eintragung:

Nr. 3: 3 000 (dreitausend) Deutsche Mark Grundschuld mit fünf vom Hundert jährlich verzinslich für Herbert Müller, geboren am 20. Januar 1910, Waslingen. Unter Bezugnahme auf die Eintragungsbewilligung vom 1. März 1979 eingetragen am 23. März 1979.

Belastetes Grundstück:

Das im Bestandsverzeichnis des Grundbuchs unter Nr. 1 verzeichnete Grundstück.

Schönberg, den 26. März 1979

Amtsgericht

(Siegel oder Stempel)

(Unterschriften)

334 Aus *Meikel* GBO 2865 = GBV Anlage 7 (zu § 52 I).

a) Isolierte Grundschuld (G)

Die sog. isolierte Grundschuld ist das *gesetzliche Leitbild.* Sie beschränkt sich auf den dinglichen Anspruch schlechthin, gibt also aus sich selbst heraus ein Recht auf Verwertung des Grundstücks.[335] Man kann sie auch als isolierte Sachhaftung umschreiben, die vom herkömmlichen Begriff des Pfandrechts abweicht. Sie hat den Vorteil, ein vermögensrechtliches Risiko gegenständlich zu begrenzen oder als Rangsicherungsmittel für künftige Finanzierungen einsetzbar zu sein.[336] Das Grundgeschäft kann Kauf, Tausch, Leistung an Erfüllungs statt, Schenkung,[337] Vermächtnis, Vertrag über die Einbringung einer Grundschuld in eine Gesellschaft etc. sein.[338] Bei Unwirksamkeit des Grundgeschäfts steht dem Besteller ein Anspruch aus Bereicherungsrecht zu.[339] Gegenüber dem dinglichen Anspruch hat der Eigentümer die Bereicherungseinrede nach § 821 BGB. 86

b) Treuhandgrundschuld (V)

Eine in der Praxis häufig anzutreffende Form ist die Treuhandgrundschuld. Sie wird idR zur Freihaltung einer Rangstelle begeben (zB vorsorgliche Bestellung für eine Bank in der Absicht, später einen Kreditvertrag zu schließen) oder um Vermögen umstrukturieren zu können. Auch zur Erschwerung der Zwangsvollstreckung wird sie eingesetzt.[340] Der Treuhandcharakter ergibt sich aus dem Innenverhältnis, nach dem der Gläubiger das Recht nicht verwerten (veräußern) darf.[341] In den dargestellten Fällen darf man selbst bei Fehlen einer ausdrücklichen konkreten Vereinbarung idR trotz nach außen unbeschränkter Gläubigerstellung von einem stillschweigenden Abschluss des Treuhandvertrags ausgehen.[342] 87

c) Fremd- und Eigentümergrundschuld (G)

Während die Hypothek aufgrund ihrer Akzessorietät nicht für den Grundstückseigentümer bestellt werden kann (Fehlen der zu sichernden Forderung), ist dies bei der nicht akzessorischen Grundschuld möglich (§ 1196 I BGB), sog. Eigentümergrundschuld. Sie dient damit der Rangwahrung.[343] In § 1196 BGB findet der gesetzliche Grundsatz einer möglichst weitreichenden Mobilisierung des Bodenwerts seinen Ausdruck.[344] Im Gegensatz dazu spricht man von einer Fremdgrundschuld, wenn die Grundschuld zugunsten eines anderen – eines Gläubigers – bestellt wird.[345] Die Besonderheit der Eigentümergrundschuld gegenüber der Fremdgrundschuld liegt im Vollstreckungsausschluss und in der Zinsbeschränkung (§ 1197 BGB).[346] 88

---

335 Soergel/*Konzen* § 1191 Rn. 5; *Westermann/Gursky/Eickmann* SachenR § 113 Rn. 1 f.

336 *Westermann/Gursky/Eickmann* SachenR § 113 Rn. 1 f.

337 Da mit der Verschaffung der Grundschuld die Leistung bewirkt ist, muss der Schenkungsvertrag nicht mehr eigens beurkundet werden, *Wilhelm* SachenR Rn. 1731.

338 *Westermann/Gursky/Eickmann* SachenR § 113 Rn. 1 f.

339 Vgl. Staudinger/*Wolfsteiner* (2015) Vorbem zu §§ 1191 ff. Rn. 14.

340 Staudinger/*Wolfsteiner* (2015) Vorbem zu §§ 1191 ff. Rn. 16.

341 MüKoBGB/*Eickmann* § 1191 Rn. 174.

342 Staudinger/*Wolfsteiner* (2015) Vorbem zu §§ 1191 ff. Rn. 16.

343 MüKoBGB/*Eickmann* § 1196 Rn. 1; *Baur/Stürner* SachenR § 46 Rn. 3; *Preuß* Jura 2002, 548 (549).

344 Diese Zweckbestimmung ist allerdings durch den gesetzlichen Löschungsanspruch der §§ 1179a, 1179b BGB weitgehend zerstört worden. Vgl. MüKoBGB/*Eickmann* § 1196 Rn. 1; Staudinger/*Wolfsteiner* (2015) § 1196 Rn. 2.

345 Zur gesamten Thematik der Einteilung von Grundpfandrechten nach der Person des Gläubigers vgl. *Baur/Stürner* SachenR § 36 Rn. 95 ff.

346 Zum Normzweck *Preuß* Jura 2002, 548 (549).

d) Sicherungsgrundschuld (G)

89 In der Praxis werden Grundschulden fast ausschließlich zur Sicherung von Forderungen bestellt (sog. Sicherungsgrundschuld, § 1192 Ia 1 BGB).[347] Gerade weil Sicherungsgrundschulden entsprechend § 1191 I BGB abstrakte Grundstücksbelastungen darstellen, also in ihrem Entstehen und Bestehen von einer gesicherten Forderung unabhängig sind (nichtakzessorisch),[348] sind sie für den Sicherungsnehmer vorteilhafter als die Bestellung einer Hypothek: bei der Grundschuld können die zu sichernden Forderungen ohne Rangverlust ausgewechselt oder erweitert werden. Auch muss der Sicherungsnehmer das Bestehen und die Höhe der gesicherten Forderung bei der Durchsetzung der Grundschuld nicht beweisen. Aus diesen Gründen hat die Sicherungsgrundschuld bei der Sicherung von Bankkrediten die Sicherungshypothek verdrängt.[349] Die Verbindung von Grundschuld und gesicherter Forderung wird allein durch Parteiabrede erreicht. Diese schuldrechtliche sog. Sicherungsabrede (Sicherungsvertrag) iSd § 311 I BGB entfaltet ausschließlich zwischen den Beteiligten Wirkung. Dem Gläubiger wird darin die Stellung eines treuhänderischen Sicherungsnehmers eingeräumt. Im Außenverhältnis ist er berechtigt, die Zahlung einer Geldsumme aus dem belasteten Grundstück zu verlangen (ggf. im Wege der Zwangsvollstreckung). Im Innenverhältnis ist er schuldrechtlich verpflichtet, diese Rechtsmacht nur nach Maßgabe des Sicherungsvertrags auszuüben.[350] Hypothek und Sicherungsgrundschuld unterscheiden sich demnach nicht in ihrem Zweck, sondern nur in der Art ihrer gesetzlichen Ausgestaltung.[351]

3. Sicherungsabrede

a) Der Sicherungsvertrag (G)

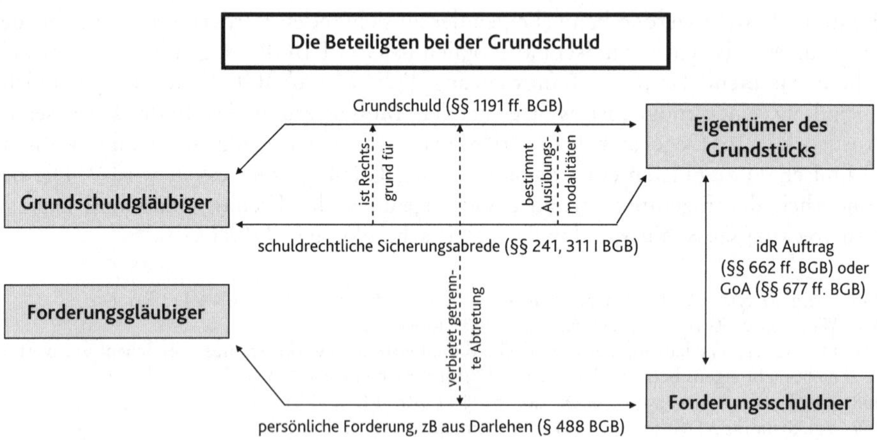

347 Sie entspricht dem Hauptzweck aller Grundpfandrechte, der Kreditsicherung; vgl. *Westermann/Gursky/Eickmann* SachenR § 113 Rn. 4; vgl. auch zum Risikobegrenzungsgesetz BR-Drs. 152/2008 (B), Anl. S. 7.

348 Soergel/*Konzen* § 1191 Rn. 1; Hk-BGB/*Staudinger* § 1191 Rn. 2.

349 BR-Drs. 152/2008 (B), Anl. S. 7; Staudinger/*Wolfsteiner* (2015) Vorbem zu §§ 1191 ff. Rn. 23.

350 Hk-BGB/*Staudinger* § 1191 Rn. 21, 29; *Westermann/Gursky/Eickmann* SachenR § 113 Rn. 5 f.

351 *Westermann/Gursky/Eickmann* SachenR § 113 Rn. 4.

Im Gegensatz zur Hypothek ist der Regelungsbedarf der Sicherungsmodalitäten im Sicherungsvertrag der Grundschuld erheblich größer, weil der einschränkende Verweis des § 1192 BGB auf nicht-akzessorische Regelungen des Hypothekenrechts nicht zur Klärung aller wesentlichen Fragen ausreicht. Zusätzlich niedergelegt werden müssen zB die Bezeichnung der zu sichernden Forderung, Verwertungsrechte, die Rückübertragung nach Wegfall des Sicherungszwecks und das Verhältnis zu anderen Sicherheiten.[352] 90

Die bei einer Sicherungsgrundschuld bestehenden *Anspruchsbeziehungen* sind:

- das Forderungsgeschäft (der Kreditvertrag);
- das dingliche Bestellungsgeschäft;
- die schuldrechtliche Sicherungsabrede (§§ 311 I, 241 BGB), die beide Ebenen miteinander verknüpft.

Weder persönlicher Schuldner und Grundstückseigentümer noch Gläubiger und Grundschuldgläubiger müssen identisch sein.

Ist die zu sichernde Forderung noch nicht entstanden oder ist sie erloschen, so verbleibt die Grundschuld beim Gläubiger. Bei Mängeln der Sicherungsabrede ist die Grundschuld ohne Rechtsgrund begeben und nach § 812 I 1 Alt. 1 BGB rückforderbar.[353] Gegen die Geltendmachung der Grundschuld besteht die Bereicherungseinrede.[354]

b) Nichtentstehen oder Wegfall des Sicherungszwecks (V)

Der Sicherungszweck[355] einer Grundschuld kann von vornherein gefehlt haben, zB bei Nichtvalutierung der zu sichernden Forderung oder bei Nichtigkeit der Sicherungsabrede. Er kann nachträglich durch Tilgung entfallen sein. 91

Ist die Sicherungsgrundschuld nicht valutiert, kann der Eigentümer Aufhebung (§§ 1192 I, 1183, 875 I BGB), Verzicht (§§ 1192 I, 1168 I BGB) oder Übertragung (§§ 1192 I, 1154 BGB) der Grundschuld verlangen.[356] Während die Aufhebung den Untergang der Grundschuld bewirkt, entsteht in den übrigen Fällen eine Eigentümergrundschuld. Umstritten ist die konkrete Anspruchsgrundlage. Es werden ein Rückgewähranspruch aufgrund der Sicherungsabrede[357], gem. § 812 I 2 Alt. 2 BGB[358] oder die Einrede des nichterfüllten Vertrags (§§ 320 ff. BGB) in Erwägung gezogen.[359]

---

352 *Westermann/Gursky/Eickmann* SachenR § 114 Rn. 1 ff.; Bamberger/Roth/*Rohe* § 1192 Rn. 65 ff.; vgl. speziell zur Auslegung des Sicherungsvertrags hinsichtlich der Verwertungsbefugnis und der Erlösanrechnung BGH NJW 1988, 601 sowie dazu *Hattenhauer* JuS 2002, 118.

353 *Westermann/Gursky/Eickmann* SachenR § 113 Rn. 5 f.; *Medicus/Petersen* BürgerlR Rn. 495; diff. MüKoBGB/*Schwab* § 812 Rn. 402, demzufolge eine Zweckkondiktion nach § 812 I 2 Alt. 2 besteht, wenn die Sicherheit bestellt wurde, bevor der Sicherungsvertrag zustande kam; vgl. auch *Zetzsche* AcP 209 (2009), 544, (546, 562). Zum Inhalt des Rückforderungsanspruchs → § 15 Rn. 91.

354 *Westermann/Gursky/Eickmann* SachenR § 113 Rn. 5 f.

355 Zur Zulässigkeit einer »weiten Zweckbestimmung« durch AGB vgl. *Wilhelm*, FG BGH I, 2000, 897 ff.

356 BGH WM 1967, 566 (567 f.); NJW 1985, 800 (801); NJW-RR 1994, 847 (848); Palandt/*Bassenge* § 1191 Rn. 26; NK-BGB/*Th. Krause* § 1191 Rn. 104; *Reinicke/Tiedtke* Kreditsicherung Rn. 1213.

357 *Baur/Stürner* SachenR § 45 Rn. 24 ff.

358 MüKoBGB/*Eickmann* § 1191 Rn. 16; Soergel/*Konzen* § 1191 Rn. 18; *Westermann/Gursky/Eickmann* SachenR § 114 Rn. 26.

359 BGH WM 1967, 955 (957).

Bei Unwirksamkeit des Sicherungsvertrags hat der Sicherungsgeber einen Rückgewähranspruch aus § 812 I 1 Alt. 1 BGB; beruht die Nichtigkeit auf einem Verstoß gegen § 138 II BGB (Wucher), ist auch die dingliche Rechtsbestellung unwirksam, sodass ein Anspruch aus § 894 BGB gegeben ist.[360]

Durch die Tilgung der Forderung und den damit einhergehenden Wegfall des Sicherungszwecks wird nach allgemeiner Auffassung[361] ein vertraglicher Anspruch auf Rückübertragung der Grundschuld aus der Sicherungsabrede ausgelöst.[362]

4. Bestellung der Grundschuld (Ersterwerb)

Fallbeispiel: »Der Oldtimer«[363]

a) Bestellung einer Fremdgrundschuld (G)

92 Die Bestellung einer Fremdgrundschuld hat mit Ausnahme des Bestehens einer Forderung dieselben Voraussetzungen wie die Bestellung einer Hypothek (§ 1192 I BGB):

- *Einigung* und *Eintragung* in das Grundbuch[364] (§§ 873 I, 1191 I, 1115 I BGB);
- *Briefübergabe* bzw. *Briefausschluss* (§§ 1116 I und II, 1117 BGB);
- *Einigsein* im Zeitpunkt der Eintragung bzw. Übergabe des Grundschuldbriefs;
- *Berechtigung* des Bestellers.

b) Bestellung einer Eigentümergrundschuld (G)

93 Die Eigentümergrundschuld wird bestellt durch

- *Erklärung des Eigentümers* gegenüber dem Grundbuchamt über die Eintragung der Grundschuld in das Grundbuch (§ 1196 II BGB);[365]
- *Eintragung* in das Grundbuch;
- *Brieferteilung* (§ 1196 II iVm §§ 1116 I, 1117 BGB).[366]

360 Bamberger/Roth/*Rohe* § 1192 Rn. 64.

361 Dogmatisch ist dieser als aufschiebend bedingt durch den Wegfall des Sicherungszwecks zu qualifizieren, vgl. BGHZ 197, 155 (157) = BGH NJW 2013, 2894 (2894); NJW 1989, 1732 (1733); NJW-RR 1989, 173 (175); Erman/*Wenzel* § 1191 Rn. 61; nach aA führt der Wegfall des Sicherungszwecks zur Fälligkeit des mit Vertragsschluss unbedingt entstandenen Anspruchs, vgl. NK-BGB/*Th. Krause* § 1191 Rn. 98 f.; Staudinger/*Wolfsteiner* (2015) Vor zu §§ 1191 ff. Rn. 155.

362 Wird hingegen ein sog. weiter Sicherungszweck vereinbart, der eine Revalutierung der Grundschuld zulässt, kann die Rückgewähr erst dann verlangt werden, wenn eine Revalutierung endgültig nicht mehr in Betracht kommt; hierzu und zur Zulässigkeit einer Änderung der Sicherungsvereinbarung nach Abtretung des Rückgewähranspruchs vgl. BGHZ 197, 155 (159 ff.) = BGH NJW 2013, 2894 (2895) mAnm *Wolfsteiner*; dazu *Regenfus* LMK 2013, 348685.

363 *Vieweg/Röthel* Fälle SachenR Fall 37.

364 Einzutragen sind der Kapitalbetrag der Grundschuld, die vereinbarten Zinsen, der Gläubiger und eine etwaige Vollstreckungsunterwerfung. Nicht einzutragen ist aber die Forderung (bei der Sicherungsgrundschuld); vgl. *Westermann/Gursky/Eickmann* SachenR § 114 Rn. 27; Bamberger/Roth/*Rohe* § 1192 Rn. 3, 6. Dem Grundbuchamt ist der Sicherungscharakter einer Grundschuld jedenfalls dann ersichtlich, wenn die eingereichte Bestellurkunde zugleich die Sicherungsabrede enthält oder aus ihr die Einschränkung des Sicherungszwecks (Kaufpreisfinanzierung) zu entnehmen ist, vgl. *Vollmer* MittBayNot 2009, 1 (3).

365 Da die ursprüngliche Eigentümergrundschuld allein vom Eigentümer begründet wird, tritt an die Stelle der Einigung die einseitige Erklärung; siehe *Preuß* Jura 2002, 548 (549).

366 Als Buchrecht, bei Ausschluss der Brieferteilung, ist die Eigentümergrundschuld ungewöhnlich.

Die Eigentümergrundschuld wird mit der Grundbucheintragung existent.[367]

c) Gutgläubiger Ersterwerb der Grundschuld (G)

Ein gutgläubiger Ersterwerb der Grundschuld ist über § 892 I BGB möglich, wenn der Besteller nicht Eigentümer des Grundstücks, aber als solcher im Grundbuch eingetragen ist. Es gelten die allgemeinen Grundsätze des Gutglaubenserwerbs bei Immobilien.[368] 94

5. Übertragung der Grundschuld (Zweiterwerb)

Fallbeispiel: »Der Oldtimer«[369]

a) Übertragung der Grundschuld (G)

Die Hypothek wird nach § 1154 BGB durch Abtretung der ihr zugrundeliegenden Forderung und Übergabe des Hypothekenbriefs übertragen. Eine Vorschrift für die Übertragung nicht akzessorischer Grundpfandrechte (Grundschuld, Rentenschuld) fehlt dagegen. Bei der Grundschuld wird daher das dingliche Recht selbst und unmittelbar übertragen.[370] 95

Nach hM[371] kann wegen §§ 413, 399 BGB aber zum Inhalt einer Grundschuld gemacht werden, dass diese vollständig unabtretbar ist.

aa) Briefgrundschuld (G)

Da eine Vorschrift über die Abtretung der Briefgrundschuld fehlt, wird dafür § 1154 BGB in angepasster Weise angewendet.[372] Die Abtretung folgt nicht rein sachenrechtlichen Vorschriften, sondern im Zusammenwirken mit schuldrechtlichen Vorschriften. Die *Voraussetzungen* für die Abtretung der Briefgrundschuld sind gem. §§ 1192 I, 1154 I, 398 ff. BGB: 96

- Einigung über die Abtretung;
- schriftliche Abtretungserklärung bzw. Eintragung in das Grundbuch;
- Aushändigung des Briefs;
- Bestand der Grundschuld.

bb) Buchgrundschuld (G)

Die Buchgrundschuld wird nach rein sachenrechtlichen Regeln durch Einigung und Eintragung in das Grundbuch abgetreten (§§ 1192 I, 1154 III, 873 I BGB).[373] 97

---

367 Staudinger/*Wolfsteiner* (2015) § 1196 Rn. 11; *Preuß* Jura 2002, 548 (549).

368 → § 13 Rn. 38 ff.

369 *Vieweg/Röthel* Fälle SachenR Fall 37.

370 Staudinger/*Wolfsteiner* (2015) § 1154 Rn. 79, 82; *Wilhelm* SachenR Rn. 1760; *Maurer* JuS 2004, 1045 (1046).

371 jurisPK-BGB/*Reischl* § 1191 Rn. 26; Staudinger/*Wolfsteiner* (2015) Einl zu §§ 1113 ff. Rn. 136 ff. § 1191 Rn. 16 mwN.

372 Staudinger/*Wolfsteiner* (2015) § 1154 Rn. 81; *Goertz/Roloff* JuS 2000, 762 (763); NK-BGB/*Th Krause* § 1191 Rn. 116; krit. zur Heranziehung des § 398 BGB *Maurer* JuS 2004, 1045 (1046 f.).

373 Gegen einen Rückgriff auf § 398 BGB bei der Übertragung der Grundschuld *Maurer* JuS 2004, 1045 (1046); dies hat Konsequenzen für die Frage, ob ein Übertragbarkeitsverbot gem. § 399 Alt. 2 BGB vereinbart werden kann.

b) Isolierte Forderungsabtretung bei der Sicherungsgrundschuld (V)

Fallbeispiel: »Die isoliert abgetretene Grundschuld«[374]

98 Die Sicherungsgrundschuld kann entweder zusammen mit der Forderung oder isoliert übertragen werden.[375] § 1153 BGB, der einer getrennten Abtretung bei der Hypothek entgegensteht (Abs. 2: »Trennungsverbot«), findet auf die Sicherungsgrundschuld keine Anwendung.[376] Die Forderung wird nach § 398 S. 1 BGB abgetreten, die Sicherungsgrundschuld nach §§ 1192 I, 1154, 398 ff. BGB übertragen.

Die getrennte Abtretung von Forderung und Grundschuld würde den Sicherungsvertrag unter Umständen zwecklos machen.[377] Aus ihm ergibt sich daher in der Regel die Pflicht, Forderung und Grundschuld nur gemeinsam abzutreten.[378] Diese Pflicht hat aber auch bei ausdrücklicher Vereinbarung lediglich schuldrechtliche Wirkungen[379] und kann als solche nach hM[380] vor allem nicht in das Grundbuch eingetragen werden. Ansonsten würde die der Grundschuld typische Unabhängigkeit von der Forderung durch die Verknüpfung mit dem schuldrechtlichen Sicherungszweck durchbrochen und gegen den Typenzwang der Sachenrechte verstoßen.[381]

Bei isolierter Forderungsabtretung ist danach zu differenzieren, ob sie vor oder nach dem Sicherungsfall vorgenommen wird: Vor Eintritt des Sicherungsfalls ist sie nur zulässig, wenn der Sicherungsgeber zustimmt.[382] Ansonsten verstößt sie gegen den Sicherungsvertrag, führt aber mangels dinglich wirkenden Zessionsverbots (§ 399 BGB)[383] nicht zur Unwirksamkeit.[384] Nach Eintritt des Sicherungsfalls kann die zulässige Verwertung auch durch isolierte Abtretung erfolgen,[385] denn die Zweckbindung des Sicherungsvertrags endet mit Erreichen des Sicherungszwecks.[386]

374 *Vieweg/Röthel* Fälle SachenR Fall 36.

375 Soergel/*Konzen* § 1191 Rn. 28; Staudinger/*Wolfsteiner* (2015) Vor zu §§ 1191 ff. Rn. 247 ff., 296; eine isolierte Übertragung erfolgt etwa zur Zwischenfinanzierung oder zur Verwertung nach Eintritt der Verwertungsreife.

376 Soergel/*Konzen* § 1191 Rn. 28; *Westermann/Gursky/Eickmann* SachenR § 117 Rn. 1.

377 MüKoBGB/*Eickmann* § 1191 Rn. 96.

378 MüKoBGB/*Eickmann* § 1191 Rn. 96, 98; Soergel/*Konzen* § 1191 Rn. 29; *Westermann/Gursky/Eickmann* SachenR § 117 Rn. 2.

379 Soergel/*Konzen* § 1191 Rn. 29; jurisPK-BGB/*Reischl* § 1191 Rn. 27.

380 BGH NJW 1986, 53 (54); Soergel/*Konzen* § 1191 Rn. 20; Erman/*Wenzel* § 1191 Rn. 12; Palandt/*Bassenge* § 1191 Rn. 13; *Baur/Stürner* SachenR § 45 Rn. 36; aA MüKoBGB/*Eickmann* § 1191 Rn. 83; *Wilhelm* JZ 1980, 625 (629); die Nichtabtretbarkeit der Grundschuld kann hingegen eingetragen werden und wirkt so auch Dritten gegenüber; vgl. Soergel/*Konzen* § 1191 Rn. 23, 29 aE; *Wilhelm* SachenR Rn. 1810.

381 Erman/*Wenzel* § 1191 Rn. 12.

382 MüKoBGB/*Eickmann* § 1191 Rn. 96; *Westermann/Gursky/Eickmann* SachenR § 117 Rn. 2; vgl. auch *Schur* Jura 2005, 361 (366).

383 Vgl. zur fehlenden dinglichen Wirkung der Sicherungsabrede *Westermann/Gursky/Eickmann* SachenR § 117 Rn. 2.

384 Soergel/*Konzen* § 1191 Rn. 29.

385 MüKoBGB/*Eickmann* § 1191 Rn. 97: wenn nicht ausdrückliche Vereinbarungen entgegenstehen; ferner *Wilhelm* SachenR Rn. 1809.

386 *Westermann/Gursky/Eickmann* SachenR § 117 Rn. 3.

c) Gutgläubiger Zweiterwerb der Grundschuld (V)

Der gutgläubige Zweiterwerb einer nicht entstandenen oder nicht bestehenden 99
Grundschuld ist unter den Voraussetzungen der §§ 1192 I, 1154, 892 BGB möglich. Besteht bei der Sicherungsgrundschuld zwar die Grundschuld, nicht aber die zu sichernde Forderung, erhält der Erwerber die Grundschuld vom Berechtigten durch Abtretung. Besteht dagegen neben der Forderung auch die Grundschuld nicht, kann diese über § 892 BGB gutgläubig erworben werden. Wegen der Nichtakzessorietät der (Sicherungs-)Grundschuld findet § 1138 Alt. 1 BGB (Erstreckung des Gutglaubensschutzes auf den Bestand der Forderung) keine Anwendung. Der im Vergleich zur Hypothek geringere Schutz des Erwerbers spiegelt den primären Zweck der Grundschuld wider, Kredite zu sichern.[387]

6. Verteidigung gegen die Grundschuld

Fallbeispiel: »Der Oldtimer«[388]

Grundsätzlich folgen die Verteidigungsmöglichkeiten demselben System wie bei der Hypothek.[389] Einige grundschuldspezifische Modifikationen sind allerdings zu beachten.[390]

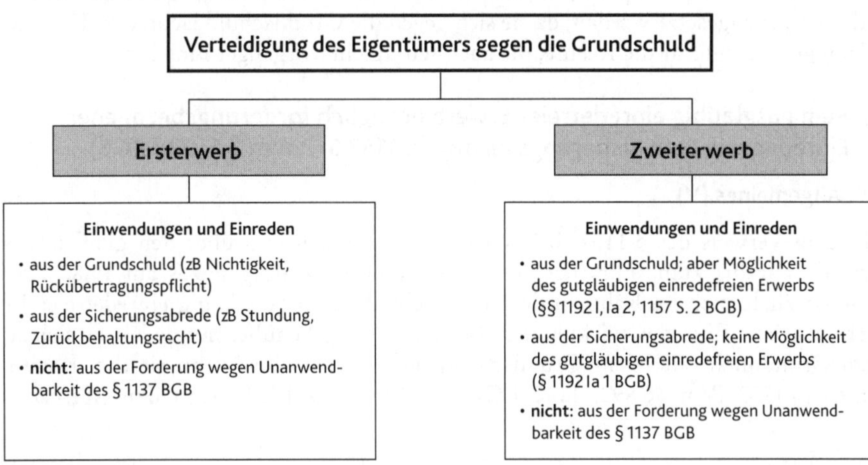

a) Einwendungen und Einreden des persönlichen Schuldners gegen den ursprünglichen Gläubiger (Sicherungsgrundschuld) (V)

Der *persönliche Schuldner* kann nach allgemeinen Grundsätzen gegen die Forderung 100
sämtliche schuldnerbezogenen, nicht aber eigentümerbezogene Einwendungen und Einreden geltend machen.

387 Die Hypothek ist eher zum Umlauf gedacht und muss daher auch den Erwerberinteressen höheren Tribut zollen. Vgl. *Westermann/Gursky/Eickmann* SachenR § 115 Rn. 11.

388 *Vieweg/Röthel* Fälle SachenR Fall 37.

389 → § 15 Rn. 45 ff.

390 *Westermann/Gursky/Eickmann* SachenR § 115 Rn. 1.

b) Einreden und Einwendungen des Eigentümers (Sicherungsgrundschuld) (V)

101 Der *Eigentümer* kann pfandrechtsbezogene Einreden und Einwendungen im gleichen Umfang wie gegen die Hypothek geltend machen.[391] Hingegen kann er der Inanspruchnahme aus der Grundschuld keine forderungsbezogenen Einreden entgegenhalten, weil der für forderungsbezogene Einreden geltende § 1137 BGB eine akzessorische Forderung voraussetzt und damit nicht auf die Grundschuld anwendbar ist (§ 1192 I BGB).[392] Forderungsbezogene Einwendungen und Einreden können aber aufgrund des Sicherungsvertrags auch gegen das dingliche Recht geltend gemacht werden. Ist die Forderung nicht entstanden, erloschen oder einredebehaftet, so kann der Eigentümer die »Einrede des mangelnden Sicherungsfalls« geltend machen.[393]

c) Forderungsbezogene Einreden gegenüber einem neuen Grundschuldgläubiger (§ 1157 S. 1 iVm § 1192 I BGB) (V)

102 § 1137 BGB findet bei der Grundschuld aufgrund deren mangelnder Akzessorietät *keine Anwendung*. Forderungsbezogene Einreden werden bei der Sicherungsgrundschuld aber *durch den Sicherungsvertrag* mit dem dinglichen Recht verknüpft. Die bei der Hypothek unter § 1137 BGB fallenden Einreden sind damit bei der Sicherungsgrundschuld dem Anwendungsbereich von § 1157 BGB zuzuordnen.[394] Die Rechte aus der Sicherungsabrede können dem neuen Grundschuldgläubiger als Einreden entgegengesetzt werden, da sie sich gegen die Grundschuld richten.[395] Der neue Gläubiger erlangt nur die Rechte, die auch sein Rechtsvorgänger inne hatte.

d) Kein gutgläubig einredefreier Erwerb bezüglich forderungsbezogener Einreden aus dem Sicherungsvertrag (§ 1157 S. 2 iVm § 1192 I BGB)

aa) Allgemeines (V)

103 Mit dem Verweis des § 1157 S. 2 BGB auf die Vorschriften über den gutgläubigen Erwerb war bis zum Inkrafttreten des Risikobegrenzungsgesetzes am 19.8.2008[396] grundsätzlich auch im Rahmen der Grundschuld deren gutgläubig einredefreier Erwerb möglich. Einreden wirkten dem Neugläubiger gegenüber nur, wenn sie sich aus dem Grundbuch oder dem Grundschuldbrief ergaben oder wenn sie ihm bekannt waren (§ 1157 iVm §§ 892, 1140 BGB).[397] Durch das Risikobegrenzungsgesetz ist

391 → § 15 Rn. 47. Der Eigentümer kann zB vortragen, das Kreditverhältnis sei erloschen und der Grundschuldgläubiger daher zur Rückübertragung verpflichtet; vgl. MüKoBGB/*Eickmann* § 1191 Rn. 85.

392 Statt aller *Wilhelm* SachenR Rn. 1767. – Rechte des Ersteigerers werden in der Zwangsvollstreckung dadurch gewahrt, dass Belastungen bei der Feststellung des geringsten Gebots berücksichtigt werden.

393 MüKoBGB/*Eickmann* § 1191 Rn. 86; *Reinicke/Tiedtke* Kreditsicherung Rn. 1213.

394 Entstehungsgrund können Vertrag, ungerechtfertigte Bereicherung oder unerlaubte Handlung sein, Soergel/*Konzen* § 1157 Rn. 2.

395 MüKoBGB/*Eickmann* § 1191 Rn. 86; Soergel/*Konzen* § 1157 Rn. 3; *Baur/Stürner* SachenR § 45 Rn. 34; *Wilhelm* SachenR Rn. 1767; *Westermann/Gursky/Eickmann* SachenR § 115 Rn. 6; *Meyer* Jura 2009, 561 (563); aA OLG Köln OLGZ 1969, 419, demzufolge sich Einreden aus der Sicherungsabrede nie gegen den Erwerber der Grundschuld richten können.

396 Gesetz zur Begrenzung der mit Finanzinvestitionen verbundenen Risiken v. 12.8.2008, BGBl. I 1666.

397 *Westermann/Gursky/Eickmann* SachenR § 115 Rn. 8; eine entstandene Einrede kann schon durch Eintragung eines Widerspruchs gesichert werden (§§ 1157, 899 BGB).

demgegenüber mit § 1192 Ia BGB[398] eine § 1157 S. 2 BGB ergänzende Sonderregelung eingefügt worden, die die Anwendung des § 1157 S. 2 BGB für forderungsbezogene Einreden aus dem Sicherungsvertrag ausschließt. Infolge dessen können Einreden aus dem Sicherungsvertrag auch dem Erwerber der Grundschuld dauerhaft entgegengehalten werden.[399]

Neu ist nach dieser § 1157 BGB ergänzenden Sonderregelung, dass der Grundstückseigentümer dem Erwerber nicht nur diejenigen Einreden entgegenhalten kann, die ihm im Zeitpunkt der Übertragung der Grundschuld »zustehen«, ihr Tatbestand also jeweils bereits voll verwirklicht war. Vielmehr kann er auch solche Einreden erheben, die zur Zeit des Übergangs im Sicherungsvertrag bloß begründet waren, deren Tatbestand also erst später verwirklicht wurde (»Einreden, ... die sich aus dem Sicherungsvertrag ergeben«). Beide Möglichkeiten werden als echte Alternative (»oder«) nebeneinander gestellt.[400] Die Einbeziehung sich aus dem Sicherungsvertrag »ergebender« Einreden entspricht nunmehr – anders als nach § 1157 S. 2 BGB – wieder der Regelung in § 404 BGB.[401]

Zu den Einreden, die zum Zeitpunkt der Übertragung noch nicht voll wirksam sind, gehört insbesondere der Einwand, dass die gesicherte Forderung nach Übertragung der Grundschuld in voller Höhe oder teilweise getilgt worden sei. Einreden, die dem Grundstückseigentümer im Zeitpunkt der Übertragung bereits zustehen, sind beispielsweise die Einrede der Nichtvalutierung, des vollständigen oder teilweisen Erlöschens der gesicherten Forderung vor der Übertragung der Grundschuld oder die Einrede der fehlenden Fälligkeit der Forderung.[402]

Für Einreden, die ihren Ursprung nicht im Sicherungsvertrag haben, gelten hingegen die §§ 1192 I, 1157 S. 2 BGB unverändert fort, § 1192 Ia 2 BGB.[403]

bb) Einrede der Beschränkung der Grundschuld auf den Sicherungszweck (E)

Nach der bis zum 19.8.2008 geltenden Rechtslage konnte ein gutgläubig einredefreier Erwerb durch die Eintragung der sog. Einrede der Beschränkung der Grundschuld auf den Sicherungszweck, dh der Unzulässigkeit der Verfügung vor Fälligkeit der 104

398 Maßgeblich ist insoweit gem. Art. 229 § 18 II EGBGB der Zeitpunkt, zu dem der Grundschulderwerb dinglich wirksam geworden ist. Für bis zum 19.08.2008 erworbene Grundschulden bleibt die alte Rechtslage weiterhin maßgeblich; hierzu auch *Neumann* ZJS 2010, 683 (684); vgl. zur alten Rechtslage auch → § 15 Rn. 104 f.

399 Ausführlich dazu *Dieckmann* NZM 2008, 865 (867 ff.); *Zetzsche* AcP 209 (2009), 544 mwN; *Boettcher* NJW 2010, 1647; krit. *Neumann* ZJS 2010, 683; sind die Einreden indes vor dem für § 1192 Ia BGB maßgeblichen Stichtag gutgläubig wegerworben worden, können sie nach allgemeinen sachenrechtlichen Grundsätzen im Fall der erneuten Abtretung nach dem Stichtag nicht wieder erhoben werden, so BGH NJW 2014, 550 (550 f.) mAnm *Regenfus* LMK 2014, 354193; Lemke/*Regenfus* § 1192 Rn. 6.

400 *Dieckmann* NZM 2008, 865 (870); iErg ebenso Palandt/*Bassenge* § 1192 Rn. 3; *Langenbucher* NJW 2008, 3169 (3172); vgl. auch BT-Drs. 16/9821, 16 sowie BR-Drs. 152/2008 (B), Anl. S. 15 f.; krit. dazu *Lehmann* ZGS 2009, 214 (218 f.).

401 Vgl. auch BGHZ 93, 71 (79); BGH NJW 2006, 219 (220).

402 Palandt/*Bassenge* § 1192 Rn. 3; BT-Drs. 16/9821, 16 sowie BR-Drs. 152/2008 (B), Anl. S. 15 f.

403 Ausdrücklich BT-Drs. 16/9821, 17; vgl. Palandt/*Bassenge* § 1192 Rn. 4. Beispiel dafür ist die Bereicherungseinrede gem. § 821 BGB im Falle der Nichtigkeit des Sicherungsvertrags; krit. *Meyer* Jura 2009, 561 (562); *Bülow* ZJS 2009, 1 (5); *Neumann* ZJS 2010, 683 (686). *Baur/Stürner* SachenR § 45 Rn. 35, 67a ff. führen zusätzlich unmittelbar gegen die Grundschuld gerichtete Einreden auf; dazu auch *Dieckmann* NZM 2008, 865 (871).

Forderung,[404] verhindert werden. Diese Einrede hat im Anwendungsbereich des § 1192 Ia BGB ihre praktische Bedeutung verloren. Dennoch ist es möglich, eine solche Einrede in den Fällen zuzulassen, in denen in Ermangelung eines (wirksamen) Sicherungsvertrags § 1192 Ia BGB nicht einschlägig ist, zB im Fall der Nichtvalutierung des Darlehens in Folge der Nichtigkeit des Sicherungsvertrags.[405]

Umfang und Charakter der diese Einrede begründenden Tatsachen wurden jedoch uneinheitlich beurteilt. Die überwiegende Meinung[406] ging davon aus, dass § 1157 BGB nur Einreden erfasste, die sich aus dem bestehenden Rechtsverhältnis (Sicherungsabrede) ergeben und den Bestand des Rechts betreffen. Folglich sollte etwa die Eintragung der (vorläufigen) Nichtvalutierung bzw. der Nicht-Mehr-Valutierung oder auch der Einrede der Stundung möglich sein. Die Eintragung des Sicherungscharakters als solchem sollte dagegen nicht in Betracht kommen, da hierdurch gegen den Grundsatz des Typenzwangs im Sachenrecht verstoßen werde. Vor allem würde durch die weitreichende Möglichkeit, Einreden aus dem Sicherungsvertrag dem dinglichen Anspruch entgegenzusetzen, die Grundschuld zu weit an die Hypothek angenähert.[407]

Hingegen hielt ein Teil der Literatur alle Tatsachen, die sich gegen die Grundschuld richten, für eintragungsfähig:[408] Wenn nach § 1157 BGB Bedingungen eintragungsfähig seien, die den Bestand des dinglichen Rechts beeinflussten, dann müssten erst recht solche Einreden eintragungsfähig sein, die den Bestand unberührt ließen und lediglich die Geltendmachung des Rechts beträfen.[409]

Die Einrede der Nichtvalutierung infolge der Nichtigkeit des Vertrags zur Verhinderung eines gutgläubig einredefreien Erwerbs ließe sich danach nur nach letztgenannter Meinung eintragen, da wesentlicher Bezugspunkt gerade der Sicherungscharakter der Grundschuld und kein Anspruch aus dem Rechtsverhältnis selbst ist. Im Ergebnis ersetzt man hier den Sicherungsvertrag und dessen Wirkungen gegen einen Gutglaubenserwerb (Einrede) durch die Eintragung in das Grundbuch.

cc) Voraussetzungen der Bösgläubigkeit nach § 1157 S. 2 BGB (E)

105 Vor Inkrafttreten des Risikobegrenzungsgesetzes war äußerst umstritten, unter welchen Umständen von einer Bösgläubigkeit des Grundschulderwerbers iSd § 1157 S. 2 BGB auszugehen war. Streitig war insbesondere, ob der Erwerber auch dann noch als gutgläubig zu betrachten war, wenn er den Charakter der Grundschuld als Sicherungsgrundschuld kannte. Auch nach dem Inkrafttreten des Risikobegrenzungsgesetzes kommt dieser Problematik zumindest in Teilbereichen unverändert Bedeutung zu: Soweit die Einrede zwar nicht unmittelbar auf den Sicherungsvertrag zurückzuführen ist, jedoch zumindest iSd § 1157 S. 1 BGB dem insoweit weiter zu verstehenden Rechtsverhältnis zwischen Eigentümer und Grundschuldgläubiger entspringt (etwa im Fall der Nichtigkeit des Sicherungsvertrags § 821 BGB), verbleibt auch bei der Sicherungsgrundschuld ein Restanwendungsbereich.

404 *Wilhelm* SachenR Rn. 1002.
405 *Baur/Stürner* SachenR § 45 Rn. 36.
406 BGHZ 59, 1 (2 f.); BGH WM 1984, 1078; *Westermann/Gursky/Eickmann* SachenR § 115 Rn. 6.
407 *Baden* JuS 1977, 75 (78).
408 *Wilhelm* SachenR Rn. 1770 ff.; *Lopau* NJW 1972, 2253 (2255).
409 MüKoBGB/*Eickmann*, 4. Aufl. 2004, § 1191 Rn. 86.

Einer Auffassung[410] nach soll bereits die Kenntnis des Sicherungscharakters der Grundschuld die Bösgläubigkeit des Erwerbers begründen, weil dieser die sich aus dem Sicherungsvertrag typischerweise ergebenden Einreden dann wenigstens dem Grunde nach kenne. Der Erwerber einer Sicherungsgrundschuld müsse wissen, dass die Grundschuld treuhänderisch gebunden sei und erst unter den Voraussetzungen des Sicherungsfalls über sie verfügt werden könne.[411]

Die hM[412] verlangt dagegen für die Bösgläubigkeit des Erwerbers neben der Kenntnis des Sicherungszwecks auch die Kenntnis des konkreten Einredetatbestands, dh der einredebegründenden Tatsachen. Eine Erkundigungsobliegenheit bezüglich der gesicherten Forderung bestehe grundsätzlich nicht,[413] sondern nur in dem Fall, in dem der Erwerber wie beim verbundenen Geschäft (§§ 358 III, 359 BGB) in enger Weise am Kreditgeschäft beteiligt war.[414] Diese Auffassung wird damit begründet, dass der Erwerber einer nicht akzessorischen Sicherungsgrundschuld nach der Gegenansicht schlechter stünde als beim Erwerb einer akzessorischen Verkehrshypothek,[415] bei der er über §§ 1138, 1156 BGB geschützt werde.[416]

Eine vermittelnde Auffassung[417] differenziert schließlich nach »echten« und »unechten« Einreden. Bei den sog. echten Einreden, die erst durch die Geltendmachung der sie auslösenden Tatsachen (zB nachträgliche Stillhalteabrede) wirksam würden, sei der Zessionar nur bösgläubig, wenn er auch die konkreten Tatsachen kenne. Bei den sog. unechten Einreden, denen die Beschränkungen von vornherein innewohnten (zB Nichtvalutierung der Forderung[418]), genüge dagegen schon die Kenntnis vom regelmäßigen, dh typischen Bestehen solcher Einreden beim betroffenen Recht (Anspruch).

7. Tilgung

Fallbeispiel: »Der Oldtimer«[419]

a) Leistungen an den Grundschuldgläubiger (G)

Auch bei der Grundschuld ist bei Leistungen zur Kredittilgung streng zu unterscheiden, ob der persönliche Schuldner, ein Dritter oder der Grundstückseigentümer leistet. Darüber hinaus muss danach differenziert werden, worauf die Zahlung erfolgt: auf die Forderung, auf die Sicherungsgrundschuld oder auf beide gemeinsam. 106

410 RGZ 91, 218 (224); 117, 181 (189); *Wilhelm* SachenR Rn. 1777; *Lopau* NJW 1972, 2253 (2255); *ders.* JuS 1976, 553; *Wilhelm* JZ 1980, 625.

411 *Wilhelm* SachenR Rn. 1777.

412 BGHZ 59, 1 (2); 103, 72 (82); Soergel/*Konzen* § 1157 Rn. 5, §§ 1191, 1192 Rn. 20; Staudinger/*Wolfsteiner* (2015) § 1157 Rn. 26; Erman/*Wenzel* § 1191 Rn. 58; *Baur/Stürner* SachenR § 45 Rn. 36; *Wolff/Raiser* SachenR § 154 VI 2; *Schwintowski/Schantz* NJW 2008, 472 (476); *Deubner* NJW 2008, 586 (588 f.).

413 Soergel/*Konzen* §§ 1191, 1192 Rn. 26.

414 BGHZ 66, 165 (172 f.); Soergel/*Konzen* § 1157 Rn. 5.

415 Soergel/*Konzen* § 1157 Rn. 5.

416 Soergel/*Konzen* § 1191 Rn. 26.

417 MüKoBGB/*Eickmann* § 1191 Rn. 92 f.; *Westermann/Gursky/Eickmann* SachenR § 115 Rn. 10 f.

418 MüKoBGB/*Eickmann* § 1191 Rn. 93.

419 *Vieweg/Röthel* Fälle SachenR Fall 37.

b) Tilgungsbestimmung (G)

107 Für die Tilgung der Sicherungsgrundschuld ist primär der gemeinsame Wille der Parteien maßgebend, wie er in der Sicherungsabrede festgeschrieben wird. In der Praxis wird gemeinhin vereinbart, dass sämtliche Zahlungen nur auf die persönliche Schuld erfolgen.[420] Erst wenn eine Tilgungsvereinbarung fehlt, ist der Wille des Leistenden maßgeblich. Er kann den Tilgungsgegenstand einseitig ausdrücklich bestimmen (§ 366 I BGB).[421] Mangels ausdrücklicher Bestimmung ist sein Wille durch Auslegung unter Berücksichtigung der Interessenlage zu ermitteln. Das ergibt sich auch aus der gesetzlichen Wertung des § 366 II BGB.[422] Ist von mehreren Forderungen eines Gläubigers nur eine grundschuldmäßig gesichert, gilt die Tilgungsreihenfolge des § 366 BGB.[423] Bei abredewidriger Bestimmung kann der Gläubiger die Leistung zurückweisen. Nimmt er sie dennoch an, gilt der angegebene Tilgungsgegenstand.[424]

aa) Personenidentität von Schuldner und Eigentümer (V)

108 Fehlt eine Abrede, so ist aufgrund der Interessenlage bei Personenidentität von Schuldner und Eigentümer von Folgendem auszugehen:[425]

- Zahlt der Schuldner-Eigentümer den Betrag eines langfristigen Anlagekredits auf einmal zurück, so leistet er idR sowohl auf die Forderung als auch auf die Grundschuld,[426] soweit Letztere fällig ist.[427]
- Ist dagegen nur die Grundschuld, nicht aber die Forderung fällig, leistet er auf die Grundschuld.[428]
- Hingegen werden laufende Amortisationszahlungen (Ratenzahlungen) ebenso wie Zahlungen innerhalb eines laufenden Rechnungsverhältnisses zumeist nur auf die Forderung geleistet.[429]

bb) Personenverschiedenheit von Schuldner und Eigentümer (V)

109 Der persönliche Schuldner, der nicht zugleich Grundstückseigentümer ist, leistet stets auf die Forderung.[430]

---

420 RGZ 66, 54 (59); BGHZ 91, 375 (379); Soergel/*Konzen* § 1191 Rn. 41; *Baur/Stürner* SachenR § 45 Rn. 44 f.

421 BGH NJW-RR 1989, 1036; MüKoBGB/*Eickmann* § 1191 Rn. 113; *Baur/Stürner* SachenR § 45 Rn. 44.

422 BGH NJW-RR 1987, 1350; MüKoBGB/*Eickmann* § 1191 Rn. 114.

423 Soergel/*Konzen* § 1191 Rn. 41.

424 BGH MDR 1971, 120; NJW 1976, 2340 (2341); MüKoBGB/*Eickmann* § 1191 Rn. 112.

425 *Baur/Stürner* SachenR § 45 Rn. 41 ff.

426 BGH BB 1969, 698; *Baur/Stürner* SachenR § 45 Rn. 46; Palandt/*Bassenge* § 1191 Rn. 39; jurisPK-BGB/*Reischl* § 1191 Rn. 108; *Brehm/Berger* SachenR § 18 Rn. 43.

427 Soergel/*Konzen* § 1191 Rn. 41; Erman/*Wenzel* § 1191 Rn. 84, 92; aA MüKoBGB/*Eickmann* § 1191 Rn. 114 ff.: »Vorrang der Interessen des Eigentümers«.

428 Erman/*Wenzel* § 1191 Rn. 92; zum gesamten vorstehenden Fragenkreis Staudinger/*Wolfsteiner* (2015) § 1192 Rn. 19, Vorbem zu §§ 1191 ff. Rn. 134 ff.

429 MüKoBGB/*Eickmann* § 1191 Rn. 115; Soergel/*Konzen* § 1191 Rn. 41; Palandt/*Bassenge* § 1191 Rn. 39.

430 Soergel/*Konzen* § 1191 Rn. 120; MüKoBGB/*Eickmann* § 1191 Rn. 120.

Der Eigentümer, der nicht zugleich persönlicher Schuldner ist, leistet im Zweifel nur auf die Grundschuld.[431] Eine Vereinbarung im Sicherungsvertrag, dass Zahlungen grundsätzlich auf die Forderung angerechnet werden, hat im Verhältnis zum Eigentümer keine vorrangige Geltung und fällt bei AGB entweder als überraschende Klausel unter § 305c BGB[432], ansonsten unter § 307 BGB.[433]

Davon zu unterscheiden ist der Fall, dass die Grundschuld bei Sicherung eines laufenden Rechnungsverhältnisses (Kontokorrent, Einbeziehung aller zukünftigen Forderungen) vor Beendigung des Vertragsverhältnisses immer wieder »aufgefüllt« werden kann und weiterhaftet. Der Eigentümer kann hier erst dann auf sein dingliches Recht leisten, wenn der Umfang seiner Schuld feststeht. Daher ist nach dem Parteiwillen von Zahlungen auf die Forderung auszugehen, die später als Vorleistungen auf die Ablösung des dinglichen Rechts angerechnet werden können.[434]

Eine Zahlung auf die Forderung liegt auch vor, wenn der Eigentümer im Innenverhältnis zum persönlichen Schuldner zur Leistung verpflichtet ist.[435]

c) Rechtsfolgen der Zahlung

aa) Rechtsfolgen bei Leistung auf die Grundschuld (V)

Die Leistung auf die Grundschuld wirkt sich auf die *Grundschuld* wie folgt aus: 110

Bei Leistung auf die Grundschuld verwandelt sich diese in eine *Eigentümergrundschuld*. Dies gilt unabhängig davon, ob der Eigentümer zugleich persönlicher Schuldner ist oder nicht.[436]

Das ist im Ergebnis allgemein anerkannt. Lediglich die dogmatische Begründung ist umstritten: Vertreten wird die analoge Anwendung des § 1163 I 2 BGB (Eigentümerhypothek)[437] sowie die analoge Anwendung der §§ 1168, 1170 BGB (Verzicht)[438] und – von der hM[439] – die analoge Anwendung der §§ 1142, 1143 BGB. Für die analoge Anwendung der §§ 1142, 1143 BGB wird angeführt, dass § 1142 BGB den Fall der Ablösung durch den Eigentümer behandele, damit einschlägig sei, und dass § 1143 BGB die sich daraus ergebenden Folgen regele.[440] In analoger Anwendung der §§ 401, 412, 1153 BGB auf die Grundschuld (§ 1192 BGB) gehe diese auf den Eigen-

431 BGH NJW 1983, 2502 (2503); NJW 1987, 838; NJW-RR 2003, 11 (12); jedenfalls wenn die Grundschuld eine konkret feststehende Forderung sichert, vgl. MüKoBGB/*Eickmann* § 1191 Rn. 118a.

432 Bis 31.12.2001: § 3 AGBG.

433 MüKoBGB/*Eickmann* § 1191 Rn. 118a. Eine solche Klausel wäre die Verpflichtung zur Erfüllung einer fremden Schuld, auf die der Wille des nur dinglichen Sicherungsgebers nicht gerichtet sein kann.

434 MüKoBGB/*Eickmann* § 1191 Rn. 119; Soergel/*Konzen* § 1191 Rn. 42.

435 Palandt/*Bassenge* § 1191 Rn. 39.

436 MüKoBGB/*Eickmann* § 1191 Rn. 107, 125, 127; Erman/*Wenzel* § 1191 Rn. 83 ff.; Bamberger/Roth/*Rohe* § 1192 Rn. 180 ff.; jurisPK-BGB/*Reischl* § 1191 Rn. 115.

437 *Wilhelm* SachenR Rn. 1826; *Lopau* JuS 1976, 315 (Fn. 1).

438 *Wolff/Raiser* SachenR § 156 Anm. 11.

439 RGZ 78, 60 (68); BGH NJW 1986, 2108 (2111); NJW-RR 2003, 11 (12); MüKoBGB/*Eickmann* § 1191 Rn. 107; Soergel/*Konzen* § 1191 Rn. 45; Staudinger/*Wolfsteiner* (2015) § 1143 Rn. 33, § 1192 Rn. 18; Palandt/*Bassenge* § 1191 Rn. 35; *Baur/Stürner* SachenR § 45 Rn. 82, § 44 Rn. 24; *Westermann/Gursky/Eickmann* SachenR § 116 Rn. 12 f.

440 MüKoBGB/*Eickmann* § 1191 Rn. 107; Soergel/*Konzen* § 1191 Rn. 44 f.; Staudinger/*Wolfsteiner* (2015) § 1192 Rn. 18.

tümer über und trage der gesetzgeberischen Entscheidung Rechnung, dass der Wegfall des Fremdrechts nicht zum Untergang des Pfandrechts, sondern zur Entstehung eines Eigentümerpfandrechts führe.[441] Damit fehle es aber bereits an der Gesetzeslücke, die zur analogen Anwendung des § 1163 BGB führen könnte. Der Lösungsweg über den Verzicht scheide schon begrifflich aus, denn er sei etwas grundlegend anderes als die Tilgung.[442]

Die Leistung auf die Grundschuld wirkt sich auf die *Forderung* wie folgt aus:

Dient die Grundschuld ohnehin nur der Sicherung der Erfüllung der Forderung (Hingabe erfüllungshalber) und damit als Surrogat, so tilgt die Befriedigung des Surrogats auch die Grundforderung.[443] Bei Leistung des Schuldner-Eigentümers auf die Grundschuld erlischt daher idR[444] auch die Forderung (§ 362 I BGB).[445]

Zahlt der mit dem persönlichen Schuldner nicht identische Grundstückseigentümer auf die Grundschuld, wird die Forderung dagegen regelmäßig nicht erfüllt und erlischt nicht.[446] Umstritten ist, ob dann § 1143 BGB anwendbar ist und die Forderung kraft Gesetzes übergeht oder ob § 1143 BGB als Ausdruck des Akzessorietätsprinzips unanwendbar ist und die Forderung gesondert abgetreten werden muss:

Ein Teil der Literatur[447] sieht in § 1143 BGB keine Akzessorietätsnorm, weil er nicht die Auswirkungen einer Forderungsbewegung auf das dingliche Recht regele, sondern vielmehr die Forderung nur wegen des mit dem Schuldner nicht identischen Eigentümers bestehen bleibe. Werde § 1143 BGB somit nicht durch § 1192 BGB ausgeschlossen, finde ein automatischer Übergang der Forderung auf den Eigentümer statt.

Nach hM[448] setzt § 1143 BGB aber eine Forderung voraus. Die Vorschrift sei daher nicht auf die Grundschuld anwendbar. Der Eigentümer habe aber aus der Sicherungsabrede einen Anspruch gegen den Grundschuldgläubiger auf Abtretung der persönlichen Forderung,[449] soweit ihm ein Ersatzanspruch zustehe.[450] Bis zur Abtretung bleibe die Forderung beim Gläubiger, der sie aber nicht geltend machen könne (Verbot doppelter Befriedigung).[451]

441 Staudinger/*Wolfsteiner* (2015) § 1192 Rn. 18.

442 MüKoBGB/*Eickmann* § 1191 Rn. 107; ebenso *Westermann/Gursky/Eickmann* SachenR § 116 Rn. 12 f.

443 MüKoBGB/*Eickmann* § 1191 Rn. 125.

444 Regelmäßig wird der Geldbetrag dem Gläubiger zur freien Verfügung übereignet; vgl. MüKoBGB/*Eickmann* § 1191 Rn. 125.

445 BGH NJW 1980, 2198 (2199); NJW 1987, 503 (504); NJW 1992, 3228 (3229); MüKoBGB/*Eickmann* § 1191 Rn. 125; Soergel/*Konzen* § 1191 Rn. 44; Palandt/*Bassenge* § 1191 Rn. 35; *Westermann/Gursky/Eickmann* SachenR § 116 Rn. 12 f.; *Brehm/Berger* SachenR § 18 Rn. 42.

446 So die ganz hM: BGHZ 80, 228 (230); 105, 154 (157); BGH NJW 1991, 1821; MüKoBGB/*Eickmann* § 1191 Rn. 127; Erman/*Wenzel* § 1191 Rn. 85; Palandt/*Bassenge* § 1191 Rn. 36; aA *Seibert* JuS 1984, 526 (527, Fn. 10, 10a).

447 MüKoBGB/*Eickmann* § 1191 Rn. 127; *Westermann/Gursky/Eickmann* SachenR § 116 Rn. 12 f.

448 *Baur/Stürner* SachenR § 45 Rn. 82; Erman/*Wenzel* § 1143 Rn. 10.

449 RGZ 150, 371 (374); BGH NJW 1987, 838; NJW 1988, 2730 (2731); Soergel/*Konzen* § 1191 Rn. 45; Erman/*Wenzel* § 1191 Rn. 86; Palandt/*Bassenge* § 1191 Rn. 36; *Reinicke/Tiedtke* Kreditsicherung Rn. 1249; *Baur/Stürner* SachenR § 45 Rn. 82; *Brehm/Berger* SachenR § 18 Rn. 49; *Bayer/Wandt* JuS 1987, 271: auch ohne Rückgriffsanspruch.

450 Erman/*Wenzel* § 1191 Rn. 86; der Gläubiger ist hingegen auch ohne Bestehen eines Ersatzanspruchs zur Abtretung berechtigt.

451 Soergel/*Konzen* § 1191 Rn. 45; Erman/*Wenzel* § 1191 Rn. 85.

bb) Rechtsfolgen bei Leistung auf die gesicherte Forderung (V)

Die Leistung auf die gesicherte Forderung wirkt sich auf die *Forderung* wie folgt aus: 111

Die Leistung des persönlichen Schuldners lässt die Forderung durch Erfüllung erlöschen (§ 362 I BGB).[452] Gleiches gilt bei Zahlung des mit dem Schuldner nicht identischen Eigentümers, es sei denn, es bestehen entgegenstehende Absprachen.[453]

Die Leistung auf die gesicherte Forderung wirkt sich auf die *Grundschuld* wie folgt aus:

Wird ausschließlich auf die Forderung geleistet, erlischt die Grundschuld nicht; sie bleibt vielmehr als Fremdgrundschuld beim Grundschuldgläubiger bestehen.[454]

Mit Erfüllung der Forderung endet aber im Verhältnis zum *Schuldner-Eigentümer* der Sicherungszweck der Sicherungsgrundschuld endgültig. Der Schuldner-Eigentümer kann einen schuldrechtlichen Anspruch auf Rückgewähr der dinglichen Grundschuld geltend machen.[455] Der Rückgewähranspruch wird entweder durch Rückübertragung der Grundschuld (§§ 1192 I, 1154 BGB) oder durch Verzicht (§§ 1192, 1168 I BGB) oder durch Aufhebung (§§ 1192 I, 1183, 875 I BGB) erfüllt.[456] Insofern besteht ein Wahlschuldverhältnis gem. §§ 262 ff. BGB.[457] Während bei Rückübertragung oder Verzicht jeweils eine Eigentümergrundschuld entsteht, bewirkt die Aufhebung den Untergang der Grundschuld. Bis dieser Anspruch erfüllt ist, hat der Eigentümer die Einrede des Rechtsmissbrauchs.[458]

Bei Zahlung des *vom Schuldner verschiedenen Eigentümers* auf die Forderung ist der Gläubiger zur Rückgabe der Grundschuld an den Eigentümer verpflichtet, wenn der Sicherungszweck endgültig erfüllt ist, dh wenn nicht noch weitere Forderungen gesichert werden sollen.[459]

d) Leistung durch Dritte

aa) Leistung durch einen ablösungsberechtigten Dritten (E)

Besonderheiten ergeben sich, wenn ein Dritter ein Recht zur Ablösung besitzt 112 (§§ 1192, 1150 BGB). Der ablösungsberechtigte Dritte leistet idR auf die Grundschuld, weil sein Ablösungsrecht auf einer Beeinträchtigung der dinglichen Rechts-

452 BGH NJW-RR 2003, 11 (12); Soergel/*Konzen* § 1191 Rn. 43, 48; *Brehm/Berger* SachenR § 18 Rn. 44.

453 BGH NJW 1982, 2308; NJW-RR 2003, 11 (12); MüKoBGB/*Eickmann* § 1191 Rn. 126; Soergel/*Konzen* § 1191 Rn. 45.

454 § 1163 I 2 BGB gilt nicht; vgl. *Westermann/Gursky/Eickmann* SachenR § 116 Rn. 2.

455 BGH NJW-RR 1994, 847; NJW-RR 2003, 11 (12); MüKoBGB/*Eickmann* § 1191 Rn. 123; jurisPK-BGB/*Reischl* § 1191 Rn. 123; auch *Wilhelm* SachenR Rn. 1831.

456 MüKoBGB/*Eickmann* § 1191 Rn. 126, 123.

457 Eine Beschränkung auf den Löschungsanspruch durch Allgemeine Geschäftsbedingungen des Sicherungsnehmers ist zumindest dann unwirksam, wenn sie auch Fallgestaltungen erfasst, in denen der Sicherungsgeber nicht mehr Grundstückseigentümer ist vgl. BGH NJW 2014, 3772 (3773 f.) m. zust. Anm. *Regenfus* LMK 2014, 362571; offengelassen wurde indes, ob eine derartige Beschränkung generell unzulässig ist, da sie den erneuten Einsatz als Sicherungsmittel verhindert, dazu Lemke/*Regenfus* § 1191 Rn. 43 und Anm. *Rohe* MittBayNot 2015, 122 (125).

458 BGH NJW-RR 2003, 11 (12); NJW-RR 1994, 847 (848).

459 Soergel/*Konzen* § 1191 Rn. 45; Staudinger/*Wolfsteiner* (2015) Vorbem zu §§ 1191 ff. Rn. 149 f.

stellung beruht.[460] Nach §§ 1192 I, 1150, 268 III BGB geht die Grundschuld kraft Gesetzes auf ihn über.[461] Umstritten ist die Auswirkung auf die Forderung: Teilweise[462] wird vertreten, dass sie nicht erlösche, weil nicht auf sie, sondern wegen der Beeinträchtigung ausschließlich auf die Grundschuld geleistet werde. Jedoch bestehe ein Anspruch auf Abtretung der Forderung. Andere[463] ziehen aus der lediglich entsprechenden Anwendung des § 268 III BGB (§ 1150 BGB) den Schluss, dass die Forderung mangels Übergangs erlösche.[464]

Vollstreckt der Gläubiger aus der Forderung in das Grundstück, kann der Dritte ausnahmsweise auch auf die Forderung leisten, die gem. § 268 III BGB auf ihn übergeht. Die Grundschuld bleibt mangels Eingreifens von §§ 401 ff. BGB als Fremdgrundschuld bei ihrem Inhaber bestehen. Aus dem Sicherungsvertrag kann wiederum Rückgewähr verlangt werden.[465]

bb) Leistung durch einen nicht ablösungsberechtigten Dritten (E)

113 Bei Zahlung auf die Forderung erlischt diese (§ 362 I BGB). Die Grundschuld bleibt Fremdgrundschuld. Es besteht jedoch ein Rückübertragungsanspruch aus der Sicherungsabrede.[466]

Bei Zahlung auf die Grundschuld verwandelt sich diese in eine Eigentümergrundschuld (§ 1143 BGB analog).[467] Die Forderung erlischt nicht, es sei denn, auch deren Erfüllung wurde bezweckt (§ 267 BGB).[468] Gegen den Gläubiger, der die Forderung nun nicht mehr geltend machen kann, besteht regelmäßig ein Anspruch des Dritten auf Abtretung der Forderung.[469]

8. Anhang: Prüfungsraster

Um die unterschiedlichen Rechtsfolgen für die Grundschuld und die Forderung auseinanderzuhalten, empfiehlt sich folgendes Prüfungsraster:

460 BGH NJW 1976, 2340 (2341); MüKoBGB/*Eickmann* § 1191 Rn. 128; *J. Hager* ZIP 1997, 133 (134) mwN.

461 Soergel/*Konzen* § 1191 Rn. 49; Erman/*Wenzel* § 1191 Rn. 88; *Baur/Stürner* SachenR § 44 Rn. 26; *J. Hager* ZIP 1997, 133 (134) mwN.

462 Erman/*Wenzel* § 1191 Rn. 88; Bamberger/Roth/*Rohe* § 1192 Rn. 193; Palandt/*Bassenge* § 1191 Rn. 38.

463 MüKoBGB/*Eickmann* § 1191 Rn. 128; Soergel/*Konzen* § 1191 Rn. 49; *Westermann/Gursky/Eickmann* SachenR § 116 Rn. 19.

464 Zur Frage eines Bereicherungsanpruchs des Ablösenden gegen den vorrangigen Inhaber einer Sicherungsgrundschuld bei Nichtbestehen einer entsprechenden persönlichen Forderung: BGH NJW 2005, 2388 f.

465 Palandt/*Bassenge* § 1191 Rn. 38.

466 Soergel/*Konzen* § 1191 Rn. 49; Erman/*Wenzel* § 1191 Rn. 89; Palandt/*Bassenge* § 1191 Rn. 38.

467 BGH LM Nr. 7 zu § 1191; NJW 1969, 2237 (2238); NJW 1983, 2502 (2503) mit Anm. *Coester* NJW 1984, 2548 (insoweit zust. S. 2550); Erman/*Wenzel* § 1191 Rn. 89; Palandt/*Bassenge* § 1191 Rn. 38; *Baur/Stürner* SachenR § 44 Rn. 26 (Fn. 1); Bamberger/Roth/*Rohe* § 1192 Rn. 186.

468 Erman/*Wenzel* § 1191 Rn. 89.

469 Palandt/*Bassenge* § 1191 Rn. 36, 38.

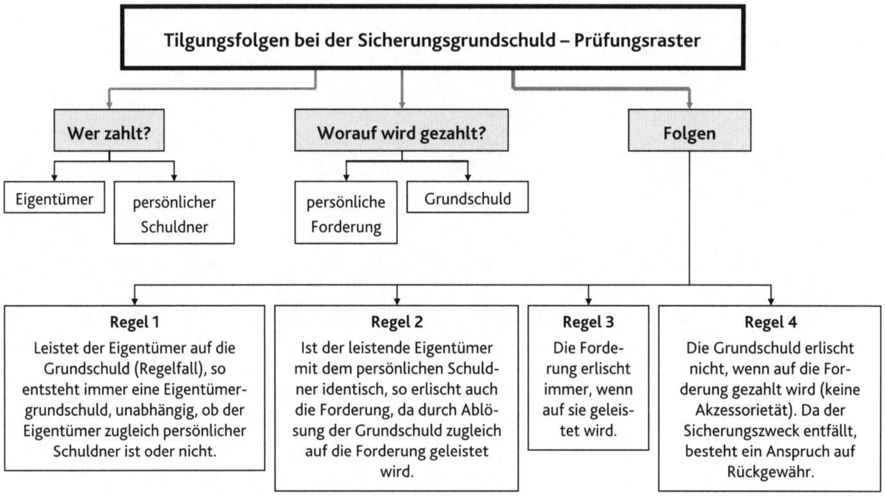
Tilgungsfolgen bei der Sicherungsgrundschuld – Prüfungsraster
Wer zahlt?
Eigentümer
persönlicher Schuldner
Worauf wird gezahlt?
persönliche Forderung
Grundschuld
Folgen
Regel 1
Leistet der Eigentümer auf die Grundschuld (Regelfall), so entsteht immer eine Eigentümergrundschuld, unabhängig, ob der Eigentümer zugleich persönlicher Schuldner ist oder nicht.
Regel 2
Ist der leistende Eigentümer mit dem persönlichen Schuldner identisch, so erlischt auch die Forderung, da durch Ablösung der Grundschuld zugleich auf die Forderung geleistet wird.
Regel 3
Die Forderung erlischt immer, wenn auf sie geleistet wird.
Regel 4
Die Grundschuld erlischt nicht, wenn auf die Forderung gezahlt wird (keine Akzessorietät). Da der Sicherungszweck entfällt, besteht ein Anspruch auf Rückgewähr.

§ 16 Sonstige beschränkt dingliche Rechte

I. Allgemeines

1. Begriff und Rechtsnatur (G)

Beschränkt dingliche Rechte geben ihrem Inhaber – im Gegensatz zum Eigentum als umfassendem Recht an einer Sache – nicht die vollumfängliche Nutzungs- und Verwertungsbefugnis an einer Sache, sondern ordnen ihm nur *einzelne, näher konkretisierte Befugnisse* an der Sache zu.[1] Beschränkt dingliche Rechte sind Teilinhalte des Vollrechts Eigentum (sog. »Eigentumssplitter«), die der Eigentümer abspaltet, indem er die Sache mit dem jeweiligen beschränkt dinglichen Recht belastet.[2] Soweit das beschränkt dingliche Recht besteht, ist der Vollrechtsinhaber in seinen Befugnissen beschränkt.[3] Erlischt das beschränkt dingliche Recht, so wächst dessen Inhalt wieder dem Eigentümer als Vollrechtsinhaber zu.[4] 1

2. Absolute Wirkung (G)

Wie das Eigentum selbst genießen auch beschränkt dingliche Rechte absoluten Schutz gegenüber jedermann, also auch gegenüber dem Vollrechtsinhaber selbst und dessen Rechtsnachfolger (Sukzessionsschutz). 2

3. Gegenstand (G)

Beschränkt dingliche Rechte können an beweglichen und unbeweglichen Sachen, aber auch an Rechten bestehen. Im Einzelnen: 3

- An beweglichen Sachen können Pfand- und Nießbrauchsrechte bestehen;
- an Grundstücken können alle Arten der beschränkt dinglichen Rechte mit Ausnahme des (Fahrnis-)Pfandrechts nach § 1204 BGB bestehen;
- an Rechten können Pfand- und Nießbrauchsrechte bestellt werden.

---

1 Erman/*Baumert*, 9. Aufl. 1993, Einl § 1018 Rn. 1.

2 *Schreiber* SachenR Rn. 415; *Wolf/Wellenhofer* SachenR § 1 Rn. 10; Soergel/*Stadler* Einl Sachenrecht Rn. 8; *Baur/Stürner* SachenR § 3 Rn. 36.

3 Palandt/*Bassenge* Einl v. § 854 Rn. 5.

4 Die Vereinigung von Eigentum und beschränkt dinglichem Recht bewirkt aber nach § 889 BGB, der die Konsolidation ausdrücklich ausschließt, noch kein Erlöschen. Das beschränkt dingliche Recht besteht vielmehr mit seinem bisherigen Inhalt fort; vgl. Staudinger/*Gursky* (2013) § 889 Rn. 9.

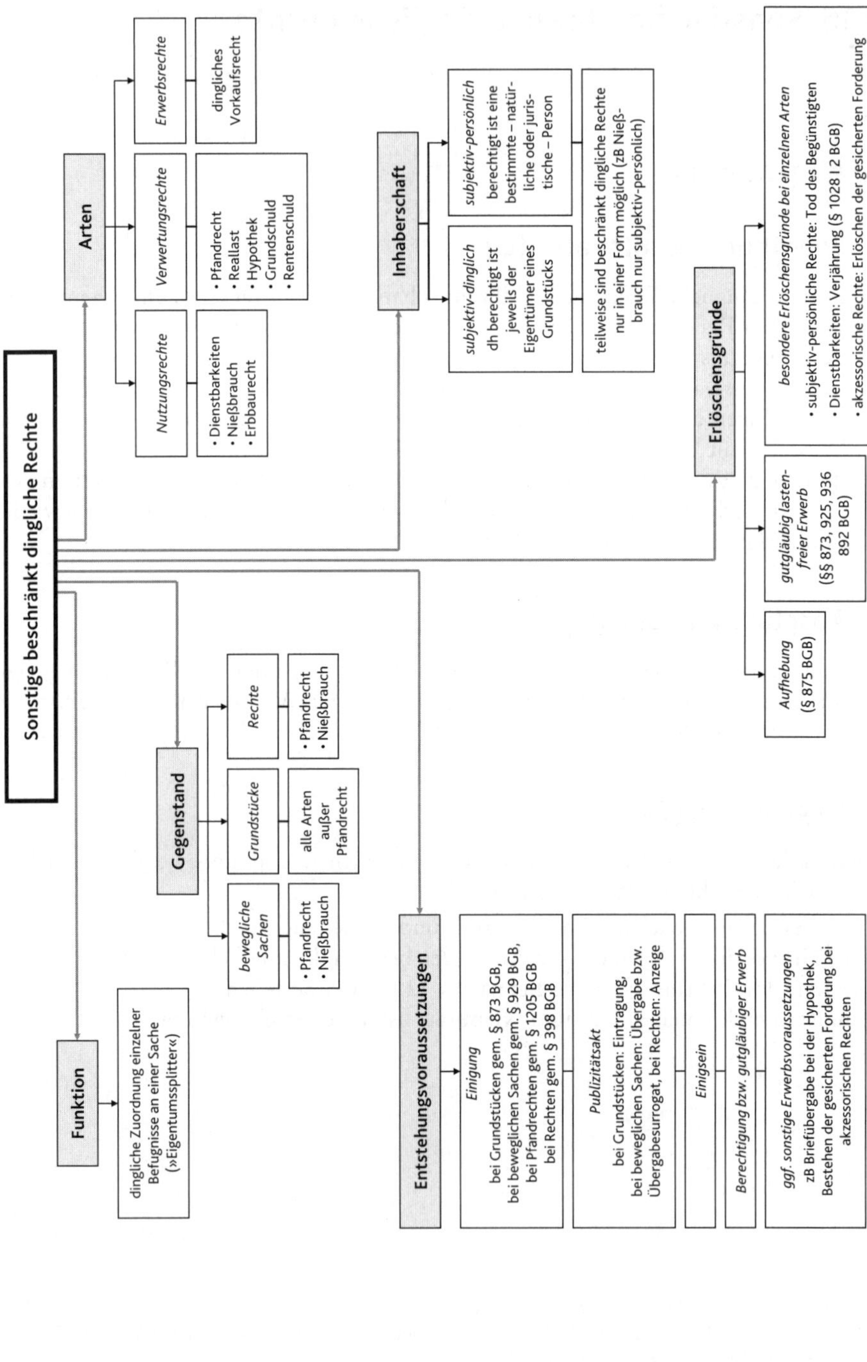
Sonstige beschränkt dingliche Rechte
Funktion
dingliche Zuordnung einzelner Befugnisse an einer Sache (»Eigentumssplitter«)
Gegenstand
bewegliche Sachen
• Pfandrecht
• Nießbrauch
Grundstücke
alle Arten außer Pfandrecht
Rechte
• Pfandrecht
• Nießbrauch
Entstehungsvoraussetzungen
Einigung
bei Grundstücken gem. § 873 BGB,
bei beweglichen Sachen gem. § 929 BGB,
bei Pfandrechten gem. § 1205 BGB
bei Rechten gem. § 398 BGB
Publizitätsakt
bei Grundstücken: Eintragung,
bei beweglichen Sachen: Übergabe bzw. Übergabesurrogat, bei Rechten: Anzeige
Einigsein
Berechtigung bzw. gutgläubiger Erwerb
ggf. sonstige Erwerbsvoraussetzungen
zB Briefübergabe bei der Hypothek, Bestehen der gesicherten Forderung bei akzessorischen Rechten
Arten
Nutzungsrechte
• Dienstbarkeiten
• Nießbrauch
• Erbbaurecht
Verwertungsrechte
• Pfandrecht
• Reallast
• Hypothek
• Grundschuld
• Rentenschuld
Erwerbsrechte
dingliches Vorkaufsrecht
Inhaberschaft
subjektiv-dinglich
dh berechtigt ist jeweils der Eigentümer eines Grundstücks
subjektiv-persönlich
berechtigt ist eine bestimmte – natürliche oder juristische – Person
teilweise sind beschränkt dingliche Rechte nur in einer Form möglich (zB Nießbrauch nur subjektiv-persönlich)
Erlöschensgründe
Aufhebung (§ 875 BGB)
gutgläubig lastenfreier Erwerb (§§ 873, 925, 936 892 BGB)
besondere Erlöschensgründe bei einzelnen Arten
• subjektiv-persönliche Rechte: Tod des Begünstigten
• Dienstbarkeiten: Verjährung (§ 1028 I 2 BGB)
• akzessorische Rechte: Erlöschen der gesicherten Forderung

4. Arten (G)

Nach den gewährten Teilbefugnissen lassen sich die beschränkt dinglichen Rechte als Nutzungsrechte, Verwertungsrechte und Erwerbsrechte kategorisieren. Wegen des Grundsatzes der Typenfixierung und des Typenzwangs[5] der Sachenrechte sind diese Arten beschränkt dinglicher Rechte abschließend.[6] 4

a) Nutzungsrechte (G)

Bei den Nutzungsrechten lassen sich Nießbrauch (§§ 1030 ff. BGB) und Dienstbarkeiten (§§ 1018 ff., 1090 ff. BGB) unterscheiden. Besondere Nutzungsrechte sind das Erbbaurecht (§§ 1 ff. ErbbauRG) und das Nutzungspfandrecht (§ 1213 BGB). 5

b) Verwertungsrechte (G)

Verwertungsrechte gestatten ihrem Inhaber zwar nicht die Nutzung der Sache, wohl aber deren Veräußerung zum Zwecke ihrer Verwertung unter bestimmten festgelegten Konditionen. Während das BGB für bewegliche Sachen hier nur das Pfandrecht (§§ 1204 ff. BGB) kennt,[7] besteht für Immobilien zum einen die Möglichkeit der Bestellung einer Reallast (§§ 1105 ff. BGB), zum anderen die Möglichkeit der Bestellung von Grundpfandrechten: Hypothek (§§ 1113 ff. BGB),[8] Grundschuld (§§ 1191 ff. BGB)[9] oder Rentenschuld (§§ 1199 ff. BGB).[10] 6

c) Erwerbsrechte (G)

Dingliche Erwerbsrechte gewährt das BGB nur im Hinblick auf Grundstücke in Form des dinglichen Vorkaufsrechts (§§ 1094 ff. BGB). 7

Soweit dem Anwartschaftsrecht eigene rechtliche Qualität zuerkannt wird,[11] wird es zu den dinglichen Erwerbsrechten gezählt. Es kann sowohl an beweglichen als auch an unbeweglichen Sachen und Rechten, insbesondere an Hypotheken, bestehen.[12]

5. Ausgestaltung der Inhaberschaft: subjektiv-persönlich oder subjektiv-dinglich (G)

Beschränkt dingliche Rechte können entweder für eine bestimmte natürliche oder juristische Person bestellt werden (sog. subjektiv-persönliche Rechte) oder losgelöst von einer konkreten Person für den jeweiligen Eigentümer eines Grundstücks (sog. subjektiv-dingliche Rechte). Zum Teil sind sie nur in der einen oder anderen Form zulässig: Ein Nießbrauch kann zB nur subjektiv-persönlich bestellt werden (§ 1030 I 8

5 → § 1 Rn. 5.
6 Soergel/*Stürner* Vor § 1018 Rn. 2.
7 Daneben stehen jedoch der Eigentumsvorbehalt und die Sicherungsübereignung als von der Rechtsprechung entwickelte Mobiliarverwertungsrechte zur Verfügung, → § 10 Rn. 1.
8 → § 15 Rn. 4 ff.
9 → § 15 Rn. 84 ff.
10 → § 15 vor Rn. 86.
11 → § 11 Rn. 36.
12 → § 11 Rn. 35.

BGB). Subjektiv-persönliche Rechte sind höchstpersönlicher Natur und damit im Regelfall weder übertragbar noch vererblich.[13]

6. Grundsätze zu Entstehung, Erlöschen und Inhalt beschränkt dinglicher Rechte

a) Voraussetzungen der Entstehung

aa) Dingliche Einigung (G)

9 Die Bestellung und damit die Entstehung eines beschränkt dinglichen Rechts (sog. Ersterwerb) setzt stets eine *dingliche Einigung* zwischen Eigentümer und zukünftigem Inhaber des beschränkt dinglichen Rechts mit dem Inhalt voraus, dass Letzterem ein beschränkt dingliches Recht, wie es das BGB kennt (Typenzwang), zustehen soll. Die dingliche Einigung muss dabei die allgemeinen Wirksamkeitsvoraussetzungen für Verträge (§§ 104 ff. BGB) erfüllen. Besonderer Beachtung bedarf dabei der sachenrechtliche Bestimmtheitsgrundsatz.[14]

bb) Publizitätsakt (G)

10 Des Weiteren muss die Bestellung nach außen hin kenntlich gemacht werden.

- Bei beschränkt dinglichen Rechten an *Grundstücken* erfolgt dies durch *Eintragung im Grundbuch* (§ 873 I BGB). Diese muss für das dienende Grundstück in der Abteilung II des Grundbuchs erfolgen.[15] Ein zusätzlicher Vermerk subjektiv-dinglicher Dienstbarkeiten beim herrschenden Grundstück ist nützlich und gem. § 9 GBO auch möglich, aber keine Wirksamkeitsvoraussetzung für die Entstehung.[16]
- Bei beschränkt dinglichen Rechten an *beweglichen Sachen* ist regelmäßig die Übergabe des Belastungsgegenstands erforderlich (§§ 1032, 1205 BGB).[17]
- Bei der Verpfändung von *Forderungen* dient als Publizitätsmittel die Anzeige an den Schuldner (§ 1280 BGB).[18]

cc) Einigsein (G)

11 Die dingliche Einigung muss im Zeitpunkt des Publizitätsakts noch fortbestehen, darf also insbesondere nicht zwischenzeitlich widerrufen worden sein. Hierbei ist vor allem die beschränkte Widerrufsmöglichkeit gem. § 873 II BGB zu beachten.[19]

dd) Verfügungsbefugnis bzw. gutgläubiger Erwerb (G)

12 Schließlich muss der Verfügende zu der Verfügung berechtigt sein. Fehlt die Verfügungsbefugnis, so kann das beschränkt dingliche Recht nur kraft guten Glaubens

13 Erman/*Grziwotz* Einl § 1018 Rn. 8.
14 *Wolf/Wellenhofer* SachenR § 3 Rn. 8 ff.
15 MüKoBGB/*Joost* § 1018 Rn. 59; *Baur/Stürner* SachenR § 33 Rn. 32; *Brehm/Berger* SachenR § 21 Rn. 4; *Lüke* JuS 1988, 524; *K. Schmidt* JuS 1988, 154; zum Grundbuch → § 13 Rn. 3 ff.
16 Zu den Eintragungsvoraussetzungen → § 13 Rn. 26.
17 → § 10 Rn. 12 ff.
18 → § 10 Rn. 53.
19 → § 4 Rn. 54 f. und → § 13 Rn. 26.

erworben werden. Es gelten dabei die allgemeinen Grundsätze des Gutglaubenserwerbs gem. § 892 BGB bzw. §§ 932 ff. BGB (iVm zB § 1032 S. 2 BGB).

ee) Besondere Entstehungsvoraussetzungen (G)

Bei einem Teil der beschränkt dinglichen Rechte sind daneben Sondervoraussetzun- 13
gen zu berücksichtigen. So muss zB bei Bestellung einer Hypothek oder eines Mobiliarpfandrechts die zu sichernde Forderung entstanden sein (§§ 1113, 1204 BGB).[20] Bei Bestellung einer Briefgrundschuld muss der Grundschuldbrief erteilt und übergeben worden sein (§§ 1117, 1192 BGB).[21]

b) Erlöschen (G)

Erlöschensgründe für beschränkt dingliche Rechte sind: 14

- Eintritt einer auflösenden Bedingung (§ 158 II BGB);
- gutgläubiger lastenfreier Erwerb einer beweglichen Sache (§ 936 BGB);
- Aufhebung (§ 875 BGB);
- gutgläubig lastenfreier Erwerb eines Grundstücks durch einen Dritten (§§ 873, 925, 892 BGB);
- bei Dienstbarkeiten: Verjährung nach § 1028 I 2 BGB;[22]
- bei subjektiv-persönlichen Rechten: Tod des Begünstigten;[23]
- bei manchen akzessorischen Rechten: Erlöschen der zugrundeliegenden Forderung.[24]

c) Inhalt beschränkt dinglicher Rechte: Bedeutung der Grundbucheintragung (V)

Da die Eintragung im Grundbuch jedermann Auskunft über Inhalt und Umfang der 15
eingetragenen Belastungen geben soll, ist *Rechtsinhalt* das, was sich aus dem *Wortlaut der Eintragung* selbst sowie – falls darauf aus § 874 S. 1 BGB Bezug genommen wurde[25] – der Eintragungsbewilligung ergibt. Bei Rechten, die verschiedenen Inhalt haben können (wie etwa die Grunddienstbarkeit), ist erforderlich, dass der Rechtsinhalt zumindest schlagwortartig durch die Grundbucheintragung selbst wiedergegeben wird (»Wegerecht«, »Wasserleitungsrecht«, »Wohnrecht«, »Aussichtsgerechtigkeit«, »Immissionsduldungspflicht«).[26] Bei Zweifeln ist durch Auslegung die für einen unbefangenen Betrachter nächstliegende Bedeutung des Eingetragenen zu ermitteln.[27] Wie das beschränkt dingliche Recht (insbesondere eine Dienstbarkeit) in der Vergangenheit *tatsächlich ausgeübt* wurde, ist daher regelmäßig unbeachtlich.[28] Ebenso blei-

20 → § 10 Rn. 1, → § 10 Rn. 8 und → § 15 Rn. 4, → § 15 Rn. 6.
21 → § 15 Rn. 92.
22 → § 16 Rn. 23.
23 → § 16 Rn. 8.
24 Anders beispielsweise bei der Hypothek: Diese wandelt sich bei Erlöschen der Forderung idR in eine Eigentümergrundschuld um; → § 15 Rn. 59.
25 Zum Umfang einer möglichen Bezugnahme *Baur/Stürner* SachenR § 19 Rn. 23 ff.
26 BGHZ 35, 378 (382); BayObLG FGPrax 2005, 8 (9), je mwN.
27 BGHZ 92, 351 (355); 145, 16 (20 f.); BGH WM 1975, 498 (498 f.); NJW-RR 1988, 1229 (1230); NJW-RR 1999, 166; NJW 2002, 1797 (1798); NJW 2002, 3021 (3022); BayObLG FGPrax 2005, 8 (9); MüKoBGB/*Joost* § 1018 Rn. 16 ff.; *Baur/Stürner* SachenR § 33 Rn. 38.
28 Staudinger/*Mayer* (2009) § 1018 Rn. 138.

ben Umstände außerhalb von Grundbuch und Eintragungsbewilligung unberücksichtigt, es sei denn, dass sie nach den besonderen Verhältnissen des Einzelfalls für jedermann ohne Weiteres erkennbar sind.[29]

Diese Grundsätze gelten insbesondere auch dann, wenn im Bestellungsvertrag (§ 873 BGB) Einschränkungen, Erweiterungen oder sonstige Modifizierungen des zu bestellenden Rechts vereinbart wurden, ohne dass auch diese eingetragen wurden oder zumindest aus der schlagwortartigen Bezeichnung des Rechts hervorgehen. Sie sind aus dem Grundbuch und der Bewilligung nicht ersichtlich und können daher aus Gründen der sachenrechtlichen Bestimmtheit, der Publizität und des Verkehrsschutzes keine Wirkung gegenüber jedermann erlangen.[30] Das beschränkt dingliche Recht hat daher stets den Inhalt, der sich aus dem Grundbuch ergibt. Abweichende Vereinbarungen wirken allenfalls auf schuldrechtlicher Ebene.[31]

II. Dienstbarkeiten

1. Allgemeines

a) Abgrenzung zu sonstigen Nutzungsrechten (G)

16 Während der Nießbrauch (§§ 1030 ff. BGB) seinem Inhaber ein umfassendes Nutzungsrecht einräumt, gestatten die Dienstbarkeiten (§§ 1018 ff., 1090 ff. BGB) die *Nutzung der Sache nur in einzelnen Beziehungen*, sodass dem Eigentümer noch ein Teil der Nutzungsmöglichkeiten verbleibt. Ein Nutzungsrecht mit besonderem Inhalt stellt das Erbbaurecht dar (§§ 1 ff. ErbbauRG).

b) Arten: Grunddienstbarkeiten und beschränkte persönliche Dienstbarkeiten

Es bestehen zwei Arten von Dienstbarkeiten: Grunddienstbarkeiten und beschränkte persönliche Dienstbarkeiten. Eine besondere Form der beschränkten persönlichen Dienstbarkeit ist das Wohnungsrecht (§ 1093 BGB).

aa) Abgrenzung (G)

17 Sowohl Grunddienstbarkeiten (§§ 1018 ff. BGB) als auch beschränkte persönliche Dienstbarkeiten (§§ 1090 ff. BGB) können nur an Grundstücken bestellt werden. Während die Grunddienstbarkeit jedoch nur *zugunsten des jeweiligen Eigentümers eines Grundstücks* bestellt werden kann (*subjektiv-dingliches Recht*) und folglich mit dem Eigentum am sog. herrschenden Grundstück auf den Rechtsnachfolger im Eigentum übergeht, wird die beschränkte persönliche Dienstbarkeit *für eine bestimmte Person* bestellt (*subjektiv-persönliches Recht*). Die beschränkte persönliche Dienstbarkeit ist daher in der Regel höchstpersönlich und damit weder übertragbar noch vererblich (vgl. § 1092 BGB mit Ausnahmen in Abs. 2 und 3).

29 BGHZ 92, 351 (355); 145, 16 (20 f.); BGH LM Nr. 41 zu § 1018 BGB; NJW 2002, 1797 (1798); NJW-RR 2003, 1235 (1235 f.).

30 OLG Nürnberg NJW-RR 2000, 1257; *Brehm/Berger* SachenR § 21 Rn. 6; → § 13 Rn. 8.

31 BGHZ 92, 351 (355); BGH LM Nr. 41 zu § 1018 BGB; MüKoBGB/*Kohler* § 873 Rn. 103; Staudinger/*Gursky* (2012) § 873 Rn. 270.

Im Gegensatz zur Grunddienstbarkeit setzt die beschränkte persönliche Dienstbarkeit *keinen Grundstücksvorteil* nach § 1019 BGB voraus (arg. § 1090 II BGB).[32]

bb) Umdeutung einer Grunddienstbarkeit in eine beschränkte persönliche Dienstbarkeit? (V)

Wegen der Vergleichbarkeit des wirtschaftlichen Erfolgs soll die Umdeutung (§ 140 BGB) einer Grunddienstbarkeit in eine beschränkte persönliche Dienstbarkeit nach einer Auffassung[33] zulässig sein. 18

Nach anderer Meinung[34] soll dies dagegen nicht möglich sein, da sich beide Arten weder in der aus ihnen resultierenden Berechtigung (subjektiv-dinglich oder subjektiv-persönlich) noch in ihren inhaltlichen Voraussetzungen (objektiver Vorteil gem. § 1019 BGB) entsprächen und insoweit nicht von einem Ersatzgeschäft gesprochen werden könne.

c) Abgrenzung zu Baulasten (Z)

Baulasten sind gegenüber der Baurechtsbehörde *freiwillig übernommene öffentlich-rechtliche Pflichten* des Grundstückseigentümers zu einem Tun, Dulden oder Unterlassen, welche das Grundstück betreffen und sich nicht schon aus öffentlich-rechtlichen Vorschriften ergeben (zB Sicherung von Zufahrten zu sog. Hammergrundstücken, Kfz-Stellplätze).[35] Zulässigkeit und Inhalt der Baulasten sind in den jeweiligen Landesbauordnungen geregelt.[36] Baulasten werden in das Baulastenverzeichnis, nicht in das Grundbuch eingetragen. Die daraus folgenden Rechte stehen nur der Behörde, nicht jedoch Privatpersonen zu. 19

d) Eigentümerdienstbarkeit (V)

Ausnahmsweise kann der Eigentümer auch für sich selbst eine Dienstbarkeit an seinem Grundstück bestellen, wenn er ein wirtschaftliches oder auch nur ein ideelles Bedürfnis hierfür hat.[37] Da keine weitere Person beteiligt ist, würde es an sich an der Einigung nach § 873 I BGB fehlen. Diese kann jedoch durch die *einseitige Erklärung* (vgl. § 19 GBO) des Eigentümers des dienenden Grundstücks gegenüber dem Grundbuchamt ersetzt werden, da das Einigungserfordernis lediglich verhindern will, dass jemandem Rechte aufgedrängt werden.[38] Das für die Eintragung erforderliche Rechtsschutzbedürfnis kann sich insbesondere daraus ergeben, dass der Eigentümer 20

32 Zum Inhalt der Grunddienstbarkeit → § 16 Rn. 24.

33 Soergel/*Stürner* § 1019 Rn. 7; Bamberger/Roth/*Wegmann* § 1019 Rn. 10.

34 OLG München NJW 1957, 1765 (1766); OLG Hamm RPfleger 1989, 448; MüKoBGB/*Joost* § 1019 Rn. 7; Staudinger/*Mayer* (2009) § 1090 Rn. 42; *Baur/Stürner* SachenR § 33 Rn. 1; *Westermann/Gursky/Eickmann* SachenR § 121 Rn. 11; *Wilhelm* SachenR Rn. 1966.

35 *Krawietz* DVBl. 1973, 605; *Lohre* NJW 1987, 877; *Weisemann* NJW 1997, 2857; zusammenfassend NK-BGB/*Otto* § 1018 Rn. 16 f.

36 ZB § 83 I 1 BauO NW. Keine Baulasten kennt das Landesrecht Bayerns und Brandenburgs. Siehe ferner *Finkelnburg/Ortloff*, Öffentliches Baurecht, Bd. II § 6 VI.

37 BGHZ 41, 209 (210 ff.) = NJW 1964, 1226; BGH WM 1984, 820 (821); NJW 1988, 2362 (2363); *Wolf/Wellenhofer* SachenR § 29 Rn. 4; MüKoBGB/*Joost* § 1018 Rn. 22; jurisPK-BGB/*Münch* § 1018 Rn. 16; *Baur/Stürner* SachenR § 33 Rn. 4; differenzierend-krit. Bamberger/Roth/*Wegmann* § 1018 Rn. 19 f.

38 Vgl. auch §§ 1196, 1009, 1188 BGB.

des dienenden Grundstücks das Grundstück oder auch nur einen Teil demnächst veräußern will.

e) Schutz des Inhabers der Dienstbarkeit (G)

21 Der Inhaber der Dienstbarkeit genießt absoluten dinglichen Schutz – auch gegenüber dem Vollrechtsinhaber. Er kann wegen einer Beeinträchtigung seines Rechts einen negatorischen Abwehranspruch geltend machen (§§ 1027, 1004 BGB – ggf. iVm § 1090 II BGB).[39] Außerdem steht ihm bei Verletzung der Pflichten aus dem gesetzlichen Schuldverhältnis ein Anspruch gem. §§ 280 I und III, 281 BGB zu.[40]

Da der Inhaber der Dienstbarkeit in aller Regel nicht zum Besitz des Grundstücks berechtigt ist, hat er keinen vindikationsähnlichen Anspruch (§ 985 BGB). Anderes muss aber gelten, wenn er ausnahmsweise zum Besitz berechtigt ist.[41]

Darüber hinaus steht dem Inhaber der Dienstbarkeit possessorischer Schutz nach §§ 1029, 862 BGB (ggf. iVm § 1090 II BGB) zu.[42]

f) Pflicht des Inhabers zur Rücksichtnahme (G)

22 Zwischen dem Dienstbarkeitsberechtigten und dem Eigentümer des dienenden Grundstücks besteht ein gesetzliches Schuldverhältnis[43] mit dem Inhalt des § 1020 BGB (ggf. iVm § 1090 II BGB), das den Inhaber der Dienstbarkeit zur Rücksichtnahme auf die Interessen des Eigentümers des belasteten Grundstücks und zur möglichst schonenden Ausübung seines Nutzungsrechts verpflichtet.[44] Beurteilungsmaßstab sind die Regeln einer ordnungsgemäßen Bewirtschaftung. Erforderlich ist eine Abwägung der beiderseitigen Interessen.[45] Eine besondere Konkretisierung dieser Rücksichtnahmepflicht enthält § 1023 BGB.

Die Verletzung der Pflichten aus dem gesetzlichen Schuldverhältnis begründet eine Schadensersatzpflicht gem. §§ 280 I und III, 282, 241 II BGB. Dabei hat der Inhaber der Grunddienstbarkeit nach § 278 BGB auch das Verhalten derjenigen zu vertreten, die von ihm zur Ausübung der Dienstbarkeit befugt werden (beim Wegerecht insbesondere der Grundstückspächter) und dabei die Schonungspflicht aus § 1020 BGB verletzen.[46]

---

39 KG NJW-RR 2000, 607.

40 Staudinger/*Mayer* (2009) § 1027 Rn. 20. → § 16 Rn. 22.

41 MüKoBGB/*Joost* § 1027 Rn. 1; Staudinger/*Mayer* (2009) § 1027 Rn. 23; *Wolf/Wellenhofer* SachenR § 29 Rn. 19; auch NK-BGB/*Otto* § 1027 Rn. 2.

42 *Baur/Stürner* SachenR § 33 Rn. 43.

43 Dazu näher BGH LM Nr. 4 zu § 1020 = NJW 1985, 2944 (2944 f.); *Westermann/Gursky/Eickmann* SachenR § 121 Rn. 22; *Baur/Stürner* SachenR § 33 Rn. 27; *Amann* DNotZ 1989, 531 (534 ff.).

44 Zum Anspruch des Eigentümers des dienenden Grundstücks auf Abschluss einer Ausübungsregelung analog § 745 II BGB bei gleichberechtigter Nutzung des Grundstücks sowie zur Geltendmachung daraus resultierender Abwehransprüche vgl. BGH NJW 2008, 3703 ff.

45 OLG Karlsruhe NJW-RR 2006, 1678 (1678) (Torschließanlage); OLG Frankfurt MDR 2011, 420 (Anbringen eines Tores); MüKoBGB/*Joost* § 1020 Rn. 4; vgl. zur Instandsetzungs- und Unterhaltslast gem. § 1020 S. 2 BGB: BGH NJW 2005, 894 (896 ff.).

46 BGH LM Nr. 4 zu § 1020 = NJW 1985, 2944 (2945); Staudinger/*Mayer* (2009) § 1020 Rn. 10; *Wilhelm* SachenR Rn. 1971; *Brehm/Berger* SachenR § 21 Rn. 25.

g) Rechtsverlust durch Anspruchsverjährung (E)

Nach § 1028 BGB unterliegt der Anspruch aus §§ 1027, 1004 BGB gegen den Eigentümer auf Beseitigung einer neuen Anlage, die die Ausübung der Dienstbarkeit durch den Berechtigten beeinträchtigt, der Verjährung. Das Verhältnis dieser Regelung zu § 902 I BGB ist umstritten: Eine Ansicht geht von einer generellen Verjährbarkeit des Abwehranspruchs nach §§ 1027, 1004 BGB aus und begründet dies mit dessen Nähe zu den in § 902 I 2 BGB genannten Ansprüchen. Demnach käme § 1028 BGB lediglich klarstellende Funktion zu.[47] Die Gegenauffassung geht hingegen von einer grundsätzlichen Unverjährbarkeit des Abwehranspruchs gem. § 902 I 1 BGB aus, sodass § 1028 BGB eine Ausnahmeregelung darstellen soll.[48] Der BGH differenziert danach, ob der Anspruch die Verwirklichung des Rechts (mithin der Grunddienstbarkeit) selbst betrifft oder nur sonstige Störungen abwehren soll. Nur im erstgenannten Fall sei der Abwehranspruch grundsätzlich unverjährbar, § 1028 BGB stelle insoweit eine Ausnahmevorschrift für eine Beeinträchtigung der Grunddienstbarkeit durch Anlagen dar.[49] 23

Die Frist beträgt gem. §§ 195, 199 I, IV BGB drei Jahre ab dem Ende des Jahres, in dem der Rechtsinhaber Kenntnis von der Störungsquelle und der von ihr ausgehenden hindernden Wirkung hatte oder hätte haben müssen (subjektives System), höchstens aber taggenau zehn Jahre ab dem Zeitpunkt der Störung (Maximalfristen mit objektivem System).[50] Betrifft der Anspruch die Verwirklichung des Rechts selbst, nimmt der BGH in entsprechender Anwendung des § 197 I Nr. 2 BGB eine 30-jährige Verjährungsfrist an.[51] Tritt Verjährung des Beseitigungsanspruchs ein, so führt dies gleichzeitig zum Erlöschen der Dienstbarkeit selbst (§ 1028 I 2 BGB), soweit[52] sie durch die Anlage beeinträchtigt wird.

Der Eigentümer des Grundstücks hat gegen den dann zu Unrecht als Inhaber der Dienstbarkeit Eingetragenen einen Anspruch auf Grundbuchberichtigung (§ 894 BGB).[53] Ein gutgläubiger Erwerb solcher »überholter« Dienstbarkeiten ist durch § 1028 II BGB ausgeschlossen, der § 892 BGB für nicht anwendbar erklärt.

Wird die Anlage, welche die Ausübung der Dienstbarkeit beeinträchtigt, später beseitigt, so führt dies nicht zu einem Wiederaufleben der Dienstbarkeit.[54]

2. Grunddienstbarkeit

a) Funktion und Bedeutung (G)

Die zulasten eines Grundstücks – des dienenden Grundstücks – eingetragene Grunddienstbarkeit bezweckt, die wirtschaftliche Nutzung bzw. Nutzbarkeit des begüns- 24

47 RGRK/*Rothe* § 1028 Rn. 1.

48 MüKoBGB/*Joost* § 1028 Rn. 7.

49 BGHZ 187, 185 (190 ff.) = NJW 2011, 518 (519 f.); BGH NJW 2014, 3780 (3781); ebenso MüKo-BGB/*Kohler* § 902 Rn. 5; Palandt/*Bassenge* § 1028 Rn. 1.

50 Staudinger/*Mayer* (2009) § 1028 Rn. 4; Bamberger/Roth/*Wegmann* § 1028 Rn. 5.

51 BGH NJW 2014, 3780 (3781 ff.).

52 In der Praxis wird daher meist nur ein Teilerlöschen stattfinden, weil die Anlage der Ausübung der Dienstbarkeit nicht vollständig entgegensteht, vgl. NK-BGB/*Otto* § 1028 Rn. 13.

53 MüKoBGB/*Joost* § 1028 Rn. 3; Erman/*Grziwotz* § 1028 Rn. 3.

54 MüKoBGB/*Joost* § 1028 Rn. 3. Streitig ist lediglich, ob nunmehr ein gutgläubiger Erwerb möglich ist; abl. die zuvor Genannten; bejahend Soergel/*Stürner* § 1028 Rn. 2; Bamberger/Roth/*Wegmann* § 1028 Rn. 7.

tigten Grundstücks – des herrschenden Grundstücks – durch ein dinglich gesichertes Recht dauerhaft zu erhöhen.[55] Die Grunddienstbarkeit zeigt sich in der Praxis vor allem in Form von Wege-, Energie- und Leitungsrechten.[56] Daneben werden häufig Vertriebsbindungen[57] und Vereinbarungen über nachbarrechtliche Abwehrbefugnisse, insbesondere hinsichtlich Immissionen, zum Gegenstand einer Dienstbarkeit gemacht.

b) Übertragung (V)

25 Die Grunddienstbarkeit wird, da sie mit dem Eigentum am herrschenden Grundstück eng verbunden ist, als dessen Bestandteil behandelt (§ 96 BGB).[58] Sie geht daher mit Übereignung des herrschenden Grundstücks auf dessen neuen Eigentümer über (§§ 873, 925 BGB). Eine eigenständige Übertragung und Belastung scheidet umgekehrt aus. Obwohl somit der Erwerb der Grunddienstbarkeit kraft Gesetzes eintritt, ist ein gutgläubiger Erwerb möglich, sofern die Übertragung des Grundstücks rechtsgeschäftlich erfolgt.[59]

c) Inhalt – Überblick (G)

26 Die Bestellung einer Grunddienstbarkeit setzt voraus, dass sie den Inhalt der §§ 1018, 1019 BGB hat:

- *Einschränkung der tatsächlichen Nutzung:* Gegenstand von Einigung und Eintragung muss sein, den Eigentümer des dienenden Grundstücks in dessen tatsächlicher Benutzung dahingehend einzuschränken, dass er einzelne Maßnahmen oder Handlungen des Eigentümers des herrschenden Grundstücks zu dulden bzw. zu unterlassen hat (§ 1018 BGB). Aus dem Inhalt der Einigung muss sich nach Auslegung eindeutig ergeben, welche Maßnahmen oder Handlungen der Eigentümer des dienenden Grundstücks dulden bzw. unterlassen muss (Bestimmtheitsgrundsatz).[60]
- *Vorteil für das herrschende Grundstück:* Die Belastung muss für die Benutzung des herrschenden Grundstücks vorteilhaft sein (§ 1019 BGB).[61]
- *Subjektiv-dingliche Natur:* Die Grunddienstbarkeit muss dem jeweiligen Eigentümer des herrschenden Grundstücks gewährt werden.[62]

55 Erman/*Grziwotz* Vor § 1018 Rn. 1; *Westermann/Gursky/Eickmann* SachenR § 121 Rn. 1 ff.

56 Siehe zu verbreiteten Beispielen Soergel/*Stürner* § 1018 Rn. 15 ff.

57 → § 16 Rn. 27 f.

58 RGZ 93, 71 (73); Jauernig/*Berger* § 1018 Rn. 11, Jauernig/*Mansel* § 96 Rn. 1; *Wilhelm* SachenR Rn. 1954; *Brehm/Berger* SachenR § 21 Rn. 10.

59 Inzident bejaht von OLG Frankfurt Rpfleger 1979, 418; BayObLG NJW-RR 1987, 789 m. Bespr. *Lüke* JuS 1988, 524 und *K. Schmidt* JuS 1988, 153; Palandt/*Bassenge* § 892 Rn. 4.

60 BGH NJW 1982, 1039; zur Auslegung historischer Begrifflichkeiten vgl. OLG Karlsruhe MDR 2014, 648 (648 f.) – »Gebäulichkeiten«; zur fehlenden Besitmmtheit des Verbots der Wohnraumüberlassung an »Bardamen oder Personen [...], welche der Unzucht nachgehen bzw. häufig wechselnden Geschlechtsverkehr ausüben« vgl. OLG Karlsruhe MDR 2013, 1213 (1213 f.).

61 Daran fehlt es bei einer Nutzungsdienstbarkeit hinsichtlich einer Photovoltaikanlage, wenn der erzeugte Strom in das öffentliche Netz eingespeist wird und nicht unmittelbar der Versorgung des herrschenden Grundstücks dient vgl. OLG Hamm MDR 2015, 330 (330 f.).

62 *Wolf/Wellenhofer* SachenR § 29 Rn. 2.

d) Einschränkung der tatsächlichen Nutzung (§ 1018 BGB)

aa) Arten der Nutzungsbeschränkung (G)

Die dingliche Nutzungsbeschränkung kann auf *drei Arten* erfolgen:[63] 27

- Der Eigentümer des dienenden Grundstücks muss die *Nutzung* des dienenden Grundstücks durch den Eigentümer des herrschenden Grundstücks in einzelnen Beziehungen dulden (§ 1018 Var. 1 BGB) (zB Wegerecht[64], Abbaurecht[65]);
- der Eigentümer des dienenden Grundstücks muss bestimmte *tatsächliche Handlungen* gegenüber dem Inhaber des beschränkt dinglichen Rechts unterlassen (§ 1018 Var. 2 BGB) (zB Bebauungsbeschränkung in der Höhe[66]);
- der Eigentümer des dienenden Grundstücks hat *Rechtsausübungen* gegenüber dem Inhaber des beschränkt dinglichen Rechts zu *unterlassen* (§ 1018 Var. 3 BGB) (zB keine Geltendmachung von Abwehransprüchen aus § 1004 BGB gegen Immissionen[67]).

Allen drei Varianten ist gemeinsam, dass die Nutzung in tatsächlicher Hinsicht beschränkt wird. Eine Beeinträchtigung der rechtlichen Verfügungsfreiheit ist hingegen nicht zulässig.[68]

bb) Nutzungsbeschränkung nur in einzelnen Beziehungen (V)

Wie sich bereits aus § 1018 BGB ergibt, darf dem Inhaber des beschränkt dinglichen 28
Rechts kein umfassendes Nutzungsrecht (wie im Rahmen eines Nießbrauchs) eingeräumt werden.[69] Umstritten ist, nach welchem Maßstab dies zu beurteilen ist:

Falls das gesamte Grundstück mit der Dienstbarkeit belastet werden soll, kommt es nach vorherrschender Auffassung[70] alleine darauf an, ob dem Eigentümer wenigstens eine theoretische Nutzungsmöglichkeit verbleibe. Dies sei immer dann gegeben, wenn die Dienstbarkeit nur einzelne Nutzungsformen nenne, also nicht ein Recht zur ausschließlichen Nutzung einräume (*formale Abgrenzung*). Auf diese Weise könnten schwierige Abgrenzungsprobleme vermieden werden und das formalisierte Grundbuchverfahren von einer Sachprüfung freigehalten werden. Auch erlaube nur diese Differenzierung ein lückenloses System. Schließlich würde dem Eigentümer selbst bei Übertragung der wirtschaftlich relevanten Nutzungsbefugnisse immer noch das Recht verbleiben, jede andere Nutzung zu verbieten. Eine andere Ansicht (*rein*

63 *Westermann/Gursky/Eickmann* SachenR § 121 Rn. 5 ff.; *Baur/Stürner* SachenR § 33 Rn. 9–11.

64 *Wolf/Wellenhofer* SachenR § 29 Rn. 7.

65 BGH NJW 2002, 3021 (3021 ff.).

66 BGH NJW 2002, 1797 (1797 ff.).

67 BayObLG NJW-RR 2004, 1460 (1460) mit Ausführungen zu den Bestimmtheitsanforderungen. Hinsichtlich gesetzlicher Duldungs- und Unterlassungsansprüche (zB §§ 906, 912, 917 BGB) können Vereinbarungen nur getroffen werden, wenn an ihrem Bestand oder ihrem Umfang Zweifel bestehen; vgl. BGH NJW 2014, 311 (312); Palandt/*Bassenge* § 1018 Rn. 26.

68 BGHZ 29, 244 (248 f.); BGH NJW-RR 2003, 733 (735); NK-BGB/*Otto* § 1018 Rn. 63 ff.; krit. gegen diese Beschränkung *Stürner* AcP 194 (1994), 265 (266 ff.).

69 *Baur/Stürner* SachenR § 33 Rn. 1; *Wolf/Wellenhofer* SachenR § 29 Rn. 1; → § 16 Rn. 16.

70 *Schöner* DNotZ 1982, 416 ff.; *Schöner/Stöber* GrundbuchR Rn. 1130, 1362; *Stürner* AcP 194 (1994), 265 (282); Soergel/*Stürner* § 1018 Rn. 12; Staudinger/*Mayer* (2009) § 1018 Rn. 99; NK-BGB/*Otto* § 1018 Rn. 67; *Demharter* FGPrax 1995, 227 (228); offenlassend entgegen der früheren abl.en Haltung nun BayObLGZ 1987, 359 (361); 1989, 442 (444 f.); vgl. ferner BGH NJW-RR 2003, 733 (735).

materielle Abgrenzung) verlangt dagegen unter Berufung auf § 1030 II BGB, dass dem Eigentümer noch wirtschaftlich wesentliche Nutzungen[71] oder jedenfalls noch wirtschaftlich sinnvolle Nutzungsmöglichkeiten[72] verbleiben; andernfalls liege ein Nießbrauch vor, der aber nach der Konzeption des BGB nicht subjektiv-dinglich bestellt werden könne. Schließlich wird teils eine *zweistufige Prüfung* befürwortet.[73] Zunächst sei zu untersuchen, ob (formell) eine umfassende Nutzungsbefugnis eingeräumt werden soll (falls ja: zwingend Nießbrauch, vgl. § 1030 I BGB). Bei deren Nichtvorliegen sei dann zusätzlich zu prüfen, ob die übertragenen Befugnisse auch bei materieller Betrachtung dem Eigentümer noch wirtschaftlich sinnvolle Nutzungen beließen.

Demgegenüber wird in den Situationen, in denen sich die Dienstbarkeit rechtsgeschäftlich oder tatsächlich nur auf einen Teil der anderen Grundstücksfläche beschränkt (Beispiel: Nutzung als Pkw-Abstellplatz), ganz überwiegend[74] angenommen, dass stets – also auch bei einer materiell umfassenden Nutzungsbefugnis – eine Dienstbarkeit vorliege und nur bei einem formell umfassenden Recht ein Nießbrauch gegeben sei. Dies wird damit begründet, dass Bezugspunkt dafür, ob dem Eigentümer noch Nutzungsmöglichkeiten verbleiben, das Gesamtgrundstück und nicht der tatsächlich beanspruchte Teil sei.

cc) Keine Verpflichtung zu aktivem Tun (E)

29 *Gegenstand* der Grunddienstbarkeit kann *nur eine Duldung oder Unterlassung* sein, nicht jedoch die Verpflichtung des Eigentümers des dienenden Grundstücks zu aktivem Tun[75] (*servitus in faciendo consistere nequit*).

Nach überwiegender Ansicht[76] ist es aber unbeachtlich, wenn dem Eigentümer des dienenden Grundstücks nach Eintragung der Grunddienstbarkeit praktisch nur eine einzige Nutzungsmöglichkeit verbleibt. Darin könnte zwar die mittelbare Verpflichtung zu einem aktiven Tun gesehen werden. Ob eine formal als Unterlassungspflicht

71 Soergel/*Stürner*, 12. Aufl. 1990, § 1018 Rn. 12.

72 MüKoBGB/*Joost* § 1018 Rn. 28; Palandt/*Bassenge* § 1018 Rn. 15.

73 BayObLGZ 1965, 180 (181); 1979, 444 (448 f.); 1986, 54 (56); OLG Frankfurt OLGZ 1985, 399 (400); OLG Köln DNotZ 1982, 442 (443); OLG Zweibrücken DNotZ 1982, 444 (445); Palandt/*Bassenge* § 1018 Rn. 15, § 1030 Rn. 6.

74 BGH NJW 1992, 1101; NJW-RR 2015, 208 (209 f.); BayObLGZ 1986, 54 (56); 1987, 359 (362 f.); KG FGPrax 1995, 226 (226 f.); BayObLG MDR 2003, 684 f.; OLG Celle NJW-RR 2005, 102; OLG Schleswig NJOZ 2011, 2084 (2085); MüKoBGB/*Joost* § 1018 Rn. 28 mwN; Staudinger/*Mayer* (2009) § 1018 Rn. 102; Soergel/*Stürner* § 1018 Rn. 12; *Kanzleiter* DNotZ 1986, 622 (624 f.) (aber auch teils krit.).

75 BGHZ 106, 348 (350) = NJW 1989, 1607 (1608) mwN; BGH NJW-RR 2003, 733 (735). Allerdings kann eine Pflicht zu aktivem Tun, insbes. zur Instandhaltung eines Weges, der Gegenstand eines Wegerechts ist, gem. §§ 1021, 1022 BGB als Nebenpflicht im Rahmen einer Dienstbarkeit festgelegt und eingetragen werden, wenn sie den Inhalt der Dienstbarkeit lediglich ergänzend beschreibt; vgl. Soergel/*Stürner* § 1018 Rn. 5; *Baur/Stürner* SachenR § 33 Rn. 29 ff.; *Wilhelm* SachenR Rn. 1962 ff.; *Westermann/Gursky/Eickmann* SachenR § 121 Rn. 9; *Brehm/Berger* SachenR § 21 Rn. 1, 20; *Amann* DNotZ 1982, 396; *ders.* DNotZ 1989, 531.

76 Die Problematik stellte sich insbes. in den Fällen, in denen ein Verbot vereinbart wurde, Heizungs- und Warmwasserenergie aus anderen Quellen als der zentralen Versorgungsanlage zu beziehen; BGH WM 1984, 820 (821); BayObLGZ 1985, 285 (288); OLG München NJW-RR 2005, 603 (603); vgl. auch BGH NJW-RR 2003, 733 (735) zu § 1090 BGB; Palandt/*Bassenge* § 1018 Rn. 5; Soergel/*Stürner* § 1018 Rn. 6; *Walter/Maier* NJW 1988, 377; aA MüKoBGB/*Joost* § 1018 Rn. 43 ff.; *Wilhelm* SachenR Rn. 1986 ff.; *Joost* JZ 1979, 467 (469); *Amann* DNotZ 1982, 396; ältere Rechtsprechung in BayObLGZ 1976, 218 (222); 1983, 143 (149).

formulierte Grunddienstbarkeit in der Sache eine Pflicht zu aktivem Tun darstelle – praktisch relevant wird dies bei den Wettbewerbsklauseln[77] –, lasse sich regelmäßig aber nur anhand von Umständen außerhalb des dinglichen Rechts feststellen. Die Abgrenzung zwischen zulässiger und unzulässiger Dienstbarkeit wäre, wollte man auf die tatsächlichen Auswirkungen abstellen, nur noch schwer möglich. Daher müsse eine formale Abgrenzung vorgenommen werden. Im Übrigen entspräche es gerade dem Wesen der Dienstbarkeit, den Handlungsspielraum des Eigentümers des dienenden Grundstücks einzuengen.

e) »Vorteil« iSd § 1019 BGB (G)

Die Belastung ist für das herrschende Grundstück nur dann vorteilhaft, wenn sie dem Grundstück und nicht nur dem derzeitigen Eigentümer objektiv nützlich ist *(servitus praedio utilis esse debet)*. Der Nutzen kann in einem wirtschaftlichen, architektonischen oder rein ästhetischen Vorteil oder auch in sonstigen Annehmlichkeiten bestehen, die in wirtschaftlicher Hinsicht für das herrschende Grundstück von privatrechtlichem Wert sind.[78] Der Vorteil muss von gewisser Dauer, nicht nur kurzfristig oder gar einmalig sein. Der Eintritt eines nur künftigen Vorteils genügt, wenn bereits bei Bestellung objektive Anhaltspunkte für den zukünftigen Vorteil vorliegen.[79] Indiz dafür, dass die Grunddienstbarkeit dem herrschenden Grundstück keinen Vorteil bringt, ist eine weite räumliche Entfernung zum dienenden Grundstück.[80] Allerdings ist eine unmittelbare Nachbarschaft der Grundstücke nicht zwingend erforderlich.[81] 30

Eine Grunddienstbarkeit ohne Vorteil ist nichtig. Sie erlischt, wenn der Vorteil dauerhaft wegfällt.[82]

f) Verbindung von Grunddienstbarkeit und Entgeltlichkeit? (V)

Eine Grunddienstbarkeit wird oftmals nur gegen Entgelt vereinbart. Die Entgeltlichkeit kann dabei nur Inhalt einer schuldrechtlichen Vereinbarung, nie aber Inhalt des dinglichen Rechts selbst sein.[83] Fraglich ist jedoch, ob durch schuldrechtliche Vereinbarung im Wege des Bedingungszusammenhangs die aus der Dienstbarkeit geschuldete Duldung oder Unterlassung an die Erbringung der obligatorisch geschuldeten Gegenleistung geknüpft werden kann. 31

Überwiegend[84] wird diese Möglichkeit eingeräumt, sodass bei entsprechender Vereinbarung bei Ausbleiben der Gegenleistung die Ausübung des Nutzungsrechts unterbleiben muss.

77 → § 16 Rn. 34 ff.

78 Palandt/*Bassenge* § 1019 Rn. 3; Soergel/*Stürner* § 1019 Rn. 6; *Westermann/Gursky/Eickmann* SachenR § 121 Rn. 11; Staudinger/*Mayer* (2009) § 1019 Rn. 4; Jauernig/*Berger* § 1019 Rn. 4; *Wilhelm* SachenR Rn. 1965; *Baur/Stürner* SachenR § 33 Rn. 12; *Brehm/Berger* SachenR § 21 Rn. 21 ff.; NK-BGB/*Otto* § 1019 Rn. 4 ff. insbes. zum erforderlichen Grundstücksbezug.

79 BGHZ 106, 348 (351); Bamberger/Roth/*Wegmann* § 1019 Rn. 3; Jauernig/*Berger* § 1019 Rn. 2; *Wolf/Wellenhofer* SachenR § 29 Rn. 14; NK-BGB/*Otto* § 1019 Rn. 17.

80 Palandt/*Bassenge* § 1019 Rn. 2.

81 Siehe nur Jauernig/*Berger* § 1018 Rn. 1.

82 BGH NJW 1984, 2157 (2158); *Westermann/Gursky/Eickmann* SachenR § 121 Rn. 11; Staudinger/*Mayer* (2009) § 1019 Rn. 11.

83 BayObLGZ 1979, 273 (278).

84 Palandt/*Bassenge* § 1018 Rn. 12; Staudinger/*Mayer* (2009) § 1018 Rn. 14: als aufschiebende Bedingung bei einmaliger Gegenleistung oder als auflösende Bedingung bei fortlaufender Zahlung.

Nach aA[85] ist die Rechtsausübung nicht Inhalt, sondern Auswirkung eines Rechts. Die Beschränkung einer Rechtsausübung führe aber zur Beschränkung des Rechts selbst, sodass bei einer schuldrechtlich unter auflösender Bedingung vereinbarten Entgeltleistung die Grunddienstbarkeit in ihrem Rechtsbestand selbst auflösend bedingt sei und nicht lediglich die Ausübung der Grunddienstbarkeit. Nach dieser Ansicht führt die Nichtleistung zum Erlöschen des dinglichen Rechts.

g) Auswirkungen tatsächlicher Veränderungen auf den Inhalt der Grunddienstbarkeit (V)

32 Ändert sich – insbesondere als Folge technischer oder wirtschaftlicher Entwicklungen – die Nutzung des herrschenden Grundstücks und ändern sich damit auch dessen Anforderungen an das dienende Grundstück im Rahmen der Dienstbarkeit, so kann sich nach dem Grundsatz von Treu und Glauben[86] der Inhalt der Dienstbarkeit ändern, soweit diese Nutzungsänderung voraussehbar war und vom Eigentümer des herrschenden Grundstücks nicht willkürlich herbeigeführt worden ist.[87] Dies gilt allerdings nur insoweit, wie der Inhalt der Dienstbarkeit nicht abschließend festgelegt wurde.[88] Für die Erweiterung des Inhalts ist regelmäßig kein Geldausgleich zu zahlen.[89]

Hauptanwendungsfall in der Praxis ist die Anpassung von Wegerechten bei stark zunehmender Nutzung des herrschenden Grundstücks (zB statt Bebauung mit Einfamilienhaus nunmehr große Wohnanlage).[90]

Davon zu unterscheiden ist die rechtsgeschäftliche Inhaltsänderung der Dienstbarkeit, die jederzeit nach den allgemeinen Grundsätzen möglich ist (§ 877 BGB).[91]

3. Beschränkte persönliche Dienstbarkeit

a) Inhalt (§ 1090 BGB) (G)

33 Der zulässige Inhalt einer beschränkten persönlichen Dienstbarkeit ergibt sich aus § 1090 BGB:

- *Einschränkung der tatsächlichen Nutzung:* Gegenstand der beschränkten persönlichen Dienstbarkeit ist wie bei der Grunddienstbarkeit die Einschränkung der tatsächlichen Nutzung des dienenden Grundstücks in einzelnen Beziehungen.[92]

85 MüKoBGB/*Joost* § 1018 Rn. 7; *Ripfel* DNotZ 1968, 404.
86 BGH LM Nr. 31 zu § 242 (D); MüKoBGB/*Joost* § 1018 Rn. 52; NK-BGB/*Otto* § 1018 Rn. 77.
87 BGHZ 44, 171 (172 f.) = NJW 1965, 2340 (2341); BGHZ 106, 348 (350) = NJW 1989, 1607 (1608); BGH NJW 1976, 417 (418); NJW-RR 1988, 1229 (1230); NJW-RR 2003, 1235 (1236); NJW-RR 2003, 1237 (1237); *Wolf/Wellenhofer* SachenR § 29 Rn. 16 f.; Palandt/*Bassenge* § 1018 Rn. 9 ff.; MüKoBGB/*Joost* § 1018 Rn. 53; Soergel/*Stürner* § 1018 Rn. 9; Bamberger/Roth/*Wegmann* § 1018 Rn. 30 ff.
88 In diesem Fall bedarf es gem. §§ 877, 873 BGB einer Einigung und der Eintragung ins Grundbuch; vgl. BGH NJW-RR 2006, 237 (238): Änderung der Ausübungsstelle einer Dienstbarkeit.
89 BGH NJW 1976, 417 (418); Palandt/*Bassenge* § 1018 Rn. 11.
90 Instruktiv *Grziwotz* NJW 2008, 1851 ff.
91 Jauernig/*Berger* § 1018 Rn. 9; vgl. auch Fn. 83.
92 Siehe nur Bamberger/Roth/*Wegmann* § 1090 Rn. 7. Auch die Grundsätze zu den Wettbewerbsklauseln gelten für die beschränkte persönliche Dienstbarkeit entsprechend, → § 16 Rn. 34 ff.; vgl. auch BGH, Urt. v. 23.11.2001 – V ZR 418/00: Die Duldungspflicht des Eigentümers bezüglich der Neuverlegung von Kabelrohren besteht, wenn die Verlegung den durch Dienstbarkeit geschützten Bereich in Anspruch nimmt, in dem bisher schon eine Versorgungsleitung verlegt ist.

- *Subjektiver Vorteil:* Anders als die Grunddienstbarkeit setzt die beschränkte persönliche Dienstbarkeit keine objektive Nützlichkeit nach § 1019 BGB voraus, sondern lediglich ein schützenswertes Eigen- oder Fremdinteresse nach den persönlichen Bedürfnissen des Inhabers der beschränkten persönlichen Dienstbarkeit.[93] Sie erlischt erst, wenn niemand einen erlaubten Vorteil aus ihr mehr ziehen kann.
- *Subjektiv-persönliche Natur:*[94] Die beschränkte persönliche Dienstbarkeit steht nicht dem jeweiligen Eigentümer eines herrschenden Grundstücks zu, sondern einer konkreten natürlichen oder juristischen[95] Person.

b) Anwendungsbereich: Wettbewerbsklauseln

aa) Bedeutung und Interessenlage (E)

Insbesondere im Tankstellen- und Gaststättengewerbe sind Dienstbarkeiten üblich, 34 mit denen nur formal eine bestimmte Grundstücksnutzung schlechthin verboten werden soll, sachlich jedoch in erster Linie die Wettbewerber des Inhabers der Dienstbarkeit ausgeschaltet werden sollen. So soll es im Ergebnis dem Eigentümer des dienenden Grundstücks verboten sein, bestimmte Waren, beispielsweise Benzin oder Bier, auf seinem Grundstück zu vertreiben, die nicht vom Inhaber der Dienstbarkeit (einer Mineralölgesellschaft oder Brauerei) hergestellt oder geliefert worden sind. Die Art der Gestaltung einer solchen Vereinbarung und deren rechtliche Zulässigkeit sind umstritten.

Typischerweise wird eine solche Dienstbarkeit als beschränkte persönliche Dienstbarkeit zugunsten des Lieferanten bestellt; möglich ist auch eine Grunddienstbarkeit zugunsten des Eigentümers eines Grundstücks (Betriebsgrundstück des liefernden Unternehmens).

bb) Zulässigkeit herstellerspezifischer Verbotsdienstbarkeiten? (E)

Eine Dienstbarkeit kann unproblematisch bestellt werden, wenn sie sich auf eine Tä- 35 tigkeit, insbesondere den Betrieb eines bestimmten Gewerbes[96] oder den Vertrieb eines Produkts[97] schlechthin bezieht.[98] Diese Nutzung kann gänzlich verboten oder auf der dinglichen Ebene von der Zustimmung des Inhabers der Dienstbarkeit – bei Grunddienstbarkeit: der Zustimmung des Eigentümers des herrschenden Grundstücks – abhängig gemacht werden. Mit den Wettbewerbsklauseln soll im Ergebnis regelmäßig nur die Nutzung der Produkte von Wettbewerbern verboten werden.

Fraglich ist, ob die Dienstbarkeit auch dann zulässig ist, wenn sich das Verbot einer bestimmten tatsächlichen Nutzung des Grundstücks nach dem Inhalt der Einigung

93 Soergel/*Stürner* § 1090 Rn. 6; Staudinger/*Mayer* (2009) § 1090 Rn. 15; Bamberger/Roth/*Wegmann* § 1090 Rn. 8; NK-BGB/*Otto* § 1090 Rn. 1; *Westermann/Gursky/Eickmann* SachenR § 122 Rn. 1; *Wilhelm* SachenR Rn. 1991; *Baur/Stürner* SachenR § 34 Rn. 6.

94 *Wolf/Wellenhofer* SachenR § 29 Rn. 3; *Baur/Stürner* SachenR § 34 Rn. 1.

95 *Wilhelm* SachenR Rn. 1992; Staudinger/*Mayer* (2009) § 1090 Rn. 2; Erman/*Grziwotz* Vor § 1090 Rn. 2.

96 BGHZ 74, 293 (296); BGH NJW 1988, 2364; BayObLGZ 1983, 143 (148); BayObLG MDR 1983, 935.

97 BGH NJW 1962, 486 (487) – Flaschenbier.

98 BGH NJW 1985, 2474 (2475); Erman/*Grziwotz* § 1090 Rn. 5; Palandt/*Bassenge* § 1018 Rn. 23 f.; vgl. zur Photovoltaikanlage *Reymann* DNotZ 2010, 84 ff.

auf die Wettbewerber des Inhabers der Dienstbarkeit beschränkt, indem sie den Inhaber der Dienstbarkeit von dem (zB Vertriebs-)Verbot ausnimmt.

Formulierungsbeispiel: [99] Die X-Brauerei hat das ausschließliche Recht, auf den belasteten Grundstücken Biersorten jeder Art zu vertreiben oder durch Dritte vertreiben zu lassen, mit der Maßgabe, dass die Ausübung des Rechts Dritten überlassen werden kann.

Nach einem Teil der Literatur[100] kann auch eine solche Wettbewerbsbeschränkung Inhalt einer dinglichen Dienstbarkeit sein. Auch der Vertrieb von Waren bestimmter Hersteller sei eine tatsächliche Benutzung des Grundstücks. Unabhängig davon, ob das Verbot schlechthin gelte oder sich nur auf bestimmte Hersteller beziehe, bestehe stets ein innerer Zusammenhang mit Eigentümerbefugnissen. Eine Abgrenzung sei hier schlechthin nicht möglich.

Nach hM[101] kann eine bloße Wettbewerbsbeschränkung nicht Inhalt einer Dienstbarkeit werden. Die Dienstbarkeit sei eine Einschränkung der tatsächlichen Nutzung von Grundeigentum. Das Recht zur freien Wahl des Warenlieferanten sei jedoch nicht Ausfluss des Eigentumsrechts am Grundstück, sondern vielmehr Ausfluss der allgemeinen rechtsgeschäftlichen Handlungs- und Verfügungsfreiheit. Im Ergebnis komme es bei einer Wettbewerbsbeschränkung daher zu einem Verbot rechtsgeschäftlicher und nicht tatsächlicher Handlungen. Herstellerspezifische Verbotsdienstbarkeiten seien deshalb unzulässig.

cc) Zulässigkeit von Verbotsdienstbarkeiten mit schuldrechtlicher Gestattung? (E)

36 Da eine dingliche Beschränkung der Dienstbarkeit auf Produkte anderer Hersteller von der hM abgelehnt wird, schließen die Parteien häufig einen schuldrechtlichen Vertrag, durch den der Inhaber der Dienstbarkeit dem Eigentümer des dienenden Grundstücks den Vertrieb seiner Erzeugnisse gestattet und insoweit auf die Ausübung der ihm aus der Dienstbarkeit zustehenden Rechte verzichtet.

Nach hM[102] ändert sich an der Zulässigkeit der Dienstbarkeit in einem solchen Fall nichts, da die dingliche Ebene von der schuldrechtlichen Ebene zu trennen sei.

Nach aA liegt ein Scheingeschäft (§ 117 BGB)[103] oder zumindest ein nach § 134 BGB unzulässiges Umgehungsgeschäft[104] vor. Der zwar nur indirekte, aber effektive Druck

99 Nach dem Sachverhalt in BGH NJW 1985, 2474.

100 MüKoBGB/*Joost* § 1090 Rn. 14 ff.

101 BGHZ 29, 244 (247); BGH LM Nr. 3 zu § 1098 = NJW 1959, 670 (671); NJW 1985, 2474 (stRspr.); Palandt/*Bassenge* § 1018 Rn. 24; Erman/*Grziwotz* § 1018 Rn. 17; *Wolf/Wellenhofer* SachenR § 29 Rn. 10 ff.; *Wilhelm* SachenR Rn. 1986 ff.

102 BGHZ 74, 293 (296 f.) = NJW 1979, 2150 (2151); BGH NJW 1979, 2149 (2150); NJW 1981, 343 (344); NJW 1985, 2474; NJW 1988, 2364; NJW-RR 1989, 519; BayObLG NJW-RR 1997, 912; Staudinger/*Mayer* (2009) § 1018 Rn. 116; Soergel/*Stürner* § 1018 Rn. 30b; Palandt/*Bassenge* § 1018 Rn. 24; *Baur/Stürner* SachenR § 33 Rn. 19.

103 MüKoBGB/*Joost* § 1090 Rn. 22; *ders.* NJW 1981, 308 (311 f.). Dagegen wird jedoch eingewendet, dass die schuldrechtliche Gestattung zur Erreichung des gewünschten Rechtserfolgs (dem Vertrieb nur der Produkte des Inhabers der Dienstbarkeit) gerade der Gültigkeit der abgegebenen Willenserklärungen bedürfe. Den Parteien komme es auf den rechtlichen Erfolg gerade der abgegebenen Willenserklärungen an. Ein Scheingeschäft sei daher nicht anzunehmen. Vgl. OLG München MDR 1983, 934; BayObLGZ 1983, 143 (148); *Münch* ZHR 157 (1993) 559 (562 f.).

104 MüKoBGB/*Joost* § 1090 Rn. 22; *Westermann/Gursky/Eickmann* SachenR § 122 Rn. 6 f.

zu einer aktiven Handlung (der Abnahme von Waren) verstoße gegen den zulässigen Inhalt einer Dienstbarkeit *(servitus in faciendo consistere nequit)*.

dd) Sittenwidrigkeit langfristiger Verbotsdienstbarkeiten (§ 138 I BGB) (E)

Bei zeitlich unbegrenzten Dienstbarkeiten könnte ein Fall der Sittenwidrigkeit wegen wirtschaftlicher Knebelung anzunehmen sein (§ 138 I BGB).[105] Entsprechende schuldrechtliche Vereinbarungen, vor allem Bierbezugsverträge, sind nach der Rechtsprechung[106] unwirksam, da bei unbeschränkter Laufzeit oder einer Bezugsbindung von über 20 Jahren für den Beziehenden die wirtschaftlichen Risiken, insbesondere unter Berücksichtigung eventueller Geschmacksänderungen der Konsumenten, nicht mehr kalkulierbar seien. 37

Streitig ist, ob die Sittenwidrigkeit der zugrundeliegenden schuldrechtlichen Bezugsverträge auf die *dingliche Ebene* durchschlägt. Während die frühere Rechtsprechung[107] eine Unwirksamkeit auch des dinglichen Rechtsgeschäfts annahm, da ansonsten die schuldrechtliche Nichtigkeit durch die Bestellung einer unbegrenzten dinglichen Sicherheit umgangen würde, lehnt der BGH[108] dies nunmehr unter Berufung auf das Abstraktionsprinzip ab. Dingliche Rechtsgeschäfte seien grundsätzlich sittlich neutral. Ausnahmen erkennt er nur für den Fall eines von beiden Parteien gewollten Bedingungszusammenhangs oder eines einheitlichen Geschäfts nach § 139 BGB an.

Der Grundstückseigentümer hat somit *lediglich einen schuldrechtlichen Anspruch* auf Aufhebung der ihn ohne Rechtsgrund belastenden Dienstbarkeit. Dieser Anspruch ergibt sich aus der Sicherungsabrede selbst[109] oder aus § 812 I 1 Alt. 1 BGB.

c) Übertragung und Überlassung (§ 1092 BGB) (G)

Die beschränkte persönliche Dienstbarkeit kann wegen ihrer höchstpersönlichen Natur *grundsätzlich nicht übertragen* werden (§ 1092 I 1 BGB).[110] Eine Durchbrechung des Prinzips der Unübertragbarkeit stellen jedoch § 1092 II und III BGB dar, wenn der Berechtigte eine juristische Person ist. So erlaubt § 1092 II BGB eine Übertragung bei Gesamtrechtsnachfolge oder Unternehmensübertragung. Noch weitergehend ermöglicht § 1092 III BGB die freie Übertragung von Leitungsrechten etc.[111] 38

Die von der Übertragung zu unterscheidende schuldrechtliche Überlassung der Dienstbarkeit an einen Dritten zur Ausübung ist nur zulässig, wenn die Überlassung dem Inhaber der Dienstbarkeit gestattet wurde (§ 1092 I 2 BGB). Eine Gestattung durch den Eigentümer ist zwar formfrei möglich, wirkt aber gegenüber dessen Rechtsnachfolgern nur bei Eintragung im Grundbuch.[112]

105 BGH NJW 1985, 2474 = WM 1985, 808; NJW 1988, 2364.

106 BGHZ 74, 293 = NJW 1979, 2150.

107 BGH NJW 1979, 2149 (2150); NJW 1979, 2150 (2151); WM 1984, 820 (822).

108 BGH NJW 1988, 2364; dazu *Koller* EWiR 1988, 421; *Wolf/Wellenhofer* SachenR § 29 Rn. 12.

109 BGH NJW 1988, 2362 (2363); NJW 1988, 2364 (2365); NJW-RR 1992, 593 (595) = WM 1992, 951 (953); NJW 1998, 2286.

110 Krit. zur Nichtübertragbarkeit *Schmolke* AcP 208 (2008), 512 (526 ff.).

111 *Westermann/Gursky/Eickmann* SachenR § 122 Rn. 8; *Bassenge* NJW 1996, 2777; zu Windkraftanlagen *Reese/Hampel* RdE 2009, 170 (176).

112 RGZ 159, 193 (204); MüKoBGB/*Joost* § 1092 Rn. 5; Soergel/*Stürner* § 1092 Rn. 4; Staudinger/*Mayer* (2009) § 1092 Rn. 5; *Westermann/Gursky/Eickmann* SachenR § 122 Rn. 8; *Wilhelm* SachenR Rn. 1993.

4. Wohnungsrecht (§ 1093 BGB)

a) Inhalt und Bedeutung (G)

39 Das Wohnungsrecht (§ 1093 BGB) ist eine Sonderform der beschränkten persönlichen Dienstbarkeit mit nießbrauchsähnlicher Gestaltung.[113] Hierbei handelt es sich um das auf die Familie und auf Personen zur Bedienung und Pflege erstreckte Recht zur Benutzung eines Gebäudes oder eines Gebäudeteils unter Ausschluss des Eigentümers zum Zweck eigenen Wohnens (§ 1093 II BGB).

Die Befugnis zum Bewohnen kann auch in anderer Weise dinglich abgesichert werden: Beispielsweise kann eine beschränkte persönliche Dienstbarkeit bestellt werden, wenn der Berechtigte ohne Ausschluss des Eigentümers die Wohnung bloß mitbewohnt.[114] Des Weiteren ist eine Ausgestaltung als Reallast denkbar (§ 1105 BGB), wenn der Eigentümer allgemein verpflichtet werden soll, fortlaufend Wohnraum zu gewähren.[115] Schließlich kann ein ausschließliches Dauerwohnrecht gem. § 31 I WEG bestellt werden.[116] Welches Recht im konkreten Einzelfall begründet werden soll, ist durch Auslegung der Parteivereinbarung zu ermitteln.

Durch das Wohnungseigentum (§ 1 WEG)[117] und das Dauerwohnrecht (§ 31 I WEG) hat das Wohnungsrecht iSd § 1093 BGB an Bedeutung verloren. In der Praxis ist das Wohnungsrecht insbesondere bei Altenteilsregelungen verbreitet, zB wenn sich ein Bauer bei der Hofübergabe neben sonstigen Leistungen aus dem Hof auch ein Wohnungsrecht ausbedingt.

Falls der Wohnungsberechtigte sein Recht wegen Umzugs in ein Pflegeheim dauerhaft nicht mehr ausüben kann, erlischt es mangels gegenteiliger vertraglicher Vereinbarung nicht.[118] Es liegt nämlich kein zum Erlöschen führendes *dauerhaftes Ausübungshindernis* vor, da der Berechtigte die Räume mit Zustimmung des Eigentümers Dritten zur Nutzung überlassen kann (§ 1092 I 2 BGB).[119] In Betracht kommt eine Anpassung des schuldrechtlichen Vertrages nach den Grundsätzen der Störung der Geschäftsgrundlage, wobei eine Verpflichtung des Eigentümers, die Vermietung der Räume zu gestatten, dem hypothetischen Parteiwillen in der Regel aber nicht entsprechen wird.[120]

b) Abgrenzung zum Mietvertrag (G)

40 Durch Auslegung des Parteiwillens ist zu ermitteln, ob ein Mietvertrag oder ein dingliches Wohnungsrecht gewollt ist. Entscheidend ist hierbei, ob die Parteien eine ding-

113 Palandt/*Bassenge* § 1093 Rn. 1; Soergel/*Stürner* § 1093 Rn. 1; *Baur/Stürner* SachenR § 29 Rn. 51; *Wilhelm* SachenR Rn. 2000; zu den Auswirkungen eines subjektiven Ausübungshindernisses auf den Fortbestand des Wohnungsrechts vgl. *Brückner* NJW 2008, 1111 ff.

114 Überblick über alle denkbaren Rechte bei *Baur/Stürner* SachenR § 29.

115 Staudinger/*Mayer* (2009) § 1093 Rn. 6.

116 MüKoBGB/*Joost* § 1093 Rn. 2; Soergel/*Stürner* § 1093 Rn. 2 ff.

117 Wohnungseigentumsgesetz v. 15.3.1951, BGBl. I 175, ber. S. 209 mit späteren Änderungen.

118 BGH NJW 2007, 1884 (1885); *Herrler* DNotZ 2009, 408 (410 f.).

119 BGH NJW 2007, 1884 (1885); erfolgt umgekehrt während dieser Zeit eine eigenmächtige Vermietung durch den Eigentümer, kann der Wohnungsberechtigte gleichwohl den Mietzins nicht herausverlangen, wenn eine vertragliche Bindung nicht besteht, vgl. BGH JZ 2013, 153 (154 f.) m. krit. Anm. *Wilhelm*.

120 BGH DNotZ 2009, 431; *Herrler* DNotZ 2009, 408 (411 ff.).

liche Grundstücksbelastung beabsichtigen. Wohnungsrecht und Mietvertrag können auch nebeneinander bestehen.[121] Bei einem nachträglich vereinbarten Wohnungsrecht ist aber zu prüfen, ob das bisherige Mietverhältnis aufrechterhalten bleiben soll. Bei Nebeneinanderbestehen von Miete und Wohnungsrecht bewirkt die spätere Kündigung des Mietvertrags nicht, dass der Rechtsgrund für das Wohnungsrecht nachträglich wegfällt, da der Mietvertrag nicht Rechtsgrund der Wohnungsrechtsbestellung ist.[122]

c) Abgrenzung zu Dauerwohn- und Dauernutzungsrecht (§§ 31–42 WEG) (Z)

Dauerwohn- und Dauernutzungsrechte nach § 31 WEG sind beschränkt dingliche **41**
Rechte eigener Art und gehören ihrer Rechtsnatur nach zu den beschränkten persönlichen Dienstbarkeiten. Sie bezwecken, eine zeitlich begrenzte Nutzungsmöglichkeit an einer Wohnung in einem fremden Haus (Dauerwohnrecht) bzw. an Räumen zu schaffen, die nicht Wohnzwecken dienen (Dauernutzungsrecht). Vom Wohnungsrecht des § 1093 BGB unterscheidet sich das Dauerwohnrecht dadurch, dass es veräußerlich und vererblich ist (§ 33 WEG) und zur Vermietung berechtigt (§ 37 WEG).

d) Wohnungsrecht und Entgeltlichkeit (V)

Für die Einräumung eines Wohnungsrechts kann ein Entgelt nur schuldrechtlich im **42**
Bestellungsvertrag, nicht dagegen als dinglicher Rechtsinhalt vereinbart werden.[123] Das Wohnungsrecht wird dabei häufig unter die auflösende Bedingung der Nichtbezahlung des Entgelts oder der Beendigung des zugrundeliegenden Kausalverhältnisses gestellt.[124] Eine Auffassung[125] hält – wie bei der Grunddienstbarkeit – eine schuldrechtlich vereinbarte Bedingung für die Ausübung des Wohnrechts für zulässig; nach aA[126] ist dies nicht möglich, da die Ausübung zum Inhalt des Rechts gehöre.

e) Wohnungsrecht für mehrere Personen (Z)

Streitig ist, ob zugunsten mehrerer Personen ein gemeinsames Wohnungsrecht be- **43**
stellt werden kann.

Nach Ansicht des BGH besteht bei beschränkt dinglichen Rechten grundsätzlich die Wahl zwischen Gesamtgläubigerschaft (§ 428 BGB)[127], Gesellschaft (§§ 709 ff. BGB)[128], Bruchteilsgemeinschaft (§§ 744 ff. BGB) und mehreren selbstständigen Rechten[129], die sich gegenseitig beschränken.

121 BGH WM 1965, 649 (650); Staudinger/*Mayer* (2009) § 1093 Rn. 11 mwN.
122 BGH LM Nr. 13 zu § 1093 m. zust. Anm. *Grunsky* WM 1966, 1088 (1089); Palandt/*Bassenge* § 1093 Rn. 2.
123 BayObLG NJW-RR 1989, 14 (15); Soergel/*Stürner* § 1093 Rn. 7; MüKoBGB/*Joost* § 1093 Rn. 7; Erman/*Grziwotz* § 1093 Rn. 4.
124 Soergel/*Stürner* § 1093 Rn. 7; Staudinger/*Mayer* (2009) § 1093 Rn. 14.
125 Erman/*Grziwotz* § 1093 Rn. 4; Staudinger/*Mayer* (2009) § 1093 Rn. 14; auch Bamberger/Roth/*Wegmann* § 1093 Rn. 17, der aber Vollzugsprobleme befürchtet.
126 MüKoBGB/*Joost* § 1093 Rn. 21; Soergel/*Stürner* § 1093 Rn. 7; vgl. die Parallelproblematik bei der Entgeltlichkeit von Grunddienstbarkeiten → § 16 Rn. 31.
127 So BGHZ 46, 253 (256); zust. *Westermann/Gursky/Eickmann* SachenR § 122 Rn. 10.
128 BGH NJW 1982, 170 (171).
129 BGHZ 46, 253 (254) = NJW 1967, 627 (628).

Gegen die Möglichkeit einer Gesamtgläubigerschaft wird in der Literatur[130] eingewandt, § 428 BGB betreffe nicht die Frage der Zuordnung eines dinglichen Rechts.

Auch eine Bruchteilsgemeinschaft soll nach einer Auffassung[131] beim Wohnungsrecht ausgeschlossen sein, da das Wohnungsrecht weder frei verfügbar (§ 1092 I 1 BGB) noch teilbar und deshalb mit dem Wesen der Bruchteilsgemeinschaft nicht vereinbar sei.

f) Verteilung der Unterhaltungspflichten (Z)

44 Die gewöhnlichen Unterhaltungskosten trägt der Wohnungsberechtigte (§ 1093 I 2 iVm § 1041 BGB), während nach dem Gesetz weder er noch der Eigentümer zu außergewöhnlichen Ausbesserungen und Erneuerungen verpflichtet, wohl aber berechtigt ist (§ 1093 I 2 BGB iVm §§ 1043, 1044 BGB). Unmittelbar aus den Vorschriften des Sachenrechts soll sich dagegen nach Auffassung des BGH[132] die Verpflichtung des Eigentümers ergeben, solche Maßnahmen zu ergreifen. Diese Rechtsprechung wird in der Literatur[133] kritisiert, da Leistungspflichten des Eigentümers nicht Inhalt von Dienstbarkeiten sein könnten. Einigkeit besteht jedoch darin, dass bei Gemeinschaftsanlagen oder bei nur teilweiser Gebäudenutzung die übrigen Gebäudeteile vom Eigentümer in einem ordnungsgemäßen Zustand erhalten werden müssen, um nicht das Wohnungsrecht des Berechtigten zu gefährden oder unmöglich zu machen.[134]

III. Nießbrauch

1. Funktion und Bedeutung (G)

45 Der Nießbrauch bezweckt, dem Eigentümer die belastete Sache in deren Bestand zu erhalten und gleichzeitig deren Nutzung durch einen Dritten, den Nießbraucher, zu ermöglichen.

Wegen seiner eingeschränkten Übertragbarkeit (§§ 1059 ff. BGB) und fehlenden Vererblichkeit hat der Nießbrauch als *Vorbehaltsnießbrauch* größere praktische Bedeutung. Praktisch wichtigster Fall ist das auf Lebzeit des Inhabers eingeräumte Nießbrauchsrecht, das insbesondere im Zusammenhang mit der (aus steuerlichen Gründen erfolgenden) Übertragung von Immobilien von Eltern auf ihre Kinder häufig gewählt wird.[135]

Der *Unternehmensnießbrauch* stellt einen weiteren praktisch wichtigen Fall dar. Hier ist der bloße Ertragsnießbrauch, bei dem der Eigentümer das Unternehmen weiterleitet, zu unterscheiden vom echten Unternehmensnießbrauch, bei dem der Nießbraucher das Unternehmen fortführt.[136]

130 *Prütting* SachenR Rn. 933 bevorzugt deshalb eine Bruchteilsgemeinschaft.
131 MüKoBGB/*Joost* § 1093 Rn. 16; iErg auch Soergel/*Stürner* § 1093 Rn. 13.
132 BGHZ 52, 234 (238) = NJW 1969, 1847 (1849).
133 MüKoBGB/*Joost* § 1093 Rn. 8, 12; Soergel/*Stürner* § 1093 Rn. 11.
134 MüKoBGB/*Joost* § 1093 Rn. 6, 14.
135 *Baur/Stürner* SachenR § 32 Rn. 5; *Wolf/Wellenhofer* SachenR § 30 Rn. 3; *Schmitz* DStR 1993, 497 ff.
136 Palandt/*Bassenge* § 1085 Rn. 3.

Geringere Bedeutung hat hingegen der *Sicherungsnießbrauch*, bei dem sich der Gläubiger eines Grundpfandrechts zugleich den Nießbrauch an einem Grundstück bestellen lässt, um zur Sicherung seiner Forderung sofort in den Genuss der Nutzungen (zB der Mieteinnahmen) zu kommen.[137]

2. Gegenstand (G)

Ein Nießbrauch kann an beweglichen und unbeweglichen Sachen (§§ 1030–1067 BGB) sowie an Rechten (§§ 1068–1084 BGB) bestehen. 46

Sonderfälle bilden der Nießbrauch an einem Vermögen (§§ 1085–1088 BGB) und an einer Erbschaft (§ 1089 BGB). Dabei ist zu beachten, dass das Vermögen als solches nach dem sachenrechtlichen Spezialitätsgrundsatz[138] kein geeigneter Belastungsgegenstand ist.[139] Eine Nießbrauchsbestellung durch Gesamtakt ist daher nicht möglich. Gegenstand des Nießbrauchs sind vielmehr die einzelnen Gegenstände, die zu dem Vermögen gehören, dh die einzelnen Sachen und Rechte (§ 1085 BGB). Dem Wesen nach ist der Vermögensnießbrauch daher nur die Summe der Nießbrauchsrechte an allen einzelnen Gegenständen. Entsprechendes gilt für den Nießbrauch an einer Erbschaft. Auf den bestellten Vermögensnießbrauch finden die Sondervorschriften der §§ 1086–1088 BGB Anwendung. Dies gilt nicht nur, wenn der Nießbrauch ausdrücklich an einem Vermögen bestellt wird, sondern auch, wenn einzelne Nießbrauchsrechte in ihrer Summe im Wesentlichen das Vermögen einer Person erfassen.[140]

Auch der Unternehmensnießbrauch[141] kommt allein durch Nießbrauchsbestellungen an den einzelnen Gegenständen (Sachen und Rechten) des Unternehmens zustande. Die Vorschriften über den Vermögensnießbrauch (§§ 1085–1089 BGB) sind auf den Unternehmensnießbrauch nur dann anwendbar, wenn das Unternehmen das gesamte Vermögen des Nießbrauchsbestellers ausmacht.[142]

3. Begründung

a) Nießbrauch an Sachen (G)

Die Begründung eines Nießbrauchs an einer Sache hat folgende Voraussetzungen: 47

- *Dingliche Einigung* zwischen Eigentümer und zukünftigem Inhaber des Nießbrauchs: Für unbewegliche Sachen gilt § 873 BGB, für bewegliche Sachen § 1032 BGB. Die Einigung muss zum Gegenstand haben, dem Inhaber des beschränkt dinglichen Rechts die umfassende Nutzungsmöglichkeit an der nießbrauchsbelas-

137 Staudinger/*Frank* (2009) § 1030 Rn. 63; NK-BGB/*Lemke* § 1030 Rn. 77; *Baur/Stürner* SachenR § 32 Rn. 6.

138 → § 1 Rn. 7.

139 Vgl. *Wolf/Wellenhofer* SachenR § 30 Rn. 1; *Baur/Stürner* SachenR § 54 Rn. 2; *Wilhelm* SachenR Rn. 1950 f.; → § 1 Rn. 7.

140 Nach Staudinger/*Frank* (2009) § 1085 Rn. 23 soll diese Rechtsfolge bereits mit der ersten Nießbrauchsbestellung eintreten; insoweit aA Palandt/*Bassenge* § 1085 Rn. 2.

141 Die Übertragbarkeit des Nießbrauchs, der einer ein Unternehmen betreibenden juristischen Person zusteht, regelt § 1059a I Nr. 2 BGB.

142 AllgM: vgl. Staudinger/*Frank* (2009) Anh. zu §§ 1068 f. Rn. 33.

teten Sache einzuräumen und damit den Eigentümer prinzipiell von jeglicher Nutzung seiner Sache auszuschließen.[143]

- *Publizitätsakt:* Bei unbeweglichen Sachen ist die Eintragung in das Grundbuch, bei beweglichen Sachen deren Übergabe bzw. ein Übergabesurrogat (§ 1032 iVm §§ 929 ff. BGB) erforderlich.
- *Einigsein* im Zeitpunkt der Übergabe, dh die dingliche Einigung muss zu diesem Zeitpunkt noch fortbestehen.
- *Verfügungsberechtigung* des Bestellers: Der Verfügende muss zur Bestellung des Nießbrauchs berechtigt sein. Fehlt die Verfügungsbefugnis, so kann der Nießbrauch nur kraft guten Glaubens erworben werden. Hierbei gelten die allgemeinen Grundsätze des Gutglaubenserwerbs, dh für unbewegliche Sachen die §§ 892 ff. BGB, für bewegliche Sachen § 1032 S. 2 iVm §§ 932 ff. BGB.[144]

Ist ein Nießbrauch an einem Grundstück bestellt worden, so wird nach §§ 1031, 926 BGB vermutet, dass sich der Nießbrauch auf das Grundstückszubehör erstreckt.

b) Nießbrauch an Rechten (V)

48 An einem Recht kann unter folgenden Voraussetzungen ein Nießbrauch bestellt werden:

- *Nießbrauchsfähigkeit des Rechts:* Das zu belastende Recht muss Nutzungen abwerfen[145] und übertragbar sein (§ 1069 II BGB). Problematisch ist, ob ein Nießbrauch an Gesellschaftsanteilen bestellt werden kann.[146] Der genaue Inhalt der Befugnisse des Nießbrauchers bestimmt sich je nach Art des Rechts nach den §§ 1070 ff. BGB.
- *Einigung:* Die Parteien müssen sich darüber einigen, dem Inhaber des beschränkt dinglichen Rechts die umfassende Nutzung des nießbrauchsbelasteten Rechts einzuräumen und damit den eigentlichen Rechtsinhaber prinzipiell von jeglicher Nutzung seines Rechts auszuschließen.
- *Sonstige Erwerbsvoraussetzungen:* Die Bestellung des Rechtsnießbrauchs richtet sich im Übrigen nach den Vorschriften, die für die Übertragung des nießbrauchsbelasteten Rechts gelten (§ 1069 I BGB). Die Bestellung eines Nießbrauchs an einer Forderung setzt daher voraus, dass die zu belastende Forderung besteht und übertragbar ist (§§ 398, 1069 I BGB).[147]

c) Nießbrauch an einem Vermögen oder an einer Erbschaft (§ 1085 BGB) (V)

49 Die Nießbrauchsbestellung an einem Vermögen oder an einer Erbschaft erfolgt gem. § 1085 BGB (für die Erbschaft iVm § 1089 BGB) durch Belastung der einzelnen Gegenstände (Sachen und Rechte) des Vermögens bzw. der Erbschaft.[148]

143 Dem Eigentümer bleiben jedoch als Restbefugnisse seine Rechte unbenommen, die Sache zu verwerten.

144 § 1058 BGB gilt dagegen nur bei bereits wirksam bestelltem Nießbrauch; → § 16 Rn. 57.

145 Palandt/*Bassenge* § 1068 Rn. 1.

146 Während die Nießbrauchsbestellung an GmbH-Gesellschaftsanteilen und Aktien aufgrund deren grundsätzlicher Übertragbarkeit allgemein zugelassen wird, ist dies für Anteile an Personengesellschaften stark umstritten; ausführlich dazu Staudinger/*Frank* (2009) Anh. zu §§ 1068 f. Rn. 47 ff.; jurisPK-BGB/*Laukemann* § 1069 Rn. 23 ff.

147 *Wilhelm* SachenR Rn. 1947.

148 → § 16 Rn. 46.

d) Sonderfall: Eigentümernießbrauch (V)

Der Nießbrauch an eigenen Sachen (Eigentümernießbrauch) wurde von der früheren Rechtsprechung[149] grundsätzlich für unzulässig erachtet. Heute ist dagegen weitgehend anerkannt[150], dass zumindest an Grundstücken ein Eigentümernießbrauch zulässig ist. Dies entspricht auch der Rechtsprechung zu den Eigentümerrechten bei den Dienstbarkeiten.[151] Zudem ergibt sich aus §§ 1063 II, 889 BGB, dass Eigentum und Nießbrauchsberechtigung in einer Person zusammenfallen können.[152] Die Bestellung des Eigentümernießbrauchs erfolgt durch einseitige Bewilligung.[153] 50

Eine besonderes Interesse, neben dem Eigentum auch ein Nießbrauchsrecht am Grundstück zu haben, ist dafür nach mittlerweile herrschender Auffassung nicht notwendig.[154] Der Verzicht auf den Nachweis eines besonderen Interesses wird mit der Formalisierung des Grundbuchverfahrens begründet.[155] Zudem wird die Rechtslage bei der Eigentümergrundschuld angeführt, die ebenfalls ohne Darlegung des mit ihr verfolgten Zwecks bestellt werden kann. Daher sei bereits im Hinblick auf die bloße Möglichkeit eines entsprechenden Interesses die Bestellung von Rechten am eigenen Grundstück zulässig.[156]

In der Vergangenheit war dies anders gesehen worden. Danach musste der Eigentümer ein besonderes Interesse nachweisen, wenn er einen Eigentümernießbrauch eintragen lassen wollte.Dabei war umstritten, ob hierfür ein *rechtliches*[157] oder nur ein *wirtschaftliches* oder *ideelles* Interesse[158] bestehen musste. Die Rechtsprechung behalf sich mit der Bildung von Fallgruppen und hat die Bestellung eines Eigentümernießbrauchs zur Rangsicherung[159] oder bei einem bevorstehenden Verkauf[160] anerkannt.

e) Sonderprobleme bei Minderjährigengeschäften

aa) Bestellung eines Nießbrauchs zugunsten eines Minderjährigen (V)

Fraglich ist, ob die Bestellung eines Nießbrauchs zugunsten eines Minderjährigen gem. § 107 BGB der Zustimmung der gesetzlichen Vertreter bedarf bzw. eine Pflegerbestellung nach §§ 1626, 1629 II 1, 1795 II, 181, 1909 BGB erfordert. 51

Zunächst wurde dies vom BGH[161] in Fällen bejaht, in denen der Minderjährige zusätzliche Vertragspflichten übernommen hatte. Soweit die Bestellung des Nießbrauchs nur die gesetzlichen Folgepflichten auslöst, wurde die Frage jedoch offen gelassen.

149 OLG Düsseldorf NJW 1961, 561 (562).
150 Staudinger/*Frank* (2009) § 1030 Rn. 30 ff.; NK-BGB/*Lemke* § 1030 Rn. 63 f.; *Westermann/Gursky/Eickmann* SachenR § 120 Rn. 3; *v. Lübtow* NJW 1962, 275; *Harder* NJW 1969, 278.
151 Grundlegend insoweit RGZ 142, 231 (235); BGHZ 41, 209 (211) = NJW 1964, 1226.
152 Soergel/*Stürner* § 1030 Rn. 3.
153 Siehe nur NK-BGB/*Lemke* § 1030 Rn. 9.
154 BGH NJW 2011, 3517 (3518) mwN; Staudinger/*Frank* (2009) § 1030 Rn. 35; MüKoBGB/*Pohlmann* § 1030 Rn. 24; *Westermann/Gursky/Eickmann* SachenR § 121 Rn. 3; *Harder* NJW 1969, 278 (279).
155 Soergel/*Stürner* § 1030 Rn. 3; Staudinger/*Frank* (2009) § 1030 Rn. 35.
156 BGH NJW 2011, 3517 (3518).
157 BGHZ 41, 209 = NJW 1964, 1226; *v. Lübtow* NJW 1962, 275.
158 RGRK/*Rothe* § 1030 Rn. 5.
159 LG Stade NJW 1968, 1678 (1679).
160 LG Hamburg DNotZ 1969, 39.
161 BGH LM Nr. 7 zu § 107.

Der BFH[162] und Teile der Literatur[163] bejahen hingegen die Einwilligungsbedürftigkeit gem. § 107 BGB bei einem Nießbrauch an Grundstücken, da das gesetzliche Schuldverhältnis und die hieraus resultierenden Pflichten (§§ 1036 II, 1037, 1041, 1045, 1047 BGB) nicht nur lediglich rechtlich vorteilhaft für den Minderjährigen seien. Zur Bestellung eines Nießbrauchs durch die Eltern für ihr minderjähriges Kind sei deshalb die Einschaltung eines Pflegers erforderlich. Rechtlich vorteilhaft sei lediglich die Ausübung des Nießbrauchs durch den Minderjährigen gem. § 1059 S. 2 BGB.

bb) Erwerb nießbrauchsbelasteten Eigentums durch einen Minderjährigen (V)

52 Anders beurteilt sich dagegen die Übertragung nießbrauchsbelasteten Eigentums an einen Minderjährigen (insbesondere Vorbehaltsnießbrauch[164]). Diese erfolgt in der Regel dadurch, dass sich der Veräußerer selbst einen Eigentümernießbrauch bestellt und die Sache sodann dem Minderjährigen schenkt (§§ 516, 518 BGB) und übereignet (§§ 929 ff., 873, 925 BGB). Teilweise[165] werden beide Rechtsgeschäfte als für den Minderjährigen in jedem Fall lediglich rechtlich vorteilhaft betrachtet. Durch die Schenkung gebe der Minderjährige nichts von seinem vorhandenen Vermögen auf und belaste dieses auch nicht.[166] Die aus dem Nießbrauch resultierenden Folgepflichten entstünden dabei kraft Gesetzes und bildeten keinen rechtlichen Nachteil aus der Willenserklärung.[167]

Nach dem BGH[168] gilt dies zumindest dann, wenn der Nießbraucher abweichend von §§ 1042 S. 2, 1047 BGB auch die Kosten außergewöhnlicher Maßnahmen zu tragen hat. Der BGH lehnt die Unterscheidung, ob der rechtliche Nachteil kraft Gesetzes oder aufgrund Rechtsgeschäfts entsteht, ausdrücklich ab und bevorzugt stattdessen eine weitgehend typisierende, am Schutzzweck des § 107 BGB orientierte Betrachtungsweise. Rechtlich nachteilig iSd Rechtsprechung ist ein Geschäft, wenn der Minderjährige nicht nur mit der erworbenen Sache, sondern mit seinem gesamten Vermögen haftet.[169]

Auch bei Gleichzeitigkeit von Erwerb und Belastung der Sache ergibt sich nichts anderes:[170] Vor Abschluss des Schenkungsvertrags bestellt der Minderjährige als Nichtberechtigter dem Veräußerer einen Nießbrauch, der mit dem späteren lediglich vorteilhaften Eigentumserwerb gem. § 185 II 1 Alt. 2 BGB wirksam wird. Die Bestellung des Nießbrauchs durch den Minderjährigen als Nichtberechtigtem ist als neutrales Geschäft nach hM zustimmungsfrei.[171] In dieser Fallkonstellation fallen Erwerb und Belastung des Grundstücks lediglich zeitlich zusammen.

162 BFH NJW 1981, 141 (142); NJW-RR 1990, 1035 (1036).

163 Soergel/*Stürner* § 1030 Rn. 2a; Staudinger/*Frank* (2009) Vorbem zu §§ 1030 ff. Rn. 30; MüKoBGB/*Pohlmann* § 1030 Rn. 92; *Baur/Stürner* SachenR § 32 Rn. 4; *Wilhelm* SachenR Rn. 1919.

164 → § 16 Rn. 45.

165 BayObLGZ 1998, 139 (144); Soergel/*Stürner* § 1030 Rn. 2b; *Baur/Stürner* SachenR § 32 Rn. 4.

166 *Medicus/Petersen* BürgerlR Rn. 172; → § 4 Rn. 13.

167 *Medicus/Petersen* BürgerlR Rn. 172 im Hinblick auf öffentlich-rechtliche Lasten.

168 BGHZ 161, 170 (177) = NJW 2005, 415 (417); vgl. ferner *Pöppel* MittBayNot 2007, 85 (87). Zu den außerordentlichen Lasten vgl. *Preuß* JuS 2006, 305 (308) sowie *Petersen* Jura 2003, 399 (402).

169 Zu dieser Grundregel BGHZ 161, 170 (175) = NJW 2005, 415 (417); BGHZ 162, 137 (140) = NJW 2005, 1430 f.; → § 4 Rn. 13.

170 BayObLGZ 1998, 139 (144).

171 *Baur/Stürner* SachenR § 32 Rn. 4; vgl. zum neutralen Geschäft des Minderjährigen iE → § 5 Rn. 12; *Medicus/Petersen* BürgerlR Rn. 540.

Bei einem Vorbehalt zur künftigen Nießbrauchsbestellung ist hingegen zwar der Eigentumserwerb rechtlich vorteilhaft, die spätere Belastung mit dem Nießbrauch jedoch nicht, da der Minderjährige trotz des Vorbehalts etwas von seiner dinglichen Rechtsstellung aufgibt.[172]

4. Übertragung und Überlassung (§ 1059 BGB) (V)

Der Nießbrauch kann wegen seiner höchstpersönlichen Natur grundsätzlich[173] nicht 53
übertragen werden (§ 1059 S. 1 BGB). Die hiervon zu unterscheidende *schuldrechtliche* Überlassung des Nießbrauchs an einen Dritten (zB Mieter oder Pächter) zur Ausübung ist zulässig (§ 1059 S. 2 BGB).[174]

5. Pfändbarkeit (E)

Streitig ist, ob der Nießbrauch als solcher oder lediglich seine Ausübungsüberlassung 54
pfändbar ist.

Der BGH[175] hält den Nießbrauch als solchen, dh das Stammrecht selbst, für pfändbar gem. § 857 ZPO. Dies folge bereits aus dem Wortlaut des § 857 III ZPO. Zudem gebe es neben dem Nießbrauch kein weiteres selbstständiges Recht, da die Befugnis, die Nutzungen aus einer Sache zu ziehen, der Inhalt des Nießbrauchs selbst sei.

Nach einem Teil der Literatur[176] ist aufgrund der Vorschrift des § 1059 S. 2 BGB nicht der Nießbrauch selbst, sondern lediglich das Recht auf Ausübung des Nießbrauchs der Pfändung gem. § 857 ZPO unterworfen.

6. Rechtsverhältnis Nießbraucher – Eigentümer

a) Umfang der Nutzungsbefugnis (G)

Die durch einen Nießbrauch gewährten Nutzungen umfassen nach § 100 BGB die 55
Gebrauchsvorteile sowie die Früchte der Sache oder des Rechts.[177] Insbesondere steht dem Inhaber eines Nießbrauchsrechts daher der Besitz der nießbrauchsbelasteten Sache einschließlich deren wesentlicher Bestandteile iSv § 93 BGB zu (§ 1036 I BGB).[178] Er ist berechtigt, die Erzeugnisse der Sache oder des Rechts für sich zu gewinnen und an diesen Eigentum zu erwerben (§ 954 BGB) bzw. die Miet- oder Pachtzinseinnahmen zu behalten.[179]

Bei der Nießbrauchsbestellung an einem Recht sind Früchte beispielsweise die Zinsen aus der Darlehensforderung oder die Dividende aus einer Aktie. Bei unverzinslichen

172 Soergel/*Stürner* § 1030 Rn. 2b; vgl. zum Ganzen BayObLGZ 1979, 49 (54 f.); BayObLG NJW 1998, 3574 (3576).

173 Vgl. zur Übertragbarkeit bei juristischen Personen und rechtsfähigen Personengesellschaften § 1059a BGB.

174 Siehe dazu *Brehm/Berger* SachenR § 23 Rn. 20 ff.

175 BGHZ 62, 133 (136) = NJW 1974, 796; zust. Staudinger/*Frank* (2009) § 1059 Rn. 26 ff.; *Westermann/Gursky/Eickmann* SachenR § 120 Rn. 18; *Brehm/Berger* SachenR § 23 Rn. 25.

176 Palandt/*Bassenge* § 1059 Rn. 6.

177 → § 16 Rn. 46.

178 Siehe nur *Wilhelm* SachenR Rn. 1923.

179 *Baur/Stürner* SachenR § 32 Rn. 10 f.

Forderungen erhält der Nießbraucher die alleinige Einziehungsbefugnis (§ 1074 BGB) mit der Wirkung des § 1075 BGB, dh der Nießbrauch an der Forderung setzt sich nach erfolgter Leistung am Gegenstand fort.

Ist Gegenstand des Nießbrauchs eine verbrauchbare Sache, so tritt nach § 1067 I BGB ein gesetzlicher Eigentumserwerb des Nießbrauchers ein.[180] Damit wird ihm der Verbrauch ohne Weiteres ermöglicht. Bei Ende des Nießbrauchs muss er für den Wert allerdings Wertausgleich leisten (§ 1067 II BGB).

b) Gesetzliches Schuldverhältnis zwischen Eigentümer und Nießbraucher (V)

56 Zwischen dem jeweiligen Eigentümer und dem Nießbraucher entsteht ein gesetzliches Schuldverhältnis, das durch Parteivereinbarung modifiziert werden kann.[181] Die wesentlichen Rechte und Pflichten aus diesem Schuldverhältnis ergeben sich aus §§ 1036 II, 1041, 1045, 1047, 1049 und 1051 BGB.[182]

c) Eigentumsvermutung zugunsten des Bestellers (§ 1058 BGB) (E)

57 Ist der Besteller nicht zugleich Eigentümer des Grundstücks, so gilt gem. § 1058 BGB zugunsten des gutgläubigen Nießbrauchers die unwiderlegliche Vermutung des Eigentums des Bestellers. § 1058 BGB setzt jedoch voraus, dass der Nießbrauch bereits wirksam entstanden ist – zB durch gutgläubigen Erwerb gem. §§ 932 ff. BGB oder § 892 BGB. Der Nießbraucher wird, sofern er zum Zeitpunkt der Rechtshandlung keine positive Kenntnis von der Nichtberechtigung hat, bei Rechtshandlungen gegenüber dem nichtberechtigten Besteller durch § 1058 BGB so gestellt, als nehme er die Rechtshandlungen gegenüber dem wahren Eigentümer vor oder leiste an diesen. Grob fahrlässige Unkenntnis, Widerspruch oder Eintragung eines Dritten als Eigentümer im Grundbuch begründen allein keine Bösgläubigkeit, wenn der Nießbrauch bereits wirksam entstanden ist.[183]

d) Sonderfall: Nießbrauch an Vermögen oder Erbschaft (E)

58 Der Nießbrauch am Vermögen steht rechtlich in einem Spannungsverhältnis: Einerseits soll der Besteller seinen Gläubigern nicht ihre Haftungsgrundlage entziehen können; andererseits darf der Nießbrauch nicht durch einen unbegrenzten Zugriff der Gläubiger völlig entwertet werden.

Das Innenverhältnis zwischen Vermögensnießbraucher und Besteller regelt § 1087 BGB. Danach kann der Besteller vom Nießbraucher Herausgabe der zur Befriedigung der Gläubiger erforderlichen Gegenstände verlangen (§ 1087 I 1 BGB). Der Nießbraucher kann die Gläubiger selbst befriedigen (§ 1087 II BGB).

---

180 MüKoBGB/*Pohlmann* § 1067 Rn. 5; Staudinger/*Frank* (2009) § 1067 Rn. 4; *Baur/Stürner* SachenR § 54 Rn. 5 sprechen von einer gesetzlichen Umdeutung des Nießbrauchs in Eigentum. Eine hiervon abweichende Vereinbarung ist jedoch möglich; vgl. MüKoBGB/*Pohlmann* § 1067 Rn. 10 f.; Staudinger/*Frank* (2009) § 1067 Rn. 10 ff.

181 BGHZ 95, 99 (100) = NJW 1985, 2827; *Brehm/Berger* SachenR § 23 Rn. 16 ff.

182 Überblick bei *Baur/Stürner* SachenR § 32 Rn. 20 ff.

183 Palandt/*Bassenge* § 1058 Rn. 1; *Westermann/Gursky/Eickmann* SachenR § 120 Rn. 10.

7. Rechtsverhältnis Nießbraucher – Dritte

a) Absoluter Schutz des Nießbrauchsrechts (G)

Der Inhaber eines Nießbrauchsrechts ist gegenüber jedermann absolut geschützt (§ 1065 iVm §§ 985 ff., 1004, 823 I BGB). 59

b) Sonderfall: Nießbrauch an Vermögen oder Erbschaft (E)

Um den Gläubigern des Bestellers nicht die Haftungsgrundlage zu entziehen, hat der 60 Nießbraucher im Außenverhältnis zwischen dem Vermögensnießbraucher und den Gläubigern des Bestellers für bereits vor der Bestellung bestehende Forderungen die Zwangsvollstreckung in die seinem Nießbrauch unterliegenden Gegenstände zu dulden (§ 1086 BGB).[184] Er haftet außerdem gem. § 1088 BGB für die Zinsen aus solchen Forderungen.

IV. Erbbaurecht

1. Funktion und Bedeutung (G)

Das Erbbaurecht ist nach der Legaldefinition des § 1 ErbbauRG das veräußerliche 61 und vererbliche Recht, auf oder unter einem fremden Grundstück ein Bauwerk zu haben. Es ermöglicht die Bebauung eines Grundstücks, das im Eigentum eines anderen steht, und dessen Benutzung auf Zeit[185]. Damit wird die Möglichkeit geschaffen, sich einen Bauplatz zu sichern, ohne die Kosten für den Erwerb des Grundstücks aufbringen zu müssen. Die finanzielle Belastung des Erbbauberechtigten besteht lediglich in der wiederkehrenden Zahlung eines – relativ moderaten – Erbbauzinses (§ 9 ErbbauRG). Dabei kann das Erbbaurecht als Kreditgrundlage zur Finanzierung des Bauvorhabens genutzt werden. Der Eigentümer des belasteten Grundstücks bleibt trotz der Bestellung des Erbbaurechts Eigentümer und partizipiert daher an dem Wertzuwachs der Immobilie. Nach Erlöschen des Erbbaurechts fällt ihm das Gebäude gegen Zahlung einer Entschädigung zu (§ 27 ErbbauRG).[186]

Praktische Bedeutung hat das Erbbaurecht vor allem deshalb, weil Kirchen, Stiftungen, andere gemeinnützige Organisationen und Kommunen aus sozialen Erwägungen, zB zur Förderung des Eigenheimbaus junger Familien, Erbbaurechte bestellen.

2. Gesetzliche Regelung (G)

Mit der Verordnung über das Erbbaurecht (ErbbauVO) vom 22.1.1919 wurde die 62 Regelung des Erbbaurechts aus dem BGB ausgegliedert. Die ursprüngliche Regelung war sehr abstrakt und lückenhaft und machte eine Neuregelung erforderlich.[187] Der

184 Palandt/*Bassenge* § 1086 Rn. 2; *Prütting* SachenR Rn. 929.

185 Das ErbbauRG enthält weder eine Mindest- noch eine Höchstdauer. In der Praxis werden aber meist 99 Jahre vereinbart; vgl. *Winkler* NJW 1992, 2514 (2516).

186 *Baur/Stürner* SachenR § 29 Rn. 30 f.

187 Staudinger/*Rapp* (2009) Einl zum ErbbauRG Rn. 5.

Gesetzestitel ist durch Gesetz vom 23.11.2007[188] in Erbbaurechtsgesetz (ErbbauRG) geändert worden; inhaltliche Veränderungen waren damit nicht verbunden.[189]

3. Rechtsnatur (G)

63 Der sachenrechtliche Grundsatz, dass alle fest mit dem Grundstück verbundenen Bauwerke Grundstücksbestandteile sind und damit zum Grundstückseigentum gehören (§§ 93, 946 BGB), wird durch § 12 ErbbauRG durchbrochen. Danach entsteht beim Erbbaurecht ein *vom Grundstückseigentum losgelöstes Sondereigentum* des Erbbauberechtigten am Bauwerk. Das Erbbaurecht wird daher *wie ein Grundstück* behandelt,[190] dh es ist übertragbar, belastbar und wird in einem eigenen Grundbuch – dem Erbbaugrundbuch (§ 14 ErbbauRG) – verzeichnet. Das in Ausübung des Erbbaurechts errichtete Bauwerk wird wesentlicher Bestandteil des Erbbaurechts (§ 12 I ErbbauRG).

4. Begründung und Übertragung

a) Allgemeine Voraussetzungen (§ 11 I ErbbauRG iVm § 873 BGB) (G)

64 Die Bestellung und Weiterübertragung von Erbbaurechten richtet sich nach den allgemeinen Grundsätzen zur Übertragung von Rechten an Grundstücken, dh nach §§ 873 ff. BGB.[191] Die Bestellung kann auch zugunsten des Eigentümers selbst erfolgen. Auch eine Belastung des Erbbaurechts ist möglich.

Die dingliche Einigung über ein Erbbaurecht unterliegt keinem Formzwang, wohl aber der schuldrechtliche Vertrag, der der Erbbaurechtsbestellung bzw. -übertragung zugrunde liegt (§ 311b I BGB, § 11 II ErbbauRG).[192]

b) Besondere Anforderungen an die Eintragung

aa) Eintragung beim belasteten Grundstück (Z)

65 Die Begründung und das Erlöschen des Erbbaurechts werden mit konstitutiver Wirkung in das Grundbuch des belasteten Grundstücks eingetragen.[193]

Der Inhalt des Erbbaurechts sowie seine Übertragung und Belastung werden dagegen in einem besonderen Grundbuchblatt, dem Erbbaugrundbuch[194] (§ 14 ErbbauRG), eingetragen. Diese Eintragung ist nicht konstitutiv für die Rechtsentstehung, da § 14 ErbbauRG nur formelles Grundbuchrecht enthält.

188 BGBl. 2007 I 2614.

189 Krit. dazu MüKoBGB/*v. Oefele* ErbbauRG Vor § 1 Rn. 2.

190 BGHZ 47, 190 (191).

191 Staudinger/*Rapp* (2009) ErbbauRG § 1 Rn. 47; Soergel/*Stürner* ErbbauVO § 1 Rn. 8; *Westermann/Gursky/Eickmann* SachenR § 65 Rn. 12 f.; *Brehm/Berger* SachenR § 24 Rn. 8.

192 MüKoBGB/*v. Oefele* ErbbauRG § 1 Rn. 6; *Westermann/Gursky/Eickmann* SachenR § 65 Rn. 12 f.; *Wilhelm* SachenR Rn. 2132, 2139; *Baur/Stürner* SachenR § 29 Rn. 36; *Brehm/Berger* SachenR § 24 Rn. 22; *Winkler* NJW 1992, 2514 (2515).

193 Palandt/*Bassenge* ErbbauRG 14 Rn. 1; *Brehm/Berger* SachenR § 24 Rn. 19; *Winkler* NJW 1992, 2514 (2523); → § 16 Rn. 10.

194 → § 13 Rn. 5.

bb) Erstrangigkeit (Z)

Das Erbbaurecht kann gem. § 10 ErbbauRG *nur erstrangig* bestellt werden. So soll zum einen verhindert werden, dass durch eine von einem vorrangigen Gläubiger betriebene Zwangsversteigerung in das Grundstück das Erbbaurecht erlischt. Zum anderen wird dadurch die Beleihbarkeit des Erbbaurechts selbst erhöht.[195] 66

5. Inhalt

a) Zwingender Inhalt (§ 1 ErbbauRG) (G)

Zwingender Inhalt des Erbbaurechts ist das dingliche Recht, auf oder unter der Oberfläche des Grundstücks bauen zu dürfen (§ 1 I ErbbauRG), mit der Folge, dass der Inhaber des Erbbaurechts Eigentümer der in der Folgezeit errichteten Bauwerke wird. Die Bebauung des Grundstücks muss bei Bestellung überhaupt möglich sein.[196] Die Einigung über die Bestellung des Erbbaurechts muss die Art der erlaubten Bebauung ungefähr erkennen lassen.[197] 67

b) Vertragliche Vereinbarungen über den Inhalt (§§ 2 ff. ErbbauRG) (Z)

Neben dem zwingenden Inhalt können die Parteien auch weitere, in § 2 ErbbauRG aufgeführte Vereinbarungen zum Inhalt des Erbbaurechts machen. Die danach möglichen Regelungen entsprechen in ihrer Ausgestaltung etwa dem Begleitschuldverhältnis des Nießbrauchs, das beim Erbbaurecht mangels vertraglicher Vereinbarung fehlt.[198] Die schuldrechtlichen Vereinbarungen zwischen dem bestellenden Eigentümer und dem ersten Erbbaurechtsinhaber werden in Durchbrechung der Relativität des Schuldverhältnisses dergestalt Inhalt des dinglichen Rechts, dass sie auch gegenüber den Rechtsnachfolgern dingliche Wirkung entfalten.[199] 68

c) Erbbauzins (Z)

Der Grundstückseigentümer erhält idR als Gegenleistung dafür, dass er das Erbbaurecht und damit die Nutzungsmöglichkeit einräumt, eine wiederkehrende Geldleistung, den Erbbauzins. Soll dieser dinglich gesichert werden, so erfolgt dies gem. § 9 I ErbbauRG durch Eintragung einer Reallast (§§ 1105 ff. BGB).[200] Die Verpflichtung zur Zahlung des Erbbauzinses ist damit nicht Inhalt, sondern Belastung des Erbbaurechts[201] zugunsten des Grundstücks, an dem das Erbbaurecht bestellt ist. 69

---

195 Palandt/*Bassenge* ErbbauRG 10 Rn. 1; Staudinger/*Rapp* (2009) ErbbauRG § 10 Rn. 1; *Prütting* SachenR Rn. 871; *Westermann/Gursky/Eickmann* SachenR § 65 Rn. 6; zu Einzelfragen im Zusammenhang mit dem Rang siehe *Wilhelm* SachenR Rn. 2140 f.

196 BGHZ 96, 385 (387 f.). Demgegenüber erlischt es nachträglich nicht ohne Weiteres, wenn die Bebaubarkeit des Grundstücks entfällt; vgl. BGHZ 101, 143 (148).

197 Eing. hierzu *Winkler* NJW 1992, 2514 (2516).

198 Staudinger/*Rapp* (2009) ErbbauRG § 2 Rn. 1.

199 Staudinger/*Rapp* (2009) ErbbauRG § 2 Rn. 2; Soergel/*Stürner* ErbbauVO § 2 Rn. 1; *Westermann/Gursky/Eickmann* SachenR § 65 Rn. 7 ff.; *Winkler* NJW 1992, 2514 (2518, 2523).

200 Staudinger/*Rapp* (2009) ErbbauRG § 9 Rn. 3; Soergel/*Stürner* ErbbauVO § 9 Rn. 3; *Brehm/Berger* SachenR § 24 Rn. 15; vgl. zur Anpassung an die Geldwertveränderungen *Baur/Stürner* SachenR § 29 Rn. 32 ff.

201 BGHZ 81, 358 (361) mwN; Soergel/*Stürner* ErbbauVO § 9 Rn. 3; *Westermann/Gursky/Eickmann* SachenR § 65 Rn. 15; *Winkler* NJW 1992, 2514 (2517).

6. Erlöschen

a) Erlöschensgründe (Z)

70 Das Erbbaurecht erlischt mit Zeitablauf[202] oder nach allgemeinen Grundsätzen durch Aufhebung unter Zustimmung des Eigentümers des belasteten Grundstücks (§§ 875 BGB, 26 ErbbauRG).[203] Daneben kann gem. § 2 Nr. 4 ErbbauRG ein sog. Heimfallrecht[204] vereinbart werden, dh ein dingliches Recht, das dem Eigentümer bei Eintritt bestimmter Umstände (zB Nichteinhalten von Verpflichtungen; nicht fristgerechte Erstellung des Baus) einen Anspruch gegen den jeweiligen Rechtsinhaber auf Übertragung des Erbbaurechts an ihn gibt.

b) Ausgleichsansprüche bei Erlöschen (Z)

71 Im Falle eines Erlöschens durch Zeitablauf steht dem bisherigen Erbbaurechtsinhaber gegen den Grundstückseigentümer ein Entschädigungsanspruch (§ 27 I ErbbauRG) zu, der in den Fällen des § 27 II ErbbauRG (Wohnbedürfnis minderbemittelter Bevölkerungskreise)[205] mindestens zwei Drittel des Verkehrwertes betragen muss. Eine vergleichbare Regelung enthält § 32 ErbbauRG für den Fall, dass das Heimfallrecht ausgeübt wurde.

202 Staudinger/*Rapp* (2009) ErbbauRG § 27 Rn. 1 f.; *Wilhelm* SachenR Rn. 2175; *Baur/Stürner* SachenR § 29 Rn. 43; *Winkler* NJW 1992, 2514 (2517).

203 Staudinger/*Rapp* (2009) ErbbauRG § 26 Rn. 2, 4; *Wilhelm* SachenR Rn. 2174.

204 Dazu Soergel/*Stürner* ErbbauVO § 2 Rn. 6; *Westermann/Gursky/Eickmann* SachenR § 65 Rn. 9; *Winkler* NJW 1992, 2514 (2519 f.).

205 Dazu Staudinger/*Rapp* (2009) ErbbauRG § 27 Rn. 12; *Winkler* NJW 1992, 2514 (2520).

Vergleichender Überblick über die Nutzungsrechte

	Dienstbarkeit		Nießbrauch	Erbbaurecht
	Grunddienstbarkeit zB Wegerecht	**Beschränkte persönliche Dienstbarkeit** zB Immissionsduldung aufgrund »guter Nachbarschaft«	**§§ 1030, 1059, 1061 BGB: stets subjektiv-persönlich**	
Inhalt	tatsächliche Nutzungseinschränkung (§ 1018 BGB): • Duldung einzelner Nutzungen durch Berechtigten • Unterlassen von einzelnen Handlungen oder Rechtsausübungen • nicht: aktives Tun Inhaltsänderung bei tatsächlichen Änderungen und Vorhersehbarkeit möglich		umfassendes Nutzungsrecht: • Besitz der Sache • Fruchtziehung • Zinsen • Einziehungsrecht von Forderungen	• Bebauung des Grundstücks durch Berechtigten • Erwerb des Gebäudes durch Grundstückseigentümer bei Erlöschen des Rechts
	Vorteilhaftigkeit, dh dauerhafte, objektive Nützlichkeit, für das herrschende Grundstück erforderlich (§ 1019 BGB)	jedes schützenswerte Eigen- oder Fremdinteresse ausreichend		
Taugliche Objekte	Grundstücke	Grundstücke	alle Sachen und Rechte, ferner sogar Vermögen und Erbschaft	Grundstücke
Berechtigter	jeweiliger Eigentümer des dienenden Grundstücks	natürliche oder juristische Person	natürliche oder juristische Person	natürliche oder juristische Person
Bestellung für den Eigentümer	möglich	möglich	hM: möglich bei Grundstücken, wenn rechtliches Interesse vorhanden	möglich
Übertragbarkeit der Berechtigtenstellung	nur zusammen mit dem herrschenden Grundstück (Bestandteil iSd § 96 BGB)	unübertragbar – Nutzungsausübung durch Dritten jedoch bei Vereinbarung zulässig (§ 1092 I 2 BGB)	unübertragbar – Nutzungsausübung durch Dritten jedoch schuldrechtlich zulässig (§ 1059 S. 2 BGB)	veräußerlich und vererblich (§ 1 ErbbauRG)
Erlöschen	• Aufhebung • gutgläubiger Erwerb • dauernde Unmöglichkeit	• wenn niemand mehr erlaubten Vorteil aus ihr ziehen kann • bei Tod des Berechtigten	bei Tod des Berechtigten	• Aufhebung • insbes. Zeitablauf

V. Reallast

1. Funktion und Bedeutung (G)

Die Reallast ist nach der Legaldefinition des § 1105 I 1 BGB die dingliche Belastung eines Grundstücks, kraft derer dem Berechtigten wiederkehrende Leistungen aus dem Grundstück zu entrichten sind. 72

Bei den zu erbringenden Leistungen kann es sich um Sach-, Geld- oder Dienstleistungen handeln, zB die Zahlung einer Rente, die Lieferung von Energie, die Pflicht zur Instandhaltung einer Anlage oder zur persönlichen Pflege.[206] Anders als bei der Dienstbarkeit, die dem Inhaber einen Anspruch gegen den Eigentümer auf Duldung oder Unterlassung gibt,[207] haftet der Eigentümer des belasteten Grundstücks bei der Reallast für ein aktives Tun.[208]

Ihre praktische Bedeutung gewinnt die Reallast vor allem bei der Sicherung privater Rentenansprüche. Klassischer Fall der Reallast ist daher das sog. Altenteilsrecht in der Landwirtschaft in Verbindung mit der Hofübergabe. Hierbei lässt sich der Berechtigte häufig ein Wohnrecht[209] samt Instandhaltung der Räume, die Leistung von Unterhalt in Geld und/oder Naturalien, die Lieferung von Energie, die Pflege im Alter, die Grabpflege usw. versprechen.[210]

Bedeutung gewinnen die Vorschriften über die Reallast auch aufgrund gesetzlicher Verweisungen, so bei der Überbaurente (§ 914 III BGB), der Notwegrente (§ 917 II BGB), der Unterhaltspflicht nach §§ 1021 II, 1022 BGB sowie beim Erbbauzins.[211]

2. Inhalt

a) Entrichtung wiederkehrender Leistungen aus dem Grundstück (§ 1105 BGB)

Inhalt einer Reallast ist die Verpflichtung des Eigentümers des belasteten Grundstücks gegenüber dem Inhaber der Reallast zur Entrichtung wiederkehrender Leistungen aus dem Grundstück (§ 1105 I 1 BGB).

aa) Leistung »aus dem Grundstück« (G)

73 Der Begriff der Leistung »aus dem Grundstück« kann leicht missverstanden werden. Die geschuldeten Leistungen müssen – anders als der Wortlaut vermuten lässt – in keiner Beziehung zum Grundstück stehen, insbesondere müssen sie keine Früchte des Grundstücks sein. »Leistung aus dem Grundstück« meint vielmehr – wie die parallele Formulierung in den §§ 1113 I und 1191 I BGB zeigt – lediglich, dass im Falle der Nichtleistung das Grundstück dinglich haftet.[212] Inhalt der dinglichen Reallast ist also (abgesehen vom persönlichen Anspruch aus § 1108 BGB) nicht ein Leistungsanspruch gegen den Eigentümer, der als solcher in Natur vollstreckt werden kann, sondern lediglich der Anspruch auf Duldung der Zwangsvollstreckung in das Grund-

206 Staudinger/*Mayer* (2009) § 1105 Rn. 15 ff.
207 → § 16 Rn. 27.
208 BayObLGZ 1959, 301 (304); Palandt/*Bassenge* Überbl v. § 1105 Rn. 3; NK-BGB/*Reetz* § 1105 Rn. 37; *Wilhelm* SachenR Rn. 2006.
209 → § 16 Rn. 39 ff.
210 BayObLG NJW-RR 1988, 464; wN bei Staudinger/*Mayer* (2009) Einl zu §§ 1105–1112 Rn. 82; *Baur/Stürner* SachenR § 35 Rn. 9 (Fn. 2); detailliert NK-BGB/*Reetz* § 1105 Rn. 73 ff.
211 Palandt/*Bassenge* Überbl v. § 1105 Rn. 5; jurisPK-BGB/*Otto* § 1105 Rn. 80 ff.; *Westermann/Gursky/Eickmann* SachenR § 123 Rn. 2.
212 Palandt/*Bassenge* § 1105 Rn. 4; Staudinger/*Mayer* (2009) § 1105 Rn. 48; Erman/*Grziwotz* § 1105 Rn. 7; *Baur/Stürner* SachenR § 35 Rn. 5 f.; *Wilhelm* SachenR Rn. 2007; *Brehm/Berger* SachenR § 19 Rn. 1. Ein Vorteil für das herrschende Grundstück ist nicht erforderlich, vgl. *Westermann/Gursky/Eickmann* SachenR § 123 Rn. 4; *Wolff/Raiser* SachenR § 127 (Fn. 5).

stück wegen der geschuldeten wiederkehrenden positiven Leistungen, wenn diese nicht freiwillig erbracht werden (§§ 1107, 1147 BGB).[213]

bb) Bestimmbarkeit des Leistungsumfangs (G)

Die zu entrichtenden Leistungen sind bei der Reallast typischerweise nicht bestimmt, sondern können auch in Dienst- oder Sachleistungen bzw. in ihrer Gesamthöhe aus unbestimmten Geldleistungen bestehen.[214] Hierin besteht der wesentliche Unterschied zu den Grundpfandrechten (Hypothek und Grundschuld). Da Erwerber eines belasteten Grundstücks und nachrangige Gläubiger den Umfang der Reallast aber erkennen können müssen, muss dieser zumindest bestimmbar sein. Daraus ergibt sich zum einen das Erfordernis, dass die Leistungen, wegen derer die Reallast bestellt wird, in Geldbeträge umwandelbar sein müssen.[215] Zum anderen muss der Inhalt der Reallast aufgrund objektiver Umstände, die auch außerhalb des Grundbuchs liegen können, bestimmbar sein.[216] 74

cc) »Wiederkehrende« Leistungen (V)

Mit der Reallast können grundsätzlich nur wiederkehrende Leistungen gesichert werden. Dabei genügen bereits zwei Leistungen.[217] Nicht nötig ist eine Regelmäßigkeit der Wiederkehr oder das Feststehen bestimmter Termine. Ausnahmsweise kann auch eine einmalige Leistung Inhalt einer Reallast sein, wenn sie als Nebenleistung im Gesamtzusammenhang wiederkehrender Leistungen vereinbart wird.[218] 75

b) Subjektiv-persönliche und subjektiv-dingliche Reallast (§ 1105 I und II BGB) (V)

Die Reallast kann zugunsten einer bestimmten Person subjektiv-persönlich (§ 1105 I BGB) oder zugunsten des jeweiligen Eigentümers eines Grundstücks subjektiv-dinglich (§ 1105 II BGB) bestellt werden. Die Umwandlung der einen in die andere 76

213 Staudinger/*Mayer* (2009) § 1105 Rn. 48; *Wolff/Raiser* SachenR § 127 (Fn. 5); *Wilhelm* SachenR Rn. 2007; *Brehm/Berger* SachenR § 19 Rn. 1.

214 *Wolf/Wellenhofer* SachenR § 26 Rn. 40. In diesem Fall wird ein Deckungskapital errechnet, das dem Wert aller anfallenden Leistungen entspricht, aber das 25fache des Wertes der jährlichen Leistungen nicht übersteigen darf (§§ 92 II, 121 ZVG). Dieses wird hinterlegt (§ 121 II ZVG) und für je drei Monate ausbezahlt; vgl. *Zeller/Stöber* ZVG § 121 Anm. 2.3; Staudinger/*Mayer* (2009) Einl zu §§ 1105–1112 Rn. 49.

215 BayObLGZ 1959, 301 (304 f.); Palandt/*Bassenge* § 1105 Rn. 4; Soergel/*Stürner* § 1105 Rn. 7; Staudinger/*Mayer* (2009) § 1105 Rn. 28; *Westermann/Gursky/Eickmann* SachenR § 123 Rn. 3: »in Geld bewertbar«; aA MüKoBGB/*Joost* § 1105 Rn. 13, demzufolge Nichtgeldleistungen lediglich einen bestimmbaren Geldwert haben müssen.

216 BGHZ 130, 342 (345 ff.); NK-BGB/*Reetz* § 1105 Rn. 40; jurisPK-BGB/*Otto* § 1105 Rn. 76 ff.; OLG Düsseldorf NJW-RR 2004, 811 (812) hat eine Reallast zur Sicherung der Kostentragungspflicht für Betrieb, Wartung, Unterhaltung/Instandhaltung einschließlich Schönheitsreparaturen und gegebenenfalls Erneuerung für zulässig erachtet, da die im Höchstfall mögliche Belastung ermittelbar sei.

217 jurisPK-BGB/*Otto* § 1105 Rn. 48.

218 Bejaht für die Verpflichtung zur Erlösauskehr bei Veräußerung von Teilen eines landwirtschaftlichen Anwesens, die im Rahmen eines Leibgedinges vereinbart wird, vgl. BayObLGZ 1970, 100 (103 ff.); offen gelassen von BGH NJW 2014, 1000 (1001) mwN.

Form ist nicht möglich (§§ 1110, 1111 I BGB). Vielmehr ist dafür die Aufhebung und anschließende Neubestellung der Reallast erforderlich.[219]

c) Abnahme- und Bezugspflichten sowie Gebrauchsgewährung als möglicher Inhalt? (Z)

77 Zunehmend wird versucht, Abnahme- und/oder Bezugspflichten zugunsten eines ausschließlichen Lieferanten – zB des Energie- oder Bierlieferanten – durch Reallasten zu sichern.

Nach einem Teil der Literatur[220] kann die Bezugspflicht nicht Gegenstand einer Reallast sein, da die bloße Abnahme (in Abgrenzung zu der dafür geschuldeten vertraglichen Gegenleistung) keinen Geldwert habe, sodass eine Zwangsvollstreckung in das Grundstück nicht möglich sei.

Die entgegengesetzte Ansicht[221] hält es jedoch für zulässig, solche Verpflichtungen durch Reallasten dinglich zu sichern, da es sich bei der Abnahme um ein positives Tun handele, das von der Reallast erfasst werde. Es genüge, dass die Leistungsverpflichtungen in Geld umgewandelt und dadurch beziffert werden könnten.

3. Rechtsnatur (G)

78 Die Rechtsnatur der Reallast ist umstritten. Von der heute hM[222] wird sie als ein besonderes Verwertungsrecht eingeordnet, da sie dem Inhaber weder eine Einwirkungsmöglichkeit auf das belastete Grundstück (wie die Nutzungsrechte) noch einen Leistungsanspruch gegen dessen Eigentümer gewähre,[223] sondern lediglich die Befugnis, das Grundstück im Wege der Zwangsvollstreckung zu verwerten und sich aus dem Erlös in Geld zu befriedigen.

Die Einordnung ist deswegen von Bedeutung, weil die gesetzliche Regelung der Reallast lückenhaft ist und daher häufig der Rückgriff auf andere Rechte notwendig wird. Hierzu muss jedoch deren Rechtsnatur vergleichbar sein.[224]

4. Rechtsverhältnisse (G)

79 Die Reallast ist als dingliches Verwertungsrecht[225] – vergleichbar der Grundschuld – vom schuldrechtlichen Anspruch des Reallastgläubigers auf die wiederkehrenden Leistungen streng zu unterscheiden.[226] Persönlicher Schuldner und Eigentümer des

219 Staudinger/*Mayer* (2009) § 1105 Rn. 8.

220 MüKoBGB/*Joost* § 1105 Rn. 16; *Westermann/Gursky/Eickmann* SachenR § 123 Rn. 3; auch NK-BGB/*Reetz* § 1105 Rn. 45.

221 ZB OLG Celle JZ 1979, 268; Soergel/*Stürner* § 1105 Rn. 24; Bamberger/Roth/*Wegmann* § 1105 Rn. 11.

222 MüKoBGB/*Joost* § 1105 Rn. 4 ff.; Staudinger/*Mayer* (2009) Einl zu §§ 1105–1112 Rn. 49; *Wolff/Raiser* SachenR § 128 II 2 (Fn. 14); *Brehm/Berger* SachenR § 19 Rn. 1, 5; anders *Baur/Stürner* SachenR § 35 Rn. 7: »eigenartige Mittelstellung zwischen Nutzungs- und Sicherungsrechten«.

223 → § 16 Rn. 73.

224 MüKoBGB/*Joost* § 1105 Rn. 8.

225 So die hM, → § 16 Rn. 78.

226 Staudinger/*Mayer* (2009) Einl zu §§ 1105–1112 Rn. 61; MüKoBGB/*Joost* § 1108 Rn. 2; *Brehm/Berger* SachenR § 19 Rn. 3.

durch die Reallast belasteten Grundstücks müssen nicht identisch sein, wohl aber persönlicher Gläubiger und Reallastgläubiger.

Beide Verträge werden durch einen oft nur konkludent geschlossenen Sicherungsvertrag verknüpft. Ist dieser unwirksam, so ist die Kondiktion der Reallast möglich.[227]

Darüber hinaus begründet die dispositive Vorschrift des § 1108 BGB ein gesetzliches Schuldverhältnis zwischen dem Berechtigten und dem jeweiligen Eigentümer des belasteten Grundstücks.

5. Persönliche Haftung des Verpflichteten

a) Allgemeines (G)

Für die Ansprüche des Berechtigten auf die Leistungen haftet der jeweilige Eigen- 80
tümer des Grundstücks dinglich mit dem Grundstück, und zwar unabhängig davon, ob die Leistungen während seines Eigentums fällig werden oder Rückstände eines früheren Eigentümers darstellen.[228]

Zusätzlich haftet der jeweilige Eigentümer gem. § 1108 BGB für die während der Dauer seines Eigentums fällig werdenden Leistungen, die durch eine Reallast gesichert sind, persönlich mit seinem gesamten Vermögen.[229]

§ 1108 BGB begründet ein gesetzliches Schuldverhältnis zwischen dem Berechtigten und dem Eigentümer des Grundstücks. Die Norm verschafft dem Reallastgläubiger einen echten Anspruch gegen den jeweiligen Eigentümer auf Vornahme der durch die Reallast gesicherten, fälligen Leistung,[230] die auch bei späterem Verlust des Eigentums bestehen bleibt. Zweck der Norm ist zum einen, dem Gläubiger eine Vollstreckung der geschuldeten Leistungen in Natur zu ermöglichen, zum anderen, ihm den Zugriff auf das Gesamtvermögen zu verschaffen, der häufig einfacher und zweckmäßiger ist als die Zwangsversteigerung des Grundstücks.[231]

§ 1108 BGB beruht auf dem Gedanken, dass die persönliche Haftung regelmäßig dem Parteiwillen entspricht.[232] Ist dies nicht der Fall, so können die Parteien § 1108 BGB abbedingen.[233]

227 MüKoBGB/*Joost* § 1105 Rn. 59; *Wolff/Raiser* SachenR § 128 I; *Baur/Stürner* SachenR § 35 Rn. 14.

228 Erman/*Grziwotz* § 1108 Rn. 1 f.; *Baur/Stürner* SachenR § 35 Rn. 20.

229 Wegen der persönlichen Verpflichtung des Grundstückseigentümers ist der Erwerb von Grundeigentum, das mit einer Reallast belastet ist, nie ein rein rechtlich vorteilhaftes – und damit zustimmungsfreies – Geschäft iSv § 107 BGB; vgl. MüKoBGB/*Schmitt* § 107 Rn. 40; Erman/*Müller* § 107 Rn. 6; Staudinger/*Knothe* (2012) § 107 Rn. 27; *Stürner* AcP 173 (1973), 402 (430); → § 4 Rn. 13.

230 RGZ 108, 292 (295); BGH Rpfleger 1978, 207; MüKoBGB/*Joost* § 1108 Rn. 2; jurisPK-BGB/*Otto* § 1108 Rn. 9; *Dümchen* JherJb 54, 1909, 355 (456).

231 BGH WM 1989, 956 (957); MüKoBGB/*Joost* § 1108 Rn. 1; Staudinger/*Mayer* (2009) § 1108 Rn. 1.

232 MüKoBGB/*Joost* § 1108 Rn. 2.

233 Dazu Staudinger/*Mayer* (2009) § 1108 Rn. 8; *Westermann/Gursky/Eickmann* SachenR § 123 Rn. 8; *Brehm/Berger* SachenR § 19 Rn. 16; *Wilhelm* SachenR Rn. 2017 mit dem Hinweis, dass die Wirkung gegenüber Rechtsnachfolgern die Eintragung voraussetze.

b) Verhältnis zwischen mehreren Gläubigern (V)

81 Aufgrund des Fortbestands der einmal begründeten persönlichen Haftung auch nach Eigentumsverlust kann es zu einer doppelten Haftung kommen: der dinglichen Haftung des gegenwärtigen Eigentümers und der fortdauernden persönlichen Haftung des früheren Eigentümers.[234]

Mehrere Verpflichtete haften als Gesamtschuldner.[235] Im Verhältnis der Schuldner zueinander ist § 1143 BGB entsprechend anwendbar. Hierdurch geht die Forderung des Gläubigers gegen den früheren Eigentümer auf den gegenwärtigen über, wenn dieser den Gläubiger – wegen seiner persönlichen Haftung – befriedigt.[236] Erbringt der frühere Eigentümer die Leistung und hat er einen Ersatzanspruch gegen den gegenwärtigen Eigentümer, so erwirbt er das dinglich gesicherte Recht analog § 1164 BGB.[237]

6. Übertragung und Belastung (§§ 873, 96 BGB bzw. § 873 BGB)

a) Subjektiv-dingliche Reallast (§§ 1110, 1107 BGB) (V)

82 Die subjektiv-dingliche Reallast als Sicherungsrecht für Leistungsansprüche wird von den Verfügungen über das herrschende Grundstück, insbesondere Übertragungen und Belastungen,[238] miterfasst (§§ 873, 925, 96 BGB).

Eine isolierte Übertragung oder auch nur Belastung des Rechts ist nicht möglich (§ 1110 BGB).[239]

Die daraus resultierenden einzelnen Leistungsansprüche sind dagegen nach § 1107 BGB abtretbar, pfändbar und verpfändbar.[240] Dies bedeutet im Ergebnis eine Aufteilung der Reallast.

b) Subjektiv-persönliche Reallast (§ 1111 BGB) (V)

83 Grundsätzlich sind sowohl das Stammrecht der subjektiv-persönlichen Reallast als auch die Einzelansprüche nach den allgemeinen Grundsätzen (§ 873 BGB) übertragbar und damit auch belastbar und pfändbar.[241] Jedoch kann – was regelmäßig der Fall ist – vereinbart werden, dass die Ansprüche auf eine Einzelleistung nicht übertragbar und damit auch nicht pfändbar (§ 851 ZPO) sein sollen (§§ 399, 400, 413 BGB). Dies bewirkt gleichzeitig, dass die subjektiv-persönliche Reallast, also das Stammrecht, unübertragbar ist (§ 1111 II BGB). Solche nicht übertragbaren Leistungen sind insbesondere Ansprüche auf Dienstleistungen oder Altenteilsleistungen.

---

234 *Prütting* SachenR Rn. 945; Erman/*Grziwotz* § 1108 Rn. 2.

235 BGHZ 58, 191 (194 ff.); BGH NJW 1991, 2899; Staudinger/*Mayer* (2009) Einl zu §§ 1105–1112 Rn. 65; jurisPK-BGB/*Otto* § 1108 Rn. 24.

236 Palandt/*Bassenge* § 1107 Rn. 3; Erman/*Grziwotz* § 1108 Rn. 2; anders Staudinger/*Mayer* (2009) § 1107 Rn. 14 Einl zu §§ 1105–1112 Rn. 65, der § 426 I 1 BGB anwenden will.

237 Palandt/*Bassenge* § 1107 Rn. 3; auch hier anders Staudinger/*Mayer* (2009) § 1107 Rn. 30 Einl zu §§ 1105–1112 Rn. 65.

238 Als Belastungen sind Nießbrauch oder Pfandrechte denkbar.

239 Staudinger/*Mayer* (2009) § 1110 Rn. 1; *Brehm/Berger* SachenR § 19 Rn. 11.

240 Staudinger/*Mayer* (2009) § 1110 Rn. 3, § 1107 Rn. 22 ff.; *Brehm/Berger* SachenR § 19 Rn. 12.

241 Palandt/*Bassenge* § 1111 Rn. 2; Staudinger/*Mayer* (2009) § 1111 Rn. 3, 5; *Wilhelm* SachenR Rn. 2013; *Brehm/Berger* SachenR § 19 Rn. 11.

VI. Dingliches Vorkaufsrecht

Fallbeispiel: »Die Tücken des Vorkaufsrechts«[242]

1. Allgemeines

a) Begriff und Konzeption (§ 1094 BGB) (G)

Durch ein dingliches Vorkaufsrecht erhält der Berechtigte die Möglichkeit, im Falle des Verkaufs des belasteten Grundstücks an einen Dritten durch Ausübung seines Rechts den Eigentümer des Grundstücks zu verpflichten, ihm das Grundstück zu den mit dem Dritten vereinbarten Konditionen zu übertragen (§ 1094 BGB). **84**

Gem. § 1098 I iVm § 464 II BGB kommt durch Ausübung des Vorkaufsrechts ein Kaufvertrag zwischen dem Berechtigten und dem Verpflichteten zustande. Der Inhaber eines dinglichen Vorkaufsrechts hat hieraus einen Anspruch auf Übereignung des Grundstücks nach §§ 433 I, 464 II, 463, 1098 I 1, 1094 II, 873 BGB, wenn

- ihm ein *dingliches Vorkaufsrecht* zusteht, das noch nicht erloschen ist (§ 1097 BGB),[243]
- der *Vorkaufsfall* eingetreten ist (§ 463 iVm § 1098 I 1 BGB)[244]
- und der Inhaber des dinglichen Vorkaufsrechts die *Ausübung* seines Vorkaufsrechts *fristgerecht* gegenüber dem Eigentümer des belasteten Grundstücks erklärt hat (§§ 464, 469 II iVm § 1098 I 1 BGB).[245]

b) Abgrenzung zum schuldrechtlichen Vorkaufsrecht (§§ 463 ff. BGB) (G)

Das BGB kennt *zwei Arten* des Vorkaufsrechts: das *schuldrechtliche* (§§ 463 ff. BGB) und das *dingliche Vorkaufsrecht* (§§ 1094 ff. BGB). Sie gleichen sich in ihrer grundlegenden Rechtsfolge, dem Recht auf Erwerb eines Grundstücks im Falle des Verkaufs an einen Dritten. Daher verweist § 1098 I 1 BGB auch auf die Vorschriften der §§ 463–473 BGB. Im Einzelnen bestehen jedoch *Unterschiede* zwischen beiden Formen: **85**

- *Belastungsgegenstand:* Das dingliche Vorkaufsrecht kann ausschließlich an Grundstücken, nicht auch – wie das schuldrechtliche Vorkaufsrecht – an beweglichen Sachen bestellt werden.[246]
- *Verpflichteter:* Anders als das schuldrechtliche Vorkaufsrecht (§§ 463 ff. BGB) verpflichtet das dingliche Vorkaufsrecht nicht nur den vertragsschließenden Eigentümer des belasteten Grundstücks, sondern auch jeden seiner Rechtsnachfolger.[247]

---

242 *Vieweg/Röthel* Fälle SachenR Fall 38.
243 → § 16 Rn. 89.
244 → § 16 Rn. 91.
245 → § 16 Rn. 92.
246 Staudinger/*Schermaier* (2009) § 1094 Rn. 6; Bamberger/Roth/*Wegmann* § 1094 Rn. 3; *Baur/Stürner* SachenR § 21 Rn. 24.
247 Staudinger/*Schermaier* (2009) § 1094 Rn. 19; MüKoBGB/*H. P. Westermann* § 1094 Rn. 4, 6; Bamberger/Roth/*Wegmann* § 1094 Rn. 1, 3; *Westermann/Gursky/Eickmann* SachenR § 123 Rn. 8; *Baur/Stürner* SachenR § 21 Rn. 24; *Brehm/Berger* SachenR § 15 Rn. 1.

- *Berechtigter:* Beim schuldrechtlichen Vorkaufsrecht ist stets nur die vertragsschließende Partei berechtigt (Relativität des Schuldverhältnisses). Das dingliche Vorkaufsrecht kann dagegen für die vertragsschließende Person (subjektiv-persönlich) oder für den jeweiligen Eigentümer eines Grundstücks (subjektiv-dinglich) bestellt werden.[248] Eine Umwandlung der einen in die andere Form ist nicht zulässig (§ 1103 BGB).[249]
- *Regelungsgegenstand:* Ferner kann das dingliche Vorkaufsrecht im Gegensatz zum schuldrechtlichen nicht nur für einen, sondern auch für mehrere Verkaufsfälle bestellt werden (vgl. § 1097 Hs. 2 BGB).

Die Umdeutung (§ 140 BGB) des unwirksam vereinbarten dinglichen Vorkaufsrechts in ein durch eine Vormerkung gesichertes schuldrechtliches Vorkaufsrecht an einem Grundstück ist prinzipiell möglich.[250] Im Rahmen der Auslegung, ob neben der Bestellung des dinglichen auch ein schuldrechtliches Vorkaufsrecht vereinbart werden sollte, sind zudem die außerhalb der Vertragsurkunde liegenden Umstände einzubeziehen.[251]

c) Gesetzliche Vorkaufsrechte (Z)

86 In der Praxis sind die gesetzlichen Vorkaufsrechte weitaus bedeutsamer als das rechtsgeschäftlich bestellte nach § 1094 BGB. Hervorzuheben sind die Vorkaufsrechte der Gemeinden nach §§ 24–28 BauGB, die Vorkaufsrechte für gemeinnützige Siedlungsunternehmen nach §§ 4–11a RSiedlG sowie für die Länder nach dem Bundesnaturschutzgesetz und einigen Landesnaturschutzgesetzen.[252]

2. Dingliches Vorkaufsrecht – Bestellung, Übertragung, Erlöschen, Schutz

a) Bestellung (§§ 873, 1094 BGB) (G)

87 Die Bestellung eines dinglichen Vorkaufsrechts richtet sich nach den allgemeinen Grundsätzen (§ 873 BGB). Dabei sind insbesondere folgende Punkte zu beachten:

- Die Einigung unterliegt *keinem Formzwang*. Dagegen ist der zugrundeliegende schuldrechtliche Vertrag über die Bestellung des dinglichen Vorkaufsrechts notariell zu beurkunden (§ 311b I 1 BGB).[253] Eine Heilung analog § 311b I 2 BGB ist möglich.[254]

---

248 *Westermann/Gursky/Eickmann* SachenR § 124 Rn. 7; Staudinger/*Schermaier* (2009) § 1094 Rn. 13; *Baur/Stürner* SachenR § 21 Rn. 27; MüKoBGB/*H. P. Westermann* § 1094 Rn. 10.

249 Siehe nur Jauernig/*Berger* § 1103 Rn. 1.

250 RGZ 104, 122 (124); Palandt/*Bassenge* § 1098 Rn. 1; Staudinger/*Schermaier* (2009) § 1094 Rn. 31.

251 Dem Parteiwillen wird die Vereinbarung eines schuldrechtlichen Vorkaufsrechts dann entsprechen, wenn die Vorkaufsberechtigung vom Vertragsschluss an und unabhängig von einer Grundbucheintragung bestehen soll, vgl. BGH NJW 2014, 622 (624).

252 § 66 I, V BNatSchG; zB Art. 39 BayNatSchG, § 56 NatSchG BW. Bedeutsam waren auch die besonderen Vorkaufsrechte im deutschen Beitrittsgebiet; vgl. die Zusammenstellung bei MüKoBGB/*H. P. Westermann*, 4. Aufl. 2004, § 1094 Rn. 2, 16 ff.

253 Staudinger/*Schermaier* (2009) § 1094 Rn. 21, 29; Soergel/*Stürner* § 1094 Rn. 6a, 7; MüKoBGB/*H. P. Westermann* § 1094 Rn. 7; Jauernig/*Berger* § 1094 Rn. 4; NK-BGB/*Reetz* § 1094 Rn. 31.

254 Analoge Anwendung, weil die Eintragung des Vorkaufsrechts noch keinen Eigentumswechsel beinhaltet; vgl. RGZ 125, 261 (264); BGH NJW-RR 1991, 205 (206); Staudinger/*Schermaier* (2009) § 1094 Rn. 30; NK-BGB/*Reetz* § 1094 Rn. 31.

- Das Vorkaufsrecht ist mit seinem gesamten Inhalt *in das Grundbuch einzutragen.* Eintragungspflichtig ist vor allem, ob es sich um ein subjektiv-dingliches oder subjektiv-persönliches Recht handelt (§ 1103 BGB) und ob eine Bestellung für mehrere Vorkaufsfälle erfolgt (§ 1097 BGB).

b) Übertragung (§§ 873, 1094 BGB) (G)

Das *subjektiv-dinglich*, dh zugunsten des jeweiligen Grundstückseigentümers, be- 88
stellte Vorkaufsrecht *geht mit Übereignung* des herrschenden Grundstücks auf dessen Erwerber *über* (§§ 873, 925, 96 BGB). Eine isolierte Übertragung oder auch nur Belastung ist nicht möglich (§ 1103 I BGB).[255]

Das *subjektiv-persönlich* bestellte Vorkaufsrecht *kann* hingegen aufgrund seiner höchstpersönlichen Natur ohne besondere Vereinbarung *nicht übertragen und auch nicht vererbt werden* (§ 1098 I 1 iVm § 473 BGB).[256]

c) Erlöschen (V)

Für das dingliche Vorkaufsrecht kommen folgende *Erlöschensgründe* in Betracht: 89

- Der gesetzliche Regelfall des § 1097 BGB sieht ein Erlöschen des Vorkaufsrechts vor, wenn ein Vorkaufsfall vorgelegen hat und das Vorkaufsrecht nicht ausgeübt wurde. Ferner erlischt es, wenn das Grundstück an einen Dritten übereignet wird, ohne dass dabei ein Vorkaufsfall eintritt.[257]
- Bei einer ins Grundbuch eingetragenen (§ 873 BGB) Vereinbarung, dass mehrere Vorkaufsfälle erfasst sein sollen (§ 1097 Hs. 2 BGB), erlischt das Vorkaufsrecht erst dann, wenn es bei allen denkbaren Vorkaufsfällen nicht ausgeübt wurde.[258]
- In jedem Fall erlischt das rechtsgeschäftlich vereinbarte Vorkaufsrecht mit seiner Ausübung.[259]
- Daneben endet es aufgrund der allgemeinen Erlöschensgründe.[260]

d) Schutz – vormerkungsgleiche Wirkung des dinglichen Vorkaufsrechts (§ 1098 II BGB) (V)

Das dingliche Vorkaufsrecht gibt seinem Inhaber *vormerkungsgleichen Schutz* 90
(§ 1098 II BGB). Zwischenverfügungen des Vorkaufsverpflichteten gegenüber dem Vorkaufsberechtigten sind daher *relativ unwirksam.*[261] Nach einer Übereignung des Grundstücks an einen Dritten wird der vorkaufsverpflichtete ehemalige Eigentümer des belasteten Grundstücks im Verhältnis zum Inhaber des dinglichen Vorkaufsrechts so behandelt, als wenn er noch Eigentümer des belasteten Grundstücks wäre (§§ 883 II, 1098 II BGB). Der Inhaber des dinglichen Vorkaufsrechts kann daher nach

255 Staudinger/*Schermaier* (2009) § 1094 Rn. 19; *Brehm/Berger* SachenR § 15 Rn. 12.

256 BGHZ 50, 307 (310); BGH WM 1963, 617 (619); Staudinger/*Schermaier* (2009) § 1094 Rn. 11 ff.; Erman/*Grziwotz* § 1094 Rn. 3; *Brehm/Berger* SachenR § 15 Rn. 12.

257 Soergel/*Stürner* § 1097 Rn. 3 f., § 1094 Rn. 9; NK-BGB/*Reetz* § 1097 Rn. 16; Bamberger/Roth/*Wegmann* § 1097 Rn. 9; zum Vorkaufsfall insbes. bei Miteigentum → § 16 Rn. 91.

258 Staudinger/*Schermaier* (2009) § 1097 Rn. 16; Soergel/*Stürner* § 1094 Rn. 10.

259 Jauernig/*Berger* § 1094 Rn. 6; Soergel/*Stürner* § 1094 Rn. 8; Staudinger/*Schermaier* (2009) § 1097 Rn. 16; Bamberger/Roth/*Wegmann* § 1097 Rn. 13.

260 → § 13 Rn. 16 f.

261 MüKoBGB/*H. P. Westermann* § 1094 Rn. 11.

Ausübung des Vorkaufsrechts von dem Dritten die Zustimmung zur Eintragung seines Grundstückseigentums verlangen (§§ 888, 1098 II BGB).[262]

Entsprechendes gilt für andere Verfügungen, insbesondere Belastungen des Eigentums. Der *Zeitpunkt des Vormerkungsschutzes* ist bei Belastungen und Übereignungen jedoch verschieden. Bei Belastungen ist der Zeitpunkt des Entstehens der Vorkaufslage, dh der Zeitpunkt des wirksam geschlossenen Vertrages mit einem Dritten, maßgeblich,[263] während bei der Übereignung der Zeitpunkt des Entstehens des Vorkaufsrechts, also der Zeitpunkt der Eintragung des Vorkaufsrechts in das Grundbuch, entscheidend ist.[264]

3. Vorkaufsfall (V)

91 Gem. §§ 1098 I, 463 BGB liegt ein Vorkaufsfall vor, wenn der Vorkaufsverpflichtete mit dem Dritten einen formwirksamen Kaufvertrag abschließt.[265] Eine nachträgliche Vertragsaufhebung berührt das Recht zur Ausübung des Vorkaufsrechts nicht mehr, wenn sie erst nach dem Zustandekommen eines rechtswirksamen Kaufvertrages erfolgt.[266]

Kein Vorkaufsfall liegt vor bei Übereignungen aufgrund anderer Rechtsgeschäfte (Tausch, Schenkung),[267] bei Versteigerungen im Wege der Zwangsvollstreckung sowie beim Verkauf durch den Insolvenzverwalter (Ausnahme: freihändiger Verkauf, § 1098 I 2 BGB). Dienen solche Rechtsgeschäfte allerdings als Umgehungsgeschäfte, werden sie wie Kaufverträge behandelt.[268] Weiterhin liegt kein Vorkaufsfall vor bei einem Verkauf an einen gesetzlichen Erben (§§ 1098 I 1, 470 BGB), auch zusammen mit dessen Ehegatten,[269] sowie generell bei Erbauseinandersetzungen.[270]

Miteigentümer sind nicht stets Dritte iSd § 463 BGB. Unter Miteigentümern gilt, dass bei der Übertragung eines Miteigentumsanteils auf einen anderen Miteigentümer kein Vorkaufsfall gegeben ist, wenn alle Miteigentumsanteile mit einem Vorkaufsrecht belastet sind, da dann der einzelne Miteigentümer nicht als Dritter angesehen werden kann. Gleiches gilt für den Fall, dass einige Bruchteile belastet sind und der Eigentümer eines belasteten Bruchteils erwirbt. Anders ist es bei der Belastung nur eines Miteigentumsanteils mit einem Vorkaufsrecht. In diesem Fall gelten die anderen (Mit-) Eigentümer als Dritte und es liegt ein Vorkaufsfall vor.[271]

Im unter → § 16 Rn. 89 erwähnten Fall – Erlöschen des Vorkaufsrechts bei der Übereignung an einen Dritten ohne Eintritt des Vorkaufsfalls – erlischt das Vorkaufsrecht

262 Staudinger/*Schermaier* (2009) § 1098 Rn. 12; Jauernig/*Berger* § 1098 Rn. 3.
263 RGZ 154, 370 (377); BGHZ 60, 275 (294) = NJW 1973, 1278 (1281).
264 BGHZ 60, 275 (295); MüKoBGB/*H. P. Westermann* § 1098 Rn. 8; Staudinger/*Schermaier* (2009) § 1098 Rn. 15 f.; Soergel/*Stürner* § 1098 Rn. 4.
265 Palandt/*Weidenkaff* § 463 Rn. 5 ff.; *Westermann/Gursky/Eickmann* SachenR § 124 Rn. 10.
266 BGH NJW 2010, 3774 (3775).
267 BGHZ 49, 7 (10); BGH LM Nr. 3 zu § 1098; Jauernig/*Berger* § 1097 Rn. 1.
268 BGH MDR 1998, 829 (829 f.); OLG Stuttgart DNotZ 1998, 305 (306 f.) mwN; OLG Zweibrücken NJW-RR 2000, 94 (94 f.); Erman/*Grziwotz* § 1097 Rn. 2 mwN.
269 Palandt/*Weidenkaff* § 470 Rn. 1.
270 BGH LM Nr. 3 zu § 1098; NJW-RR 2005, 315 (316); Staudinger/*Schermaier* (2009) § 1097 Rn. 8.
271 BGHZ 13, 133 (137 ff.); 48, 1 (2); Staudinger/*Schermaier* (2009) § 1095 Rn. 6 f. mwN; aA teilweise *Schurig*, Das Vorkaufsrecht im Privatrecht, 1975, 134 ff., 165; *Waldner* MDR 1986, 110.

nach Ansicht des BayObLG[272] entgegen anderer Auffassung[273] nicht bei einer Veräußerung unter Miteigentümern. Wenn in Fällen der Übertragung des Miteigentumsanteils das Vorliegen eines Vorkaufsfalles verneint werde, so solle dies lediglich verhindern, dass sich die Miteigentümer mit einer dritten Person auseinandersetzen müssen. Dieser Schutz der Miteigentümer dürfe jedoch nicht zu Nachteilen für den Vorkaufsberechtigten führen.

4. Ausübung des Vorkaufsrechts

a) Ausübungserklärung (V)

Der Inhaber des dinglichen Vorkaufsrechts muss die Ausübung seines Vorkaufsrechts fristgerecht gegenüber dem Eigentümer des belasteten Grundstücks erklären (§ 1098 I 1 iVm §§ 464, 469 II BGB). Dabei handelt es sich um eine einseitige, empfangsbedürftige Willenserklärung, die nicht der Form des § 311b I BGB bedarf.[274] Die Fristdauer beträgt regelmäßig zwei Monate (§ 1098 I 1 iVm § 469 II BGB). 92

b) Gestaltungsrecht oder doppelt bedingter Kauf? (V)

Kaufvertrag und Auflassungsanspruch kommen zustande, wenn der Vorkaufsberechtigte im Vorkaufsfall sein Vorkaufsrecht ausübt. Umstritten ist die Einordnung dieses Zustandekommens: 93

Eine Ansicht[275] sieht im Vorkaufsrecht die Vereinbarung eines durch den Eintritt des Vorkaufsfalls bedingten *Gestaltungsrechts* des Vorkaufsberechtigten.

Nach wohl überwiegender Ansicht[276] ist das Vorkaufsrecht dagegen ein an den Weiterverkauf an einen Dritten und an die Ausübung des Vorkaufsrechts geknüpfter, folglich *doppelt bedingter Kauf*.

Klausurtipp: Da sich die beiden Ansichten praktisch nicht unterscheiden, kann der Streit idR dahingestellt bleiben.

5. Rechtsfolge

a) Rechtsverhältnis zwischen Vorkaufsberechtigtem und Vorkaufsverpflichtetem (V)

Zwischen Vorkaufsberechtigtem und -verpflichtetem kommt mit Ausübung des Vorkaufsrechts automatisch ein Kaufvertrag zustande (§§ 1098 I, 464 II BGB).[277] Hieraus 94

272 BayObLG MittBayNot 1981, 18 = JurBüro 1981, 752 (753); für diesen Fall zust. Staudinger/*Schermaier* (2009) § 1095 Rn. 7; Bamberger/Roth/*Wegmann* § 1097 Rn. 9; vgl. auch *Waldner* MDR 1986, 110 (110 f.). Offen lassend zuletzt BGH NJW-RR 2005, 315 (316).

273 OLG Zweibrücken NJW-RR 2000, 94; OLG Stuttgart Rpfleger 1997, 473 (474); MüKoBGB/*H. P. Westermann* § 1097 Rn. 5.

274 NK-BGB/*Reetz* § 1098 Rn. 15; *Westermann/Gursky/Eickmann* SachenR § 124 Rn. 10; ebenso BGH NJW-RR 1996, 1167 für den aufschiebend bedingten Kaufvertrag.

275 BGHZ 67, 395 (398); MüKoBGB/*H. P. Westermann* § 1094 Rn. 5; Staudinger/*Schermaier* (2009) Einl zu §§ 1094 ff. Rn. 7; *Prütting* SachenR Rn. 938; Jauernig/*Berger* § 1094 Rn. 2; *Brehm/Berger* SachenR § 15 Rn. 15.

276 RGZ 110, 327 (333); RGRK/*Rothe* § 1094 Rn. 1.

277 Bamberger/Roth/*Wegmann* § 1098 Rn. 9; NK-BGB/*Reetz* § 1098 Rn. 21.

ergibt sich ein Anspruch auf Auflassung des Grundstücks. Hat der Verpflichtete zwischenzeitlich vorkaufsrechtswidrig über das Grundstück verfügt, es zB einem Dritten aufgelassen, so kann er sich dem Berechtigten gegenüber wegen der vormerkungsgleichen Wirkung des dinglichen Vorkaufsrechts (§ 1098 II BGB) nicht auf Unmöglichkeit (§ 275 I BGB) berufen.

b) Rechtsverhältnis zwischen Vorkaufsberechtigtem und Drittem

aa) Zurückbehaltungsrecht des Drittkäufers (§ 1100 S. 1 BGB) (V)

95 Dem Dritten steht gegenüber dem Inhaber des dinglichen Vorkaufsrechts ein Zurückbehaltungsrecht zu, solange ihm nicht der von ihm an den Eigentümer des belasteten Grundstücks entrichtete Kaufpreis zurückerstattet worden ist (§ 1100 BGB).

bb) Herausgabeanspruch des Vorkaufsberechtigten gegen den Dritten (§ 1100 S. 1 BGB) (V)

96 Aus dem Zurückbehaltungsrecht des § 1100 S. 1 BGB folgern Rechtsprechung[278] und Literatur[279] überwiegend, dass ein Herausgabeanspruch des Vorkaufsberechtigten gegenüber dem Dritten existiert, wenn der Dritte das Grundstück bereits in Besitz genommen hat. Sei der Vorkaufsberechtigte als Eigentümer eingetragen, gelte § 985 BGB. Für den Fall, dass der Berechtigte noch nicht als Eigentümer eingetragen sei, sei die Interessenlage aufgrund der Erwerbsposition des Berechtigten vergleichbar, zumal die §§ 1100–1102 BGB eine rasche Abwicklung ermöglichen wollten.[280]

cc) Analoge Anwendung der Vorschriften des EBV (§§ 987 ff. und §§ 994 ff. BGB) (E)

97 Ist der Vorkaufsberechtigte bereits Eigentümer, so gelten die §§ 985 ff. BGB unmittelbar.

Ist er dagegen noch nicht als Eigentümer eingetragen, so sollen zwischen dem Inhaber des Vorkaufsrechts und dem kaufenden Dritten nach überwiegender Ansicht[281] die §§ 987 ff. BGB und §§ 994 ff. BGB analog anwendbar sein, da das dingliche Vorkaufsrecht selbst keine Vorschriften zur Abwicklung enthalte und die Interessenlage vergleichbar sei.[282]

Der Dritte ist dabei bösgläubig iSv § 990 I BGB, wenn er das Grundstück in Kenntnis oder grob fahrlässiger Unkenntnis des Vorkaufsrechts vor Ablauf der Ausübungsfrist in Besitz nimmt.[283] Die Bösgläubigkeit setzt somit nicht die Ausübung des Vorkaufsrechts voraus.[284]

---

278 RGZ 84, 100 (107 f.); BGHZ 115, 335 (345); BGH NJW 1992, 236 (238); BayObLGZ 1982, 222 (230).

279 MüKoBGB/*H. P. Westermann* § 1098 Rn. 11; Soergel/*Stürner* § 1100 Rn. 2; Palandt/*Bassenge* § 1098 Rn. 6; Staudinger/*Schermaier* (2009) § 1098 Rn. 17; *Kern* JuS 1990, 117; aA *Kohler* NJW 1984, 2849 (2850).

280 *Kern* JuS 1990, 117.

281 BGHZ 87, 296 (297, 301) = NJW 1983, 2024; BGH NJW 1980, 833 (834); Staudinger/*Schermaier* (2009) § 1100 Rn. 11; NK-BGB/*Reetz* § 1098 Rn. 30; aA MüKoBGB/*H. P. Westermann* § 1100 Rn. 5 ff.; RGRK/*Rothe* § 1100 Rn. 5 ff.; vgl. auch *Gursky* JR 1984, 3, der §§ 994 ff. BGB nicht analog anwenden will.

282 → § 8 Rn. 7.

283 BGHZ 87, 296 (299 ff.); *Kern* JuS 1990, 118.

284 Palandt/*Bassenge* § 1098 Rn. 6.

Glossar zum Sachenrecht

Abgeleiteter Erwerb

→Derivativer Erwerb

Abhandenkommen

Verlust des →unmittelbaren Besitzes ohne – nicht notwendig gegen – den Willen des unmittelbaren Besitzers (vgl. §§ 935, 1007 II BGB).

Absolutheitsprinzip

Sachenrechtlicher Grundsatz, der zum einen besagt, dass →dingliche Rechte gegenüber jedermann wirken und damit einen umfassenden Rechtsschutz gewähren (vgl. zB →Eigentum). Zum anderen besagt das A., dass alle durch das Recht vermittelten Befugnisse insgesamt und ungeteilt dem oder den Inhabern (vgl. zB →Miteigentum) zustehen und dass gegenüber allen Dritten einheitlich nur eine Person oder Personengruppe Inhaber sein kann (personelle Unteilbarkeit; Ausnahme: relative Unwirksamkeit von →Verfügungen, zB bei Bestehen einer →Vormerkung). Durch Parteivereinbarung kann dies nur mit schuldrechtlicher Wirkung abweichend ausgestaltet werden.

Abstraktionsprinzip

Grundsatz, der besagt, dass das dingliche Verfügungsgeschäft wertneutral und in seiner Wirksamkeit vom zugrunde liegenden schuldrechtlichen Verpflichtungsgeschäft unabhängig ist (vgl. aber →Fehleridentität). Das A. setzt das →Trennungsprinzip voraus.

Abwehranspruch

Im sachenrechtlich bedeutsamen Sinn Oberbegriff zu →Beseitigungs- und →Unterlassungsanspruch im Rahmen des →negatorischen Eigentumsschutzes.

Akzessorietät

Abhängigkeit eines (dinglichen) Rechts von der Existenz einer zu sichernden Forderung im Hinblick auf Entstehung (zB §§ 765, 883, 1113, 1204 BGB), Fortbestand (zB §§ 767, 1163 I 2, 1252 BGB), Übertragung (zB §§ 401, 1153, 1250 BGB) und Durchsetzbarkeit (zB §§ 768, 1137, 1211 BGB).

Alleinbesitz

→Besitz an einer →Sache oder an einem abgrenzbaren Sachteil durch eine einzige Person (Gegensatz: →Mitbesitz).

Alleineigentum

Art des →Eigentums, bei der das Eigentum an einer Sache einer einzigen Person zusteht (Gegensatz: →Miteigentum).

Aneignung

→Originärer →gesetzlicher Eigentumserwerb, der voraussetzt, dass eine Person eine →herrenlose →bewegliche Sache in →Eigenbesitz nimmt (§ 958 BGB). Gesetzliche Aneignungsverbote und Aneignungsrechte Dritter verhindern den Erwerb.

Anwartschaft(srecht)

Vorstufe eines Vollrechts, die entsteht, wenn von einem mehrstufigen Entstehungstatbestand bereits so viele Entstehungsvoraussetzungen erfüllt sind, dass der Erwerber eine hinreichend gesicherte Rechtsposition innehat, die ihm nicht mehr ohne seinen Willen entzogen werden kann. Der Erwerber muss also insbesondere vor →Zwischenverfügungen des Veräußerers geschützt sein und das Erstarken seiner gesicherten Rechtsposition zum Vollrecht einseitig herbeiführen können. Die Übertragung des A. als sog. wesensgleiches Minus zum Vollrecht geschieht nach den jeweils für das Vollrecht geltenden Vorschriften. Mit Erfüllung der letzten Entstehungsvoraussetzung erstarkt das A. in der Person des Anwartschaftsberechtigten zum Vollrecht (→Direkterwerb). Praktische Bedeutung hat das A. insbesondere im Rahmen des →Eigentumsvorbehalts.

Auflassung

Die zur →Übereignung eines →Grundstücks erforderliche bedingungs- und befristungsfeindliche dingliche →Einigung zwischen Veräußerer und Erwerber, die in einer besonderen Form, nämlich bei gleichzeitiger – nicht unbedingt persönlicher – Anwesenheit vor einer zuständigen Stelle (zB einem Notar) erfolgen muss (§ 925 BGB).

Auflassungsvormerkung

Auch: Eigentumsverschaffungsvormerkung. →Vormerkung zur Sicherung des Anspruchs auf →Übereignung eines →Grundstücks.

Belastung

Beschränkung der Rechtsstellung des →Eigentümers einer →Sache oder des Inhabers eines →dinglichen Rechts durch Einräumung eines →beschränkt dinglichen Rechts an der Sache oder dem Recht, typischerweise zugunsten eines Dritten. Als B. wird auch dieses Recht selbst bezeichnet.

Bergwerkseigentum

Ausschließliches Recht, in einem bestimmten Feld die in der Bewilligung bezeichneten Bodenschätze aufzusuchen und zu gewinnen (§§ 9 I, 8 BBergG).

Beschränkt dingliche Rechte

→Dingliche Rechte, die im Gegensatz zum →Eigentum nur in begrenztem Umfang Rechte an Sachen gewähren. Nach ihrer Funktion systematisiert sind dies →Nutzungsrechte und Dienstbarkeiten (zB →Nießbrauch, →Grunddienstbarkeit, →beschränkt persönliche Dienstbarkeit) sowie Verwertungsrechte (zB →Pfandrecht, →Grundpfandrechte, →Reallast) und Erwerbsrechte (→dingliches Vorkaufsrecht).

Beschränkt persönliche Dienstbarkeit

→Subjektiv-persönliche Belastung eines Grundstücks mit dem Inhalt, dass der Berechtigte das Grundstück in einzelnen Beziehungen nutzen darf oder eine Befugnis erhält, die Inhalt einer →Grunddienstbarkeit sein könnte (§ 1090 BGB).

Beseitigungsanspruch

→Abwehranspruch, der auf die Entfernung einer aktuell beeinträchtigenden Störung gerichtet ist. Eine Wiederherstellung des ursprünglichen Zustands – wie beim Schadensersatz – ist davon regelmäßig nicht eingeschlossen (vgl. zB § 1004 I 1 BGB).

Besitz

Von der Verkehrsanschauung anerkannte, von einem entsprechenden →Besitzwillen getragene, →tatsächliche Sachherrschaft. Nach dem Grad der Sachbeziehung unterscheidet man →unmittelbaren und →mittelbaren Besitz, nach dem Umfang der Sachherrschaft →Allein-, →Mit- und →Teilbesitz und nach der Willensrichtung des Besitzers →Eigen- und →Fremdbesitz. Vgl. auch →rechtmäßiger Besitz, →redlicher Besitz, →fehlerhafter Besitz, →Erbenbesitz, →Organbesitz und →Prozessbesitz.

Besitzdiener

Person, die nach außen erkennbar aufgrund eines sozialen Abhängigkeitsverhältnisses weisungsgebunden für einen anderen, den →Besitzherrn, die →tatsächliche Sachherrschaft ausübt. Die Weisungsgebundenheit muss sich dabei aus einem – auch nur vermeintlich wirksamen – Rechtsverhältnis (zB Arbeitsverhältnis) ergeben. Der B. selbst ist nicht →Besitzer. Besitzer, und zwar →unmittelbarer Besitzer, ist nur der Besitzherr.

Besitzer

Inhaber des →Besitzes

Besitzherr

Person, die die →tatsächliche Sachherrschaft durch einen →Besitzdiener ausüben lässt, im Verhältnis zu diesem. Der B. ist →unmittelbarer Besitzer.

Besitzkehr

→Selbsthilfe des Besitzers

Besitzkonstitut

→Besitzmittlungsverhältnis

Besitzmittler

Person, die mit →Fremdbesitzerwillen für den →mittelbaren Besitzer aufgrund eines →Besitzmittlungsverhältnisses den →Besitz vermittelt. Der B. kann →unmittelbarer oder →mittelbarer Besitzer (→mehrstufiger mittelbarer Besitz, vgl. § 871 BGB) sein.

Besitzmittlungsverhältnis

Auch: Besitzkonstitut. Durch die Ausgestaltung bestimmter Rechte und Pflichten konkretisiertes, auf begrenzte Zeit gerichtetes, auch bloß vermeintliches Rechtsverhältnis, durch das für eine Partei ein →Recht zum Besitz – etwa durch Vereinbarung eines Nutzungsrechts oder einer Verwahrungspflicht – begründet wird (vgl. zu Beispielen § 868 BGB). Solange diese Partei mit →Fremdbesitzerwillen besitzt, vermittelt sie der anderen Partei den →Besitz und macht sie dadurch zum →mittelbaren Besitzer; sie selbst wird →Besitzmittler. Die Vereinbarung eines B. zwischen Veräußerer und Erwerber stellt ein →Übergabesurrogat iSd § 930 BGB dar.

Besitzrecht

→Recht zum Besitz

Besitzschutz

Schutz vor Entziehung des →Besitzes und Störung im Besitz (Besitzbeeinträchtigung). Man unterscheidet →possessorischen und →petitorischen B.

Besitzwehr

→Selbsthilfe des Besitzers

Besitzwille

Wille, die →tatsächliche Sachherrschaft über eine →Sache auszuüben. Der B. ist zur Innehabung des →Besitzes an der Sache erforderlich. Er setzt keine Geschäftsfähigkeit voraus; natürlicher Wille genügt. Für Sachen, die sich im Herrschaftsbereich einer Person befinden, genügt ein allgemeiner, nicht unbedingt auf die konkrete Sache bezogener B. (genereller B.).

Bestandteile

Elemente einer →Sache, die ihrer Natur (natürliche Sache) oder der Verkehrsanschauung nach als unselbstständige Teile einer einheitlichen Sache erscheinen, dh etwa durch →Verbindung ihre Selbstständigkeit verloren haben (zusammengesetzte Sache). Kriterien für die Beurteilung der Verkehrsanschauung sind insbesondere Art und beabsichtigte Dauer der Verbindung, Grad der Anpassung und wirtschaftlicher Zusammenhang der bisherigen selbstständigen Sachen. Man unterscheidet →wesentliche und unwesentliche Bestandteile (§§ 93 f. BGB). Keine B. sind →Scheinbestandteile (§ 95 BGB).

Bestimmtheitsgrundsatz

Auch: Spezialitätsprinzip. Sachenrechtlicher Grundsatz, der wegen der absoluten Wirkung →dinglicher Rechte (→Absolutheitsprinzip) im Interesse der Rechtsklarheit anordnet, dass dingliche Rechte nur an bestimmten einzelnen Sachen bestehen und übertragen werden können. Daher müssen dingliche Rechtsgeschäfte, die eine Änderung der dinglichen Rechtslage herbeiführen sollen, so konkret sein, dass jeder Dritte ohne Zuhilfenahme anderer Erkenntnisquellen allein aus dem Inhalt des dinglichen Vertrags spätestens im geplanten Zeitpunkt der Rechtsänderung erkennen kann, welche Rechte an welchen Sachen von der Rechtsänderung erfasst und wer die Parteien des Rechtsgeschäfts sein sollen.

Bewegliche Sache

Auch: Fahrnis. →Sache, die kein →Grundstück ist.

Bösgläubigkeit

→Gutgläubigkeit

Briefgrundschuld, Briefhypothek

→Grundschuld bzw. →Hypothek, für die – dem gesetzlichen Regelfall gemäß – ein Wertpapier (Grundschuldbrief bzw. Hypothekenbrief) ausgestellt wird, das eine Übertragung des darin verbrieften →Grundpfandrechts ohne Eintragung im

→Grundbuch ermöglicht und dadurch dessen Verkehrsfähigkeit steigert (Gegensatz: →Buchgrundschuld, Buchhypothek).

Bruchteilseigentum

Auch: schlichtes Miteigentum. Form des →Miteigentums, bei der mehreren das →Eigentum an einer →Sache gemeinschaftlich nach ideellen Bruchteilen zusteht. Eine reale oder räumliche Aufteilung der Sache erfolgt nicht. Der Miteigentumsanteil ist vollwertiges Eigentum. Jeder Miteigentümer kann grundsätzlich frei über seinen Anteil verfügen. Über die gesamte Sache können hingegen nur alle Miteigentümer gemeinsam verfügen (vgl. §§ 1008 ff., 741 ff. BGB). Dem B. gegenüber steht das →Gesamthandseigentum (qualifiziertes Miteigentum).

Buchberechtigung

Rechtsstellung einer Person, die zwar im →Grundbuch als Berechtigter eingetragen, materiell aber nicht berechtigt ist. Die fehlende materielle Berechtigung unterscheidet den Buchberechtigten vom wahren Berechtigten. Aufgrund des Rechtsscheins der B. ist insbesondere ein →Gutglaubenserwerb des betreffenden Rechts vom Nichtberechtigten möglich (vgl. § 892 BGB). Vgl. auch →Buchersitzung.

Buchersitzung

Auch: Tabularersitzung. →Originärer →gesetzlicher Erwerb eines Rechts an einem →Grundstück durch den Buchberechtigten (→Buchberechtigung) nach 30-jähriger widerspruchsfreier (→Widerspruch) unrichtiger Grundbucheintragung, während deren Dauer der Buchberechtigte das Grundstück im →Eigenbesitz hatte. Auf diese Weise ersessen werden können neben dem →Eigentum auch solche →Grundstücksrechte, die zum →Besitz berechtigen oder deren Ausübung wie der Besitz geschützt ist (§ 900 BGB). Im Gegensatz zur →Ersitzung →beweglicher Sachen ist die →Gutgläubigkeit des Erwerbers nicht erforderlich. Vgl. auch →Gegenbuchersitzung.

Buchgrundschuld, Buchhypothek

→Grundschuld bzw. →Hypothek, bei der die Erteilung eines Briefs ausgeschlossen wurde [(§ 1192 II iVm) § 1116 II BGB] und die daher nur durch →Einigung und Eintragung im →Grundbuch übertragen werden kann (Gegensatz: →Briefgrundschuld, Briefhypothek).

Buchversitzung

Erlöschen eines zu Unrecht nicht ins →Grundbuch eingetragenen oder gelöschten Rechts an einem fremden →Grundstück nach Verjährung des Anspruchs aus diesem Recht (§ 901 BGB).

Dereliktion

Verlust des →Eigentums an einer →beweglichen Sache durch Aufgabe des →Besitzes in der Absicht, auf das Eigentum zu verzichten (§ 959 BGB).

Derivativer Erwerb

Auch: abgeleiteter Erwerb. Erwerb einer Rechtsposition durch Übertragung von einer Person, die bisher Inhaber dieser Rechtsposition war (Rechtsvorgänger). Gegensatz: →originärer oder ursprünglicher Erwerb.

Dienstbarkeit

→Nutzungsrechte

Dingliche Surrogation

In bestimmten Fällen gesetzlich vorgesehenes, automatisches Eintreten eines →Gegenstands in die dingliche Rechtsstellung (zB bzgl. der Zugehörigkeit zu einem bestimmten Vermögen) eines anderen Gegenstands, der damit vom ersteren ersetzt (surrogiert) wird, ohne dass es hierfür eines besonderen Übertragungsakts bedarf (vgl. zB §§ 718 II, 1247 S. 2 BGB).

Dinglicher Vertrag

Vertrag iSd allgemeinen Vorschriften der §§ 104 ff. BGB, der auf die Herbeiführung einer Änderung der dinglichen Rechtslage durch eine →Verfügung über ein Recht gerichtet ist.

Dingliches Recht

Auch: Sachrecht im subjektiven Sinn. Rechtsposition, die einer Person an einer →Sache oder an einem anderen d. R. zusteht und die grundsätzlich Rechtswirkungen gegenüber jedem Dritten (erga omnes) entfaltet.

Dingliches Vorkaufsrecht

Je nach Vereinbarung →subjektiv-persönliche oder →subjektiv-dingliche Belastung eines →Grundstücks in der Weise, dass der Berechtigte (Vorkaufsberechtigter) im Falle eines Verkaufs des Grundstücks an einen Dritten (Vorkaufsfall) durch einseitige Erklärung in den vom →Eigentümer mit dem Dritten geschlossenen Kaufvertrag als Käufer eintreten kann (§§ 1094 ff. BGB). Inhaltlich ist das d. V. ähnlich dem schuldrechtlichen Vorkaufsrecht (§§ 463 ff. BGB) ausgestaltet.

Direkterwerb

Bezeichnung für einen Erwerbsvorgang, bei dem der Erwerber direkt, dh ohne →Durchgangserwerb etwaiger Zwischenpersonen, vom bisherigen Rechtsinhaber erwirbt. Bedeutsam ist der D. insbesondere bei →Anwartschaftsrechten.

Doppelmangel

→Fehleridentität

Durchgangserwerb

Bezeichnung für einen Erwerbsvorgang, bei dem vor dem Erwerb des Erwerbers Zwischenpersonen für eine sog. juristische Sekunde Inhaber des Rechts werden (Gegensatz: →Direkterwerb). D. bezeichnet auch den Erwerb der Zwischenpersonen.

EBV

→Eigentümer-Besitzer-Verhältnis

Eigenbesitz

→Besitz einer Person, die eine →Sache als ihr gehörend besitzt, dh die →tatsächliche Sachherrschaft für sich selbst ausübt, auch wenn die Sache ihr tatsächlich nicht gehört

(§ 872 BGB, Gegensatz: →Fremdbesitz). Entscheidend ist die äußerlich erkennbare Willensrichtung.

Eigenbesitzer

Inhaber des →Eigenbesitzes.

Eigentum

Umfassendes dingliches Herrschaftsrecht an einer →Sache, das im Gegensatz zu den →beschränkt dinglichen Rechten sämtliche Befugnisse zu tatsächlichen (zB Benutzung, Verbrauch) und rechtlichen (zB →Belastung, →Veräußerung) Herrschaftshandlungen gewährt (positive Nutzungsfunktion) und gleichzeitig dazu berechtigt, anderen die Vornahme solcher Handlungen zu untersagen (negative Ausschlussfunktion), soweit nicht Rechte Dritter entgegenstehen (§ 903 BGB). Nach der Anzahl der Berechtigten an einer Sache unterscheidet das Gesetz zwischen →Alleineigentum und →Miteigentum.

Eigentümer

Inhaber des →Eigentums.

Eigentümer-Besitzer-Verhältnis (EBV)

Gesetzliches Schuldverhältnis zwischen dem Eigentümer und dem nicht zum Besitz berechtigten Besitzer einer →Sache (→Vindikationslage), für das in den §§ 987 ff. BGB eine stark ausdifferenzierte und grundsätzlich anderen Ansprüchen vorgehende Sonderregelung von Nutzungs-, Schadens- und Verwendungsersatzansprüchen besteht.

Eigentümergrundschuld, Eigentümerhypothek

→Grundschuld bzw. →Hypothek, die im Gegensatz zur Fremdgrundschuld bzw. -hypothek dem →Eigentümer des belasteten →Grundstücks zusteht. Erwirbt der Eigentümer eine Hypothek, ohne gleichzeitig Inhaber der gesicherten Forderung zu sein, wandelt sich die Hypothek in eine Eigentümergrundschuld um (§ 1177 I BGB). Eine Eigentümerhypothek wird wie eine Eigentümergrundschuld behandelt (§ 1177 II BGB).

Eigentumserwerb

Erwerb des →Eigentums durch eine Person. Nach dem Grund des Erwerbs unterscheidet man den →gesetzlichen E., den →rechtsgeschäftlichen E. und den →E. kraft Hoheitsakts. Je nachdem, ob sich der E. von einem Rechtsvorgänger ableitet oder nicht, kann der E. →originär (zB →Aneignung, →Verarbeitung, →Ersitzung) oder →derivativ (zB →rechtsgeschäftlicher Eigentumserwerb; Eigentumserwerb des Erben, § 1922 BGB) sein.

Eigentumserwerb kraft Hoheitsakts

→Eigentumserwerb aufgrund einer Handlung eines Trägers öffentlicher Gewalt, zB des Gerichtsvollziehers im Rahmen der Zwangsvollstreckung.

Eigentumsvorbehalt

In § 449 BGB geregeltes Rechtsinstitut, bei dem typischerweise die zur →Übereignung einer →beweglichen Sache erforderliche →Einigung (§ 929 S. 1 BGB) unter der aufschiebenden Bedingung (§ 158 II BGB) vollständiger Kaufpreiszahlung erfolgt. Damit ein Verkäufer durch eine bedingte Übereignung seiner Verpflichtung zur Übertragung des Eigentums an der Kaufsache gerecht wird, muss der E. bereits im Kaufvertrag vereinbart sein. Diese Grundform des E. (einfacher E.) kann durch zusätzliche Parteivereinbarungen erweitert werden, vgl. →verlängerter E., →erweiterter E., →weitergeleiteter E., vgl. auch →nachgeschalteter E.

Einfacher Mitbesitz

Auch: schlichter Mitbesitz. Form des →Mitbesitzes, bei der die Mitbesitzer die →tatsächliche Sachherrschaft über die Sache nebeneinander und jeder für sich ausüben können (Gegensatz: →gesamthänderischer oder qualifizierter Mitbesitz).

Einigung

In Abgrenzung zu der für einen schuldrechtlichen Vertrag erforderlichen Einigung auch: dingliche Einigung. Im sachenrechtlich bedeutsamen Sinn Bezeichnung für den →dinglichen Vertrag, der insbesondere für →Verfügungen (vgl. zB §§ 929, 873 BGB) erforderlich ist, die nicht durch einseitigen Willensakt getroffen werden können.

Einziehungsermächtigung

Einwilligung analog § 185 I BGB, die es einer anderen Person als dem Inhaber einer Forderung ermöglicht, die Forderung im eigenen Namen einzuziehen (→verlängerter Eigentumsvorbehalt).

Entsetzung

→Selbsthilfe des Besitzers

Erbbaurecht

→Grundstücksgleiches Recht, das als →subjektiv-persönliche Belastung eines →Grundstücks dem Berechtigten das veräußerliche und vererbliche Recht gewährt, auf oder unter der Erdoberfläche des belasteten Grundstücks ein Bauwerk zu haben (§ 1 I ErbbauRG).

Erbenbesitz

→Besitz des Erben des bisherigen Besitzers. Der E. entsteht auch ohne Innehabung der →tatsächlichen Sachherrschaft automatisch mit dem Erbfall (§ 857 BGB). Nicht zu verwechseln mit →Erbschaftsbesitz.

Erbschaftsbesitz

Rechtsstellung einer Person, die aufgrund eines ihr nicht zustehenden Erbrechts etwas aus einer Erbschaft erlangt hat (§ 2018 BGB). Der E. setzt keinen Besitz im sachenrechtlichen Sinn voraus. Nicht zu verwechseln mit →Erbenbesitz.

Erbschaftsbesitzer

Inhaber des →Erbschaftsbesitzes.

Ersitzung

→Originärer →gesetzlicher Eigentumserwerb einer →beweglichen Sache, der automatisch zugunsten desjenigen eintritt, der die Sache zehn Jahre in →Eigenbesitz gehabt hat und hinsichtlich seines Eigentums gutgläubig (→Gutgläubigkeit) war (§ 937 BGB). Vgl. zu →Grundstücken die →Buchersitzung sowie die →Gegenbuchersitzung.

Erweiterter Eigentumsvorbehalt

→Eigentumsvorbehalt, der durch Parteivereinbarung über die Grundform hinaus in der Weise erweitert wird, dass die →Übereignung durch die Erfüllung weiterer Forderungen bedingt sein soll. Nach § 449 III BGB kann die Übereignung jedoch nicht von Forderungen Dritter gegen den Vorbehaltskäufer abhängig gemacht werden. Spezialfälle des erweiterten Eigentumsvorbehalts sind der →Kontokorrentvorbehalt und der →Konzernvorbehalt.

Erwerbsgestattung

Rechtsgeschäft, das es einer anderen Person als dem Eigentümer oder sonst dinglich Berechtigen einer Sache ermöglicht, das →Eigentum an →Erzeugnissen oder sonstigen →Bestandteilen der Sache (→Fruchterwerb) durch Trennung oder Besitzergreifung zu erwerben (§ 956 BGB). Die Rechtsnatur der E. ist umstritten.

Erzeugnisse

Alle organischen von einer Muttersache getrennten körperlichen Gegenstände, somit alle natürlichen Tier- und Bodenprodukte. Dem gegenüber stehen →Bestandteile als anorganische Teile einer einheitlichen Sache (vgl. §§ 99 I, 953 ff. BGB).

Fahrnis

→Bewegliche Sache

Fehlerhafter Besitz

→Besitz, der durch →verbotene Eigenmacht erlangt wurde (§ 858 II 1 BGB). Die Fehlerhaftigkeit überträgt sich in den Fällen des § 858 II 2 BGB auf den Besitznachfolger. Bedeutsam insbesondere im Rahmen des →possessorischen Besitzschutzes.

Fehleridentität

Nur scheinbare Durchbrechung des →Abstraktionsprinzips, bei der sich dasselbe Wirksamkeitshindernis oder derselbe Anfechtungsgrund sowohl auf das schuldrechtliche Verpflichtungsgeschäft als auch auf das dingliche Verfügungsgeschäft auswirkt. Da somit beide Geschäfte für sich fehlerhaft sind, spricht man auch von einem sog. Doppelmangel. f. wird regelmäßig angenommen zB bei §§ 104, 123, 138 II BGB, ausnahmsweise zB bei §§ 119, 134, 138 I BGB.

Finder

→Fund

Fremdbesitz

→Besitz einer Person, die mit →Fremdbesitzerwillen besitzt (Gegensatz: →Eigenbesitz).

Fremdbesitzer

Inhaber von →Fremdbesitz.

Fremdbesitzerexzess

Ansatzweise in § 991 BGB geregeltes Überschreiten der Grenzen seines vermeintlichen →Rechts zum Besitz durch den unrechtmäßigen Besitzer (→rechtmäßiger Besitz). Der f. führt über diese Vorschrift hinaus stets zur Anwendbarkeit des Deliktsrechts neben den sonst regelmäßig abschließenden Sonderregeln des →Eigentümer-Besitzer-Verhältnisses, um eine Schlechterstellung des rechtmäßigen Besitzers, der die Grenzen seines tatsächlich bestehenden Besitzrechts überschreitet, zu vermeiden.

Fremdbesitzerwille

→Besitzwille, der darauf gerichtet ist, die →tatsächliche Sachherrschaft für einen anderen auszuüben. Dies muss in Anerkennung der Eigentümerstellung oder – bei mehrstufigem Besitz – der Besitzberechtigung des anderen und der Herausgabepflicht diesem gegenüber geschehen. Entscheidend ist die äußerlich erkennbare Willensrichtung.

Früchte

Das Gesetz unterscheidet unmittelbare und mittelbare Sachfrüchte sowie unmittelbare und mittelbare Rechtsfrüchte (§ 99 BGB). Unmittelbare Sachfrüchte sind die →Erzeugnisse einer →Sache und die sonstige Ausbeute, die aus der Sache im Rahmen ihrer naturgemäßen oder verkehrsüblichen Nutzung gewonnen wird (§ 99 I BGB). Unmittelbare Rechtsfrüchte sind die Erträge, die ein Recht seiner Bestimmung gemäß gewährt (§ 99 II BGB). Mittelbare Sach- bzw. Rechtsfrüchte sind die Erträge, die eine Sache bzw. ein Recht vermöge eines Rechtsverhältnisses gewährt (§ 99 III BGB). Vgl. →Fruchterwerb.

Fruchterwerb

→Originärer →gesetzlicher Eigentumserwerb von →Erzeugnissen und sonstigen →Bestandteilen einer →Sache nach deren Trennung (§§ 953–957 BGB).

Fund

Realakt, bei dem eine Person (Finder) eine verlorene, dh besitzlose →Sache entdeckt und an sich nimmt. Durch den f. wird ein in §§ 965 ff. BGB geregeltes gesetzliches Schuldverhältnis zwischen dem Finder und dem Eigentümer oder einem sonstigen hinsichtlich der Sache Empfangsberechtigten begründet. Darüber hinaus sehen die §§ 973 f. BGB einen →originären →gesetzlichen Eigentumserwerb des Finders vor.

Gebrauchsvorteile

Alle Vorteile, die sich aus der Ausübung der mit der Innehabung eines Rechts, insbesondere des →Eigentums an einer Sache, verbundenen Befugnisse ergeben, die keine →Früchte sind und die nicht im Verbrauch oder in der →Veräußerung der Sache bestehen.

Gegenbuchersitzung

Auch: →Kontratabularersitzung. →Originärer →gesetzlicher Eigentumserwerb an einem →Grundstück durch Eintragung desjenigen im →Grundbuch, der nach 30-jährigem →Eigenbesitz an dem Grundstück den unbekannten, verstorbenen oder verschollenen →Eigentümer im Aufgebotsverfahren erfolgreich hat ausschließen lassen (vgl. § 927 BGB). Diese Rechtsstellung ist übertragbar, sodass der Eigentumserwerb auch zugunsten eines Rechtsnachfolgers stattfinden kann. Vgl. dagegen die →Buchersitzung.

Gegenstände

→Sachen, Forderungen, Immaterialgüterrechte und sonstige Vermögensrechte.

Geheißerwerb

Erwerbsvorgang unter Einschaltung einer oder mehrerer →Geheißpersonen. Die Rechtsfigur des G. dient der Rechtsprechung dazu, bei →Streckengeschäften →Übergaben und damit →Übereignungen nach § 929 S. 1 BGB entsprechend den schuldrechtlichen Kausalverhältnissen konstruieren zu können.

Geheißperson

Person, die auf Anweisung (Geheiß) einer Partei eines Erwerbsvorgangs für diese die →tatsächliche Sachherrschaft erwirbt oder weitergibt, ohne →Besitzdiener oder →Besitzmittler zu sein. Hierdurch erlangt der Anweisende eine Besitzposition, die ausreicht, um im Rahmen eines →Geheißerwerbs eine Übergabe an ihn bzw. von ihm annehmen zu können. Vgl. auch →Scheingeheißperson.

Gesamthänderischer Mitbesitz

Auch: qualifizierter Mitbesitz. Form des →Mitbesitzes, bei der die Mitbesitzer die →tatsächliche Sachherrschaft über eine Sache nur gemeinsam ausüben können (Gegensatz: →einfacher Mitbesitz).

Gesamthandseigentum

Auch: qualifiziertes Miteigentum. Form des →Miteigentums, bei der eine →Sache zu einem Vermögen gehört, das mehreren zur gesamten Hand zusteht (Gesamthandsvermögen, zB bei BGB-Gesellschaft iSv § 718 BGB, ehelicher Gütergemeinschaft iSv §§ 1415 ff. BGB, Erbengemeinschaft iSv §§ 2032 ff. BGB). Der einzelne Gesamthandseigentümer kann hier nur über seinen Anteil am Gesamthandsvermögen insgesamt verfügen, nicht hingegen über einen fiktiven Anteil am einzelnen zur Gesamthand gehörenden →Gegenstand. Nutzungs- und Verwertungsbefugnisse stehen nur allen Gesamthändern gemeinsam zu. Dem G. gegenüber steht das →Bruchteilseigentum (schlichtes Miteigentum).

Gesetzlicher Eigentumserwerb

→Eigentumserwerb unmittelbar kraft gesetzlicher Vorschrift (ipso iure, ex lege), zB →Verbindung, →Vermischung, →Verarbeitung, Eigentumserwerb an Schuldurkunden (§ 952 BGB), →Fruchterwerb, →Aneignung, →Fund, →Ersitzung, Eigentumserwerb des Erben (§ 1922 BGB), →dingliche Surrogation. Vgl. dagegen →rechtsgeschäftlicher Eigentumserwerb und →Eigentumserwerb kraft Hoheitsakts.

Grundbuch

Öffentliches Verzeichnis, das vom Grundbuchamt geführt wird und die Rechtsverhältnisse an →Grundstücken dokumentiert. Die Richtigkeit der Eintragungen im G. wird vermutet (öffentlicher Glaube, vgl. §§ 891 f. BGB). Rechtsänderungen hinsichtlich Grundstücken setzen regelmäßig eine Eintragung im Grundbuch voraus (vgl. § 873 BGB). Das das Eintragungsverfahren regelnde formelle Grundbuchrecht ist spezialgesetzlich in der Grundbuchordnung (GBO) normiert; subsidiär ist das FamFG anwendbar.

Grundbuchberichtigungsanspruch

Aufgrund des formell-rechtlichen Bewilligungsgrundsatzes (§ 19 GBO) erforderlicher Anspruch des wahren Berechtigten gegen den Buchberechtigten (→Buchberechtigung) auf Zustimmung zur Berichtigung des →Grundbuchs (§ 894 BGB).

Grunddienstbarkeit

→Subjektiv-dingliche Belastung eines →Grundstücks mit dem Inhalt, dass der jeweilige Eigentümer des herrschenden Grundstücks das dienende Grundstück in einzelnen Beziehungen nutzen darf, dass auf dem dienenden Grundstück bestimmte Handlungen nicht vorgenommen werden dürfen oder dass die Ausübung eines Rechts ausgeschlossen ist, das sich aus dem →Eigentum an dem dienenden Grundstück dem herrschenden Grundstück gegenüber ergibt (§ 1018 BGB). Vgl. →beschränkt persönliche Dienstbarkeit.

Grundpfandrechte

→Subjektiv-persönliche Belastungen von →Grundstücken mit dem Inhalt, dass an den Berechtigten eine bestimmte Geldsumme aus dem Grundstück zu zahlen ist. Dabei besteht allerdings keine Zahlungsverpflichtung des →Eigentümers des belasteten Grundstücks. Die Verwirklichung der G. wird vielmehr durch einen Anspruch auf Duldung der Zwangsvollstreckung realisiert (§ 1147 BGB), den der Eigentümer aber durch Zahlung an den Berechtigten abwenden kann. Das BGB kennt als G. die akzessorische (→Akzessorietät) →Hypothek, die nichtakzessorische →Grundschuld sowie die →Rentenschuld, eine Variante der Grundschuld.

Grundschuld

→Grundpfandrecht, das vergleichbar mit der →Hypothek als →Brief- oder →Buchgrundschuld bestellt werden kann, im Gegensatz zu dieser aber nicht akzessorisch (→Akzessorietät), also nicht vom Bestand einer zu sichernden Forderung abhängig ist (§ 1191 BGB). Wird eine G. – wie in der Praxis regelmäßig der Fall – zur Sicherung einer Forderung bestellt (→Sicherungsgrundschuld), so entsteht durch die schuldrechtliche Vereinbarung (→Sicherungsvertrag) eine Verknüpfung von Forderung und Grundschuld.

Grundstück

Auch: Liegenschaft. Im eigentlichen Sinn jeder abgrenzbare Teil der Erdoberfläche, der im Bestandsverzeichnis des betreffenden Grundbuchblatts (→Grundbuch) gesondert als Grundstück aufgeführt ist. Vgl. auch →grundstücksgleiche Rechte, →Schiffseigentum. In einigen Vorschriften wird G. darüber hinaus in einem weiteren Sinne gebraucht, der auch Grundstücksteile erfasst (zB § 859 III BGB).

Grundstücksgleiche Rechte

Rechte, die wie →Grundstücke behandelt werden. Das Gesetz kennt das →Erbbaurecht und das →Wohnungseigentum.

Grundstücksrechte

Das →Eigentum und →beschränkt dingliche Rechte an einem →Grundstück.

Gutglaubenserwerb

Auch: gutgläubiger Erwerb oder Erwerb vom Nichtberechtigten. Erwerb eines Rechts durch ein Rechtsgeschäft (iSe →Verkehrsgeschäfts) mit einer Person, die zur →Verfügung über das Recht nicht berechtigt ist, aufgrund des schutzwürdigen Vertrauens des Erwerbers auf einen Rechtsschein, der für eine →Verfügungsbefugnis des Veräußerers spricht (zB beim →rechtsgeschäftlichen Eigentumserwerb an →beweglichen Sachen der →Besitz bzw. die Besitzverschaffungsmacht [§§ 929, 932 ff., 1006 BGB]; beim rechtsgeschäftlichen Erwerb von →Grundstücksrechten die Eintragung im →Grundbuch [§§ 892, 891 BGB]). Die fehlende Berechtigung wird durch die →Gutgläubigkeit des Erwerbers überwunden, wenn keine objektiven Gründe (zB →Abhandenkommen, § 935 BGB; →Widerspruch, § 892 I 1 BGB) den Erwerb verhindern. Grundsätzlich muss für den G. die Gutgläubigkeit des Erwerbers bis zur Vollendung des Rechtserwerbs fortbestehen (Ausnahme: § 892 II BGB).

Gutgläubigkeit

Eigenschaft einer Person, die in vom Gesetz als schutzwürdig anerkannter Weise auf das Vorliegen bestimmter rechtlicher oder tatsächlicher Gegebenheiten (Gegenstand des guten Glaubens) vertraut (Gegensatz: Bösgläubigkeit). Von besonderer Bedeutung sind zB die G. des Erwerbers hinsichtlich des →Eigentums des Veräußerers beim →Gutglaubenserwerb von →beweglichen Sachen (§§ 932 ff. BGB) und →Grundstücken (§ 892 BGB) sowie die G. des →Besitzers hinsichtlich seines →Rechts zum Besitz im →Eigentümer-Besitzer-Verhältnis (§ 990 BGB). Zum Teil hindert nur positive Kenntnis (so zB § 892 BGB), zT bereits grob fahrlässige Unkenntnis des Gegenteils (so zB § 932 II BGB) die Gutgläubigkeit (Maßstab des guten Glaubens).

Herrenlose Sache

→Sache, die nicht im →Eigentum irgendeiner Person steht.

Hersteller

Derjenige, der aufgrund einer →Verarbeitung gem. § 950 BGB das Eigentum an der neuen →Sache erwirbt. Dies ist nicht unbedingt derjenige, der die Verarbeitung eigenhändig durchführt, sondern derjenige, in dessen Namen und wirtschaftlichem Interesse die Verarbeitung erfolgt und dem daher die Verkehrsanschauung den Arbeitserfolg zurechnet. Darüber hinaus kann in gewissen Grenzen durch →Herstellervereinbarung geregelt werden, wer H. sein soll.

Herstellervereinbarung

Auch: Herstellerklausel oder Verarbeitungsklausel. Von der Rechtsprechung anerkannte Vereinbarung zwischen einem Lieferanten und einem Produzenten mit dem Inhalt, dass bei einer Verarbeitung durch den Produzenten nicht dieser, sondern der Lieferant →Hersteller sein und daher das →Eigentum an der neuen →Sache erwerben soll (→verlängerter Eigentumsvorbehalt).

Hypothek

→Grundpfandrecht, das vergleichbar mit der →Grundschuld als →Brief- oder →Buchhypothek bestellt werden kann, im Gegensatz zu dieser aber akzessorisch (→Akzessorietät), also vom Bestand einer zu sichernden Forderung abhängig ist (§ 1113 BGB).

Immobiliarsachenrecht

Teil des →Sachenrechts im objektiven Sinn, der sich mit den Rechten an unbeweglichen Sachen, also →Grundstücken, und deren →Bestandteilen befasst (Gegensatz: →Mobiliarsachenrecht).

Immobiliarsicherheiten

→Sicherungsmittel, →Grundpfandrechte

Immobilien

→Grundstücke

Imponderabilien

Sog. unwägbare Stoffe wie Gas, Rauch, Wärme, Geräusch, Erschütterung etc., deren Zuführung der →Eigentümer eines →Grundstücks nur in den Grenzen des § 906 BGB gem. § 1004 BGB (→Abwehranspruch) abwehren kann.

Insichkonstitut

→Besitzmittlungsverhältnis, das der →Besitzmittler unter Befreiung von § 181 BGB mit sich als Vertreter desjenigen, dem er den →Besitz vermitteln will, abschließt und das, um wirksam zu sein, von außen erkennbar sein muss.

Konsolidation

Erlöschen eines →beschränkt dinglichen Rechts an einer →Sache wegen des Zusammenfallens der Inhaberschaft dieses beschränkt dinglichen Rechts und des →Eigentums an derselben Sache in einer Person. Bei Rechten an →Grundstücken ist eine K. ausgeschlossen (§§ 889, 1177 BGB).

Kontokorrentvorbehalt

→Erweiterter Eigentumsvorbehalt, bei dem die →Übereignung von der Erfüllung aller Forderungen aus der Geschäftsverbindung zum Vorbehaltsverkäufer abhängig gemacht wird.

Kontratabularersitzung

→Gegenbuchersitzung

Konzernvorbehalt

→Kontokorrentvorbehalt, der zusätzlich auf die Forderungen anderer, typischerweise zu demselben Konzern wie der Vorbehaltseigentümer gehörender Gläubiger erstreckt wird. Gem. § 449 III BGB ist ein K. nichtig.

Liegenschaft

→Grundstück

Markierungsvertrag

→Sicherungsvertrag im Zusammenhang mit einer →Sicherungsübereignung, bei der alle →beweglichen Sachen übereignet werden, die mit einer bestimmten Kennzeichnung versehen sind oder in Zukunft versehen werden (→Sachgesamtheit).

Mehrstufiger Besitz

→Mittelbarer Besitz

Mitbesitz

Gemeinschaftlicher →Besitz mehrerer Personen an einer →Sache oder an einem abgrenzbaren Sachteil (vgl. § 866 BGB; Gegensatz: →Alleinbesitz). Man unterscheidet →einfachen oder schlichten M. und →gesamthänderischen oder qualifizierten M.

Miteigentum

Art des →Eigentums, bei der das Eigentum an einer →Sache mehreren Personen zusteht (Gegensatz: →Alleineigentum). Das Gesetz unterscheidet →Bruchteilseigentum und →Gesamthandseigentum.

Mittelbarer Besitz

→Besitz einer Person, die die →tatsächliche Sachherrschaft durch einen →Besitzmittler aufgrund eines →Besitzmittlungsverhältnisses ausüben lässt (Gegensatz: →unmittelbarer Besitz). Dabei kann der Besitzmittler unmittelbarer oder mittelbarer Besitzer sein. Im letzteren Fall besitzen mehrere Besitzer hintereinander in einer Kette jeweils für einen weiteren mittelbaren Besitzer (mehrstufiger Besitz). Je nach der Entfernung vom unmittelbaren Besitzer spricht man von mittelbaren Besitzern ersten, zweiten, dritten Grades usw. Umstritten ist, ob es im Gegensatz dazu auch einen gleichstufigen mittelbaren Besitz geben kann (→Nebenbesitz).

Mittelbarer Besitzer

Inhaber des →mittelbaren Besitzes.

Mobiliarsachenrecht

Teil des →Sachenrechts im objektiven Sinn, der sich mit den Rechten an →beweglichen Sachen befasst (Gegensatz: →Immobiliarsachenrecht).

Mobiliarsicherheiten

→Sicherungsmittel

Nachbarliches Gemeinschaftsverhältnis

Über die gesetzlichen Regelungen des Nachbarrechts in §§ 905–924 BGB hinausgehendes, von der Rechtsprechung auf der Grundlage des § 242 BGB entwickeltes Rechtsinstitut zwischen den →Eigentümern – nicht notwendig unmittelbar – aneinander grenzender →Grundstücke. Das n. G. verpflichtet zur gegenseitigen Rücksichtnahme und soll so dem gerechten Ausgleich der bei Nachbarsituationen unvermeidbaren Interessenkonflikte dienen. Gleichwohl handelt es sich nicht um ein gesetzliches Schuldverhältnis, sodass insbesondere §§ 280 I, 241 II und 278 BGB nicht anwendbar sind (str.).

Nachbarrechtlicher Ausgleichanspruch

Anspruch auf Geldentschädigung des →Eigentümers, der eine wesentliche Beeinträchtigung seines →Grundstücks, die durch eine ortsübliche Benutzung eines anderen Grundstücks geschieht und nicht durch wirtschaftlich zumutbare Maßnahmen verhindert werden kann, zwar dulden muss, dem die Beeinträchtigung aber nicht entschädigungslos zugemutet werden kann (§ 906 II 2 BGB).

Nachgeschalteter Eigentumsvorbehalt

→Eigentumsvorbehalt, den ein Vorbehaltskäufer seinerseits mit dem nächsten Erwerber (Schlusserwerber) vereinbart. Wird der ursprüngliche Eigentumsvorbehalt dabei nicht offen gelegt, kann der Schlusserwerber schon vor Erfüllung der Verbindlichkeit des Vorbehaltskäufers durch vollständige Erfüllung seiner eigenen Verbindlichkeit diesem gegenüber das →Eigentum im Wege des →Gutglaubenserwerbs erwerben. Willigt der Vorbehaltsverkäufer in eine Veräußerung durch den Vorbehaltskäufer unter der Voraussetzung ein, dass dieser einen nachgeschalteten Eigentumsvorbehalt mit dem Schlusserwerber vereinbart, erwirbt auch ein bösgläubiger Schlusserwerber.

Nebenbesitz

Genauer: gleichstufiger mittelbarer Nebenbesitz. Von der Rechtsprechung nicht anerkannte Form →mittelbaren Besitzes, bei der ein →Besitzmittler aufgrund mindestens zweier →Besitzmittlungsverhältnisse für ebenso viele mittelbare Besitzer nebeneinander den Besitz vermittelt, diese somit mittelbare Besitzer desselben Grades sind. Nach Ansicht der Rechtsprechung führt dagegen die Eingehung eines neuen Besitzmittlungsverhältnisses regelmäßig zu einem Verlust der Besitzpositionen der bisherigen mittelbaren Besitzer. Bedeutsam ist der N. insbesondere im Rahmen des →Gutglaubenserwerbs unter Abtretung eines Herausgabeanspruchs (§ 934 Alt. 1 BGB).

Negatorischer Eigentumsschutz

Schutz des →Eigentums gegen Beeinträchtigungen in anderer Weise als durch Entziehung oder Vorenthaltung des →Besitzes, der dem Eigentümer einen →Abwehranspruch gegen den →Störer gewährt, sofern er nicht zur Duldung der Beeinträchtigung verpflichtet ist (§ 1004 BGB).

Nießbrauch

→Nutzungsrecht an einer →Sache (§ 1030 BGB) oder an einem Recht (§ 1068 BGB), das den Inhaber berechtigt, die →Nutzungen aus der Sache bzw. aus dem Recht zu ziehen. Ein N. an einem Vermögen kann aufgrund des →Bestimmtheitsgrundsatzes nur dergestalt bestellt werden, dass an den einzelnen Vermögensgegenständen N. bestellt wird (vgl. § 1085 BGB). Der N. ist grundsätzlich weder übertragbar noch vererblich (§ 1059 BGB).

Numerus clausus der Sachenrechte

→Typenzwang

Nutzungen

→Früchte und →Gebrauchsvorteile einer Sache oder eines Rechts (§ 100 BGB).

Nutzungsrechte

Auch: Dienstbarkeiten. →Beschränkt dingliche Rechte an einer →Sache oder an einem Recht, die dem Berechtigten gestatten, von der Sache bzw. dem Recht in bestimmten Teilbereichen so Gebrauch zu machen, wie es sonst nur der →Eigentümer bzw. Inhaber darf (zB →Nießbrauch, →Grunddienstbarkeit, →beschränkt persönliche Dienstbarkeit).

Offenkundigkeitsprinzip

→Publizitätsprinzip

Organbesitz

Sonderform des →unmittelbaren oder →mittelbaren →Besitzes einer juristischen Person, bei der die Organe der juristischen Person die →tatsächliche Sachherrschaft für diese ausüben.

Originärer Erwerb

Auch: ursprünglicher Erwerb. Erwerb einer Rechtsposition kraft besonderen Erwerbsgrunds auf andere Weise als von einer Person, die bisher Inhaber dieser Rechtsposition war (zB →Aneignung, →Ersitzung, →Verarbeitung, →Verbindung). Gegensatz: →derivativer oder abgeleiteter Erwerb.

Personalsicherheiten

→Sicherungsmittel

Petitorischer Besitzschutz

→Besitzschutz, der sich aus dem →Recht zum Besitz ableitet (vgl. zB § 1007 I und § 1007 II BGB).

Pfandrecht

In Abgrenzung zu den →Grundpfandrechten auch: Fahrnis- oder Mobiliarpfandrecht. →Belastung einer →beweglichen Sache (zB §§ 1204 ff., 562 ff. BGB), einer Forderung (§§ 1279 ff. BGB) oder eines anderen Vermögensrechts (§§ 1273 ff. BGB) in der Weise, dass der Berechtigte (Pfandgläubiger) wegen einer ihm zustehenden Geldforderung Befriedigung aus der Sache oder aus dem Recht durch den Verkauf des Pfands (§§ 1228 ff. BGB) bzw. durch Einziehung der Forderung (§§ 1279 ff. BGB) suchen darf. Das P. ist – wie die →Hypothek – ein streng akzessorisches (→Akzessorietät) Verwertungsrecht, also vom Bestand einer zu sichernden Forderung abhängig.

Man unterscheidet vertragliche (§§ 1204 ff. BGB) und gesetzliche (zB §§ 562 ff., 647 BGB) P. Die Vorschriften über vertragliche P. sind auch auf entstandene gesetzliche P. anwendbar (§ 1257 BGB). Überwiegend ist zur Begründung eines P. an einer Sache der →Besitz der Sache erforderlich (Besitz- oder Faustpfandrechte, zB §§ 647, 1205 BGB). Besitzlose P. (zB §§ 562 ff. BGB) bilden die Ausnahme; insbesondere kann wegen des →Typenzwangs kein besitzloses P. vereinbart werden.

Pfandreife

Zeitpunkt, ab dem sich der Inhaber eines →Pfandrechts (Pfandgläubiger) durch Verwertung des Pfands (Pfandverkauf, §§ 1228 ff. BGB) befriedigen darf. Die P. tritt mit Fälligkeit der gesicherten Forderung ein.

Possessorischer Besitzschutz

→Besitzschutz, der nicht auf das →Recht zum Besitz des Besitzers, sondern auf die Tatsache des →Besitzes abstellt. Der Besitz wird hier in seiner Substanz ohne Rücksicht auf die zugrunde liegende Rechtslage geschützt. Vgl. §§ 859 (→Selbsthilfe des Besitzers), 861, 862 BGB.

Prozessbesitz

→Besitz einer Person, die auf Herausgabe der betreffenden →Sache verklagt wurde. Bedeutsam ist der P. für die Ersatzansprüche im →Eigentümer-Besitzer-Verhältnis (vgl. § 989 BGB).

Publizitätsprinzip

Auch: Offenkundigkeitsprinzip. Sachenrechtlicher Grundsatz, der besagt, dass die dingliche Rechtslage offenkundig, dh für Dritte – und damit für den Rechtsverkehr – erkennbar sein muss. Zur Verwirklichung des P. knüpft das Gesetz bei →beweglichen Sachen an den →Besitz, bei →Grundstücken an die Eintragung im →Grundbuch an.

Qualifizierter Mitbesitz

→Gesamthänderischer Mitbesitz

Qualifiziertes Miteigentum

→Gesamthandseigentum

Raumsicherungsvertrag

→Sicherungsvertrag im Rahmen der →Sicherungsübereignung, bei der alle →beweglichen Sachen übereignet werden, die sich in einer bestimmten Räumlichkeit befinden oder dort in Zukunft eingebracht werden (→Sachgesamtheit).

Reallast

Je nach Vereinbarung →subjektiv-persönliche oder →subjektiv-dingliche Belastung eines →Grundstücks in der Weise, dass an den Berechtigten eine wiederkehrende Leistung aus dem Grundstück zu entrichten ist (§ 1105 BGB). Im Gegensatz zur →Rentenschuld haftet der →Eigentümer des belasteten Grundstücks regelmäßig auch persönlich (§ 1108 BGB).

Realsicherheiten

→Sicherungsmittel

Recht zum Besitz

Recht, das den Besitzer gegenüber dem →Eigentümer zum →Besitz berechtigt (§ 986 BGB) und damit eine →Vindikationslage verhindert. Das R. zB kann dinglicher oder schuldrechtlicher Natur sein, es kann ein eigenes Recht des Besitzers aus einem Rechtsverhältnis mit dem Eigentümer oder ein abgeleitetes Recht aus einem Rechtsverhältnis mit einem Dritten sein, der seinerseits dem Eigentümer gegenüber berechtigt ist. In letzterem Fall muss zur Abwehr der Vindikation eine sog. Besitzrechtsbrücke zwischen dem in Anspruch genommenen Besitzer und dem Eigentümer bestehen. Zudem müssen die zwischengeschalteten →mittelbaren Besitzer jeweils zur Weiterüberlassung des Besitzes befugt gewesen sein. Neben der →Vindikation ist das R. zB von Bedeutung im Rahmen des →petitorischen Besitzschutzes.

Rechtmäßiger Besitz

→Besitz einer Person, der ein →Recht zum Besitz zusteht (Gegensatz: unrechtmäßiger Besitz).

Rechtsfrüchte

→Früchte

Rechtsgeschäftlicher Eigentumserwerb

→Eigentumserwerb aufgrund eines Willensakts der Beteiligten (Rechtsgeschäft). Je nachdem, ob der Veräußerer zur →Verfügung über das →Eigentum berechtigt ist oder nicht, spricht man vom Erwerb vom Berechtigten (bei →beweglichen Sachen nach §§ 929 ff. BGB, bei →Grundstücken nach §§ 873, 925 BGB) bzw. vom Erwerb vom Nichtberechtigten (bei beweglichen Sachen nach §§ 932 ff. BGB, bei Grundstücken nach § 892 BGB). Da der Erwerb vom Nichtberechtigten die →Gutgläubigkeit des Erwerbers voraussetzt, spricht man hier auch vom →Gutglaubenserwerb. Vgl. dagegen →gesetzlicher Eigentumserwerb und →Eigentumserwerb kraft Hoheitsakts.

Redlicher Besitz

→Besitz einer Person, die zwar kein →Recht zum Besitz hat, jedoch gutgläubig (→Gutgläubigkeit) auf das Bestehen eines eigenen Besitzrechts vertraut. Bedeutsam ist der r. B. für Ersatzansprüche im Rahmen des →Eigentümer-Besitzer-Verhältnisses. Gegensatz: unredlicher Besitz.

Rentenschuld

Variante der →Grundschuld, bei der zu regelmäßig wiederkehrenden Terminen eine bestimmte Geldsumme aus dem Grundstück zu zahlen ist (§ 1199 BGB).

Sache

In Abgrenzung zur →Sachgesamtheit auch Einzelsache. Unpersönlicher, körperlicher, für sich bestehender →Gegenstand, dh im Raum abgrenzbares Stück der nach sachenrechtlichen Grundsätzen beherrschbaren Natur. Maßgeblich hierfür ist die Verkehrsanschauung (vgl. § 90 BGB). Das Gesetz unterscheidet →bewegliche Sachen und →Grundstücke. Nach der Art ihrer Entstehung unterteilt man die Einzelsachen darüber hinaus in Einheitssachen, die von der Verkehrsanschauung als natürliche Einheit gesehen werden, und zusammengesetzte Sachen, zu deren Entstehung mehrere zunächst selbstständige Sachen derart in einer neuen Sache aufgehen, dass die ursprünglichen Sachen ihre Selbstständigkeit verlieren und zu →Bestandteilen der zusammengesetzten Sache werden. Naturkräfte, Energie als solche und →Tiere sind keine S. (vgl. § 90a BGB).

Sachenrecht im objektiven Sinn

Der Teil des Privatrechts, geregelt insbesondere im Dritten Buch des BGB, der die Rechtsverhältnisse an →Sachen und →dinglichen Rechten hinsichtlich ihrer Begründung und Ausübung sowie die →Verfügung über diese →Gegenstände regelt. Man unterscheidet →Mobiliar- und →Immobiliarsachenrecht.

Sachenrecht im subjektiven Sinn

→Dingliches Recht

Sachfrüchte

→Früchte

Sachgesamtheit

Auch: Sachinbegriff. Begriffliche Zusammenfassung mehrerer selbstständiger →Sachen unter einer einheitlichen Sammelbezeichnung zur praktischen Erleichterung des Verkehrs, zB Inventar, Warenlager (vgl. §§ 92 II, 1035 BGB). Aufgrund des →Bestimmtheitsgrundsatzes und des →Publizitätsprinzips muss sich eine →Verfügung jedoch auch bei S. auf jede einzelne konkrete Sache der S. beziehen. Allerdings reicht hierfür die Konkretisierung durch eine hinreichend bestimmte Sammelbezeichnung aus (vgl. →Raumsicherungsvertrag, →Markierungsvertrag).

Sachherrschaft

→Tatsächliche Sachherrschaft

Sachinbegriff

→Sachgesamtheit

Schatz

→Bewegliche Sache, die so lange verborgen gelegen hat, dass der →Eigentümer nicht mehr zu ermitteln ist (§ 984 BGB).

Schatzfund

Entdeckung und Inbesitznahme (→Besitz) eines →Schatzes, die zu einem →originären →gesetzlichen Eigentumserwerb von je hälftigen Miteigentumsanteilen (→Bruchteilseigentum) des Entdeckers und des →Eigentümers der →Sache, in der der Schatz verborgen war, führen (§ 984 BGB).

Scheinbestandteil

Selbstständige →Sache, die nach dem erkennbaren Willen des Einfügenden nur zu einem vorübergehenden Zweck mit einem →Grundstück verbunden oder in ein Gebäude eingefügt wird, sowie ein Gebäude oder anderes Werk, das in Ausübung eines →dinglichen Rechts an einem fremden Grundstück von dem Berechtigten mit dem Grundstück verbunden wird (§ 95 BGB).

Scheingeheißperson

Jemand, der den Rechtsschein erzeugt, →Geheißperson zu sein, aber keine ist, weil er entweder nur aufgrund von Täuschung für den Anweisenden handelt oder weil sein Verhalten sich überhaupt nur vom objektiven Empfängerhorizont des anderen Teils aus als das einer Geheißperson darstellt. Gleichwohl ist eine →Übergabe auch durch eine S. möglich (str.).

Schiffseigentum

→Eigentum an Schiffen, die im Schiffsregister oder Seeschiffsregister (§ 2 SchiffsRG) eingetragen sind und deshalb ähnlich wie →Gründstücke behandelt werden. Dagegen sind sonstige Schiffe →bewegliche Sachen (zu Besonderheiten vgl. jedoch §§ 929a, 932a BGB).

Schlichter Mitbesitz

→Einfacher Mitbesitz

Schlichtes Miteigentum

→Bruchteilseigentum

Selbsthilfe(rechte) des Besitzers

Gewaltrechte des →Besitzers zur Abwehr von Besitzbeeinträchtigungen durch →verbotene Eigenmacht (→possessorischer Besitzschutz). Man unterscheidet die Abwehr von Besitzstörungen (Besitzwehr, § 859 I BGB) und die gewaltsame Zurückerlangung des Besitzes (Besitzkehr). Letztere ist wegen des staatlichen Machtmonopols nur innerhalb enger zeitlicher Grenzen möglich und für →bewegliche Sachen (§ 859 II BGB) und →Grundstücke (§ 859 III BGB, →Entsetzung) unterschiedlich geregelt.

Sicherungsabrede

→Sicherungsvertrag

Sicherungsabtretung

Auch: Sicherungszession. Eigennützig-fiduziarische (treuhänderische, vgl. →Treuhand) Abtretung (§§ 398 ff. BGB) einer oder mehrerer Forderungen, die der Sicherung einer oder mehrerer Forderungen des Abtretungsempfängers (Zessionar) gegen den Abtretenden (Zedent) dienen soll. Ähnlich wie beim →Sicherungseigentum wird über einen →Sicherungsvertrag eine schuldrechtliche Verknüpfung von zu sichernder und sichernder Forderung hergestellt, indem insbesondere die Ausübung der Gläubigerbefugnisse des Sicherungsnehmers dem Sicherungsgeber gegenüber beschränkt wird. Dabei kann das Schicksal der sichernden Forderung(en) bei Wegfall des Sicherungszwecks, also insbesondere bei Tilgung der zu sichernden Forderung(en), unterschiedlich ausgestaltet werden: Häufig wird ein Rückübertragungsanspruch vereinbart, seltener eine auflösend bedingte (§ 158 II BGB) Abtretung mit automatischem Rückfall nach Wegfall des Sicherungszwecks. Werden alle Forderungen aus einem bestimmten Geschäftsbetrieb zur Sicherheit übertragen, spricht man von einer →Sicherungsglobalzession.

Sicherungseigentum

Eigennützig-fiduziarisches (treuhänderisches, vgl. →Treuhand), vollwertiges →Eigentum iSv §§ 903 ff. BGB üblicherweise an →beweglichen Sachen, das der Sicherung einer oder mehrerer Forderungen des Sicherungsnehmers gegen den Sicherungsgeber dienen soll. Da der Sicherungsnehmer durch die Einräumung von S. eine umfangreichere Rechtsposition erhält als zur Erfüllung des Sicherungszwecks erforderlich ist, wird er in der Ausübung der Eigentümerbefugnisse dem Sicherungsgeber gegenüber durch die Vereinbarung eines →Sicherungsvertrags schuldrechtlich beschränkt. Kennzeichnend ist hierbei die Vereinbarung eines →Besitzmittlungsverhältnisses, aufgrund dessen der Sicherungsgeber ein →Recht zum Besitz des Sicherungsguts erhält und es deshalb weiterhin – insbesondere erwerbswirtschaftlich – nutzen kann. Funktionell befriedigt das S. damit das praktische Bedürfnis an einem vertraglichen besitzlosen →Pfandrecht, das gesetzlich nicht vorgesehen ist und aufgrund des →Typenzwangs nicht vereinbart werden kann. Umstritten ist die Zulässigkeit von →Verfallsklauseln. Unterschiedlich ausgestaltet werden kann das Schicksal des Sicherungsguts bei Wegfall des Sicherungszwecks, also insbesondere bei Tilgung der zu sichernden Forderung(en): Häufig wird ein Rückübertragungsanspruch vereinbart, seltener eine auflösend bedingte (§ 158 II BGB) Sicherungsübereignung mit automatischem Rückfall nach Wegfall des Sicherungszwecks. Nur im letzteren Fall hat der Sicherungsgeber ein →Anwartschaftsrecht am Sicherungsgut.

Sicherungsglobalzession

→Sicherungsabtretung, bei der alle Forderungen aus einem bestimmten Geschäftsbetrieb, oft auch antizipiert, zur Sicherheit übertragen werden. Dabei kommt es häufig zu einem Konflikt zwischen der antizipierten S. zur Sicherung von Geldkrediten mit branchenüblichen →verlängerten Eigentumsvorbehalten, den die Rechtsprechung über die →Vertragsbruchtheorie löst.

Sicherungsgrundschuld

→Grundschuld, die – wie praktisch der Regelfall – zur Sicherung einer Forderung verwendet wird. Ähnlich wie beim →Sicherungseigentum wird die Verknüpfung zwischen Grundschuld und Forderung auf schuldrechtlicher Ebene durch einen →Sicherungsvertrag hergestellt, der dem Sicherungsnehmer verbietet, Grundschuld und zu sichernde Forderung getrennt voneinander abzutreten, sowie dem Sicherungsgeber verschiedene Einreden gewährt.

Sicherungshypothek

Sonderform der →Hypothek mit gegenüber der Grundform (Verkehrshypothek) noch gesteigerter Akzessorietät (vgl. §§ 1184–1187 BGB).

Sicherungsmittel

Auch: Sicherheiten. Rechtliche Vorkehrungen zur Sicherung der Erfüllung einer Forderung des Sicherungsnehmers gegen den Sicherungsgeber. Je nachdem, ob das S. den Zugriff auf das Vermögen einer Person oder den Zugriff auf eine konkrete →Sache bzw. ein Recht erlaubt, unterscheidet man schuldrechtliche Personalsicherheiten (zB Bürgschaft, §§ 765 ff. BGB; Schuldbeitritt, § 415 I und III BGB; Garantievertrag) und sachenrechtliche Realsicherheiten. Letztere unterteilen sich wiederum in Mobiliarsicherheiten, die →bewegliche Sachen oder Rechte betreffen (zB →Sicherungsübereignung, →Sicherungszession, →Eigentumsvorbehalt, →Pfandrecht), und Immobiliarsicherheiten (→Grundpfandrechte). Eine Zwischenstellung als Sicherungsmittel eigener Art nimmt die →Vormerkung ein.

Sicherungsübereignung

→Übereignung iSd §§ 929 ff. BGB, typischerweise unter Vereinbarung eines →Besitzmittlungsverhältnisses (§ 930 BGB), zur Einräumung von →Sicherungseigentum.

Sicherungsvertrag

Auch: Sicherungsabrede. Schuldrechtlicher Vertrag zwischen Sicherungsgeber und Sicherungsnehmer, der den Rechtsgrund für die Übertragung des Sicherungsguts enthält und die Rechte und Pflichten der Parteien hinsichtlich der Behandlung des Sicherungsguts festschreibt. Zentral ist dabei jeweils die Regelung, wann und wie der Sicherungsnehmer das Sicherungsgut verwerten darf (Sicherungsfall). Im Übrigen richtet sich der Inhalt nach der Art des →Sicherungsmittels (vgl. zB →Sicherungseigentum, →Sicherungsabtretung, →Sicherungsgrundschuld).

Sicherungszession

→Sicherungsabtretung

Spezialitätsprinzip

→Bestimmtheitsgrundsatz

Spezifikation

→Verarbeitung

Störer

Im sachenrechtlichen Sinn derjenige, dem aufgrund seines Verhaltens (Handlungsstörer) oder aufgrund seiner Verantwortlichkeit für den Zustand einer Sache (Zustandsstörer) eine Eigentumsbeeinträchtigung iSv § 1004 BGB zugerechnet wird (→negatorischer Eigentumsschutz).

Streckengeschäft

Verknüpfung mehrerer hintereinander geschalteter Veräußerungsgeschäfte über dieselbe Sache (Veräußerungskette), bei der eine abgekürzte Lieferung vom ersten direkt an das letzte Glied in der Kette erfolgt. Über die Figur des →Geheißerwerbs lassen sich mehrere →Übereignungen entlang der Veräußerungskette konstruieren.

Subjektiv-dingliche Belastung eines Grundstücks

→Belastung eines →Grundstücks (des dienenden Grundstücks), die den jeweiligen →Eigentümer eines anderen (des herrschenden Grundstücks) berechtigt (Gegensatz: →subjektiv-persönliche Belastung).

Subjektiv-persönliche Belastung eines Grundstücks

→Belastung eines →Grundstücks, die allein eine bestimmte Person berechtigt (Gegensatz: →subjektiv-dingliche Belastung).

Tabularersitzung

→Buchersitzung

Tabularversitzung

→Buchversitzung

Tatsächliche Sachherrschaft

Machtbeziehung einer Person zu einer →Sache, die es ihr ermöglicht, tatsächlich auf die Sache einzuwirken und Dritte von der Einwirkung – nicht notwendigerweise vollständig – auszuschließen. Sie erfordert eine gewisse räumliche Beziehung zur Sache und muss von gewisser Dauer sein. Dies ist im Einzelfall nach der Verkehrsanschauung zu beurteilen.

Teilbare Sachen

→Sachen, die ohne Wertverlust in gleichartige Teile zerlegbar sind (Gegensatz: unteilbare Sachen).

Teilbesitz

→Besitz an einem nach der Verkehrsanschauung selbstständig beherrschbaren Teil einer →Sache (zB abgesonderter Wohnraum, § 865 BGB).

Tiere

Mitgeschöpfe, auf die die für bewegliche →Sachen geltenden Regeln entsprechend anwendbar sind, die aber durch spezielle Vorschriften geschützt werden (§ 90a BGB).

Trennungsprinzip

Grundsatz, der besagt, dass die Verpflichtung zu einer Änderung der Rechtslage (schuldrechtliches Verpflichtungsgeschäft) und das zur Herbeiführung der Änderung erforderliche Rechtsgeschäft (dingliches Verfügungsgeschäft) zwei getrennte Rechtsgeschäfte sind. Das T. ist Grundlage für das →Abstraktionsprinzip.

Treuhand(verhältnis)

Rechtsgeschäftliches Verhältnis, durch das der Treugeber dem Treuhänder hinsichtlich des Treuguts im Außenverhältnis eine umfangreichere Rechtsposition einräumt als diesem nach dem gleichzeitig mit dem Treugeber abgeschlossenen schuldrechtlichen Treuhandvertrag im Innenverhältnis zusteht. Man unterscheidet die Verwaltungstreuhand (auch: fremd- oder uneigennützige T.), bei der der Treuhänder keine eigenen Interessen bzgl. des Sicherungsguts verfolgt (zB Testamentsvollstreckung, §§ 2197 ff. BGB), und die Sicherungs- oder eigennützige T., bei der der Treuhänder als Sicherungsnehmer und Gläubiger des Sicherungsgebers seine eigenen Interessen, nämlich die Sicherung seiner Forderungen, verfolgt (zB →Sicherungsübereignung, →Sicherungsabtretung).

Typenfixierung

Sachenrechtlicher Grundsatz, der besagt, dass der gesetzlich geregelte Inhalt von →dinglichen Rechten durch Parteivereinbarung nur geändert werden kann, wenn das Gesetz dies ausdrücklich vorsieht. Die T. verfestigt den sachenrechtlichen →Typenzwang.

Typenzwang

Auch: Numerus clausus der Sachenrechte. Sachenrechtlicher Grundsatz, der besagt, dass die möglichen Arten →dinglicher Rechte durch das Gesetz erschöpfend bestimmt sind und daher keine weiteren dinglichen Rechte durch Parteivereinbarung geschaffen werden können. Vgl. auch →Typenfixierung.

Überbau

Beeinträchtigung des →Eigentums an einem →Grundstück durch das Errichten eines Gebäudes, das die Grenze zu diesem Grundstück überschreitet. §§ 912–916 BGB regeln für den Fall des entschuldigten unrechtmäßigen Ü. insbesondere eine Duldungspflicht des Eigentümers des beeinträchtigten Grundstücks gegen Geldentschädigung (Überbaurente).

Übereignung

Dingliches Rechtsgeschäft zur Übertragung des →Eigentums (vgl. §§ 929 ff., 873, 925 BGB).

Übereignung brevi manu

→Übereignung kurzer Hand

Übereignung für den, den es angeht

Auch: dingliches Geschäft »für den, den es angeht«. Anwendungsfall der Grundsätze des »Geschäfts für den, den es angeht« bei der dinglichen →Einigung. Wie beim schuldrechtlichen »Geschäft für den, den es angeht« kann in Fällen, in denen die Person des Vertragschließenden für den Geschäftspartner unerheblich ist (insbesondere bei Bargeschäften des täglichen Lebens), unter Ausnahme vom Offenkundigkeitsprinzip durch Auslegung eine (verdeckte) Stellvertretung iSv §§ 164 ff. BGB angenommen werden.

Übereignung kurzer Hand

Auch: Übereignung brevi manu. Form der →Übereignung →beweglicher Sachen, bei der die →Übergabe durch den bereits begründeten →Besitz des Erwerbers ersetzt (→Übergabesurrogate) wird (§ 929 II BGB).

Übergabe

Zur →Übereignung →beweglicher Sachen grundsätzlich (→Übergabesurrogate) erforderlicher Realakt (§ 929 I BGB), der voraussetzt, dass auf Veranlassung des Veräußerers einerseits der Erwerber eine Besitzposition (→Besitz) erhält und andererseits der Veräußerer keine Besitzposition zurückbehält.

Übergabesurrogat

Rechtsgeschäft bzw. Rechtsposition, das bzw. die bei der →Übereignung →beweglicher Sachen die →Übergabe ersetzt (surrogiert). Dies sind im Einzelnen der bereits begründete →Besitz des Erwerbers bei der →Übereignung kurzer Hand (brevi manu, § 929 II BGB), die Vereinbarung eines →Besitzmittlungsverhältnisses (§ 930 BGB) sowie die Abtretung eines Herausgabeanspruchs gegen einen Dritten (§ 931 BGB).

Übertragbarkeitsprinzip

Grundsatz, der besagt, dass dingliche und schuldrechtliche Vermögensrechte übertragen werden können, sofern das Gesetz nicht ausdrücklich etwas anderes bestimmt.

Unmittelbarer Besitz

→Besitz einer Person, die die →tatsächliche Sachherrschaft selbst ausübt oder durch einen →Besitzdiener ausüben lässt (Gegensatz: →mittelbarer Besitz).

Unmittelbarer Besitzer

Inhaber des →unmittelbaren Besitzes.

Unrechtmäßiger Besitz

→Rechtmäßiger Besitz

Unterlassungsanspruch

→Abwehranspruch, der auf die Nichtvornahme einer beeinträchtigenden Verhaltensweise in der Zukunft gerichtet ist und das Vorliegen einer Erstbegehungs- oder Wiederholungsgefahr erfordert (vgl. zB § 1004 I 2 BGB).

Unwesentliche Bestandteile

→Wesentliche Bestandteile

Ursprünglicher Erwerb

→Originärer Erwerb

Verarbeitung

Auch: Spezifikation. Realakt, durch den eine neue →bewegliche Sache – auch durch Bearbeitung der Oberfläche iSv Schreiben, Malen, Bedrucken und Gravieren oder durch Umbildung eines oder mehrerer Stoffe – hergestellt wird. Dieser Realakt führt zu einem →originären →gesetzlichen Eigentumserwerb des →Herstellers, sofern der Wert der neuen Sache abzüglich des Stoffwerts (Verarbeitungswert) nicht erheblich geringer ist als der Stoffwert selbst (§ 950 BGB). Dies beurteilt sich bei wirtschaftlicher Betrachtungsweise nach der Verkehrsanschauung. § 950 BGB ist zwar zwingendes Recht (str.), jedoch kann in gewissen Grenzen durch →Herstellervereinbarung bestimmt werden, wer →Hersteller iSd Vorschrift sein soll.

Veräußerung

Übertragung eines Rechts, typischerweise gegen Entgelt.

Veräußerungsermächtigung

Einwilligung iSd § 185 I BGB, die es einer anderen Person als dem →Eigentümer einer →Sache ermöglicht, im eigenen Namen als Berechtigter die Sache zu veräußern (→verlängerter Eigentumsvorbehalt).

Veräußerungsverbot

→Verfügungsverbot

Verbindung

Realakt, durch den eine →bewegliche Sache dergestalt mit einem →Grundstück verbunden wird, dass die bewegliche Sache →wesentlicher Bestandteil des Grundstücks wird (§ 946 BGB), sowie der Realakt, durch den mehrere bewegliche Sachen dergestalt miteinander verbunden werden, dass die Sachen wesentliche Bestandteile einer einheitlichen Sache werden (§ 947 BGB). Folge ist ein →originärer →gesetzlicher Eigentumserwerb des →Eigentümers des Grundstücks bzw. – falls bei der Verbindung mehrerer beweglicher Sachen eine der Sachen als die Hauptsache anzusehen ist – des Eigentümers der Hauptsache an den jeweils mit ihrem →Eigentum verbundenen anderen Sachen. Ist in letzterem Fall keine der Sachen als die Hauptsache anzusehen, so findet ein originärer gesetzlicher Erwerb von Miteigentumsanteilen (→Bruchteilseigentum) durch die bisherigen Eigentümer statt. Die Miteigentumsanteile entsprechen dabei dem Anteil des Werts der ursprünglichen Sachen am Wert der einheitlichen Sache; das bisherige Eigentum an den ursprünglichen Sachen geht unter.

Verbotene Eigenmacht

Besitzbeeinträchtigung ohne den Willen des →Besitzers, die nicht vom Gesetz gestattet ist, also widerrechtlich erfolgt (§ 858 BGB). Gestattet wird eine Besitzbeeinträchtigung zB in §§ 227, 229, 859, 904 BGB und §§ 758, 808 ZPO. Bedeutsam ist die v. E. insbesondere für den →possessorischen Besitzschutz sowie im Rahmen des § 992 BGB, der allerdings über den Wortlaut hinaus eine schuldhafte v. E. voraussetzt.

Verbrauchbare Sachen

→Bewegliche Sachen, deren bestimmungsgemäßer Gebrauch in dem Verbrauch oder in der →Veräußerung besteht, sowie bewegliche Sachen, die zu einer →Sachgesamtheit (zB Warenlager) gehören, deren bestimmungsgemäßer Gebrauch in der Veräußerung der einzelnen Sachen besteht (§ 92 BGB).

Verfallsklausel

Vereinbarung im →Sicherungsvertrag beim →Sicherungseigentum, nach der das Sicherungsgut im Sicherungsfall zur Begleichung der Forderung endgültig beim Sicherungsnehmer verbleiben soll (Sicherungseigentum an Erfüllungs statt, vgl. § 364 I BGB). Eine V. ist nur zulässig, wenn für den Fall, dass der Wert des Sicherungsguts den Wert der Forderung übersteigt, ein Ausgleichanspruch vereinbart wird (str.).

Verfügung

Im sachenrechtlichen Sinn die unmittelbare Einwirkung auf den Bestand eines Rechts durch dessen Begründung, Übertragung, Aufhebung, →Belastung oder inhaltliche Änderung.

Verfügungsbefugnis

Berechtigung, über ein Recht eine →Verfügung treffen zu dürfen. Die V. ist grundsätzlich zur Wirksamkeit der Verfügung erforderlich (Ausnahme: insbesondere →Gutglaubenserwerb). Sie steht regelmäßig dem Rechtsinhaber zu, der keinen Verfügungsbeschränkungen unterliegt, sowie demjenigen, der mit Einwilligung (§ 185 I BGB) des Rechtsinhabers handelt.

Verfügungsbeschränkung

Verfügungsbeschränkungen richten sich nicht gegen die Verfügung als solche, sondern grenzen den Bereich des rechtlichen Könnens einer Person ein, indem für bestimmte Verfügungen die Zustimmung einer bestimmten geschützten Person für erforderlich erklärt wird. V. entfalten immer absolute Wirkung. Sie ähneln insoweit den absoluten →Verfügungsverboten. Allerdings ist bei den meisten V. – anders als bei den absoluten Verfügungsverboten – ein gutgläubiger Erwerb möglich (Ausnahme §§ 1365, 1369 BGB).

Verfügungsverbot

Auch: Veräußerungsverbot. Das V. untersagt einem Rechtssubjekt die Veräußerung einer Sache oder eines Rechts, weil die Rechtsfolge der Verfügung aus einem bestimmten Grund missbilligt wird. Zu unterscheiden sind absolute – gem. § 134 BGB gegen jedermann wirkende – und relative Verfügungsverbote, die nur gegenüber der vom Verbot geschützten Person wirken.

Verkehrsgeschäft

Rechtsgeschäft, bei dem bei wirtschaftlicher Betrachtungsweise auf der Erwerberseite mindestens eine Person beteiligt ist, die nicht zugleich auch auf der Veräußererseite beteiligt ist. Von der Rechtsprechung entwickelte, ungeschriebene Voraussetzung des →Gutglaubenserwerbs.

Verlängerter Eigentumsvorbehalt

→Eigentumsvorbehalt, bei dem für den Fall der Weiterveräußerung der Vorbehaltssache die hierbei gegen den nächsten Erwerber (Schlusserwerber) zu erwerbende Forderung (insoweit antizipierte →Sicherungsabtretung) und/oder für den Fall der →Verarbeitung die hierdurch entstehende neue Sache (insoweit →Herstellervereinbarung) an die Stelle der Vorbehaltssache treten soll. Zudem wird der Vorbehaltskäufer ermächtigt, das Vorbehaltsgut zu veräußern (→Veräußerungsermächtigung) und die abgetretenen Forderungen einzuziehen (→Einziehungsermächtigung). Hierdurch wird ein wirtschaftliches Tätigwerden des Vorbehaltskäufers ohne Offenlegung der Verhältnisse bei einem Fortbestand der Sicherungswirkung ermöglicht.

Vermengung, Vermischung

Realakt der Vermengung (→Sachen in Form von Feststoffen) oder Vermischung (Sachen in Form von Flüssigkeiten oder Gasen), der nicht oder nur unter unverhältnismäßigem Aufwand rückgängig gemacht werden kann (§ 948 BGB). Die V. führt zu einem →originären →gesetzlichen Eigentumserwerb von Miteigentumsanteilen (→Bruchteilseigentum), die dem Anteil des Werts der ursprünglichen Sachen am Wert der vermengten bzw. vermischten Sachen entsprechen, durch die bisherigen Eigentümer; das bisherige Eigentum an den ursprünglichen Sachen geht unter.

Verständiger Durchschnittsmensch

Von der Rechtsprechung entwickelter idealisierter Maßstab zur Beurteilung der »Wesentlichkeit« in § 906 BGB, der bei differenziert-objektivierter Betrachtungsweise auch Allgemeininteressen und gesetzliche Wertungen – zB Umweltbewusstsein, Naturschutz, Interesse an einer jugendfreundlichen Umgebung – mit einbezieht.

Vertragsbruchtheorie

Fallgruppe des § 138 I BGB zur Lösung des Konflikts zwischen einer prioritätsälteren →Sicherungsglobalzession zur Sicherung eines gewerblichen Geldkredits und einem prioritätsjüngeren →verlängerten Eigentumsvorbehalt. Danach ist die Sicherungsglobalzession nichtig, wenn die Vereinbarung eines solchen verlängerten Eigentumsvorbehalts branchenüblich ist und der Kreditgeber den Kreditnehmer daher dazu verleitet, seinen Lieferanten gegenüber die Sicherungsglobalzession zu verschweigen, da er anderenfalls nicht beliefert werden würde (***Verleitung zur Kredittäuschung und Gläubigergefährdung***). Für eine wirksame Sicherungsglobalzession müssen derartige Forderungen von der Abtretung durch dingliche Teilverzichtsklauseln ausgenommen werden.

Vertretbare Sachen

→Bewegliche Sachen, die sich nach der Verkehrsanschauung von anderen Sachen der gleichen Art nicht durch ausgeprägte Individualisierungsmerkmale abheben und deshalb austauschbar sind. Dies zeigt sich insbesondere darin, dass sie gewöhnlich nach Zahl, Maß oder Gewicht bestimmt werden (§ 91 BGB, Gegensatz: unvertretbare Sachen). Eine unvertretbare Sache kann nicht durch Parteivereinbarung zur v. S. gemacht werden. Bedeutung hat die v. S. insbesondere für §§ 607, 651 S. 3, 700 BGB.

Verwendung

Willentliche Vermögensaufwendung, die einer →Sache zugute kommen soll, indem sie diese wiederherstellt, erhält oder verbessert (weiter Verwendungsbegriff), ohne sie dabei grundlegend zu verändern (enger Verwendungsbegriff, hM). Man unterscheidet notwendige V. (§§ 994 f. BGB), die zur Erhaltung der Substanz oder der Funktionsfähigkeit der Sache iSe ordnungsgemäßen Bewirtschaftung objektiv erforderlich sind, nützliche V. (§ 996 BGB), die zwar nicht notwendig sind, aber objektiv zu einer Werterhöhung führen, sowie Luxusverwendungen, die weder notwendig noch nützlich sind, also insbesondere für den Eigentümer keine Wertsteigerung bewirken. Die §§ 994 ff. BGB enthalten eine nach Verwendungsart und Schutzwürdigkeit des →Besitzers ausdifferenzierte Spezialregelung für den Verwendungsersatz im →Eigentümer-Besitzer-Verhältnis.

Vindikation

Geltendmachung des →Vindikationsanspruchs.

Vindikationsanspruch

Herausgabeanspruch des →Eigentümers gegen den →unmittelbaren oder →mittelbaren Besitzer, dem kein →Recht zum Besitz zusteht (§§ 985, 986 BGB).

Vindikationslage

Auch: →Eigentümer-Besitzer-Verhältnis. Situation, in der ein →Vindikationsanspruch begründet ist. Die V. ist Voraussetzung für die Anwendbarkeit der Regelungen des Eigentümer-Besitzer-Verhältnisses (§§ 987 ff. BGB).

Vorkaufsrecht

→Dingliches Vorkaufsrecht

Vormerkung

Ins →Grundbuch einzutragendes →Sicherungsmittel eigener Art zur Sicherung eines schuldrechtlichen Anspruchs auf eine dingliche Rechtsänderung an einem →Grundstück, insbesondere vor →Zwischenverfügungen des Veräußerers (§§ 883 ff. BGB). Eine die Verwirklichung des gesicherten Anspruchs beeinträchtigende Zwischenverfügung ist dem Vormerkungsberechtigten gegenüber relativ unwirksam (§ 883 II BGB). Praktisch besonders bedeutsam ist die →Auflassungsvormerkung.

Wegerecht

→Grunddienstbarkeit zugunsten des jeweiligen →Eigentümers eines Nachbargrundstücks, die diesen berechtigt, über das belastete →Grundstück zu gehen oder zu fahren. Vgl. auch das Notwegerecht (§§ 917 f. BGB).

Wegnahmerecht

Recht, einen →wesentlichen Bestandteil einer →Sache abzutrennen und sich anzueignen (vgl. §§ 997, 951 II 1 BGB), typischerweise aufgrund früherer, zB durch →Verbindung untergegangener Rechte des Wegnahmeberechtigten an dem →Bestandteil.

Weitergeleiteter Eigentumsvorbehalt

Wenig gebräuchliche Form des →Eigentumsvorbehalts, bei der sich der Vorbehaltskäufer für den Fall der Weiterveräußerung zur Vereinbarung eines weiteren Eigentumsvorbehalts mit dem nächsten Erwerber (Schlusserwerber) unter Offenlegung des

Eigentumsvorbehalts des Vorbehaltsverkäufers verpflichtet. Der weitere Eigentumsvorbehalt muss dabei sowohl von der Erfüllung der Forderung des Vorbehaltskäufers gegen den Schlusserwerber als auch von der Erfüllung der Forderung des Vorbehaltsverkäufers gegen den Vorbehaltskäufer abhängig gemacht werden. Wegen der Offenlegungspflicht des Vorbehaltskäufers ist die formularmäßige Vereinbarung eines weitergeleiteten Eigentumsvorbehalts unwirksam (str.).

Werkunternehmerpfandrecht

Gesetzliches →Pfandrecht des Werkunternehmers an den von ihm im Rahmen eines Werkvertrags hergestellten oder ausgebesserten →beweglichen Sachen des Bestellers zur Sicherung seiner Forderungen aus dem Werkvertrag (§ 647 BGB). An Sachen, die nicht im Eigentum des Bestellers stehen, kann der Unternehmer wegen § 1257 BGB weder gutgläubig (→Gutglaubenserwerb) noch über eine sog. Ermächtigung zur Reparaturweggabe analog § 185 I BGB ein W. erwerben (str.).

Wesentliche Bestandteile

W. B. einer →beweglichen Sache sind solche →Bestandteile, die vom Rest der Sache nicht getrennt werden können, ohne dass sie oder der Rest zerstört oder in ihrem Wesen verändert würde (§ 93 BGB). Abzustellen ist nicht auf das Wesen der zusammengesetzten Sache; vielmehr ist entscheidend, ob wenigstens ein Bestandteil nach der Trennung wirtschaftlich nicht mehr wie bisher verwertbar wäre, weil seine zweckbestimmenden Eigenschaften oder seine wirtschaftliche Bedeutung aufgehoben oder gemindert wäre und die Trennung somit zur Zerstörung wirtschaftlicher Werte führen würde.

W. B. eines →Grundstücks sind darüber hinaus die mit dem Grund und Boden fest verbundenen Sachen, also insbesondere Gebäude sowie Erzeugnisse des Grundstücks, solange sie mit dem Boden fest zusammenhängen (§ 94 I BGB). W. B. eines Gebäudes sind auch Sachen, die – auch ohne feste Verbindung – zur Herstellung des Gebäudes eingefügt worden sind, dh alle Sachen, die nach dem Willen des Einfügenden dem Gebäude seinen besonderen Charakter verleihen und ohne die es nach der Verkehrsanschauung als unfertig anzusehen wäre (vgl. § 94 II BGB).

W. B. können nicht Gegenstand besonderer Rechte sein und teilen daher das rechtliche Schicksal der zusammengesetzten Sache (Gegensatz: unwesentliche Bestandteile). Keine W. B. sind ferner →Scheinbestandteile.

Widerspruch

Ins →Grundbuch einzutragender Vermerk, der sich gegen die Richtigkeit des Grundbuchs wendet und – sofern er zu Recht und zugunsten des wahren Berechtigten eingetragen ist – den öffentlichen Glauben des Grundbuchs zerstört (vgl. § 899 BGB). Durch den W. wird ein →Gutglaubenserwerb ausgeschlossen (§ 892 I 1 BGB), unabhängig davon, ob der Erwerber von der Eintragung des W. weiß.

Wohnungseigentum

Spezialgesetzlich (§§ 1 ff. WEG) geregeltes →grundstücksgleiches Recht, für das – in Ausnahme zu dem Grundsatz, dass an →wesentlichen Bestandteilen einer →Sache keine →dinglichen Rechte bestehen können – ein Miteigentumsanteil (→Bruchteilseigentum) an einem →Grundstück mit dem Sondereigentum an einer Wohnung in einem auf dem Grundstück errichteten Gebäude zu einem einheitlichen Recht verbunden wird.

Zubehör

→Bewegliche Sachen, die – ohne →Bestandteile der Hauptsache zu sein – dazu bestimmt sind, dem wirtschaftlichen Zweck der Hauptsache dauernd zu dienen. Sie sind insofern der Hauptsache untergeordnet, stehen dabei zu dieser in einem der Zweckbestimmung entsprechenden räumlichen Verhältnis und werden von der Verkehrsanschauung auch als Z. angesehen (vgl. §§ 97, 98 BGB). Hauptsache kann dabei nur sein, was auch für sich ohne Wesensbeeinträchtigung bestimmungsgemäß verwendbar ist.

Zwischenverfügung

Im materiellen Recht →Verfügung, die der Veräußerer zugunsten eines zweiten Erwerbers über einen Gegenstand trifft, obwohl bereits zugunsten eines ersten Erwerbers ein widersprechender Erwerbstatbestand begonnen wurde, aber noch nicht vollendet ist.

Paragrafenregister

Sachregister

(Die **fettgedruckte** Zahl gibt die §§, die magere die Randnummer an).